고린도후서 주석

C. K. 바레트 (Charles Kingsley Barrett, 1917-2011)

영국 더럼대학교의 교수(1945-1982)이자 70년 동안 감리교 목사였다. 사도행전과 주요 바울 서신 주석을 집필하였으며, 20세기 영국의 대표적인 신약학자로 평가받는다. 한국어로는 한국신학연구소에서 『요한 복음』, 『고린토전서』, 『고린토후서』가 번역 출간되었다. 이 주석서들은 알맹e를 통해서 모두 복간되었다.

고린도후서 주석

고린토후서 성경 주석 (BNTC)

알맹e 크리티카 성경 주석 시리즈

옮긴이 한국신학연구소 번역실
펴낸이 김진실, 맹호성
펴낸곳 알맹e
등록 제25100-2014-000047호(2014년 7월 25일)
주소 서울특별시 노원구 동일로 1700, 1031호 (파르코오피스텔) 01624
e-우편 rmaenge@rmaeng2.com
웹집 rmaenge.com
얼굴책 facebook.com/rmaenge

발행 2025년 9월 22일
종이책 ISBN 9791191822861
종이책 세트 ISBN 9791191822847
PDF 전자책 ISBN 9791191822885

고린도후서 주석

고린토후서 성경 주석 (BNTC)

C. K. 바레트 지음

한국신학연구소 번역실 옮김

알맹e

이 책은 1986년에 한국신학연구소에서 국제성서주석 시리즈 제36권으로 출간된 적이 있습니다. 이 한국어판은 한국신학연구소의 이용 허락을 받았으며, 이전 판을 스캔하여 그대로 출간하되, 이전 판에는 없던 원서의 색인을 추가하고, 본문에는 원서의 쪽수 정보를 추가하였습니다. 스캔한 원고는 OCR(광학문자인식) 처리를 했지만, 전자책에서 검색 결과가 완벽하지 않을 수 있습니다.

표지 전반에 이용된 여러 색은 세계적인 명문 신학 출판사 Mohr Siebeck를 오마주하는 의미에서 가져왔습니다.

뒤표지 이미지: 사도 바울과 그의 제자들(Plaque with Saint Paul and His Disciples)
1160-1180년, 영국, 구리, 에마뉴 샹플르베. 미국 뉴욕시 Metropolitan Museum of Art 소장 작품. 공유 저작물(CC0 1.0 DEED)이며 무상으로 사진을 제공받아 가운데 부분을 이용함. Ad CHORINT [CHORINTHOS] 는 바울이 자기가 쓴 편지의 수신자인 "코린토스(고린도)인들에게"를 뜻한다.

목차

서론

본문과 주석

색인

일러두기

1. 이 한국어판은 원서의 각주 번호 체계와는 다르게 각 섹션 별로 번호를 이어서 붙이고 있습니다. 색인은 원서의 색인 방식을 그대로 사용했기 때문에 각주 번호는 위치를 확인하는 정도로만 활용할 것을 참고하기 바랍니다.
2. 각 쪽 상단에 있는 한국어판 쪽수 정보 아래에 /123/과 같은 방식으로 원서 쪽수를 표기했습니다.
3. 성경의 각 책의 표기와 기타 약어는 이어서 나타나는 약기표를, 성경 인용에 대한 설명은 약기표 19쪽의 범례를 참고하기 바랍니다.

머 리 말

A.&.C. Black 신약성서 주석 시리즈 중에서 내가 맡은 주석서는 세 권이었는데 그 중 로마서 주석(1957년 발행)과 고린토전서 주석(1968년 발행)은 이미 출간되었으며, 이제 마지막으로 고린토후서 주석을 내놓게 되었다. 내 생애에서 이 주석서들을 집필하는 동안 만큼 신약성서 학자로서의 영감이 번득이던 시기는 없었다고 생각한다. 따라서 나는 그 어느 한 순간에 대해서도 크게 후회하지 않는다. 단 과거로 돌아갈 수만 있다면 로마서를 다시 써보고 싶은 아쉬움은 남아 있다. 주석작업을 해나가는 동안 나는 방법적인 것을 습득하게 되었으며, 바울로에게서는 지금도 바라는 바이지만, 그리스도교 신앙을 이해할 수 있게 되었다. 대다수 사람들처럼 나도 때로는 그리스도교가 참 진리인지 의문스러웠다. 하지만 내가 믿어 의심치 않는 점은, 그리스도교가 진리라면 바울로와 어거스틴, 루터, 칼빈, 바르트와 같은 바울로에 대한 해석자들이 그 진리를 가장 진실되게 표현했다는 점이다. 그리고 그들의 글을, 특히 바울로의 글을 읽을 때면 또 다시 내 죄를 깨닫게 되고, 여러 문제들이 많음에도 불구하고 은혜가 더욱 풍성해진다.

상당히 논쟁적이면서도 하나의 서신 그 이상의 의미를 지닌 이 서신을 주석하는 과정에서 나는 다른 저자들도 매우 자유롭게 인용했다. 또한 이 주석서에 언급되지 않은 책들 중에서도 도움이 될 만한 책들이 있다. 예컨대 칼 프륌(Karl Prümm)이 쓴 방대한 책인 *Diakonia Pneumatos*(1960, 1962)가 있으며, 분량이 작으나 실용적이면서 깊이 있는 내용의 발터 뤼터(Walter Lüthe)의 글들(*Der Apostel*: 발행연대는 나와 있지 않으며, 1958년 10월 16일～1960년 7월 24일에 한 설교들을 기초로 한 것이다), 게르하르트 프리드리히(Gerhard Friedrich)의 *Amt und Lebensführung*(1963), 모어튼(A.Q. Morton)과 맥레만(J. McLeman) 공저인 *St Paul, the Man and Myth*(1966), 또한 *Religion in Geschichte und Gegenwart*(IV. 17—23) 3판에 실린 딩클러(E. Dinkler)의 논문과 *Die Schriften des Neuen Testaments*(3판, 1917)에 실린 부세트(W. Bousset)의 주석 등이 있다. 이러한 책들이 앞서 말한 대로 도움이 될 만한 책들이다. 또한 중요한 책들이면서도 출판이 늦어 참고하지 못한 책들이 두 권 있는데 베츠(H.D. Betz)의 책, *Der Apostel Paulus und die sokratische Tradition*(1972)과 꼴랑쥐(J.F. Collange)의 책, *Énigmes de la deuxième Épître de Paul aux Corinthiens*(1972)가 그것이다. 주로 이 서신 후반부를 다루고 있는 베츠 박사의 책은 그 주제들을 내가 원하는 대로 서술하거나 논의하지는 못했지만 특별한 부분들에서는 상당히 자주 인용할 수 있었다. 또한 2장 14절—7장 4절을 다루고 있는 꼴랑쥐 박사의 책을 언급한 곳은 본 주석서에서 몇군데 되지 않지만, 그 책을 높이 평가하지 않아서가 아니라는 점을 독자들은 이해해주기 바란다. 인용한 저자들은 물론, 인용되지 않았거나 나와 견해를 달리한 저자들 중에서도 나는 적지 않은 사람들에게 신세를 졌다. 이제 그들 모두에게 감사를 드리고 싶고 동시에 그들에게 바라건대, 내가 혹시 그들의 글을 잘못 이해했거나 그래서 그것들을 잘못 제시했다 하더라도 용서해 주었으면 한다.

다른 어떤 서신들보다도 고린토후서에 바울로의 그리스도교 신자로서의 고민이 가장 잘 드러나 있는데, 그 고민은 단지 한 가지 이유 때문만은 아니다. 그는 자신이 순수한 처녀로 그리스도와 약혼시켰던 교회가 타락하는 것과 미혹당하는 것을 목도해야만 했다. 그러나 문제는 단순히 관례나 교리에 있어서 그들이 어떤 실수를 범했다는 것이 아니라, 옳은 것과 그른 것, 진리와 거짓, 선과 악을 구별하는 그들의 판단기준이 모두 왜곡되어 있었다는 점이다. 선교의 출발지, 곧 그로부터 그리스도교가 세상에 널리 전파되었던 곳이 타락의 근원지로 화하고 말았다는 사실을 인정해야만 했다. 사탄이 빛의 천사의 탈을 쓰고 의의 선교사와 그리스도의 일군의 모습으로 가장한 자신의 종을 내보내고 있었다. 그리스도의 교회는 진리에 대한 흠없는 증인이 되기는 커녕, 도리어 마음에 거짓을 품고 있었다. 이보다 더욱 안타까운 것은 바울로가 지혜를 위해서 어리석음을 행하고, 선을 위해서 악을 행할 수밖에 없는 상황에 처해 있었다는 사실이다. 그는 모든 그리스도교인들 중에서 최초로, 교회의 영원한 딜레마, 즉 "그리스도의 나라 한가운데에 죄가 있으며, 그 나라가 있는 곳이면 어느 곳에나 죄가 있다. 왜냐하면 그리스도는 다윗의 가문에 죄가 있도록 하셨기 때문이다"*는 문제를 경험하였다. 스스로 자신이 옳고 우월하다는 확

* 바르트(K. Barth)의 저서 *The Epistle to the Romans* (E.T., 1933), 263

신에 차 있는 교회에 직면해서 그는 자신이 선택하고 싶지 않았던 무기를 사용해야 했으며 스스로 그리 탐탁하게 여기지 않았던 논증을 구사해야만 했다. 그리고 고린토인들과는 달리 바울로는 자신이 하고 있는 일이 무엇인지를 알고 있었다. 즉 그는 "사기꾼처럼 보이면서도 진실된 인간으로서" 행동했던 것이다. 고린토후서를 써나가면서 바울로는 거의 상심에 빠지게 되었음이 틀림없으며, (내가 고린토전서 주석 서문에서 암시했듯이) 그를 생각하며 읽고 이해할 준비가 되어 있는 교회도 역시 스스로가 깨어져 나가는 아픔을 경험했을 것이다. 그러나 그러한 보물을 담고 있는 질그릇은 깨질 염려가 없다. 그리스도의 죽음을 짊어지고 다니는 것이 사도로서의 직분이며, 또 그러한 직분을 받아들이는 자는, 그들 자신을 신뢰하지 않고 죽은 자를 살리는 분을 신뢰하는 것을 배우게 되므로 죽음이 승리로 바뀌게 되는 것을 체험하게 된다. "모든 무상(無常)한 것은 단지 하나의 영상(映像)일 뿐이다." 바꿔말해 교회와 그리스도인들의 존재의 형태는 불가시적이고 영원한 세계가 아니라 가시적이고 잠정적인 세계에 속해 있다. 그러나 물론 그것은 거짓된 영상이 아니라 참된 영상이어야 하며, 또 고난도 참된 고난이어야 하고 위안도 참된 위안이어야 한다.

1972년 11월, 더럼에서

C.K. 바레트

에 인용된 루터의 말이다.

略 記 表

〈구약성서〉

창세	창세기
출애	출애굽기
레위	레위기
민수	민수기
신명	신명기
여호	여호수아
판관	판관기
삼상	사무엘상
삼하	사무엘하
열상	열왕기상
열하	열왕기하
이사	이사야
예레	예레미야
에제	에제키엘
호세	호세아
요엘	요엘
아모	아모스
오바	오바디야
요나	요나
미가	미가
나훔	나훔
하바	하바꾹
스바	스바니야
하깨	하깨
즈가	즈가리야
말라	말라기
시편	시편
욥기	욥기
잠언	잠언
룻기	룻기
아가	아가
전도	전도서
애가	애가
다니	다니엘
에스	에스델
에즈	에즈라
느헤	느헤미야
역상	역대기상
역하	역대기하
에스	에스델(그리이스어)
유딧	유딧
토비	토비트
마상	마카베오상
마하	마카베오하
지혜	지혜서
집회	집회서
바룩	바룩서
예편	예레미야의 편지

〈신약성서〉

마태	마태오의 복음서
마르	마르코의 복음서
루가	루가의 복음서
요한	요한의 복음서
사도	사도행전
로마	로마인들에게 보낸 편지
고전	고린토인들에게 보낸 첫째 편지
고후	고린토인들에게 보낸 둘째 편지
갈라	갈라디아인들에게 보낸 편지
에페	에페소인들에게 보낸 편지
필립	필립비인들에게 보낸 편지
골로	골로사이인들에게 보낸 편지
데전	데살로니카인들에게 보낸 첫째 편지
데후	데살로니카인들에게 보낸 둘째

	편지	야고	야고보의 편지
디전	디모테오에게 보낸 첫째 편지	베전	베드로의 첫째 편지
		베후	베드로의 둘째 편지
디후	디모테오에게 보낸 둘째 편지	요일	요한의 첫째 편지
		요이	요한의 둘째 편지
디도	디도에게 보낸 편지	요삼	요한의 세째 편지
필레	필레몬에게 보낸 편지	유다	유다의 편지
히브	히브리인들에게 보낸 편지	묵시	요한묵시록

〈참고문헌〉

Adam	C.K. Barrett, *From First Adam to Last*, 1962.
Allo	E.B. Allo, *Saint Paul: Seconde Épître aux Corinthiens (Études Bibliques)*, 1956.
Bachmann	P. Bachmann, *Der zweite Brief des Paulus an die Korinther*, third edition, 1918.
Background	C.K. Barrett (ed.), *The New Testament Background: Selected Documents*, 1956.
Barth, *C.D.*	K. Barth, *Church Dogmatics*, 1936—1969.
Bauer[1]	W. Bauer, *Griechisch-Deutsches Wörterbuch zu den Schriften des Neuen Testaments und der übrigen urchristlichen Literatur*, 1952.
B.D.[2]	F. Blass, *Grammatik des neutestamentlichen Griechisch*, revised by A. Debrunner, 1949.
Beginnings V	*The Beginnings of Christianity, Part I*, edited by F.J.F. Jackson and K. Lake; Volume V, edited by K. Lake and H.J. Cadbury, 1933.
Bengel	J.A. Bengel, *Gnomon Novi Testamenti*, 1862.
Benoit, I, II	P. Benoit, *Exégèse et Théologie*, two volumes, 1961.
Betz	H.D. Betz, *Der Apostel Paulus und die sokratische Tradition*, 1972.
Betz, *Lukian*	H.D. Betz, *Lukian von Samosata (Texte und Untersuchungen, 76)*, 1961.
Beyer	K. Beyer, *Semitische Syntax im Neuen Tes-*

1) W.F. Arndt와 F.W. Gingrich의 영어판(1957)도 참조하라.
2) 이것은 R.W. Funk의 영어판(1961)에도 해당된다.

	tament I, 1962.
Black, *Scrolls*	M. Black, *The Scrolls and Christian Origins*, 1961.
Bonsirven, *Ex.*	J. Bonsirven, *Exégèse rabbinique et Exégèse paulinienne*, 1939.
Bornkamm ii	G. Bornkamm, *Studien zu Antike und Urchristentum, Gesammelte Aufsätze II*, 1959.
Bornkamm, "Vorgeschichte"	G. Bornkamm, "Die Vorgeschichte des sogenannten Zweiten Korintherbriefes", in *Sitzungsberichte der Heidelberger Akademie der Wissenschaften, Phil.-hist. Klasse*, 1961 : 2.[3]
Bousset-Gressmann	W.Bousset, *Die Religion des Judentums im spáthellenistischen Zeitalter*, third edition by H. Gressmann, 1926.
Braun	H. Braun, "Qumran und das Neue Testament", in *Theologische Rundschau* N.F. 29.3 (1963), reprinted separately, 1966.
Bultmann, *Exeg.*	R. Bultmann, *Exegetica*, edited by E. Dinkler, 1967.
Bultmann, *E.&.F.*	R. Bultmann, *Existence and Faith*, edited by S.M. Ogden, 1961 (paperback, 1964).
Bultmann, *Probleme*	R. Bultmann, *Exegetische Probleme des zweiten Korintherbriefes(Symbolae Biblicae Upsalienses*, 9), 1947.
Bultmann, *Theol.*	R. Bultmann, *Theologie des Neuen Testaments*, 1948—1953 ; E.T.: *Theology of the New Testament*, 1965.
Calvin	J. Calvin, *The Second Epistle of Paul the Apostle to the Corinthians and the Epistles to Timothy, Titus and Philemon*, translated by T.A. Smail, 1964.
C.A.H.	*The Cambridge Ancient History*.
"Cephas and Corinth"	C.K. Barrett, "Cephas and Corinth", in *Abraham unser Vater, Festschrift für Otto Michel* (ed. O. Betz, M. Hengel, P. Schmidt), 1963, pp.

3) 이 논문은 *N.T.S.* viii, 258—64에 영역되어 있다.

	1—12.
Cerfaux, *Christ*	L. Cerfaux, *Le Christ dans la Thėologie de Saint Paul*, 1951 ; E.T.: *Christ in the Theology of Saint Paul*, 1959.
"Christianity at Corinth"	C.K. Barrett, "Christianity at Corinth", in *Bulletin of the John Rylands Library* xlvi (1964), pp. 269—97.
Collange	J.F. Collange, *Énigmes de la deuxième Épître aux Corinthiens*, 1972.
Conzelmann, *Theologie*	H. Conzelmann, *Grundriss der Theologie des Neuen Testaments*, 1967.
1 *Corinthians*	C.K. Barrett, *A Commentary on the First Epistle to the Corinthians* (Black's New Testament Commentaries), 1968.
W.D. Davies,	W.D. Davies, *Paul and Rabbinic Judaism*, 1948.
W.D. Davies, *C.O.J.*	W.D. Davies, *Christian Origins and Judaism*, 1962.
Denney	J. Denney, *The Second Epistle to the Corinthians* (Expositor's Bible), 1894.
Dibelius	M. Dibelius, *Paulus*, completed by W.G. Kümmel, 1951.
Dinkler	E. Dinkler, *Signum Crucis*, 1967.
Dodd, *A.S.*	C.H. Dodd, *According to the Scriptures*, 1952.
Dodd, *B.G.*	C.H. Dodd, *The Bible and the Greeks*, 1935.
Dodd, *Studies*	C.H. Dodd, *New Testament Studies*, 1953.
E.T.	English Translation.
"Flase Apostles"	C.K. Barrett, "*ΨΕΥΔΑΠΟΣΤΟΛΟΙ* (2 Cor. 11. 13)", in *Mėlanges Bibliques en hommage au R.P. Bėda Rigaux* (ed. A. Descamps and A. de Halleux), 1970.
Friedrich, "Gegner"	G. Friedrich, "Die Gegner des Paulus im 2. Korintherbrief", in *Abraham unser Vater* (see above), pp. 181—215.
Georgi, *Gegner*	D. Georgi, *Die Gegner des Paulus im 2. Korintherbrief*, 1964.
Georgi, *Kollekte*	D. Georgi, *Die Geschichte der Kollekte des*

	Paulus für Jerusalem, 1965.
Goppelt	L. Goppelt, *Christentum und Judentum im ersten und zweiten Jahrhundert*, 1954.
Goudge	H.L. Goudge, *The Second Epistle to the Corinthians* (Westminster Commentaries), 1927.
Güttgemans	E. Güttgemans, *Der leidende Apostel und sein Herr*, 1966.
Hatch, *Essays*	E. Hatch, *Essays in Biblical Greek*, 1889.
Héring	J. Héring, *La Seconde Épître de Saint Paul aux Corinthiens* (Commentaire du Nouveau Testament VIII), 1958 ; E.T.: 1967.
Hughes	P.E. Hughes, *Paul's Second Epistle to the Corinthians*, 1962.
J.T.S.	*Journal of Theological Studies.*
Käsemann I	E. Käsemann, *Exegetische Versuche und Besinnungen*, Erster Band, 1960 ; E.T.: *Essays on New Testament Themes*, 1964.
Käsemann II	E. Käsemann, *Exegetische Versuche und Besinnungen*, Zweiter Band, 1964 ; E.T.: *New Testament Questions of Today*, 1969.
Käsemann, *Freiheit*	E. Käsemann, *Der Ruf der Freiheit*, 1972 (Endgültige Fassung); E.T.: *Jesus means Freedom*, 1969.
Käsemann, "Legitimität"	E. Käsemann, "Die Legitimität des Apostels," in *Z.N.T.W.* xli (1942), pp. 33—71 ; reprinted as a separate work, 1956.
Kasting	H. Kasting, *Die Anfänge der urchristlichen Mission*, 1969.
Knox, *H.E.*	W.L. Knox, *Some Hellenistic Elements in Primitive Christianity* (Schweich Lectures, 1942), 1944.
Knox, *P.G.*	W.L. Knox, *St, Paul and the Church of the Gentiles*, 1939.
Kümmel	See Lietzmann.
Kümmel, *Introduction*	W.G. Kümmel, *Introduction to the New Testament*, 1966.

Kümmel, *Theologie*	W.G. Kümmel, *Die Theologie des Neuen Testaments*, 1969.
L.S.	H.G. Liddell and R. Scott, *A Greek-English Lexicon*, new edition by H.S. Jones and R. McKenzie, n.d.
Lietzmann	H. Lietzmann, *An die Korinther I, II* (Handbuch zum Neuen Testament 9) fifth edition with supplements by W.G. Kümmel, 1969.
Lindars	B. Lindars, *New Testament Apologetic*, 1961.
T.W. Manson, *P.&.J.*	T.W. Manson, *On Paul and John*, 1963.
Moule, *Birth*	C.F.D. Moule, *The Birth of the New Testament*, 1962.
Moule, *Idiom*	C.F.D. Moule, *An Idiom Book of New Testament Greek*, 1953.
M.i	J.H. Moulton, *A Grammar of New Testament Greek*, Volume I, Prolegomena, 1908.
M.ii	The Same: Volume II, Accidence and Word-Formation, by J.H. Moulton and W.F. Howard, 1929.
M.iii	The Same: Volume III, Syntax, by N. Turner, 1963.
M.M.	J.H. Moulton and G. Milligan, *The Vocabulary of the Greek Testament*, 1914—1929.
Munck, *Paulus*	J. Munck, *Paulus und die Heilsgeschichte*, 1954 ; E.T.: *Paul and the Salvation of Mankind*, 1959.
New Testament Essays	C.K. Barrett, *New Testament Essays*, 1972.
N.T.S.	*New Testament Studies.*
Nickle, *Collection*	K.F. Nickle, *The Collection*, 1966.
Nov. T.	*Novum Testamentum.*
O.G.I.S.	W. Dittenberger, *Orientis Graeci Inscriptiones Selectae*, 1903, 1905.
P.&.Q.	J. Murphy-O'Connor (ed.), *Paul and Qumran*, 1968.
"Paul's Opponents"	C.K. Barrett, "Paul's Opponents in II Corinthians", in *N.T.S.* xvii (1971), pp. 233—54.

Plummer	A. Plummer, *A Critical and Exegetical Commentary on the Second Epistle of Saint Paul to the Corinthians* (International Critical Commentary), 1915.
Radermacher	L. Radermacher, *Neutestamentliche Grammatik* (Handbuch zum Neuen Testament 1), 1911.
Reicke, *Diakonie*	B. Reicke, *Diakonie, Festfreude und Zelos*, 1951.
Richardson, *Theology*	A. Richardson, *An Introduction to the Theology of the New Testament*, 1958.
Rissi	M. Rissi, *Studien zum zweiten Korintherbrief*, 1969.
Robertson	A.T. Robertson, *A Grammar of the Greek New Testament in the Light of Historical Research*, 1919.
Romans	C.K. Barrett, *A Commentary on the Epistle to the Romans* (Black's New Testament Commentaries), 1962.
	A. Schlatter, *Paulus der Bote Jesu*, 1962.
Schmithals	W. Schmithals, *Die Gnosis in Korinth*, 1956.
Schoeps, *Paulus*	H.J. Schoeps, *Paulus*, 1959 ; E.T.: *Paul*, 1961.
Schoeps, *T.G.J.*	H.J. Schoeps, *Theologie und Geschichte des Judenchristentums*, 1949.
Schürer	E. Schürer, *The Jewish People in the Time of Jesus Christ*, 1885—1896.
Schweizer, *Beiträge*	E. Schweizer, *Beiträge zur Theologie des Neuen Testaments*, 1970.
Schweizer, *C.O.N.T.*	E. Schweizer, *Church Order in the New Testament*, 1961.
S.J.T.	*Scottish Journal of Theology*.
Sevenster, *Seneca*	J.N. Sevenster, *Paul and Seneca*, 1961.
Signs	C.K. Barrett, *The Signs of an Apostle*, 1970.
Signer	S. Singer (tr.), *The Authorised Daily Prayer Book of the United Hebrew Congregations of the British Empire*, 1912.
Stauffer, *Theol.*	E. Stauffer, *Die Theologie des Neuen Tes-*

	taments, 1945; E.T.: *New Testament Theology*, 1955.
Strachan	R.H. Strachan, *The Second Epistle of Paul to the Corinthians* (Moffatt New Testament Commentary), 1946.
S.B.	H.L. Strack and P. Billerbeck, *Kommentar zum Neuen Testament aus Talmud und Midrasch*, 1922—1961.
Studia Paulina	*Studia Paulina in honorem J. de Zwaan* (ed. J.N. Sevenster and W.C. van Unnik), 1953.
St. Th.	*Studia Theologica*.
Stuhlmacher, *Gerechtigkeit*	P. Stuhlmacher, *Gerechtigkeit Gottes bei Paulus*, 1965.
Syll.	W. Dittenberger, *Sylloge Inscriptionum Graecarum*, 1915, 1917, 1920, 1924.
"The Injury"	C.K. Barrett, "'Ο 'ΑΔΙΚΗΣΑΣ (2 Cor. 7.12)," in *Verborum Veritas: Festschrift für Gustav Stählin* (ed. O. Böcher and K. Haacker), 1970, pp. 149—57.
T.W.N.T.	*Theologisches Wörterbuch zum Neuen Testament*, ed. by G. Kittel and G. Friedrich, 1933.[4]
Thrall	M.E. Thrall, *Greek Particles in the New Testament*, 1962.
"Titus"	C.K. Barrett, "Titus", in *Neotestamentica et Semitica: Studies in Honour of Matthew Black* (ed. E.E. Ellis and M. Wilcox), pp. 1—14.
Turner, *Insights*	N. Turner, *Grammatical Insights into the New Testament*, 1965.
J. Weiss, *History*	J. Weiss, *The History of Primitive Christianity* (completed by R. Knopf), 1937.
Wendland	H.D. Wendland, *Die Briefe an die Korinther* (Das Neue Testament Deutsch 7), 1946.
Wilckens, *Weisheit*	U. Wilckens, *Weisheit und Torheit*, 1959.
Windisch	H. Windisch, *Der Zweite Korintherbrief* (Kritisch-exegetischer Kommentar über das Neue

4) 영어로 번역중에 있다(Grand Rapids, Michigan: Eerdmans).

	Testament—Meyer), 1924.
Z.N.T.W.	*Zeitschrift für die neutestamentliche Wissenschaft und die Kunde der älteren Kirche.*

〈凡 例〉

* 성서의 章節 표기는 아래와 같이 통일한다.
  1장 1—10절＝1, 1—10
  1장 1절—2장 1절＝1, 1—2, 1
  1장 1절, 10절, 20절＝1, 1·10·20
* 성서 본문은 구약은 공동번역, 신약은 새번역을 참조하고 저자의 사역을 충분히 고려하였다.
* 지명, 인명은 공동번역을 따랐다.

서 론

1. 고 린 토[1]

고린토는 지금의 그리이스 본토와 펠레폰네소스를 연결하는 지협의 서남단에 위치하고 있었다. 그곳은 북쪽 1.5마일 지점에 있는 고린토만(灣)의 레카이움과 동쪽으로 7.25마일 떨어진 사로닉만의 겐크레아(로마 16,1)를 포함한 복잡한 지역에 속해 있었다. 이 지역은 토지가 비옥하지는 않았지만 그 경제적 이점은 대단했다. 그곳은 남북으로는 육지와 연결되어 있고 동서 양 옆구리에 바다를 끼고 있어서, 북쪽과 남쪽을 잇는 육로를 관장하고 있었을 뿐만 아니라 동서를 뚫는 고린토 운하 —네로 황제에 의해 착공되었다가 곧 중단되었던 것인데 1893년에야 완성되었다— 가 개통되기까지는 양 해로를 연결하는 요충지였다. 때때로 선박들의 화물운송을 통제하는 것은 군사적으로 매우 중요했으며[2] 일찌기 호머가 '부유한 고린토' (*Iliad*, ii. 570 ; 참조. xiii. 664) 라고 말했을 정도로 상업상으로도 매우 중요했음이 분명하다. 고린토는 평지에 위치하고 있었는데, 해발 1857 피이트의 아크로 고린토 언덕이 흡사 성곽처럼 그 주위를 내려다보고 있다. 이처럼 경제적으로나 군사적으로 고린토는 유리한 조건에 있었다.[3] 이렇게 보면 그곳이

---

1) 이 章은 *I Corinthians*, 1—5(國際聖書註釋, 『고린토전서』, 17—23면, 한국신학연구소 간행 : 이하 『고린토전서』로 표기한다)에 기초하고 있으며, 거기에 실린 내용을 상당 부분 그대로 서술하고 있다.

2) 예를 들어 Thucydides viii, 7을 참조하라 : "스파르타인들이 세 명의 완전 시민들(Spartiatae)을 고린토로 파견한 것은, 지협 건너편에 정박해 있는 배들을 가급적 빨리 그쪽 바다로부터 아테네쪽 바다로 보내기 위해서는 그 배들에게 카이오스로 항해하라는 전갈을 보내야만 했기 때문이다.

3) 예를 들어 Plutarch, *Aratus* XVI, XVII(1034)를 보라 : "……그리이스 한

고대세계에서 왜 그토록 유명했던가를 이해할 수 있을 것이다. 그러나 놀랄 만한 사실은 고린토보다 더 뛰어난 도시가 있었다는 것이다.

B.C. 146년에는 고린토의 역사에 중요한 분기선이 그어지는데, 그것은 로마가 아카이아 연맹(Acacan League)을 해체시켰기 때문이다. 고린토 지협의 류코페트라에서 결정적인 교전이 있은 뒤, 집정관 루시우스 뭄미우스(Lucius Mummius)는 힘들이지 않고 고린토를 점령할 수 있었다. 시민들은 학살당하거나 아니면 노예로 팔려갔다. 도시는 파괴되었고 재건은 금지되었다. 이후로 고린토의 영토는 대부분이 로마의 공유지가 되었고, 그 중 일부만이 인접 속주인 씨시온(Sicyon)에게 주어졌는데 그것은 이제부터 고린토 대신에 씨시온이 체육제전(Isthmian Games: 옛날 고린토 지협에서 2년에 한번씩 열렸던 경기로서 올림픽경기와 더불어 고대 그리이스의 4대 경기 중의 하나였다)을 담당한다는 것을 조건으로 한 것이었다. 고린토는 그후 100년 동안 폐허가 된 채로 있다가 후에 줄리우스 씨이저에 의해 로마의 식민지로 재건되었다.

재건된 새 고린토는 당연히 옛 고린토의 지리적 특징을 그대로 지니고 있었다. 그러나 그밖의 점에서는 새 도시는 옛 도시와 별로 관계가 없었다. 오늘날 여행자들은 그리이스 도시의 모습은 거의 볼 수 없고 아폴로 신전의 여섯 돌기둥만을 볼 수 있을 뿐이다. 지금은 로마의 주춧돌이 훨씬 두드러지게 눈에 띈다. 그러나 이 점은 파우사니아스(Pausanias)[4]의 시대에도 이미 그러하였다. 파우사니아스는 옛 고린토와 새 고린토를 대조시켜 표사하면서 이를테면 다음과 같이 말했다. "그들에 대한 존경의 표시로 매년 드리는 희생제물 의식이 제정되었고, 공포($\delta\epsilon\hat{\iota}\mu\alpha$)의 상(像)이 세워졌다. 이 공포의 상은 오늘날까지도 남아 있다.…… 그러나 로마인들이 고린토를 파괴하고 고대 고린토인들이 사라져 버린 이후로는 식민지 개척자들은 더 이상 제사를 드리지 않았고, 아이들이 머리털을 자르거나 검은 옷을 입지도 않게

북판(즉 펠로폰네소스와 에피루스 사이)에 치솟은 매우 높은 산 아크로고린토에는 수비대가 주둔해 있었는데, 그 산은 길을 가로막고 있어 자연히 통상과 운송과 전투에 있어서 지협 내의 모든 육로를 막고 육로든 해로든 모든 교통을 차단시켰으므로, 그 산을 지배하고 통제하는 사람이 수비대 대장이 되었다. ……그 산은 항상 모든 왕들과 통치자들이 쟁탈전을 벌였던 곳이다.

4) G. Roux, *Pausanias en Corinthe*(1958), 29에는 고린토에 대해 기술하고 있는 파우사니아스의 두번째 책의 연대가 155±~170±로 제시되어 있다.

되었다"(Pausanias, Ⅱ, iii. 7). 고린토의 전통에 대해 거의 아무런 의미도 느끼지 못하는 새 이주자들이 로마제국의 여러 지역에서 속속 들어 왔다. 그들 대다수가 제대한 군인들이었을 것이다. 그들 가운데 그리이스인들도 있었음이 분명하긴 하지만 바울로 당시 고린토가 어떤 면에서건 뚜렷이 그리이스적이었다고 볼 수는 없다. 고린토에 유다인들이 있었다는 사실은 한 비문[5]을 통해 알 수 있는데, 그 글자들이 훼손되어 확실하게 보이지는 않지만 '유다인의 회당'([Syn]agogue of the Hebr(ews)...1ΓΩΓΗ EBP...)이라고 씌어진 것 같으며 이것은 회당문의 상인방돌(lintel)의 일부분으로 생각된다. 이 비문의 연대를 정확하게 말할 수는 없지만 그것은 사도행전 18장 4절("그는 안식일마다 회당에서 변론하였다")을 충분히 확증해준다. 새 고린토는 이렇게 세계적인 도시였던 것이다. 한 세기가 지난 당시의 새 고린토에 대해, 부도덕하다는 옛 고린토에 대한 평판을 그대로 적용할 수 없게 되었다(고린토라는 이름에서 파생된 말들은 옛 희곡에서 "간음하다," "포주" 등의 의미로 사용되었던 것으로 보인다). 하지만, 그렇다고 하여 이 새 도시가 옛날의 오명에서 벗어나서 좋은 평판을 얻었다고 말할 수도 없다. 바울로 시대의 고린토는 그 시대의 어느 다른 큰 항구나 무역 중심지에 비해 평판이 썩 좋지도 썩 나쁘지도 않은 정도였다.

바울로가 처음 고린토를 방문했을 때(고전 2, 3) 그를 두렵게 한 것은, 그 도시의 좋지 않은 평판이 아니라 아마도 자신의 직분과 책임감이었을 것이다. 그는 그리스도께서 십자가에 못박히셨다(고전 2, 2)는 것 이외에는 설교하지 않았고 이 주제를 설명하는 데 있어서 어떤 인간적인 기교도 구사하지 않기로 결심하였다(고전 1, 17 ; 2, 1). 이러한 결심에도 불구하고 (어쩌면 바울로 자신이 말한 바와 같이 바로 이러한 결심 때문에) 그의 설교를 듣고 많은 고린토인들이 개종하게 되었는데, 그들 가운데 최초의 개종자들 —적어도 아카이아에서의 최초의 개종자들, 혹은 고린토보다 먼저 복음화된 도시 아카이아에 대해 우리가 아는 바가 없다는 것을 전제한다면 아마 고린토에서의 최초의 개종자들— 은 스데파노와 같은 세대였다(고전 14, 15). 바울로는 그리스도교 교회를 위해서 오직 하나의 기초를 놓았는데 그 유일한 기초는 바로 예수 그리스도였다(고전 3, 10—11). 다른 사람들은 이 기초 위에 건물을 세워야 했는데 그 위에 세워진 건물은 그것을 받치고 있는 기초만큼 만족스럽지 못하다는 사실이 드러났다. 고린토에 있는

5) *Background*, 50을 참조하라.

하느님의 교회도 흠이나 주름잡힌 데가 전혀 없지는 않았다. 이렇게 된 부분적인 이유는 아마도 다종다양한 수많은 건축자들이 그 건물을 지은 데 있었던 것 같다. 아폴로는 분명히 고린토에서 활동하고 있었다(고전 3,6). 베드로도 이와 같이 활동했을 것 같기는 하지만 확실하지는 않다.[6] 교회 성원들은 창설자들의 다양성 때문에 또한 분명히 그들 자신이 신앙적으로 완전하게 성숙하지 못했기 때문에, 비록 칼로 잘라내듯 그렇게 분명하게 분열되지는 않았지만, 각기 그리스도교 지도자의 이름을 내세워 파당을 짓는 경향이 있었다(고전 1,11—12). 고린토전서가 씌어질 당시에도 이미 고린토교회의 생활에 또 다른 오점들이 있었다. 주의 만찬을 남용하는 일이 생겨나기도 했으며(고전 11,18—22) 악명높은 부도덕한 사례가 발생하기도 했고(고전 5,1—5), 성도들 가운데 공적 소송이 제기되는가 하면(고전 6,1—8), 우상 앞에 놓았던 음식을 먹어도 되는지에 대해 논쟁이 일어나기도 했고(고전 8,1—13 ; 10,14—11,1), 결혼 예법에 관한 의견의 불일치도 있었으며(고전 7,1—40), 혼외 성관계를 가져도 좋은지에 대한 문제가 제기되기도 했다(고전 6,12—20). 그리스도교의 부활 교리는 부인된 것처럼 보였고(고전 15,12), 바울로의 사도직분이 의심을 받기도 했다(고전 4,3—15 ; 9,1—2).

한동안 바울로는 고린토를 떠나 있었으나 그곳의 교회와는 계속 접촉을 했다. 그는 글로에의 집 사람들을 통하여 교회 내에 파당들이 생겼다는 사실을 알게 되었다(고전 1,11). 스데파나와 포르두나도와 아카이고는 사실상 교회의 대표자로서 바울로를 방문했고(고전 16,17—18), 아마도 고린토전서 7장 1절(이에 대한 주석 참조)에서 언급했던 편지를 전해주었을 것이다. 고린토전서 5장 9절(이에 대한 주석 참조)은 바울로가 고린토교회에 이미 편지를 썼던 사실을 언급한다. 흔히 "이전의 편지"라 불리우는 이 편지는 완전히 분실된 것 같다. 그 편지의 어떤 한 부분, 혹은 몇몇 부분들이 고린토전서에서 발견된다는 견해에 대해서는 『고린토전서』, 30—35면을 참조하고, 편지의 일부가 고린토후서 6장 14절—7장 1절에 포함되어 있다는 견해에 대해서는 이 책 33—35·37—38·49 이하·249면 이하를 참조하기 바란다.

그러므로 바울로가 첫번째 편지를 쓰기까지의 고린토교회와 바울로의 관계에 대한 역사적인 이야기는 오직 확실히 바울로가 쓴 순수한 그 자신의 저작들에 근거해서만 서술할 수 있다. 이것은 빼놓을 수

6) 고린토전서 9장 5절을 보라. 또한 "Cephas and Corinth"를 참조하라.

없는 중요한 기초를 이룬다. 그러나 사도행전에서 말하고 있는 내용도 그러한 서술과 일치한다. 사도행전에 따르면 바울로는 아테네를 방문한 후에 고린토에 도착했다(사도 18, 1). 그는 아퀼라와 브리스킬라를 만났으며(사도 18, 2—3. 그러나 고린토전서 16장 19절에는 부인의 이름이 브리스카로 되어 있다), 회당을 이용했는데 실라와 디모테오가 그와 합류했을 때는 좀더 자유롭게 회당을 이용했다(사도 18, 4—5). 유다인들과의 어려움 때문에 그의 선교는 특별히 이방인, 특히 회당과 이방 세계 사이의 중간 위치에 있던 "하느님을 경외하는 자들"을 향하게 되었다(참조. 사도 18, 7. 이 귀절을 보면 바울로가 하느님을 경외하는 자였던 디디오 유스도의 집에서 활동하고 있다). 그런데 회당장 그리스보(비교. 고전 1, 14)가 개종하게 되었다(사도 18, 6 이하). 바울로는 하느님의 도우심에 힘입어서 열여덟 달 동안 선교활동을 계속하였다. 사도행전 18장 12—17절은 A.D. 51년(?) 여름부터 아카이아 지방 총독이었던 갈리오[7] 앞에 등장한 바울로에 대해 이야기한다. 바울로가 50년 3월경에 고린토에 도착해서 51년 9월까지 그곳에 머물렀다고 추정하는 것은(비록 그 연대가 1년 정도는 오차가 생길 수 있다 하더라도) 타당하다. 오래지 않아서 바울로는 고린토를 떠나 시리아로 향했다(사도 18, 18). 에페소에 이른 그는 돌아오리라는 약속을 하고서 그곳을 떠났다(사도 18, 19 이하). 이로써 그는 소위 2차 전도여행을 끝냈다(사도 18, 22—23). 그 뒤를 이어 사도행전은 아폴로를 언급하면서 그가 브리스킬라와 아퀼라에게서 가르침을 받은 일과 아카이아로 여행한 일 등을 함께 언급하고 있는데, 아카이아로 가는 도중에 그는 분명히 고린토를 방문했을 것이다(18, 24—28 ; 19, 1). 사도행전 19장에 따르면 바울로는 다시 에페소에 돌아왔다. 그리고 그곳에서의 2년 3개월 간(19장 8·10절을 보라. 그러나 20장 31절에 3년으로 되어 있다해서 이 기록과 모순되는 것은 아니다)의 선교활동이 사도행전 19장 1절—20장 1절에 나와 있다. 그 동안에 바울로는 디모테오와 에라스도를 마케도니아에 보낸 것으로 되어 있으며(사도 19, 22), 한편 그 자신 역시 그곳으로 여행할 계획을 세웠다고 한다(19, 21). 이런 여행들이 고린토전서 16장 5·10절에서 말하는 여행들과 일치한다고 생각해도 될 것이다. 만일 그렇다면, 그리고 사도행전이 전하는 연대들이 신빙성이 있는 한, 우리는 고린토전서의

7) 갈리오 총독이 재임했던 기간에 관해서는 델피에서 발견된 비문에서 밝혀졌다. *Background*, 48f.와 *Romans*, 4f.를 참조하라.

연대를 추정할 수 있는 꽤 정확한 단서를 갖고 있는 셈이다. 바울로가 안티오키아에 얼마 동안 머문 것과 "북부지역"을 여행한 것(사도 19, 1)을 감안한다면, 그는 52년 늦여름에 다시 에페소에 도착했을 것이다. 그가 예루살렘에서 보내게 되기를 갈망했던 오순절(20, 16)은 55년의 오순절이었을 것이다. 고린토전서 16장 8절에 나오는 오순절은 53년이거나 아니면 더 그럴법하게는 54년의 오순절이었을 것이다. 그러므로 고린토전서의 가장 그럴 듯한 저작 연대는 54년 초나 어쩌면 53년 말경일 것이다.

고린토전서의 연대를 측정하는 이러한 논증은 서신 전체의 통일성을 전제로 하는 것이다. 만일 이 편지가 바울로가 고린토에 보낸 둘 이상의 서신들의 일부를 편집하여 작성한 문서라고 본다면 연대를 추정하는 것은 훨씬 더 복잡한 문제가 될 것이다. 그러나 이 책에서는 고린토후서의 분석과 관련된 것을 제외하고는 고린토전서의 작성에 관한 문제를 더 이상 논의할 필요가 없다. 첫번째 서신이 통일성이 있다는 데 대해서는 고린토전서 주석에서 논의했고(특히 『고린토전서』, 30—35면, 또한 145·225—226·237면), 여기서도 이 결론을 전제하고 있다. 우리는 앞으로 고린토후서에서 제기되는 문제들을 논의할 때 다음과 같은 사실들을 전제하고 진행할 것이다. 즉 바울로가 50년 봄부터 51년 가을까지 고린토에 있었으며(이것은 물론 확실치 않으며 독단적으로 주장해서는 안 되지만 실제로 이 가정은 매우 개연성이 있다), 그로부터 얼마 안 있어 첫번째 편지를 썼고(52년이나 혹은 53년이라고 추측할 수 있을 것이다), 53년 말이나 혹은 보다 그럴법하게는 54년 초에 실제로 오늘날 우리가 읽는 것과 같은 형태의 고린토전서를 썼다는 것이다.

Ⅱ. 고린토전서 이후의 고린토

ㄱ) 고린토전서가 씌어진 이후 고린토에서 무슨 일이 일어났는가, 그리고 바울로는 거기에 어떻게 대응했는가, 바울로와 그의 동역자들은 어디 어디를 방문했으며 바울로는 또 어떤 편지를 썼는가, 고린토를 방문한 또 다른 방문객들은 누구인가, 그리고 바울로는 그들을 어

떻게 생각했는가? 이상과 같은 문제들은 오직 고린토후서 자체로부터만 추론할 수 있다. 사도행전은, 비록 우리가 그 문서의 역사적 신빙성에 대해 의문의 여지 없이 확신하여 그 내용들을 사용할 수 있다 할지라도 이상의 문제에 대해서는 거의 아무런 정보도 제공해줄 수 없다. 더구나 우리들의 유일한 자료인 고린토후서는 매우 어려운 문학적 문제들을 많이 안고 있기 때문에 순환논법으로—역사적 재구성에서부터 문학적 가설로, 그리고 문학적 가설로 소급해서 역사적 재구성으로— 논증을 전개하게 될 심각한 위험이 뒤따른다. 고린토전서 이후의 고린토의 상황을 재구성하는 일은 사실들보다 이론들이 차지하는 범위가 훨씬 더 많고, 사실과 이론 둘 사이를 분명히 구별하기가 어려운 분야이다. 만일 내가 주석서를 쓰는 동안 다루게 되는 여러 사건들과 문학적 관련성들에 대한 나의 견해를 설명하고 세부적인 사항들을 언급한 후 (지면이 허락하는 한), 다른 사람들의 견해를 서술하고나서, 마지막으로 자료들과 다른 사람들의 견해를 참조하여 나 자신의 재구성이 정당함을 밝힐 수만 있다면, 이 작업을 통해 다른 점들은 물론이고 위에서 언급한 점 역시 더욱 분명해지기를 바란다. 다음의 몇 가지 진술들은 그 진술들에 담긴 내적 일치성을 무시한 어떤 권위를 주장하려는 것은 아니라는 것, 또한 어떠한 독단적인 면이 보인다 하더라도 그것은 단순히 간결함과 확실성을 얻고자 하는 시도에서 기인한 것임을 독자들은 분명히 이해해야 할 것이다. 고린토인들의 상황을 진지하게 연구해 본 사람은 어느 누구도 자신이 진리를 독점하고 있다고 확신하지는 못할 것이다.

바울로는 고린토전서를 A.D. 54년 초에 썼으며, 추측컨대 자신이 거기서 고린토의 문제를 적어도 당분간은 해결할 수 있기를 바랐다. 사실 그는 이에 대해서 완전히 확신할 수는 없었고, 그가 손에 채찍을 쥐고 고린토를 방문할 가능성은(고전 4,21) 여전히 있었다. 그러나 그는 고린토에 상당히 오랜 동안 머무르기를(고전 16,5—9) 고대했으며 그 기간 동안 예루살렘에 있는 가난한 신도들을 위한 모금을 끝낼 수 있기를 원했다(고전 16,1—4). 그 기간의 마지막에 그는 몸소 고린토의 대표자들을 데리고 예루살렘으로 여행했을 것이다.

이 첫번째 서신은 "성공적인 문서가 아니였다."[8] 적어도 그것은 완벽하게 성공적이지는 못했다. 아마도 몇 가지 문제점들은 해결이 되었던 듯하다. 우리는 (고린토후서에서) 부활이라든가 우상에게 바쳤

8) 『고린토전서』, 22면.

던 음식을 먹는 것에 관한 논쟁을 더 이상 들을 수 없고, 영지(Gnosis)나 지혜에 대한 언급도 고린토전서에서보다 훨씬 드물게 접하게 되는데 그것은 영지주의의 위협이[9] 약화되었기 때문일 것이다. 그러나 만일 바울로가 고린토교회로부터 더 이상의 말썽이 생기지 않을 것으로 기대했다면, 그는 몹시 실망했을 것이다. 비록 새로운 문제의 원인들이 밖으로부터 고린토로 들어온 것처럼 보이기는 하지만 말이다.

고린토전서가 씌어진 직후에 어쩌면 그 이전에, 고린토에는 스스로가 그리스도의 사도요 훌륭한 그리스도의 종이라고 떠들고 다니며 또 그렇게 받아들여졌던 일군의 사람들이 들어왔다. 그들은 자신들의 주장을 옹호하기 위하여 예루살렘 교회가 발부한 추천서를 가지고 있었다. 이 문서들이 '기둥들'(갈라 2,9)에 의하여 인정된 것인지에 대해서는 확실히 알 수 없지만, 비록 그렇지 않다 하더라도 그 문서를 가져온 사람들이, 예루살렘에서 나온 것이면 무엇이든지 그 배후에 '육을 따라서' 예수를 알았던 최초의 사도집단의 권위가 있다고 주장하기는 쉬웠을 것임에는 틀림없다. 이러한 "사도들"은 지금까지 그리스도를 알지 못했던 사람들에게 그리스도 신앙을 전하기 위해 비그리스도교적 세계에 들어가는 사람들이라는 의미에서의 "선교자들"은 아니다. 그들은 히브리어 shaliaḥ의 일반적인 의미에서의 사도들이다. 즉 그들은 자신들을 위임한 사람들의 대리인들이었다. 그들은 이방세계에 세워진 교회들을 예루살렘 교회에 연결시키는 (아마도 복종시키는) 직무를 맡고 있던 예루살렘 교회의 대표자들이었다. 적어도 이러한 의미에서 그들은 유다화시키려는 사람들이었다. 이들이 갈라디아의 유다주의자들처럼 율법에 대한 전반적인 존경심은 물론이고 할례까지도 요구했는지에 대해서 우리는 확실히 알 수 없다. 바울로가 이 문제에 대해 언급하지 않는 것으로 보아 아마도 그들은 그렇게 하지는 않았을 것이다. 보다 설득력 있는 견해는 그들이 소위 사도행전 15장 20·29절에 나온 (이방인들에 대한) 법령이나 노아의 계명(the Noachian Precepts : 참조. 출애 9,4 이하)[10]과 같은 율법 요약문들로 자신들의 입장을 삼았으리라는 것이다. 그들은 바울로의 사도직을 인정하지 않았다. 그는 아무런 추천서도 가져오지 않았으며, 율법의 행위와는 상관

9) 『고린토전서』, 77면 이하를 참조하라. 영지주의자들(Gnostics), 영지주의(gnosticism), 지식(knowledge), 영지(γνῶσις).

10) *S.B.*, iii. 37—8 ; *Adam*, 23—6.

없이 오직 믿음에 의하여 의롭게 된다는 그의 복음은 의심을 받았기 때문이다. 아마도 처음부터 그러지는 않았겠지만 나중에 그들은 그를 가리켜 자격도, 권위도 없는 거짓 사도라고 말했을 것이다(바울로 자신이 11장 13절에서 거짓 사도라는 말을 사용한 것은 이에 대한 맹렬한 반격일 것이다). 그와는 대조적으로 그들은 자신들이 확실하게 주장했던 권위를 버리고, 공격적이고 권위주의적인 태도로 행동했다.

고린토전서 16장 5절(비교. 4,19 이하)에서 바울로가 말했던 대로 고린토를 실제로 방문했을 때 이 사람들은 이미 고린토교회를 장악하고 있었다. 위의 귀절에서 바울로는 마케도니아로 설교여행을 할 때 고린토를 방문하겠다는 뜻을 밝히고 있다. 말하자면 그는 에페소로부터 마케도니아로 갔다가 그 곳을 지나 고린토로 가겠다고 제안하고 있는 것이다. 그는 아마도 고린토 사람들에게 두번 방문의 기쁨을 주기 위해서 자신의 계획을 바꾸었던 것 같다. 그는 맨먼저 아카이아로 갔다가 마케도니아로 가고, 그리고 나서 아카이아를 거쳐 에페소로 돌아오려고 했다. 이처럼 두번 방문함으로써 그는 (고린토전서 16장 1—4절에서 말하는대로) 헌금 문제를 처리하려고 했다. 그러나 이러한 계획은 고린토에서 그를 기다리고 있던 예기치 못했던 돌발사태로 인해 좌절된다. 아버지와 자녀들 사이에는 행복한 재결합이 이루어지지 않았다(4,14—15). 헌금 문제를 꺼내는 것은 불가능했다. 얼마나 많은 "거짓—사도들"(바울로가 11장 13절에서 사용한 말)이 있었는지 우리는 알지 못한다. 어쩌면 그러한 사람들의 집단이 있었을 수도 있다. 이 사건에서 어느 한 사람이 바울로를 공격하고 모욕하는 데 특별히 지도적인 역할을 담당했을 것이다. 고린토 사람들은, 그들 중 많은 사람들이 그러한 불화에 참으로 당황하였으므로 어떻게 행동해야 할지 알지 못했다. 아뭏든 그들은 바울로의 적대자의 편에 분명히 서지는 않았지만 바울로가 기대했던 만큼 바울로의 편을 들지도 못했다. 적어도 당분간은 견딜 수 없는 상황이었기 때문에 바울로는 고린토를 거쳐서 돌아가려 했던 계획을 포기하고 마케도니아와 에페소를 향해서 떠났다. 이런 상황에서 두번째 방문을 한다면 그것은 아무런 유익이 되지 못할 것이고, 서로를 비난하고 분노에 찬 언쟁을 유발하게 될 뿐이라고 그는 생각했을 것이다. 그가 고린토 사람들에게 퍼붓고 싶은 비난이야 무척 많았겠지만, 그것을 절제하는 것이 오히려 더 나았을 것이다.

상황이 고통스럽기는 했지만 그렇다고 전혀 희망이 없는 것은 아니었다. 비록 바울로가 아카이아를 거쳐 돌아가지 않기로 결정한 것이, 변덕스럽다는 비난을 듣게 되는 계기가 되었다는 점에서 실수이긴 했지만 말이다. 그는 자신이 한 약속을 지키지 않았으며, 자기 마음대로 계획을 바꾸었다. 고린토인들의 충성스럽지 못한 행위를 나무랄 필요가 있었으나 그것은 단지 편지로도 가능했으며, 또한 헌금계획을 수행하는 것도 필요했으나 그 일은 바울로가 신임했던 동역자 디도도 할 수 있었다. 그래서 바울로는 고린토에 보내는 편지를 써서 그것을 디도에게 맡겼다. 그런 류의 편지를 쓴다는 것은 많은 눈물을 흘려야만 하는 힘든 작업이었다. 자기 자신의 자녀를 나무라는 것은 결코 쉬운 일이 아니기 때문이다. 그러나 그들은 성숙해가야만 했다. 그들은 자신들의 종들, 곧 사도들을 평가할 줄 알아야 했던 것이다. 이전에 고린토를 방문한 적이 없었던 디도는 이 직무를 받아들였다. 이것은 아마 틀림없이 54년 한여름에 일어났을 것이다. 바울로가 오순절까지 (고전 16,8) 에페소에 머무르려고 했던 계획을 그대로 실행하지 않았다고 추정할 만한 뚜렷한 이유가 없으며 그가 그보다 훨씬 더 오랫동안 거기 머물렀다고 가정할 만한 이유도 없다. 실제로 그는 그렇게 할 수 없었을 것이다. 에게해를 건너는 데는 그리 오랜 기간이 걸리지 않았고, 고린토에서의 소란은 아마도 6월 초에 일어났을 것이다.

디도는 (현재 남아 있지 않은) 편지를 가지고 고린토로 향했다. 남아 있던 바울로는 매우 걱정에 싸여 있었다. 그는 고린토인들에 대해서는 그리 큰 걱정을 하지 않았다. 그들은 이제 정신을 곧 차리게 될 테니까. 그러나 디도에 대해서는 염려가 되었다. 그것은 부분적으로는 디도가 몰래 침입한 "사도들"을 상대해야 되고 또 부분적으로는, 만일 모든 일이 잘 되면 그가 상당한 액수의 돈을 바울로에게 가져오게 될 것이기 때문이었다. 바울로는 어느 누구보다도 '로마제국의 평화(pax romana)'에도 불구하고 그 당시 노상(路上) 여행자들을 위협하는 강도들의 소행을 잘 알고 있었던 것이다. 그는 마냥 에페소(이곳 역시 어려움이 많았다)에서 기다리고 있을 수만은 없었다. 그래서 디도를 마중하기 위해 트로아스로 출발했다. 그의 목적은 단순히 디도를 마중하는 것뿐만이 아니라 트로아스에서 복음을 전도하려는 것이기도 하였다. 그리고 복음을 전도할 호기가 주어졌는데 바울로는 다른 상황에서였다면 즐겨 그 일을 했겠지만 디도를 만나기까지는 평정을 찾을 수 없었기 때문에, 서둘러 (육로로 갔는지 해로로 갔는지 우리는 알 수 없으나) 마케도니아로 달려갔다. 거기서 두 사람은 다시 만났고, 바울로는 디도가 가져온 소식에 기뻐하였다. 고린토 사람들은 전적으로 바울로의 편이었다. 그의 편지는 그가 의도했던 대로 그들의 마음을 상하게 했다. 그러나 그렇게 하여 그들은 회개하게 되었고, 비록 그들이 자신들이 마땅히 해야 하는 만큼 효과적으로 바울로에 대한 충성심을 보여주지는 못했을지언정 이제 자신들이 항상 변함없이 그에게 충성스러웠음을 보여주고자 애쓰고 있었다. 그들은 그때까지 그렇게 하지 못했던 것을 뉘우쳤다. 더우기 그들은 (적어도 그들 중 대다수는) 바울로를 공격했던 주모자를 처벌하기로 결정했다. 사실 모금하는 일을 완전히 마무리짓지 못했으나 바울로가 마케도니아 사람들과의 대화에서 과장하여 말하고 있듯이 시작은 좋게 이루어졌다. 그리고 중요한 점은, 바울로가 디도에게 장담한 것처럼 고린토 사람들이 옳은 편에 섰다는 사실이었다.

바울로는 이러한 새로운 상황에 대해 즐거워하면서 고린토에 보내는 또 하나의 편지—네번째 편지—를 썼다. 이것이 고린토후서 1—9장에 실려 있다. 비록 성격이 다르기는 하지만 나무라는 편지와 마찬가지로 이것도 두 가지 목적에서 씌어진 것이었다. 그 하나는 모금하는 일에 관한 것이고 다른 하나는 사도직에 관한 것이다. 모금하는 일은 여전히 끝을 맺어야 하는 일이었다. 그래서 디도는 두 형제들의 협력을 받아 그가 시작했던 일을 완수하려고 했다. 이 일은 조심스럽게 이루어져야 했다. 왜냐하면 지금 고린토 사람들을 고무하기 위해서 마케도니아 사람들을 모범으로 이용한 바울로는, 일찌기 마케도니아 사람들을 격려하기 위해서 고린토 사람들을 이미 모범으로 내세웠던 적이 있으므로, 그는 고린토에 도착한 마케도니아 사람들이 자신들이 기대했던 것보다 일이 진척되지 못했다는 것을 알게 될까 두려웠기 때문이다. 또한 사도직에 대한 일반적인 의문도 제기되고 있었다. 고린토 사람들은 (디도가 바울로에게 말했듯이) 열광적으로 바울로의 편에 서서 공격자들을 지나칠 정도로 가혹하게 벌하려고 했으나 바울로는 그렇게 하는 것을 제지하였다. 일반적으로 회개를 하는 분위기에서는 서로간의 사랑이 중심이 되어야 한다. 바울로는 그들의 열광주의나 또 그들의 선한 의도에 대한 확신에도 불구하고 사도직과 복음에 대한 고린토 사람들의 신학적 판단을 참으로 신뢰하지는 않았던 것으로 보인다. 사도들은 진실로 그들의 종이었고, 그리스도인으로서 진리가 어디에 있는지를 판단해야 할 책임이 있었다. 그러나 사도들은 자신들 앞에 놓여 있는 문제에 적용할 적절한 기준을 마련할

기 위해 많은 가르침을 받을 필요가 있었다(고린도후서 1—7장으로부터 그렇게 추론할 수 있을 것이다).

디도와 그의 동료 두 사람은 편지를 가지고 떠났다. 그들의 귀환이 좌절됨으로써, 혹은 어떤 다른 통로를 통해서, 바울로는 디도가 전에 고린토의 상황에 대하여 잘못 판단했었고 잘못 전해주었다는 사실을 뒤늦게 알았다. 그러한 상황이 디도가 그 도시를 떠난 직후 곧바로 급속하게 바뀐 것이 아닌 한 말이다. 바울로가 아니라 몰래 들어온 거짓 사도들이 판을 치고 있었다. 그들의 우두머리는 부재중인 바울로를 마음대로 모욕하고 있었고 그 집단은 아카이아 선교 지역에 대한 예루살렘의 관할권을 주장했다. 고린토 사람들은 사도들의 주장의 정당성을 평가할 그들 나름의 기준을 발전시켜 나갔다. 그리고 거짓 사도들은 이러한 기준들을 만족시킬 수 있었다. 그들은 추천서를 이용하여 매우 거만하게 행동했을 뿐만 아니라, 환상과 계시를 본다고 공언했으며 지식을 소유하고 있고 영감을 받아 말을 한다고 장담했다. 또한 그들은 바울로에 대해서 말하기를, "그는 편지는 제법 쓰지만 언변은 형편없으며, 외모 역시 보잘 것 없고 인상도 그다지 좋지 않았으므로 교회의 지지를 받을 만한 권리를 행사하지도 못했고, 또 그러한 권리를 소유하지도 못했다. 그래서 그는 가난한 사람들을 위한 헌금이라는 명목을 내세워 그 돈을 훔침으로써 그런 자신의 약점을 보상하려 하였다. 간단히 말해서 그는 하잘 것 없는 존재였던 것이다. 그는 그리스도를 직접 알지도 못했으며 그리스도가 그 안에서 말씀하신 적도 없다"고 했다.

이왕이면 다음과 같은 사실에 주목하는 것도 좋겠다. 즉 이상과 같은 상황은 새로운 부류의 그리스도교적 유다인—이들은 예루살렘에서 발생하였고 율법을 고수하기로 했으나 고린토의 이방 그리스도인들이 사용하는 헬레니즘적 혹은 영지주의적 표준에 적응하려고 하는 부류의 사람들이었다— 을 탄생시켰던 것이다. 이러한 사태는 그리스도교적 영지주의의 성장에 있어서 중요한 한 단계를 특징짓는다.

바울로는 단호한 행동을 통해서만 상황이 회복될 수 있다고 보았다. 그는 우선 편지를 썼다. 이 내용은 (전체가, 혹은 그 일부가) 고린토후서 10—13장에 실려 있다. 이 편지는 자신의 사도 신분에 대한 당당한 옹호와 자신이 사도직을 어떻게 이해했는가에 대한 상세한 설명, 그리고 거짓 사도들에 대한 신랄한 풍자적 공격으로 특징을 이루고 있다. 이것 역시 쓰기 힘든 편지였다. 왜냐하면 바울로는 세 부류의 사람들을 염두에 두고 있었기 때문이다. 첫째 부류는 그가 이제 맹렬하게 싸울 준비를 하고 있는 거짓 사도들이고, 둘째 부류는 예루살렘 사도들이었다. 그런데 바울로는 이 예루살렘 사도들로부터 아무런 감명도 받지 못했고, 자신이 이들과 동등하다는 것을 알고 있었지만 그렇다고 이들에 대해 불만을 가지고 있지도 않았으며, 다만 그들이 거짓 사도들과 확실하게 관계를 끊기를 원하고 있었다. 마지막 부류는 고린토 사람들이었는데 바울로는 이들이 자기 자신에 대한 충성심뿐만이 아니라 그리스도에 대한 충성으로부터도 멀어질 위험에 처해 있다고 판단했지만 여전히 그는 그들을 자신이 돌보아야 할 자녀로서 극진히 사랑하고 있었다. 그는 편지에서 고린토를 세번째로 방문할 것을 약속했다. 그리고 그는 이번에는 용서치 않으려 하였다. 그렇게 하는 것이 아무리 그 자신에게나 또 다른 사람들에게 고통스러운 일일지라도 그는 필요한 행동을 감행하려 하였다.

그 편지는 전해졌고(이것이 고린토의 공문서 보관소에 들어와 있었던 것을 보면 그것은 확실하다) 방문도 행해졌다. 만일 사도행전 20장 1—2절의 진술을 받아들인다면 바울로는 마케도니아를 한번 더 통과해서 여행했다. 그는 에게해를 거쳐 해로로 편지를 보냄으로써 그 편지가 자기보다 먼저 도착하도록 했을 것이다. 마케도니아를 여행한 후에 바울로는 55년 초 그리이스에서 3개월 간을 보냈다(사도 20, 3). 우리가 로마서 15장 26절로부터 아카이아 사람들이 모금에 헌신적이었음을 알 수 있는 것 외에는 사도행전도, 또 바울로도 무슨 일이 일어났는지를 말해주지 않는다. 위의 보도로부터 우리는 바울로가 예전에 직면했던 상황만큼이나 힘들고 위험한 상황에 대처하는 데 성공했음을 추론할 수 있을 뿐이다.

여기서 한 가지, 보다 상세하게 지적할 수 있는 것은 고린토전서와 고린도후서의 일부를 쓰는 데는 12개월이 채 못 걸렸다는 것이다. 이 짧은 기간 동안에 바울로의 사상에 있어서 어떠한 눈에 띄는 발전이 일어났다고 볼 수는 없다.[11]

(ㄴ) 고린토전서가 씌어진 시기와 바울로가 세번째로 고린토를 방문한 시기 사이에 일어난 사건들에 대한 위의 설명은, 난해하기로 유명한 많은 문학적, 역사적 문제들은 다루지 않고 지나쳐버렸다. 그리고 문제가 되는 사건들에 대한 어느 한 견해를 서술하는 데 있어서

11) 여기서 제시된 연대는 S. Dockx의 바울로의 연대기에 관한 최근의 논의에서 채택된 것과 유사하다 : S. Dockx, *Nov.* T. xiii, 261—304.

다른 견해들에 대해 전혀 언급하지 않았는데 그러한 견해들 중에는 매우 널리 알려진 견해들도 있다. 이제 나는 우선 문학적인 문제들과 이론들을 다루려 한다.

고린도후서는 수많은 단락들로 이루어져 있는데 독자들은 몇몇 단락들이 앞뒤 본문과 잘 연결되어 있지 않고, 또 서투르다는 사실에 놀라지 않을 수 없을 것이다. 가장 눈에 띄는 것은 다음과 같은 것들이다.

(a) 2장 13—14절과 7장 4—5절. 이 각각의 귀절들의 쌍은 잘 이어지지 않는다. 그러나 2장 13절과 7장 4—5절은 잘 연결된다. 2장 12—13절에서 바울로는 간절히 그가 디도를 기다리고 있으며, 디도가 고린토로부터 가져올 소식을 기대하고 있다고 서술한다. 그는 에페소에서 기다리려고 하지 않고 트로아스로 옮겨 갔다. 트로아스에서는 복음을 전도할 수 있는 좋은 기회가 주어졌지만 바울로는 그 일을 맡을 수 없었고 계속해서 마케도니아로 여행했다. 여기서 바울로는 갑자기 자신의 근심에 찬 여행에 관한 이야기를 중단하고 하느님에 대해 찬양하기 시작한다 : "그러나 그리스도 안에 있는 승리의 행진에서 언제나 우리 보다 앞서 나아가시는 하느님께 감사드립니다." 7장 2—3절에서 바울로는 자신에게 우호적으로 대해주기를 간청하지만 5절에서는 마케도니아의 여행을 얘기한다. 그러나 거기서도 하느님이 디도를 오게 함으로써 그를 위로하기까지는 걱정에서 벗어나지 못했다. 이러한 사실들에 비추어볼 때 당연히 2장 14절—7장 4절은 본래는 2장 13절에서 7장 5절로 이어졌던 문서에 삽입되었으며, 문맥을 혼란시키거나 주제에서 벗어나는 일 없이, 디도가 돌아오기를 바랐던 바울로의 갈망을 서술하고 있다고 주장할 수 있다.

(b) 6장 13—14절과 7장 1—2절. 여기서도 한 쌍의 불연속성 속에 중간에 끊어진 전후연결이 감추어져 있는 것으로 보인다. 6장 11절 이하에서 바울로는 고린토 사람들에게 그들에 대한 자신의 애정에 반응을 보여주기를 부탁한다. 7장 2—3절에서 그는 같은 부탁을 반복한다. 그러나 6장 14절과 7장 1절까지 이어지는 귀절들에서 그는 세상과 관계를 깨끗이 끊어야 할 필요성을 그들에게 분명하게 권고하고 있다. 그러므로 6장 14절—7장 1절이 삽입문이라고 주장하는 것은 자연스럽다(만일 방금 언급한 2장 14절—7장 4절에 대한 견해를 받아들인다면 이것은 삽입문 안에 있는 삽입문인 셈이다).

(c) 8장과 9장. 8장에서 갑자기 바울로는 자신이 예루살렘의 가난

한 그리스도교인들을 위해 시도했던 헌금에 관해 말하기 시작한다. 이러한 갑작스러움은 전혀 이상할 것이 없다. 이 문제는 어느 단계에 선가는 꼭 말해야 할 내용이기 때문이다. 그러나 이 장에서 바울로는 마케도니아에 있는 그들의 형제들을 본보기로 보여줌으로써, 그리고 우리 주 예수 그리스도의 은혜(8, 9)에 근거한 신학적 동기부여를 통해 고린토 사람들에게 관대함을 보여주기를 권장할 뿐만 아니라 디도와 두 형제들이 한 선교까지도 포함하여 상세한 계획을 전해주기도 한다. 그리고 나서 그는 계속해서 성도들을 위한 봉사에 관하여 자신이 그들에게 글을 쓰는 것은 불필요하다고 하면서(9, 1) 관대한 마음으로 헌금을 하도록 하기 위하여 새롭게 성서를 들어 논증한다(9, 7·9—10). '헌금 이야기는 마치 앞에서 언급된 적이 없었던 것처럼 9장 1절에 도입되었음을 쉽게 알 수 있다. 그러므로 8장이 9장보다 더 먼저 나와서는 안 된다. 틀림없이 9장은 7장에 이어지며 8장은 그 결론이 삭제되어 있는 전적으로 독립된 문서이다. 그것은 디도와 익명의 두 형제들을 고린토의 교회에 추천하는 편지이다. 그것은 분명히 교회와 바울로 사이에 논쟁이 있기 전에 작성되었을 것이다. 왜냐하면 그는 8장 7절에서 믿음과 언행, 지극한 열성, 그리고 바울로에 대한 사랑에 있어서 고린토의 교회가 적극적임을 칭찬하고 있는데, 그 칭찬의 어조는 불화가 있었던 동안이었더라면 —혹은 불화가 일단 해결된 이후였다할지라도— 도저히 그럴 수 없을 정도로 아주 자연스럽게 되어 있다.'[12)]

(d) 10—13장. 고린토후서를 읽는 독자는 누구나 틀림없이 9장 15절("말로 다할 수 없는 선물을 주시는 하느님께 감사합니다")과 10장 서두와의 사이에 확연한 단절이 있음을 발견하게 될 것이다. 10장에서 바울로는 고린토 내에 퍼져 있는 자신에 대한 좋지 못한 평판을 암시하면서 자신의 독자들에게 이제는 대담하게 그들을 바로잡을 것이라고 경고하고 있다. 시제와 태(態)가 갑자기 변한다는 사실을 어느 누구도 부인할 수 없을 것이다. 그리고 적지 않은 사람들이 1—9장과 10—13장은 두 개의(혹은 그 이상의) 서로 다른 편지들로 짜여진 것임에 틀림없다는 견해를 받아들인다.

자료에 대해서도 다룰 것이 많다. 그러한 자료들에 기초해 있고 또 위의 Ⅱ장 (ㄱ)에서 설명한 가설과는 다른 가설들에 대해 이미 암시한 바 있는데 이제 그것들을 보다 충분하게 서술하고자 한다.

---

12) J. Weiss, *History*, i. 353.

바울로가 서신 왕래한 것을 매우 평범하게 재구성한 것 중에서 가장 간단한 형태에 의하더라도 1—9장과 10—13장의 순서가 간단히 뒤바뀐다. 바울로가 많은 눈물을 흘려가면서(고후 2,4 ; 7,8—12) 고통스럽고도 준엄한 편지를 고린토에 썼다는 것은 확실하다. 오늘날 바울로 자신이 한 서술과도 잘 부합되지 않는 고린토전서에 이 편지가 들어 있다고 보는 사람은 거의 없다. 여기서 다루려고 하는 견해에 의하면 10—13장에 그 편지가 혹은 그 일부가 들어 있다. 이 장들의 내용을 쓴다는 것은 결코 쉽지 않았을 것이며, 당연히 그것을 읽는 독자들도 고통스러웠을 것이다. 바울로가 디도로부터 기쁜 소식을 들은 것은 이 편지를 보내고 난 후였다. 그리고 나서 그는 자신의 기쁨과 안도감을 나타내는 1—9장을 썼다. 이 가설은 여러 쌍의 단락들에 의해 입증되는데 이 단락들에서 나중에 보낸 편지(1—9장)는 먼저 보낸 편지(10—13장)의 단락들을 다른 어조로 거듭하여 말한 것으로 생각된다. 그것은 다음과 같다.

10장 2절 : "…내가 과감하게 ～할 수 있다고 생각하는 확신에 찬 담대함(πεποίθησις)…"	8장 22절 : "…여러분에 대하여 큰 신뢰를(πεποίθησις)…"
10장 6절 : "…여러분이 완전히 복종하게 될 때에는 벌써 모든 복종하지(ὑπακοή) 않는 자를 처벌할 준비가 되어 있을 것입니다."	2장 9절 : "…내가 그 편지를 쓴 것은 여러분이 모든 일에 있어서 얼마나 내 교훈에 순종하는가를(ὑπήκοοι) 알아보기 위한 것이었읍니다."
12장 1—5절 : "바울로는 하늘까지 끌려 올라갔다."	5장 13절 : "만일 우리가 미쳤다면…"
12장 16절 : "내가 간교한 속임수로(πανοῦργος) 여러분을 붙잡았다고 말합니다."	4장 2절 : "우리는 교활한 길을(πανουργία) 걷지 않으며…"
12장 17절 : "내가 여러분에게서 사취한 일이(πλεονεκτεῖν) 있읍니까?"	7장 2절 : "우리는 아무에게서도 사취한 일이(πλεονεκτεῖν) 없읍니다."
13장 2절 : "내가 이번에 가면 그들을 용서(φείδεσθαι) 없이 대할 것입니다."	1장 23절 : "내가 아직 고린토에 가지 않은 것은 여러분을 아끼기(φείδεσθαι) 때문입니다."

13장 10절 : "내가 떠나 있는 동안에 이렇게 편지하는 것은 내가 가서 너무 엄하게 되지 않도록 하려는 것입니다."

2장 3절 : "그래서 내가 그 편지를 쓴 것입니다. 말하자면 내가 그리로 가게 될 때 내가 마음 아픈 일을 당하는 일이 없도록 하려는 것입니다."

위의 예들에 덧붙여서 위의 두 부분들이 동일한 편지에 속하는 것이라는 견해와 명백히 모순된다고 할 만한 것들을 첨가할 수 있을 것이다.

13장 5절 : "여러분은 자기가 믿음 안에 있는지 스스로 반성하고 자기를 시험해보아야 할 것입니다."

1장 24절 : "여러분은 믿음에 의해 서 있읍니다."

12장 20—21절 : "내가 염려하는 것은 내가 가서 여러분을 만나볼 때 여러분이 혹시 내가 원하는 대로의 여러분이 되어 있지 못하거나… 그 많은 사람 때문에 슬피 울게 되지 않을까 염려하고 있는 것입니다."

7장 16절 : "나는 여러분을 온전히 신뢰할 수 있게 된 것을 기뻐합니다."

1—9장, 10—13장의 순서를 뒤바꾸며, 후자의 부분에 '더 준엄한 편지'가 (혹은 그것의 일부가) 들어 있다고 보는 이러한 간단한 가설은 두 가지 점에서 좀 더 복잡해진다.

첫째로 6장 14절—7장 1절은 바울로의 호소를 나타내는 문장의 중간에 끼어들어 문맥을 단절시키고 있으며, 그러므로 삽입문으로 간주해야 한다는 것이다. 이러한 견해를 주장하는 사람들 중 대부분이 이 삽입된 단락이 '먼저 보낸 편지'의 일부라고 생각해 왔다.[13] 고린토전서 5장 9—10절에 따르면 바울로는 고린토 사람들에게 편지를 썼는데 그들은 그 편지를 바울로가 부도덕한 사람들과는 어떠한 접촉도 해서는 안 된다고 말하는 것으로 오해했다—이것은 고린토에서는 불가능한 요구였다. 고린토후서 6장 14절—7장 1절은 사실상 교회와 세

13) 『고린토전서』, 20—21·161면.

상의 분리를 요구하고 있다. 비록 실제로 이것은 먼저 보낸 편지가 오해받았던 것처럼 오해받을 여지는 거의 없긴 하지만 말이다. 최근에는 6장 14절—7장 1절과 쿰란 문헌 사이의 유사성이 지적되었다.[14] 그리고 이 단락은 상실된 쿰란문헌의 일부인데 그것이 바울로의 글 안으로 들어왔다고 주장하는 사람도 있다.

고린토후서를 분석하는 데 있어서 두번째 발전단계는 2장 13절과 14절이 그리고 7장 4절과 5절이 어색하게 연결되어 있는 반면, 2장 13절과 7장 5절이 명백하게 잘 연결된다는 사실에 기초하고 있다. 2장 14절—7장 4절은 삽입문으로 간주되어왔다. 아니 그보다는 2창 14절—6장 13절, 7장 2—4절이 삽입문이고, 6장 14절—7장 1절은 삽입문 안에 들어 있는 또 다른 삽입문으로 주장되었다. 주된 삽입문은 대개 '준엄한 편지'로서 10—13장과 결합되었다.

이제 앞서 언급한 8장과 9장 사이의 단절을 기억해야 한다. 우리가 살펴본 대로 봐이스(J. Weiss)는 8장을 삽입문으로 간주하고, 9장은 7장과 연결되어야 한다고 생각하였다. 또 다른 학자들은 8장과 9장이 원래는 둘 다 분리되어 있던 주들이었으며, 고린토후서의 어떤 중심적인 부분과도 연결되지 않았다고 생각한다.

마지막으로 고린토후서의 통일성과 전일성(全一性 : integrity)에 대한 옹호자들이 결코 없지는 않았다는 점을 기억해야 할 것이다. 특히 아래에서 인용한 W.G. Kümmel(17—18), Hughes(특히 21—35), W.H. Bates, "The Integrity of II Corinthians", *N.T.S.* 12, 56—69 등이 있다.

(ㄷ) 일련의 역사적 문제들과 이론들은 위에서 서술한 문학적 문제들이나 이론들에 상응하며, 부분적으로는 중첩된다. 서신의 중요한 역사적 비평들에 대해서는 이제 정리할 것이며, 위에서(Ⅱ의 ㄱ항) 약술한 이론들 외의 몇 가지 다른 이론들에 대해서도 서술할 것이다. 위에서 언급한 귀절들에 의해 제기되는 문제들은 대부분 주석에서 보다 상세하게 밝혀질 것이다.

1장 8절 : 아시아에서 바울로에게 어떠한 어려움이 있었는지를 묻는 것은 흥미있는 일이다. 그러나 엄격히 말하자면 이 문제는 바울로와

14) J. Gnilka, "2 Cor. vi, 14—vii, 1 in the light of the Qumran texts and the Testaments of the Twelve Patriarchs", in *P. and Q.*, 48—68 ; J.A. Fitzmyer, "Qumran and the interpolated paragraph in 2 Cor. vi, 14—vii, 1" in *Essays on the Semitic Background of the New Testament*(1971), 205—17.

고린토교회와의 관계에 대한 문제를 해명하는 것과 관련성이 없다.

1장 15—16절 : 바울로는 마케도니아로 가는 길에, 그리고 또 거기서 다시 돌아오는 길에 고린토에 들러서 고린토를 두 번 방문하려고 했었다.

1장 23절 : 사실상 그는 고린토 사람들을 용서하기 위해서 두번째 방문을 그만두었다.

2장 1—4절 : 그는 고린토 사람들의 마음을 상하게 하고 싶지 않았기 때문에 고린토를 방문하지 않았다. 그러나 대신 그는 많은 눈물을 흘리며 편지를 썼다.

2장 5—11절 : 바울로뿐만이 아니라 어느 정도로는 전체 교회까지도 고통을 겪게 한 사람이 있었다. 고린토 사람들의 대다수가 이 사람을 견책하기로 결정했다. 그러나 이제 그는 용서받을 것이다. 고린토 사람들이 그를 용서하면 바울로도 그를 용서할 것이다.

2장 12—13절 : 바울로는 복음을 설교하기 위해서 트로아스에 왔다. 그러나 그는 거기서 디도를 발견하지 못했기 때문에 걱정스러웠고 그를 만나기 위해서 마케도니아로 떠났다.

2장 17절 : 하느님의 말씀에 잡것을 섞어 품위를 떨어뜨리는 사람들이 많이 있었다.

3장 1절 : 다른 사람들과는 달리 바울로는 추천서를 필요로 하지 않았다.

7장 5절 이하 : 결국 마케도니아에서 바울로는 디도를 만났고 그를 만났다는 사실로 인해서 뿐만 아니라 사도들에 대한 고린토인들의 태도에 관해서 그로부터 좋은 소식을 들었으므로 위안을 받았다.

7장 8—12절 : 이것이 바울로가 쓴 편지의 결과였다. 그것은 고린토 사람들의 마음을 상하게 하기는 했지만 좋은 결과를 가져왔다. 그들은 이제 자신을 변호하면서 자신들이 결백하다는 것을 보여주었다. 바울로가 편지를 쓴 목적은 그가 설명하는 바와 같이, 남에게 불의를 행한 사람 때문이거나 불의를 당한 사람 때문이 아니라 고린토 사람들로 하여금 이러한 자기변호의 태도를 명백히 보여 줄 기회를 갖게 하기 위해서 그랬던 것이다.

7장 13—16절 : 바울로는 디도에게 고린토인들은 자랑했다. 그리고 그들의 반응은 그의 자랑을 정당화해주었다.

8장 1—24절 : 바울로는 헌금하는 일을 끝마치기 위해서 디도와 두 형제들을 보냈다. 디도는 이미 그 일을 시작했었고, 고린토 사람들은

'지난 해'에 기꺼이 그렇게 할 용의를 보여주었었다.

9장 1—15절 : 헌금을 위한 보다 간절한 호소.

10장 1—11절 : 바울로는 편지에서는 그렇지 않지만 겁장이이고 영적 능력이 없으며 약한 사람이라고 심한 공격을 받았다. 그는 직접 자신이 방문하면 사실은 전혀 그렇지 않음이 입증될 것이라고 위협한다.

10장 12절 : 거기에는 자신을 자랑하는 또 다른 사람들이 있다.

11장 1—4절 : 고린토 사람들은 다른 곳으로부터 고린토로 들어온 어떤 사람들이 설교한 거짓복음에 의해 나쁜 길로 인도될 위험에 처해 있었다.

11장 5절 : 바울로는 '위대하다는 사도들'에 대해서 언급하며, 그들에 비해 자신이 결코 뒤떨어지지 않는다고 주장한다.

11장 7—11절 : 바울로는 고린토사람들에게 복음을 전할 때 아무런 보수를 받지 않았고 다른 교회로부터 도움을 받아서 일을 하였다고 말하면서 그들을 공격했다.

11장 12—15절 : 고린토교회에 거짓 사도들이 침입했는데 그들은 비록 가장을 하기는 했지만 사실은 사탄의 부하들이었다.

11장 20절 : 고린토교인들은 '사도들'이 그들을 못살게 굴어도 참아내었다.

11장 23—33절 : 다마스커스에서의 탈출까지도 포함하여 바울로가 겪었던 초기의 모험들은 고린토에서 일어났던, 그리고 고린토와 관련된 사건들을 재구성하는 것과 아무런 관련이 없다.

12장 2—10절 : 그가 세째 하늘에 올라갔던 일을 말하는 것도 아니며, 자기 몸에 있는 가시를 없애달라고 기도한 것을 말하는 것도 아니다.

12장 13절 : 11장 7—11절과 비교하라.

12장 14절 : 바울로는 이제 고린토를 세번째 방문하려고 한다.

12장 16절 이하 : 바울로는 고린토 사람들로부터 그의 헌금을 몰래 훔쳤다고 비난받았다.

12장 20—21절 : 바울로는 다음에 방문했을 때 고린토인들이 자신이 기대했던 대로가 아니거나 마찬가지로 바울로 자신도 고린토인들이 기대했던 바와 달라서 그들에게 놀라움이나 안겨주지 않을까 근심하고 있다.

13장 1절 : 바울로는 고린토를 세번째 방문하려 하고 있다.

아마도 이러한 단락들에서 언급한 사건들을 가장 일반적으로 재구성한 것은 다음과 같은 것이리라. 이것은 봐이스의 견해[15)]인데 고린토전서의 재구성에 관한 (가)에서 (바)항까지는 『고린토전서』, 31—32면에 실려 있다.

(사) 디모테오는 고린토로부터 나쁜 소식을 가지고 왔다.

(아) 바울로는 고린토로 '중재 여행'을 떠났으나 좋지 못한 결과만을 얻었다.

(자) 돌아오겠다고 약속하며 아마도 마케도니아를 거쳐서 트로아스를 향하여 서둘러 떠난다.

(차) 그 대신에 격렬한 '중재편지'(C)를 쓴다 : 고린토후서 2장 14절—16장 13절 ; 8장 2절 이하 ; 10—13장.

(카) '중재편지'가 도착한 후에 그 사이 마케도니아에 있었던 디도가 직접 온다. 그는 고린토에서 편지가 목적했던 바를 달성했음을 입증하고 이것을 트로아스에 있는 바울로에게 알리라는 책임을 맡는다.

(타) 바울로는 마케도니아에서 그와 합세하기 위해 서두르며, 거기서 그를 만나고 마지막 편지를 쓴다(D) : 고린토후서 1장 1절—2장 13절 ; 7장 5—16절 ; 9장.

(파) 바울로는 마케도니아 사람들과 고린토로 여행한다(사도 20, 2).

이러한 사건들의 재구성은 위에서 서술한(이 책 33—35면) 서신분석과 밀접히 관련되어 있으며, 그에 따라서 문학적 가설들과 역사적 가설들이 성립되거나 성립되지 않거나 한다. 역사적 재구성의 몇 가지 특징들은 명백히 서신의 본문들에 기초하고 있으므로 거의 의심의 여지가 없다. 바울로는 틀림없이 (중재하기 위해) 두번째로 고린토를 방문했을 것이다. 그는 디도를 보냈다. 고린토에서는 불행한 사건들이 일어났는데 아마도 그것은 결국 바울로 자신에게 상처를 입혔을 것이다. 그러나 아직도 많은 것에 대해 더 고려해 보아야 한다.

고린토후서가 단일한 서신이라는 믿음에 기초한 약간 다른 견해가 큄멜(W.G. Kümmel)에 의해 제시되었다. 여기서 그것을 인용하는 것이 가장 좋을 것이다.[16)]

---

15) *History*, i. 357.

16) *Introduction*, 210.

디모테오를 고린토에 보낸 것은 완벽하게 성공을 거두지는 못했던 것으로 보인다(고전 4, 17 ; 16, 10). 오히려 디모테오는 고린토로부터 나쁜 소식을 그에게 전해주었을 것이다. 고린토전서조차도 영속적으로 바울로의 권위를 세워주지는 못했다. 그래서 바울로는 고린토전서를 쓴 직후에 질서를 세우기 위해 에페소를 거쳐 고린토로 갔다. 그러나 그는 크게 실망했다. 거의 그에 대해 반기를 들 태세에 있었던 교회를 방문함으로써 그는 깊은 슬픔에 잠기게 되었고, 특히 한 고린토 사람이 그에게 불의를 행하고, 교회는 그러한 일이 일어나도록 수수방관하는 것을 보며 더더욱 고통스러웠다. 그는 결코 그 상황을 좌우할 수 없었다. 불만과 슬픔에 싸여서 그는 방문을 취소하고 에페소로 돌아왔다. 그러나 곧 고린토에 다시 돌아오겠다고 약속했다. 그는 고린토 사람들을 생각해서 새로 방문하는 것을 그만두기는 했지만 디도를 설득하여 교회의 질서를 회복하라는 책임을 맡게 했고 그에게 준엄한 편지, 즉 '눈물의 편지'를 주었다. 디도가 보는 앞에서 고린토에서는 갑작스러운 변화가 일어났다. 회중들의 다수가 자신들의 완악한 행동에 대해서 자복하고 회개했다. 바울로는 불안감에 가득 차서 디도를 만나기 위해 길을 떠났고 마케도니아에서 그와 합세했다. 선교활동이 훌륭하게 성공을 거두었다는 사실은 그를 기쁨과 만족감으로 충만케 했다. 그리고 그는 자신이 고린토에 도착하기 전에 헌금사업을 열성적으로 완수하도록 하기 위해서 디도를 다시 고린토로 보냈다. …바울로는 자신이 가기 전에 먼저 고린토후서를 디도에게 주었다(고후 12, 20 ; 13, 2).

이러한 재구성과 봐이스의 재구성, 그리고 Ⅱ의 (ㄱ)항에서 약술한 재구성에는 당연히 공통적인 것이 많이 있다. 가장 중요한 몇 가지 차이점들에 대해서는 이제 Ⅱ의 (ㄹ)항에서 논의할 것이다.

(ㄹ) 고린토후서를 분석해서 바울로가 교회 문제를 다룬 데 대한 기록들을 찾아내려는 모든 시도들은 서신 속의 상호관련 부분들을 어떻게 주석하느냐에 달려 있다. 지면이 허락하는 한, 이러한 문제들은 주석의 본론 부분에서 충분히 다룰 것이다. 그러나 이러한 주석들을 서론에서 모두 재차 언급할 필요는 없다고 생각한다. 다음의 논의에서는 몇 가지 중요한 점들을 짚고 넘어갈 것이다. 본문 주석과 서론에 나오는 몇가지 특수한 해설들에 대해서 상세한 언급이 있어야 하

겠기 때문이다(Ⅲ의 ㄴ. ㄷ. ㄹ항).

고린토후서의 배후에 있는 사건들을 재구성하려고 하는 사람들이 마주치게 되는 최초의 문제는 문학적인 문제들과 역사적인 문제들을 서로 분리할 수 없다는 점이다. 우선 한 가지 문제를 해결하고나면 다른 문제의 해결은 훨씬 쉬워질지도 모른다. 그러나 그렇게 할 수는 없다. 어떠한 문학적인 가설을 받아들일 경우 반드시 그렇지는 않더라도 거의 대부분의 경우 역사적 결론들이 뒤따라나온다. 그리고 사건들의 일정한 순서를 가정할 경우에는 그에 상응하는 문학적인 현상에 대한 견해를 다소간 받아들이게 된다. 이러한 이유에서 고린토후서의 문제들에 접근하는 가장 좋은 방법은 특정한 문제들을 확고히 붙잡고 역사적이고 문학적인 두 측면에서 가능한 한 세부적으로 천착해들어가는 것이다. 서론에서는 이러한 시도를 한 소수의 논문들을 언급하는 정도에 그치게 될 것이다.[17] 여기서 그 논문들에서와 같이 세부적으로 다루게 되면 서론부분이 지나치게 길어지고 그 논문들을 되풀이하는 셈이 되며, 본문 주석에서 다루어야 할 많은 내용들을 중복하는 셈이 될 것이다. 여기서는 고린토의 역사를 재구성하려는 모든 시도들에 있어서 결정적으로 중요한 논쟁점인 디도의 역할에 집중하는 것이 좋을 것이다.

고린토전서를 쓴 후에 바울로가 비탄에 잠겨 고린토를 방문했고, 비통한 편지를 썼다는 것은 확실하게 가정할 수 있으며 거의 이론의 여지가 없다. 마찬가지로 고린토전서에서는 언급되지 않았던 디도가 조정작업을 하고 헌금을 모금하고 전달하기 위해서 후에 보내졌다는 사실도 분명하다(Ⅲ의 ㄴ항). 그러나 정확하게 디도가 한 일은 무엇이었는가?

봐이스의 견해에 따르면 디도는 무엇보다도 그 준엄하고 비통에 찬 편지의 결과를 관찰하고 보고하기 위하여 고린토에 파견되었다. 이 견해를 변형시켜서 디도 자신이 편지를 전했다고 주장하는 경우도 있다. 그러나 봐이스에 의하면 그러한 주장은 고린토후서 7장 15절에 의해 배제되는 것으로 보인다. 왜냐하면 말을 잘 듣지 않았던 그 교회가 편지를 읽기도 전에 편지를 가져온 사람 앞에서 '두려워하고 떨었을' 리는 없기 때문이다(앞 책 345). 디도가 바울로를 만나러 간 것은 그가 전해야 할 소식이 있었기 때문이고, 또한 바울로가 그의 적

17) "Christianity at Corinth"; "Cephas and Corinth"; "Titus"; "False Apostles"; "The Injury"를 참조하라.

때자들에게 이미 가해진 처벌에 대해서 만족하는지를 묻기 위해서였다. '바울로는 몹시 긴장한 채로 아시아에서 그를 기다렸고, 그를 만나기 위해 트로아스까지 마중을 나갔다(고후 2,12—13). 그리고 디도가 아직 거기에 도착하지 않았다는 것을 알자 바울로는 계속해서 마케도니아까지 갔고(7,5), 마침내 거기서 좋은 소식을 가지고 나온 디도를 만났다'(앞 책). 바울로가 마지막으로 그 온화한 편지를 쓴 것은 이러한 일이 있은 이후의 일이었다(봐이스에 따르면 그 온화한 편지는 1,1—2,13 ; 7,5—16 ; 9장에 있다). 고린토후서 8장은 보다 초기의 사건에 속하는 것이며, 바울로와 교회 사이에 논쟁이 있기 전에 디도와 익명의 두 형제들을 고린토에 소개하고 있다. 봐이스는 이 일이 무척 초기에 일어난 것으로 본다. '디도를 보낸 것은 디모테오가 나쁜 소식을 가지고 돌아오기 전의 일이었을 것이다. 그리고 추측컨대 글로에의 집 사람들(고전 1,11)이 파당 논쟁에 관한 소식을 가지고 도착하기 전이었을 것이다'(앞 책 353). '〔바울로로 하여금〕 새로운 정력을 가지고 고린토에서 그 문제를 추진해나가도록 촉구한 것은 마케도니아 사람들의 자발적인 열성이었다. …〔고린토 사람들은〕 이미 일 년 전부터 마케도니아 사람들보다 먼저 이 일을 시작했고, 단지 "원했을" 뿐만 아니라 실제로 그 일을 했다(8,10). 그들은 이제 그들의 계획을 완성해야 했다'(8,11 : 앞 책 355). 봐이스는 10—13장이 준엄한 편지의 일부라는 견해 위에서 12장 17—18절에 의해 생긴 난점을 이러한 방식으로 해결하려고 한다. 여기서 '바울로는 성도들을 위한 헌금 사업을 위해 당시에 그리고 그 이전에 디도와 그 형제를 보냈던 사실, 즉 이 파견이 이루어졌던 때의 일을 기록하고 있는 8장의 사건을 언급한다'(앞 책 353).

이것은 문학적 가설들과 역사적 가설들을 매우 교묘하게 결합시킨 것이지만 충분한 설득력을 가지고 있지는 못하다. 디도가 첫번째 모금을 위하여 고린토를 방문한 것이 고린토전서 16장 1—4절 이전이었을 가능성은 희박하다. 왜냐하면 거기서는 그가 언급되지 않았을 뿐만 아니라 바울로는 고린토인들의 질문에 응하여 처음으로 그들에게 권면하고 있기 때문이다(참조. 『고린토전서』, 438면). 이러한 관찰은 봐이스가 슬쩍 얼버무리고 넘어가고 있는 또 다른 문제를 설명해 준다. 고린토후서 8장 10절에서 바울로는 고린토인들이 (헌금을) '원하기' 시작했을 뿐 아니라 '하기' 시작했다고 말하지 않는다. 그는 놀랍게도 고린토인들이 '하기' 시작했을 뿐만 아니라 '원하기' 시작했다고 말한다. 이에 대한 설명은 주석을 참조하라. 이것은 본래는 고린토 사람들이 자발적으로 참여했다는 사실을 강조한다. 헌금사업을 위해서 맨처음 디도를 보낸 것은 바울로가 비통한 마음으로 고린토를 방문한 뒤였고, 아마도 그는 슬픈 내용의 편지를 전해주는 사람으로서 파견되었을 것이다(참조. 이어지는 내용과 이 책 32—36면에서의 '디도'). 이러한 관점에서 볼 때에만 디도의 활동에 관한 많은 점들이 잘 맞아 들어간다. 그리고 그것은 중요한 결과를 가져온다. 즉 그것은 그 슬픔에 찬 방문이 때때로 사람들이 생각하는 것만큼 그렇게 슬프지는 않았음을 의미한다. 고린토 사람들은 그들이 마땅히 했어야 할 만큼 바울로를 지지하지 못했으나, 그들이 거짓 사도들의 편에 서서 아주 그를 저버린 것은 아니었다. 바울로는 그들에 대한 확신을 잃지 않았다. 만일 그렇지 않았다면 그는 모금을 위해서 디도를 보내지도 않았을 것이며, 분명히 그의 동료에게 그들에 대해서 자랑하지도 않았을 것이다(7, 14). 이것은 트로아스로의 자신의 여행과 마케도니아에서 디도와 만난 데 대한 바울로의 설명을 의미 있게 해준다. 바울로에 대해서 그가 자신과 고린토교회와의 관계에 대해서 불안에 차 있었고, 에페소에서 소식을 기다리고만 있을 수 없어서 고린토인들의 반응에 대한 소식을 좀 더 빨리 듣기 위해서 트로아스로 갔으며 결국에는 똑같은 이유에서 마케도니아로 서둘러 달려갔다고 말하는 것은 옳지 않다. 바울로는 그리스도의 복음을 선포하기 위해서 즉 복음 전도 사업을 수행하기 위해서 트로아스로 갔다(2, 12). 단지 그는 트로아스에서 디도를 만나기를 바랐을 뿐이고, 거기서 그를 보지 못했기 때문에 걱정했을 뿐이다. 그러나 그가 걱정했던 것은 주로 디도에 대해서였다. 그것은 부분적으로는 디도가 상당한 양의 돈을 지니고 있을 것이므로 그가 강도들의 희생물이 될지도 모른다고 바울로가 생각했기 때문이다. 따라서 디도가 도착하자 바울로는 안심하였다(7, 6). 또한 이에 덧붙여서 "여러분에게서" 디도가 위로를 받았다는 말을 듣고 그는 위로를 받았다(7, 7). 비록 바울로가 자신이 고린토인들의 선함에 대해 자랑했던 것이 사실로 입증된 것을 알고 기뻐하기는 했지만 이것은 특별한 일이었다(7, 14). 바울로는 디도에게도 다음과 같은 말을 했었음에 틀림없다 : '고린토 사람 은 근본적으로 좋은 사람들이며, 정말로 나를 지지하고 있다. 그들은 나를 공격했던 사람(그는 고린토인이 아니었다)에게 일시적으로 속기는 하였지만(내가 그들에게 전해달라고 당신에게 부탁하는) 이 편지는 그들에게 자신들이 얼마나

/21/

나를 열심히 지지하고 있는지를 보여줄 수 있는 기회를 제공해줄 것이다.' 그리고 결국 디도가 전해준 소식은 이런 것이었다 : '당신이 옳았다. 그들은 열광적으로 당신을 지지하고 있으며, 당신이 공격받을 때 공개적으로 지지하지 못한 데 대해서 후회하고 있다. 이제 그들의 대부분이 공격자들을 엄하게 벌하고 싶어 한다.'

이때는 디도가 헌금운동을 시작했을 무렵이었다(8,6). 그는 서둘러서 바울로에게 고린토인들의 열광적인 지지에 대해 보고하려 했으므로 모금운동을 마무리짓지 못했다(그리고 어쩌면 고린토인들은 행동보다는 말에 열심이었으므로). 바울로는 보고를 받고나서 그가 시작했던 일을 마무리짓도록 하기 위해 디도를 다시 보냈다. 어려운 문제가 발생하고 또 더욱 심해졌던 것은 바로 이때였다(참조. 이 책 32면). 그 이야기를 듣고 나서 바울로는 10—13장을 썼다. 그리고 세번째 방문을 했다. 이 주석에서 설명한 견해가 지니는 최소한의 이점은 바울로가 다스릴 수 없었던 상황을 결국은 디도가 바로 잡게 되었다고 가정할 필요가 없다는 점이다. 디도는 의심의 여지없이 좋은 사람이었다. 그러나 그는 고린토 사람들의 태도를 충분히 이해하지 못했다. 결국 질서와 규율을 세우고, 예루살렘을 위한 기부금을 얻은 사람은 바울로였다(로마 15,26).

1—9장과 10—13장을 간단히 구분하여 사건의 순서를 이해하는 이와같은 견해는 12장 17—18절의 문제를 없애준다. 이것은 불필요한 가설들(가령 디도가 방문하여 좋지 않은 소식을 보고했다는 가설—우리는 이에 대한 아무런 증거자료도 가지고 있지 않다)을 필요로 하지 않는다. 그리고 여러 가지 증거들을 상당히 자유롭게 다룬다. 이 견해는 서론의 다음 장에서 논의할 몇 가지 특수한 문제들을 상세하게 다룬다는 점에서, 그리고 또 그렇게 할 수 있다는 점에서 널리 지지를 받고 있다. 보다 상세하게 나누는 이론들에 대해서는 아래 Ⅲ의 ㄱ항을 참조하라.

Ⅲ. 특수한 문제들

(ㄱ) 서신의 역사. 2세기 말 경 로마에서 작성된 무라토리 정경에서

도 고린토인들에게 보낸 두 통의 편지가 있다는 사실이 인정되고 있다:

> 고린토인들과 데살로니카인들은 책망하는 진리(의 말씀을 담은 편지)를 두 차례 받았으며, 비록 온 세상에 흩어져 있지만 교회는 하나라는 사실을 알게 되었다(Verum Corinthiis et Thessalonicensibus licet pro correptione itretur, una tamen per omnem orbem terrae ecclesia diffusa esse dinoscitur).[18]

이때부터 고린토전후서 두 서신은 아무 의심 없이 받아들여졌다. 반 세기 전에 마르씨온은 고린토후서를 자신의 신약성서 정경에 포함시켰었다. 테툴리안은 이에 대해 다루면서(*Adversus Marcionem* V, 11,12) 마르씨온 자신이 바울로로부터 유래한 것이라고 인정하는 재료들만을 사용하며, 아주 짧게 1·3·4·5·7·11·12·13장으로부터 인용하고 있다. 이레니우스는 고린토후서를 인용할 뿐만 아니라 그 명칭까지도 말하고 있다. 보다 더 일찌기 서신을 사용한 데 대해서는 입증할 수 없다. 때로는 폴리캅이 고린토후서를 알고 있는 것으로 보인다고 주장되기도 했다. 그러나 끌어대고 있는 귀절들(Polycarp, *ad Phil.* ii. 2; iii. 2; v, 1; vi. 2; xi, 3)은 설득력이 없다. 이것은 이 편지의 저자에 대해 어떤 의문스러운 점이 있다는 뜻은 아니다.[19] 외적 증거들은 비록 고린토전서만큼 초기의 것은 아니지만 훌륭하며, 내적 증거들도 결정적이다. 1세기 50년대의 상황은 어떠한 경건한 소설가도 결코 도달할 수 없는 그런 방식으로 기술되었으며, 보다 중요한 것은, 있는 그대로 솔직하게 —그 솔직함에 대해서는 오직 바울로만이 책임을 질 수 있다— 사도의 모습이 그려졌다는 점이다.

고린토후서가 (고린토전서와 비교하여) 일반적으로 비교적 늦게 사용되었다는 사실은 이것이 두 개나 혹은 그 이상의 특징적인 편지들의 일부를 편집하여 작성한 것이라는 생각을 확증해준다고 주장되었다. 보른캄(G. Bornkamm)[20]은 위와 같은 사실에 주목하며, 또 로마의 클레멘트가 아직도 불화를 일으키고 있는 고린토교회를 훈계하면서 교인들에게 축복받은 사도 바울로의 (단 하나의) 편지를 상기시키

---

18) B.F. Westcott, *The Canon of the New Testament*(1896), 546에서 재인용.
19) 6장 14절—7장 1절의 저자 문제에 대해서는 이 책 249—261면을 참조하라.
20) "Vorgeschichte", 33f.

고 있다는(*I Clement* 47, 1) 점에 주목한다. 아마도 고린토후서를 인용하는 것이 더 유리했을 터인데도 클레멘트가 그렇게 하지 않은 것은, 고린토후서가 아직 잘 알려지지 않았기 때문이거나, 어쩌면 아직 함께 편집되지 않았기 때문일 것이다. 보른캄은 다음과 같이 결론짓는다 : '그러므로 나는 고린토후서는 고린토전서가 널리 유포되기 전까지는 함께 모아져서 편집되지 않았으며, 또 단지 제한된 집단을 제외하고는 일반사람들에게는 알려지지도 않았다고 생각한다. 그러나 편집상의 특징들은 확실히 사도 시대 이후, 즉 사도행전과 목회서신들이 작성되던 시대(1세기 말이나 아니면 2세기 초)를 가리킨다' (앞 책 34).

고린토후서가 고린토전서보다 후기에 일반적으로 사용되었다는 것은 아마도 사실이리라. 그러나 이것은 고린토후서가 편집된 작품이라는 확신과 상호일치성을 갖기는 하지마는 그 사실을 입증해주지는 못한다. 이 문제는 다른 논증들에 의해 입증해야 한다. 고린토후서의 편집과정이 어떠했건간에 고린토후서의 출판을 보류한 데에는 그럴만한 이유가 있었다.

고린토후서의 작문에 관한 일반적인 이론들과 그러한 이론들이 기초하고 있는 관찰들에 대해서는 이미 설명했다. 그러한 이론들에 대해서 결코 반증할 수는 없을 것이다(그러나 만일 보다 최근의 여러 저자들과 같이 우리가 2장 14절—7장 4절을 10—13장에 덧붙여서 '준엄한 편지'로 재구성한다면, 두 부분들에는 서로 상응하는 단락들이 있기 때문에 10—13장이 1—9장보다 앞에 나와야 한다는 논증이 심각한 타격을 받는다는 사실에 주목해야 할 것이다). 그러나 이러한 이론들에 반해서 세 가지 점을 더 지적할 수 있다.

(a) 단락이 바뀌는 귀절들(2, 13/14 ; 6, 13/14 ; 7, 1/2 ; 7, 4/5 ; 9, 15/10, 1)이 지니게 마련인 주석학적 난점들을 지나치게 강조했다. 그리고 갑작스럽게 단락이 바뀌는 귀절들 자체도 (위의 마지막 것을 제외하고는) 충분히 잘 설명될 수 있다. 이에 대해서는 주석서의 해당부분을 참조하라.

(b) 2장 14절—7장 4절 ; 10장 1절—13장 13절. 이 귀절들은 준엄한 편지의 내용들로 예상되는 것과 일치하지 않는다. '고린토후서 2장 3—5·9절에 의하면 중재하는 편지에서 다루었던 사건이 10—13장에서는 다루어지지 않고 있다. 반대로 고린토후서 2장 3절 이하와 7장 8절 이하에서는 10—13장에 나오는 "위대하다는 사도들"에게 반기를 든 논쟁에 대해 회중이 어떤 반응을 나타냈는지 전혀 말하지 않고

있는데, 이것은 만일 10—13장이 중재 편지에 속하는 것이었다면 결코 생략되지 않았을 것이다.'[21]

(c) 마지막으로 이 서신이 왜, 혹은 어떻게 보다 정교한 문학적 가설들이 전제로 하는 복잡한 방식으로 한데 모아졌는지가 분명하지 않다. 이 반론은 1—9장과 10—13장이 본래 분리된 서신들이라는 견해에 대해서는, 특히 (이 책에서와 같이) 1—9장이 10—13장보다 초기의 것(단지 약간 이른 것)이라고 주장할 경우, 강력하게 적용시킬 수 없다. 그 편지들은 아마도 편의상 한데 합쳐졌을 것이다. 아니면 그 편지들 중의 하나에서 편지 서두와 결미가 분실되었기 때문에 합쳐졌을 것이다. 그러나 왜 편집자가 1—9장의 틀 속에 먼저 2장 14절—6장 13절, 7장 2—4절, 8장을 삽입시키고 다음에 그가 삽입시킨 것 속에다 6장 14절—7장 1절을 삽입시켰는지, 그리고 왜 매 귀절을 삽입할 때마다 주의를 기울였는데도 불구하고 논리를 깨뜨렸으며, 전혀 불가능하다고 생각되는 연결을 남겨놓았는지에 대한 이유가 제시되지 않았다. 책임있는 편집자가 그런 어리석은 일을 범했다고 보기는 어렵다. 보른캄은 편집자의 동기와 방법을 설명하려고 한다. 그는 먼저 거짓 예언과 가르침은 종말의 표징이라는 초기 그리스도교인들의 잘 알려진 믿음에 주목하고, 또 거짓 예언자들과 이단 교사들의 말, 그리고 그들에 대한 경고가 특별한 저작들과 장들의 마지막 부분에 자주 나온다는 사실에 주목하면서 서신의 끝부분에 예리하고, 논쟁적인 10—13장을 배열한 데 대해서 설명한다(앞 책 25). 위의 사실들이 편집자가 10—13장을 배열할 때 영향을 끼쳤다는 것이다. 우리는 바울로 자신이 이 장들을 그와 같은 이유에서 이 위치에 배열했다고 볼 수 없는데, 그 이유는 이 장들에서는 유별나게 묵시문학적인 언어들을 사용하지 않으며, 또 거짓 사도들을 마지막 때의 무시무시한 인물들(Schreckgestalten)로 말하고 있지 않기 때문이다.

2장에서 갑작스럽게 전환되는 데 대한 보른캄의 설명은 다음과 같다. '이 예기치 못한 전환은 후대의 편찬자와 편집자의 개념에는 잘 맞는다(내게는 그렇게 보인다). 편집자는 에페소에서 트로아스를 거쳐 마케도니아로 간 바울로의 여행조차도 이방인들의 사도가 이룬 승리의 행진이라는(2, 15) 빛에서 회고하면서 보는데, 이것은 결코 바울로 자신의 입장에서는 생각할 수 없는 것이다. 이 점은 편찬자에게는 최초의 변론을 위한 직접적인 서론에 적절한 것으로 보였고, 위에서

21) Kümmel, *Introduction*, 213.

인용한 바울로의 마지막 담대한 말이(7,4) 그로 하여금 7장 4절에서 5절로의 이행에서 중단된 이야기를 쉽게 계속할 수 있도록 해주었다' (앞 책 30—31).[22]

이러한 설명들이 설득력이 있다고 말할 수는 없다. 결과적으로 보른캄은 10—13장에 관한 자신의 논증을 스스로 무너뜨리고 있다. "이 장들은 마지막 날에 일어나리라고 예상되는 일들에 대한 묵시문학적인 경고가 아니라 동시대인들에 대한 직접적인 공격이다.' 그것은 (사도행전 20장 29—30절과 비교하여) 교훈적인 경고가 아니라 논쟁들이다. 그리고 사실 2장 12—13절을 어떻게 승리의 행진에 대한 서술로 볼 수 있었는지도 이해하기 힘들다. 만일 편집자가 여기에다(2,12—13) 7장 6절을 부가했다면 논증은 보다 설득력 있게 되었을 것이다. 그러나 이 귀절은 그 '삽입문' 다음에 위치해 있고 그 바로 앞에는 바울로가 몹시 초조해서 그가 계획했던 복음전도를 위한 좋은 기회가 있었는데도 불구하고 그 계획을 실천할 수 없었다는 말이 나온다.

편집자가 잘못했을 가능성은 얼마든지 있으며 항상 편집자의 동기를 이해할 수 있다고 기대할 수도 없다. 그러나 무질서한 단편들로부터 고린토후서를 작성하게 된 과정에 대해서는 아직 좋은 설명이 제시되었다고 할 수 없다. 이 사실은 분리 이론들에 대한 결정적인 반증은 아니지만 의미있는 반증임에는 틀림없다.

(ㄴ) 헌금. 바울로가 예루살렘의 가난한 성도들을 위해 헌금을 모은 연대에 대해서는 8장과 9장에 대한 주석에서 논의할 것이다. 이 주석서에서 채택한 견해는 다음과 같은 것이다.

(a) 고린토 사람들은 그 계획에 대해서 들었고 그에 관해서 물었다.

(b) 바울로는 고린토전서 16장 1—4절에서 미리 이 문제에 대하여 지시한 바 있다.

(c) 바울로는 (고린토전서 16장 5—9절에 제시된 바와 같이) 그가 고린토를 방문했을 때 그 문제를 스스로 완수하는 대신, 디도에게 준엄한 편지를 전달할 때 헌금 문제도 역시 다루어달라고 부탁하였다.

---

22) 6장 14절—7장 1절의 삽입에 대해서 보른캄은 아무런 설명도 하지 않으며, 단지 이렇게 말할 뿐이다 : '갑작스럽게 도입되어서 연결을 깨뜨리는 짤막한 묵시묵학적 권면인 6장 14절—7장 1절은 바울로가 쓴 것이 아닌 단일한 단편으로 이해되어야 한다. 쿰란 본문들에는 바울로적이지 않은 이 언어와 사상에 대한 놀랄 만한 병행구들이 들어 있다'(앞책, 32).

(d) 디도는 일을 끝마치지 않은 채로 고린토를 떠났다. 그래서 바울로는 그 일을 결말짓도록 그에게 두 형제들과 함께 다시 돌아갈 것을 부탁하였다.

(e) 그 일은 고린토후서 10—13장에 반영되어 있는 문제들로 인해 방해를 받았다.

(f) 그러나 이 일은 사도행전 20장 3절에서 언급된 3개월 동안의 그리이스 방문 기간에 바울로 자신에 의해서 성공적인 결말을 맺게 되었다. 로마서 15장 26절은 고린토나 혹은 그 근처에서 씌어진 것으로서, 아카이아 사람들이 이 모금운동에 참여했다는 사실을 말해준다.

아직도 헌금의 목적과 의미에 대해서 더 연구해야 한다. 고린토 서신들 외에 고려해야 할 증거들은 다음과 같다.

사도행전 11장 27—30절 ; 12장 25절 : 안티오키아에서 예루살렘을 도와줌.

사도행전 24장 17절 : 바울로는 회심을 한 지 여러 해 뒤에 그의 민족을 위한 헌금을 전하기 위해 예루살렘으로 갔다고 말한다.

로마서 15(16)장 25—28·31절 : 로마에 편지를 쓴 뒤에, 그리고 로마와 스페인으로 여행하기 전에 바울로는 가난한 성도들을 위해 마케도니아와 아카이아 사람들이 기부한 기부금을 가지고 예루살렘으로 가려고 한다.

갈라디아 2장 10절 : "우리가 가난한 사람들을 기억해야 한다"는 데 대해서는 바울로와 예루살렘의 기둥이 되는 사도들이 일치했다. 그는 이 일을 하는 데 열심이었다.

헌금에 대해서는 최근에 죠지(D. Georgi)와 니클(K.F. Nickle)이 논의했는데 이들은 각기 독립적으로 연구했는데도 상당히 일치하는 결과를 얻었다.[23] 여기서 이 세부적인 연구들을 요약하는 것은 불가능하다. 두 사람의 연구 모두를 주의깊게 살펴야 한다. 다음의 해설은 두 연구들에 힘입은 것이다. 그러나 중요한 점들에서는 그것들과 다르다.

바울로의 모금이 유다교적 관행과 전혀 무관하게 진행된 것은 아니

---

23) Georgi, *Kollekte;* Nickle, *Collection;* K. Holl, "Der Kirchenbegriff des Paulus in seinem Verhältnis zu dem der Urgemeinde", *Gesammelte Aufsätze zur Kirchengeschichte* II(1928), 44—67. 특히 58—62 ; Munck, *Paulus,* 277—302(영어번역판, 282—308).

다. 니클은 이에 대한 증거로서(앞 책 74—99), 반 세겔의 성전세지역 공동체 내의 가난한 사람들을 위한 제반 자선금, 족장세(patriarchal tax: 사도들이 걷었으나 너무 후대의 일이라서 직접적인 관련성이 있다고 볼 수는 없다), 그리고 쿰란 종파의 공동생활의 여러 특징들에 대해서 말한다. 그는 바울로가 그의 헌금운동을 조직화하기 위해서 주로 유다교의 성전세로부터 많은 것을 모방했다고 결론짓는다(앞 책 99). "바울로의 예루살렘 헌금을 예루살렘 교회의 지도자들에 의해 바울로와 그의 이방인 공동체들에 부과된 세금으로 해석하려고 할 경우"(앞 책 90)—니클이 주의하는 바와 같이—중요한 차이점이 있다. 그는 분명하게 다음과 같은 점들을 지적한다. (a) 유다교의 세금은 주로 제의적인 목적에서 부과되었으나 바울로의 헌금은 가난한 사람들을 구제하기 위한 것이었다. (b) 유다교의 세금은 모세에게까지 소급된다고 주장되었고 바울로도 자신이 모금하는 헌금과 관련해서 구약성서를 인용할 수는 있었으나(고후 8,15·21 ; 9,7·9·10) 거기에 어떠한 법적 근거를 부여하려고 하지는 않았다. (c) 세금은 고도로 조직화되었으나 바울로는 임기응변식으로 각 지방에서 헌금을 모아들였다. (d) 세금은 해마다 유다교의 종교적 역법에 따라 지정된 때에 거두어졌으나, 바울로의 계획은 효력을 발휘하기에는 몇 년이 걸리는 독립된 계획이었다. (e) 성전세는 지정된 만큼 지불할 것을 요구하고 있으나, 바울로는 각 기부자들이 자신이 낼 양을 자유롭게 결정하도록 내버려 두었다. (f) 유다인들 모두는 아니지만 그들 중 어떤 사람들은[24] 세금을 낼 의무가 있었고 만일 불이행했을 경우 취해질 조처도 있었으나, 바울로의 헌금에 기부해야 할 의무는 아무에게도 없었다.

이러한 차이점들은 중요하며, 갈라디아서 2장 10절을 새로운 그리스도교적 '성전세'의 부과로 볼 수 없게 한다. 비록 예루살렘에는 헌금을 그와 같은 시각에서 이해하려는 사람이 있었으리라는 것이 전혀 불가능하지는 않지만 적어도 바울로는 자신의 헌금을 이러한 시각에서 보지 않았다.

의심할 여지없이 바울로가 판단했을 때 헌금의 일차적 의미는, 부자는 아니었지만(고전 1,26 ; 고후 8,2) 비교적 좀 여유가 있었던 이방 그리스도교인들로부터 예루살렘의 가난한 유다인 그리스도교인들에게 재정적인 도움을 제공한다는 데 있었다. 이러한 설명은 이 주제에 기초해서 세워진 몇 가지 가설들에 비해서 그다지 두드러진 관찰

24) 여자들, 노예들, 미성년자들은 면제되었다.

은 아니지만, 바울로가 말하는 것과 일치하며 그의 그리스도교적 사유 전체와 잘 조화된다는 이점이 있다. 그는 그리스도교의 진리를 제의적으로 표현하는 데는 그다지 관심이 없었고, 궁핍한 사람들에게 봉사하는 데 큰 관심을 가졌다(로마 13, 8 이하 ; 고전 13장 등등). 다른 문제들에서와 마찬가지로 이 점에서도 그는 예수 자신을 가장 잘 이해했던 것으로 보인다. 헌금은 봉사의(διακονία ; 참조. 8, 4 ; 9, 1·12·13) 행위이며 보다 근본적으로는 은혜의 행위이며(χάρις ; 8, 1·6·7·19 ; [9, 14]) 따라서 그것은 예수 그리스도 자신의 은혜와 관련된 것이기도 했다(8, 9).

바울로와 예루살렘 교회, 그리고 그 대표자들 사이의 관계에 대해서는 아래(Ⅲ의 ㄹ항)에서 논의할 것이다. 그 관계는 결코 한결같이 좋지만은 않았다. 그리고 바울로가 예루살렘에 봉사한 것도 기본적인 그의 선의를 보여주기 위해서였고(로마 9, 1 이하 ; 10, 1) 그리하여 화평한 관계를 유지하기 위한 것이었다는 견해도 아마 맞을 것이다. 이방인 교회는 유다인들의 교회에 결코 갚을 수 없는 빚을 지고 있다. 최초의 그리스도교인들은 유다인들이었고, 복음을 이방인들에게 전해준 것도 그들(물론 두드러지게는 바울로 자신)이었다. 이러한 봉사에 대해서는 결코 적절하게 보상할 수 없었다. 그리고 확실히 이방인들에게 그들이 영적으로 빚진 자들에게 물질적인 선물을 하도록 요구하는 것이 지나친 것은 아니리라(로마 15, 27). 비록 은혜를 베푼 사람들 중 몇 사람은 그들의 수혜자들에게 결코 은혜를 베풀 생각이 없었더라도 말이다. 이것은 우애(κοινωνία ; 참조. 8, 4, ; 9, 13)와 평등(ἰσότης: 8, 13—14 ; 이 말에 대한 죠지의 견해에 대해서는 이 책 226—7면을 보라)의 문제였다. 갈라디아서 2장 9절부터 바울로는 교회의 두 진영 즉 유다인과 이방인의 두 진영을 각기 분리해서 발전시키는 방안에 대해 어느 정도 수긍하는 것으로 보인다. 비록 이 분리된 발전이 거의 불가피하게 어려움들을 초래했고(갈라 2, 11), 실제에 있어서 지속되지도 못했지만 말이다. 어쨌든 그것은 항상 실천적인 사랑으로 연결되어야 했는데 가령 그것은 헌금에서 표현되었다.

로마서의 내용들에서는 헌금은 마지막 날 일어날 사건들에서 중요한 역할을 하기 위한 것이라고 말한다(*Romans*, 278). 그리고 이 주제는 죠지와 니클 모두에 의해 보다 상세하게 다루어졌다. 로마서 11장 31절에서 바울로는 이방인들의 개종이 이스라엘의 개종을 위한 것이라고 본다. 예루살렘에 주는 그들의 기부금은 단순히 그들이 실제로 개종했다는 데 대한 구체적인 증거일 뿐만이 아니라 그것을 전해준 사람들은 '예루살렘을 향한 이방 그리스도교인의 종말론적 순례자로 생각될 수 있었을 것이다. 또한 이를 통해서 유다인들은 하느님의 구원의 은총의 선물이 이방인에게 주어졌다는, 부인할 수 없는 현실과 직면하게 될 것이며 따라서 그들 스스로가 질투심을 느끼게 되어 결국에는 복음을 받아들이게 될 것이다' (Nickle, *Collection*, 142). 죠지도 이와 같은 헌금의 자극적 성격에 대해서 비슷하게 말한다(*Kollekte*, 84 이하). 그리고 그것을 로마서 전체의 목적과 관련시킨다. 그것은 서쪽으로 더 나아가는 복음의 발전에 기여할 것이다. 이러한 주장들은 비록 좀 지나치게 강조하기는 했지만 올바른 입장에 서 있다. 바울로에게 있어서 이보다 훨씬 더 중요하고 그 자신이 분명하게 밝혔던 한 가지 사실은 헌금이 물질적인 궁핍에 처해 있던 사람들을 돕기 위한 사랑의 행위였다는 사실이다.

(ㄷ) **거짓 사도들.**[25] 고린토후서에서 바울로의 적대자들이 누구인지를 밝히려는 시도들에 대해 훌륭하게 요약해서 설명한 것으로는 프리드리히(G. Friedrich, 앞 책 192—6 ; George, *Gegner*, 7—16도 참조하라)에 의한 것이 있는데 그는 여러 해석들을 세 종류로 구별하고 있다.

(a) 어떤 학자들(주로 바우어, 빈디쉬, 케제만, 컴멜)은 바울로의 적대자들 가운데 팔레스틴의 유다교적 그리스도교인들의 집단이 있다고 본다. 거짓 사도들이 '최고의 사도들'(Baur)로부터 실제로 위임받지 않았더라도 그들은 적어도 최고의 사도들로부터 권위를 끌어내어 자신들을 내세웠으며(Käsemann), 사실 예루살렘교회는 이방 선교 교회를 자신의 이 권위 아래 있도록 하라는 책임을 그들에게 맡겼다. 그들도 역시 그들이 역사적 예수를 직접 안다는 이유로 그들에게 주어진 권위를 주장했다. 그리고 바울로가 이러한 지식을 소유하지 못했다는 이유로 그를 무시했다. 이 사람들의 근본주의적 유다주의는 스스로가 영감을 받았다고 자랑하는 영지주의 집단과 결속함으로써 아마도 수정되었을 것이다(Windisch).

프리드리히는 이러한 규명에 대해 비판한다. 고린토의 적대자들은 갈라디아의 적대자들과는 전혀 달랐다는 것이다. 전자는 할례와 안식일을 지키는 것, 그리고 제의적인 정결에 대해 별다른 관심을 보이지 않는다. '그들은 바울로의 반율법주의를 고발하지 않으며, 바울로

25) "Christianity at Corinth", "False Apostles", "Paul's Opponents"; Käsemann, "Legitimität" ; Friedrich, "Gegner" ; Georgi, *Gegner*를 참조하라.

도 그들의 행위로 인한 의(work-righteousness) 사상을 그들의 잘못된 신학의 주된 징표라고 공격하지도 않는다. 방탕한 영지주의자들과 엄격한 율법주의자들이 결속했다고 생각하기는 어렵다. '그리스도의 종'이라는 명칭과 기적과 환상에 대한 선호경향은 그들이 팔레스틴 유다인들이 아님을 말해준다. 예루살렘에서 발생한 라삐적 유다주의 그리스도교는 환상에 관심이 있었던 것이 아니라 성문화된 율법을 지키는 데 관심을 가졌다' (앞 책 192—3).

(b) 두번째 견해는 고린토의 적대자들이 동방에 기원을 둔 영지주의 운동의 대표자들이었다는 것이다. '…그들이 보여주는 자신감이나 성령을 소유하고 영감을 받아 말을 하는 것과 황홀경의 경험 등을 강조하는 것은 당연히 고린토전서에 나오는 바울로의 적대자들과 고린토후서에 나오는 바울로의 적대자들 사이에 연속성이 있다는 인상을 받게 할 것이다' (앞 책 193).

그러나 이 규명도 정당한 것으로 입증되지 못할 것이다. 고린토후서에서는 고린토전서의 '영적' 적대자들이 주장하는 바와 같은 다양한 은사(charismata)에 대해서 더 이상 언급하지 않는다. 그리고 바울로는 더 이상 고린토전서에 명백히 나타나는 방종주의와 싸울 필요가 없다. 영지주의적 부활 이해와 영지주의적 구원자 신화로 언급되지 않는데 고린토후서 12장에 나타나는 것도 여러 종교유형들과 공통적이며 특별히 영지주의적인 것은 아니다. '영지는 이제 고린토전서에서처럼 자랑과 교만의 원인이 되지 못한다. 그리고 바울로의 적대자들이 영지주의자들이었다는 가설에서는 어떻게 그들이 추천서를 가질 수 있었느냐는 문제가 여전히 불확실한 채로 남는다' (앞 책 193).[26]

(c) 이것은 세번째 가능성을 열어놓는데 프리드리히는 보른캄과 죠지를[27] 따라 이 가능성을 받아들인다. 즉 적대자들은 유다인들이기는 했지만 헬레니즘적 유다인들이었으며, 그들은 헬레니즘 세계의 영감을 받은 인물들이 사용했던 선전 양식을 모방했다는 것이다. '행동과 설교 양식에 있어서 그들은 순회하는 방랑 예언자들, 마술사들, 티아나의 아폴로니우스(Apollonius of Tyana), 아보뉴테코스의 알렉산더(Alexander of Abonuteichos), 그리고 페레그리누스 프로테우스(Peregrinus Proteus)에 의해 대표되는 구원자들의 유형에 속하는데 이 유형의 구원

26) 앞 책 194면 이하의 슈미탈스의 입장에 대한 공격을 주의깊게 보라.
27) M. Rissi, *Studien zum zweiten Korintherbrief*(1969)에서는 비슷한 견해를 채택하고 있는데 다른 주장을 덧붙이지 않았다.

자들은 스스로를 하느님의 사절로 자처하면서 계시와 기적들에 의해 스스로를 찬양하려고 했다(앞 책 196 ; 비교. Collange, 예를 들어 84). 프리드리히는 거짓 사도들과 헬레니즘적 그리스도교인인 스데파노에 의해 시작된 운동과의 관계를 밝힘으로써 이러한 규명을 더욱 발전시킨다(사도 6·7장).

앞의 주 25에서 언급한 논문들과, 관련된 단락들에 대한 이 주석서의 해설에서는 지금까지 약술한 여러 가능성들에 대해서 상당히 길게 다루고 있다. 필자는 이 책에서 프리드리히(다른 사람들은 말할 것도 없고)의 논증이 고린토전서에서는 물론이고 고린토후서에서도 바울로가 영지주의자들과 대면하게 되었다는 입장을 취할 수 없게 만들었다는 견해를 받아들였다(비록 우리가 고린토전서에서 전제하고 있는 상황이 완전히 종식되었을리는 없고, 새로운 적대자들이 형성되는 데에도 영지주의적 요소가 들어왔으리라고 보게 되더라도 말이다). 적대자들은 확실히 유다인들이었다. 더우기 그들은 유다화시키는 영향력을 발휘했던 팔레스틴 출신의 유다인들이었다. 이러한 견해는 바울로가 그들과의 논쟁에서 할례와 안식일에 대해 아무 말도 하지 않는다는 논증에 의해 반박될 수 없다. 유다주의자들이 있었고, 그들 중에서는 안티오키아의 베드로(갈라 2, 11)가 가장 두드러진 모범적 인물이었는데 그들은 율법주의적 입장을 견지했으면서도 이러한 것들을 드러내기를 고집하지는 않았다. 고린토후서 11장의 주제는 바울로가 자신의 적대자들 중 누구에도 뒤떨어지지 않는 훌륭한 유다인이라는 것이다. 그것은 유다인들이었음에 틀림없고 그것도 자신들이 유다인임을 고집하는 유다인들이었다. 그러나 그들은 고린토에서 이방인들이 사도들의 주장들에 대해 근본적으로 이방적인 판단을 하고, 누가 사도이며 누가 사도가 아닌지를 결정하는 데 헬레니즘적 표준들을 적용시키는 상황에 자신들이 처해 있음을 알았다. 이러한 상황에서 그들은 헬레니즘적 특징들을 받아들였으며 그것들 중 몇 가지를 프리드리히는 정확하게 지적했다.

동일한 논쟁적 상황이 바울로로 하여금, 케제만이 고린토후서에 관한 논문 제목("Die Legitimität des Apostels")으로 삼았던 문제, 곧 "사도적 정당성"에 관한 문제를 다루도록 하였다.[28] 이 문제를 다루는 것이 고린토후서의 일차적인 동기이자 그것의 대부분의 내용을 형성하고 있으며 이 서신에 매우 중요한 가치를 부여해준다. 사도의 정당성

28) 주 25를 참조하라. 나는 *Signs*에서 비슷한 문제를 다루었다.

은 그 사람의 인격의 능력에서 나타나는 것도 아니며, 그의 영적 경험이나 그가 교회의 올바른 권위자들에 의해 위임받았다는 사실에서 나타나지도 않는다. 그것은 오직 그의 삶과 설교가 십자가에 못박힌 예수를 어느 정도 드러내느냐에 따라 나타난다.

(ㄹ) **바울로와 예루살렘**. 여기서 매우 중요한 문제는 바울로가 "거짓 사도들"(*φευδαπόστολοι*: 11, 13)과 "위대하다는 사도들"(*ὑπερλίαν ἀπόστολοι* 11, 5 ; 12, 11)이라는 말을 동일 집단을 언급하는 말로 사용했는지 아니면 서로 다른 두 집단을 지칭하는 말로 사용했는지에 관한 것이다. 만일 그것들이 동일집단을 지칭한다면 바울로가 "사탄의 부하들"(11, 15)이라고 묘사한 사람들은 단지 고린토의 그의 선교 영역으로 침입한 사람들일 뿐이다. 그들은 예루살렘의 사도들일 리가 없다. 이 견해에 따르면, 바울로는 고린토후서에서 예루살렘 사도들에 대해 결코 직접적으로 말하지 않았다. 그리고 만일 그 말들이 서로 다른 두 집단을 지칭한다면 "거짓 사도들"은 침입한 자들일 것이고, "위대하다는 사도들"은 아마도 예루살렘의 집단일 것이다.

학자들의 대다수가 "거짓 사도들"과 "위대하다는 사도들"을 동일시하는 것 같다. 이렇게 동일시하는 데 유리한 중요한 논증은 11장 5절에 기초하고 있는데 여기서는 와서 우리가 전하지 않은 다른 예수를 전하는 사람에 대해 이야기한 직후에 바울로는 "나는 저 위대하다는 사도들보다 조금도 못할 것이 없다고 생각합니다"라고 덧붙인다. 얼핏 보기에 이것은 그가 고린토에서 다른 복음을 설교한 사람들을 가리켜 말하는 것으로 보인다. 그러나 이것은 이 주석서에서 보여준 바와 같이 잘못된 해석이다. 그리고 사탄의 부하들이라고 서술한 사람들에 대해 "나는 그들보다 못하지 않다"고 말했을 리는 없다는 케제만의 주장[29]에 담긴 설득력을 부인하기는 어렵다. 두 집단이 존재한다는 것이 암시되고 있다. 한 집단에 대해서 바울로는 갈라디아서 2장 4절의 거짓 사도들에 대해서와 같이 공격한다. 다른 한 집단에 대해서 그는 갈라디아의 동일한 상황에서 기둥과 같다는 평가를 내렸던 사람들에 대해서와 마찬가지로 부드러운 반어법을 구사하여 다룬다(갈라 2, 6·9). 그는 결코 그들을 공격하지는 않지만 그들이 자기보다 우월하지는 않다는 사실을 분명히 한다. 그리고 그는 자신의 사도직이 그들에게 빚진 것도 아니고, 또 그들에게 복종할 의무가 있는 것도 아니라고 분명히 밝힌다. 그들은 아마도 세 기둥들과(야고보, 게

29) "Legitimität", 42/21를 참조하라.

바, 요한) 동일시되거나 아니면 보다 큰 집단인 열 둘(혹은 그보다는 생존해 있는 그 집단의 구성원들)과 동일시될 수 있을 것이다. 그들은 개인적으로나 교회의 고위 성직자로서 바울로에게는 거북한 사람들이었다. 그들 자체만으로도 그에게는 어려운 사람들이었고, 그의 직접적인 적대자들이 그들을 가리켜 자신들의 후원자라고 주장하고 있다는 점에서도 그랬다. 그러한 주장의 정당성을 확실히 하기는 틀림없이 불가능했을 것이다. 예루살렘의 지도자들이 고린토교회를 파멸로 이끌었던 사람들에게 정말로 권위를 부여했겠는가? 이에 대해서는 아마도 문서화된 증거가 있었던 것으로 보인다. 그러나 만일 그들이 권위를 부여했다 하더라도 바울로의 적대자들이 실제로 하고 있는 것과 같은 행동을 허락하는 식으로 그들에게 권위를 부여했겠는가? 아니면 침입자들이 월권행위를 했던 것인가? 분명히 바울로는 그들이 월권행위를 하고 있는 것이기를 원했고, 또 그렇게 믿었다. 갈라디아서 2장에서 바울로는 그와 예루살렘의 당국자들이 일치점에 도달했던 것에 대해 이야기한다. 그리고 이것은 안티오키아에서 베드로가 위반했던 일이 있다고해서 완전히 무효화된 것은 아니다. 헌금을 모금했다는 사실은 바울로가 계약에서 자신의 의무를 이행하려고 했다는 것과, 만일 그가 예루살렘과 어떠한 종류의 잠정적인 협정을 맺을 수 있다면 그것을 유지하려고 했다는 것을 보여준다. 그러나 그렇게 하려고 했기 때문에 그는 고린토에서 불리한 입장에 서서 싸워야 했다. 예루살렘과의 관계를 포기했더라면 그는 얽매이지 않고 자유롭게 침입자들과 싸울 수 있었을 것이다. 11장 4절에 나오는 다른 복음이라는 말은 갈라디아서 2장 7절의 할례의 복음과 무할례의 복음 사이의 구별을 상기시킨다. 바울로가 거짓 사도들과의 싸움에서 그렇게 자유롭게 싸우지 않고 예루살렘과 화평을 유지하는 어려움을 감수했다는 사실은 그가 예루살렘 사도들이 본심으로는 건전한 사람들이며, 또 자신의 신학이 나자렛 예수와 관계를 갖지 않을 수는 없다고 생각했음을 보여준다.

그들이 믿음으로는 건전한 사람들이었을 수 있으나 사도직에 대한 그들의 이해는 바울로와 달랐다.[30] 예수의 대리인들로서[31] 그들은 팔레스틴에서의 예수의 사역을 공고히 다지는 것을 자신들의 과제로 삼았

30) *Signs*, 특히 35—46, 68—69를 참조하라.

31) shaliah에 대해서는 *Signs*, 12—13를 참조하라. 그리고 특별히 거기서 언급된 K.H. Rengstorf의 책과 논문을 참조하라.

던 것으로 보이며, 또 스스로 자청해서 나온 이방인들을 그때그때 기꺼이 만나려고 했던 예수의 뜻을 이어받아, 우연히 생겨난 이방 교회들과 관계를 맺으면서 공고히 다지는 것[32]을 자신들의 과제로 삼았던 것으로 보인다(비교. 사도 8,14 ; 11,22). 바울로에게 있어서 예수는 보편적인 의미를 지녀야 했다. 그는 제 2의 모세라기보다는 제 2의 아담이었다. 그렇게 하여 그는 이방인들을 향해 선교했으며 이 이방인의 선교를 이스라엘을 향한 선교로 통합시킬 수 있었다(참조. 이 책 27—28면).

바울로와 예루살렘과의 관계는 부분적으로는 일치하고 부분적으로는 불일치하는 관계요, 거북하기도 하고 어느 정도 마찰도 있었던 관계였으며 또한 충성스러운 관계이기도 했다. 이 주석서에서 받아들인 입장은 근본적으로 갈라디아인들에게서 나타났던 것과 동일한 상황을 밝혀줄 것이며, 모호한 주제에 상당한 빛을 던져줄 것이다. 그러나 만일 이 견해가 잘못된 것이고, 거짓 사도들이 '위대하다는 사도들'과 동일시되어야 한다면 고린토후서는—헌금과 관련된 중요한 증거들은 제외하고— 이 문제에 거의 도움을 주지 못할 것이다.

(ㅁ) 한 인간으로서의 바울로. 바울로는 고린토후서만큼 사적 편지를 또 쓴 적이 없다. 이렇게 말한다고 해서 이 편지를 심리학적 해석에 맡기려는 것은 아니다.[33] 왜냐하면 그가 이보다 더 신학적인 편지를 쓴 적은 없다고 말하는 것도 마찬가지로 옳기 때문이다. 또한 이것은 그가 자신의 생각을 솔직히 표현한 편지이며, 아무런 주저없이 그의 감정이나 분노, 고통을 숨기지 않고 말한 편지이다. 그는 시종일관 신학적인 사람이었다. 왜냐하면 그는 자신의 모든 일들과 감정들을 하느님과 관련해서 보았기 때문이다. 그러나 그는 동시에 인간적인 사람이기도 했으며, 그가 신학적인 사람이었다고 해서 비인간적이지는 않았다.

고린토후서에서는 바울로의 소명만큼 감동적으로 나타나는 것이 없다. 바울로로서는 감사할 줄 모르고 무법하며 사랑이 없고 무식한 고린토 사람들을 포기하고 그들의 운명대로 내맡겨두는 것이 당연했을지도 모른다. 그러나 그의 마음 속에 이런 생각이 한번이라도 떠올랐

32) J. Jeremias, ***Jesus' Promise to the Nations***(1958), 28—37.
33) 다드(C.H. Dodd)가 ***Studies***, 79—82에서 "자랑"의 주제를 "두번째 회심"과 관련하여 다룬 것을 참조하라. 여러 면에서 이것은 시사적이다. 그러나 거기서는 증거들을 충분히 제시하지 못했다(참조. 이 책 104면).

다는 암시는 전혀 없다. "여러분은 우리 마음 속에서 죽음과 삶을 언제나 함께 하고 있읍니다"(7, 3). 모든 교회들을 돌보는 일과 그에 수반되는 걱정(11, 28)은 바울로가 기꺼이 짊어지려고 했던 짐이었다. 만일 그가 다른 사람들이 그의 사도직에 대해서 의심을 품었던 것처럼 스스로도 그렇게 생각했다면 틀림없이 마음이 흩가분해졌을 것이다. 그러나 그는 그리스도의 종이었다(로마 1, 1 ; 필립 1, 1). 이것은 그로 하여금 그리스도의 백성들의 종이 되게 하였다(4, 5). 그리고 그는 이처럼 봉사의 사명으로부터 결코 벗어날 수는 없었다. 그는 그리스도가 자신 안에서 말씀하신다는 것을 알고 있었으며(13, 3), 복음의 진리를 어디서나 드러내신다는 것도(2, 14) 알고 있었다. 만일 이것이 보편적으로 받아들여지지 않는다면, 그리고 때때로 그것이 죽음에 이르게 하는 죽음의 냄새로 된다면(2, 16) 그것은 이 세대의 신(4, 4)이 활동하고 있기 때문이다. "우리는 사탄의 책략을 알고 있다"(2, 11). 바울로는 이러한 사실을 받아들이기를 꺼려하는 사람들에게 이 모든 것들을 입증할 수 없었다(참조. 11, 16 ; *Signs*, 41—42). 어떤 의미에서 그는 자기 자신에 대해서조차도 그러한 사실을 입증할 수 없었다. 왜냐하면 그는 자신에게 그런 일을 할 수 있는 자격이 있다고 생각하지 않았기 때문이다(3, 5). 그러므로 오히려 더더욱 담대하게 그는 자신의 사역에 전념할 수 있게 되었다.

고린토후서 11장 23—33절의 간략하고 암시적인 이야기들은 도덕적으로는 물론이고, 신체적으로도 바울로가 감수해야 했던 장애들과 의욕을 꺾는 점들을 어느 정도 지적해주며, 동시에 사도행전 4장 8절 이하에 나오는 바울로의 생애에 대한 기록의 부족한 점들을 지적해준다. 그리고 고린토후서 6장 4—10절은 보다 덜 명시적인 형태로(비교. 고후 4, 9—13) 이 기록을 보충해줄 것이다. 바울로가 겪었던 어려움들과 형벌을 조금만 겪었더라도 아마 사람들은 진작 쓰러졌을 것이다. 그러나 그는 버티어 살아남았고, 앞으로도 수년 간 위험스러운 삶을 능동적으로 살아가려 하고 있다. 의심할 여지 없이 바울로는 '상당히 강인한 사람이었음에 틀림없다' (C.H. Dodd, *Studies*, 67). 그리고 그는 어떤 신체적 질병으로 고통을 당했다. 그러나 모든 귀절들이 —이 문제와 관련된 것으로 생각되었던 고린토후서의 모든 귀절들까지도— 동일한 질병을 말하는 것으로 가정해서는 안 된다. 사람들은 바울로의 육체의 가시가 아마도 그의 화술의 약점이리라고 주장해왔으며 그 약점으로 인해 그처럼 유창한 편지를 썼던 그가 편지만큼 유창하게 말하지는 못했으며, 사실 인간적인 외모로 따지자면 하잘것 없었다고 주장했다(참조. 12장 7절에 대한 주석). 1장 8절은 아마도 어떤 질병을 가리키는 것이리라(참조. 주석). 그는 질병이 많았으나 이번에 아시아에서 고통당했던 질병은 이제까지는 그에게 없었던 질병이었다. 그의 평소건강과 관련해서 그를 괴롭혔던 질병이 어떤 것인지를 추론할 수는 없다. 확실히 이것은 대개의 경우 바울로가 건강하고 활동적인 사람이 아니었다고 생각할 만한 이유가 되지는 못한다.

고린토후서는 바울로를 신비가, 혹은 환상가로 그릴 수 있는 토대가 될 만한 증거들을 제공한다. 그러나 그 증거들은 별로 설득력이 없다. 12장 2절 이하는 사실 바울로가 하늘로까지 끌려올라가서 다른 동료들에게는 허락되지 않은 말들을 자신은 들었다는 경험에 대해 서술하고 있다. 이 한 가지 예보다 더 중요한 것은 이어지는 언급이다(12, 7). 즉 그의 몸에 가시가 박히게 된 것은 그가 너무나 놀라운 환상을 보았으므로 교만하게 되지 않도록 하기 위해서라고 한다. 여기서 주님의 환상과 계시들의 적절하고 인상적인 예들을 보는 것 또한 중요하다(12, 1). 그는 14년을 거슬러 올라간다(12, 2). 그러한 황홀경은 그에게 그렇게 자주 일어나지는 않았다. 틀림없이 바울로는 동방적인 그리이스인이었거나 아니면 그리이스적인 동방인이었을 것이다. 그런 사람으로서 그는 종교적 흥분 상태에 빠지기가 상당히 쉬웠을 것이다. 그러나 고린토의 누구보다도 그가 방언을 많이 한다는 것은(고전 14, 18) 좀 지나친 주장이다. 그러나 방언과 환상은 둘 다 개인에 대해서가 아니라 교회에 대한 가시와 관련해서 평가되어야 한다고 그는 주장했다. 그리고 바울로는 계속해서 신중하게 행동했으며 교회도 확고해지기를 요구했다(고전 13, 1 이하). 보이는 것이 아니라 보이지 않는 것을 바라보라는 요구는(4, 18) 신비주의적 관심에서 일상생활을 포기하라는 것을 뜻하지 않으며, 오히려 올 세대의 빛에서 이 세대의 사건들을 보라는 것을 뜻한다(비교. 16절과 그에 대한 주석). 바울로에게 있어서 영적 세계는 분명히 현실적인 것이었으며, 때때로 그는 황홀경에 빠짐으로써 그러한 영적 세계를 경험했다. 그러나 그는 전혀 이러한 경험을 개발시키려 하지 않았으며, 오히려 그것을 가볍게 여겼다. 그리고 그가 복음을 설명하고 변호할 때에도 그것에 큰 비중을 두지 않았다.

대부분의 다른 서신들보다도 고린토후서는 바울로가 깊은 감성의 소유자임을 보여준다. 고린토인들에 대한 그의 사랑은 그것이 오해받았다는 사실로 인해 약해지기는 커녕 오히려 더욱 선명하게 드러난다. 그리고 그의 사랑이 오해받고 무시당했을 때, 때때로 그가 냉정한 어투로 준엄하게 나무랐다는 사실에 의해서도 그의 사랑은 더욱 분명해진다. "여러분은 내가 왜 나의 선교활동에 대한 댓가를 받기를 거절했다고 생각합니까? 내가 여러분을 사랑하지 않거나 여러분을 믿지 않기 때문입니까? 내가 여러분과 나의 책임을 함께 나누기를 원치 않기 때문입니까? 하느님께서는 알고 계십니다"(11, 11). 그는 고린토 사람들을 사랑했다. 그가 원했던 것은 그들의 재산이 아니라 오직 그들 자신이었다(12, 14). 그는 스스로 그들의 종이 되었다(4, 5). 그러나 그는 그들이 스스로 거짓 사도들에게 굴종하는 것을 목도해야만 했다. 그 거짓 사도들은 교회의 성도들을 자기들의 손아귀에 집어넣으려는 교만함 때문에 그리스도의 종이라기보다는 사탄의 종임이 드러났던 사람들이었다(11, 20). 바울로는 고린토인들을 위하여 고통을 겪었는데 그것은 마치 자기 딸을 가장 훌륭한 남편감과 약혼시켰는데 그 딸이 이기적이고 파렴치한 난봉꾼과 바람이 나서 실제로 그녀 자신의 품위를 떨어뜨리고, 행복과 자기 자신까지도 파괴시키는 것을 지켜보는 아버지가 겪는 고통과 맞먹는 것이었다(11, 2—3). 그럼에도 불구하고 그들은 바울로가 필요없다고 하면서 자기들만의 의를 주장하고 자만에 차 있었으므로 이러한 그들의 태도로 해서 그는 더욱 마음을 상하게 되었다. 그때 디도가 고린토 사람들은 정말로 그의 편이며 미혹자들에게 결코 속지 않았다는 좋은 소식을 가지고 나타났을 때 그는 몹시 기뻐했다.

오! 만일 고린토로부터[34] 온
한 영혼이 하느님의 오른편에서 나를 만난다면,
임마누엘의 땅에서
나의 하늘은 둘이 되리라.

"우리는 약하더라도 여러분이 강하면 그것으로 우리는 기뻐합니다"(13, 9). 바울로는 고린토에 들어온 침입자들에 대해서는 이러한 감정

34) 나는 "사무엘 루더포드의 마지막 말"의 Anne Ross Cousin에 의한 운문판에서 안보트(Anwoth)를 고린토로 바꾸었다. Rutherford의 말에는 바울로에 관한 것이 적지 않다(서신들에 덧붙여서). Alexander Whyte, *Samuel Rutherford and some of his correspondents*(1894)를 참조하라.

을 느끼지 못했다. 바울로는 그들이 복음의 미명 하에서[35] 잘못된 것을 전파하고 있으며, 또 고린토 사람들을 타락시키고 있다는 두 가지 이유에서 가차없이 그들을 공격한다. 그들은 천한 사도들이며, 다른 사람들의 고통이나 수고로부터 이득을 취하려 하고, 하느님이나 혹은 사람들에게 봉사하는 것보다는 무엇을 얻을까에 더 많은 관심을 가진 사람들이었다. 그는 갈라디아의 거짓 형제들이나(갈라 2,4 ; 5,12) 로마(로마 3,18 ; 16,17—18)와 필립비(필립 3,2—3·17 이하)의 유다화시키려는 적대자들에 대해서 말했던 것과 같이 그들에 대해서 말한다.

바울로는 변덕스럽게 행동하고, '예'와 '아니오'를 동시에 말했다는 이유로 비난받았다(1,17). 그러한 비난거리에는 적어도 우리가 한 인간으로서의 바울로의 모습을 그리는 데 있어서 무언가 기여할 만한 것이 있다. 그는 고린토를 방문하겠다고 제안했었다(고전 16,5—9). 그리고 나서는 두 번 방문하겠다고 약속했다(고후 1,15—16). 그러나 첫 번 방문이 좋지 않게 끝나자 그는 자신의 계획을 바꾸었으며, 그가 뜻했고 그렇게 하겠다고 말한 대로 다시 돌아오지 않았다. 이처럼 계획을 바꾼 이유는 확실히 고린토인들에게 있었던 것이 사실이며, 또 바울로의 동기가 정당했다는 것도 사실이다. 즉 그는 고린토인들 자신을 위해서 다시 돌아가지 않는 것이 좋다고 생각했던 것이다. 이 점에서 그가 잘못했는지에 대해서는 논의의 여지가 있다. 고린토인들 자신이 매우 변덕스러웠고, 또 논쟁에서는 절대적으로 확고한 입장을 견지하는 것이 좋았을지도 모른다. 그의 행동은 분명히 오해의 여지가 있었다. 그리고 반드시 그들을 '용서'하는 것이 버릇없는 아이를 길들이는 가장 좋은 방법이었던 것도 아니다. 상황은 아마도 이러했을 것이다. 바울로는 그렇게 하는 것이 옳을 수도 있고 잘못된 것일 수도 있지만, 자발적으로 행동했다. 그리고 자신의 마음 속에 있는 생각과 느낌들을 그대로 드러내는 것이 그의 성격이었던 만큼 그와 같이 행동한 것도 그의 성격대로였다. 이것은 변덕스럽게 보일 수도 있었다. 그리고 악의를 가진 사람에게는 그것이 변덕스럽게 보이기가 쉬웠을 것이다. 그러나 그것을 그의 융통성에서 기인한 것으로 이해하는 것이 보다 관대한 것일 뿐만 아니라 보다 정확한 것이다.[36] 우리는 이미 바울로의 확신과 소명감이 지니는 그 엄청난 추진력을 보았다. 이러한 힘은 바울로가 옳은 것을 판단하는 방향으로 민감하게 영향을 끼쳤으며,

35) "False Apostles", 383—4를 참조하라.
36) H. Chadwick, "All Things to All Men", *N.T.S.* i. 261—75를 참조하라.

그가 융통성 있게 자주 그의 계획을 바꿀 수 있게 했다. 절대적인 권위를 위한 유일한 지침은—이것 역시 바울로를 최종적으로 한 인간으로 그리는 데 도움을 준다—고린토전서 9장 23절에 이미 제시되었다. "나는 이 모든 일을 복음을 위하여 하고 있읍니다." 여기에다 우리는 단지 빈디쉬의 말을 덧붙일 수 있을 뿐이다(290). '서신의 이 부분에서(고후 10—13장) 바울로는 진노하고 벌하며, 심판하면서도—그를 그렇게 힘들게 하고 어려움에 처하게 했던—피조물에 대한 사랑을 포기하지 못하는 성서의 하느님 "상"(εἰκών)을 보여주고 있다.'

Ⅳ. 고린토교회의 신학

(ㄱ) **고린토교인들의 신학.** 이 말을 쓴 전례가 없었던 것은 아니지만[37] 고린토에서 일관된 하나의 단일한 신학이 발전되었다거나 전체 교회가 한 가지 단일한 신학을 주장했다는 의미로 이 말을 받아들여서는 안 된다. 고린토교회의 가장 큰 특징은 분열이었다. 그리고 비록 고린토교회의 몇 가지 일반적인 경향들을 가려내는 것이 가능하다 할지라도 비바울로적 입장을 띤 파당들은 바울로에 대해서 뿐만 아니라 자기들 서로간에도 일치하지 않았음이 분명하다. 많은 교리들이 항구들에 쏟아져 들어왔고, 고린토의 거리에도 범람했다. 그리고 그런 상황 속에서 미성숙한 그리스도교인들이 올바른 길을 걷기란 매우 어려운 일이었음에 틀림없다. 이 도시는 비록 새로운 도시이기는 했지만 로마에 의해 건설된 도시로서 헬레니즘 세계의 한가운데에 놓여 있었다. 그리고 대중적인 회의주의는 물론이고 대중적인 철학과 경건성이 널리 유포되어 있었다. 영지주의가 탄생하는 데 있어서 철학과 종교(경건성)가 어느 정도 적절한 비율로, 그리고 어떠한 관련성 안에서[38] 결합되었는지를 여기서 검토할 필요는 없다. 회당이 있었는데(참조. 이 책 23면) 추측컨대 이 회당은 헬레니즘계 유다인들의 회당이었으며 유다교 신앙이 헬레니즘 세계 속으로 파고들어갈 수 있는 발판을 제공했다(비교. 사도 18, 4). 고린토에는 틀림없이 바울로 외에도 다른 방

37) 특히 A. Schlatter, *Die korinthische Theologie*(1914)를 참조하라.
38) R. McL. Wilson, *Gnosis and the New Testament*(1968), 10를 참조하라.

문자들이 있었을 것이다. 그들 중 어떤 사람들은 똑같은 복음을 설교했지만 어떤 사람들은 그렇지 않았다. 고린토전서의 서두 부분은 이 교회가 설립된 직후에 곧 분열되는 경향을 나타내었음을 분명히 보여주고 있다. 바울로당과 아폴로당, 게바당, 그리스도당의 교의와 구성에 대해서는 여기서 다룰 수 없다(참조. 『고린토전서』, 64—67면). 고린토교회는 단지 위의 네 당파로만 분열된 것이 아니었다(고전 11, 18). 그들은 신학적인 사유에 있어서 두드러지게 특징적인 방향들을 보여주지도 못했다. 어쨌든 이러한 문제들은 가령 알렉산드리아에서의 아폴로의 교육에 대해서 고찰하는 것보다는 바울로의 반응과 대답들을 관찰함으로써 더 잘 알 수 있다.

고린토전서에 대한 연구 결과, 우리는 바울로가 염두에 두고 있는 사람들 중에 적어도 몇몇은 틀림없이 "지식"(*γνῶσις*)이나 "지혜"(*σοφία*)와 같은 주제들에 기초한 사변적인 신학에 빠져 있었다는 사실을 쉽게 알 수 있다('지식', '지혜'와 같은 말들의 용법에 대해서는 『고린토전서』, 37·52면 이하를 참조하라). 바울로가 사변적인 체계가 지니는 모든 것에 대해 반대했다고 주장할 수는 없다. 가령 그는 거기서 유일신론 같은 것을 받아들였다(고전 8, 6). (바울로가 보았을 때) 사변적인 체계의 잘못은 그것이 물질적인 측면을 경시한다는 데 있었으며 그 체계의 실천가들 전부는 아닐지라도 그들 중 몇몇이 그로부터 이끌어내는 윤리적인 결론들이 잘못되었다는 데 있다. 이 체계의 중요한 전제들을 볼 때 아마도 이것은 그리스도교 영역 밖에서 생겨난 것 같다. 그리고 이 체계가 사도의 복음과 접하게 되었을 때 그것은 사도의 복음이 지니고 있는 종말론적 언어들을 미래적인 성취와는 관련시키지 않은 채 해석해버렸다. 의심할 여지 없이 고린토에는 이미 하느님 나라에 들어갔다고 주장하는 사람들이 있었다. 그들은 충만했으며 부유했다(고전 4, 8). 달리 표현하자면 이것은 부활이 이미 일어났음을 의미한다. 만일 그렇다면 앞으로 일어날 부활은 없는 셈이 된다. 그러나 고린토전서 15장에서 바울로는 미래에 대한 그리스도교 묵시문학적 견해를 변호하고 있다. 그리스도 자신도 아직 그의 나라를 완전히 성취하지는 않았다(고전 15, 25). 원수인 죽음이 아직도 지배하고 있다(15, 26). 그것이 멸망하게 되리라는 것은 확실하지만 죄가 남아 있는 한 죽음의 가시로 남아 있다(15, 56). 고린토 사람들이 자신들이 누리고 있다고 믿었던 부활한 주권적인 생명이 세례 시에 그들에게 주어진다고 생각했는지의 여부는 분명하지 않다. 만일 그들이 그렇게 생각했다면 이것은 고린토전서 1장 13—17절의 세례에 대한 바울로의 언급을 설명하는 데 도움을 줄 것이다. 비록 그 귀절이 세례자에 대한 과장된 존경심을 반영하는 데 불과하다고 할지라도 말이다. 그들에게 있어서 세례는 주의 만찬에 참여하는 것과 함께 죄와 그 죄에 따르는 벌을 면제받게 해준다고 믿는 경향이 있었음은 분명하다(고전 10,1—13). 그들은 그리스도인으로서 자신들은 물질적인 것들에는 이제 관심이 없다고 확신했으므로 제사 음식(εἰδωλόθυτα)을 먹는 것 자체가 아무런 해가 되지 않는다고 믿었을 뿐만 아니라(이것은 바울로도 그렇게 생각했다) 우상 예배에 기꺼이 참가하게 되었고, 약한 양심을 지닌 형제들을 무시하게 되었는데 바울로는 이러한 경향들에 대해서 나무랐다(고전 10,14 ; 8,13). 마찬가지로 성적 문제에 있어서도 역설적으로 두 가지 태도가 나타났다. 한편으로 그들은 결혼은 피해야 할 것이지만 이미 결혼을 했다면 파혼하거나 육적인 요소들을 배제해야 한다고 생각했다. 다른 한편으로 창녀와 성관계를 가져도 아무런 해가 될 것이 없다고 생각했다. 고도로 영적인 영지자는 마음대로 음식을 먹을 수 있으며(왜냐하면 위도, 음식도 영속적으로 존재할 수는 없기 때문이다), 성적인 욕구나 그것의 충족도 그와 마찬가지이다(고전 7,1 ; 6,12—13).

고린토의 모든 그리스도교인들이 이러한 형태의 신앙과 생활태도를 함께 견지했을 것 같지는 않다. 예를 들어서 어떤 집단은 성적인 관계에 대해서 금욕적인 태도를 취했고, 또 어떤 집단은 방탕한 태도를 취했던 것 같다. 비록 일종의 배출구로서 간음 행위와 영적인 결혼이 결합되는 경우가 전혀 불가능하지는 않았더라도 말이다. 가시적인 성령의 선물, 특히 방언의 은사에 대한 강조점이 만일 정말로 결합이 되었다면 어떻게 위의 마지막 단락에서 말한 관심들과 결합되었는지 분명하지 않다. 방언을 말하는 것이 예루살렘 교회의 특징이었는지, 그리고 여행을 하고 다니던 예루살렘 교회의 대표자들이 그것을 순수한 그리스도교의 표징이라고 주장했는지의 여부에 대한 논쟁적인 문제에 대해서는 여기서 규명할 필요가 없다.

어쨌든 방언은 바울로가 고린토의 그리스도교인들을 다루는 과정에서 겪었던 어려운 문제들 중의 두드러진 한 예였다. 방언은 실로 성령의 선물이었고 바울로 자신은 누구보다도 방언을 더 많이 말할 수 있었다(고전 12,10·28·30 ; 14,18). 그러나 방언은 예수가 주임을 증언하는 것으로서는 그다지 중요하지 않았다(고전 12,3). 그리고 그것은 교회를 세우는 데 별 도움이 되지 못한다(고전 14,2—5). 이러한 이유에서 바울로는 그가 방언으로 일만 마디 말을 하는 것보다도 이성으로 다섯 마디 말을 하는 것이 더 낫다고 생각한다(고전 14,19). 고린토인들의 생각이 전적으로 잘못된 것은 아니지만 그들은 도를 지나쳤다. 예를 들어서 우상은 결코 실제로 존재하지 못한다는 확고부동한 유일신론보다 형제에게 사랑과 관심을 가지고 대하는 것이 바울로에게는 더 중요했다. 이것은 그의 사도직에 대한 설명에서도(고전 4,9—13 ; 9,15—23) 중요하게 나타나는데(앞으로 우리가 살펴보게 될 것이다) 거기서 그와 고린토 사람들 사이의 차이가 가장 분명하게 드러난다.

신앙의 근거로서, 그리고 하느님과의 연합의 토대로서 인간의 지혜를 강조하고(고전 2,4—5) 세례와 같은 의식 자체가 효력을 발휘한다고 생각한 고린토 사람들은 공적을 강조하는 유다교—바울로는 다른 곳에서는 이를 상대로 싸웠다—와 매우 유사한 점이 있다. 그리고 고린토에서 만개한 영지주의를 이룩한 헬레니즘과 동방사상, 유다교, 그리스도교의 조류들이 합류한 초기 형태를 고린토에서 발견하기란 아마도 용이할 것이다.

고린토전서에서 직접, 간접으로 발견할 수 있는 고린토인들의 모든 잘못들이 그들이 그 편지를 읽자마자 곧 사라졌으리라고 가정하는 것은 확실히 잘못이다. 고린토 사람들은 결코 쉽게 마음을 고쳐먹지는 않을 것이다. 어쨌든 우리가 살펴본 바대로 고린토인들의 잘못 중에서 많은 것들이 바울로 자신이 주장했던 견해를 편협하게 발전시킨 결과였다. 즉 그는 '성숙한 사람들 가운데서는 우리가 지혜를 말한다' (고전 2,6), '우상은 존재하지 않는다' (8,4), '특정하게 매우 좁은 범위 내에서는 남자가 여자에게 접근하지 않는 것이 좋다' (7,1), 방언이나 지혜, 혹은 지식(γνῶσις)의 말이(비록 그것들이 유일하거나 혹은 가장 큰 성령의 선물은 아니었다 하더라도) 하느님의 성령의 선물이라는 것(12,8 이하 ; 28 이하), '죽은 자의 부활은 자연적인 몸의 부활을 의미하는 것이 아니라 변형도 포함한다는 것' (15,42—53), '축복의 잔은 그리스도의 피에 동참하는 것이며 함께 나누는 떡은 그의 몸에 동참하는 것이다' (10,16) 등등과 같은 사실들에 대해서는 그들과 일치하였다. 이러한 것들은 항상 오해받을 가능성이 있는 교리들이었고, 사실 그들은 줄곧 그것을 오해했던 것이 분명하다. 마찬가지로 다음과 같은 사실도 분명하다. 즉 부분적으로는 증거가 부족하기 때문에 그리고 또 부분적으로는 겉보기에는 서로 다른 두 집단들 사이에서 이러한 오해가 일어났지만 사실 그들은 상당한 정도의 신학적인 통일성을 함께 가지고 있었기 때문에 그런 오해의 본질을 밝히기란 상당히 어렵다는 것이다. 유다교와 초기의 영지주의 모두가 바울로의 신학에 반응하는 데 있어서는 신적인, 혹은 영적인 행동들을 인간적인 통제 하에 두려고 했다. 한편으로 하느님의 사자들은 인간적인 권위에 의해 위임을 받음으로써 정당화되었으며, 음식예법과 같은 율법에 복종할 것을 요구받았다. 다른 한편으로 그들은 영감에 의한 웅변을 통해 인정받으려고 했으며, 하느님은 성례전적이고 영적인 수단들을 통해서 이미 사람들 가운데서 활동하고 있으므로 인간은 영원한 구원을 보장해주는 확실한 변화를 받을 수 있고 또 이미 받았다고 가르쳤다. 사실 이것은 매우 개략적으로 일반화시킨 것이며 왜곡될 경우에는 심각한 문제를 일으킬 수도 있다. 더우기 그러한 일반화는 어느 정도는 고린토후서로부터 추론한 것이다. 그러나 이것은 어느 정도 용납될 수 있는데 왜냐하면 그것은 고린토후서의 매우 다른 현상이 고린토의 상황과 어떻게 관련되어 있는지를 밝히려는 의도에서 비롯된 것이기 때문이다.

이미 지적한 바와 같이(이 책 55—56면) 고린토후서는 고린토전서에 비해서 지혜나 지식에 대한 관심을 적어도 명시적으로는 훨씬 덜 보여 주고 있다. 그리고 다음과 같은 기본적인 역사적 고찰도 이미 한 바 있다. 즉 고린토는 비바울로적인 새로운 사도들의 선교지가 되었는데(그러나 이 말은 사실과 완전히 부합되는 말은 아니다. 그것은 다른 사람들이 이미 기초를 놓은 위에서 이차적으로 선교한 것이었다) 그들은 예루살렘으로부터 왔으며, 근본적으로 유다교적이거나 유다화하는 경향이 있었지만 바울로와는 달리 주로 이방인들이었던 고린토의 교회가 제안하고 요구한 사도직에 대한 표준에 기꺼이 자신을 맞추려는 사람들이었다(참조. 이 책 57—58면). 우리가 고린토후서에서 주목해야 할 사실은 유다화운동을 적어도 부분적으로는 헬레니즘적인 특징을 지닌 운동으로 억지로 바꾸려 하는 경향이다. 그와 같은 것이 가능했다는 데 대해서는 위의 마지막 단락에서 살펴 보았다. 사실 바울로는 유다교 사람들이건 헬레니즘계 사람들이건 자기들 종교의 중심에 서고 싶어하고, 또 그것을 지배하고 싶어하지만 보는 것으로 살지 않고 믿음으로 사는 것이 무엇인지를 아직 알지 못하는 사람들을 모두 다루고 있었다(고후 5, 7).

이러한 관찰은 11장 4절의 "다른 복음"이 인간적인 행위에 미친 결과들과 관련해서 서술되어야 함을 의미한다. "다른 복음"이라는 말 자체는 갈라디아서 1장 6절 이하를 상기시킨다. 그리고 거기 함께 나오는 다른 말들(다른 예수, 다른 영)은 비록 중요하기는 하지만 바울로가 염두에 두고 있는 것은 본질적으로 유다교적 메시지 곧 예수 안에서의 하느님의 행위에 기초한 자유와 은혜와 믿음의 복음을 율법에 종속시키려는 사상이었다는 사실을 흐리게 해서는 안 된다. 할례에 대해서 언급하지 않는다는 사실은 놀랄 만하지만 유다교적 메시지가 항상 갈라디아에서와 같은 형태를 띠었다고 가정해서는 안 된다. 고린토후서 3장의 모세에 대한 논의와 율법의 쇠퇴에 대한 논의가 이 서신의 핵심이다. 그것은 그리스도인의 자유를 매우 분명하게 확증해 주고 있으려(3, 17) 다른 경쟁적인 설교자들이 복음을 거짓되게 한다고 비난하는 이야기에서와 같이 논쟁적인 의도가 결코 없었을 리가 없다 (2, 17 ; 4, 2 ; 참조. 해당귀절에 대한 주석). 그러한 설교자들은 예루살렘에서 발부한 것으로 보이는 추천서들을 가지고 고린토에 도착했으며, 예루살렘 교회의 우두머리인 "기둥들"(갈라 2, 9)과 관련이 없었을 리가 없다. 이 사실은 그들의 유다교적이고 유다화되어가는 배경을 확증해줄 뿐만 아니라(비교. 11, 22), 그들이 그리스도교를 위계질서적으로 이해하는 경향이 있음을 보여준다. 이러한 사실은 그들이 예루살렘의 권위자들의 편에 서서 바울로적인 교회들에 대해 일종의 종주권을 주장한다는 사실에서도 나타난다(10, 12—16). 그들의 사도직은 "사람으로부터 나오고 사람을 통한"(비교. 갈라 1, 1) 것이었으며 그것은 교회의 구조에 관련되어 있었으므로 교회의 복음의 내용에 대해서도 의미가 있는 것이었다. 바울로는 어떤 권위에 근거해서(그는 확실히 이 권위를 가지고 있다고 주장했지만) 복음을 전하지 않았다. 복음은 복음을 통해 역사하는 성령의 활동에 의해 스스로를 전한다.

이러한 '영적 추천'은 겉보기에, 단지 겉보기에만 바울로의 적대자들이 (아마도 고린토인들의 요구에 응하여) 주장하는 권위의 다른 측면들과 유사할지도 모른다. 그들은 권위있게 행동했으며, 그것은 그들의 청중들을 매료시켰다(11, 20). 그들은 환상을 보았고 계시를 받았다(12, 1 ; 참조. 해당 주석). 바울로는 영감받은 말을 하는 데 능하지 못했지만 그들은 그런 말을 하는 데 능했다(10, 10 ; 11, 6). 그들은 기적을 행했다(12, 11—12 ; 참조. 해당 주석). 여기서 이러한 경쟁적인 선교자들의 특징들에 대해서 반드시 언급하고 넘어가야 할 것은 그러한 특징들은 스스로를 추천하지 못하며, 인간적인 노력에 의존하는 복음의 기능들이라는 사실이다. 그것은 한편으로는 교회와 설교자 사이의 관계에 대한 바울로의 이해와 완전히 반대되는 것이며 다른 한편으로는 진리의 말씀과도 반대되는 것이다. 4장 7—18절과 6장 3—10절, 그리고 이에 대한 주석들을 참조하라.

"다른 복음"을 설교하는 낯선 사람들은 "다른 예수"를 선포했다. 그리고 이것이 그리스도론에 있어서의 근본적인 차이를 의미한다고 주장하는 것도 결코 틀리지 않다(참조. 이 책 276—277면). 11장 4절 외에 두 귀절을 더 말할 수 있을 것이다.

전에는 우리가 육적 표준을 따라
그리스도를 알았지만
이제는 그렇지 않습니다(5, 16).
그들이 그리스도의 일군입니까?
내가 정신빠진 사람같이 말합니다만
오히려 내가 그리스도의 일군입니다(11, 23).

후자의 귀절은—그 귀절 자체가 반드시 그런 것은 아니지만—바울로가 말하고 있는 사람들이 자신들은 예수의 선교 활동 기간 중에 그의 제자들이었으므로 특별한 지위를 차지하고 있다고 주장했음을 의미할 수도 있다. 전자의 귀절은 바울로가 '역사적 예수'의 중요성을 경시한 것으로(주석 참조) 이해된다. 그런데 '역사적 예수'에 대해 바울로의 적대자들은, 예수의 지상 생애 동안 그와 직접 접촉할 수 있었다는 사실을 지나치게 강조한 결과라고 바울로가 생각한 바를 전제로 한다. 이에 대한 바울로 자신의 입장들과 그것들이 그의 그리스도론에서 차지하는 위치에 대해서는 이하(이 책 75면 이하)와 주석을 참조하라. 그러나 바울로가 '역사적 예수'의 중요성을 경시했다는 것은 옳지 않다. 하지만 고린토의 반대자들이 예수, 그리고 예수와 자신들과의 관계를 그릇된 방식으로—사실은 "육에 따라"—판단하여 우쭐댔다는 것은 사실이다. "육에 따른" 판단이 정확히 무엇인지를 지금 말하기는 불가능하다. 왜냐하면 바울로가 그에 대해 말해주지 않기 때문이다. 그러나 바울로가, 단순히 예수의 활동기간 중에 그를 알았다는 것을 근거로 우월감, 권위, 혹은 하느님과의 특권적인 관계를 주장하려는 시도나 예수의 역할을 탁월한 라삐로 보건, 새로운 모세로 보건간에 그를 새로운 율법주의의 기초를 형성하는 새로운 율법의 원천으로 생각하는 모든 경향을, 육을 따라 취해진 행동이라고 비난하려 했다는 것은 분명하다.

지금 이보다 더 상세한 것을 설명할 수는 없다. 사변적 그리스도론이 생겨날 단계에 있었고 정통과 이단을 선명하게 구별할 수 있는 구분점이 없었다. 고린토후서에는 바울로가 원칙에 따라 자신이 비판해야 한다고 느꼈을 만한 사변의 흔적이 보이지 않는다. 바울로는 예수가 주님보다 못하다거나 혹은 주님이 십자가에 못박힌 예수가 아닌 다른 사람인 것처럼 보려는 태도에 대해 심한 반대를 표명했는데, 그 이유는 바로 그러한 태도가 또 다른 사이비 복음을 만들어내게 된다고 생각했기 때문이다. 설교로 보나 신학으로 보나 혹은 윤리로 보나 그러한 복음은 예수를 잘못 전했다. 바로 이 점이 비난받아야 할 점이었다.

(ㄴ) **고린토를 배경으로 한 바울로의 신학.** 여기서 바울로의 신학에 대하여, 또 고린토 서신들 전체에 걸쳐 흩어져 있는 풍부하기는 하지만 체계화되어 있지는 않은 그의 신학적인 소재들에 대해서 자세한 설명을 하려는 것은 아니다.[39] 바울로의 신학이 구체적인 상황 속에서 사건들, 특히 논쟁들의 자극을 받으며 발전되었음을 인정한다고 해서 그것이 성서가 영감을 받아서 씌어졌다는 정당한 교리를 부인하는 것은 아니다. 바울로의 생애에서 고린토교회와 대항해서, 또 고린토교회를 위해서 싸웠던 때보다 더 파란만장하고 논쟁적이었던 상황은 아마 없었을 것이다. 그리고 거짓 사도들이 득세하고 선교했던 고린토에서만큼 그로 하여금 사도직에 대한 자신의 이해를 분명하고도 강력하게 표명하도록 한 적도 없었다(11, 16—30과 해설 ; *Signs*, 35—46). 또 거짓 사도들이 설교한 '다른 복음'만큼 그로 하여금 강력하고 정열에 찬 확신을 가지고 보고, 말하고, 자신의 복음을 적용하도록 바울로를 자극한 것은 거의 없었다(그러나 갈라디아에서의 논쟁과 로마서를 쓴 일은 거기에 견줄 만하다). 그러므로 이 서론을 바울로의 신학에 대한 간략한 연구로 끝맺는 데에는 타당한 이유가 있다. 그러나

39) 이러한 면에서 주석서는 다른 책들과 다르다고 지적해야 할 필요는 없을 것이다. 서론에서는 마땅히 저자의 사상에 대해서 간략하고도 체계적으로 설명할 수도 있다. 그러나 주석자는 저자로 하여금 스스로 설명해나가도록 해야 하며, 주석자 자신은 단지 보충 설명만을 하고 저자가 하는 대로 따라가야 한다. 주석은 결코 독백이 아니다.

그것도 그의 신학 전체를 체계적으로 연구하는 것이 아니라 바울로서신의 몇몇 특징들이 고린토의 서신들에서 두드러지게 나타나게끔 하는 그런 방식으로 간략하게 살펴보는 정도이다.

다른 곳에서와 마찬가지로 고린토에서도 바울로는 십자가에 달린 예수 그리스도, 겉보기에는 약하고 어리석어 보이지만 구원의 길에 있는 사람에게는 하느님의 능력이요, 지혜인 그 그리스도를 설교하였다(고전 1, 23—24). 바울로의 복음을 받아들인 사람들은 주 예수의 은혜의 의미를 안다. "그는 그들을 위하여 가난하게 되셨으며 그의 가난을 통하여 그들이 부요하게 되도록 하셨다"(고후 8, 9). 그들은 비록 죄인이었지만 하느님과의 관계에서 의로운 자리를 차지하게 되었으며 그것은 오직 죄없는 예수가 문자 그대로 정죄당하기를 스스로 감수했기 때문에 가능했다(5, 21). 하느님이 보시기에 그들이 의로와진 것은, 그들은 그리스도 안에 있었고(고전 1, 2), 세례를 받음으로써 집단적으로 그리스도의 몸이 되었으며(고전 12, 27), 동시에 성령을 받았고(고전 12, 13), 그리하여 그들이 기쁨으로 충만하여 "예수는 주님이시다"라고 증거하였기 때문이다(고전 12, 3). 그리스도교인들에 의해 이미 받아들여졌던 하느님의 아들 예수 그리스도의 주(主)됨은 그가 그의 모든 적들—궁극적으로는 죽음까지도 포함하여—에 대해 승리를 거둠으로써 우주적인 사실로 성취되어야 했다(고전 15, 25—26).

우리가 본 바대로 이러한 종류의 그리스도교적 확신은 고린토에서 여러 측면으로부터 도전을 받았다. 그리고 이러한 도전은 바울로로 하여금 그의 가르침을 발전시키고 명료화하도록 했다. 대부분의 특별한 예들은 고린토전서에서 찾아야 한다. 그러나 그것들은 고린토후서에서는 그다지 중요한 자리를 차지하지 못하므로 여기서는 간단히 언급하는 것만으로도 충분할 것이다. 그러나 그렇게 간단히 언급하는 것도 고린토후서에서 보이는 신학자로서의 바울로에 대한 중요한 도전과 그에 대한 바울로의 응답을 이해하는 데 도움을 줄 수 있을 것이다.

예를 들어서 세례와 주의 만찬에 관한 거짓된 개념들에 대해 바울로가 어떻게 반대하는가를 알아보는 것은 쉬운 일이다. 그러나 그가 그것들에 대해 어떤 반응을 취하며, 그러한 거짓된 개념들 대신 그가 말하는 내용은 무엇인가를 알아보는 것은 결코 쉬운 일이 아니다. 세례에 대한 그의 이해가 어떠했는지는 사실 로마서를 살펴보지 않는 한 거의 알 수 없다(*Romans*, 121—30). 고린토서신들에서 세례에 대한 가장 중요한 귀절은 고린토전서 12장 13절이다. "우리는 유다 사람이든 헬라 사람이든 종이든 자유인이든 한 성령으로 세례를 받아 한 몸이 되었읍니다." 세례는 한 성령에 의해 알려지는 사실인 그리스도의 한 몸이라는 데 대한 표징이다. 이것은 우리로 하여금 바울로가 그리스도의 몸, 성령이라는 말로 뜻한 바가 무엇인지를 묻게 한다. 주의 만찬도 마찬가지이다(참조. 고전 10,16—17). "우리가 축복하는 축복의 잔은 그리스도의 피에 동참하는 것이 아닙니까? 우리가 떼는 떡은 그리스도의 몸에 동참하는 것이 아닙니까? 떡이 하나이므로 우리가 여럿일지라도 한 몸입니다. 그것은 우리가 다 한 떡덩이에 함께 참여하였기 때문입니다." 세례와 성만찬은 둘 다 그리스도의 몸과 관련되었다. 성만찬에서는 몸을 살게 하는 피가 흘려졌으므로 그리스도의 몸이 죽임을 당했다는 사상(로마서 6장의 보다 상세한 논의는 세례에 대해서도 똑같은 사상이 타당함을 보여준다)을 분명하게 하는 데 기여한다. 예수의 죽음과의 관련성은 고린토전서 11장에서 더욱 분명하게 나타난다. 주의 만찬의 기원은 그가 죽임을 당했던 날 밤에 있다(11,23). 먹고 마시는 것과 함께 주님의 죽음을 선포하는 것이 수반되었다.[40] 바울로는 심판의 주제를 계속 전개시켜 나가며, 몇몇 고린토인들은 먹고 마시면서 그리스도의 몸을 깨닫지 못하므로 죽음의 잠에 빠져 있다고 단언한다. 세례와 주의 만찬에는 십자가에 관한 말씀을 선포하는 일이 수반되었으며, 또 그것 자체가 십자가에 관한 말씀을 선포하는 것이기도 하였다. 그것들은 죄와 심판으로부터의 자유를 보장해주는 것이 아니라 부활을 통해 영원하게 된 예수의 죽음에 동참하는—신체적인 동참—것이었다. 성령의 열매는 모든 종류의 헌신이다(갈라 5,22—23). 사람들은 이러한 영으로 세례를 받는 것이다.

이러한 관찰을 통해서 모든 그리스도교인들이 여러가지 형태로 소유하게 되는(고전 12,7) 성령의 선물에 대한 바울로의 가르침에로 나아가게 될 것이다. 고린토 사람들은 방언으로 말하는 것과 같은, 눈으로 볼 수 있는 선물들을 가장 좋아했던 것 같다(참조. 『고린토전서』, 56-57면). 바울로에게 있어서 가장 훌륭한 길은 사랑이었다. 그리고 사랑의 가장 두드러진 특징은 자기 이익을 구하지 않는다는 것이었다(고전 13,5). 고린토전서 13장은 아마도 고린토전서에 들어오기 전에 씌어졌을 것이다(『고린토전서』, 343·345·362면). 그러나 그것은 고린토전서에 포함되게 되었고 그렇게 포함된 것은 고린토의 상황에서 이루어졌던

40) 그렇게 많은 예전주의자들이 성만찬은 무엇보다도 부활에 관한 것이라고 생각하는 점은 좀 미심쩍다.

신학적 발전의 일부이다. 바울로가 모든 그리스도인들의 행동을 포함하는 포괄적인 말인 사랑에서부터 원칙적인 진술들과 더불어 마찬가지로 필요하다고 생각한 보다 구체적인 윤리적 가르침으로 넘어간 것은 자연스러운 일이다. 예를 들어 결혼을 경시하는 고린토의 상황에서 바울로는 결혼에 대한 그 자신의 신념을 발전시켰다. 그에 따르면 결혼은 마지막 날에 여러 복잡한 문제들을 일으키게 될 것이므로 결코 바람직스러운 것은 못되지만 그것은 두 종류의 성이 결합된다는 점에서 신적 질서에 속하며(고전 11,11), 하느님의 구원하는 능력이 효력을 발휘할 기회를 제공해준다(고전 7,16).

결혼에 대한 논의는 종말론적 윤리에 대한 바울로의 가장 예리한 진술로 이끌어지며 또 그것을 포함한다(고전 7,29 이하). "이 세상의 눈에 보이는 형태는 사라지고 말 것이므로 아내 있는 사람은 없는 사람같이 하고 우는 사람은 울지 않는 사람같이 하며 기쁜 사람은 기쁘지 않은 사람같이 하고 무엇을 산 사람은 그것을 가지고 있지 않은 사람같이 하며, 세상을 잘 이용하는 사람은 그렇지 않은 사람같이 해야 한다." '그러므로 세상과 떨어져서 하느님께 봉사하며 살 수 있는 사람은 자유로운 사람이다……그의 자유는 스토아학파의 자유와 같은 것이 아니라……그리스도의 종의 자유이다' (비교. 7,22 ; 『고린토전서』, 213—214면). 이것은 마지막 날의 종말론적 영향력 하에서 그리스도 안에서 하느님께 복종하는 삶이며 참으로 자유로운 삶이다. 바울로의 "마치 아닌 것 같이"(ὡς μή)는 허구도 아니며 세상으로부터의 도피도 아니다. 단지 그것은 우리가 알고 있는 세상은 종말을 향해 움직여가고 있으며, 결과적으로 보이는 것들은 일시적이지만 보이지 않는 것은 영원하다는 사실을 인식하는 것이다(고후 4,18). 이러한 종말론적 상황에 대한 인식은 체념이나 혹은 신비적인 사변에로 인도하는 것이 아니라 불안으로부터 벗어난 삶, 따라서 봉사에로 열려진 삶으로 인도한다.

왜냐하면 만일 어떤 사람이 눈에 보이는 것들을 잊어버리고 몽롱한 미래의 영광 속에서 살고 싶어 한다면 그는 바울로의 편이 아니라 바울로의 적대자일 것이고 바울로는 그를 신랄하게 풍자했을 것이기 때문이다. "여러분은 벌써 배불렀읍니다. 벌써 부자가 되었고 우리를 제쳐놓고 왕이 되었읍니다. 여러분이 진정 왕이 되었으면 좋겠읍니다. 그렇게 된다면 우리도 여러분과 함께 왕이 될 수 있겠읍니다"(고전 4,8). 사도들은 그렇지 않았다. "우리는 지금에 이르기까지 이 세상의 속죄양같이, 이 땅의 찌꺼기 같이 살아왔읍니다"(4, 13). "마치 아닌 것같이"는 환상이 아니라 진리다. 그러나 그것은 가시적인 진리는 아니다. 그리고 이 점에 관하여 바울로는 종말론에 관한 장인 고린토전서 15장에서 다음과 같이 주장하고 있다. 그리스도는 죽은 자들 가운데서 살아나셨으며, 마지막으로가 아니라 제일 첫 열매로서 살아나셨다. 나머지 사람들에게 있어서 부활은 선취될 수는 있었겠지만 아직 완성되지는 못했다. 마지막 원수인 죽음이 아직도 권세를 잡고 있으므로 그리스도 자신은 그의 원수가 거꾸러지고 굴복할 때까지 기다린다(고전 15, 25—26).

부활에 관한 장의 핵심인 이러한 주장은 예수의 상에 단지 2차적인 의미만을 부여하는 데 불과한 것으로 보인다. 확실히 이것은 바울로의 의도는 아니었으며, 두 서신들을 결합시키고 매우 다양한 내용들에 통일성을 제공한 것은 그리스도론이었다. 고린토전서의 그리스도론은 예수는 만유의 주이며(12, 3) 처음부터 끝까지 그의 아버지에게 복종했다(15, 28)는 이중적인 진술로 요약될 수 있었다. 바울로는 두 진술들을 모두 진지하게 고수한다. 그리고 그 둘의 결합은 모든 훌륭한 그리스도론적 사고의 기반이 되었다. 거듭해서 예수는 하느님과 동일하게 간주되었고, 인간 경험을 통해서 알 수 있는 다른어떤 질서보다도 우월한 하느님과 동일한 존재 질서에 분명히 속하고 있다. "많은 '신들'과 많은 '주들'이 있지만 우리에게는 아버지되시는 한분 하느님이 계실 뿐이며, 만물은 그에게서 생겼고 우리도 그를 향하여 나아가고 있읍니다. 그리고 우리들 자신도 포함하여 만물이 존재하게 한 주 예수 그리스도 한 분만이 계십니다"(고전 8, 5—6). 특히 이러한 주 예수 그리스도는 그의 몸인 교회의 주이기도 하다. 혹은 그는 그리스도교적 건물을 세울 수 있는 유일한 기초이다(고전 3, 11). 그러나 그리스도는 십자가에 못박힌 자로서, 이 세대의 통치자들에 의해 십자가에 못박힌 영광의 주로서(고전 2, 8) 바울로의 설교의 유일한 주제이다(고전 2, 2). 부활하셔서, 그리스도교의 설교를 하는 과정에서 하느님의 능력과 지혜가 되시는 분은 바로 십자가에 못박힌 분이다.

지혜라는 말을 적용하고, 부활교리를 바로잡아야 할 필요성은(이것은 마지막 아담으로서의 그리스도라는 개념으로 발전하였다) 고린토전서에서 그리스도론이 어느 정도 발전할 수 있는 계기를 이루었다(『고린토전서』, 36면 이하). 그러나 고린토후서의 배후에서 알 수 있는 갖가지 고통이 바울로의 매우 놀라운 몇몇 그리스도론적 진술들 가운데서 표현되어 있다. 그것들은 동일한 관점을 유지하고 있다. "그리스도는 주님이시며, 그는 자신이 주임을 아버지에 대한 희생적인 순종에서 나타냈다." 이것은 모든 서신들 가운데서 바울로의 그리스도론이 근본적으로 주장하는 바이지만 그가 고린토후서에서만큼 자신이 주장하는 바에 대해서 인간적이고 실존적인 견해를 보여주는 경우는 거의 없다.

신약성서 중 어떠한 부분도 예수는 구약성서의 성취임을 이처럼 힘있고 포괄적으로 단언하지는 못했다 : "하느님의 많은 약속들이 있었지만 그것들이 그에게서는 모두 '예'가 되었다"(1, 20). 율법의 수여에도 커다란 영광이 뒤따랐지만, 그것은 성령 안에서 새로운 자유의 계약이 성립될 때 수반되었던 영광에 비하면 아무 것도 아니었다(3, 17). 그 영광은 하느님의 형상이며, 보이지 않는 하느님이(비교. 골로 1, 15) 보이게 되는 수단인 예수 그리스도의 얼굴에 나타난 하느님의 영광(4, 4)이었다. 이 말에서 이미 바울로는 유다교 지혜 사변의 그리스도론적 유용성을 충분히 끌어내었으며, 제 4 복음서의 로고스 그리스도론의 윤곽을 미리 그려주고 있다. 최초의 그리스도교인들의 종말론적 확신 —"보시오, 지금은 은혜의 때요 지금은 구원의 날입니다"(6, 2)— 은 이미 적어도 형이상학으로 발전되어 가는 단계의 그리스도론을 탄생시켰다. 그러나 종말론도 결코 상실되지는 않았다. 즉 바울로의 그리스도는 시간을 통해 움직이는 분이며, 시간 안에서의 그의 움직임과 변화에 대한 그의 수용은 은혜의 척도이다. 그리고 복음을 구성하는 것은 형이상학이 아니라 은혜인 것이다. "여러분은 우리 주 예수 그리스도의 은혜를 알고 있읍니다. 그리스도는 부요하나 여러분을 위하여 가난하게 되셨읍니다. 그것은 그가 가난하게 되심으로 여러분을 부요하게 하시려는 것입니다"(8, 9). 하느님의 형상을 닮았다는 것은 단순히 아버지와 정태적으론 내향적인 관계 속에 있는 것을 뜻하지는 않는다 : "'어둠 속에서 빛이 비쳐 나오라'고 말씀하시고 우리 마음 속에 빛을 비추셔서 그리스도의 얼굴에 나타난 하느님의 영광을 아는 지식을 우리에게 주신 분은 하느님이다"(4, 6). 그러므로 하느님은 바로 창조해가는 은혜라는 영광된 진리를 전하는 복음은 세상 어디서나 승리의 행진을 하고 있다(2, 14). 그러나 정말로 눈이 멀어서 그것을 이해할 수 없는 사람들이 있다(4, 3). 또 그것을 "다른 복음"으로 바꾸는 사람들도 있는데(11, 4) 그들은 하느님의 손으로부터 주도권과 책임성을 취해서 그것을 감당할 수 없는 인간의 영역에 두려고 한다(참조. 이 책 69면 이하).

하느님의 아들(1, 19)이 시간 안으로, 이 세대 안으로 들어오고, 그럼으로써 올 세대의 능력이 이 세대 안에서 활동하게 한 것은 주도권을 쥐고, 책임을 감당하기 위한 것이었으며, 또 반드시 그렇게 주도권을 쥐고 책임을 져야 할 자리에서 그렇게 하기 위한 것이었다. 그 분은 가난하게 되었으며(8, 9) 연약함과 죽음이라는 극단적인 궁핍을 경험하셨다. 또한 그 분은 그의 약함으로 인해 십자가에 달려 죽었다(13, 4). 바울로는 이 사실을 결코 잊지 않으며, 그의 독자들도 이것을 잊지 않도록 한다. 5장 16절의 "이제는 그리스도를 육에 따라 알지 않겠다"는 진술은 육체를 지닌 한 인간으로서 살다가 죽은 그리스도에 대해 아무런 관심도 없다는 뜻은 결코 아니다(해설 참조). 바울로가 뜻했던 바는 그는 이제 그리스도로 인해 삶과 죽음을 새로운 방식으로 이해하게 되었다는 것이다. 삶과 죽음은 모두 그가 ―육에 따라― 생각했던 것보다 훨씬 두렵고 동시에 영광스러운 것이었다. 그가 의미했던 죽음은 그리스도께서 우리를 위해 죄 가운데로 들어오셨다는 것이고, 그 결과 우리는 그리스도 안에서 의로운 자리에 서게 되었으며, 하느님과도 마땅히 항상 맺어야 할 올바른 관계를 맺게 되었다. 그리스도는 그 안에서 우리가 존재하게 된 포괄적인 인간이었다. 그가 우리의 죄를 지고 우리의 죄를 자신의 죄로 삼았으므로 우리는 그의 의를 받아서 우리의 의로 삼고 모든 성도들과 함께, 하느님의 거룩한 사람들인 교회와 함께 마지막 날의 메시아적 고통들을 너머 있는 장차 올 세대로 들어가게 된다(참조. *Romans*, 122).

삶과 죽음, 죄와 의의 이러한 역설적 교체는 이 세상에서는 변증법적인 삶으로 표현될 수밖에 없었다. 십자가 처형은 예수 이야기의 마지막 말이 아니었다. 그는 지상에서 그의 연약함 가운데서 십자가에 못박혔으나 하느님의 능력에 의해 살아있다(13, 4). 그는 현재 살아 있으며 세상을 심판할 것이다(5, 10). 이것은 그리스도교인들이 신앙에 의해 선취하게 되는 총체적이고 종말론적 계획이었다. 그러나 현재에 있어서는, 그리고 신체적인 죽음이라고 하는 측면에서는 그것은 이미 축복받은 결말에 도달한 완성된 과정으로서가 아니라 약함과 강함, 죽음과 삶의 교체로 나타난다. "그리스도와 연합한 우리도 약합니다만 우리는 하느님의 권능으로 그와 함께 살 것입니다"(13, 4). 이 귀절이 보여주듯이 강함과 생명은 특징적으로 미래에 속한다. 그러나 이어지는 말―"여러분과의 관계에서"―은 미래가 단순히 현재의 경험 너머에 있는 것이 아님을 보여준다. 그러나 복음의 모습이 가장 분명하게 드러나는 것은 인간의 약함 속에서이다 : "내 은혜가 네게 충족하다. 내 권능은 약한 데서 완전해지기 때문이다. 그러므로 그리스도의 권능이 내게 머무르게 하기 위하여 나는 오히려 기쁜 마음으로 나의 약한 것들을 자랑하려 합니다"(12, 9). 그리고 바울로는 예수의 죽음을 항상 그의 몸에 짊어지고 다니는데 그것은 그 자체가 목적이 아니라 그리스도의 생명이 나타나게 하기 위한 것이다(4, 10). 그러므로 인간적인 연약함은 단순히 너그럽게 묵인하거나 또 묵인해야만 할 것이 아니다. 바울로는 오히려 그것을, 자신이 그리스도교인이며, 십자가에 못박힌 주 그리스도의 대리인이라는 데 대한 확실한 증거로 삼고 자랑한다. 그리고 그가 주가 된 것은 '십자가에 달렸음에도 불구하고'가 아니며, '십자가에 달린 대가'도 아니고 "그리스도가 십자가에 달렸기 때문에", "하느님의 아들이 나를 사랑했고 나를 위해 자신을 내어주었기 때문에" 가능했으며(갈라 2, 20), 그것이 바로 하느님이 '주님이시라'는 말의 의미였다.

바울로가 거짓 사도들과 싸우고, 고린토 교회를 위해 싸운 배후에는 이와 같은 사실이 놓여 있다. 고린토 사람들이 그를 이해하지 못한 것은 그들이 예수를 이해하지 못했음을 의미한다. 그들은 바울로와 예수를 똑같이 "육에 따라"(5, 16) 평가했다. 겉보기에는 변덕스러워 보이는 바울로의 굴종("우리 자신들은 여러분들의 종입니다" : 4, 5)과 자신의 권리와 지위에 대한 완강한 주장(예. 고전 9, 1—2 ; 고후 10, 11 ; 13, 10), 오히려 자기 자신을 추천하는 것처럼 보이는 자기추천에 대한 거부(3, 1 ; 5, 12 ; 10, 12 ; 12, 19), 아주 자연스럽고 서로간의 사랑에 대한 적절한 표징으로 보일 때에도 고린토인들로부터 선물받기를 거절하는 점(11, 7—11 ; 12, 13), 스스로 어리석은 행동인 줄을 매우 잘 알면서도 환상과 계시에 대해 어리석은 행동을 하는 것(12, 1·11), 성공적이지 못한 선교과정 속에서도(2, 14) 승리에 대한 환상을 보는 점, 바울로 스스로도 하느님의 대언자라고 생각했던 모세보다 자신이 우월하다고 생각한 점(3, 13), 무엇보다도 자신의 선교활동에 대한 그의 역설적인 묘사 —"우리는 영광도 받고 수치도 당합니다. 우리는 비난도 받고 칭찬도 받습니다. 우리는 놀리는 자 같으나 진실합니다. 이름 없는 자 같으나 유명합니다. 죽은 것 같으나, 보시오, 살아 있읍니다. 벌받은 것 같으나 죽는 데까지는 이르지 않았읍니다. 슬퍼하는 것 같으나 늘 기뻐합니다. 가난한 것 같으나 많은 사람을 부요하게 합니다. 아무 것도 없는 것 같으나 모든 것을 가지고 있읍니다"(6, 8 이하). 이 모든 것들은 주님이신 십자가에 달린 그리스도의 빛에서 볼 때에만 의미 있게 된다. 바울로의 사도로서의 행동은 그의 그리스도론적 성찰을 반영한다.[41]

거짓 사도들의 행동은 그들의 그리스도론, 즉 "다른 예수"에 대한 그리스도론을 반영했을 수 있다(11, 4). 그들은 아마도 자신들의 자랑을 당연하게 해주고(5, 12 ; 10, 16—17), 자신들의 공격적인 행동을(11, 20) 정당화해주는 영광의 신학을 주장했을 것이다. 우리는 이 문제에 대해서 적절한 정보를 지니고 있지 못하며, 따라서 성급히 결론으로 넘어가서는 안 된다. 그들의 행동은 확실히 바울로의 그리스도론을 반영한 것이 아니다. 따라서 바울로의 심한 반대를 받는다. 이 사람들이 '그의' 교회 안에서 교묘하게 환심을 사게 되었을 때 그가 개인적으로 전혀 마음이 상하지 않았다거나 그의 반대는 주로 신학적인 것이었고, 그의 비판은 예수에 대한 그 자신의 이해에 기초하고 있다고 주장하는 것은 불합리하다(비교. 고전 11, 1). 그는 고린토교회, 즉 자신이 책임을 크게 느끼고 있고, "여러분을 세우기 위한"(10, 8 ; 13, 10) 그의 권위에 따라 성립된 그 교회가 자신의 원칙에 따라 행동해야 한다는 데 보다 큰 관심을 가지고 있었다. 그리고 거짓 사도들에게 빠지는 것은(11, 20) 그리스도인의 행동의 관점에서 볼 때 거짓 사도들의 교만함과 마찬가지로 잘못된 과오였다. 고린토인들과의 서신왕래가 끝났을 때에도 고린토교회는 그리스도교 신앙의 가장 어려운 교훈을 여전히 배우지 못하고 있었다. 즉 그들은 교회가 주(主)로 선포하는 그리스도가 십자가에 달린 그리스도이며 그는 부활한 주로서 여전히 십자가에 달려 있고, 상처를 그대로 지닌 채 부활했다는 사실(비교. 요한 20, 25—29), 그리고 그리스도인들은 보는 것으로가 아니라 믿음으로 산다는 사실을 그들은 아직 깨닫지 못했던 것이다(고후 5, 7). 이러한 진리는 그의 모든 서신들에 선포되었으며 적용되었다. 작게는 방언과 예언의 상대적 가치에서(고전 14, 4—5), 크게는 사랑의 가치에서(고전 13), 근본적으로는 그리스도의 존재와 업적에 대한 설명에서(고후 5, 11—21) 그러한 진리가 선포되고 적용되었다. 비단 고린토교회뿐만이 아니라 대부분의 교회들은 이 진리를 잊어버릴 위험성이

41) 바울로가 오늘날과 같은 형태의 복음서 전승을 알았건, 몰랐건간에 그의 행동은 복음서 전승도 역시 반영한다. *Sings*, 78—81를 참조하라. 10장 1절의 그리스도론적 형식에 대한 주석도 참조하라.

완전히 사라져버릴 정도로 이 진리를 그렇게 확고하게 깨닫지도 못했고 깨달을 수도 없었다. 그리고 어떤 면에서 고린토 서신들은 매우 잊기 쉬운 이러한 진리에 대해서, 겉으로 보기에 부유하고 영적이며 성공적이나 사실상 이 진리를 잊고 있는 교회의 비참한 운명에 대하여, 그 뿐만 아니라 그리스도교 교회의 정당성[42]에 대한 유일한 증거는 교회가 예수의 죽음과 부활에 대한 약속을 늘 간직하는 것이라는 사실에 대하여, 신약성서의 어떤 다른 서신보다도 가장 분명하고 절박하게 상기시켜주는 서신이라 할 수 있다.

42) 나는 여기서 케제만의 논문 제목인 "Legitimität"를 암시하고 있다. *Signs*, 85—114도 참조하라.

본문과 주석

I. 서 언 I장 I—II절

1. 인 사 말 1장 1—2절

1 하느님의 뜻으로 그리스도 예수의 사도가 된 바울로와 형제 그리스도 교인인 디모테오는 고린토에 있는 하느님의 교회와 온 아카이아에 있는 모든 성도에게 편지합니다. 2 우리 아버지 하느님과 주 예수 그리스도로부터 오는 은혜와 평안이 여러분에게 임하기를 빕니다.

그리이스 편지의 관례적인 서두 형식과 바울로가 그 형식을 그리스도교적으로 수정하고 확대시킨 데 대해서는 *Romans*, 15—23와 *I Corinthians*(國際聖書註釋, 『고린토전서』, 49—54면)를 참조하라. 여기서도 다른 서신들에서와 마찬가지로 바울로의 이름 앞에 사도직에 대한 언급이 나오고, 편지를 받는 사람들이 그리스도교인으로 정의되며, 인사가 그리스도교의 기도문처럼 나온다. 로마서에서와는 달리 이 서신에서는 고린토전서에서처럼 편지를 쓰는 사람과 읽는 사람들이 또 다른 사람에 의해 연결된다.

[I] 바울로는 자신을 하느님의 뜻으로 그리스도 예수의 사도가 되었다고 기술한다. 바울로의 사도직에 대해서는 로마서 1장 1절과 고린토전서 1장 1절 외에 *Signs*, 35—46, 이 책 서론 59—60·79—80면을 참조하라. 여기서 사도라는 말에 대해서 보다 상세하게 주석하는 것은 별 도움이 되지 못할 것이다. 왜냐하면 이 서신은 바울로가 사도직이라는 말로 의미했던 바가 무엇인지를 매우 상세하고 열정적으로 설명하고 있기 때문이다. 그런데 이 사도직이라는 말은 옛 계약 하에서의 모세의 사역과 관련하여, 또한 바울로와 똑같이 사도라는 명칭과 직무를 —혹자는 바울로보다 나을 것이 없는 권리를 가지고, 혹자는 전혀 아무런 권리도 가지지 않은 채— 주장하는

사람들과 관련하여 그 의미가 자명해진다. 관련된 귀절들에 대해서는 적절한 곳에서 논의할 것이다. 이러한 사실들을 염두에 둘 때 "그리스도 예수의"(바하만Bachmann이 지적하는 바와 같이 이 소유격은 창조자에 대한 소유격이다)와 "하느님의 뜻으로"라는 말이 보다 분명해진다. 제 정신을 가진 사람이라면 어느 누구도 바울로가 산 것과 같은 삶, 곧 신체적인 위험과 고난에 그대로 노출되어 있을 뿐만 아니라 모욕당하고 이용당하며, 고독과 근심, 투쟁으로 일관된 삶을 선택하지는 않았을 것이다. 바울로는 사도와 설교자를 스스로 원해서 된 것은 아니다(참조. 고전 9,16 이하). 그러나 사도직을 수행하기도 힘든 일이었겠지만 하느님이 그에게 촉구하는 데도 침묵한다면 그것은 더 큰 고통이었을 것이다. 바울로로 하여금 고린토교인들에 대해서 특별한 권위를 행사(이 목적은 바울로에 의하면 "여러분을 넘어뜨리려 한 것이 아니라 세우기 위함"이다 : 10,8 ; 13,10)할 수 있게 했던 힘은 하느님의 뜻에 따라 그가 선택되었다는 사실이었다. 이 사실을 이해하지 못한 고린토교인들이 단지 자신의 의지와 스스로의 선택, 추천 등에 근거해서만 사도로서의 권위를 지니게 된 사람들에게서 더욱 큰 영향을 받았다는 것은 어쩌면 당연한 일일지도 모른다. 바울로의 사도적 권위는 결코 인간으로부터 나온 것이 아니며, 그러한 까닭에 그는 학식에 능했음에도 불구하고(11,6) 자신의 사도권을 나타내기 위하여 영지주의의 신비주의적 언어를 사용하지 않았고, 그의 선교활동 중에 여러 기적들이 일어났는데도 불구하고(12,12) '신적 인간'(θεῖος ἀνήρ)의 인상적인 행위를 과시하지도 않았으며, 예루살렘교회의 특사라고 주장했던 사람들이 지녔던 것과 같은 서면 신임장을 사용하지도 않았다(참조. 예를 들어 3,1). 그의 권위는 그가 선포하도록 위임받은 말씀의 진리성 —이것은 자기확증적이고 나아가서는 성령에 의해 확증된다(비교. 고전 2,4)— 과 그의 삶과 활동에 인찍혀 있는 죽음과 부활에 근거하고 있다(예. 고후 4,10).

고린토전서 1장 1절에서처럼 바울로는 결코 혼자가 아니다. 고린토전서의 소스테네스와 마찬가지로 여기서 디모테오는 실제로 사도가 아니다. 그는 부활한 예수를 보지 못했던 것이다(비교. 고전 9,1 ; 15,8). 그러나 그는 형제 그리스도교인이었다. 말 그대로 형제였다. 이 말에 대한 논의는 『고린토전서』, 50면을 참조하라. 이 말은 종교적인 동료에 대한 새로운 용어는 아니지만 복음이 이 말에 새로운 의미를 부여했다. 디모테오에 대해서, 그리고 고린토교회와 그와의 관계에 대해서는 고린토전서 4장 17절, 16장 10—11절과 그에 대한 주석을 참조하라. 그는 고린토후서 1장 19절에서도 언급되는데 이 귀절로써 그가 고린토 사람들에게 알려져 있었다는 사실을 알 수 있다. 이것은(1장 19절의 실루아노와 동일인임이 거의 확실한) 실라에 대해서도 언급하고 있는 사도행전 18장 5절과 일치한다. 바울로가 첫번째로 고린토를 방문한 이후에 디모테오가 고린토에 있었는지를 판단하는 것은 결코 쉬운 일이 아니다. 그는 고린토로 파견되었고(고전 4, 17), 고린토 사람들은 만일 (이 말의 중요성에 대해서는 『고린토전서』, 443면 참조) 그가 도착하면 그를 어떻게 대해야 할지에 대해서 이야기를 들었다. 이 방문에 대해서 우리가 알 수 있는 확실한 증거는 없다. 사도행전 19장 22절에서 디모테오와 에라스투스는 에페소로부터 마케도니아로 파견된 것으로 나와 있다. 이 여행이 그리이스로까지 계속되었으리라는 것은 전혀 불가능하지는 않다. 사도행전 20장 4절에 의하면 디모테오는 (다른 사람들과 함께) 그리이스에서 시리아로 가는 바울로의 여행에 동반한다. 그러나 이것은 고린토후서를 쓴 이후의 일이다. 고린토전서를 쓴 후에 바울로가 고린토의 타락한 일들에 대한 나쁜 소식에 접해 거기서 일어나는 무질서한 일들에 대해 들었다는 것은 거의 분명한 것 같다. 이 때 디모테오가 소식을 전해주었을 가능성이 있으며, 전혀 확실하지는 않고 어쩌면 그렇지 않을 수도 있지만, 그가 방문했을 때 무례한 대우를 받았을 가능성도 있다. 만일 그랬다면 그가 바울로와 함께 고린토교회가 잘 되기를 바라는 기도를 했다는 사실은 보다 큰 중요성을 지니게 된다. 빈디쉬는 이 때에 디모테오와 고린토 사람들 사이에 아무런 갈등이 없었다고 결론내린다. 이것은 디모테오가 그들을 자극하지 못했다는 사실을 반영한다기보다는 그의 아량이 넓다는 사실을 반영한다.

바울로와 디모테오는 고린토에 있는 하느님의 교회에 편지를 썼다. 같은 말이 고린토전서 1장 2절에 나온다. 이에 대하여는 『고린토전서』, 52면과 (교회에 대한 보다 상세한 해설은) 같은 책, 304—305·333—342면을 참조하라. 고린토후서에서 교회(ἐκκλησία)라는 말은 그렇게 자주 나오지 않는다 : 모두 아홉 번 나온다. 나머지 여덟 개의 귀절들에서(1, 18·19·23·24 ; 11, 8·28 ; 12, 13) 이 말은 복수로 사용되었다. 여기서 우리는, 적어도 바울로의 생애에 있어서 이 시기에는 이 말이(비록 지역적인 집단들이 함께 속해 있었음을 분명히 보여주는 귀절이 있긴 하지만 : 예. '모든 교회들' : 11, 28) 일차적으로 지역적인 그리스도교

개개 공동체를 의미했음을 분명히 암시받을 수 있다. 이 말이 언급된다는 사실에서 우리는, 사도직의 문제를 예리하게 제기하는 이 서신이 교회의 문제도 역시 제기하며, 또 교회가 존재하는 데 핵심이 되는 문제, 곧 교회를 세우는 복음, 교회가 서 있는 권위, 그 구성원들의 삶, 교회가 직면하고 있는 위험들과 같은 문제들을 철저하게 드러낸다는 점을 어렴풋이나마 짐작할 수 있다. 인용한 귀절들에 대한 해설을 참조하라. "하느님의"라는 소유격은 소유를 뜻하는 것이다.

바울로는 고린토전서에서는 전체 그리스도교인들("우리 주 예수 그리스도의 이름을 부르는 각처에 있는 모든 사람": 고전 1,2. 이 말은 반드시 모든 그리스도교인들을 가리키는 것이 아니라 고린토에서 몇몇 집을 중심으로 모이던 모든 집단들을 가리킬 수도 있다)을 가리켜서 말한 반면, 여기서는 인사말에 보다 구체적인 첨가문인 아카이야에 있는 모든 성도들에게라는 말을 덧붙인다. 아마도 이 모든 사람들이 서신의 내용을 알 기회를 얻었을 것이다. 헤링(Héring)에 따르면 돌려가면서 읽은 하나의 편지를 가정해도 좋다. 그러나 고린토가 중심도시였고, 그 곳의 교회에 보낸 편지가 특정한 과정을 거쳐서 변경에 있는 그리스도교인들에게 전해졌으리라고 보는 것이 더 낫다. "성도들"이란 교회를 말하며, 하느님에 의해 선택받고, 부름받은 자들, 즉 자신을 위하여 봉사하도록 하느님이 구분해놓은 사람들을 말한다. 그들은 모두가 사도들인 것은 아니지만(고전 12,29) 하느님의 목적 안에서 각자의 위치를 지키고 있으며, 자신들에 맞는 적절한 은사와 역할을 지니고 있다(고전 12,7). 아카이야(참조. 고전 16,15; 사도 18,12·27; 19; 21; 로마 15,26; 데전 1,7·8)는 로마 시대 이전에는 펠로폰네소스의 북쪽해안 지역으로서 서쪽으로는 엘리스, 동쪽으로는 시시온, 남쪽으로는 아르카디아와 경계를 이루고 있다고 기술되었다. 그 당시에는 고린토가 아카이야에 포함되지 않았다. B.C. 27년에 그리이스 전역 —펠로폰네소스와 섬들, 데살리, 아이토리아, 에피루스의 일부 지역, 아티카, 보에티아— 이 아카이야라는 이름으로 로마의 영토가 되었다. 바울로가 이처럼 광범위한 정치적 의미로 이 말을 사용했으리라고 가정해서는 안 된다. 제정 초기에는 아카이야에 행정구역상 상당한 변화가 있었을 것이고 그때까지는 아마 성도들이 넓은 지역에 흩어져 있지는 않았을 것이다. 이 점은 고린토전서 16장 15절에 약간 암시되어 있는데 그 귀절을 보면 고린토에 사는 스테파노의 집 사람들이 아카이아에서는 최초의 그리스도교인들이었다고 한다. 사도행전 17장 34절에,

따르면 비록 수는 적었지만 아테네에도 개종자들이 있었는데, 여기서 아테네는 (바울로의 용법에 의하면) 아카이아에 포함되지 않았다.

[2] **우리 아버지 하느님과 주 예수 그리스도로부터 은혜와 평안이 여러분에게 임하기를 빕니다.** 같은 말이 고린토전서 1장 3절에 나온다(참조. 『고린토전서』, 54면). '은혜는 모든 그리스도인의 존재근거인 하느님의 선재적인 존재이자 행위이다(참조. 고전 15, 10). 화평은 하느님의 구원행위의 결과이며, 인간이 허락받은 전적으로 행복한 상태를 말한다(참조. 로마 5, 1). 만일 그리스도교인이 은혜를 갈망하고, 다른 사람들과 화평한 관계를 갈망한다면 그는 자신이 이미 받고 있는 하느님의 은혜와 또 자신이 이미 누리고 있는 화평이 보다 풍성해지기를 기도할 것이다. 은혜와 화평은 모두 아버지 하느님과 주 예수 그리스도로부터 온다. 아버지는 은혜와 화평의 근원이시고 그리스도가 그것의 수단이며, 이루는 자이다.' 바울로가 두 분을 나란히 배열하고, 한 분이 다른 한 분과는 다른 존재 질서에 속한다고 말하지 않은 점은 주목할 만하다. 은혜와 평안은 바울로의 도식화된 표현이며, 고린토서에서 자주 사용되기는 했지만 고린토의 상황에 적용시키기 위해서 생각해낸 말은 아니다. 그러나 그것은 화해의 열매인 평안이 절실히 요청되었던(참조. 5, 19—20) 상황에 특별히 적절한 말이었다.

2. 감 사 말 1장 3—11절

3 우리 주 예수 그리스도의 아버지 하느님, 자비로우신 아버지, 모든 위로를 주시는 하느님께 찬양을 드립니다. 4 그 분은 모든 환난 가운데서 우리를 위로해 주십니다. 그래서 우리도 하느님께로부터 받은 위로를 통하여 어떠한 환난 가운데 있는 사람들도 위로할 수 있게 하십니다. 5 그것은 그리스도의 고난이 우리에게서 차고 넘친 것같이 그리스도를 통하여 받는 우리의 위로도 여러분에게 차고 넘치기 때문입니다. 6 우리가 환난을 당한다면 그것은 여러분의 위로와 구원[1]을 위한 것이며 우리가 위로를 받는다면 그것은 여러분의 위로를 위한 것입니다. 말하자면 여러분도 위로를 받아 우리가 당하는

1) 사본들에는 6b·7절의 어순의 많은 변형들이 나온다. 그러나 이것은 이 귀절의 전반적인 의미에 대해서는 별다른 영향을 주지 않는다.

/ 57 / 58 /

것과 같은 환난을 당할 때에 견딜 수 있는 힘을 얻게 하려는 것입니다. 7
여러분에 대한 우리의 희망은 흔들리지 않습니다. 그것은 여러분이 우리의
환난에 함께 참여하는 것같이 우리의 위로에도 함께 참여하고 있다는 것을
우리가 알기 때문입니다. 8 형제들이여, 우리가 아시아에서 당한 환난을
여러분이 모르기를 원치 않습니다. 우리는 우리의 힘으로 감당할 수 없을
만큼 심한 환난에 눌려 마침내 살 희망마저 끊어져 버렸었읍니다. 9 그렇
습니다. 우리 자신은 마음 속으로 사형선고를 받아들였읍니다. 마침내 우리
는 우리 자신을 의지하지 않고 죽은 자를 다시 살리시는 하느님을 의지하게
되었읍니다. 10 하느님께서는 그렇게까지 심한 죽음의 고비에서 우리를 건
져주셨고 앞으로도 우리를 건져주실 것입니다. 그 하느님은 우리가 그분 안
에서 희망을 가지게 되는 분이다. 그리고[2] 그는 앞으로도 우리를 건져주실
것입니다. 11 여러분이 기도를 통하여 우리와 협력해준다면 많은 사람[3]의
기도를 통해서 우리에게 주어지는 은혜의 선물에 대하여 많은 사람으로부터
하느님께 감사가 드려지게 될 것입니다.

로마서와 고린토전서에서 보았던 것과 같은 형태가 여기서도 이어진다. 대부분의 그리이스 편지에서처럼 여기서도 관습적인 인사말 뒤에 감사의 말이 뒤따라나온다(참조. *Romans*, 23—4 ; 『고린토전서』, 55면). 그러나 바울로의 서신들 중 어느 것도 관습적인 인사말이 그처럼 깊은 감정을 담고 있는 것은 없다. 바울로는 전반적인 복음의 보급에 대해 감사할 뿐만 아니라 특별히 자신이 최근에 죽음으로부터 구원을 받은 사실에 대해 감사하고 있다. 그는 이 경험을 복음의 보급과 관련시켜서 보고 있다. 그러나 그 자신에게 있어서 그것은 사형선고와 마지막 순간의 유예 —사도적 복음을 드러낼 수 있도록 하는 계기— 를 의미했다. 그는 유다교의 예전적 용법을 어느 정도 모방한 형식으로 감사의 말을 한다.

2) 나는 P^{46} B D 1739 Or와 함께 *ὅτι*를 생략한다. 만일를 집어넣는다면 이 문장은 앞 귀절에 의존하게 된다. 그리고 다음과 같이 번역해야 할 것이다 : "그가 앞으로도 건져주시리라는 희망을 우리는 가지고 있읍니다." 이것은 여기서 채택한 옛 권위자들의 본문보다 어색하며, 반복되는 문체이다.

3) 대부분의 사본들에 이와 같이 되어 있다. 소수의 (P^{46}을 포함하여) 사본들에 *προσώπιω*로 되어 있다. 그 의미는 분명치 않다. 잘못 입증된 독법이나 추측에 대해서는 별달리 말할 필요가 없다. 그 경우 둘 다 교회의 "전체 모임"을 의미한다. 그러나 헤링은 그러한 독법과 추측을 받아들인다.

[3] 하느님께 찬양을 드립시다. 바울로의 이 말(εὐλογητός)은 구약성서에서 자주 사용되었으며, 시편에도 적지 않게 나오는데 히브리어 baruk을 번역한 것이다. 이것은 후기 유다교의 예전적 자료들에서 나타나는데 특히 회당 예배의 열 여덟 개의 축복문에서 두드러지게 나타난다. 그 중에서도 첫번째 것에서 잘 예증된다.

우리들의 하느님이시자 우리 조상들, 아브라함과 이삭, 야곱의 하느님이신 주님께 찬양을 드리며(baruk 'attah), 위대하고 전능하시며 경외로우신 하느님께 찬양을 드립니다. 그분은 사랑과 자비를 베푸시며 모든 것을 소유하고 계신 분이십니다. 그분은 또한 조상들의 경건한 행동들을 기억하고 계시며, 당신의 이름을 위해서 그들의 후손들에게 사랑으로 구원자를 보내주실 것입니다(*Singer*, 44).

헬레니즘계 회당에서도 틀림없이 이와 일치하는 그리스어 편지형식을 사용했을 것이다. 병행구들은 바울로 자신의 경건한 유다교적 배경을 나타낼 뿐만 아니라 바울로의 문장(그리스어로는 동사가 없는 문장이다)을 직설법(하느님께 찬양합니다)으로 보아야 하는지, 아니면 희구법으로(하느님께 찬양합시다)으로 보아야 하는지를 밝히는데 매우 중요하다(컴멜에게 있어서도 그렇다). 언어상으로는 대체로 후자를 선택하게 되지만(바흐만과 빈디쉬도 후자를 선택한다) 전자가 더 적합하다. 직설법에 대해서는 로마서 1장 25절(비교. 9,5)과 Robertson, 396을 참조하라. 어느 정도로는 이 둘을 구별할 필요가 없을 것이다. 찬양하기를 기원하는 것이 곧 찬양이기 때문이다.

하느님께 찬양을 드립니다는 순전히 유다교적인 표현일 수도 있다. 바울로는 그 다음 말로써 이것을 그리스도교적 의미로 한정시킨다. 하느님은 우리 주 예수 그리스도의 아버지이시다. 직역하면 이 절은 하느님과 우리 주 예수 그리스도의 아버지께 찬양합니다로 되어 있는데 이것은 "우리 주 예수 그리스도의 하느님(예수가 인정하고 또 그를 위해 봉사한 하느님)이시며 우리 주 예수 그리스도가 알아본 아버지이신 분께 찬양을 드립니다"라는 의미로 이해될 수 있었고, 또 그렇게 이해되었다. 그러나 여기에는 무언가 미흡한 감이 없지 않다. 바울로는 예수의 개인적인 종교에 대해서는 아무런 관심도 보여주지 않는다. 그는 하느님을 개인적으로 아빠(참조. 로마 8,15과 해설 ; 갈라 4,6)라고 부르지만 그것은 아마도 그 말이 이미 그리스도교적 용어의 하나가 되었기 때문일 것이다. 아마 이 절은 '하느님께 찬양을 드립니다'라는 유다교 찬양문의 그리스도교적 형태라고 보는 것이 더 나을 것이다. 그러나 구약성서의 하느님, 우리 조상들의 하느님은 이제 우리들에게 그가 세상에 보낸 아들인 예수 그리스도의 아버지로 알려졌다(갈라 4,4). 또 다른 두 명(만일 에페소서를 쓴 사람이 바울로라면 한 명)의 신약성서 저자들이 이와 똑같은 말을 쓰고 있다는 사실(에페 1,3 ; 베전 1,3)을 고려한다면 이 표현이 예배나 기도에서 매우 널리 사용되었음을 알 수 있다. 이것은 결코 놀랄 만한 일이 못되는데 왜냐하면 이 말은 예수가 구약성서나 유다교의 신앙과 대립하지 않고, 오히려 그 신앙을 성취했다는 기본적인 확신을 표현하고 있기 때문이다. 예수 그리스도에 대한 언급은 하느님은 어떠한 방식으로 하느님이 되시며, 또 어떠한 방식으로 아버지가 되시는지를 모두 규정한다(Bachmann). 마찬가지로 중요한 것은 예수 그리스도 자신을 우리 주(참조. 로마 10,9 ; 고전 12,3과 해설)라고 기술했다는 사실이다. 주(*κύριος*)라는 말은 분명히 관용적인 말로 사용되었지만 예수의 절대적인 권위를 나타내며, 비록 그보다 어린 형제들이긴 하지만(로마 8,29) 또한 그의 종들(로마 1,1)이기도 한 사람들에게 무조건적인 복종을 요구할 수 있는 그의 권리를 나타낸다.

바울로는 그가 감사를 드리지 않을 수 없었던 상황에 찬양문을 적용시킴으로써 이제 자기 자신의 입장에서 진술하기 시작한다. 하느님은 자비로우신 아버지다. 지혜서 9장 1절("자비로우신 주님"*κύριος τοῦ ἐλέους*)을 참고하라. 그러나 이 말은 유다교의 예전적 언어이기도 하다. 회당 예배에서 사용되던 쉐마의 기도문('ᵃhabah rabbah: '풍성한 사랑으로')은 '오, 우리 아버지, 자비로우며(ha'ab ha-raḥᵃman) 관대하셨던 아버지여, 우리를 불쌍히 여기소서'로 시작된다. 감사의 시편 10편 14절, 자비의 하느님('el ha-raḥᵃmim)을 참조하라. 그리고 다른 병행구들에 대해서는 J. Jeremias, *Abba* (1966), 30 주 62를 참조하라. 예레미아스에 의하면(앞책, 30—1) 여기서는 형용사 소유격을 사용해서 하느님을 자비로운 아버지로 부르고 있는 것이 아니라, 위에서 언급한 품성—즉 '자비의 화신이신 당신'이라는 품성—을 실제로 각 개인들에게 부여하는 말로 '아버지'라는 말을 쓰고 있다. 빈디쉬도 이와 비슷하게 하느님은 '창조자이시며 자비의 원천'이라고 말한다. 신약성서에서 "자비"(*οἰκτιρμοί*)라는 말은 주로 바울로 특유의 언어이며 거의 대부분(로마 12,1 ; 고후 1,3 ; 필립 2,1 ; 히브 10,28 ; 예외는 골로 3,

12) 복수로 사용되었는데 아마도 그것은 칠십인역에서 히브리어 복수(raḥᵃmim)를 번역한 말로 사용되었기 때문이리라. 바울로는 자기 자신의 상황과 하느님이 그를 위하여 인도해주었다는 것을 서술할 때(참조. 8절 이하) 이러한 구약성서적 배경을 끌어들이고 있다. 예를 들어 시편 39(40)편, 12절(14절의 동사 ῥύεσθαι "건져주다"는 고린토후서 1장 10절에서 사용되었다), 68(69)편, 17절(θλίβεσθαι "환난을 당하다"는 고린토후서 1장 6절에서 사용되었다), 78편(79), 8절(다음 귀절에도 ῥύεσθαι "건져주다"가 나온다)을 참조하라. 하느님은 자신의 의무로 환난당하는 자들을 건져주시는 것이 아니라 오직 자비와 사랑으로 그들을 환난에서 건져주신다. 하느님을 모든 (환난에서) 위로를 주시는 하느님이라고 서술한 것은 그러한 사상을 자비라는 하느님의 내적 속성으로부터 외적 행위로 한 걸음 더 발전시킨 것이다. 동일어원의 동사(παρακαλεῖν)와 함께 사용되는 이 명사(παράκλησις "위로")는 고린토후서에서 상당히 자주 나온다. 이것은 단 하나의 번역어로는 그 의미를 충분히 전해줄 수 없다. 8장 4·17절(명사), 2장 8절, 5장 20절, 6장 1절, 8장 6절, 9장 5절, 10장 1절, 12장 8·18절(동사)에서 그 의미는 이 단락의 동사(이것과 2,7 ; 7,4·6·7·13 ; 13,11 비교)와 명사가 지니는 의미와 전혀 다르다. 명사와 동사를 서로 뒤바꾸는 것은 다소 거슬리기는 하지만(특히 2장 7절과 8절) 전혀 불가능하지는 않다. 그리이스어 단어는 문맥상 필요한 여러가지 의미를 지닐 수 있다. 여기서 문맥은 환난, 위험, 구원에 대한 것으로 이어지므로 이 말(παράκλησις, παρακαλεῖν)의 의미는 위로라고 결론지을 수 있다. 이 말은 다수의 중요한 구약성서 귀절들, 특히 이사야 40장 1절, 51장 3·12·19절에 나온다. 이처럼 구약성서에서도 이 말을 사용했고, 이 말에 해당하는 히브리어(niḥam)와 동일어원의 말이 거의 메시아적 전문용어로 사용되었다는 점에서, 바울로가 자신에 대한 위로와 구원을 특별히 자신을 위해서 취해진 하느님의 행위라고 보지 않고 총체적인 메시아적 구원과 위로의 일부로 보았다고 생각할 수 있다. 이것은 그가 4·6·7절에서도 계속해서 이 말을 사용했다는 사실에 의해 확증된다. "위로"는 바울로가 환난 가운데서 위안을 받았음을 뜻하는 것이 아니라 그가 그러한 환난으로부터 건져졌음을 의미함이 분명하다.

〔 4 〕 하느님은 모든 위로의 행위의 궁극적인 원천이지만 바울로는 곧 일반적인 이야기(이것은 기존의 표현형식이 3절 끝까지 계속되는 것을 말한다)로부터 특수한 이야기로 넘어간다.

그 분은(Who: 이 관계대명사는 아마도 이유를 나타낼 것이다—"그가 위로하기 때문에"; 칼빈도 이렇게 본다) 모든 환난 가운데서 우리를 위로해주십니다. 바울로가 말하는 환난에 대한 세부적인 서술은 8—9절에 나온다(또한 7장 6절과 11장 23—27절의 보다 길고 명시적인 환난들의 목록과 비교해 보라). 곧 이어지는 귀절들뿐만 아니라 전체 서신이, 사도의 삶에서 가장 분명하게 드러나는 그리스도인의 실존은 환난과 위로의 역설적인 결합 안에 있음을 보여준다. 그리고 이 환난과 위로는 둘 다 개인적인 문제에 국한되는 것이 아니라 보다 폭넓은 범위에 적용시켜야 한다. 복수 우리는 이러한 확대된 적용을 나타낸다. 바울로는 첫번째 예로 자기 자신에 대해 말하지만 그의 일이 순전히 사적인 것만은 아니다. 이 점은 서신의 여러 곳에서 기억해야 할 사실인데, 거기서 단수와 복수를 함께 사용함으로써 종종 적지 않은 문제들이 야기되고 있다. 바울로가 위로를 받은 목적은 우리도 어떠한 환난 가운데 있는 사람들도 위로할 수 있게 하기 위함이다. 이 귀절에서는 그리이스어 단어 하나(πάσῃ)가 '모든'에서 '어떤……도, 무엇이든'(any)으로 의미가 바뀌었다. 후자의 용법은 셈어의 영향을 받은 것이 아니라 아마도 단순한 반복으로 인한 것이리라(Beyer, 190). 사실 이것은 거의 설명을 필요로 하지 않는다(*M.* iii, 200; *B.D.* §275.3). 사도는 특이한 위치에 서 있는데 그것은 그의 위치가 하느님의 특이한 구원행위의 관계에 의해 규정되어 있기 때문이다. 원시 그리스도교의 사도직 개념이 발전되는 데에 여러가지 요소들이 작용했으리라는 것은 사실이지만—가령 유다교의 shaliaḥ, 철학적이고 영지주의적인 선교자, '신적 인간'—그러나 바울로가 자신의 선교를 이해하는 데 있어서 이것들 중 어느 것도 십자가에 못박히고 부활한 그리스도의 종말론적 사건에 대한 그의 특수한 관계만큼 근본적인 영향을 끼친 것은 없다. 그리고 이러한 특수한 관계는 그가 예수의 죽음을 짊어지고 다니고(4, 10), 죽음으로부터 건짐을 받은 데에서도(10절) 마찬가지로 나타나며 이를 통하여 죽은 자를 일으키는 하느님에 대한 믿음이 가시적이고 역사적 형태를 띠게 되었다. 그의 개인적인 장점이 아니라 바로 이러한 일들이 그를 모범적인 인물로 만들었으며, 그가 받은 단련과 위로를 보편적인 것으로 만들었다. 그러므로 여기 나타나는 사상은 알로가 버질을 인용하여 말하는 비그리스도교적 병행구보다 훨씬 더 심오하다. Virgil, *Aeneid* i. 630; "악한 사람들의 무지는 곤궁에 처해 있는 사람에게 도움이 되지 못하는 것으로 나는 알고 있다"(non ignara mali miseris succurrere disco: Schlatter도 이와 비슷하게 Ketuboth 8b를 인용한다. 빈더쉬는 이보다 더 많은 예들을 들고 있다). 바울로는 자기 자신의 군센 성품을 통해서가 아니라 우리도 하느님께로부터 받은 위로($\pi\alpha\rho\acute{\alpha}\kappa\lambda\eta\sigma\iota\varsigma$: 동작명사 : nomen actionis)를 통하여 다른 사람들을 위로한다(참조. 7,6: 그러나 이것은 다른 사건에 대해 언급하는 것이다).

〔 5 〕 바울로는 자신의 고난과, 약간 미심쩍기는 하지만 다른 그리스도교인들의 고난에도 의미를 부여하는데 그것은 그러한 고난들이 그들 자신만의 고난이 아니기 때문이다. 그리스도의 고난이 우리에게서 차고 넘친 것같이(즉 우리를 향해서, 우리에게까지도 도달할 정도로 풍성하게. 영어로 차고 넘친다는 은유는 이러한 의미를 표현할 수 있을 만큼 강한 어조의 말은 아니다) 그리스도를 통하여 받는 우리의 위로도 여러분에게 차고 넘치기 때문입니다("여러분에게"는 그리이스어 본문에는 없지만 의미를 완전하게 하기 위해서는 필요하다 : 이하 참조). 그리스도의 고난은 아마도 두 가지 방식으로 이해될 수 있을 것이다. 이 두 가지 방식은 모두 옳고 서로 결합될 수밖에 없을 것이다. (ㄱ) 고난은 그리스도가 이미 경험했던 고난이다. 그리고 이 고난은 다른 사람들에게도 전해지고 그들도 함께 동참하도록 확대되었다. (ㄴ) 이 구는 '메시야의 고난' (ḥeble ha-mashiaḥ)이라는 히브리어와 매우 유사한데 이 말은 메시야가 개인적으로 받은 고난을 의미하는 것이 아니라(그러므로 우리는 구지Goudge와 같이 '그리스도의 고난'이라고 번역해서는 안 된다), 그와 연관되어 있는 고난들, 즉 영원한 축복에 앞서는 재난의 때에 메시야의 시대를 알리는 '메시야적 고난들'을 의미한다. 아마도 그리스도교 신앙에서 받아들인 예수의 죽음에 대한 가장 원시적인 형태는 그가 스스로 그러한 고난을 감수했고, 선택받은 자들을 위하여 그것을 견디었다는 것이다. 바울로 자신이 이러한 자료로부터 속죄에 대한 교리를 발전시켰다(*Romans*, 122). 예수의 죽음과 부활 이후에도 그리스도인들이 이 세상에서, 좋지 못한 상황 가운데서 삶을 계속한다는 사실은, 그리스도의 고난들 중 일부가 그의 추종자들에게도 미쳐서 그들이 그것을 감내해내야만 하도록 되어 있다고 가정할 경우에 가장 잘 설명될 수 있었다. 비록 골로사이서 1장 24절은 바울로가 쓴 것이 아니라고 판명되긴 하였지만, 이 귀절에 담긴 견해를 바울로 역시 갖고 있었고, 전반적인 그의 일들은 물론 자신의 고난이 종말론적 의미를 지닌다고 생각했었음은 거의 의심할 여지가 없다. 그에게 있어서 고난은 묵시

문학적 사변의 문제가 아니라 역사적 사실의 문제였다(4,8 이하 ; 6,4 이하 ; 11,23 이하). 이것은 어느 정도로는 교회 전체에 대해서도 마찬가지로 타당하다. 교회가 존재한다는 것은 그러한 고난으로 점철되는 것을 뜻한다. '거룩한 십자가'(루터)야말로 교회의 상징이다.

[6] 위로도 마찬가지이다. 바울로의 위로는 고린토인들에게 차고 넘친다(참조. 4,12 : "죽음은 우리 안에서 일하고 생명은 여러분 안에서 일합니다"). 예수의 고난은 구속적인 것이다. 사도의 고난도 그보다는 못하지만 마찬가지로 구속적인 것이며, 개종자들에게 위로를 가져다 준다. 그가 한 경험들 중에서 교회에 이득이 되지 못하는 것이라고는 없다(참조. 5,13). 우리가 환난을 당한다면 그것은 여러분의 위로와 구원을 "위한 것이며"(ὑπέρ ; *B.D.* § 231, 2 ; Moule, *Idiom*, 65 : '~할 목적으로')—왜냐하면 우리가 환난을 받음으로써 여러분을 위로하게 되며, 이렇게 하여 우리는 이 위로를 여러분과 함께 나누기 때문입니다. 그리고 우리들이 함께 받는 위로는 인간적인 유쾌함이 아니라 마지막 날을 특징짓는 죽음에서 삶으로 가는 전체 움직임의 한 측면입니다. 보다 분명하게 말하자면 우리가 위로를 받는다면 그것은 여러분의 위로를 위한 것입니다. 만일 고린토 사람들이 바울로가 경험한 것과 같은 고난을 경험하고 견뎌내지 못했다면 바울로가 받은 것과 같은 위로를 고린토의 그리스도교인들이 받았다고 말하는 것도 무의미하리라. 그러나 우리는 이러한 고난들이 어떤 것이었는지를 단지 추측할 수 있을 뿐이다. 여러분도 위로를 받아 우리가 당하는 것과 같은 환난을 당할 때에 견딜 수 있는 "힘을 얻게"(동사 ἐνεργεῖσθαι에 대해서 예를 들어 4장 12절과 갈라디아서 5장 6절을 참조) 하려는 것입니다. 바울로는 자신의 특수한 사도 직분을 깊이 의식하고 있지만 자기 자신과 사도가 아닌 일반 그리스도교인들 사이를 절대적으로 구별하지 않는다. 사도들에게 있어서 특별한 것이란 일반 그리스도교인의 유형이 그에게서 상당히 예리하게 나타난다는 것이다. 고난과 위로, 죽음과 부활의 이러한 유형은 불운이나 혹은 행운의 문제가 아니라 하느님의 뜻과 관련된 것이다.

[7] 따라서 여러분에 대한 우리의 희망은 흔들리지 않습니다라고 한다(일반적인 거래용어인 형용사 "흔들리지 않는" βέβαιος에 대해서는 다음을 참조하라 : 로마 4,16 "약속이 보장되게 하기 위하여" ; 1,21의 동일어원의 동사). 그것은 하느님의 자비에 기초하고 있으며, 현재의 사실에 의해 확증된다. 그것은 여러분이

우리의 환난에 함께 참여하는 것같이 우리의 위로에도 함께 참여하고 있다는 것을 우리가 알기 때문입니다(주격 분사 "알다" εἰδότες는 이 문장에서 적절하게 쓰이지 않았는데 그것은 이것이 주절의 주어를 가리키지 않기 때문이다. 이 분사는 문장의 한 변형 형태와 일치하며 원인을 나타내는 것이다: '우리는 알기 때문에 ……을 기대한다.' 바울로서신들과 고전문헌들, 비문들과 파피루스들에는 많은 병행구들이 있다. 예를 들어 Bachmann을 참조하라). 마지막 절(이 절에는 동사가 나타나 있지 않다)은 현재 시제대신 미래 시제로 이해할 수도 있다: '여러분이 환난에 참여하는 것같이 위로에도 참여하게 될 것입니다.' 만일 그렇게 이해한다면 ~때문에를 생략하고 우리가 안다(정형동사 대신 분사를 씀으로써 이상하게 표현되었다)는 우리의 희망을 반복하는 것이라고 가정해야 될 것이다: '우리의 희망은 흔들리지 않습니다. 우리는 여러분이 … 함께 참여하리라는 것을 알고 있읍니다.' 그러나 어떻게 설명하든지 이 귀절을 이런 식으로 생각하는 것은 개연성이 적다. 환난과 위로는 동시에 경험되는 것들이다. —비록 이것이 미래의 구원에 대한 사상을 완전히 배제하는 것은 아닐지라도 말이다.

[8] 3—7절에서 말하고 있는 것, 특히 6절a의 진술로부터 볼 때, 바울로의 고난은 그의 개종자들에게는 힘의 원천이 되어야 한다는 결론이 나온다. 그는 마치 고난이 실패와 패배의 상징이기라도 한 것처럼 그것들을 감출 필요가 없었다. 형제들이여(이 부름에 대해서는 8장 1절, 13장 11절, 그리고 1장 1절에 대한 해설을 참조하라), 우리는 (이 귀절들에서 1인칭 복수형은 1인칭 단수형과 거의 차이가 없다) 우리가 아시아(즉 수도는 에페소였던 로마 영토)에서 일어난(여러 사본들에서 '우리에게'를 첨가하고 있는데 이것은 확실히 의미를 분명하게 해준다) 환난에 "대해서" (잘 쓰이는 전치사 ὑπέρ의 다른 용법—비교. 6·7절 ; Moule, *Idiom*, 65, 그리고 8, 23 ; 12, 8) 여러분이 모르기를 원치 않습니다(참조. 8, 1. 그리고 보다 긴밀한 병행구로는 로마 1, 13 ; 11, 25 ; 고전 10, 1 ; 12, 1 ; 데전 4, 13). 이것은 특별한 사건이나 아니면 일련의 사건들을 가리키는 것임에 틀림없다. 그러나 구체적으로 어떤 사건을 가리키는지 확실히 밝힐 수는 없다. 이것이 고린토전서 15장 32절에서 언급한 사건일 리는 없다. 왜냐하면 바울로는 그 귀절에서 처음으로 고린토 사람들에게 그 사건에 대해 알리고 있는 것으로 보이기 때문이다(그러나 슐라터에 의하면 거기에 세부적인 서술이 부족하다는 사실은 바울로가 생각하고 있는 바를 고린토 사람들

이 이미 알았음을 뜻한다). 만일 이 귀절이 사도행전 19장 23—40절의 소란을 언급하고 있는 것이라면 이것은 바울로의 생애에 있어서 사도행전이 우리에게 보여주는 것보다 훨씬 위험한 일이었음에 틀림없다. 이러한 추측은 물론 가능하다. 우리는 11장 23절 이하의 수많은 위험들을 상기하게 된다. 바울로가 몹시 앓았으리라는 것도 다른 추측 못지 않게 그럴 듯한 추측이다. 클라비어(Clavier, *Studia Paulina*, 77)는 이 이야기에서 외부보다는 내부로부터 일어나는 위험을 암시하는 것들에 주목한다. 알로(Allo)도 비슷한 결론에 도달한다. 왜 스트라챤(Strachan)이 신체적 폭력행위, 아마도 사형(私刑)을 생각하게 되었는지 분명하지 않다. 전제되어 있는 바울로의 질병이 어떤 것인지에 대해서 여러가지 추측들이 나왔다(참조. 12,7과 해설). 그러한 것들은 모두가 단지 추측일 뿐이다. 그러나 바울로의 생애가 그 다음 말들이 분명히 보여주듯이 심각한 위험에 처해 있었음은 확실하다. 우리는 우리의 힘으로 감당할 수 "없을 만큼"(καθ' ὑπερβολήν: 명사와 그 동일어원의 말들을 사용하는 것은 특별히 고린토후서의 특징이다—1, 8 ; 3, 10 ; 4, 7·17 ; 9, 14 ; 11, 23 ; 12, 7. 신약성서의 나머지 부분에서는 모두 다섯 번 나온다) 심한 환난에 눌려(너무 많은 짐을 실은 배와 같이) 마침내 살 희망마저 "끊어져 버렸읍니다"(ἐξαπορηθῆναι ; 참조. 4, 8. 그리고 구문에 대해서는 Dionysius of Halicarnassus, *Ant. Rom* 7, 18, 2에 나오는 ἐξαπορεῖσθαι ἀργυρίου "돈이 없어 쩔쩔매다"를 참조하라). 이 경험의 목적에 대해서는 이미 지적했었다(6절).

[9] 그렇습니다(ἀλλά. 앞서 뜻한 바에 대한 반대 의미 : '우리는 살 희망마저 끊어져 버렸읍니다. 그러나 그런 가운데서도……)', 우리 자신은(이것은 이제 곧 사용할 재귀형을 강화시키고 있다. 참조. 10, 12과 *B.D.* § 283. 4) 우리들 자신의 마음 속으로 사형선고를 받아들였읍니다(received 혹은 accepted. 즉 그에 반대해서 더 이상 싸우지 않기로 했다. Héring도 마찬가지로 본다). 동사(ἐσχήκαμεν)는 기대된 바대로 단순과거형이 아니라 완료시제인데 그것은 어쩌면(*M.i.* 145 ; 참조. 248) 단순과거형(ἔσχον)이 대개의 경우 동작의 시작을 나타내기 때문일 것이다. 그러나 *B.D.* § 342. 2(참조. Allo)에서는 여기서(비록 서신 내에서 완료형이 사용된 곳 모두가 그런 것은 아니지만) 완료형을 쓸 타당한 이유가 있다고 생각한다. 이 말은 사형선고가 즉시 집행되지는 않았지만 여전히 효력이 있었으므로 바울로가 자신의 유일한 희망은 부활에 있다는 것을 알았음을 뜻한다. 만일 여기서 말하는

위협이 질병이라면 위와 같이 보는 것이 가장 자연스럽다. 선고는 아마도 호의적인 황제의 결정들에 대해서 자주 사용되었던 것으로 보이는 말(ἀπόκριμα)을 여기서 개연적으로 해석한 것이리라. *M.M.*(해당란)에서는 이 의미를 발전시키고 있다 : '디텐베르거는 이것들(ἐπιστολαί, ἀποκρίματα, διατάγματα)을 문맥에 따라 훌륭하게 정의하고 있다(참조. *O.G.I.S.* 494. 19—20([Ⅱ 131]). 즉 그는 지방총독이 황제나 원로원 등에 보내는 급보, 또는 황제가 지방 대표단에게 주는 답변, 혹은 개인이 아니라 많은 사람들에게 전하는 포고문이나 문서로 정의한다……바울로에게 있어서 이것은 그가 하느님을 향해서 괴로움에 찬 호소를 했으며, 그의 마음 속에는, 이미 이에 대한 답변이 주어져 있었음을 의미한다.—즉 우리가 재구성할 수 있듯이, 그 답변이란 "너는 죽게 될 것이다. 그러나 죽음이 오히려 이득이 될 것이다"(ἀποθάνῃ· τὸ δὲ ἀποθανεῖν κέρδος)이다. 위와 같이 생각하는 것은 흥미있기는 하지만 어디까지나 그것은 상상이다. 선고는 이 문맥에서 올바른 번역이다(Lietzmann의 테오도레트로부터의 인용문을 참조하라). 바울로는 로마서 8장 1절을 고려하여 보다 뚜렷하게 정죄를 나타내는 말(κατάκριμα "정죄")을 사용할 수 없었을 것이다. 헤링에 따르면 바울로가 두려워한 것은 죽음 자체가 아니라 그의 이방 선교가 채 완성되기도 전에 끝나버리게 되는 것이었다. 그러나 바울로가 계속해서 말하는 것은 이것이 아니었다.

다음 절은 일반적으로 목적을 나타내는 말(ἵνα)에 의해 도입되는데, 비록 과거의 사건들에서 성취된 목적이 결과, 곧 의도했던 결과일 수도 있지만 (몇몇 사람들이 그러듯이) 여기서 이 말이 결과를 나타낸다고 가정할 필요는 없다. 환난과 구원이 일어난 것은 우리가 우리 자신을 의지하지 않고(부정어와 함께 사용되는 완료 가정법—πεποιθότες ὦμεν "우리가 의지하다"— 은 기존의 조건이 계속되지 않음을 나타낸다) 죽은 자를 다시 살리시는 하느님을 의지하도록 하기 위한 것이었다. 죽음은 인간 존재의 한계를 나타낸다. 죽음으로 한정된 영역 안에서 인간은 스스로를 신뢰할 수 있는 일정한 영역을 갖는다. 적어도 그러한 영역을 갖는 것으로 보인다. 그러나 바울로가 그랬듯이, 그러한 경계선(죽음)에 접근하는 것은 단순히 자신의 한계를 깨닫는 것일 뿐만 아니라 그러한 자기 신뢰의 궁극적인 기만성을 깨닫는 것이기도 하다. 이 편지가 인간의 모든 안전성에 대해 끊임없이 의문을 제기하고, 또 그만큼 읽기에 거북한 내용을 담고 있는 것은 이 편지 전체가 이러한 선상에서 전개되고 있기 때문이다. 그러나 이 편지에서 인간의 모든 위로와 안전, 자랑을 거부하는 것은 오직 참된 위로와 안전성, 자랑을 위한 것이다. 즉 그것은 죽은 자를 일으키는 하느님을 위한 것이다(참조. 신명 32,39 ; 삼상 2,6). 이 말은 유다교의 일반적인 상투어이다. 이에 대해 라삐 요하난은 이렇게 말한다 : '하느님에게는 어떤 대리인에게도 맡기지 않은 세 개의 열쇠가 있다. 그것은 비가 오게 하는 열쇠(신명 28,12)와 자금의 열쇠(창세 30,22)와 죽은 자를 소생시키는 열쇠(에제 37,13)이다' (*Taanith* 2a. 여러 병행구들에 대해서는 *S.B.*i. 523 참조. 그리고 열 여덟 개의 축복문 중 두번째 것과 비교 : '오, 주님이시여, 당신은 영원히 전능하시며, 죽은 자를 살리시며, 구원의 능력을 가지고 계십니다' : *Singer*, 44). 로마서 4장 17절을 참조하라. 그러나 바울로가 단순히 친숙한 어구를 인용하고 있는 것은 아니다.

> 죽는다는 것은 존재하지 않음을 의미한다. 존재하지 않는 사람들은 의지를 가질 수도 없고 행할 수도 없으며 또한 아마도 다른 사람들의 의지나 행위의 대상이 되지도 못할 것이다. *ἀνάστασις ἐκ νεκρῶν*("죽은 자들의 부활")은 다른 여러 가능성들 중의 한 가지 가능성이 아니다. 이 일이 일어날 때에는 하느님, 오직 하느님만이 활동하신다. 죽은 자를 일으키고(*ἐγείρειν*) 죽은 자에게 생명을 불어넣는 것(*ζωοποιεῖν*)은 존재하지 않는 것을 존재하게 하는 창조적인 부름과 마찬가지로 전적으로, 또 오로지 하느님만이 하실 수 있는 일이며 하느님 외의 다른 어떠한 요소도 이 일에 함께 끼어들 수 없는 일이다(히브 11,19 ; 고후 1,9 ; 로마 4,7)(Barth, *C.D.* Ⅳ i, 301).

신체적인 질병, 죽음의 그림자, 고린토에서의 활동의 실패는, 육에 있어서 신뢰할 만한 것을 많이 가지고 있는 그 어떠한 사람보다도 신뢰할 만한 것을 더 많이 가지고 있는 바울로(필립 3,4 ; 비교. 고후 11,22—23)조차도 좌절에 빠지게 할 수 있는 요인들 중에 속한다. 고린토 교회는 다른 많은 교회들과 마찬가지로 환난을 당하지 않고 위로를 받을 수 있다고 생각했다. 이 서신의 주제는 이러한 일이 불가능하다는 것이다(비교. 사도 14,22). 사도나 교회 전체를 위한 그리스도교적 훈련이란 인간의 본능적인 자기 자랑을 점진적으로 약화시키는 것을 의미한다. 그리고 그러한 자기 자랑의 귀결인 낙담을 하지 않고 하느님에 대한 근본적인 믿음을 성장시켜가는 것을 의미한다.

[10] 하느님에 대한 믿음은 그 분의 구원하시는 능력을 경험함으로써 성장해간다. 하느님께서는 그렇게까지 심한(직역하면 '그렇게 큰'. 그러나 이렇게 무미건조한 형용사는 여기서 영어로 적절하게 표현될 수 없을 것이다. 오히려 '그렇게 두려운'이 더 나을지도 모른다) 죽음의 고비(Bachmann과 Kümmel은 P^{46}과 다른 몇몇 사본들의 독법인 복수형을 받아들였다)에서 우리를 건져주셨고(비교. 로마 7,24; 15,31; 골로 1,13; 데전 1,10; 데후 3,2) 앞으로도 우리를 건져주실 것입니다(많은 사본들에 현재시제 *καὶ ῥύεται* "지금도 건져주십니다"로 되어 있는 것을 볼 수 있으며, 소수의 사본들에는 이 말이 생략되어 있는데 그것은 아마도 이 귀절의 뒷부분에 미래형이 나오기 때문일 것이다. 지금도 알로가 그렇게 생각하고 있듯이 그 당시에도 과거, 현재, 미래의 순서로 나오는 것이 적절한 순서로 생각되었을 것이다). 하느님은 (아마도) 신체적인 죽음으로부터 바울로를 건져주셨을 것이다. 바울로는 상황이 그처럼 자신을 위협할 때마다 항상 하느님이 건져주리라고는 확신하지 못했다. 그는 차라리 육신을 떠나 주와 함께 살기를 원했다(5,8). 현재의 하느님의 구원행위는 바울로로 하여금 고린토 사람들에게 위로를 전할 수 있게 해주었고, 그가 자기 자신을 신뢰하는 데서부터 벗어나서 하느님을 신뢰할 수 있게 했다. 미래의 건져주심이 무엇인지는 오직 미래만이 보여줄 수 있을 것이다. 그러나 하느님은 우리가 그분 안에서 희망을 가지게 되는 분이라고 정의할 수 있다. 문장은 여기서 끝난다(참조. 88면의 주 2). 희망은 미래와 특별히 관련된 것으로 이해된 (하느님에 대한) 신뢰를 말한다(참조. 로마 4,18—로마서의 이 귀절에서는 죽음으로부터 생명을 가져다주는 하느님에 대한 신뢰라고, 비슷하게 규정할 수 있는 문맥에서 사용되었다).

[10—11] 10절의 마지막 말은 11절에 귀속시켜야 하며, 그 본문(참조. 88면의 주 2,3)과 구문(Moule, *Idiom*, 108)은 의심스럽고 불투명하다. 바울로는 우선 구원자로서의 하느님에 대한 자신의 신뢰를 다시 한번 확언한다: 그는 앞으로도 우리를 건져주실 것입니다. 하느님은 그 분의 백성의 기도를 통하여 활동하시며, 만일 그(바울로)가 그 분의 백성들에게 위로를 전해줄 수 있다면, 그 백성들도 역시 기도를 통해 바울로에게 하느님의 (은혜의) 선물을 확보해준다는 점에게 바울로에게 봉사하는 셈이 되어 결국 그들도 하느님이 주시고 행하시는 감사의 합창을 함께 할 수 있게 된다는 사실을 기억

한다. 시작되는 절(속격 절대구문)은 매우 분명하다 : 여러분이 기도를 통하여 우리와(아마도 '나와 함께'. 어쩌면 '서로'일지도 모른다. 슐라터에 의하면 '하느님과 함께'이다) 협력해 준다면. 이 기도는 중보기도의 의미로 보는 것이 가장 자연스럽다. 그리고 이것이 (이 귀절의 후반부가 그러하듯이) 감사를 가리킨다는 컴멜의 주장은 그 자신이 인용하고 있는 신명기 3장 24절에 대한 해석인 시프르 신명기(*Sifre Deut.*: 할라카식 미드라쉬—신명기의 단편적 율법—역자주) 27(71a)에 의해서도 잘 입증되지 않는다(여러 사람을 위한 한 사람의 기도가 그러하다면 한 사람을 위한 여러 사람의 기도는 그보다 훨씬 더할 것이다). 중보기도는 하느님의 행위가 일어나도록 (바울로가 계속해서 설명하고 있는 방식으로) 돕는다. 그리고 다음에 이것은 감사로 이어진다. 이것이 바로 이어지는 마지막 절(ἵνα에 의해 도입된다)의 의미이다 : 많은 사람의 (마치 바울로가 —데네이 Denney가 지적하듯이— τὸ διὰ πολλῶν "그 많은 사람을 통하여"라고 하는, 그의 특유한 어법을 사용한 것처럼 번역되었다. 만일 관사 없는 본문을 그대로 받아들인다면 διὰ πολλῶν "많은 〔사람들을〕 통하여"는 ἐκ πολλῶν προσώπων "많은 사람들로부터"를 중복한 것이 된다 ; Moule, *Idiom*, 108. 모울은 문법적인 문제를 매우 분명하게 설명하고 있다) 기도를 통해서 우리에게 주어지는 "은혜의 선물"(χάρισμα. 이 말은 여러가지 의미를 지니고 있다. 참조. *Romans*, 113, 134, 237 그리고 『고린토전서』, 58면. 여기서 이 말은 일차적으로 구원의 행위를 가리킨다)에 대하여 많은 사람으로부터 하느님께 감사가 드려지게 될 것입니다("하느님께"라는 말은 본래 그리이스어 본문에는 없다. 그러나 이러한 의미를 뜻했음이 분명하다. 그리고 영어로는 이 말을 명시적으로 집어넣는 것이 의미상 더 나아 보인다. 많은 사람으로부터. 바울로는 이 귀절에서 대명사를 쓰는 것만으로(κὲ πολλῶν) 만족할 수도 있었을 것이다. 그가 첨가한 명사(προσώπων: "얼굴")가 헬레니즘시대의 그리이스어에서 일반적으로 '사람'이라는 뜻으로 사용되었음은 사실이다. 그러나 그가 이 말을 첨가한 이유를 이러한 의미로 설명할 수는 없다. 그는 이 말을 '얼굴'이라는 본래의 의미로 사용했을 것이다. 많은 얼굴들이 기도 가운데 하느님께로 향한다. 아니면 바울로는 연극에서 사용되는 이 말의 의미를 생각했을지도 모른다. 연극에는 서로 다른 여러 인물들이 나오지만 그들은 모두가 동일한 결말에 이르기 위해 협력하며, 그 결말이 이루어졌을 때에는 다같이 감사를 드린다. "감사드리다"(εὐχαριστεῖν)라는 동사는 (여기서처럼) 거의 수동형으로는 쓰이지 않는다. 큄멜에 의하면 이 귀절에 대한 적절한 병행구는 Justin, *I Apology* lxv, 5 ; lxvi. 2이며 또한 Hermas, *Similitude* 7, 5와 비교하라. 여기서 능동형 동사는 직접목적어를 가지고 있다. 유딧서 8장 25절은 '기도하다'라는 의미를 거의 입증해주지 못한다 (Héring)

바호만에 의하면 바울로는, 이 서신에서 논의되고 있는 이야기들이 진행되던 시기에 일어난 최초의 사건이었던 환난에 대해서 언급함으로써 고린토 사람들과의 논쟁을 시작한다. 여기서부터 7장까지 바울로는 연대기적으로 자신의 논의를 전개시킨다. 이것은 1—7장의 구조를 어느 정도 지나치게 단순화하는 것일 수도 있으나 크게 잘못된 것은 아니다.

Ⅱ. 바울로의 고린토 방문 계획
1장 12절—2장 13절

3. 바울로의 자랑 1장 12—22절

12 우리가 세상에서, 특히 여러분에 대하여 인간적인 지혜로가 아니라 하느님의 은혜로, 그리고 하느님께서 주신 솔직함[1]과 진실함으로 행했다는 것은 우리의 양심이 증거하는 것입니다. 13 우리는 진실합니다. 사실 우리는 여러분이 읽고 참으로 깨달은[2] 것과 다른 것을 여러분에게 쓰고 있지 않기 때문입니다. 14 지금도 여러분이 부분적으로나마 우리를 이해하고 있느니만큼 결국에는 온전히 이해하게 되어 우리 주 예수의 날에 우리가 여러분의 자랑이 되듯이 여러분도 우리의 자랑이 되기를 바랍니다. 15 이런 확신이 있기 때문에 나는 우선 여러분에게로 가서 두번째의 은혜[3]를 나누고 16 거기서 마케도니아로 갔다가 돌아오는 길에 다시 여러분에게 들러서 여러분의 도움을 받아 유다로 갈 작정이었읍니다. 17 그렇다면 내가 이렇게 결정한[4] 것이 변덕스럽게 행동한 것이라고 생각합니까? 그래서 내 육적인 욕구를

1) "솔직함"은 D G lat sy 본문의 ἁπλότητι를 번역한 것이다. P[46] B ℵ 사본까지도 포함하여 다른 사본들에는 ἁγιότητι("거룩함")라고 되어 있다. 특히 언설체로 씌어진 말들은 매우 비슷하다(ΑΠΛΟΤΗΤΙ: ΑΓΙΟΤΗΤΙ). 그 때문에 쉽게 혼동이 일어날 수 있다. "솔직함"을 택한 이유는 주석에서 제시될 것이다. 리츠만도 참조하라.
2) "참으로 깨달은"은 아마도 동음결미로 인해서 P[46] B 사본에서는 생략되었다.
3) 거의 모든 사본들에서 이와 같다. B 사본에는 "기쁨"(χάριν 대신 χαράν)으로 되어 있다. 이것은 아마도 실수로 인한 것이리라. 의미상의 차이는 대수롭지 않지만 기쁨이 보다 원래적인 것인데 보다 친숙한 신학적인 언어로 그것을 대치했다고 주장되었다.
4) D it sy 사본에는 "내가 이 계획을 세운 것이"(βουλόμενος 대신 βουλευόμενος)라고 되어 있다. 아마도 이 귀절 후반부에 동화된 것이리라.

따라 '예', '예'하고 동시에 '아니요', '아니요'[5] 한 것이었겠읍니까? 18
하느님은 신실하십니다. 그리고 그는 우리가 여러분에게 '예'하고 동시에
'아니요'하지는 않았음을 증거해주실 것입니다. 19 우리가, 즉 나와 실누아
노와 디모테오가 여러분에게 전한 하느님의 아들 그리스도 예수는 '예'도
되고 동시에 '아니요'도 되는 분이 아니었기 때문입니다. 반대로 그리스도
안에는 궁극적인 '예'가 있을 따름입니다. 20 하느님의 모든 약속이 그에게
서 '예'가 되었기 때문입니다. 그래서 우리는 역시 그의 안에서 '아멘'하며
하느님께 영광을 돌리는 것입니다. 21 여러분과 우리를 함께 그리스도 앞에
서 보증해주시고 또 기름부어주신 이는 하느님이십니다. 22 하느님께서는
또한 우리가 그의 것임을 확인하시려고 우리에게 인을 치셨으며, 성령으로
우리의 축복 가운데 제일 첫 몫을 우리 마음 안에 주셨읍니다.

앞에서(1, 3—11) 바울로는 진지하게 감사를 드렸다. 그는 선천적으로 자신이 뜻하지 않는 것을 말하지 못하는 사람이므로 자신이 말하는 바와 의미하는 바가 일치하는 저자이다. 그러나 그는 확실히 상황을 가능한 한 나쁘게 보지 않고 좋게 볼 수 있었으며, 훨씬 더 나쁜 동기들을 발견할 여지가 있을 때에도 가장 훌륭한 동기들을 발견할 수 있었다. 그는 고린토 사람들이 자신의 경험을 통해서 받은 위로에 대해서 말했으며, 자신을 위한 그들의 중보기도, 그리고 그들의 기도가 그를 위해서 은혜의 선물을 받게 되었음을 알고 그들이 드리게 될 감사에 대해서 말했다. 그러나 바울로는 고린토에 다른 분위기가 조성되고 있거나, 혹은 조성되었다는 것을 알았음에 틀림없으며, 자신이 경솔하고 변덕스럽다고 해서, 또한 편지를 쓸 때와 말할 때, 행동할 때가 각기 다르다는 이유로 그곳에서 비난받고 있다는 사실도 알고 있었다. 고린토에는 바로잡아야 할 무엇인가가 있었는데, 그는 그것을 바로잡고자 노력한다.

[12] 그는 비난받기는 커녕 자랑거리가 있었다. 우리의 자랑은 이렇습니다. "자랑"이라는 어근을 가진 말들(*καυχᾶσθαι*: "자랑하다"; *καύχημα*, *καύχησις*: "자랑")은 고린토후서에서 특히 자주 나온다. 이 말들은 고린토후서에서 모두 29회 나온다. 로마서에서는 8회, 고린토전서에서는 9(10)회, 갈라디아서에서는 3회, 필립비서에서는 3회, 데살로니카전서에서는 1회 나오며 순수한 바울로

5) P^{46}과 불가타역에는 단순히 "예"와 "아니오"라고만 되어 있다. 컴벨은 그것을 택한다. 그러나 Dinkler, 100, 주 3을 참조하라. 짧은 본문은 아마도 18절과 19절에 동화된 것이리라.

의 서신들 중 다른 곳에서는 전혀 나오지 않는다. 이처럼 고린토후서에 비교적 자주 나오는 데에는 특별한 이유가 있음에 틀림없다. 다드(C.H. Dodd, *New Testament Studies* [1953], 73—82)는 바울로가 자랑할(καύχημα) 이유가 있다고 생각하게 된 심리학적인 필연성과 관련시켜서 그의 내적 발전과정을 설명한다. 바울로의 이러한 내적인 발전과정은—그가 고린토후서 10—13장을 쓰고 나서 1—9장을(관련된 서신에 대한 비판적인 견해에 대해서는 서론 12—3·19—25면 참조) 쓰기 전에 일어났으며, 1장 8절에 나오는 환난으로 인해 일어난— '제2의 회심'이었는데 이로 인해 그는 정신적이고 영적인 억압으로부터 해방되었다는 것이다. 이처럼 사건들을 재구성함으로써 생겨나는 문학적이고 역사적인 문제들을 도외시하더라도 이러한 설명은 문제가 되고 있는 말들(καυχᾶσθαι, καύχημα, καύχησις)이 나오는 분포도와 잘 조화되지 않는다. 동사(καυχᾶσθαι)는 1—9장보다 10—13장에 더 자주 나오며, 두 개의 명사들(καύχημα, καύχησις)은 1—9장에서 더 자주 나온다. 구약성서에서는 이 말들이 좋은 의미로 쓰였음을 기억해야 할 것이다(예. 시편 31[32], 11 : "자랑하라καυχᾶσθε, 너희 마음이 바른 사람들이여"). 그리고 구약성서에서 그릇된 자랑을 하지 말도록 권고할 때에는 올바른 자랑을 하도록 권장한다는 사실에 대해서도 기억해야 할 것이다(예레 9, 22—23 ; 고전 1, 31 ; 고후 10, 17에서 인용되었다). 위의 마지막 귀절은 바울로가 고린토의 상황에서 (그가 보기에) 그릇된 방식으로 자랑하는 사람들을 다루어야만 했음을 보여준다. 어느 정도로는 무의식적인 반작용에 의해서, 또 어느 정도로는 일을 바로잡기 위해서 바울로는 자랑(혹은 '영광되게 하다, 뽐내다'—영어로 이 말을 일관성 있게 번역하기란 힘들다)이라는 말을 자주 하게 되었다. 이것이 가장 타당한 설명으로 보인다. 바울로가 자랑하는 근거는 그의 행동의 진실성과 순수성이다.

그의 자랑은 우리의 양심이 증거하는 데 있다. 다시 말해서 그는 이어지는 내용을 거의 양심이 증거한다고 자랑할 수 있다. 양심(συνείδησις)에 대해서는 4장 2절과 5장 11절을 참조하라. 로마서 2장 15절에서처럼 이 말은 '자기 자신으로부터 거리를 두고, 자신의 성격과 행동에 대해 객관적으로 관찰할 수 있는 인간의 능력을 의미한다. 따라서 인간은 자신을 위하는, 혹은 자신에 반대하는 증인으로서 행동할 수 있게 된다. 인간의 양심은 그의 행위를 판결하는 법정이라기보다는 각 경우에 따라 어느 편에도 설 수 있는 중요한 증인이다' (*Romans*, 53).

Sevenster, *Seneca*, 92—3, 99 이하, 특히 양심에 대한 바울로와 스토아 학파의 이해 사이의 차이를 참조하라. 그리고 빈디쉬가 인용한 스토아 학파의 말들도 참조하라. 바울로의 양심은 우리가(바울로는 주로 자기 자신에 대해서 말하지만 19절은 그의 동료들도 마음 속으로는 마찬가지였음을 보여준다) 세상에서, 특히 여러분에 대하여 인간적인 지혜로가 아니라 하느님의 은혜로, 그리고 하느님께서 주신 솔직함과 진실함으로(비교. 필립 1, 10의 동일어원의 형용사 : 직역하면 '하느님의 솔직함과 진실함으로'이다. 속격 τοῦ θεοῦ는 창조자를 나타내는 것임에 틀림없다. '솔직함과 진실함으로'의 ἐν은 원인을 나타내는 것이다—슐라터) 행했다는 것을 증거한다.

이 귀절의 본문상의 문제는(참조. 102면의 주 1) 해결하기 어렵다. "거룩함"(ἁγιότης)은 바울로가 다른 곳에서는 사용하지 않는 말이지만(그는 로마 1, 4 ; 고후 7, 1 ; 데전 3, 13에서 ἁγιωσύνη "거룩"을 사용한다) 아마도 적절할 것이다. 그리고 현재의 문맥에서는 보다 특수하게 윤리적인 개념이 어울리는 것 같다. 바울로는 자신이 표리부동하다는 비난에 대해서 스스로를 변호하고 있는데, 자신은 마음 속으로부터 성실했다는 그의 호소도 적절한 것이다. 그러나 만일 여기서 바울로가 "거룩"이라는 말을 썼다면 그는 이 말에 윤리적인 의미를 두고 썼을 것이며, 그러므로 이러한 변형이 주석상으로는 별 차이가 없을 것이다. 바울로는 어떠한 방식으로든 고린토 사람들을 기만하려는 의향이 전혀 없었다. 그에게 그러한 의향이 전혀 없었다는 사실은 멀지 않아 밝혀질 것이다. 사실 그는 아무도 기만한 적이 없었다. 세상에서 그가 활동하면서 내보이는 두드러진 표지는 성실함이었다. 그러나 왜 하필이면 고린토에 대해서만 특별히 그것을 언급했는가? 단지 그가 고린토에 편지를 쓰고 있기 때문에 그런 것인가? 그러나 바울로는 적어도 한 가지 측면에서는 고린토를 특수한 경우로 다루었던 것 같다. 즉 바울로는 특별히 고린토, 좀더 광범위하게 말하자면 아카이아에서는 자신이 세운 교회로부터 보수받기를 거절했다(비교. 예. 11, 8: "내가 다른 교회 것을 빼앗아다가 여러분을 도운 셈입니다"). 바울로에게는 고린토교회를 특별하게 돌볼 만한 이유들이 있었다. 바울로가 고린토의 개종자들 가운데 앞으로의 문제의 씨가 배태되어 있음을 알았다고 가정하는 데에는 별 무리가 없다. 그러므로 바울로가 신중하게 행동했는데도 불구하고 당연히 문제가 발생했다.

그가 말하는 첫번째 요지는 윤리적인 것이었다. 그는 솔직하고 진실하게 행동했다. 다음 절은 보다 신학적인 각도에서 그의 활동을 기술하고 있다 : 인간적인 지혜로가 아니라 하느님의 은혜로. 이에 대해서는 고린토전서 2장 5절과 비교하라 : "그것은 여러분의 믿음이 인간의 지혜에 근거한 것이 아니라 하느님의 능력에 근거한 것이 되게 하기 위한 것이었읍니다." 지혜(σοφία)는 고린토후서에서는 여기에서만 나오고 전서에서는 자주 나온다(참조. 『고린토전서』, 17—18면). 전서에서 "인간적인 지혜"는 예를 들어 "세상 지혜"(1, 20 ; 2, 6, ; 3, 19), "인간의 지혜"(2, 5)라는 말과 병행이 된다. 이러한 종류의 지혜는 고린토교회가 직면했던 특수한 위험이었다. 고린토 사람들 자신은 그들이 자신들의 지혜에 의해서, 그리고 자신들의 뜻대로 구원을 이룰 수 있다고 생각했다. 바울로는 처음부터 이러한 위험에 대해 방어했으며, 그가 고린토후서에서는 이에 대해 다시 언급하지 않고 그보다는 밖으로부터 고린토를 위협하는 위험들을 다루고 있다는 사실을 볼 때, 적어도 어느 정도로는 이러한 위험이 극복되었다고 할 수 있다(그러나 고린토전서에서도—아마도 지혜에 대한 이전의 관심과 결코 관련이 없지 않은—내부로부터의 위험들의 여운을 어렵지 않게 발견할 수 있음은 분경하다). 다음에 인간적인 지혜라는 말을 정의하는 데 도움을 주는 이 말의 댓귀는 하느님의 은혜이다. 은혜(χάρις)는 바울로의 모금에 대해서 말하고 있는 8장, 9장에서 잘 설명된다. 그것은 자유롭고, 능동적인 사랑을 뜻한다(비교. *Romans*, 76과 여러 곳 참조). 이 말은 바울로가 사도적 선교활동에 적합한 사람이 되도록 하고 또 그러한 활동을 하도록 준비시켰던 특별한 은사들에 대해서도 사용되었으며(예. 로마 12, 3), 그리스도교인이 되게 하는 특별한 신적 행위와 선물(고후 6, 1), 그리고 그리스도교인의 삶을 지속할 수 있게 해주는 하느님의 끊임없는 배려에 대해서도 사용되었다. 그러나 빈디쉬가 그랬듯이 이것과 하느님의 능력을 거의 동의어로 보는 것은 좀 지나치다. 바울로의 행동에 있어서 결코 지혜가 모자라지 않다. 왜냐하면 그의 행동에는 십자가 메시지의 어리석음과 역설적으로 일치하는(고전 1, 18) 하느님의 지혜가 있고, 하느님의 은혜 안에서 형성되고 또 거기에 의존하며 그것을 모방하는 사고방식이(따라서 그 행동방식도) 내포되어 있기 때문이다. 바울로가 거부하는 지혜는 인간적인(σαρκικός) 지혜이다. "인간"(혹은 육 σάρξ)의 의미에 대해서는 *Romans*, 157—8을 참조하라. 은혜는 은혜로운 분에게 다른 사람이 주장할 수 있는 정당한 주장과는 아무런 상관이 없이, 이타적으로 다른 사람을 집중적으로 보살피고, 그들에게 주의를 기울이는 것을 뜻한다. 한편 육(flesh)은 육적인 사람이 (하느님이나 그의 이웃에 대해서가 아니라) 자기 자신에게 내적으로 집착하는 것을 뜻한다. 그것은 인간의 어느 한 부분, 혹은 혼이나 영에 대립되는 신체적인 존재를 가리키는 것이 아니라 그릇된 방향으로 정향된 전 인간, 즉 하느님이 아닌 다른 것에 마음을 둔(로마 8, 5 이하) 전인간을 의미한다.

그리고 바울로는 고린토인들과의 관계에서 양심을 지켰으며, 비록 이것이 자신을 의롭게 해주지는 못한다는 것을 알고는 있었지만(고전 4, 4) 그러한 사실에 대해서 자랑할 수 있었다. 하느님의 은혜의 신학으로부터, 하느님 자신의 선물로서 솔직함과 진실함이라는 윤리적인 품성이 생겨났을 것이다. 이것은 이 단락에 나오는 바울로의 논증의 토대이다. 그리고 고린토인들 자신들도 이것을 깨달아야 한다.

[13] 우리는 진실합니다(이 말은 그리이스어 본문에는 나와 있지 않지만 앞절과의 연결을 나타내는 데 도움을 준다). 사실 우리는 여러분이 읽고 참으로 깨달은 것과("참으로 깨닫다"라는 말은 몇몇 옛 사본들에서는 생략되어 있는데 이에 대해서는 102면 주 2 참조) 다른 것을 여러분에게 쓰고 있지 않기 때문입니다(비교. 10, 9 이하에 나타나는, 바울로의 서신들과 그가 직접 방문하는 것의 차이). 여러분이 읽은 것은 여러분이 완전히 이해한 것이라고 번역할 수도 있다(ἀναγινώσκετε의 ἀνα에 강의어적 의미가 들어 있다고 볼 경우에 그렇다 : Moule, *Idiom*, 89). 그렇다면 그 의미는 '나는 전혀 새로운 것을 말하고 있는 것이 아니라 여러분이 이미 알고 있는 것을 다시 환기시키고 있을 뿐입니다'이다. 그러나 문맥을 살펴보면 고린토 사람들이 바울로가 자신들을 속였다고 비난하고 있음을 알 수 있다. 따라서 그가 다음과 같이 말했으리라고 보는 것이 아마도 가장 좋을 것이다 : '내 편지에는 달리 숨겨진 의미가 전혀 없읍니다. 그리고 내가 쓴 글 배후에서 읽어낼 만한 의미라고는 없읍니다. 내가 말하고자 한 바는 누구라도 그 글에서 직접 읽을 수 있읍니다.'

[14] 그의 편지들로부터 고린토 사람들은 그의 의도의 성실성과 계획의 솔직함을 깨달을 수 있을 것이다—그리고 사실 깨달았다. 그러나 그들의 깨달음에는 그 이상의 것이 있어야 했다. 지금도 여러분이 부분적으로나마 우리를 이해하고 있느니만큼(빈디쉬는 "부분적으로" ἀνὰ μέρος라는 말이 인식의 정도를 한정짓는 것임을 보여준다) 결국에는 온전히 이해하게 되어 우리 주 예수의 날에 우리가 여러분의

자랑이 되듯이(비교. 예레 17,14 ; 신명 10,21 ; 유딧서 15,9—슐라터) 여러분도(비교. 5,12 ; 바울로는 그들을 자신과 동일한 위치에 둔다) 우리의 자랑이 되기를 바랍니다. 고린토 사람들은 이러한 사실을 어느 정도로는 인식할 수밖에 없었을 것이다. 만일 "결국에는"(ἕως τέλους)을 완전히라는 의미로 이해한다면 그것은 "부분적으로"에 대응하는 말이 될 것이다 : '여러분은 부분적으로 이해하고 있읍니다. 나는 여러분이 완전히 이해하게 되기를 바랍니다.' 이 구는 위와 같은 것을 의미할 수도 있다. 그리고 알로(Allo)도 그렇게 이해했다. 그러나 이 구문의 의미는 주 예수의 날에 대한 언급에 의해 규정된다. 그것은 미래를 지시한다. 바울로는 이러한 깨달음이 잊혀지지 않기를 바란다. 비록 그가 그렇게 되지 않을까 염려할 만한 이유는 있었지만 말이다.

그는 먼저 우리가 여러분의 자랑의 근거라는 확신에 대해서 말한다. 고린토 사람들이 바울로의 자랑이었던 것만큼 바울로가 그들의 자랑이었던 것 같지는 않다(비교. 고전 4,8—13). 고린토전서 9장 2절과 고린토후서 13장 5절을 비교하라. 바울로와 고린토 교인들은 각기 서로의 그리스도교인으로서의 신분을 확증해준다. 고린토 서신에는 고린토 사람들이 쉽게 바울로를 무시했지만 그들의 신앙은 바울로에게 힘입은 바가 컸고, 따라서 그들이 그의 사도적 직무나 혹은 그러한 활동의 결과를 무시할 수는 없었다는 데 대한 많은 증거가 들어 있다(예. 2,1 ; 3,1 ; 4,4—10 ; 10,1—16 ; 11,1 ; 12,11·16 이하 ; 13,3). 바울로로서는 그들이 자신의 활동의 결실이라고 자랑할 수 있었다. 우리 주 예수의 날은 모두가 다 그리스도의 심판대 앞에 나타나게 될(5,10) 심판의 날이다. 이 표현은 바울로의 서신들에 자주 나온다(고전 1,8 ; 5,5 ; 필립 1,6·10 ; 2,16 ; 데전 5,2 ; 데후 2,2). 그리고 이것은 한 가지 이상의 의미를 지니고 있으며, 하느님의 행위가 더 이상 감추어져 있지 않고 드러나게 될 때를 가리키는 구약성서의 "주의 날"에 기초하고 있다. 신약성서의 시대에 이 말은 묵시문학적 의미로 이해되었다.

마지막 세 귀절은 일반적으로 말하고 있다. 그러나 고린토 사람들은 바울로의 진실함에 대해 구체적으로 공격했다. 그리고 그러한 공격은 구체적인 답변을 필요로 했다. 그들은 말하기를 바울로가 자신들을 방문하겠다면 계획을 이행하지 못했다고 했다. 바울로는 이러한 비난에 대해 해명하기 시작한다. 그러나 그는 이것을 신학적인 사고방식에 따라 헤나간다. 그는 1장 23절의 비난으로 되돌아가서 사실상 그것을 인정하지만 자신의 동기는 선했고, 고린토 사람들에 대한 관심에서 그렇게 했다고 주장한다. 1장 15—24절의 논증에 대해서는 주석에 덧붙여서 W.C. van Unnik, *Studia Paulina*, 214—34를 참조하라.

[15] 여러분과, 또 우리 사이의 관계에 대한 이런 확신이 있기 때문에 나는 우선 여러분에게로 가서 두번째의 은혜를 나누기로 작정했읍니다. 이 단락에 나오는 바울로의 말들로부터 정확히 그가 계획했던 일이 무엇이며, 또 그가 하지 못한 일과 결국에는 한 일이 무엇인지를 밝히기란 결코 쉬운 일이 아니다. 그는 편지의 독자들이 —비록 오해하고, 또 어쩌면 그것을 잘못 말했을지도 모르지만— 적어도 개략적으로는 사실을 알고 있으리라고 생각했기 때문에 암시적으로 글을 썼다. 이 귀절은 바울로의 계획의 목적을 말하고, 다음 귀절은 그것의 세부적인 점들에 대해 말한다. 바울로는 마케도니아로 가는 여행 길에(아마도 에게해의 맞은편 해안으로부터, 에페소나 혹은 아시아 지역의 다른 곳으로부터 마케도니아로 가는 여행), 그리고 또 거기서부터 돌아올 때 고린토를 두 번 방문하기로 작정했다 (βούλεσθαι에 강한 의미를 부여하고 있다. 이것은 의지에 따른 행위, 즉 결단을 의미한다). 이러한 계획은 "우선"(여기서는 이 말이 '앞서서', 혹은 '두 번의 기회 중에서 먼저 번에'라는 말보다 더 적절하다) 이라는 말을 "작정했다"가 아니라 "가서"에 연결시켜야 함을 —비록 어순상으로는 전자가 더 맞지만 말이다— 보여준다. 두번째 가기로 한 방문은 두번째의 은혜(χάρις ; 참조. 12절)라고 서술되어 있다. 이 말은 다양한 의미로 사용되었는데 특히 이 서신에서는 하느님의 풍요로움(예. 8,9)과 인간의 풍요로움(예. 8,6)에 대해서 사용되었다. '호의'라는 번역어는 은혜를 베푸는 것을 의미하겠지만 아마도 바울로는 이것을 의도하지는 않았을 것이다. 지나치게 구체적인 의미로 이해하지 않을 경우라면 '선물'로 번역하는 것이 좋은 번역이리라 : '고린토인들에 대한 그의 존경의 두번째 표시' (Allo).

[16] 그리고 바울로의 의도는 먼저 고린토를 방문하고 거기서 마케도니아로 갔다가 돌아오는 길에 다시 여러분에게 들러서 여러분의 도움을 받아 유다로 가려는 것이었다. 이 계획은 아마도 고린토전서 16장 5절 이하에 나와 있는 계획을 발전시킨 것 같다. 고린토전서 16장의 계획을 수정했기 때문에 불평이 생겼다고 보기보다는 위와 같이 보는 것이 더 좋다. 사실 바울로의 의도로는 고린토 사람들을 지나가는 길에 잠깐 보지 않고 그들과 얼마 동안 함께 지내기를

원했으므로 그는 마케도니아로 가는 길에는 고린토에 들르지 않으려고 했던 것으로 보인다. 그러나 아마 그는 생각을 바꾸어 유다로 돌아올 때는 물론이고, 마케도니아로 가는 길에도 들려서 고린토를 두 번 방문하기로 작정했을 것이다. 사도행전 20장 1절 이하에 따르면 에페소로부터 먼저 마케도니아로 갔다가 다음에 그리이스로 가서 마지막으로는 동쪽으로 되돌아오는 이 여행은 이보다 후에 이루어진다. 그러나 이것은 단지 유다로 가는 여행이(아마도 이 여행에서 바울로는 가난한 성도들을 위한 헌금을 전하려고 했을 것이다) 에페소와 고린토에서 일어난 문제들로 인해 미루어졌음을 의미할 뿐이다.

[17] 그렇다면(이것은 σὺν…μήτι ἄρα의 의미를 나타내려고 쓴 말이다) 내가 이렇게 결정한 것이(어쩌면 고린토를 한 번 더 방문하기로 작정한 것을 가리키며, 아니면 보다 가능한 것은 고린토와 마케도니아 모두를 여행하기로 한 것을 가리킨다) 변덕스럽게 행동한 것이라고("변덕"이라는 말에는 관사가 붙어 있으므로 어쩌면 '여러분이 나에 대해서 비난하는 변덕'일 수도 있다—Windisch) 생각합니까? 물론 그가 그렇게 결정한 것이 문제는 아니었다. 고린토 사람들은 그가 그들을 방문하기로 한 것이나 혹은 이 계획을 바꾸어서 한 번이 아니라 두 번 방문하기로 한 데 대해서 반대한 것이 아니라 그가 알렸던 방문, 혹은 방문들을 취소한 데 대해서 반대했던 것으로 보인다. 바울로가 쓴 글 배후의 의미들을 읽어본다면 그는 이렇게 말하고 있는 것 같다 : '나는 마케도니아로 가는 도중에 있읍니다. 어떻게든 내가 고린토를 거쳐서 갈 필요는 없지만 사실 나는 도중에 여러분을 방문하기로 했읍니다. 그리고 또 두 번 방문하려던 나의 계획을 바꾸었읍니다. 이것이 내가 여러분에게 소홀히 대했다는 것을 뜻합니까?' 그러나 그는 곤경에 처하게 되었다. 왜냐하면 그의 동기가 아무리 훌륭하다 할지라도 그는 자신의 계획을 바꾸었기 때문이다. 물론 이것은 그가 그렇게 할 만한 타당한 이유가 없었음을 뜻하지는 않는다. 내가 "이 계획을 세운"(바울로는 여기서 관련이 있기는 하지만 다른 동사인 βουλεύεσθαι를 쓰고 있다. 이것은 아마도 동의어일 것이다. 그러나 나는 그가 의미상 약간 차이를 두고 있다고 생각한다) 것이 내 육에 따라(육 σάρξ라는 말에 대해서는 1장 12절과 해설을 참조하라) 세운 것이어서 '예', '예'하고 "동시에"(이 말은 논쟁에 있어서 필수적인 말이므로 본문에 도입된 말임에 틀림없다) '아니요, 아니요' 한(*M.* i 210에서는 ἵνα를 목적의 의미로 보지만 결과를 나타내는 부정법이다:

비교. *B.D.* §391.5와 루가 9,45) 것이겠읍니까? 자기중심적으로 사는 사람은 결코 신뢰할 수가 없다. 그는 그렇게 하는 것이 자신에게 유리하다고 판명될 때에는 어느 때라도 자신의 생각과 계획을 바꿀 것이다. 바울로는 자신이 계획을 바꾼 것은 자신의 이익 때문이 아니었음을 잘 알고 있다. 그러나 그는 1장 23절 이전에는 이 문제에 대해서 설명하지 않는다. 그의 "예, 예"와 "아니요, 아니요"는 (이것은 야고보서 5장 12절과 마태오복음 5장 37절을—비록 여기서 바울로의 의도는 다르지만—상기시킨다) 그가 신학적인 논의로 이탈하도록 한다. 그러나 이것은 확고한 그의 메시지에 그의 행동이 기초하고 있다는 기본적인 사실을 분명히 한다는 점에서 결코 이탈이 아니다.

[18] 바울로만이 그 자신의 진실성에 대한 증인인 것은 아니다. 하느님은 신실하십니다(van Unnik는 20절 이하와 연결짓는 히브리어 "신실하다" n^e'eman를 비교한다). 그리고 그는 우리가 여러분에게 '예'하고 동시에 '아니요'를 말하지는 않았음을 증거해 주실 것입니다(이 말—"증거해주실 것입니다"—은 그리이스어 본문에는 없지만 문장의 의미를 통하게 하기 위해서는 필요하다. "하느님은 신실하십니다"에 대해서는 고전 1,9 ; 10,13 ; 데전 5,24 ; 데후 3,3를, 증인으로서의 하느님에 대해서는 1,23 ; 11,31 ; 로마 1,9 ; 필립 1,8 ; 데전 2,5·10을 참조하라. 이 두 말은 함께 일종의 맹세를 뜻하기도 한다). "우리가 한 말"은 '우리가 우리의 계획에 대해서 했던 말'이나 '우리의 설교'를 뜻한다. 후자의 주제는 이미 제시되었으므로 바울로는 그것을 발전시키지 않을 수 없었다. 이 귀절은 그리스도교의 메시지를 변증법적인 것으로 서술할 수 있는지에 대한 물음을 논의할 근거를 제공해주지 않는다(Stauffer, 137—8 : 영어번역판, 158에도 불구하고). 바울로가 의미하는 바는 단순히 그리스도교의 메시지에는 애매한 점이 없다는 것이다. 하느님의 약속은 쉽게 이해할 수 있으며, 그는 자신이 약속한 것을 실행한다. 그에게는 변덕스러움이 없다. 그러므로 '신학에는 모순이 없다'(Bengel). 그리고 예수 그리스도는 복음의 주제이므로 그에게도 분명히 변덕스러움이 없다.

[19] 우리가(무울에 따르면 15—24절에서는 일인칭 단수와 복수 사이를 주의깊게 구별하고 있다. 확실히 여기서 복수는 그것의 구성원들을 구별할 수 있다. 말하자면 이것은 순수한 복수형이다. Moule, *Idiom*, 119), 즉 나와 실루아노와 디모테오가(왜 아폴로는 언급되지 않았는가? 칼빈은 이렇게 묻고 바울로와 실루아노, 디

모테오가 더 많이 비난받았기 때문이라고 대답한다. 우리는 아폴로의 설교가 고린토 사람들에게 더 강한 호소력이 있었으리라는 추측을 할 수 있을 것이다) **여러분에게 전한 하느님의 아들 그리스도 예수는 '예'도 되고 동시에 '아니요'도 되는 분이 "아니었기"**(ἐγένετο. 아마도 단순히 '아니었다'를 뜻할 것이다) **때문입니다.** 예수는 하느님의 아들로서 아버지의 존재와 목적에 대해 확증한다. 사도행전 18장 1—4절에 의하면 바울로는 혼자 고린토에 도착해서 설교하기 시작한다. 18장 5절에서 그는 실라와 디모테오와 합세하고 그들은 그의 일을 함께 한다. 실라와 실루아노가 동일인물임은 거의 의심할 여지가 없다. 18장 5절은 사도행전에서 13(12)회 나오는 실라에 대한 언급들 중 맨 마지막 것이다. 데살로니카전서 1장 1절과 데살로니카후서 1장 1절에서 실루아노는 바울로, 디모테오와 합세한다. 디모테오는 바울로와 함께 이 서신의 공동저자로 일컬어졌다. 1장 1절과 그에 대한 해설을 참조하라. 이들은 모두 똑같은 복음을 설교했고, 이 복음은 그리스도였다. 이 메시지는 성령과 능력이 증거함으로써 고린토 사람들에게까지 다가왔다(고전 2, 4). 그리스도 안에는 전혀 모호한 것이 없다. **반대로 그 안에는 "궁극적인"**(이 형용사는 완료형 γέγονεν의 의미를 드러내기 위해 삽입했다) **'예'가 있을 따름입니다.** 이 예의 의미는 다음 귀절들에서 드러난다(Cerfaux, *Christ*, 334 : 영어번역판, 446). 그것은 인간의 욕구들이나 혹은 인간에게 필요하다고 생각되는 것들을 확증하는 말이 아니라 하느님의 계획을 확증하는 말이다. 그리고 하느님께 '예'라고 말하는 것은 아마도 인간에 대해서 '아니요'라고 말하는 것을 뜻할 수도 있다.

[20] 바울로가 뜻한 바는 이전에 구약성서에서 말했던 하느님의 목적이 예수 그리스도 안에서 성취되었다는 것이다. **하느님의 모든 약속이 그에게서 '예'가 되었기 때문입니다.** 말하자면 하느님이 약속한 모든 것이 그리스도 안에서 이루어졌다는 것이다. 이것은 제일 먼저 인격적으로 이해된다. 예수 자신은 다윗 가문의 약속된 아들이고(로마 1, 3 ; 9, 5), 시온으로부터 올 구원자이다(로마 11, 26). 그러나 바울로의 생각은 이보다 훨씬 더 깊고 섬세하다. 그는 구약성서의 권위를 끌어대는 단순한 '증거'방법을 거의 사용하지 않는다. 예수는 아담에 상응하는 사람이며(로마 5, 14 ; 고전 15, 22·45—49), 아담의 모습이 단지 지시할 수 있었던 것의 성취이다. 그는 약속받았던 아브라함의 자손이다(갈라 3, 16). 그는 지혜이며 율법이다. 그는 이스라엘의 전 역사가 지시했던 목적을 이룬다. 그는 의롭

다함을 얻게 하려고 율법의 마지막이 되었다(로마 10,4). 그 자신이 하느님의 의의 선물이며, 율법은—비록 그것 자체는 실제로 의롭게 하는 생명을 주는 힘을 가지고 있지 못하지만(갈라 3,21)—의의 필요성을 보여줄 수는 있다. 하느님은 아직 활동을 끝내지 않았다(이 서신에서 예를 들어 1,14 ; 4,14·18 ; 5,1—10 ; 11,15 ; 13,4 참조). 그러나 그가 앞으로 해야 할 일은 예수를 통해서 할 것이다. 그래서 우리는 역시 그의 안에서(혹은 '역시 그래서 그를 통해서.' 그러나 이것은 연결이 잘 안 된다) '아멘'하며(van Unnik가 지적하듯이 '예'와 같은 말이다) 하느님께 영광을 돌리는 것입니다. 고린토전서 14장 16절과 비교하라. '아멘'은 제의적인 상황을 암시한다(참조. Moule, *The Phenomenon of the New Testament* [1967], 54,68). "하느님의 아들 예수 그리스도를 통해"라는 말에 대해 회중은 '아멘'이라고 말한다('의례적인 아멘'—Plummer는 관사에 주의한다). 확실히 아멘(예수의 말을 도입하는 데 사용되었던 유례없는 용법을 제외하고는)은 유다교에서도 사용되었고, 구약성서에까지 거슬러올라가는 제의적인 용어이다(예. 신명 27, 15—26 ; 예레 11,5 ; 시편 41,14). 그리고 이 말은 그리스도교 예배에서도 사용되었으며, 따라서 바울로의 머리 속에도 이 말이 떠 올랐을 것이다. 더 이상의 설명은 필요하지 않으며 또 개연성도 없다. 몇몇 학자들이 종도의 규례(1QS) 10장 1—4절에서 발견하는—m—n 이합체(*이합체 : 각 행의 처음과 끝의 글자를 맞추면 어구가 되는 형식의 시—역주)가 여기서도 나타나는지는 의심스러우며 마찬가지로 그에 대한 메시야적 해석도 의심스럽다(Braun). 하느님의 목적이 성취되었다는 사실은 일차적으로 예수의 인격과 활동이 확증하며, 그리스도교인들에 의해서 재차 확인된다. 그러나 그들은 예수를 통해서 그 사실을 재확인하며 또한 예수 안에서 하느님과 그분의 목적에 관련되었다(참조. 고전 1,30 ; Barth, *C.D.* IV iii, 12). 그의 '예'와 마찬가지로 그들은 '아멘'이라고 말했을 뿐만 아니라 그렇게 행동했다. 하느님은 그의 백성들이 순종하는 가운데 영광을 받는다. 아멘이라는 말의 제의적인 암시점은 우리가 상당히 큰 그리스도교 공동체를 가리킨다는 사실을 보여준다. 그러나 19절의 우리는 바울로와 실루아노, 디모테오에게 있어서 사도집단을 의미하며, 21절에서 우리는 여러분과 구별된다. 바울로의 사도로서의 노력이 하느님에 대한 그리고 그의 영광에 대한 뚜렷한 아멘을 뜻함은 사실이다. 그러나 그것은 바울로가 특별히 헌신적인 그리스도교인이었기 때문이 아니라 그의 사도직이 자신의 약속에 대해 성실하며, 또 그것을 성취시키는 하느님의 복음에 의해 성립되었기 때문에 그런 것이다(비교. 로마 1,2 이하). 그러나 여기서 (22절에서와 마찬가지로) 바울로가 동료 그리스도교인들과 자신을 연결시키고 있음은 타당성이 있어 보인다.

[21] 히브리어 어근 —m—n에 기초하고 있는 아멘이라는 말은 견실함과 확고함을 나타낸다. 반 우니크는 이 말의 중요성을 강조하는데 그의 논문에 대해서는 이미 언급한 바 있다. 바울로는 비난받고 있는 자신의 성실함의 근거를 그리스도 안에서의 하느님의 성실하심에 둔 다음, 잠시 동안 변경시킨 계획에 대한 문제는 미루어 놓고 (이것은 23절에서 다시 나올 것이다) 주제를 신학적으로 발전시킨다. 하느님의 신실하심에 대해서는 의문의 여지가 없다. 그러나 그것은 어떻게 사람들에게 전해지는가? 사도와 백성들을 견실하게 해주는 것은 바로 하느님 자신이다. **여러분과 우리를 함께 그리스도 안에서 보증해주시고 또 기름부어주신 이는**(비교. 요일 2,20·27) **하느님이십니다**(혹은 "…보증하시는 하느님은…인을 치는 분이기도 합니다"라고 번역할 수도 있으나 앞의 번역보다는 훨씬 적절하지 못하다). 1장 7절과 해설을 참조하라. "보증하다"(βεβαιοῦν)는 그 파생어들과 함께 상업적이고 법적인 파피루스들에서 자주 나온다. 이 말은 칠십인역에서는 자주 나오지 않는다. 이것은 언어적으로가 아니라 의미상으로 20절과 연결시킨다. 왜냐하면 우니크(227)가 지적한 심마쿠스(Symmachus)역본의 몇몇 귀절들은 단절된 부분을 연결시킨다고 하기 어렵기 때문이다. 그러나 이 말은 바울로의 말이다. 이에 대해서는 고린토전서 1장 6절 이하가 특히 중요하다. 하느님은 설교자와 청중들 모두에게 복음의 약속을 성취시킴으로써 복음을 증거하고 확증한다. 그들은 하느님 자신에 의해서 그리스도의 것으로 보증되었으며, 하느님의 존재와 신실하심은 그들을 보증한다. 하느님은 기름부음 받은 자인 그리스도의 기름부음에 우리도 동참하게 하셨다. 여기에는 그리이스어의 언어유희가 있는데(*Χριστός* … *χρίσας*) 영어로는 이것을 단지 서투르게밖에 표현하지 못한다. 그것은 결코 우연한 것일 리가 없다. Cerfaux, *Christ*, 374(영어번역판, 498)을 참조하라. 이방문헌들의 병행구들은 (Firmicus Maternus, *de Err. prof. Rel.*, 22—"그의 그리스도는 귀신들렸다") 비교적 중요하지 않다. 메시아, 혹은 그리스도의 기름부음은 하느님이 그를 그러한 직무와 기능에로 선택하셨음을 뜻하며, 그가 부름받은 일을 수행할 만한 능력을 갖추었음을 뜻한다 —소명에

대한 확증과 궁극적으로 성공적인 선교에 대한 보증. 그리스도 안에 있는 그리스도교인들은(바울로가 여기서 "그리스도 안에" ἐν Χριστῷ가 아니라 "그리스도 안으로" εἰς Χριστόν이라고 쓴 것은 아마도 상업적인 은유에 의한 것이리라. 말하자면 우리는 그리스도의 계좌로 들어왔다는 것이다) 그의 직무와 활동에 동참하고, 기름부음받은 자들로서 그들 자신의 신앙의 확고함이나 혹은 그것에 수반되는 감정적인 열정에 의해서가 아니라 하느님 자신에 의해서 이러한 사실을 확증받는다. 이러한 보증이 주어지는 방식에 대해서는 이하 116—117면을 참조하라. 데네이(Denney)는 기름부음은 사도직을 위한 것이었다고 생각한다. 고린토 사람들은 특별히 보증받은 사람들에 포함되었고, 따라서 그들은 '기름부음'받은 자들에 속하지는 않게 된다. 그러나 기름부음을 받게 되는 '우리'가 앞절의 우리와 여러분을 모두 포함한다고 보는 것이 더 좋을 것 같다.

[22] 바울로는 한번 상업적 유비를 사용하자 계속해서 그것을 충분히 구사한다. 하느님은 우리에게도 인을 치셨다. *M.M.*(해당란 ; G.A. Deissmann, *Bible Studies* [1901], 238—9도 참조하라)에서는 헬레니즘 세계에서 "인치다"라는 말의 용법에 대해서 풍부한 증거들을 인용하고 있다. 찍혀진 채로 그대로 있는 봉인은 서류가 변조되지 않았다거나 혹은 수송 중에 물건이 변경되지 않았다는 증거이다. 그것은 동시에 소유권의 표시이기도 하다. 그리고 성령으로 인침을 당한 (다음 귀절이 보여주듯이) 그리스도교인들은 하느님의 소유물로 눈에 보이게 표시되고, 심판의 날에 심문을 감당할 수 있게 된다(비교. 에제 9, 4 ; 제4에즈라 6, 5 ; 8, 57 이하).

기름부음(비교. 이사 61, 1)과 인침을 모두 성령과 관련해서 말하는 것은 자연스럽다. 그러나 직접적으로 성령에 대해서 말하면서 바울로는 보다 상업적인 은유를 구사한다. 필로에 의해서도 이것은 "안전"(βεβαιότης)과 관련되었다(*De Fuga et Inventione* 150—1, 그러나 여기서 그 의미는 다르다. 참조. Windisch). 하느님은 성령으로 우리의 축복 가운데 제일 첫 몫을 우리 마음 안에 주셨다. 직역하면 그는 우리 마음 속에 성령의 보증(ἀρραβών: Earnest)을 세우셨다. Earnest는—오늘날에는 이런 의미로 사용되지 않는 것 같은데—지불한 돈, 전체 내야할 돈의 제일 첫번째 분납금, 특정한 기간에 걸쳐 내야 할 총액, 혹은 서약금의 일부를 뜻한다. 바울로가 그리이스어 단어를 이러한 의미로 사용한 데 대해서는 *M.M.*(해당항목)을 참조하라. 성령의라는 속격은 여기서는 동격으로 간주해야 한다(Robertson, 498 ; *M.* iii. 214) : 성령으로 이루어지는 보증. 이것을 부분을 나타내는 속격으로 볼 수도 있을 것이다(N.Q. Hamilton, ***The Holy Spirit and Eschatology in Paul*** [1957], 32. 로마 8, 23) : 전체 성령의 첫번째 보증. 그러나 이것은 그 자체로서는 가능한 것 같지 않다(바울로는 성령을 부분적으로 주어지는 것으로 보지 않았다). 그리고 그 경우 필요한 미래적인 관련성을 여기서도, 5장 5절(5장 5절에서는 같은 말이 사용되었다 : 참조. 해설)에서도 찾을 수 없다. 성령은 부활(1, 9)과 '종말론적인 실존', 올 시대의 생명을 현재에 실현시키는 하느님의 대행자이다. 달리 말하자면 성령 안에 있는 생명이란(비교. 로마 8, 1—13과 해설) 자기 자신이나 혹은 인간에 중점을 둔 생명이 아니라 하느님에게 중심을 둔 생명이다. 이것이 인류의 미래의 궁극적인 운명이다. 그리고 이것은 올 시대가 도래하기 전에 이미 선취되었다.

21—22절에서 바울로는 네 가지의 상을 구사한다. 보증, 기름부음, 인침, 첫번째 몫이 그것이다. 이것들은 그리스도가 하느님의 모든 약속들에 대한 궁극적인 확증이며, 믿는 자들이 이러한 선포를 그리스도 안에서 '아멘'하며 받아들인다는 사실을 선언하는 설교 요약문 뒤에 나온다. 우리가 본 바대로 아멘은 그 자체가 제의적인 성격을 지니고 있으며, 믿는 자들의 신앙을 하느님이 확증하는 것을 바울로는 예전적인 언어로, 특히 세례와 관련시켜서 설명했다고 자주 주장되었다(특히 Dinkler, 99—117 참조). 바울로가 사용하는 네 개의 동사들 중에서 지금 나오는 βεβαιοῦν "보증하다"는 세례 사건의 전체 행위를 나타내는데, 이것의 특수한 측면들과 동기들은 단순과거형으로 이어지는 세 개의 동사들로 서술되었다. 바울로가 말하려고 한 것은 세례는 새로 세례받은 사람을 이미 세례받은 나머지 사람들과 결합시키는 일종의 법적 처리 방식이라는 것이다. 그로써 하느님 자신이 그들을 그리스도 안에 세우며, 그리스도교인이—χαρίσματα("영적인 선물들")를 받은 사람들— 끊임없이 새롭게 견지해야 할 과정을 시작하신다(Dinkler, 115 ; G.W.H. Lampe, ***The Seal of the Spirit*** [1951] 3—7도 참조하라). 이러한 견해는 매우 타당하다. 그러나 이것은 지나치게 과장된 것으로 보인다. 맨 처음에 나오는 분사(보증해주시는)가 현재형으로 되어 있으므로 세례에 관한 암시가 있다고 보기 힘들다('하느님은 우리를 보증해 주신다…왜냐하면 우리는 그가 우리의 세례 가운데 기름부었으며, …인쳤으며…주셨음을 기억할 수 있기 때문이다'라고 말하려 하지 않은 한

그렇다). 이 네 개의 말을 사용했다는 데서 세례에 관련된 요소를 발견할 수는 있다(Dinkler는 자신있게 그러한 요소들을 찾아낸다). 그러나 거기에는 다른 요소들도 있다. 그러므로 "보증하다"는 고린토전서 1장 6·8절, 골로사이서 2장 7절의 세례와 약간의 관련성이 있을지도 모른다. 그러나 로마서 15장 8절에서는 전혀 다르게 사용되었다. 같은 어원의 형용사(βέβαιος)는 로마서 4장 16절에서도, 고린토후서 1장 7절에서도 세례와 관련되지 않았다. 동일어원의 명사(βεβαίωσις)는 필립비서 1장 7절, 한 곳에서만 사용되었는데 이것은 세례와는 아무런 관련이 없다. "기름붓다"는 바울로에 의해서 다른 곳에서는 전혀 사용되지 않았다. "인치다"(σφραγίζειν)는 로마서 15장 28절에서는 세례와 아무런 관련이 없다. 에페소서 1장 13절, 4장 30절에서는 세례와 관련이 있지만 이것들은 바울로 이후의 것으로 간주해야 한다. 같은 어원의 명사(σφραγίς)는 로마서 4장 11절과 고린토전서 9장 2절에서 전혀 다른 방식으로 할례를 가리키는 것으로 사용되었다. "보증을 세우다"(ἀρραβῶνα διδόναι)는 바울로 이후의 글인 에페소서 1장 14절에서는 세례와 관련되었다. 이것은 고린토후서 5장 5절에서도 그렇게 관련되었을 수 있지만 이 귀절이 속해 있는 단락의 주된 관심사는 세례가 아니라 미래의 생명이다. 나는 여기서 관련된 가장 중요한 바울로의 병행구들만을 다루었다. 다른 병행구들을 포함시키더라도 그다지 큰 차이는 없을 것이다. 바울로 자신이 이 문제에 직접적인 관심을 가지고 있었던 것은 아니지만 대부분의 고린토인 개종자들은 이미 세례를 받았다(『고린토전서』, 69면 이하). 그들의 세례는 그들이 가지게 된 신앙에 외적인 표현을 제공했으며, 틀림없이 성령의 활동이 그들과 그리스도와의 관계를 확증하는 한 계기가 되었을 것이다. 그러나—만일 바울로가 그의 독자들에게 이 특별한 사건을 상기시키고자 했더라면 쉽게 그 말을 쓸 수 있었을텐데도—세례라는 말이 나와 있지 않은 이 단락은 그들이 그리스도교적 삶의 전 과정 안으로 들어가게 되는 것을 나타내고 있다. 즉 회심, 신앙, 세례, 성령을 받음이 그것이다. 헤링도 이와 비슷한 견해를 취하는데 그는 적절하게 크리소스톰을 인용한다: '그가 기름부으셨고, 그가 인치셨다는 말은 무엇을 뜻하는가? 그것은 그가 성령을 주셨다는 것이다.'

플루머와 휴즈는 21—22절의 삼위일체론적 의미를 지적한다.

4. 바울로의 계획은 바뀔 수도 있지만
그의 목적은 바뀔 수 없다. 1장 23절—2장 13절

1,23 나는 이 말의 진실성에 대해서 하느님을 내 마음의 증인으로 세웁니
다. 내가 아직 고린토에 가지 않은 것은 여러분을 아끼기 때문입니다. 24
우리는 여러분의 믿음을 지배하려는 것이 아닙니다. 우리는 다만 여러분을
기쁘게 하기 위하여 여러분과 함께 일하는 사람일 따름입니다. 왜냐하면 여
러분은 이미 믿음으로 서 있기 때문입니다. 2,1 그러나[6] 나는 여러분에게
또 다시 아픈 마음을 가지고 가지 않기로 결심했읍니다. 2 내가 여러분을
마음아프게 했다면 나 때문에 아픈 마음을 가진 그 사람밖에 누가 나를 기
쁘게 해주겠읍니까? 3 더우기 그래서 내가 이 편지를 쓴 것입니다. 말하자
면 나를 기쁘게 해야 할 바로 그 사람들에게서 내가 마음아픈 일을 당하는
일이 없도록 하려는 것입니다. 나는 여러분 모두에 대해서는 나의 기쁨이
곧 여러분 모두의 기쁨이라고 확신합니다. 4 나는 큰 괴로움과 걱정에 눌리
는 마음으로 많은 눈물을 흘리면서 여러분에게 그 편지를 썼읍니다. 그러나
그것은 여러분을 마음아프게 하려고 한 것이 아니라, 내가 얼마나 여러분을
극진히 사랑하고 있는가를 여러분에게 알려주기 위하여 그런 것이었읍니
다. 5 어느 누가 누구를 마음아프게 한 일이 있다면 그것은 나를 마음아프
게 한 것보다 어느 정도—결코 과장이 아니라 여러분—전체를 마음아프게
한 것이 됩니다. 6 문제를 일으킨 사람은 이미 주류에 의하여 이 칠책을 받
았으니 7 이제는 반대로 여러분이 그가 너무 심한 슬픔에 빠지지 않도록 그
를 용서하고 위로해야 합니다. 8 그래서 나는 여러분이 그를 위한 여러분의
사랑을 확인해주기를 권합니다. 9 왜냐하면 내가 그 편지를 쓴 것은 여러분
이 얼마나 시험에 잘 견디는가를 알아보기 위한 것이었읍니다. 여러분이 모
든 일에 있어서 순종하는가를.[7] 10 그러나 여러분이 어떤 잘못한 사람을 용

---

6) "그러나"(δὲ)대신에 P^{46} B 69 사본에는 "왜냐하면"(γάρ)으로 되어 있다. 만일 이것을 1장 24절과 연결되는 것으로 본다면 논증의 흐름이 뒤바뀐다. 그러나 그렇게 본다면 이것은 삽입구로서 1장 23절과 24절에 연결되는 것이리라 : '나는 여러분을 아끼기 위해서 그렇게 행동했읍니다……왜냐하면 나는……마음먹었기 때문입니다.' 이것이 원래적인 의미이며 독법일 수도 있다(참조. Kümmel).

7) εἰ(……하는가를)의 자리에 B A 사본에는 그리이스어 문자 η가 나와 있다. 이것은 εἰ의 변형된 철자이거나 아니면 관계 대명사의 여성 단수

서하면 나도 그를 용서합니다. 정말로 내가 용서한 것은—내가 어떤 사람을 용서했다면—여러분을 위하여 그리스도 앞에서 용서한 것입니다. 11 그것은 우리가 사탄에게 속아 넘어가지 않게 하기 위한 것입니다. 왜냐하면 사탄의 책략을 우리가 모르는 것이 아니기 때문입니다. 12 그러나 내가 그리스도의 복음을 선포하려고 드로아에 갔을 때 주 안에서 내게 문이 열려 있었지만 13 내 형제 디도를 만나지 못했기 때문에 나는 마음이 놓이지 않아서 그 기회를 충분히 활용하지 못하고 그들을 작별하고 마케도니아로 갔읍니다.

1장 15절에서 바울로는 고린토 사람들에 대한 자신의 계획이 어떤 것이었는지, 그리고 왜 그가 그 계획을 바꾸었는지에 대해서 설명하기 시작했었다. 자신의 순수성을 변호하기 위해 바울로는 그러한 계획을 세우도록 지시했던 복음과, 복음 그 자체인 그리스도에 대해서 말했다. 이러한 깊은 사상적 연관성에 비추어 보더라도 여기서 바울로는 그 자신의 주제로부터 벗어나지 않았다. 그러나 오로지 핵심적 문제로 되돌아와야 하며, 왜 그가 고린토 사람들에게 하겠다고 말했던 일을 실행하지 못했는지를 설명해야 할 중요한 과제가 남아 있다. 우리는 바울로가 그와 같은 일의 중요성을 인지하고 있었다는 사실을 이 단락이 시작되는 말들에서 추측할 수 있다(이 단락 전체에 대해서는 Schweizer, *C.O.N.T.*, 721를 보라).

[I, 23] 나는(이 대명사는 강조하기 위한 것이다. 플루머는 바울로가 여기서 실라와 디모테오를 염두에 두고 있지는 않다고 결론짓는다) **이 말의 진실성에 대해서 하느님을 내 마음**(나 자신—Bultmann, *E.&F.*, 153 ; 내 생명—Moule, *Idiom*, 185)의 **증인으로 세웁니다**(슐라터는 Josephus, *Antiquities* i, 213과의 긴밀한 언어적 병행성을 지적한다). 비슷한 단어들이 11장 31절과 12장 19절에도 나온다(비교. 로마 9,1 ; 갈라 1,20). 바울로는 로마서 1장 9절과 필립비서 1장 8절, 데살로니카전서 2장 5·10절에서 하느님을 증인으로 부르고 있다. 이 귀절들은 바울로의 정열적인 어투와, 열정적인 성격, 그리고 그에게서 흔히 볼 수 있는 수사학적 특징을 반영한다(참조. Betz, *Lukian*, 117). 그러나 이것들은 자신의 생명이 하느님 앞에 밝히 드러나 있다는 그의 확신과 일치한다(비교. 5,11 : "우리는 하느님 앞에 밝히 드러나 있읍니다"). 마음까지도 살피시는 하느님은 바울로의 참된 동기를 고린토

여격(ὑ)일 것이다 : '여러분이 순종하는.' Robertson, 194 ; *M.* ii. 72를 참조하라.

사람들보다 더 잘 아신다. 그리고 바울로는 자신의 증거를 그들의 증거보다 우위에 둔다. 만일 거짓을 말한다면 그는 하느님의 벌을 받을 준비가 되어 있다. 바울로가 계획했던 고린토 방문을 연기한 것은 욕에 따라서, 혹은 경솔하게(1,17) 계획을 세웠기 때문이 아니었다. **내가 아직 고린토에 가지 않은 것은 여러분을 아끼기 때문입니다.** 그의 '의도'는 만일 미래분사형(φεισόμενος)을 썼더라면 보다 자연스럽게 표현되었을 것이다. 그러나 바울로는 현재형(φενδόμενος)을 사용했으며, 따라서 '내가 다시 가지 않은 것은 여러분을 아꼈기 때문이었읍니다'로 번역할 수 있다. 그러나 이것은 아끼려는 의도를 뜻할 것이다. 바울로가 '아끼다'라는 말로 무엇을 뜻했는지는 2장 2절에서 분명해질 것이다. 즉 그가 왔더라면 그는 자신이 고린토 사람들을 마음 아프게 했음을 깨닫게 되었으리라는 것이다. 그는 그렇게 하고자 원하지 않았다. 흥미있는 병행에 대해서는 휴즈(Hughes)가 인용한 Augustine, *Epistle* CCXI. 2를 참조하라. 반복시제의 동사와 함께 사용되었을 경우, '더 이상…않다'(οὐκέτι. 번역에서는 아마도 변형인 οὐκ가 나타날 것이다)는 당연히 '더 오지 않았다', 즉 '오기를 포기하였다'를 뜻할 것이다. 그것이 단순과거형(ἦλθον)과 함께 사용되었을 경우에는 '특별한 경우에 다시 오지 않았다'를 뜻한다. 이 특별한 경우가 무엇인지를 밝히려는 시도는 1절에 대한 해설을 할 때까지 미루어야 한다. 즉 바울로가 눈을 돌려서 —계획해서 실행하고, 또 실행하지 못했던— 사도적 방문의 의미를 생각할 때까지 기다려야 한다. 그것들은 어쩌면 그가 —자신이 계속해서 교회의 삶에 대해서 명령하는 것이 바람직하다고 믿는— 전제적인 영적 지도자였음을 보여줄지도 모른다.

〔 24 〕 그러나 그렇지 않았다 : **우리는 여러분의 믿음을 지배하려는 것이 아닙니다.** 아마도 독자들은 '우리는 여러분을 지배하려는 것이 아닙니다'라는 말을 기대했을 것이다(Lietzmann). 개인적인 지배는 거부되었으며, 아니 4장 5절처럼(참조. 해당 귀절의 해설) 그와는 정반대로 되었다. *Signs*, 41—44와 비교하라. 그리고 메네이의 말과도 비교하라 : '복음을 받아들인 사람들은 성숙한 인간이 지게 되는 모든 책임을 진다 : 그들은 거의 모두가 영적 존재로 된다. 그들은 다른 사람들의 독단적이고 무책임한 간섭에 굴복하지 않는다.' 여기서 메네이는 칼빈의 지침을 (틀림없이, 의식적으로) 따르고 있다('이것은 항상 변치 않는 원칙이다—즉 목회자들은 사람들의 양심에 대해서 특별한 지배권을 가지지 못한다는 것이다. 왜냐하면 그들은 지배자가 아니라

봉사하는 사람이며, 돕는 사람들이기 때문이다). 그러나 이것들은 모두 베드로전서 5장 3절을 따르고 있다. 알로는 '신앙의 문제에 있어서 여러분들의 스승'이라고 번역한다. 그러나 이 번역은 속격(τῆς πίστεως: 신앙의)에 잘 맞지 않는다. 신앙에 대해서 언급하는 것은 적절한데 그것은 여러분은 이미 믿음으로 서 있기 때문이다. 말하자면 신앙 안에 있는 그리스도교인으로서의 "여러분"의 존재는 인간에 의해서가 아니라 오직 하느님에 의해서 규정된다는 것이다. 사도적 선포는 신앙을 불러일으킨다. 그러나 신앙을 다스릴 수 있는 사도적 지배권은 없다. 신앙은 "선택을 통해서 생기지 결코 지배를 통해서 생기지 않는다" (Anselm: Goudge가 인용했다). 사도가 할 수 있는 것이란 여러분을 기쁘게 하기 위하여 여러분과 함께 일하는 것뿐이었다. 직역하면 '우리는 여러분이 기뻐하는 동역자들입니다'이다. 그리이스어로는 여러분과 함께라고 표현되어 있지 않기 때문이다. 바울로가 아마도 '우리, 즉 바울로와 실루아노, 디모테오는 서로 서로 함께 일합니다'를 뜻했을 수도 있다. 혹은 그는 자신을 하느님과 함께 일하는 자로 생각했을 수도 있다(비교. 고전 3,9—슐라터도 마찬가지이다). 그러나 이러한 진술은 "여러분의 믿음을 지배하려는 것이 아닙니다"를 달리 말한 것이며, 아마도 고린토 사람들과의 특정한 관계(주인과 노예의 관계는 아니다)를 뜻할 것이다. 기쁨은 아끼다라는 말에서 암시된다: '만일 우리가 아끼기 때문에 그렇게 행동한 것이 아니었다면, 결과는 결코 기쁨에 찬 것이 아니었을 것입니다.' 바울로는 결코 사람들을 두려움에 떨게 하는 폭군이 아니었다. 그는 그들과 함께 일함으로써 그들이 신앙 안에 스스로의 힘으로 서고(칼빈) 기쁨을 누리도록 했다. 신앙과 기쁨과의 관계에 대해서는 필립비서 1장 25절, 로마서 14장 17절, 15장 13절, 갈라디아서 5장 22절, 골로사이서 1장 11절, 데살로니카전서 1장 6절을 참조하라. 바울로는 여기서 '여러분은 교리적으로 건전합니다'라고 말하는 것이 아니라 '만일 여러분이 그리스도교인으로서 이미 서 있다면 그것은 믿음에 의해서입니다', 즉 "여러분은 믿음에 의해서 서 있읍니다"라고 말한다.

[2, 1] 바울로는 다시 자신의 계획을 검토한다. '나는 여러분의 신앙을 지배하지 않으며, 여러분에게 무엇을 하고 무엇을 믿을지를 명령하지 않습니다.' 반대로 나는 여러분에게 "또 다시" (πάλιν) 아픈 마음을 가지고 가지 않기로 결심했읍니다(ἔκρινα—"결심에 도달했읍니다"). "또 다시"는 불확실한 위치에 나와 있으며, 위의 번역

에서도 그리이스어 원문의 불확실함을 그대로 드러내고자 했다(영어 번역으로는 I made up my mind to this, that I would not come to you *again* in sorrow로 되어 있다 : 역주). 바울로는 아마도 다음과 같은 것을 의미했을 것이다 : '나는 그러한 상황에서는 여러분에게 다시는 가지 않음으로써 그런 경우 내가 간 것이 슬픔을 불러일으키지 않도록 작정했읍니다.' 혹은 '나는 이전에 슬픔에 차서 여러분을 방문한 적이 있었읍니다. 그래서 나는 그러한 방문을 되풀이하지 않기로 결심했읍니다.' 후자가 더 가능한 해석이다(πάλιν "또 다시" 바로 뒤에 ἐν λύπῃ "아픈 마음을 가지고"가 뒤따른다). 전자의 해석을 전적으로 도외시할 수는 없지만 애석하게도 이 해석에서는 고린토후서의 배후에 있는 사건들을 재구성할 가능성을 발견할 수가 없다. (전자의 해석에 의하면) 바울로의 말은 그가 첫번째로 고린토를 방문한 이후의 어느 시점이건 가리킬 수 있다. 그는 단순히 고통스러운 마음으로 고린토를 방문하지는 않겠다고 결심했을 뿐이다. 만일 후자의 해석을 채택한다면 우리는 이미 바울로가 아픈 마음으로 고린토를 방문한 적이 있었다는 사실을 알게 된다. 그리고 이 방문이 결코 교회의 기초를 놓기 위한 최초의 방문은 아니었을 것이다. 틀림없이 이 방문에는 결코 어려움이 없지 않았을 것이다(사도행전 18장 1—18절을 아무리 의심스러운 것으로 간주한다해도 그것은 이러한 면에서 전혀 틀린 이야기를 하고 있는 것 같지는 않다). 그러나 이 방문이 전체적으로 슬픈(ἐν λύπῃ) 것이었다고 규정할 수는 없다. 고린토전서도 이 방문이 슬픈 방문이었다는 데 대해서는 아무런 암시를 주지 않는다. 따라서 고린토전서를 쓴 뒤에 바울로는 다시 고통스러운 상황에서 고린토를 방문했다. 두번째 방문에 관해서는 우리는, 바울로의 다음 방문이 그의 세번째 방문이 되리라는 것을 암시해주는 귀절들(참조. 12,14 ; 13,1과 해설)과 실제로 바울로가 고린토에 있을 때 그에게 가한 상처에 대해서 말하는 귀절들(5—11절 ; 7,9·12 ; 10,10)에서 추정할 수 있다. 그러므로 두번째 방문은 고린토전서를 쓰고 나서 고린토후서를 쓰기 전까지의 시기에 있었을 것이다. 우리는 바울로가 고린토전서 16장 5절 이하(비교. 4,18—21)를 썼을 때 고린토를 방문하기로 계획했다는 사실을 알고 있다. 그리고 지금 이 단락에서는 왜 그가 계획했던 고린토 방문을 실행하지 못했는지에 대해서 설명하고 있다. 이것은 (비록 의도하기로는 두 번의 방문으로 확대되었지만) 고린토전서 16장 5절 이하와 매우 유사하므로 두 귀절들이 모두 동일한(의도적으로 동일한 것으로 만든) 사건을 가리킨다고 가정해야 한다. 이제는 다음의 두 가지 가능성들 중에서 하나를 선택해야 할 것이다. 첫째, 고린토전서를 쓴 뒤에 바울로는 한 번 더 고린토를 방문했다(이 방문에 대해서는 언급되지 않았다). 이 방문은 불행한 결과를 초래했고, 바울로는 고린토 사람들을 아끼려는 의도에서 계획했던 (두 번의) 방문을 포기했다. 둘째, 바울로가 고린토에서 어려운 문제에 말려들게 되었던 것은 추측할 수 있는 두 번의 방문 중에서 첫번째 방문 때였다. 따라서 그는 다음번의 방문을 포기했다. 두 가지 추측이 모두 가능하지만 두번째 추측이 더 그럴 듯한데 그것은 두번째 추측이 단순히 더 실속있기 때문만이 아니라 23절의 "또 다시 하지 않다"(말하자면 "더 이상~하지 않다" οὐκέτι)와 잘 부합하며, 바울로가 자신을 정당화하는 것과도 잘 드러맞기 때문이다. 그는 마케도니아에서 에페소로 돌아가는 길에 방문하겠다고 고린토 사람들에게 약속했다(고전 16,5 이하). 오직 순수하게 친절한 마음에서(χάρις. 1,15과 해설) 그는 자신의 여행경로를 바꾸었고, 마케도니아로 가는 길에 그들을 방문했으며, 다시 돌아가는 길에도 그들을 방문하기로 작정했다. 그러나 그가 돌아가는 여행 길에 다시 방문하지 않은 것은 오직 고린토에서 일어난 일 때문이었다. 그러므로 그들은 방문을 약속받았고, 그들이 기대하기도 전에 한 번 방문받았다. 만일 바울로가 그들로부터 좋지 못한 대우를 받았기 때문에 그들을 한 번 더 방문하지 않은 것이라면 그들은 아무런 불평할 권리를 가지고 있지 못했다. 그것은 특히 이러한 상황에서는 방문하는 것이 바울로에게나 고린토 사람들에게나 마찬가지로 고통스러웠을 것이기 때문이다. '마음 아픈 방문' 때에 일어난 일들에 대한 보다 상세한 논의에 대해서는 서론 29—30·43면을 참조하라. 이어지는 귀절들에서 우리는 잘못이 전적으로 고린토 사람들에게만 있지는 않았음을 추측할 수 있다.

〔 2 〕 "내가 여러분을 마음 아프게 했다면"—내가 그때에 여러분을 방문했다면 여러분을 마음 아프게 했을 것이다—여러분도 그렇듯이 나 때문에 아픈 마음을 가진 그 사람밖에 누가 나를 기쁘게 해주겠읍니까? 이 귀절은, 바울로가 자신과 전혀 어울리지 않게 아첨의 말을 하고 있는 것이 아닌 한 그 자신과 고린토 사람들 사이의 관계가 근본적으로 좋았고, 그것은 편지를(이것은 아마도 1—9장과 10—13장의 순서를 뒤바꾸어야 잘 설명할 수 있을 것이다 : 참조. 이 책 서론 35면 이하 · 306—310면) 쓸 때뿐만이 아니라 여기서 문제되고 있는

때에도 마찬가지로 좋았음을 의미함에 틀림없다. 만일 바울로가 이미 방문했었다면, 그리고 방문을 연기함으로써 오해와 불만을 야기시켰다면, 그의 신앙으로 말미암아 바울로가 기쁨을 느꼈던 대표적인 고린토 사람은(단수형 분사에 주목하라—ὁ εὐφραίνων "기뻐하는 자"과 ὁ λυπούμενος "슬퍼하는 자"—고린토에서의 특별한 바울로 옹호자도 아니고 또 메네이가 생각하는 것과 같은 회개한 공격자도 아니다) 마음에 상처를 받았을 것이다. 즉 고린토에는 어떤 문제가 있었는데 이 대표적인 고린토 사람은 거기에 대해 책임이 없었다는 것이다. 이 사실은 이 귀절 끝에 나오는 말에 의해서 확인되는데 여기서 그 말은 '나 때문에 아픈 마음을 가진 그 사람'이라고 번역되었다. '나 때문에'의 '때문에'(영어로는 by—역주)는 일반적으로 이 경우에 쓰이는 전치사(ὑπό)를 번역한 것이 아니라 대개 '～로부터를' 의미하는 전치사(ἐξ)를 번역한 것이다. 그리고 비록 위의 사실에 근거해서 다음과 같은 주장을 하는 것이 어리석은 일이기는 하지만, ἐξ라는 전치사를 선택한 것은 '직접 나의 행동으로 인해 일어난 슬픔'이 아니라 '나로부터, 나로 인해 생겨난 슬픔, 내가 있음으로 인해서라기 보다는 내가 있는 것이 계기가 된 슬픔'을 나타낸다. 이것은 바울로에게 상처를 주었던 사람이 본래 고린토 사람이 아니라 방문자였다는 견해와도 일치한다(이 책 272면 이하를 참조하고 "The Injury", 155을 참조하라).

[3] 사실 상황은 고린토를 방문하는 것도 해를 끼치고(실제로 방문하지 않음으로써 좋지 않은 결과를 가져왔듯이), 방문하지 않는 것도 해를 끼치는 상황이었을 것이다. 바울로는 편지를 씀으로써 이처럼 어려운 상황을 타개해 나가려고 했다. 비록 편지를 쓰는 것이 그로 하여금 많은 고통을 느끼게 했지만 말이다. 그가 편지를 쓰면서 고통을 느낀 까닭은 적어도 부분적으로는 분노 때문이 아니라 그가 무슨 말을 쓰든지 오해받으리라는 생각 때문이었다. 더우기 내가 편지를 쓴 것은 바로 ～때문입니다(Moreover, I wrote to just this effect…). 동사 뒤에 이어지는 말들을 어떻게 이해해야 할지가 불확실하다(τοῦτο αὐτό: 번역에서는 "～때문입니다"로 되어 있다 : 역주). 세 가지 이해가 가능하다. 첫째, 그 말은 부사적인 것이고(부사어로 쓰이는 대격, 혹은 존경을 나타내는 대격 ; 비교. Plato, *Protagoras* 310E) 다음과 같이 번역될 수 있다 : '나는 바로 이러한 이유를 위해서 편지를 썼읍니다.' 그리고 나서 이어지는 마지막 절에서 그 이유로 말한다 : "말하자면 내가 ～하지 않도록 하려는 것입니다." 이러한 해석은

논리적으로는 이 말이 중복되게 하지만(왜냐하면 바울로가 말하는 것은 '~을 위해서 편지를 썼읍니다'가 전부가 되기 때문이다) 문장에 힘과 생동감을 더해준다(*B.D.* §290.4 ; 참조. Robertson, 699). 둘째, 이 말은(*τοῦτο αὐτό*) 내가 썼읍니다의 직접목적어이고 마음 아픈 편지로부터의 인용문을 가리키는 것일 수 있다. 만일 이 견해를 받아들인다면 인용문은 '내가 고린토를 다시 방문하지 않은 것은 여러분을 아끼기 때문이었읍니다'(23절)이거나 아니면 '나는 여러분에게 또 다시 아픈 마음을 가지고 가지 않기로 결심했읍니다'(1절), 혹은 더 나아가서 '나는 내가 감으로써 마음 아픈 일이 일어나지 않도록 하기 위해서 편지를 쓰고 있읍니다'일 것이다. 세째, 이 말(*τοῦτο αὐτό*)은 편지의 내용을 요약하는 것일 수 있다 : '나는 바로 이러한 결과를 얻기 위해서 편지를 썼읍니다.' 이 견해에 의하면 전후의 귀절들은 편지의 말을 인용한 것이 아니라 편지의 전체적인 취지를 반복한 것으로 받아들여야 한다. 세번째의 견해가 문제의 말을 이해하는 가장 좋은 길인 것 같다(예를 들어 바흐만도 그렇게 본다). 위의 두번째 이해에서 언급한 인용문들은 방문하는 것을 대신하여 썼던 편지의 상황과 관련되기 보다는 고린토후서의 상황(바울로가 고린토를 방문하지 않음으로 인해서 불만이 야기된 상황)과 관련될 것이다. 바로 이러한 결과에 대해서 설명할 필요는 전혀 없었다. 고린토 사람들은 이미 편지를 읽었고, 그 안에 어떤 내용이 담겨 있는지를 알고 있었다.

바울로는 **나를 기쁘게 해야 할 바로 그 사람들에게서 내가 마음 아픈 일을 당하는 일이 없도록 하기 위해서**(2절에서 그는 마음 아픈 일이 일어날까 두려워하고 있다. 틀림없이 그러한 일이 일어난 결과는 양쪽 모두에게 미쳤을 것이다) 편지를 썼다. 24절 이후에서 이 말은 고린토 사람들이 생각했던 만큼 자신에게 순종적이지 못하고, 동시에 그로 인해 자신의 위신이 손상되는 것을 보게 되지나 않을까 바울로가 두려워했다는 것을 의미하지 않는다. 그가 마음아파 했던 것은 그들이(거짓 사도들에게 인도되어 : 참조. 11, 13), 거짓 복음을 받아들이고 그리스도교인으로서 사는 데 실패했기 때문이었다. 상황은 상당히 미묘했는데 그것은 자신의 방문이 마음 아픈 일을 초래할지도 모른다는 그의 두려움과 (전체 고린토교인들에 대한) 확신이 뒤얽혀 있었기 때문이다. 바울로는 자신의 편지가 의도했던 성과를 거두리라고 믿고 있었다. **나는 여러분 모두에 대해서는**(충성스러운 소수에 대해서가 아니라) **나의 기쁨이 곧 여러분 모두의 기쁨이라고 "확신합니다"**(분사 *πεποιθώς*의 원인을 나타내는 용법). 말하자면 '내가 기쁘면 여러분도 기쁘며 사실상 우리는 복음 안에서 공동의 기쁨을 나누어야 한다'는 것이다. 편지를 쓸 때 가졌던 이러한 확신은 고린토에서 일어난 불행한 사건과 고린토 교회와 바울로와의 관계를 논의할 때 분명히 고려해야 한다. 고린토에는 문제를 야기시키는 사람들이 있었지만 전체적인 교회구성원들은 ("여러분 모두"는 아마도 호의적인 과장일 것이다. 참조. 5—6절) 건전했다.

〔 4 〕 바울로는 고린토 사람들 자신들에 대해서는 확신하고 있었지만 상황은 매우 심각했다. 나는 큰 괴로움(1장 8절의 말)과 걱정에 눌리는 마음으로 많은 눈물을 흘리면서 여러분에게 그 편지를 썼읍니다. 그러나 그것은 여러분을 마음아프게 하려고(직역하면 여러분을 슬프게 하려고) 한 것이 아니라 내가 얼마나 여러분을 극진히 사랑하고 있는가를(이 말〔사랑〕은 매우 강조하는 위치에 나와 있다) 여러분에게 알려주기 위하여 한 것이었읍니다. "나는 썼읍니다"(ἔγραψα)는 현재를 가리키는('나는 지금 씁니다'—지금 이 편지에서) 편지들의 단순과거가 아니라는 사실은 7장 8절에 의해 알 수 있으며, 동시에 이 귀절은 —비록 바울로가 의도했던 것은 아니었지만— 고린토 사람들이 그가 쓴 내용으로 인해 슬픔에 빠졌음을 보여준다. 지금 고린토 사람들은 자신들이 정당하게 대우하지 못했던 바울로에게서 끊임없는 사랑과 확신을 보게 되는데(바울로가 7장 9절에서 말하듯이) 이것은 그들에게 유익하기는 하지만 고통스러운 일이었다. 중상행위를 한 것은 고린토를 방문했던 사람이었던 것 같다(참조. 이 책 124면). 그리고 바울로의 슬픈 편지의 내용은 단지 추측할 수 있을 뿐이지만 거기에는 고린토 사람들이 실제로 바울로의 적대자를 지지했고, 앞으로도 계속 지지하리라는 것을 결코 믿을 수 없다는 확신과 자신은 아직도 고린토 사람들을 사랑한다는 내용이 담겨 있었을 것이다. 이러한 확신은 그들의 양심을 찔렀을 것이다(참조. 7,9 이하). 바울로가 문제가 있는 고린토 사람들을 특히 더 사랑했으리라는 것도 전혀 불가능하지는 않다. 즉 종종 문제아들을 더 사랑하는 경우가 있듯이 말이다. 바울로가 고린토에서 보수받기를 거절한 것과 비교하라(참조. 특히 11,11).

〔 5 〕 아마도 바울로는 고통스러운 상황에 처해 있었을 것이다. 그 고통의 실제적인 원인은 고린토에서 문제를 일으켰던 (것으로 보이는) 사람이었다. 바울로는 이 문제를 단순히 개인적인 문제로 간주하려 하지 않았다. 그러나 일반적인 표준들에 의하

면 (리츠만이 지적하듯이) 이 문제는 분명히 개인적인 문제로 간주될 것이다. 그러나 바울로는 교회에 대하여 공격한 것으로 생각하며, '형제를 얻는' 데 관심을 갖는다(마태 18,15 ; 비교. Dodd, *Studies*, 59). 어느 누가 누구를 마음 아프게 한 일이 있다면 그것은—여러분이 추측하듯이— 나를 마음 아프게 한 것보다 "어느 정도"(ἀπὸ μέρους: 상처를 받은 사람들의 수를 제한하는 말이 아니라—리츠만에 반대해서 컴멜이 주장하듯이— 상처를 받은 정도를 제한하는 말이다)—과장이 아니라(이 번역은 그를, 혹은 여러분을 '무겁게 압박하려고'라는 번역보다 낫다)—여러분 전체를 마음 아프게 한 것이 됩니다. 이 귀절에서는 누구를 언급하고 있는 것인가? 그리고 그는 어떤 일을 했는가? 이 질문들에 대해서는 결코 확실하게 답할 수 없는데, 그 까닭은 실제로 같은 사건을 말하고 있는 7장 12절을 포함시킨다 해도 증거가 너무 불충분하기 때문이다. 우리는 그러한 증거들을 있는 그대로 수집해야 한다(참조. 이 책 93·212면 이하의 요약). 우리는 이 귀절로부터 겉으로 보기에는 바울로가 공격받은 것 같지만 사실은 바울로가 보기에는 교회가 공격받았다는 사실을 알 수 있다. 이러한 사실은 여기서 고린토전서 5장 1절에서 언급된 근친상간의 예를 소급해서 지시하고 있다는 가능성을 배제한다 (그러나 이미 터툴리안도 그러한 가능성을 보았다 : *De Pudicitia* 13). 그리고 만일 디모테오와 같은 그의 통역자 중 한 사람이 공격을 받음으로써 바울로의 지위와 권위가 간접적으로 공격을 받았다면, 그는 결코 이런 식으로 편지를 쓰지 않았을 것이다. 우리는 아마도 두번째 방문 기간 중에 일어났던 사건, —마음 아픈 방문(비교. 1절)— 즉 바울로가 모욕을 당하고, 그의 권위가 희롱당한 사건에 대해서 생각해야 할 것이다. 그것은 바울로의 복음에 기초하고 있는 교회 전체에 대한 공격이었다. 그러면 공격을 감행한 것은 누구였는가? 우리는 아직 이 질문에 대해 대답할 단계에 있지 않다. 그러나 엄밀하게 말하자면 여러분 모두라는 말은, 공격을 감행한 사람이 고린토 교회의 구성원이 아닌 사람이었음을 시사해준다. 지금 이 단계에서는 이러한 결론을 강요할 수는 없다. 만일 공격자가 외톨이로 있었고, 그의 행동이 모든 다른 그리스도교인들로부터 반대를 받았다면 여러분 모두라는 말은 결코 한 사람을 제외한 '여러분 모두'를 지나치게 과장한 말이라고 할 수 없을 것이다. 나머지 사람들은 모두가 그들 중 한 사람이 그렇게 행동했다는 사실에 대해 슬퍼했다. 그러나 위의 제안은 단지 있을 수 있는 결론일 뿐이지 결코 가장 좋은 결론은 아니다.

[6] 여러가지 개연성들을 종합해볼 때 공격자는 외부 사람이었을 가능성이 크다. 그러나 이러한 결론은 종종 다음 귀절과 일치하지 않는 것으로 생각되었다. 왜냐하면 교회의 구성원일 경우에만 교회로부터 벌을 받았을 것이기 때문이다(예. Kümmel, *Introduction*, 208). 그러나 이 귀절에는 여러가지 난점이 있으며 결론을 내리기 전에 그러한 난점들을 반드시 고려해야 한다. 공격자에게는 질책이 가해졌다(그리이스어 본문에는 아무런 동사도 나와 있지 않다. 질책을 내리기로 '결정되었다'고 번역할 수도 있다). 질책(reproof. ἐπιτιμία)이라는 말은 흔히(예. 흠정본, 개정본, 개정표준본, 예루살렘 성서, *New English Bible*에는 penalty "처벌"이라고 되어 있다. 비교. Hatch, *Essays*, 4) '징계'(punishment)라고 번역되었다. 그러나 이처럼 자주 '징계'라고 번역하는 것이 옳은지는 문제시해야 한다. 그리이스어 성서에서 이 말(ἐπιτιμία)은 단지 이 곳과 지혜서 3장 10절에만 나온다. 불가타역에서는 이 말을 objurgatio("꾸짖다")로, 지혜서 3장 10절은 correptio("비난하다")로 번역하는데 이 중 어느 것도 '징계'라는 의미를 반영하지는 않는다. '징계'라는 의미로 *L.S.*에서 인용한 유일한 다른 자료는 *O.G.I.S.* 699. 43(Ⅱ. 402)이다. 같은 어원의 동사(ἐπιτιμᾶν)가 다른 여러 의미들과 함께 '어떤 사람에게 징계를 하다'라는 의미를 지니고 있으며, 같은 어원의 명사들(ἐπιτιμή, ἐπιτίμημα, ἐπτίμησις)이 종종 그러한 의미를 반영한다는 것은 사실이다. 그러나 이러한 일군의 말들의 일차적 의미는 결코 '징계'가 아니다. 그리고 이 말들에 '시민권과 자유의 향유'라는 의미 외에 다른 새로운 의미가 덧붙여졌을 때에도 자주 '징계'라는 의미 못지않게 '비난'이라는 의미가 덧붙여졌다. 이것은 일반적으로 신약성서에서 이 동사(ἐπιτιμᾶν)를 어떻게 사용하느냐에 의해서, 이 동사는 30(29)회 사용되었지만 단 한군데(유다서 9장)에서만 '징계를 하다'를 의미할 수 있을 뿐이다. 그리고 바울로가 현재의 상황을 처리하는 데 대한 중요한 병행을 보여주는 루가복음 17장 3절(비교. 마태 18, 15과 동사 ἐλέγχειν "책망하다")에 의해서도 확인된다. 공격을 했던 형제는 비난, 혹은 책망을 받아야 한다. 그리고 가능하면 곧 용서받아야 한다. 그러므로 이 말은 '징계', 혹은 '벌'이 아니라 '질책'으로 번역해야 한다.

바울로는 이 질책이라고 말한다. 이 지시 형용사("이")가 무엇을 가리키는지는 분명치는 않지만 방금 우리가 취했던 견해를 확인해주는 것 같다. '이 징계'라고 썼을 경우 '이'라는 지시형용사가 무엇을 가리키는지 알 수 없게 되는데 그렇게 쓸 수는 없었을 것이다. 그리고 그것은 (리츠만과 같이) 디도가 바울로에게 무는 일이 일어났는지를 이야기했음에 틀림없고(7, 13), 바울로가 자신이 무엇을 의미하는지를 고린토 사람들이 알고 있다고 가정했다는 사실을 인정할 경우라도 마찬가지이다. 그러나 안타깝게도 '이 책망'이라는 말도 역시 뭔가 미진한 점이 있기는 하지만, 고린토 사람들이 단순히 자신들을 공격자의 행동으로부터 떼어놓고 공격자를 책망했으므로 문맥상 이 책망이라는 말이 함축되어 있다고 주장할 수 있다.

바울로는 이 책망이 교회의 주류에 의해 가해졌다고 덧붙여 말한다. 그리이스어 *ὑπὸ τῶν πλειόνων*을 달리 번역한다면 '대다수에 의해' (혹은 '상당수에 의해'라고도 번역할 수 있을 것이다. 빈디쉬가 그렇게 번역하는데 그는 그 말에서 선거를 위한 교회의 모임을 추론해낸다 : *B.D.* §244, 3 ; 비교. 9, 2)로 번역할 수 있다. 이 번역은 공격자의 편에 서 있던 소수나 아니면 보다 엄한 조처를 취하기를 원했던 소수를 전제한다. 그리고 위의 두 소수파나 어쩌면 주류를 이루는 전체 구성원 중에서 한편의 소수파를 전제할 수도 있다. 고린토 교회(이 교회는 다른 방식으로 분열된 것으로 알려져 있다)는 그런 방식으로 분열되어 있었을 수도 있다. 그러나 여기서 사용된 말들에서 이런 결론을 내리기는 어렵다. 바울로는 때때로 어떤 문제에 대해 관심을 가지고 있는 주류를 이루는 사람들(이 경우 반드시 그들이 소수라는 의미를 내포하지는 않는다)을 나타내는 데 이 말을 사용했다(그리이스어 용법에 대해서는 *L.S.* 해당란 *πλείων* I, 2을 참조하라). 그러나 주류는 때때로 그들의 지도자들과는 구별되었다. 이 말(*πλείων*)은 쿰란문헌에서 공동체에 대해 '다수'(ha-rabbim)라는 말을 사용한 것을 반영할지도 모른다(이 용법은 매우 자주 나온다—Kuhn의 해당란, 그리고 예를 들어 *CD* xiii, 7를 참조하라. *War* ii. 146에 나오는 요세푸스의 에쎄네파에 대한 해설과도 비교하라). 그러나 바울로는 쿰란 종파로부터 이 용법을 빌리려 하지는 않았다(비교. Black, *Scrolls*, 177 ; Delcor, *P.&.Q.*, 79—80). 이 말의 근원은 이미 구약성서에서 또 발견된다(참조. 특히 다니 12, 3). 바울로와 쿰란 종파도 틀림없이 구약성서로부터 이 용법을 빌어왔을 것이다(참조. Braun). 그러므로 다음과 같이 결론내릴 수 있다. 즉 고린토 그리스도교인들의 주류가 비록 그 당장은 아니더라도 얼마 후에 교회를 위압하려 했던 자칭 지도자들에 반대하여 바울로의 편에 섰다고. 이와 같은 것이 아마도 지나치게 호의적이고 낙관적인 디도의 보고였다(참조. 7, 7—11과 해당 주석). 이러한 결론은 전체가 아니라 대다수에 의해서 질책하는 것이 승인되었다는 견해와 결코 형식적으로 모순되지 않는다. 그러나 어디까지나 강조점은 다르다.

[6—7] **문제를 일으킨 사람은**(직역하면 "그 사람은": 비교. 7절) **충분한**(중성으로 씌어진 이 형용사는 여성인 실명사와 일치하지 않는다. 이 사실은 *M.* iii. 311에서 지적되기는 했지만 자세히 설명되지는 못했다. 휴즈는 이것을 라틴어 satis로 생각한다. '~은 ~에 대한 충분한 처우입니다'라고 번역하는 것도 결코 틀리지는 않다) **질책을 받았읍니다.** 바울로는 곧 만족했으며, 공격자의 이름을 기록하고 싶어하지 않았다(본래 여기에 이름이 씌어 있었는데 고린토의 편집자가 그것을 지워버린 것으로 가정하지 않는 한 아마도 그랬을 리는 없을 것이다). 이제 책망할 때는 지나갔다. 그러므로 **반대로 여러분이 그를 "용서하고"**(*χαρίζεσθαι*는 보통 "주다"를 의미하며, "용서하다"는 바울로의 특수한 용법이다: Windisch) **위로"해야 합니다"**(*δεῖν* "~해야 한다"를 보충해 넣어야 한다: 참조. Moule, *Idiom*, 144. 비교. 루가 17, 3: "네 형제가 죄를 짓거든 책망하고 회개하거든 그를 용서하라"). 바울로는 자신이 예수 자신의 말을 빌어서 권고하고 있음을 깨닫지 못하고 있는 것 같다(비교. 로마 13, 8 이하와 주석). 바울로는 권위를 내세우는 대신 그가 방금 권한 대로 행동해야 할 이유를 말한다. **그가**(또 다시 직역하면 "그런 사람" *ὁ τοιοῦτος*) **너무 심한 슬픔에 빠지지 않도록.** 그는 이미 책망을 받았으며(Lietzmann), 슬픔으로 인해 놀라고 후회해서 자신의 신앙과, 동료 그리스도교인들과의 관계를 모두 포기해버릴지도 모른다. 11절과 비교하라.

[8] 바울로는 다시 말한다. **그래서 나는 여러분이 그를 위한 여러분의 사랑을 "확인해 주기를"**(*κυρῶσαι*. 이 법적 용어에 대해서는 갈라 3, 15과 비교하라) **권합니다**(바로 앞에서 "위로하다"로 번역되었던 것과 같은 동사, 즉 *παρακαλεῖν*이다. 이렇게 번역하는 것은 드문 일이긴 하지만 타당하다). "그를 위한"(for him. *εἰς αὐτόν*)이 "확인하다"(confirm)에 연결되는 것으로 보고 "그에게"로 번역할 수도 있다. 로마서 5장 8절에도 이와 비슷한 두 가지 가능성이 나온다(참조. *Romans*, 106—7). 바울로의 용법은 위에서 제시한 번역을 결정적으로 입증해준다. 바흐만은 법적인 확인과 법적이지 않은 사랑 사이의 대조에 주목한다. 아마도 여기서는 바울로가 말하리라고 고린토 사람들이 기대했을 것과 —'판결을 확인하라'— 주의깊게 대조시키고 있는 것일

수도 있다. 데네이는 여기서 '어떤 공적인 행위'를 생각한다.

[9] 이러한 명령은 바울로의 이전 편지의 어조(참조. 7,8)와 일치하지 않는 것으로 보일지도 모른다. 그러나 결코 그렇지 않다. 왜냐하면 내가 그 편지를 쓴 것은 공격자를 확실하게 벌하려고 한 것이 아니라 여러분이 얼마나 시험에(직역하면 '여러분에 대한 시험', δοκιμή : 참조. *Romans*, 104) 잘 견디는가를 "알아보기" 위한(동작의 시작을 나타내는 단순과거형 γνῶ—"알게 되다") 것이었읍니다. 이 목적은 공격자가 고린토 사람이 아니었다는 주장과 일치한다. 바울로는 (비록 그가 문제를 일으켰다 해도) 공격자보다는 고린토 사람들에게 더 큰 관심을 가졌다. 그는 그들에 대해서 "여러분이 모든 일에 있어서 순종하는가를" 알아보려고 했다. 바울로는 고린토 사람들이 누구에게 순종해야 하는지를 말하지는 않는다. 그러나 1장 24절 이후에서부터는 바울로가 자신에 대한 순종을 말할 수 없었을 것이다. 단지 그는 자신 안에서 그리스도의 권위가 교회에 나타난다고 말했을 것이다.

[10] 그러나 지금 가장 중요한 것은 용서다. 그리고 바울로는 용서하는 일을 결코 미루려고 하지 않았다. 여러분이 어떤 잘못한 사람을 용서하면 나도 그를 용서합니다. 바울로(사도적인 '주'가 아니라—1,24)는 이 문제에 있어서(분명히 그는 —7절— 그들이 그 사람을 받아들여 주기를 희망한다) 고린토 사람들의 판결을 받아들일 것이다. 그러나 사실 그는 그들을 결코 기다리지 않았다. 왜냐하면 정말로 내가 용서한 것은—내가 어떤 사람을 용서했다면(비교. 5절—바울로는 공격이 자신에 대한 것이 아니라 교회에 대한 것임을 암시한다)— 여러분을 위하여(즉 여러분의 선을 위하여) 그리스도 앞에서 용서한 것입니다(이 동사는 그리이스어 본문에는 없지만 반드시 보충해 넣어야 한다). 말하자면 바울로가 용서를 한 것은 첫째, 어색한 상황을 타개하고 적들과 화해함으로써 자신이 편해지기 위해서가 아니라 고린토교회를 세우기 위해서였으며(비교. 10,8 ; 13,10), 둘째, 무책임해서가 아니라 그리스도가 있는 앞에서(ἐν προσώπῳ에 대해서는 잠언 8,30과 비교. 4장 6절에서의 의미는 다르다), 그리고 그의 심판 아래서(그리스도를 증인으로 세운다—Windisch) 취한 행동이었다.

[11] 바울로는 다시 그가 용서할 것을 주장하는 이유들에 대해서 말하며(비교. 7절) 그 이유들을 발전시킨다: 그것은 우리가(아마도 바울로—휴즈는 바울로로 본다. 그러나 바울로

와 교회를 함께 가리킬 가능성이 더 크다) 사탄에게(로마 16, 20 ; 고전 5, 5 ; 7, 5와 주석들 ; 고후 11, 14 ; 12, 7. 바울로는 데살로니카전서 2장 18절과 데살로니카후서 2장 9절에서도 이 말을 사용한다) "속아 넘어가지 않게"(πλεονεκτεῖν. 같은 어원의 명사에 대해서는 로마 1, 29 ; 고전 5, 10—11 ; 6, 10과 주석을 참조하라) 하기 위한 것입니다. 사탄의 목적은 그리스도교 신자를 잡아서 자신의 것으로 만들려는 것이다. 만일 공격했던 사람이 너무 심한 슬픔에 빠져서 낙담해 있다면 사탄은 자신의 목적을 달성할 수 있다. 그리고 바울로와 고린토 사람들이 용서하지 않을 경우에도 마찬가지이다. 그러나 사탄은 결코 그렇게 하지 못할 것이다. 왜냐하면 우리가 사탄의 책략을 모르는 것이 아니기 때문입니다. 사탄이 무슨 일을 하려 하고 있으며, 그의 목적을 달성하기 위해서 어떤 계획을 세우고 있는지를 알고, 따라서 사탄이 이런 일을 이루지 못하도록 막는 것은 바울로의 사도로서의 직무였다(비교. Allo). 그러나 여기서 우리는 순전히 사도만을 가리키는 '우리'는 아니다. 모든 그리스도교인들이 어느 정도 사탄에 관한 것을 알고 있다.

이 귀절이 지니고 있는 중요한 역사적 주제들 중에서 몇 가지는 7장을 주석할 때 다시 다룰 것이다(참조. 이 책 272면 이하 ; 이 책 서론 29—30면). 지금으로서는 다음과 같은 사실들에 주목하는 것이 중요하다. 첫째, 바울로의 적대자가 (바울로처럼) 아마도 고린토를 방문한 사람이었고 둘째, 바울로는 고린토교회가 근본적으로 자기 편이라고 알고 있으며 세째, 그는 어떤 행동을 취해야 할지를 명령하는 데 있어서 자신의 사도적 권위를 내세우기보다는 고린토 사람들 스스로 행동을 하도록 자신은 고린토를 떠났으며, 후에 그들이 어떻게 했는지 소식을 듣고나서 그들에게 충고하는 것으로 만족했다. "열쇠를 쥐고 있는 것은 교회다"(Ecclesia gerit claves: : Bengel의 6절 해설).

〔12—13〕 다음의 두 귀절들은 바울로가 자신의 여행 계획을 바꾼 데 대해 설명한 내용의 일부이므로 이 단락에 포함된다. 이것은 그리이스어 본문에는 드로아에 관사가 있다는 사실에 의해서도 확증된다. 비록 1장 23절에서 언급하지는 않았지만 아마도 드로아(Troas)를 염두에 두고 있기 때문일 것이다(*B.D.* § 261. 1 ; 바울로가 "드로앗 Troad"을 뜻했다고 보는 것보다 이렇게 보는 것이 더 낫다). 그러나 내가 그리스도의 복음을 선포"하려고"(εἰς : 직역하면 "~위하여." 바울로의 목적은 고린토로부터의 소식을 들으려는 데 있는 것이 아니라 설교하는 데 있었음에 주목하라) 드로아에 갔을 때 주 안에서(복음을

전도하는 일에서 바울로가 성공한 것은 주님의 덕택이었다—Schlatter) 내게 문이 열려 있었지만(완료시제. 이 은유에 대해서는 고전 16, 9 참조. 거기서는 복음 전도의 기회가 있었다) 나는 마음이 놓이지(즉 스스로 안도하지) 않았읍니다(1장 9절의 "우리는 ~을 각오했읍니다"와 같은 시제이다. Robertson, 900—1의 긴 해설을 참조하라. 아마도 바울로는 디도가 도착하기까지 계속 자신이 불안해 했다는 사실을 강조하려고 했을 것이다. 그러나 Moule, *Idiom*, 14 참조—"각오했읍니다"는 단순과거형 "갔읍니다"와 병행을 이룬다). 바울로가 spirit("영")를 이렇게 (마음으로) 사용한 것은 드물다(그러나 참조. Bultmann. *E.&.F.*, 154). flesh("육")라는 말을 분명히 이와 같은 의미로 쓰고 있는 7장 5절과 비교하라. 그리고 spirit("영")와 flesh("육")가 나란히 함께 사용된 7장 1절을 참조하라. 바울로는 계속해서 그의 불안의 원인에 대해서 이야기한다(바울로 자신이 부정사의 주어이기는 하지만 놀랍게도 그는 대격과 부정사 구문을 사용한다) : **내 형제 디도를 만나지 못했기 때문입니다** ("형제"라는 말의 그리스도교적 용법에 대해서는 1장 1절과 해당 주석을 보라. 디도에 대해서는 "Titus"를 참조하라).

아마도 바울로가 고린토를 방문하지 않았을 때 디도는 고린토를 방문해서 바울로가 많은 눈물을 흘리며 쓴 편지(4절)를 전해주었을 것이다. 추측컨대 바울로는 에페소로 돌아갔으며 (두번째 고린토 방문을 하지 않고) 다시 그 곳을 떠났다. 자신이 고린토로 가는 길인지의 여부에 대해서 바울로는 말하지 않는다. 확실히 (바울로가 드디어 디도를 만난 후에 쓴 : 7, 6) 그 편지는 그가 거기에 도착하기 전에 씌어졌다. 그가 디도에게서 고린토로부터의 소식을 듣기를 갈망하지 않았다고 추측하는 것은 매우 부자연스러울 것이다. 그러나 바울로는 항시 긴장해 있었지 특별히 이 때만 더 긴장해 있었던 것은 아니다(비교. 7, 5 : 안에는, 아마도 고린토와 관련되었을 두려움이 있었고, 밖에는 싸움이 있었다. 그런데 이 싸움은 고린토의 적대자들에 반대하는 싸움은 아니었을 것이다). 그리고 바울로는 자신이 긴장한 것은, 헌금 일에 종사하고 있고 강도들의 위협 가운데 처하게 될지도 모르는 (비교. "Titus", 9—10, 13) 디도가 도착하지 않았기 때문이라고 분명히 말한다. '교회에 대한 걱정이 그를 몰고 갔다'는 벤드란트의 주장은 입증될 수 없다. 바울로가 직면했던 고린토의 문제는 이 단계에서 종종 지나치게 과장되었다. 그는 고린토에서 다른 여행 설교자(11장 13절을 고려한다면 아마도 거짓 사도라고 말할 수 있을 것이다)로부터 공격을 받았던 것으로 보인다(비교. "The Injury," 155). 그는 더 이상의 문제를 일으키지 않기 위해서 두번째 고린토 방문을 취소했다(이렇게 하려는 생각은 좀 때늦은 생각이었다). 그리고 그는 교회가 여전히 충성스러우리라고 믿으면서, 혹은 적어도 기대하면서 교회의 태도를 시험하기 위해 편지를 썼다. 디도가 (아마도 편지를 가지고) 헌금 사업을 위해 고린토로 떠날 때 바울로는 이례적으로 고린토 사람들은 아주 좋은 사람들이라고 그에게 말한다(7, 14). 그리고 고린토 사람들은 그를 실망시키지 않았다. 적어도 실망시키지 않았던 것으로 보였다. 그러므로 거짓 사도들에게 고린토 사람들이 미혹되었다는 사실이 분명해졌을 때(예. 11, 4·20) 바울로의 충격은 훨씬 더 컸다.

지금 디도는 나타나지 않고 있다. 그래서 그는 불안 가운데 있었으므로 그 기회를 충분히 활용하지 못하고(그리이스어 ἀλλά의 의미를 표현하기 위한 보충어), 그들을(즉 드로아의 그리스도교인들—지금, 그리고 사도행전 16장 8절에서는 바울로는 어느 정도 자신의 기회를 활용했다) 작별하고 마케도니아로 갔읍니다. 그가 마케도니아로 간 것은 현명하지 못한 행동이었을 수 있다. 바울로는 드로아에서 배를 타고 에게해를 곧바로 건너 네아폴리스, 암피폴리스, 혹은 데살로니카를 거쳐서 아니면 보다 먼 육로를 택해서 바다의 북쪽 끝을 돌아 마케도니아로 갈 수 있었을 것이다. 그가 어떻게 이 길에서 디도를 만나리라고 확신할 수 있었겠는가? 디도와는 아마도 미리 약조가 되어 있었을 것이다. 그러나 실제로 그들이 약조를 했는지, 그리고 바울로가 어느 길을 택했는지가 우리에게는 알려져 있지 않다. "Titus"를 보라. Knox, *P.G.*, 144에는 다음과 같이 기술되어 있다. '바울로는 디도가 마지막 배를 놓쳤다는 사실을 알게 되었을 때…드로아를 떠났음에 틀림없다. 그리고 그는 마케도니아를 거쳐서 가야 했을 것이다.' 이 사실에서 우리는 이 사건이 가을에 일어났음을 알 수 있다.

Ⅱ. 선교와 목회 활동의 목적
2장 14절—7장 4절

5. 그리스도교 선교와 하느님의 도움
2장 14절—3장 3절

**2,4 그러나 그리스도 안에서 언제나 우리를 승리의 행진에 인도하시며,
어디서나 우리를 통하여 자신을 아는 지식을 마치 향기처럼 나타내게 하시
는 하느님께 감사합니다. 15 우리는 구원을 얻는 사람들에게나 멸망을 당하
는 사람들에게나 하느님 앞에서 그리스도로부터 나는 희생의 향긋한 냄새입
니다. 16 멸망하는 사람에게는 죽음에 이르게 하는 죽음으로부터 나온[1] 냄
새가 되고, 구원을 얻는 사람에게는 생명에 이르게 하는 생명으로부터 나온
향기가 됩니다. 이런 일을 누가 감당할 수 있겠읍니까? 17 우리는 다른 많
은 사람처럼[2] 하느님의 말씀에 물을 타는 사람이 아닙니다. 우리는 하느님
스스로 보내신 사람으로서 진실을 가지고 하느님 앞에서와 그리스도 안에서
말하는 것입니다. 3,1 그러면 우리가 새삼스럽게 자신을 추천하려고 하는
것입니까? 아니면 (어떤 사람들처럼) 여러분에게 보내는 추천장이나 여러
분으로부터의 추천장을 필요로 하겠읍니까. 2 우리의 추천장은 바로 여러분
자신들입니다. 그것은 여러분[3] 마음들에 씌어져 있으며, 모든 사람에게 알**

---

1) "~로부터 나온"은 전치사 *ἐκ*를 번역한 것인데 이것은 D G와 대다수의 사본들에서 생략되었다. 전치사가 없는 본문은 훨씬 간단하다: '죽음(생명)의 냄새는 죽음(생명)으로 인도합니다.' 보다 긴 독법은 해석상(주석 참조) 난점이 있기는 하지만 바울로적이며(참조. 3,18) 그것이 채택되어야 한다.

2) "많은 사람들"(*οἱ πολλοί*; 주석 참조) 대신에 여러 사본들(P^{46} D G도 포함)과 마르씨온에는 "나머지 사람들"(*οἱ λοιποί*)로 되어 있다. 의미상으로는 별 차이가 없다. 이 독법은 채택한다 해도 "많은 사람들"이라고 했을 때의 심한 비난의 의미가 거의 약화되지 않는다.

3) "여러분의"는(ℵ 33에 의해서) 잘 입증되지 않는다. "우리의"(많은 권

려지고 또 읽혀지는 추천장입니다. 3 왜냐하면 여러분은 우리를 통하여 전달되는 그리스도의 편지임이 드러났기 때문입니다. 이 편지는 잉크로 쓴 것이 아니라 살아계신 하느님의 영으로 쓴 것이요, 돌비에 쓴 것이 아니라 인간의 마음비에[4] 새겨진 것입니다.

이 서신은 우리가 사본들에서 읽을 수 있듯이 여기서 극적 전환을 이루고 있음에 틀림없다. 바울로가 근심에 차서 디도를 기다렸다는 이야기는 갑자기 중단되고, 2장 12—13절과 비슷한 언어로 7장 5절에서 다시 그 이야기가 시작될 때까지는 우리는 거기에 대해 더 들을 수 없다. 이처럼 극적인 전환을 이루고 있다는 사실은, 2장 14절—7장 4절(아니면 보다 엄밀하게 말하자면 2, 14—6, 13 ; 7, 2—4. 왜냐하면 2장 14절—7장 4절이 삽입문이라고 주장하는 사람들은 대부분 6장 14절—7장 1절이 삽입문 내에 들어있는 또 하나의 삽입문이라고 생각하기 때문이다)이 아마도 많은 눈물을 흘리며 쓴 '준엄한' 편지의 일부인 10—13장과 함께 1장 1절—2장 13절, 7장 4절—9장 13절의 편지와는 다른 편지의 단편으로 보게 한다(참조. 이 책 서론 34—35면). 서로 다른 편지의 단편들이 하나의 단일한 문서로 결합되어서는 안 된다는 원칙적인 이유는 없다. 비록 왜 혹은 어떻게 그렇게 결합되었는지를 아는 것도 결코 쉬운 일은 아니지만 말이다. 이 문제에 대한 가설들이 타당한지 타당하지 못한지는 이 전환을 이해할 수 있는가 없는가에 의해서, 그리고 이 귀절의 내용이 어떠한 문맥과 관련해서 볼 때 더 적절한가에 의해서 결정되어야 한다. 그러므로 근본적으로 이 문제는 주석상의 문제이다. 그리고 서론에서 이미 여러 논증들을 개괄하기는 했지만 이 문제는 주석에서 더욱 상세하게 다룰 것이다.

바울로가 왜 드로아의 상황에 대한 서술을 그만두고(2, 12—13) 갑자기 자신도 함께 참여하는 그리스도의 승리의 행진에 대해서 말하는

위있는 사본들이 이 독법을 채택했다)는 아마도 7장 3절에 동화된 것이리라. "여러분의"는 고린토인들 자신이 —비록 그들이 원하는 바는 아니지만— 바울로의 추천장이라는 여기서 요구되는 의미를 제공하며, 동시에 논증의 다음 단계로 인도한다(이에 대해서는 주석 참조). Bultmann, *Theol.*, 218(영어번역판, i. 222)을 참조하라.

4) 여기서는 본문상 혼동이 일어나고 있다. 어떤 학자들(예. *M.* iii. 214)은 *καρδίαις*보다 *καρδίας*를 채택하며, 또 어떤 학자들은 단지 추측을 할 뿐이다(예. Bultmann, *Theol.*, 218 : 영어번역판 i. 222). 본문의 서투른 그리이스어는 아마도 구약성서를 암시하기 위한 것이리라. 해당 주석을 참조하라.

가 하는 것이 가장 중요한 문제일 것이다. 편집자가 여기서 두 개의 문서를 서로 결합시키고 있다고 가정하는 것은 매우 타당하다. 그러나 반드시 그랬다고 볼 수는 없다. 디도에 대한 언급은 바울로가 이 편지를 썼을 때와 또 편지를 보낸 후에도 계속되었던 의심과 불확실성, 불안감을 강조한다(참조. 7,8). 그러나 이미 앞 단락에서부터 바울로가 이제 (아마도 너무 일찍) 느끼게 된 안도감이 나타나 있으며, 거기서 이미 바울로는 용서와 사랑에 대해서, 그리고 고린토 교회 전체에 대한 자신의 확신에 대해서 이야기하고 있다. (적어도 몇몇 학자들에게 있어서) 이 이야기가 바울로가 행복해 한 이유인 디도의 귀환에 대한 설명으로 끝나는 것은 매우 자연스러웠다. 그러나 바울로가 (디도가 바울로에게 어떤 소식을 전했는지를 고린토인들이 알고 있으므로 이미 고린토인들이 당연히 알고 있는) 중간 단계들을 거치지 않은 채 결론으로 비약했을 수도 있으며, 자신과 그의 개종자들 사이에 수립된 새로운 관계들의 토대를 신학적으로 표현하기 시작했을 수도 있다("잘 알려진 본문 이탈"—Bengel). 갑자기 찬양문(빈디쉬에 따르면 찬송)이 쏟아져나오는 것은 (2장 14절—7장 4절을 포함하는) '준엄한 편지'와는 전혀 어울리지 않는다는 점을 주목해야 한다. 알로는 바울로가 마케도니아(그리고 마케도니아의 신실한 그리스도교인들)에 대해서 언급하다가 흥분해서 갑자기 찬양문을 쓰게 되었으리라고 생각한다. 헤링은 2장 13—14절이 본래는 7장 5절 바로 앞에 있었는데 현재의 위치로 잘못 배열되었다고 주장한다. 그는 2장 11절과 2장 14절이 잘 연결된다고 지적한다.

[2, 14] "그러나"(불변화사 δέ의 반의어적인 의미를 아마도 강조할 수 있을 것이다 : 비교. Hughes & T.W. Manson, *Studia Paulina*, 161) 모든 두려움과 걱정, 문제들, 그리고 좌절에도 불구하고 그리스도 안에서 언제나 우리를 승리의 행진에 인도하시는 하느님께 감사합니다. 의미는 분명하지 않다. 바울로가 쓴 동사는("승리로 인도하다" θριαμβεύειν. Georgi, *Gegner*, 225는 바울로가 아마도 그의 적대자로부터 이 말을 빌어왔을 것이라고 한다) 라틴어 triumphus에서 나온 말이며, "승리를 축하하다"를 의미한다. 이 말은 직접목적어와 함께 사용되었을 때에는 '~에게 승리하다' (골로 2,15에서 이러한 의미로 쓰였다), (전쟁의 포로인 ~를 끌고) '승리의 행진을 하다', 따라서 '~를 수치스럽고 망신스럽게 하다'를 의미한다. 몇몇 번역자들이 주장하듯이 이 말이 '승리를 거두게 하다'를 의미한다고 볼 수는 없다.

이러한 의미들 중 어떤 것도 여기서 꼭 들어맞는 것은 없다. 바울로는 자신이 그리스도의 노예(예. 로마 1, 1), 혹은 실제로 전쟁 포로와 같은 사람이라고 생각한다(로마 16, 7 ; 골로 4, 10 ; 필레 23절). 그러나 그는 이 귀절에서 자신과 동료들이 하느님과 협력하는 것으로 기술하며, 하느님의 도움으로 수치를 당하지 않는다고 기술한다. 내세울 만한 사전적인 증거들이 부족하기는 하지만 *L.S.*와 알로, 그리고 컴멜을 따라서 다음과 같이 이해하는 것이 좋다. 바울로는 승승장구하는 장군의 한 병사로서 장군의 승리의 영광에 자신도 참여하는 것으로 스스로를 서술하고 있다는 것이다. 그러나 여기에는 하나의 역설이 있다. 즉 바울로는 자신이 잘못된 편에서 싸웠다는 것, 그런데 승리의 행진에 참가하게 된 것은 은혜로 말미암아 자신이 수고를 쏟는 방향이 정반대로 바뀌었기 때문이라는 것을 결코 잊지 않았다(고전 15, 9 ; 갈라 1, 13-23). "나는 하느님의 은혜로 지금의 내가 되었읍니다. 내게 베푸신 하느님의 은혜는 헛되지 않았읍니다. 오히려 나는 어느 사도들보다 더 많이 수고했읍니다. 그러나 이것은 내가 한 것이 아니라 나와 함께 하신 하느님의 은혜로 한 것입니다"(고전 15, 10).

사상이랄까 심상이 갑자기 바뀐다. 우리를 자신의 승리의 행진으로 인도하는 하느님이 우리를 통하여 어디서나 자신을 아는 지식을 마치 향기처럼(직역하면 '자신을 아는 지식의 향기를, 다시 말해 자신을 앎으로써 나는 향기를.' 그러나 영어의 관용구로는 이것을 거의 표현할 수 없다. 이러한 비유에 대해서는 Betz, *Lukian*, 41 참조) 나타내신다(이 말은 후각이 아니라 시각에 의해 인지되는 사물을 나타낸다). 이처럼 새로운 비유를 구사한 데 대한 가장 좋은 설명은 관례적으로 승리의 행진, 혹은 승리에 준하는 행진에서는 왕궁에서 행해질 경우건, 종교적인 행사이건간에 향을 피웠다는 것이다(Windisch & Lietzmann: 참조. Knox, *P.G.*, 129와 중요한 참고문헌들). 구지(Goudge)는 바울로와 같은 유다사람들도 이러한 관습을 행했는지에 대해서 의문을 제기한다. 그러나 위의 설명보다 더 설득력이 있는 설명을 기대하기는 어렵다. 사도의 행진은 세상의 구경거리이다(고전 4, 9). 그러나 이 행진은 그 향기를 통해서 알려진다. 더 상세한 것에 대해서는 이 책 139—141면을 참조하라. 사실 바울로와 그의 동료들이 퍼뜨린 것은 하느님을 아는 지식이었다. 고린토후서에서 지식(γνῶσις)이라는 말이 나오는 매 귀절들마다(2, 14 ; 4, 6 ; 6, 6 ; 8, 7 ; 10, 5 ; 11, 6) 그것은 좋은 의미로 사용되었고, 애초에 그 말이 지니고 있던 나쁜 의미(참조. 『고린토전서』

56 • 177—178 • 225—227면)는 사라졌다. 이것은 고린토의 상황과 문제들이 그동안 변했음을 알려준다. 이제 바울로는 그리스도의 인격 안에서 하느님의 계시에 대해 말한다. 하느님은 십자가에 못박힌 그리스도 안에서(참조. 고전 1, 18•23—24 ; 2, 2) 자신을 알리셨으며, 십자가에 못박힌 자가 동시에 부활하고 올리운 자라는 사실은 하느님의 존재의 역설적인 성격을 나타낸다. 어디서나 계시는 표명되었다. 같은 말(ἐν παντὶ τόπῳ)이 고린토전서 1장 2절에도 나온다(주석 참조). 그러나 여기서 같은 의미를 부여할 수는 없다. 이 말은 앞 귀절의 언제나에 상응한다. 하느님은 항상, 어디서나 사도의 선교에서 활동하신다. 이러한 제안은 보다 상세한 설명이 필요하다.

[15] 하느님을 아는 지식은 그리스도 안에서(비교. 4, 6) 나타났지만 우리를 통해서 나타났다. 왜냐하면 우리는 하느님 앞에서 그리스도로부터 나는 희생의 향긋한 냄새이기 때문입니다. 14절에서 암시되었던 향에 대한 표상은 이제 바울로가 향기(odour)대신 새로운 말을 사용함으로써 발전되었다. 여기서 그 말은 '희생의 향긋한 냄새'(sweet savour of sacrifice)로 번역되었다. 이 말은 대체로 구약성서에서 희생을 기술할 때 사용되었다(창세 8, 21 ; 출애 29, 18 ; 레위 1, 9 ; 민수 15, 3 ; 에제 6, 13 ; 다니 4, 34. 벤드란트는 집회서 24장 15절, 39장 14절의 '지혜의 향기'를 지적한다 : 비교. 제2바룩서 67, 6). 그리고 신약성서에서도 은유적으로 사용되었다(에페 5, 2 ; 필립 4, 18). 이 말의 의미는 여기서 희생 외의 다른 것일 리가 없다. 그리고 이러한 이유에서 희생이라는 말을 번역상 집어넣었다. 바울로의 그리이스어 본문은 단수 속격(*Χριστοῦ* "그리스도의")과 여격(*τῷ θεῷ* "하느님께")을 모두 포함한다. 그리고 사람들은 바울로가 뜻했던 바를 "사도들은 하느님 앞에서 그리스도의 희생으로부터 나온 연기이며, 그 연기는 십자가에서 전해진 하느님을 아는 지식에까지 이르게 되자 세상에 퍼졌다"라고 이해함으로써 그 표상을 완성시킬 수밖에 없었던 것 같다. (라삐 문헌들과 약간의 유사성이 있는—*S.B.* iii, 497) 이 희생의 상은 바울로의 시대에는 우리 시대에서보다 폭력적인 의미가 훨씬 적었던 것으로 보인다.[5] 그리고 (슐라터와 같이) 바울로가 자신과 또 다른 사람들

---

5) (틀림없이 일깨우고 자극하기 위한 말인) E.C. Hoskyns의 말 한 가지를 떠올릴 수 있을 것이다 : "……신학생들로 하여금 구약성서의 '희생제사'라는 말의 의미를 이해할 수 있게 하기 위해 1년에 한 번씩 무더운 여름날에 희생제사를 지낼 수 없다는 것은 유감스럽기까지 하다"(*Cambridge*

을 하나의 희생제물로 말하는 로마서 12장 1절, 15장 16절, 필립비서 2장 17절과 비교할 수도 있다. 이 말의 의미는 내용상 매우 분명하다. 첫째, 복음을 설교하는 것은 복음 자체에 속한다(비교. *Romans*, 28). 십자가 처형과 예수의 부활에서 시작되는 행진은 그에 대한 사도의 증거로 계속된다. 둘째, 십자가에 달리고 부활한 예수에게서 보는 것과 바울로가 본 것은 원칙상 동일한데 그것은 바울로가 항상 자신의 몸에 예수의 죽음을 지니고 다니기 때문이며, 예수의 생명도 역시 그 안에서 나타나기 때문이다(4,10). 바울로는 예수가 죽으신 모양대로 되었다(필립 3,10 ; 참조. *Signs*, 80—1). 바울로가 살았던 고난과 하느님께 헌신하는 삶은 (예수의 생명을 이차적으로 연속시킴으로써) 하느님의 본성과 목적을 드러낸다. 바울로의 선교가 이루어지는 곳에서는 그리스도의 희생의 연기가 피어오른다. 그것은 하느님에게까지 이르며, 하느님을 매우 기쁘게 한다. 그리고 동시에 사람들에게 진리를 전한다. 여기서도 바울로는 대부분의 경우들에서와 마찬가지로(참조. Käsemann, *Freiheit*, 201 : 영어번역판, 112) 제의적인 언어를 삶과 설교에 적용시킨다. 사제들, 희생제사, 향기, 이런 말들은 통례적인 제의적 의미로는 그에게 거의 관심거리가 되지 못했거나 아니면 전혀 관심 밖이었을 것이다(참조. 이 책 서론 27면).

하느님을 아는 지식이 나타났다는 것은 만인이 당장 그러한 지식을 받고, 하느님을 알게 되며, 따라서 생명과 구원을 얻게 됨을 뜻하지는 않는다. 하느님을 아는 지식은 구원을 얻는 사람들에게나 멸망을 당하는 사람들에게나 모두 나타났다. 여기 나오는 단어들은 고린토전서 1장 18절의 단어를 반복하고 있다. '두 집단들은 모두 현재분사로 기술되었다. 그리고 후자는 완료화시키는 전치사가 붙은 복합동사(ἀπολλυμένοις: "멸망을 당하는 사람들에게" : 참조. *M.* i. 114—5)로부터 나온 말이지만 전자건 후자건 완성된 것으로 생각할 수는 없다. 그러나 웜멜이 (필립 1,28와 로마 8,24를 비교하면서) 지적하듯이 두 말들이, 그리고 두 집단 사이의 구별이 종말론적인 것[6]임은 분명하다. 멸망과 구원(비교. 로마 1,16•18)은 마지막 날(비교. 로마 9,22 ; 13,11)에 완성된다' (『고린토전서』, 73면). 현재의 귀절은 단순히 두 집단이 존재한다는 사실과 그 둘 사이의 차이를 관찰하고 있을 뿐이며, 그러한 관찰은 바울로의 선교 경험에 기초하고 있다. 똑같은 복음에 대한 똑같은 설교를 어떤

Sermons [1938], xxiii).

6) Wilckens, *Weisheit*, 22—3과도 비교하라.

사람들은 받아들이게 되고, 어떤 사람들은 조롱하며 비웃는다(비교. 사도 17,32 이하). 그러나 바울로와 같은 신학자가 자신의 글에 선택한 언어들을 보면, 그러한 관찰이 단순히 경험적인 것만은 아님을 알 수 있다. 구원하는 자도 하느님이고 멸망시키는 자도 하느님이다. 즉 구원하고 멸망시키는 것이 그의 의지와 독립해서 일어날 수는 없다. 그러나 바울로는 다음 귀절에 가서야 이러한 사실을 표현하고 있다. 그리고 거기서도 그는 이 사실을 거의 설명하지 않고 자신의 은유를 확대시키는 것으로 만족하고 있다.

[16] **멸망하는 사람에게는 그것은 죽음에 이르게 하는 죽음으로부터 나온**(본문에 대해서는 이 책 135면 주 1 참조) **냄새** (바울로는 14절에서 썼던 단어를 다시 쓴다 : ὀσμή)**가 되고 구원을 얻는 사람에게는 생명에 이르게 하는 생명으로부터 나온**(본문에 대해서는 이 책 135면 주 1 참조) **향기가 됩니다.** 똑같은 한 가지 향기가, 똑같이 설교된 메시지가 두 가지 냄새로 화한다. 죽음의 악취는 질병을 낳고, 죽음을 부른다. 그러나 생명의 숨은 창조하며 소생시킨다. "∼로부터 나온"은 전치사 "∼로부터"(ἐκ)를 번역한 것인데 슐라터가 말하듯이 여기서 이 말은 원인적인 의미를 지니고 있다. 바울로가 이해하듯이 복음은 그것 자체가 역설적으로 생명의 장이자 원천인 죽음의 장으로부터 나온다. 구원을 얻는 사람과 멸망하는 사람 사이의 구별을 전자는 예수의 부활을 승인하고, 후자는 예수의 부활을 승인하지 않는다는 식으로 말하는 것은 문제를 지나치게 단순화시키는 것이 된다. 오히려 그것은 보다 복잡한 구별을 위한 정당한 암시점을 제공해줄 것이다. 만일 예수를 죽은 유다인에 불과하다고 생각한다면 그에 관한 메시지 자체도 거부될 것이고, 따라서 그 메시지를 거부하는 사람들은 그들이 예수가 죽었다고 생각하듯이 그들 자신들도 죽음에 이르게 된다. 그러나 만일 그가 '그리스도 예수' —죽은 아니 그보다는 부활한 분, 하느님 우편에 있는 분, 실제로 우리를 위하여 대신 간구해 주는 분(로마 8, 34)—임을 깨닫는다면 그는 생명의 원천이 된다. 어떤 청중에게 있어서 동일한 한 사람이 죽은 예수냐 아니면 살아 있는 예수냐 하는 문제는 심오한 예정의 신비이다. 왜냐하면 이 문제는 하느님의 앎과 의도를 떠나서는 생각할 수 없기 때문이다(*Romans*, 170—1, 220—1, 227). 바울로는 이 주께로 다시 돌아갈 것이다(예. 3,16—17).

유다인으로서 바울로는 치유할 수도 있으면서, 동시에 해가 될 수도 있는 메시지에 대한 개념에 익숙해 있었다. 여러 문헌들에서 토라를 그와 같이 묘사하고 있다. 세부적인 것들에 대해서는 T.W. Manson, *Studia Paulina*, 155—62를 참조하라. 예를 들어 *Deuteronomy Robbah* 1장 6절에서는(맨손은 1장 6절이라고 한다. 그러나 이것은 1장 5절에도 나온다) 신명기의 맨 첫부분에 나오는 말을 가지고("이것은～한 말들이다" 'elleh ha-d^ebarim) 언어유희를 한다 : '꿀벌(d^eborah)이 자신의 주인을 위해서는 꿀을 간직하고 다른 자들을 위해서는 침을 간직하듯이 토라의 말들은 이스라엘에게는 생명의 약(sam ḥayyim)이고, 세상 민족들에게는 죽게 하는 독약(sam ha-maweth)이다' (Manson의 번역). 히브리어 단어 sam은 영어의 drug(약, 혹은 마약)가 지닌 모호함을 지니고 있다. 다른 곳에서(맨손은 안식일 규례 88b, *Yoma* 72b, *Taanith* 7a를 인용한다. *S.B.* iii, 498—9에는 다른 귀절들도 실려있다. 단지 *Taanith* 만을 인용하는 슐라터에게서도 비슷한 논증을 발견할 수 있다)는 토라가 생명을 주는 사람과 죽음을 불러일으키는 사람 사이의 구별이 (위의 *Deuteronomy Rabbah*에서 그랬듯이) 민족적인 토대 위에서 이루어지지 않고, 개인적인 이유들에 근거해서 이루어진다. 즉 개인은 자신을 위해서 토라를 복종하는 마음으로 받아들이고 연구해야 한다는 것이다. 어떠한 귀절에서건 토라의 상반된 이중 효과는 바울로가 복음에 대해서 말하는 것과 중요한 병행을 이룬다. 맨손은 보다 더 진전시켜서 sam이 '향수', 혹은 '향료'를 의미하기도 한다는 사실을 관찰하고, 그것을 내용적인 면에서뿐만 아니라 구상적인 면에서도 고린토후서의 이 귀절과 관련시킨다(비교. Stumpff, *T.W.N.T.* ii. 809—10). 컵펠은 sam이 향기가 아니라 약을 뜻한다는 근거에서 위의 주장을 반박한다. 이것은 컵펠이 두드러지게 언급하는 *Yoma* 72b와 일반적으로 성서 이후의 히브리어에 대해서도 타당하다. 그러나 구약성서에서 이 말은 기름부을 때의 기름(예. 출애 25, 6)과 향(예. 출애 30, 7)에 대해서 사용되었으며, 아마도 이것이 바울로로 하여금 이렇게 관련시키도록 했을 것이다. 그리이스어 병행구들도 역시 인용할 수 있다. 빈디쉬는 다음의 귀절들을 인용한다 : Aristotle, *De Mirab. Auscult.* 147(845b) ; Aelian, *Hist, Animal.* Ⅲ 7.

바울로가 구사한 은유의 기원을 찾는 일은 흥미있기는 하지만 그가 말하고 있는, 두려움에 떨게 만드는 진리와 비교해볼 때 그다지 중요하지는 않다. 그는 복음을 설교함으로써 어떤 사람들을 생명에로 인도하고 동시에 다른 사람들에게는 죽음을 선언한다. 그가 이어서 이런 일을(즉 기술된 바와 같은 책임들을 짊어지고, 수행하는 일) 누가 감당할"(ἱκανός) 수 있겠읍니까?라고 묻는 것도 별로 놀랄 만한 일이 못 된다. 이 질문은 문맥상 자연스럽게 나온다. 그러나 '감당할 만하다'—사도직을 감당할 만한 능력—라는 개념은 고린토후서에서 특징적이다. 이 형용사(ἱκανός)는 이곳과 3장 5절에 나온다. 명사 ἱκανότης는 3장 5절에, 동사 ἱκανοῦν은 3장 6절에 나온다. 바울로의 다른 서신들 중에 나오는 유일하게 비교할 만한 귀절은 고린토전서 15장 9절이다. 죠지(Gegner, 220—5)는 빈디쉬와 마찬가지로 이 이행이 갑작스럽다고 생각하며, 바울로가 이러한 질문을 하고 나서 곧 이어 17절에서 자신을 다른 사람들과 비교한다고 지적하는데, 그는 바울로의 적대자들이 '우리는 충분하다'(감당할 만하다)고 말했음에 틀림없다고 결론짓는다. '이런 자신에 찬 단언에 대해서 바울로는 비판적인 질문을 던진다……아마도 적대자들은 매우 자신있게 자신들의 충분함(부요함, 감당할 만함)에 대해서 말했고, 이것을 하느님과의 직접적인 관계로 인한 것이라고 말했을 것이다'(224). 이러한 관찰은 바울로의 적대자들이 '신적인 인간'(θεῖοι ἄνδρες; 참조. 이 책 서론 55면과 "Paul's Opponents", 234)으로 간주되었다는 죠지의 논증의 일부를 이룬다. 이러한 주장들은 어느 정도 정당화될 수는 있지만 제한을 받아야 한다. 우리가 본 바와 같이 16절a는 16절b의 질문을 쉽게 이해할 수 있도록 해준다. 바울로의 적대자들이 자신들의 부요함에 대해서 자랑했다는 사실(이것은 의심의 여지없이 타당하다)은 그들이 스스로를 '신적인 인간'으로 규정했다거나 혹은 다른 사람들이 그들을 '신적인 인간'으로 규정했음을 입증해주지 않는다. 그러나 죠지가 그들에 대한 바울로의 반응을 분석한 것은 훌륭하며, 또 '이 일을 누가 감당할 수 있겠읍니까?'라는 질문이 '아무도—나도 물론—감당할 수 없다'는 대답을 내포하고 있다고 본 것도 옳다.

[17] 이 사실은 17절의 서두를 잘 이해할 수 있게 해준다. 나는 나 자신이 감당할 수 있다고 주장하지 않습니다. **우리는 다른 많은 사람처럼 하느님의 말씀에 물을 타는 사람이 아닙니다.** 모든 것을 자신의 힘으로 해낼 수 있다고 자만할 수 있는 사람은 오직 하느님의 말씀에 "물을 타는" 사람들뿐이다. "물을 타다"(watering down)라는 말을 쓴 것은 바울로가 사용한 동사의 두 가지 측면을 표현하기 위해서였다(καπηλεύειν: 칼빈과 슐라터는 다음에 제시된 두 가지 의미들 중 첫번째 것만을 알고 있다). 바울로가 쓴 동사는 첫째, 하느님의 말씀을 설교함으로써 이익을 얻게 되는 행동과 둘째, 하느님

의 말씀의 질을 떨어뜨리는 것을 나타낸다. καπηλεύειν이라는 말은 특별히 포도주 판매에 대해 사용되었는데 (꼭 이에 대해서만 사용된 것은 아니다) '물을 타다'라는 말은 질을 떨어뜨리는 것과 과도한 이익을 취하는 것 모두를 의미했다. 그리고 바울로가 이 말을 사용한 배후에는 오랜 철학적 용법의 전통이 있는데 이 경우 소피스트들은 자신의 지적 상품들을 돈으로 판다고 비난받았다(비교. 예. Plato, *Protagoras* 313 CD; Philostratus, *Life of Appolonius* i. 13). 그리고 여기에 포함되는 것으로 보이는 두 사상들은 Lucian, *Hermotimus*, 59에 모두 나와 있다. 철학자들은 포도주 장사들처럼(κάπηλοι) 많은 사람들이(οἱ πολλοί) 자신들의 생산물을 물과 섞어 그 "질을 떨어뜨리고"(δολώσαντες; 비교. 4, 2), 저울을 속여서(비교. "False Apostles", 384—5) 자신들의 가르침을 판다. Betz, *Lukian*, 114도 참조하라. T.R. Golver (*Paul of Tarsus* [1925], 103)는 Aristotle, *Politics* i. 9, 2(1257B)를 비교한다. i. 9(1257AB 1258A) 전체를 읽는 것이 좋다. 스트라챤(Strachan)은 루시안의 *Peregrinus*, 13과 비교한다. 그러나 그는 문제의 사람들이 돈을 얻으려고 그렇게 애쓰지는 않았으리라고 덧붙인다. '그들은 아마도 다른 사람들의 삶을 지배할 수 있는 능력을 좋아했을 것이다. ……그들은 아마도 자신들의 지적 능력에 대해서 찬양받고자 했을 것이다.' 데이비스(W.D. Davies, 133)는 바울로가 선교를 하면서 장사하는 유다교 상인들의 활동을 암시한 것일 수도 있다고 생각한다.

바울로는 설교자 중 많은 사람들(οἱ πολλοί—'권위있는 사도들의 적은 수와 비교할 때 많은'이라고 이 말을 설명하는 것은 만족할 만하지 못하다' : Hughes. 본문에 대해서는 이 책 135면 주 2 참조)이 이런 행동을 했다고 말한다. 이처럼 놀라운 고발은 혹독하게 비난하는 단락에서는 나오지 않고, 우연히 다른 설교자들에 대해 언급하는 귀절들에서 나온다. 분명히 바울로는 숫자적으로 정확하게 기술하고 있는 것이 아니며, 특별히 고린토의 상황에 대해서 생각하고 있다. 그러나 고린토를 방문한 설교자들(비교. 11, 4)은 다른 곳들도 역시 방문했을 것이다. (바울로와 모세를 비교하는) 3장 4—18절은 문제의 설교자들이 유다 그리스도교인임을 암시해주지만—이것은 그들이 설교를 한데 대해 보수를 받는다는 사실로도 확인된다—고린토전서 9장 5—14절은 이것이 게바와 같은 유다적 사도들의 관례였음을 말해준다. 그러나 현재의 단락에서 그들이 누구인지를 밝힐 만한 것은 거의 없다. 고린토를 방문하고 바울로에 대해 적대적인 활동을 했던 설교자들이 누구인지에 대해서와, 또 그들이 어떤 활동을 했는지에 대해서는 이 책 55면 이하와 "Paul's Opponents"를 참조하라.

많은 설교자들이 어떻게 행동했건간에 바울로는 그러한 행동들과는 어떠한 관련도 맺지 않으려고 했다. 오히려(ἀλλά) 우리는 하느님이 스스로 보내신 사람으로서 진실을 가지고(비교. 1,2) 하느님 앞에서와 그리스도 안에서(비교. 12,19) 말하는 것입니다. 이 구는 바울로의 설교를 그의 경쟁자들의 설교와 대조하여 기술하고 있다. '능력'의 주제는 여기서 다시 결정적으로 언급된다기 보다는 약간 암시된다(Georgi, *Gegner*, 222은 결정적으로 언급된 것으로 본다). 그러나 3장 5절과 비교하는 것은 옳다. 바울로가 어떠한 '능력'(감당할 만함)도 자신으로부터 나온 것으로 생각할 필요가 없었고, 또 그렇게 하려고 하지도 않았던 것은 그가 하느님이 보낸 사람으로서 말하기 때문이다. 진실함이란 1장 12절이 보여주듯이 하느님의 선물이지만 두드러진 신적 특징은 아니다. 바울로는 결코 '신적 인간'이 아니다. 자신과는 전혀 다른 존재인 하느님이 그의 말에 영감을 준다. 그러나 그는 자신을 신과 동일시하지 않으며, 하느님 앞에서, 하느님이 계시는 가운데, —즉 하느님이 하고 심판하시도록— 행동한다고 고백한다. 무엇보다도 그는 그리스도 안에서, 즉 그리스도교인으로서, 자신에 의해서가 아니라 하느님에 의해서 스스로의 행동을 결정하는 사람으로서 말한다. 자주 나오는 특징적인 이 구문에 대해서는 *Romans*, 127, 236를 참조하라. "그리스도 안에서" 말하는 것은 '영으로' 말하는 것에 해당한다(비교. 고전 12,3)는 빈디쉬의 제안은 매우 개연성이 있기는 하지만 꼭 들어맞는 말은 아니다.

죠지(Georgi)는 바울로가 자신의 설교를 하느님의 계시 행위(Offenbarungsgeschehen) 자체로 말한다는 점에서 그가 2장 14—17절에서 영지주의적, 묵시문학적 모티프들을 사용하고 있다고 생각한다(*Gegner*, 225). 죠지는 영지주의적 모티프들에 대해서 다음과 같이 말한다: (ㄱ) 계시의 보편적 성격(θριαμβεύειν "승리로 인도하다"도 계시 개념으로 이해한다). (ㄴ) 계시의 상징(Kennzeichen), 그리고 "영적인 예배"(λογικὴ λατρεία)의 상징으로서의 향기. (ㄷ) 계시 사건과 선포 사건의 동일시. (ㄹ) 운명으로서의 계시. (ㅁ) 이원론적 모티프들. (ㅂ) 방향을 나타내는 개념(ἐκ—εἰς "~로부터 ~로"). 이것은 결코 믿을 만한 모티프들은 못된다. (ㄱ)과 (ㅂ)항은 분명하지 않다. (ㄴ)는 증거를 필요로 한다. '향기'가 영지주의의 고유하고도 특징적인 은유라는 데 대한 증거를 제시하지 못하고 있다. 그리고 로마서 12장 1—2절은 바울로가 영지주의로 규정될 수 없는 맥락에서 (제의적 언어와 상징들을 바꾸어서 사용하기도 했으며) 비제의적인 예배 개념을 발전시킬 수 있었음을 보여준다. (ㄷ)과 (ㄹ), (ㅁ)항에서는 영지주의와 병행하는 것들을 볼 수 있다. 그러나 그 자체는 바울로에게 영향을 준 영지주의적 모티프들이라고 쉽게 생각해버리기에는 지극히 바울로적이다. 바울로가 부분적으로 영지주의적 환경에서 살았고 사고했다는 것은 옳다. 그리고 그러한 사실은 이 단락에서도 반영된다. 그러나 영지주의적 요소는 다른 많은 단락들에서도 똑같은 정도로 나타나므로 이러한 고찰은 설득력을 잃게 된다. 죠지는 문시문학적 모티프에 대해서는 단지 두 가지 언급한다. '그리스도' (*Χριστός*) 칭호와 미래적으로 이해되어야 하는 반대의 쌍(*σωζόμενοι—ἀπολλύμενοι*: 구원을 얻을 사람들과 멸망받을 사람들)이 그것이다.' 전자는 그다지 중요하지 않다. 바울로에게 있어서 '그리스도'는 자주 쓰이는 칭호이기 때문이다. 그러나 후자는 중요하며, 위에서 이미 지적한 바 있다(이 책 140—141면). 이것은 이 단락에 암시되어 있을 수도 있는 영지주의적 이원론의 요소를 수정할 결정적인 가능성을 제공한다. 왜냐하면 믿는 자들과 믿지 않는 자들 사이의 구별은 그들의 존재가 아니라 그들의 결단에서 나타나기 때문이다. 또한 그러한 구별은 궁극적으로 (사람들의 결단이 아니라) 하느님의 결단에 근거하고 있으므로 현재에 확실하게 드러나는 것이 아니라 심판의 날을 위해 대기하고 있다. 여기서 내려야 할 결론은 (결코 죠지와 완전히 반대되는 입장은 아닌 바), 바울로는 고린토라는 특수한 상황을 다루고 있으며, 그것을 (그가 말하는 대로) 그리스도 안에서, 말하자면 (단지 영지주의적 모티프들에 의해서 약간 영향을 받았을 뿐) 근본적으로 그리스도교적 통찰과 모티프들로 다루고 있다는 점이다. 그리고 그의 적대자들은 영지주의적이라기보다는 유다교적이다. '유다교적'과 '영지주의적'이라는 두 말은 상호 배타적인 것으로 간주되어서는 안 된다. 아마도 각각의 고유한 특징들이 결합되었을테지만, 전자가 더 비중이 크다. 2장 전체에 대해서, 그리고 이것과 예레미야 31장과의 관계에 대해서는 Dodd, *A.S.*, 45를 참조하라.

〔 3, 1 〕 바울로는 계속해서 고린토에 있는 자신의 적대자를 언급한다. 그들은 아마도 거짓 복음을 가지고 설교했을 것이다. 그들은 훌륭한 추천서를 갖추고 있었다. 그러나 바울로에게는 그러한 추천서가 없었다. 그리고 그는 스스로 추천한다는 비난을 받

기 쉬운 처지에 있었다. 그러면 우리가 새삼스럽게 자신을 추천하려고 하는 것입니까? 혹은 '그러면 우리가 자신을 새삼스럽게 추천하려고 하는 것입니까?'일 수도 있는데 의미상 거의 차이는 없다. 바울로는 방금 자신에 대해서 진실하게, 하느님의 능력 안에서, 하느님 앞에서 책임있게, 그리고 그리스도 안에서 행동한다고 얘기했다. 이것은 어쩌면 자화자찬으로 보일 수도 있다. 그러나 바울로의 의도는 그런 것이 아니었다. 추측컨대 그는 이전에 일어난 일에서 스스로를 추천한다는 고발을 당했던 것 같다. 우리는 그 때가 언제였는지 알 수 없다. 어쩌면 마음 아픈 방문, 혹은 준엄한 편지를 받았을 때일 수도 있다(슐라터도 그렇게 본다). 그러나 고린토전서 4장 4절을 참조하라. 하느님 앞에서(2, 17)를 중요하게 받아들인다면 자기 자랑이라고 볼 수는 없다. 마찬가지로 다른 사람들의 칭찬이나 추천도 부적절한 것이 된다. 한편으로 그러한 칭찬이나 추천은 하느님의 승인과 경쟁할 수 없으며 다른 한편으로는 깨끗한 양심 외에 다른 어느 것도 하느님 앞에서 그것을 정당화할 수 없기 때문이다. 그러나 바울로는 행동을 선택할 수도 없었고, 행동의 자유도 없었다. '자기—변호는 대체로 스스로를 추천하는 일을 수반할 수밖에 없다. 고린토에 있는, 성 바울로의 적대자는 바울로가 어쩔 수 없이 자기 변호를 하도록 만들어 놓고는 오히려 바울로가 스스로를 추천한다고 비난했다' (Goudge). 아니면 어떤 사람들처럼 여러분에게 보내는 추천장이나 여러분으로부터의 추천장을 필요로 하겠읍니까? 추천장을 사용하는 것은 오늘날과 마찬가지로 고대에도 널리 행해지던 일이었다. 바울로의 어법에 대한(형용사 *συστατικός* "추천하는", 그리고 동사 *συνιστάνειν* "추천하다") 광범위한 증거들은 *M.M.* 여러 곳에 제시되어 있으며, 이 실예에 대한 증거들은 빈디쉬의 글에 제시되어 있다. 이러한 편지 내용은 다이스만이 인용한 라틴어 파피루스에서 잘 예증된다(*Light from the Ancient East* [1927], 197—200 ; P. Oxy, I 32) : '벌써 몇 년 전에도(iam…et pristine) 나는 당신에게 나의 친구 데온을 추천했읍니다(commendaverum). 그리고 나는 이제 다시 당신께 간청합니다. 당신 앞에 있는 그 사람을 나로 생각해 주십시요. 그는 당신에게 사랑받을 만한 사람이기 때문입니다. 그는 자기 민족과 자기 관심사, 그리고 사업을 떠나서 저를 따라왔으며, 모든 면에서 나를 안전하게 지켜주었읍니다. 그러므로 나는 그가 당신에게 가까이 갈 수 있기를 바랍니다. …' 유다인들도 역시 이런 편지를 썼다. *S.B.* ii. 689와 Schoeps, *Paulus*, 70(영어번역본, 75)를 참조하라. 바울로는 전혀 그런 편지를 필요로 하지 않았다. 그러나 그것 자체로서는 유용하게 쓰일 수도 있는 이 관습에 반대하지도 않았다. 그는 기꺼이 추천서를 써주기도 했다. 로마서 16장 1—2절과 해설을 참조하라. 고린토전서 16장 3(참조. 해설)·10—11절을 참조하라. 고린토후서 8장 22—23절, 골로사이서 4장 7절 이하는 비록 특징적인 용어가 사용되지는 않았지만 비슷한 추천서들이다.

어떤 사람들이라는 말은 선교자들을 암시하는데 이들은 바울로와는 아무런 관계없이 고린토에 도착했고, 권위있는 자들로부터 받은 추천장에 힘입어 확고한 위치를 굳히고 있었다. 동시에 그들은 고린토 교회로부터도 추천장을 받아서 다음 번 그들이 여행할 때 가져가려고 했다. 우리는 이 귀절에만 근거해서는 이들이 누구인지를 추측할 수 없으며, 또한 리츠만과 같이 고린토 사람들은 바울로가 아무 추천서도 보여줄 수 없다는 데 대해 불평했다는 식의 결론을 내릴 수도 없다. 4장 2절에 대한 주석도 참조하라. 이 책 서론 32면 이하의 요약도 참조하라. 비록 확실하지는 않지만 추천서를 소지한 사람들이 17절의 많은 사람들과 같다고 볼 수도 있다. 말하자면 바울로는 단순히 그들과 자신을 (그는 그들이 받는 것과 같은 지지를 받을 필요가 없다) 구별할 뿐만 아니라 그들은 거짓이 섞인 메시지를 팔았다고 생각한다. 그러나 그의 어조는 아직 10—13장에서와 같이 준엄하지는 않다. 만일 10—13장에서 그가 동일한 사람들에 대해 말하고 있는 것이라면 상황이 많이 악화되었음에 틀림없다.

[2] 그러나 만일 바울로가 고린토에서의 자신의 위치를 밝혀주는 추천서를 가질 필요가 없었다면, 혹은 다른 곳에 그를 추천해주는 고린토의 도움이 필요 없었다면 그는 어떤 권위에 의해 승인을 받았는가? 사실 바울로도 추천서를 받을 수 있었다. **우리의 추천장은 바로 여러분 자신들입니다. 그것은 여러분**(본문에 대해서는 135면 주 3 참조) **마음들**(만일 '여러분' 대신 '우리의'라고 본다면 복수형 '마음들'은, 반드시 그런 것은 아니지만 난점을 제기할 것이다) **에 씌어져 있으며, 모든 사람들에게 알려지고 또 읽혀지는**(혹은 '분명하게 알려지는.' 1장 13절에 대한 주석 참조. 거기서도 같은 말을 쓰고 있다) **추천장입니다.** 고린토전서 9장 2절과 비교하라 : "여러분이 주 안에서 내가 사도라는 확실한 표현입니다." '고린토교회가 바울로를 사도로 만든 것도 아니며, 그의 사도직이 고린토교회에 의거한 것도 아니다(그렇다고 예루살렘 교회에 의거한 것도 아니다 : 비교. 갈라 1,1). 그러나

고린토교회의 존재는 그의 사도직에 대한 가시적인 표징이다'(『고린토전서』, 239면). 고린토후서 13장 5절과 해당주석을 비교하라. 위의 귀절에서 두드러진 특징은 바울로가 다른 사람들이 사용한 추천서들에 대해 말하고 나서 고린토인들이 개종자들의 마음에 씌어 있는 추천서에 의해 자신의 사도됨을 증거한다고 기술한 점이다. 이러한 추천서는 모든 사람들이 알 수 있는 것이다. 고린토에서 활동하던 바울로의 경쟁자들은 고린토 교인들의 추천을 신뢰할 만한 것으로 간주했을 것이다. 어쨌든 펜과 잉크로 쓴 추천장은 단지 제한된 수의 사람들만 읽을 수 있다.

바울로는 이 귀절에서 다음 단락에서 취할 방향으로 사고를 전개시키고 있다. 그의 추천서는 파피루스 위에 잉크로 쓴 것이 아니었다. "그것은 여러분 마음에 씌어져 있다"고 말하는 것은 자연스럽다(비교. 로마 2,15 ; Philo, *Spec. Leg.* iv. 149 ; Knox, *P.G.*, 130). 그러나 이것은 새 계약(예레 31,33 : "나는 그들의 가슴에 내 법을 새겨주고, 그들의 마음에 내 법을 쓸 것이다". 비교. 에제 11,19 ; 36,26)을 암시해주며, 이 새 계약은 모세에게 주어지고 돌판에 씌어진(출애 31,18 ; 32,15—16) 율법과 대조되며, 따라서 옛 계약과 새 계약을 대조시킨다. 새 단락(3,4—18)에는 다른 구약성서 귀절들과 성서 외의 암시점들, 병행구들, 그리고 다양한 사상조류들이 나온다. 이런 것들에 대해서는 적당한 곳에서 설명할 것이다. 그러나 여기서는 바울로의 생각이 3장 1—2절의 인간적인 논증으로부터 이어지는 신학적 해설로 얼마나 자연스럽게 전개되었는지를 관찰해두는 것이 좋다.

〔 3 〕 바울로는 여러분은 우리를 통하여 전달되는 그리스도의 편지임이 드러났기 때문에 독자들에게 여러분이 우리의 추천장입니다라고 말할 수 있었다. 위의 귀절을 직역하면 '여러분이 ~하다는 사실이 "드러났기"($\phi\alpha\nu\epsilon\rho o\acute{\upsilon}\mu\epsilon\nu o\iota$: 헤링은 이것을 중간태로 보며, '여러분이 추천장이라는 사실이 드러났읍니다'고 번역한다) 때문입니다'이다. 이것은 영어로는 좋지 못한 문장이므로(Since you are manifested that you are…) 의역해야 한다. 그러나 분사는 이 사상이 2절a로부터 계속됨을 보여주며, 여러분의라는 독법(위 참조)을 약간이나마 확인해준다. 그리스도 안에 있는 고린토의 그리스도교안들은 그리스모가 세상에 전한 소식이며, 인류를 위한 그의 목적의 현시이다. 이 소식은 이차적으로 바울로를 그리스도의 말씀을 전해주는 신뢰할 만한 사람으로 추천하는 효과를 지닌다. 여기서 바울로는 자신에게 적용시

키기에는 좀 지나친 은유를 사용하기 시작한다. 왜냐하면 어떤 의미에서 방금 그가 말한 것은 그가 스스로 자신의 추천서를 썼음을 뜻하기 때문이다. 이것은 이제 그가 하는 기이한 말을 설명해줄 것이다 : 추천서는 그리스도의(주격의 의미를 지닌 속격) 것이지만 우리를 통하여 "전달된다"(διακονηθεῖσα: 번역에 대해서는 *L.S.* 해당 부분 참조). 바울로는 다른 곳에서는 자신의 헌금 운동에 대해서만(8, 19·20 ; 로마 15, 25) 이 동사(διακονηθεῖσα)를 쓴다. 그러나 고린토후서에서 특별히 자주 나오는(12회. 기존하는 바울로서신들에서 7회, 에페소서에서 1회, 목회서신들에서 3회 나온다) 같은 어원의 명사(διακονία)는 바울로의 사도 활동 일반을 나타내며(예. 4, 1), 실제로 대개는 그리스도교적 섬김을 의미한다(예. 로마 12, 7 ; 고전 12, 5). "쓰다"와 "전달하다" (리츠만의 주장이며 컴멜은 다르다)는 모두가 이 말의 의미를 나타내기에는 협소한 말이다. 바울로는 그리스도의 추천서가 있게 된 것은 자신의 활동을 통해서였음을 나타내고자 한다(그리고 명료하게 하기 위해서 사상을 심하게 압축시키고 있는 것 같다). 사실 이것은 전체 논증의 일부에 불과하다. 바울로의 선교활동은 그가 한 말에 의해서, 그리고 그 말을 들은 사람들 가운데서 맺은 결실에 의해서 정당화된다.

바울로를 추천한 추천서와 다른 선교자들을 추천한 추천서의 구별은 성서적인 관련성 안에서 그로 하여금 다음 단락의 논증을 매우 자연스럽게 하도록 한다. 이 편지는 잉크로 쓴 것이 아니라 살아계신 하느님의 영으로 쓴 것입니다. 고린토 사람들이 회심을 하도록 한 것은(이 주제는 뒤에서 발전되는데 3장 6·8·17·18을 참조하라) 영이었기 때문이다. 그것은 돌비에 쓴 것이 아니라 인간의 마음비에 새겨진 것입니다(본문에 대해서는 이 책 96면 주 4 참조). 마지막 절에 나오는 대조는 에제키엘 11장 19절, 36장 26절의 대조를 연상시킨다. 그러나 이것과 완전히 동일하지는 않다. '알아차릴 수 없게 내용이 또 다시 약간 변했다. 왜냐하면 이제 새겨진 것은 추천서가 아니라 율법에 맞서 있으며, 성령을 통해서 사람들의 마음 속에 새겨져 있는 복음이기 때문이다' (Lietzmann). '마음에 있는 율법'에 대해서는 W.D. Davies, 225를 참조하라.

6. 옛 계약과 새 계약, 옛 선교활동과 새 선교활동 3장 4—18절

4 우리는 그리스도를 통하여 하느님 앞에서 그렇게 주장할 수 있는 확신
을 가지고 있읍니다. 5 이런 일의 어느 한 일부라도 우리로부터 나오는 것
이라고 우리가 스스로 생각하는 것은 아닙니다. 그보다 우리의 자격은 하느
님께로부터 옵니다. 6 그는 우리에게 새 계약의 일군이 되기 위한 자격을
주신 분입니다. 이 새 계약은 글로 씌어진 것이 아니라 영으로 된 것입니
다. 기록된 것은 사람을 죽이고 영은 생명을 줍니다. 7 그러나 돌비에 새겨
지고 죽음에 이르게 하는 직분을 가진 율법도 이런 영광 가운데 주어져서
그 영광은 사라졌으나 모세의 얼굴에 비친 그 영광의 광채 때문에 이스라엘
사람들이 그의 얼굴을 똑바로 쳐다볼 수 없었읍니다. 8 하물며 성령의 직분
은 이보다 더 영광스럽게 되지 않겠읍니까? 9 정죄하는 직분[7]에 영광이 있
다면 의의 직분에는 더욱 풍성한 영광이 있을 것입니다. 10 이런 의미에서
지금의 영광과 비교해볼 때 과거에 있었던 영광은 전혀 영광받지 못했던 것
입니다. 11 없어져버릴 것도 영광을 받았다면 영존할 것은 더욱 영광 안에
있을 것입니다. 12 그렇기 때문에 우리는 이런 희망을 가지며 훨씬 더 대담
해집니다. 13 그리고 우리는 그 없어질 것의 마지막을 이스라엘 백성에게
보이지 않으려고 얼굴에 너울을 쓴 모세처럼 행동하지 않습니다. 14 그러나
그들의 마음은 완고해졌읍니다. 왜냐하면 바로 오늘날에 이르기까지도 옛
계약을 읽을 때에 그 너울이 벗겨지지 않고 있기 때문입니다. 왜냐하면 그
것은 그리스도 안에서만 사라지는 것이기 때문입니다. 15 그러나 오늘날까
지도 모세의 글을 읽을 때마다 너울이 그들의 마음을 가리웁니다. 16 그러
나 주님께로 돌아설 때마다 주께서는 그 너울을 벗겨주십니다. 17 이제 '주'
는 곧 영이십니다. 그런데 주의 영이 계신 곳에는 자유가 있읍니다. 18 그

7) B it 사본과 대다수의 사본들에서 주격, ἡ διακονία("직분")라고 읽는다 (P[46] ℵ D G를 포함하는). 많은 훌륭한 사본들에 여격인 τῇ διακονίᾳ로 되어 있으며, 이것은 다음과 같이 번역된다: '만일 영광이 정죄하는 직분에 있다면……에는 더욱 많습니다. 의미상으로는 차이가 없다. 이 변형에 의하면 구문은 훨씬 좋아지고, 또한 이것은 강력히 뒷받침된다. 그러나 이것은 본문을 개선하기 위한 2차적인 변형으로 간주되어야 한다.'

리하여 우리는 다같이 너울을 벗은 얼굴로, 거울을 보듯이 주의 영광을 들여다보면서 영이신 주로부터 오는 그 영광을 통하여 똑같은 형상으로, 영광에서 영광으로 변화되었읍니다.

우리는 바울로가 이 앞 단락 마지막 몇 귀절에서, 고린토의 그리스도교인들이 바로 (종이 위에 잉크로 쓴 것이 아니라 하느님의 영으로 그들의 마음 속에 쓴) 추천서라는 사고를 전개한 다음, 다음과 같은 인식으로 넘어가는 것을 이미 살펴본 바 있다. 즉 바울로는 이것이 단순히 개인적인 추천서가 아니라, 새로운 계약 아래서 돌비가 아닌 사람들의 마음 속에 하느님의 말씀이 씌어지리라는, 다시 말해 실제로 복음과 복음의 결과들이 그 자신을 권위있게 하리라는 예언의 성취임을 인식했던 것이다. 이러한 밀접한 관련성은 다음의 견해들과도 결코 일치하지 않은 것은 아니다. 데이비스(*C.O.J.*, 175)는 바울로가 여기서 쿰란 종파를 비판적으로 보고 있다고 주장하며, 무울(Moule, *Birth*, 54)은 바울로가 여기서 회당 설교를 모방하고 있다고 주장한다. 그러나 이러한 견해는 설득력을 잃어가는 경향이 있다. 바울로가 아직도 2장 16절—3장 3절에서 사용한 언어로 사고하고 있음은 5절과 6절을 통해서도 알 수 있다.

[4] 그러므로 우리는 4절을 다음과 같이 이해할 수 있다. '우리가 방금 말한 것은 그리스도교인으로서의 여러분의 존재가 우리의 사도직에 대한 확실한 표징(고전 9, 2)이며, 율법판을 새로운 계약에 대한 새로운 증거로 대신한다는 주장과 같습니다.' **우리는 그리스도를 통하여 하느님 앞에서 그렇게 주장할 수 있는 확신을 가지고 있읍니다**(직역하면 '우리는 그런 확신을 가지고 있읍니다'). "하느님 앞에서"(*πρὸς τὸν θεόν*을 번역한 말이다)라는 말은 '하느님 안에서'를 뜻할 것이다. 확실히 바울로는 그의 확신은 자기 자신의 확신이 아님을 말하고 있다. 그 확신은 결코 그 자신의 성결이나 재능에서 나온 것이 아니다. 그것은 그리스도를 통해서, 즉 그리스도와 그와의 관계를 통해서, 그리스도가 그를 통해서 한 활동을 통해서(비교. 3, 3: "우리를 통하여 전달되는") 그에게 심어진 것이다. 그리고 만일 그가 하느님 앞에서 그러한 확신을 가지고 있다면 그것은 동시에 하느님 안에서의 확신이다(비교. 1, 9. 이 귀절에서 바울로는 여기서 사용된 명사 *πεποίθησις* "확신"과 같은 어원의 동사인 *πεποιθότες ὦμεν* "우리가 의지하다"를 쓰고 있다).

[5] 5절a는 위의 진술에 대한 부정적인 생각을 드러내며, 5절b와 6절은 긍정적인 측면을 드러낸다. 이런 일(직역하면 '어떠한 것' τι. 그러나 바울로는 논의하고 있는 주제들에 한해서만 기술하고 있다)의 어느 한 일부라도 우리로부터 나오는 것이라고(비교. 2,16), 따라서 우리들에게 의존하는 것이라고 우리가 스스로 생각하는 것은 아닙니다. 이 문장은 중첩되어 있다. 바울로는 '우리는 우리가 가지고 있는 자격의 어느 한 부분도 우리들 자신으로부터 나왔다고 생각하지 않는다'는 것을 분명히 밝히고자 한다. 어떠한 것도 우리들 자신의 자랑거리는 아니다. 이 귀절에 상응하는 부분이 다음과 같이 이어진다. 그보다 우리의 자격은 하느님께로부터 옵니다. 말하자면 사도의 선교(2장 16절에 대한 주석 참조)활동에 의해 부과되는 책임을 질 수 있는 능력과, 선교 자체를 수행할 수 있는 능력은 하느님께로부터 온다는 것이다. 이러한 사상은 이해할 수 있으며, 그 자체는 독립되어 있는 사상이다. 그러나 이 사상은 칠십인역에서 하느님의 이름, 혹은 칭호로 사용된 '자족자'(Sufficient One. ὁ ἱκανός) —이 말은 (잘못된 것이기는 하지만 자주 통용되는 어원론에 의해) 히브리어 이름 엘 사다이(El Shaddai)를 나타낸다—에 의해 그 형태가 미리 주어졌다. 이 사상이 필로에서도 나온다고 지적하는 녹스(Knox, *P.G.*, 131)를 참조하라(비교. *Leg. Alleg.* i. 44 ; *De Cher.* 46 ; *De Mut, Nom.* 27, 46). 다드(*B.G.*, 15)는 더 나아가서 '자격'이라는 말을 사용한 사실에서 다음 귀절에서 말하는 계약의 주제와의 관련성을 본다. 그러나 이것은 매우 미심쩍다. 어떠한 경우든 구약성서와의 언어상의 연결은 주제상의 관련성만큼 중요하지 못하다. 구약성서와 신약성서에서 하느님은 자신의 말에 대해 궁극적으로 책임을 진다. 바울로가 여기서 결과적으로 2장 16절의 질문에 대해 "우리들입니다"라고 대답하고 있음은 사실이다. 그러나 이것을 '자족함'(Schmithals, 151)이라고 기술하는 것은 바울로가 뜻했었을 의미와는 거리가 멀다.

[6] 어떠한 관련성을 가지고 있건간에 바울로는 자격의 사상을 새 계약과 관련해서 다시 표현하고 있다. 자격은 하느님께로부터 온다. 그는 우리에게 새 계약의 일군이 되기 위한(명사 διακόνους: 3장 3절에서 "전달하다"로 번역된 동사와 같은 어원의 말이다) 자격을(바울로는 2장 16절와 3장 5절a에서 형용사를 사용하고, 3장 5절b에서는 명사를 사용한 다음 이 귀절에서는 동사 ἱκανοῦν을 사용하고 있다. 그러나 '우리를 자격 있게 하셨다'는 번역은 여기서 제

시된 번역보다 서투르다. 이러한 사상에 대해서는 디전 1,2 비교) 주셨읍니다(혹은 '주시기도 했읍니다.' 그러나 만일 리츠만과 또한 '참으로'로 번역하는 알로가 생각하는 바와 같이 καί가 단순히 이어지는 동사를 강조하는 것이 아니라면 이 문장은 조잡스럽게 반복하는 셈이 된다). 이 귀절에 담긴 사상은 2장 14절 이하로 되돌아가고 있다. 어떠한 인간도, "죽음으로부터 나와서 죽음으로 인도하는 냄새이면서 동시에 생명으로부터 나와서 생명으로 인도하는 냄새인" 복음을 선포하는 일을 감당할 수 없다. 오직 하느님만이 사람들로 하여금 그러한 일을 감당할 수 있게 해주신다. 이제 새 계약의 일군들(종들, 대리인들)의 일로 정의(定義)된 것은 바로 이 직무이다. 뒤집어서 말하면 일군들, 선교자들의 주된 직무는 말씀을 선포하는 일이다.

아마도 자격이라는 개념은 계약의 언어를 암시할 것이다(위를 참조하라). 그러나 이 개념은 마음에 씌어진 율법에 대한 예언이며(예레 31,31—34), 그리스도 안에서 완성되는 예언인 예레미야의 새 계약 예언을 암시한다. 계약(διαθήκη)의 의미는 그 말 자체로부터는 추론해낼 수 없고 오직 성서적인 용법으로부터만 추론해낼 수 있다. 일반적으로 이 말은 '유훈'을 의미한다. 그러나 일방적인 조처, 처리(참조. G. Quell & J. Behm. *T. W. N. T.* ii. 106—37 ; Kümmel)를 가리킬 수도 있다. 그리고 이런 의미에서 이 말은 일반적으로 '계약'이라고 번역되는 히브리어 b^e^rith에 해당하는 말로 사용되었다. 이것은 하느님이 시작하고 결정하신 하느님 자신과 그의 백성 사이의 관계이다. 따라서 자연히 봉사와 관련된다(Wendland). 구약성서에는 다양한 계약들이 있었다(참조. 로마 9,4과 해당주석 ; 바울로가 로마서에서와는 달리 고린토후서에서 새 계약에 대해 언급하는 것은 그가 여기서 유다주의자들을 다루고 있기 때문이다. 바흐반과 메네이도 그렇게 본다). 그리고 우리는 신약성서(특히 히브리서 8장)에서 일반적으로, 새롭고 더 좋은 계약에 대한 예언이 예수 안에서 성취되었으며, 성만찬의 포도주에서 증거되었다는(마태 26,28 ; 마르 14,24 ; 루가 22,20 ; 고전 11,25) 주장에 접하게 된다. 바울로 역시 로마서 9장 4절과 11장 27절, 갈라디아서 3장 15·17절에서 이 말을 사용했다(비교. 에페 2,12). 그러나 이 귀절에서 그 말의 의미는 귀절 자체에서 찾아야 한다. 이 계약은 글로 씌어진 것이 아니라 영으로 된 것입니다. 바울로가 생각하고 있는 구별이 어떤 것인지에 대해서는 논의가 많았다(참조. *Romans*, 60,138). 문맥과 관련해서 연구하는 것이 가장 좋다. 3장 3절에서 바울로는 고린토 사람들 자신이 잉크가 아닌 살아계신 하느님의 영으로 씌어진 그리스도의 추천서라고 말했다. 이 진술에서 그는 추천서들을 대조시키고 있다. 즉 바울로의 경쟁자들이 그들의 권위를 입증하기 위해 지니고 다니는, 사람들이 펜과 잉크로 써준 추천서에 대해, 바울로가 유일하게 의존할 수 있는 권위이자 동시에 고린토의 개종자들의 마음 속에서 활동하는 하느님의 영의 활동이 대조된다. 결국 인간적인 견해나 행위에 대해 영에 의한 하느님의 활동이 대조된다. 글과 영 사이의 대조도 본질적으로는 비슷하다. 바울로는 결코 구약성서의 율법이 인간적인 도구라고 주장하려는 의도는 없었다. 반대로 그것은 영적인 것이며, 하느님의 영에 의해 영감을 받은 것이다(로마 7,14). 그러나 율법은 쉽게 잘못 사용될 수 있었다. 유다인들은 단순히 자신들이 율법을 가지고 있다는 이유만으로 다른 인간들보다 우월하다고(로마 2,17 이하) 쉽게 주장했으며, 그것을 하느님의 선출(로마 9,4)로서가 아니라 인간적인 성취의 한 표시로 다루었다. 사실 율법 자체는 그것이 지닌 교훈적인 성격으로 인해 이러한 측면을 나타내며, 이 점은 예레미야의 새로운 계약에 대한 예언에서도 지적되었다(그래서 빈디쉬는 이 절을 예레미야 31장에 대한 註로 본다). 따라서 글은 (바울로의 견해에 의하면) 수많은 유다인 동료들이 자신들의 종교의 기초인 율법을 이해했던 방식 자체를 가리키며, 동시에 이에 따라 율법주의적이건, 반율법주의적이건, 신비주의적이건간에, 인간이 만들어낸 종교 일반을 가리킨다(비교. Bultmann. *E.&.F.*, 159 ; Käsemann, I, 222 ; Stuhlmacher, *Gerechtigkeit*, 93). 이에 반해 영은 그리스도 안에서의 하느님의 새로운 행위를 가리킨다. 그리스도 안에서 신앙을 붙들게 된 사람들은 하느님의 창조 행위 앞에서 더 이상 자기 힘을 내세워 대항하려 하지 않는다. 칼빈은 글과 영 사이의 대조는 알레고리와는 아무런 관련이 없다고 주장하는데 그것은 옳다. '그는 말하기를, 글이란 사람의 마음을 움직이지 못하는 외적인 설교를 뜻하며, 영이란 성령의 은혜를 통해서 사람들의 마음 속에 실제로 작용하는, 곧 생명을 제공하는 가르침을 뜻한다고 했다.'

글과 영이라는 말을 각기 인간적인 행위와 신적인 행위로 이해할 경우, 다음 절로 자연스럽게 넘어갈 수 있다. 기록된 것은 사람을 죽이고 영은 생명을 줍니다. 로마서 8장 2절(그리스도 예수 안에서 가능하게 된 종교, 말하자면 생명을 주는 영의 종교)과 그 주석을 비교하라. 로마서 8장 6절과도 비교하라("육을 따라 살려는 마음은 죽음에 이르고,

영을 따라 살려는 마음은 생명과 평안을 누립니다"). 로마서 7장 11절을 참조하라(Benoit, Ⅱ, 20 ; A. Feuillet, *Mélanges Bibliques en hommage au R.P. Béda Rigaux* [1970], 340—5). 인간에 중심을 둔 삶은 참된 생명의 원천으로부터 멀리 떨어져 있으므로 죽음에 이르지 않을 수 없다. 그러나 하느님을 중심으로 한 삶은 그 분을 통해서 생명을 얻는다. 휴즈가 지적하듯이 율법을 완벽하게 그대로 다 지킬 수는 없으므로 율법에 의해 사람이 죽임을 당한다는 것은 옳다. 여기서 글이라는 말이 무엇을 의미하건간에 그것은 문맥상으로 어딘지 모르게 비난받고 있는 것 같다. 한편 바울로에게 있어서 율법은 그 자체로서는 선하다(로마 7,12·14). 계약의 주제는 쿰란 문헌들의 특징이지만 바울로와는 거의 유사성이 없는 것 같다. 데이비스(W.D. Davies 앞의 인용문 참조)는 쿰란 종파가 계약을 글과 영에 관련시켜 해석했던 것으로 보인다고 한다. 또한 바울로가 쿰란 종파의 영향이 고린토 교회에 미치는 데 대해서 싸웠다는 주장에 대해 브라운은 비판하는데 그것은 옳다.

바울로는 이제 매우 간단한 말로 표현했던 대조를 출애굽기 34장 28—35절에 대한 미드라쉬(해석)로 발전시켜서 상세하게 설명한다. 여기서 바울로가 그가 회당에서 했던 설교문을 인용하고 있다는 주장에 대해서는 위에서 언급한 바 있다(Moule, *Birth*, 54). 바울로가 이 귀절에서 기존의 미드라쉬를 수정하고 있다는 견해는 그보다 설득력이 없는 것 같다(S. Schulz, *Z.N.T.W.* xlix, 1—30 ; 이와 다른 견해로는 Collange, 67—8 참조). 출애굽기 34장 28절에 의하면 모세는 거룩한 산에서 하느님과 함께 40일 동안을 금식하면서 지낸 다음 "돌비에 계약의 말씀을 썼다"(칠십인역. "이 말들을 계약의 돌비 위에"—"계약의" τῆςδιαθήκης). 히브리어 성서와 칠십인역의 이 귀절에는 모두 바울로 자신이 그 말씀들을 썼다고 되어 있다. 그러나 이것은 우리가 고린토후서 3장 3절에서와 같이 하느님이 모세의 "도움을 받아서"(διακονηθεῖσα) 썼다고 생각하지 않는 한, 출애굽기 31장 18절("하느님의 손가락으로 씌어진")과 32장 16절("그 판은 하느님께서 손수 만드신 것이었다. 그 판에 새겨진 글자도 하느님께서 손수 새기신 것이었다")에 일치하지 않는다. 모세(출애 34,29)는 하느님과 대화를 했기 때문에 자신의 얼굴이 빛나고 있다는 사실을(칠십인역 : '그의 얼굴 모습이 영광스럽게 되었다'—δεδόξασται: Sifre Numbers 140 [27, 20] 52b] ; '모세의 얼굴은 태양과 같았다') 알지 못한 채 손에 그 판을 들고 산에서 내려왔다.

아론과 이스라엘의 모든 자손들(칠십인역 : "장로들")이 모세에게 가까이 가기를 두려워했다(34,30). 그러나 모세는 그들을 불러서 하느님이 그에게 준 계명들을 전해주었다. 그는 그들과 이야기하기를 마치자 자신의 얼굴 위에 "수건을 썼다"(κάλυμμα. 아마도 34장 33절 이전에서는 수건을 쓰지 않았을 것이다). 그러나 모세는 다시 하느님과 말하기 위해서 들어갈 때(34,34) "수건을 벗고는"(περιῃρεῖτο) 나올 때까지 (그가 언제 수건을 다시 썼는지에 대해 구약성서가 말해주지는 않지만 추측컨대 아마도 그는 이때 수건을 다시 썼을 것이다) 쓰지 않았다. 그리고 나서 그는 계명들을 이스라엘 사람들에게 전해주었다. 이제 의외로 34장 35절이 계속된다 : "그리고 이스라엘 자손들은 모세의 얼굴이 빛나는 것을 보았다"(칠십인역 : "영광스럽게 되었다" δεδόξασται). 이것은 모세가 그들과 말했을 때 수건을 쓰지 않았음을 암시한다. 그리이스어로는 과거완료의 의미로(그들은 보았었다—처음 만났을 때) 이해할 수도 있다. 그러나 히브리어(Weraʼu)상으로는 그렇게 번역할 수 없으며, 그보다는 오히려 항상 보는 것을 뜻한다. 결국 이야기의 맨 마지막인 이 귀절에서는 모세가 하느님과 말하기 위해서 들어갈 때까지 "수건을 (다시) 썼다"(περιέθηκεν)고 말한다. 여기서 우리가 얻을 수 있는 가장 훌륭한 결론은 (앞서 지적한 히브리어 동사와는 잘 부합되지 않지만) 모세가 하느님께로부터 백성들에게 돌아왔을 때 잠깐 동안 백성들이 두려움에 떨면서 그의 영광스러운 얼굴을 보았고, 다음에 모세가 혼자 하느님과 대화하러 가기까지 자신의 얼굴 위에 재빨리 수건을 썼다는 것이다. 그의 얼굴에서 광채가 사라졌다는데 대해서는 아무 말도 없으며, 전혀 암시하고 있지도 않다. 그리고 한 유다교 전승에 의하면 그의 얼굴의 광채는 그가 죽을 때까지 계속 남아 있었다고 한다(*S.B.*iii. 515 ; Targum Onkelos, 신명 34,7 : 모세는 120세 때 죽었다. 그의 눈빛은 그때에도 흐려지지 않았고, 그의 얼굴에서 빛나던 광채도 [ziw yeqara] 변하지 않았다). *S.B.*에서는 계속해서 다음과 같이 말한다(iii, 516) : '우리는 옛 라삐 문헌들에서 모세의 수건에 대해서 언급하는 귀절들을 찾지 못했다.' 그리고 바울로의 주석은 (모세의 빛나는 얼굴에 대한 구약성서의 설명을 제외하고) 전통적인 유다교의 주제들에 기초한 것이 아니라 새로운 그리스도교적 해석인 것 같다. 유다교화시키려는 위협에 저항하려는 논쟁적인 의도에서 바울로 자신이 이 귀절을 썼다고 보지 않을 이유는 없다(참조. 이 책 서론 56면).

[7] 이제 해석은 시나이 사건에 대한 유다교적 이해와는 모순되는 바울로의 설명으로 시작한다. 유다교적 이해에 따르면 율법은 죽음에 이르게 하는 직분 (형리의 직분—Windisch)을 가진 것이 아니라 생명을 주는 것이다. 이에 대한 예로는 *Exodus Rabbah* 41, 4(97c)를 들 수 있다 : '하느님은 그들에게 생명을 주기 위해서 판을 새겼다' (*S.B.*iii. 502에는 다른 귀절들도 인용되어 있다. 생명의 근원으로서의 율법에 대해서는 요한복음 5장 39절을 참조하라. 또한 로마 7,10과 이에 대한 주석 참조 : 비교. 갈라 3,21). 직분에 대해서는 3장 3·6절을 참조하라. 바울로는 일종의 직분, 혹은 "봉사"(διακονία)로서 자신의 일을 시작했고, 이러한 이유에서 모세의 활동에 대해서도 동일한 언어로 기술한다. 모세의 직분은 율법이 돌비에 글로 새겨졌기 때문에 위에서 기술한 대로(6절) 기록된 것은 사람을 죽인다는 의미에서 죽음에 이르게 하는 직분이다. 원래 하느님이 율법을 줄 때 의도했던 바는 이것이 아니었다. 그러나 "생명으로 인도해야 할 계명이 도리어 나를 죽음으로 인도했다"(로마 7,10). 그리고 사실 그렇게 된 것은 죄로 인해서(로마 7,13)였지만 궁극적인 결과는 선했다. 왜냐하면 "나는 하느님을 향하여 살기 위해서 율법에 대해서는 이미 율법에 의하여 죽었기"(갈라 2,19) 때문이다. 모세의 직분은 죽음을 가져오는 율법의 효력을 드러내는 것이었다. 그러나 그것은 영광 가운데 주어져서 모세의 얼굴에 비쳔 그 영광의 광채 때문에 이스라엘 사람들이 그의 얼굴을 똑바로 쳐다볼 수 없었다(J. Jervell, *Imago Dei* [1960], 176—7에 따르면 영광은 권위와 결합되었다. 단락 전체에 대해서는 앞 책 176—80 참조. J.A. Fitzmyer, *Mélanges Rigaux*, 422 이하는 영광을 성령과 능력에 연결시킨다). 여기서 바울로는 단순히 구약성서의 이야기를 요약하고 있을 뿐이다. 바울로가 이 이야기를 인용한 배후에는 율법은 하느님의 법이기 때문에(참조. Wendland) 그밖에 뭐라고 말할 수 있겠는가에 '거룩하고 의로우며 선하다' (로마 7,12)는 확신이 있었다. 그러나 그는 이 진술을 한정시키지 않은 채 그대로 내버려두지는 않았다. 즉 그 영광은 "사라져가는" 것이었다(직역하면 "없어져가고 있었다" καταργουμένην). 이 말은 바울로가 자주 사용하는 말인데 다른 저자들은 거의 사용하지 않는다. 그는 여기서 자신이 쓰고 있는 이야기가 영광이 사라지는 데 대한 내용(이러한 내용이라면 오히려 다른 말로 더 잘 표현할 수 있었을 것이다)을 담고 있기 때문에 "사라졌다"는 말을 쓴 것이 아니다. 오히려 그가 논증하는 중심주제는, 율법(적어도 기록된 것이라는 의

미로 이해할 수 있는 율법)과 율법에 기초한 계약은 사라져가고 영에 기초한 새로운 계약이 그 자리를 대신한다는 내용이기 때문에 그런 것이다(참조. 11·13·14절). 그러므로 이 귀절들에서는 단어들을 상세히 설명할 필요가 있다.

[8] 우리가 위에서 살펴본 바와 같이 바울로의 논증에는 부정적인 요소가 있기는 하지만 전반적인 흐름은 긍정적이다. 만일 율법의 계약이 신적인 영광의 현시를 수반한 것이었다면 **이것은 하물며 성령의 직분**(참조. 9절에 나오는 의의 "직분")**은 이보다 더 영광스럽게 된다는 것을 의미하지 않겠읍니까?** 소전제로부터 대전제를 추론해내는(a fortiori) 논증의 주석학적 근거에 대해서는 11절을 참조하라(Bonsirven, *Ex.*, 317). "영광스럽게 되다"의 미래형은 시간적인 미래가 아니라 논리적인 미래이며, 내림을 지시하는 것이 아니다. 영의 직분은 이미 활동하고 있다(참조. 1, 21—22과 그에 대한 주석). "성령의"는 주어를 뜻하는 속격이 아니다. 그 의미는 7절에 나오는 "죽음의 직분"과 유사하다. 율법 안에서의 모세의 활동이 갖는 특징은 바로 죽음이다. 그러나 복음 안에서의 바울로와, 그의 동료들의 활동은 성령에 의해 특징지어진다(비교. 3절). 성령은 복음의 메시지를 받아들이는 자들에게 주어지며, 그들 안에서 하느님에게 중심을 둔 삶이 이루어진다.

[9] 이제 그러한 대조가 다른 언어로 반복된다. **정죄하는 직분에 영광이 있다면 의**(이 말에 대해서는 *Romans*, 29—30, 73 등을 보라)**의 직분에는 더욱 풍성한 영광이 있을 것입니다.** "죽음에 이르게 하는 직분"과 "영의 직분"은 이제 각기 "정죄하는 직분"과 "의의 직분"으로 되었다. 율법은 하느님의 요구와 그 요구를 이행하지 못하는 인간의 태만함을 나란히 놓고 정죄한다(비교. 로마 3,19—20). 이 귀절에서 "의"는 "정죄"와 대조되는 것으로 규정되었다. "의"란 죄를 사면해주는 것, 의롭게 하는 것을 의미하며, 하느님이 인간으로 하여금 자신과 올바른 관계에 설 수 있도록 하는 행위를 뜻한다. 바울로의 다른 서신들에서도 대개 그렇듯이(비교. 21절) 이 말은 윤리적인 의미의 말이 아니라 관계를 나타내는 말이다. 그러나 이 말은 6절에 나오는 "영"과 병행하는 말로 규정되어야 한다. 즉 "의"는 단순히 기계적으로 관계를 재수립하는 것이 아니라 신적인 능력을 뜻한다는 것이다. 케제만은 이 귀절과 6장 7절, 로마서 5장 21절, 6장 19—20절, 10장 3절을 인용하고 나서 다음과 같이 기술한다(Ⅱ, 186:

영어번역판, 174). '여기서 부여된 은사는 결코 그것을 준 분과 분리되지 않으며, 또 분리될 수도 없다. 이 은사는 그 안에서 하느님 자신이 등장하고 또 함께 머물러 있는 한, 그것 자체가 능력의 본질을 지니고 있다. 그러므로 요구와 의무, 봉사가 은사와 뗄래야 뗄 수 없게 결합되어 있다.' 그러나 이러한 케제만의 말이 (일반적인 관찰로서는 올바른 것이지만) 직분이라는 말의 의미도 올바로 포착한 것인지는 의심스럽다. 그리고 이 말(직분)은 스툴마허(*Gerechtigkeit*, 158)가 사해사본들(1*QS* iv. 9 ; 1*QH* vi. 19 ; 'ᵃbodath ṣedeq)에서 인용한 귀절들에 의해서도 충분히 설명되지 못했다. 바울로는 죽음과 정죄, 영이 섬김의 대상임을 뜻하지 않았던 것과 마찬가지로 의가 섬김의 대상임을 뜻하지는 않았다. 그보다는 이러한 것들(죽음, 정죄, 영)이 특징적인 모습으로 나타나는 섬김의 종류(모세의 섬김, 그리고 사도적인 복음 설교자들의 섬김)에 대해서 말하고 있는 것이다. 스툴마허는 다음과 같이 말함으로써 지나치게 많은 부분을 생략하고 있다(Stuhlmacher, 76) : '다른 모든 세계들과 마찬가지로 교회의 새로운 세계는 바울로에게 있어서 능력에 의해 다스려지는 세계였다. 그리고 이 세계를 규정하는 능력을 바울로는 "하느님의 의"(*δικαιοσύνη θεοῦ*)라고 일컬었다.' 그리고 그는 계속해서 "의"와 "영" 사이에 본질적인 관계를 형성시키는 것으로서 고린토후서 3장 8—9절을 인용한다. 스툴마허가 바로 앞에서 이렇게 말하는 것은 옳다 : '법적인 상황("하느님의 의"라는 말이 내포하는 상황)은 자유라는 말로 특징지을 수 있는 새로운 세계, 새로운 창조에 이르는 길이다.' "의"는 하느님의 행위이다. 그러나 적어도 여기서 바울로가 관심을 가지고 있는 것은 이러한 행위의 결과, 즉 의롭게 하는 것과 또 의롭게 함으로써 인간에게 부여된 의로운 신분이다. 이것은 복음의 객관적인 측면이다. "영은 인간을 재창조하는 데 있어서의 복음의 주관적인 수용을 가리킨다. 모세는 자신의 민족을 의롭게 할 수 없었고(출애 32, 32—33), 단지 주께서 그의 영을 그들 모두에게 주시도록 기도할 수 있을 뿐이었다(민수 11, 29). 따라서 새로운 직분은 모든 면에서 더욱 영광스러운 것이었다.

[10] 바울로는 새 계약의 우월성이라는 주제를 계속 전개시킨다. 이런 의미에서(*καί*는 번역을 하지는 않았지만 강조하는 의미를 덧붙인다) 지금의 영광, 다시 말하자면 복음에 수반하는 영광과 비교해볼 때(직역하면 '이러한 측면에서, 즉 ~에 관한 한'), 과거에(영어 문장을 분명하게 하고, 그리이스어 분사의 시제를 드러내

기 위에서 보충한 말이다) 있었던 **영광은**(모세의 얼굴뿐만이 아니라 옛 계약의 전반적인 배경) **전혀 영광받지 못했던 것입니다.** 그리이스어 본문은 여기서 제시한 번역보다 어딘가 서투르다. 그러나 그 의미는 매우 분명하다. 그것 자체로 본다면 시나이 산은 영광이 나타난 장소이지만 복음 안에서 하느님의 뜻이 분명히 계시된 것에 비교한다면 아무 것도 아니다. 이러한 율법에 대한 경시는 비록 상대적인 것이기는 하지만 직접 유다인에 의한 것이라는 점에서 놀랄 만한 관찰이며, 율법에 대한 바울로의 태도를 이해하는 데 있어서 결정적으로 염두에 두어야 할 사항이다. 슐라터는 직역한 '이러한 측면에서'(혹은 '이 부분에서는', ἐν τούτῳ τῷ μέρει [우리말 번역에서는 "비교해 볼 때"라고 번역했다—역주])라는 말을 좀 더 세밀하게, 어쩌면 지나칠 정도로 세밀하게 설명한다 : '모세가 영광을 통해서 받은 것은 "이러한 면에서"이며, 이러한 면에만 한정된다. 말하자면 모세는 영과 의의 직무를 받지는 못했고 정죄와 죽음의 직무만을 부여받았다는 것이다.'

[11] 다음 귀절에서는 좀더 심하게 대조를 시키고 있다. **없어져버릴 것도**(비교. 7절) **영광을 받았다면**(διὰ δόξης '영광을 통하여'. 그러나 바울로가 이 귀절과 7·8절에서 ἐν δόξῃ "영광 안에서" 외에 다른 것을 의미했는지는 의심스럽다. 비교. 6,8 ; Moule, *Idiom*, 58) **영존할**(그리이스어 본문에는 동사가 나와 있지 않지만 지속적인 상태를 표현하기 위해서 동사가 필요하다) **것은 더욱 영광 안에 있을 것입니다.** 율법은 과거의 시대에 속하는 것으로서 일시적인 것에 불과하다. 로마서 10장 4절, 갈라디아서 3장 19—25절과 비교하라. 그리고 *Adam*, 65에 나오는 언급들을 참조하라. 새 계약, 즉 복음은 영속하는 것이다. 그것은 하느님의 마지막 말이자 행동이다. 그리고 그것은 결코 다른 것에 의해 대체될 수 없다(비교. 마르 13,31).

[12—13] 위에서 서술한 사실들로 인해서 모세와 바울로의 행동에 차이점이 생긴다. 이 단락의 나머지 부분들과 12—18절에 대해서는 우니크(W.C. van Unnik)의 논문 "With Unveiled Face" (*Nov. T.* vi. 153—69)를 참조하라. **그렇기 때문에**(새로운 발전, 혹은 실제적인 적용—Windisch—은 방금 말한 내용에 근거하고 있다) **우리는 이런 희망**(새 계약의 영속하는 영광에 기초한 희망)**을 가지며, 훨씬 더 "대담해집니다"**(παρρησία "대담"에 대해서는 W.C. van Unnik, *The Christian's Freedom of Speech in the New Testament* [1962], 그

리고 또 다른 그의 논문 "De Semitische Achtergrond van *ΠΑΡΡΗΣΙΑ*", *in het Nieuwe Testament* [1962]과 H. Schlier, in *T.W.N.T.* v. 869—84를 보라. 참조. 빈더쉬의 긴 해설). 즉 우리는 아주 솔직하게 고린토교인 여러분에게 설교하고 말할 수 있읍니다. 그리고 우리는 얼굴에 너울을 쓴 모세처럼 행동하지 않습니다. 이 귀절을 직역하면 '모세처럼 얼굴에 너울을 쓰지는 않습니다'이다. 여기서는 내용적인 연결을 좀 더 이해하기 쉽게 하려면 분명히 보충해줄 말이 필요하다. 반 우니크가 말하듯이(*Nov. T.* vi, 159) 여기서 바울로는 비약을 하고 있다. 그러나 우니크가 생각하듯이 바울로가 여기서 그렇게 대담한 비약을 하는 것 같지는 않으며, 또 여기서 보충한 말에 의해 암시되는 주석이 단순한 추측인 것만도 아니다. *B.D.*, §482에서는 비교를 할 때에는 일반적으로 생략을 하는 경우가 많다고 지적한다. 그리고 여기서 바울로가 쓴 것과 같이 *οὐ καθάπερ* (not as: "～처럼 〔하지〕 않는")가 나오는 문장은 '모세가 한 일을 우리는 하지 않습니다"라는 의미 이상을 지닐 것이다. 그러나 여기에 분명히 비약이 있는 것은 사실이고, 반 우니크는 아람어 관용구인 "얼굴, 혹은 머리를 드러내다"(galleh 'appin, rosh)라는 말에 주의를 기울임으로써 이 문장을 좀 더 이해하기 쉽게 만들었다. '"얼굴을 가리다"는 수치와 슬픔의 표시이며, "얼굴을 드러내다"는 자신감과 자유를 나타낸다. 타르굼에서 가령 "얼굴을 드러내고" 같은 말은 "자유롭게"와 같은 의미를 지닌다.' '"머리, 혹은 얼굴을 드러내다"라는 말은 개방성(원문 그대로 인용한 것임), 자신감, 대담함이라는 뜻도 포함한다'(169). 18절과 비교하고 그에 대한 주석을 참조하라. 모세는 바울로가 고린토 사람들을 향해서 아주 솔직하게 대했던 것처럼(바울로의 이러한 주장에 대해서는 예를 들어 1,18—19; 6,11 이하 참조) 이스라엘 자손들을 향해서 솔직하게 대하지 않았다. 이 점을 분명히 하기 위해서 바울로는 출애굽기의 설화에서 거기에 명시적으로 드러나 있는 의미 이상을 읽어낸다. 사실 출애굽기에서는 모세가 백성들이 두려워할 것을 감안해서 그의 얼굴에 너울을 썼다고 말한다(출애 34,30). 그러나 바울로는 그 없어질 것의 마지막을 이스라엘 백성에게 보이지 않으려고 모세가 그렇게 했다고 말한다. 즉 이 말을 아주 단순한 의미로 이해한다면 '그들이 영광이 사라지는 것을 보지 않도록, 그래서 일시적인 중요성밖에 지니지 못한 인물로 모세를 무시하지 않도록 하기 위해서'라는 것이다. 이것은 리츠만이 지적하듯이 '의심할 여지 없이 구약성서의 문구 자체와 절대적으로 모순되는 것은 아니지만 구약성서 설화자의 의도와는 모순된다.' 확실히 여기서 바울로가 기술하고 있는 것과 같은 논리 전개는 아주 명쾌하지는 못하다. 그렇지 않으면 우리는 여기서 바울로가 말하는 것과 같은 의도를 지닌 것이 모세가 아니라 하느님이었다고 생각해야 할 것이다. 그러나 바울로는 모세를 도덕적으로 고발하려는 데 관심을 갖지는 않았다(그리고 거의 확실히 그런 것을 의도하지는 않았다). "없어질 것"(τοῦ καταργουμένου, 중성—아마도 남성일 것이다. 그러나 이 말의 의미를 분명히 하기는 힘들다)은 모세의 얼굴에 나타났던 "영광"(δόξα : 여성)이 아니었다. 아마도 10·11절의 중성 분사로까지 소급해 들어가야 할 것이다. 그리고 여기서 옛 계약에 대한 언급과 이스라엘이 하나의 민족을 형성한 토대인 율법의 수여, 또 율법의 종교적인 틀 전반에 대한 언급을 보아야 한다. 모세와는 다른 바울로의 행동이 율법이 아니라(비교. 1,19) 복음에 기초한 새 계약의 상이한 종교적인 틀에 그 근거를 가지고 있는 것과 마찬가지로 모세의 행동은 옛 계약의 종교적인 틀에 근거한 것이다. 이렇게 본다면 바울로의 생각은 일관성이 있는 것 같다. 그러나 그는 자신의 생각의 신학적인 측면과 도덕적인 측면, 혹은 행동이라는 측면을 표현하는 데 동일한 상들을 사용하기 때문에 사실상 모호해진다. 헤링은 "마지막"(τέλος)이라는 말은 로마서 10장 4절에서와 같이 '목적'이라는 의미로 해석되어야 한다고 생각한다. 그러나 여기서 이것이 적절한 의미인 것 같지는 않다. 브링(Ragnar Bring, *St. Th.* xxv. 35)은 마지막이 '가장 빛나는 광채'를 의미한다고 본다(비교. *St. Th.* xx, 13). 그러나 그의 견해는 설득력이 없다. 이러한 논증은 바울로가 너울이라는 상을 계속해서 새로운 방식으로 사용함에 따라 더욱 복잡해진다.

[14] **그러나 그들의 마음**(이 말은 2장 11절에 나오는 말 νοήματα와 동일하다. 그러나 여기서는 다르게 번역되어야 한다)**은 완고해졌읍니다.** 즉 무뎌져서 이해를 못하게 되었다. 이사야 6장 9—10절(Lindars, 159—67)과 비교하라. "그러나"는 실제로 반의적인 의미를 지닌 "그러나"이다. 모세는 진실을 감추기 위해서가 아니라 이스라엘 백성을 설득시켜서 그들로 하여금 진실을 받아들이도록 하기 위해서 그렇게 행동했던 것이다. 그들이 영광의 마지막을 보지 않는다면 그들은 좀 더 쉽게 진실을 받아들이게 될 것이다. "그러나"—모세가 좋은 의도를 가지고 했던 행동은 다른 너울이 더 덮였기 때문에 실패했다. 그래서 구경하던 사람들의 깨닫는 능력도 줄어들었

다. 신약성서보다 분명하지는 않지만 구약성서도 순수한 하느님의 계시이다. 청중들 자신들이(참조. 그러나 4,3—4) 구약성서가 자체의 목적을 달성하지 못하게 되는 한 요인이 되었다. 이것은 처음에는 직접적인 언어들로 기술되었는데 바울로는 너울의 표상을 다시 구사한다. 이것은 토라 두루마리에 너울을 씌우거나 혹은 기도할 때 탈리트(tallith)로 머리를 가리는 것과 같은 회당 관습들에 의해서 시사를 받은 것 같다(Bachmann). 왜냐하면 바로 오늘날에 이르기까지도 옛 계약(이스라엘 백성이 깨닫지 못한 것은 옛 계약이 옛 것이라는 사실이다—Wendland)을 읽을 때에 그 너울이(아마도 '분명하게 보고 이해하는 것을 막는다'는 의미에서 모세의 얼굴을 가렸던 너울과 같은 것이리라) 벗겨지지 않고 있기 때문입니다(이것은 어떻게, 왜 '그들의 마음이 완고해졌는지'를 설명한다). 왜냐하면 그것은 그리스도 안에서만 사라지는 것이기 때문입니다. 이 문장은 매우 불분명하며 모호하다. 그리고 여기에 제시된 번역도 확실하고 정확하다고 볼 수 없다. 즉 "읽을 때에" (ἐπὶ τῇ ἀναγνώσει)를 "읽는 내용 위에"(upon the reading)로 볼 수도 있다. '율법 위에 너울이 덮여 있다'(원래 율법을 전해준 사람의 얼굴 위에 너울이 덮여 있었던 것처럼: 참조. Knox, *P.G.*, 131; 비교. Bornkamm, *Paulus* [1969], 131). 그러나 15절에서 바울로는 "너울이 그들의 마음을 가리웁니다"라고 기술한다. 그리고 아마도 이것이 여기서의 의미를 규정하는 것으로 보아야 할 것이다. 번역된 본문에서 "벗겨지지 않고 있읍니다"는 부정어와 함께 나온 분사들(μὴ ἀνακαλυπτόμενον)을 나타낸다. 이 분사는 중성이며 여기서는 "너울"(κάλυμμα)에 일치시킨 것으로 보아야 할 것이다. 너울은 벗겨지지 않은 채 그대로 있다. 이것은 다음 절의 번역에까지 이어진다. '왜냐하면(ὅτι) 그것은 그리스도 안에서만 사라지기 때문입니다'(빈디쉬도 이렇게 번역한다). 그러나 여기에는 몇몇 주석자들로 하여금 (예를 들어 플루머) 이러한 구문의 번역을 거부하게 하는 난점이 있다. 즉 너울이 사라져가는 것이기 때문에 너울이 그대로 남아 있다고 볼 수는 없다는 것이다. 그리고 사라져가는 것은 율법, 혹은 율법의 영광이 아니냐는 것이다. 또한 너울은 벗겨졌다는 것이다(16절). 이 반론에 대해서는 "그리스도 안에서"라는 말을 강조함으로써 답변될 수 있다: 이스라엘 백성이 회당에서 율법을 들을 때에는 불신앙의 너울이 그대로 있다. 왜냐하면 그리스도 안에서, 오직 그리스도 안에서만 너울이 벗겨지기 때문이다. 만일 이 대답만으로 충분치 못하다면 또 다른 대답으로서 분사를 독립적인 것으로 간주할 수 있다(Allo). 즉 '그것(율법 : 율법의 영광이나 율법의 지배)은 그리스도 안에서 사라져간다는 사실이 드러나지 않았으므로(즉 그것이 드러나지 않았기 때문에 ὅτι가 지닐 수 있는 또 다른 의미이다) 그 너울은 그대로 있다. 이것은 문법적으로는 잘 맞지 않지만 가능하다. 이것은 분사("드러나지 않았으며")를 '그들에게'라는 말로써, 혹은 그와 비슷한 방식으로 한정시킬 경우에만 내용상으로 타당하다. 지금 그것은 믿지 않는 유다인들이 아니라 믿는 그리스도교인들에게만 벗겨졌다. 그래서 율법은 그리스도 안에서 성취되었다가 사라졌다는 사실도 그리스도교인들에게만 알려졌다.

옛 계약은 구약성서를 가리키며, 그렇게 번역할 수도 있다(이 단락 전체와 성서의 영감에 관한 교리와의 관련성에 대해서는 Barth, *C. D.* I ii. 514—5를 보라). 그러나 바울로는 시나이산에서 성립되었던 계약을, 돌판에 새겨져 모세에게 주어진 계명들과 관련하여 특별히 언급하고 있다. 바울로가 여기서 '새 계약'(고전 11, 25)이라는 말을 쓰지는 않았지만 이 말이 암시되어 있다. 율법의 옛 계약은 회당에서 설교되었다. 바울로는 의롭게 하는 하느님의 의와 영의 새 계약을 설교한다. 이것은 (옛 율법주의적인 의미에서의) 율법의 소멸을 수반한다.

[15] 바울로는 현재의 상황을 보다 명시적으로 서술한다. 그러나(이 반의어는 앞 귀절의 마지막 말과 반대되는 것으로 보는 것이 가장 자연스럽다 : 율법은 그리스도 안에서 사라졌다. 그럼에도 불구하고……) **오늘날까지도 모세의 글을 읽을 때마다**(회당에서 유다인들에 의해 공적으로 읽혀지거나 연구되었다. 그러나 Reicke, *Diakonie*, 288—9에서는 바울로가 유다교적 그리스도교 구약성서 해석을 공격하고 있다고 본다) **너울이 그들의 마음을 가리웁니다.** 어떤 학자들은 "그러나"를 강조하는 말로 간주한다 : '그렇습니다. 오늘날까지도…….' 리츠만은 율법에 덮인 너울로부터 이스라엘 사람들의 마음에 덮인 너울로 옮겨간 데(참조. 이 책 164면) 강조가 있는 것으로 본다. 토라를 읽는 것은 모든 회당 예배의 한 순서였다. 특히 P. Billerbeck, "Ein Synagogengottesdienst in Jesu Tagen", *Z.N.T.W.* iv 143—61을 참조하라. 토라는 진리를 담고 있다. 그러나 그것은 너울을 뚫고 듣는 사람들의 마음에까지 파고들 수는 없다.

[16] 그러나 그 너울은 벗겨질 수 있다(바울로는, 하느님이 자신에게 그의 아들을 계시해주셨기 때문에—갈라 1, 16

—이것을 알고 있다). 그러나 그것이 (15절의 마음을 가리키거나, 아니면 이스라엘, 모세, 혹은 다른 어떤 사람을 가리킬 것이다) 주님(이 말이 그리스도를 가리키는 것으로 해석하는 데 대해서는 Bousset, *Kyrios Christos*[1913], 122, 145)께로 돌아설 때마다 그는 그 너울을 벗겨주십니다. 성서 전체의 의미는 주(즉 그리스도) 안에서 분명해진다(Calvin). 이 귀절이 출애굽기 34장 34절의 언어와 유사하다는 사실은 이 귀절을 모호하게 하지만 동시에 그것을 해석하는 데 필요한 실마리를 제공한다. 구약성서의 귀절에는 이렇게 되어 있다: "그러나 모세는 주님과 대화하기 위하여 그의 앞으로 나아갈 때마다 너울을 "벗었다"(περιῃρεῖτο)." 여기서 너울을 벗은 것은 모세임에 틀림없다. 그리고 동사(히브리어 yasir를 번역한 동사)는 중간태로 보아야 한다: '그는 스스로 너울을 벗었다.' 그러나 바울로는 이제 모세를 생각하고 있는 것이 아니라 이스라엘의 회심을 생각하고 있다(궁극적으로는 이스라엘 전체의 회심이지만 여기서는 ~때마다가 보여주듯이 로마서 11장 26절과 관련해서 보다는 로마서 11장 14절과 관련해서 생각하고 있다. 비교. 고전 9,20). 그래서 바울로는 '주님의 앞으로 가다'를 "주께로 돌아서다"로 바꾸었다. 그리고 조건절에서 모세가 언급되지 않으므로 귀결절에서도 모세가 나올 수 없다. 대부분의 주석자들은 이 사실을 깨닫고 동사를 수동형으로 보며, '너울은 벗겨졌읍니다'라고 번역한다. 그러나 형식상으로는 중간태로 볼 수도 있으며, 칠십인역은 실제로 중간태임을 시사해준다. 이렇게 보면 "그는 너울을 벗겨줍니다"라고 번역하게 되는데 여기서 주어는 앞 절의 주 외에 다른 것일 수가 없다. 물론 수동형 동사로 볼 경우에도 이 행위를 하는 자가 누구인지가 암시된다. 그러나 여기서 번역한 것과 같이 중간태 동사로 볼 경우에 다음 귀절로의 이행이 좀더 쉬워지며, 이 귀절이 안고 있는 난점을 해결하기도 쉬워진다. 사람들의 마음을 복음에로 개방시키는 것은 하느님 자신이다. 회심은 궁극적으로 하느님의 자비에 근거한다(비교. 예를 들어 로마 9,16). '구약성서의 영향 아래 있는 경험적 유다교로부터 벗어나서 살아계신 주로 알려져 있는 십자가에 달린 분에 근거해 해석된 존재는……그리스도교를 존재하게 하는 영속적인 토대가 된다' (Goppelt, 111).

[17] 이제 '주'는 곧 영이십니다. 번역문에서 인용부호를 적은 것은 "주" 앞에 나오는 관사(ὁ κύριος)가 이 말이 앞에 이미 나온 말임을 가리키며(참조. Turner, *Insights*, 126; Kümmel, *Theologie*,

149), 또 독자들의 주의를 16절의 주에로 향하게 하는 것이라는 사실을 분명히 하기 위해서이다. 이것은 실제로는 구약성서로부터 인용한 인용문이다. 바울로는 이 말을 그리스도와 관련해서 해석한다(어딘지 모르게 쿰란의 p^e^sharim과 같은 방식으로 해석한다. 예를 들어 1 *QpHab* xii. 7 : '그 도시는 예루살렘이다' ha-qiryah hi' y^e^rushalaim: 비교. 갈라 4,25 ; 고전 10,4—p^e^charim: '주석'이라는 뜻의 히브리어). "주"는 우리가 알고 있듯이 단순히 회개한 이스라엘이 다시 향하는 신적인 분이 아니라 그들의 마음으로부터 너울을 벗겨서 이처럼 그들이 돌아설 수 있게 하는 분이기도 하다. 후자의 기능은 바울로의 이해에 의하면 특별히 성령의 활동인데 성령은 사도의 설교에 함께 하며, 설교에 능력을 부여해서 단순히 그것이 인간적인 말이 아니라 하느님의 말이 되게 하고(데전 2,13 ; 비교. 고전 2,4), 따라서 새 계약의 복음이 지니는 진리를 믿는 자들의 마음 속에 새긴다(3,3). 이러한 견해가 옳다고 해도 바울로가 여기서 고양된 그리스도와 성령을 동일시하고 있으며, 따라서 삼위일체론적인 하느님 교리를 배제하고 유니테리안적인 교리를 가르치고 있다고 결론내릴 만한 이유는 없다. 바울로에게 있어서 주이신 그리스도와 영이신 그리스도는 서로 긴밀하게 관련되어 있어서 둘 중의 어느 하나를 다른 하나와 분리시켜서 생각할 수 없다. 왜냐하면 그리스도 안에 있는 존재의 객관적인 신분은 특별한 은사들에서 현시되는(예. 고전 12,7) 성령을 주관적으로 받아들이는 일을 수반하기 때문이다. 그러나 바울로는 가령 '그리스도의 영'(로마서 8,9)이라는 말에서와 같이 그것들을 구별할 수 있었다. 주라는 말과 영이라는 말이 동일시되는 것은 인격(혹은 실체—리츠만이 말하듯이)이라기보다는 행위의 영역(비교. 고전 15,45)에서이다. 이 장의 앞 부분에서 영은 잉크(3,3)나 글(3,6·7·8)과 대조되었다. 영의 활동은 기록된 율법의 권위(가령 *κύριος* "주")를 대신하는 것이며, 따라서 사람들의 마음에 써어져 있는 율법에 대한 예레미야의 '새 계약' 예언을 성취시킨다. 이 문장에 대한 여러가지 해석들을 상세히 설명한 것으로는 Allo, 94 이하, 107—11을 참조하라. 알로 자신은 바호만과 마찬가지로 6절의 글과 영의 대조를 강조하는데 바호만도 역서 여러가지 해석들에 대해서 상세하게 설명한다. 이외에도 W.D. Davies, 196 ; J.D.G. Dunn, in *J.T.S.*xxi, 309—20을 참조하라. 이들도 여기서 제시된 것과 비슷한 결론에 도달한다.

그러므로 영은 곧 지배할 권리를 가진 주이시다. 그런데 주의 영이

계신 곳에는 자유가 있읍니다. 기록된 율법의 지배가 끝나는 것은 자유를 의미한다. 자유는 고린토전서의 중요한 주제인데(9, 1·19 ; 10, 29 및 해당 주석) 고린토후서에서는 이 곳에서만 언급된다. 로마서 6장 18·22절, 8장 2·21절(그리고 해당 주석), 갈라디아서 2장 4절, 4장 22—31절, 5장 1·13절을 참조하라. 그것은 율법과 죄, 죽음으로부터의 자유이다. Käsemann I, 21(영어번역본, 119)에서는 자유를 주는 주와 *Ἀναγχή*("운명의 신")를 대조시킨다. 이 문맥에서는 12절("자유" *παρρησία*)을 얼핏 시사하기도 하고, 또 바울로의 사도 활동을 특징짓는 담대함에 대해서 언급하기도 하지만 시나이산의 모세에 대해 상세하게 이야기하는 이 문맥은, 여기서 바울로가 염두에 두고 있는 것이 율법으로부터의 자유임을 보여준다. 진리와 자유, 담대함(*ἀλήθεια, ἐλευθερία, παρρησία*)이 함께 나오는 Lucian, *Piscator* 17(Bachmann에 의해 인용되었다)을 비교하라. 자신들의 마음 속에 영으로 새겨진 하느님의 율법을 가지고 있는 그리스도교인들은 율법적인 종교에 얽매이지 않는다. 영의 능력 안에서 활동하는 사도는 자신의 설교나 교회와의 관계를 근시안적으로, 편리위주로 처리하거나 또는 유화시키는 방식으로 처리함으로써 한정시킬 필요가 없다. 이 자유는 하느님의 뜻과는 상관없이 무엇이든 원하는 대로 행동할 수 있다는 방종은 분명히 아니므로 다음과 같은 터너의 주장은 어느 정도 설득력이 있다 : '이 문장의 맨 처음에 나오는 말(여기서는 "~곳에는" *οὗ*라고 번역되었다)은 다르게 써야 하며, "~아니다"로 번역해야 한다. 그러면 이 문장은 영은 주로부터 독립한 것(the independence of, 자유로운 것 freedom from)이 아니다를 의미하게 된다' (*Insights*, 126 이하). 그러나 이 주장은 언어학적으로 설득력이 없다. 바울로는 '~로부터의 자유'라는 말을 표현할 때 속격을 쓰지 않으며(터너는 of를 써서 번역했다), 전치사(*ἀπό*. 로마 6, 18·22 ; 7, 3 ; 8, 2·21 ; *ἐκ*. 고전 9, 19)나 여격을 사용한다. 그리고 '독립된 것'은 정확한 번역이 아닌 것 같다. 이 귀절에 대한 일반적인 번역을 그대로 두는 것이 좋다. 그러므로 본문을 '영이 지배하는 곳에는'(*κυρίου* 대신 *κύριον*이라고 읽는 독법)이라고 수정할 필요는 없다. 혹은 본문을 개정하고 구둣점을 달리 찍어서 '주가 계시는 곳에는(*οὗ δὲ ὁ κύριος*) 영이 계시다. 영이 계신 곳에는 주의 자유가 있다(*οὗ δὲ τὸ πνεῦμα, κυρίου ἐλευθερία*)'라고 번역하는 헤링을 따를 필요도 없다.

[18] 단락을 끝맺으면서 바울로는 모세의 활동과 대조되는 (J. Jeremias, in *T.W.N.T.* iv. 872—3) 사도의 활동이라는 중심 주제로부터 모든 그리스도교인들에게 공통적인 주제로 옮겨간다. **그리하여 우리는 다 함께**(모세와 같은 단순한 한 개인이 아니며, 사도들만도 아니다). 유다인들도, 이방인들도 주께로 돌아섰으며, 영에 의해 창조된 자유를 얻었읍니다. 그래서 우리는 **너울을 벗은 얼굴로**(주께서 곧 영이 너울을 벗겼으므로—van Unnik의 논문을 참조하라. 이 논문은 118면에서 언급되었다) **거울을 보듯이 주의 영광을 들여다 보면서.** 또 다른 번역은 '거울처럼 주의 영광을 나타낸다'이다. 그러나 이 번역은 별로 좋지 않다. 이 동사(*κατοπτρίζεσθαι* "거울로 비추어보다")는 자주 나오는 동사가 아니며 따라서 그 용법이 분명하지 않다. 크리소스톰은 두 가지 해석을 결합시키는 것으로 보인다(Denney). 그러나 고대의 역본들은 '나타낸다'보다는 '들여다보다'를 뒷받침해주며, "우리가 나타낸다"라는 번역은 그리스도교인들과 너울 때문에 보지 못하는 유다인들 사이의 대조를 표현하지 못한다(Kümmel; 빈디쉬도 이와 비슷하게 말한다 : 비교. Wilckens, *Weisheit*, 74).

주의 영광을 들여다보고 그에 대한 지식을 받는 것이(비교. 4,6) 변화되는 것이다. 이러한 주장과 영지와의 관계에 대해서는 4장 6절에 대한 주석을 참조하라. 이러한 변화의 결과가 신격화는 아니지만 (Bousset, *Kyrios Christus* [1913], 203) 결코 그러한 신격화로부터 거리가 멀지는 않았다. 그러나 큄멜(Kümmel, *Theologie*, 199)은 여기서 나타나는 사상이 본래 신비주의적인 것은 아니라고 주장하는데 이것은 옳다. 믿는 자는 여전히 하느님과는 다른 존재이다. 우리는 **영광에서 영광으로, 똑같은 형상으로 변형되었읍니다**(Betz, *Lukian*, 132). "형상"이라는 말이 갑자기 나온다(참조. 로마 8,29 ; 고전 11,7 ; 15,49, 이 각각의 귀절에 대한 주석들). 골로사이서 1장 15절(*Adam*, 86)도 참조하라. 고린토후서 4장 4절과 비교하라. J. Jervell, *Imago Dei*(1960), 173—6에 따르면 3장 18절—4장 6절은 창세기 1장 26—27절에 대한 주석이다. 그러나 이 형상이라는 말은 지혜 사상 영역의 거울을 본다는 데 대한 언급에서 더 잘 시사된다(참조. 특히 지혜 7,26). 그리스도교인들은 직접 하느님을 본 것이 아니다. 이 세상에서는 이처럼 직접 볼 수가 없다. 그들은 마치 거울을 보듯이 그의 영광을 본다. 실제로 그들이 깨달은 것은 예수 그리스도의 얼굴에 나타난 하느님의 영광에 대한 지식이었다(4,6). 달리 말하자면 그들은 하느님을 보는 것이 아니라 하느님의 형상인 그리스도(즉 보이지 않는 하느님이 보이게 되는 수단, 사변적인 지혜의 실체가 아니라 예수의 역사적 인격)를 본다. 그리고 하느님의 형상인 그리스도를 봄으로써 그들은 신격화되는 것이 아니라 똑같은 형상으로, 그들이 그와 함께 점점 더 많이 누리게 되는 영광으로 변화된다(영광에서, 말하자면 한 단계의 영광에서, 영광으로, 즉 더 높은 단계의 영광으로). 제2바룩서 li, 3. 7. 10과 비교하라('……그들은 아름다움에서 사랑스러움으로, 빛에서 영광의 광채로…… 변화될 것이다'). 또 어떤 학자들은 현재의 영광이 미래의 영광에 자리를 내주는 것이라고 생각하기도 한다. 슐라터는 다음에 나오는 "~로부터"(주로부터)에 주목하면서 둘 다 원인적인 것이라고 본다 : '영광은 영광으로부터 온다' (비교. Collange, 123).

변화는 영이신 주로부터 일어난다. 마지막 몇 절에서 바울로는 영지주의의 언어를 상당히 많이 받아들인다(바울로가 여기서 창세기 1장에 대한 미드라쉬를 제공하고 있다는 제벨의 견해에 대해서는 앞부분과 이하의 132—5면을 참조하라). 바울로는 여기서 이 단락의 끝부분을 서두의 말과 연결시킨다(3, 3·8) : '변화시키고 영광스럽게 하는 분은 영이다.' 인간의 본성이 거듭나는 데에는 영이 관련되어 있음이 분명하다. 그러나 여기서 바울로가 의미하는 바는 꼭 그러한 것이 아니다. "~로부터"라는 전치사 뒤에는 속격이 나란히 두번 나온다(ἀπὸ κυρίου πνεύματος). 17절 서두에서 두 개의 명사를 동일시한 것은 아마도 그것들이 여기서 동격이라는 견해를 정당화해줄 것이다 : 주, 즉 영으로부터. 달리 가능한 것들은 주의 영, 영의 주, (두 말들에 모두 관사가 없으므로 κυρίου를 형용사적으로 볼 경우. 참조. Knox, *P.G.*, 131—2) 지배하는 영 등이 그것이다. 바울로가 여기서 이 일은 하느님이 하는 것이라고 단언하려 한다고 가정하는 것이 아마도 가장 좋을 것이다. 그리고 하느님은 우리가 그를 아버지로 생각하건, 아니면 아들, 혹은 영으로 생각하건간에 주이다. 그리고 바울로가 여기서 신적인 변형의 활동은 실제로 이들 중에서 영의 활동에 속하는 것이라고 덧붙여 말하려고 한다고 가정하는 것이 좋다.

'바울로는 18절에서 참으로 많은 것들에 대한 입증을 끝냈다' (Lietzmann). 리츠만은 바울로가 자신의 사도직은 존귀하며, 그것 자체로서 충분하다고 주장함으로써 이 단락을 시작했다고 말한다. 즉 그는 추천서를 필요로 하지 않는다는 것이다. 그리고 바울로는 사도들의 신분이 아니라 모든 그리스도교인들의 신분에 대해서 말함으로써 이 단락을 끝맺었다는 것이다. 이것은 맞는 말이다. 이러한 이행은 바울로가 본래 의도했던 것이다. 사도로서 그는 권위를 가지고 있다(10, 8 ; 13, 10). 그러나 그는 특별히 우월한 그리스도교인이 아니다. 어느 면에서 이처럼 뒤집어 말하는 것은 타당하다(고전 4, 8 이하). 그리고 바울로가 여기서 영광의 환상과 신자들의 변화에 대해서 말하는 내용들도 4장과 6장(비교. 고전 4, 11 이하)에 서술된 사도적 삶의 비천한 모습과 단지 피상적으로만 모순되어 보일 뿐이다. 하느님의 모습을 보는 것은 여전히 제한되어 있다(5, 7). 미래에 속하는 영광을 완전히 실현시키지는 못하지만 선취하는 것은 제일 첫 보증인 성령이다(1, 22 ; 5, 5). 바울로에게는 결코 영광의 신학(Theologia gloriae)이 없는 것이 아니며(*Signs*, 105), 실제로 그는 역설적인 방식으로 '승리'를 말하고 있다(2, 14).

7. 선교활동과 그것을 통해 전해지는 보물
4장 1—6절

1 이와 같이 우리는 하느님의 자비하심을 힘입어 이 직분을 맡았으므로
우리 직무를 게을리 하지 않습니다.[8] **2** 오히려 우리는 우리에 관한 한에 있
어서는 수치스러운 숨은 일들을 버렸읍니다. 우리는 교활한 짓을 하지 않으
며, 하느님의 말씀을 비뚤어지게 하지 않습니다. 오히려 우리는 진리를 밝
히 드러냄으로써 하느님 앞에서 우리 자신들을 모든 사람의 양심에 추천합
니다. **3** 나아가서 우리의 복음이 가려져 있다면 그것은 멸망하는 자들에게
가려진 것입니다. **4** 이처럼 멸망하는 자들 안에서 이 세상의 신이 믿지 않
는 자들의 마음을 어둡게 하여 하느님의 형상인 그리스도의 영광스러운 복
음의 빛을 보지[9] 못하게 했읍니다. **5** 왜냐하면 우리가 전하는 것은 우리들
자신이 아니라 주되시는 그리스도 예수이기 때문입니다. 그리고 우리들 자

8) 많은 사본들에 "직무를 게을리하다"(ἐγκακοῦμεν) 대신 "피곤해하다"(ἐκκακοῦμεν)로 되어 있다.

9) 이 귀절에 대한 주석을 참조하라. 여러 사본들과 역본들에서 이 동사는 대명사 αὐτοῖς가 첨가됨으로써 "빛나다"라는 의미로 규정되었다. 그러나 보다 옛 사본들에는 대명사가 나오지 않는다. 그리고 아마도 이 동사를 잘못 해석함으로 인해 대명사를 첨가하게 되었을 것이다.

신은 예수를 위하여 여러분을 섬기는 종들입니다. 6 그것은 "어둠 속에서 빛이 비쳐[10] 나오라"고 말씀하신 하느님께서[11] 우리 마음 속을 비추셔서 그리스도의 얼굴에 나타난 하느님의 영광을 아는 지식에 있는 빛을 비쳐주셨기 때문입니다.

앞 단락에서는 모세의 직무와 바울로(사도직의 대표)의 직무를 대조시켰다. 즉 사라져가는 율법의 영광과 변화시키는 영의 능력을 대조시켰는데, 전자는 사람들이 그것을 통해 하느님과 관계를 맺게 되기를 바랐지만 사라져버렸는 데 반해서 후자는 율법이 단지 헛되이 요구할 수 있을 뿐이었던 영광스러운 하느님의 형상을 실제로 사람들 속에서 창조한다. 모세는 율법의 일을 하는 사람이었고, 바울로는 복음의 일을 하는 사람이었다. 즉 '그리스도의 영광이 빛나는 복음'(4절에 대한 Calvin의 해설)의 일을 하는 사람이었다.

〔 I 〕 "이와 같이". 복음은 하느님의 영광에 대한 기쁜 소식이기 때문에(만일 *διὰ τοῦτο*가 뒤에 나오는 내용을 가리킨다면 '다음 절에서 말하는 내용 때문에'를 뜻할 수도 있다), **우리는 하느님의 자비하심을 힘입어 이 직분—생명, 영광, 영의 직분—을 맡았으므로 우리 직무를 게을리하지 않습니다.** 이것은 의역한 것인데 '이 직분을 맡았고'라는 절과 '자비하심을 받아서, 혹은 자비로운 대우를 받아서'라는 절을 결합시킨 것이다. 후자(*καθὼς ἠλεήθημεν*: "자비하심을 힘입어")는 뒤따라 나오는 내용과 더욱 밀접하게 연결시킬 수 있을 것이다: '하느님이 우리를 자비롭게 대해주셨으므로 우리도…….' 그러나 아마도 바울로는 의역에 나와 있는 내용을 단지 보다 강조해서 말하고 있는 것 같다. 박해자였던 그가 선교자로 부름을 받게 된 것은 오직 하느님의 자비에 의한 것이었다(참조. 고전 15, 9—10 ; 갈라 1, 13 ; 디전 1, 15—16 ; 고전 7, 25).

"우리는 우리 직무를 게을리하지 않습니다"(참조. 이 책 171면의 주 8 : 비교. 4, 16 ; 루가 18, 1 ; 특히 갈라 9, 9). 위의 각 절들에서는 동일한 본문변형이 일어나고 있다. 단지 그리이스어 단어들이 비슷할 뿐만이 아니라 사상적으로도 관련되어 있다. 왜냐하면 낙심은 쉽게 직무태만의 원인이 될 수 있기 때문이다. 녹스(W.L. Knox, *P.G.*, 133)는 '불성

---

10) P^{46} B ℵ* A D*에 "빛이 비쳐 나오라"(*λάμψει*)로 되어 있다. *λάμψαι*는 아마 창조설화(창세 1, 3)에 동화된 것이리라.

11) D* G it Marcion에서는 아마도 문장을 보다 부드럽게 하기 위해서 관계대명사(*ὅς*)를 생략했다.

실하게 행동하다'로 보는데 이것은 이 말의 일반적인 의미가 아닌 것 같다. "우리 직무"는 분명히 순수하고 능력있는 복음을 선포하는 것이다. 이 사상은 자연스럽게 다음 귀절로 이어진다.

〔 2 〕 우리에 관한 한에 있어서는(이 말은 〔특이하게〕 중간태 ἀπειπάμεθα "버렸읍니다"를 사용한 의미를 드러내주기 위해서 집어 넣었다) **수치를 가리는 행동들을**, 직역하면 수치스러운 숨은 일들을 **버렸읍니다**(문맥상으로 이 말이 바울로가 전에 그런 행동을 했었다는 것을 의미하기는 어렵다). 바울로는 여기서 사람들이 하기는 하지만 반드시 감추고서 하는 일들, 그래서 드러났을 경우에는 수치스러운 일들에 대해서 말하고 있다. 그는 다음 절에서 정죄받은 행동들을 염두에 두고 있다. 중간태 동사의 의미는 어떤 사람에게 제공된 것을 거절하는 것을 말한다. 이 경우 바울로는 전적으로 자신이 할 수도 있었으나 스스로 거절했다고 기술한 일들에 대해서 생각했을 것이다. **우리는 교활한 짓을 하지 않습니다**. 바울로의 말(πανουργία "교활한 짓"; 비교. 12, 16의 형용사가 사용된 곳)은 직역하면 '어떤 일, 대개는 나쁜 일을 할 용의'를 뜻한다. 즉 우리가 흔히 하는 말로 '무슨 짓도 서슴치 않다'를 뜻한다. 뒤따라 나오는 내용을 감안한다면 갈렌과 또 다른 학자들이 약의 품질을 떨어뜨린다는 의미로 이 말과 동일 어원의 말들을 사용한 것은 중요하다. 그러므로 바울로가 우리는 …**하느님의 말씀을 비뚤어지게 하지 않습니다** 라고 계속하는 것은 덧붙여 말하는 것이라기 보다는 구체화해서 말하는 것이다. 2장 17절과 비교하라. 2장 17절에서와 마찬가지로 여기에도 두 가지 의미가 함축되어 있다. 첫째, 바울로는 (이방인 개종자들까지도 포함하여 모든 사람들에게 모세의 율법을 준수하도록 요구하지 않음으로써) 복음의 질을 떨어뜨린다는 비난을 받았었다. 둘째, 바울로의 견해에 의하면 하느님의 말씀을 그릇되게 한 그리스도교 설교자들이 있었다. 이것은 11장 13절(참조. 해당 주석과 "False Apostles")—이 귀절에서 바울로는 그의 경쟁자들 중 몇몇 사람들에 대해서 거짓 사도라고 기술하고 있다—의 (서로에 대한) 비난이 이미 떠돌고 있었음을 의미한다. 다음의 몇 귀절들(참조. 주석)은 분명히 논쟁적인 상황을 전제한다. 그러나 바울로가 염두에 두고 있는 적대자들이 누구였는지를 서술할 수 있을 정도로 분명하지는 않다. 그러나 2절b는 그들이 추천서를 지니고 있었던 사람들(참조. 3, 1—2의 주석)과 같은 인물들임을 암시한다. 그리고 3절은 바울로가 가려진 복음을 설교한다고 비난받았음을 시사해준다. 그는

유다주의자들로부터 율법에 순종할 것을 요구하지 않음으로써 복음을 비뚤어지게 한다고(Schoeps, *T.G.F.*, 68) 비난받았을 뿐만 아니라 그리스도교의 메시지를 오직 소수의 영지자들만이 알 수 있게 영지주의적인 방식으로 설교한다고 비난받았다. 이러한 비난은 다음 절에서 반박된다.

다른 사람들은 복음을 그릇되게 하기도 한다. 그리고 그들은 우리에게 그런 비난을 한다. 그러나 사실은 진리를 밝히 드러냄으로써, 즉 복음, 하느님의 말씀(참조. Bultmann, *Exg.*, 143)을 밝히 드러냄으로써 하느님 앞에서 오직 그의 심판만이 중요하다(참조. 고전 4, 4). 우리 자신들을 —유다주의자들처럼 편견에 호소하는 것이 아니라— 모든 사람들의 양심에(직역하면 사람들의 모든 양심에. "모든"πᾶσαν은 강조하기 위해 앞에 나왔다) 추천합니다. 이 문장의 거의 모든 단어들이 긍정적인 의미에서나 부정적인 의미에서 중요하다. 바울로는 고린토의 사건들에서 분명히 매우 중요한 역할을 했던 추천서에 관한 주제를 아직 끝맺지 않았다. 바울로가 자신은 스스로를 추천하지 않으며, 또 그렇게 하지도 않겠다고 말하는 다른 귀절들과 이 귀절 사이에는 단지 겉보기에만 모순이 있을 뿐이다. 바울로가 스스로를 추천하는 것과 그의 경쟁자들이 스스로 추천하는 것의 차이는, 바울로는 "하느님 앞에서" 그렇게 한다는 점에 있다. 그리고 그는 양심에 호소한다. 이 말(συνείδησις "양심")에 대해서는 *Romans*, 53와 『고린토전서』, 129—130·282—285면을 참조하라. 그리고 C. Maurer, in *T.W.N.T.* vii, 897—918과 Bornkamm, ii, 111—18도 참조하라. 바울로는 여기서 —그가 그리스도교인들은 물론이고 비그리스도교인들도 지니고 있다고 말했던— 도덕적인 판단능력에 대해서 말하고 있는 것이다(Windisch). 바울로의 사도로서의 신실성을 받아들이지 않는 자는 결국에는 진리를 인정하지 않았기 때문에 스스로를 정죄하게 될 것이다. 바울로의 호소는 일반적이다. 이것은 바울로가 소수의 당파들로부터 승인을 얻으려 하고 있다는 의혹을 전혀 불러일으키지 않는다. 양심이 있는 사람이면 누구나 바울로의 훌륭한 믿음을 깨달을 수 있어야 한다. 왜냐하면 그는 "진리를 밝히 드러냄으로써" 양심에 호소하고 있기 때문이다(참조. 11절). 항상 그렇듯이(비교. 갈라 1, 8—9 ; 참조. *Sings*, 85—6) 바울로는 자신이 선포하는 복음에 의해 그의 활동이 정당화된다고 —결코 그 반대는 아니다— 본다. 그러나 복음이라는 말보다 훨씬 광범위한 의미를 지닌 진리를 선택한 것은 중요하다. 바울로는 자기 자신의 중요성에 대해서 이야기함으로써가 아니라 단순히 진리를 말함으로써 스스로를 추천한다. 12장 6절과 비교하라. 직역하면 "진리를 밝히 드러냄으로써"라는 이 구에 대한 병행구는 *CD* ii, 12—13에서 찾아볼 수 있는데 뷰로우즈는 그것을 다음과 같이 번역했다(Millar Burrows, *The Dead Sea Scrolls* [1956], 350) : '그는 자신이 기름부음받음으로써 그들로 하여금 그의 성령과 진리의 계시를 알게 했다.' 그러나 이 독법은 불확실하다. Murphy-O'Connor, in *P.&.Q.*, 198—9에 나오는 논의를 참조하라. 아마도 로제(Lohse)의 독법을 따라서 Wᵉḥoze 'ᵉmet "진리를 보는 자들", 즉 "참되게 보는 자들"이라고 하는 것이 가장 좋을 것이다. 진리라는 말에 대한 바울로의 용법의 기원을 쿰란 종파에서 찾을 필요는 없다. '진리'는 사람들이 믿는 '참된 메시지'에 대한 매우 적절한 용어이다.

[3] 바울로가 방금 말한 것은 모든 사람들이 그가 전하는 메시지를 믿으며, 따라서 바울로 자신을 참되고 신실한 사신으로 받아들인다는 것을 의미할 것이다. 그러나 사실은 그렇지 않았다. 가장 분명하게 그 사실을 깨닫고 기꺼이 받아들였어야 할 유다인들조차도 그렇지 않았다. 그들의 마음에는 너울이 씌어 있었던 것이다(3, 15). 그러나 바울로의 복음이 거부당했다고 해서 그것이 곧 그 복음 자체의 그릇됨을 입증하지는 못한다. 나아가서(혹은 ~일지라도) 우리의 복음이 —어떤 사람들이 말하듯이— "가려져 있다면"(ἔστιν κεκαλυμμένον은 완곡법적인 완료형, '가려져 왔다'를 의미할 수도 있다. 그러나 아마도 이것은 현재적인 서술어이리라 : 비교. Moule, *Idiom*, 18), 그것은 멸망하는 자들"에게"(바울로가 사용한 ἐν은 아마도 '가운데서'로 번역해야 할 것이다. 그러나 여기서는 단순히 대격을 대신하는 것이리라 : *B.D.* § 220. 1 ; *M.* iii. 264) 가려진 것입니다. 2장 15—16절과 비교하고 해당 주석을 참조하라. 고린토전서 1장 18절, 마르코복음 4장 11—12절도 참조하라. 앞장에서와 마찬가지로 여기서도 바울로는 복음에 대한 사람들의 반응은 궁극적으로 하느님 자신의 결단에 달려 있다고 본다. 리츠만에 의하면 바울로는 지금 자신의 적대자들, 자신의 복음이해를 받아들이기를 거부했던 11장 13절의 거짓 사도들에 대해서 말하고 있다. 그러나 그럴 것 같지는 않다. 이곳과 다음 귀절("믿지 않는 자들")에서 바울로는 일반적으로 거짓 형제들에 대해서가 아니라 그리스도교 공동체 밖에 있는 사람들에 대해서 썼던 언어를 사용하고 있다. 그는 아직 —로마서 9—11장에서 그랬던 것처럼— 복음에 대해 부정적으로 응답하는 것을 하느님이 어떻게 이용하는가

에 대한 자신의 사상을 발전시키지 않았다. 불신앙은 악마의 활동으로 인한 것이다.

[4] 이처럼 멸망하는 자들 안에서('~사람들의 경우에'라고 번역할 수도 있으며 그것은 확실히 좀 어색한 이 문장의 나머지 부분과 더 잘 어울린다) 이 세상의 신(사탄에 대한 거창하면서도 위험스러운 표현—Bengel)이 믿지 않는 자들의 "마음"을(νοήματα. 2장 11절이 아니라 3장 14절에서와 같다) 어둡게 하였읍니다. "이 세상의 신"은 악마(비교. 고전 2,8)에 대한 대담한 표현이며, 현 시대에는 악마가 하느님의 권위를 찬탈했고 동료 반역자들에 의해서 신으로 인정되었다는 묵시문학의 일반적인 전제에 기초하고 있다. 오직 올 세대에만 하느님은 그의 나라를 세우시며, 그때 악마는 쫓겨날 것이다. 예수의 삶과 죽음, 부활은 사탄과 그의 부하들에게 결정타의 일격을 가했다. 그러나 그들은 아직 완전히 정복당하지 않았으며, 완전히 화해하지도 않았다. 그들은 그리스도교인들을 공격하며(*Romans*, 174·244—5;『고린토전서』, 277면 이하 · 407—408면), 동시에 사람들이 그리스도교인이 되는 것을 막는다. 데살로니카후서 2장 9—10절과 비교하라(문제의 다른 측면에 대해서 말하는 다음 귀절도 참조하라: "하느님은 미혹하게 하는 힘을 그들에게 보내셨읍니다"; 참조. *Adam*, 13—14). 마르코복음 16장 14절의 소위 Freer 로기온과 비교하라. '멸망하는 자들'은 사탄의 제물들이다. 그리고 동시에 그들은 믿지 않는 자들이기도 하다("믿지 않는 자들" ἄπιστος라는 말은 고린토전서에 12회 나오며 고린토후서에 3회, 그리고 바울로서신 중 다른 곳에서는 나오지 않는다—고린토서는 분명히 교회 밖의 세계와의 관련성을 특히 중요시했다). 즉 그들을 멸망의 구렁텅이로 빠뜨리는 잘못은 다름아닌 그들 자신의 잘못이다. 이에 대해서는 Conzelmann, *Theol.*, 216—7에 나오는 흥미있는 해설을 참조하라. 이 역설을 해결하는 길은 오직 하느님에게만 있다. 그러나 위에서 지적했듯이 바울로는 여기서 이 문제를 다루고 있지는 않다. 사실 어떤 학자들은 "이 세상의 신"이 한 분이신 참된 하느님을 뜻한다고 보았다. 오직 한분 하느님만이 계시므로 이 세대의 하느님은 모든 세대의 하느님이라는 것이다. 그러나 바울로가 의미한 것은 이것이 아닌 것 같다. 그의 언어는 겉보기에 이원론적이다. 그러나 그것은 겉보기에만 그런 것이다. 악의 천사는 그 자신의 뜻과는 반대로 하느님에게 봉사하게 되며, 그래서 실제로 이원론은 배제된다(Lietzmann). Irenaeus, *Against Heresies* Ⅲ 7. 1에서는 "이 세상의"를 "믿

지 않는 자들의 마음"에 연결시킴으로써 난점을 피하나 동시에 핵심을 놓친다(Bousset, *Kyrios Christos* [1913], 234·244 ; N. Brox, *Z.N.T.W.* lix. 259 이하).

사탄은 이러한 사람들의 마음을 어둡게 하여 그리스도의 영광스러운(이처럼 속격을 계속해서 사용한 것[원문에는 '그리스도의, 영광의'로 되어 있다 : 역주]은 유다적인 그리이스어 용법이다 : Shoeps, *Paulus*, 26 ; 영어번역본 36) 복음의(기원을 나타내는 속격 : 참조. *B.D.* § 168—2 ; *M.* iii. 218) **빛을 "비추지"**(αὐγάζειν의 이러한 의미는 Sophocles, *Philoctetes* 218와 Philo, *De Vita Mos.* ii. 139에 분명히 나타난다. 이 책 127면의 주 9를 참조하고 3장 13절과 3장 18절의 κατοπτρίζεσθαι와 비교하라) **못하게 했읍니다**. 이 문장에서 사용된 언어들 대부분은 6절에서 보다 분명하게 다시 나온다(참조. 6절에 대한 주석). 바울로는 영지주의의 언어를 채택하고 있지만(γνῶσις "지식" : 6절), 복음을 받아들이지 않는 자들은 본성에 따라 복음을 받아들이지 않기 때문에 거부당하지는 않는다는 점을 분명히 밝힌다. 그들은 외부의 세력에 의해 보지 못하게 되었다. 빛은 바울로가 설교하는 복음으로부터 나오는데, 그 이유는 복음의 주제는 그리스도이며(다음 귀절 참조), 하느님의 영광을 전하는 그리스도 자신이 영광스러운 분이기 때문이다. 신적인 "영광"은 일반적으로 성서와 다른 곳에서 빛과 관련된 언어로 표현되었다(예. 이사 60, 1 ; 사도 22, 11). 따라서 성서적 상징과 영지주의의 상징이 결합될 수 있었다. 그러나 이러한 결합은 영지주의의 빛과 어둠에 관한 본질적인 이원론이 결단의 이원론으로 되는 방식으로 이루어졌다(H. Conzelmann, in *T.W.N.T.* ix. 337).

신적인 영광은 그리스도 안에서 나타난다(따라서 3차적으로는 복음 안에서 나타난다). 왜냐하면 그리스도는 **하느님의 형상이기** 때문이다. 3장 18절에 대한 주석을 참조하고, 히브리서 10장 1절과 비교하라. 제벨(Jervell, *Imago Dei* [1960], 209 ; 참조. 194—7, 214—18)에 의하면 여기서는 필립비서 2장 6—11절과 골로사이서 1장 15—20절에 인용된 것과 같은 그리스도론적 찬양문을 인용하고 있지는 않지만 은연중에 암시되어 있다. 그리스도가 하느님의 형상(하느님의 형태대로)이라는 것은 그러한 찬양문의 일반적인 구성요소이다(참조. 요한 1, 1·18 ; 히브 1, 3 ; 그리고 Bultmann, *Theol.*, 131 : 영어번역본, i. 132). 이것은 영지주의적인 형상 개념과 형식상으로 관련이 있는데 거기서는 형상이 실제로 하느님, 즉 계시된 하느님이며 천적인 인간 안에 성육한다(Jervell, 215). 그러나 언어상의 유사점들에도 불구하고 바울로의 하느님 개념은 영지주의에서와는 다르다. 그리고 그가 형상이라는 말을 사용하는 방식도 역시 영지주의와는 다르다. 제벨이 계속해서 다음과 같이 말하는 것은 옳다(216) : '신적인 영광은……하느님이 존재하고 행동하는 방식이다. 즉 하느님 자신이다. 만일 그리스도의 영광이 언급되었다면 그것은 하느님 자신이 그리스도 안에 현존한다는 것을 의십한다.' 그러나 제벨은 바울로서신들에서만 시사적인 자료들을 찾는데 그치지 않고 불행하게도 이것을 요한복음 서언과 히브리서에 관련시켜 계속 해석한다. 따라서 그는 다음과 같은 결론에 도달한다(218) : '우리가 고린토후서 4장 1—6절에서 볼 수 있듯이 그리스도가 하느님의 형상이라는 사실은 사람들이 그리스도의 신성(Göttlichkeit)을 깨달아야 한다는 결과를 가져온다.' 이것은 하느님의 형상인 그리스도를 통해 사람들이 하느님의 하느님 됨을—즉 하느님의 존재가 실제로 무엇을 의미하는가를— 깨닫게 된다고 말하는 것이 바울로의 생각에 보다 가까울 것이다. Barth, *C.D.* Ⅲ i. 202—2와 비교하라. 컴멜(*Theologie*, 145)은 지혜서 7장 26절을 언급하면서 다음과 같이 설득력있게 말한다. '이 개념의 기원에 비추어 볼 때 하느님의 아들과 하느님을 거의 동일시 할 수 없다. 그리고 바울로는 이 개념에 의해서 하느님의 아들 안에서 하느님 자신을 만나지만 동시에 하느님은 여전히 보이지 않는 분으로 남는다는 사실을 분명히 말할 수 있었기 때문에 이 개념을 사용했다는 결론이 나온다.' 바울로의 글들에서 다양한 방식으로 나오는 형상이라는 말의 단일한 의미를 제시하기는 불가능하다. 바울로는 구약성서의 창조설화와 지혜 문헌에서의 이 말의 용법을 알고 있었다(이 말의 용법은 에제키엘 1장에 기초하고 있다는 프로크취의 제안을 제벨이 반박하는 것은 옳다 : 제벨의 책 215—216면 주 165). 그리고 바울로가 원시 그리스도교의 찬양문에 영향을 끼쳤던 영지주의 자료들을 몰랐을 리는 없지만 그에게 영향을 끼쳤던 것은 주로 성서적 자료들이었다. 가령 고린토전서 11장에서 그가 염두에 두고 있는 것은 창조설화이다. 그리고 여기 고린토후서 4장(그리고 골로사이서 1장 15절)에서 그는 알려지지 않았던 하느님이 계시되는 수단으로서 지혜 개념을 구사한다. 6절에서 볼 수 있듯이 바울로는 창조의 유비("어둠 속에서 빛이 비쳐 나오라")와 그 자신의 회심에 관한 이야기("우리 마음 속을 비추셔서")를 동시에 생각하고 있다. 지혜는 창조 때의 하느님의 대행자이며(잠언 8, 22·30 ; 지혜 7, 21), '거룩한 영혼들 안으로 들어가서 그들을 하느님의 친구들과 예언자로 만든다' (지혜 7, 27). 즉 지혜는 회심을 일으키게 하는 분이기도 하다. 그러나 바울로는 이러한 것들을 암시하기 전에 더 대답해야 할 것이 있었다.

[5] 그는 그리스도에 대해서 이러한 방식으로 말해야 했는데 왜냐하면 그것은 우리가 전하는 것은 우리들 자신이 아니기 때문이라는 것이다(리츠만은 "우리들 자신"은 "전하다"에 연결되지 않으며, 다른 동사—λογιζόμεθα"생각하다"—로 이해해야 한다고 본다. '우리는 우리들 자신을 주가 아니라 종으로 생각합니다'). 3장 1절, 5장 12절과 비교하라. 이 귀절들에서는 바울로가 (스스로 인정하듯이) 스스로를 추천하고 있는 것처럼 보일 수도 있다. '그의 적대자들은 바울로가 스스로를 전한다고 비난하는데 그것은 전적으로 옳지 못하다' (Bousset, *Kyrios Christos* [1913], 155). 바울로의 입장은 사실 곤란한 것이어서 동일한 전제로부터 출발하지 않는 사람에게 설명하는 것은 거의 불가능했음에 틀림없다. 이러한 전제들은 어느 정도 그로 하여금 영지주의적 언어로 말하게 하기는 했지만 결코 영지주의적이지는 않았다(Schmithals, 150). 즉 바울로는 사도로서 활동할 수 있는 은혜를 받았다(예. 로마 12, 3). 사도직이 그에게 주어졌다(로마 1, 5). 그러나 사도직에 대한 바울로의 이해에 의하면 이것은 그가 설교하도록(갈라 1, 16) 복음이 그에게 맡겨졌다는 것을 의미한다(갈라 2, 7). 그리고 바울로나 또 다른 어떤 사람이라도 하느님의 사랑을 받을 만하지는 못하지만 인간됨에는 상관없이 자유롭게 그러한 사랑이 십자가에 못박히고 부활한 그리스도 안에서 주어졌다는 바로 그 사실 안에 복음이 존재한다. 바울로는 복음을 포기하지 않는 한 자신의 직무를 부인할 수 없었다. 그리고 자신의 인간적인 지위나 혹은 특권을 부인하지 않는 한, 사도로서의 자신의 직책을 수행할 수 없었다. 그의 사도로서의 권위는 일반적으로 권위의 표징으로 인정되는 모든 것들을 포기함으로써만 드러날 수 있었다. 따라서 다음의 두 절이 이어진다. "우리가 전하는 것은 우리 자신이 아니라" 주되시는(관사 없는 κύριον은 서술적인 성격을 띨 것이다) 그리스도 예수이기 때문입니다. 그리고 우리들 자신은 예수를 위하여 여러분을 섬기는 종들입니다. 이러한 몇 안 되는 단어들로 그리스도교 선교활동을 이보다 더 이해하기 쉽게 서술하기는 힘들 것이다. 바울로의 주된 일은 설교자로서의 직무였다. 그렇다고 해서 이것은 결코 목회자로서의 책임(비교. 11, 18)을 배제하는 것은 아니

다. 목회활동의 목적은 그리스도가 교회의 참된 주임을 깨닫게 하는 데 있다. 그러나 이와같은 목회활동은 바울로가 세례와 같은 일에는 거의 관심이 없었음을 의미한다(고전 1, 14—17). 그리스도교 신조의 요약문인 "예수는 주이시다"에 대해서는 로마서 10장 9절, 고린토전서 12장 3절과 주석을 참조하라. 여기에는 교리적인 암시가 있기는 하지만 교리보다는 신뢰와 순종을 나타내고 있다. 그리스도교 선포의 내용으로서 이것은 십자가에 달린 메시야가 하느님에 의해(부활을 통해 비교. 로마 10, 9) 하늘의 주권자의 위치로 올리워졌음을 의미한다. 속죄의 제물이며(로마 3, 25 ; 고후 5, 19 이하), 하느님의 사랑의 증거(로마 5, 8)이신 분이 이제 이 세상의 자비로운 지배자이며, 모든 악한 세력들에 대한 승리자이다. 따라서 그의 존재를 받아들이는 것은 죄와 죽음, 율법으로부터의 자유를 의미한다. 또한 그것은 그의 종이 되는 것을 의미하며, 바울로는 스스로를 그리스도의 종이라고 소개한다(로마 1, 1 ; 필립 1, 1). 그러나 그리스도의 종이 된다는 것은 구체적으로 그리스도의 사람들의 종이 되는 것을 의미하며 기꺼이 그들을 위하여 스스로를 쓰는 것, 또 쓰이는 것(12, 15)을 의미한다. 바울로는 자기 자신이 고린토인들의 신앙의 주라는 생각을 이미 거절했다(1, 24 : 여기서는 "주"κύριος라는 명사와 동일어원의 동사인 κυριεύειν "지배하다"를 사용한다). 여기서 그는 자신과 고린토인들과의 관계를 긍정적으로 표현한다. 이것은 아마 고린토 사람들도 만족스럽게 받아들인 관계였을 것이다(비록 그들은 자신들을 거칠게 다루는 사도라도 존경했지만 말이다—11, 20). 그리고 바울로가, 자신은—그들이 좋은 주인이라거나 혹은 그들이 자신에 대해 어떤 권리가 있기 때문이 아니라—예수를 위하여 그들을 섬긴다고 덧붙여 말하는 것은 매우 현명하다. 예수는 할례받은 자의 종이 되었기에(로마 15, 8 : 참조. 주석), 그의 사도도 그와 비슷한 일을 하게 된다.

[6] 바울로의 사도직의 기초가 다음 귀절에서 서술된다. **그것은 "어둠 속에서 빛이 비쳐 나오라"**(참조. 창세 1, 3. 그러나 거기 나오는 말—"빛이 있으라"—은 다르다 : 칠십인역 시편 111, 4을 보라)고 **말씀하신 하느님께서 우리 마음 속을 비추셔서 그리스도의 얼굴에 나타난**(이 말은 그리이스어 본문에는 없다) **하느님의 영광을 아는**("~의 지식" τῆς γνώσεως를 동격을 나타내는 속격으로 본다) **지식에 있는 빛을 비쳐주셨기**("비쳐주려고" πρὸς) **때문입니다**. 바울로는 여전히 지혜와 하느님의 형상(비교. 4절)으로서의 그리스도에 관한 주제를 염

두에 두고 있다. 이것은 첫 번 창조와 새로운 창조(참조. 17절)를 쉽게 비교할 수 있게 해준다. 그러나 여기서 중심이 되는 주제는 불트만이 올바르게 보았듯이(*Exeg.* 374—5) 구원이 창조와 병행한다는 것이 아니라 바울로의 사도 활동이 빛의 창조와 같다는 것이다. '따라서 여기서 병행을 이루는 것은 창조와 사도직이다.'

한 분 하느님이 모든 빛에 대해 책임이 있다. 바울로의 마음 속에 빛을 "비쳐주고"(*λάμπειν*: 사도행전 26장 13절의 바울로의 회심에 관한 이야기에서는 복합어 형태인 *περιλάμπειν*"주변을 비추다"가 사용되었다. 그러나 사도행전 9장이나 혹은 22장에서는 사용되지 않았다) 그에게 그리스도를 계시해주며(갈라 1, 16—이것은 바흐만과 헤링이 느꼈던 문제, 즉 아버지는 내재할 수 없다는 문제에 대답해준다) 그가 설교할 복음을 보여준 것은 바로 창조자였다. 창세기 1장에 나오는 빛의 창조는 세상을 밝히기 위한 것이었다. 그러나 바울로의 회심에 있어서 빛의 계시는 바울로의 사도 활동을 통해서 지식(*γνῶσις*)을 전파하려는 것이었다(참조. 2, 14과 그에 대한 주석). 여기서 '지식은 복음 외에 다른 것이 아니다' (Jervell, 218 주 172). 바울로는 (아마도 고린토에서) 자주 쓰이던 이 말을 논쟁적으로 바꾸어서 사용했을 것이다. '빛을 비추는 것'도 역시(신비종교보다는—Bausset, *Kyrios Christos* [1913], 203) 영지주의적인 배경을 암시한다(비록 저스틴 때부터 '빛을 비추다'라는 말이 세례에 대한 용어로 사용되기는 했지만 이 말이 이 때 벌써 세례 용어로 되었을 것 같지는 않다. Michel에서 히브리서 6장 4절에 관한 부분을 참조하라). 필로는 불을 붙이는 것과 지식(*ἐπιστήμη*; *De Gig.* 25)을 전해받는 것을 비교했다. 바울로는 자신의 선교활동을 세상에 빛을 가져오는 수단으로 본다. 즉 영적인 의미에서 세상에 빛을 비쳐주는 것은 지식이다. 지식은 하느님의 영광(단순히 위엄이 아니라 구원하는 행위)을 아는 지식이다. 그리고 이것은 그리스도의 "얼굴에", 즉 그의 인격(2장 10절에서의 *ἐν προσώπῳ*의 용법과 대조하라—Moule, *Idiom,* 184. 그러나 3장 7절에서의 모세도 참조하라)에 나타난다. 하느님의 형상으로서의 그는 보이지 않는 하느님 자신이 알려지는 장소이기도 하다.

그래서 바울로의 사도직을 정당화하는 말들로 시작했던 —이것은 5절까지 계속된다고 할 수 있다— 이 단락은 복음의 내용에 대한 설명으로 끝맺는다. 창조 때에 어둠으로부터 빛이 나와서 세상에 빛을 비쳤던 것처럼 바울로의 사도 활동을 통해서 하느님을 아는 지식이 영광 가운데 전해졌다. '하느님에 의해 창조된 빛은 사도직이 무엇인지를 암시적으로 가르쳐준다. 즉 그것은 세상의 한가운데에 있는 하느님 자신에 대한 표징이며 증거이다' (Barth, *C.D.* Ⅲ i. 120 : 참조. Ⅱ. i. 42). 그리스도 안에서 하느님의 영광이 계시되었다. 바울로는, (5절에서 볼 수 있듯이) 이러한 영광은 그 자신과 같이 약하고, 때로는 악담을 듣기도 하는 사람들에 의해 계시된다는 사실을 결코 잊지 않았다. 그는 다음 단락에서는 그러한 영광을 전하는 질그릇에 대해서 말을 계속 해야 할 것이다.

8. 선교활동—보물이 담겨 있는 질그릇 4장 7—18절

7 그러나 우리는 이 보물을 질그릇들에 가지고 있읍니다. 이것은 헤아릴
수 없는 능력이 하느님의 것이요, 우리에게서 난 것이 아니라는 것을 보이
기 위한 것입니다. 8 우리는 어느 때고 사방으로 괴로움을 당해도 눌리지
않습니다. 우리는 당황하는 일이 있어도 아주 실망하는 일이 없으며 9 박해
를 당해도 버림을 받지 않고 거꾸러뜨림을 당해도 망하지 않습니다. 10 우
리가 언제나 예수의 죽으심을 몸에 짊어지고 다니는 것은 예수의 생명이 우
리 몸에 나타나게 하려는 것입니다. 11 살아 있는 우리가 예수를 위하여 계
속해서[12] 죽음에 내맡겨지는 것은 예수의 생명이 우리 죽을 몸 안에서 나타
나게 하려는 것입니다. 12 이리하여 죽음은 우리 안에서 일하고 생명은 여
러분 안에서 일합니다. 13 성경에 "내가 믿었다. 그러므로 내가 말했다"고
한 말씀대로 우리에게도 바로 그와 같은 믿음의 영이 있기 때문에 우리도
역시 믿으며 또 말하는 것입니다. 14 그것은 예수를[13] 다시 살리신 분이 예
수와 함께 우리들도 다시 살리시고 여러분과 함께 그의 앞에 서게 하시리라
는 것을 우리가 알기 때문입니다. 15 이 모든 일은 다 여러분을 위한 것이

12) "계속해서"는 ἀεὶ이며, 문장 맨 처음에 나오는 것이다. 이것 대신에 P^{46} G pesh Irenaeus Tertullian Ambrosiaster에서는 εἰ("만일")라고 되어 있다. 아마도 이것이 옳을 것이다. "계속해서"는 10절의 "언제나"에 동화된 것이리라. 만일 εἰ로 읽는다면 번역은 다음과 같이 될 것이다. '만일 살아있는 우리가 예수를 위하여 죽음에 내맡겨진다면 그것은 예수의 생명이……'

13) 이것은 P^{46} B 33 vg Origen Tertullian의 독법이다. 대부분의 사본들에는 "주 예수"라고 되어 있다—보다 경건하게 확대시킨 것이다.

며, 더 많은 사람을 통하여 은혜가 더욱 풍성하여 감사가 넘치고 하느님께 영광이 되도록 하려는 것입니다. 16 그러므로 우리는 우리 의무를[14] 게을리 하지 않습니다. 비록 우리의 겉사람은 낡아지고 있으나 속사람은 나날이 새로와지고 있읍니다. 17 그것은 일시적이고 가벼운 환난의 짐은 비교할 수 없을 정도로 영원한 영광(의 짐)을 우리에게 가져오기 때문입니다. 18 우리는 보이는 것이 아니라 보이지 않는 것에 우리의 눈을 향하고 있읍니다. 보이는 것은 순간적이요, 보이지 않는 것은 영원하기 때문입니다.

바울로의 선교활동은 많은 비난에 직면했다. 그러나 그는 결코 자기 자신을 전하지 않았으며 위대하기는 하지만 사라져버릴 율법의 광채를 설교하지도 않았고, 오직 그리스도의 얼굴에 나타난 하느님의 영광만을 설교했다. 그래서 그는 사람들에게 참된 지식을 비쳐주었다. 그러나 그 영광은 전적으로 설교된 복음에 속하는 것이지 결코 그것을 설교한 사도에게 속하는 것이 아니었다.

[7] 사실 하느님이 우리의 마음 속을 비쳐주었다. 그러나 우리는 이 보물을 질그릇에 가지고 있읍니다. 이러한 은유는 드물지 않다. 그러나 이것은 다양한 의미로 사용된다. 질그릇이 성전에서 사용되었다는 사실과는 관련이 없는 것 같다(레위 6, 28 ; 11, 33 ; 14, 50). 디모테오후서 2장 20—21절에서 문제되는 것은 금그릇이건 은그릇이건 질그릇이건간에 주인이 귀하게 쓸 만한 깨끗한 것이냐는 점이다. 이사야 64장 8절에서는 질그릇이 스스로를 빚을 수 없다는 사실을 강조하고 있다. 말하자면 하느님은 도공과 같고 그의 백성은 도공의 질그릇과도 같다. 애가 4장 2절(비교. 예레 19, 11)에서는 질그릇의 깨지기 쉬운 속성에 대해서 말하고 있다. 이 은유는 쿰란 문헌에서 이 귀절에 대한 병행구로 간주되는 것들과도 특별한 관련성이 없다(1 *QS* 11, 22 ; 1 *QH* 3, 20—21 ; 4, 29 ; 10, 5 ; 11, 3). 헬레니즘적 용법에 의하면 이 은유에서 일반적으로 몸은 영혼을 담는 질그릇으로 표현된다. Cicero, ***Tusc. Disp.*** I 22, 52 : '몸은 실상 그릇과도 같으며 어떤 영혼들의 안식처이기도 하다.' Marcus Aurelius viii. 27과 비교하라. 비슷한 용법이 필로의 글에서도 나타난다(*De Migr. Abr.* 193 ; *Quod Det. Pot.* 170 ; *De Somn.* i. 26). 그러나 빈디쉬가 (이 단락에 관한 부분에서) 관찰한 것과 마찬가지로, 필로는 몸 안에 들어 있는 영혼이 독립된 인간 존재가 아니라 하느님과의 관계를 통해 존재하는

14) 동일한 변형이 4장 1절에도 나온다. 이 책 171면의 주 8을 참조하라.

것이라고 하는 점에서 헬레니즘적 용법보다는 바울로에 더욱 가깝다 ('우리의 정신이 몸을 창조한 것이 아니다. 오히려 우리의 정신은 다른 분의 작품이다. 따라서 정신은 마치 그릇 안에 담긴 것처럼 몸 안에 담겨 있다' : *De Migr. Abr.* 앞의 인용문 참조). 이러한 일련의 해석들 중 어느 것도 바울로가 이 은유를 구사한 용법과 꼭 들어맞지는 않는다. 5장에서 바울로는 몸에 대하여 죽음에서도 살아남는 존재의 외피라고 말하고 있는데 거기서 사용한 그의 언어가 어느 정도 헬레니즘적 용법의 영향을 받은 것은 사실이다(참조. 해당 주석). 그리고 이 단락에서 멀리 떨어져 있지 않은 부분인 4장 16절에서 그는 외적 인간과 내적 인간을 대조시키고 있다. 그러나 이 귀절에서의 바울로의 주된 관심은 질그릇이 깨지기 쉽다는 것을 강조하는 데 있는(Allo) 것이 아니라, 복음의 무한하고 값진 보물(참조. 47,6)과 그것을 전하는 인간을 대조시키는 데 있다. 바호만은 이것을 올바르게 간파했다. 그리고 48(신명 11,22에 관한) *Sifre Deut.* (84a)에는 상당히 밀접한 병행구가 나온다 : '포도주를 금그릇이나 은그릇에 보관할 수 없고, 그릇 중에서 가장 보잘것없는 질그릇에 보관해야 하는 것처럼 토라의 말씀도 스스로를 낮추는 사람만이 지킬 수 있다.' 복수형 '질그릇들'은 바울로가 그 자신뿐만이 아니라 그의 동료들까지도 생각하고 있음을 암시한다. 맨슨은 4장 6절을 상기시키면서(T.W. Manson, *Studia Paulina*, 156), 질그릇으로 된 고대의 작은 등불에 대해서 언급하는데 이것도 틀린 제안은 아닌 것 같다. 그러나 2장 14절까지 소급해들어갈 수는 없으며, —아이밀리우스의 승리에서 상당히 많은 양의 돈이 "항아리에"(ἐν ἀγγείοις) 운반되었다는 사실을 알 수 있는— Plutarch, *Aemilius* 32를 인용할 수도 없다. 꼴랑쥐(Collange, 146)는 kᵉli라는 말을 인간 존재에 대해 사용하는 구약성서의 어법에 주목한다.

복음의 존귀함과 그것을 전하는 사람의 대조는 하느님의 뜻에 의한 것이다. **이것은 헤아릴 수 없는 하느님의 능력이 하느님의 것이요, 우리"에게서"(ἐξ) 난 것이 아니라는 것을 보이기 위한** 것입니다. 바울로라는 보잘것없는 한 인간을 바라보는 사람은 그가 구원을 향하는 능력의 근원이라고는 결코 생각하지 않을 것이다(로마 1,16). 그러므로 이것은 본래의 근원에 속할 것이다. '빛', '지식', '영광'이라는 말을 이제 '능력'이라는 말이 대신한다. 모든 것이 바울로의 복음 이해와 긴밀하게 관련되어 있다.

이어지는 귀절들은 다음과 같은 두 가지 사실을 표현하고 있다. 즉 바울로는 무력하게 고난받는 자에 불과하므로 그 자신이 신적 능력의 참된 근원이라고는 결코 생각되지 않지만, 다른 한편 그와 같은 능력이 그가 받는 고난의 당연한 결과로부터 그를 구해내듯이 그 자신이 신적 능력이 현시되는 곳이기도 하다는 것이다.

[8—9] **우리는 어느 때고** "사방으로"(이어지는 네 가지 대조들에 적용되는 ἐν παντί를 수정한 것이기는 하지만 반드시 필요한 번역이다—Windisch 참조. 동일한 표현이 7장 5절에 나온다) **괴로움을 당해도 눌리지 않습니다. 우리는 당황하는 일이 있어도 아주 실망하는 일이 없으며**(바울로는 "당황하다"에 해당되는 말인 ἀπορούμενοι를 앞에 ἐξ라는 말을 덧붙여서 반복해 사용한다. 이 말의 완료형의 의미에 대해서는 *M.* i. 237 ; ii. 310 ; Robertson, 596을 참조하라) **박해를 당해도 버림을 받지 않고 거꾸러뜨림을 당해도 망하지 않습니다.** 7절에서의 동사(ἔχομεν "우리는 가지고 있다")를 사용해서 위의 일련의 분사들을 구성할 수도 있을 것이다. 그러나 그 분사들을 독립적인 것으로 보는것이 더 좋다. 바울로의 사도 활동에 대한 이와 비슷한 설명에 대해서는 고린토전서 4장 9—13절과 고린토후서 6장 3—10절을 참조하라. 사도의 삶에서 특별히 분명해지는 그리스도교인의 존재 양식은 십자가와 부활에 의해서 규정된다. 때로는 (특히 6장에서) 이러한 존재 양식의 두 가지 요소가 동일한 경험의 서로 다른 모습들로 역설적으로 서술되었다. 여기서 그 두 요소들은 매우 단조롭게 결합되었다. 괴로움은 심하지만 치명적이지는 않다. 실제로 당황하지만 바울로는 여전히 자신의 길을 찾을 수 있다. 박해는 가혹하지만 주님은 항상 자신의 종과 함께 계신다. 아무리 파괴적인 공격이라 할지라도 죽음을 가져오지는 못한다. 빈디쉬와 컴멜은 바울로의 언어와 스토아 학파의 언어의 유사성을 올바르게 밝혀주며, 동시에 그 둘의 내용상의 차이점들에 대해서도 근거있는 지적을 한다. 빈디쉬는 Seneca, *Ep.* lxxi. 25 이하에서 특별히 중요한 마지막 문장을 인용한다 : '그가 어디서건 똑바로 서서 생각한다면……자신의 힘을 새롭게 할 것이다' (stat rectus sub quolibet pondere...vires suas novit). 바울로가 알고 있는 것은 그 자신의 힘이 아니라 어려움으로부터 그를 구해내는 하느님의 능력이다. 만일 하느님의 능력이 아니었다면 이러한 어려움은 그에게 너무나 가혹했을 것이다(참조. 1,10). 그러므로 그의 설교와 함께 그의 삶은 복음에 대한 분명한 증거이다.

바울로가 십자가와 부활에 대한 자신의 경험을 변증법적 언어로 뿐만이 아니라 단순한 역사적 언어로도 서술할 수 있었다는 것은 신학적으로 매우 중요하다. 변증법적 언어들은 역사적 언어가 그릇된 영광의 신학(참조. *Signs*, 104—5)으로 발전하는 것을 방지한다. 그러나 한편 역사적 언어는 변증법적 언어가 단순히 지적 추상화로 되는 것을 방지한다. 하느님은 실제로 그의 종을 악의 세력으로부터 구원하신다. 이것은 신화가 아니라 사실이다. 그러나 오늘날에도 믿는 자가 죄와 죽음의 특징을 띠는 세상에 살고 있다는 것은 맞는 말이다. 아마도 바울로는 육을 멸시하고 스스로가 영적인 사람이라고 선언하는 고린토의 영지주의자들에 대항해서 이 점을 분명히 했을 것이다(참조. Schmithals, 74—8).

하나의 역사적 진술로서 이 말들은 11장 23—27절과 나란히 놓을 수 있을 것이다. 사도행전이, 어떠한 이유로 당하는 박해건 그 박해에 대해 보여주는 것보다 실제로 박해는 더 심했고 바울로는 더욱 심한 고통을 당했다.

[10] 바울로는 보다 명시적인 언어로 삶과 죽음의 유형에 대해서 말한다. **우리는 언제나 예수의 죽으심을 몸에 짊어지고 다닙니다.** 1장 5절, 13장 4절, 로마서 8장 17절, 고린토전서 15장 31절, 필립비서 3장 10절과 비교하라. 바울로는 죽음에 대해서 말할 때 일반적인 그리이스어(θάνατος)를 사용한다(11·12절까지 포함해서 45회). 그러나 여기서(그리고 다른 곳에서는 단지 로마서 4장 19절에서만) 그는 다른 단어를 사용한다(νέκρωσις). 그러므로 그가 여기서 단순히 죽음을 의미하지는 않았다고 가정하는 것은 타당하다. 이 말(νέκρωσις)은 죽는 과정, 죽는 것(νεκρός)을 나타낸다. 그리고 아마도 바울로는 여기서 그리스도교 사도로서 자신의 삶을 지켜가는 사람은(Cerfaux, *Christ* 245—6 : 영어번역판 327. 그는 여기서 바울로가 일반적인 그리스도교인의 경험보다는 사도적 경험에 대해서 말하고 있다고 강조한다) 끊임없이 반복해서 예수의 죽음과 같은 과정을 당하게 될 것을 뜻할 것이다. 비록 신체적인 고통의 배후에는 그것에 의미를 부여하는 '그리스도와 함께 하는 죽음'이 있지만, 박해에 관련된 문맥에서는 문자적으로 이해되어야 할 것이다('그가 예수를 위해 일함으로써 당하게 되는 고통으로 인해 그는 매일매일 죽어가고 있다.'—Denney. 비교. Schweizer, *Beiträge*, 175, 228. 참조. 갈라 6, 17). 불트만은 *E.&.F*, 328에서 예수의 죽음에 대한 바울로의 이해와 이그나티우스의 모방에 대한 사상을 대조시킨다(Ignatius, *Romans* vi. 3). 바울로

가 실제로 페르가에서 돌팔매질을 당하고 매질을 당하며 그밖에도 그와 비슷한 일을 당한 후 십자가에 처형되었다고 주장하는 것은(Turner, *Insights*, 94 : 참조. 12,7) 타당하지 않다. 죽는다는 것, 혹은 거의 그에 유사한 행위는 그리스도교인으로서 바울로가 보통 겪게 되는 경험의 일부였다. 그러나 그러한 것들은 그것 자체로써 끝나버리지 않는다. 우리가 그리스도의 죽음을 함께 하는 것은 예수의 생명이 우리 몸에 나타나게 하려는 것이다. 14절에 기록되어 있듯이 여기서 일차적으로 언급하는 것은 (슈미탈스의 주장과는 달리) 미래의 부활이다(참조. Barth, *C.D.* Ⅲ ii. 494). 즉 우리의 자연적인 몸이 영적인 몸으로 변화될 때 예수의 생명이 현시될 것이다(고전 15,35—49). 그러나 영의 활동을 통해서 그것이 이미 선취되었다는 것은, 이러한 과정에 대해 바울로가 이해한 바에 속한다(참조. 특히 1,22 ; 5,5). 이러한 정도로, 그리고 이러한 방식으로 예수의 생명은 바울로가 앞서 서술한(8—9절) 구원에서, 16절에서 말하는 내적 갱생에서 이미 현시되었다. 질그릇이 깨짐으로써(7절) 그것이 담고 있는 보물이 더욱 분명하게 드러난다.

[11] 이 귀절에서는 10절의 사상이 약간 변형되어 반복되고 있다. 살아있는 우리가(바울로는 관사를 쓰고 있다. οἱ ζῶντες—내림 이전에 죽지 않고 그것을 증거하고자 하는 우리들. 참조. 고전 15,51—52) 예수를 위하여 계속해서 죽음에 "내맡겨지기"(παραδιδόμεθα. 비교. 로마 8,32. 그리고 예수가 죽음에 넘겨지는 데 대해서 이 말을 사용한 다른 많은 귀절들을 참조하라. 이 말은 유다의 배반에 대해서도 사용되었다. 그러나 여기서 불성실에 관한 사상을 염두에 두고 있는 것 같지는 않다) 때문입니다. 즉 우리가 그리스도교인이라는 사실은 우리로 하여금 계속해서 더 이상 살아 남을 수 없는 모험을 하게 한다. 바울로는 내림(비교. 4절과 주석) 이전에 죽기를 원하지 않았다. 그러나 그는 분명히 죽을지도 모르는 위험에 자신을 내맡겼다. 이것은 (10절에서처럼) 문자 그대로 "예수를 위해서", 즉 사도직을 수행하는 데서 겪는 고통들로 이해되어야 한다. 그러나 이것은 동시에 십자가에 달린 그리스도와 함께 하는 경험의 공통성 —(신비라는 말이 자주 사용되기는 했지만) 신비가 아니라 예수 안에서 제공된 존재양식을 확고히 하는 믿음— 을 가리키기도 한다. '예수의 사신으로서 그는 그 자신의 수난에 관해서 이야기했다. 그는 단순히 그것을 말했을 뿐만 아니라 실제로 그것을 경험하기까지 했다. 필립비서 3장 10절과 비교하라' (Schlatter). 10절에서와 같이 그 목적이 표현된다. 예수의 생

명이 우리 죽을 몸 안에서 나타나게 하려는 것입니다. 이것은 "우리 몸"이 "우리 죽을 몸"으로 바뀌었다는 점을 제외하면 10절과 매우 긴밀하게 상응한다. 이에 대해서 컴멜은 여기서 *σάρξ*("육")는 바울로의 일반적인 어법과는 달리 *σῶμα*(몸)의 의미로 사용되었다고 기술한다. 즉 10절과 11절의 병행되는 진술에서 *σάρξ*("육")와 *σῶμα*("몸")는 부활 때의 *σῶμα πνευματικόν*("영적인 몸")을 기다리는 개별적인 존재를 의미한다는 것이다. "육"에 대한 바울로의 일반적인 용법에 대해서는 이 책 106—107면을 참조하라. *σῶμα*를 *σάρξ*로 바꾸어서 사용한 것이 단순히 문체에 변화를 주기 위해서, 아마도 문체를 더 좋게 하기 위해서 무의식적으로 그런 것이 아닌 한, 그것은 위에서 지적한 점을 강조하기 위한 것으로 이해해야 할 것이다(137—8). 예수의 생명의 현시는 오직 마지막 때의 부활에서만 완전하기는 하지만, 현재의 삶의 죄와 고통을 통해 이미 시작되었으며 빛나고 있다. 그것은 "육" 속에서도 나타난다. 자기중심적이고 인간중심적인 현재의 우리들의 존재도 자유를 가져다주는(3, 17) 영의 변화시키는 능력의 표징을 드러낸다. 바울로가 그리스도와 연합해 있는 한 그는 옛 자아로부터 자유하며(참조. 16절) 오직 하느님을 향한 삶을 살아간다(예를 들어 로마 6, 11 ; 갈라 2, 19).

[12] 이제 새로운 대조가 나타난다. 얼핏보면 바울로가 단순히 10—11절의 내용을 재진술하여 총괄하려는 듯한 인상이 든다. "이리하여"(*ὥς τε*라고 쓰고 있다. Moule, *Idiom*, 144) 죽음은 우리 안에서 일하고—외부로부터 박해에 의해 죽음이 강요될 뿐만 아니라 십자가에 달린 예수와 우리가 연합함으로써 내부로부터 죽음이 일한다. 한편 계속해서 바울로는 말한다. 생명은 여러분 안에서 일합니다. 지금까지 바울로는 주로 사도로서 자신이 겪는 경험에 대해 이야기했다. 맨슨(T.W. Manson)은 다음과 같이 말하는데 틀린 말은 아닌 것 같다(*P.&.J.* 74) : '그것은 공동체 내에서 영적 엘리트에만 한정되는 것이 아니라 모든 그리스도교인들에게 일반적으로 해당하는 것이다.' 그러나 전체 문맥은 바울로의 사도적 선교활동에 관한 것이다. 그리고 실제로 모든 그리스도교인들에게 타당한 그리스도교의 본질은 사도 안에서 가장 분명하게 나타난다. 그리스도교 운동의 두드러진 주도자로서 사도는 가장 힘든 고난의 경험을 스스로 감수한다. 자신 안에서 복음이 현시되는 사람으로서 바울로는 예수의 생명은 마지막 날 부활 때에 계시될 뿐만 아니라 그의 '죽을 몸' 안에서 이미

보이기 시작한다고 말할 수 있었다. 그러나 여기서 그는 자신을 위해서는 죽음을 남겨두고, 자신의 독자들을 위해서는 생명을 남겨두는 것으로 서술된다. 아마도 이것은 바울로가 자신은 내림 이전에 죽을 것이지만 그의 독자들은 살아있는 사람으로서 내림을 경험하게 되리라고 기대했다는 것을 의미할지도 모른다(Dodd, *Studies*, 110). 이것은 (다드가 지적하듯이) 고린토전서 15장 51—52절의 관점으로부터의 중요한 변화를 의미할 것이다. 5장 8절을 고려한다면 이러한 변화가 전혀 불가능하지는 않다. 또 다른 해석으로는 '신체적으로는 나의 선교활동의 결과로 상황이 점점 더 악화되어가지만……영적으로는 그와 똑같은 이유에서 항상 여러분에게 상황이 더 나아지고 있습니다'라는 해석이 있는데, 리츠만은 이 해석을 받아들이기는 하지만 이 귀절에 하찮은 의미만을 부여하는 셈이라고 한다. 만일 이것을 골로사이서 1장 24절과 비교할 경우 이것이 좀 더 나은 표현이 될 것이다. 바울로는 메시야적 고난의 일부를 (대리적으로—Windisch) 받아서(참조. 이 책 93—94면) 예수가 그랬듯이(마르 10,45) 자신의 인격 안으로 고난을 흡수함으로써 교회가 반드시 그러한 고난을 겪지 않아도 되게끔 했다. 골로사이서(어떤 학자들은 바울로가 이 편지를 쓰지 않았다고 주장한다)의 귀절은 다른 곳에서, 특별히 이 단락의 15절에서 암시된 것을 단순히 명시적으로 표현하고 있을 뿐이다—'이 모든 일은 다 여러분을 위한 것입니다.' 바흐만도 어느 정도 이와 비슷하게 해석하는데 그는 10절b와 11절b(몸, 육)는 생명이 현시되는 장소가 아니라 수단, 다시 말해서 바울로 안에서가 아니라 바울로를 통해서, 즉 여러분 안에서를 뜻한다고 주장한다. 칼빈과 같이 여기서 바울로가 반어적으로 기술하고 있다고 결론내릴 필요는 없는 것 같다.

[13] 이러한 상황에서 사도로서 활동을 계속하는 것이 가치가 있는가? 그의 활동에는 많은 고통이 뒤따르며, 전체 고린토서의 문맥이 보여주듯이 별로 감사를 받지도 못했다. 이 질문에 대한 대답은, 신앙은 선교활동이라는 의무를 바울로에게 부과하면서(비교. 고전 9,16) 동시에 현재의 고통이 마지막이 아니라는 사실을 그에게 확인시켜준다는 것이다. 따라서 그는 계속해서 복음을 선교한다. 그러나(여러분은 생명을 얻지만 우리 모두는 죽음으로부터 나온 것으로 보인다는 사실에도 불구하고) 성경에 ~라고 한 말씀대로 우리에게도 바로 그와 같은(바울로가 여기서 12절의 반어적 표현을 수정하고 있다고 보는 스트라챤과 칼빈은, 이 귀절에서 바울로가 '여러분,

고린토인들과 같이'를 뜻했다고 보지만 사실 이것은 '시편 기자와 같이'를 뜻한다. 바울로는 자신으로 하여금 말하게 하는 신앙에 대해서 생각하고 있다) 믿음의 영(즉 믿음을 불러일으키는 동일한 신적인 영: Bultmann, *Theol.*, 326 : 영어번역판 i. 330. 불트만은 영이 신앙에 본래 속해 있다고 생각한다)이 있기(그리이스어 본문에 나오는 분사 *ἔχοντες* —이 말은 문맥상으로 어색하다— 는 아마도 *πιστεύομεν*과 연결되어야 할 것이다 : 참조. Robertson, 1134) 때문에. 위와 같은 인용 형식을(*κατὰ τὸ γεγραμμένον*"~라고 기록된 대로") 다른 곳에서 바울로는 사용하지 않는다(그는 보통 *καθὼς*, 혹은 *καθάπερ*, *γέγραπται*라고 쓴다). 이러한 차이는 그다지 중요하지 않다. 이것은 매우 자주 사용되는 라삐적 표현인 "기록된 바에 따르면"(Sheha-kathub, k[e]kathub 등)과 거의 일치한다. 다이스만(G.A. Deissmann, *Bible Studies* [1901], 250)은 파피루스들에서 법적인 병행구들을 발견한다. 성경에서는 이렇게 말한다 : 내가 믿었다. 그러므로 내가 말했다. 바울로는 칠십인역을 정확하게 인용한다(시편 115,1). 그러나 히브리어(시편 116,10) 성서는 약간 다르다. *S.B.* iii. 517에서는 옛 라삐 문헌에서 이에 관해 언급하는 부분을 발견하지 못했다. 바울로는 문맥에는 아무런 주의도 기울이지 않지만 중요한 단어 두 개를 골라낸다. 그러므로 우리도 역시 믿으며, 또 말하는 것입니다. '믿음은 증거해야만 한다. 믿음은 결코 침묵을 지킬 수 없다' (Wendland). 바울로는 그가 무엇을 믿으며, 무엇을 말하는지에 대해서 구체적으로 언급하지 않는다. 그것은 언급하지 않아도 아주 분명하다. 그가 믿는 것은 복음이며, 그가 말하는 것도 복음이다. 이 복음이 실제로 효력을 발생하게 되려면 그것은 듣는 자 편에서의 신앙과 만나야 하며(로마 10,14 이하) 동시에 신앙으로부터 더 나아가야 한다.

[14] 신앙과 말하는 것은 둘 다 아는 것과 관련되어 있다. 바울로가 그와 같이 행동하는 것은 **예수를 다시 살리신 분이**(참조. 로마 10,9 ; 고전 15,11—이것은 그리스도교적 삶과 선포의 중심적인 요소이다) **예수와 함께 우리들도 다시 살리시고**(참조. 로마 6,5 ; 8,11 ; 고전 6,14) **여러분과 함께 그의 앞에 "서게"**(참조. 동일한 동사—*παρίστημι*—를 자동사로 사용하는 로마서 14장 10절과 고린토후서 5장 10절) **하시리라는**(즉 미래에 '여러분과 함께 우리를 서게 하시리라는.' 10·12절과 대조하라) **것을 우리가 알기 때문입니다.** "예수와 함께"는 결코 '동시에'를 의미할 수 없다. 예수의 부활은 과거에 있었다. 그러나 바울로와 그의 독자들의 부활은 물론이고 그들의 죽음조차 아직 미래에 있

다. (이러한 표현들—예수와 함께, 주와 함께 등—이 바울로에게서 일반적으로 그렇듯이) 이 말은 종말론적 미래를 가리킨다. 그리스도교인들은 영원히 예수와 함께 하기 위해서 예수가 일으켜진 것처럼 일으켜질 것이다. 데살로니카전서 4장 17절과 비교하라. 거기서는 이 말이, 바울로와 그의 독자들이 "함께"(여러분과 함께) 있게 될 것이며, 모두가 하느님의 현존 안에 있게 될 것임을 의미한다(이것은 *παρίστημι*의 *παρά*에 의해 이미 암시되었다). (리츠만이 생각하듯이) 하느님의 심판대 앞에 서는 것과 그의 승리에 참여하는 것 중에서 어느 하나를 선택할 필요는 없는 것 같다. 두 가지가 모두 마지막 사건들에서 중요한 요소이다. 그러나 여기서 강조점은 (10절에서처럼) 심판에 있지 않다. 바울로는 지상에서의 고난 뒤에는 하느님의 승리가 있으며(비교. 17절), 우리를 의롭게 해주는 하느님이 또한 우리가 그의 앞에 아무런 부끄러움 없이 설 수 있게 해줄 것이라는 (데전 5, 23) 사실을 알고 담대하게 말한다.

[15] 바울로는 자신의 사도직에 대해서 기술하고 있다는 사실을 잊지 않는다. 그의 믿음과, 말과 고난은 그 자신을 위한 것이 아니다. 이 **모든 일**("모든 일" 일반이 아니라 앞에 나오는 귀절들에서 기술한 일들)은 **다 여러분을 위한 것이며**. 바울로는 1장 6절의 주제로 다시 돌아간다(참조. 5, 13). 1장 6절의 주석을 참조하라. 그의 모든 고난과 위로의 경험들은 백성들을 위한 것으로 볼 수 있다. 그리고 그들을 위해서 그러한 경험들을 하는 것이 선한 선교자의 일임을 그는 알고 있었다. 이것은 "우리들 자신을 여러분을 섬기는 종"(4, 5)으로 선포하는 일에 속한다. 그러나 여기에는 공동체를 세운다는 동기 이상의 것이 있다. 자신의 모든 활동에서 바울로는 하느님의 영광을 구한다. 이렇게 많은 것들이 분명하기는 하지만 부분적으로 1장 11절을 상기시키는 바울로의 언어에는 모호한 점들이 있다. 그의 목적은 **교회의 더 많은 사람을 통하여 은혜가 더욱 풍성하여 감사가 넘치고 하느님께 영광이 되도록 하려는** 것이다. 그리이스어 본문에는 (영어 번역으로도 그대로 나타내려고 했다) 은혜(charis, grace)와 감사(eucharista, gratitude)라는 말에 언어상의 유희가 있다. 바울로는 은혜라는 말로 무엇을 뜻했는지를 이 문맥에서 규정하지 않았다. 그러나 이 서신 안에서 8장 9절과 9장 8절이 함께 이 말을 이해하기 위한 설명을 제공해준다고 볼 수 있다. 즉 "은혜"는 첫째로 예수 그리스도가 기꺼이 스스로를 낮춤으로써 일어난 겸손한 사랑의 행위이다. 그리고

두번째로는 그리스도의 백성에 속하는 사람들의 모든 필요를 신적으로 충족시켜주는 데 있다. 바울로는 인간의 필요를 충족시켜주는 은혜는 전적으로 하느님의 호의로서의 은혜에 의존한다는 사실을 알고 있었지만, 여기서 그는 후자(사람들의 필요를 충족시켜주는 것)의 사상을 염두에 두고 있다. 바울로는 로마서 5장 20절에서 죄를 주어로 썼던 동사(πλεονάζειν: "풍성하여지다")를 은혜에 대해서 사용하여 은혜가 더욱 확대되는 것으로 말한다. 위의 귀절이 보여주듯이 바울로는 여기서 "더욱 풍성해지다"와 "넘치다"(περισσεύειν: 로마서 5장 20절에서는 ὑπερπερισσεύειν이 사용되었다)로 번역된 두 동사들을 분명하게 구별하고 있지 않다. "은혜"는 양적으로 늘어나고 확대된다. "풍성해지다"는 두 가지 의미를 모두 내포한다. 은혜는 보다 넓은 영역을 포괄할 정도로 풍성해진다. 그러므로 이것을 '늘어나는 숫자를 통하여, 즉 개종자의 늘어나는 숫자를 통하여'라고 번역해야 한다는 주장은 설득력이 있다(Moule, *Idiom*, 108 ; 비교. Bent Noack, *St. Th.* xvii. 129—32). 개종자들이 많아질수록 은혜가 더욱 많이 내리고, 따라서 감사하는 마음도 더욱 커진다. 이 주장은 만일 2장 6절(그리고 9, 2 ; 고전 10, 5 ; 15, 6 ; 필립 1, 14 ; 고전 9, 19에서만 다른 의미이다)의 "더 많은 사람"(οἱ πλείονες)이라는 말의 용법만 아니었더라면 설득력이 있을 것이다. 위의 귀절들이 바울로의 용법을 규정하는 것 같다. 대개의 경우 바울로는 이 말로 적어도 교회의 주류를 가리키거나 아니면 교회의 대다수 구성원들을 가리켰다(2장 6절에서 지적한 바와 같다. 강조점에 차이가 있을 뿐이다). 그러나 과연 그렇게 보아도 의미가 통할까? 교회의 구성원 대다수에 의한 책망에 대해서 말하는 것은 충분히 이해할 만하다. 한편 은혜는 원래 교회의 모든 구성원들에게 미치는 것이 아닌가? 여기서 말하는 것은 (로마서 5장 20절에서처럼) 은혜가 양적으로 늘어날 뿐만 아니라 더욱 깊어진다는 것이다. 그리고 만일 교회의 대다수 사람들이 하느님의 은혜에 대한 자신들의 의존성을 깨달았다면 아마도 바울로는 매우 감사했을 것이다. 그리고 만일 그랬더라면 그들도 자신들에 대해서 더욱 솔직하게 생각을 하게 되었을 것이다. "풍성하다"(abound, περισσεύειν)는 여기서 타동사적으로 (즉 "풍성하게 하다") 사용되었으며, 은혜를 주어로, 감사를 목적어로 가지고 있다. 하느님의 은혜를 받고 이해하는 것은 반드시 그에게 감사하는 것이며, 따라서 그를 영광스럽게 하는 것이다. 즉 객관적으로 그의 영광을 크게 하는 것이 아니라—이렇게 하는 것은 불가능하다—

오직 그 영광을 깨닫고 알리는 것이다.

[16] 바울로는 이 장의 첫부분에서 말했던 문제로(참조. 4, 1) 다시 돌아가는데 보다 깊이있게 다룬다. 복음의 보물이라는 빛에서 사도 직분을 수행하는 일은, 보물이 담겨 있는 깨지기 쉬운 질그릇과 관련해서, 그리고 복음 사업을 하는 과정에서 겪게 되는 고난들과 관련해서 사도 직분을 수행하는 것과 별개의 일이다. 4장 1—6절에서 바울로는 실제로 이렇게 말했다. "하느님이 회심 때의 영광 가운데서 자신을 계시하신 뒤로부터 우리는 결코 우리 의무를 게을리할 수 없다." 여기서 그는 몸이 쇠하게 되고 외적인 일들이 낙심을 시켜도 그것이 결코 우리로 하여금 의무를 게을리하게 하지는 않는다고 말하고 있다. 그러므로(하느님이 예수와 함께 우리를 일으키리라는 우리의 믿음에 비추어볼 때) 우리는 우리 의무(4장 1절에서와 같은 말. 본문상의 변형도 동일하다)를 게을리하지 않습니다. 비록 우리 겉사람은(이 은유는 영어에서만큼 그리이스어 본문에서 분명하지 않다. 그래서 번역에서는 이 은유를 그대로 살리고, 의역하기 보다는 주석에서 설명하는 것이 더 낫다) 낡아지고 있으나 속사람은 "나날이" (ἡμέρᾳ καὶ ἡμέρᾳ는 *B.D.* §200, 1과 *M.* iii. 243에서 히브리어적 표현이라고 기술되었다. 이것은 일반적인 히브리어 표현으로는 yom wayom이 아니라 yom yom인데 에제키엘 3장 4절에서 전자의 표현이 나왔을 때 칠십인역에서는 ἡμέρᾳ καὶ ἡμέρᾳ로 번역되지 않았다. 한편 ἡμέρᾳ τῇ ἡμέρᾳ는 현대 그리이스어에서 "나날이"라는 뜻으로 사용된다) 새로와지고 있읍니다. 바울로가 쓴 "나날이"라는 표현이 얼핏 보기에 나타나는 것만큼 그렇게 히브리어적인 표현은 아닌 것처럼 "겉사람"과 "속사람"이라는 표현도 그렇게 그리이스어적이지는 않다. 로마서 7장 22절, 6장 6절과 주석을 참조하라. "속사람"이라는 말은 Plato, *Republic* ix 589A의 귀절을 연상시킨다 : '의의 수호자는 그의 모든 언행에 있어서 자신 안에 있는 사람(ὁ ἐντὸς ἄνθρωπος)을 단련하는 데 목표를 두어야 한다고 대답한다' (Jowett). Epictetus II vii. 3과 비교하라 : '내가 내 안에(τὸν μάντιν ἔσω) 선과 악의 본성을 내게 말해주는 선견자를 가지고 있지 않은가?' viii. 14 : '만일 하느님의 형상이 있다면 너는 지금 네가 하는 것과 같은 일을 결코 하지 않을 것이다. 하느님 자신이 안에(ἔσωθεν) 있어서 모든 일들을 보고 듣는다면 너는 이 모든 일들을 생각하고 행하는 것을 부끄러워하지 않겠는가?' *Corpus Hermetium.* xiii. 5 : '죽을 형체는 나날이 변한다.' 헬레니즘적 유다교에서도 비슷한

언어가 사용되었다. 예를 들어 Philo, *Quod Det. Pot.*, 22—3을 참조하라('……우리들 각자의 영혼 안에 거하는 이 사람이……우리에게 안에서부터 죄를 선언한다……' [Colson과 WhittaKer]). 보다 많은 인용문들에 대해서는 빈디쉬의 책을 참조하라. 비그리스도교적이고 비유다교적인 주변세계에 널리 알려져 있던 언어를 바울로가 사용하고 있음은 확실하다. 그러나 그는 이 언어들에 그 나름대로의 그리스도교적 의미를 부여하고 있는데 이 점은 이 표현들 전체를(겉사람과 속사람뿐만이 아니라 옛사람과 새사람까지도—이 귀절에서 "새로와졌다"의 의미에 주목하라) 고려했을 경우에만 확인될 수 있다. 로마서 7장 22절과 고린토후서 4장 16절은 로마서 6장 6절에(그리고 골로사이서 3장 9절. 참조. 에페 3,16 ; 4,22·24) 관련해서 해석되어야 한다. 겉사람과 속사람은 심리학적 이원론의 요소들이 아니라(바울로의 글 전체에서 심리학적 이원론의 흔적은 거의 찾아볼 수 없다) 이 세대의 사람과 올 세대의 사람을 가리킨다(비교. 고전 15,44의 자연적인 몸과 영적인 몸). 따라서 이 말들은 바울로가 자신의 구원교리에서(참조. *Adam* 여러곳. 특히 92—119) 두 가지 흐름들을 결합시킨 방식을 보여주는 분명한 예이다. 즉 유다교와 원시 그리스도교의 종말론에 뿌리를 둔 것으로서 우주론적이고 신화적인 언어들로 표현된 것과, 인간 존재를 실존적으로 다룬 것. 속(혹은 새)사람을 순전히 종말론적 존재로, 즉 미래에 속하는 존재로 보는 것은 불가능하다. 그는 이미 존재하고 있다. 왜냐하면 그는 "나날이 새로와지고 있기" 때문이다. 말하자면 올 시대가 이미 (완전하게는 아니지만) 현재에 도래했다고 주장하는 특수한 그리스도교적 종말론은 바울로로 하여금 헬레니즘 세계로부터 거의 신비주의적인 경향의 언어들을 받아들일 수 있게 했으며, 동시에 받아들여야 하도록 했다. 그러나 이것은 일반적인 의미에서의 신비주의를 뜻하지 않으며, 바울로가 몸을 물질적인 (따라서 악한) 껍질이나 혹은 영혼(비물질적인, 따라서 신적인)을 덮어싸는 덮개로 생각했음을 뜻하지도 않는다. 어느 한 측면에서 보면 바울로는 많은 문제들을 안고 있으며, 죽음의 선고 아래 있는 옛 사람이다(*B.D.* §184에서는 ἡμῶν이 ἔξω에 걸리는 것이 아니라 소유를 나타내는 것이라고 하는데 그것은 옳다). 또 다른 측면에서 보면 전적으로 바울로는 그의 참된 존재는 그리스도(참조. 갈라 2,20 ; 필립 1,21), 즉 천적인 인간(고전 15,47)인 새사람이다. 겉사람은 단지 낡아져갈 뿐인데(바울로의 언어인 διαφθείρεται에 대해서는 고전 15,42·50·53 : 참조. φθορά, φθαρτός) 그것은

8—9절에 기술된 것과 공격들 때문이 아니라 겉사람 자체가 그냥 사라져 버리고마는 이 세상에 속해 있기 때문이다(고전 7,31). 속사람은 계속해서 새로와진다. '라삐적 사상에 따르면 인간의 윤리적 거듭남은 오직 미래에 속하며, 미래만이 약속된 새 영, 혹은 새 마음을 가져다줄 수 있다' (*S.B.* iii. 600—1). 즉 바울로가 말하는 거듭남은 종말론의 선취라는 것이다. "새로와지다"(ἀνακαινοῦσθαι)라는 동사와 로마서 12장 2절(ἀνακαίνωσις)을 비교하라. 그러나 여기서 사상은 서로 다르다. 로마서에 의하면 올바른 도덕적 판단을 하기 위해서는 정신이 인간 본성의 지적 측면이 새로와져야 한다. 여기서 바울로는 그리스도교인의 존재가 날마다 새로와지는 것을 생각하고 있다. 이것은 믿음의 행위나 혹은 과거에 있었던 세례에 의해 보증되는 것이 아니라 주님과의 계속적인 만남에 의해서만 유지될 수 있는 것이다.

나는 여기서 "겉사람"과 "속사람"에 대한 상당히 개연성이 있어 보이는 해석을 제시했다. 다른 학자들은 바울로의 언어를 달리 이해한다. 4장 16절—5장 10절 전체에 대한 해석에 대해서는 J.A.T. Robinson, *The Body* (1952), 75—78을 참조하라. 바흐만에 의하면 이 두 말들은 신체적 경험들과 영적 경험들의 주체가 모두 동일한 '나'임을 분명히 하기 위해서 '몸'과 '영혼'이라는 말대신 사용된 심리학적 언어들이다. 많은 학자들이 "겉사람"과 "옛사람"을 구별한다. 예를 들어 칼빈의 앞의 인용문을 참조하라(또한 참조. Conzelmann, *Theol.*, 202 ; Bultmann, *E.&.F.* 155 ; *Theol.* 198—200 : 영어번역판, i. 200—3 : 속사람은 참된 자아이다). Rissi, 66—7에서는 이 단락과 로마서 7장을 비교하며, 여기서는 인간의 두 부분이 문제되고 있는 것이 아니라 동일한 실재(Wirklichkeit)의 두 가지 측면이 문제되고 있다고 본다. "속사람"은 사고와 의지의 주체로서의 인간이다. "겉사람"은 동일한 주체가 역사적 존재로서 지상에서 현실화된 것이다.

[17] 16절에서 말한 내용으로부터 이 단락의 나머지 부분들이 이어진다. 첫째로 16절에서 말한 바에 의해 현재의 고통과 미래의 영광(참조. 로마 8,8) 사이에 적절한 균형을 이룰 수 있다. "일시적"이고(Bachmann은 이 말 —παραυτίκα— 에 대해서 상세히 설명하고 있다) 가벼운 환난의 짐(직역하면 일시적이고 가벼운 환난—추상명사 환난에 대한 중성형용사 "가벼움" ἐλαφρόν)은 영원한 영광(의 짐)을 비교할 수 없을 정도로(원래 이중적인 표현인데 그대로 직역할 수는 없다. 바울로는 이 말의 전반부 καθ' ὑπερβολήν을 로마 7,13 ; 고전

12,31 ; 고후 1,8 ; 갈라 1,13에서 쓰고 있다) 우리에게 가져오기 때문입니다. 고난은 영광과 비교했을 때 가벼운 것으로 나타난다. 고난은 그 자체로서는 아주 심했다(참조. 1,8 : "우리는 우리의 힘으로 감당할 수 없을 만큼(καθ' ὑπερβολὴν) 눌렸읍니다"). "짐"(βάρος : 영광의 짐)이라는 말은 아마도 환난에 대한 서술과 적절하게 대조시키기 위해서 채택된 것 같다. 이 말은 '풍부함'(참조. *L.S.* 해당란 Ⅵ)이라는 의미로 사용되었을 수도 있으며, 영광에 해당하는 히브리어로서 본래는 "무거움"을 의미했던 말(kabod)에 의한 언어유희를 바울로에게 시사해주었을 수도 있다(Moule, *Idiom*, 186). "가져오다"(κατεργάζεται)는 단순히 미래적인 현재시제가 아니다. 영광은 속사람이 나날이 새로와지는 데서 이미 부분적으로 현존한다. 이것은 다음 귀절을 해석하는 데도 관련이 있다.

[18] 미래의 영광은 예비되었으며, 부분적으로 경험되었다.
우리는 보이는 것이 아니라 보이지 않는 것에, 즉 보이지 않는 것들을 목표로 하여(Denney. 비교. Schlatter) 우리의 눈을 향하고(이 구문은 어색하다. 속격독립구문이 17절 마지막에서 여격 ἡμῖν에 이어진다. D* F G 사본들에 의한 독법인 주격 σκοποῦντες는 *B.D.* §423, 5에서 올바르게 이해된 것 같은데 이것도 문제를 해결해 주지는 못한다) 있읍니다(분사절은 '우리가~있기 때문에', 혹은 '우리가 ~하고 있다면'으로 번역될 수도 있다. 여러 해석의 가능성들을 열어두는 것이 좋을 것 같다). '겉사람, 속사람'과 같이 이 문장은 얼핏 보기에는 물질적인 것과 영적인 것 사이의 이원론적 구별을 암시하고 있는 것 같다. 그러나 바울로는 그가 나날이 경험하는 일들의 가시적인 부분을 이루고 있는 고난과, 앞으로 올—그러나 오직 신앙의 눈에만은 이미 보이는—영광에 대해서 생각하고 있다. 로마서 8장 24—25절과 비교하라. 그는 이러한 의미에서 계속해서 말한다. 보이는 것은 순간적이요, 보이지 않는 것은 영원하기 때문입니다. 이것은 형이상학이 아니라 종말론이다(그리고 "시간적"이라고 번역하는 것보다 "일시적, 순간적"이라고 번역하는 것이 더 좋다 : Hughes). 바울로의 관찰은 추상적인 생명이 아니라 믿음의 삶에로 나아가고 있다(참조. 5,7). '여기서도 역시 보이는 외적 세계와 보이지 않는 내적 세계 사이의 대조처럼 헬레니즘적인 것이 아니라 일시적인 현 세대와 희망 가운데 이미 현재하는 영원한 올 세대 사이의 대조가 문제되고 있다. 신앙은 이처럼 아직 아니와 종말론적 성취에 대한 확실한 희망 가운데 살고 있다' (Kümmel). 로마서 8장 18절, 지혜서 3장 5절, 제2 바룩서 44장 9·12절,

81장 3절과 부세, 그레스만이 제시하는 다른 귀절들을 참조하라. *Acts of Peter and Paul*, 84도 보라 : '여기서는 모든 일들이 일시적이다 (πρόσκαιρα). 그러나 그 곳에서 일어나는 일들은 영원하다.'

9. 보물을 담고 있는 질그릇이 상대적으로 중요하지 않음을 말하는 여담 5장 1—10절

1 땅에 있는 우리의 장막집이 무너지면 하느님께서 우리에게 주시는 집이
있다는 것을 우리가 알기 때문입니다. 그 집은 우리의 손으로 지은 집이 아
니라 하늘에 있는 영원한 집입니다. 2 그렇기 때문에 우리는 이 하늘에서
오는 우리가 살 집을 우리 몸 위에 덧입기를 사모하면서 이 장막집에서 신음
하고 있읍니다. 3 우리가 그것을 입을 때에는[15] 우리는 벌거벗은 사람이 되
지 않으리라고 희망합니다.[16] 4 이 장막집에 사는 동안 우리는 무거운 짐에
눌려 신음합니다. 왜냐하면 그것은 우리가 이 장막을 벗기를 원하지 않기
때문에 우리 몸 위에 하늘로부터 오는 집을 덧입기를 원하기 때문입니다.
그리하여 죽을 것이 생명에 삼킨 바 되게 하려는 것입니다. 5 이러한 목적
이 우리에게 이루어지게 예비하시는[17] 분은 하느님이십니다. 그리고 그는
성령 안에서 그의 전체 선물의 첫 보증을 우리에게 주셨읍니다. 6 그러므로
우리는 언제나 마음이 든든합니다. 우리가 육을 따라 살고 있는 동안 주에
게서 떠나 있다는 것을 우리가 알고 있기 때문입니다. 7 (우리가 사물의 보
이는 것으로 살아가지 않고 믿음으로 살아가기 때문입니다.) 8 그래서 우리
는 마음이 든든하며 차라리 육신을 떠나서 주와 함께 살기를 원하기도 합니

15) 서방 본문들(D* G it Marcion; 크리소스톰)에는 "우리가 그것을 입을 때에는"(ἐνδυσάμενοι)대신에 "우리가 그것을 벗을 때에는"(ἐκδυσάμενοι)라고 되어 있다. 이 독법에서는 물론 "그것"이 "하늘에서 오는, 우리가 살 집"이 아니라 "이 장막"이다. Bultmann, *Probleme*, 11에서는 오직 있서방의 변형만이 분명한 의미를 제공한다고 본다. 그러나 사실 차이가 다면 주로 강조점이 어디 있느냐의 차이일 뿐이다.

16) εἰ γε 대신에 P[46] B D G 사본에는 εἴπερ라고 되어 있다. 이것은 "이 희망이 사실과 일치함"을 보다 강하게 암시한다(*L.S.* εἴπερ 해당란) : '우리가 그것을 입었을 동안에는 우리는……않을 것입니다.' 이 독법은 확실히 옛 것이기는 하지만 아마도 옳을 것이다.

17) 서방 본문들(D G lat)에는 "예비하고 계시는 분"(현재분사 κατεργαζόμενος)이라고 되어 있다.

다. 9 이러한 이유에서 우리는 우리가 머물러 있든지 떠나 있든지 오직 그를 기쁘시게 하기를 원합니다. 10 그것은 우리가 다 그리스도의 심판대 앞에 나타나 각 사람이 육신으로[18] 행한 모든 행위—즉 선한 일이든 악한[19] 일이든 그가 행한 모든 행위—에 대하여 각자가 그대로 보응을 받아야 할 것이기 때문입니다.

이 단락은 난해하기로 유명하다(이 단락의 해석사에 대한 상세한 해설에 대해서는 Allo, 137—55와 Knox, *P.G.*, 136—43을 참조하라). 이 단락에서는 보이는 것과 보이지 않는 것이 다루어질뿐만 아니라 현재와 미래, 즉 속사람이 새로와지는 그 때에 이미 어느정도 현존하게 되는 그 미래가 다루어지고 있는데, 이 단락은 앞단락의 결론을 *γάρ*("～때문이다")라는 말로써 이어받고 있다. 이 단락은 그리스도교인으로서의 존재 전반의 모습에 대해 묘사한다. 4장 전체에 걸쳐서 복음의 보물과 그것이 담겨 있는—사도에게 맡겨졌을 경우라하더라도— 비천하고 부서지기 쉬운 질그릇에 관해서 말했던 바울로는 이 단락에서 그리스도교인의 존재에 대해서 기술하고자 했다. 그러나 여기서는 죽은 뒤의 삶에 관한 문제를 독특한 필치로 다루고 있다. 여기서도 그렇고 고린토전서 15장에서도 바울로는 이 문제를 체계적으로 다루지 않는다. 바울로는 자신의 적대자들의 이원론을 완전히 이해하지 못한 것으로 생각되었다(특히 Schmithals, 227—228에 그렇게 되어 있다. 참조. E. Brandenberger, *Adam und Christus* [1962], 73). 사실 고린토에 보내는 두 서신을 쓰면서 바울로가 실제로 관심을 가졌던 것은 그리스도교인들이 지금, 여기서 어떻게 살아야 하는가(참조. 6—7·9—10절) 하는 점이었다. 그는 현재의 의미를 드러내기 위해 미래에 대한 그리스도교적 희망을 말하며, 그리스도교인들은 '아직 아닌 것에 의해, 그러나 그들이 기다리고 있는 것에 의해' 살아간다고 확언한다(von dem leben, was sie noch nicht sind, was aber ihrer wartet: Bornkamm, *Paulus*, 230).

---

18) 이 문장의 난점에 대해서는 주석을 참조하라. P^{46}과 라틴 사본들에는 *τά ἴδια τοῦ σώματος*라고 되어 있다. 이것은 단지 '을 첨가함으로써 번역된 본문과는 다르다 : '육신에 고유한 것들.'

19) ℵ A 사본에는 *φαῦλον*이라는 말이 나오는데 바울로는 다른 곳에서는 오직 로마서 9장 11절에서만 이 말을 사용한다. 대다수의 사본들(P^{46} B D G를 포함하여)에는 보다 일반적이고 적극적인 *κακόν*이 나온다(참조. 13, 7). 이것은 아마도 이차적일 것이다. 주석을 참조하라.

[I] 왜 우리는 일시적이고 보이는 것이 아니라 보이지 않고 영원한 것에 온 관심을 집중해야 하는가? 그것은 땅에 있는 우리의 장막 집이("장막의" τοῦ σκήνους를 동격을 나타내는 속격으로 보았다. 초막절이 가까왔기 때문에 이 상징이 사용되었다고 생각할 이유는 없다. 참조. 이사 38,12; 이사야의 승천 9,1·2·9—13; 제2 에녹서 22,8 이하) 무너지면 하느님께서 우리에게 주시는 "집"(οἰκοδομή "건축"; 곧 뒤따라 나오는 "집" οἰκία라는 말을 감안한다면 Turner, *Insights*, 130—1에서처럼 집을 짓는 과정을 뜻하는 이 말 οἰκητήριον과 다음 귀절에 나오는 세워진 집과의 대조를 강조할 수는 없다)이 있다는 것을 우리가 알기(바울로는 고린토전서 15장을 쓰게 했던 문제들이 이제는 더 이상 문제시되지 않는다고 가정할 수 있었던 것으로 보인다) 때문입니다. 그 집은 우리의 손으로 지은 집이 아니라(따라서 그 집은 4장 18절의 보이지 않는 것 중의 하나이다: 비교. 마르 14,58. 이 서술로부터 다음의 형용사 "영원한"이 이어진다) 하늘에 있는(복수형 heavens에 대해서는 12장 2절 참조) 영원한 집입니다. "우리가 안다"라는 말은, 여기 제시된 가르침이 고린토 사람들에게 전통으로 이미 친숙한 것임을 반드시 의미하지는 않는다. 바울로는 이미 알려져 있는 사실을 상기시킬 때면 습관적으로 질문형식을 사용하기 때문이다. 예를 들어 "여러분은 알지 못합니까?"(로마 6,3; 7,1). 그러므로 우리는 세벤스터와 같이(Sevenster, *N.T.S.* i, 295) —비록 그의 결론 자체는 옳은 것이라 하더라도— 바울로가 갑작스럽게 그리이스적인 영혼불멸 교리를 끌어들이고 있지는 않다고 결론내릴 수 없다. 고린토전서 15장 11절에서 부활에 관한 일반적인 그리스도교 설교를 상기시킬 때도 바울로는 여기서처럼 표현하지 않았다. 아마도 분명히 영지주의적인 사상과의 논쟁에 의해서 촉진된 새로운 사상조류가 있었을 것이다(예를 들어 Bultmann, *Probleme*). 꼴랑쥐는 바울로가 "우리는 압니다"라고 말했을 때 그는 성전에 관한 예수의 말(참조. 마르 14,58)을 가리키고 있다고 본다(Collange, 187).

장막이라는 말은 그 말이 시사하는 비영구성이라든지 불안정성으로 해서 지상적인 삶과 또 그 삶이 이루어지는 육체라는 거주지를 묘사하는 말로 자주 사용된다(지혜 9,15: 칠십인역에서 유일하게 σκῆνος가 아니라 바울로의 말인 σκηνή가 사용된 곳; 베후 1,13—14; 플라톤, 필로, 다른 철학적인 저자들: Windisch의 참고문헌 참조). 일반적으로 장막은 몸, 불변하는 영혼의 일시적인 거주지를 의미한다. 그리고 장막으로부터 떠나는 것은 좋은 일이었다 : '네가 장막을 무너뜨리려고(λῦσαι τὸ σκῆνος ; *Corpus Hermeticum* xiii. 15) 서두르는 것은 잘하는 일이다.' 그러나 앞으로 곧 보게 되겠지만, 모든 육체적인 속박으로부터 영혼(인간의 비물질적 부분)을 해방시키는 것이 바울로가 원하던 바는 아니었다. 만일 장막이 "무너진다면" : 이것은 아마도 죽음에서, 혹은 내림(고전 15, 51) 때에 일어나는 삶의 변화에서 이루어질 것이다. 불트만은 이 두 가능성들 중에서 어느 하나만을 선택해야 한다고 보는 것 같다(Bultmann, *Probleme*). 바울로가 후자의 의미를 더 좋아한다 하더라도 우리는 문맥상 그가 두 가지 의미를 모두 염두에 두었다는 것을 알 수 있다. 어쨌든 하느님 자신에 의해서 더 좋은 집이 예비된다. 원문에 나타나는 어순은 바울로가 "우리는—하느님으로부터—가진다"보다는 "하느님으로부터 —온—집"을 의미했음을 시사해준다(Bachmann). "손으로 지은 집이 아니라"는 말은 실제로는 "하느님으로부터 오는"이라는 말을 반복한 것이다. 이 집을 "우리는 가지고 있다"(ἔχομεν 현재시제). 즉 우리는 희망 가운데 그것을 가지고 있다. 현재시제는 분명히 확실하다는 신념을 표현해준다(Lietzmann, Allo). 그러나 슐라터는 이 동사가 미래를 나타내는 것도 아니며 동시대를 나타내는 것도 아니라고 주장한다. 그것은 '죽음의 순간에 우리는 가집니다'를 뜻한다는 것이다. 엘리스(E.E. Ellis, *N.T.S.* vi, 211—24 ; 고린토후서 5장 1—10절에 대한 논문 전체를 읽어야 한다)는 새 집은 집단적인 몸, 즉 고린토전서 3장 16절, 6장 16절 이하에 언급된 성전이라고 믿는다. 이 견해는 지상의 장막에 대해 설명하는 데 있어서 몇 가지 난점을 제기한다.

[2] 하느님이 주신 집을 가지고 싶어 하는 우리들의 소망 그 자체가, 우리가 그런 집을 가지고 있다는 주장의 진실성을 입증할 수는 없다하더라도 적어도 그 주장의 타당성은 입증될 수 있다. 그래서 그렇기 때문에라는 말로 새 문장이 시작된다. 우리는 이 하늘에서 오는(1절에 의하면 그것은 지금 하늘에서 주어진다. 즉 그것은 이 순간에 하늘로부터 우리에게 올 것이다 : Turner, *Insights*, 130: 터너는 1절의 heaven[복수. 천상]을 2절의 sky[단수. 하늘]와 구별한다. 그러나 실제로 바울로가 이렇게 구별했을 것 같지는 않다) 우리가 살 "집"(habitation: 이 말은 1절의 집 building과 같은 의미로 바울로에 의해 사용되었다 : 참조. 해당 주석)을 우리 몸("우리 몸"이라는 말은 그리이스어 원문에는 없다. 그러나 "덧입다" to pat on over라는 말

은 영어로는 그리이스어 ἐπενδύσασθαι처럼 독립적으로 쓰일 수 없다) 위에 덧입기를 사모하면서 이 장막 집에서(원문에 명사가 나와 있지는 않지만 지시어는 남성, 아니면 중성이고 따라서 유일하게 가능한 선행사는 σκῆνος "장막집"이다. 선행사가 앞 문장 전체라고 보지 않는 한 [비교. 예. 요한 16,30], 그리고 이 말이 '지금', 혹은 '이러한 바람 가운데', '이러한 이유에서'를 의미한다고 보지 않는 한 그러하다. 4절은 "이 장막집에"를 의미함을 분명히 보여준다) 신음하고 있읍니다. 장막집은 고난의 장소이기 때문에(1,8 ; 4,8—12 ; 11,23—27), 그리고 우리는 하느님이 이 세대를 끝내고 자신의 왕국을 세우는 때가 성취되기를 갈망하기 때문에 신음하고 있다. 바울로가 이곳 외에서 이 동사(στενάζειν)를 쓰는 유일한 곳인 로마서 8장 23절과 비교하라. 현 세대에 대해 그리스도교인들이 할 수 있는 유일한 반응은 그것에 대해 죽는 것이다. 그는 그리스도와 연합한 가운데 죽는다. 그러나 "신음하는 것"은 주로 긍정적인 내용을 지닌다 : 그것은 우리가 무슨 일인가가 일어나기를 갈망하는 것을 의미한다. 이 은유는 잘못 혼합되었다. 즉 "입다"는 옷과 관련되어 있다(헤링은 만데아 본문들에서 천상의 옷에 대한 비유가 사용되었다는 점을 지적한다). 그러나 우리는 "집"을 입지는 않는다. 그렇다고 해서 이 은유가 불분명하다는 뜻은 아니다. 이것은 바울로가 계속해서 진술해감에 따라 점점 분명해질 것이다.

불트만은 4절에 대한 자신의 이해에 근거해서 "덧입다"라고 번역된 말은 사실상 단순히 "입다"를 의미할 뿐이라고 생각한다(*Probleme*, 11). 그러나 4절은 오히려 현재의 번역에서 받아들인 이해를 뒷받침해준다(참조. 해당 주석). 우리는 옷을 입은 사람에 대해서 그가 이미 입은 옷 위에 다른 옷을 더 입기를 원한다고 생각해볼 수 있다. 그리고 집이나 혹은 장막에서 사는 사람에 대해서도 다음과 같이 생각해볼 수 있다. 즉 그는 지금 자기가 살고 있는 집 주위에 다른 더 큰 집이나 혹은 장막을 치기를 원한다. 그래서 바울로는 그가 옛집을 버릴 필요 없이 하늘에서 사용할 수 있는 새 거처를 얻게 되기를 갈망한다. 말하자면 그는 죽음으로써 옛 장막집을 무너뜨릴 필요 없이 내릴 때까지 살아남아서 그 위에 새 집을 얻게 되기를, 마치 외투를 걸쳐입듯이 입게 되기를 바라고 있다. 고린토전서 15장 51절의 표현에 의하면 바울로는 죽은 다음에 잠들어서 썩지 않을 영적인 몸의 부활 때까지 땅 속에 있는 사람들이 아니라 그리스도가 돌아옴으로써 그들이 변화될 때까지, 즉 그들이 자신들의 자연적인 몸을 영적인 몸과 바꿀 때까지 아무런 간격 없이 살아남아 있기를 바란다(C.F.D. Moule의 논문을 참조하라. 이것은 이하의 5절에 대한 주석에서 언급할 것이다).

〔 3 〕 바울로는 옷에 관한 상징으로 다시 되돌아가서 이제 자신의 희망을 분명하게 진술한다. 그러므로 우리는 새 집을 입기를 바랍니다. 우리가 그것을 "입을"(ἐνδυσάμενοι. 앞 귀절의 복합동사의 의미를 반복한다—*M.* i. 115. 본문에 대해서는 197면의 주 15 참조) 때에는 우리는 벌거벗은 사람이 되지 않으리라고 "희망합니다"(εἴ γε καί. 이것은 의심보다는 확신을 나타낸다 : 참조. Thrall, 85—91. 본문에 대해서는 197면 주 16 참조). 드럴(Thrall, 82—95)은 "우리가 그것을 덧입을 때에는"이라는 말이 믿는 자가 그리스도를, 새 사람을 덧입게 되는 세례를 가리킨다고 보지만, 이 말은 앞 귀절과 고린토전서 15장 53—54절에 관련시키지 않고서는 해석하기 힘들다 : '우리는 무슨 일이 일어나든지 우리가 벌거벗은 사람이 되지 않으리라고 확신합니다. 왜냐하면 이로부터 우리를 보호하려는 일이 이미 예비되었기 때문입니다' (Thrall, 82—95). 그러나 이 해석은 2절의 "덧입다"(ἐπενδύσασθαι)를 설명해주지 못한다. 이 귀절 전체에 대해서는 J.N. Sevenster, *Studia Paulina*, 202—14을 참조하라.

벌거벗은 사람이 되지 않으려는 바울로의 바람은 벌거벗은 상태에 대한 유다교적 증오의 특징을 나타낼 뿐만 아니라, 그가 이 문맥에서 상당히 많은 헬레니즘적 언어들을 사용하고 있으면서도 결코 그것을 일반적인 헬레니즘적 의미에서 사용하지는 않았음을 나타낸다. 유다교와 그리스도교 영역 밖에서는 영혼의 벌거벗음이 두려움의 대상이라기보다는 바람의 대상이었다. 최소한 철학가들에게 있어서는 그랬다. 아마 보통 사람들의 경우에는 달랐을 것이다 : '여러가지 면에서 사람들은 이 신(하데스)의 능력에 관해서 오해하고 있는 것 같다. 그리고 그를 두려워하는 것은 옳지 않다. 그래서 그들은 우리들 중에 누가 죽으면 항상 거기에 하데스와 함께 있다는 데 대해 두려워한다. 그리고 몸을 "벗은"(γυμνή) 영혼이 그와 함께 지내게 되는 데 대해서도 두려워한다' (Plato, *Cratylus* 403 B ; 비교. *Gorgias* 523, 524 ; *Phaedo* 67 DE; 참조. 81 C ; *Republic* IX 577 B. 이 모든 귀절들에 대한 세심한 연구가 필요할 것이다). Betz, *Lukian*, 84, 93도 역시 참조하라 : '사람들은 벌거벗은 채 죽음의 배 속으로 들어간다.' 하드리안의 유명한 그러나 번역하기가 난해한 시 속에서도 영혼은 벌거벗은 채로 죽는다 :

육체의 손님이자 친구인
떠돌며 방랑하는 너 작은 영혼아,
이제 벌거벗은 채 창백하고 뻣뻣한 모습으로
태양이 웃음 던지지 않는 그곳으로 정녕 가려하는가?

(*Historia Augusta, Hadrian*, XXV)

영혼은 가장 높은 천상에 들어가기 위해서는 반드시 벌거벗어야 한다. '천체들이 자신 속에 이루어놓았던 특성들을 "벗어버리고 나면" (γυμνωθείς) 인간은 [일곱 개의 천체를 바깥에, 하느님의 현존을 직접적으로 경험할 수 있는] 8층천의 본성에 도달한다' (*Corpus Hermeticum* i. 26 : 비교. x, 18 : '정신이 지상의 몸으로부터 벗어날 때에는 곧 불로 만들어진, 그것에 적절한 옷을 입는다'). 이 사상은 아마도 페르샤에 기원을 두고 있는 듯하다(F. Cumont, *Oriental Religions in Roman Paganism* [1911—1956], 159—60 주 54). 필로는 영혼의 벌거벗음은 바람직한 것이라는 그리이스적 사고를 하고 있다 : 그는[생애의 마지막에 모세는] 죽을 존재를 떠나서 죽지 않을 생명에로 가기 시작했으며, 차츰 자신을 이루고 있는 요소들이 분리되어 나가는 것을 의식하게 되었다. 마치 조개처럼 그를 싸고 있는 몸은 벗겨지고 영혼은 "벌거벗은"(ἀπογυμνουμένης) 채로 이제부터 자연적으로 이동하게 되기를 "바란다"(ποθούσης : 2절에 나오는 바울로의 말은 ἐπιποθεῖν —*de Virtutibus* 76 [F.H. Colson] : 참조. *Leg. Alleg.* ii. 57, 59). Lucian, *Hermotimus* 7도 참조하라.

그러나 바울로의 견해는 그렇지 않았다. 벌거벗은 상태는 두려워해야 하며, 가능하다면 피해야 한다. 그러나 벌거벗음이라는 말로 그가 의미한 바는 과연 무엇인가? 엘리스(E.E. Ellis, *N.T.S.* vi. 221 : 비교. W. Grundmann, *N.T.S.* viii. 24 이하)에 의하면 바울로는 내림과 심판 때에 폭로됨으로써 느끼는 수치감을 생각하고 있다. 그러나 이 해석은 바울로의 논의와 일치하지 않은 것으로 여겨진다(비교. Schweizer, *C.O.N.T.* 주 288). 고린토전서 15장에 비추어볼 때 바울로가 죽음과 마지막 때 주가 오기까지 그 사이의 기간을 생각하고 있음은 분명해 보인다(특히 Kümmel, *Theologie*, 214에 나오는 논의를 참조하라). 그러나 큄멜에 의하면 바울로는 몸이 없는 존재에 대해서 생각하고 있는 것이 아니라 "그리스도의 나타남을 예비적으로 기다리는 것"에 대해서 생각하고 있다. 그러나 이 기다리는 기간을 바울로가 좋지 않게 보게 되는 것은 바로 몸이 없다는 이유 때문이다. 우리는 살아있는 동안 이미 기다리고 있다. 우리는 몸이 없는 상태로 기다리기를 원하지 않는다. 고린토전서 15장 35절 이하는 바울로에게 있어서 몸이 없는 상태는 바람직하지 못한 것이며, 영원히 지속될 수 없는 상황임을 보여준다. 그러나 그 귀절은 몸이 없는 상태가 전혀 있을 법하지 않은 불가능한 상황임을 보여주지는 않는다. 죽음의 사건에서 "자연적인 몸은 씨가 뿌려지고, 영적인 몸은 일으켜진다"(고전 15, 44). 그러나 씨를 뿌리는 일 뒤에 곧 일으키는 일이 뒤따르지는 않는다. 그렇다면 그 사이에는 어떤 일이 일어나는가? 이 때는 기다림의 기간이다(비교. 고전 15, 37. "벌거벗은 γυμνόν 씨앗"). 그런데 이 기간을 바람직하지 않게 만드는 것은 자연적인 몸은 죽음에서 소멸되고, 영적인 몸은 아직 주어지지 않았다는 데 있다(비록 4장 16절의 속사람은 영적인 몸을 선취하고 있기는 하지만. 참조. 해당 주석). 퀌멜이 지적하듯이 죽음조차도 하느님의 사랑으로부터 우리를 떼어놓을 수 없으며, 오히려 "그리스도와 함께"하는 것을 의미하는 것이(필립 1, 23) 사실이다(로마 8, 38—39). 그러나 필시 우리는, 바울로가 자신의 종말론적 계획을, 하느님은 생명과 죽음 모두에 대해서 주이시며 그리스도 안에 있는 사람은 그로부터 떨어질 수 없다는 확신과 아직 충분히 결합시키지 못했다고 결론내려야 할 것이다. 그것들이 잘 결합될 수 있느냐는 질문은 정당한 질문이다. 바울로는 이 귀절에서 고린토의 영지주의적 입장을 오해하고 있다는 슈미탈스의 주장(227—8)은 바울로가 자신의 적대자들이 논리적으로 모순되어 있음을 보여주려고(미래의 생명에 대한 사람들의 갈망을 끌어댐으로써, —바울로의 견해에 의하면 미래의 생명은 벌거벗은 상태에 대한 갈망으로는 결코 생각될 수 없는 것이다) 애쓰고 있다는 견해에 의거한 것이다. 그러나 바울로는 그러한 방식으로 논증하지 않는다. 그는 죄와 죽음으로 가득찬 이 세대를 끝내고, 올 세대로 들어가려는 그리스도교인의 갈망에 촛점을 두고 기술하고 있다.

〔 4 〕 바울로의 사상에 대한 이러한 해석은 다음 귀절에 의해 입증되는 것 같다. **이 장막집에**(즉 1절의 장막, 지상적인 몸) **사는 동안 우리는 무거운 짐에 눌려 신음합니다**(바울로가 로마서 8장 23절에서 "성령의 처음 열매를 가진 우리 자신들도 속으로 신음하며 하느님께서 우리를 아들로 삼으시고 우리의 몸을 온전히 속량해주시기를 기다리고 있읍니다"라고 말하듯이). **왜냐하면 그것은 우리가 이 장막을 벗기를 원하지 않기 때문에, 우리 몸 위에 하늘로부터 오는 집을**

(이 말은 그리이스어 본문에는 없으나 "덧입다"라는 말의 의미가 통하게 하기 위해서 영어에서는 집어넣을 필요가 있었다 : "덧입다" ἐπενδύσασθαι : 비교. 2절) 덧입기를(이 상징에 대해서는 Knox, *P.G.*, 138 참조) 원하기 때문입니다. 이 귀절에 대한 해석은 여기서 "왜냐하면"이라고 번역된 말(ἐφ' ᾧ)의 의미에 달려 있다. 여기서는 이 말 뒤에 현재 시제가 나온다(비교. 로마 5, 12. 이 귀절에서는 단순과거 시제가 뒤따라 나온다). 고전적인 용법에서는 이 말 뒤에 미래가 나오면 '~와 같은 상황에서는'을 의미한다. 드렬(94—5)은 이 귀절에 이러한 의미가 있다고 보며 영지주의에 대해서 경고하고 있다고 한다. 그러나 미래와 관련된 상황의 개념이 현재로 옮겨지면 '~와 같은 상황에서는'은 '~와 같은 사실에 비추어본다면'으로 된다(*M.* i. 107에서도 마찬가지이다 : 비교. Robertson, 604, 963 ; *M.* iii. 272 ; Turner, *Insights*, 131). 만일 우리가 "왜냐하면"이라는 의미를 받아들인다면 "무거운 짐에 눌려"는 '우리가 기꺼이 제거해야 할 신체적인 몸에 얽매어서'를 의미하지 않는다. 왜냐하면 "우리는 우리 몸을 벗어버리기를 원하지 않기 때문이다." 그리고 바울로가 "우리가 원하기 때문이 아니라"(οὐκ ἐφ' ᾧ θέλομεν)고 말하지 않고, "우리가 원하지 않기 때문에"(ἐφ' ᾧ οὐ θέλομεν)라고 말한다는 점에 주목해야 할 것이다. 바울로는 때때로 어순을 특이하게 배열하기도 했지만 우리는 (바울로가 말한 내용과 반대되는 것이 입증되지 않는 한) 그가 말한 그대로를 의미했으리라고 가정해야 한다. 그러므로 바울로의 견해는 위에서 서술한 헬레니즘적 견해와 제4 에즈라 14장 13—14절과는 근본적으로 다르다. "무거운 짐에 눌려"(βαρούμενοι)를 4장 17절의 영광의 "짐"(βάρος)에 관련시켜 해석하기는 곤란하다. 1장 8절에 소급시켜 해석하는 것이 더 나을 것이다 : "우리는 우리의 힘으로 감당할 수 없을 만큼 심한 환난에 눌려(ἐβαρήθημεν) 마침내 살 희망마저 끊어져 버렸었읍니다." "신음하는 것"과 "무거운 짐에 눌리는 것"은 죽음에 대한 두려움을 의미한다. 그러나 앞서 말한 바와 같이 영웅적인 용기를 지닌 사람에게는 두려움이라는 말이 분명히 적절하지 않을 것이다. 바울로는, 일반적으로 그 사람들이 죽음을 두려워하는 것과 같은 이유로 죽음을 두려워하지는 않는다. 그는 다음에 계속해서 말하고 있는 이유로 해서 죽음을 두려워한다. 즉 왜냐하면 내림 때까지 살아있는 것이, 다시 말해 죽어서 묻혔다가 벌거벗은 상태로 얼마 동안을 지낸 후 일으켜지는 것보다는 자연적인 몸을 영적인 몸으로 대신함으로써(고전 15, 44) 즉시

변화되고(고전 15, 51) 옛 집 위에 새 집을 덧입는 것이 훨씬 더 좋기 때문이다. 천적인 옷과 천적인 몸의 개념에 대해서, 그리고 벌거벗은 상태에 대한 바울로의 혐오에 대해서는 Windisch, 164—5에 나오는 주를 참조하라.

바울로가 원하는 것은 죽을 것이 생명에 "삼킨 바"(καταποθῇ : 비교. 고전 15, 54 : "죽음이 이김에 삼킨 바 되었다") 되게 하려는 것이다. 고린토전서와의 병행은 바울로가 여기서 내림 때까지 살아 있는 사람들에게 닥치게 될 일에 대해서 생각하고 있음을 확증해준다. 이미 죽은 사람들에게조차도(바울로는 계속해서 이 가능성을 말한) 결코 죽음이 끝은 아니다("살아있는 자들이 그들을 앞서지 못할 것이다" : 데전 4, 15). 그러나 그때까지 살아남아서 생명의 승리, 곧 하느님 자신의 승리를 증거하고 그 승리를 함께 나누는 것이 더 좋다. 최후의 적인 죽음을 그리스도가 쳐부수고나면 하느님이 만유의 주가 되실 것이다(고전 15, 28). 이사야 25장 8절과 비교하라.

[5] 미래에 대한 바울로의 희망은 과거와 현재에 그 토대를 두고 있다. 이러한 목적이 우리에게 이루어지게 예비하시는(참조. 이 책 197면 주 17) 분은 하느님이십니다(1장 21절에서와 같은 구문이다). 그리고 그는 성령 안에서(1장 22절에서처럼 성령πνεύματος이 동격을 나타내는 속격이라고 보았다) 그의 전체 선물의 첫 보증을 우리에게 주셨읍니다. 성령을 이렇게 묘사한 것에 대해서는 1장 22절과 주석을 참조하라. 미래에 대한 하느님의 약속을 다루고 있는 이러한 문맥에서는 그와 같은 묘사가 특별히 적절하다. 단순과거 분사들인 κατεργασάμενος("예비하시는")와 δούς("주셨읍니다")라는 말은 하느님 편에서의 결정적인 행위를 가리킨다. 여기서 회심과 세례를 생각하는 것은 자연스럽지만 바울로의 생각을 그렇게 협소하게 한정시키는 것은 바람직하지 않다(비교. 이 책 116—117면).

푸울은 부활에 관한 바울로의 가르침을 논의하는 데 있어서 이 귀절을 핵심적으로 다룬다(*N.T.S.* xii. 106—23). 하느님은 우리에게 신체적인 몸의 부패에서 시작되는 과정, 그리고 영적인 새로운 몸이 주어지는 바로 그 죽음에서 완성되는 일련의 과정을 준비시키셨다. 인간은 "덧입혀지기"(ἐπενδύσασθαι)를 원하지만 하느님은 "바꿀 것"을 미리 계획하셨다. 그리고 그처럼 바꿔 입힐 경우에는 하느님이 새로운 영적인 몸을 예비하지 못함으로써 결국에는 자신의 희망이 웃음거리가 되지 않을까 염려하여 인간이 본능적으로 두려워하는 벌거벗은 상태를 거치게 된다. 이러한 측면에서 고린토전서 15장과 비교해볼 때 고린토후서 5장은 변화를 보이고 있다고 무울은 생각한다. 바울로에 있어서의 이원론에 대한 무울의 연구는 매우 중요하며, 그의 견해는 아마 설득력이 있을 것이다. 그러나 2절을 불신앙에서 나온 돌발적인 말로 보는 것이 과연 만족할 만한 해석일까?

[6] 바울로는 이제 스스로 말했던 것으로부터 실제적인 추론을 해나간다. 복음이 담겨 있는 질그릇은 실로 깨지기 쉽다. 그것은 내림 때까지 깨지지 않은 채로 있을 수도 있고, 또 그렇지 않을 수도 있지만 확실히 내림 이후까지 보존되지는 못할 것이다. 그러나 그 안에 담겨 있는 내용물은 참으로 영광스러우며, 성령 안에서 미리 맛본 하느님의 약속은 실로 확실하다. 그러므로 우리는 실망할 필요가 없다. 반대로 "그러므로"(바울로의 οὖν은 1—5절을 소급해서 가리킨다) 우리는 언제나 마음이 든든합니다(이 한정동사는 파격적인 구문을 이루고 있는 그리이스어 분사 θαρροῦντες를 번역한 것이다. 아마도 바울로는 '우리는 확신에 차서 ～한 행동을 합니다'라고 말하려고 했는데 문장이 어떻게 진행되는지를 잊고 8절에서 다시 시작했을 것이다). 우리가 육을 따라 살고 있는 동안 주에게서 떠나 있다는 것을 우리가 "알고 있기"(또 다른 분사인 εἰδότες는 원인을 나타내는 것으로 사용되었다) 때문입니다. 바울로는 "마음이 든든하다"(θαρρεῖν)라는 동사를 고린토후서 5장 6·8절, 7장 16절, 10장 1—2절에서만 사용한다. 이 말은 담대함이라는 뜻도 포함한다. 바울로는 이제 더 이상 장막의 비유를 사용하지 않으며, 이 세상에서 우리가 쓰는 신체적인 몸을 뜻하는 것으로서의 몸에 대해 직접 말한다. 우리는 담대하게 이 몸의 소멸을 받아들인다. 그것은 부분적으로는 우리가 하느님이 보다 나은 것으로 우리 몸을 대신해주리라는 것을 알기 때문이며, 또 부분적으로는 몸 안에 있는 생명은 주지된 바와 마찬가지로 불리한 점이 있다는 것을 우리가 알기 때문이다. 사실 구지(Goudge)는 '몸 안이 마치 집처럼 편안하다'고 번역하는 것은 '아주 좋지 못한 번역이며, 현재의 몸은 집이라고 할 만한 가치가 없다'고 말한다. 그러나 한편 몸은 우리가 지금 만족해야만 하는 집이기도 하다. 이 세상에서의 추방생활에 대해서는 Knox, *P.G.*, 140—1과 거기 나오는 여러 문헌들을 참조하라.

[7] 여기서 바울로의 문장은 일단 끊어졌다가 다시 시작된다. 몸 안에 머물러 있는 것은 주로부터 떠나 있는 것이다. 그러나 바울로는 그리스도교인이 이 세상에서 살면서 그리스도

로부터 떠나 있다는 것을 의미하지는 않았을 것이다. 그는 '그리스도 안에서'와 같은 표현을 상당히 자주 썼다. 그러나 그는 그리스도는 하늘에서 통치한다고 생각한다. 그리스도교인은 이 시대에 지상에서 살고 있는 동안에는 앞으로 그가 죽을 때처럼 완전한 의미에서 "그리스도와 함께" 하지는 못할 것이다(비교. 필립 1,23 : 이것은 "그리스도와 함께"라는 말을 바울로가 특징적으로 사용한 것이다). 이것은 그리스도교적 삶의 본질에 대해 바울로가 이해한 바에 속한다. 우리가 사물의 보이는 것으로 살아가지 않고 믿음으로 살아가기(직역하면 "걸어가기" : 이 관용어에 대해서는 4,2 참조) 때문입니다. 바울로는 "주로부터 떠나 있다"라는 말로 자신이 무엇을 뜻하고자 했는지를 설명한다. 그리스도의 부재 가운데서, 아니 보다 적절하게 말하자면 그리스도가 보이지 않는 가운데서 믿게 되는 것이다. 로마서 8장 24절, "눈에 보이는 희망은 희망이 아닙니다"와 비교하라. 객관적으로 확증되는 그리스도(예를 들어 부활의 사실성에 대한 확증 : 『고린토전서』, 390·399면)에 근거해서 믿음이 형성되지는 않는다. 믿음이라는 것은, 지금은 부재하며 입증할 수 없는 그리스도, 곧 그의 역사는 이미 과거로 사라지고 그의 도래만이, 알려지지 않은 미래(비교. 고전 11,26)로서 남아 있는 그리스도를 신뢰하는 것이다. 그리하여 그 믿음은 눈에 보이는 것이라곤 오직 죽음밖에 없을 때(로마 4,17—22) 생명을 믿으며, 그리스도의 죽음으로 세례받는 것(로마 6,3)과 예수의 죽음을 몸에 지니고 다니는 것을 만족스럽게 여기고, 하느님이 원할 때 그 뜻에 따라 자신의 생명도 현시될 것이라는 것을 확신한다(4,10 : 참조. 골로 3,4). 이것은 곧 믿음이 비현실적인 것임을 결코 의미하지 않는다. 부재하는 그리스도가 현실적이듯이 믿음도 현실적이다. 이것은 믿음은 참으로 믿음임을 의미한다. 이에 상응하는 부정적인 진술은 우리가 "사물의 보이는 것을" 신뢰하지 않는다는 것이다. 바울로가 쓴 말(εἶδος)을 어떻게 번역해야 할 지 확실치 않다. 이 말은 자주 능동태적 의미("보는 것")를 지니는데 이것이 여기서 적절한 의미를 제공한다. "보는 것"은 "믿음"에 대한 적절한 대응어이다. 그러나 이 말은 일반적으로는 그러한 의미를 지니지 않는다(L.S., 해당란 참조). 컴멜은 이 말이 수동태적 의미를 지니고 있다는 키텔의 제안(*T.W.N.T.* ii. 372 ; Windisch도 참조하라. 그는 민수기 12장 8절을 인용한다 : "나는 얼굴을 맞대고 그와 이야기할 것이다" *ἐν εἴδει καὶ οὐ δι' αἰνιγμάτων*)에 대해 그리스도교인들은 '아직 그들의 종말론적 영광이 보이게 된

'곳을 걷고 있지 않다' (휜델의 해석)는 의미로 답변한다. 이 말은 그와 같은 반론의 여지가 없는 방식으로, 일반적인 수동태의 의미로 이해될 수 있다: '우리는 보이는 형태대로 봄으로써가 아니라 부재하며, 보이지 않는 그리스도를 믿음으로써 살아간다.' 이것이 아마도 바울로가 의미했던 바인 것 같다(고전 13, 12 : 비교. 『고린토전서』, 353—359면의 논의).

[8] 바울로는 분사들로 시작되었다가 중단된 6절의 문장을 이제 다시 언급한다. 그래서 나는—죽음을 마주하고서도 : 참조. 6절— 우리는 마음이 든든하다고 말합니다. 그뿐만이 아니라 (아니면 우리가 마음이 든든하기 때문에) 우리는 차라리 육신을 떠나서 주와 "함께"(전치사 *πρός*의 용법은 아람어 어법이 아니다) 살기를 원하기도 합니다. 아니면 단순과거 시제를 강조함으로써 육신을 떠나서 주에게로 돌아가는 것, 즉 죽음을 원한다고 볼 수도 있다. 바울로가 기술했듯이 죽는 것이 유익한(필립 1, 21) 상황이므로 우리는 당연히 기쁘게 죽음을 기다린다. 이 장에서 말하고 있는 것과 고린토전서 15장 및 필립비서와의 유사성을 살피는 것은 중요하다. 여기서 바울로는 시간이 갈에 따라 점차 진지하게 자신의 죽음의 가능성을 받아들여야 함을 깨닫고 또 그럼으로써 죽은 자들도 주와 함께 있다는 것의 의미를 진지하게 받아들이는 것 이상으로 이 주제를 발전시키고 있지는 않다.

[9] 산 자나 죽은 자나 모든 사람들에게 있어서 그리스도의 오심이 그들의 존재에 궁극적인 의미를 제공해줄 것이라는 사상은, 위로와 확신으로 가득차 있지만 동시에 그리스도인의 삶에 대한 하나의 도전이기도 하다. 그리스도의 오심은 심판을 의미하며, 이를 위해 준비하고 있는 것이 그리스도인들이 할 일이다. 이러한 이유에서 우리는 우리가 머물러 있든지 떠나 있든지("육신"이라는 말을 보충하든 "주"라는 말을 보충하든 의미상 별 차이는 없다. 뒤에 나오는 "그들"은 후자를 뒷받침해준다. 그러나 이에 반해서 휜델은 분사들의 배열에 주목한다) 오직 그를 기쁘시게 하기를 원합니다. '하늘에 있는 그의 백성들에게도 예수는—순종을 요구하는— 주이시다' (Schlatter). 그에게 순종하는 것은 항상 기쁨이 될 것이다. 인간의 신체적 조건은 살아서든 죽어서든 궁극적으로 중요하지 않다(Conzelmann, *Theologie*, 186 ; 비교. 베전 5, 9—10 ; 필립 1, 21). 바울로는 여기서 그리스도를 기쁘게 하는 행동이 어떤 것인지에 대해서는 지적하지 않는다.

그가 관심을 보이고 있는 것은 단지 그리스도를 기쁘게 한다는 그 원칙뿐이다. 미래가 하느님의 손 안에 있다는 사상은 거짓된 안전성으로 그리스도교인을 달래지 않고 그로 하여금 더욱 순종하게 한다. 바울로는 다시 한번, 네 자신이 되라는 친숙한 자신의 주제를 말한 다음, 심판 사상을 가능한 한 분명하게 말하고자 한다. 우리는 그리스도를 기쁘게 하기 위해서 노력한다. 그것은 우리가 다(*M.* iii. 201에서는 어순에 주목한다 : τοὺς πάντας ἡμᾶς "우리들 모두"—예외 없이) 그리스도의 심판대 앞에 "나타나"(φανερωθῆναι라는 말은 법정에 출정하는 데 대해 사용되는 말이다 : C.F.D. Moule, *The Phenomenon of the New Testament*[1967], 92 ; 비교. Calvin: '이것은 마치 그들을 하늘의 재판정으로 소환하고 있는 것 같다.' 비교. 로마 14,10 : "우리는 다같이 하느님의 심판대 앞에 서게 될 것입니다 ; 로마 2,16 : "내가 전하는 복음에 의하면 하느님께서 예수 그리스도를 통하여 사람들의 마음 속 깊이 숨겨진 것들을 심판하실 그 날"). 형식적인 일관성(서신들 사이에서뿐만이 아니라 로마서 내에서도)이 결여되어 있다는 것은 그리스도론적 측면에서 어느 정도 중요하다. 하느님은 심판을 한다. 그러나 그는 예수 그리스도를 통해서 심판을 한다. 또한 예수 그리스도도 심판한다. 그리고 그의 심판은 곧 하느님의 심판이다. 심판은 보편적이며, 그리스도교인들까지도 포함한다(헤링에 의하면 이 귀절은 오직 그리스도교인들에 대해서만 관련이 있다). 심판의 목적은 각 사람이 ("각 사람" ἕκαστος이라는 개인주의적인 말은 "우리가 다～ 나타나"라는 보편주의적인 말에 대응한다 : Bornkamm ii, 74) 육신으로 행한 모든 행위—즉 선한 일이든 악한 일이든 그가 행한 모든 행위에 대하여(혹은 "～정도에 따라" : 참조. Moule, *Idiom*, 53) 각자가 그대로 보응을 받아야 할 것이기 때문입니다. 구문은 분명하다. 나는 여기서(레위 20,17 ; 에페 6,8 ; 골로 3,25에서와 마찬가지로) "～을 받다"(κομίζεσθαί τι)가 "～에 대한 대가를 받다"를 의미한다는 견해를 받아들였다. 다른 견해(이것도 내용상으로는 동일한 의미를 제시해준다)는 이 문장의 단어들을 다시 정리해서 번역해야 한다는 것인데 그에 따르면 문자적으로 '그가 육신으로 행한 일들에 상응하는 것들(즉 보상)'로 번역된다. 내가 "육신으로"라고 번역한 말(διὰ τοῦ σώματος)에는 모호한 점이 있다. 그것은 아마도 '육체적인 삶의 과정 속에서'를 의미할 것이다. 본문에 대해서는 이 책 198면 주 18을 참조하라.

언어학적 관점에서 볼 때는 이러한 난점들이 중요하다. 그러나 바울로가 그리스도가 시행할 심판(그리이스와 유다교의 개인적이고 집단적인 심판 개념에 대한 흥미있는 해설에 대해서는 Windisch를 참조하라)을 위해 모든 사람들이 준비해야 하며, 모든 사람들은 악에 대해서는 악으로, 선에 대해서는 선으로 보상받게 되리라고 가르친다는 사실이 이러한 난점들로 인해 달라지지는 않는다. 그러면 이것은 신앙에 의한 의인 교리와 일치하는가? 이 문제는 Knox, *P.G.*, 141와 Stuhlmacher, *Gerechtigkeit*, 57, 67에 의해 분명하게 표현되었다. 그러나 E. Jüngel, *Paulus und Jesus*(1964), 66 이하도 참조하라. 바울로는 여기서 아무런 모순점도 느끼지 못했다. 왜냐하면 심판에 대한 바울로의 언급들은 너무 자주 나오고, 또 그리스도와 긴밀하게 관련되어 있으므로 그가 이미 포기한 유다인으로서의 과거를 무분별하게 회상하는 것이라고 볼 수는 없기 때문이다. 그는 하느님의 계명에 대한 순종이 그리스도교인들은 물론이고 모든 사람들에게 요구된다는 생각을 결코 포기한 적이 없다. 그와 같은 순종은 폐기된 것이 아니라 의롭다고 인정받음으로써 가능하게 되었다. 이것이 토대이다. 그 위에 사람들은 집을 짓고 그들이 지은 것은 심판대 앞에 세워지게 된다(고전 3, 10—15). 쓸모없는 집은 파괴되지만 집을 지은 사람은 집과 함께 파괴되지 않는다. 바울로가 선이라는 말과 함께 가난, 하찮음, 무가치라는 의미로 악을 뜻하는 말을 사용했다는 사실은 아마도 중요할 것이다(참조. 이 책 198면 주 19 : 대조. 집회서 12, 14). 그러나 이러한 관찰은 적절한 설명이 되지 못한다(이 관찰에 의하면 마치 바울로가 '그리스도교인들이 심판을 받을 때 하느님은 반드시 절대적인 선과 절대적인 악을 판단하지는 않고, 선과 완전하지 못한 선을 판단하신다'고 말하고 있는 것 같다). 왜냐하면 고린토전서 9장 27절은 바울로가 자기 자신이, 따라서 어떠한 그리스도교인이라도 그 자신의 삶에 근거해서 거부될 수도 있다는 가능성을 고려하고 있음을 보여주기 때문이다. '신앙의 결단은 심판 때까지 계속해서 새롭게 행해져야 한다' (Rissi, 98).

바흐만은 (칼빈을 따라) 새로운 단락이 5장 11절이 아니라 9절에서부터 시작된다는 견해를 받아들인다. 사실 9절과 10절은 본래 이행구로 간주될 수 있을 것이다.

10. 보물 : 그리스도의 죽음으로부터 일어난 화해와 새로운 창조의 메시지 5장 11—21절

11 우리가 주를 두려워할 줄 알기 때문에 사람들을 권면합니다. 그러나
우리는 하느님 앞에 밝히 드러나 있읍니다. 그리고 나는 여러분의 양심에도
우리가 밝히 드러나기를 바랍니다. 12 우리가 여러분에게 또 다시 우리를
추천하려고 하는 것이 아닙니다. 다만 우리를[20] 자랑할 수 있는 기회를 여러분에게 주어 마음 속에는 자랑할 것이 없으면서 겉으로만 자랑하는 인간들에게 대답할 말이 있게 하려는 것입니다. 13 우리가 미쳤다면 하느님을
위하여 그럴 것이요, 정신이 온전하다면 여러분을 위하여 그럴 것입니다.
14 그것은 그리스도의 사랑이 우리 행동을 다스리기 때문입니다. 우리는 한 사람이 모든 사람을 대신하여 죽었다는 데 우리 마음을 두고 있읍니다. 그것은 모든 사람이 죽은 것을 뜻합니다. 15 그리고 그가 모든 사람을 위하여
죽으신 것은 살아있는 (사람들이) 이제부터는 자기 자신을 위하여 살 것이 아니라 자기를 위하여 죽으셨다가 다시 사신 그분을 위하여 살도록 하기 위한 것입니다. 16 그러므로 우리는 이제부터 아무도 육적인 표준으로 알려고
하지 않습니다. 전에는 우리가 육적인 표준을 따라 그리스도를 알았지만[21] 이제는 그런 방식으로 그를 알지 않습니다. 17 나아가서 누구든지 그리스

20) "우리를"(ὑπὲρ ἡμῶν: "우리를 위하여") 대신에 P^{46} B ℵ에는 "여러분들 자신을 위하여" (ὑπὲρ ὑμῶν)라고 되어 있다. 이 독법은 매우 훌륭한 사본들에 의해 입증되지만 자주 무의미한 것으로 여겨져 삭제되었다. 그것은 "나와 내가 하고 있는 모든 일은 여러분들을 위한 것입니다. 스스로를 추천하는 것처럼 보이지만 그것도 참으로 여러분의 유익을 위한 것입니다. 그리고 그것은 여러분들에게 여러분들 스스로에 대해 자랑할 만한 것을 제공해줍니다"를 의미할 수 있다. ὑπὲρ ὑμῶν αὐτῶν이나 혹은 ὑπὲρ ἑαυτῶν이 나오리라고 기대할 수도 있을 것이다. 그러나 만일 그렇게 볼 경우 가장 오래되고, 훌륭한 사본들에 잘못이 있는 것으로 되는데 그 문제를 어떻게 처리할 수 있겠는가?

21) 이것은 P^{46} B ℵ* D*의 독법인 εἰ καί를 번역한 것이다. 대다수 사본들의 εἰ δὲ καί는 의미상 별다른 차이가 없다. 그러나 G사본과 라틴 사본의 καὶ εἰ("~할지라도")와 K 사본의 εἰ δέ("그러나 만일")는 의미상으로는 아니지만 강조점에 차이가 있다. 플랑쥐(262)는 καί를 비교의 의미로 보고, 다음과 같이 번역한다 : '…마찬가지로 만일 우리가 육에 따라 그리스도를 알지 않는다면 우리는 더 이상 그를 알지 못합니다.'

도 안에 있으면 새로운 창조행위가 있을 것입니다. 옛 것은 모두 지나가
고, 보시오, 새 것이 되었읍니다.[22] 18 이 모든 결과들은 다 하느님께로부
터 온 것입니다. 그는 그리스도를 통하여 우리를 자기와 화해하게 하시고,
또 우리에게 화해의 직분을 맡겨주셨읍니다. 19 말하자면 그리스도 안에 계
셔서 세상을 자기와 화해하게 하시며, 그들의 죄과를 그들에게 돌리시지 않
고 오히려 화해의 메시지[23]를 우리에게 맡겨주신 분이 하느님이라고 증거하
는 직분입니다. 20 그러므로 우리는 그리스도의 사절이며, 하느님께서는 우
리를 통하여 여러분을 권면하고 계십니다. 우리는 그리스도를 대신하여 여
러분에게 요청합니다. 하느님과 화해하시오. 21 그는 죄를 알지 못하는 분
을 우리를 대신하여 정죄하셨읍니다. 그것은 우리로 그 안에서 하느님의 의
에 함께 참여하게 하려는 것입니다.

서신의 중심부 전체에 걸쳐(보다 확실하지는 않지만 실제로는 서신 전체에 걸쳐서) 바울로의 사상은 복음이라는 보물과 그것이 담겨 있는 보잘것 없는 질그릇, 즉 메시지와 메시지를 전하는 자 사이에서 역설적으로 전개된다. 그러나 자기만족적인 고린토인들의 종이 되기를 온순하게 수락한 것과 조화를 이루는 그리스도의 사절의 위엄과 권위를 포괄할 정도로, 그리고 구원을 향한 하느님의 능력이며 그의 아들 안에서 현시된 복음 자체가, 하느님의 아들이 마치 죄인처럼 취급되고 죽임을 당했다는 불가해한 역사적 사건에 초점을 두고 있다는 사실을 포괄할 정도로 동일한 역설이 확대된다. 위에서 말한 세 가지 역설들이 바울로 문헌들 중에서 가장 함축성 있고, 난해하며, 중요한 이 단락에서 설명되고 있다. 이 단락은 앞 부분과 뒷 부분에 분명하게 연결되어 있지만 어느 정도 독립되어 있다. 이 점에서 이 단락의 일부는(이하를 참조하라) 이미 정형화되어 있었고, 어느 정도 정확하게 인용되기도 했다고 볼 수도 있다. 그러나 이것은 매우 불확실하며, 아마도 불필요한 가설일 것이다. 단지 바울로가 자신의 주제를 전개시키는 과정에서 찬양문이나 혹은 예전적인 언어를 반영하는 고상한

22) 대다수의 사본들에서는 τὰ πάντα를 첨가한다. 이것은 "모든 것들이 새롭게 되었읍니다"라는 번역을 요청한다. 이 독법은 마르씨온에 의해서 채택되었는데 아마도 그 독법은 구약성서의 하느님까지도 포함하여 모든 옛것들을 처리해버리려는 욕구에서 생겼을 것이다. 그러나 바울로는 혁신보다는 새로운 창조에 관심을 가지고 있다.

23) P^{46}에는 "화해의 메시지"대신 "화해의 복음"이라고 되어 있으며, D G에서는 두 독법을 혼합하고 있다— "화해의 사신의 복음." P^{46}에서는 "사신" 이라는 의미를 부여하는데 그것은 옳다.

문체로 기술하게 되었다고 말하는 것으로 충분하다.

[II] 그는 바로 앞에서 "우리가 다 그리스도의 심판대 앞에 나타나야 합니다"(10절)라고 말했다. 그리고 나서 그 다지 부자연스럽지 않게 계속한다. **우리가 주를 두려워할 줄 알기 때문에**라고 계속한다. "주를 두려워하다"에는 잘 알려져 있는 약화된 의미가 있는데 그에 따르면 경건 이상을 의미하지 않는다(예. 욥기 28, 28 ; 잠언 9, 10). 여기서 문맥에 의하면 이러한 약화된 의미는 맞지 않는다. 우리가 우리의 행위들에 따라 심판받는다면 앞으로 다가올 일에 대해서 두려워하는 것은 당연하다. 바로 이러한 두려움 안에서 **우리는 사람들을 설득합니다**(아마도 능동적인 의미일 것이다 : 우리는 설득하려고 합니다). 갈라디아서 1장 10절과 비교하라. 우리가 지금 사람들을 기쁘게 하려는 것입니까? 하느님을 기쁘시게 하려는 것입니까? 이 귀절은 아마도 바울로가 나쁜 의미에서 "사람들을 설득"했다고, 즉 하느님 앞에서나 사람들의 양심의 척도로나 타당하지 않은 부주의한 방식으로 사람들을 자기 편에 끌어들인다고 비난받았음을 암시한다. 불트만은 이 말은 바울로의 적대자가 썼던 말임에 틀림없다고 주장한다 (*Probleme*, 13 : 참조. Wendland). 바울로는 아마도 "권면하다"(*παρακαλεῖν*: 6, 1)를 썼으리라는 것이다. 그러한 비난에 대해서 바울로는 다음과 같이 답변한다 : '우리는 하느님을 두려워하고, 우리가 그의 심판대 앞에 서야 한다는 사실을 충분히 알기 때문에, 사람들로 하여금 우리들이 아니라 그의 메시지를 받아들이도록 설득한다.' 이것이 아마도 이 귀절의 의미일 것이다. 고린토에는 틀림없이 바울로에 대한 많은 비난들이 떠돌고 있었을 것이다. 그러나 이 귀절은 반드시 이러한 의미를 지니고 있지는 않다. 이 단락은 계속해서 바울로를 하느님과 화해하라고 사람들에게 호소하는 그리스도의 사절로 기술한다. 그리고 아마도 바울로는 단순히 사실을 말함으로써 자신의 주장을 해나가고 있는 것 같다 : '우리로 하여금 복음 사업의 길을 재촉하도록 하는 것은 위대한 심판의 날에 대한 생각이다' (Schlatter). 아니면 바울로는 여기서 복음전도에 대해서 생각하고 있는 것이 아니라 자신의 성실성과 사도로서의 지위를 사람들이 믿도록 설득하려고 하는 것일 수도 있다(휴즈도 그렇게 본다). 어떻게 보든 바울로는 '**우리는 하느님과 사람들 앞에서의 우리의 책임을 잘 알고 있다**'고 주장한다. 사람들이 우리에 대해서 어떻게 생각하고, 또 말하건간에 우리는 하느님 앞에 "밝히 드러나 있읍니다"(5장 10절에서 나온 것과 같은 말이다 : *φανεροῦσθαι*). 우리

는 그의 법정에 서야 하며, 거기서 무죄로 인정되거나 아니면 정죄받는다(비교. 고전 4,4). '우리는, 사람들이 우리가 원하는 대로 생각하도록 그들을 설득하려고 한다. 그러나 우리는 있는 그대로 하느님 앞에 나아간다' (Bachmann). 그는 우리들의 동기의 순수성에 대해 심판하신다. 그리고 중요한 것은 그의 심판이다. 그러나 고린토 사람들이 (스스로) 바울로에 대해서 올바른 판단을 해야 한다는 것도 실제적인 목적들을 위해서 어느 정도 중요하다. 따라서 나는 여러분의 양심에도 우리가 밝히 드러나기를(여기서는 앞 절에서와 마찬가지로 완료시제가 사용되었고, 이것은 바울로가 합당하게 사람들이 품을 수 있는 의심으로 인해 손상되는 일 없이 완전히 밝히 드러나 있었으며, 지금도 그렇다는 사실을 암시해준다) 바랍니다. 4장 2절과 해당주석을 비교하라. 만일 고린토 사람들이 편견을 버린다면 그들은 자신의 동기가 순수함을 인정하게 되리라고 바울로는 "바란다"(이 말 뒤에는 완료 부정법이 뒤따르는데 이것은 거의 "생각한다"와 같은 뜻이다 : 참조. *B. D.* §350).

이와는 다른 방향의 해석이 Schmithals, 153—8에 나오는데 그는 바울로가 영지주의적 비판에 대항해서 복음을 전하는 자신의 합리적인 (황홀경을 체험하는 방식이 아닌) 방식을 변호하고 있다고 생각한다. 이 귀절의 "우리는 사람들을 설득합니다"와 "우리는 하느님 앞에 밝히 드러나 있읍니다"는 각각 13절의 "우리는 정신이 온전합니다"와 "우리가 미쳤다면"에 병행하는 말들이라는 것이다. 이 해석에 대해서는 13절의 주석에서 다시 다룰 것이지만 여기서는 다음과 같은 점에 주목할 필요가 있다 : "우리는 밝히 드러나 있읍니다"(*πεφανερώμεθα*)라는 말은 고린토전서 12장 7절에 나오는 동일 어원의 명사(*φανέρωσις*)에 부가된 어딘가 의심스러운 의미로 이해하기보다는 10절의 "나타나다"(*φανερωθῆναι*)가 제시하는 의미로 이해하는 것이 훨씬 좋다. 이 장의 나머지 부분과 특히 일인칭 단수형과 복수형의 용법에 대해서는 Cerfaux, *Christ*, 137(영어번역판 176)을 참조하라.

[12] 바울로가 자신의 편지를 읽는 사람들의 양심에 호소한 것을 우리는 잘못 이해해서는 안 된다. 우리가 여러분에게 또 다시 우리를 추천하려고 하는 것이 아닙니다. 바울로는 이미 이 점에 대해서 분명히 한 바 있다(3,1 : 참조. 주석). 그는 매우 어려운 처지에 있다. 왜냐하면 그는 복음 자체가 복음을 설교하는 사람에게 부여하는 권위 외에 다른 어떤 추천서도 이용하려고 하지 않지만 사도

로서의 선교활동을 위해서는 그가 세운 교회의 구성원들로부터 그의 훌륭한 믿음을 인정받을 필요가 있었고, 또 적어도 그렇게 하는 것이 바람직했기 때문이다. 현재의 귀절은 다른 노선에서 활동하는 사람들로 인해 이러한 필요성이 생겨난다는 것을 보여주므로 매우 중요하다. 3장 2절, 10—13장의 발전된 논증과 비교하라. 이 네 장들에서 벌어지고 있는, 격렬하고 신랄하게 논의되는 상황은 이미 서신의 앞 부분들에도 배태되어 있다. 알로는 이 귀절들에 대해서 다음과 같이 기술한다 : '이제 독수리는 위에서 제비들과 여우들을 노려다보기 시작한다. 그러나 수직으로 강하해서 달려들 준비태세는 아직 되어 있지 않다.' 고린토전서는 (외부의 영향이 있기는 했지만) 고린토 사람들 자신이 문제를 지닌 사람들이었을 가능성을 보여준다. 그러나 고린토후서에 반영되는 그와는 다른 상황(서론에 나오는 서술을 참조하라. 이 책 26—33면)은 주로 경쟁적인 사도들의 활동으로 인해서 생겨났을 것이다. 그런데 바울로의 행동이 스스로를 추천하는 것이 아니라면(Bultmann, *Probleme*, 14에서 지적하고 있듯이 단지 겉보기에만 스스로를 추천하는 것처럼 나타난다) 그것은 무엇인가? **우리는 우리를**(즉 우리에 대하여. 비교. 1,14) **자랑할 수 있는 기회를 여러분에게 주어**(바울로는 한정동사를 써야 할 곳에서 분사를 사용하고 있다. 7,5·7 ; 8,19·20·24 ; 9,11 ; 로마 5,11 등에서와 같다 : Moule, *Idiom*, 179) **마음 속에는**("겉보기" *πρόσωπον*와 "마음" *καρδία* 사이의 대조에 대해서는 갈라 2,6 ; 데전 2,17을 참조하라) **자랑할 것이 없으면서 겉으로만 자랑하는 인간들에게 대답할 말이 있게**(~에게 할 말이 있게) **하려는 것입니다.** 바울로는 틀림없이 자신이 하고 있는 행동이 스스로를 추천하는 것과 똑같이 보이리라는 사실을 잘 알고 있었다. 사실 그가 자신은 참된 복음의 신실하고, 믿을 만한 설교자임을 알리려고 한다는 점에서는 스스로를 추천한다고 볼 수도 있다. 보다 정확하게 말하자면 그것은 바울로 자신이 말하듯이 복음이 그를 추천하는 것이다. 왜냐하면 추천의 동기가 그 자신 안에 있는 것이 아니라 —다른 사람들이 성실하고 참되게(마음 속으로)가 아니라 외적이고, 단지 겉으로만 진리에 관련된 것으로 보이는 일들을 자랑하는— 고린토의 상황에 있기 때문이다. 그 사람들이 누구였는지에 대해서는 이 귀절만 가지고서 대답할 수 없다. 서신 전체를 통해서 증거들을 수집해야 할 것이다. 증거들을 요약한 것으로는 "바울로의 적대자들"(이 책 서론 54면 이하)을 참조하라. 그들이 자랑하는 근거가 역사적 예수와 직접 접했다는(참조. 갈라 2,6) 사실에 있다고 주장하는 것은 16절에 비추어 볼 때 어느 정도 타당하다. 그러나 이외에도 예루살렘 교회의 공식적인 추천과 그들의 강한 성격, 자신들이 보았다고 주장하는 환상들, 그리고 그들 자신의 것이 아닌 성과들(10—13장 여러곳을 참조하라)을 자랑의 근거로 덧붙일 수 있을 것이다. 자랑 자체는 유익할 것이 없다(12, 1). 그리고 바울로 자신은 주님만을 자랑하려고 한다(10, 17). 그러나 고린토의 그리스도교인들이 사도에게 절대적으로 충성하지는 않았다 하더라도 허황하고 말재주가 좋은 그의 경쟁자들에게 압도당하지는(그들이 결국에는 그렇게 되었지만 : 11, 20) 않았다는 사실이 고린토의 상황에서 매우 중요한 특징이다. 그들은(고린토의 그리스도교인들) 대답할 말이 있어야 했다. 바울로가 한 대답—그는 그리스도를 주로, 자신을 종으로(4, 5) 선포함으로써 하느님을 두려워하는 가운데 그에게 맡겨진 복음을 신실하게 설교했다는 대답—은 적절한 것으로 생각되지 않았던 것 같다. 11장 6·22—23절과 비교하라.

〔 13 〕 이 단계에서(서신의 뒷부분에서 그는 더욱 깊이 이야기할 것이다) 바울로가 자신을 위해 주장하려고 하는 것은, 자신을 돌보지 않고 있다는 것이다. 그가 하고 있는 일은 모두가 하느님을 섬기는 것이며, 고린토인들의 이익을 위한 것이라고 한다. 우리가 미쳤다면(방언으로 말하거나 〔고전 14, 18〕 혹은 환상을 본다면 〔고후 12, 1—7〕) **하느님을 위하여**(고전 14, 2) **그럴 것이요, 정신이 온전하다면 여러분을 위하여 그럴 것입니다.** 방언으로 말하는 사람은 하느님과 개인적으로 대화할 수 있는데 이것은 그 자신에게는 이롭지만 공동체에는 아무런 유익이 없다. 이성적인 말이 교회를 가르치고 세울 수 있다(고전 14, 3—4·19). 어떠한 경우든 말하는 사람은 자신을 영광스럽게 하려고 하지 않는다. 그러나 고린토 사람들은 오직 하느님의 영광만을 구하는 사도가 자신들에게 있다는 사실에 대해 자랑할 수 있다(Schlatter). '여기서는 황홀경의 체험에서 절정을 이루는 개인적인 종교적 삶의 영역이 "온전한 정신"(σωφρονεῖν)으로 표현된 공동체에 대한 사도적 봉사의 영역과 두드러지게 구별된다' (Käsemann, "Legitimität", 67/61).

이 귀절에 대한 위의 간단한 해석은 어느 정도 확실하고 유용한 것이라고 말할 수 있을 것이다. 그러나 그것은 몇 가지 문제를 제기한다. "우리가 미쳤다면"은 ἐξέστημεν을 번역한 것인데 이 말은(마르코복음 3장 21절에서처럼) 일상적이고 영속적인 상태나('우리는 정신이

나갔었읍니다. 그리고 지금도 정신이 나간 상태입니다'), 아니면 '우리가 정신이 나갔던' 과거의 특수한 한 사건을 가리킨다. 주석가들은 이 점에서 첨예하게 의견이 갈라졌다. 예를 들어서 메네이는 바울로가 여기서 '영적 긴장을 언급하고 있으며, 그는 항상 그러한 긴장 가운데서 생활하고 활동했다'고 생각한다. 반면 알로는 단순과거형 (*ἐξέστημεν*)은 특수한 한 사건을 가리킴에 틀림없다고 주장한다. 그리고 어떤 학자들은 이것이 "마음 아픈 방문" 때에 일어났던, 바울로가 분노로 거의 미칠 지경이 되었던 한 사건을 가리킨다고 주장하기도 한다. 이에 못지 않게 개연성이 있는 제안으로는 바울로가 스스로를 추천했을 때를 가리킨다는 것이다(Bachmann). "우리가 정신이 온전하다면"은 의문의 여지 없이 지속적인 시제를 나타낸다. 그러나 이 말이 다른 동사를 수반하는지 아니면 대조를 의도한 것인지는 확실히 알 수 없다. 슈미탈스(11절에 대한 주석을 참조하라)는, 오직 몰아적인 말만이 신적 기원을 입증해줄 수 있다는 이유에서 공동체에 대한 바울로의 이성적인 가르침은 사도적 권위를 지니고 있지 않다고 주장하는 데 대해서 바울로가 반박하고 있다고 생각한다. 바울로는 이렇게 대답한다. '아니요, 황홀경은 하느님을 위한 것이고, 여러분에게 필요한 것은 평범한 이성입니다.' 만일 위에서 지적한 주장이 고린토에서 일반적이었다면 바울로는 틀림없이 그것을 반박했을 것이다. 그러나 그의 생각의 중심이 그렇지는 않았다. 아마도 "정신이 온전한 것"은 말과 가르침에 매우 긴밀하게 관련되어 있을 것이다. Plato, *Phaedrus* 244A("한 사람은 미쳤고, 한 사람은 정신이 온전하다" *ὁ μὲν μαίνεται, ὁ δὲ σωφρονεῖ*. 빈디쉬에 의해 인용되었다)는 이 말의 일반적인 용법을 보여준다. 바울로의 주된 핵심은 다음과 같이 의역될 수 있다 : '그리스도인으로서 그리고 사도로서 나의 경험은 몰아적인 것과 이성적인 것으로 나뉘어집니다. 이것들은 각기 하느님과 여러분을 위한 것이며, 어느 것도 나 자신의 이익이나 영광을 위한 것이 아닙니다.' 15절과 비교하라. 적어도 바울로는 이제부터 자신을 위해 살지 않을 것이다. 이런 방식으로 이해하면 이 귀절은 단락 전체와 일맥상통하게 된다.

이제부터 바울로는 자신을 추천하거나 혹은 자신은 그렇게 하지 않는다고 입증하는 일을 그만두고, 그리스도교의 사도로서의 자신의 모든 행위의 동기에 대한 이야기로 화제를 돌린다. 이것은 사적인 것이 아니라 보편적인 동기이며(비록 개인적으로 느껴진 것이기는 하지만),

그리스도교 교리에 대한 기본적인 진술로 이끌어진다.

[14] 왜 우리는 이렇게 우리들 자신을 위해서가 아니라 하느님과 여러분을 위해서 행동합니까? 슐라터가 표현하는 바에 따르면, '왜 바울로의 마음에는 오직 사랑만이 있는가?' 이것은 바울로가 이제 겉으로 자랑하지(12절) 않는 이유를 제시하고 있다는 불트만의 견해(*Probleme*, 14—5)보다 개연성이 있다. **사랑이 우리의 행동을 다스립니다.** "그리스도의 사랑"은 아마도 주격을 나타내는 속격일 것이다(Robertson도 이렇게 본다. 499) : 우리를 위한 그리스도의 사랑. 목적격을 나타내는 속격으로 본다면 '그리스도를 위한 우리의 사랑'이 된다. 리츠만(비교. Allo)은 이 말에는 신비주의적 이중의미가 들어 있다고 생각한다. 스피크(C. Spicq, *St, Th.* viii. 123—32)의 논문을 참조하라. 여기서 기본적인 생각은 우리를 위한 그리스도의 사랑에 대한 것이었음에 틀림없다. 왜냐하면 이렇게 볼 경우에만 이어지는 내용에 대한 적절한 서론을 제공할 수 있기 때문이다. 사람들에 대한 하느님의 (그리스도의) 사랑은 그리스도의 죽음에서 입증되었다(로마 5, 8 ; 갈라 2, 20). 그리고 바울로는 이 귀절의 두번째 부분에서 즉시 이 점에로 전환한다. 그러나 스피크(Spicq)가 바울로에 대한 그리스도의 사랑이 그리스도에 대한 바울로의 사랑을 불러일으켰다고 관찰한 것은 옳다(124). 이 절의 동사(συνέχειν "다스리다")를 바울로는 다른 곳에서는 오직 필립비서 1장 23절에서만 사용했는데 거기서 그의 행동은 두 가지 대립적인 동기들에 의해 속박되는 것으로 나타난다. 여기서 그가 생각하고 있는 것은 확실히 다스림에 관한 것이다(그러나 V.P. Furnish, *Theology and Ethics in Paul* [1968], 167에서는 "지탱하다"를 의미하는 것으로 본다). 이 말을 '～(지나친 황홀경의 체험, 혹은 자기자랑을) 하지 못하도록 우리를 막다'로 번역할 수는 없다.

그리스도에 대한 사랑도 역할을 하기는 한다. 그러나 그와 같이 바울로가 행동을 하게 하는 것은 그리스도의 사랑이다. 그리스도를 사랑하는 행동의 배후에는 예수의 죽음의 의미에 대한 깨달음이 있다. **우리는 한 사람이 —그리스도가— 모든 사람을 대신하여 죽었다는 데 우리 마음을 두고 있읍니다.** 이것은 고린토전서 15장 3절에 표현된 바와 같은 확실히 바울로 이전의, 원시 그리스도교에서 해석된 십자가 처형의 역사적 사실이다. 그리스도께서 성서에 기록된 대로 우리 죄를 위하여 죽으셨다. 여기서는 성서에 대한 언급이 없다. 그리고 "우리 죄를 위하여"

대신 "모든 사람을 대신하여"로 되어 있다. 갈라디아서 2장 20절, 디모테오전서 2장 6절, 마르코복음 10장 45절과 비교하라. 그리스도의 죽음이 인류 전체("모든"이라고 하건 "많은"이라고 하건간에)의 유익을 위한 것이었다는 믿음은 일반적인 토대이다. "~을 대신하여" (ὑπέρ)가 뜻하는 바는 한 사람의 죽음이 다른 사람들에게 유익을 줄 수 있는 방식, 그 이익이 소유될 수 있는 방식이다. 이것들은 해명되어야 할 문제들이다. 다음의 몇 귀절들은 그것들을 해석하는 데 큰 도움이 된다.

그리스도가 "모든 사람을 대신하여 죽었다"고 하는 단순한 진술에서부터 출발하여 바울로는 다음과 같이 계속한다. 그것은 모든 사람이 죽은 것을 뜻합니다(~것을 : ἄρα "그러므로"의 확대된 번역이다). "~을 대신하여"라는 말은 대표하는 것이나 혹은 대체하는 것을 의미한다(Robertson, 630 이하). 우리는 바울로가 다음과 같이 말하지 않았다는 점에 주목할 필요가 있다. 즉 모든 사람들이 죽은 것과 마찬가지이다, 혹은 모든 사람들이 마치 죽은 것처럼 생각되었다, 혹은 한 사람이 그들을 대신하여 죽었기 때문에 모든 사람들이 죽을 필요는 없었다는 식으로 말하지는 않았다. '대표'건 '대체'건 어느 것도 바울로가 말하고자 한 바를 정확하게 표현하지 못한다. 그리스도의 죽음 때문에 모든 사람들이 다음 귀절에서 서술한 것과 같은 의미에서 잠정적으로 죽게 되었다고 기술하는 것이 아마도 가장 좋을 것이다. '그가 우리를 위하여 죽었으므로 우리는 우리 자신들에 대하여 죽게 되었다' (Calvin). 그리스도의 죽음이 세례를 통하여 죄에 대해 죽는것을 의미하는 로마서 6장 3절 이하와 비교하라. 이 단락에는 세례에 대한 언급이 나오지 않는다는 점은 주목할 만하다. 큄멜은 다음과 같이 관찰한다(*Theologie*, 192) : '그리스도교인들이 그리스도와 함께 죽고 새롭게 사는 것의 근거를 세례에 두지 않고 하느님의 역사적 구원 행위에 둔 바울로서신들 중의 본문들[고린토후서 5장에 덧붙여서 그는 로마서 7장 4·6절, 갈라디아서 2장 19—20절, 3장 13절, 4장 4절, 5장 24—25절, 6장 14—15절을 언급한다]을 통해서 우리는, 바울로에게 있어서 그리스도와 함께 하는 죽음과 새로운 창조를 가능하게 하는 것은 세례의식이 아니며, 세례는 보다 포괄적인 사건의 가시적인 표현일 뿐임을 알 수 있다.' F. Büchsel, *Theologie des Neuen Testaments* (1937), 107, 그리고 M. Dibelius and W.G. Kümmel, *Paulus* (1951), 113과 비교하라.

[15] 그리스도는 모든 사람을 위하여 죽었다. 그러므로 모든 사람이 죽었다. 그러면 어떤 의미에서 모든 사람이 죽었는가? 죽었다는 것은 "새로운 목표와 목적들을 가지고 새롭게 살기 위해서 자유롭게 된 것"을 뜻한다(Windisch). 바울로는 처음에 말했던 주장을 반복함으로써, 그리고 마지막 절에서는 그 목적을 말함으로써 계속한다. 그가 모든 사람을 위하여 죽으신 것은 살아있는 (사람들이) 이제부터는 자기 자신을 위하여 살 것이 아니라. "사람들", 혹은 "모든 사람들"이라는 말로 충분히 대치할 수 있는 서술적인 주어 "살아있는" (사람들)은 그리스도의 죽음 안에서 모든 사람들의 죽음은 그의 죽음과 같이 신체적인 죽음이 아니라는 사실을 표현한다. (그는 무죄하므로 : 21절) 오히려 그들의 죽음은 신체적인 죽음 훨씬 이전에 있었던 그의 죽음과 같은 종류이다. 아담의 때 이후로(참조. *Romans*, 36—7, 111—19) 일반적인 인간들의 삶은 자신들을 위한 것, 자신들의 이익을 위한 것이었다. 이것이 바로 자신의 창조자를 위하여 사는 대신 스스로, 자신을 위해서 삶을 다스리고자 했던 아담의 죄였다. 이것이 사람들이 살아온 방식이었고, 그것은 죽음을 낳는다(창세 2, 7 ; 로마 6, 23). 따라서 인류의 유일한 희망은 이 옛 삶과 관련해서, 자기 자신들과 관련해서 죽어야 한다는 것이다. 한편 그리스도는 죄에 대하여 단 한번 죽었다(로마 6, 10a). 죄에 대한 그의 유일회적인 죽음은 그들이 그와 함께 죽기를 원하는 한 모든 사람들의 죽음이다. 실제적인 순종과 이타적인 삶의 영역과는 별도로 이러한 변화가 일어나고 있다는 데 대해서는 의문의 여지가 없다.

마지막 절이 이어진다. 사람들은 이제부터 자신들을 위해서 살지 않고 자기를 위하여 죽으셨다가 다시 사신 그 분을 위하여 살 것이다. 십자가처형의 역사적 사실에 부활의 역사적 사실이 덧붙여졌다. 그리스도가 지금 사는 것은 하느님에 대하여 사는 것이다(로마 6, 10b). 그리고 이에 상응해서 그의 죽음 안에서 죽고, 그의 부활 안에서 부활한 사람들이 그의 은혜로 그리스도에게 순종하면서 새로운 삶을 산다. 과거의 한 인물로서 그리스도가 죽고 부활했기 때문에 더 이상 자기중심적이 아니라 그리스도 중심적인 새로운 인간 존재의 보편적인 가능성(그가 모든 사람을 대신하여 죽었다. 모든 사람이 죽었다)이 생기게 된다. 이것은 이 단락의 주관적인 핵심이라고 불리워질 수 있다. 여기에는 우리가 아직 도달하지 못한 객관적인 핵심도 있다. 거기에 이르기 전에 바울로는 16—17절의 결과를 나타내는 두 절들

(둘 다 ὥστε "그러므로"에 의해서 도입된다)에서 주관적인 결과들을 서술한다. 16절을 삽입구로 보는 것은 잘못이다(리츠만이 그렇게 본다. 불트만과 마찬가지로 컴멜은 거기에 반대한다. Bultmann, *Probleme*, 16—7). 두 결과들은 (16—17절에서) 통합되어 있으며, 둘 다 14—15절에서 말한 내용에 의존하고 있다.

[16] **그러므로 우리는 이제부터**(이 편지를 쓸 때부터가 아니라 "한 사람이 모든 사람을 위하여 죽었다는 사실을 깨달은 때로부터"—Denney) **아무도 육적인 표준으로 알려고 하지 않습니다.** 자신에 대하여 죽고, 십자가에서 처형당하고 부활한 그리스도를 위하여 사는 것의 한 결과로서 새로운 종류의 지식을 얻게 된다. 바울로는 (아마도 논쟁적인) 이 귀절의 후반부를 준비하기 위해서 이러한 일반적인 진술을 했을 것이다(이하를 참조하라). 그렇다고 해서 일반적인 진술이 무의미하게 되는 것은 아니다. "육"(σάρξ)의 의미에 대해서는 1장 12·17절과 4장 11절, 그리고 해당 주석들을 참조하라. '육에 의해 규정된 삶을 사는 것은 단순히 육체적인 존재로서의 삶을 뜻하는 것이 아니라(그리스도도 육체적인 존재로서 살았다) "육"이 의미하는 모든 것, 즉 이 세상에 한정되는 것에 중심을 두고 사는 것을 의미한다. 즉 하느님으로부터 떠난 존재에……마음을 두는 것을 의미한다' (*Romans*, 157). 육은 '왜곡된 인간 본성, 그것이 물질이기 때문에 왜곡되었다는 것이 아니라 총체적으로 하느님으로부터 떠난 존재로서 인간중심적으로 살아가기 때문에 왜곡된 것이다' (『고린토전서』, 182면). "육"의 의미가 이러하다면 '육에 따른 지식'이 무엇인지를 알기는 쉽다. 그것은 평가의 기준이 순전히 인간적이고, 특히 이기적인 지식을 의미한다. 그러한 방식으로 자신의 동료들을 아는 사람은 거기에 따라서 그들을 대할 것이다. 바울로가 여기서 고린토의 영지주의를 공격하고 있다고(참조. 이 책 서론 66—67면) 볼 수도 있다. 그러나 전문적인 의미에서 영지주의임을 시사해주는 증거는 거의 없다. 그러한 영지도 (아무리 그것이 영적인 것으로 보일지라도) 실제로는 육에 따른 지식이다. 왜냐하면 영지주의는 근본적으로 자기중심적인 것이기 때문이다. 그러나 율법주의적이고, 유다화시키는 견해도 역시 "육적인 표준을 따른 지식"을 포함한다. 그리고 바울로가 말한 것은 일종의 목회자적 충고로서 어떠한 맥락에서건 의미가 있다. 더우기 다음 절은 다른 논쟁을 암시해준다.

전에는 우리가 육적인 표준을 따라 그리스도를 "알았지만"(ἐγνώκαμεν: 동사의 변화는 중요하지 않다. 바울로는 이제 완료형을 쓸 필요가 있는데 εἰδέναι는 완료형을 제공해주지 못하기 때문이다. 본문과 번역에 대해서는 이 책 212면 주 21 참조) **이제는 그런 방식으로 그를 알지 않습니다.** 이 말들의 의미에 대해서는 상당히 상세히 논의되어왔다. 이러한 논의에 있어서 결정적인 단서는 바울로가 처음부터 이 말들을 염두에 두고 있었지만 대부분 완곡하게 표현했고, 여기서 이 말들은 16절a에서 말한 것의 특수한 경우에 해당한다는 사실을 깨닫는 것이다. 전에는 우리가 모든 (벤드란트가 주장하듯이 그리스도교인들만이 아니라) 사람들을 "육적인 표준을 따라"라고 기술할 수 있는 방식으로 평가했다. 그러나 우리는 이제는 더 이상 그렇게 하지 않는다. 마찬가지로 전에는 우리가 그리스도를 그런 방식으로 평가했다. 그러나 지금은 그렇게 하지 않는다. 여기서 문제되고 있는 말들에 이런 방식으로 접근한다면 "육적인 표준을 따라"는 형용사적으로(명사 그리스도를 수식하는 것으로)가 아니라 부사적으로("알다"라는 동사를 한정하는 것으로) 보아야 한다는 것이 곧 분명해진다. 즉 일반적으로 사람들이 한 역사적 존재(그리스도)를 잃었다는 것이 아니다. 그리고 '바울로는 여기서 우리가 이제는 그리스도의 육을 알 수 없다고 말하는 것이 아니라, 우리가 육에 따라 그를 판단하지 않겠다고 말한다' (Calvin). 바울로가 거부하는 것은 육적인 지식이다. 따라서 이 귀절에 대한 잘못된 해석에 토대를 둔 견해, 바울로는 역사적 예수에게 관심을 갖지 않았다는 견해는 거부되어야 한다. 그러나 '육에 따라(*κατὰ σάρκα*) 안 그리스도는 육에 따른 그리스도(*Χριστὸς κατὰ σάρκα*)'라는 불트만의 견해(*Theol.*, 234 : 영어번역판 i. 239)와 '육에 따른 예수는 과거에 속한다'는 쉡스(Schoeps, *Paulus*, 107 : 영어번역판, 108. 참조. *T.G.F.*, 427)의 견해를 진지하게 받아들일 필요가 있다. 빈디쉬도 역시 "육적인" 지식에서는 궁극적으로 주체와 객체가 구별될 수 없다는 데 동의한다 (185에 실린 그의 주석은 중요하다). Cerfaux, *Christ*, 211(영어번역판, 278)도 마찬가지이다. 위에서 말한 불트만의 지적이 지니는 난점은 "육에 따른 그리스도"가 무엇을 의미하는지가 전혀 분명하지 않다는 것이다. 불트만은, 그리고 쉡스도 마찬가지로 이 말이 "역사적 예수"를 의미한다고 이해하는 것 같다. 실제로는 만일 바울로가 이 표현을 이해했다면(그는 로마서 9장 5절에서 이 말을 쓰지 않는다) 그는 당연히 이 표현이 몇몇 유다인 집단들이 자신들의 민족주의적 갈망을 충족시키기 위해 생각해낸 군사적 메시아—즉 인간중심적으로 이해된 메시야—를 의미한다고 이해했을 것이다. 천적인 사람의 아들의 상도 이와 마찬가지로 육적인 방식으로 이해될 수 있었다고 덧붙이는 것은 타당하다. 이것은 역사적 예수가 아니다. 그리고 (좀더 가깝기는 하지만) 역사적으로 이해된 메시야도 아니다. 바울로가 거부하는 것은 자신의 상상대로 메시야를 만들어내는 인간의 습관(이것은 유다인들뿐만이 아니라 그리스도교인들에게도 영향을 끼쳤다)이다. 이 습관을 거부하는 것은 그렇게 해서 만들어진 메시야상을 거부하는 것과 다름없다. 그러나 이 문장은 어떠한 방식으로 이해되건간에 역사적 예수에 대한 그의 관심이나, 혹은 그러한 관심의 결여에 대해서 우리에게 많은 것을 말해주지 않는다. 언급된 때는 그의 회심이전임에 틀림없다(위의 "이제부터는"에 대한 주석을 참조하라). 그가 여기서 예수에 대한 자신의 그릇된 평가를 생각하고 있는지, 아니면 오고 있는 메시야에 대한 자신의 희망을 생각하고 있는지는 확실히 알 수 없다. 전자일 가능성이 더 많다 : 그는 예수를 보았던 것이다(고전 9, 1 ; 15, 8).

실제로 뷔셀(Büchsel, 앞글 98—9)이 다음과 같이 말하는 것은 옳다. 바울로가 거부하는 것은 '그리스도의 사랑(14절)에 의한 다스림(Beherrschtsein)에로, 우리를 위해서 죽고 부활한(15절) 그 분을 위한 삶에로 인도하지 못하는, 예수에 대한 잘못된 지식'이다. 그리고 바울로는 복음전도자의 이름으로 그와 같이 말했으리라는 바르트의 논평(*C.D.* Ⅲ ii. 57, 참조. 450)에는 거의 과장이 없다. 마틴은 새로운 지식의 종말론적 측면을 강조한다(J.L. Martyn, in *Christian History and Interpretation*, ed. I.W.R. Farmer, C.F.D. Moule, R.R. Niebuhr, [1967], 269—87). 프레이저는 이 문제에 대한 최근의 논의를 제시하는 논문에서 이렇게 결론짓는다 : '중요한 것은 다른 사람들과 함께 바울로가 성령과 믿음에 의해 "전(全)그리스도"를 새롭고 완전하게 이해했다는 것이다(J.W. Fraser, *N.T.S.* xvii, 293—313). 그는 다른 사람들을 그와의 관계에 따라서, 새로운 종말론적 상황 안에서, "새로운 창조" 안에서 새로운 방식으로 이해한다' (312).

그러나 이것으로 문제가 끝나는 것이 아니다. 리츠만은 이 단락을 갈라디아서 1—2장과 비교하며, 여기서는 갈라디아서에 등장하는 인물들과 동일한 인물들에 대한 암시가 나타난다고 결론짓는다. 라이케는 고린토전서 1장 12절의 그리스도를 생각한다(Reicke, *Diakonie*, 267, 275—8). 리츠만은 다음과 같이 기술한다 : 예수의 제자들로부터 지지를 받은 유다주의자들은 '바울로가 주를 개인적으로 알지 못했다는 이유에서' 그를 공격한다. 이에 대해서 바울로는 '그리스도의 죽음을 통해서 모든 사람이 죽었으므로 이제 그 누구의 지상적인 상황도 나의 관심을 끌지 못한다. 그리스도의 지상생애가 어떠했는지 내게는 별 관심거리가 되지 못한다'고 대답한다. 그러나 엄격하게 하자면 모든 사람을 대신하여 그리스도가 죽었다(하나의 역사적 행위)고 말한 뒤에 곧 바울로가 그렇게 말하려고 했을 것 같지는 않다. 우리가 알고 있는 한, 바울로가 예수의 지상생애의 세부적인 면들에 대해서는 관심을 보여주지 않는다할지라도 바울로는 그리스도가 지금 하늘에 계시는 주라는 사실뿐만이 아니라 그가 지상에서 살고 죽었다는 사실에도 역시 관심을 가졌다. 갈라디아서와 여기서 그가 거부하고 있는 것은 단순히 예수의 지상 생애에 대한 축적된 지식 자체가 믿음을 이룬다는 생각이다. 그러나 이것은 예수의 지상생애에 그의 신학적 권위를 손상시킬 만한 것이 있어서가 아니라 역사에 대한 축적된 지식은 인간의 성취이고, 따라서 신앙을 돕기보다는 방해하기 때문이다.

〔 17 〕 바울로는 지식에 대해서 이야기하는 것은 이쯤으로 그친다. 예수의 죽음과 부활을 통해서 세상에 들어온 새로운 것을 표현하는 데는 보다 근본적인 방식이 있다. 나아가서(*ὥστε*: 17절을 16절의 결론으로 끌어내려고 하는 것보다는 14—15절과 연결시키는 것이 더 좋다. 알로는 16절과 17절이 병행을 이룬다고 보았으며, 그것들을 동일한 진리에 대한 긍정적 서술과 부정적 서술로 간주했다) 누구든지 그리스도 안에 있으면 새로운(참조. 3, 6) 창조 행위가 있읍니다. 바울로의 그리스도교 이해에 있어서 매우 중요한 "그리스도 안에"라는 구에 대해서는 *Romans*, 127을 참조하라. *Romans*, 127에서 옹호한, 이 구에 대한 종말론적 해석이 유일하게 이 귀절에 적절한 의미를 제공해준다. 바울로는 신비주의("그리스도 안에" *ἐν Χριστῷ*는 신비주의적인 것이 아니라 종말론적인 정식이다—Bultmann, *Probleme*, 17)나 교회제도에 대해서가 아니라 —메시야적인 고난을 겪고 부활의 첫열매로서 죽은 자 가운데서 현 시대로부터 올 시대에로 부활한— 그리스도 안에서 믿음을 통해 변화된 것에 대해 생각하고 있다. 그러한 변화는 새로운 창조행위로 적절하게 기술된다. 왜냐하면 새로운 시대를 도래시키는 하느님의 행위와 비슷한 것으로는 오직 세계에 대한 이야기의 맨 첫부분에 나오는 그의 세계 창조만을 생각해볼 수 있기

때문이다. 갈라디아서 6장 15절과 비교하라. 유다교의 경우 맨처음의 창조와 하느님의 마지막 구원 행위 사이에는 병행성이 있었으므로 이것은 유다교에서도 친숙한 상징이었다. 이러한 병행성은 적어도 제2 이사야의 시대에까지 소급된다(이사 51, 9 이하 ; 54, 9—10, 제2 이사야에서는 여기서 바울로가 그러하듯이 옛것과 새것을 대조시킨다 : 이사 42, 9 ; 43, 18—19). 새로운 창조(b^eri'ah ḥ^adashah)라는 말의 라삐적 용법에 대해서는 W.D. Davies, 119—20을 참조하라. 그리고 *S.B.* iii. 519에 제시된 시편 미드라쉬 18 § 6(69a)에 대한 언급도 참조하라 : '라삐 시몬(약 A.D. 280년)은 말했다 : 시를 짓고 싶은 사람이 모두 시를 짓는 것은 아니다. 오히려 놀랄 만한 일을 경험하고 시를 지은 모든 사람들은 자신들의 죄가 용서되었고, 그들이 마치 새로운 피조물처럼 되었다는 것이 확실하다고.' Schoeps, *Paulus*, 224와 Stauffer, *Theol.*, 121 이하(영어번역판, 141—2), 그리고 W. Grundmann, in *P.&.Q.*, 110도 참조하라. 그러나 바울로의 용법은 때때로 주장되듯이 라삐적 용법과 가깝지는 않다. 왜냐하면 라삐들은 b^eri'ah ḥ^adashah를 '새로운 피조물'이라는 의미로 쓴 반면 바울로에게 있어서 그 의미는 새로운 피조물이 아니라(위의 사역에서처럼) "새로운 창조 행위", 곧 새로운 창조(nova creatio)이기 때문이다. 이러한 고찰을 통해서 볼 때, 단순히 바울로가 라삐적 표현을 빌어왔다고 보기는 힘들다(어쨌든 우리는 바울로와 동시대의 라삐들이 이 표현을 사용했다는 것을 입증할 수 없다). 그리고 바울로가 여기서 최근에 있었던 속죄의 날 기념행사(녹스가 서신의 연대를 옳게 규정하느냐는 것은 별개의 문제이다)를 암시하고 있다는 견해(Knox, *P.G.*, 144에도 불구하고. 참조. 94)도 역시 불가능하다. 비록 바울로가 '용서를 가져다주고, 새로운 창조, 혹은 새 시대의 시작에 해당하는 것은……속죄의 날이 아니었다'(144)는 데 확실히 동의했을 테지만 말이다. 여기서 바울로의 가르침을 쿰란 종파와 관련지으려는 시도도 역시 설득력이 없다(참조. Braun, 해당란). Stuhlmacher, *Gerechtigkeit*, 75(참조. Schweizer, *Beiträge*, 190)에서는 바울로가 여기서 세례 전승에 기초해서 기술하고 있다고 생각한다. 이러한 견해도 가능하다. 그러나 이에 대한 구체적인 증거가 없는 것 같다.

"모든 사람이 죽었다"(14절)는 말이 개개인들의 참여(참조. 이 책 221면)를 통해서 진리가 되는 보편적인 진술인 것처럼 "새로운 창조"도 마찬가지다. 어떤 한 사람이 "그리스도 안에" 들어왔을 때, 즉 그가 회심했을 때 예수 그리스도의 죽음과 부활에서 다른 의미로 일어었던 새로운 창조가 그와 관련해서 실제로 일어나게 된다. 이러한 의미는 바흐만과 헤링이 채택한대로 구두점을 달리 찍음으로써 표현될 수 있다: '누구든지 그리스도 안에서 새로운 피조물이면, 옛것은 지나갔다…….' 아마도 5장 5절의 영에 대한 기술을 상기하게 될 것이다. 그리고 이것이 다음에 나오는 말에서 표현되었다는 것을 알게 될 것이다. 옛 것은 모두(이것은 그리이스어 원문에는 없지만 바울로가 관사를 사용했다는 사실을 표현해준다. 옛 것들 몇 가지가 아니라 옛것 전부, 그런 것들 전체) 지나가고 보시오, 새 것이 되었읍니다(참조. 묵시 21, 4—5). 물질적인 피조물들이 일소되었다거나 혹은 역사가 소멸되었다는 것은 맞지 않는 말이다(그러므로 우리는 바울로의 이 말로부터 그에게 있어서 역사적 예수의 의미가 어떠했느냐에 대한 결론을 내릴 수는 없다). 사라져간 것은 "육적인 표준을 따른 지식"(16절)이라는 특징을 띨 수 있는 관계들의 세계이다. 새로운 방식으로 주변세계를 알고, 의롭다 인정받음을 통해 하느님과 새로운 관계를 맺는 것은 곧 새로운 세계에서 사는 것이다. 즉 일련의 새로운 관계들이 수립되는 것이다. 이렇게 말하는 것은 하느님이 예수의 죽음과 부활에서 행한 일의 객관성을 부인하는 것이 아니다. 그것에 대해서는 바울로가 나중에 이야기할 것이다. 여기서 그는 그러한 객관성을 "그리스도 안에" 들어온 사람들이 주관적으로 그것을 전유한 사실과 관련시키고 있다. 그러한 사람은 더 이상 할례나 무할례같은 것에 관심을 갖지 않는다(갈라 6, 15). 이제는 하느님에 대한 그의 관계가(여기서 우리는 새로운 창조와 의에 관한 사상의 연관성을 볼 수 있다: 참조. 이 책 234—235면) 전혀 다른 토대 위에 선다. 그러나 그는 여전히 겉보기에는 변하지 않은 세상에서 살고, 그 자신도 예전의 죄된 존재로서의 흔적들을 아직 대부분 떨쳐버리지 못하고 있기 때문에 눈에 보이는 것들(7절)이 아니라 신앙의 토대 위에서 자신의 삶을 이끌어가야 한다. 그리스도교적 존재란, 옛 피조물들의 한가운데에서 신앙에 의해 하느님이 예수를 통해 선사한 새 창조와 관련해서 사는 것을 의미한다. 고린토전서 7장 29절과 비교하라. 그리고 『고린토전서』, 212—213에 나오는 "마치 아닌 것같이"에 대한 설명을 참조하라.

이 장의 나머지 부분에서 바울로는 그에게 위임된 사도직분에 관한 주제, 질그릇에 담겨 있는 보물의 주제로 다시 되돌아가서 그 주제를 보다 직접적으로 다루며, 그리스도 안에서의 하느님의 객관적인 행위를 새로운 언어로 표현하려고 한다.

[18] 이 모든 결과들은. 그리이스어 원문으로는 단순히 "모든 것들"(τὰ πάντα)이다. 그러나 벵엘이 '14절에서 말한 이 모든 것들'이라고 한 것은 옳다. 빈디쉬도 마찬가지이다. 이 말은 주로 16-17절을 가리키는 것이다. 헤링과 바르트(*C.D.* Ⅲ i. 33)는 "모든 것들"이 우주와 피조물 전체를 가리킨다고 이해한다. 그리고 화해시키는 분은 창조주라는 주장은 신학적으로 옳다고 생각한다. 그러나 바울로가 여기서 말하는 바는 좀 다른 것 같다. 새로운 지식, 새로운 창조는 하느님께로부터(ἐκ : 참조. 로마 11, 36 ; 고전 8, 6) 온 것입니다. 바호만은 그리스도에 관해 수없이 많은 진술들을 한 다음에, 이제 어떻게 하느님이 궁극적인 최고의 원인이 되었는가라는 문제에 주목한다. 1장 21절, 2장 14절, 4장 6절, 5장 5절과 비교하라. 지금까지 바울로는 "우리 안에서의"(in nobis) 하느님의 활동, 즉 신앙에 의해서 그리스도 안에 들어온 사람 속에서, 그리고 그를 위해서 작용하는 새로운 창조에 대해서 기술했다. 그러나 이것은 "우리 밖에서", "우리를 위해" 있었던 하느님의 활동으로부터 나온 결과이다. 객관적으로 하느님은 그리스도를 통하여 우리를 자기와 화해하게 하시고. 화해에 대해서는 로마서 5장 10절과 주석을 참조하라. 이것은 인의와 매우 밀접하게 관련되어 있으며, 따라서 21절의 하느님의 의에 관한 언급을 직접 이끈다. 화해시킨다는 것은 적대관계를 끝내는 것이며, 평화와 선의의 관계로 그것을 대체하는 것이다. 이것은 반드시 어느 한 편에만 적대감정이 있다는 것을 의미하지 않는다. 오히려 여기서는 하느님에게, 곧 이러한 경우 자신의 아들의 죽음 안에서(로마 3, 25—26) 죄인에 대한 사랑과 죄에 대한 분노가 조화되어서 그 자신도 의롭게 되고, 예수에 대한 믿음에 의존하는 죄된 인간도 의롭게 되는 길을 발견한 바로 그 하느님에게 화해의 주도권이 있다는 사실을 평이하게 진술하고 있다. 다음 귀절에 상세한 설명이 나온다. 라삐적 언어의 예들에 대해서는("순결한" pis, "사악한" raṣah) *S.B.* iii. 519—20을 참조하라.

우리를 (즉 적어도 잠재적으로 모든 사람을—14절) 화해시킨 하느님이 우리에게(이 말은 바울로와 그의 동료들을 가리킬 것이다. 일반적인 그리스도교인들을 가리키는 "우리"라는 말로부터 이렇게 바뀐 것은 갑작스럽고 이해하기 어렵기조차 하다) 화해의 직분을 맡겨주셨읍니다. 우리는 이미 선교활동과 봉사(διακονία)에 대해서 많은 이야기를 들었다(3, 7·8·9 : 참조. Benoit, Ⅱ 23). 4장 1절, 6장 3절을 참조하라. 다른 귀절들은 주로 헌금과 관련되어 있다. 모세와 사도들의 여러 직분들은 율법에 의해서건, 아니면 복음에 의해서건 사람들을 하느님에게 관련시키는 것과 관계가 있다. 이러한 의미에서 쿰란 공동체(혹은 어쩌면 열 두 사람과 세 사제들의 집단)가 땅에 대한(lekapper be'ad ha-'areṣ) 속죄 행위를 하는 1 QS viii. 5—10과 어느 정도 병행성이 있다. 바울로는 십자가의 말을 전하는 것을 자신의 임무로 이해한다(고전 1, 18). 이 말은 죄인들을 위한 하느님의 사랑의 사신이며(참조. 로마 5, 8), 따라서 불가피하게 화해를 제공한다(로마 10, 9—10). 만일 화해를 하느님의 법정과 관련시켜서, 법정적인 언어로 표현한다면 인의(認義) —21절의 하느님의 의에 대한 언급을 지시한다— 이다. '선교활동은 말씀을 전한다' (Bengel. 19절도 역시 언급한다). 화해의 선포는 교회가 세상에 대해 해야 할 봉사이다(Büchsel, *Theologie*, 149).

[19] 다음 귀절의 의미는 전체적으로 보면 분명하지만 문법적으로는 여러가지 난점들이 있다. 18절과 연결시키는 서두의 말(ὡς ὅτι)은 논의의 여지가 있다. 바울로는 동일한 복합어를 11장 21절, 데살로니카후서 2장 2절에서 사용하고 있다. 위의 두 절들에서는 그다지 큰 난점이 없다. 왜냐하면 거기서는 이 말이 참이 아닌, 혹은 전적으로 참은 아닌 진술을 도입하고 있기 때문이다: "우리는 약했읍니다," "주의 날이 벌써 여기 왔읍니다." 바울로는 이러한 진술들 중 어느 것에 대해서도 완전히 긍정할 수는 없었다. 그래서 그는 단순히 ὅτι(영어의 that과 같이 절을 이끄는 접속사)라고 말하지 않고, ὡς ὅτι("마치 ~인 것같이")라고 말함으로써 이 점을 지적한다. 이러한 구문은 20절에서 사용된 구문(분사와 함께 사용된 ὡς)과 유사하다. *B.D.* § 396에 따르면 19절(ὡς ὅτι)도 같은 방식으로 이해해야 한다. 그런데 19절a의 진술에 대해서 바울로가 의문을 제기하고자 하지는 않았으리라는 데 난점이 있다. 불가타역(quoniam quidem "바로~하기 때문에")을 따라서 원인적인 의미를 부여하고, 고대에는 한 단어(ὅτι)를 써서 충분히 표현할 수 있었던 것을 후대의 코이네 그리이스어에서는 복합어로 표현했다고 설명하거나(예를 들어 *M.* i. 212; iii. 137에서처럼), 아니면 바흐만의 견해를 받아들여서 첫번째 단어(ὡς)는 비교의 의미('……우리에게 화해의 직분을 맡겨주셨읍니다. 그럴 수 있고, 또 그랬던 것처럼. 왜냐하면……')를 지니고 있다고 보는 것이 좋다. 사역에서는 바울로가 여기서 기존의 표현양식을 사용하고 있다는 제안과 잘 부합한다는 점에 부분적으로 근거해서 전자의 해석을 채택했다(그러나 전적으로 확신을 가지고 주장할 수는 없다).

이것은 19절이 중심귀절—20절이 19절의 결과인 반면 19절은 18절의 토대이다—이라는 캐스팅(Kasting, 140—1)의 견해와도 일치한다. 바르트도 마찬가지이다. 19절 이하에 대한 상세한 주석이 *C.D.* Ⅵ i. 73—8에 나온다. 19(18)—21절이 찬가로부터의 인용문이라는 견해에 대해서는 E. Käsemann, *Zeit und Geschichte* (E. Dinkler, 1964편), 47—59와 이에 대한 스틀마허의 비판인 *Gerechtigkeit*, 77—8을 참조하라.

문법적인 난점들은 해결된 것이 아니다. 왜냐하면 그처럼 도입된 말은 현재의 번역에서처럼 **그리스도 안에 계셔서 세상을 자기와 화해하게 하시는 분은 하느님입니다**, 아니면 '하느님은 그리스도 안에 계셔서 세상을 자기와 화해하게 하십니다', '그리스도 안에 계시는 하느님은 세상을 자기와 화해하게 하고 계셨읍니다'(ἦν καταλλάσσων을 완곡법적인 미완료형으로 이해한다)라고 번역될 수 있기 때문이다. 위의 번역들 중 어느 것도 불가능하지는 않다. *M.* iii. 88에서는 세번째 것을 채택하고 있다. 첫번째 것이 18절의 사상을 계속 잇는 것으로서 아마 더 나을 것이다: '새 창조는 하느님으로부터 온다. 왜냐하면 화해의 사신에 따르면 ～하는 분은 하느님이기 때문이다.' 여기서(18절에서 19절로 옮겨갈 때) 유일하게 새로운 것은 "우리"가 "세상"으로 확대되었다는 점이다. 그러나 이것은 14절과 같은 것을 말한다. "그는 우리 모두를 대신하여 죽었다." 관사가 없다는 사실(κόσμον καταλλάσσων: "세상을 화해하게")은 동사의 목적어의 특수성보다는 본성을 강조하는 효과를 지닌다. 아마도 골로사이서 1장 19—20절의 적대적인 천상의 세력들까지도 포함하여 세상 전체를 그가 화해시켰다(A. Richardson, *An Introduction to the Theology of the New Testament* [1958], 213).

이제 로마서 4장에서 인의, 혹은 의의 전가에 대해서 설명한 것과 동일한 방식으로 화해에 대해서 설명된다. 하느님은 세상을 자신과 화해시키면서 **그들의 "죄과"를**(παραπτώματα: 구체적인 행위에서 눈에 보이게 된 죄—참조. *Romans*, 113) **그들에게**(복수형 대명사는 "세상"을 받는 말이다) **"돌리시지"**(λογιζόμενος: 이 동사에 대해서는 로마서 4장 3—8절과 해설을 참조하라) **않습니다**. 죄를 계산하지 않는다는 것(즉 용서)은 의롭게 여김, 혹은 의로 돌리는 것을 의미한다(참조. 21절). 인간들에 대해서 더 이상 죄과들이 계산되지 않았으므로(참조. 출애 29, 10) 화해의 길이 열렸다. 사람들은 화해를 받아들이기만 하면 되었다. 그러나 그들은 이제 자신들에게 열려진 가능성을 알지 못하는 한 그렇게 할 수 없다. 바로 이 때문에 바울로는 자신의 선교활동의 주제로 다시 돌아간다(19b·20절).

화해를 가능하게 한 다음 하느님은 화해의 사신("말씀" λόγος: 참조. 고전 1, 18, 십자가의 말, 혹은 사신)을 우리에게 맡겨주셨읍니다. 즉 우리에게 위임하고(참조. 갈라 2, 7) 우리 입에 주셨읍니다. 이것은 18절 c를 재진술하며, 20절에서 확대된다. "맡기다"라는 말은 사역에서는 한정동사로 취급되었는데 그리이스어 원문으로는 분사이다(θέμενος). 이 말은 이 귀절의 서두에 ἦν("~하고 있었다")과 함께 쓸 수도 있었을 것이다. 그러나 이 경우 그것이 어떻게 과거완료의 의미를 지닐 수 있는지를 알기란 쉽지 않다(*M.* iii. 89). 몇몇 학자들, 가령 고린토전서 12장 28절과 비교하는 빈디쉬와 콘첼만(*Theologie*, 232)은 이 귀절이 교회에서 설교직무를 제정하는 것을 가리킨다고 본다. 어떤 의미에서는 그럴 수도 있다. 그러나 바울로는 일반적인 언어로가 아니라 특수하게 자기 자신의 선교활동에 대해서 생각하고 있다.

[20] 우리가 이러한 화해의 메시지를 위임받았기 때문에, 그러므로 우리는 그리스도의(ὑπέρ: "그의 이익을 위하여, 거의 그를 대신하여." 이 말은 14—15절의 말을 이해하는 데 중요하다) 사절(참조. 필레 9; 에페 6, 20. 이 말은 바울로의 활동을 기술하는 것으로서 매우 적절한 것 같다. 그러나 그는 이 말이 그가 그리 달가와 하지 않는 특권과 면제받는 위치를 반영하기 때문에 대개의 경우 이 말을 쓰는 것을 피했다. 바울로가 "사자"라는 말을 쓰지 않는 데 대해서는 디전 2, 7; 디후 1, 11과 나의 주석 참조)이며, 마치(분사가 뒤따르는 ὡς; 19절의 ὡς ὅτι에 대한 주석을 참조하라. 달리 가능한 번역은 "권면하는 분이 하느님임을 깨닫고~") 하느님께서. 그의 대행자들로(Kasting, 74에서는 유다교의 샬리아 제도를 언급한다) 우리를 통하여 여러분을(그리이스어 원문에는 대명사가 없다. 빈디쉬는 아직 변화하지 않은 세상을 칭하는 것이라고 생각한다. 그러나 6장 1절과 나중에 나오는 귀절을 참조하라. "받은 것"은 끊임없이 새롭게 되어야 한다. 이하에서 인용된 Bultmann의 글과 *Probleme*, 18—9를 참조하라) 권면하고(이 동사에 대해서는 이 책 91면을 참조하라) 계시는 것과 같습니다. 우리는 그리스도를 대신하여 여러분에게 요청합니다. 하느님과 화해하시오. 즉 그가 주는 화해를(이것은 양쪽에서 받아들이지 않는 한 완전해질 수 없다) 받아들이시요.

이 귀절은 이 단락의 신학에 거의 새로운 것을 덧붙이지는 않고 바울로의 사도직에 대한 서술을 요약한다. 한편으로 바울로 자신은 중요하지 않으며, 그 자신의 메시지를 가지고 있지 않다. 그는 자기 자신을 위해서가 아니라 그리스도를 위해서 행동한다. 그의 위치는 그리스도의 종으로서 갖는 위치이다. 그리고 이러한 이유에서 그는 자신의 청중들의 종이기도 하다(4, 5). 그는 그들의 믿음을 지배하려는 것이 아니라 그들의 기쁨을 더하기 위하여 일한다(1, 24). 다른 한편으로는 바울로가 일하는 곳에는 그가 전하는 그리스도도 함께 일한다. 바울로가 말하는 곳에서는 하느님이 말한다. 화해를 가능하게 한 동일한 행위가 바울로에게 화해의 말씀과 직분을 맡겼다. "십자가와 함께 하느님은 화해의 직무와 화해의 말씀을 세웠다"(고후 5, 18—19). 달리 말하자면 설교 자체도 구원사건에 속한다. 그것은 한 번 일어난 과거의 사건에 대한 설화적인 이야기도 아니고 철학적인 (세계관적) 문제들에 대한 가르침도 아니다. 설교는 그 안에서 그리스도와 만나고, 인간을 향한 하느님 자신의 말씀과 만나는 곳이다 : '그러므로 우리는 그리스도를 위하여 행동합니다. 그리고 바로 그때 하느님은 우리 입을 통하여 하느님과 화해하라(고후 5, 20)고 설교합니다' (Bultmann, *Exegetica*, 228). 불트만의 이 인용구는 깊이있고 감동적인 내용이 담겨 있다.

[21] 바울로는 십자가에 못박힌 그리스도가 어떻게 화해의 사신이 되었는지에 대해서 아직 스스로 만족할 만한 설명을 하지 못했다. 이에 대한 바울로의 마지막 설명은 균형을 잘 이루는 병행하는 행들의 쌍으로 제시되었는데 이것은 교차대구법을 보여준다(J. Jeremias, *Abba* [1966], 278). 이러한 관찰은 이 귀절이 운문으로 간주되어야 한다거나 혹은 바울로가 기존의 재료를 인용하고 있다는 것을 입증해주지는 않는다(그러나 이것은 가능하다. 위의 163면을 참조하라). Jüngel, *Jesus und Paulus* (1964), 45에서처럼 마지막 말을("그 안에") 성례전적 정식으로 받아들일 이유는 확실히 없다. 그렇게 보기에는 "그리스도 안에서"라는 말은 바울로에게서 너무 자주 나오는 정식이다. Schweizer, *C.O.N.T.* 주 361 : '주 그리스도 안에서'는… 십자가 위에서 일어난 일이 오늘날의 교회에 대해서 지니는 정당성을 규정한다. 이 귀절은 우선 산문으로 설명될 수 있을 것이다. 그는 죄를 알지 못하는(즉 '~에 직접 참여하지 않은' ; 참조. 로마 7, 7 ; *Yoma* 22 *b* : '죄를 맛보지 않은 한 살 난 아이와 같이') 분을(메시야의 무죄성에 대해서는 솔로몬의 시편 17, 40—41 ; 유다의 유훈서 24, 1 ; 레위의 유훈

서 18 ; 9를 보라) 우리를 대신하여 정죄하셨읍니다. 그것은 우리로 그 안에서 하느님의 의에 함께 참여하게 하려는 것입니다. 우리말로는 맞지 않지만 그리이스어 순서를 따른다면 이것은 다음과 같이 제시될 수 있다:

죄를 알지 못하는 분을 (a) 우리를 대신하여 (b) 정죄하셨읍니다 (c·d).
〔a. b. c. d〕

우리로 (a) 함께 참여하게 하려는 것입니다 (d). 하느님의 의에 (c), 그 안에서 (b).
〔a. d. c. b〕

이것은 긴밀한 병행을 이루고 있기는 하지만 교차대구법이 불완전함을 알 수 있을 것이다.

'바울로가 아니라면 감히 누가 이렇게 말했겠는가?' (Bengel) 그리스도의 무죄성에 대해서는 로마서 8장 3절(이것은 다른 면에서도 이 귀절과 관련이 있다), 요한복음 8장 46절과 비교하라. 그리스도의 무죄성이 이미 초기에 신앙조항으로 되었다는 사실은 예수의 수세와 관련해서 복음서저자가 보인 당혹감에 의해 알 수 있다. 바울로의 견해에 의하면 그리스도가 다른 사람들의 죄를 짊머질 수 있는 것은 오직 무죄한 자로서만 가능하다. (적어도 상대적으로) 의로운 자의 공적이 죄인의 유익을 위하여 사용될 수 있다는 것은 유다교에서 일반적인 확신이었다. Bousset-Gressmann, 198—9, 387을 참조하라. 바울로는 '교환'과 관련해서 이 사상을 발전시킨다. 그리스도는 정죄받았다. 그것은 우리로 하느님의 의에 참여하게 하려는 것이다. 바울로가 사용하고 있는 말들이 관계를 서술하는 말들이라는 점에 주목하는 것은 중요하다(참조. Calvin : '여기서 의란 특성이나 혹은 습관이 아니라 우리에게 부여된 어떤 것을 의미한다. 왜냐하면 우리가 그리스도의 의를 받았다고 말해지기 때문이다. 그렇다면 죄란 무엇을 의미하는가? 그것은 그로 인해 우리가 하느님의 심판대 앞에서 고발당하게 되는 범죄행위를 의미한다.' *Romans*와 『고린토전서』 여러 곳에 나와 있는 이 말에 대한 논의들을 참조하라). 바울로는—정확히 맞는 말이 아니기 때문에—그리스도가 하느님의 율법을 범함으로써 죄인이 되었다고 말하지 않는다. 또한 그는 모든 신자들이 즉시 자동적으로 도덕적으로 의롭게, 하느님처럼 선하게 되었다고 말하지도 않는다. 왜냐하면 그것은 (고린토에서의 경험은 물론이고) 그의 모든 경험들과 모순되기 때문이다. 오히려 그는 그리스도가 죄가 되었다고 말한다. 즉 그는 일반적으로 죄를 지은 결과로 발생하는 하느님과의 관계에 들어가게 되었으며, 하느님으로부터 소외되고, 그의 분노의 대상이 되었다. 바호만은 여기서 "죄"(ἁμαρτία)가 결코 '속죄제'를 의미하지 않으며, 여기에는 이사야 53장 6절에 대한 분명한 언급이 없다는 사실을 결론적으로 보여주었다(O. Cullmann, *Christologie des Neuen Testaments* [1957], 75 : 영어번역판, 76과는 다른 견해이다). 빈디쉬가 로마서 8장 3절을 지적한 것은 보다 유용하다. 따라서 우리는 그리스도 안에서의 하느님의 사랑의 행위를 통해서 "의"라는 말로 서술할 수 있는 하느님과의 관계에 들어가게 되었다. 즉 우리는 그의 법정에서 무죄선언을 받았으며 의롭게 되고 화해했다. 우리는 이제 재판에서 그의 원수가 아니라 친구이다. 갈라디아서 3장 13—14절의 비슷한 선언과 비교하라 : "그리스도는 우리를 위하여 저주받은 자가 되심으로 [바울로는 자신의 인용문과는 달리 "저주받았다"고 말하지 않는다] 율법의 저주에서 우리를 속량하셨읍니다." '나무에 달린 사람은 모두가 저주받았다'고 기록되어 있기 때문입니다. 그것은 아브라함에게 주신 복을 예수 그리스도 안에서 이방 사람들에게 미치게 하려는 것이었읍니다.

이러한 해석은 "의"(δικαιοσύνη: Bultmann, *Theol.*, 273 : 영어번역판 i. 276—7과 위에서 언급된 *Romans*의 해당부분을 참조하라)라는 말의 법적 의미에 의존한다. 바우어(*Wörterbuch*, 해당란)가 말하듯이 이 귀절에서 "의"(δικαιοσύνη)는 "의롭게 되다"(δικαιωθέντες)에 해당한다. 그러나 케제만에 의해 의에 대한 새로운 해석이 제시되었다(Käsemann, II 181—93 ; Stuhlmacher, *Gerechtigkeit*, 74—8·208·222도 참조하라). 케제만에 의하면 하느님의 의는 본질적으로 그의 능력의 현시이다. '믿는 자들은 다시 하느님의 지배 아래 놓이게 된 세상이며, 하느님의 종말론적인 정의(Recht) 아래 있는 무리이고, 따라서 고린토후서 5장 21절에 의하면 하느님의 의가 지상에서 현시된 무리이다' (193). 이 견해에 대한 비판은 Bultmann, *Exegetica*, 470—5, 특히 472—3을 참조하라. 슈툴마허에 따르면 '바울로는 하느님의 의를 통해서 그의 피조물에 대한 창조주의 성실성을 깨닫는다. 고린토후서 5장 21절은 그리스도가 창조주의 이러한 신실성의 구현임을 보여준다. 이러한 성실성은 존재론적으로는 항상 영적인 능력으로(Pneumatische Dynamis) 생각되었다' (208). 여기서는 적어도 이 귀절과 관련해서 본다면 하느님의 의에 대한 이러한 견해들은 바울로의 구약성서적 배경과도 잘 연결되지 않으며, 여기서 설명되고 있는 것과 같은 바울로의 논증과도 잘 맞지 않는다고 말하는 것으로 충분하다. 17절의 "새로운 창조"와 21절의

"의"는 동의어가 아니다. 후자가 전자의 토대이다. 하느님과의 새로운 관계(의)는 새로운 창조와 그것이 현시된 거듭난 도덕적 삶의 토대이다. 새로운 관계 자체가 거듭난 도덕적 삶은 아니다. 알로가 다음과 같이 말한 것은 옳다 : '그리스도가 실제로 죄를 지을 수는 없었지만 사람들은 하느님이 그렇게 하시기만 하면 참으로 의롭게 될 수 있다,' 그러나 반드시 '하느님이 그렇게 하시기만 하면' (Dieu l'opérant)에 강조점을 두어야 할 것이다. 이 단락에서 바울로의 사상은 아직 이러한 단계에까지 이르지는 않았다. 그는 아직도 죄된 인간이 하느님과 관계를 맺는 일차적인 과정에 대해서 생각하고 있다.

이 귀절에 대해서는 특히 M.D. Hooker(*J.T.S.* xxii. 349—61)의 논문을 참조하라. 이 논문에서는 성육과 죽음에서 그리스도의 활동이 지니는 (대리적이라기보다는) 대표적인 성격과 (사도뿐만이 아니라) 그리스도 안에 있는 사람으로부터 다른 사람들에게로 축복이 흘러넘치는 것을 강조한다.

11. 하느님과 그의 사절에게 응답하라는 호소
6장 1—13절

1 우리는 하느님과 함께 일하는 사람으로서 하느님의 은혜를 헛되게 받지 말라고 여러분에게 권면합니다. 2 왜냐하면 그가 "은혜의 때에 나는 네 말을 들어주었다. 구원의 날에 나는 너를 건져 주었다"고 말씀하시기 때문입니다. 보시오, 지금은 은혜의 때요, 지금은 구원의 날입니다! 3 이렇게 여러분에게 권면하면서 우리는 이 일[24]이 비난받지 않게 하려고 어떠한 일에 있어서도 걸려 넘어지는 원인이 되지 않게 하려고 합니다. 4 반대로 우리가 하는 모든 일에 있어서 우리는 하느님의 일군들이 그러듯이 우리 자신을 추천합니다. 많이 참고, 환난과 고통과 핍박 가운데 있었읍니다. 5 우리는 매를 맞고, 옥에 갇히고, 폭동을 겪고, 괴로운 노동을 하고, 잠을 자지 못하고, 굶주리기도 했읍니다. 6 그런 때에도 우리는 순결과 지식과 인내와 친

24) 서방 본문(D G lat sy sa)들에는 "우리의" 일이라고 되어 있다. 이것은 결코 무리가 없는 강조어이다. 그러나 그리스도교적 봉사("일, 직분" : *διακονία*)는 바울로의 봉사보다 광범위한 것이다. 그는 자신의 결점들로 인해 보다 광범위한 이 활동에 비난이 가해지지 않을까 염려하고 있다.

결과 거룩한 영과 거짓없는 사랑과 7 진리의 말씀과 하느님의 능력으로 우
리가 하느님의 일군임을 보였읍니다 ; 오른손과 왼손에 의의 무기를 들었읍
니다. 8 우리는 영광도 받고 수치도 당합니다. 우리는 칭찬도 받고 비난도
받습니다. 우리는 속이는 자 같으나 진실합니다. 9 인정받지 못한 것 같으
나 인정받았읍니다. 죽은 것 같으나 보시오, 우리는 살아 있읍니다. 벌 받
은 것[25] 같으나 죽는 데까지는 이르지 않았읍니다. 10 슬퍼하는 것 같으나
늘 기뻐합니다. 가난한 것 같으나 많은 사람을 부요하게 합니다. 아무 것도
없는 것 같으나 모든 것을 가지고 있읍니다. 11 고린토 사람들이여, 나는
여러분에게 숨김없이 말했읍니다. 나의 마음은 넓게 열려 있읍니다. 12 만
일 좁아진 것이 있다면 나 때문이 아니라 여러분 자신의 감정 때문입니다.
13 내가 내 자녀들에게 말하듯이 말합니다. 여러분도 이와 같은 보답으로
내게 마음을 넓히시오.

이 단락 서두의 귀절들은 앞 단락과 긴밀하게 관련되어 있다. 우리는 바울로의 견해를 고려해볼 때, 그의 설교 자체가 그가 선포하는 종말론적 사건의 일부임을 이미 알게 되었다(참조. Bultmann, *E.&.F.*, 164 ; *Exeg.*, 467). 이것은 그의 호소에 긴박성을 부여한다. 그리고 이 새로운 단락 서두를 어떻게 이해해야 할 것인지를 분명히 보여준다.

[I] 우리는 하느님과 함께 일하는 사람으로서(그리이스어 원문에는 하느님이 언급되지 않는다. 그러나 "함께 일하다" συνεργοῦντες라는 동사는 영어로 옮길 때 보충어를 필요로 한다. 그리고 5장 19절 뒤에서 이 보충어는—몇몇 학자들은 이것이 "여러분", 혹은 "일반적인 청중"들을 가리킨다고 보지만— 하느님만을 의미한다. 예를 들어 칼빈이 이렇게 생각한다 : 참조. 고전 3, 9) 하느님의 은혜를 헛되게(참조. 고전 15, 10) 받지 말라고 여러분에게(즉 우리는 여기서 다른 사람들뿐만이 아니라 그리스도교인들에게 말합니다) 권면합니다. 고린토인들이 지금 할 수 있는 일들이나 혹은 하지 못하는 일들이 그리스도가 모든 사람들을 위하여 죽었고, 따라서 그의 죽음 안에서 잠정적으로 모든 사람들이 죽었다(5, 14)는 사실을 바꾸지는 못한다. 이제는 모든 사람들이 자기 자신만을 위하여 살지 않고, 그리스도를 위하여 살 것이라는 결론(5, 15)은 결코 확정된 것은 아니다. 만일 사람들이 그렇게 하지 못한다면 그들과 관련된 하느님의 자유로운 은사는 그들에게 헛되게 주어진 것이 될 것이다. 바울로는 그리스도교인들에

25) 서방 본문(D* G it Ambrosiaster)들에는 "벌받다"(παιδευόμενοι)대신 보다 일반적으로 "심판받다"라고 되어 있다.

게 편지를 쓰고 있으므로 우리는 그들이 하느님의 은혜에 대해서 어떤 방식으로든 응답을 했다고 가정해야 할 것이다. 만일 그들이 그들 자신의 관심을 추구하느라고 하느님의 은혜를 따르지 못했거나 혹은 다른 사이비 복음에 집착했다면(11, 4 ; Denney) 그것은 더욱 슬픈 일이 아닐 수 없다. 5장 20절에 대한 주석을 참조하라.

[2] 이 호소는 구약성서로부터의(이사 49, 8. 히브리어 성서와는 약간 다른 칠십인역과 언어상으로 일치해서 인용되었다) 인용문에 의해 뒷받침되는데, 이 인용문의 핵심은 구원의 때를 뜻하는 성취의 때가 지금 도래했으므로 바울로가 설교를 통해 하는 호소가 이제 꼭 필요하게 되었다는 것이다. 내가 호소한 것은 그가(즉 하느님이. 주어가 명시되어 있지 않다. '성서가 말한다'고 번역하는 것도 가능하다. 구지는 주어가 종이며, 바울로에 의해 예수와 동일시되었다고 생각하는데 이러한 제안은 납득하기가 어렵다. 이사야서에는 "주께서 이렇게 말씀하셨다"고 되어 있고 따라서 하느님 자신이 자신의 백성에게 말하는 것으로 나타난다) "은혜의 때"(*καιρῷ δεκτῷ*: 직역하면 "받아들여질 만한 때"인데 새번역 성서에는 "은혜의 때"로 의역되어 있다—역자 주. 고대하며, 기쁨으로 인사하게 될 때. 혹은 이 말과 유사한 표현으로 하자면 하느님이 그의 자비 가운데서 사람들을 받아들일 때)에 나는 네 말을 "들어주었다"(*ἐπακούειν*이라는 동사는 기도를 들어주는 것을 표현할 때 쓰이는 전문적인 용어이다 : Betz, *Lukian*, 61). 구원의 날에 나는 너를 건져주었다고 말씀하시기 때문입니다. 바울로는 예언이 성취되었다고 선언한다. 보시오. 지금은 은혜(앞서 구약성서 인용문에 나온 "받아들여질 만한" *δεκτός*의 강화된 형태인 *εὐπρόσδεκτος*: 직역하면 "잘 받아들여진")의 때요, 지금은 구원의 날입니다! 로마서 10장 6절 이하와 비교하라. 도달할 수 없는 먼 곳으로부터 그의 아들을 보내달라고 하느님을 조를 필요는 없다. 왜냐하면 하느님은 사람들을 자신과 화해시키기 위해서(5, 20) 그들이 그리스도의 오심을 받아들이기만을 기다리고 계시며, 따라서 오직 필요한 것은 사람들이 그 분이 주시는 것, 즉 은혜를 받아들이는 것(1절)뿐이기 때문이다. 콘첼만은 이 인용문과 루가복음 4장 19절에서 이사야 61장 2절("주의 은혜의—*δεκτός*— 해를 선포하기 위해서")을 인용한 것을 대조한다(*Die Mitte der Zeit* [1954], 27 : 영어번역판, 36). 바울로에게 있어서는 그렇지 않지만 루가에게 있어서 은혜의 때는 예수의 선교활동의 때라는 것이다. 이것은 아마도 루가의 사상을 잘못 이해

한 것이리라(참조. I.H. Marshall, *Luke: Historian and Theologian* [1970], 120—1). 콘첼만(*Heil als Geschichte* [1965], 226 : 영어번역판, 254—5)과도 비교하라. 룰만은 바울로가 여기서 강조하는 "현재의 결단의 때"는 신약성서 메시지에 대한 구원사적 견해와 모순되지 않는다고 주장한다. '우리는 정확히 이렇게 말할 수 있다. 바울로의 구원사적인 믿음은 매 순간 실존적 결단의 토대를 마련해주며, 그러한 결단의 여지는 틀림없이 남아있다는 것이다.' 이러한 주장은 결단에로 부르는 것이 십자가를 통한 화해의 말씀이며, 또한 부활에서 시작되어 종말론적 존재를 향한 길을 열어주는 새로운 종말론적 시대와 이 결단이 관련되어 있다는 의미에서 확실히 옳다.

〔 3 〕 빈디쉬는 6장 14절—7장 1절(어쨌든 이 부분은 문제되는 단락이다. 이 책 249면 이하를 참조하라)이 6장 3절 앞에 와야 한다고 주장한다. 그러나 6장 3절의 사상은 5장과 연결되며(Kümmel), 2절은 (적어도 문법적으로 볼 때) 삽입구이다. 그리고 3절의 분사("권면하면서")는 10절까지 이어지는 특이한 목록의 첫 부분이며, 1절의 정형동사("우리는 권면합니다")와 잘 연결된다. 이 분사들에 대해서는 *M.* iii. 343을 참조하라. 나는 그리이스어 원문이 함축하는 대로 필요한 연결을 하기 위해서 3절 서두에 몇 마디 말("이렇게 여러분에게 권면하면서")을 보충해 넣었다. **이렇게 여러분에게 권면하면서 우리는 이 일이 비난받지 않게 하려고, "어떤 일에 있어서도"**(ἐν παντί를 반드시 중성으로 보아야 한다. 불가타역에서는 nemini로 써서 남성으로 본다. 남성으로 볼 경우 '어느 누구도 걸려넘어지지 않게 하려고'가 된다), **걸려넘어지는 원인이 되지 않게**(현재시제를 능동적인 의미로 가정한 것이다 : 참조. 고전 10,32—33과 주석) **하려고 합니다.** 바울로는 "우리가 비난받지 않으려고"라고 말하지 않는다. 중요한 것은 그 자신이 아니라 그의 일(참조. 5,18)이다. 그는 걸려넘어지지 않게 하지 못했다. 그가 전하는 메시지 자체가 공격적이었다(고전 1,23). 그러나 그가 그럴 생각이 있었던 것은 아니었다. 고린토인들은(고린토인들만이 그런 것은 아니다) 복음과 관련해서보다는 인간적으로 생각하려고 했다. 그리고 바울로는 충분이 공격적이지 않았기 때문에(11,20—21) 역설적으로 고린토인들의 기분을 상하게 했다.

〔 4 〕 바울로가 앞에서 스스로를 추천하는 일에 대해서 말한 바를 상기해볼 때, 바울로가 다음과 같이 말한 것은 얼른 이해가 가지 않는다. **우리가 하는 모든 일에 있어서 우리는 하느님의**

"일군"(διάκονοι : 주격. 그러므로 '우리는 우리가 하느님의 일군들임을 보여줍니다'가 아니라 '하느님의 일군들처럼 우리는……추천합니다……'이다 : Robertson, 454)들이 그러듯이 우리 자신을 추천합니다. 하느님의 일군은 어떻게 스스로를 추천하는가? 이 서신 전체가 대답이 될 것이다. 스스로를 칭찬하거나 스스로 난폭해지거나 야심을 가지거나 매정해짐으로써도 아니고 인간적인 권위로 씌어진 추천서에 의해서도 아니다. 오직 그는 그 자신의 동기와 행동의 순수성, 다른 사람들을 위해 그가 견디어내는 고난, 그리고 복음을 통해서 그가 사람들에게 안겨줄 수 있는 수많은 것들에 의해 자신을 추천한다. 따라서 여기서 바울로가 강조해서 말하고 있는 자기 추천은 앞에서 그가 썼던 내용과 모순되는 것이 아니다. 하느님의 "일군"(διακονος)으로서의 바울로에 대해서는 3장 6절, 11장 23절, 고린토전서 3장 5절, 골로사이서 1장 23·25절을 참조하라. 그리고 Epictetus Ⅲ xxiv. 65와 비교하라 : '디오게네스는 사람들을 사랑했다 —어떻게? 제우스의 일군(διάκονος)이 그래야 하듯이 사람들을 돌보면서 동시에 신께 복종(ὑποτεταγμένος)해야 했다.' 사도직에 대한 그리스도교적 개념과 스토아적 현인과 선교자 개념 사이에 내재하는 병행성에 대해서는 W. Schmithals, *Das kirchliche Apostelamt* (1961), 100—3을 참조하라.

이어서 사도로서의 삶이 바울로에게 의미했던 바가 무엇인지에 대한 설명이 나온다(비교. 4, 8 이하 ; 11, 23—29 ; 고전 4,9—13). '고린토후서 6장 4—10절은 감동적이며 거의 서사적인 단락인데, 이 부분의 전치사들을 정확히 해석하는 것은 불가능하다. 왜냐하면 이 목록은 필자로 하여금 전치사를 반복해 쓰도록 해서 어떤 경우에는 평이한 산문에서라면 부자연스러울 정도이기 때문이다' (Moule, *Idiom*, 196). 이러한 설명은(전치사에 관한 한 틀림없이 옳다) 바울로가 여기서도 역시 스토아적 모형을 따르고 있는 것으로 보인다는 관찰에 의해 부분적으로 한정되어야 한다. 특히 Dio Chrysostom viii. 15 이하를 참조하라. 사도로서 바울로는 삶에서 여러가지 일들을 겪었다. 그는 많이 참고(참조. 로마 2,7 ; 5,3과 주석 ; 클레멘스 일서 5장 ; 고후 1,6) 환난(이 말은 고린토후서의 특징적인 용어이다—1,4·8 ; 2,4 ; 4,17 ; 7,4 ; 8,2·13. 그러나 이 말이 다른 서신들에서 전혀 쓰이지 않는 것은 아니다)과 고통(이 말, ἀνάγκαις는 복수형이다. 바울로는 가령 로마서 13장 5절에서 일반적인 의미인 '필요성'이라는 뜻으로 이 말을 사용한다. 이 곳과 12장 10절에서 문맥상으로는 어느 정도 자주 쓰이는 고난이라는 의미가 맞는다. '고문'이라고 오는 것도 물론 가능하다. Diodorus Siculus iv. 43, 5의 훌륭한 병행구를 참조하라 : "이러한 고문을 당하고 있는 사람들을" τοὺς μὲν ἐν ταῖς ἀνάγκαις ὄντας)과 핍박(참조. 12, 10 ; 로마 8, 35 ; 고후 4, 8. 4장 8절과는 형식상 모순된다. 그러나 바울로는 이 말을 엄격하게 정의하고 있지 않다. 다만 그는 핍박이 견딜 수 없이 고통스럽기는 하나 존재 자체를 아주 없애버리지는 못하리라는 것을 알고 있다)을 당했다.

[5] 바울로는 계속해서 동일한 그리이스어 전치사(ἐν)를 쓰고 있지만 영어 번역상 이제 구문이 바뀐다(영어번역을 보면 14절에서는 전치사 in을 쓰다가[in much endurance, in afflictions, in anguish...] 5절부터는 과거분사[Beaten, imprisoned,...]를 쓴다—역주). 우리는 매를 맞고(참조. 11, 23), 옥에 갇히고(참조. 11, 23), 폭동을 겪고(직역하면 '[폭력적인] 무질서 가운데 있었고.' 이 말이 고린토전서 14장 33절에서는 다른 의미로 사용되었다. 12장 20절에 대해서는 주석을 참조하라) 괴로운 노동을 하고(직역하면 '노동 가운데 있었고' : 참조. 11, 23·27. 자신의 생계를 위해 일을 하는 것은 바울로의 습관이었다. 그리고 특히 교회에 재정적인 부담을 지우지 않겠다는 점을 명확히 했던 고린토에서는 더욱 그랬다—11, 7·9·10 ; 고전 9, 12·15). 잠을 자지 못하고 굶주리기도 했읍니다(직역하면 '지켜보고, 금식하는 가운데 있었읍니다' : 참조. 11, 27. 잠과 음식의 부족은 스스로 원한 영적 훈련으로 인한 것이 아니라 현실적으로 그럴 수밖에 없었던 것으로 보인다).

[6] 지금까지 우리는 바울로의 삶의 외적 상황에 대한 설명을 들었다. 다음 귀절은 바울로의 행동의 도덕적 특징들을 서술하는 것으로 보인다(아마도 한 단어를 제외하고서는). 그는 순결(아마도 '결백'. 동일어원의 형용사인 ἁγνός의 용법을 참조하라 : 7, 11. 그러나 명사로 쓰일 수 있는 용법에 대해서는 11장 3절을 참조하고 형용사적 용법에 대해서는 11장 2절과 필립비서 4장 8절을 참조하라)과 "지식으로"(ἐν γνώσει) 행동했다. 이 말(지식)의 용법과 의미는 복잡하며 다양하다(참조. 고전 1, 5 ; 6, 12—13 ; 8, 1 ; 10, 23에 대한 주석). 이것은 이미 고린토후서 2장 14절, 4장 6절에서 바울로가 설교하는 복음에 해당하거나, 적어도 그것과 관련된 의미로 사용되었다. 여기서 이 말이 그러한 의미나 혹은 (특징적인 종교사상으로서의) 영지주의와 보다 밀접하게 관련된 의미를 지녔다고 생각할 수는 있겠지만 그다지 개연성은 없다. 가장 긴밀한 병행구는 베드로전서 3장 7절

인데 여기서는 그리스도교인인 남편들은 "지식을 따라"(κατὰ γνῶσιν) 자기 아내들과 살아야 한다고 말하며, 지식은 '그리스도교적 통찰, 감각, 혹은 하느님의 뜻에 민감한 양심을 뜻한다' (J.N.D. Kelley : 참조. 해당란). 고린토 교회를 다루는 데 있어서 바울로는 이러한 이해를 보여주었다고 주장한다(그런데 이 주장에 대해 논의하기는 힘들 것이다). 다른 견해에 대해서는 빈디쉬를 참조하라 : '영감을 받은, 카리스마를 지닌 자(Pneumatiker)는 지식으로 교회에 말하고 있다.' 바울로가 '지식에는'(τῇ γνώσει) 눌리지 않는다고 주장하는 11장 6절과 비교하라. 그러나 다음에 이어지는 말은 빈디쉬의 견해와 반대된다. 바울로는 인내와 친절로 행동함으로써 자신의 이해를 보여준다. 다음 구인 "거룩한 영으로"(ἐν πνεύματι ἁγίῳ)는 모호하다. 로마서 9장 1절, 14장 17절, 15장 16절, 고린토전서 12장 3절, 데살로니카전서 1장 5절에서는 동일한 표현이 나온다. 위의 각 귀절들에서 이 말은 하느님의 영에 대한 언급으로 이해되어야 한다. 일곱 개의 다른 귀절들에서 바울로는 성령에 대해 말한다 : 로마 1, 4(그러나 여기서는 그리이스어가 다르다—참조. 주석) ; 5, 5 ; 15, 13(19) ; 고전 6, 19 ; 고후 13, 13 ; 데전 1, 6 ; 4, 8. 위의 귀절들에서도 역시 성령은 하느님의 영이다. 그러나 이런 것은 영에 대한 바울로의 언급들 중에서 단지 소수에 불과하다. 영은 바울로에 의해 다른 언어로 더 자주 표현된다(예. 하느님의. 그리스도의). 바울로는 이 말(πνεῦμα)을 인간의, 혹은 인간 행위의 구성 요소로 서술하기도 한다(로마 1, 9 ; 8, 16 ; 11, 8 ; 고전 2, 11 ; 4, 21 ; 5, 4·5 ; 7, 34 ; 14, 14·32 ; 16, 18 ; 고후 2, 13 ; 7, 1·13 ; 12, 18 ; 갈라 6, 1·18 ; 필립 4, 23 ; 데전 5, 23 ; 필레 25). 이 귀절들 중에서 이 서신에 나오는 두 귀절(7, 1 ; 12, 18)은 도덕적인 특징들(더러운 : 고린토에서 활동할 때 바울로와 디도가 지녔던 청렴한 정신)과 관련되어 있기 때문에 특별히 중요하다. 그리고 가장 중요한 것은 고린토전서 7장 34절인데 여기서 "결혼하지 않은 여자들은……주의 일을 염려하여 몸과 영이 함께 거룩하게(ἁγία) 되려고" 한다. 이제 바울로가 인간의 윤리적 특징들(지식, 인내, 친절, 거룩한 영 등……)을 열거하는 가운데 삼위일체 중의 3격에 대해서 갑자기 언급했을 리는 없다. 그리고 다른 곳에서 바울로가 이 말을 사용한 것을 보면 이 귀절에서 "영"(πνεῦμα)은 인간의 영을 의미하며, "거룩한"은 그 영의 윤리적 성격에 대한 서술이라는 견해를 적절하게 뒷받침해주는 것 같다.

[6b·7] 사도로서의 바울로의 행동을 서술하는 또 다른 용어가 있다: 거짓없는(ἀνυποκρίτῳ) 사랑으로. 같은 말이 로마서 12장 9절에서 사용된다. 다음에 그는 설교자로서의 활동으로 되돌아간다. 진리의 말씀으로(즉 그는 진리의 말씀을 선포하는 일에 종사해왔다). 4장 2절 및 해당주석과 비교하라. 또한 갈라디아서 2장 5·14절, 골로사이서 1장 5절("복음의, 복음 안에 있는 진리", 데살로니카후서 2장 12절에서는 같은 의미로 "진리"라는 말만 나온다)도 비교하라. "진리의 말씀"은 예컨대 화해의 말씀(5, 19)보다 더 일반적인 용어이므로 이 문맥에서는 그 말보다 훨씬 적절하다. 그리고 "진리"라는 말 속에는 그의 적대자들에 대한 논쟁적 태도가 은연중에 들어 있다. 그가 설교하는 내용이 진리라는 것은 그의 설교에 수반되는 신적 능력의 현시로부터, 즉 하느님의 능력으로 나타난다. 그러한 능력의 현시에 대해서는 로마서 1장 16절(설교된 복음 자체가 하느님의 능력이다), 15장 19절, 고린토전서 1장 18절, 2장 4—5절, 고린토후서 4장 7절, 데살로니카전서 1장 5절을 참조하라. 바울로가 청중들에게 죄를 깨닫도록 한 것은 그의 말이 유창해서가 아니라 하느님의 권능의 영이 역사(役事)하시기 때문이다. 바울로가 오른손과 왼손에 의의 무기를 든 것은 이러한 의미에서였다. 이 은유는 일반적이다(참조. 10, 4; 로마 6, 13; 13, 12). 바울로가 여기서 어떤 의미로 "의"라는 말을 사용하는지가 분명치가 않다. 이것은 복음에 대한 그의 언급("진리의 말씀")을 소급하여 가리키는 것일 수도 있다. 복음은 하느님의 의의 현시이다(로마 1, 16—17). 그러므로 바울로가 복음 설교자로서 활동할 때 그는 마치 의의 병기를 든 병사와도 같다. 아니면 고린토의 상황을 감안해볼 때 보다 그럴듯한 것은, 바울로가 얻게 될 명판에 대한 서술이 이 말 속에 미리 예시되어 있다는 것이다. 바울로는 "정직으로 철저히 무장하고 있었으므로" 사람들은 누구나 그를 인정했다. 그닐카(Gnilka, *P.&.Q*, 57)는 쿰란 종파의 실질적인 의에 대해서 언급한다. 가령 1 *QS* i. 4—5와 단의 유훈서 vi. 10이 있는데 이 귀절들은 어느 정도 유사성은 있으나 직접적인 관련성을 입증해주지는 못한다. 7절에서부터 전치사가 변한다. 18회나 ἐν("~안에")을 사용한 다음 바울로는 διά("~을 통해서")로 바꾸어 3회 사용한다. 리츠만은 "왼손에는 방패, 오른손에는 단검을 들었다"고 지적한다. 비록 단검 대신 창, 혹은 투창을 들 수도 있지만 이 지적은 내용상 옳다. 아마도 바울로는 하느님이 주신 장비의 완전함을 표현하고자 했을 뿐이었을 것이다. 알로(Allo)는 여

기에 바울로는 번영과 곤경을 모두 이용해나갈 수 있었다는 의미를 덧붙일 수 있다고 본다. 그러나 이 제안은 확실하지는 않다.

[8] 사도로서의 바울로의 삶과 활동에 대한 서술은 이제 다른 말로 바뀐다. 4-5절은 외적 상황을, 6절은 바울로의 행동의 도덕적, 영적 특징을, 7절은 복음설교자로서 그가 한 활동을 서술하고 있다. 이제 일련의 짝을 이루는 말들이 우선 그의 선교활동이 직면했던 양면적인 반응을 그려주며, 다음에는 자연스런 전환에 의해 그것의 역설적인 성격을 보여준다. 이 말들을 모두 같은 방식으로 해석할 수는 없다. 바울로는 어느 정도 수사학적인 표현을 쓰고 있는데 우리는 그의 말을 그의 활동에 대한 사실적인 설명으로 간주할 수는 없다.

그러나 서두의 말은 이해하기 쉽다. 바울로는 여러 경험들을 통해 영광도 받고 수치도 당한다. 때로는 가령 갈라디아서 4장 14절에서처럼 그는 존경을 받았다. 또한 그는 가령 데살로니카전서 2장 2절에서처럼 거부당한다는 것이 무엇인지도 알고 있었다(참조. 고후 11, 23—33). 그 다음 점도 내용상 동일한 사실을 다시 진술한다. 칭찬도 받고 비난도 받습니다. 고린토전서 4장 13절과 비교하라 : 바울로가 교회 밖에서는 물론이고 교회 안에서도 나쁜 평판을 받았음은 분명하다. 로마서 3장 8절도 참조하라. 이어지는 구문인, 속이는 자 같으나(반의어적인 καί) 진실합니다는 다른 언어를 쓰긴 했지만 여전히 앞서 말한 것을 반복하고 있다. 즉 '어떤 사람들은 우리를 사기꾼으로 보지만 어떤 사람들은 우리가 진실을 말한다고 생각합니다.' 바울로는 뒤에 나오는 두 귀절들의 말로 옮겨가고 있다고 보는 것이 더 좋을 것이다. 그 귀절들에서는 쌍을 이루는 각각의 두 진술들이 역설적인 의미에서 진리로 얘기된다. 바울로가 일시적으로라도 자신이 사기꾼임을 인정하는 것은 물론 아니다. 그는 진리를 전하는 사람이다. 그러나 그는 자신을 비난하는 사람들의 말을 통해서 그가 그들에게 어떠한 인상을 주었는지에 대해서도 알고 있다. 가장 심한 비난은 12장 16절 이하, 어쩌면 고린토전서 15장 15절(바울로가 자신은 거짓을 말하고 있지 않다고 열정적으로 단언하는 귀절들인 로마 9, 1 ; 고후 11, 31 ; 갈라 1, 20 참조. '어떤 사람들이 그가 거짓을 말한다고 했을까?)에 나타난다. Schoeps, *T.G.J.*, 128·431도 참조하라. 만일 위—클레멘스서에서 시몬 마구스라는 인물이 바울로를 나타낸다면 그는 확실히 사기꾼이었음에 틀림없다. 일의 성격상 바울로는 이러한 비난에 대해서 단지 거부할 수 있었을 뿐이었다. 그는 그러한 비난이 거짓이라고 입증할 수는 없었다.

[9] 다음 어구는 직역하면 '알려져 있지 않은 것 같으나 잘 알려져 있읍니다'이다. 그 의미는 인정받지 못한 것 같으나 인정받았읍니다이다. 바울로의 적대자들조차도 '그에 대해서는 아무 것도 알려져 있지 않다'고 말할 수 없다(Lietzmann). 오히려 요점은 그가 사도로서 인정받지 못했다는 것이다(참조. 고전 9, 1 ; 15, 8—9과 해당 주석). 특히 10—13장에서는 바울로가, 자신의 사도됨을 인정하지 않는 경쟁적인 사도들이 고린토교회에 자기네들의 견해를 주입시키려고 하는 상황을 언급하고 있음이 분명하다. 그러나 그는 인정받았다. 누구에 의해서? 그의 사도직의 유일한 근원인 하느님으로부터(갈라 1, 1)! 그러나 사실상 그는 소위 예루살렘의 기둥들(갈라 2, 7·9 ; 참조. Schoeps, *Paulus*, 46 : 영어번역판, 68)로부터도 인정받았다. 그리고 확실히 (바울로는 아직도 바라고 있건대) 고린토인 자신들로부터도 인정받았다(5, 11). 그러나 여기에는 보다 깊은 역설이 숨어 있다. 외적으로는 그를 추천할 만한 것이 거의 없음을 바울로가 몰랐을 리는 없다. 그는 박해자였다. 다른 사도들이 부활한 그리스도를 보았을 때에도 그는 보지 못했다(고전 15, 5—8). 그가 전하는 복음은 적어도 널리 비판받았다. 이에 대해서 바울로는 하느님이 그 분의 아들을 계시했을 때 자기를 부르셨다는(갈라 1, 12·16) 인식을 지적하면서, 그의 메시지의 고유한 진리와 그의 선교활동의 열매를 지적한다.

바울로는 이제 그의 역설적인 수사학적 서술을 충분히 구사하기 시작한다. 죽은 것 같으나 보시오, 우리는 살아 있읍니다. 사도로서 그는 마치 죽음의 선고 아래 있는 사람과 같다(1, 9 ; 고전 4, 9). 그는 예수의 죽음을 지니고 다닌다. 죽음이 그 안에서 활동하고 있다(4, 10·12). 이것은 신학적이면서 동시에 역사적인 진리이다. "옛 사람"은 종말론적 산고의 마지막 진동 가운데서 계속 공격받는다. 그리고 믿음에 의한 바울로의 죽음은 역사적 차원에서 작용한다. 그러나 만일 그가 죽었다면 그것은 예수의 생명이 그 안에서 나타나게 하기 위한 것이다(4, 10—11). 또한 이 생각은 신학적이면서 동시에 실천적이다. 바울로는 이제 올 시대 안에서, 올 시대를 위해서 산다. 바울로는 대개 치명적인 것임에 틀림없는 위험과 고통을 거듭(참조. 11, 23—33) 모면한다. 벌 받은 것 같으나 죽는 데 까지는 이르지 않았읍니다. 이 말은 앞절의 실제적인 측면을 강조한다. '하느님이 자신의 종을 위해서 그를 단련시킨다.' 고린토전서 5장 5절, 11장 32절과 비교하라.

[10] 슬퍼하는 것 같으나 늘 기뻐합니다. "슬픔"(λύπη, λυπεῖσθαι) 에 대해서는 이 서신에서 이미 언급되었다(2, 1·3·7 ; 7, 10 ; 9, 7 ; 참조. 로마 9, 2 ; 필립 2, 27). 고린토 사람들 자신이 바울로의 고통에 대해 상당한 책임이 있었다. 그러나 이스라엘의 불신앙에 대한 생각은 물론이고, 다른 개인적인 일들이 그를 슬프게 했다. 그럼에도 불구하고 기쁨을 그리스도인으로서 바울로의 삶의 뗄 수 없는 특징이었다. 2장 3절, 7장 4·7·9·13절, 13장 9절, 로마서 12장 12·15절, 14장 17절, 15장 13·32절, 16장 19절, 고린토전서 16장 17절, 갈라디아서 5장 22절, 필립비서 1장 4·18절 등을 참조하라. 13장 9절은 여기서 특별히 주목해야 한다 : 슬픔과 약함은 만일 그것들이 복음을 나타내고, 교회를 세우는 일에 도움이 된다면 기쁨의 원인이 될 수도 있다. 가난한 것 같으나 많은 사람을 부요하게 합니다. 이것에 대해서도 같은 말을 할 수 있을 것이다. 바울로는 만일 백성을 부요하게 한다면 기쁜 마음으로 가난을 선택할 것이다. 그래서 그는 예를 들어 고린토에서 사도로서의 권리를 포기하고, 교회를 위해서 좋다고 판단했으므로 복음을 설교하는 데 대한 아무런 보수도 원하지 않는다(11, 7—10 ; 12, 13 ; 고전 9, 12·15·18). 고린토인들의 부요함에 대해서는 9장 11절과 고린토전서 1장 5절을, 그리고 바울로 자신의 행동 뒤에 있는 신학적 사실에 대해서는 8장 9절과 주석을 참조하라.

마지막으로 바울로는 자신에 대해서 아무 것도 "없는 것"(ἔχοντες) 같으나 모든 것을 "가지고"(κατέχοντες) 있읍니다고 기술한다. 뒤에 나오는 동사는 고린토전서 7장 30절에서 사용되었다. 그러나 문맥상으로는 그 의미가 다르다. 이 세대에 무엇인가를 값을 지불하고 산 사람은 실제로 그것을 소유하지 못했다. 미래의 세대가 도래함으로써 그런 모든 것들이 쓸모없게 될 것이다. 이것이 적어도 부분적으로는 바울로가 여기서 "아무 것도 없는 것 같다"라고 말한 의미이다. 그러나 이 세대에 아무 것도 가진 것이 없고 또 자신도 그렇게 생각하는 사람은 올 세대에서 상속을 받게 될 것이다(비교. 루가 6, 20 ; 마태 5, 3). 고린토전서 3장 22절("모든 것이 여러분의 것입니다")과 주석도 참조하라. '잃어버린 주권을 인류가 되찾게 되는 것은 그리스도 안에서 또 그리스도 안에 있는 공동체 안에서만이 가능하다. 또한 그리스도는 세상을 지배하고 십자가 죽음과 부활을 통해서 생사를 주관하며 이 세대와 올 세대를 다스리는 주님이시기 때문에, 마찬가지로 그의 백성들은 '그리스도 안에서 그리고 그리스도 안에 있는 공동체에서 이제는 더 이상 운명과 타락의 종들이 아니라 모든 것을 지배하는 자유로운 주들이 될 수 있다'(『고린토전서』, 122면). 그러나 바울로는 고린토전서 3장 23절에서 말하기를, "여러분은 그리스도의 것입니다"고 한다. 이 말은 이 귀절의 "아무 것도 없다"에 해당하는 말이다. 그리고 이 말 속에는 다음의 몇가지 깨달음이 분명히 들어 있다. 즉 바울로는 자신의 것이 아니라 그리스도의 것이라는 것, 그는 독립된 자유로운 인간이 아니라 그를 주관하시는 주님의 종이라는 것, 그가 가진 것은 그 자신의 권리에 의해서가 아니라 오직 믿음으로써만 지닐 수 있다는 것, 그리고 그리스도교인은 "모든 것을 가지고 있다"고 말할 수 있다는 것 등의 깨달음이다.

이것은 그 시대의 헬레니즘적, 그리고 헬레니즘적 유다교의 표현법에서 병행을 발견할 수 있는 고상한 문장이다. 리츠만은 Epictetus, II xix, 24를 인용한다: '아파도 행복하고, 위험에 빠져도 행복하고(참조. 11,26), 죽어도(ἀποθνήσκοντα) 행복하고, 추방당해도 행복하고, 수치를 당해도(ἀδοξοῦντα) 행복한 사람을 내게 보여주시오. 제발 부탁이오. 나는 스토아 학자를 보기를 원합니다.' 이 문장의 형식은 물론이고 내용도 중요하다. 스토아 학파의 선교사와 바울로의 병행성과 차이점에 대해서는 이 책 185면에서 이미 설명했다. 리츠만이 필로에게서 인용한 인용문(*Qued Det. Pot.* 34)은 이보다는 중요하지 않다. 왜냐하면 거기서는 "자기 자신을 추구하는 사람들"이 행복한 사람으로 나타나고, 덕을 사랑하는 사람은 비천하고 고통받는 것으로 나타나기 때문이다.

[II] 바울로는 그가 단락의 서두에서 말했던 핵심으로부터 상당히 벗어나 있음을 알고 있다. 그러나 그가 그렇게 할 정도로 자유로왔다는 사실 자체는 중요하다. 고린토 사람들이여(참조. 갈라 3,1; 필립 4,15. 바울로는 오직 이 귀절들에서만 그와 같은 호격을 사용한다. 이것은 항상 감정이 격해 있음을 나타내는 표징으로 사용된다), 나는 여러분에게 숨김없이 말했읍니다. 직역하면 '우리의 입은 여러분에게 열려 있읍니다'(완료형 자동사인 ἀνέῳγεν "열려 있었다, 열려진 채로 있다가 사용되었다"). 즉 '나는 여러분에게 완전히 자유롭게 말했읍니다'(참조. 7,4). 이 용법은 그리이스어적이다. Aeschylus, *Prometheus Vinctus* 609 이하를 참조하라: '나는, 수수께끼로

감추지 않고 친구들에게 자신의 입을 여는 것(οἴγειν)이 당연하듯이 드러내놓고……라고 말할 것이다.' 에제키엘 16장 63절, 29장 21절, 에페소서 6장 19절과 비교하라. 말하는 데 있어서 바울로가 자유로운 것은 그의 내적 태도를 반영한다. 나의 마음은 넓게 열려 있읍니다. 그의 마음 속에는 아무런 비밀이 없다는 것이다. 즉 '나의 마음 속에는 여러분을 위한 자리가 마련되어 있읍니다. 그래서 나는 여러분이 그곳에 들어오기를 원합니다.' 3장 2절과 7장 3절, 필립비서 1장 7절("나는 여러분을 내 마음 속에 지니고 있읍니다"—Beare)과 비교하라. '나의 마음 속에는 여러분을 위한 자리가 있읍니다'라는 말은 곧 '나는 여러분에게 애정을 가지고 있읍니다'는 말과 같다. 시편 119(118)편 32절의 언어는 비슷하지만 의미는 다르다.

[12] 만일 좁아진 것이 있다면 나 때문이 아니라 여러분 자신의 감정 때문입니다. 이 문장을 자연스러우면서도 그리이스어의 원뜻에 가깝게 번역하기가 곤란하다. 여러분은 (어떤 다른 사람에 의해서) 좁혀진 것이 아닙니다. 이 귀절의 동사가 4장 8절에서는 "눌리다"로 번역되었었다. 그 귀절에서의 의미는 매우 좁은 공간으로 좁혀진다는 뜻이었다. 그러나 여기서 은유의 핵심은 다르다. 바울로는 비좁고 넉넉하지 못한 자신의 애정의 공간 안으로 고린토 사람들을 한정시키거나 거기서부터 내몰지 않는다. 아니 만일 좁아졌다면 그것은 그들 자신의 편에서, 직역하면 그들의 그릇이 좁아진 것이다. 그릇이라는 말은 그리이스어 성서에서 자주 그렇듯이(참조. 7, 15) '마음,' 곧 '사랑에 의해 감동을 받는 자아'(Bultmann, *Theol.*, 218 : 영어 번역본, i. 221—2)라는 의미로 사용되었다. 바울로는 자기가 그들에게 접근한 것이 아니라 자신에 대한 그들의 반응이 좁혀졌다고 말한다.

[13] 따라서 그는 그들에게 호소한다. 내가 내(나의) 자녀들에게 말하듯이 말합니다("나의"라는 말은 그리이스어에는 나와 있지 않다. 아마도 바울로는 단순히 일반적으로 자녀들에게 말하듯이 말한다는 것을 의미했을 것이다. 그러나 참조. 고전 4, 14—15 : 특히 갈라 4, 19). 여러분도 같은 종류의(대격인데 이것은 주절에 암시되어 있는 것에 대한 병렬적 대격이다. 보답으로서 내가 보인 것과 똑같은 개방성을 보여주시오 : Robertson, 486 ; Moule, *Idiom*, 34 이하, 160—1 ; *B.D.* § 154 ; *M.* iii. 245) 보답으로 내게 마음을 넓히시오(참조. 11절). 바울로는 응답할 것을 호소한다. 그러나 그가 사도의 권위로써 그러

한 응답을 강요할 수 있었던 것은 아니다.

7장 2절에서는 이와 비슷한 어조이긴 하지만 동일하지는 않은 말로 호소가 계속된다. 중간에 끼어든 단락(6, 14—7, 1)을 삽입된 것으로 보아야 할지, 또 그것이 다른 서신으로부터 온 것인지, 아니면 비바울로적인 자료로부터 온 것인지에 대해서는 이 책 249면 이하와 서론 11—12·14·21—25면을 참조하라. 이 귀절 자체는 위의 물음들에 대해서 아무런 판단 근거도 제공해주지 않는다.

12. 하느님께 대한 응답은 배타적이다 6장 14절—7장 4절

6, 14 믿지 않는 자들과 이중의 멍에를 함께 메지 마시오. 의와 불법이 어
떻게 함께 하겠읍니까? 또 빛과 어둠이 어떻게 사귈 수 있겠읍니까? 15
그리스도와 벨리알[26]이 어떻게 조화되며, 믿는 자와 믿지 않는 자가 어떻
게 합작하겠읍니까? 16 하느님의 성전과 우상이 어떻게 일치되겠읍니까?
우리는 살아계신 하느님의 성전이기 때문입니다.[27] 하느님께서 말씀하셨읍
니다. "내가 그들 가운데 살며, 그들 가운데 다닐 것이다. 나는 그들의 하
느님이 되고, 그들은 내 백성이 될 것이다." 17 또 주께서 말씀하십니다.
"그러므로 너희는 그들 가운데서 나와 따로 서 있으라. 깨끗하지 않은 것은
만지지 말라. 그리하면 내가 너희를 영접할 것이다. 18 그리고 나는 너희의
아버지가 되고 너희는 내 아들들과 딸들이 될 것이다. 전능하신 주께서 말
씀하신다." 7, 1 그러므로 사랑하는 이들이여, 우리는 이러한 약속을 가지고
있으니, 육과 영의 모든 더러움에서 떠나 자기를 깨끗하게 하며, 하느님을
두려워하는[28] 생활 가운데서 온전히 거룩하게 됩시다. 2 마음을 열어 우리
를 받아주기를 바랍니다. 우리는 아무에게도 불의를 행한 일이 없읍니다.
어느 누구를 해친 일도 없으며, 아무에게서도 속여 빼앗은 일이 없읍니다.

---

26) 벨리알(Beliar)이 원래의 본문이다. 벨리알(아마도 대격), 벨리압, 벨리알(Belial. 불가타역의 독법. 히브리어 b^e liyya'al에 일치하는 것이다 : 참조. 이 책 254면)도 나온다.

27) P^{46} C G와 대다수의 사본들에는 "여러분은…입니다"고 되어 있다. 이것은 고린토전서 3장 16절에 동화된 것이다(참조. 6, 19).

28) P^{46}에만 "하느님의 사랑 안에서"로 나온다. 흥미는 있지만 잘못된 독법이다(참조. 유다 21).

3 이것은 내가 여러분을 책망하는 뜻에서 하는 말이 아닙니다. 내가 전에도 여러분에게 말한 대로 여러분은 우리 마음 속에서 죽음과 삶을 언제나 함께 하고 있읍니다. **4** 나는 여러분을 향해서 자유롭게 말 할 수 있읍니다. 그러고 나는 여러분에 대해서 자유롭게 자랑합니다. 우리의 모든 환난 가운데서도 나는 위로가 가득하고, 기쁨이 넘칩니다.

6장 14절—7장 1절은 고린토후서의 본문에 잘못 끼어들어왔다는 견해가 오랫동안 지배적이었다. 이 견해를 뒷받침해주는 논증은 다음 두 가지다. 첫째, 6장 13절과 14절, 그리고 7장 1절과 2절 사이에 각각 아무런 연결성이 없다는 것이다. 6장 13절에서 바울로는 독자들에게 그들의 마음 속에 자신을 위해 마음을 열어달라고 호소한다. 그러다가 6장 14절에서는 그들에게 믿지 않는 자들과 관계 갖지 말라고 분명하게 말한다. 또한 7장 1절에서는 성서를 인용한 다음에, 하느님을 두려워하는 거룩한 생활만을 생각하라고 그들에게 요구한다. 그리고 나서 7장 2절에서 그는 자기변호와 개인적인 새로운 호소로 되돌아간다. 둘째, 단순히 6장 14절—7장 1절이 앞뒤의 내용과 직접적인 관련성이 없을 뿐만 아니라, 만일 그 부분을 제외시킨다면 6장 13절과 7장 2절이 매우 잘 연결된다는 것을 알 수 있다. 6장 11절 : "나의 마음은 넓게 열려 있읍니다……" ; 13절 : "내가 자녀들에게 말하듯이 말합니다, 여러분도 이와 같은 보답으로 내게 마음을 넓히시오……"; 7장 2절 : "마음을 열어 우리를 받아주기를 바랍니다." 만일 바울로와 같은 류의 저자에게서 항상 보게 되는 이 정도의 문맥상의 이탈에도 불구하고 바울로의 사상적 흐름을 여기서 추적할 수만 있다면, 앞의 관찰은 정당하지 않으며 그 논증도 설득력을 잃게 될 것이다. 이행구들(6장 13절에서 14절, 7장 1절에서 2절)에 대해서는 주의깊게 검토할 것이다(참조. 이 책 서론, 11—2·14·21—25면). 6장 14절—7장 1절을 엉뚱한 삽입문으로 간주하는 사람들은, 그것이 바울로의 다른 편지로부터, 아마도 소위 '이전의 편지'로부터 온 것이라는 생각을 자주 했었다(참조. 고린토전서 5장 9절과 해당 주석 ; 『고린토전서』, 30—35면). 그러나 아주 최근에는 그 자료가 바울로에게서 온 것이 아니라 특히 쿰란 문헌과 관련된 것이라는 주장이 있다(이에 대해서는 38면 주 14에 인용된 문헌을 참조하라. 또한 참조. Schweizer, *Beiträge*, 98 ; *T. W. N. T.* viii. 125 ; Braun의 긴 주석 해당란). 이 가설은 이 단락의 사상과, 그것이 표현된 언어를 귀절 귀절마다 검토함으로써만 입증될 수 있다.

이 단락과 앞 단락간의 연결을 살피기 위해서는 6장 1—13절 전체를 다시 검토하는 작업이 필요하다. 바울로는 가끔 핵심으로부터 벗어나기도 했으며, 그리고 나서는 갑작스럽게 주제로 다시 돌아가기도 했다. 그가 설교하는, 하느님의 화해를 내용으로 하는 복음에 대해서 말하고 난 다음에, 6장 1절에서 그는 고린토인들에게 하느님의 은혜를 헛되이 받지 말라고 호소한다. 이러한 호소에 이어 계속해서 그는 또한 영광과 수치의 역설이 드러나는 자신의 사도적 선교활동에 대해서 이야기하면서, 고린토인들 역시 그네들에 대한 자신의 사랑을 느끼고 자기와 같은 태도로 자신에게 응답하라고 호소한다. (그는 말하기를) 이것이 바로 내가 전하는 소식이며, 나는 이러한 소식을 전하는 사신이었읍니다. 여러분은 저를 사신으로 보낸 분과 저 자신을 모두 받아들이지 않겠읍니까? 이에 대해 고린토인들이 결코 받아들이지 않겠다는 식으로는 대답하지 않았을 것이다. 그러나 동시에 그들은 (바울로를 배척한) 다른 사도들과 관계하고 있었으며 예수를 잘못 전하는(11, 4) 거짓된 복음에 접하고 있었다. 이러한 태도는 바울로서는 참을 수 없는 것이었다. 그래서 바울로가 이 사실을 지적하기 위해서 잠시 주제에서 벗어났어야 했으리라는 추측도 가능하다. '나는 여러분에게 나의 사랑을 보여주고 있읍니다. 그리고 나는 여러분의 사랑으로 보답받기를 원합니다. 그러나 내가 이 일에 대해서 그냥 넘어갈 수 있으리라고는 생각치 마십시오. 만일 여러분이 하느님과, 그 분의 사신인 내게로 돌아선다면 그것은 세상과 단절하는 것을 뜻합니다.' '의롭게 된 사람은(5, 21) 이제는 불의와는 아무런 관계도 갖지 않게 됩니다' (Wendland). 칼빈은 보다 인격적인 방식으로 같은 점을 지적한다 : '그는 아버지에 대해서 순종하듯이 자신에게 순종하라고 그들에게 권면하고 나서 이제는 그들이 저지른 잘못에 대해서 아버지로서의 권위를 가지고 책망한다.' 6장 13절에서 14절로의 이행은, 바울로의 글들 중에서도 특별히 갑작스러운 이행이다. 그러나 이러한 이행이 전혀 불가능하지는 않은 것으로 보인다. 끌랑쥐는 6장 3—13절과 6장 14절—7장 4절이 병행을 이루고 있다는 관찰에 근거해서, 서신의 중간 부분이 2장 14절—6장 13절과 2장 14절—6장 2절, 6장 14절—7장 4절의 두 가지 형식으로 전해졌다고 주장하는데 이러한 주장(283)은 설득력이 없다.

〔 14 〕 바울로는 자신의 요점을 분명하게 하기 위해서 아마도 고린토의 이방인 독자들에게는 이상하게 들렸을 비유

를 사용한다. 믿지 않는 자들(ἄπιστοι—비그리스도교인들. 참조. 고전 14, 22—23과 주석)과 이중의 멍에(이중의 마구 : 15절에 대한 주석 참조)를 함께 메지(*B.D.* § 354) 마시오. 이 비유는 미쉬나의 소책자인 케라임(*Kelaim*)에서 발전된 "섞는 것"에 대한 구약성서의 금지규정(레위 19, 19. 여기서는 이와 관련된 이중 멍에에 대한 말이 나온다. 또한 신명 22, 9 이하, 특히 22, 10 : "소와 나귀를 한 멍에에 메워 밭을 갈지 말라")에까지 소급된다. '한 종류의 소를 다른 종류의 소와, 한 종류의 들짐승을 다른 들짐승과, 들짐승을 소와, 한 종류의 부정한 짐승을 다른 부정한 짐승과, 한 종류의 정한 짐승을 다른 정한 짐승과, 부정한 짐승을 정한 짐승과, 정한 짐승을 부정한 짐승과 함께 메어서 쟁기질을 하는 것이나 모든 것은 금지되었다' (*Kelaim* viii. 2). 그러므로 고린토의 그리스도교인들은 믿지 않는 자들과 스스로 하나가 되어서는 안된다. 그러나 이것은 과연 바울로가 다른 곳에서 믿지 않는 자들에 관해서 말한 것과 일치하는가? 오히려 이것은 쿰란 종파의 태도가 아닌가? 이와 관련된 고린토전서의 귀절은 다음과 같다. 5장 9—10절, "내가 여러분에게 쓴 편지 가운데 음란한 사람들과 사귀지 말라고 했지만 그것은 결코 이 세상에서 음행하는 사람이나 욕심부리는 사람이나 약탈하는 사람이나 우상 숭배하는 사람들과 전혀 사귀지 말라는 말이 아닙니다. 그렇게 하려면 여러분은 이 세상 밖으로 나가야 할 것입니다" ; 6장 1—6절, "여러분 중의 하나가 다른 형제와 다툼이 생겼을 때 어찌하여 성도들 앞에서 해결지으려 하지 않고 세상 법정에 고소합니까? ……여러분 가운데는 형제들 사이에 생기는 분쟁 사건을 해결해 줄 만큼 지혜로운 사람이 하나도 없읍니까? 그래서 형제가 형제를 고소하고, 또 그것을 불신자 앞에 들고 나가는 것입니까? ; 7장 12—16절, "만일 어떤 형제에게 믿지 않는 아내[자매의 경우도 마찬가지이다]가 있는데 그가 남편과 같이 살기를 원한다면 그대로 살아야 합니다……믿지 않는 아내는 그의 믿는 남편으로 말미암아 거룩해지기 때문입니다. ……" ; 39절, "……만일 남편이 죽으면 자기가 원하는 사람과 결혼할 자유가 있읍니다. 그런데 그녀가 믿는 사람이라는 사실만은 기억해야 할 것입니다" ; 8장 10—11절, "만일 지식이 있다고 하는 당신이 우상의 신당에 앉아 제물을 먹는 것을 어떤 사람이 본다면……" ; 9장 21—22절, "율법 없이 사는 사람들과 함께 있을 때에는 나도 율법 없이 사는 사람들처럼 했읍니다. ……그것은 율법 없이 사는 사람들을 얻기 위하여 그러한 것입니다. ……이와 같이 나는 여러 사람에게 여러가지 모양으로 나타났읍니다"; 10장 21절, "여러분이 주의 잔과 귀신들의 잔과를 함께 받아 마실 수는 없읍니다. 그리고 주의 식탁에 참예하고, 또 귀신들의 식탁에 함께 참예할 수는 없읍니다"; 27절, "여러분이 어떤 불신자의 초대를 받고 그 곳에 갔을 경우에 자기 앞에 차려놓은 모든 음식을 양심을 위하여 묻지 말고 먹는 것이 좋습니다"; 32절, "유다 사람에게나 헬라 사람에게나 하느님의 교회에나 걸려넘어지게 하는 일이 없어야 하겠읍니다"; 14장 23절 이하, "만일 온 교회가 함께 모여서 모두 방언을 말한다면 교회 밖에 있는 불신자가 들어왔을 때……." 이 자료들을 모두 요약하기란 쉽지 않다. 바울로는 자신이 개종시킨 개종자들에게 세상에서 떠나라고 말하지 않는다. 또한 비록 그는 문제를 야기할 수도 있다는 것을 알고는 있었지만 믿지 않는 자들의 만찬회에 가지 말라고 권하지도 않는다. 그는 단지 한 배우자만이 그리스도교인이 되었다고 해서 결혼이 깨어지는 것을 바라지는 않았다. 오히려 그리스도교인과 비그리스도교인이 (후자가 이의를 제기하지 않는 한) 계속 함께 살아야 한다는 것이다. 그러나 다시 결혼하는 과부는 그리스도교인으로서 배우자를 선택해야 한다. 바울로는 복음을 위하여 이방인처럼 살 수도 있었다. 그리고 믿지 않는 자들이 그리스도교 집회에 들어올 수도 있었다. 반면에 바울로는 독자들에게 우상 신전에서 식사에 참예하지 말라고 경고하였으며, 비그리스도교적인 법정에 고소하지 말고 그들 스스로 문제를 해결하기를 바랐다. 그리고 회심에 의한 도덕적 혁신(고전 6, 9 이하)과 하느님이 세운 공동체로서의 교회의 독립된 존재(고전 1, 1—9)에 대해서 기억해야 할 것이다. 이 입장은 결코 간단하지가 않다. 그리스도교인은 세상 안에 있다. 그러나 이 세상의 겉모습은 사라져가고 있다는 것을 기억해야 한다(고전 7, 29 이하). 그는 불신자들 가운데서 살아갈 수밖에 없다. 그리고 그들과 사귀면서 살아야 한다. 왜냐하면 이렇게 하면서 그는 그들을 구원하기를 희망하기 때문이다(특별한 경우로서 고린토전서 7장 16절을 보라). 그러나 그 자신은 세상을 심판할 거룩한 백성의 구성원이다 (고전 6, 2—3).

"믿지 않는 자들과 이중의 멍에를 함께 메지 마시오"라는 말은 이와 같은 것을 의미하는가, 아니면 다른 견해를 표현하는 것인가? 얼핏 보기에 이것은 믿지 않는 자들과는 어떠한 종류의 관계도 가지지 못하도록 하는 것만 같다. 그리고 이 귀절이 실제로, 자기네들은 세상에서 물러나야 한다는 말로 고린토교인들이 잘못 이해했던(고전 5, 9) 편지의 일부로 간주되었다는 것도 있을 법한 일이다. 또한 이 말이, 세상뿐만이 아니라 이스라엘 안에서 믿지 않고 불순종하는 자들로부터도 떨어져 나와야 한다는 쿰란 종파의 요구를 반영하는 것으로 (그닐카가 주장하듯이 그리스도교적으로 개작되기는 했지만) 생각되었다는 사실도 놀랄 만한 일은 아니다. 사실 이 단락에서 요구되고 있는 것은, 이 글을 읽는 사람들은 우상숭배와 도덕적인 타락을 피해야 한다는 것이다. 이것은 바울로가 고린토전서에서 요구하는 것과 다름없다. 고린토전서 6장 18절("음행을 피하라")과 10장 14절("우상숭배로부터 떠나라")을 인용하는 것만으로도 충분할 것이다. 그러나 이것이 삽입된 단편일 가능성이나 혹은 고린토인들이 이것을 잘못 이해했을—어떤 사람들은 오해할 것이다. 그러나 이것이 곧 비바울로적인 견해를 나타내지는 않는다—가능성은 여전히 남는다. 슐라터는 6장 11절—7장 1절의 단락에 "결단해야 할 교회의 의무"("Die Verpflichtung der Gemeinde zur Entschiedenheit")라는 적절한 제목을 붙였다.

필로(*Spec. Leg.* iv. 203—18)는 킬라임 율법의 세부적인 도덕적 알레고리를 구사한다. 바울로는 그것을 일련의 수사학적 질문들로 바꿨다. 의와 불법이 어떻게 함께 하겠읍니까? 또 빛과 어둠이 어떻게 사귈 수 있겠읍니까? "함께 하는 것"(μετοχή)과 "사귐"(κοινωνία)은 여기서 밀접하게 나오는 것처럼 동의어이다. 둘 다 법적 용어(공유권)로 쓰이지만 일반적인 용법으로도 사용될 수 있다. 예를 들어 Euripides, *Iphigeneia in Tauris*, 254("목자가 바다와 무슨 관계가 있읍니까?" τίς θαλάσσης βουκόλοις κοινωνία). "불의"(ἀνομία)는 물론 바울로 특유의 언어이다(로마 4, 7 ; 6, 19 ; 데후 2, 3·7). 그리고 "의"(δικαιοσύνη)를 윤리적인 의미로 쓴 것은 바울로의 특징적인 용법은 아니지만 그렇다고 비바울로적이지는 않다. 특히 (불의에 대한 언급과 관련하여) 로마서 6장 19절을 참조하라 : "여러분이 전에 자기 지체를 더러움과 불법의 종으로 삼아 (갈수록 더 불법에 빠졌던 것과 같이) 이제는 여러분의 지체를 의의 종으로 삼아 (거룩하게 되도록 해야 합니다)." 이러한 의의 윤리적 용법이 쿰란 문헌에도 역시 나타난다는 것은 사실이다. 그러나 이것은 바울로와 쿰란 저자가 모두 구약성서의 영향을 받았다는 것 이상을 의미하지 않는다. 그러므로 이 귀절로부터 우리는 (슐라터처럼) 바울로가 고린토에서 직면해야 했던 위험은 율법주의가 아니라 "불의"(ἀνομία)였고, 따라서 고린토에는 유다주의자가 없었다고 결론

깨릴 수는 없다.

빛과 어둠은 쿰란 종파의 은유이기도 하다. 소위 전쟁 두루마리(어둠의 아들과 빛의 아들들의 전쟁)를 언급하는 것만으로도 충분할 것이다. 그러나 바울로도 역시 이 은유를 구사하며(로마 13, 12 ; 고후 4, 6 ; 11, 14 ; 데전 5, 5), 여기에 로마서 13장과는 다른 종류의 이원론이 있다고 의심할 만한 하등의 이유가 없다. 교회와 세상을 각기 빛과 어둠으로 회화적으로 서술한 것은, "구원의 길에 있는 사람들과 파멸의 길에 있는 사람들"(2, 15) 이상의 의미를 뜻하기는 어렵다. 보다 수사학적인 질문들이 계속 나온다.

[15] **그리스도와 벨리알이 어떻게 "조화되며"**(συμφώνησις는 음악용어가 아니다. 그리고 만일 이 말이 다음 귀절에서 필요하지 않았다면 단순히 "일치"라고 번역할 수도 있었을 것이다) **믿는 자와 믿지 않는 자가 어떻게 "합작"**(혹은 "함께하다"—μέρις)**하겠읍니까?** 그리스도와 악마, 혹은 적그리스도 상 사이의 대조는 놀랄 만한 것이 아니다. 그러나 벨리알(변형들에 대해서는 이 책 248면 주 26 참조)이라는 이름은 중요하다. 이 말은 신약성서의 다른 곳에서는 전혀 나오지 않으며, (벨리알이라는 형태로) 칠십인역에서는 오직 판관기 20장 13절(A)(참조. 판관 19, 22., Theodotion)에서만 나온다. 이 귀절에서는 벨리알이 히브리어 bᵉne bᵉliyya'al("쓸모없는 자식들"), 즉 악한 사람들을 번역한 것인데 이 히브리어는 가끔 사용되는 말이며, 음역되기보다는 대개는 번역되었다. 벨리알은 (변형들과 함께) 성서 이후의 유다교회에서는 사람들의 이름으로 발전되었다. 이에 대해 (1933년까지) 알려진 증거로는 W. Förster, *T.W.N.T.* i. 606에 나오는 논문을 참조하라. 사해사본들에서는 벨리알이라는 말이 악마의 왕의 이름으로 사용되는 예가 상당히 많이 나타나고 있음은 사실이다. 이에 대해 G.R. Driver, *The Judaean Scrolls*(1965), 486—91의 상세한 논의를 참조하라. '벨리알(Belial, 혹은 Beliar)은—원문 그대로 인용—결국에는 사탄과 동일시되었고, 후기 묵시문학[이사야의 승천]에서는 이 두 이름이 서로 바뀌어 사용될 수 있었다. 따라서 벨리알은 신약성서에서는 단순히 사탄의 동의어가 되었다'(앞글, 488). 그러나 이 말 역시 일세기 당시에는 벨리알이라는 말이 상당히 모호한 말이었음을 입증해줄 뿐이다. 따라서 벨리알이라는 말로써 고린토후서와 쿰란 종파 사이의 관련성에 대해서 어떠한 것도 확실히 입증할 수는 없다. '이 신화들 중에서 처음의 둘, 즉 벨리알 혹은 벨리아르 신화와 반(反) 메

시야, 혹은 적그리스도 신화는 각기 A.D. 30—60년 경 생겨난 것으로 보이며, 둘 다 A.D. 75—100년 사이에 세번째 신화, 즉 네로 신화와 독립적으로 혼합되었던 것 같다. 이 신화들에 나타나는 사상들은 신·구약 중간기의 문헌들과 신약성서, 그리고 두루마리(사해사본?)들에서 거의 같은 보조로 발전했던 것으로 보인다'(앞글, 490—1). 14절에 나오는 바울로의 은유에 비추어볼 때 b^{e}liyya 'al이라는 말이 때로는 (*Sifre Deut*, 117[15, 7 이하][98b] ; *Sanhedrin* 111b) b^{e}li 'ol, "멍에를 메지 않음", 즉 (하느님의) 멍에를 벗어버린 사람으로 해석되었다는 점에 주목할 필요가 있다.

바울로의 수사학적 질문에 대한 대답은 자명하다. 그리스도와 사탄은 결코 조화될 수 없다. 그리고 믿는 자들은 바로 그리스도 안에 있는 믿는 자들이므로 다음의 진술이 이어진다 : "믿는 자"와 "믿지 않는 자"는 아무 상관이 없다. "믿지 않는 자"(*ἄπιστος*)라는 말은 그리스도교인이 아닌 사람을 뜻할 때 바울로가 자주 사용한 말이다(2, 14). 그러나 *πιστός*("믿는 자")라는 말은 믿는 사람을 의미하는 독립적인 방식으로 사용되지 않았다. 이 형용사는 하느님에 대해서("성실한"을 뜻하는 것으로 고전 1, 9 ; 10, 13 ; 고후 1, 18 ; 데전 5, 24 ; 데후 3, 3), 그리고 사람에 대해서 술어적으로, 혹은 명사를 한정하는 것으로(고전 4, 2·17 ; 7, 25 ; 갈라 3, 9 ; 골로 1, 2·7 ; 4, 7·9) 사용되었지만 이 말만 독립적으로 "믿는 자"라는 의미로 사용되지는 않았다. 이러한 독립된 용법은 제2 바울로 서신들, 가령 디모테오전서 4장 10 · 12절, 5장 16절에서 나타난다. 그리고 이 사실은 6장 14절—7장 1절이 제2바울로 서신들에 기원을 두고 있음을 지적하는 것으로 이해되었다(참조. Gnilka, 앞책, 57—8). 그러한 주장은 어느 정도 일리가 있다. 그러나 그것 자체가 결정적인 것은 아니다. 그리스도인을 신실하다고 서술했던 것으로부터 조만간 "믿는 자"라는 말의 반(半) 전문적인 용법이 발전할 수밖에 없었을 것이다. 그리고 바울로가 그러한 발전에 기여하지 않았을 이유가 없다. 그리스도교의 믿음은 배타적인 것이다. 그리고 바울로의 이 질문은 그리스도교인과 비그리스도교인이 서로 접촉해서는 안 된다는 것이 아니라 믿는 자이면서 동시에 믿지 않는 자도 될 수는 없다는 점을 분명히 하기 위한 것이다.

[16] 바울로의 마지막 질문은 그리스도교인들의 공동체를 위한 특수한 은유를 빌린 것이다. **하느님의 성전과 우상이 어떻게 일치되겠읍니까? 우리는 살아계신 하느님의 성전이기 때문입니다.**

하느님의 "성전"(ναός)으로서의 교회에 대해서는 고린토전서 3장 16절, 6장 19절과 주석 특히 후자의 귀절을 참조하라. 왜냐하면—비록 '하느님은 각 사람 안에 거함으로써만 사람들 사이에 거하지만' (Calvin)—후자의 귀절에서 바울로는 개인적인 내주(內住)보다는 공동체적 내주를 생각하고 있기 때문이다. 스스로를 구약성서의 정당한 상속자로 생각하는 사람들에게는 이것이 자연스러운 발전일 것이다. 그리고 성전의 상징이 쿰란 종파에서 통용된 것(참조. Gnilka, 앞책, 61—2)은 사실이기는 하지만 이 말이 쿰란종파의 상징과 그 신학의 영향을 받았다고 여길 필요는 없다. 바울로는 구약성서뿐만 아니라 자신이 친숙해 있는 유다교, 그리고 어느 정도로는 그리이스의 종교적 상징(이에 대해서는 『고린토전서』, 116·184면 이하)으로부터 이 말을(이 말이 새로운 그리스도교적 용어가 아닌 한) 빌어왔다. 그리고 우상숭배에 대한 바울로의 혐오를 오해할 수는 없다(참조. 고전 5, 10·11 ; 6, 9 ; 8장 여러 곳 ; 10, 7·14·19 ; 12, 2 ; 갈라 5, 20 ; 골로 3, 5 ; 데전 1, 9). '그리스도교인은 오로지 그리스도와만 관계를 맺고 있으므로 간음이나 우상숭배를 할 수 없다' (『고린토전서』, 279면 ; 고전 6, 18 ; 10, 14).

바울로는 "믿지 않는 자들과 이중의 멍에를 함께 메지 마시오"라는 주장을 분명히 하기 위해서 지금까지 일련의 수사학적 질문을 했었다. 그는 여러 구약성서 인용문들을 사용하여 그것을 강조한다. 이것들은 정확하게 인용되지 않았다. 그리고 바울로가 어떤 구약성서 귀절을 염두에 두고 있었는지를 아는 것이 그렇게 용이한 일은 아니다.

하느님께서 말씀하셨읍니다. 이것은 바울로가 흔히 사용하는 인용형식이 아니다. 그는 "기록된 바"라든지, 혹은 이 비슷한 말을 더 즐겨 쓴다(참조. 4, 13과 해당 주석). 그닐카(앞글, 58)는 "하느님이 말씀하셨다"는 인용형식은 다마스커스 문서(*CD* vi. 13 : viii. 9 ; xix. 22)에서 사용되었다는 점을 지적한다. 바울로의 다른 글들 가운데서는 로마서 9장 15·25절, 고린토후서 6장 2절(갈라디아서 3장 16절), 고린토후서 4장 6절을 지적할 수 있을 것이다. 이 형식은 자주 나오지는 않지만 바울로가 여기서 특히 하느님 자신의 직접적인 말을 도입하는 의미로 이 말을 쓸 수 있었다는 데 대해서 의심할 정도는 아니다.

내가 그들 가운데 "살며"(ἐνοικήσω : 이 동사는 칠십인역에서는 하느님에 대해서 사용되지 않는 것 같다), **그들 가운데 다닐 것이다. 나는 그들의 하느님이 되고, 그들은 내 백성이 될 것이다.** 이 말들은 구약성서의 여러 귀절들을 상기시킨다. 가령 레위기 26장 12절("나는 너희 가운데 다니고 너희 하느님이 되고, 너희는 나의 백성이 되리라"), 에제키엘 37장 27절("나는 나의 집을—κατασκήνωσις—그들 가운데 둘 것이다. 나는 그들의 하느님이 되고, 그들은 나의 백성이 되리라"), 출애굽기 25장 8절, 29장 43절 이하, 사무엘하 7장 14·27절, 이사야 52장 4·11절, 에제키엘 20장 34절과 비교하라. 필로도 레위기 26장 12절을 인용하며, 하느님의 백성은 순수해야 한다는 함축성을 표현한다(*De Somniis* i. 148 ; ii. 248 ; Knox, *P.G.*, 164). 곧 그의 백성과 함께 하리라는 것은 올 시대를 위해서 맺어진, 새롭게 된 하느님의 약속이다. 구약성서는 그의 현존을 때로는 성전 제도와 관련된 것으로, 때로는 어떠한 제도의 중재도 필요 없는 독립된 것으로 제시한다. 즉 그는 자신의 말씀과 행위에서 현존한다. 바울로는 그리스도교 공동체를 성전과 동일시함으로써, 실제로 하느님의 현존이 제도에 의존할 수 있는 어떠한 가능성도 배제하는데 이것은 복음서에 기록되어 있는 예수의 말(마태 18, 20)과도 일치한다.

[17] 하느님의 현존은 백성의 순수성을 요구한다. '바울로에게 있어서는 약속으로부터 성화의 필요성이 나온다' (Wendland). **또 주께서 말씀하십니다. "그러므로 너희는 그들 가운데서 나와 따로 서 있으라. 깨끗하지 않은 것은 만지지 말라.** 이것은 이사야 52장 11절과 매우 유사하다 : "어서 떠나거라. 어서 빠져나가거라. 부정한 것은 아예 건드리지도 말아라. 야훼의 그릇들을 받들고 갈 자들아." 예레미야 51장 45절과 비교하라. 이 인용구는 구약성서의 여러 귀절들이 결합된 것으로 보인다(J. Bonsirven, *Exégèse rabbinique Exégèse paulinienne*[1938], 316). 이사야서는 백성들에게 바빌론으로부터 떠나라고, 그 도시를 그대로 내버려두고 이방인들의 부정한 생활에서부터 멀리 떠나라고 명한다. 그들은 제의를 드려야 할 의무를 이행함으로써 깨끗해져야 한다. 이 예언을 메시아적으로 해석할 수 있는 몇몇 증거들이 있다. E.E. Ellis, *Paul's Use of the Old Testament* [1957], 57에서는 *Exod. Rabbah* xv. 18을 언급하고 있다. 그러나 이것은 기억에 의해 구약성서로부터 새로운 방식으로 끌어온 것 같으며, 비제의적인 새로운 해석이 덧붙여진 것 같다. 그리스도교적 새로운 방식으로 하느님과 관계를 맺는 것은 이전과는 다른 새로운 방식의 순수성을 내포한다. 이에 대해서는 7장 1절에서 서술할 것이다. "만지다" (ἅπτεσθαι)는 여기서 제의적인 의미를 지니고 있지 않다(Betz, *Lukian*, 32). 만일 하느님의 백성이 도덕적인 거룩함에 의해 다른 사람들과

분리되지 않는다면 그들은 더 이상 하느님의 백성이 아니다. 이러한 분리가 무엇을 의미하는지에 대해서는 이 책 251면 이하를 참조하라.

이러한 명령문들 뒤에 "그리고"(καί)로 시작되는 미래시제의 문장이 이어진다. 이 구문은 흔히 사람들이 추측한 바대로, 셈어적인 구문이 아니며 그리이스어에서 그 병행구들이 나타난다(Beyer, 253). 그리하면 (그리이스어 καί를 번역한 것이다) 내가 너희를 영접할(εἰσδέξομαι) 것이다. 그리하여 나는 너희의 아버지가 되고, 너희는 내 아들들과 딸들이 될 것이다. 전능하신(혹은 "모든 것을 지배하는" παντοκράτωρ—신약성서 중 다른 곳에서는 오직 요한묵시록에서만 9회 나온다) 주께서 말씀하신다." 에제키엘 20장 34절과 비교하라 : "나는 너희를 뭇 백성 가운데서 떠나오게 하리라. 그리고 너희가 흩어져 살고 있는 그 여러 나라들로부터 너희를 받아들일(εἰσδέξομαι) 것이다." 또한 사무엘하 7장 14절, "내가 친히 그의 아비가 되고 그는 내 아들이 되리라(바울로가 재구성한 대로는 아니지만 4 *Qflor.* i. 11에서도 이 귀절이 인용되었다). 그리고 7장 27절, "이스라엘의 왕, 전능하신(παντοκράτωρ) 주께서……"도 참조하라. 바울로는 단수형을 복수형으로 바꾸었으며(예. Schlatter; Bonsirven, 앞글, 333) 이사야 43장 6절("아무리 먼 데서라도 나의 아들들을 데려오너라. 땅 끝에서라도 나의 딸들을 데려 오너라")을 떠올리고서는 "딸들"에 대한 언급을 덧붙였을지도 모른다. 다드(Dodd, *A.S.*, 45—6)는 여기서 바울로가 예레미야 31장 9·31절 이하를 언급하고 있다고 본다. 남자들이 그리스도 안에서 믿음에 의해 하느님의 아들이 된다는 것은 바울로에게 있어서 그리스도교인의 본질적인 존재 양식이다(갈라 3, 26 ; 참조. 4, 6 ; 로마 8, 15—16). 그리고 갈라디아서의 동일한 문맥(3, 28)에 나오는, 그리스도 안에서는 남자도 여자도 있을 수 없다는 진술은, 하느님의 아들들은 물론 딸들에 대해 말함으로써 또 다른 방식으로 표현되었음에 틀림없다. 여성들에 대한 바울로의 태도는 흔히 잘못 전달되기도 했는데 그가 구약성서 인용문을 수정해서 하느님의 아들들뿐만이 아니라 하느님의 딸들까지도 포함하도록 했다는 것은 중요하다. 사무엘하 7장 14절의 약속은 원래 왕에게 내린 것이다. 여기서 그 왕은 예수이다. 이제 그 안에서 남자들과 여자들이 하느님 앞에서의 자신의 신분을 비로소 누리게 된다.

그리스도교인들은 하느님의 백성으로서 마치 하느님의 거처인 성전과 같으며, 그들은 하느님의 아들들과 딸들로서 그들 가운데 그 분이 거한다는 사실이 이제 성서에 의해 입증되었다. 이러한 사실의 결과가 거룩한 생활을 통해 나타나야 한다. 『고린토전서』, 116면과 Epictetus로부터의 인용문(Ⅱ viii. 14)을 비교하라 : '만일 하느님의 형상이 현재한다면 여러분이 지금 하고 있는 것과 같은 행동을 감히 하지는 못할 것입니다. 하물며 하느님 자신이 여러분 안에 계셔서 모든 것을 보고 듣는데 여러분은 이런 일들을 생각하고 행하는 것이 부끄럽지 않습니까?'

[7, 1] 그러므로 사랑하는 이들이여, 우리는 이러한 약속("이러한"은 강조하는 위치에 놓여 있다. 하느님 자신이 우리들 가운데 거하시리라는 이러한 약속들)을 가지고 있으니 육과 영의 모든 더러움(바울로는 다른 곳에서 이 명사를 사용하지 않지만 같은 어원의 동사를 고린토전서 8장 7절에서 사용한다)에서 떠나 깨끗하게 하며 (바울로는 여전히 비제의적인 배경 속에서 제의적인 용어를 사용하고 있다. *καθαρίζειν ἀπό* "깨끗하게 하며"에 대해서는 G.A. Deissmann, *Bible Studies* [1901], 216과 Robertson, 576를 보라). 육과 영이라는 말을 이러한 방식으로 사용하는 것은 바울로적 특색이 아니며, 쿰란 종파를 연상시킨다고 간주되어왔다(Gnilka, 앞글, 58—9 ; 다른 측면에 대해서는 Schlatter, 580—1과 Windisch를 참조하라). 바울로에 의하면 육은 본래가 악하므로 그것을 깨끗하게 하기란 불가능하고(브라운은 이 점에 훨씬 강조점을 두지 않는다), 한편 영은 본래가 선하므로 더럽혀질 수 없다는 것이다. 마르시온이 영이라는 말대신 피라는 말을 쓴 것은 아마 이와 같은 생각에서였을 것이다(Tertullian, *Adv. Marcionem* v. 12). 반면 쿰란 종파에 의하면 육과 영이 모두 깨끗해져야 한다(예. 1 *QM* vii. 5—6 : '그들은 모두가 싸울 준비가 되어 있어야 하며, 영과 육에 있어서 완전해져야 한다.' t^e^mime ruaḥ ubasar). 그러나 바울로가 육과 영이라는 말에 충분한 신학적 의미를 담지 않고 사용할 수 없었으리라고 가정하는 것은 잘못이다. 이 말들은 둘 다 이 서신에서 일반적인 의미로 사용되기도 했다. 7장 5절에서 바울로는 "우리 육은 조금도 쉬지 못했읍니다"라고 말하는데 이것은 2장 13절에서 "나의 영은 쉬지 못했읍니다"와 같은 의미이다. 이 각각의 경우들에서 그는 "나는 쉬지 못했읍니다"를 뜻한 것이며, 육과 영은 자아를 나타내는 말들이다. 현재의 귀절에서는 이 말들이 동의어라고 보기는 힘들고, 그것들은 추측컨대 각기 자아의 내적 측면과 외적 측면을 가리킬 것이다. 고린토전서 7장 34절과 비교하라 : "……육과 영이 함께 거룩하게 되려고." 즉 외적으로나 내적으로 거룩하게 되려고. 이 말이 고린토인

들의 견해를 인용한 것이라고 해서 의미가 달라지지는 않는다. 데살로니카전서 5장 23절과 비교하라.

자신들 안에 하느님을 모시고 있는 사람들은 그 분이 거룩하듯이(참조. 레위 19,2; 베전 1,16) 거룩해져야 하며, 온갖 더러움에서 스스로를 깨끗하게 해야 하고, 하느님을 두려워하는 생활 가운데서 온전히 거룩하게 되어야 한다. 여기서도 바울로는 제의적인 언어를 사용한다. 성전은 거룩한 장소이다. "온전하게 하다"(ἐπιτελεῖν)는 다양한 의미를 지니고 있으며, "종교적 의무들로부터 면제시키다"(*L.S.* 해당란 Ⅱ)는 뜻까지도 포함한다. 그러나 바울로에게 있어서 종교적 의무들은 제의적인 것이 아니라 윤리적인 것이었다(참조. 이 책 53·140—141면). "하느님을 두려워하는 것"은 사변적인 경건이 아니라 구약성서에서처럼(참조. 5,11과 해당 주석) 실천적인 경건이다.

"거룩함"이라는 말이 제의적인 것이 아니라 실천적인 것이라면 이것은 어떻게 표현되어야 하는가? 이 물음이 7장 1절에서 7장 2절로의 이행의 문제를 해결하기 위한 열쇠이다. 이것은 (바울로가 서신 전체에 걸쳐서 이야기하듯이) 쉽게 알 수 있는 문제이다. 왜냐하면 그는 독자들에게 하느님의 은혜를 헛되이 받지 말고(6,1), 그들이 은혜를 받았다는 것을 하느님의 은혜의 사절, 즉 바울로 자신에 대한 태도로 나타내 보이라고 호소하고 있기 때문이다. 이것이 은혜에 대한 참된 응답이다. 그리고 바울로는 그리스도교인의 의무에 대한 주제를 발전시킨 뒤에 새로운 정열을 가지고 6장 11절 이하의 호소로 되돌아간다.

[2] 마음을 열어 우리를 받아주기를 바랍니다. (χωρήσατε ἡμᾶς "받아주다"에 대한) 이 번역은 6장 11절 이하와 7장 2절 사이를 적절하게 연결하기 위한 번역이 아니다(참조. *L.S.*). χωρεῖν이라는 단어를 알로와 헤링은 "이해하다"(참조. 마태 19,11—12)를 의미한다고 본다. 그러나 이 뜻은 이 말이 의미하는 바의 일부일 뿐이다. '여러분은 우리 마음 속에 있읍니다—이제 여러분도 이와 같은 태도를 취하십시오. 즉 우리가 여러분을 사랑하듯이 여러분도 우리를 사랑하십시오.' 바울로는 적어도 그의 편에서는 아무런 장애가 없다고 덧붙인다. 그는 자신에 대한 고린토인들의 신뢰를 저버릴 만한 행동을 한 적이 없다. 우리는 아무에게도 "불의를 행한 일이"(ἀδικεῖν이라는 말은 7,12; 고전 6,7—8; 갈라 4,12; 필레 18에서와 같은 말이다) 없읍니다. 누구를 "해친" 일(금전적으로: 바우어도 이렇게 본다. 그러나

φθείρειν이라는 말은 여러 종류의 해침이나 파괴에 대해서 사용될 수 있다)도 없으며, 아무에게서도 "속여 빼앗은"(πλεονεκτεῖν은 2장 11절에서 사탄의 활동을 묘사할 때 사용되었다. 그러나 여기서는 12장 17—18절과의 병행이 중요하다) 일이 없읍니다. 바울로는 자신의 고린토 방문에 대해서 언급하고 있다. 바울로는 그가 여기서 부인하고 있는 것과 같은 행동을 했다고 비난받았으며, 이러한 비난이 그와 교회와의 관계를 악화시켰으리라고 추론하는 것은 타당하다. 만일 10—13장이 1—9장보다 조금 늦게 씌어진 것이라면(참조. 이 책 서론 31면 이하) 처음에는 떠도는 소문이었던 것이 후에는 드러내놓고 하는 공격이 되었다고 볼 수 있다. 그러한 비난은 타당하지 않다(참조. 고전 4,4). 그러나 바울로는 자신을 비난하는 사람들에게 반박하려고 하지 않는다(비록 그렇게 하고 싶은 마음이 있었다하더라도 말이다).

[3] 이것은 내가 여러분을 책망하는 뜻에서 하는 말이 아닙니다. 고린토전서 4장 14절과 비교하고, 고린토전서 6장 5절, 15장 34절과 대조하라. '나는 여러분을 고발하는 것이 아니라 나 자신을 깨끗하게 하고 있는 것입니다.' "내가 전에도 여러분에게 말한 대로"(προείρηκα. 13장 2절에서와 같은 의미는 분명히 아니다. 이것은 6장 2절, 혹은 어쩌면 1,6 ; 3,2 ; 4,12을 가리킬 것이다) 여러분은 우리 마음 속에서 죽음과 삶을 함께 하고 있읍니다(직역하면 '함께 죽고 함께 삽니다'). 바울로는 로마서 14장 7절의 신학적인 핵심을 분명히 하고 있는 것이 아니라 단지 고린토인들에 대한 자신의 애정을 표현하고 있는 것이다. 그는 고마와하는, 혹은 고마와하지 않는 자신의 사람들에게 목자로서 자신을 무조건적으로 내어주었다. 언어에 대해서는 Horace, *Carmina* Ⅲ ix. 24와 비교하라 : (Tecum vivere amem, tecum obeam libens).

[4] 바울로는 고린토인들이 그리스도인들의 덕행의 모범을 보여주고 있음을 확실히 알아서가 아니라 바로 위에서 말한 관계 안에서 다음 귀절에서와 같이 기술한다. 나는 여러분을 향해서(참조. 6,11) 자유롭게 말할 수 있읍니다(παρρησία : 참조. 3,12. 그리고 이 귀절에 관해서 인용된 문헌을 참조하라). 그리고 나는 여러분에 대해서 자유롭게 자랑합니다. 즉 바울로는 고린토인들에게 말할 때면 자신의 마음 속에 있는 것을 모두 털어놓을 수 있다는 것이다. 왜냐하면 그의 마음 속에는 그들을 향해서 오직 선의만이 있기 때문이다. 그가 다른 사람들에게 고린토인들에 관해서 이야기할 때면 그는 그들의 장

점에 대해서 자유롭게 말할 수 있고, 또 실제로 그렇게 한다(참조. 7, 14 ; 9, 2). 불행하게도 후자의 경우에는 고린토인들이 그를 저버릴지도 모른다고 두려워할 만한 이유가 있었다. 그러나 바울로는 여기서 이러한 가능성을 고려하고 있지 않다. 우리의 모든 환난 가운데서도 나는 위로가 가득하고(참조. 1, 4—7) 기쁨이 넘칩니다(여격에 대해서는 *B.D.* §195. 2를 참조하라). 어떤 학자들은 여기서 10—13장에 나타나는 문제들이 어느 정도 완화되고 난 뒤에 씌어진(참조. 이 책 서론 32면 이하) 고린토에 보낸 바울로의 마지막 편지의 일부를 발견할 수 있다고 생각한다. 이러한 견해는 2장 14절—7장 4절 안에 (10—13장에 덧붙여지는) "준엄한 편지"의 일부가 들어 있다고 보는 사람들로부터 지지를 받지 못하며, 사실 이 귀절의 어구 자체도 이러한 견해를 시사해 주지 않는다. 바울로의 확신과 기쁨, 그가 경험하는 위로는 "우리의 모든 고난" 후에가 아니라 바로 그러한 고난 한가운데서 경험되는 것이다. 어려움은 결코 끝나지 않았다. 그것은 아직 그 절정에 달하지도 않았다. 그는 여전히 (앞으로 그가 살 동안에도 그럴 것이지만) "예수의 죽음을 몸 안에 지니고 다닌다"(4, 10). 그리고 위로와 기쁨 가운데서 나타나는 예수의 생명은 죽음 안에서의, 죽음을 통한 생명이다. 그러나 이 말은 예수의 생명이 특별한 경우에 특수한 원인들에 의해서 일어난 것임을 뜻한다. 이제 그 예들이 이어진다.

Ⅳ. 바울로의 고린토 방문 7장 5절—9장 15절

13. 다시 시작되는 이야기(참조. 4장): 미래의 문을 여는 회개 7장 5—16절

5 우리가 마케도니아에 이르렀을 때에도 우리는 조금도 몸을 쉬지 못했읍
니다. 오히려 우리는 온갖 종류의 환난을 당했읍니다. 밖에는 싸움이 있었
고, 안에는 두려움이 있었읍니다. 6 그러나 근심에 눌린 사람을 위로하시는
분, 하느님 자신께서 디도가 돌아온 것을 통하여 우리를 위로해주셨읍니다.
7 그가 돌아왔다는 것만이 아니라 그가 여러분에게서 받은 위로가 우리에게
도 위로가 되었읍니다. 여러분이 우리를 사모하고, 마음아프게 잘못을 느끼
고 또 나를 열심으로 변호한다는 소식을 전해 들었을 때 나는 더욱 더 기뻤
읍니다. 8 내가 보낸 그 편지가 여러분을 마음아프게 했더라도 나는 그것을
후회하지 않습니다. 나는 내 편지에 대해서 후회한 일이 있기는 하지만 이
제는 그 편지가 단지 잠시 동안만 여러분을 마음아프게 했을 뿐이고 9 여
러분을 회개하게끔 인도했다는 것을 압니다. 그리고 이것을 보고 이제는 기
뻐합니다. 그것은 여러분이 마음아파했다는 것 때문이 아니라 마음아파함으
로써 회개하게 되었다는 것 때문입니다. 여러분이 마음아파한 것은 하느님
의 뜻을 따른 것이므로 여러분이 우리 때문에 고통당하는 일은 없읍니다.
10 하느님의 뜻을 따르는 근심은 구원에 이르는 회개를 가져오기 때문에 후
회할 것이 없읍니다. 그러나 세상 근심은 죽음을 가져옵니다. 11 보시오!
하느님의 뜻을 따른 근심이 얼마나 여러분에게 진심을 불러일으켰으며, (순
결을) 변호하게 했으며, 의분을 느끼게 했으며, (심판을) 두려워하게 했으
며, 사모하게 했으며, 열심을 내게 했으며, 불의를 징벌하게 했읍니까? 여
러분은 그 모든 일에 있어서 잘못이 없었다는 것을 보여주었읍니다. 12 그
러므로 내가 여러분에게 편지한 것은 남에게 불의를 행한 사람 때문이거나
불의를 당한 사람 때문이 아니라 우리를 위한 여러분의 열성이 하느님 앞에

서 여러분 자신들에게 밝히 나타나게 하려는 것이었읍니다. 13 그래서 우리는 위로를 받았읍니다. 그리고 우리가 위로를 받는 가운데 디도의 기쁨이 이에 겹쳐서 우리를 더욱 기쁘게 했읍니다. 그의 영이 여러분 모두로부터 환대를 받아 유쾌한 마음으로 쉬었기 때문입니다. 14 내가 디도에게 여러분을 자랑한 일이 있었는데 여러분이 나를 실망시키지 않았읍니다. 내가 여러분에게 모든 것을 진실하게 말한 것처럼 내가 디도에게 말한 자랑도 참된 것으로 드러났기 때문입니다. 15 디도는 여러분 모두가 순종하고, 두렵고 떨리는 마음으로 자기를 영접한 것을 기억하고, 그의 심정이 더 큰 사랑으로 여러분을 향하고 있읍니다. 16 나는 여러분을 온전히 신뢰할 수 있게 된 것을 기뻐합니다.

7장 4절과 7장 5절 사이는 2장 13절에서 2장 14절에로의 이행과 마찬가지로 갑작스러운 이행구를 이루고 있다. 더우기 7장 5절은—2장 13절에서 그대로 방치해두었던,—바울로가 근심스럽게 디도를 기다리는 데 대한 이야기를 이어받는다. 이러한 사실들을 근거로 해서 2장 14절—7장 4절(아니면 6장 14절—7장 1절, 2장 14절—6장 13절 ; 7장 2—4절을 제외하고)이 바울로의 사도직에 대해서 다루는 "준엄한 편지"로부터 삽입된 것이라는 견해가 나온다(참조. 2,13에 대한 주석 ; 이 책 서론 34—35·37면 이하). 이러한 가설이 정당한가 라는 문제는 디도에 관한 이야기를 중단했다가 다시 시작한 데 대해서 적절하게 설명을 할 수 있는가 없는가에 달려 있다. 이 부분의 이행이 갑작스럽다는 데 대해서는 논의의 여지가 없다. 바울로가 대단한 문장가는 아니었고, 갑작스럽게 이야기를 전개하거나 본제를 떠나 옆길로 벗어날 수 있었다는 점도 역시 논의의 여지가 없는 사실이다. 실제로는 2장 13절에서 2장 14절로의 이행에 대해서 제시된 설명을 받아들인다면, 7장 4절에서 7장 5절로의 이행에 대한 설명은 별다른 난점을 제기하지 않을 것이다. 바울로는 그가 받은 위로와 기쁨, 그리고 고린토인에게서 그가 느낀 신뢰감에 대해서(7장 2—4절이 '준엄한 편지'에 속한다고 보는 견해와는 일치하기 힘든 방식으로) 서술했다. 그는 계속해서 7장 5절에서 자신이 겪는 고난들 가운데서 그를 위로해주는 하느님의 능력과 뜻이 두드러지게 나타난 예를 보여주며, 자신으로 하여금 고린토인들에 대해 확신(아마도 잘못된 확신)을 가질 수 있게 해주었던 좋은 소식들을 기술한다. 새로운 단락 서두의 말(καὶ γάρ)은 물론 이행을 좀더 부드럽게 하기 위해서 편집자가 집어넣은 것이라고 볼 수도 있지만 위의 견해와 일치하며, 실제로 그러한 견해를 요청하기도 한다.

그리고 7장 5절이 2장 13절과 직접 연결된다고 보기에는 반복되는 점과, 동시에 바뀌는 점(이에 대해서는 주석에서 주의를 기울여야 할 것이다)이 너무 많다.

[5] 우리가 마케도니아에 이르렀을 때(2장 13절에서 바울로는 일인칭 단수형을 사용했었다. 여기서도 역시 그는 여러 사람이 아니라 자기 자신을 가리킨다. 그러나 이 서신에서 자주 그러듯이 복수형을 쓴다. 자신의 계속되는 이야기에서 바울로가 자신의 표현양식을 이런 식으로 바꾸었다고 볼 수는 없다). 바울로가 해로로, 혹은 육로로 드로아로부터 마케도니아로 여행을 했고 만일 그가 디도와 여행계획에 대해서 의논하지 않았다면 분명히 그를 놓치게 될 위험이 있었다는 점에 대해서는 이 책 134면에서 지적했다. 드로아에서 바울로를 괴롭혔던 문제는 마케도니아에서까지도 그를 따라다녔다. 우리는 조금도 "몸"(flesh 육)을 쉬지 못"했읍니다"(ἔσχηκεν [ἔχω-영어의 have 동사-의 3인칭 단수 완료형]. 이처럼 완료형을 사용한 데 대해서는 1장 9절에 대한 주석을 참조하라. P⁴⁶ B G K 사본에는 단순과거형 ἔσχεν으로 되어 있는데 이것이 옳은 것일지도 모른다). 2장 13절과 비교하라 : "나는 마음(Spirit: 영)이 놓이지 않았읍니다." 이 귀절들에서 육과 영은 바울로의 독특하고 깊은 신학적 의미를 나타내는 것으로 사용되지 않았다(비교. 7, 1과 해당 주석). 여기서 나의 몸(육)은 단순히 "나"를 의미한다(참조. Bultmann, *E.&.F.*, 156). 바울로가 외적 어려움들을 생각했기 때문에 몸(육)이라는 말을 썼다는 견해는 "……안에는 두려움이 있었읍니다"라는 말을 고려할 때 불가능하다. 그는 전혀 쉬지 못했다. 반대로 우리는 온갖 종류의(ἐν παντί를 번역한 것이다) 환난을 당했읍니다(바울로는 한정동사가 아니라 분사를 사용했다. "우리는 조금도 몸을 쉬지 못했읍니다"라는 말 뒤에 남성 복수형 분사를 쓴 것은 엄격히 말하자면 파격적인 구문이다. 그러나 "우리는"뿐만 아니라 "우리가 이르렀다"와 연결되는 것을 쉽게 느낌으로 알 수 있다. 참조. 5, 12 그리고 *B.D.* §468 ; *M.* iii. 343 ; Robertson, 439, 1135). 1장 4절과 비교하라. 환난이 (여전히 아주 정확하지는 않지만) 보다 구체적으로 얘기된다. 밖에는 싸움이 있었고, 그리스도교인이건 비그리스도교인이건 바울로는 적대자들과 많이 싸웠던 것 같다. 안에는 두려움이 있었읍니다. 아마도 많은 돈을 지니고 다니며(참조. 이 책 134면) 너무 오래 지체하고 있는 디도에 대한 걱정과 고린토에서의 활동이 성공하기를 바라는 마음. 복수형을 사용한 것에 대해서는 Xenophon,

Hiero vi. 5를 참조하라. 빈디쉬는 다른 귀절들을 인용하면서 이 용법이 고전적인 것임을 보여준다.

[6] 환난에 대해서 보다 상세하게 기술할 필요는 없었다. 왜냐하면 이제 환난은 끝났기 때문이다. "근심에 눌린 사람"(τοὺς ταπεινούς: 바울로는 그리스도교적 겸손의 덕이 아니라 "굴욕당함"이라는 의미로 이 말과 같은 어원의 말들을 쓰는 그리이스적 용법을 자주 보여준다—9, 7 ; 12, 21 ; 로마 12, 16 ; 필립 3, 21. 참조. 이사 49, 13)을 위로하시는 분, 하느님 자신께서(요점을 분명히 하기 위해서 좀 뒤에 나온 동격의 주어이다) 디도가 돌아온 것을 통하여(혹은 "돌아왔을 때." 그러나 바울로는 여기서 도구적인 의미로도 생각하고 있다) 우리를 위로해주셨읍니다. 이것은 바울로가 바라던 바였다. 그는 이제 동료와 함께 있게 되었다. 그리고 고린토교회와도 거의 직접적인 접촉을 가지게 되었다. 이 두 가지 점이 다음 귀절에 표현된다.

[7] 바울로는 그가 돌아왔다는 것만이 아니라 —이로써 한 동료가 바울로에게 안전하고 건강한 상태로 돌아온 것이다— 그가 여러분에게서 받은 위로를 통해 위로를 받았다. 디도는 틀림없이 고린토교회에 대한 바울로의 근심을 함께 나누었고, 바울로의 자랑에도(14절) 불구하고 그가 고린토에서 어떤 일을 보게 될지, 그리고 어떤 대접을 받을지에 대해서 의심했음이 분명하다. 그러나 그는 위로를 받았다(아마도 어느 정도로는 그가 상황을 잘못 파악했기 때문에 위로를 받았을 것이다 : 참조. 이 책 서론 31—32면). 상황은 그렇게 나쁘지 않았고, 고린토인들은 그가 두려워했던 것만큼 대단한 잘못에 빠져 있지도 않았다. 바울로는 이러한 보고를 받았고, 당연히 그도 위로를 받았다. 디도는 생각했던 것보다 더 좋은 대우를 받았고, 그러므로 고린토인들도 생각했던 것보다 더 좋은 그리스도교인들임에 틀림없다. 바울로와 디도가 두려워했던 것이 정확히 무엇이며, 디도가 어떻게 위로를 받았는지에 대해서는 다음 절들로부터 추론해야 한다. 여러분이 우리를(이 말은 그리이스어 원문에 첨가된 것이다. 왜냐하면 이 말이 없으면 영어로는 좋지 않은 문장이 되기 때문이다. 이하를 참조하라) 사모하고, 마음 아프게 잘못을 느끼고, 또 나를 열심으로 변호한다는 소식을 전해 들었을 때(한정동사가 아니라 분사 ἀναγγέλλων: 참조. 5, 12 ; 9, 11) 나는 더욱 더 기뻤읍니다. 이 문맥에서 "사모하다"는 고린토인들이 바울로를 직접 만나기를 의미할 수 있을 뿐이다. 바울로는 고린토를 방문할 수 있었을 때(2, 1) 스스로 방문하는 것을 삼가

고 디도를 보냈다. 그들은 이제 바울로 자신을 만나기를 원한다. "마음 아프게 잘못을 느끼다"는 분명하지는 않지만 아마도 바울로가 오지 않은 것에 대해서뿐만 아니라 그가 떨어져 있는 것이 좋다고 생각하는 데 대한 유감스러움을 포함할 것이다. 이것은 반드시 과거의 죄에 대한 슬픔을 뜻하지는 않는다(참조. 이하). 바울로는 그의 두번째 방문 때에 있었던 불행한 사건 때문에 오는 것을 포기했었다(참조. 1,23). 다른 방문 선교자들은 바울로를 공격했고, 고린토인들은 그의 편을 들지 않았거나, 혹은 그의 편을 들은 것으로 보이지 않는다. 그들은 이제 "우리를 위하여 열심을" 보여주었다(디도가 이렇게 보고했다). 이것은 바울로가 불행한 과거를 잊을 수 있었고, 고린토인들에 대해서 미온적으로가 아니라 확신에 차서 미래를 기대할 수 있었다(참조. 16절)는 것을 의미한다—그래서 "나는 더욱 더 기뻤읍니다." 아마도 '고린토인들의 잘못에 대해 마음아파하기보다는 오히려 기뻐했읍니다.' 구지와 빈디쉬가 이렇게 본다.

〔 8 〕 바울로는 어려운 상황을 타개하는 데 자신이 올바른 태도를 취했는지 확신이 서지 않았으므로 그 기쁨은 더욱 컸다. 그는 한 편지를 썼다(아마도 디도가 그것을 전해주었을 것이다 : 참조. "Titus", 10). 그리고 그는 그 편지를 보낸 것을 후회했다. 고린토인들이 그것을 읽으면 그들은 마음아파할 것이다. 그러나 그 고통은 일시적인 것이고 좋은 것이다. 그래서 결국 바울로는 자신이 편지를 쓴 데 대해서 후회하지 않게 되었다. 논리적으로는 이처럼 분명하지만 8절b의 언어는 매우 혼란되어 있다. 아마도 이 혼란은 바울로의 당황함을 반영할 것이다. 첫 문장은 구조상 간단하다. 내가 보낸 그 편지가 여러분을 마음아프게 했더라도 나는 그것을 후회하지 않습니다. 앞으로 드러나겠지만 그 결과는 궁극적으로 선하기 때문이다. 그러나 그 편지는 어떤 것이었는가? 어떤 학자들은 그 편지가 고린토전서였으리라고 생각한다. 그러나 우리가 알고 있는 몇 가지 사실들에 비추어 볼 때 이렇게 생각하기는 힘들다. 고린토전서가 고린토인들의 마음을 아프게 했겠는가? 어쩌면 그랬을 수도 있다. 그러나 이러한 마음아픔이 가장 두드러진 반응이었다고 볼 수 있을 정도는 아니었을 것이다. 바울로는 잘못을 범한 사람 때문에 이 편지를 쓰지는 않았으며, 잘못을 당한 사람 때문에 쓰지도 않았다(12절). 이것은 고린토전서 5장 1절을 암시하는 것으로 이해되어왔다. 그러나 그럴 것같지는 않다(이하를 참조하라). 만일 2장 4절에서도 같은 편지를 언급하고

있는 것이라면(충분히 그럴 수 있다) 바울로는 "큰 괴로움과 걱정에 눌리는 마음으로 많은 눈물을 흘리면서" 이 편지를 썼을 것이다. 이것은 고린토전서에 대한 서술이었으리라고 생각되지 않는다. 그렇다면 "내 편지"는 고린토전서는 아니었을 것이다. 그것은 흔히 '준엄한 편지'로 불리워진다. 이 주석서에서는 채택하지 않았지만 이 편지(준엄한 편지)의 일부를 고린토후서 2장 14절—6장 13절, 7장 2—4절, 10—13장에서 찾아볼 수 있다는 견해에 대해서는 이 책 서론 34—35·38면을 참조하라. 보다 개연성이 있는 것은 이 편지("내 편지")가 분실되었다는 것이다. 편지를 읽고 마음아파했던 고린토인들이 그것을 잃어버렸다는 것이 그다지 이상한 일은 아니다. 바울로는 편지를 쓰고 나서 결국에는 그렇게 한 데 대해 후회하지 않았다. 그는 다음과 같이 직역할 수 있는 문장으로 말을 잇는다: '나는 그 편지가 잠시 동안이라도 여러분을 마음아프게 했다는 것을 알고 후회하기도 했읍니다. 그러나 지금은 기뻐합니다. 그것은 여러분이 마음아파했기 때문이 아니라 여러분이 마음아파 한 것이 여러분을 회개하게끔 인도했기 때문입니다.' 이것은 문법적으로는 불가능한 문장인데 아마도 바울로가 말하고 싶어 했던 것을 부분적으로 반영하는 여러 문장들의 복합체라고 보는 것이 가장 좋을 것이다. 첫째, '나는 그것을 보낸 데 대해 후회하기는 했지만 그 편지가 여러분을 마음아프게 한 것은 단지 잠시 동안일 뿐임을 알았읍니다.' 둘째, '나는 그것을 보낸 데 대해 후회하기는 했지만 그 편지는 여러분을 마음아프게 하여 회개하게끔 인도했다는 것을 알았읍니다.' 세째, '나는 그것을 보낸 데 대해 후회하기는 했지만 여러분이 단지 잠시 동안만 마음아파했기 때문에 지금은 기뻐합니다.' 네째, '나는 그것을 보낸 데 대해 후회하기는 했지만 지금은 기뻐합니다. 그것은 여러분이 마음아파했기 때문이 아니라 여러분이 마음아파 한 것이 회개하게끔 인도했기 때문입니다.' 이 문장들은 모두가 동일한 조건절을 가지고 있다: "나는 후회한 일이 있기는 하지만." 첫째와 둘째는 동일한 귀결절, "나는 알았읍니다"를 가지고 있다. 세째와 네째도 동일한 귀결절, "나는 기뻐합니다"를 가지고 있다. 이제 바울로가 머리 속에서 이 문장을 어떻게 생각하고 있었는지를 알 수 있다. 그는 먼저 편지를 쓴 데 대한 후회에서부터 시작한다. 그가 이미 말했듯이 그는 이제는 후회하지 않는다. 이제 그는 디도를 만나서 그 편지의 결과가 어떠했는지를 알게 되었다. 그것은 일시적으로만 마음아프게 했고, 궁극적으로는 회개하게끔 했다. 이것을 알고 그는 이제 기뻐한다. 그가 기뻐하는 것은 그의 편지의 직접적인 결과가 아니라 궁극적인 결과 때문이다. 이것을 염두에 두고, 그의 언어는 물론이고 바울로의 의도까지도 고려한다면 그가 말하고자 했던 바를 다음과 같이 제시할 수 있을 것이다.

[8—9] 나는 내 편지에 대해서 후회한 일이 있기는 하지만 이제는 그 편지가 단지 잠시 동안만 여러분을 마음아프게 했을 뿐이고 여러분을 회게하게끔 인도했다는 것을 압니다. 그리고 이것을 보고 이제는 기뻐합니다. 여러분이 마음아파했기 때문이 아니라 그것이 회개에로 인도되었기 때문입니다. 그리고 그리이스어 문자 하나를 덧붙일 경우 문법적으로는 훨씬 좋지 않은 문장이 되리라는 점을 덧붙여 말해야 할 것이다. 만일 일인칭, 단수, 직설법, 능동태 "나는 본다"(βλέπω)대신 현재분사 능동형 "보고 있는"(βλέπων)이라고 읽어야 한다면 이 문장은 어색하기는 하지만 가능할 것이다: '나는 그 편지가 잠시 동안이라도 여러분을 마음아프게 했다는 것을 알고(seeing) 그것에 대해서 후회했읍니다. 그러나 이제는 기뻐합니다. 그것은 여러분이 마음아파했기 때문이 아니라 여러분이 마음아파함으로써 회개하게 되었다는 것 때문입니다.' D[46] 사본에서는 현재분사로 읽었고(그리이스어 사본으로서는 유일하게 이렇게 읽었다) 불가타역에서도 그렇게 가정했다. 그리고 옛 라틴 사본들에서도 현재분사형이 사용된다. 이것이 본래의 본문이고, "나는 알기 때문입니다"(βλέπωγάρ)라는 B D* Ambrosiaster의 본문은 우연적으로 훼손된 것이라는 가정(예를 들어 Westcott & Hort & Moffatt)은 설득력이 있다. 그리고 대다수의 사본들에 "우리가 알기 때문입니다"(βλέπω γάρ)로 되어 있는 것은 혼란스러운 문장을 더 좋게 하기 위한 시도라는 가정도 설득력이 있다. 그러나 바울로는 때때로 자신의 문장들을 혼란스럽게 뒤섞어 놓았는데, 아마 가장 난해한 *B D**의 독법이 옳을 것이다. 이 문제에 대해서는 빈디쉬의 보다 상세한 설명을 참조하라.

위에서 지적했던 바와 같이 다행스럽게도 바울로가 무엇을 의미했는지에 대해서는 심각한 의문점이 없다(8—11절의 사상에 대한 논의로는 Barth, *C.D.* IV i, 361—2를 참조하라). 마음아파했던 것은 단지 잠시 동안이었다(πρὸς ὥραν. 갈라 2,5; 필레 15; 참조. 데전 2,17). 그러나 염려되는 바이지만 회개도 마찬가지로 잠시 동안뿐이었다. 이것은 또 다른 문제이다(참조. 이 책 서론 30—31면). 회개 자체가 어떻게 표현되었는지는 11—12절에서 알 수 있다. 여러분이 마음아파한 것은 "하느님의 뜻을 따른 것이었다"(κατὰ θεόν : 참조. 로마 8,27 ; 갈라 1,4)는 말은 이처럼 회개하게끔 인도하는 유익한 마음아픔을 달리 기술한 것이다. 바울로는 계속해서 말한다. 여러분이 마음아파한 것은 하느님의 뜻을 따른 것이므로 여러분이 우리 "때문에"(원인을 나타내는 ἐξ ; *M.* iii. 260) 고통당하는 일은 없읍니다. 리츠만은 종속절이 결과를 나타내는 것이라고 본다 : '여러분이 고통당한 결과로…….' 그러나 "하느님의 뜻"에 대한 언급은 그것을 목적을 나타내는 것으로 다룰 수 있게 한다 : '여러분이 고통당하지 않아야 한다는 것은 하느님의 뜻이었읍니다…….' 바울로는 아직도 자신의 편지에 대해서 생각하고 있다. 만일 그 편지를 보낸 결과, 고린토인들이 분노하고 마음아파하고 낙담했다면 그들은 상처를 받았을 수 있다. 그러나 사실은 그렇지 않았다. 결과는 좋았다.

[10] 하느님의 뜻을 따르는 근심은 구원에 이르는 회개를 가져오기 때문에 후회할 것이 없읍니다. "후회할 것이 없읍니다"(ἀμεταμέλητον)는 '회개'(Lietzmann와 Héring)나 혹은 '구원'(Schlatter)에 적용될 수 있을 것이다. 또는 둘 다에 적용되거나 아니면 구원에로 향하는 회개라는 복합적인 사상에 적용될 수 있을 것이다. 불트만(*Exeg.*, 402)은 이 곳과 어쩌면 12장 21절에서만 바울로가 그리스도교인의 회개에 대해서 말한다고 지적하며, 컴멜은 회개가 바울로의 사상에서 그다지 중요하지 않다고 관찰한다. 여기서 회개는 구원의 길의 기본적인 한 요소라기보다는 구원의 길로부터 벗어난 후에 다시 그 길로 돌아오는 것이다. 빈디쉬는 바울로가 회개에 대해서 왜 거의 말하지 않는가를 물은 다음 회개라는 개념은 헬레니즘적 주지주의의 색채가 짙고, 바울로가 구원에 있어서의 하느님의 행위에 비중을 두고자 했던 만큼 거기에 비중을 두지 못하기 때문이었다고 대답하는데 이것은 옳은 생각이다. '구원'에 대해서는 로마서 13장 11절과 해당 주석을 참조하라. 바울로는 여기서 주제를 발전시키지 않으며, 고린토인들이 회개함으로써 나타난 실제적인 결과를 표현하기 전에 그 반대의 현상을 지적한다. 그러나 세상 근심(참조. 9절b—"해를 끼치는 근심")은 분노나 혹은 그와 비슷한 감정을 일으킴으로써 죽음을 가져옵니다. 왜냐하면 죄의 댓가는 죽음이기 때문이다(로마 6,23).

[11] 11절 서두의 γάρ는 10절a의 신적인 근심을 소급하여 지시한다. 보시오(ἰδού는 말해진 것을 강조하기 위한 것이다 : 참조. 5,17 ; 6,2·9 ; 12,14)! 하느님의 뜻을 따른 근심이 얼마나 여러분

에게(그들은 이제 문제를 심각하게 받아들이기 시작했다) 진심을 불러 일으켰으며(고발에 맞서서) "변호하게 했으며"(ἀπολογίαν 법률 용어) 추측컨대 바울로를 공격한 사람에 대해서 의분을 느끼게 했으며 나에 대해서 두려워하게 했으며, (나를 보기를 : 참조. 7절) 사모하게 했으며, 열심을 내게 했으며(참조. 7절) 공격자에 대해서 불의를 징벌하게 했읍니까? 이 번역은 아마도 이 귀절의 수사학적 표현을 충분히 나타내지 못했을 것이다. "～뿐만 아니라 ～도"를 나타내는 "그러나"(ἀλλά: 강조하는 이 말의 효과에 대해서는 고린토전서 3장 2절과 Robertson, 1185 ; *B.D.* §448.6을 참조하라)가 첫째 명사 다음부터 각각의 명사 앞에 반복해서 나온다 : "열심도 그렇고, 변호도 그렇고, 의분을 느끼는 것도……" 라는 식의 번역은 아마 지나친 번역일 것이다. Epictetus Ⅲ ix. 10, IV xi. 19 (Lietzmann)에는 이만큼 광범위하지는 못하지만 병행구들이 나타난다. "진심"(earnestness, σπουδή)은 만일 이 귀절 뒤에 "열심"(zeal) 이라는 말이 (아마도 보다 인격적인 의미로) 나오지 않았다면 "열심" 이라고 번역되었을 것이다. 이것은 바울로의 편지를 읽기 전까지는 고린토 사람들은 문제의 심각성을 파악하지 못했다는 것을 나타낸다. 그들은 이제 자신들을 변호하며(그들이 자신에 대해서 존경심을 표하지 않았다는 바울로의 비난에 대한 변호일까?), "불의를 징벌하려" (ἐκδίκησις) 한다. 이것은 어떠한 비난을 면하려는 욕구에서 비롯된 것이며, 거의 반격에 해당하는 것이다. 따라서 고린토인들은 자신들의 결백을 입증하기 시작한다. 나아가서 그들은 입증하는 데 성공했다 : 여러분은 그 모든 일에 있어서 결백"했다는"(εἶναι: 바흐만과 알로는 이것이 실제로 현재 시제를 나타내는 말이라고 본다 : '전에는 잘못이 있었지만 지금은 잘못이 없읍니다') 것을 보여주었읍니다. "보여주었읍니다"라는 동사는 이 서신에서 종종 '추천하다'(3, 1 ; 4, 2 ; 5, 12 ; 6, 4 ; 10, 12·18 ; 12, 11)를 의미한다. 그러나 이것은 동시에 '입증하다'(로마 3, 5 ; 5, 8 ; 갈라 2, 18)를 의미할 수도 있으며, 고린토인들은 과거에 일어났던 문제에서 자신들은 "결백했다"(ἁγνοί: 참조. 11, 2. 11장 2절에서는 이 말이 순결한 처녀에 대해서 사용되었다)는 점을 적어도 디도로 하여금 믿게 했다는 문맥으로부터 볼 때 "입증하다"를 의미함이 분명하다. "The Injury", 153—154을 참조하라. 이것은 고린토인들이 회개한 것(9—10절)은 그들 자신이 범한 잘못 때문이 아니라 다른 사람이 범한 잘못을 그들이 무관심하게 내버려두었기 때문임을 보여준다. 이 점에 대해서는 다음 귀절에서 확신있게 서술된다. '고린토인들은 그들이 편한 대로 행동했기 때문에 잘못된 일에 관련된 것 처럼 보일 수는 있었지만 결코 그들 자신이 잘못을 범하지는 않았다는 데 대한 분명하고도, 진심에서 우러난 증거를 보여주었다' (Calvin).

[12] 그러므로 내가 여러분에게 편지한 것은 남에게 불의를 행한 사람 때문이거나 불의를 당한 사람 때문이 아닙니다. 어느 누구의 이름도 나와 있지 않으며, 그 잘못이 어떤 것인지에 대해서도 기술되지 않았다. 이 문제에 관한 보다 상세한 논의는 "The Injury"를 참조하라. 그것은 두 쌍의 가설에 의해 역설적으로 설명될 것이다.

1. (ㄱ) 공격자는 고린토교회와 긴밀한 관계에 있었고, 실제로 대개는 그 교회의 구성원으로 생각되었다(예를 들어 Kümmel, *Introduction*, 208에서 그렇게 가정한다).
   (ㄴ) 고린토인들은 그 문제에 있어서 결백했다(11절).
2. (ㄱ) 바울로의 '준엄한 편지'는 회개를 불러일으켰다.
   (ㄴ) 고린토인들은 그 문제에 있어서 결백했다(11절).

'이 문제에 대해서는 단 한 가지의 해결책만이 있는 것으로 보인다. 잘못을 범한 사람은 고린토교회와 긴밀한 관계에 있었으나 그 자신이 고린토인은 아니었다. 그는 고린토를 방문한 자로서 스스로 가지고 있는 것보다 우월한 권리를 주장하면서 사도의 위치에 도전하고 사도의 권위를 하찮게 여김으로써 그의 인격에 상처를 입히고 모독했던 것이다. 엄격히 말해서 그는 고린토인이 아니었다. 따라서 그는 결백하지 않았지만 고린토인들은 결백했을 것이다. 확실히 그들은 결백했다. 그러나 그들은 열심과 진심을 가지고 바울로의 편을 들어야 마땅했음에도 불구하고 그렇게 하지 않았다. 그리고 그들은 이에 대해서 회개했다' ("The Injury," 155에서 사용했던 그리이스어 단어를 여기서 생략하거나 번역했다는 점을 제외하면 본문 그대로 인용한 것이다). 이 결론은 '준엄한 편지'에 대한 2장과 7장의 증거들과 잘 맞아떨어진다. 바울로는 다음과 같이 기술한 바 있다(2,3). "내가 기쁘면 여러분도 다같이 기뻐할 것을 확신합니다." 그는 눈물을 흘리며 편지를 썼지만 그것은 "내가 얼마나 여러분을 극진히 사랑하고 있는가를 여러분에게 알려주기 위한" 것이었다고 말한다(2,4). (바울로의 말대로라면) 그가 받은 상처는 그다지 심각할 것까지 없다. 위험은 교회나 혹은 실질적으로 교회의 일부가 상처를 받게 되는 데 있다(2,5). 7장은 바울로가 고린토인들 자신들이 침입자의 행동과 어느 정도로 관련되어 있었는지를 잘 알지 못했다는 것을 보여준다. 그렇다면 그가 너무 심한 편지를 썼던 것인가? 그들은 자신들의 결백함에 상처를 입음으로 해서 그로부터 더욱 멀어질 것인가? 그렇지는 않았다. 그들은 그 편지를 오해없이 받아들였고, 그의 확신도 참된 것으로 드러났다(14절). 편지는 그들을 마음아프게 했다. 그러나 그것은 그들에게 상처를 줌으로써 좋은 결과를 가져왔다. 그들은 자신들이 바울로에게 적대적인 침입자의 말에 귀를 기울인 데 대해 회개했다. '그들은 이제 "내게 대한 열심"(7절)을 보여주었다. ……12절은 "불의를 행한 사람"(침입자)도, "불의를 당한 사람"(바울로)도 일반적인 의미에서 고린토교회의 구성원이 아니었다는 점을 파악할 때, 보다 분명하게 드러난다. 어쩔 수 없이 그들은 그 편지에서 중요한 부분을 차지했으며, 그 때문에 그 편지는 잘못 이해될 수 있었다. 바울로의 실제 목적은 이 떠돌아다니는 사람들이나 자기 자신, 혹은 다른 어떤 사람에게 있었던 것이 아니라 그가 디도에게 자랑했던 한 지역 교회에 있었다' ("The Injury", 156에 인용된 그리이스어를 번역해서 쓴 것이다).

잘못과 그 잘못을 범한 사건에 대해서는 더 정확하게 기술할 수 없다. 흔히 사람들은 바울로가 여기서도 고린토전서 5장 1절에서 언급했던 "음행"에 대해 말하고 있다고 생각했다. 그러나 이제 이 견해는 일반적으로 받아들여지지 않는다. 바울로가 고린토전서 5장 2—5절을 쓴 다음에 그 사건은 단순히 해결되었다고 만족했으리라고는 생각되지 않는다. 또 다른 제안은 "불의를 행하다"(ἀδικεῖν)라는 동사에 충분한 법적 의미를 부여해야 한다는 것이다. 고린토전서 6장의 가르침을 무시하고 어떤 한 그리스도교인이 교회의 다른 동료에 대해서 법적인 행동을 취했다는 것이다. 예를 들어 빈디쉬가 이렇게 본다. 그러나 이러한 한 사건에 의해 바울로의 강한 언어와 계획의 변경을 설명한다는 것은 충분하지 못하다. 바울로가 두번째 방문 때 면전에서 공격을 받았거나, 아니면 그가 없을 때 가령 디모테오와 같은 조력자가 불순종과 항거를 통해 공격을 받았으리라고 가정하는 것이 가장 좋을 것이다. 그의 두번째 방문으로 인한 마음아픔(참조. 2,1와 해당 주석)에 대한 언급들은 아마도 그의 면전에서 공격하는 일이 있었음을 시사한다. 바울로는 이제 그 문제가 해결되기를 바랐다. 그러나 10—13장을 보면 그의 기대가 어긋났음을 알 수 있다. 이 책 서론 30—31면을 참조하라.

바울로는 "남에게 불의를 행한 사람"을 공격하기 위해서나 혹은 "불의를 당한 사람"(디모테오일 수도 있지만 아마도 그 자신)을 변호하기 위해서 편지를 쓰지 않았다. 오히려 우리를 위한 여러분의 열성이 (11절에서와 같다 : 슐라터는 대명사를 뒤바꾸는 변형된 독법을 받아들인다—"여러분을 위한 우리의 열성") 밝히 나타나게 하려는 것이었읍니다. 사실상 목적절인 이 절은(Moule, *Idiom*, 83) 특이한 방식으로 표현되었다(ἕνεκεν 뒤에 관사가 붙은 부정사의 속격이 뒤따른다). 이것은 비슷한 구문들로 이루어져 있다. 'X를 위해서도 아니고 Y를 위해서도 아니며, ~이 나타나게 하기 위한 것입니다……' (*B.D.* §403 ; *M.* iii. 144). 바울로가, 고린토인들의 "열성"이 여러분 자신들에게 "밝히 나타나기를" 원했다는 것은 중요하다. 그들로 하여금 자신들이 사도에게 얼마나 빚을 지고 있고, 사도에게 근본적으로 충성을 바쳐야 하는가를 알 수 있게 하기 위해서는 그의 편지와 같은 자극이 필요했다. 이것은 단순히 심리적인 반응에 불과하지는 않았다. 그들의 "열성"은 그만이 홀로 공정한 심판관인 하느님 앞에서 밝히 드러나야 했다. '이 귀절은 물론 바울로가 그의 준엄한 편지를 쓴 목적에 대해서가 아니라 실제로 이 편지가 기여하고, 또 하느님이 그렇게 되기를 원했던 목적에 대해서 기술하고 있다' (Goudge).

[13] (우리들로서는 알 수 없는) 과거에 대한 이러한 서술에 뒤이어 바울로는 현재에 대한 서술로 돌아간다. 그래서 우리는 위로를 받았읍니다. —위로를 받았고 지금도 받고 있읍니다(이것이 그리이스어 완료형의 의미이다)— 여기서 바울로는 디도와 협력하기를 간절히 원하고 있다. 그리고 우리가 위로를 받는 가운데 고린토인들의 태도에 의해 분명히 매우 좋은 인상을 받았던 디도의 기쁨이 이에 겹쳐서(바울로는 단어를 많이 나열하고 있는데 영어로는 어딘가 서투른 문장이 될 수밖에 없다 : περισσοτέρως μᾶλλον: 참조. *B.D.* §246 ; *M.* iii. 29) 우리를 더욱 기쁘게 했읍니다. 그의 영이("영"이라는 말을 이처럼 '비신학적'으로 사용한 데 대해서 2,13 ; 17,1과 해당 주석 참조) 여러분 모두로부터 환대를 받아 유쾌한 마음으로 쉬었기 때문입니다(참조. 고전 16,18. 여기서도 역시 "영"이라는 말이 사용되었다. 필레몬서 7절에서는 의미상 "영"과 아무 차이 없이 "속"[창자]이라는 말이 사용되었다). 후에 일어난 일들은 디도가 상황을 잘못 판단했고 (참조. 이 책 308—310면). 자신의 고린토 방문이 고무적이고 바람직한 일이라고 생각했음을 보여준다.

[14] 디도의 이러한 경험은 바울로에게까지 전해졌다. 왜냐하면 그것은 그가 디도에게 미리 말했던 것이 사실임을 입증해주었기 때문이다. 내가 디도에게 여러분을 자랑한 일이 있었는데(직역하면 만일 '내가 그에게 여러분에 대해서 어떠한 자랑을 했다면'—그리이스어로는 훌륭한 구문이다: Beyer, 81). 그것이 거짓으로 드러나지 않았으므로 여러분이 나를 실망시키지 않았읍니다. 내가 여러분에게 모든 것을 진실하게 말한 것처럼(직역하면 '우리가 모든 것을 진실하게 여러분에게 말했듯이') 내가 디도에게 말한 자랑도 참된 것으로 드러났기 때문입니다. 1장 17—20절에서 바울로는 자신의 계획과 판단의 성실성과 정확성을 그가 설교하는 복음의 진리와 신실성에 관련시킨다. 후자가 전자에 달려있는 것이 아니라 진리인 복음에 전념한 사람은 실제적인 일에서 부주의하게 되지 않기 때문이다. 바울로가 디도에게 고린토의 그리스도교인들에 대해 자랑을 하고, 그를 고린토에 보냈다는 (사실 디도는 이전에는 고린토를 방문하지 않았다) 점은 주목할 만하다. 고린토전서는 바울로가 고린토인들의 한계를 잘 알고 있었다는 사실을 보여준다. 그러나 전반적으로 바울로는 그들에 대해 확신했으며, 따라서 그들은 근본적으로 선하다고 디도에게 말했다. 사실 "자랑"이라는 말은 어딘가 불분명한 이러한 칭찬 이상의 의미를 시사해준다. 아마도 이보다 더 약한 의미는 아닐 것이다. 이러한 관찰은 디도가 (아마도 '준엄한 편지'를 무기삼아) 스스로 해결할 수 없었던 적대적인 상황을 무마하기 위해 바울로에 의해 보냄을 받았다는 일반적인 견해를 반증하기에 충분하다. 디도의 방문의 주요 목적은 헌금 모금(8,6)을 조직화하기 위한 것이었다. "Titus", 여러 곳을 참조하라.

[15] 그럼에도 불구하고 바울로는 디도로부터 더 좋은 소식을 들어서 기뻐했다. —그 자신을 위해서, 고린토인들을 위해서, 디도를 위해서. 디도는 여러분 모두가(결코 소수의 사람도 바울로에게 저항하지는 않았다) 순종하고, 두렵고 떨리는 마음으로 자기를 영접한 것을 기억하고 그의 심정이(혹은 감정이. 직역하면 '속이': 참조. 6,12와 해당 주석) 여러분을 향하고 있읍니다. 디도가 저항을 진정시켜야 했던 것은 아니다. 그는 큰 환대를 받았고 바울로는 고린토인들이 복종해야 한다고 주장하지 않는다. 그들은 복종하고 있었기 때문이다. 따라서 나는 여러분을 온전히 신뢰($\theta\alpha\rho\rho\tilde{\omega}$: 5장 6·8절에서와 같다. 이것은 아마도 지금의 이 귀절을 소급하여 지시하는 10장 1·2절

에서 밀접하게 관련된 의미이기는 하지만 어딘가 다른 의미로 사용되었다. ἐν에 대해서는 갈라 1, 24 ; 4, 20 ; 필립 1, 30을 참조하라)할 수 있게 된 것을 기뻐합니다. 바울로는 디도의 말을 통해서 고린토인들이 사도의 메시지와 선교를 그 자신이 이해하는 것과 똑같은 방식으로 이해하고 있음을 알고 만족해한다. 경쟁적인 사도에 대해 두려워할 것은 아무 것도 없다(그러나 그리스도교적 신앙과 행동이 왜곡되는 데 대해서 교회를 경고할 필요는 항상 있다). 고린토인들은 복종하고 있으며, 그를 위해 열심이다. 이러한 토대 위에서 헌금과 같은 그리스도교 공동체적 활동이 이루어질 수 있을 것이다.

14. 헌금(1) 8장 1—24절

1 형제들이여, 우리는 마케도니아 여러 교회에 내리신 하느님의 은혜를
여러분에게 알리려고 합니다. 2 그들은 큰 환난 가운데서 시련을 받으면서
도 기쁨과 그들의 밑바닥 가난의 충만함이 (단순한) 마음의 넉넉한 선량함
가운데 흘러넘쳤다는 것을 말하려고 합니다. 3 내가 증언합니다. 그들은 힘
자라는 대로 오히려 힘에 겹게 자진해서 구제했읍니다. 4 그들은 성도들을
위한 구호사업에 있어서 자기들에게도 함께 참여하는 은혜를 나누어달라고
우리에게 간청했던 것입니다. 5 그들은 우리의 기대를 만족시켰을 뿐 아니
라 그 이상으로 하느님의 뜻을 따라 먼저 자신을 주께 바치고 또 우리에게
도 주었읍니다. 6 이런 일이 있기 때문에 우리는 디도가 이미 여러분 가운
데 시작한 이 은혜로운 사업도 역시 완수하라고 그에게 권했던 것입니다. 7
여러분은 모든 것에 풍부합니다. 믿음에 있어서나 말과 지식에 있어서나 모
든 열성과 우리로부터[1] 여러분에 이르는 사랑에 있어서나 여러분은 풍부합
니다. 그러므로 은혜로운 이 사업에도 풍부하기를 바랍니다. 8 이 말은 내
가 명령으로 하는 것이 아닙니다. 다만 다른 사람들의 열성을 여러분들에게
보여줌으로써 여러분의 사랑이 얼마나 진실한가를 확인하려는 것입니다. 9
여러분은 우리 주 예수 그리스도의 은혜를 알고 있읍니다. 그리스도는 부요

1) 이것은 P^{46} B와 소수의 다른 본문들의 독법이다. ℵ C D G와 라틴 사본까지도 포함하여 대다수의 사본들에서는 대명사를 뒤바꾼다. "우리에 대한 여러분의 사랑." 이것이 보다 쉽고 분명한 독법이다. 이 사역에서처럼 덜 일반적인 독법을 선택해야 한다.

하나 여러분을 위하여 가난하게 되셨읍니다. 그것은 그가 가난하게 되심으
로 여러분을 부요하게 하시려는 것입니다. **10** 이 구호사업에 대한 내 충고
는 이렇습니다. 이런 일에 참여하는 것은 여러분에게 유익합니다. 여러분은
이 일을 지난해부터 이미 시작했고 또 자원해서 한 것입니다. **11** 그러므로
이제는 이 일을 완성합시다. 여러분이 자진해서 했으니 여러분의 소유로도
이 일을 완성할 수 있을 것입니다. **12** 여러분이 마음으로 원해서 하는 일이
라면 가진 것에서 얼마를 바치든지 하느님께서 기뻐받으실 것입니다. 하느
님께서는 없는 사람에게서까지 구하시지는 않습니다. **13** 내가 지금 다른 사
람들을 안락하게 하고, 여러분을 괴롭게 하려고 이 일을 권하는 것이 아닙
니다. 서로 균형이 잡히게 하려는 것입니다. **14** 이번에 여러분이 넉넉하게
모금해서 그 사람들의 궁핍을 채워주게 되면 그들의 넉넉한 것이 여러분의
궁핍을 채워줄 때도 올 것입니다. 이리하여 서로 균형이 잡히게 되도록 하
려는 것입니다. **15** 이것은 성서에 "많이 거둔 사람도 남지 않고 적게 거둔
사람도 모자라지 않았다"라고 기록된 것과 같습니다. **16** 여러분에 대하여
같은 열성을 디도에게 주신[2] 하느님께 감사합니다. **17** 그는 우리의 요청을
받아들였을 뿐 아니라 자기 자신의 열성을 따라 자진하여 여러분에게로 간
것입니다. **18** 우리는 그와 함께 형제 한 사람을 보냈읍니다. 이 형제는 복
음 전하는 일에 있어서 모든 교회로부터 칭찬받는 사람입니다. **19** 나아가서
그는 하느님 자신의[3] 영광을 나타내고 우리의 열성을 보이기 위하여 우리와
함께 다니면서 이 은혜로운 사업에 수고하도록 모든 교회에서 택해 세운 사
람입니다. **20** 그를 보내는 것은 우리가 다루는 이 많은 의연금에 대하여 아
무에게서도 비난을 받는 일이 없게 하려는 것입니다. **21** 우리의 목적은 주
님 앞에서뿐만 아니라 사람 앞에서도 일을 바르게 하려는 그것입니다. **22**
그들과 함께 또 한 사람의 형제를 보냅니다. 우리는 모든 일에 있어서 여러
번 그의 열성을 확인했으며 지금 그는 여러분에 대하여 큰 신뢰를 가지고
있느니만큼 더욱 더 열심을 내고 있읍니다. **23** 디도로 말하면 그는 내 동료
요 여러분을 위한 내 동역자입니다. 그리고 그와 같이 가는 다른 형제들로
말하면 그들은 그리스도의 영광을 위하여 보내는 여러 교회의 사자들입니

2) 이것은 현재분사 *διδόντι*를 번역한 것이다. P[46] D G L에서는 단순과거 *δόντι*로 읽혀진다. 이것은 의미가 통하며, 이것이 옳은 것일 수도 있다. 고린토인들이 디도에게 준 좋은 인상에 대해서는 7장 7절을 참조하라. 그러나 아마도 7장 7절이 보다 덜 분명한 현재분사 대신 이 독법을 시사할 것이다.

3) B D* C G L에는 "자신의"가 생략되어서 보다 쉬운 본문을 제공한다. 이것은 받아들이기가 어렵다. 바울로가 *αὐτοῦ*라고 썼다가(받아쓰게 하다가) 이것이 분명치 않음을 깨닫고는 의미를 밝히기 위해서 *τοῦ κυρίου*를 첨가했을 수 있다. 따라서 "하느님 자신의"가 아니라 "그의, 말하자면 하느님의"라고 번역해야 할지도 모른다.

다. 24 그러므로 사랑으로 그들을 대하여 여러분에 대한 우리의 자랑이 사실 그대로라는 것을 그들과 여러 교회 앞에 드러내 보여주기를 바랍니다.

예루살렘의 가난한 성도들을 위한 바울로의 헌금 사업은 틀림없이 50년대 중반에 있어서 그의 중요한 활동의 하나였다. 이것은 로마서 15장 25—32절과 고린토전서 16장 1—4절에도 언급되어 있다. 이 두 귀절들에 대해서는 주석을 참조하라. 갈라디아서 2장 10절과 비교하라. 그러나 놀랍게도 사도행전에서는—11장 27—30절을 잘못 배열된 언급이라고 보지 않는 한—헌금이 단지 우연적으로만 언급될 뿐이다. 일반적인 문제에 대해서는 D. Georgi, *Die Geschichte der Kollekte des Paulus für Jerusalem*(1965) & K.F. Nickle, *The Collection*(1966) ; Bornkamm, *Paulus*(1969), 61—2·107을 참조하라. 세부적인 관찰들은 8장과 9장에 대한 주석에서 이루어질 것이며 이 책 서론 50—54면에 요약되어 있다.

바울로가 고린토인들에 대한 자신의 확신을 말하는 7장의 마지막 귀절들은 헌금을 호소할 좋은 계기를 마련해주지만(알로도 이렇게 본다) 이러한 새로운 주제를 서신의 흐름에 아무런 무리 없이 끌어오기란 상당히 힘들다. 갑작스럽게 문체가 바뀌는 것은 '이 교회에 헌금을 호소하는 것이 바울로로서는 얼마나 어려운 일이었는가' (Lietzmann)를 보여주지만 7장 16절에서 8장 1절로의 이행은 두 개의 다른 서신들이 결합되었음을 보여주지 않는다.

[I] 바울로는 이렇게 시작한다 : **형제들이여**(참조. 1,8 ; 13, 11 ; 고전 1,1에 대한 주석). **우리는 마케도니아 여러 교회에**(아마도 "안에" ; *M.* iii. 264) **내리신 하느님의 은혜를**(χάρις ; 이 말은 다음의 장들에서는 놀랄 만큼 다양한 방식으로 사용되었다—8, 1·4·6·7·9·[16]·19 ; 9, 8·14·[15]를 참조하라. 이것이 하느님과 관련되었을 때에는 언제나 "은혜"로 번역되었다) **여러분에게 "알리려고"**(γνωρίζομεν. 고린토전서 15장 1절에서와 같이 번역되었다. 기본적인 의미는 "우리는 ~가 알게 했다"이다) **합니다.** '고린토인들에게는 여러가지 자극을 가할 필요가 있었지만 마케도니아인들에게는 추천할 필요가 없었다' (Calvin). B.C. 148년 이후부터 마케도니아는 로마의 영토였고, B.C. 27년부터 A.D. 15년, 그리고 다시 A.D. 44년부터는 아카이아 북부에 위치하고, 서쪽으로는 아폴로니아로부터 동쪽으로는 필립비에 이르는, 원로원을 파견할 수 있는 지역이었다. 바울로의 헌금사업에 마케도니아가 참여한 데 대해서는 로마서 15장 26절을 참조하라(참조. 언급들에

대해서는 1, 16 ; 2, 13 ; 7, 5 ; 11, 9 ; 필립 4, 15 ; 데전 1, 7·8 ; 4, 10을 참조). 필립비와 데살로니카는(베레아도 마찬가지다 : 사도 17, 10) 바울로와 긴밀한 관계에 있는 마케도니아의 도시들이었다. 우리는 다음 귀절들로부터 마케도니아교회의 교인들은 가난함에도 불구하고 많은 기부를 했음을 알게 된다. 바울로가 그들에게 주어진 "하느님의 은혜"에 대해서 말할 때 언급하고 있는 것도 이 점이다. "은혜" 자체는 관대함을 의미한다(참조. *Romans*, 76 ;『고린토전서』, 55면). 신학적으로는 죄인으로서 아무런 자격도 없고, 단지 벌을 받아야 마땅한 사람들에게 자유롭게 베푸는 하느님의 관대함을 의미한다(참조. 9절). 바울로는 아마도 첫째, 마케도니아인들의 관대함은 하느님 자신의 관대함임을 의미하거나 둘째, 하느님은 마케도니아인들에게 은혜를 베풀고(참조. 고전 1, 4. 은혜가 이와 같은 의미로 쓰였다) 그 결과 그들을 관대하게 했음을 의미할 것이다. 그러나 그는 이 두 가지 가능성들을 예리하게 구별하려고 하지 않았을 것이다.

[2] 바울로는 마케도니아에 주어진 하느님의 은혜라는 말로 자신이 무엇을 의미했는지 설명하기 시작한다(그러나 여전히 좀 불분명하게 설명한다). **그들은 큰 환난 가운데서**(Barth, *C. D.* Ⅱ ii. 637에서는 이 부분에서 "환난으로부터 나온 변호"를 본다) **시련을 받으면서도**(*δοκιμή*. 13장 3절에서와 다소간 비슷하다 : 2, 9 ; 9, 13 ; 로마 5, 4 ; 필립 2, 22에서와는 다르다) **기쁨과**(슐라터는 고린토인들의 자기중심성으로부터가 아니라 관대함의 결과로 기쁨이 생겨난다고 지적한다) **그들의 "밑바닥"**(*κατὰ βάθους*. 직역하면 "더 깊이" : 참조. Strabo, ix, 419) **가난의 충만함이 (단순한) 마음의 넉넉한 "선량함"**(*ἁπλότης* 로마 12, 8 [주석 참조] ; 고후 9, 11·13 ; 11, 3 ; 골로 3, 22) **"가운데"**(혹은 "안으로." 그러나 대격과 함께 사용되는 *εἰς*는 헬레니즘 시대의 그리이스어에서 때때로 "안에" [in: 여기서는 "가운데"로 번역했다 : 역주]라는 의미로 사용되었다) **흘러넘쳤다**(위에서 "충만함"이라고 번역된 말과 같은 어원의 동사이다)**는 "것"**(*ὅτι*, 이것은 "왜냐하면"으로 번역될 수도 있다)**을 말하려고 합니다**(이 말은 그리이스어 원문에는 없지만 영어의 draw attention to ["알리려고"로 번역되었다 : 역주] 뒤에 필요한 말이기 때문에 첨가한 것이다). 마케도니아 교회가 당한 "환난"은 필립비서 1장 29—30절, 데살로니카전서 1장 6절, 2장 14절, 3장 3—4절, 데살로니카후서 1장 4—10절에 의해 입증된다. "가난"은 아마도 그리스도 교인들의 특징적인 현상이었으며, 박해의 결과였을 것이다. 왜냐하면

마케도니아는 농업과 광업, 목재산업이 융성한, 전체적으로 번영한 지방이었던 것으로 보이기 때문이다(*C.A.H.* x. 403 ; xi. 568). 이것은 비록 플루머(233)가 다음과 같이 기록하고 있더라도 마찬가지이다 : '로마인들은……풍부한 수입원이었던 금광과 은광을 소유했고, 구리와 철의 제련권에 세금을 부과했다. 또한 그들은 소금을 수입하고 배를 만들기 위해 나무를 베는 일은 자신들의 권한으로 보유했다. 마케도니아인들은 자기들의 나라는 마치 갈갈이 찢기고 흩어진 짐승과도 같다고 말했다' (Livy, xlv. 30). 그러나 리비의 이 말은 B.C. 168년에 일어났던 피드나 전쟁 직후의 시기와 관련된다는 점을 지적해야 할 것이다. 지진이 있으리라는 헤링의 제안은 그가 인정하듯이 잘 입증되지 않는다. 아무리 환난이 일어나고 가난해도 그것은 마케도니아인들을 억누른 것이 아니라 그들의 관대한 마음을 불러일으켰다. 그들은 아마도 자신들이 예루살렘의 상황을 알았다고 생각했을 것이다(데전 2, 14). 필립비서에서 바울로는 독자들이 자신있게 보여주었던 관대함에 대해 감사하며(필립 4, 10—20) 데살로니카인들에게는 형제로서의 사랑에 대해서 그들에게 편지를 쓸 필요도 없다고 말한다(데전 4, 9—10). "단순한 마음의 선량함"에 대해서 부세와 그레쓰만(Bousset-Gressmann, 419)은 12족장 유훈서를 인용하면서 그것은 '유다교 윤리의 기본개념'이라고 말한다. 예컨대 다음과 같다. 르우벤 4장 1절, "주님을 두려워하고, 단순한(ἁπλότητι) 마음으로 행하라." 레위기 13장 1절, "네 온 마음으로 너의 주 하느님을 두려워하고 그의 모든 율법을 따라 순결하게(ἁπλότητι) 행하라." 시므온 4장 5절, "단순한(ἁπλότητι) 마음으로 행하라. 그리하면 하느님이 네게 은혜와 영광과 축복을 줄 것이다." 이싸갈 4장 1절과 5장 1절, Reicke, *Diakonie*, 204도 참조하라. 이 말은 여기서와 마찬가지로 "관대함"이라는 의미를 띠는 경향이 있다. 휴즈는 Josephus, *Antiquities* vii. 332와 Tacitus, *Hist.* iii. 86(단순함 : simplicitas)를 인용한다.

여기서 2절을 번역할 때 채택한 동사 "흘러넘치다"는 본래는 단수형(ἐπερίσσευσεν)이지만 주어가 둘인 것으로 되어 있다. 즉 "그들의 기쁨과 밑바닥 가난의 충만함." 여기에는 아무런 문제가 없다. '그리고(καί)에 의해 여러 단어들이 연결되는 경우, 자유로운 동일한 문법규칙이 고전어에서는 물론 신약성서에서도 적용될 수 있다' (*B.D.* § 135). 그러나 이 문장은 다르게 해석될 수도 있다. 즉 '환난의 어려운 시험 가운데서도 기쁨이 흘러넘쳤고, 그들의 밑바닥 가난이 충만했다.……'

그러나 (적어도 이 순간에) 바울로의 관심을 끄는 것은 헌금 모금에 마케도니아인들이 기부하게 만드는 것이었고 이 문장도 그러한 방향으로 끌고나간다.

[3—4] 마케도니아인들의 관대함이 서술된다. **내가 증언합니다**(자연스러운 삽입구이다—*B.D.* §465, 2). **그들은 힘 자라는 대로, 오히려 힘에 겹게**(즉 그들의 상황에서 할 수 있으리라고 기대된 것 이상으로 했다) **자진해서**(즉 바울로로부터 아무 자극을 받지 않고서도. 참조. 17절. 여기서는 같은 말이 디도에 대해 사용되었다) **"구제했읍니다"**(이 동사는 반드시 필요한 보충어는 아니다. 왜냐하면 정형의 주동사가 5절에 나오기 때문이다: "그들은 자신을 주었읍니다." 그러나 보다 의미를 분명하게 하기 위해서는 필요한 말이다). **그들은 성도들을**(1장 1절에서처럼 그리스도교인 전체가 아니라 로마서 15장 25·26·31절, 고린토전서 16장 1절, 고린토후서 9장 1·12절에서와 같이 예루살렘에 있는 가난한 성도들이다—주석을 참조하라) **위한 "구호사업"**(διακονία: 헌금에 대해서 사용한 바울로의 특징적인 말들 중의 하나인 κοινωνία와 같다. 참조. 로마 15, 31과 주석; 고후 9, 1·12·13; Reicke, *Diakonie*, 25. 여기서는 두 단어를 함께 써서 "구호사업의 은혜" [dienende Wohltätigkeit]라고 말한다)**에 있어서 자기들도 함께 참여하는**(혹은 '함께 나누는' κοινωνία: 참조. 9, 13; 로마 15, 26) **은혜를**(χάρις. 여기서는 하느님의 사랑의 행위와는 구별되는 인간의 사랑의 행위이다. 그러나 그것과 비교할 수도 있고, 또 그것을 통해 자극을 받을 수도 있다. 히브리어 ḥesed도 비슷한 방식으로 발전된다. 참조. 의인 라삐 시므온의 유명한 말에 나오는 g[e]miluth ḥ[a]sadim [Aboth i. 2]) **나누어달라고**(이것도 보충어이다: 직역하면 '~라고 간청하며') **우리에게**(참조. 5, 12) **간청했던 것입니다.**

[5] **그들은 우리의 기대를 만족시켰을**(이것도 보충어이다. 3절의 "그들은 구제했읍니다"를 받는 말이며, 5절b의 "그들은 주었읍니다"를 지적한다) **뿐 아니라**(즉 단순히 우리가 기대했던 것뿐만이 아니라. 바울로는 그들이 헌금하기를 바랐다. 그리고 그들은 그렇게 했다) **그 이상으로** (헌금을 하기 전에 무엇보다도 먼저: Robertson, 1152—καὶ ἡμῖν과 함께 등위어구를 이룬다) **하느님의 뜻을 따라 먼저 자신을 주께 바치고, 또 우리에게도 주었읍니다.** 따라서 경제적인 후원은 그리스도인의 헌신 행위이다. 이것은 바울로가 전례적인 언어를 사용할 때 그것을 일상사에서의 그리스도교인의 봉사에 적용시킨

다는, 앞서 말했던 것과는(참조. 이 책 140면 이하) 역을 이룬다. 그들이 성도들을 돕는 제일 첫 단계는 자기 자신을 그리스도께("주" : P⁴⁶에는 하느님으로 되어 있다) 바치는 것이다. 그들은 자신들을 사도에게 바치기도 했다. 그리고 그렇게 하는 것이 하느님의 뜻이었다. 사도로서 바울로의 위치는 역설적인 것이었다(참조. 이 책 59—60·78—79·313—314면 ; *Signs*, 41—4). 그는 자신의 사람들에게 자신을 그들의 신앙의 주가 아니라(1, 24) 그들의 종으로(4, 5) 보이려고 할 뿐이다. 그러나 하느님은 그에게 권위를 주었고(넘어뜨리기 위해서가 아니라 세우기 위해서 : 10, 8 ; 13, 10) 그는 자신을 본보기로 내세웠다(고전 4, 16 ; 11, 1). 동료 그리스도교인들에게 봉사하는 데 있어서 그를 본보기로 받아들이는 데에는 그에게 아무런 의문의 여지가 있을 수 없었다.

[6] 여기서 마케도니아인들은 얼마 전에 고린토인들에게 소개되었던 헌금에 자신들도 참여할 수 있기를 바라고 있다(고전 16, 1—4 : 참조. 해당 주석). 이런 일이 있기 "때문에"(εἰς τό가 결과절을 이끄는 예외적 용례로 사용되었다 : 참조. Roertson, 1003 ; Moule, *Idiom*, 141) 우리는 디도가 이미 여러분 가운데 시작한('고린토에서 시작한'으로 가정해야 한다. 10절에서도 같은 말이 동일한 의미로 사용되고 있으나 다른 때를 언급한다. 주석을 참조하라) 이 은혜로운(χάρις: 참조. 1절에 대한 주석) 사업도 역시(이것은 καί를 번역한 말인데 디도가 고린토교회에서 다른 어떤 일도 완수했다고 생각하지 않는 한 불필요한 말인 것 같다) 완수하라고(이 문장은 ἵνα가 요청의 내용을 이끈다) 그에게 "권했던"(헬레니즘 시대의 그리이스어에서 동사 παρακαλεῖν은 이보다 강한 의미를 자주 지니지 않는다. 12장 18절에서 사용된 동일한 동사의 용법에 주목하고, 8장 17절에서는 같은 어원의 명사의 용법에 주목하라) 것입니다. 아마도 '준엄한 편지'(참조. 이 책 30면)를 전했을 디도는 동시에 헌금과 관계된 일을 맡았다(참조. 이 책 32면의 "Titus").

[7] 여기서 바울로는 그가 고린토인들로 하여금 온 마음을 바쳐서 헌금에 참여하도록 권하기 위한 말들을 잠시 동안 멈춘다. 여러분은 모든 것에(직역하면 '모든 것에 있어서', 혹은 '모든 면에서.' 의미는 고린토전서 1장 5절과 똑같다) 풍부합니다(이 말은 2절에서는 "흘러넘치다"로 번역되었다). 믿음에 있어서나(일종의 선물로서의 믿음에 대해서는 고전 12, 9 ; 13, 2·13과 주석을 참조하라) 말과 지식에 있어서나(참조. 고전 1, 5에 대한 주석) 모든 열성(참조. Betz, *Lukian*, 9 ; '나는 지금 7장 11절에서는 피해야 했던 말을 쓰고 있다')과 우리

로부터 여러분에 이르는 사랑(직역하면 '사랑이 우리에게서 여러분에게로' : 참조. 9, 2과 *M.* iii. 259. 본문에 대해서는 이 책 276면 주 1 참조. Héring: '여러분 가운데 내가 불러일으켰던 사랑')에 있어서나 여러분은 풍부합니다. 그러므로 은혜로운(여기서는 "관대한" 같은 말보다 이 번역이 더 낫다. 왜냐하면 이 번역은 고린토인들이 헌금에 대해 어떠한 태도를 취하건간에 이러한 종류의 봉사가 지식이나 말처럼 하느님의 선물이라는 점을 분명히 해주기 때문이다) 사업에도 "풍부하기를"(여기서는 명령법적인 ἵνα임이 분명한데 이러한 용법은 때때로 이 말이 쓰이지 않은 곳에서도 발견된다 : 참조. Moule, *Idiom*, 144 ; Robertson, 994 ; *M.* i. 179 ; iii. 95 ; Turner, *Insights*, 147 ; *B.D.* § 387. 터너는 여기서 현재형 명령법 περισσεύετε "풍부하기를"가 직설법으로 간주될 수도 있으므로 애매하다는 점을 지적하는데 일리가 있다) 바랍니다.

[8] 이것은 마치 명령처럼 들릴 수도 있다. 그러나 그런 식으로 이해해서는 안 된다. 이 말은 내가 명령으로(참조. 고전 7, 6과 5절에 대해 주석. 바울로는 교회의 독립성을 존중한다— Bachmann) 하는 것이 아닙니다. 다만 다른 사람들(마케도니아인들)의 열성을 여러분들에게 보여줌으로써 여러분의 사랑('내가 부탁한 것을 여러분이 행함으로써 보여주는, 나를 위한 여러분의 사랑. 보다 일반적으로 말하면 그리스도교인으로서의 여러분의 사랑.' 즉 '여러분은 행동으로 사랑합니까, 말로만 사랑합니까?')이 얼마나 진실한가(바울로는 추상명사에 대해서는 중성 형용사를 사용한다 : 참조. 고전 1, 25와 주석. 이 귀절에 대해 *B.D.* § 263. 2 ; *M.* iii. 14 ; G.A. Deissmann, *Bible Studies* [1901], 250을 참조)를 확인하려는 것입니다.

[9] 마케도니아인들은 고린토인들이 그리스도교인으로서 베푸는 사랑이라는 측면에서 자신들이 한 일을 평가할 수 있는 유용한 척도를 제공할 것이다. 그러나 그 이상의 것이 있다. 여러분은 주 예수 그리스도의 "은혜"(이것도 χάρις이다. '관대함'이라는 말은 그럴듯한 번역이지만 '비신학적'이다)를 알고 있읍니다(명령법이 아니라 직설법이다 : '만일 여러분이 그리스도교인이라면 반드시 이것을 알아야 합니다'). 그리스도는 부요하나 여러분을 위하여('여러분을 대신하여' (ὑπὲρ ὑμῶν: 5, 21)가 아니라 신학적으로는 덜 정확한 '여러분 때문에' δι' ὑμᾶς이다) "가난하게 되셨읍니다"(동작의 시작을 나타내는 단순과거이다). 말하자면 '이것이 그에 관해서 여러분이 알고 있는 것이고, 은혜도 이러한 면에서 주어진 것입니다.' 그것은 그가 가난하게

되심으로 여러분을 부요하게 하시려는 것입니다. 의미는 로마서 15장 3절에서와 비슷하다. 그리고 거기서와 마찬가지로 여기서도 그리스도의 이야기는 처음의 예에서처럼 본보기로 사용되었다. 만일 고린토인들이 다른 사람들의 유익을 위하여 스스로 가난해지도록 부탁을 받았다면, 이것은 바로 주님 자신이 행한 일을 하도록 부탁받은 것이다. 비록 "그리스도는 부요하나"(πλούσιος ὢν)라는 말이, 그는 가난해졌을 때에도 어떤 의미에서 여전히 부요하다는 것을 뜻한다고 볼 수 있을지라도 마찬가지이다. 필립비서 2장 6절의 "하느님의 본체이셨으나"(ἐν μορφῇ θεοῦ ὑπάρχων)와 비교하라. 그러나 바호만은 이에 대해 분명하게 반대하며, 고린토인들이 부요하게 된 것은 바로 그리스도가 하늘에서 내린 부요함을 포기했기 때문이라고 주장한다. 이 귀절에서는 —필립비서 2장 6—11절의 그리스도론적 단락보다는 덜하지만— 바울로의 말로부터 현대적인 의미에서의 자기비허적 그리스도론(Kenotic Christology)을 끌어낼 수 있다. 영원한 하느님의 아들은 성육하기 전에 천적인 삶을 살았고, 바울로에게 있어서 이것은 모든 면에서 바람직한 것이었음에 틀림없으며, 부요함이라는 말에 의해 의인적으로 서술될 수 있었다. 여자에게서 나고 율법 아래 있는 것(갈라 4, 4)은 어느 모로 보나 낮아지는 것이었다. 예수는 신적 능력을 모두 빼앗기지 않았다. 바울로는 결코 드러내놓고 예수가 기적들을 행했다고 말하지 않는다. 그러나 바울로는 자기 자신이 그러한 표징들을 행했다고 믿었으므로 예수는 기적들을 행할 수 없었다고 바울로가 생각했다고 보기는 힘들다. 그러나 예수의 지상 생애는 본래 천적인 상황과는 전혀 달랐다. 그것은 십자가의 죽음이라는 절대적이고 적나라한 가난으로 끝났다. 바울로가 여기서 예수가 지상에서 살았던 삶, 즉 새들이나 여우들보다도 편안하지 못했던(마태 8, 20 ; 루가 9, 58) 그의 삶에 대해서 어떤 지식을 전하려는 데 관심을 가지고 있지 않다는 점은 잘 관찰되었다. 그러나 만일 예수가 복음서에 서술된 것과는 전혀 다른 종류의 삶을 산 것으로 알려졌다면, 바울로가 여기서처럼 살 수 없었으리라는 점을 당연히 덧붙여 말해야 할 것이다. 바울로는 '결코 (역사적인) 사건들에 호소하지 않는다. 그것은 그가 그것을 몰랐기 때문이거나 혹은 무시해서가 아니라 그리스도에게 호소하는 것이 가장 능력있고 효과가 크기 때문이었다' (Denney). 그는 "여러분을 부요하게 하기 위하여" 자발적으로 가난을 떠맡았다. 의와 죄의 교체에 대해서는 5장 21절과 비교하라. 그러나 여기서는 5장에서와 같이 신학이 작용하지는 않는다. 리츠만은 루터의 찬송을 인용한다(바하는 크리스마스 오라토리오에서 이 찬송을 적절하게 사용했다).

그는 가난한 모습을 하고 이 땅에 오십니다.
그는 우리를 불쌍히 여기시고,
하늘에서 부요하게 하시며,
사랑하는 자신의 천사들과 같게 하십니다.

물론 루터는 바울로의 사상을 활용하고 있다. 그리스도교인들은 부요하며(참조. 고전 1, 5와 4, 8. 바울로와 마찬가지로 루터도 잘못된 '영광의 신학'을 두려워하고 있다), 앞으로 더욱 부요하게 될 것이다. 이레네우스와 알렉산드리아의 씨릴에 대한 언급에 대해서는 Cerfaux, *Christ*, 133(영어번역판, 169—70)을 참조하라. 필립비의 행전 141도 참조하라 : '그는 크셨으나(*μέγας*) 우리를 위하여 작게(*μικρός*) 되셨습니다.'

바울로가 여기서 (필립비서 2장 6—11절에서 그랬던 것처럼) 그리스도론적 찬가를 인용하고 있다고 볼 만한 확실한 근거는 없는 것 같다. 그러나 마찬가지로 부요함과 가난의 주제가 보다 초기의 몇몇 저자들에 의해 그리스도와 그리스도교인들에게 적용되지 않았다고 볼 만한 근거도 없다. 실제적인 권면을 하는 도중에(로마서 15장과 필립비서 2장에서 그랬듯이) 신학적인 명제를 끌어들이는 것은 바울로에게 있어서 특징적인 것이었다. 이 귀절에서 바울로의 사상이, 내려왔다가 다시 올라가는 구원자에 관한 영지주의적 주제와 어떠한 관련성이 있는가를 묻는 것이 보다 중요하다(참조. Bultmann, *Theol.*, 174 ; :E.T.i 175 ; *E.&F.*, 149). 이 문제는 겉보기에 이 물음이 시사하는 것보다 훨씬 복잡하다. 왜냐하면 잘 알려져 있듯이 이러한 신화가 그리스도교 이전 시대에 존재했었다는 데 대한 분명한 증거가 없기 때문이다. 그러나 이처럼 증거가 없다고 해서 그러한 신화가 존재하지 않았었다고 결론내리는 것은 잘못이다. 이와 같은 귀절들을 씀으로써 바울로는 발전해가는 한 사상, 즉 예수에 대한 원시 그리스도교의 확신이 (바울로가 선재사상을 받아들일 무렵에) 유다교적, 비유다교적 사변과 결합해서 2세기와 그 후에 발전된 신화들을 탄생시킬 때까지는 결코 완성되지 않았을 하나의 상에 기여했다고 보는 것이 가장 좋을 것이다. 바울로가 자신이 기술하고 있는 내용을 역사 속에서 일어난 일로 주장한다는 점에 주목해야 할 것이다.

〔 10 〕 이처럼 기본적인 그리스도교 교리와 그리스도교적 모범을 상기시킨 다음 바울로는 계속해서 말한다. 이 구호사업에 대한 내 충고는 이렇습니다(참조. 고전 7, 25). "이런 일에 참여하는 것"(그리이스어 원문으로는 "이것." 리츠만은 그 의미가 '이 명령이 아니라 이 충고'라고 생각한다)은 여러분에게 유익합니다(참조. 고전 7, 35. 그리고 고린토전서 7장에 나오는 일련의 병행구에 주목하라—명령[7·25], 충고[25], 유익[35]). 여러분들은(만일 Moule, *Idiom*, 124를 따라서 단순한 관계대명사 οἵ 이상의 의미를 οἵτινες에서 볼 경우 "~한 사람들인 여러분들"이다) 이 일을 지난해(이것은 반드시 "일년 전"을 의미하지는 않는다—이하 참조)부터 이미 시작했고(같은 말이 6절에서는 디도에 대해 사용되었다) 또 "자원해서 한 것입니다"(직역하면 '단순히 한 것이 아니라 원해서 했다'). 9장 2절의 주석과 비교하라. 바울로는 가난한 성도들의 궁핍함, 마케도니아인들과 그리스도의 모범, 그리고 마케도니아인들이 그렇게 하기 전에, 디도가 그들에게 오기 전에 이미 고린토인들이 그 일을 했다(참조. 고전 16, 1—4. 이것이 아마도 "시작했다" προενήρξασθε의 의미일 것이다)고 말함으로써, 온 마음을 바쳐서 헌금에 참여할 것을 촉구한다. 고린토인들이 이 일을 시작한 것은 지난해부터였다. "지난해"라는 표현은 바울로가 어떠한 역법(曆法)을 쓰고 있는지를 우리가 알 경우에만 분명해질 수 있다. 그가 어떤 역법을 썼는지에 대해서는 대체로 세 가지 가능성이 있다(빈디쉬와 알로는 보다 여러가지 가능성들을 제시한다). (ㄱ) 1월 1일에 시작되는 로마역법. (ㄴ) 가을부터 시작되는 유다교 역법. (ㄷ) 역시 가을에 시작되는 동방 율리우스 역법. (ㄴ)과 (ㄷ)이 (ㄱ)보다 개연성이 있다. 여기서는 (ㄴ)과 (ㄷ)을 구별할 필요가 없다. 고린토전서는 아마도 54년 초에 씌어졌을 것이다(『고린토전서』, 5면). 그러므로 고린토후서(보다 정확하게 말하자면 고린토후서의 일부)는 54년 10월이 좀 지나서 씌어졌을 것이다. "이미 시작했고"라는 말이 의미하는 바가 고린토인들과 디도에게 있어서 각기 달랐다는 사실을 관찰하는 것은 주석가들이 항상 난점을 느꼈던 이 귀절의 특징을 설명하는 데 있어서 중요하다. "단순히 한 것이 아니라 원해서 했다"는 삽입문으로 보인다(로버트슨에 따르면 무리한 삽입문은 아니다〔425〕. 그러나 좀 뜻밖의 삽입이긴 하다). 확실히 일반적으로 생각하기에는 "원했을 뿐만 아니라 실제로 행했다"라고 말해야 할 것이다. 리츠만은 단지 이렇게 제

안할 수 있었을 뿐이다 : '바울로는 부주의하게 기술하거나 혹은 말했다. 그러나 만일 우리가 그 의미를 여러분들은 (디도의 지도 아래서) 헌금을 시작했을 뿐만 아니라 아무런 자극을 받지 않고도 이미 지난 해부터 스스로 헌금에 참여할 결심을 했었읍니다로 본다면 —이것은 타당한 것 같다— 모든 것이 분명하다' ("Titus", 11). 고린도전서 16장 1—4절은 고린도인들이 헌금에 대한 이야기를 이미 들었고, 먼저 바울로에게 자신들이 어떻게 해야 할지를 물었다는 사실을 보여준다(참조. 해당 주석). 칼빈은 그들의 '자발적인 열광주의'에 대해서 말한다.

〔11—12〕 그러므로 이제는 이 일을 완성합시다(같은 말이 6절에도 나온다). 여러분이 자진해서 했으니 여러분의 소유로도(Xenophon, *Anabasis* IV ii. 23에서와 같은 ἐκ이다. 그러나 ἐκ τοῦ ἔχειν은 특이한 표현이다. *B.D.* §403에 따르면 이것은 12절의 καθὸ ἐὰν ἔχῃ와 같은 말이다. Robertson, 1073—4도 참조하라) 이 일을 완성할 수 있을 것입니다. 여러분이 마음으로 원해서 하는 일이라면 가진 것에서 얼마를 바치든지 하느님께서 기뻐 받으실 것입니다. 하느님께서는 없는 사람에게서까지 구하시지는 않습니다. 직역하면 마지막 문장은 다음과 같다 : '……그것(즉 헌금, 혹은 헌금하는 사람, 마음으로 원함)은 그가 가지지 않은 것에 따라서가 아니라(οὐ καθὸ οὐκ ἔχει) 그가 무엇을 가졌건간에 가진 것에 따라서(καθὸ ἐάν ἔχῃ—가정법과 명령법의 차이에 주목하라 : 참조. Robertson, 967) 받아들여집니다.' 이 원칙에 대해서는 루가복음 12장 47—48절, *Menahoth* xiii. 11과 비교하라. *Menahoth* xiii. 11 : '만일 그가 자신의 마음을 하늘로 향하게 한다면 [무엇보다도 제물에 관련해서] 그가 많이 바치건 적게 바치건 마찬가지이다.'

〔 13 〕 "가진 것"과 "가지지 않은 것"은 보다 깊은 사상을 암시해준다. 내가 지금 다른 사람들을 안락하게(이 말은 2, 13 ; 7, 5에서 사용되었다) 하고 여러분을 괴롭게 하려고(ἵνα에 목적적인 의미를 부여한 것이다. 어떤 학자들은 이것을 명령법적인 것으로 본다. 즉 '다른 사람들을 안락하게 하고 여러분을 괴롭게 하라는 것이' : 참조. Moule, *Idiom*, 145) 이 일을 권하는 것이 아닙니다. (ἵνα를 달리 이해할 수도 있다는 점을 제외하며) 여기까지 문장은 분명하다. 여기서 말하는 내용은 고린도인들과 예루살렘의 가난한 성도들이 서로 처지를 바꾸어야 한다는 것이 아니다. 즉 고린도인들은 가난해지고 예루살렘 성도들은 부요해져야 한다는 뜻이 아니다. 바울로는 이 주제

를 발전시킨다. 그러나 그의 말에 구둣점을 어떻게 찍어야 하는지는 확실치 않다. 두 가지 가능성이 있다. 첫째, 13절 끝에(ἐξ ἰσότητος 뒤에) 마침표를 찍어야 한다. 만일 이렇게 한다면 여러 말들이 보충되어야 한다: '그 의도는 ~이 아니며, 문제는 균형에 기초해서 해결되어야 합니다.' 이 경우에는 바울로가 상당히 많은 부분을 생략한 것이 된다. 그러나 바울로는 쉽게 그 정도는 생략할 수 있었다. 한편 이 경우에는 14절의 새로운 문장이 아무런 연결어 없이 시작하게 된다. 따라서 이 사실은 구둣점을 다르게 찍고, 달리 번역할 필요성을 느끼게 한다. 둘째, '다른 사람들을 안락하게 하고, 여러분을 괴롭게 하려는 것이 아닙니다.'

〔13—14〕 서로 균형이 잡히게 하려는 것입니다. 이번에 여러분이 넉넉하게 모금해서 그 사람들의 궁핍을 채워주게 되면(καὶ) 그들의 넉넉한 것이 여러분의 궁핍을 채워줄 때도 올 것입니다. 이리하여 서로 균형이 잡히게 되도록 하려는(바울로는 여러번 ἵνα를 사용하고 나서 의미상으로는 아무 차이 없이 ὅπως를 쓴다) 것입니다. 두번째 나오는 "균형"(평등)이라는 말은 좀 어색하지만 전혀 불가능하지는 않다. 바울로는 여기서 로마의 15장 27절의 논증을 발전시키고 있지 않다('이방 사람들이 그들에게서 영적인 것을 나누어받았으니 육적인 것으로 그들에게 봉사할 의무가 있읍니다'). 그가 뜻하는 것은 단지 만일 앞으로 고린토인들이 궁핍해졌을 때 예루살렘의 그리스도교인들이 그들보다 형편이 낫다면 그들은 자신들의 이방인 형제들과 함께 나누리라는 것이다. '바울로는 고린토인들이 다른 여러 곳들 중에서 특별히 예루살렘으로부터 영적 양식을 원한다고는 결코 생각하지 않았을 것이다' (Lietzmann).

Georgi, *Kollekte*, 62—6에서는 "균형"(ἰσότης)에 대한 바울로의 말을 전혀 다르게 해석하고 있다. 죠지는 *Quis Rer. Div Her.* 141—206에 나오는 필로의 논의를 지적하면서(빈디쉬도 역시 그것을 언급한다. 덧붙여서 G. Stählin, *T.W.N.T.* iii. 343—56, 특히 355—6을 참조하라) 균형이라는 말은 헬레니즘 철학에서 친숙한 용어였을 뿐만 아니라 신적인 능력이었다고 주장한다. 따라서 바울로가 "균형이 잡히게 하려는 것입니다"(ἐξ ἰσότητος)라고 말했을 때 실제로 그것을 "하느님으로부터"(ἐκ θεοῦ), "은혜로"(ἐκ χάριτος)에 해당하는 말이라는 것이다. 이것은 확실히 겉보기에 어색하기도 하고 반복되는 두 귀절들의 난점을 해결해준다고 그는 주장한다. 이처럼 조화되고, 카리스마적이며, 신비적,

인 특징들에 ("균형"에 대한 위의 이해가 이러한 특징들을 이끈다) 덧붙여서 "의"(δικαιοσύνη)에 대한 관계도 있는데, 바울로는 조화되고 신비적인 요인들을 이것에 종속시킨다는 것이다. 이러한 견해는 물론 설득력이 없다. "균형"은 말 그대로 기본적으로 도덕적인 개념이었다. 필로와 같은 사상가들은 이것을 쉽게 조화와 신비적인 방향으로 인격화시키는 경향이 있었다. 그러나 바울로는 그러한 사상가가 아니었다. 그리고 이 귀절들에서 바울로가 관심을 가지고 있는 것은 공정한 처사이다.

〔 15 〕 실제로 바울로가 호소하고 있는 것은 상식적인 것이며 그리스도교적 자선이다. 덧붙여서 그가 제안하는 것은 성서에서도 말하고 있다. 이것은 **성서에 "많이 거둔**('일반적인 그리이스어 관용구에 따라서' [Robertson, 1202], '바울로적인 사상과 관련시켜서' [Lietzmann] ἔχων을 보충시킨 것이다) **사람도 남지 않고 적게 거둔 사람도 모자라지 않았다"**라고 **기록된 것과 같습니다**(바울로는 어순을 약간 바꾸어서 칠십인역 출애굽기 16장 18절을 인용하고 있다. 이것은 필로에 의해서도 *Quis Rer. Div. Her.* 191에 인용되었다). 그러나 만나 이야기는 각자가 모은 만나의 양이 기적적으로 모두 같았음을 의미하는 반면, 바울로가 뜻한 바는 운이 좋아서 많이 받은 사람도 남는 것을 포기하고, 적게 받은 사람이 그것을 받음으로써 모두가 평등하게(13—14절) 받았고, 또 평등하게 받아야 한다는 것이다. 그는 여기서 자신의 충고(8절)를 권위있게 하기 위해서라기보다는 예증하기 위해서 구약성서를 인용하고 있다. 그러나 그 예증은 자체로서 이미 권위를 가지고 있다.

〔16—17〕 위의 권고로부터 이제 바울로는 6절에서 암시했던 계획에로 되돌아가며, 특별히 열성적인 지원자로 나타난 디도의 역할에 대해 말한다. **여러분에 대하여 같은 "열성"**(σπουδή: 참조. 8절. 즉 '내가 가지고 있는 것과 같은 열성. 방금 앞에서 말한 것과 같은 열성')**을 디도에게 주신**(본문에 대해서는 이 책 277면 주 2 참조) **하느님께 "감사합니다"**(χάρις를 다른 의미로 사용한 것이다 : 참조. 1절에 대한 주석. 그러나 이것은 바울로에게 있어서 관용적인 용법이므로 여기서 별다른 의미를 지니고 있지는 않다). 즉 6절에 따르면 바울로는 디도에게 고린토의 헌금문제를 처리하도록 부탁했다. 그러나 시간이 감에 따라 그에게는 부탁할 필요조차 없음이 드러났다. **그는 우리의 요청**(6절에서 "권하다"로 번역된 말과 같은 어원의 명사)**을 받아들였을 뿐**

아니라(마케도니아인들이 그런 것처럼 : 3절) 자기 자신의 열성을 따라, 헌금사업을 완수하기 위해서 "자진하여"(*σπουδαιότερος*: 직역하면 '보다 열성을 내어.' *B.D.* §244. 2 ; *M.* iii. 30에 따르면 우등 비교급인데 어쩌면 원급의 의미를 지닌 비교급일지도 모른다. 혹은 단순히 "나 스스로 기대했던 것보다 훨씬 열심을 내어") 여러분에게로 간 것입니다. 엄격히 말하자면 디도가 그 자신의 열성이나 남의 요청에 따라서 행동했을 리가 없다. 추측컨대 바울로는 그가 디도에게 부탁을 했고 나중에 그것이 불필요함을 깨달았다고 —디도는 이미 가기를 원하고 있었기 때문이다— 말하고자 했을 것이다. 바울로는 요청한 것이지 결코 명령한 것이 아니다. '자신과 함께 여행하는 사람들을 대할 때에도 그는 결코 주인으로서 행세하지 않았다. 그는 한 사람의 지도자, 즉 자유인들의 한 지도자였다' (Schlatter).

[18] 우리는 그와 함께 형제(즉 형제 그리스도교인 : 참조. 고전 1,1과 주석) 한 사람을 보냈읍니다(거의 편지투의 단순 과거형이다 : "우리는 지금 보냅니다." 편지를 받은 사람의 시점에서 과거시제가 사용되었다). 이 형제는 복음 전하는 일에 있어서 모든 교회로부터 칭찬받는 사람입니다. 즉 그는 복음전도자로서, 복음설교자로서뿐만 아니라 헌금사업과 같은 그리스도교적 사업을 수행하는 사람으로서 복음에 헌신하고 있다는 것이 널리 알려져 있다. 리츠만은(참조. 빈디쉬) 원래의 편지에는 그 형제의 이름이 분명히 나와 있었을 것이며, 그 이유는 "이름조차 말하지 않고 사람을 끌어들이거나 추천하는 일이 단지 예의바르지 못할 뿐만 아니라 절대 그렇게 할 수 없기 때문이다"고 주장한다. 물론 그럴 수도 있다. 그러나 이것은 디도가 모여 있는 회중들 앞에서 아마도 큰 소리로 편지를 읽었을 것이고, 적절한 때에 그들 앞에 그 "형제"가 등장했으리라는 점을 간과한 것이다. 그러나 이것은 다른 편지를 통해 소개받은 세 사람이 이미 고린토에서 활동하고 있었다는 견해(Allo)보다는 더 개연성이 있다. 만일 "형제"라는 말 앞의 관사를 소유대명사에 해당하는 것으로 받아들인다면(참조. Robertson, 770) 난점이 제거될 것이다. 디도는 그 자신의 형제와 동반했다. 그러나 "형제"라는 말은 매우 일반적으로 "그리스도교인"이라는 의미로 사용되므로 이러한 견해는 그다지 설득력이 없다. 만일 원래 본문에 이름이 나와 있었다면 그것을 생략시켰을 만한 별다른 이유가 없는 것 같다. 알로와 헤링, 휴즈, 그리고 또 다른 학자들은 그가 누구인지에 대해서 여러 사람들의 이름을 제시하고 있다.

[19] 그 형제는 단순히 일반적으로 좋은 평판을 받은 것만이 아니었다. 나아가서("~뿐만 아니라"를 의역한 것이다. 이것은 앞 문장과 연결된다) 그는……우리와 함께 다니면서 이 은혜로운(여기서도 1절에서와 같은 의미이다) 사업에 수고하도록(바울로에 의해서가 아니라) 모든 교회에서 택해(단순과거 수동태 분사 χειροτονηθείς. 여기에는 한정동사가 나오리라고 생각되었을 것이다: 참조. 5,12; 7,7; Radermacher, 167; *B.D.* §468.1) 세운 사람입니다. 이 사람은 아마도 마케도니아의 교회들로부터 그들의 대표자로 택함을 받았을 것이다. 그는 아마도 사도행전 20장 4절에서 언급된 집단의 한 사람이었을 것이다: 베레아 사람 소바드로, 데살로니카 사람 아리스다르코. χειροτονεῖν("택해 세운")이라는 말은 손으로 가리켜서 선택하는 것을 의미한다. 그러나 이 말(χειροτονεῖν)은 안수와는 아무 관련이 없다. 이렇게 택해 세운 것은 하느님 자신의(그 형제는 하느님을 위해서 일할 것이다. 본문과 번역에 대해서는 이 책 277면 주 3을 참조) 영광을 나타내고, 우리의 열성을 보이기 위하여였고 우리의 열성적인 뜻과 일치한 것이었다. (컴멜은 이러한 번역은 거의 불가능하다고 보고 다음과 같이 번역한다: '그렇게 택해 세운 것은 하느님의 영광을 위해서였고, 그것은 우리들의 열성을 증가시켰다'). 실제로 이것은 그가 재정적인 면에서 헌금문제를 처리하는 데 대해 어떠한 비난도 하지 못하도록 사전에 방지하기 위하여 바울로가 취한(20절) 조처이다. 그가 조심한 것은 아무 소용이 없었다(참조. 12,16 이하). 그러나 그는 최선을 다하고 있다.

[20—21] 그를 보내는 것은 우리가 다루는 이 많은 의연금에 대하여 아무에게서도 비난을 받는 일이 "없게 하려는"(이 말은 18절의 "우리는 보냈읍니다" συνεπέμψαμεν에 연결시키지 않는 한 분사 στελλόμενοι는 파격구문을 이룬다: Robertson, 431, 1134; *B.D.* §468.1; *M.* iii. 343) 것입니다. 바울로는 아마도 자신이 부유해지려고 선교활동을 한다는 비난을 피하기가 힘들었을 것이다. 복음전도자들은 대개가 이러한 비난을 면하지 못했다. 15절에서와 마찬가지로 여기서도 바울로는 자신의 행동을 확고히 하기 위해 성서에 호소한다. 우리의 목적은 주님 앞에서뿐만 아니라 사람 앞에서도 일을 바르게 하려는(이 동사에 대해서는 Xenophon, *Cyropaedia* IV i. 6을 참조하라) 그것입니다. 바울로는 이것을 하나의 인용문으로서 말하고 있지는 않다. 그러나 잠언 3장 4절(칠십인역)을 사용하고 있음은 분명하다: '주님과 사람들로부터 좋은 평판을 받도록 노력하라'(비교. 로마 12,17). 오직 주의 심판만이

중요한 것임은 사실이다(고전 4, 4). 그러나 불명예스러운 평판은 복음 사업을 방해할 것이다(비교. 고전 10, 32). 이 말의 실제적이고 신학적인 중요성에 대한 칼빈의 언급을 참조하라.

[22] 바울로는 이미 또 한번 본론에서 벗어난 바 있다. 그리고 이제 다시(참조. 16·18절) 실제적인 문제에로 돌아온다. **그들(디도와 한 형제)과 함께** (18절에서처럼) **또 한 사람의 형제**(여기서도 이름이 언급되지 않았다 : 참조. 18절에 대한 주석)**를 보냅니다. 우리는 모든 일에 있어서 여러 번 그의 열성을 "확인했으며"**(ἐδοκιμάσαμεν: 참조. 예를 들어 로마 12, 2 ; 고전 16, 3). **지금 그는 여러분에 대하여 큰 신뢰를 가지고 있느니만큼 더욱 더 열심을 내고 있읍니다.** "그는 여러분에 대하여 큰 신뢰를 가지고 있느니 만큼"은 "내가 여러분에게 큰 신뢰를 가지고 있느니 만큼"이라고 읽을 수도 있다(왜냐하면 그리이스어 원문에는 소유대명사가 없기 때문이다). 만일 그렇게 읽는다면 그것은 "우리는 보냅니다"와 함께 부사구로 보아야 할 것이다.

[23] 바울로의 동료들은 모두가 어떠한 시험이든 견뎌낼 것이다. **디도로 말하면**(직역하면 "디도에 관해서라면"—περί의 의미로 쓰인 ὑπέρ. *B.D.* § 231, 1—Titus) **그는 내 동료요, 여러분을 위한 내 동역자입니다. 그리고 그와 같이 가는 다른 형제들로 말하면**(그런데 여기서 바울로는 전치사 ὑπέρ와 그것이 지배하는 속격을 쓰는 것을 잊어버리고, 단순히 주격을 썼다. '만일 우리 형제들에 관해서 묻는다면'이라고 번역할 수도 있을 것이다. 그러나 반드시 그렇게 귀에 거슬리는 문장으로 번역할 필요는 없다) **그들은 그리스도의 영광을 위하여 보내는 "여러 교회의"**(ἐκκλησιῶν에는 관사가 없는데 그것은 "사자들" ἀπόστολοι와 함께 쓰일 때는 반드시 관사를 쓰지 않기 때문이다) **사자들입니다.** 우리는 어떤 교회들을 말하고 있는지 알지 못한다. 그러나 위의 19절에 대한 주석에서와 비슷하게 추측할 수 있을 것이다. 사도와 형제들은 같은 위치에 있지 않다. 디도는 바울로가 이끌었던 선교활동의 동역자들이자 바울로가 편지를 쓰는 데도 동참했던 디모테오와 실루아노를 포함하는 소규모 집단의 한 사람이었다. "형제들은" "여러 교회의 사자들", 곧 사도들(ἀπόστολοι)이다. 그러나 바울로가 사도인 것과는 다른 의미에서 사도들이다. 바울로는 어떠한 인간적인 권위를 통해서도 선택받지 않았고, "하느님의 뜻에 의한 그리스도 예수의 사도"이다(1, 1 ; 비교. 갈라 1, 1). 그러나 "사도"라는 말은 바울로의 시대 이후부터 지니게 되었던 전문적인 의미를 아직 바울로

의 시대 당시에는 지니지 못했다. 이 말의 일반적인 의미는 "대리자"였고, 여기에 "선교자"라는 의미를 부여한 것은 누구보다도 바울로 자신이었다. 그 "형제들"은 현대적인 의미의 목회자나 선교자로서가 아니라 헌금사업을 수행하는 사람들로서 여러 교회들로부터 선택받았다. 그러한 사람들로서 그들은 자신들을 세운 사람들이 자신들에게 위임한 권위를 행사했다. 원시 그리스도교의 사도직에 대해서는 *Signs*, 23—81과 거기서 언급된 문헌들을 참조하라. 이 사람들은 준(subordinate) 사도들이었으며, 헌금운동의 재정적인 면을 관리하는 지역교회의 대리인들이었다. 그러나 그들은 "그리스도의 영광을 위한" 사람들이다. 왜냐하면 그들은 자신들에게 맡겨진 사랑과 봉사의 활동을 성실하게 수행하고 있기 때문이다.

[24] 그러므로 사랑으로 그들을 대하여 여러분에 대한 우리의 자랑이 사실 그대로(이 말은 문장을 분명하게 하기 위해서 첨가해야 했다)라는 것을 그들과 여러 교회 앞에(직역하면 '여러 교회의 면전에서') 드러내 보여주기를 바랍니다. "여러 교회 앞에"는 "우리가 한 자랑"에 연결시킬 수도 있다. 그러나 그리이스어 원문에서는 "여러 교회 앞에" 바로 뒤에 "드러내 보여주다"가 나온다. 따라서 그것은 "드러내 보여주다"와 연결시켜야 할 것이다. "드러내 보여주다"는 그리이스어 원문에는 명령형이 아니라 분사이다(ἐνδεικνύμενοι : 많은 사본들에 ἐνδείξασθε [명령형]로 되어 있다. 그러나 보다 난해한 독법을 채택해야 할 것이다). 분사의 명령법적 용법에 대해서는 *Romans*, 239 이하를 참조하라. 그러나 이 귀절은 거기에 제시된 설명으로 쉽게 해명되지 않는다. 왜냐하면 "그들에게 보여주시오," 즉 그들이 방문했을 때 사랑과 존경으로 그들을 대하라는 것은 어떤 법전에 나와 있는 것이 아니라 직접적인 명령이기 때문이다. 다우베는 E.G. Selwyn의 *The First Epistle of St. Peter*(1946)에 그가 첨부한 설명에서 독법에 관련한 의문점을 표시하고, 다음과 같이 덧붙여 말한다 : 만일 분사로 읽는다면 '그것은 22절의 εἰς ὑμᾶς("여러분에 대하여")와 느슨하게 연결된다고 보는 것이 가장 훌륭한 설명일 것이다'(481). 특히 19·20절의 잘 조화되지 않는 분사들과 관련해서 더 좋은 설명을 찾기는 힘들다.

고린토인들에 대한 바울로의 자랑에 대해서는 7장 14절과 9장 3절을 참조하라. 그는 "교회들"(복수형)이라는 말을 로마서 16장 4·16절, 고린토전서(4, 17) 7장 17절, 11장 16절, 14장 33절, 고린토후서 8장 18·24절, 11장 28절, 데살로니카후서 1장 4절에서 보편적인 교회

(혹은 이와 비슷한 어떤 것)을 의미하는 것으로 사용한다. 이러한 의미를 표현하기 위해서 순수한 바울로 서신에서 단수형이 사용된 경우는 매우 드물다. 바울로는 총체적인 교회 개념이란 여러 지역교회들이 합쳐서 이루어진 것임을 결코 잊지 않는다.

15. 헌금(2) 9장 1—15절

1 왜냐하면 성도들을 위한 구호사업에 대해서는 새삼스럽게 여러분에게
이렇게 편지할 필요가 없기 때문입니다. 2 나는 이에 대한 여러분의 열성을
알고 있읍니다. 그리고 "아카이아에서는 벌써 일 년 전부터 준비가 되어 있
다"고 마케도니아 사람들에게 여러분의 열성에 대하여 자랑까지 했읍니다.
여러분의 열성이 많은 사람을 분발시켰읍니다. 3 그러나 내가 이 형제들을
보내는 것은 내가 여러분을 자랑한 것이 헛소리가 되지 않게 하기 위하여
여러분이 내 말대로 준비해두게 하려는 것입니다. 4 그렇게 하지 않았다가
만일 마케도니아 사람들이 나와 함께 그리로 가서 여러분이 준비없이 있는
것을 보게 된다면 여러분은 고사하고 이런 확신을 가졌던 우리까지도 부끄
러움을 당하지 않을까 염려됩니다. 5 그래서 나는 그 형제들에게 부탁하여
나보다 먼저 여러분에게로 가서 전에 여러분이 약속한 선물을 준비해놓도록
하는 것이 필요하다고 생각했읍니다. 이것은 그것이 강제로가 아니라 마음
에서 우러나오는 선물이 되게 하려는 것입니다. 6 기억하시오. 이것은 진실
입니다. 적게 뿌리는 자는 적게 거두고 많이 뿌리는 자는 많이 거둡니다. 7
각각 마음에 정한 대로 하고 아까와하면서 내거나 마지못해 하는 일이 없도
록 하시오. 하느님께서는 기쁜 마음으로 내는 사람을 사랑하십니다. 8 하느
님은 여러분에게 모든 은혜를 풍성하게 하셔서 모든 일에 언제나 여러분을
충족하게 하시며 온갖 선한 일을 넘치도록 행할 수 있게 하실 능력을 가지
신 분입니다. 9 이것은 성경 말씀에 "그가 가난한 자들에게 아낌없이 뿌려
주셨으니 그의 의로우심이 영원토록 있도다"라고 기록된 것과 같습니다. 10
씨뿌리는 자에게 뿌릴 씨와 먹을 식량을 공급해주시는 하느님께서 여러분에
게도 씨를 마련해주시고 번식하게 하시고 여러분의 의의 열매를 더하게 해
주실[4] 것입니다. 11 이리하여 여러분은 모든 일에 부요하게 되어 완전히 순

4) 대다수의 사본들에서 이것과 앞의 두 동사들을 기원법으로 기술한다. "마련해주시고 번식하게 하시고……더하게 해주시기를." P[46]에서는 물론

수하게 될 것이요, 우리를 통하여 전해지는 여러분의 선물 때문에 많은 사
람이 하느님께 감사하게 될 것입니다. 12 이와 같은 봉사의 실천은 성도들
의 궁핍을 채워줄 뿐만 아니라 많은 사람의 감사를 통하여 하느님께 대한
감사가 차고 넘치게 합니다. 13 그들은 하느님께 영광을 돌릴 것입니다. 왜
냐하면 여러분이 그리스도의 복음 안에서 믿음을 고백함으로써 보여준 순종
이 이 봉사에 의해 증거가 되었기 때문입니다. 그것은 여러분들이 그들과
모든 사람들에게 순수한 우애를 보내기 때문입니다. 14 그들은 또한 여러분
에게 주신 하느님의 넘치는 은혜를 보고 여러분을 사모하며 여러분을 위하
여 기도할 것입니다.[5] 15 말로 다 할 수 없는 선물을 주시는 하느님께 감사
합니다.

여기서 예루살렘의 가난한 성도들을 위한 헌금 이야기는 새로운 전환을 이룬다. 이러한 전환은 매우 뚜렷해서 어떤 학자들은 새로운 단락이 아니라 8장에 들어 있는 편지와는 다른 편지의 일부가 여기서 시작된다고 생각한다(참조. 이 책 서론 35면). 어떤 학자들은 그 편지는 8장을 보낸 때와는 다른 때에 고린토에 보내진 것으로 생각하며, 또 다른 학자들은 같은 때에 보내졌지만 아카이아의 다른 교회들에 보내진 것이라고 생각한다. Windisch, 286 이하에서는 주의깊게 이 문제를 논의하고 있다. 그러나 이 전환은 때때로 추측되는 것만큼 그렇게 뚜렷하지 않으며, 9장에서는 8장에서와 같은 상황을 다루고 있지만 내용을 그대로 반복하지 않는다는 점이 앞으로의 주석과정에서 밝혀질 것이다. 그러므로 이것을 8장의 연속부분으로, 그리고 1—8장과 같은 편지에 속하는 것으로 보는 것이 가장 좋다.

[I] "왜냐하면"(γάρ: 이 말은 8장 24절의 자랑과 연결시킨다 —'나는 여려분에 대해서 확신있게 자랑할 수 있읍니다. 왜냐하면……,' 아니면 구지와 같이 '나는 책임자들에 대해 말해왔읍니다. 왜냐하면 헌금 자체에 대해서는 말할 필요가 없기 때문입니다'라고 볼 수도 있다) 성도들(8장 4절에서와 같은 말이다 : 참조. 9,12·13)을 위한 구호사업에 대해서는 새삼스럽게 여러분에게 이렇게 편지할 필요가 없기 때문입니다. "이렇게"라는 말은 부정사와 함께 관사를 쓰는

기원법으로, 하나는 직설법으로 나온다 : "마련해주시고 번식하게 하시기를. 그리고 그는……더하게 해주실 것입니다." 이것들은 바울로의 자신있는 단언을 약화시키는 데 있어서의 최종적인 단계와 중간 단계를 반영한다.

5) "여러분을 위하여" 대신 B ℵ*과 소수의 다른 사본들에는 "우리를 위하여"라고 되어 있다—이것은 보다 쉬운 독법이므로 인정할 수가 없다.

바울로의 용법(τὸ γράφειν)을 반영한다. 비슷한 표현이 관사 없이 필립비서 3장 1절, 데살로니카전서 4장 9절, 5장 1절에 나온다. 관사를 사용한 것("여러분에게 이렇게 편지하는 것")은 8장과 9장이 모두 한 편지에 속해 있다는 데 대한 유력한 증거가 된다. 데네이는 "나처럼 여러분에게 편지를 쓰고 있을"이라고 번역한다. 이 문장에는 이러한 생각이 어느 정도 한계를 지닌다는 점을 시사함으로써 3절(ἔπεμψα δέ "내가 보내는 것은")을 미리 예기하는 불변화사(μέν)가 들어 있다('나는 여러분에게 다시 상기시킬 필요가 없다는 것을 압니다……그러나 나는……을 보냅니다").

[2] 한편 1절의 확신의 근거가 2절 서두에서 제시된다. 더 이상의 권고는 불필요하다. 나는 이에 대한 여러분의 열성을 알고 있읍니다. 이것은 동일한 말("열성" προθυμία)을 사용함으로써 8장 10절 이하를 재진술한 것이다. 그러한 열성을 알기 때문에 나는 마케도니아 사람들에게 (여러분의 열성에 대하여) 자랑까지 했읍니다. 추측컨대 바울로는 마케도니아에 있을 것이다(7, 5). 만일 고린토인들이 거기에 있었다면 그들은 스스로 자랑할 기회를 가질 수 있었을 것이다. 바울로는 "아카이아(고린토가 아카이아 지역 전체이거나 혹은 아카이아의 유일한 교회는 아니었다 : 참조. 로마 16, 1. 그러나 고린토는 가장 큰 도시였고 그 교회는 아마도 가장 큰 교회였을 것이다 : 참조. 1, 1과 해당 주석)에서는 벌써 일 년 전부터(8장 10절에서와 같은 표현—ἀπὸ πέρυσι—이다 : 참조. 주석) 준비가 되어 있다"고 그들에게 말함으로써(이 말들은 그리이스어 원문에도 없고, 영어 문장상으로도 반드시 필요한 것은 아니지만 이어지는 ὅτι의 의미를 밝혀준다) 자랑한다. (헌금을 할 용의가 있다는 의미에서) 열성이 있는 것과 시작하는 것(8, 10), 그리고 준비가 되어 있는 것(그 일을 이미 완수했다는 의미)은 각기 매우 다르다. 이것은 바울로가 8장을 쓴 뒤에 얼마 지나서 9장을 쓰고 있음을 의미하는 것이 아니라 그가 지금 고린토인들을 격려하기 위해서 마케도니아인들의 관대함에 대해 말했듯이(8, 1-8) 전에는 마케도니아인들을 격려하기 위해서 고린토인들의 의욕에 대해 말했음을 의미한다. 문맥상으로는(3—4절) 바울로가 이미 좀 당황했고, 앞으로도 더 당황하게 되지 않을까 두려워하고 있음을 알 수 있다. 아마도 냉정하게 판단한다면 바울로가 실제로 진리를 왜곡시키지는 않았더라도 과장하고 있다고 말할 수 있을 것이다. Windisch, 270—1에서는 이 문제에 대해 주의깊게 논의하고 있다. 사실은 그들이 야기시켰던 모든 문제

들에도 불구하고 바울로는 자신의 사람들을 최대한으로 좋게 보려고 했고, 또 그들에 대해 다른 사람들에게도 그렇게 이야기했다. 고린토인들은 매우 훌륭하게 시작했다—그들은 분명히 그 일을 잘 완수할 것이다! 그러므로 그들이 그렇지 못하다는 것을 알았을 때에는 어느 누구보다도 바울로에게 충격이 컸을 것이다. 그러나 아마도 지나치게 낙관적으로 바울로는 고린토인들에 대해 자랑했다. 그리고 여러분의 열성이 많은 사람을(참조 2, 6과 Moule, *Idiom*, 108) 분발시켰읍니다. "분발시키다"는 좋은 의미로 쓰였다. 그 결과는 8장에서 기술된 것처럼 헌신적인 기부로 나타나야 한다. 그러나 상황이 좋지 않게 될 것임은 분명하다. 그리고 만일 고린토인들이 처음에는 아무리 열심이었더라도 그 일을 포기했다는 것이 드러나면 마케도니아인들은 단순히 마음을 바꾸는 데서 그치지 않을 것이다. 그러므로 고린토인들이 최선을 다하고 있다는 사실을 확실하게 하는 것이 바울로로서는 매우 중요한 일이었다.

[3—4] "그러나"(δέ: 1절의 μέν에 상응하는 말이다. 이에 대해서는 주석을 참조하라: '나는 여러분에 대해서 확신하고 있읍니다. 그러나……') 내가 이 형제들을 보내는(참조. 8, 17·18·22. '아마도 편지를 주어서 이 사람들을 지금 보내고 있다') 것은. 이것은 분명히 8장 6·17—24절을 가리킨다. 그러나 이름과 사람 수가 명시되지 않았으므로 "이 형제들"이 디도와 익명의 두 형제들인지, 아니면 이 세 사람들 중에서 두 사람들인지 분명치 않다. 아마도 이 세 사람 모두를 의미했을 것이다("한 형제"로서의 디도에 대해서는 2, 13 참조). 디도는 바울로의 대리인인 반면 다른 두 형제들은 헌금사업이 아무런 부정 없이 진행되는지를 조사하기 위한 독립된 증인들이었다는 점에서 그들은 구별된다. 그러나 그들은 모두가 고린토인들이 헌금을 하도록 자극하는 동일한 목적에 기여할 것이다. 따라서 바울로는 그 형제들을 보낸다. 그것은 내가 여러분을(참조. 2절) 자랑한 것이(그리이스어 원문에는 단수) 이 면에서(바울로는 고린토인들에 대해서 다른 자랑도 했다: 7, 14) 헛소리(이 말에 대해서는 고전 9, 15 참조)가 되지 않게 하기 위하여 여러분이 내 말대로 준비해두게 하려는(이 두번째 ἵνα "위하여"는 첫번째 것과 마찬가지로 "내가 보내다"에 연결된다) 것입니다. 그렇게 하지 않았다가 만일 마케도니아 사람들이 나와 함께 그리로 가서(바울로는 세번째 방문에 대해서 생각하고 있다. 그러나 그것에 대해서 12장 14절에서와는 달리 생각하고 있다: 13, 1. 10—13장이 1—9장

보다 후기의 것이라는 데 대한 암시이다 : 참조. 이 책 서론 33·46면) 여러분이 준비없이 있는 것을 보게 된다면 여러분은 고사하고(*B.D.* 495에는 이 귀절에서 바울로의 미묘한 감정에 대한 예리한 설명이 제시된다) 이런 확신(참조. 11, 17 ; Hatch, *Essays*, 88—9)을 가졌던 우리까지도 부끄러움을 당하지 않을까 염려됩니다.

[5] 그래서(총괄하고 반복하는 말. 그러나 동시에 논의를 한 단계 더 진전시키기도 한다) 나는 그 형제들에게(참조. 3절) 부탁하여(이 동사의 약화된 의미에 대해서는 8, 6 참조) 나보다 먼저(분명히 바울로는 멀지 않아 자신도 곧 따라가게 되기를 기대하고 있다 : 참조. 4절) 여러분에게로 가서 전에 여러분이 약속한 선물을 준비해놓도록(προκαταρτίσωσιν : 영어의 prepare에서 pre[미리 · 먼저]를 강조할 필요가 있다. 한 문장에 "전에"[in advance]라는 말을 두 번 쓰는 것은 좋지 않기 때문이다) 하는 것이 필요하다고 생각했읍니다. "선물"로 번역된 그리이스어 단어(εὐλογία)는 일반적으로 이러한 의미로는 잘 사용되지 않는다(*L.S.*에서는 성서 귀절들만을 인용하고 있다—여호 15, 19 ; 고린토서신들에 덧붙여서 4 *Kdms* 5, 15). 빈디쉬는 아마도 이 말은 "헌금"(λογία)을 대치하는 말로 바울로의 머리 속에 떠올랐을 것이라고 주장한다. G.A. Deissmann, *Bible Studies*(1901), 144도 참조하라.

이 모든 일이 행해져야 한다. 이것은 그것이(선물) 강제로가 아니라 마음에서 우러나오는 선물—참된 선물—이 "되게"(대격과 부정사 [ταύτην ἑτοίμην εἶναι]를 목적적인 의미로 본 것이다. 그러나 Moule, *Idiom*, 141에 따르면 그것은 결과를 나타내는 것이다) 하려는 것입니다. "강제로"는 πλεονεξία를 번역한 것인데 이 말은 다른 곳에서는 바울로가 로마서 1장 29절("탐욕"으로 번역되었다 : 참조. 주석), 골로사이서 3장 5절(여기서는 이것이 우상숭배에 해당하는 것으로 말해졌다), 데살로니카전서 2장 5절에서 사용하고 있다. 그것은 탐욕, 탐식을 의미한다. 동일어원의 설명사(πλεονέκτης)가 고린토전서 5장 10·11절, 6장 10절("탐욕스러운 사람들")에 나온다. 동사(πλεονεκτεῖν)는 이미 2장 11절, 7장 2절에서 나왔다. 그러나 여기서의 의미를 위해서 결정적인 것은 12장 17·18절에 나온 것들인데 거기서는 바울로가 고린토인들로부터 돈을 얻어내는 수단으로 헌금을 남용했다고 비난을 받는 것으로 나타난다. 바울로가 자신의 헌금사업을 위해서 고린토인들로부터 얻기를 바라는 선물은 순수한 선물이 될 수도 있고, 아니면 강제적으로 사기를 치거나 혹은 도덕적인 면을 이용해서 공갈을 침으로써('여러분은 여러분들 자신보다 마케도니아인들이 더 나를 기쁘게 하도록 내버려 두어서는 안 됩니다!') 그들로부터 갈취해낸 것이 될 수도 있다. 이러한 견해는 근본적으로 헌금을 걷는 사람의 편에 "소유욕"이 있다고 보는 것이다. 이것은 탐욕을 "인색"으로 바꾸는 것보다 더 좋은 것 같다. 그러나 여러 주석자들이 "인색"함으로 본다.

〔 6 〕 이 장의 나머지 부분들에서는 보다 일반적인 말로 관대함을 보여줄 것을 호소하고 있다. 기억하시오. 이것은 진실입니다(τοῦτο δέ "그러나 이것은"을 확대시켜서 번역한 것이다. 바울로는 이제 자신이 확신하고 있는 주장을 독자들도 받아들일 것이고, 그것이 그들의 태도를 결정해야 한다고 말하려고 한다. 생략법에 대해서는 *B.D.* §481과 고전 7,29 ; 15,50 참조). 적게 뿌리는 자는 적게 거두고 많이(5절에서 "선물"이라고 번역된 명사 εὐλογία에 근거한 부사구) 뿌리는 자는 많이 거둡니다. "적게"는 분사로부터 발전된 부사이다. 이에 대해서는 Radermacher, 54(참조. Plutarch, *Alexander* 25)를 참조하라. 이 말은 격언의 형태를 지니고 있다. 그러나 정확한 병행구가 전혀 나타나지 않는다. 바울로 자신은 갈라디아서 6장 7절에서 씨뿌리고 거두는 상징을 사용한다. 그리고 이 상을 갈라디아서에서처럼 보다 일반적으로 사용한 데 대한 병행은 매우 많다(Schlier, 해당란 참조). 예를 들어 Aristotle, *Rhetoric* Ⅲ 3.4 : '너는 이것들을 수치스럽게(αἰσχρῶς) 뿌렸고, 악으로(κακῶς) 그것들을 거두었다.' Cicero, *De Oratore* ii. 65(261) : '너희들은 씨를 뿌린 대로 거둔다'(Ut sementem feceris, ita metes) ; 제3바룩서 15,2—3 : '가득찬 바구니들을 가져온 천사들에게 그는 (미카엘) 기름으로 그 바구니들을 채워주면서 말한다. 이것을 가져가서 우리 친구들과 열심히 좋은 일을 하는 자들에게 백배로 보상하라. 덕으로 씨를 뿌린 자들은 덕으로 거둔다. 그리고 그는 반이 빈 바구니들을 가져온 천사들에게도 말했다. 너희들도 이리로 오라. 너희가 가져온 대로 상을 가져가라. 그리고 그것을 사람의 아들들에게 나누어주라.' 씨를 뿌리고 거두는 데 대한 상은 매우 자명하므로 그것은 어느 때, 어느 곳에서든 사용되었음에 틀림없다. 그리고 추수량이 (다른 것들도 마찬가지이다) 씨를 뿌린 양과 비례한다는 사상은 그다지 이해하기 어렵지 않다.

〔 7 〕 추수에 대한 이러한 호소는 (여기서 말한 원칙에 비추어 볼 때) 각 사람이 자신에 적절하다고 생각하는 만큼 씨를 뿌려야 한다는 것을 의미한다. 이러한 결론은 분명하게 진술

된다. 각각 마음에(그의 외적인 행동은 칭찬받고 싶은 욕망이나 비난에 대한 두려움보다는 내적인 확신을 보여주는 것이어야 한다) 정한대로 하고(이 말은 반드시 보충되어야 했다) 아까와하면서(즉 주기를 싫어하는 마음으로) 내거나 (도덕적인, 혹은 다른 압력 때문에) 마지못해 하는 일이 없도록 하시오. 하느님께서는 기쁜 마음으로 내는 사람을 사랑하십니다(격언적인 현재형. Moule, *Idiom*, 8). 여기서 바울로는 잠언 22장 8(9)절a(칠십인역 : "하느님은 명랑하고 활달한 사람을 축복하신다." 히브리어 성서 : "관대한 눈을 가진 사람은 축복받을 것이다")의 말을 인용하고 있다. 로마서 12장 8절 및 해당 주석과 비교하라. 거기에 포함된 *Leviticus Rabbah* xxxiv. 9(131b)에 대한 언급도 비교하라 : "희사할 때에는 기쁜 마음으로 해야 합니다" ; Sirach xxxv. 11. 빈디쉬가 말하듯이 '이 사상은 철저하게 구약성서, 유다교적이다.' 이 말은 베드로의 순교 9장에도 나온다 : '하느님은 기쁘게 바치는 것을 좋아하신다.' "사랑하십니다"라는 말은 물론 여기서 "인정하다", "가치있게 여기다"라는 의미로 사용되었다. 이것이 하느님을 기쁘게든, 어떻게든 결코 아무것도 바치지 않으려고 하는 죄인을 사랑한다는 믿음—어느 누구보다도 바울로가 가장 강력하게 주장한 믿음이다—과 모순된다고 생각하는 것은 어리석다.

[8] 하느님은 "기쁜 마음으로 내는 사람을" 이렇게 "사랑하신다"는 것은 하느님이 그에게 보상한다는 것을 의미한다. 하느님은 여러분에게(참조. 필립 4, 19) 모든 은혜를(혹은 "관대함"—χάρις : 참조. 8, 1과 해당 주석) 풍성하게 "하셔서"(여기서 동사 περισσεύειν은 4장 15절에서와 같이 타동사로 사용되었다 : 데전 3, 12) 모든 일에 언제나 여러분을 충족하게 하시며 온갖 선한 일을 넘치도록(여기서 동사 περισσεύειν은 8장 7절과 9장 12절에서처럼 자동사적으로 사용되었다) 행할 수 있게(여기서 ἵνα는 목적적인 의미와 결과적인 의미의 중간 위치에 있다) 하실 능력을 가지신 분입니다. "온갖 선한 일"에서 "온갖"이라는 말은 영어로는 all kinds보다 every kind라고 번역하는 것이 더 나을 수도 있다(πᾶν ἔργον ἀγαθόν). 나는 "모든"(all: πᾶς는 네번 나오고 연결된 말인 πάντοτε는 한 번 나온다)이라는 말의 총체적인 의미를 영어로 나타내기 위해서 all kinds라고 번역했다. 이 귀절의 의미는 만일 사람들이 기꺼이 내려고 한다면 하느님은 그들이 언제나 낼 수 있도록 해주신다는 것이다. "충족"(αὐτάρκεια: 참조. 필립 4, 11)은 스토아적인 언어이다(Sevenster, *Seneca*, 113). '견유—스토아학파의 철학에서 이

말은 자신의 내적인 잠재력 안에서 만족하고 따라서 그 자신으로서 완전하고(in sich selbst ruht) 다른 사람을 필요로 하지 않는 독립된 인격을 의미했다' (G. Kittel; *T.W.N.T.*, i, 466). "만족"에 대해서 세네카는 다음과 같이 말한다(키텔은 그리이스어 동사 *ἀρκεῖσθαι* "만족하다"에 대해서 설명하고 있다) : '운명이나 혹은 신에 의해 자신에게 주어진 자연적인 것들에 만족하라. 인간은 그가 가진 것에 만족해야 하며(*ἀρκεῖσθαι τοῖς παροῦσι*), 주어진 것 이상을 결코 바라서는 안 된다' (464). 비록 위의 것들과 관련이 있기는 하지만 바울로가 의미한 바는 그러한 것이 아님이 분명해질 것이다. 스토아적인 "충족"은 자기 자신으로부터 온다. 그러나 바울로가 말하는 충족은 하느님의 선물이며, 그의 은혜(*χάρις*)의 결과이다. 스토아적인 충족은 반드시 자기 스스로 얻는 충족이다. 왜냐하면 그것은 외적인 물질의 양을 통해서가 아니라 내부로부터 생기는 것이기 때문이다. 즉 그것은 많든지 적든지 간에 주어진 외적인 물질에 만족하는 것을 의미하기 때문이다. 한편 바울로는 그리스도교인들이 외적인 물질의 일부를 선행을 통해 다른 사람들에게 줄 수 있을 정도로 외적인 물질을 소유하는 것에 대해 생각하고 있다. 그러나 바울로의 생각과 스토아 학파의 생각 사이에는 관련성이 있다. 확실히 바울로는 그리스도교인들은 항상 남에게 자선을 베풀 수 있을 정도의 생활수준을 보장받는다고 말할 만큼 미숙한 사상가가 아니었다. 그는 자기 자신의 경험을 통해서(11, 23—33 ; 참조. 필립 4,12) 그렇지 않다는 것을 알고 있었다. Schweitzer, *Mysticism of Paul the Apostle* (1931), 313에서는 이러한 면에서 예수와 바울로 사이의 차이를 과장한다. 그러나 그리스도교인은 자신의 내부로부터가 아니라 하느님의 은혜에 의해 충족하게 되므로 항상 그가 할 수 있는 선행이 있을 것이다. 이제 "온갖 선한 일"이라는 말에 주목해야 한다. 인간이 율법에 복종하여 행한 일들에 근거해서 의롭게 될 수 있다는 사상(예. 로마 3,20)에 대해 바울로보다 더 열렬히 반대한 사람은 아마도 없을 것이다. 그러나 인간은 하느님께 복종하여 그가 보시기에 선한 일들을 행해야 한다는 엄격한 요구를 함께 고려하지 않는다면, 그러한 사상에 대한 바울로의 반대는 완전히 오해되고 말 것이다(예를 들어 로마 2,7 참조). 그처럼 선행을 하는 사람은 그가 의롭게 되기 위해서 그렇게 하는 것이 아니라 이미 의롭게 된 결과로서 선행을 하는 것이다.

[9] 바울로는 구약성서를 통해 이러한 견해를 뒷받침한다. **이것은 성경 말씀에 "그가 가난한 자들에게 아낌없이 뿌려주셨으니 그의 의로우심이 영원토록 있도다"라고 기록된 것과 같습니다.** "뿌렸다, 주셨다"(διεσκόρπισεν, ἔδωκεν)라는 단순과거 동사를 격언적, 속담적인 것으로 보고 실제로는 현재시제에 해당하는 것으로 볼 수도 있다. 바울로는 습관적으로 그렇게 쓴다. 이 인용문은 칠십인역(111, 9)의 시편 112편 9절을 인용한 것이다. 리츠만에 의하면 바울로는 "의로우심"이라는 말을 마태오복음 6장 1절에서와 같은 의미로 이해하고, 아마도 자선을 베푸는 것을 의미했다고 한다. 히브리어에서 ṣᵉdaqah(참조. 아람어 ṣidqatha)는 "자선"을 의미하게 되었고, 시편 112편 9절에 대한 후대의 라삐적 해석(*S.B.* iii. 525를 참조하라)에서도 이 의미를 채택했음은 사실이다. 그러나 이것이 마태오복음 6장 1절에 나온 "의"의 의미인지는 전혀 확실치 않다. (빈디쉬에 의하면) 크리소스톰도 여기서 바울로가 의미한 바를 "자선"(φιλανθρωπία)이라고 이해했지만 이것이 실제로 바울로가 여기서 이 말을 사용한 의미인지는 의심스럽다. 그보다 이 말은 일반적인 도덕적 의미로 사용되었을 (6장 14절에서처럼) 것 같다. 그리고 이것이 특징적인 법적 의미를 지녔으리라는 것도 불가능하지는 않다. 가난한 사람들을 돌봄으로써 하느님의 뜻에 순종하는 사람은 하느님에 대한 자신의 의로운 관계를 유지한다. 이 주제의 발전에 대해서는 Georgi, *Kollekte*, 69—72를 참조하라. 헌금은 유다인들에 대해서는 이방인들이 의롭게 되었다는 데 대한 하나의 표징이다.

[10] 바울로는 계속해서 구약성서를 사용한다. 그러나 정확하게 인용하지는 않는다. **씨뿌리는 자에게 뿌릴 씨와 먹을 식량을 공급해주시는 하느님께서 여러분에게도 씨를 마련해주시고 번식하게 하시고**(즉 여러분을 번영하게 하시며, '봉사할 수 있도록 남는 것을 더욱 더 많이 주신다' : Goudge. 바흐만도 비슷하게 본다. 씨의 은유는 문맥 전체에 걸쳐서 나타난다. 그리고 여기서 특별한 의미를 찾아서는 안 된다) **여러분의 의의 열매를 더하게 해주실 것입니다.** 이 귀절의 본문에 대해서는 이 책 294면 주 4를 참조하라. 이사야서 55장 10절과 비교하라. "하늘에서 쏟아지는 비, 내리는 눈이 하늘로 되돌아가지 아니하고, 땅을 흠뻑 적시어 싹이 돋아 자라게 하며, 씨뿌리는 사람에게 씨앗과 먹을 양식을 내주듯이, 내 입에서 나가는 말도……." 호세아 10장 12절 : "정의의 씨를 뿌려라(εἰς δικαιοσύνην). 생명의 열매

를 거두니라. 너희들은 지식의 빛으로 빛나리라. 의의 열매가 너희들에게 주어질 때까지 주님을 찾으라." 바울로가 위의 귀절들로부터 어떻게 단어들과 어구들을 결합시켰는지를 세부적으로 설명할 필요는 없다. 여기서는 인용형식이 나오지도 않고, 성서의 권위에 호소하지도 않는다. 하느님은 모든 좋은 것들을 주시는 분이다. 그는 여러분의 사업이 번성하게 해줄 것이고, 따라서 여러분이 하느님 앞에서 올바른 위치에 서 있다는 것을 나타내게 해주실 것이다(9절의 "의"에 대한 주석을 참조하라). 그리스도교적으로 성찰되고 있는 구약성서 귀절은 바울로의 의도를 설명하기에 충분하다. 그러나 "불멸의 열매"에 대해 말하는 *Corpus Hermeticum* xiii. 22a와 비교하라(Knox, *H.E.*, 94).

그러므로 고린토인들에게 헌금에 참여하게 해달라고 하는 바울로의 호소는 고린토인들과 예루살렘의 가난한 성도들의 유익을 모두 (각기 다른 방식으로) 고려하고 있다. 그러나 이것으로 끝난 것이 아니다. 왜냐하면 단순히 이러한 인간적인 물질들을 바치는 것으로 그치지 않고 하느님에 대한 감사와 점점 더 증가하는 그의 영광이 있기 때문이다(Kümmel, 참조. Georgi, *Kollekte*, 74—7. 그리고 Kümmel과 Georgi가 각기 언급하는 G.H. Boobyer, *Thanksgiving and the Glory of God* [1929]; 12·13절에 대한 주석들 참조).

[11] 이리하여 여러분은 모든 일에 "부요하게 되어"(이 한정동사는 13절의 분사처럼 파격구문을 이루고 있는 그리이스어분사 πλουτιζόμενοι를 번역한 것이다. 이것은 아마도 바울로가 문장진행을 잊어버리고 그것을 제대로 쓰지 못했음을 의미할 뿐이다. *B.D.* §468.2; Turner, *Insights*, 166; 5, 12). 의미에 대해서는 고린토전서 1장 5절과 비교하라: "그러나 여러분이 부요해지는 것은 여러분 자신의 유익을 위해서가 아니다." 그것은 여러분이 완전히 "순수하게"(ἁπλότης라는 말에 대해서는 8장 2절에 대한 주석 참조) 될 경우에만 여러분 자신을 위한 것이다. 그리고 우리를 통하여 전해지는 여러분의 선물 때문에 많은 사람이 하느님께 감사하게 될 것입니다. 그리스도교적 의무에 대한 고린토인들이 보여준 순수한 헌신은 우리를 "통하여" 이루어진다. 왜냐하면 바울로의 헌금사업은 그러한 헌신을 할 수 있는 적절한 출구를 마련해주었고, 또 일차적으로 그것을 통해서 가장 분명하게 이익을 얻은 사람들로 하여금 "감사하게" 했기 때문이다. "감사"(εὐχαριστία)에 대해서는 12절과 13절에 대한 주석을 참조하라.

[12] 이와 같은 "봉사"(*λειτουργία*. 필립 2, 17·30 ; 같은 어원의 동사가 로마 15, 27에서 바울로에 의해 사용되었다. 로마 13, 6 ; 15, 16 ; 필립 2, 25에서는 실명사로 쓰였다)의 실천(*διακονία* ; 이것은 8장 4절에서처럼 대개 "봉사"라고 번역되었다. 그러나 여기서는 "봉사"라는 말이 또 나오므로 그렇게 번역할 수는 없다. 이 말은 때로는 목회나 봉사보다는 관리라는 의미로 사용되었다. 참조. Georgi, *Kollekte*, 74, *Durchführung*)은 성도들(8장 4절에서와 같다)의 궁핍을 채워 줄(완곡법적 현재형. 아마도 "……채워주게 될"을 의미할 것이다. 참조. 골로 1, 24 ; *Corpus Hermeticum* xiii. 1 ; Knox, *H.E.*, 92) 뿐만 아니라(그럼으로써) 많은 사람의 감사를 통하여 하느님께 대한 감사가 차고 넘치게 합니다(참조. 8, 2). *διακονία*("실천")와 *λειτουργία*("봉사" : 참조. G.A. Deissmann, *Bible Studies* [1901], 144)는 거의 동의어일 수도 있다. 그러나 따로 쓰이어졌을 때에도 완전히 같은 말은 아니다. 후자는 바울로가 헌금을 어떻게 생각했는지에 대해서 특별히 빛을 비춰줄 수 있을 것이다. 그것은 고린토 교인이나 또 다른 이방 그리스도교인들이 치루어야 할 의무가 있는 일종의 세금같은 것은 아니었다. 그것은 자발적인 봉사의 행위였다. 그것은 도성—즉 교회—전체의 유익을 위해서 행해진 것이었다. *λειτουργία*라는 말은 때로는 신들의 봉사에 대해서 종교적인 의미로 쓰였다. 만일 이렇게 본다면 바울로는 궁핍한 사람들을 돌보는 데서 신적인 봉사의 행위를 발견한 것이다(참조. 이 책 140—141면). 리차드슨(Richardson, *Theology*, 297)처럼 여기에 성만찬 때 하는 선물이나 혹은 헌금에 대한 암시가 들어 있다고 볼 만한 근거는 없다. "예전적인" 행위는 은혜를 받은 사람들에 의해 보다 직접적으로 행해진다. 그들로부터 "하느님께 대한 많은 감사"가 나온다. 바울로는 실천이 없는 신학을 전개하지 않는 것처럼 자신의 교회들로 하여금—그들의 자선행위에 의미를 부여하는—신학적인 맥락으로부터 벗어난 자선행위를 하도록 하지 않는다. 이 사실은 이 장의 나머지 귀절들에서 변조된 형태로 분명하게 나타난다.

[13] 이방 교회들의 관대함은 "하느님께 대한 감사"가 나오게 한다. 그러나 이러한 "감사"는 단순히(부분적으로는 틀림없이 돈을 받은 데 대한 것이기는 하지만) 돈을 받은 데 대한 것만이 아니다. 그들은, 즉 은혜를 받은 가난한 성도들은 하느님께 영광을 돌릴 것입니다(파격구문을 이루는 분사이다. 참조. 11절과 주석). 왜냐하면 여러분이 그리스도의 복음 안에서 믿음을 "고백함으로써"(명사-

ὁμολογία가 전문적인 용어로 사용된 데 대해서는 디모테오전서 6장 12·13절과 나의 주석을 참조하라) 보여준 "순종"(ὑποταγή; "여러분들 스스로 ~에게 굴복하다": 슐라터는 로마서 1장 5절과 16장 26절의 "믿음의 순종"과 적절하게 비교한다)이 이 봉사(여기서 바울로는 διακονία라는 말의 보다 일반적인 의미로 되돌아가고 있다: 참조. 8, 4)에 의해 증거가 되었기 때문입니다(직역하면 "증거를 통하여," 혹은 "증거 때문에." διά와 속격이 원인적인 의미로 사용되는 데 대해서는 Radermacher, 118과 로마서 8장 3절을 참조하라). 이방 교회들이 가난한 성도들에게 봉사한 것은 그들이 복음 안에서 믿음을 고백하는 행위의 일부이거나 혹은 한 측면이다. 그리고 그것은 이러한 고백이 단순히 말로써 하는 것이 아니라 복음의 창시자인 하느님께 순수하게 순종하는 것임을 보여준다. 이것이 바로 그 성도들이 하느님께 영광을 돌리는 이유이다. 그들은 다른 사람들이 이미 다른 방식으로 하느님께 영광을 돌린 데 응답하여 그렇게 한다. 마찬가지로 그들도 하느님께 영광을 돌린다. 그것은 여러분들이 그들과 모든 사람들에게(즉 모든 그리스도교인들에게. 바울로는 여기서 그리스도교 공동체의 한계를 넘어선 자선에 대해 생각하고 있지 않다. 그리스도교 공동체 안에 특수한 상호적인 사랑이 있는 것이다: 비교. 갈라 6, 10) "순수한"(ἁπλότης에 대해서는 8장 2절 참조) 우애(혹은 [헌금에의] 참여. 바울로는 8장 4절과 로마서 15장 26절에서 헌금에 대해 말하면서 이 말[κοινωνία]을 사용한다)를 보내기 때문입니다. 즉 그들은 단순히 고린토인들의 재물을 함께 나누었기("우애"라는 말 뒤에는 이러한 의미가 있다) 때문이 아니라 그 행위 안에 본보기로 나타난 그리스도교인의 삶의 좋은 품성으로 인해 하느님께 영광을 돌린다. 고린토인들이 이러한 좋은 품성을 단지 그들에게만 보여주었기 때문이 아니라 그것을 보편적으로 보여주었기 때문이다(비록 모든 경우에 똑같은 방식으로, 즉 돈을 줌으로써 그러한 품성을 보여준 것은 아니지만 말이다). 여기에는 로마서 15장 30—31절에서처럼 탐탁치 않게 헌금을 받게 될 가능성에 대한 암시가 전혀 없다. 바울로는 고린토인들의 관대한 마음을 낙심시키지 않을까 염려하여 여기서는 그런 가능성에 대해 언급하려 하지 않는다(Windisch).

〔14—15〕 가난한 성도들은 감사한다. 그리고 기도를 한다. 그들은 또한 여러분에게 주신 하느님의 넘치는(이 말은 3장 10절에서 "영광"이라는 말과 함께 사용되었다) 은혜(혹은 관대함. χάρις: 8장 1절에 대한 주석 참조)를 보고 여러분을 사모하며(5장 2절에서와 같

은 동사가 사용되었다 : 로마 1,11. 같은 어원의 명사가 7장 7·11절에서도 사용되었다. 7장 11절에서와 마찬가지로 여기서도 한정동사가 아니라 분사가 사용되었으며, 이 경우에는 속격으로 쓰였다), 즉 여러분과 직접적인 교우관계를 가지기를 갈망한다. 이것은 매우 인간적인 욕망이다. 그들은 자신들에게 도움을 준 사람들을 만나게 되기를 바란다. 그러나 그 동기는 신학적인 것이다("여러분에게 주신 하느님의 넘치는 은혜를 보고 여러분을 사모하며"), 여러분을 위하여 기도할 것이다. 은혜를 베푸는 자로서 고린토인들의 참된 의미는 그들 자신에게 있는 것이 아니라 하느님에게 있다. 그들의 관대함은 하느님의 은혜의 표징이다. 따라서 바울로는 다음과 같은 결론으로 그가 하려고 하는 일 전체를 마무리짓는다. 말로 다 할 수 없는 선물을 주시는 하느님께 "감사를 드립니다"(χάρις : 이 말의 마지막 용법에 주목하라). 여기서 말하는 선물은 우선 14절의 은혜를 가리킨다. 그러나 여기서는 총괄적인 의미로 쓰였으므로 8장 9절도 가리킨다고 보아야 하며, 바울로의 설교와 헌금사업이 함께 이루어지고 있는 그리스도교적 삶과 교우관계의 전체 틀을 세운 하느님의 일차적인 선물을 가리킨다고 보아야 한다. Georgi, *Kollekte*, 78—9에서는 역대기상 29장에 대한 암시가 있다고 본다. 이것은 의심스럽지만 그의 결론(79)은 인용할 만하다. '헌금사업이 추진되어감에 따라 헌금은 바울로에게 있어서 그의 신학의 모형(Modellfall)이 되었다. 이 사실은 역으로 인의론까지도 포함하고 있으며, 묵시문학적 사변은 물론이고 신비주의와도 거리가 멀다는 것을 보여준다.' 바울로의 사상은 확실히 묵시문학적 사변과는 다르다. 그러나 기본적으로 법적인 개념인 인의론은 본래 묵시문학 영역에서 형성된 사상적인 틀에 의해 적지 않은 영향을 받았다.

이제부터는 앞서와는 다른 어조로 말하는 부분들로 넘어가게 된다(참조. 이 책 308면과 서론 31·32면). 9장 끝부분과 10장 서두 사이에는 틀림없이 차이점이 있다. 그러나 1—9장의 어조를 너무 밝게 보거나 혹은 10—13장의 어조를 너무 어두운 것으로 봄으로써 그 차이를 강조하는 것은 좋지 않다. 9장에서 바울로는 실제로 고린토와 예루살렘에서 일어난 일에 대해서가 아니라 그가 일어나기를 바라는 일에 대해서 기술하고 있다. '바울로가 여기서 과장되게 고린토인들을 칭찬하고 있다는 결코 지울 수 없는 인상은……12—15절에서 바울로가 고린토인들이 그의 기대대로 따라올 경우에 가능한 미래의 상황에 대해서 기술하고 있다는 것을 염두에 둔다면 약화될 것이다' (Lietzmann). 바울로는 디도가 전해준 보고를 받고 거기에 입각해서 기술하고 있다. 앞으로는 물론이고 지금도 모든 것이 잘 되어가고 있다. 그리고 이것은 고린토인들도 헌금에 참여하게 되리라는 것을 의미한다. 아카이아와 마케도니아는 서로 경쟁하게 되기를! 그들은 각기 상대방이 더 관대한 행위를 하도록 자극할 수 있을 것이다. 그러나 바울로가 고린토로부터 예루살렘으로 전할 돈을 한푼이라도 받았다는 암시는 전혀 없다. 아마도 고린토인들의 충성의 표현은 비현실적이고 비영속적이며 헌금에 대한 열광도 빨리 사그라들고 말리라는 것이 곧 드러날 것이다. 하느님의 은혜와 인간의 관대함 사이의 관계에 대한 바울로의 관찰은 고린토인들이 하느님의 은혜를 받아들이지 못하고, 관대함을 보여주지도 못했다는 사실로 인해 반증되었다기보다는 확증되었다.

V. 위협당하는 미래 10장 1절—13장 10절

16. 완전한 순종에 대한 호소 10장 1—6절

1 나 바울로는 그리스도의 온유하심과 관대하심을 힘입어 여러분을 권면
합니다. 나는 여러분과 마주 대해 있을 때에는 온순하나 떠나 있을 때에는
담대합니다. 2 그러나 우리가 육을 따라 산다고 생각하는 어떤 사람에게는
내가 대담하게 될 수 있는데 여러분에게 가서는 그렇게 과감하게 할 필요가
없게 되기를 바랍니다. 3 우리가 육신을 입고 살기는 합니다만 육정을 따라
싸우는 것은 아닙니다. 4 우리가 싸우는 데 쓰이는 무기는 육적인 무기가
아니라 견고한 성이라도 무너뜨리는 하느님의 강한 무기이기 때문입니다.
우리는 허황한 이론과 5 하느님의 지식에 대적하여 일어나는 모든 교만을
쳐부숩니다. 모든 생각을 사로잡아 그리스도에게 복종시킵니다. 6 그리고
여러분이 완전히 복종하게 될 때에는 벌써 모든 복종하지 않는 자를 처벌할
준비가 되어 있을 것입니다.

여기서 서신의 새로운 단락이 시작되고 있음은 의심할 여지가 없으며, 그것은 앞의 두 장들에서는 바울로가 조직화하고 있는 헌금사업을 희망적인 어조로 다루었다는 사실에 의해 더욱 강조된다. 10—13장에는 헌금에 대한 말이 한 마디도 없다(12장 16—17절의 부정적인 언급을 제외하고). 서신의 보다 앞 장들로 거슬러 올라가도 차이점이 있기는 하지만 여기서처럼 두드러지지는 않는다. 1—7장에는 스스로를 추천하는 자들에 대한 암시가 들어 있고, 지금은 거의 재구성하기 힘든 어떤 비난에 대한 열렬한 자기변호, 그리고 무엇보다도 사도직을 바울로가 어떻게 이해했는가에 대한 설명이 나온다. 이 주제들은 10—13장에서 다시 나온다. 이 사실은 2장 14절—7장 4절이 원래는

10—13장과 같은 편지의 일부였다고 믿게 했다. 그러나 실제로는 이 사실은 그러한 견해를 반증한다. 왜냐하면 바울로가 같은 편지 안에서 다음과 같은 방식으로 한 주제를 반복했으리라고 보기는 힘들기 때문이다. 즉 그가 같은 주제를 처음에는 독자들로 하여금 진리를 확고히 받아들이도록 하기 위해서 그 진리를 그들에게 단지 상기시키기만을 바라는 마음으로, 그리고 나중에는 자신의 주장이 설득력이 없다는 판단 하에, 자신에게 남은 것이라고는 절망적인 반격밖에 없다는 것을 알고 반복했으리라고 보기는 힘들다는 것이다. 고린토후서에는 주제상 통일되어 있을 뿐만 아니라 그것을 다루는 데에도 통일성이 있다. 그러나 그 어조나 바울로의 응답의 양상에는 차이가 있으며, 그가 독자들에게 바라는 응답에도 차이가 있다. 이 서신의 문학적인 통일성을 받아들이기 힘들게 하는 것도 바로 이러한 차이점들이다. 리츠만은 바울로가 잠을 자지 않고 밤을 새웠기 때문에 1—9장과 10—13장 사이에는 차이가 있다고 간단히 설명하지만, 데네이는 이 문제를 좀 더 중요하게 다룬다. 그 단절은 "만일 바울로가 9장을 다 쓴 날로 편지쓰기를 멈추었다면—아니 어떻게 이야기를 전개시켜야 할지 생각하기 위해서 잠시 동안만이라도 편지쓰기를 중단했다고 생각한다면…" 설명될 수 있다(Denney). 아마도 그와 같은 지연으로 인해 어조상의 차이가 생겨났으리라는 것이다. 그로 해서 "우리—서신"으로부터 "나—서신"으로 바뀌었을 수도 있다는 것이다(Bachmann). 그러나 그로 인해 새로운 반응이 생기거나, 혹은 희망적인 태도로부터 절망적인 태도로 바뀔 수는 없었을 것이다. 10—13장이 새로운 어조로 시작되는 데 대한 유일하고 적절한 설명은 바울로가 고린토로부터 다른 소식을 더 들었다는 것이다. 즉 상황이 완전히 달라졌다는 것이 아니라 좀더 진전되었다는 소식을 들었다는 것이다. 그러한 소식은 그가 편지를 쓰고 있을 당시 들려왔을 것이다. 아마도 그는 쓰고 있던 것을 중단시키고 단순히 더 보충시키도록 했을 수도 있다. 그러나 그가 그러한 방식으로 편지를 쓰는 데 만족했으리라고 생각하기는 힘들며, 그보다는 그가 이미 1—9장을 보냈으리라는 것이 더 그럴 듯하다. 그는 아마도 이미 보낸 편지를 취소할 수는 없었을 것이다. 설령 취소할 수 있었더라도 그가 그렇게 하지는 않았을 것이다. 그러나 새로 편지를 쓸 필요가 있었다. 앞으로 세부적인 주석에서도 나타나겠지만 중요한 차이는 주제에 있는 것이 아니다. 1—9장에서는 바울로가 고린토인들이 자신의 충고에 귀를 기울이리라는 데에 대해 어느 정도

확신을 가지고 특정한 잘못이나 특정한 사람들에 대해 경고하고 있는 반면, 10—13장에서는 고린토인들이 거짓 사도들과 그네들의 거짓 복음을 편들고, 바울로와 그의 복음은 거부했다는 것을 바울로 자신이 알고 있다는 사실에 중요한 차이가 있다. 이러한 어조상의 변화는 10—13장을 일종의 "반복"으로 간주하는 베이츠(W.H. Bates, *N.T.S.* xii. 56—69—설득력 있는 또 다른 논의가 될 수 있다)의 견해와는 반대된다.

위에서 제시한 견해에 의하면 1—9장의 편지는 마무리를 짓지 못했고, 10—13장의 편지에는 서두가 없다는 결론이 나온다. 이러한 결론에는 아무런 난점도 없다. 시간적으로 짧은 간격을 두고 씌어진 이 두 편지들을 별다른 무리 없이 적절하게 연결시키는 것은 물론 자연스럽다. 은혜에 대한 말이 9장 15절 바로 뒤에 따라나올 수도 있고, 또 10장 1절은 "그리스도 예수의 사도인 바울로는 고린토에 있는 하느님의 교회에……"라는 관례적인 편지서두 양식을 앞세울 필요가 있을 수도 있다. 이러한 추측은 (아마도 2장 14절—7장 4절과 함께) 10—13장이 1—9장(혹은 이것의 어떤 한 부분이나 여러 부분들)보다 일찍 씌어진 준엄한 편지의 일부라는 일반적인 견해보다 훨씬 자연스럽다. 이 일반적인 견해에 대해서는 이 책 서론 35면 이하를 참조하라.

10—13장과 또 이 장들이 내포하는 역사적 상황을 이해하기 위해서는 다음의 세 집단들을 구별하는 것이 근본적으로 중요하다. (ㄱ) 고린토인들 자신. 바울로는 이들이 그릇된 길로 빠진 데 대해 슬퍼한다. 바울로는 때때로 이들에게 분노를 터뜨리기도 하지만 결코 이들이 주모자가 아니라는 것, 또한 이들의 배은망덕과 불충성이 전적으로 그들 자신의 잘못만은 아니라는 사실을 잊지 않는다. (ㄴ) 거짓 사도들. 이들은 "다른 예수"와 "각기 다른 복음"을 가지고 바울로의 선교 영역 안으로 침입했다. 사도적 선교활동에 대한 이들의 새로운 개념은 고린토인들을 유혹했으며, 그들과 바울로 사이의 관계를 깨뜨렸고, 그들의 그리스도교적 존재를 위협했다. (ㄷ) 탁월하게 인정받은 사도들. 이들은 거짓 사도들과 모종의 관계가 있거나 혹은 있는 것으로 보이지만 그래도 그리스도의 사도들로서 받아들여졌음에 틀림없다. 그러나 바울로는 자신이 어느 면에서건 이들보다 못하지 않다고 주장한다. 이 세 집단들의 존재는—바울로는 그 중 한 집단에 대해서는(무비판적으로는 아니지만) 변호하고, 또 한 집단에 대해서는 공격하며, 나머지 한 집단에 대해서는 대등하게 대한다—분명히 바울로를 당황하게

만들었을 것이며, 그가 편지를 상당히 모호하게 쓴 원인이 되었을 것이다. 그들의 존재는 (예를 들어 ㄴ과 ㄷ을 같은 것으로 보고, 거짓 사도들은 헬레니즘적—영지주의적 유다 그리스도교를 대변한다고 보는 불트만과는 반대로—*Probleme*, 23—30) 앞으로 주석 과정에서 밝히 드러날 것이다. 그 결과 "바울로의 사도직은 고린토후서 10—13장의 논쟁의 실제적인 주제라는 점이 인식될 것이다"(Käsemann, *Legitimität*, 50/31). (알로와 같이) 이것이 바울로의 개인적인 변호를 내포한다고 해서 이 장들을 바울로의 "변증론"으로 기술하는 것은 적절치 못하다. 개인적인 것들도 어느 정도 역할을 하기는 한다. 그러나 여기서 문제되고 있는 것은 사도적 복음의 성격과 그 뒤에 있는 사도적 권위이다(참조. Käsemann, *Legitimität*, 50/33과 F.C. Baur로부터의 인용문).

〔 I 〕 갑자기 새로운 단락이 시작된다. 그러나 전체적으로 바울로는 비약적이고 강한 어조로 기술하고 있다. 그러므로 서두의 말 앞에 분실된 다른 어떤 말이 있었다고 가정할 필요는 없다. **나 바울로는 여러분을 "권면합니다"**(*παρακαλεῖν*는 8장 6절에서 "권하다"로 번역되었다. 그러나 이 말은 문맥에 의해 그 의미와 어조가 결정된다. 그리고 여기서는 보다 강한 어조의 말이 필요하다). 바울로의 부탁의 내용은 5절에서부터 비로소 나타난다. 그러나 그가 열성적으로 부탁하고 있다는 것은 이미 알 수 있다. 바울로가 독자들에게 말을 걸기 위해서 이처럼 자기 자신의 이름을 사용한 경우는 오직 갈라디아서 5장 2절, 데살로니카전서 2장 18절뿐이다. 이 두 경우에 모두 바울로는 강한 확신을 가지고 기술한다. 여기서 바울로는 두 개의 강조적인 대명사로 자신의 이름을 강조한다(*αὐτὸς δὲ ἐγὼ Παῦλος*). 어떤 학자들은 이것이 여기서부터 바울로가 직접 편지를 쓰기 시작했다는 것을 시사해준다고 보았다(갈라디아서 6장 11절에서처럼). 그러나 갈라디아서와 비교해보면 반드시 그렇지는 않다는 사실이 잘 드러난다. 편지의 진정성을 입증하기 위해서 친필로 쓰려고 한 경우는 없다(참조. 고전 16, 21 ; 골로 4, 18 ; 데후 3, 17).

바울로는 그리스도의 온유하심과 관대하심을 "힘입어"(*διά*) **그의 독자들을 "권면한다"**(비교. 로마 12, 1 : "형제들이여, 나는 하느님의 자비를 힘입어〔역시 *διὰ*이다〕 여러분에게 권합니다"). 이 병행구는 (8장 9절의 회상과 바울로가 예수가 아니라 "그리스도"를 말하고 있다는 사실에 의해 강화된다) 바울로가 여기서 예수의 지상 생애의 특징들이 아니라 예수가 지상 생애 전체의 조건들을 온유하고 겸비하게 받아들였음을 언급하고 있다는 사실을 시사한다(비교. 필립 2,6 이하). 이 견해를 뒷받침해줄 만한 것들이 있다. 그러나 만일 예수의 행동이 교만하고 난폭했다고 알려졌다면 그것이 신학으로 될 수는 없었을 것이고, 또 예수를 온유하고 관대한 사람으로 그린 전승이 없었다면 그것은 단지 형식적으로 딱딱하게 화해버리고 말았을 것이다. 컴멜은 (빈디쉬도 마찬가지인데) 여기서 마태오복음 11장 29절이 관련되어 있는 듯이 보이는 이유가 있다고 생각한다. 바울로는 때때로 복음서 전승을 매우 분명하게 연상시키는 재료(예를 들어 로마서 13장 1—7·8절 이하)를 제시하지만 그것을 알고 있다는 암시를 전혀 주지 않는다. 여기서 바울로의 관심은 예수의 지상 생애에 대해 어떤 지식을 전하는 데 있는 것이 아니라 예수의 행동과 그 자신의 행동 사이의 유사성에 있다. 그리스도교인의 존재는 예수에 의해 신학적으로나 윤리적으로 규정된다. 예수의 사도로서 그는 어쩔 수 없이 온유하고 관대한 것과는 반대되는 열성적이고 엄한 태도(참조. 고전 4,21)로 행동했을 수도 있다. 그러나 만일 그렇게 행동했다면 그것은 무엇인가가 잘못 되었다는 데 대한 분명한 표징이다. 따라서 바울로는 가능한 한 그런 일이 일어나지 않도록 하기 위해서 이미 행동을 취하고 있다. "온유하심"(πραΰ[ό]της : 참조. Aristotle, *Nicomachean Ethics* Ⅳ v [Ⅱ] 1125b)과 "관대하심"(ἐπιείκεια : 참조. Betz, *Lukian*, 209)은 헬레니즘적 윤리 사상에서 아마도 잘 알려진 짝말이었을 것이다. 이 말들은 Plutarch, *Pericles* 39, *Sertorius* 25, *Caesar* 57에서도 나란히 나온다. 필립비서 4장 5절에서 바울로가 형용사 "관대한"(ἐπιεικής)을 사용한 용법과 비교하라. 바울로는 "온유함"을 그리스도교의 특징적인 덕목, 혹은 은사로 생각한다(갈라 5,23 ; 6,1 ; 골로 3,12). 두 말을 모두 합하면 다른 사람들에 대한 관용스러운 태도를 나타낸다. 이러한 덕들을 지닌 사람은 화를 내거나 참을성 없이 되지는 않을 것이다. 이것은 2절과 일치한다.

"온유하심"과 "관대하심"은 유감스럽게도 잘못 이해될 수 있다. "관대하심"이라는 말은 바울로가 일인칭 단수형을 쓰고 있으므로 인용문으로 규정하기 힘들다. 그러나 여기서 바울로가 —그가 고린토에 있었을 때 한 행동과 고린토교회에 보낸 편지는 일치하지 않는다고 주장하고, 바울로는 안전하게 멀리 떨어져서만 속을 털어놓을 수 있는 겁장이라고 추측했던— 그의 적대자들의 언어를 반영하고 있다는 것은 매우 개연성이 있다. "나는 여러분을 권면합니다." 나는 여러분과

"마주 대해 있을 때"(*κατὰ πρόσωπον*은 셈어적인 표현이 아니다—*B.D.* § 217. Ⅰ)에는 온순하나 떠나 있을 때에는 담대합니다. "온순한"(*τάπεινος*)에 대해서는 7장 6절과 11장 7절, 12장 21절과 비교하라. 이 말은 그리스도교적 덕을 기술하는 말로 아직 충분히 인정되지 않았다. 여기서 (바울로가 다른 사람들의 언어를 채택하고 있다는 점도 기억해야 할 것이다. 따라서 견유학파에 의한 이 말의 재평가에 관한 베츠의 흥미있는 설명〔특히 앞 책 51면〕도 엄밀히 말하면 타당성이 없다) 이 말은 "고결함"(*μεγαλοπρεπές*)과 "위엄"(*ἐλευθέριον*)에 대하여 "노예근성"(*ἀνελεύθερον*)과 함께 반대어 쌍을 이루는 Xenophon, *Memorabilia* Ⅲ x. 5(여기에서는 추상명사대신 중성형용사가 사용되었다)에서와 같은 의미를 지니고 있다. 바울로는 그와 맞설 태세가 되어 있는 사람들과 마주할 때면 아첨하는 태도를 취했다(참조. 고전 2, 3)고 억지 주장들을 했다. "온유하심"과 "관대하심"이라는 말은 이러한 방식으로 오해될 수 있었다. 그러나 자리에 없을 때, 즉 편지를 쓰거나 그의 동역자들을 통해 소식을 전할 때면 그는 담대한 태도(참조. 5, 6·8 ; 7, 16과 이에 대한 주석)를 취한다(고 그들은 말한다). 이것은 어떤 편지, 혹은 어떤 소식을 가리키는가? 고린토전서 4장 19절 이하에서는 여러가지로 위협을 하고 있다. 그러나 이 귀절들이 서신 전체의 특징을 대변한다고 말하기는 어렵다. 이것은 바울로로 하여금 쓰면서 눈물을 흘리게 했고, 고린토인들이 그것을 읽을 때 상처를 받았던(2, 4 ; 7, 8) '준엄한 편지'를 가리킨다고 보는 것이 더 개연성이 있으며, 아마도 비난을 받았던 디도의 태도를 가리킨다고 보는 것이 좋을 것이다. 만일 이렇게 본다면 10—13장은 '준엄한 편지'가 아니며, 그 편지의 일부도 아니다.

귀트게만스(Güttgemanns, 135—41)는 이 귀절에서 관계사(*ὅς*)에 의해 도입되는 절은 분명히 직접적으로 그리스도가 아니라 바울로에게 관련되지만 그리스도론적 고백(비교. 필립 2, 6 ; 골로 1, 15 ; 디전 3, 16)의 형태를 지니고 있다고 역설적인 관찰을 하였다. 귀트게만스가 '사도의 "약함"은 이처럼 그리스도론적 선포이기 때문에 바울로는 자신의 사도적인 "약함"에 의해(durch) 직접 고린토인들을 권고할 수 있다. 왜냐하면 이 "약함"이 십자가에 달린 자가 현존하고 있다는 표징이기 때문이다'(이 책 188면)고 말할 때 오류를 발견할 수는 있지만 그래도 바로 앞에서는 "그리스도의 온유하심과 관대하심"에 대해 말하고 있고 사실 귀트게만스가 전혀 엉뚱한 말을 하고 있는 것은 아니다.

다른 곳에서와 마찬가지로 고린토에서의 바울로의 행동은 그리스도의 십자가 설교의 일부였다(참조. 데전 2, 1—12). 그래서 그는 개종자들에게 "내가 그리스도를 본받는 것같이 여러분은 나를 본받기를 바랍니다"라고 권고할 수 있었다(고전 11, 1 : 참조 해당 주석). 또한 그렇기 때문에 고린토전서 4장 9—13절, 고린토후서 4장 7—10절, 6장 4—10절에 서술된 사도의 선교활동은 오해를 받을 수 있었다. 이 귀절은 고도로 다듬어진 정확한 문체로 볼 만한 특징을 가지고 있지 않으며, 아마도 격한 심정으로 급하게 써나간 문장일 것이다. 그러나 "조잡한 반어법"이라고 보는 것은 적절치 못하다. 노예근성을 가지고 있어서 그런 것이 아니라 겸허한 그리스도에 대한 자신의 봉사의 필수적인 한 부분이다. 그러므로 바울로가 독자들에게 다른 태도를 취하도록 자신에게 강요하지 말라고 부탁한 것도 바로 "그리스도의 온유하심과 관대하심"을 힘입은 것이었다. 그가 다른 태도를 취할 필요가 있을지도 모른다. 그러나 그럴 경우 그것은 복음을 가로막게 될 것이다. 바울로는 진퇴양난에 빠져 있다. 이 사실은 10—13장 전체를 규정하며, 그것을 잘 설명해준다.

〔 2 〕 그러나 우리가 육을 따라(참조. 고전 3, 3 : 여기서는 비슷한 말이 사용되었다. "육을 따라"에 대해서는 다음 귀절을 참조하라) 산다고 생각하는 사람에게는 내가 대담하게 될 수 있는데(참조. 고전 6, 1과 주석) 여러분에게 가서는 그렇게 과감하게(직역하면 '확신을 가지고 [1절에서처럼] 담대하게'이다) 할 필요가 없게 되기를(이 말은 그리이스어 원문에는 없지만 고린토인들에 대한 바울로의 부탁의 의미를 드러내준다. 문자적으로 번역한다면 '나는 [여러분이] 있을 때 과감하게 되지 않기를 바랍니다'이다. 구문에 대해서는 *B.D.* §399. 3 참조) "바랍니다"(δεόμαι라는 새로운 동사가 여기서는 1절의 동사—"권면하다"—를 다시 말하는 것으로 이해되었다. 그리이스어 원문에는 "여러분에게"라는 말이 없으므로 '기도로 부탁합니다'를 의미한다고 볼 수도 있다 : '나는 내가 ∼을 보이지 않게 되기를 기도합니다.' 바호만이 그렇게 본다). 문맥상으로는 기도보다는 고린토인들에 대한 호소를 시사한다. "온유하심과 관대하심"이 그리스도의 특성으로 인정될 수 없는 경우가 있다. 그리고 이것은—바울로는 언급하지 않았지만—예수에 관한 역사적 전승은 예수의 온유하심에 대해 언급하기도 하지만(예. 마태 11, 29) 그가 화를 냈다고(예. 마르 3, 5) 전하기도 한다는 사실과 일치한다. 예수 자신에게 있어서, 그리고 사도에게 있어

서 이 두 가지 태도는 오해받을 수 있었다. 그러나 만일 오해받을 수밖에 없다면 화를 냈다는 것보다는 온유했다고 오해받는 것이 더 낫다. 바울로는 얼마든지 대담하게 행동할 수도 있었고, 또 그렇게 할 것을 고려할 수도(λογίζεσθαι) 있었지만 꼭 대담하게 행동해야 할 필요가 없기를 바란다.

그는 자신의 행동을 오해하고 잘못 평가하며(여기서도 λογίζεσθαι라는 말이 사용된다), "온유함"을 약함이나 아니면 교활함으로 잘못 이해하는 사람들에 대해서는 담대함을 보일 수도 있다. 이 단락의 마지막 귀절을 보기 전까지는 이 사람들이 누구인지에 대해 분명한 실마리를 찾을 수 없다(참조. 6절에 대한 주석). 그러나 바울로가 "어떤 사람들에게는 대담하게 될 수 있다"고 주장한다는 것에 주목할 필요가 있다. 그는 "나는 여러분 앞에서 이런 담대함을 보일 필요가 없게 되도록 여러분이 회개하기를 바랍니다"라고 말하지 않는다(그렇게 말하기 쉬웠을 텐데도 말이다). 이 문장은 중간 부분에서 바뀐다. "어떤 사람"은 "여러분들 중의 몇몇 사람"일 수도 있다. '여러분들 전체가 내가 소수의 사람들을 엄하게 대하지 않아도 되도록 행동하시오.' 만일 바울로가 이렇게 말하려고 했다면 쉽게 그렇게 할 수 있었겠지만 그는 여기서도 이렇게 말하지 않는다(참조. 2장 6절의 "몇몇 사람들"). 바울로의 언어는 문제가 되고 있는 사람들이 고린토인들과는 구별되어야 한다는 견해를 반드시 요구하지는 않지만 그러한 견해와 일치한다(참조. 이 책 310—311면). Gouge와 비교하라 : '첫째, 불확정적인 몇몇(some) 사람들(어떤[certain] 사람들이라는 말이 더 낫다)이라는 말은 그가 고린토인들을 언급하고 있지 않다는 점을 시사한다. 둘째, 반대로 이 귀절의 호소는 성 바울로가 엄하게 행동해야 하는가 그렇지 않은가가 고린토인들의 행동에 달려 있음을 전제한다.' 문제가 되고 있는 여러 사람들 사이에 밀접한 관계가 있다는 사실은 바울로의 부탁에 의해서도 알 수 있다. 고린토인들은 바울로가 단호한 행동을 취하지 않아도 좋도록 행동할 수 있다(혹은 바울로가 부탁할 필요가 없게 될 수도 있다). 그들은 아마도 바울로의 적대자들을 뒤에서 지원하거나 신임하기를 그만둠으로써 그렇게 할 수 있었을 것이다. 그러나 고린토인들의 지원과 신뢰는 이미 도가 지나쳤다(11, 20). 아마도 디도는 바울로의 교회가 부패한 정도를 과소평가했던 것 같다(7, 11).

로마서 8장 4—8절과 같은 귀절들에 비추어볼 때 바울로는 자신의 행동이 "육을 따른 것"이라고 생각하는 사람들과 의견이 다를 수밖에,

없었다. 그러나 그들이 이 말(*κατὰ σάρκα* "육을 따른")로 의미한 바는 바울로가 뜻한 바와 달랐을 수 있다. 바울로에게 있어서 "육에 따라 산다"는 것은 자기중심적이고, 적어도 인간중심적인 존재를 영위하는 것을 의미하며(참조. 이 책 222면), 하느님이 아닌 것에 몰두해서 어떠한 위치전간에 하느님을 종속적인 위치로 격하시키는 것을 의미한다. 10—13장의 전체 문맥으로부터 볼 때 바울로의 적대자들에게 있어서 "육에 따라 사는 것"은 환상을 보지 못하거나 황홀경을 체험하지 못하는 것을 의미했음을 알 수 있다. 어쩌면 영적 권위나 우월성의 표시로 생각되었던 권위적이고 독단적인 행동을 하지 않는 것을 의미했을 수도 있다. 이 사람들에 대해서는 바울로가 이들에 대해 설명할 만한 재료가 되는 말을 할 때, 보다 상세하게 설명해야 할 것이다. 예를 들어 329·345—348면 이하·365—366면을 참조하고 서론 54면 이하와 "Paul's Opponents"를 참조하라. 표현상의 차이는 어느 정도 설명을 필요로 하는데 유감스럽게도 (우리의 관점으로 볼 때) 바울로는 거기에 대해 체계적으로 설명해 주지 않는다. 그러나 분명히 우리는 "육"과 "영"을 이해하는 데 있어서 근본적으로 다른 두 가지 방식을 다루어야 할 것이다. 칼빈은 비슷하기는 하지만 같지는 않은 견해를 채택한다. "육"은 "대개 거짓 사도들이 스스로를 추천하는 유일한 표준이었던 외적 허세나 과시"를 의미한다.

[3] 우리가 육신을 입고 "살기는"(2절에서와 같이 *περιπατεῖν* 이다) 합니다만 육정을 따라 싸우는 것은 아닙니다. 바울로는 전치사 *ἐν*("~안에")을 썼다가 *κατά*("~을 따라")로 바군다. 그러므로 여기서 "육에 따라"를 로마서나 고린토전서 주석에서처럼 의역하는 것은 현명하지 못한 것 같다. 바울로는 "육 안에서"라는 말을 일관되게 사용한다(*Romans*, 158). 로마서 8장 9절에서 바울로는 그리스도교인들은 육 안에 있지 않다고 단언한다. 갈라디아서 2장 20절에서는 육 안에서 사는 삶에 대해 말하는데, 의심할 바 없이 그것은 그리스도교인으로서의 삶을 의미한다. 왜냐하면 그것은 신앙에 의해 사는 삶이기 때문이다. 지금의 이 귀절은 갈라디아서의 귀절과 유사하다. 슐라터에 의하면 *ἐν*은 원인적인 의미를 지니고 있다. 즉 바울로는 자신이 몸소 하는 봉사가 필요하다는 것을 의미했다는 것이다. "육 안에서"라는 말로 바울로가 "세상 안에서"(참조. 고전 5, 10), "인간 존재의 일반적인 상황 안에서"를 의미했으리라고 보는 것이 더 개연성이 있다. 비록 그가 때때로 삼층천이나 혹은 낙원(12, 2·4)을 경험했다

고 할지라도 그것이 그의 정상적인 경험은 아니었다. 이것은 10—13장에서 계속해서 반복되며, 사실 고린토후서가 다른 어떤 서신보다도 더욱 분명하게 선포하고 있는 십자가의 신학(참조. 이 책 서론, 71—73·78면 이하와 *Signs*, 41—4, 80—1 ; 비교. 이 책 145—146면)의 기본적인 주제 중의 하나이다. 바울로는 "죽은 것 같으나 보시오, 살아 있읍니다"라고 말할 수 있는 그리스도교적 존재 이외에 다른 어떤 그리스도교적 존재도 알지 못한다(6, 9). "육 안에서"는 죽는 것을 의미한다. 그러나 이것이 전부는 아니다. 여기서 바울로는 단순히 "우리는 이제 영에 따라(*κατὰ πνεῦμα*) 삽니다"라고 말하지 않는다. 왜냐하면 그는 자신의 사도적 삶의 특수한 측면을 다루고 있기 때문이다. 그는 적대자들과 싸워야만 한다. "육에 따르지 않고" 그들과 싸우는 것은 (위에서 말한 바에 비추어볼 때) 자기 중심적인 동기에 의해서, 말하자면 자신의 위치를 세우고, 자신의 힘을 증대시키기 위하여 싸우는 것을 의미하지 않으며, 자신이 가진 것들에 기초해서 싸우는 것을 의미하지도 않는다. 이 싸움의 적극적인 측면이 4·5절에서 진술된다.

〔 4 〕 우리가 싸우는 데 쓰는 무기는(바울로는 데살로니카전서 5장 8절에서처럼 개별적인 무기들을 특수화하고 알레고리화하는 데 관심을 가지고 있지 않다 : 비교. 에페 6, 14—17) 육적인 무기가 아니라(말하자면 "우리는 육정을 따라 싸우지 않습니다"—3절b를 반복하는 말이다) 하느님의 강한(직역하면 하느님께 능력 있는, 혹은 하느님을 위한 *δυνατὰ τῷ θεῷ*) 무기이기 때문입니다. "하느님"(여격)이라는 말을 어떻게 이해해야 하는지는 확실치 않다. 그것은 단순히 히브리어 구문에 기초해서(창세 10, 9 ; 요나 3, 3에서처럼 ; 비교. 사도 7, 20) 최상의 어떤 것을 표현한 것이다. Moule, *Idiom*, 184(비교. *M.* ii. 443)에서는 이러한 견해를 따르는 것으로 보인다. 이것은 현대 그리이스어에는 단순히 최상급을 의미하는 하느님(*θεο-*)이라는 말과 결합된 단어들이 많다는 사실에 의해서도 뒷받침된다(예를 들어 *θεόγυμνος* "완전히 벌거벗은" ; *θεόκωφος* "완전히 귀머거리인" ; *θεότυφλος* "완전히 장님인"). 이 견해에 따른다면 "매우 강한"이라고 번역해야 할 것이다. 다른 견해는 이 말을 편의의 여격(dativus commodi)으로 보는 것이다 : "하느님을 위하여", "하느님을 대신하여"(비교. 11, 2). 이것이 보다 개연성이 있다. 바울로가 고린토인들이 칠십인역의 조야한 말투를 이해하리라고 기대했을 리는 없으며, "하느님"이라는 말이 무엇을 의미하는지 생각하지도 않은 채 건성으로 그 말을 썼을 것 같지는 않기 때

문이다. 그 무기들은 육적인 것이 아니다. 즉 그것들은 영적인 것이다. 그러므로 그것들은 능력이 있다(Lietzmann). 바울로는 위의 중간 단계의 말을 생략했다.

사실 바울로는 그 무기들로 무엇을 하는지를 말하기 위해 서두른다. 그것들은 강하다. **왜냐하면 "견고한 성"**(ὀχόρωμα의 형식에 대해서는 *M.* ii 71을 참조하라)**이라도 무너뜨리기 때문입니다.** 이것은 잠언 21장 22절을 암시할 수도 있다. 지혜가 있어야 강한(ὀχυράς) 성을 공격하고, 불경건한 자들이 기대는 (나는 칠십인역의 단순과거형들을 격언적인 것이라고 이해한다) "요새"(ὀχύρωμα)를 허문다. 빈디쉬는 Philo, *De Conf. Linguarum*, 129—31과 비교한다. 거기서는 궤변론자들을 공격하는 데 비슷한 상징을 사용한다. 빈디쉬는 바울로가 고린토의 영지주의를 공격하고 있다고 생각한다. Betz, 68, 140—1에서는 궤변론자들에 대한 공격이라는 주제를 강조한다. 사실 우리에게는 바울로의 공격 대상이 누구인지를 밝힐 만한 근거가 없다. 이것은 바울로가 이야기를 계속 전개해감에 따라 드러날 것이다.

〔4b·5〕 구문은 갑자기 바뀌며, 일련의 주격 복수형 분사들로 이루어진 문장이 나온다(남성형이다. 따라서 중성인 "무기들" ὅπλα와는 일치하지 않는다). 9장 11절과 비교하라. 분사들은 영어의 한정동사들로 번역되어야 한다.

우리는 허황한 "이론"(λογισμοί. 혹은 계획들. 2절의 동사 "생각하는" λογίζεσθαι에 대한 일종의 언어유희를 하고 있다)**과 하느님의 지식에 대적하여 일어나는 모든 교만을 "쳐부숩니다"**(동사 καθαιροῦντες는 앞 절의 명사 "무너뜨림" καθαίρεσις [우리말 새번역성서에는 동사로 의역되었음. 역주]로부터 나온 것이다). **모든 생각을 사로잡아 그리스도에게 복종시킵니다.** 바울로가 그의 적대자들, 즉 침입한 사도들에 대해서 생각하고 있다는 주장(Lietzmann)은 아마 옳을 것이다. 이것은 "허황한 이론"이라는 말에 대해서는 아주 분명하다. 이외에 이 명사가 나오는 곳은 유일하게 로마서 2장 15절인데 거기서 이 말은 중성적인 의미를 지니고 있다. 그러나 아마도 여기서는 복합명사의 의미로 사용되었을 것이다 (διαλογισμός). 그리고 로마서 1장 21절, 고린토전서 3장 20절, 필립비서 2장 14절에서는 부정적인 의미로 사용되었다. "생각"(νόημα)이라는 말은 필립비서 4장 7절에서는 긍정적인 의미로 사용되었다. 그러나 고린토후서에서는 부정적인 의미 혹은 잠정적으로 부정적인 의미를 지니고 있다(2, 11 ; 3, 14 ; 4, 4 ; 11, 3). 그러므로 이 두 말들은 모두 인간의 지혜 속에 담긴 것으로 생각되는 영리함을 시사한다. 그리고 인간의 지혜는 스스로 만족하고 하느님을 필요로 하지 않거나 아니면 그것 자체의 신을 가지고 있으며, 그것 자체의 형상을 만들어 간다. "모든 교만"(ὕψωμα, 이것은 로마서 8장 39절에서는 다른 의미로 나온다)이라는 말을 처리하는 것은 결코 쉽지 않다. 크리소스톰(증거들에 대해서는 Lietzmann을 참조하라)은 이것을 "높은 왕"으로 설명한다. 그러나 그리이스 어법에서는 이 말의 이러한 의미를 찾아볼 수 없다. 아마도 그 명사에 붙여진 분사가 제공하는 해석이나 교만하게 행동하는 상황을 지적하는 것 이상으로 더 세부적으로 해석할 필요는 없을 것이다. 그것은 스스로 다른 사람들에 대해서 뿐만 아니라 (이 경우에는) 하느님보다도 우월하다고 생각하는 교만함(참조. 로마 12, 16)을 의미한다. 그리고 이것이 바로 죄의 정의이다(로마서 1장 18—23절과 주석을 참조하라). 그리고 비록 그것이 본질적으로 종교적인 형태로 나타날지라도 그리스도교에 대한 바울로적인 이해에 의하면 그러한 것이 들어올 여지가 없다(참조. 12, 7). 그러나 바울로는 단순히 하느님에 대해서가 아니라 하느님의 지식에 대적하여 일어나는 교만에 대해 말한다. 바울로가 로마서 1장 28절에서 뜻했던 바 이상을 의미했을 것 같지는 않다 : "그들이 하느님에 대한 참 지식을 마음에 받아들이지 않았으므로"(τὸν θεὸν ἔχειν ἐν ἐπιγνώσει), 즉 그들은 하느님을 알기 보다는(이것은 자기를 낮출 때에만 가능하다) 스스로 교만해졌다. 그러나 "지식"(γνῶσις: 참조. 『고린토전서』, 225면 이하)이라는 말은 고린토교회에서 유행하던 말이었다. 그리고 이것은 다음의 두 가지 점들 중에서 어느 하나나 혹은 그 둘 모두를 시사해주었을 것이다. (ㄱ) 바울로는 하느님에 대한 참된 그리스도교적 지식은 십자가에 달린 그리스도 안에서만 얻을 수 있다는 점을 분명히 했다(『고린토전서』, 35—36면). 사람들이 교만해지는 것은 이러한 참된 지식에 대적하는 것이다. 왜냐하면 참된 지식은 그들의 이성과 관습을 공격하기 때문이다(고전 1, 23). 그들은 우리가 하느님에 대해서 알고 있는 진리를 거부한다. (ㄴ) 아마도 바울로는 자신의 적대자들이 "지식"이라는 말을 사용했기 때문에 그 말을 사용했을 것이다. 그의 적대자들은 그들 자신의 지식(gnosis)을 추구하기 위해서 바울로가 하느님의 지식에 의해 이해한 것을 거부했다. 고린토에서의 "지식"에 대해서는 "고린토의 그리스도교"(275—86)와 이 책 서론, 65—66면을 더 참조하라. "사로잡아 복종시킵니다"는 '전쟁포로로 삼아 복종시키다'를 약간 확대시킨 번역이며, "그리스도의 복종"이라는 말을 목적격인 속격으로 이해한 것이다. 인간의 생각들은 사로잡혀서 새로운 권위로 넘겨진다. 그들은 이제부터 다른 관심들을 추구하지 않고 오직 그리스도에게 복종할 것이다. 만일 여기서 속격이 목적적인 의미와 주격의 의미를 모두 지니고 있다는(참조. 로마 5, 19. 그리고 예수를 "하느님의 종"으로, 즉 하느님께 복종하게 하는 자로 서술한 것을 참조하라) 바르트의 견해(*C.D.* Ⅳ i. 194)를 받아들인다면 반드시 달리 번역해야 할 것이다. 그리스도가 그의 지상 생애에서 보여준 복종에 대하여 바르트가 말한 내용은 옳으며 또 중요하다. 그러나 모든 생각을 그리스도에게 복종시킨다고 말하는 현재의 문맥은 그러한 것을 시사하지 않는다. 사람들은 이제부터 자기중심적인 방식으로 생각하거나 계획하지 말고 그리스도에게 복종하여 생각하고 계획해야 할 것이다. 바울로가 자신의 목적을 이런 방식으로 기술한다는 것은 주목할 만하다. 그는 필요하다면 싸울 준비가 되어 있다. 그러나 그는 자기 자신을 위해서 싸우지 않으며, 사람들이 자신을 중요한 사도로 인정하고 자신에게 복종하도록 만들려고 하지도 않는다(11, 20과 대조). 여기서 중심은 그 자신이나 그의 경쟁자들에게 있는 것이 아니라 오직 그리스도에게 있다.

[6] 이제 더욱 진전된 바울로의 논전이 나온다. 우리는 여러분이 완전하게 복종하게 될 때에는("완전해졌을 때에는" πληρωθῇ: 참조. Delling, *T.W.N.T*, vi. 296) 벌써 모든 복종하지 않는 자들을(즉 그리스도에게 복종하지 않는 자들 : 이것은 5절b에 대한 위에서 채택한 견해를 확증해준다) "처벌할"(ἐκδικεῖν. 이 단어의 의미에 대해서는 Schrenk, *T.W.NT.* ii. 441을 참조하라) 준비가 되어 있을 것입니다. 바울로가 다음과 같은 것을 의미했으리라고 생각하기는 어렵다: '여러분 고린토 교인들이 완전히 복종하게 될 때에는 나는 과거의 여러분 모두의 불복종을 처벌할 것입니다.' 즉 지금은 처벌을 연기한다는 것이다. 그러나 만일 바울로가 그러한 것을 뜻하지 않았다면 그는 분명히 다음과 같은 것을 의미했을 것이다 : '여러분이 완전히 복종하게 되면 나는 거기에 근거해서 다른 사람들의 불복종을 처벌할 것입니다' (참조. "Paul's Opponents," 230 : 다른 몇몇 주석자들과는 달리 헤링은 여기서 πληρωθῇ를 기동起動동사로 보는 데에는 문제가 있다고 생각한다). 이 복종하지 않는 사람들은("모든 복종하지 않는 자들"이라는 말은 10장 7—11절에도 불구하고 바울로가 어느 한 사람을 가리킨다고

한정하기에는 매우 일반적인 표현이다. 10장 7—11절에 대해서는 주석을 참조하라) 고린토인들이 아니므로 외부로부터 고린토와 고린토교회에 들어왔을 것이다. 그리고 10장 12—18절에 비추어서 그들에 대해 설명하는 것은 당연하며, 또 확실히 옳다. 즉 그들은 예루살렘에서(갈라 2, 9) 합의를 본 선교활동 영역 구분에 불복종했고 자신들에게는 아무런 권한도 없는 바울로의 선교 영역에 침입한 사람들이다. 복종과 불복종은 각기 신앙과 불신앙에 연결된다(Bornkamm, *Paulus*, 154). 그러나 이 말들은 여기서 그것들과 완전히 동의어는 아니다. 왜냐하면 여기서 말하는 사람들은 모두가 그리스도교인들이기 때문이다(바울로의 견해에 의하면 그들 중의 몇몇 사람들은 매우 좋지 않은 그리스도교인들이었지만 말이다). "복종"은 바울로에 대한 충성까지도 포함하며(이러한 충성은 실제로 바울로의 불행한 고린토 방문 때에는 보이지 않았다 : 참조. 7—8·89·93·212—213면), 불복종은—비바울로적인 그리스도교인들에게 있어서는 바울로에 대한 불충성을 의미할 수 없었겠지만—바울로도 동의했던 합의점을 무시하는 것을 의미한다. 그러나 이러한 여러가지 가능성들에도 불구하고 그는 부분적으로는 이 말이 "복종"이라는 말과 쉽게 짝을 이루기 때문에 그 말을 사용했다. 만일 "복종하지 않는 자들"이 고린토인들이 아니었고, 갈라디아서 2장 9절의 합의점(혹은 적어도 그와 같은 합의점)을 위반함으로써 잘못을 범했다면 아마도 어떤 의미에서 그들은 예루살렘에 기초하고 거기로부터 지시를 받았다고 볼 수 있을 것이다.

여기서 본문상의 증거들을 넘어서서 논증하는 것은 잘못이다. 그러나 이 책 309면에서 세 집단을 구별했던 것을 회상할 수 있을 것이다. 이제 바울로는 고린토인들이 전적으로 자신의 편이었던 것은 아님을 1—9장에서보다 분명하고 확고하게 깨닫는다. 그러나 그는 여전히 고린토인들이 완전하게 복종하게 될 것을 목표로 삼고 있다. 그가 이 목적을 이루었을 때에는 그 다음 단계로 자신의 활동을 방해할뻔했던 침입자들을 처벌할 것이다.

17. 적대자들에 대항하여 싸울 것을 선언함 10장 7—18절

7 여러분 앞에서 일어나고 있는 일들을 보십시요. 누구든지 자기가 그리스
도의[6] 사람이라는 확신을 가졌다면 그가 그리스도의 사람인 것처럼 우리도 그
리스도의 사람이라는 것을 다시 한번 스스로 생각해야 할 것입니다. 8 주께
서 우리에게 주신 권위를 내가 그 이상으로 자랑했다 하더라도[7] 내가 그 권위
를 가지고 여러분을 넘어뜨리려 한 것이 아니라 세우려 한 것이므로 나는 부
끄러울 것이 없읍니다. 9 나는 편지를 가지고 여러분을 위협하는 것처럼 보
이지 않기 위해서 이렇게 하는 것을 삼가합니다. 10 "바울로의 편지는 무게가
있고 힘차지만 그의 외모는 약하고 말하는 것도 별것 없다"고 그가 말하지
만[8] 11 그런 말을 하는 사람은 똑똑히 알아두시오. 우리로서는 떠나 있을
때 편지로 쓰는 말에나 같이 있을 때 행하는 일에 아무 다른 것이 없읍니
다. 12 우리는 자기를 내세우는 사람들 축에 들거나 그들과 자신을 견주어
보려고 하지 않습니다. 그러나 그들은 자기 자신들의 표준으로 자기를 재고
또 남에게 견주어봅니다. 그들은 참으로 어리석다 하겠읍니다. 13 그러나[9]
우리는 아무 표준 없이 자랑을 하려고 하지 않습니다. 우리가 여러분에게로
가서 선교하는 것도 오직 하느님께서 우리에게 전해주신 한계 안의 영역에
서 된 일입니다. 14 그러므로 우리는 여러분에게로 가지 못할 사람이 아닙
니다. 우리가 한계를 지나 무리하게 손을 뻗치고 있는 것이 아닙니다. 사실
그리스도의 복음을 가지고 처음으로 여러분에게로 간 사람은 우리들입니다.
15 우리는 우리의 한계를 넘어서 다른 사람들이 수고한 일을 가지고 자랑하

6) 서방 본문들(D* G Ambrosiaster)에는 "…자기가 그리스도의 종이라는"으로 되어 있다. 이차적으로 확대시킨 것이기는 하지만 올바른 의미를 제공한다. 11장 23절과 비교하라.

7) P⁴⁶ B사본과 τε "지나친 감정표현"이라고 생각한 다른 사본들에서는 τε를 생략했지만 바울로는 ἐάν τε γάρ라고 썼던 것으로 여겨진다. 그러나 더 나아가서 Radermacher, 5와 특히 *B.D.* §443.3, 그리고 Thrall, 96—7과 Aristotle, *Politics* 1318b 33으로부터의 인용문을 참조하라.

8) 몇몇 권위있는 사본들에는 "그들이 말한다"로 되어 있다. 주석을 참조하라.

9) 12절 마지막 말과 13절 서두의 말은 몇몇 사본들에 의해 생략되었다. 이 책 332—333면을 참조하라.

는 것이 아닙니다. 다만 여러분의 믿음이 자라 우리의 선교 영역이 여러분 가운데서 더 넓게 확장되어 우리에게 주어진 한계 안에서 더욱 풍성하게 되기를 바라는 것뿐입니다. **16** 이리하여 우리가 여러분의 지역을 넘어서 더 넓은 지역에 복음을 전하게 될 것이요, 남의 지역에서 이미 이루어진 일을 가지고 자랑하는 일은 있을 수 없는 것입니다. **17** 자랑하는 자는 주를 자랑할 것입니다. **18** 참으로 인정받는 사람은 스스로 자기를 내세우는 사람이 아니라 주께서 내세워주시는 사람입니다.

바울로는 이제 매우 복잡하고 난해한 이 그리이스어 문장으로 밝힐 수 있는 한에서 고린토에서 무슨 일이 일어나고 있으며, 그가 지금 진정시키기 위해서 편지를 쓰도록 한 문제가 어째서 일어났는지를 분명히 밝히고 있다.

〔 7 〕 바울로는 그의 독자들로 하여금 지금 그들 앞에서 무슨 일이 일어나고 있는지를 똑똑히 보도록 한다. 여러분 앞에서 일어나고 있는 일들을 보십시요. '여러분은 여러분 앞에서 일어나고 있는 일들을 보고 있읍니다'라고 번역할 수도 있을 것이다(왜냐하면 "보십시요" *βλέπετε*가 명령법이거나 아니면 직설법일 수 있기 때문이다. 단지 문맥과 의미상으로만 어느 것인지를 결정할 수 있다). 만일 후자의 번역을 채택한다면(J.A.T. Robinson, *The Body* [1952], 26) 그 의미는 '여러분은 인간적인, 육적인(10, 2—3) 관점으로부터 사물을 보고 있읍니다—여러분은 외적으로 보이는 것에 만족하고 있읍니다(Calvin)'일 것이다. 그러므로 여러분은 상황을 오해했읍니다. "여러분 앞에서 일어나고 있는 일들"(*τὰ κατὰ πρόσωπον*)이 단순히 말 그대로를 의미한다면 그것은 위의 견해를 반증한다. 그리고 여러분 앞에서 일어나고 있는 일들을 보라는 것이 반드시 여러분은 육적인 관점에서 사물을 보고 평가한다는 것을 의미하지는 않는다. 문제의 동사 형태(*βλέπετε*)가 자주, 그리고 특징적으로 바울로에 의해서 명령법으로 사용되었다는 사실은 결코 결정적인 것은 아니지만 염두에 둘 필요가 있다(고전 8, 9 ; 10, 18 ; 16, 10 ; 갈라 5, 15 ; 필립 3, 2 ; 골로 2, 8 ; 4, 17 ; 비교. 에페 5, 15. 고린토전서 1장 26절은 아마 포함되지 않을 것이다. 해당 주석을 보라).

베츠(132—137)가 훌륭하게 설명하고 있듯이 고린토에는 "증거 문제"(Evidenzproblem)가 도사리고 있었다. 고린토인들이 눈을 뜨고 올바르게 본다면 그들은 자신들이 생각했던 것처럼 상황이 그렇게 일방적이지는 않음을 깨닫게 될 것이다. 누구든지(이것이 일반화시키는 말인지 아니면 막연하게 특정한 한 사람을 가리키는지가 분명치 않다. 10·11절과 주석을 참조하라. 그것은 후자의 가능성을 시사한다) 자기가(어쩌면 자신 안에—ἑαυτῷ) 그리스도의 사람이라는 확신을 가졌다면 그가 그리스도의 사람인 것처럼 우리도 그리스도의 사람이라는 것을 다시 한 번 스스로(ἐφ' ἑαυτου : 비교. Herodotus iii. 71의 훌륭한 병행구 [ἐπ' ὑμέων αὐτῶν βαλόμενοι]. "다시 한 번"은 아마도 재귀대명사를 수식할 것이다. 즉 '또 다시 자신을 돌아보게 하시고') 생각해야 할 것입니다. "그리스도의 사람"(Χριστοῦ εἶναι)이라는 말이 뜻하는 바가 무엇인지 논의해야 한다. 빈디쉬는 이 구를 네 가지 방식으로 이해할 수 있다고 한다. 첫째, 이것은 단순히 "그리스도교인인 것"을 의미할 수 있다. 둘째, 이것은 나자렛 예수와의 특수한 역사적 관계를 가리킬 수도 있다. 세째, 그것은 사도의 신분을 가리킬 수 있다. 네째, 이것은 천적인 그리스도와의 신비주의적이고 영지주의적인 관계를 가리킬 수도 있다. 슈미탈즈(162 이하)는, "나는 그리스도에게 속한다"는 말은 고린토의 영지주의자가 "나는 영적인 사람이다"(πνευματικός)라고 말하는 것과 같다고 생각한다. 빈디쉬는 아마도 둘째 항과 결부시켜서 세째 항을 택한다. 이 문제는 결코 간단하지가 않다. 모든 그리스도교인들이 그리스도에게 속한다. 그러므로 첫째 항의 의미가 가능하다는 데에는 의심의 여지가 없다 : '누구든지 자신이 그리스도교인이라고 확신한다면 나도 역시 그리스도교인이라는 사실을 알아야 합니다. 부정적으로 보면 이것은 중요한 비난을 함축하고 있다. 즉 바울로는 그리스도교인이 아니라는 비난이다. 그러나 적극적으로 보면 이것은 매우 온건해서(침입자는 "나는 그리스도교인이다"라고 온당한 주장을 하고 있을 뿐이다) (기껏해야) 이것은 이 귀절이 뜻하는 바의 일부에 불과하다고 볼 수 있다. 그 사람은 어떤 특수한 의미에서 자신은 그리스도에게 속한다고 주장했음에 틀림없다. 이것은 11장 23절을 상기시킨다 : "그들이 그리스도의 일군입니까?" 그리고 다음에 이것은 11장 15절을 지시하는데 거기서 "사탄의 부하들"과 "의의 일군들"이라는 말의 배후에는 특수한 의미에서 그리스도의 종(그리고 사도—11, 13)이라는 동일한 주장이 있다. 이것은 아마도 고린토에서 행해졌고 고린토인들에게 영향을 끼쳤던 주장을 가리킬 것이다. 아마도 바울로에 대해 부정적 암시를 드러내놓고 하지는 않았겠지만 "나는 그리스도의 사람입니다"라는 주장을 들은 사람들은, "바울로가 아니라 바로 이 사람이 정당하고 권위있는 사도이다"라고 그들 스스로 추측하게 되었을 것이다. 이로부터 쉽게 다음과 같이 덧붙여 생각할 수도 있었을 것이다: '바울로가 (그릇되게도) 자신은 사도라고 주장하니 아마도 그는 거짓 사도임에 틀림없을 것이다. 그리고 만일 그가 거짓 사도라면 그는 결코 그리스도교인이 아닐 것이다.' 그러므로 케제만(*Legitimität*, 36/11. 컴멜은 설득력 있게 답변하지 못했다)이 여기서 사도로서의 바울로의 지위뿐만이 아니라 그리스도교인으로서의 그의 위치까지도 공격을 받았다는 증거를 본 것은 적어도 완전히 틀리지는 않다. 이 귀절과 고린토전서 1장 12절에서 언급된 집단, 즉 "나는 그리스도 편이다"라고 내세웠던 집단 사이에 특정한 관련성이 있다고 보는 것은 개연성이 적은 것 같다. 소위 그리스도당이 어떤 사람들이었는지, 그리고 고린토의 다른 집단들과 어떻게 구별되었는지는 전혀 분명치 않다(『고린토전서』, 64—67면). 그러나 그들은 전체 고린토교회에서 여러 분파들, 혹은 이제 분파를 이루기 시작하는 것들 중의 한 파에 속해 있다. 반면 여기에 나오는 사람들은 외부로부터 고린토에 들어와서 자신의, 혹은 자신들의 특수한 규정을 교회가 그대로 준수하도록 요구했던 사람이거나 혹은 사람들이다. 이밖에도 바울로는 자신도 역시 그리스도에게 속한다고 주장하고 있으나 이것이 그가 그리스도당의 일원임을 의미하기는 힘들다. 그리스도와 특수한 관계를 맺고 있다는 주장은 단지 그리스도의 탁월한 종임을 주장하는 것 이상을 뜻하지 않을 것이다(위를 참조하라). 또한 이것은—바울로는 그렇지 못했지만—역사적 예수를 안다는 주장까지도 포함할 수 있다. 5장 16절과 주석을 참조하라. 그는 자신도 그리스도에게 속한다고(*Χριστοῦ*) 주장할 수 있고 또 주장했다(비교. 고전 7, 40). 이러한 관계는 우연적인 역사에 의존하는 것이 아니라 신앙과 영에 의존한다. 갈라디아서 2장 20절, 로마서 8장 9절, 요한복음 20장 22절과 비교하라.

[8] 극단적으로 말하자면 여기서 제기된 문제는 바울로가 그리스도교인이냐 그리스도교인이 아니냐 하는 것이다. 그러나 다음 귀절에서 분명하게 이어받는 문제는 이것이 아니라 그가 사도로서의 권위(이 말이 의미하는 바가 무엇으로 드러나든지간에)를 지닌 사도인가 아닌가 하는 것이다. **주께서 우리에게 주신 권위를 내가 그 이상으로 자랑했다**(즉 '나를 공격하는 사람들과 마찬가지로 그리스도에게 속해 있다고 주장하는 데서 그치지 않고 더 자랑한다면') **하더라도**(본문에 대해서는 이 책 322면 주 7 참조) **내가 그 권위를 가지고 여러분을 넘어뜨리려**(13장 10절에서 실제로 같은 말이 사용되었

다. 참조. 예레 1,10 ; 24,6) 한 것이 아니라 세우려 한 것이므로 나는 부끄러울 것이 없읍니다. 같은 표현이 7장 14절(참조. 9,3)에서는 과거시제로 나온다. 그 자랑은 진실임이 입증될 것이다. "넘어뜨리다"는 10장 4절을 연상시킨다. 이것은 교회가 아니라 하느님에게 대적하는 데 적용된다. "세우다"(건축하다)라는 은유는 바울로가 자주 쓰는 것이다(참조. 12,19 ; 13,10 ; 고전 10,23 ; 14,4·17 ; 갈라 2,18 ; 데전 5,11). 5장 1절에서 οἰκοδομή("집", "건축")는 이미 세워진 것이라는 의미로 사용되었다. 여기서 이 말은 세우는 과정을 가리킨다. 이 과정은 1장 24절에서는 다른 언어로 기술되었으며, 사실 서신 전체에 걸쳐서 나온다. 사도로서 바울로는 권위를 가지고 있다. 그러나 그 권위는 복음을 선포하고, 그럼으로써 교회를 세우며, 교회가 세워지고 나면 그들의 성장을 지켜보는 권위이다. 그는 하느님의 활동을 가르칠 권위를 가지고 있지 않다. 이것은 누구든지 교회를 위험에 빠뜨리고, 교회에 해를 입힌다면 그가 스스로 어떤 지위를 주장하건간에 그에게는 아무런 권위도 없으며, 그는 결코 사도가 아니라는 것을 의미한다. "만일 누구든지 하느님의 성전을 파괴하면 하느님께서도 그 사람을 멸망시키실 것입니다"(고전 3,17 : 이 문맥에서도 건물의 상을 사용하고 있다).

8절의 "내가 그 이상으로 자랑했다 하더라도"라는 말은 달리 이해할 수도 있다 : '만일 내가 우리의 권위를 좀 지나치게 자랑했다 하더라도.' 그러나 바울로의 어법에 의하면 περισσότερόν τι "그 이상으로"라는 말은 실제적인 비교를 내포한다(고전 12,23·24 ; 15,10 ; 고후 1,12 ; 2,4 ; 7,13·15 ; 11,23 ; 12,15 ; 갈라 1,14 ; 필립 1,14 ; 데전 2,17). 그리고 만일 여기서 비교를 하고 있다고 보아야 한다면 그 의미는 다음과 같다 : '나는 그리스도에게 속한다고 자랑할 수 있다(매우 역설적인 자랑의 방식). 그리고 나는 그 이상으로 자랑할 수도 있다. 말하자면 나의 권위를 자랑할 수 있다.'

[9] 앞 귀절과의 사상적인 연결은 이해하기가 매우 어렵다. 직역하면 9절은 다음과 같이 시작된다 : '……그것은 내가……처럼 보이지 않기 위해서입니다"(……that I may [might] not seem…… 혹은 ……lest I should seem……). 그러나 '～않기 위해서입니다'를 "자랑했다 하더라도"나 "주신"과 연결시켜야 하는지, 아니면 "나는 부끄러울 것이 없읍니다"와 연결시켜야 하는지가 분명치 않다. 어떻게 하든지 의미가 잘 통하지는 않는다 : '만일 내가 자랑한다

면……그것은 내가 위협하는 것처럼 보이지 않기 위해서 입니다', 혹은 '주께서 주신 것은……내가 위협하는 것처럼 보이지 않기 위해서 입니다.' 또는 '나는 위협하는 것처럼 보이지 않도록 하기 위해서 부끄러움에 처하게 되지 않을 것입니다.' 아마도 9절을 '그 권위를 가지고 여러분을 넘어뜨리려 한 것이 아니라'와 연결시키는 것이 좀 더 나을 것이다 : '나의 권위는 넘어뜨리기 위해서 주어진 것이 아니라 내가 위협하는 것처럼 보이지 않기 위해서 주어진 것입니다.' 그러나 이것도 결코 만족스럽지는 못하다. 이 문제는 9절 서두의 ἵνα를 명령법적인 불변화사로 봄으로써 해결될 수 있다(Moule, *Idiom*, 145) : '내가 여러분을 위협하는 것처럼 보이지 않도록 하십시오.' 이것은 반어적인 것으로 이해될 수도 있지만 여전히 연결은 잘 되지 않는다. 리츠만은 바울로가 자신의 권위에 호소하지 않겠다는 진술(이것은 실제로 중요한 생각이었을 것이다)을 생략했다고 실제로 가정한다. "다른 사람들이 그리스도에게 속한 것과 같이 나도 그리스도에 속해 있읍니다"(7절). 만일 내가 나의 적대자들이 주장하는 것과 같은 주장에서 그치지 않고 나에 대해서 더 자랑을 한다면, 즉 내가 주로부터 특별한 권위, 사도로서의 권위를 받았다고 자랑한다 해도 나는 부끄러움을 당해서는 안 됩니다(왜냐하면 실제로 그것은 사실이기 때문입니다―12, 6). 그러나 그는 여러분을 넘어뜨리기 위해서가 아니라 여러분을 세우기 위해서 내게 이러한 권위를 주셨읍니다(13, 10). 그러므로 나는 내가 편지로 여러분을 위협하고자 한다는 의심을 받지 않기 위해서 이 권위를 행사하지 않을 것입니다.' 이것이 추측컨대 가장 그럴듯한 제안일 것이다. 바울로는 특히 여기서처럼 감정적으로 격해서 글을 쓸 경우에는 그다지 주의깊은 저술가가 못 되었다. 그러므로 우리는 다음과 같이 번역할 수 있다. **나는 편지를 가지고 여러분을 위협하는 것처럼**(바울로는 단순 동사 φοβεῖν "위협하다"을 사용하지 않고, 강의어 복합동사 ἐκφοβεῖν을 사용한다) **보이지 않기 위해서 그렇게 하는 것을**(이 말은 그리이스어 원문에는 없지만 위에서 설명한 것처럼 문맥을 연결시켜 준다. 어떤 학자들은 10절을 삽입귀절로 보고 9절을 11절과 연결시킨다) **삼가합니다**. 아마도 번역은 정확할 테지만 여기서도 구조는 분명치 않다. 바울로는 단순히 '……위협하는 것처럼 보이다'라고 기술했을 것이다. 그러나 다음에 "보이다"와 부정사 사이에 하나의 불변화사, 혹은 한 쌍의 불변화사를 썼을 것이다. 이것은 대체적으로 고전적인 구문(ἄν과 부정사를 함께 쓰는 구문)이라고 볼 수 있지만 전적으로 그렇지는 않다(참조. Robertson, 1095와 969, 1040). 무울(*Idiom*, 152)은 이 문장이 ἵνα μὴ δόξω ἐκφοβεῖν ὑμᾶς("내가 여러분을 위협하는 것으로 보이지 않기 위하여")와 ἵνα μὴ δόξω ὡς ἐὰν ἐκφοβεῖν ὑμᾶς βούλωμαι("내가 여러분을 위협하려고 하는 것처럼 보이지 않기 위하여")가 융합된 것으로 보인다고 말하는데 아마도 옳은 것 같다.

(우리가 이 구문을 어떻게 설명하든지간에) 바울로가 아무 근거 없이 이러한 언급을 하지는 않았을 것이다. 다음 귀절이 보여주듯이 사람들은 바울로의 편지들에 대해서 이미 평을 했었다. '준엄한 편지'를 이미 보냈고, 고린토 사람들이 그것을 읽었다고 가정하지 않는 한 이에 대해서 설명하기가 쉽지 않다. 그러나 그렇다고 해도 10—13장이 '준엄한 편지'였거나 혹은 '준엄한 편지'의 일부였던 것은 아니다. 플루머는 일반적으로 이 장들을 '준엄한 편지"(참조. 이 책 서론, 35면 이하)로 보는 데에는 그와 같은 난점이 있다고 생각하며, 고린토전서 5장이 이 문제를 충분히 설명해준다고 주장한다(이 주장은 설득력이 없다).

[10] 고린토 사람들 모두가 바울로의 편지들에 대해서 이처럼 적대적인 평을 하지는 않았다. 준엄한 편지를 받은 것에 대한 7장 9절 이하의 설명은 (디도가 그것의 좋은 결과들을 너무 과장했다고 할지라도) 완전히 잘못된 것은 아니다. 적대적인 평은 이 귀절에서 암시하기는 했지만 이름을 밝히지는 않은 특정한 한 사람으로부터 시작되었던 것 같다. 이것은 개연성이 있기는 하지만 확실치는 않은 해석이다. "바울로의 편지는 무게가 있고 힘차지만"이라고 그가 말하지만. "그가 말하지만"이라고 번역된 그리이스어(φησίν : 복수형 φασίν "그들이 말하다"는 B의 독법이기는 하지만 주로 번역과정에서 단순화시킨 것이다. 라틴어와 시리아어 사본들에서 그러한 독법이 나타난다)는 때때로 일반적인 의미에서 "말해지다", "말한다"를 뜻하는 것으로도 사용되었다. 여기서도 그러한 의미로 사용되었을 수 있다: '고린토에서 이렇게 말해지고 있다.' 그러나 (리츠만처럼) 고린토전서 6장 16절에서도 이 동사의 비슷한 용법이 나타난다고 말하는 것은 옳지 않은 것 같다. 아마도 거기서는 "성서"(혹은 "하느님")라는 말을 주어로 보충해야 할 것이다. 거기서 인용된 말들은 일반적인 견해가 아니라 구약성서 본문이기 때문이다. 무울(*Idiom*, 29)은 *B.D.* § 130. 3을 인용하면서 이 귀절이 논쟁양식을 지니고 있다고 본다: "어떤 사람들은……라고 말할 것입니다. 그러나 이것은 상황에 잘 맞지 않습니

다". 그러나 바울로는 막연하게 어떤 반응에 대해서 말하고 있는 것이 아니라 이미 일어났고, 이제 다시 그가 대처하려고 하는 반응에 대해서 말하고 있는 것이다. *M.* iii. 293에서도 역시 논쟁양식에 대해 언급하면서 '나의 적대자가 말하다'라고 번역한다(비교. Robertson, 392, "of his opponent"). 데네이와 구지도 이와 비슷하다. 바울로가 특정한 한 사람의 말을 인용하고 있다는 이러한 견해는 7절과 11절에 의해 강력하게 뒷받침된다. 어떤 사람의 이름도 언급하지는 않았다. 여기에 나온 말들은 일반화될 수도 있다. 그러나 다른 여러 언급들(참조. 11, 4)이 바울로가 반대파의 한 지도자를 염두에 두었을 가능성을 더해준다. 비록 12—13절과 11장 12—15절은 또 다른 사람들이 그 지도자와 관계가 있었음을 보여주지만 말이다. 베츠(참조. 이 책 8면과 여러 곳)는 이것이 바울로의 적대자들의 '공식적인 발언'(Gutachten)의 일부였다고 본다.

바울로의 편지들(그는 이미 적어도 네 통의 편지를 고린토에 썼다. 그러나 특별히 '준엄한 편지'를 염두에 두고 있음은 의심할 여지가 없다)은 무게가 있고 힘차다는 평을 들었다. 따라서 바울로는 9절에 암시되어 있는 비난, 즉 편지로 사람들을 위협하려고 한다는 비난을 받기가 쉬웠다. 그러나 적대자들은 오로지 더욱 심하게 빈정거리기 위해서 그렇게 말한 것이다. 그의 "외모"(그가 왔을 때 직접 대해 보면. *παρουσία*라는 말이 사용되었다)는 약하고 말하는 것(그가 말하는 내용과 방식을 모두 의미한다)도 별것 없다. 아마도 바울로는 질병에 시달렸을 것이다(참조. 12, 7에 대한 주석). 그러나 여기서 "약한"의 의미는 "인상적이지 않은"이다. 그의 경쟁자들과는 달리(참조. 10—13장 여러 곳) 그는 위압적인 행동이나 혹은 말로 자신을 교회에 드러낼 줄 몰랐다. 혹은 그것을 알았다 해도 그는 그러한 술수를 쓰려고 하지 않았다. 이것은 영감을 받은 말이나 혹은 인상적인 말을 함으로써, 환상의 영기(靈氣)를 보임으로써, 그리고 사도의 의지를 다른 사람들에게 부과함으로써 성령의 증거와 사도됨의 증거를 보여야 한다고(참조. Wilckens, *Weisheit*, 46—7, 218 ; Schmithals, 142—5) 생각하는 사람들에게서 바울로에 대한 신뢰를 떨어뜨렸다. 바울로는 자신을 종이라고 말했으며(4, 5) 보수를 요구하지도, 받지도 않았다(11, 7—11 ; 12, 13 : 비교. 고전 9, 12·18). 그리고 그는 이미 오래 전에 인간의 지혜를 포기했다(고전 2, 1—5). 고린토 사람들과 바울로의 교회에 침입한 경쟁적인 사도들에게 있어서는 위압적인 성격이나 멋진 말을 할 줄 아는 것이 일반적으로 매우 중요한 평가기준이었다(참조. 이 책 310—311면 ; 서론, 54면 이하 : 참조. "Paul's Opponents," 250—3). 설교자로서의 바울로에 대해서는 11장 6절과 주석을 참조하라. 바울로는 흥분해서 말할 때면 이 귀절에서처럼 문법적인 혼란에 빠지곤 했던 것 같다.

[11] 바울로는 이제 대답할 때가 되었다고 판단한다. 독자들은 이것이 잘못된 판단이 아닌지, 오히려 그리스도 안에서 약함을 계속 고수하는 것이 낫지 않을까, 그리고 수반되는 모든 모욕과 조롱을 감당하는 것이 오히려 낫지 않을까 하고 생각할 수도 있다. 그러나 우리가 바울로를 믿는다면 그리스도를 위하여 어리석은 자가 된다는 것이(고전 4, 10) 10—13장에서 말하는 어리석은 자가 되는 것, 즉 어리석은 자들에 대해서는 그들의 어리석음에 따라 대답하는 것까지도 포함할 경우가 있다. 즉 계속해서 약하고 온유한 태도를 견지하는 것이 열렬한 변호나 반격이기보다는 오히려 오해를 받을 경우가 있다. 그런 말을(직역하면 10절을 소급하여 지시하는 "그런 사람은") 하는 사람은 똑똑히 알아 두시오(7절의 말 "스스로를 생각해야 한다" λογίζεσθαι가 반복되고 있다). 우리로서는 떠나 있을 때 편지로 쓰는 말에나 같이 있을 때(바울로는 지금 세번째 방문을 기대하고 있다: 참조. 12, 14 ; 13, 1 : 비교. 1, 23 ; 2, 1) 행하는 일에 "아무 다를 것이 없읍니다" (τοιοῦτοι-οἷοι). 간단히 말하자면 바울로는 일관적이며, 또 그렇게 되고자 한다는 것이다. 그의 편지들이, 그리고 특별히 그것들 중의 하나가 가혹해 보였다 해도 그것은 그가 대놓고 심한 말을 하기 싫어하거나, 혹은 두려워해서가 아니다. 그가 떠나 있을 때에는 편지로 말을 할 수밖에 없었다. 그러나 이제 그는 그들을 직접 대하려고 하며 그가 편지를 썼던 것과 관련해서 행동을 한 것이다. 단지 동일한 한 인물 바울로가 있을 뿐이다. 그는 숨김없이 말할 필요가 있을 때에는 편지로건, 면전에서건 그렇게 했다.

[12] 그는 반어적으로 반격을 가한다. 그는 자신의 교회에 침입해서 자신을 따르는 사람들의 충성심을 그릇된 길로 인도한 사람들을 높이 평가하지 않는다. 우리는 자기를 내세우는 사람들 축에 들거나 "그들과"(τισιν 어떤 사람들—고린토인들은 바울로가 경쟁적인 사도들, 아마도 11장 13절 이하의 거짓 사도들을 언급하고 있었음을 알았을 것이다) 자신을 견주어보려고(바울로의 언어유희를 영어로 표현할 수는 없는 것 같다 : "~가운데서 우리들 자신을 판단하다" ἐγκρῖναι. 이 말은 Josephus, *War* ii. 138에서 에쎄네파에 입회하는 데 대

해서, 혹은 "~과 견주어서 우리들 자신을 판단하다" συγκρῖναι라는 의미로 사용되었다) 견주어보려고 하지 않습니다. 바울로는 스스로를 추천할 의도가 없으며(참조. 3,1 ; 5,12과 주석), 다른 사람들을 추천할 의도도 거의 없었다(그러나 그는 자신의 교회들로부터 추천받는 것을 기쁘게 생각했다. 교회의 존재 자체가 그를 추천한다 : 3,2 ; 고전 9,2). 그는 사람들의 사도가 아니다(갈라 1,1). 그리고 그리스도의 추천은 4장 8절 이하, 6장 8절 이하, 고린토전서 4장 10—13절에 기술된 것처럼 역설적이다. 그러나 경쟁하는 사도들은 추천받기 위해서 많은 애를 쓴다는 것이 바울로의 반어적인 말 속에 분명히 암시되어 있다. 바울로는 자신이 그들 가운데 속한다고 생각하지 않으며, 자신을 그들과 비교하지도 않는다. 고린토인들은 바울로를 그들과 비교하고 있었다. 그러나 그는 결코 그들과 같이 그런 짓을 하지 않을 것이다.

스스로를 추천하는 사람들은 그렇게 함으로써 객관적인 판단기준을 잃게 되며, 따라서 자신들이나 혹은 자신들의 상황을 이해할 수 있는 수단을 잃게 된다. 그들은 자기 자신들의 표준으로 자기를 재고 또 남에게 견주어 봅니다. 그들은 참으로 "어리석다 하겠읍니다"(οὐ συνιᾶσιν. 직역하면 '이해하지 못한다.' 이 동사는 목적어 없이 사용될 수도 있다. 슐라터는 마태오복음 13장 19·23절과 비교한다). 이 난해한 문장은 다른 식으로 파악할 수도 있다. *M.* iii. 160에서는 분사들("재고" μετροῦντες와 "견주어봅니다" συγκρίνοντες)이 "이해하지 못하다"(인식행위를 나타내는 동사 : 위의 사역에서는 "그들을 참으로 어리석다 하겠읍니다"로 번역되었다)에 의존하는 것으로 보고 "그들은 자신들이 자신들의 표준으로 스스로를 재고 있다는 것을 깨닫지 못합니다"로 번역한다. 이렇게 볼 수도 있다. 그리고 이것은 분사들과 주동사 사이의 관계를 바꾸는 것이기는 하지만("그들은 그렇게 행동하기 때문에 이해하지 못한다" ; "그들은 자신들이 그렇게 행동한다는 것을 이해하지 못한다") 내용상으로는 전체적으로 비슷한 의미를, 즉 위에서 간략히 말한 이 귀절에 부여한다. 그들의 행동은 원인으로서건, 아니면 결과로서건 간에 그들이 이해하지 못하는 것과 관계가 있다. 사실 현재의 분사들을 사용한 것도 우리가 그 둘을 너무 선명하게 구별할 필요가 없다는 것을 의미한다. 그러나 바울로의 경쟁자들은 바울로도 사도적 표준에 의해 자신들을 잴 의도가 없었다고 말하는 것이 타당할 것이다. 그리고 이러한 이유에서 위의 사역에서 채택한 번역이 더 좋다.

그들은 자신들이 그들 자신의 표준을 사용하고 있다는 것을 잘 알았다. 그리고 다른 어떤 표준들도 사용하려고 하지 않았다. 그들이 이해하지 못했던 점은, 자기 자신들의 표준들로 잰다는 것은 실제로는 아무 표준도 사용하지 않는 것을 의미한다는 사실이다. 이것은 다음 귀절의 생각을 이끈다. 12절에서 13절로 전개되는 데 포함된 본문 상의 문제에 대해서는 이하를 참조하라.

[13] 다음에 나오는 말들에서 바울로의 경쟁자들이 자신들의 사도 신분에 대해서 자랑했다는 것이 암시된다. 사람이란 자기 자신을 평가할 경우 스스로 잘못했다고 평가하기가 매우 어렵다. 그러므로 그들의 자랑에는 기준도 한계도 없다. 그러나 우리는 아무 표준 없이, 혹은 어떤 한도 이상으로 자랑을 하려고 하지 않습니다. 바울로의 사도적 삶과 활동을 재는 유일한 척도, 혹은 한계, 표준은 오직 예수 그리스도 한분이므로(예. 4,10 ; 갈라 2,20 ; 고전 11,1의 중요한 한정절) 그가 그러한 측정의 범위를 넘어설 가능성은 없었다. 그러나 그가 "아무 표준 없이……않습니다"라고 쓴 것은(특히 그리이스어로. *εἰς τὰ ἄμετρα*. 이에 대해서 Moule, *Idiom*, 71에서는 다음과 같이 주장한다 : '우리가 사용할 권리가 없는 표준에 따라서.' 그러나 어떻게 그처럼 번역할 수 있는지, 그리고 정확히 그것이 무엇을 의미하는지가 분명치 않다) 이 단락 나머지 부분의 사상과 언어를 매우 복잡하게 만드는 새로운 사상을 시사한다. 이 점을 더 발전시키기 전에 이러한 논증에 다른 방향을 제공하는 변형된 독법에 주목해야 할 것이다. 12절 마지막 말과 13절 서두의 말, "참으로 어리석은 일이라 하겠읍니다. 그러나 우리는"(*οὐ συνιᾶσιν. ἡμεῖς δέ*)은 D* G 사본과 소수의 다른 그리이스어 사본들, 그리고 옛 라틴어 사본과 부분적으로 불가타에서는 생략되었다. 짧은 본문은 강력한 지지를 받고 있다(예. *B.D.* §416.2 ; Windisch ; Käsemann ; Bultmann ; Hering). 만일 짧은 본문을 채택한다면 다음과 같이 번역될 것이다 : '그러나 우리들 자신은 우리들 자신의 표준으로 스스로를 판단하고 비교하는데(혹은 '우리는 우리들 자신의 표준으로 스스로를 판단하고 스스로를 비교하지만') 결코 아무 표준 없이 자랑을 하려고 하지 않습니다.' 바울로의 경쟁자들에 대한 언급은 이제 사라지고(그래도 암시는 되고 있다 : 이하 참조) 자기 자신의 표준으로 측정하고 비교하는 데 대해서도 다른 의미가 부여되어야 한다. 바울로 자신이 그런 일을 했으므로 (그의 입장에서 보면) 그것은 좋게 이해되어야 한다. 추측컨대 그것이 의미하는 바는, 그의 표준은

사실 그대로(말하자면 예수의 객관적인 표준)에 기초하고 있으므로 그는 아무 표준 없이 자랑하게 될 가능성에 대해서(어쩌면 그는 이에 대해서 암시하고 있을 수도 있다. 몇몇 학자들이 그렇게 보듯이) 두려워하지 않는다는 것이다. 그러나 그것은 무리한 해석이다. "우리들 자신이 스스로를 재다"라는 말의 적절한 의미를 찾기가 어렵다. 고린토전서 2장 15—16절을 언급하더라도 마찬가지이다(큄멜은 케제만의 견해에 반대한다). 그러나 이 논증은 역전될 수 있다. 왜 서방 본문들은 난점을 끌어들여야 했는가? 아마도 이 질문에 대한 답변은 짧은 본문을 지지하는 모든 증거들이 라틴어나 혹은 그리이스—라틴어로 되어 있다는 관찰에 달려 있을 것이다. (고전적이 아닌) 헬레니즘 시대의 그리이스어에서는 복수형 재귀 대명사(ἑαυτούς)가 모든 인칭에 일반적으로 다 해당된다. 그러나 라틴어에서는 인칭이 구별된다. 아마도 번역자는 12절 중반부에서 바울로가 어느 인칭 대명사를 쓰려고 했는지를 선택해야 했을 것이다. 근시안적인 번역자는 아마도 그릇되게 일인칭을 선택해서 이렇게 썼을 것이다: '그러나 우리는 우리들 자신에 의해 우리들 자신을 재고 우리들 자신을 견주어 보지 않습니다'(sed ipsi in nobis nosmet ipsos metientes et comparantes nosmet ipsos nobis). ; 이제 그 번역자는 "그들은 참으로 어리석다 하겠읍니다"(οὐ συνιᾶσιν)라는 말의 3인칭을 납득할 수 없게 되자 그것을 생략했을 것이다. 다음에 나오는 말인 "그러나 우리는"(ἡμεῖς δέ)은 불필요하기는 하지만 무의미하기까지는 않다. 몇몇 라틴 사본들은 그 말(nos autem)을 보유하고 있지만 어떤 사본들은 보유하고 있지 않다. 이 귀절의 본문사에 대해서 이처럼 설명하는 것이 전적으로 타당하다고 주장할 수는 없지만 다른 어떤 설명보다도 설득력이 있을 것이다(다른 주석가들은 거의 설명을 하려고 들지 않는다). 그리고 긴 본문을 지지하는 가장 강력한 논증은 이 단락의 흐름과 맞는다. "바울로는 그의 적대자들에 대해서 그들이 스스로를 추천하고, 자기 자신들과는 독립해 있는 하느님의 척도로 자신들을 재는 대신 스스로의 척도로 자신들을 재며, 이처럼 아무 표준 없이 영광을 구함으로써 자신들이 어리석다는 것을 드러낸다고 반발한다. 바울로 자신은 스스로 자신을 평가하지 않고, 하느님이 그에게 주신 척도로 자신을 평가한다(13절)"(Kümmel). (ㄱ) 12절의 대명사("그들은" αὐτοί)를 불필요하게 하고, (ㄴ) 스스로 자신을 평가하는 것은 아무 표준 없이 자랑하는 것을 피하는 길이 아니기 때문에 짧은 본문은 받아들일 수 없다는 바호만의 논증과 비교하라.

이어지는 매우 난해한 문장을 이해하기 위한 실마리는 위에서 "우리는 아무 표준 없이 자랑을 하려고 하지 않습니다"에 대해 관찰한 바에서 찾을 수 있을 것이다. 이 말은 우선 '우리는 지나치게 자랑하지 않을 것입니다'를 의미한다. 그러나 "표준"(εἰς τὰ ἄμετρα "아무 표준 없이"라는 말에 내포되어 있다)이라는 개념은 생각을 더 진전시킨다. "표준"은 가령 재는 자(그리이스어로는 κανών)와 같은 측정의 도구까지도 포함한다. 그리고 바울로는 13·15·16절(비교. 갈라 6,16 : 고린토후서 이외의 신약성서 중 유일하게 이곳에서 사용되었다)에서도 계속해서 이 말을 사용한다. 이 말은 일반적인 용법에서는(참조. Aristophanes, *Birds* 992—1021. 여기서는 여러가지 "자" κανόνες를 가진 메톤이 계속해서 이상향을 잰다 μετρεῖν) 길이나 넓이를 재는 것을 의미한다. 이 말은 자주 다양한 의미로 사용되었다(휴즈는 경주에서 각각의 경주자들에게 할당된 코스 혹은 레인을 의미한다고 생각한다. 참조. Schweizer, *C.O.N.T.* 주 779와 H.W. Beyer, *T.W.N.T.* iii. 603—4). 그러나 바울로는 (이 문맥에서 범위나 정도, 혹은 그와 비슷한 것을 시사하는 여러 말들이 보여주듯이) 이 일차적인 의미를 알고 있었으며, 결코 잊지 않았는데, 그것은 16절에서 매우 분명히 나타난다. 하느님은 사도적 행동과 사도적 설교의 표준을 제공해주셨다. 나아가서 그는 여러 사도들에게 그들에게 적절한 활동 영역을 맡겨주셨다(갈라 2,9 : 이것은 반드시 지리적인 영역을 가리키지는 않는다—불행하게도 그 합의는 모호한 것이었다). 그리고 여기서도 역시 표준이라는 개념이 적절하다. 바울로가 이 귀절들에서 이 그리이스어 단어를 쓴 여러가지 목적들을 다 나타낼 수 있는 단 하나의 영어 단어를 찾기란 아마도 불가능할 것이다. 나는 여기서 "영역"(*Shorter Oxford English Dictionary*. 해당란 Ⅱ : 사람이나 혹은 사람의 신체의 활동 범위 ; 직분, 직무, 사업, 기능, 부분)이라는 말을 가장 문제가 적은 것으로 선택하였다.

"우리는 아무 표준 없이 자랑을 하려고 하지 않습니다." 우리가 여러분에게로 가서 선교하는 것도 "오직"(이러한 의미의 ἀλλά에 대해서는 *L.S.* 해당란 1. 3과 ἀλλα' ἤ ; *M.* i. 241 ; *B.D.* §448.8 ; *M.M.* 해당란 참조) 하느님께서 우리에게 정해주신 한계 안의 영역에서 된 일입니다. 이 문장에서 "한계"와 "영역"이라는 두 말의 용법에 비추어본다면 '한계(측정, 정도 μέτρον)는 척도(κανών)를 가지고서만 잴 수 있다'는 슐라터의 말(624)은 옳다고 보기 힘들다. 그리고 "영역"이라는 말은 단순히 "한

계"라는 말의 좀 더 정확한 정의일 뿐이라는 바흐만의 견해도 설득력이 없다. 이제 바울로가 자랑을 하려고 한다면 그는 자기 자신이 한 일에 대해서가 아니라 하느님이 그를 통해 이제까지는 아무도 가지 않았던 지역을 복음화시킨 데 대해서 자랑할 것이다: "그렇다면 이것이 그리스도 예수 안에서, 하느님과 관련된 것들 안에서 나의 영광(혹은 자랑 *καύχησις*)이다. 왜냐하면 나는 그리스도가 이방 사람들을 순종시키기 위해서 나를 통해 행한 일 외에 다른 어떤 것에 대해서도 말하려고 하지 않기 때문이다. ……마침내 나는 예루살렘에서 일리리쿰까지 두루 다니며 그리스도의 복음을 다 전했다. 그때 내가 가졌던 포부는 그리스도의 이름이 아직 불리지 않는 곳에 복음을 전하는 것이었다. 그것은 내가 남의 터에 집을 짓고 싶지 않았기 때문이다"(로마 15, 17—20). 이처럼 하느님이 맡긴 일을 수행하는 과정에서 바울로는 고린토에 도착했고, 여기서 그의 선교활동이 성공을 거두고 교회를 세우게 된 것은 그가 자신의 직무를 옳게 이해했으며, 하느님이 그의 일을 승인하셨다는 증거이다. 그러므로 케제만이 다음과 같이 말한 것은 옳다(*Legitimität*, 60/49—50 컴멜도 이에 동의한다). '고린토인들이 그리스도교인이 된 것은 그의 선교활동에 의한 것이므로 그들이 만일 그의 정당성을 시험하려고 한다면 그들은 자신들이 그리스교인이 아님을 인정해야 할 것이다. 그들이 사도의 척도인 것처럼 사도는 그들에게 맡겨진 척도가 되었다.' 그러나 사도 활동을 위해서 지정된 영역에 대한 언급을 도외시하는 것은 옳지 않다. 그는 바울로에게 있어서는 상당한 중요성을 지닌 문제였다. 이 귀절에서 "우리가 여러분에게로 가서(*ἐφικέσθαι*는 "정해주신" *ἐμέρισεν*과 느슨하게 연결되는 부정사이다) 선교하는 것도"라는 말은 우선 바울로의 순회활동과 관련된다. 16절은 의심할 여지 없이 이것에 대해 말한다.

이 귀절의 그리이스어는 불규칙적인 견인(attraction: 문장 중의 어떤 낱말이 다른 낱말의 영향으로 수·격 따위에 변화를 일으키는 일[역주]. 관계사 *οὗ*의 선행사는 *μέτρον*이지만 그것은 *κανόνος*의 격으로 견인되었다. 그래서 반드시 *μέτρου*가 이어져야 한다: 참조. *M.* iii. 324; Robertson, 719; *B.D.* § 294·295)에 의해서 더 명료해지지는 않았다.

[14] **그러므로(13절 마지막의 주장을 하고 있는 것이다) 우리는 여러분에게로 가지 못할 사람이 아닙니다. 우리가 한계를 지나 무리하게 손을 뻗치고 있는 것이 아닙니다. 사실 그리스도의 복음을 가지고(즉 복음 선교자로서, 사신으로서 복음을 설교하면서) 처음으로**

(즉 우리 경쟁자들 중의 어느 누구보다도 먼저) 여러분에게로 간 사람은 우리들입니다. 여기서 하고 있는 주장에는 바울로의 경쟁자들이 "한계를 지나 무리하게 손을 뻗치고 있다"는 것이 암시되어 있다. 알로의 지적은 인용할 만하다 : '바울로는 이 사람들의 주장을 서술하기 위해서 실제로 우스운 (그리고 잘 이해되지 않는) 상을 끌어들인다. 그들은 추천서들을 가지고 있고, 자기자랑을 하며 고린토인들의 마음을 사로잡기 위해 책략을 꾸미고, 또 고린토인들 가운데 거함에도 불구하고 참으로 고린토인들과 만나고 있다는 느낌을 스스로 갖지는 못했던 것으로 보인다. 그들은 마치 키가 작은 사람이 자신의 키로는 도저히 닿지 않는 높이에 있는 물건을 잡기 위해서 발끝으로 서서, 있는 힘을 다해 팔을 뻗치고 있는 것과 같은 모습이었다.' 알로가 그린 상은 정확하지만 그의 추론은 정확하지 못하다. 키가 작은 사람들은 고린토인들에게 매우 깊은 영향을 끼쳤던 것이다. 그들이 하지 못했던 것은 자신들의 주장에 대한 기초를 세우는 일이었다. 이러한 의미에서 바울로는 고린토에 "갈" 수 있었다(그리고 이것이 현재분사 ἐφικνούμενος의 의미일 것이다).

이 귀절 후반부("처음으로 여러분에게로 간 사람은 우리들입니다")에서 바울로가 13·14절a(ἐφικνεῖσθαι)에서 쓴 동사와는 다른 동사(φθάνειν)를 쓴 것은 결코 우연이라고 보기 힘들다. 바울로가 때때로(로마 9, 31 ; 필립 3, 16 ; 데전 2, 16) 이 동사를 "앞서다"라는 의미없이 단순히 "도착하다"라는 의미로 쓴 것은 사실이다. 그러나 "앞서다"라는 의미는 이 동사의 그리이스적 용법과 대체로 일치하며 데살로니카전서 4장 15절에서도 나타난다. 그리고 여기서도 이러한 의미로 이해해야 한다. 경쟁자들이 이미 고린토에 왔다는 사실을 부인할 수는 없을 것이다. 그들은 이 편지를 쓸 당시에 거기에 있었다. 그러나 바울로가 처음으로 (먼저) 거기에 갔었다. 이것은 후에 일어나는 일들에 의해서 간단히 무시될 수 있는 단순한 차이점이 아니었다 : 그것은 고린토는 자신의 특수한 선교 영역이라고 바울로가 주장했던 처녀지의 일부였음을 의미한다(위에서 인용된 로마서 15, 17—20 참조). 그는 자기 자신을 위해서가 아니라 복음을 위해서 확고한 주장을 했고, 이상한 복음을 가지고 왔던 침입자들(11, 4)은 여기에 개입할 권리가 전혀 없다. 케제만(*Legitimität*, 56/43 이하)과 불트만(*Probleme*, 20—23)은 12절 이하의 의미에 대한 논의에서 이 중요한 점을 간과했다. 그러나 Betz, 130 이하를 참조하라.

[15] 이 귀절 서두에서 바울로는 자신의 입장을 재진술한다. 우리는 우리의 한계를 넘어서(참조. 13절) 다른 사람들이 수고한 일을 가지고 자랑하는 것이 아닙니다. 로마서 15장 20절과 비교하라. "한계를 넘어서"는 '하느님이 우리에게 할당해준 복음전도 영역 밖에서 행해진 일에 관해서'라는 의미로 되었다. 만일 어느 면에서 ("한계가") 확대된 것이 있다고 하더라도 그것은 바울로 자신의 과거업적을 너무 과장되게 평가하거나 혹은 다른 사람들의 영역을 침범함으로써 그렇게 된 것이 아니다. 그것은 이미 바울로가 개종시킨 사람들의 믿음이 증가함으로 인한 것이었고, 선교활동이 새롭고, 지금까지는 손대지 않았던 영역에로 확대됨으로 인한 것이었다.

[15b—16] 이것은 15b·16절에서 좀 모호하게 표현되었다. 우리는 여러분의 믿음이 자라(속격 독립 구문) 우리의 선교 영역이 "여러분 가운데서"(ἐν ὑμῖν. 이 말은 앞 절과 연결될 수 있지만 그럴 경우 동어반복이 될 것이다—Kümmel) 더 넓게 확장되어 우리에게 주어진 한계 안에서 더욱 풍성하게 되기를 바라는 것뿐입니다. 이리하여 우리가 여러분의 지역을 넘어서 더 넓은 지역"에"(ἐν과 여격을 쓰는 대신 εἰς와 대격을 썼다) 복음을 전하게 될 것이요, 남의 지역에서 이미 이루어진 일을 가지고 (어떤 사람들이 그러는 것처럼) 자랑하는 일은 있을 수 없는 것입니다. 이 사역(여기서는 접속사를 집어넣고, 분사들과 부정사들을 한정동사들로 바꿈으로써 문장을 보충했다)이 바울로가 전하고자 한 의미를 잘 표현해준다는 데 대해서는 별달리 의심할 필요가 없다. 그러나 여러가지 세부적인 점들은 불확실하며 논의할 필요가 있다.

"여러분의 믿음이 자라"라는 말은 바울로가 고린토를 떠난 뒤부터 고린토인들의 믿음이 보다 높은 단계로 성장했다는 주장을 반영할지도 모른다. 바울로가 그들을 떠났을 때 그들은 더 훌륭한 교사들에게서 가르침을 받을 수 있었으므로 바울로가 그들을 만나려고 해서는 안 된다는 것이다. '그렇습니다. 우리는 여러분의 믿음이 자라기를 바랄 것입니다(참조. 고전 4, 8). 그러나 그와 함께 우리도 자랄 것입니다.' 바울로의 말은 "칭찬받다", "영광을 받다"(필립비서 1장 20절에서와 같이)라는 의미에서 "확대되다"를 뜻하거나 아니면 실제로 "커지다"를 뜻할 것이다. 사역은 후자의 의미에 가까우나 두 가지 의미를 모두 담고 있다. 이러한 성장은 고린토 안에서 일어난 일이므로 "우리의 선교 영역"과 관련된 것이다. 하느님이 바울로에게 그의 사도직을 수행하라고 위임한 지역, 혹은 환경인 비복음화된 이방 지역.

바울로는 이것이 더욱 "풍성하게 되기를"(εἰς περισσείαν: 8, 2 ; 바울로의 다른 서신으로는 오직 로마서 5장 17절에서만 이 말이 나온다) 바란다. 이것은 바울로 자신이, 사실 이상으로 평가받거나 칭찬받는(참조. 12, 6 ; 13, 7) 의미에서가 아니라 그의 영향, 아니 그보다는 복음의 영향이 그의 사도적 활동영역인 고린토를 넘어서 더 확대된다는 의미에서 그렇게 되기를 바라는 것이다. 바울로는 이것을 분명하게 진술해나간다. 그리고 16절a에 대한 가장 훌륭한 주석은 로마서 15장 23—24절이 하고 있다. 그 귀절은 추측컨대 고린토나 혹은 고린토 근처에서 씌어졌을 것이다(참조. *Romans*, 7—4). 바울로가 지금 생각하고 있는 것은 현재의 아카이야 지역으로부터 로마, 그리고 스페인까지 미치는 복음전도 여행이다. 여기 나오는 지리적인 언급은 "한계"와 "영역"(*μέτρον*과 *κανών*)에 대해서 위에서 케제만(Käsemann, 56—61/43—51)에 반대하여 받아들였던 견해를 확증해준다. 그러나 이 말들을 처음에 쓴 사람들은 바울로의 적대자들이었다고 생각하는 점에서는 케제만이 옳다. 그리고 아마도 그들은 이 말들을 다른 방식으로 사용했을 것이다. 지도상에서 로마나 혹은 스페인으로부터 고린토에 이르는 정확한 선을 긋거나 이 귀절이('준엄한 편지'가 그랬던 것처럼) 에페소에서 씌어졌는가 아니면 1—9장과 같이 마케도니아에서 씌어졌는가를 알기 위해서 동쪽으로 그 선을 긋는 것은 무익한 짓이다. "여러분의 지역을 넘어서"라는 말은 지리적으로가 아니라 선교 전략과 관련해서 생각되었다 —"계획 상의 다음 장소들."

아마 로마는 예외겠지만 바울로는 여기서 말하는 것처럼 선교영역을 확대해가는 과정에서 다른 사람들(가령 베드로나 그의 예루살렘 동료들과 그들이 파견한 자들)의 선교영역을 침범치 않을 수 있었을 것이다. 그리고 "이미 이루어진 일"(εἰς τὰ ἕτοιμα : "쉽게 손에 쥘 수 있는 것들")을 가지고 자랑하는 것이 아니라 아마도 출발점부터 다시 시작해야 했을 것이다. 여기에는 경쟁적인 사도들이 다른 사람(특히 바울로)의 선교영역에서 일하고, 그가 이룩한 성과들을 자신들의 것으로 취하며 (동시에 더럽힌다), 자신들과는 직접적인 관계가 없는 성과들을 자랑하기 좋아한다는 데 대한 암시가 들어 있다(그리고 이 주제는 이 단락 전체에 걸쳐 나타난다). 이 책 서론, 54면 이하를 참조하라.

[17] 바울로는 성서를 인용하고, 자신이 한 말을 요약함으로써 정곡을 찌르는 말을 한다. 자랑하는 자는(혹은 영

광을 구하는) 자는 주를 자랑할(혹은 영광을 구할) 것입니다. 바울로는 고린토전서 1장 31절(참조. 주석. 여기서도 인용문이 또 나온다는 사실은 고린토전서에서 바울로가 아빕월 9일의 하프토라로부터 인용하고—설교하고—있다는 견해를 분명히 약화시킨다. 이 귀절에서는 그가 구약성서로부터 얻은 것은 총괄해서 말하고 있다. 하프토라 : 안식일 예배에서 낭송되던 율법서 성구집—역주)에서도 (불변화사 δέ는 제외하고) 같은 말을 사용했다. 예레미야서 9장 22—23절(칠십인역)은 다음과 같다 : "현자는 지혜를 자랑하지 말아라. 용사는 힘을 자랑하지 말아라. 부자는 돈을 자랑하지 말아라. 자랑하는 사람은 내가 자비와 심판과 공의를 땅 위에서 행하는 주임을 자신이 깨닫고 안다는 것을 자랑하라." 인용된 귀절은 자랑의 적극적인 내용에 대해서도 진술하는데 베츠는 이것을 좋게 받아들였다(96). 그러나 합당하게 자랑할 것이 있는데, 자랑이 잘못 적용될 수도 있다고 해서 그것을 자랑하는 일을 게을리 해서는 안 된다(참조. 이 책 103—104면). 그러나 바울로가 여기서 관심을 가지고 있는 것은 그 말에 암시되어 있는 소극적인 점들이다. 그러나 그것들은 고린토전서 1장 31절에서만큼 그렇게 분명하게 나타나지 않는다. 왜냐하면 여기서는 정당하지 않게 자랑하고 있는 사람들이 지혜나 (일반적인 의미에서) 힘, 혹은 부를 소유한 사람들이 아니라 몰래 침입한 사도들이기 때문이다. 그들은 고린토인들에게 자신들을 그리스도의 종으로, 참된 교회의 권위 있는 대표자들로 추천했던 것이다. 그럼에도 불구하고 이 귀절은 그들에게 적용된다(왜냐하면 그것은—칼빈이 지적하듯이—우리가 서고 넘어지는 것은 오직 주님의 심판에 달려 있다는 것을 의미하기 때문이다).

[18] **참으로 "인정받는"**(δόκιμος. 시험받고, 또 인정받는 : 참조. 13,7 ; 로마 14,18 ; 16,10 ; 고전 11,19과 주석) **사람은 스스로 자기를**(참조. 3,1 ; 5,12) **내세우는 사람이 아니라 주께서 내세워주시는 사람입니다.** 사람들은 스스로를 내세움으로써 영향력 있는 사람이 될 수 있다. 그러나 이것은 사도직과는 맞지 않는다. 만일 어떤 사람이 주께서(여기서는 틀림없이 예수 그리스도이다—"주님"이라는 말이 하느님을 뜻하는 구약성서 귀절을 인용한 점에 비추어볼 때 이것은 중요하다 : Bousset, *Kyrios Christos* [1913], 122) 내세우는 사람이 누구인지를 어떻게 알 수 있느냐고 묻는다면 바울로는 참된 사도는 참된 복음을 증거하고(11,4 ; 참조. 갈라 1,8—9), 가르침에서는 물론이고 자신의 삶에서도 주님의 죽음의 모습을 따른다(4,10 ; 13,4 ; 필립 3,10)는 대

답 외에 달리 할 말이 없었을 것이다. 그러나 아직까지 이 문제에 대한 그 자신의 주장을 하지 못했다.

18. 경쟁적인 사도들에 의해 위협당하는 고린토 교회 11장 1—15절

1 여러분은 내가 조금 어리석다 해도 나를 참아주기를 바랍니다. 물론 참
아줄 줄 압니다. 2 나는 하느님이 질투하시는 것처럼 여러분을 위하여 질투
합니다. 그것은 내가 여러분을 순결한 처녀로 오직 한 남자인 그리스도에게
바치려고 약혼을 시켰기 때문입니다. 3 그러나 내가 두려워하는 것은 마치
하와가 뱀의 간사한 속임수에 빠진 것처럼 여러분의 생각이 부패해져서 그
리스도에 대한 애정의 진실성[10]을 저버리지나 않을까 하는 것입니다. 4 그
것은 여러분을 방문한 자가 우리가 전하지 않은 다른 예수를 전하거나 여러
분이 전에 받은 일이 없는 다른 영을 받거나, 또 전에 받아들인 일이 없는
다른 복음을 받아들이는 일에는 여러분이 무던히 너그럽기[11] 때문입니다. 5
왜냐하면 나는 저 위대하다는 사도들보다 조금도 못할 것이 없다고 생각
하기 때문입니다. 6 내가 말에는 능하지 못할른지 모르지만 지식에는 그렇
지 않습니다. 오히려 그것을[12] 우리가 모든 일에서 여러가지로 여러분에게
나타내 보였읍니다. 7 여러분을 높이기 위하여 내가 나 자신을 낮추고 하
느님의 복음을 값없이 여러분에게 전한 것이 내게 죄가 됩니까? 8 나는 다
른 교회들로부터 보수를 받음으로써 다른 교회들을 강탈했읍니다. 그것은
여러분을 돕기 위한 것입니다. 9 내가 여러분과 같이 있을 때에 빈곤했지만
여러분 중 어느 누구에게도 누를 끼친 일이 없읍니다. 마케도니아에서 온

10) 옛 사본들은 대부분(P^{46} B ℵ D G it를 포함) "그리고 정절"(혹은 "진실성과 정절"이라고 되어 있다)이라는 말을 덧붙인다. 그것이 옳을 수도 있다. 그러나 필시 2절의 "순결한"으로부터 암시를 받아 그말을 첨가하게 되었을 것이다(Lietzmann). "정절"이라는 말의 위치가 다양하다는 사실은 그것이 원래의 말이 아님을 확증해준다.

11) 위의 사역은 P^{46} B D* 33 sa의 본문(ἀνέχεσθε)을 번역한 것이다. ℵ G vg를 포함하는 대다수의 사본들에 ἀνείχεσθε라고 되어 있는데, 이것은 ἄν이 없기는 하지만 추측컨대 잠정적인 것을 의미한다: "만일 그가 오면 여러분은……할 것입니다." 이것은 바울로가 기술한 바를 약화시키는 것이다: '고린토인들은 이미……를 받아들였다.'

12) 본문에 대해서는 주석을 참조하라.

형제들이 내게 필요한 것을 온전히 보충해주었읍니다. 나는 모든 일에 여러
분에게 짐이 되지 않으려고 애썼고 앞으로도 그렇게 할 것입니다. 10 내 안
에 있는 그리스도의 진실을 걸고 말합니다만 아카이아 지방에서는 아무도
나의 이 자랑을 막아내지 못할 것입니다. 11 왜 그렇겠읍니까? 내가 여러
분을 사랑하지 않기 때문입니까? 그것에 관해서는 하느님께서 진실을 알고
계십니다. 12 나는 앞으로도 지금 하고 있는 대로 하겠읍니다. 그것은 우리
와 똑같이 자랑할 수 있는 이유를 찾으려고 기회를 노리고 있는 사람들에게
서 그런 기회를 끊어버리기 위한 것입니다. 13 이런 사람들은 거짓 사도요
부정직한 일군들이어서 그리스도의 사도로 변장한 데 지나지 않습니다. 14
그러나 놀랄 것은 없읍니다. 사탄도 빛의 천사로 변장합니다. 15 그렇다면
그의 부하들이 의의 일군으로 변장한다 해서 이상할 것은 없읍니다. 그들의
마지막은 그들이 행한 대로 될 것입니다.

10장 12—18절은 본제를 벗어난 단락이다. 그러나 바울로가 주제에서 이탈할 경우 대개가 그렇듯이 그것은 중심 주제와 관련되어 있다. 왜냐하면 여기서는 자기자랑과 그것에 반대되는 하느님 자랑, 자기추천과 하느님의 추천에 대해서 다루고 있기 때문이다. 10장 11절에서 바울로는 자신의 지위에 도전하는 사람들에게는 개인적으로 강한 반격을 가하겠다고 경고하고 있다. 이제 그는 고린토인들—이들은 바울로와 그의 적대자들과의 대결에 참여하기 보다는 그것을 보고 증거할 것이다—의 마음을 바로잡음으로써 개인적인 대결을 예비한다. 그는 고린토인들에게 관심을 가지고 있으며, 그리스도교인으로서의 그들의 위치를 위험스럽게 하는 사람들에 대해 분노하고 있다.

[I] 여러분은 내가 "조금"(*μικρόν τι*는 정도를 나타내는 대격이다 : Robertson, 486) 어리석다 해도 나를 "참아주기를"(*ἀνέχεσθαι*는 11장 19절, 골로사이서 3장 13절에서처럼 속격—*μου*—을 취한다) "바랍니다"(*ὄφελον*과 함께 이 구문은 고린토전서 4장 8절, 갈라디아서 5장 12절에서와 같다 : *B.D.* §359. 1). 바울로는 여기서 앞으로 11장과 12장에서 전개시킬 논증에 대해 "어리석다"고 말한다. 그는 계속해서 독자들에게 이 사실을 상기시킨다(참조. 11,1·16·17·19·21 ; 12,6·11). 그는 어리석게 될 수밖에 없었다. 고린토인들은 억지로 바울로를 어리석게 만들었다(12,11). 말하자면 그는 자신이 어리석게 되는 것만이 고린토인들로 하여금 진리를, 즉 바로 자신들 눈 앞에 있는 것을 제대로 보도록(10,7) 하는 유일한 길임을 깨달았다. 이런 종류의 어리석음은 교회 질서와 마찬가지로(사실상 교회 질서도 이처럼

어리석은 것 중의 하나이다) 세상 안에서 교회의 삶이 수행하는 하나의 기능이다. 그리스도교인들이 항상 후회스럽고 동시에 불필요한 어리석음과 후회스럽지만 반드시 필요한 어리석음, 즉 하느님의 지혜를 바울로처럼 훌륭하게 구별해내지는 못했다. 다음 귀절의 동사(ἀνέχεσθε "참아주기를")는 직설법인지 명령법인지 확실히 말할 수 없다. 만일 명령법으로 본다면, 접속사("그러나" ἀλλά)는 연계사가 된다 : '나는 여러분이 하기를 바랍니다. 물론 여러분은 그럴 것입니다.' 만일 직설법으로 본다면 접속사는 반의적으로 된다 : '나는 여러분이 ~하기를 바랍니다. 그러나 사실 여러분은 이미 그렇습니다.' 리츠만의 견해에도 불구하고—그는 명령법을 채택할 수 없다고 본다—명령법으로 보는 것이 이어지는 내용과 더 잘 연결되므로 명령법을 택해야 한다(*B.D.* §448. 6 ; Robertson, 1186).

[1b·2] **물론 참아줄 줄 압니다. 나는 하느님이 질투하시는 것처럼 여러분을 위하여 질투합니다.** 바울로는 고린토인들이 자기 자신뿐만이 아니라 그가 가르친 그리스도교 신앙까지도 저버리지 않았을까 매우 두려워한다. 그는 자기 자신을 위해서가 아니라 그들을 위해서 침입자들은 질투한다. "하느님이 질투하시는 것처럼"이라는 말은 단지 최상급을 표현하기 위한 것일 수도 있다(10장 4절과 주석을 참조하라). 그러나 여기서는 문맥상으로 이 말 그대로의 의미가 맞다. 즉 바울로의 질투 뒤에는 하느님의 질투가 있다는 것이다(가령, 구지도 그렇게 본다).

"질투"는 결혼으로부터 이끌어낸 비유에 의해 자연스럽게 이어진다. 그것은 내가 **여러분을**(집단적으로—고린토교회 전체가 신부이다. '따로 따로가 아니라 한꺼번에' : Bengel) **순결한 처녀**(신부—참조. 고전 7, 36과 해당 주석)로 **오직 한 남자**(고린토인들이 충성을 바쳐야 할 분이 한 분 있으며, 오직 그분에게만 충성을 바쳐야 한다는 데 강조점이 있다)인 **그리스도에게**—즉 마땅히 신실함을 바쳐야 할 분에게—**바치려고 "약혼을 시켰기"**(바울로는 여기서 보다 일반적인 ἁρμόδειν의 능동태를 쓰지 않고 중간태를 쓰고 있다. 아마도 이것은 이 일에 있어서의 개인적인 관련성 때문일 것이다. *M.* i. 160 —말하자면 그는 신부의 아버지인 셈이다[12, 14 ; 고전 4, 15]. 그러나 필로도 중간태를 사용한다 : *Leg. Alleg.* ii. 67 : *De Abr.* 100) **때문입니다.** 그리스도에게 바치는 것은 아마도 그가 오실 때에 가능할 것이다. 따라서 약혼은 고린토인들의 회심과 그들의 교회를 세우는 것을 가리킨다. 한편 약혼 기간 동안 고린토인들은 자신들과 하나가 될 분에게 완전한 충성을 바칠 의무가 있다. 바울로의 비유에 의하면 순결을 지킬 의무가 있다. 바울로가 이렇게 편지를 쓰는 것은 그들이 그처럼 충성을 바칠 뜻이 있는지, 그리고 그런 능력이 있는지를 그가 의심하기 때문이다. (구약성서에서 이미 친숙한) 결혼의 상을, 혹은 아담과 하와, 뱀에 대한 이야기를 새롭게 알레고리적으로 해석하는 것이 그의 의도는 아니었다. 그것들은 단지 우연적인 예로 끌어들여졌다. 그리고 3절의 상이 혼란스러워진 것도 바로 그러한 이유 때문이다. 또한 이러한 이유에서 3절에 접근하는 가장 좋은 방법은 그 역사적 상황을 고찰하는 것이다. (바울로가 보는 바에 의하면) 자신들의 모든 잘못에도 불구하고 순수한 그리스도의 복음을 그에게서 받아들였던 그리스도교인들이 —그가 보기에는 단지 에덴 동산의 뱀과도 같고 사탄의 종이거나 아니면 사탄이 변장한 것 같은(13절 이하) 사람들이 전하는—(겉보기에는 비슷하지만) 전혀 다른 복음에 의해 정복당하고 있었다.

에덴 동산 이야기는 인간의 순수성의 상실에 대해서 말한다. 그리고 이 이야기에서 뱀은 실제로 하와를 유혹했다고 믿어졌으며, 그녀는 불순종하게 되었을 뿐만 아니라—자신이 그의 배우자가 되기 위해서 창조되었던—남자에 대한 신실성을 저버림으로써 자신의 처녀성을 잃었다는 의미로 이 이야기가 잘 다듬어졌다(아마도 그랬던 것으로 보인다). 이 이야기의 이러한 발전(주석서들과 함께 Bousset-Gressmann, 408 ; Schoeps, *Paulus*, 29 : 영역본, 39 ; W.D. Davies, 32 ; E.E. Ellis, *Paul's Use of the Old Testament* [1957], 129 ; E. Brandenburger, *Adam und Christus* [1962], 44, 50)은 라삐적(Yebamoth 103b ; Abodah Zarah 22b ; Shabbath 146a)이지만 초기 묵시문학에서도 역시 암시되었다. 제1에녹서 lxix. 6 : '가드릴은 하와가 길을 잃게 했다'(이것은 유혹을 의미할 수 있지만 반드시 그렇지는 않다). 제2에녹서 xxxi 6 : '그는 하와를 꾀어서 유혹했다. 그러나 아담을 건드리지는 않았다.' 아브라함의 묵시록 23 : '이제 다시 환상을 보라. 하와를 유혹한 자는 누구이며, 그 열매는 무엇인가.' "속였다"(ἐξαπατᾶν)라는 의미로 3절에서와 같은 말이 사용된 디모테오전서 2장 14절에도 이에 대한 암시가 있을 수 있다. 하느님의 신부로서의 이스라엘이라는 상징은 호세아서 1—3장, 에제키엘서 16장, 이사야서 50장 1절, 54장 1—6절에 나온다. 에페소서 5장 22—33절, 요한묵시록 19장 7절, 21장 2·9절, 22장 17절과 비교하라. C. Chavasse, *The Bride of Christ* (1940)와 그리스도의 신부로서의 교회에 대한 빈디쉬의 긴 해설을 참조하라(320 이하). 이것들은 세부적으로는 결코 일치하지 않는다. 여러 저자들이 하느님이 이스라엘을 선택한 것과 그들을 사랑한 것, 그리고 이스라엘은 이방의 우상들을 섬겨서는 안 될 의무가 있다는 것을 표현하기 위해 매우 분명한 한 상징을—아마도 독립적으로— 사용했을 것이다. 언어에 대해서는 *Sotah* iii. 3과 비교하라. 거기서는 간음의 혐의가 있는 부인이 '나는 부정하다' 라고 자백한다.

〔 3 〕 내가 두려워하는 것은. 이것은 11장 28절에 언급된 목회적인 관심의 일부이며, 이 편지를 쓰는 동기이기도 하다. 10—13장 전체와 또 다음의 몇 귀절들의 어조에 비추어서 판단한다면 바울로는 자신의 감정을 억제하면서 말하고 있다. 적어도 그는 고린토에서의 자신의 업적이 무로 돌아갈지도 모르며, 교회가 무너져 버릴지도 모른다는 현실적인 위험을 알고 있었다(그러나 이에 대한 Barth, *C.D.* Ⅲ. ii. 302—5의 언급을 참조하라). 고린토전서 9장 27절, 10장 1—13절이 보여주듯이 그는 자신이나 혹은 동료 그리스도교인들이 하느님 앞에서 결코 안전하다고 생각하지 않았다. 그들이 세례나 주의 만찬에 참여한다고 해서, 혹은 그들의 믿음이 처음에는 순수하고 순결했다고 해서 그것이 그들을 타락하지 않도록 지켜주는 보루가 되지는 못했다. "교회는 끊임없이 개혁되어야 한다." 교회는 항상 타락할 위험에 처해 있으므로 항상 사도의 훈계에 귀를 기울여야 한다. **바울로가 두려워하는 것은 마치 하와가 뱀의 간사한 속임수**(ἐξηπάτησεν : 참조. 창세 3, 13 ; Philo, *Leg Alleg.* iii. 59 ; 로마 7, 11)**에 빠진 것처럼 여러분의 "생각"**(νοήματα. 3, 14 ; 4, 4에서와 같고 2, 11 ; 10, 5과는 다르다)**이 부패해져서 "그리스도에 대한 애정의"**(직역하면 그리스도에 대한 그들의 애정으로부터. εἰς Χριστόν) **진실성을**(ἁπλότης ; 8, 2과 주석 참조 ; 이 곳의 본문에 대해서는 340면 주 10 참조) **저버리지나 않을까 하는 것입니다.** 바울로가 뱀이 하와를 유혹했다고 말하는지는 확실치 않다. 그의 말 —이 말의 복합어 형태가 창세기 3장 13절에서 사용되었다— 은 이러한 의미를 입증할 수도 있지만(예를 들어 Herodotus, ii. 114에서처럼) 반드시 그렇지는 않다. 그것은 단순히 '길을 잃게 하다, 하느님의 명령에 불순종하게 하다'를 의미할 수 있다. 바울로로서는 이 점을 더 발전시킬 필요가 없었다. 왜냐하면 그가 처한 상황에서는 하느님에 대한 불순종이나 신랑(그리스도)에 대한 불성실이 하나였고 또 같은 것이었기 때문이다. 사탄의 대리인(어쩌면 변장한 사탄 : 참조. 14절 : 비교. 지혜 2,

24)으로서의 뱀은 "간사함"의 가장 전형적인 것이었다(4, 2 ; 비교. 고전 3, 19). 그리고 특히 Betz, 104 이하를 참조하라. '인용된 귀절은 욕하는 말인 πανοῦργος("간사한")가 특히 반소피스트적인 논쟁이나 종교적인 미신에 대항하는 논쟁에서 사용되었다는 결론을 정당화해준다' (105). 따라서 베츠의 견해에 의하면 이 말은 바울로의 변론에 적합한 말이다. 12장 16절에 의하면 바울로는 고린토인들을 속여서 그들의 돈을 얻어내므로 간교하다는 비난을 받았다. 그것은 쉽게 여기저기서 할 수 있는 비난이었다. 그리고 다음에 나오는 귀절들이 보여주듯이 바울로는 뱀의 간교함에서 그의 적대자들의 행동과 비슷한 것을 보았다(참조. 특히 13절 ; "거짓 사도들"). 만일 그들의 활동이 성공한다면, 바울로가 두려워하듯이 그 결과는 고린토인들의 도덕심(바울로가 이에 대해서 두려움을 표하지 않는다는 것은 주목할 만하다. 이것은 침입자들이 영지주의적 당파가 아니라 엄격한 유다주의자들이었다는 견해와 일치한다 : 참조. 이 책 서론 54면 이하)을 타락시키는 것이 아니라 그들의 생각, 즉 복음에 대한 그들의 이해를 부패시키는 것이다(바울로는 그렇게 되지 않을까, 아니 아마도 이미 그렇게 되지 않았을까 두려워한다). 바울로가 이 문제를 순전히 지적인 방식으로 받아들이지 않는다는 사실은 함축적인 형태로이기는 하지만 이 귀절의 마지막 구에서 알 수 있다. 여기서 문제가 되고 있는 것은 현대적인 의미에서의 정통주의가 아니라 그리스도에 대한 순정과 정절이다. 이것은 고린토전서 12장 3절의 표준과는 다른 형태이다(참조. 로마 10, 9). 진지하게 "예수는 주라"고 말하는 것은 그리스도교 신앙의 적절한 표징이다. 지성이 해야 할 역할은, 주(主)로 선포된 예수가 참된 사도적 선포의 현실적인 예수인지(참조. 고전 15, 3—4) 아니면 다른 예수인지를 검증하는 일이다.

[4] 다음 귀절로써 우리는 고린토에 나타났던 적대자들에 대해서 이해할 수 있는 핵심부에 도달하게 된다(Käsemann, *Legitimität*, 38/14). 그것은 여러분을 방문한 자(직역하면 [여러분에게] '온 자' ὁ ἐρχόμενος)가 우리가 전하지 않은 "다른"(ἄλλον) 예수를 전하거나 여러분이 전에 "받은"(ἐλάβετε) 일이 없는 "다른"(ἕτερον) 영을 받거나 또 전에 "받아들인"(아마도 동의어이기는 하지만 다른 동사인 ἐδέξασθε이다) 일이 없는 "다른"(ἕτερον) 복음을 받아들이는 일에는 여러분이 무던히(καλῶς ; 이 말의 반어적 용법에 대해서 마르 7, 9 참조) 너그럽기(본문에 대해서는 이 책 340면 주 11 참조) "때문입니다"(γάρ: 이것은 두 가지를

연결해준다. 3절에 표현된 두려움과 1절에 표현된 호소—"여러분은 나를 참아주기 바랍니다"—에 근거를 부여한다. 바울로는 불변화사 μέν을 앞에 덧붙였다. 이에 상응하는 δέ[B사본에서는 5절에 이 말은 보충해넣었다]가 나오지는 않지만 바울로는 그것을 암시하고 있다: '여러분은 그에 대해서는 너그럽게 참아주지만 나를 참아주지는 않습니다'—단순히 온 사람과는 함께 하고 보냄을 받은 사도와는 대적한다). 이 귀절 자체는 많은 문제점을 제기한다. 다음 귀절들과의 관계에 대해서는 이 책 349면 이하를 참조하라. "Paul's Opponents", 242 이하와 Schoeps, *Paulus*, 74(영역본 79)를 보라. 바울로 자신이 바로, 다른 예수와 다른 복음을 설교한다고 비난받았다는 쉡스의 견해는 아마도 정당할 것이다.

"여러분을 방문한 자"는 순전히 일반화시킨 말일 것이다—"누구든지 새로운 복음을 가지고 온 자"(Allo: "처음에 온 사람"). 갈라디아서 5장 10절과 비교하라: "누구든지 여러분을 교란시키는 사람." 그러나 이 해석이 전적으로 만족스럽지는 못하다. 그러나 이 귀절에는 갈라디아서 5장 10절의 "그가 누구든지간에"(ὅστις ἐὰν ᾖ)에 해당하는 것이 없으며, 10장 7(τις)·10(φησίν)·11(ὁ τοιοῦτος)절의 단수형들을 무시할 수도 없다. 바울로가 고린토에서 여러 명의 적대자들과 마주해 있었음은 확실하다. 그러나 그들에게는 주모자가 있지 않았나 의심해볼 만한 적어도 몇 가지 이유가 있다(위에서 언급한 귀절들에 덧붙여서 2,5—8; 7,12과 주석을 참조하라). 여기서 방문자는 예루살렘으로부터 온 "판결자"였고 바울로는 반어적으로 쓰고 있지 않다는 ('여러분은 만일 방문자가—아마도 베드로—침입자들의 편에 서기로 한다면 아마도 그들을 잘 참아줄 것입니다') 슐라터의 견해는 그다지 추천할 만하지 못하다.

바울로가 ἄλλος(other)와 ἕτερος(different)를 구별할 수 있었다는 사실은 갈라디아서 1장 6—7절에서 알 수 있다. 그러나 그가 여기서 이 둘을 구별하고 있는 것으로 보이지는 않는다. 그러므로 *M.* iii. 197은 옳다('변화를 주기 위해서 이 두 가지 말이 사용되었다'). 로버트슨(Robertson, 747: '여기서 두 가지 말을 사용한 것은……단지 변화를 주기 위한 것이다. 그러나 바울로가 자신이 전하는 예수와 비록 같은 모습일지라도 다른 ἄλλον 예수를 인정하기는 꺼려했던 반면 유다주의자들의 복음과 그들이 전하는 영을 ἕτερον[참조. 갈라 1,6]이라는 말로 낙인찍었다고 볼 수도 있다')의 견해는 설득력이 없다. 바울로의 경쟁자들은 같은 예수를 다르게(즉 육에 따라 : 5, 16) 이해해서 전했고, 이것은 다른 복음과 다른 종교적 경험을 낳았다고 보는 것이 아마도 사실에 보다 가까울 것이다(바울로의 언어가 이렇게 보도록 요구한다고 주장할 수는 없지만 말이다). Schmithals, 54와 비교하라. 이 귀절을 갈라디아서 1장 8절로부터 구별하려는 칼빈의 시도와 바울로가 여기서 거짓 복음이 아니라 단지 다른 설교자들이 전한 복음에 대해서 말하고 있다는 그의 주장은 설득력이 없다.

갈라디아서 1장 6절의 "다른 복음"이란—갈라디아서에서는 매우 일반적인 말로 씌어졌지만—유다주의자들의 잘못을 시사한다. 그리고 같은 의미가 고린토후서에도 적용된다고 생각하는 것은 자연스럽다. 이것은 침입자들이 예루살렘 교회의 유다주의적 사절들이었다는 견해와 일치한다. 그러나 이것은 그들에 대한 다른 견해들과는 일치하지 않는다("다른 복음"에 대한 견해들을 일목요연하게 요약한 것으로는 Goppelt, 128 참조). 적대자들이 누구였는지에 대해서는 이 귀절만을 토대로 결론을 내릴 수 없다(참조. 이 책 서론 54면 이하와 "Paul's Opponents"). "다른 복음"과 함께 "다른 예수"와 "다른 영"이 있었다는 점에 주목하는 것은 정당하다. 죠지의 *Gegner*에 따르면 이 부차적인 말들("다른 예수"와 "다른 영")은 새 복음과 바울로의 복음 사이의 구별점이 어떤 것인가를 보여준다. '무엇보다도 그 둘의 차이는 그리스도론에 있다' (285면). 죠지는 단순히 예수라는 이름을 사용한 것은 영지주의적 그리스도론이 아니라 지상의 예수에 대한 해석을 지시한다고 생각한다. 그리고 그 실마리가 4장 5절에 제시되어 있다고 한다. 그리스도가 주라는 데 대한 참된 증인으로 적대자들로부터 바울로를 구별하는 것은, 그의 겸손한 행동이다. 그러므로 바울로가 여기서 거부하고 있는 지상의 예수에 대한 해석은 그의 적대자들이 사용한 전통과 그들 자신의 영적 권위의식과 결부되어 있는 것이다. '바로 이 마지막 관찰이 바울로의 적대자들은 예수가 뛰어난 영적 인간[Pneumatiker], 즉 "신적 인간"[θεῖος ἀνηρ]으로서 등장했다는 그리스도론을 주장했음을 시사해준다' (앞 책 286면). 뤼트게르트(Lütgert)도 "다른 영"이라는 말에 기초해서 침입자들에 대해 어느 정도 이와 비슷한 견해에 도달한다(Käsemann, *Legitimität*, 39—40/17).

죠지의 논증은 증거가 부족하다. 첫째, 이 논증은 바울로가 "다른 예수"에 대해서 뿐만이 아니라 "다른 영"에 대해서도 언급한다는 사실에 적절한 중요성을 부여하지 않았다. 둘째, 바울로에게 있어서 예,

수라는 단순한 이름이 반드시 지상적 예수를 지시한다고 말하는 것은 정확하지 않다. 세째, 바울로의 반대자들이 자신들이 "신적 인간"의 부류에 속한다고 생각했는지는 논의의 여지가 있는 문제이다(참조. 이 책 서론 55—56면). 그러나 죠지가 다른 복음과, 한편으로는 다른 복음의 예수 이해, 그리고 다른 한편으로는 다른 복음을 주장한 사도들의 도덕적 특징 사이에 긴밀한 관련성이 있다고 본 것은 옳다. 그리고 4장 5절은 이에 대한 좋은 암시이다. 궁극적인 문제는 바울로의 사도적 설교와 실천을 통해 제시된 예수에 대한 해석이 정당하느냐는 문제이다(참조. *Signs*, 77—81). 만일 바울로의 해설이 정당하다면 자신들이 "신적 인간"이라고 여기는 사도들이 주장하는 "신적 인간"으로서의 예수에 대한 해설은 잘못된 해설이라고 합당하게 추론할 수 있다. 그러나 여기서 고린토의 반대자들이 자신들과 예수에 대해 그렇게 생각했다고 추론하는 것은 현재의 귀절에 토대를 두지 않은 지나친 해설이다. 영에 대한 바울로의 유일한 표준은 고린토전서 12장 3절의 표준이다. 그리고 "다른 복음"을 설교하는 자들에 대한 그의 불만은 그들이 십자가에 달린 예수를 주로서 인정하지 않는다는 데 —비록 그들이 예수에 대해 그런 식으로 생각은 한다고 공언하고 있다하더라도— 있다.

그러므로 다른 복음, 다른 예수, 다른 영, 그리고 다른 사도는 함께 속하는 말들이다. 그리고 그러한 사도이면서 동시에 그러한 복음을 설교하는 한 방문자가 나타나면 고린토인들은 그를 받아들이고, 그를 잘 참아준다. 이것은 특정한 상황에서 고린토인들이 하게 될 행동을 가정한 것이 아니라 실제로 그들이 하고 있는 행동이다. 방문자는 이미 와 있고, 고린토인들은 그의 말을 듣는다. 바울로는 여러 심한 말들을 하면서도 고린토인들에게 그렇게 행동하지 말라거나 혹은 그의 경쟁자를 축출하라고 말하지는 않는다. 여기서 바울로가 부탁하는 것은 잘못된 교사를 잘 참아주었던 것만큼 자신에 대해서도 참아달라는 것이 전부이다. 바울로가 "다른 믿음을 가지고 있으므로 구원에서 제외된다고 사람들이 확신하게 되는 그리스도교인"이라는 의미에서(W. Bauer, *Rechtgläubigkeit und Ketzerei* [1934], 236) "이단자"를 알고 있었다고 보기는 힘들다. 오히려 그는 참아달라고 부탁한다.

[5] **왜냐하면 나 자신은 저 위대하다는 사도들보다 "조금도"(μηδέν은 강조적으로 쓰였다) 못할 것이 없다고 생각하기 "때문입니다"(γάρ).** 이 귀절에서 맨 처음 받게 되는 인상은 바울로가 자신

은 그 방문자보다 못하지 않으므로 방문자를 잘 대해주었듯이(4절) 자신도 잘 대해 달라고 부탁하고 있다는 것이다. 말하자면 그 방문자(이것은 복수를 나타낼 수도 있는 일반적인 용어이다)는 "위대하다는 사도들"과 동일시되었다. 나중에는 "방문자"나 그와 비슷한 사람이 사탄의 종(13절 이하)이라고 말해지므로 "위대하다는 사도들"을 예루살렘 사도들, 즉 베드로나 그의 동료들과 동일시할 수는 없다. 이 견해는 여러 학자들에 의해 주장되지만 이 주석서에서는 채택하지 않았다. 그에 대한 증거들은, 이 중 몇 가지는 10장에서 이미 언급된 바 있는데, 이제부터 계속해서 나올 것이다. 이 책에서는 그 문제가 나올 때 다시 논의할 것이다. 이 책 서론, 54—59면과 "Paul's Opponents"를 참조하라.

'4절로부터 5—6절($\gamma\acute{\alpha}\rho$)로의 이행은 전혀 분명치 않은 것 같다' (Windisch). 확실히 처음에 보는 것보다는 훨씬 덜 분명하다. 왜냐하면 5절 서두의 "왜냐하면"이라는 말은 실제적인 연결점인 1절에 나온 호소의 세 가지 이유 중 세번째 것을 제시하기 때문이다. 즉 '나는 여러분이 나를 참아주기를 바랍니다. 첫째, 왜냐하면 나는 여러분에 대해서 참으로 관심을 가지고 있으며, 또 그럴 만한 이유가 있기 때문입니다. 둘째, 왜냐하면 여러분은 거짓 복음을 설교하는 거짓 사도에 대해서도 잘 참아주었기 때문입니다. 세째, 왜냐하면 나는 가장 높다는 사도들과 동등하기 때문입니다.' 이와 같이 보면 바울로의 생각의 흐름을 적절하게 잘 알 수 있다. 그리고 바울로가 이 단락에서 (13절 이하) 사탄의 종이라고 서술한 사람들보다 자신이 못하지 않다는 온건한 주장을 하는 데서 그쳤을 것 같지는 않다는 논증을 덧붙여 말할 수 있을 것이다. '그것은 조롱이라고 설명할 수도 없다. 사탄의 종과는 어떠한 비교도 할 수 없다' (Käsemann, *Legitimität*, 42/21). 불트만(참조. *Probleme*, 26—79 ; Schmithals, 53, 주 1)은 —케제만과는 반대로— 만일 바울로가 고린토인들로 하여금 진리에 대해 눈을 뜨게 하기 위해서 거짓 사도들과 자신을 비교했다면 그것은 잘 이해된다고 답하며, 6절의 "말"과 "지식"에 대한 언급도 이미 고린토에 있어서 고린토인들이 잘 알고 있는 사람과 자신을 바울로가 비교하고 있음을 보여준다(12장 11—12절의 비슷한 비교에 주목하라)고 주장한다. 그러나 "말"과 "지식"은 바울로의 경쟁자들이 한 주장이 아니라 고린토인들이 사용한 표준을 가리킨다고 보는 것이 가장 좋다. 따라서 여기서는 바울로가 그 표준들을 사용한 것이다. 여러가지 개연성에 비추어볼 때 케제만의 견해 쪽으로 기우는 것 같다. 헤링의 견해와 비교하라 : '위대하다는 사도들은……예루살렘의 사도들 외에 다른 사람일 수가 없다.'

위대하다는 사도들이라는 말은 반어적인 표현(Betz, 121에는 흥미있는 병행구들이 제시되어 있다)이며, 바울로가 소위 예루살렘의 "기둥들"에 대해서 기술할 때 사용했던 반어법을 연상시킨다(참조. *Studia Paulina*, 1—19). 고펠트(126)는 이 반어적인 표현을 예루살렘 사도들 자신들이 아니라 그들과 그들의 권위에 대한 호소를 가리키는 것으로 생각하는데 이것은 아마 옳을 것이다. 그러나 예루살렘 사도들과 적어도 어느 정도의 관련성은 있을 것이다. 실제로 갈라디아에서는 고린토후서에서 나타난 것과 똑같은 태도를 보여준다. 즉 거짓 사도들 혹은 거짓 형제들(갈라 2, 4)에 대한 열렬한 공격(13절), 갈라디아에서는 "기둥들," 그리고 야고보와 게바와 요한이라고 분명히 규정된 다른 집단에 대한 냉정하기는 하지만 비공격적인 태도말이다. 갈라디아와 고린토후서에 반영되는 태도가 동일하므로 거기에 관련된 사람들도 동일하다고 볼 수 있는 가능성이 어느 정도 있다. 고린토전서 15장 9절에서 바울로는 자신은 사도들 가운데서 가장 작은 자라고 단언한다. 그러나 그를 비판하는 사람들의 관점에서 그렇게 말한 것은 아니다(참조. 『고린토전서』, 여러 곳). 그는 박해자였고, 그리스도 자신의 적이었다. 그런 적대자인 자신을 사도로 변화시킨 것은 오직 하느님의 은혜였다. "그러나 내게 베푸신 하느님의 은혜는 헛되지 않았읍니다. 오히려 나는 어느 사도들보다도 더 많이 수고했읍니다." 바울로가 위대하다는 사도들보다 조금도 못하지 않은 것은 바로 그런 뜻에서다.

[6] 바울로는 여기서도 역시 고린토전서 15장 9절에서와 마찬가지로 지나친 자랑을 많이 하려고 하지 않는다.

내가 말에는 능하지 못할른지 모르지만 지식에는 그렇지 않습니다. "능하지 않다"는 형용사가 아니라 "특별한 활동이나 혹은 직무에 대해서 문외한인 사람", 따라서 그 활동이나 직무에 적합한 기술을 훈련받지 못한 사람을 의미하는(참조. 고전 14, 16·22·23과 주석, 특히 14, 16에 대한 주석) 명사(ἰδιώτης)이다. 바울로는 자신은 언변이 부족하다고 한다(참조. 10, 1·10 ; 고전 2, 3—4과 해당 주석). Plato, *Ion* 532D와 비교하라 : '너희 음영시인들과 배우들, 그리고 너희가 읊는 시를 쓴 시인들은 현명하다. 그러나 나는 단지 진리를 말할 뿐인 보통 사람(ἰδιώτην ἄνθρωπον)

이다'(바울로와 소크라테스의 반어법에는 어딘가 비슷한 점이 있다). 바울로의 글은, 그 나름대로 매우 유창한 그의 말과 상당히 유사하다. 따라서 바울로가 말할 때 언어장애로 고생했거나(이것이 아마도 12장 7절에서 언급하는 신체적인 약함일 수 있다—주석을 참조하라) 아니면 지금 자신은 언변에 능하지 못하다고 지나치게 겸손하게 말하고 있는 것일 수 있다는 결론은 매우 설득력이 있다. 보다 개연성이 있는 것은 바울로 자신은 가지고 있지 않은 전제들에 기초해서 그의 언변에 대해 내린 판단을 그가 지금 받아들이고 있다는 것이다. 그리고 이렇게 받아들인 것은 계속해서 반어적인 것이다. 케제만(*Legitimität*, 35/9)에 의하면 바울로는 방언을 잘 하지 못한다고 생각되었으며, 또 이러한 이유에서 그가 영을 소유했는지도 문제시하게 되었다(비교. Reicke, *Diakonie*, 278). 라이케는 바울로에 대해서 좋지 않은 평가를 내린 사람들은 고린토전서 1장 12절의 그리스도당이었다고 생각한다. 베츠(특히 59면)는 바울로의 말보다 더 훌륭한 말은 소피스트들의 말이었다고 생각한다. 바울로는 형식(말)과 내용(지식)을 구별함으로써 견유학파적인 방식으로 답변한다. 베츠에 의하면 이 둘은 서로 다르기는 하지만 동일한 것의 상이한 측면이다. 고린토인들은 바울로가 말하고자 하는 것을 알아들을 것이다. '바울로는 자신의 언변이 부족하다는 판단을 견유학파인 방식으로 받아들임으로써(11, 6) 자동적으로 철학자(견유학파)의 편에 섰다. 반면 언변이 부족하다는 점을 일종의 무능함으로 생각하는 사람들은 자동적으로 소피스트의 편에 서게 된다. 견유학파의 가두설교자들의 주장과 논지는 아마도 잘 알려져 있었을 것이므로 바울로는 고린토인들이 자신의 말을 이해해 줄 것을 기대할 수 있었으리라고 가정할 수 있다. 그리고 우리가 고린토전서나 클레멘스 일서에서 알 수 있듯이 견유학적인 특징들이나 혹은 견유학파와 관련된 특징들은, 고린토교회의 삶의 특징들이었으므로 바울로는 교회가 자신의 그러한 주장을 동정적으로 받아들여주리라고 기대할 수도 있었을 것이다' (Betz, 66).

바울로가 단순히 형식과 반대되는 내용이라는 의미로 지식(γνῶσις)이라는 말을 사용했을지는 의심스럽다. 이 말은 함축성을 내포하고 있다. 그러나 이 말에 지나치게 세부적인 의미를 부여해서는 안 된다. 10장 5절에 대한 주석과 문헌들을 참조하라. 여기서 이 말을 사용한 것은 바울로의 경쟁자들이 말과 함께 지식이 자신들의 가장 가치 있는 소유물이자 가장 높은 자질이라고 여겼음을 보여준다고 흔히

들 생각했다. 즉 그들은 특별한 종류의 영지자라는 것이다. 그러나 그 말은 고린토후서에서(6회)보다 고린토전서에서(10회) 더 많이 나온다. 본래의 고린토인들은 적어도 자신들을 방문한 사람들이 지식에 대해 관심을 가진 정도로 지식에 관심이 있었을 것이다. 그리고 여기서 바울로의 언급은 적대자들의 특징보다는 고린토인들이 사도들을 판단하던 표준을 반영할 것이다(참조. 13,3). 고린토의 영지주의는 상당한 행동의 자유를 누릴 수 있는 사변적이고 합리적인 토대를 마련해주었을 것이다. 고린토전서 8장 1절과 주석을 참조하라. 현재의 귀절에 근거해서 바울로의 신학에 있어서 영지주의의 원리가 상당히 중요한 역할을 했다고 결론내리는 것은 정당하지 못하다. 그와 반대의 결론도 마찬가지로 입증되지 않는다. 우리는 여기서 바울로의 신학이나 아니면 고린토교회의 신학을 재구성할 만한 재료를 가지고 있지 못하다. 우리는 여기서 단지 지식(gnosis)이라는 말이 퍼져 있었다고 결론내릴 수 있을 뿐이다. 그러나 이 사실은 결코 무시되어서는 안되며, 우리가 바울로의 말을 계속 읽어나가는 동안 염두에 두어야 할 것이다.

다음에 나오는 말들은 실제로 번역할 수 없으며, 아마도 훼손되어 있는 것 같다. 나오는 말 그대로 번역한다면 다음과 같다: '그러나 모든 일에서 우리가 여러분에게 나타내보인 모든 것에서.' 우리는 바울로가 때때로 한정 동사를 써야 할 곳에서 분사를 쓴다는 사실을 이미 관찰했다(참조. 5,12; Moule, *Idiom*, 180). 그러나 그러한 점을 인정한다 해도 '모든 일에서 우리가 여러분에게 나타내보인 모든 것에서' 라는 말은 이해되지 않는다(그리이스어 원문참조). 본문상의 여러 변형들은 이 문장을 조금 더 다듬어주고 있다: '우리 자신들을 나타내보였읍니다' (0121), '나타내 보여졌읍니다' (복수: 대부분의 사본들에서 그렇다), '나타내 보여졌읍니다' (단수: D* Ambrosiaster). 이것들은 모두가 다음과 같이 요약될 수 있다: '여러분은 내가 어떤지, 내가 어떤 종류의 사람인지 알고 있읍니다.' 그러나 위의 변형들은 이것을 아주 분명하게 말하지 않는다. 그리고 그것들은 난해한 본문을 수정하기 위한 시도들이며, 받아들여질 수 없다. 가장 간단하고 아마도 가장 좋은 방법은 옮겨쓰는 과정에서 우연적으로, 아니면 바울로가 쓰는 것을 빠뜨렸기 때문에 본문에서 무슨 말인가가 빠졌으리라고 가정하는 것이다: "지식"을 소급해서 지시하거나 아니면 "진리"(τὴν ἀλήθειαν), 혹은 "우리들 자신"(ἑαυτούς)을 가리키는 "그것"(αὐτήν)이라는 말을 빠뜨렸을 것이다. 아마도 그 중에서 "지식"을 가리킨다고 보는 것이 가장 간단하고 좋을 것이다. 그러면 이 귀절은 이렇게 쓸 수 있다 : '내가 말에는 능하지 못할는지 모르지만 지식에는 그렇지 않습니다.' 오히려 그것을 우리가(이것은 틀림없이 편지투의 말일 것이고, 분명히 필자 자신만을 가리킬 것이다—Moule *Idiom*, 119) 모든 일에서 여러가지로 여러분에게 나타내 보였읍니다. 그러나 이렇게 보더라도 "모든 일에서, ……여러가지로"라고 반복되는 것을 피하지 못한다(사역에서는 이러한 반복을 완화시켜서 표현했다). 그리고 아마도 이 구들(ἐν παντί 혹은 ἐν πᾶσι: 아마도 전자일 것이다) 중에서 하나는 "모든 것을"(τὰ πάντα 혹은 πάντα)이라는 목적어가 훼손된 것이리라 : '여러가지로 우리는 모든 것을 여러분에게 나타내 보였읍니다.' 아니면 바울로가 자신이 전하는 지식은 부분적인 것이 아니라 완전한 것임을 이중적으로 (어딘가 어색하게) 강조하고 있는 것일 수도 있다.

[7] 고린토인들은 바울로가 대단한 연설가(우리가 필사자들의 탓으로 돌리지 않는 한 확실히 바울로의 글에도 그들이 불만을 가질 만한 것이 있었을 것이다)가 아니라고 생각할 수는 있지만 지식이 부족하다고 불평할 수는 없다고 바울로는 말한다. 아마도 불평을 하는 데에는 다른 이유가 있었을 것이다. 여러분을 높이기 위하여 내가 나 자신을 낮추고 하느님의 복음을 값없이 여러분에게 전한 것이("내가 복음을 전한 것이" ὅτι……εὐηγγελισάμην) 내게 죄가 됩니까? 바울로는 여기서 매우 심하게 반어법을 구사하고 있다. 처음에 보냈던 서신에서(참조. 『고린토전서』, 237—248면) 바울로는 사도들에게는 그들이 세우고 봉사하는 교회들로부터 지원을 받을 권리가 있으며, 자기 자신은 그런 권리를 주장할 생각이 없다고 분명히 밝혔다(참조. 고전 9,4—18 ; 고후 12,13). 우리는 왜 바울로가 다른 곳에서는 그렇지 않았으면서 —그렇지 않았던 것으로 보인다(10절의 아카이아에 대한 특별한 언급과 12장 13절의 "다른 교회들"에 대한 언급을 참조하라)— 아카이아에서만 그런 방식을 택했는지 알지 못한다. 고린토전서 9장 16절 이하에서 제시된 이유들은 모든 선교 영역에 똑같이 적용된다. 단지 우리는 바울로가 고린토와 그 주변 지역에서는 교회로부터 재정적인 지원을 받지 않는 것이 복음사업의 발전을 위해서 더 좋다고 판단했다고 결론내릴 수 있을 뿐이다. 그가 그렇게 판단한 이유들은 서술되지 않았다. 구지는 바울로가 '직업적인 소피스트들이나 수사학자들'과는 자신이 다르게 보이기를 원했다고 주장한다. 이것은 10—13

장에 대한 베츠의 견해를 부분적으로 예시한 것인데 베츠는 구지의 견해를 알지 못했다. 현재의 귀절은 이 문제에 대한 바울로의 판단이 —적어도 피상적으로는— 잘못된 것이었음을 시사한다. 고린토인들은 바울로가 그들의 짐이 되기를 거절했기 때문에 그를 좀 좋지 않게 생각했던 것 같다. 일반적으로 그리이스의 교사들은 자기 손으로 일해서 먹고 살지 않았으므로 고린토인들은 안티폰이 소크라테스에 대해서 생각했던 것과 같은 식으로 바울로에 대해서 생각했을 것이다 : '만일 당신이 속한 사회를 가치있는 것으로 여긴다면 당신은 그 일에 대해서도 역시 적절한 대가를 계속 받아야 합니다. 당신은 탐욕(πλεονεξία) 때문에 사람들을 속이지는 않으니 당신이 의로운 사람이라는 것은 당연합니다. 그러나 당신의 지식은 쓸모없는 것이므로 당신이 현명할 수는 없읍니다' (Xenophon, *Memorabilia* I vi. 12). 다른 사도들은(참조. 특히 11, 20) 다르게 행동했으며, 그만큼 더 좋은 인상을 주었다. 자기 자신을 위해서는 아무런 주장도 하지 않는 바울로는 만일 사도라고 해도 지위가 낮고 능력도 모자라는 사도이며, 따라서 그가 전해주는 그리스도교의 진리도 믿을 만한 것이 못된다는 것이다. 그러나 비록 오해를 받았다고 해도 바울로가 잘못하지는 않았다. 그는 낮아지고 그로 인해 개종한 개종자들은 "높아지는"(ταπεινοῦν과 ὑψοῦν이라는 동사는 모두 어느 정도 문자 그대로의 의미를 지니고 있다. ταπεινοῦν의 그리이스적 용법에 대해서는 7, 6 ; 10, 1과 주석을 참조하라) 것은 복음의 전형이며(참조. 예를 들어 4, 12) 이런 행동보다 복음을 더 분명하게 나타내보이는 것은 없다. 바울로는 물질적으로 가난하게 살지만 그의 청중들은 영적으로 부유해질 것이다(참조. 6, 10 ; 9, 11 ; 고전 1, 5). 바울로가 더욱 더 주님 자신과 같이 되려고 하는 면(8, 9)은 나타나지 않는다. 사도적 삶과 메시지의 참된 본질이 드러났고, 이와 함께 사도됨의 의미가 드러났다(참조. *Sings*, 85—92). 교회론과 그리스도론이 이제 밀접한 관련성을 가지게 된다. 세르포는 이렇게 말한다 : '그리스도론적 주제가 소리없이 울려 퍼져나오고 있다' (*Christ*, 295 : 영어번역판, 393). 바울로는 자신의 설교는 물론이고 삶의 방식을 통해서 "하느님의 복음"을 선포하고 있다. 이 문구에 대해서는 로마서 1장 1절(주석)과 15장 16절, 데살로니카전서 2장 2·8·9절을 참조하라 : "하느님의 복음"이 거리끼는 것으로 나타난다 해도 그것은 결코 예상 밖의 일이 아니다(고전 1, 18·23).

[8—9] 원칙은 이미 서술되었다. 바울로는 자신이 그 원칙을 어떻게 수행했는지를 서술하기 시작한다. **나는 다른 교회들로부터**(이 말은 그리이스어 원문에는 없다) **"보수"**(*ὀψώνιον*이라는 말이 사용되었다. 일반적인 그리이스어 용법에 따르면 고린토전서 9장 7절에서처럼 군인에게 급료를 지불하는 것을 뜻한다. 데네이는 비유를 사용해서 말한다—'그는 일찌기 그리스도를 위하여 헌신함으로써 얻은 전리품들을 아카이야에서 새로운 운동을 하는 데 기부했다') **를 받음으로써 다른 교회들을**(이 때 그는 다른 교회들을 위하여 일하고 있지 않았다) **"강탈했읍니다"**(*ἐσύλησα*: 참조. 각기 로마서 2장 22절과 사도행전 19장 37절에 나오는 복합어 *ἱεροσυλεῖν*과 *ἱερόσυλος*. 복합형태가 아닌 단순형태로는 성전모독을 뜻하지 않으며, 순전히 세속적인, 주로 군사적인 은유를 제시한다). **그것은 여러분을 돕기 위한 것이었읍니다**(직역하면 '여러분의 섬김을 위하여'—목적어를 나타내는 속격). **내가 여러분과 같이 있을 때에 "빈곤했지만"**(단순과거 분사 *ὑστερηθείς*) **여러분 중 어느 누구에게도 "누를 끼친 일이"**(바울로는 이 문맥에서만 *καταναρκᾶν*이라는 동사를 사용한다. 12, 13·14 ; *L.S.*에서는 '~에게 소홀해지다'를 선택하는 것 같다. 그러나 *κατεβάρησα*와 동일시하는 Hesychius와 Bauer의 해당란, 그리고 불가타역의 '아무에게도 짐이 되지 않았읍니다'를 참조하고 Jerome, *Epistle* CXXI. 4와도 비교하라) **없읍니다.** 사도행전 18장 3절에 의하면 바울로는 먹고 살기 위해서 스스로 직업을 가지고 일했다. 아마도 이 일만으로는 먹고 살기에 충분치 못했다고 가정해야 할 것이다. 그것이 좋은 직업이 못 되었거나 아니면 그가 복음 전도에 너무 많은 시간을 써서 충분히 벌이를 할 수 없었을 것이다. 바울로가 왜 자신의 직업에 대해서 언급하지 않느냐는 문제(빈디쉬에 의해서 제기되었다)는 아마도 위에서와 같은 측면에서 대답되어야 할 것이다. 이러한 상황에서 최근에 그가 세운 교회들이 그를 돕겠다고 했고, 바울로는 그들의 넉넉치 못한("빼앗아가다"라는 말이 이 점을 시사한다) 돈에서 도움을 받기로 허락했다. 그러나 그는 고린토인들에게서는 (그들이 준다고 해도) 아무 것도 받지 않겠다고 했으며, 그들에게는 계속해서 아무런 주장도 하지 않았다. **마케도니아에서 온 형제들이**(참조. 2, 13 ; 7, 5 ; 8, 1 ; 9, 2·4) **내게 필요한 것을 온전히 보충해주었읍니다**(필립비서 4장 15절에서는 아마도 이 일을 언급하고 있는 것 같다—데살로니카서 [4, 16]에는 여전히 바울로가 마케도니아에 있는 것으로 되어 있다). **나는 모든 일에 여러분에게 짐이 되지**(위에서 말한 *καταναρκᾶν*

이라는 말이 아니다. 그러나 바울로가 여기서 말하는 내용은 이 말에 대한 위의 해석을 재확인해준다) 않으려고 애썼고, 앞으로도 그렇게 할 것입니다.

[10] 고린토인들은 바울로의 독립심을 죄로 여겼을 수 있다(7절). 그러나 그에게는 그것이 자랑거리였으며 그것도 유일한 자랑거리였다. 왜냐하면 그것은 약한 것을 자랑하는 것이고, 따라서 주를 자랑하는 것이기 때문이다(12, 9 ; 10, 17 : 참조. 갈라 6, 14). 그가 이보다 더 중요하게 생각한 일은 아마도 없었을 것이다. 이제 그는 격정적인 말로 이 문제에 관한 논의를 마무리짓는다. 내 안에 있는 그리스도의 진실을 걸고……. 불트만이 이것을 맹세 형식이라고 본 것은 아마도 옳을 것이다(*Exeg.*, 138 ; 여러 다른 학자들도 그렇게 본다). 마태오복음 5장 34·37절에 비추어볼 때 이것은 문제를 제기하며, 이 문제는 "정당하고 거룩한 맹세"에 대한 칼빈의 언급에 의해서도 잘 해결되지 않는다. 무울(*Idiom*, 112)은 "내가……라고 말할 때 나는 그리스도교의 진리를 말하고 있는 것입니다"라는 의미를 제안하지만 한편 그는 만일 그러한 의미로 본다면 '그것은 ἀλήθεια("진실")의 의미를 훨씬 협소화시키고 특수화시켜서 그리스도와 관련시키고 있다'고 옳게 덧붙여 말한다. 바울로가 복음의 진리와 자기 자신의 순수성을 관련시키는 데 대해서는 1장 17—22절과 비교하라. 아카이아 지방(참조. Bauer, κλίμα 해당란)에서는 아무도 나의 이 자랑을 "막아내지"(직역하면 '내게 있어서는 이 자랑이 멈춰서는 안 됩니다.' φράσσειν이라는 동사는 로마서 3장 19절에서 "모든 입을 막는다"는 의미로 사용된 것이다) 못할 것입니다. 바울로가 그렇게 행동하는 이유는 이미 7절에서 제시되었다. 그것은 복음 자체를 드러내는 것이다. 왜냐하면 그것은 다른 사람들을 부요하게 하기 위해서 그리스도가 자발적으로 가난하게 된 것을 반영하기 때문이다. 그러나 물론 그것은 오해받을 것이다. 겸손이나 자기희생은 자주, 특히 스스로 그렇게 행동하지 않는 사람들에 의해서 오해받는다.

[11] 이 귀절은 고린토인들의 오해를 반영한다. 왜 그렇겠읍니까? 내가 여러분을 사랑하지 않기 때문입니까? 고린토인들은 틀림없이 바울로의 행동은 자신들을 사랑하지 않는다는 것을 보여준다고 말했을 것이다. 그러나 그것에 관해서는 하느님께서 진실을 알고 계십니다(직역하면 '하느님께서 아십니다'). 사도의 재정적인 지원 문제 전반에 대해서는 Betz, 100—117을 참조하라. 베츠는 이렇게

결론짓는다 : '요약해서 말하자면, 바울로가 고린토인들의 재정적인 지원을 거절한 것은 빈곤에 대한 금욕주의적 이상을 원칙적으로 고수하려고 했기 때문은 아니다. 지금 우리는 알 수 없지만 바울로로 하여금 지원받을 권리를 포기하도록 한 구체적인 이유들이 분명히 있었을 것이다. 고린토후서 10—13장에서는 그러한 상황이 전제된다. 그것은 바울로에게 반—소피스트적인 입장을 취할 기회를 제공하였으며 그렇게 함으로써 그는 안심하게 되었고, 그의 적대자들은 탐욕적인 사기꾼들처럼 행동하게 되었다' (117).

[12] 그러나 지금까지 바울로는 자신의 재정적인 자립 문제를 자기 자신과 고린토인들 사이의 문제로만 다루었다. 그러나 이 상황에 관련된(참조. 이 책 345—350면, 이 책 서론 54면 이하) 다른 사도들도 있었다(베츠에게서 인용한 말에서 이미 지적된 바와 같다). 이 집단은 바울로가 그런 태도를 취하게 된 가장 큰 동기였을 것이다. **나는 앞으로도 지금 하고 있는 대로 하겠읍니다. 그것은 우리와 똑같이 자랑할 수 있는**(직역하면 '∼하는 것으로 발견되기 위해서' ; 두번째 *ἵνα*가 두번째 "기회" *ἀφορμήν*에 의존한 것으로 본 것이다. 빈디쉬가 관찰한 바와 마찬가지로 그것을 "나는 앞으로도 하겠읍니다" *ποιήσω*에 연결시키면 실제로 의미가 달라진다) **이유를 찾으려고 기회를 노리고 있는 사람들에게서 그런 "기회"**(*ἀφορμή*. 참조. 로마7, 8[주석] · 11)**를 끊어버리기 위한 것입니다**(혹은 구둣점을 달리 찍으면 '내가 지금 하고 있는 일을 앞으로도 계속 하는 것은 ∼하기 위한 것입니다.' 알로는 9절의 병행구 때문에 이것을 선택한다. 의미상으로는 별 차이가 없다). 이 문장은 "우리와 똑같이 자랑할 수 있는"이라는 말부터 시작해서 보면 가장 잘 이해될 것이다. 지금 자랑을 하고 있는 바울로는 아무 사심 없이 보수도 받지 않고 복음과 자신의 사람들을(4, 5) 위해서 봉사하는 사도이다. 그의 경쟁자들도 그와 동등한 사도임을 자랑하고자 했을 것이다. 그러나 바울로가 앞서 기술한 바와 같이 계속해서 보수를 받지 않는 한, 그들은 바울로와 똑같이 아무 사심 없는 사도의 범주에 들어갈 기회를 가지지는 못할 것이다. 즉 그들이 아무 보수도 받지 않고 복음을 전파하는 바울로의 방식을 그대로 따르지 않는 한 그렇다는 것이다. 이것은 도덕적인 관점에서 제기한 유력한 주장이다. 고린토에서는 그 주장이 효과가 있었으리라고 생각할 수 있다. 그러나 그것은 논리적으로는 효과가 없는 것이다. 왜냐하면 침입자들은 자신들이 게파와 다른 사도들의 모범을 따르고

있다고(고전 9,5—6) 주장할 수 있었을 것이고, 이것은 그들을 적어도 바울로와 같은 정도의 지위에 올려놓을 수 있었기 때문이다. 그러나 그렇다고 해도 그들은 바울로와 같은 종류의 사도라고는 결코 주장할 수 없다. 그리고 교회는 다른 사도들보다는 바울로의 목회활동에 보다 더 많이 은혜를 입고 있다고 보는 것도 결코 틀리지는 않을 것이다.

[13] 고린토전서 9장에서는 바울로 자신이 사도들은 지원을 받을 권리가 있다는 원칙을 주장하고 있다는 사실을 결코 잊어서는 안 될 것이다. 실제로 중요한 것은 자기희생의 요구(게파도 자기희생이 요구되는 상황에서는 틀림없이 그렇게 스스로를 희생했을 것이다)가 참된 사도를 거짓 사도로부터 구별한다는 것이다. 그것은 여기서도 마찬가지이다. 앞서 말한 것과 같은 이런 사람들은 "거짓 사도"요(ψευδαπόστολοι: 아마도 바울로가 만들어낸 말일 것이다. 이 말과 문맥에 대한 세부적 논의는 "False Apostles"를 참조하라), 부정직한 "일군들"(ἐργάται. 바울로가 다른 곳에서 이 말을 사용하는 것은 유일하게 필립비서 3장 2절인데 거기서도 역시 좋지 않은 의미로 쓰였다. 그것은 아마도 순전히 우연일 것이다. 왜냐하면 바울로는 자기 자신과 같이 주의 일을 하는 사람—ἔργον—에 대해서도 말하기 때문이다 : 참조. 고전 16,10 ; Georgi, *Gegner*, 49 이하)이어서 그리스도의 사도로 "변장한"(μετασχηματίζειν. 이 동사에 대해서는 고전 4,6과 주석 참조. 이 동사는 능동태라는 필립비서 3장 21절에서처럼 "변화시키다"를 의미하고, 중간태로는 여기서와 다음 귀절들에서처럼 "스스로 변화하다", 즉 "변장하다"를 의미한다) 데 지나지 않습니다. "변장하다"라는 말의 배경과 그 말 자체는 "거짓 사도"의 일차적인 의미가 "사도라고 주장하지만 사실은 그렇지 않은 사람들"임을 시사해준다. 그러나 (3절만으로도 충분히 알 수 있듯이) 바울로는 그들이 거짓, 즉 "다른 복음"을 전하는 사도, 혹은 사절이라는 생각에로 곧 옮겨간다. 그 배경과 상황을 검토한 결과들은 다음과 같다("False Apostles", 395—6—그리이스어 단어들은 번역해서 인용했다) : (ㄱ) 만일 제일 먼저 바울로에 대해서 거짓되다는 비난이 있었다면 그것은 이해할 만하다. 왜냐하면 바울로는 자신의 삶과 교리로 조상 대대의 종교에 대해서 거짓을 행하고 있다는 것이다. 일단 그런 비난이 한 번 행해지고 나면 그것은 당연하고 쉽게 할 수 있는 비난이 되며, 그런 비난은 한 사람에게로 되돌아간다. 하느님이 그의 백성들에게 정해준 운명에 반

향하는 것은 바울로가 아니라 그의 적대자들이라는 것이다. 그러나 이런 비난을 받을 가능성이 있는 사람은 오직 유다인들 특히 유다계 그리스도교인들이다. ……이 경우 실제문제가 되는 것은 유다교의 성취이다……(ㄴ) 이것은 고린토후서 11장 13절의 "거짓 사도들"이 유다주의자들임을 의미한다. 따라서 고린토에서의 문제는 유다주의자들의 문제였다는 결론이 나온다. 다음에 이것은 유다주의의 문제가 할례의 문제만이 아니고, 고린토후서와 갈라디아서 사이에는 긴밀한 관계가 있다는 것을 의미한다. 바울로와 유다주의자들 사이의 토론은 두 종교의 토대를 문제삼는 것이다. (ㄷ) 바울로는 유다교에서의 복음의 거부와 복음의 왜곡, 그리고 "거짓 사도들"을 일종의 종말론적인 현상으로 보았다. 분명히 서로 상대방에 대해서 가지게 되었을 격한 감정에 대해 달리 설명하기는 힘들 것이다.

사도라는 말은 이러한 배경에서 광범위한 의미로 사용되었다. 그리고 여기서 자신이 열 두 제자 중의 한 사람인 것처럼 행동하는 것이 유익할 리도 없다. 그것이 거짓임이 곧 드러날 것이기 때문이다. 그러나 사도들(참조. 고전 15,7과 해당 주석)은 보다 큰 집단이었다. 이 칭호를 지녔던 것으로 보이는 다른 부류의 사람들에 대해서는 *Signs*, 71 이하를 참조하라. 바울로는 사도라고 주장하는 그 사람들을 "부정직"(δόλιοι)하다고 말한다. 12장 16절에 의하면 바울로가 "속임수"(δόλος)를 쓴다고 비난받고 있는데 그것은 주목할 만하다.

[14] 이 사람들이 고린토에서 속임수를 쓰고, 변장을 한 데에는 이미 선례가 있었다. 그들은 단지 그들의 스승, 우두머리 사기꾼의 선례를 따르고 있을 뿐이다. **그러나 놀랄 것은 없읍니다. 그들이 그렇게 행하는 것은 전혀 놀랄 만한 것이 못 됩니다. 사탄도**(참조. 2, 11 ; 12, 7) **빛의 천사로 변장합니다.** 이 생각은 하와를 속인 데 대한 이야기와 관련이 있으며, 3절에 나오는 그것에 대한 언급을 바울로는 틀림없이 염두에 두었을 것이다. 모세의 묵시록 17장 1절에서는 하와가 스스로 그 사건을 회상한다 : '천사들이 하느님을 예배하기 위해서 올라갔을 때 사탄은 천사의 모습으로 나타나서 천사처럼 찬송을 불렀다. 그리고 나는 허리를 굽혀 마치 천사와도 같은 그를 보았다.' 이와 관련된 "아담과 하와의 생애" 9장 1절 : '사탄은 분노해서 빛의 천사로 변장했다. 그리고 티그리스강의 하와에게로 갔다.' 슬라브 본문 38장 1절에는 이렇게 되어 있다 : '악마는 빛의 천사의 모습을 하고 내게 왔다.' 빈디쉬는 이외에 다른 신화들의 예를

제시한다. 사탄에 관한 신화의 세부적인 것들보다 더 중요한 것은 바울로가 자신의 일에 대적하는 것은 사탄에게 기원을 두고 있다고, 즉 그렇게 하는 것은 직접적으로 하느님을 대적하는 것이라고 생각한다는 점이다. 이것은 갈라디아서 4장 9절과 일치한다: "이방인들에게 있어서 유다화한다는 것은 이교도로 다시 되돌아가는 것, 즉 원시종교로 되돌아가는 것을 의미했다." 5장 4절: "유다교적인 법령을 통해서 의롭게 되려는 것은 그리스도에게서 끊어지고, 은혜에서 떨어지는 것이다."

[15] 바울로는 사탄으로부터 사탄의 부하들에로 화제를 다시 바꾼다. 그렇다면 그의 부하들이 의의 일군으로 변장한다 해서 이상할 것은 없읍니다. "의의"는 아마도(14절의 "빛의"와 마찬가지로) 서술적인 속격일 것이다. 이것은 직접적인 의미에서 셈어적이라고 간주할 필요는 없다. 부정직함에도 불구하고(부정직하기 때문에) 그들은 자신들을 그리스도의 정직한 종으로 나타내려고 한다. 이 속격은 목적격을 의미한다는 주장도 있었다. 즉 그들은 율법에 대해 순종할 것을 주장하면서 의에 봉사한다. 혹은 의에 봉사한다고 공언한다. 그러나 이것은 바울로가 말하고자 하는 바를 분명히 해주지 못한다. 유다주의자들은 (만일 침입자들이 유다주의자들이라고 한다면) 이러한 의미에서 "의의 일군"으로 변장한다. 그들은 율법적인 의의 일군들이다. 그리고 바울로는 바로 그것에 대해서 반박한다. 이 귀절들을 지나치게 신학적으로 읽는 것은 잘못이다. 바울로는 도덕적인 언어로 말하며, 그의 경쟁자들은 사기꾼들이라고 주장한다. 그들은 사탄이 빛의 천사가 아니듯이 그들 자신이 주장하는 올바르고 정직한 사람이 아니다. 신학적으로 바울로는 결코 그들과 타협할 수 없었다. 만일 그가 옳다면 그들은 악마이며 옳지 못하다. 그리고 그런 사람들에게 닥쳐오는 운명은 오직 한 가지이다. 그들의 마지막은 그들이 행한 대로 될 것입니다. 5장 10절과 비교하라: "사람들은 그들이 행한 대로 심판 때에 보응을 받을 것입니다"(참조. 로마 3, 8; 필립 3, 19). 바울로는 이 주제를 더 발전시키지 않는다. 그러나 그는 그들의 행동이 고린토교회에서 이루어지는 하느님의 일을 파괴할 위험이 있다(참조. 고전 3, 17)는 사실을 숨기지 않는다.

13절 이하에서 서술한 사람들은 아마도 여전히 고린토에서 활동하고 있었을 것이며, 자신들이 사도이며 의의 종이고, 선교자이고 그리스도의 종(참조. 11, 23)이라고 주장했을 것이다(Käsemann, *Legitimität* 37/

13). 그들은—바울로가 온건하게 반어적으로 표현하며, 결코 이 귀절에서처럼 맹렬하게 공격하지 않는—"위대하다는 사도들"과 구별되어야 한다. 그들은 예루살렘 사도들이 아니라 유다주의자들이다(위를 참조하라). 그리고 그들은 아마도 예루살렘 교회의 권위자들과 가장 높은 사도들에게 호소했을 것이다. 그들이 이런 호소를 하는 것이 어느 정도로 정당화될 수 있는지를 이제 우리가 판단하기는 어렵다(참조. "Paul's Opponents", 252—3). "유다주의"에는 여러가지 종류가 있었다. 바울로에게는 고린토의 유다주의자들과 같은 사람들이 아마도 보다 위험스럽게 보였을 것이다. 왜냐하면 이들은 (갈라디아의 유다주의자들처럼) 모든 이방 그리스도교인들이 할례를 받아야 한다거나 고린토에서 제시된 사도됨의 표준에 모두가 순응해야 한다는 식으로 눈에 띄는 유다교적 요구를 하지 않았기 때문이다.

19. 어리석은 자들에게는 그들의 어리석음에 맞게 대답한다: (ㄱ) 자격 11장 16—33절

16 거듭 말합니다. 아무도 나를 어리석은 자로 생각해서는 안 됩니다. 그
러나 나를 어리석은 자로 생각하거든 나를 어리석은 자로 다루어도 좋습니
다. 그것은 내게도 잠시동안 자랑할 기회를 주는 것이기 때문입니다. **17** 지
금 내가 하는 말은 주의 종으로서 하는 말이 아니라 어리석은 자처럼 자기
자랑에 대하여 확신을 가지고 하는 말입니다. **18** 많은 사람이 육에 따라 자
랑하니 나도 자랑하렵니다. **19** 여러분 자신들은 매우 슬기로와서 어리석은
자를 즐겁게 용납하고 있읍니다. **20** 어떤 사람들이 여러분을 종으로 삼아도
착취해도 함정에 빠뜨려도 멸시해도 뺨을 때려도 여러분은 관대하게 참습니
다. **21** 나는 부끄럽지만 이렇게 말합니다. 우리는 너무 약했읍니다. 그러나
(나는 어리석게 말하고 있는 것입니다) 어떤 사람이 용감하게 자랑한다면
나도 역시 그렇게 할 수 있읍니다. **22** 그들이 히브리 사람입니까? 나도 그
렇습니다. 그들이 이스라엘 사람입니까? 나도 그렇습니다. 그들이 아브라
함의 자손입니까? 나도 그렇습니다. **23** 그들이 그리스도의 일군입니까?
내가 정신빠진 사람같이 말합니다만 나는 더욱 그리스도의 일군입니다. 나
는 더 심한 고역을 했으며, 감옥에도 더 많이 갇혔고, 매는 수없이 맞았으

며 여러 번 죽을 뻔했읍니다. 24 유다 사람들로부터 사십에서 하나를 감한
매를 다섯 번이나 맞았고 25 몽둥이로 맞은 것이 세 번이요, 돌로 맞은 것
이 한 번이요, 파선을 당한 것이 세 번이요, 그리고 나는 한 낮과 한 밤 동
안을 아득한 바다 위에서 헤매었읍니다. 26 자주 여행하는 동안 강물의 위
험과 도둑의 위험과 나 자신의 민족의 위험과 이방인의 위험을 당했읍니다.
사람이 많은 도시의 위험과 한적한 시골의 위험을 당했고 바다의 위험과 거
짓 형제의 위험을 당했읍니다. 27 노동과 고역에 시달리며 여러 밤을 새
우고 주리고 목말랐으며 여러 번 굶고 추위에 떨고 헐벗었읍니다. 28 이런
외부적인 일 외에도 모든 교회에 대한 걱정이 날마다[13] 내 마음을 누리고
있읍니다. 29 누가 약해지면 내가 약해지지 않겠읍니까? 누가 넘어지면 내
가 애타지 않겠읍니까? 30 내가 꼭 자랑해야 한다면 나는 나의 약한 것을
자랑하겠읍니다. 31 영원하도록 찬양을 받으실 주 예수의 아버지 하느님께
서 내 말이 거짓말이 아님을 아십니다. 32 내가 다마스커스에 있을 때 아레
다 왕의 장관이 나를 잡으려고 성문을 지키고 있었으나 33 나는 광주리에
담겨 들창문으로 줄을 타고 성벽을 내려가 그 손에서 벗어났읍니다.

[16] 거듭 말합니다. 바울로는 이 서신이나 고린토에서 보낸 다른 어느 서신에서도 다음 절에 나오는 것과 같은 말을 전에 한 적이 없다. 그러나 그는 11장 1절의 생각을 이어가고 있으며, 거기서부터 여러가지 생각들이 그에게 떠오른다. 그는 반어적으로 자신도 역시 자랑을 좀 하게 해달라고 한다. 다른 사람들이 자신들의 자격에 대해서 자랑을 하니까 말이다. 우리는 이 서신 전체로부터 그 자랑이 높은 권위자들로부터 받은 추천서, 인상적인 언변과 행동, 성령의 현시 등에 대한 것임을 알 수 있다. 그리고 바울로는 고린토 교회의 위험을 알고서는 자신의 뜻과는 다르지만, 그들 자신이 하는 주장대로, 즉 그들의 어리석음에 따라 대답했다. 그가 느끼는 어려움은 그리스도교적 관점에서 보면 그가 스스로 어리석은 자가 되고 있다는 사실을 그 자신이 알고 있다는—그들은 모르지만—점이다. 그리스도교인은 강압에 의하지 않고는 결코 그렇게 행동하거나 말하지 않는다. 그러나 때로는 그렇게 인간적으로 주장할 필요가 있다. 그리고 만일 문제가 되고 있는 사람이 어리석은 자라면 이것은 반드시 어리석게 주장할 필요가 있음을 의미한다(불가타역에서는 이 부분에서 ad insipientem "어리석게"라는 말을 사용한다). 그러나 아무도 나를 어리석은 자로 생각해서는 안 됩니다. 여기에는 하느님 보시기에 현명한 자가

13) 이 부분의 본문에 대해서는 주석을 참조하라.

되려면(고전 3, 18) 자신이 참된 지혜가 없는 어리석은 자임을 거리낌 없이 인정해야 한다는 의미가 들어 있다. 여기서 바울로가 의미하는 바는, 그 누구도 바울로를 스스로의 지혜와 권위를 과시할 수 있다고 믿는 고집센 사람이라는 의미에서 어리석은 자로 생각해서는 안 된다는 것이다. 그러나 고린토인들은 쉽게 그를 어리석은 자로 생각했을 것이다(Robertson, 853에서는 δόξῃ의 시제가 "물론 아무도 그렇게 하지 않았다"는 것을 암시한다고 말한다. 다음 절은 바울로의 두번째 생각을 반영한다). 그러나 나를 어리석은 자로 생각하거든("만일 그렇지 않다면" εἰ δὲ μή γε. 고전적인 구문이며 바울로서신에서는 이곳에서만 나온다) 나를 어리석은 자로 다루어도 좋습니다(Moule, *Idiom*, 151의 번역을 확대시킨 것이다. 거기서는 κἄν[영어의 even에 해당함]의 용법이 옳게 설명되었다). 그것은 내게도(거짓 사도들이 그들의 방식 대로 그렇게 하듯이) "잠시 동안"(μικρόν: 이 단어를 11장 1절에서와 같은 의미로 볼 경우 "약간"이라는 뜻이 된다. 그러나 바울로는 단지 조금만 자랑하려고 하지 않는다. 그는 그가 할 수 있는 만큼 자랑할 것이다. 그러나 자기 스스로 용납할 수 있는 동안만 그렇게 할 것이다) 자랑할 기회를 주는 것이기 때문입니다. 렙스(*Paulus*, 74 : 영어번역판, 79)는 고린토인들이 바울로에 대해서 "어리석다"(ἀφροσύνη)는 비난을 했다고 생각한다. 그리고 19절은 그러한 견해를 더욱 뒷받침해준다고 본다. 그러나 13절은 고린토인들이 자신들의 손 안에 들어올 수 있는 무기라면 어느 것이든 사용할 태세가 되어 있음을 시사한다. 바울로는 지나치게 환상적일 수도 있고 지나치게 합리적일 수도 있었다. 그러나 그들의 생각은 결코 옳지 않았다. 그는 여기서(고린토인들이 바울로의 경쟁자들로부터 기꺼이 받아들인) 자랑은 참으로 어리석은 짓이라는 점을 분명히 하며, 그들에게 자신으로부터 좀 다른 자랑을 받아들이라고 권한다. 그가 몰아적인 현상들에 대해서 직접적으로 말하지 않는다는 점에 주목해야 할 것이다. 그런 현상들에 대해서는 나중에 12장에서 다룰 것이다. 반어적인 어조와 엄격히 말하자면 일시적이고, 편파적으로 자신의 위치를 방어하는 내용이 다음 몇 귀절에까지 계속된다. 몇몇 학자들이 이 부분에서 인용하는 Plato, *Symposium* 212는 기껏해야 아주 거리가 먼 병행구일 뿐이다.

[17] 지금 내가 하는 말은 주의 종으로서 하는 말(직역하면 "주님에 따라서", 즉 그의 명령과 권위에 따라서 : 참조. 고전 7, 12. 바울로는 아마도 "주님의 겸손한 행동을 본받아서"를 의미

했을 것이다. 그러나 그가 이런 것을 염두에 두었다고 볼 만한 암시가 전혀 없다)이 아니라 어리석은 자"처럼"(ὡς: 참조. 21절. 바울로는 자신이 얼마나 진지한지, 그리고 자신이 얼마나 반어적으로 말하고 있는지를 밝히는 것이 결코 쉽지 않다고 생각했다) "자기 자랑에 대하여"("자랑의" τῆς καυχήσεως라는 말을 형용사적인 속격으로 본 것이다) 확신을 가지고 하는 말입니다. "확신"이라고 번역된 말은 9장 4절에서 나온 말이다(ὑπόστασις : 참조. 주석). 현재의 귀절에서는 "이 자랑하는 일에 있어서"라고 번역할 수도 있을 것이다. 그러나 아마도 두 귀절들은 같은 방식으로 이해해야 할 것이다(바울로는 다른 곳에서는 이 말을 사용하지 않는다 : 참조. 히브 11, 1).

[18—19] 많은 사람이 육에 따라 자랑하니, 즉 하느님을 도외시하는 가치체계에 따라 자랑하니(참조. 이 책 222면) 나도 자랑하렵니다. 여러분 자신들은 매우 슬기로와서 어리석은 자를 즐겁게 용납하고 있읍니다("슬기로운"이라는 말 뒤에 나오는 "어리석은"이라는 말은 "슬기롭지 못함"이라고 번역할 수도 있을 것이다. 왜냐하면 그리이스어로는 어원상 관련성이 있기 때문이다. 그러나 전체적으로는 다른 곳에서도 사용했던 "어리석은"이라는 말을 그대로 쓰는 것이 더 나아보인다). 고린토전서 4장 10절과 비교하라 : "우리는 그리스도를 위하여 어리석은 자(다른 말이다)가 되었고 여러분은 그리스도 안에서 지혜 있는 자가 되었읍니다." 고린토전서 4장 10절의 반어법은 이 귀절의 반어법과 비슷하다. 자신들의 위치가 우월하다고 생각하는 고린토인들은 그리스도를 위해서 우스꽝스럽고 좋지 않은 지위도 감수하는 어리석은 사도들을 무시한다. 또한 그들은 마음이 내키면 그러한 사도들에게 관용을 베풀기도 했다. 바울로의 관점에서 보면 그리스도교인들이 동료 그리스도교인들에 대해서 우월한 태도를 취하거나 자기들 마음대로 그들을 판단하는 것은 참을 수 없는 일이었다(참조. 로마 14, 4). 그러나 그는 계속 그런 행동을 참으며, 개종자들에게도 참으라고 권한다. 겸손한 표현과 신랄하고 보복적인 반어법을 뒤섞어 쓴 것은 매우 미묘하면서도 놀라운 서술방식이다.

[20] 바울로는 이제 계속해서 새로운 주제를 끌어들인다. 여러분은 여러분 자신이 우월하다고 생각하며, 다른 사람들을 판단할 수 있는 위치에 있다고 생각합니다. 여러분이 그런 태도를 취하면 그 결과로 여러분들 자신들이 쓸모없는 자들보다 못하게 됩니다. 나는 여러분에게 어리석은 자들을 참아주라고 권합니다.

어떤 사람들이 여러분을 종으로 삼아도(참조. 갈라 2,4) **"착취해도"**(κατεσθίει는 고린토전서 9장 4절 이하에 기초해서 해석한 것이다[참조. 마르 12, 40]—바울로와는 달리 여기서 "착취하는 사람"은 자기 자신뿐만 아니라 자기 아내를 위해서도 교회로부터 생활비 보조를 받는 특권을 누린다. Reicke, *Diakonie*, 280에서는 그는 식사 때 '여러분의 음식을 먹는다'라고 본다. 아니면 이 말은 갈라디아서 5장 15절에 비추어서 해석할 수도 있다. 즉 공격적이고 싸우기 좋아하는 행동) **함정에 "빠뜨려도"**(λαμβάνει. "잡다", 혹은 "받다." 이 말은 다양한 의미로 사용된다 : 참조. 로마 7,8·11 ; 고전 10,13— 모두 은유적으로 사용되었다. 고후 12,16도 비슷하다. C. Lattey, *J.T.S.* xliv. 148에서는 이 말이 폭력의 의미도 함축한다고 본다—"여러분을 덮치다") **"무시해도"**(ἐπαίρεται는 10장 5절에서 비슷한 의미로 사용되었다 : 참조. Betz, *Lukian*, 129) **뺨"을"**(ἐπί대신 εἰς가 사용되었다 : 참조. *M.* iii. 256) **때려도**(은유적으로 사용된 비슷한 표현에 대해서는 고전 9,27 참조) **여러분은 관대하게 참습니다.** 이 귀절의 말 중에서 몇 가지는 확신 있게 번역하기가 쉽지 않다. 그리고 어느 말에 대해서도 정확한 함축의미를 제시하기가 어렵다. "어떤 사람들"(τις)이라는 말에 10장 7·10·11절, 11장 4절에서 요구되는 것 같은 단일한 해석을 제시하기는 거의 불가능하다. 바울로는 일반적인 언어로 기술하고 있다. 그러나 바울로가 지금 기술하고 있는 행동을 하는 사람들 가운데 반드시 주모자가 없었다고 볼 이유는 없다(참조. 이 책 328·346면). "어떤 사람들이 여러분을 종으로 삼아도"는 아주 자연스럽게 "여러분을 자신의 종으로 삼다"를 시사하며, 4장 5절에서와는 반대되는 태도를 분명히 염두에 두고 있는 것이다. 이러한 행동 배후에서 신학적으로 노예로 만드는 행동은 갈라디아서 2장 4절, 4장 9절에 나타난다. 유다주의자들의 "복음"을 받아들이는 것은 이교주의의 멍에를 다시 메는 것이다. 다른 동사들도 어느 정도 분명하게 "노예로 삼는다"는 의미를 표현한다. 주인은 노예의 소유물과 노예의 수고로 호화롭게 살 것이다. 주인은 자신의 권력으로 노예를 잡고, 자신의 뜻을 그에게 강요할 것이다. 그리고 그는 자기 마음대로 노예를 때릴 것이다. 맨 마지막 동사를 어느 정도로 은유적으로 받아들여야 할지는 분명하지 않다. 아마도 완전히 은유적이지는 않을 것이다. 26절(주석 참조)에서 바울로는 "거짓 형제들"이 겪은 위험을 약탈자들이 겪은 위험이나 강물에 빠지는 위험과 동일한 부류로 취급한다. 그리고 고린토의 침입자들은—그들을 거짓 형제들과 동일시할 수 있건 없건 간에—자신들의 목적에 부합한다면 폭력에 대해서도 부정적인 태도를 취하지 않았을 것이다(비교. 사도 23,2). '만일 어떤 사람이 여러분을 이렇게 대하면 여러분은 관대하게 참습니다'—즉 '이 사람의 행동은 그의 지위가 어떤 것인지를 입증해주며, 그가 사도적 권리를 남용하는 것을 정당화해준다고 생각하면서 여러분은 관대하게 참습니다.' 고린토인들은 목회자의 허식이나 외적 상황에 대해서 결코 초연한 사람들이 아니었다. 천박하게 그런 행동을 추종하는 것도 원래 그런 교만한 행동을 하는 것에 못지 않는 악한 행동이다.

[21] 거짓 사도들과 경쟁하는 과정에서 바울로는 실패한다. 그래서 그는 냉소적으로 다음과 같이 그것을 인정한다. 나는(내가 : 이 대명사는 그리이스어 원문에는 없다. "여러분이"로 보충할 수도 있을 것이다. 그러나 "내가"라는 반어적인 표현이 문맥과 잘 부합된다) **부끄럽지만 이렇게 말합니다 : 우리는 너무 약했읍니다!** 바울로가 빈정거리는 투로 말하는(그러나 어떤 의미에서는 이 진술이 사실이다) 진술을 끌어들이는 구문(ὡς ὅτι)에 대해서는 5장 19절에 대한 주석을 참조하라. 데살로니카후서 2장 2절과 비교하라. 자신들의 회중들에게 폐를 끼치면서도 스스로를 주장하는 위엄있고, 정열적인 사람들과 비교해볼 때 그는 너무 약했다. 즉 그는 그들이 강한 부분에서 그렇게 강하지 못했다. 그것은 권력을 장악하고 행사하기 위해서 일시적인 방편으로 취한 교묘한 굴종이 아니라 순수한 약함이다. 그러나 그것은 순수하게 인간적인 약함으로서 신적인 능력이 이루어지는 장소이다(비교. 12장 9—10절과 주석). 인간의 강함은 그 결과들을 통해서 알려진다. 위엄이나 영향력은 그것을 소유하고 행사함으로써 얻어진다. 신적 능력도 역시 그 결과들을 통해서 알려진다. 즉 사람들의 회심이나 그들이 새로운 그리스도교 공동체를 형성하는 것을 통해서 알려진다.

우리는 너무 약했읍니다. 그러나 이제는 고린토인들이 정신을 차리도록 하기 위해서 방법을 바꾼다. 그러나(나는 어리석게 말하고 있는 것입니다) **어떤 사람이 용감하게 자랑한다면 나도 역시 그렇게 할 수 있읍니다**(직역하면 '어떤 사람이 담대하면 나도 역시 담대합니다.' "자랑하다"라는 말은 그리이스어 원문에는 없지만 문맥상 그런 의미가 암시된다). "어떤 사람"이라는 말로 바울로는 직접적인 그의 경쟁자들, 즉 고린토에서 사람들을 멸시하고 고린토인들을 위협하는(인간의 본성이 왜곡되어 있기 때문에 그렇게 위협받으면서 오히려 기뻐한다) 침입자들이 아니라 그들 배후에 있으면서 그들에게(옳게, 혹은 그릇되게) 권위를 부여하는 사람들을 생각한다. 지금은 부하들과 홍정을 할 때가 아니다. 바울로는 그 우두머리와 비교되는 것을 두려워할 필요가 없었다. 비록 그는 그처럼 비교하는 것이 어리석은 짓이라고 계속 주장하기는 했지만 말이다. 이 사람들이 누구인지는 다음 귀절과 그 다음 귀절 상반부에서 상당히 분명하게 계시된다.

[22] **그들이 히브리 사람입니까? 나도 그렇습니다.** 신약성서에서 "히브리 사람의"(Ἑβραῖος)라는 형용사는 이곳과 사도행전 6장 1절, 그리고 바울로가 자신은 "히브리인 부모에게서 난 히브리인"이라고 주장하는(Beare의 번역 : Ἑβραῖος ἐξ Ἑβραίων) 필립비서 3장 5절에서만 나온다. 이 말이 두 가지 의미로 사용된다는 사실은 예를 들어 Bauer의 해당란, 리츠만, 컴멜, 폰 라드, 쿤, 굳브로트(*T. W. N. T.* iii. 356—94)에 의해서 결론적으로 입증되었다. 일차적인 의미는(필립비서 3장 5절에서 분명히 이러한 의미로 사용되었다) 순수한 혈통의 유다인이라는 것이다. 단지 이차적으로 "히브리"라는 말이(사도행전 6장 1절에서처럼) 다른 유다인들과 대조되는 문맥에서는 가령 히브리 언어(그리이스어를 말하는 데 반해서 히브리어를 말하는)를 생각해 볼 수 있다. 어쨌든 일차적인 의미에서 히브리인인 사람은 비록 상황으로 인해 어쩔 수 없이 상당한 기간 동안 다른 언어를 사용할 수밖에 없더라도 아마도 히브리어나 아람어를 알고 있을 것이다. 그리고 적어도 팔레스틴과 접촉을 할 것이다(만일 사도행전의 보도를 믿는다면 바울로도 마찬가지이다. W.C. van Unnik, ***Tarsus of Jerusalem*** [1952 ; 영어판, 1962]). 그러나 고린토에서 발견된 그리이스어로 된 회당비문 "히브리인들의 회당"(Συναγωγὴ Ἑβραίων: 참조. 이 책 서론 23면)에 의해서 "히브리"라는 말이 다른 언어적 관련성 없이 단순히 "유다인"이라는 의미로 쓰어졌음이 매우 분명하게 알려졌다. 따라서 바울로는 자신이 조상의 유전으로도 완전한 유다인이라고 주장하고 있는 것이다. 그리고 그는 자신이 지금 비교하고 있는 사람들이 그런 주장을 하는 데 대해서는 논란하지 않는다.

그들이 이스라엘 사람입니까? 나도 그렇습니다. "이스라엘 사람"은 하느님의 백성인 이스라엘의 구성원이다. 리츠만은 즉시 유다교 카타콤의 한 비문을 인용하면서 —그 비문에서는 개종한 한 여인이 자신은 '유다인이며 이스라엘인'(혹은 '유다인인 이스라엘 사람' Ειουδέα Ἰσδραη

$\lambda i\tau\eta\varsigma$)이라고 기술한다—이 말이 "히브리"라는 말과 동일한 의미를 지녔다고 주장하는데 어떻게 그런 주장을 할 수 있는지 이해하기 힘들다(H.W. Beyer & H. Lietzmann, ***Jüdische Denkmäler I: Die jüdische Katakombe der Villa Torlonia in Rom***] [1930], 37). 바울로의 입장에서 보면 그 말은 동일한 사실을 새로운 각도에서 기술한 것이라고 할 수 있다. "히브리"라는 말은 인종적인 측면에서, "이스라엘 사람"이라는 말은 사회적이고 종교적인 측면에서 기술한 것이다.

그들이 아브라함의 자손입니까? 나도 그렇습니다. 여기서 말하는 사람들은 유다인들이다. 그리고 "아브라함의 자손"이라는 말은 "히브리 사람"이라는 말과 마찬가지로 인종적인 관점에서 그들에 대해 기술하는 것이라고 말하는 것은 자연스러우며 옳다. 이 말은 확실히 아브라함의 후손들을 뜻한다. 그러나 "자손"($\sigma\pi\acute{\epsilon}\rho\mu\alpha$, zera')이라는 말은 집단적인 언어이며, 하느님의 부름과 약속에 기초해서 한 집단으로 존재하게 된 사람들로서 집단적인 의미에서의 하느님의 백성을 뜻한다(참조. 1*QM* xiii 7 ; 1*QH* xvii. 14, 그러나 S. Schulz, *T.W.N.T.* vii. 544에서 인용된 이 귀절들이나 다른 어떤 귀절들에서도 아브라함은 언급하지 않는다. 그리고 직접적으로 구약성서에 기초하고 있는 것으로 보이는 바울로의 용법과 긴밀하게 병행하는 귀절은 없는 것 같다). 따라서 이 말은 유다인들을 신학적인 관점에서 기술하는 것이라고 말할 수 있다. 바로 이러한 이유에서 바울로는 이 문구를 받아들여서—신체적으로 그 후손이어야 하느님의 백성이 될 수 있다는 원칙을 부인하면서(로마 9,6—13)—그리스도(갈라 3,16·19)와 그리스도의 교회(예. 갈라 3,29)에 대해 이 문구를 사용한다. 실제로 이 귀절 전체에서 그는 단지 "그들이 유다인입니까? 나도 그렇습니다"라고 말하는 셈이다. 그러나 그는 여러가지 면에 강조점을 두면서 그 말을 한다. 그리고 바울로 자신이 예루살렘 사도들보다 못한 어떤 유다적 자격 조건이 있지 않다는 사실을 밝힌다. 이 모든 것들은 매우 성서적으로 규정되고 동기가 부여되어 있으므로 주인공의 고귀한 출생을 강조하는 "찬양하는 글"(enconium topos)과 긴밀한 관계가 있다고 보기는 힘들다(Betz, 97). 적대자들에 대한 죠지의 상세한 논의(*Gegner*, 97)는 매우 훌륭하지만 그들이 헬레니즘계 유다인들이었다는 그의 결론은 럼멜의 논증에 의해서 수정되어야 한다. "히브리"라는 말이 뜻하는 바로부터 다음과 같은 결론을 이끌어낼 수 있다: '고린토에서 바울로의 적대자들은 팔레스틴계 유다인들이었다. 이들은 바울로가 지상의 예수를 개인적으로 알지 못했다는 이유에서 그를 반대했던 팔레스틴 유다인들이었다(5, 16)……우리는 고린토후서 11장 6절, 12장 1절 이하를 통해서 이 적대자들이 고린토에 있을 때 자신들은—바울로가 그린토전서에서 공격했던—"영적인" 영지를 가지고 있다고 주장했음을 알 수 있다. 그러므로 고린토전서에서와는 대조적으로 고린토후서에서 바울로는 이중적인 적과 싸워야 했다.' 컴멜이 거짓 사도들과 위대하다는 사도들을 구별하지 않는다는 점을 제외하면 이것은 올바른 결론인 것 같다.

[23] 바울로는 유다교적 자격에서부터 그리스도교적 자격에 관한 이야기로 화제를 돌린다. 그들이 그리스도의 "일군" (*διάκονοι*) 입니까? 바울로는 이 사실을 부인하지 않는다. 이처럼 바울로가 인정하므로 여기서 언급하고 있는 사람들은 11장 13절 이하의 사람들과 동일시될 수 없다. 이러한 결론을 예를 들어 리츠만이나 컴멜같은 학자들은 깨닫지 못했다. 그들이 스스로를 사도가 아니라 "일군"으로 표현했다는 사실을 강조하는 것은 아마도 잘못일 것이다. 11장 13절 이하에서도 이 두 말은 매우 긴밀한 관련성을 가지고 있는 말로 사용되었다. 그리고 23—30절에서는 바울로가 근본적으로 그의 사도적 생애의 일부라고 생각하는 경험들을 기술하고 있다. 바울로가 자기 자신에 대해서 "일군"이라는 말을 사용하는 6장 4절과 비교하라. 골로사이서 1장 7절은 "그리스도의 일군"이라는 말에 대한 바울로의 서신 중 유일한 병행구이다. 이 말 자체에는 특히 예수의 지상 선교 활동 기간 중에 따라다녔던 그의 제자들에게 적용된다고 볼 만한 이유가 없다. 그러나 아마도 바울로는 그러한 특권을 가지지 못했다고 몇몇 사람들로부터 공격을 받았을 것이다. 슈미탈스(Schmithals, 172 이하)는 이 귀절이 영지주의자들과 관련되어 있다는 것을 입증하려고 한다. 이것은 "비영지주의적인" 방식으로 표현되었는데 그 까닭은 바울로가 간단히 "그들이 그리스도에게 속합니까? 나는 더욱 그렇습니다"라고 말한 것을(참조. 10, 7) "일군"이라는 말을 끌어들여서 자기 방식대로 표현했기 때문이라고 한다. 이것은 너무 무리한 해석이어서 진지하게 받아들일 수 없다. 죠지의 논의가 보다 핵심적인데 (*Gegner*, 31—8) 그는 견유학파의 "봉사"(*διακονία*)라는 말이 바울로가 말하는 사도직의 의미와 밀접한 관계에 있음을 상기시킨다. 특히 Epictetus Ⅲ xxii. 69 ; Ⅲ xxiv. 64 이하를 참조하라.

그러나 봉사란 무엇보다도 "봉사" 그 자체를 의미하며, 만일 "일군"

이라는 말을 이러한 의미로 받아들인다면 바울로의 대답은 분명하다. 만일 그들이 "그리스도의 일군"이라면 —나도 거기에 대해선 부인하지 않습니다— 내가 정신빠진 사람같이(21절의 말과 다르긴 하지만 관련이 있다. 아마도 보다 강한 의미를 지녔을 것이다) 말합니다만 나는 "더욱" (ὑπέρ의 부사적 용법 : 참조. *B.D.* §230 ; *M.* iii. 250) 그리스도의 일군입니다. 고린토전서 15장 10절과 비교하라 : 바울로가 그리스도를 위하여 일할 수 있었던 것은 하느님의 은혜에 의해서이다. 바울로가 자신의 주장을 통해서 뜻했던 바가 이어지는 귀절들에서 보다 충분하게 표현된다. 이 귀절들은 그의 생애에 대해서 아주 생생한 모습을 그려주고 있다. 그것들은 동시에 바울로가 선구자적인 선교 활동과 관련해서 자신의 사도직을 이해했음을 분명히 보여준다. 아마도 이것이 유일하게 정당한 "사도"(ἀπόστολος, shaliah) 이해는 아니었을 것이다(참조. 이 책 292면 ; *Signs*, 32—3, 68—9, 77). 그러나 그것은 예수 자신의 활동과 매우 일치하는 것이다. 사도행전은 여기 언급된 전기적 세부사항들에 대한 극히 몇 개에 불과한 병행구를 제공해준다. 바울로에 대한 사도행전의 서술은 (매우 귀중하기는 하지만) 빈약하며 막연한 느낌을 근거로 하고 있다. 그리고 그의 "생애"를 재구성하기에는 매우 부적합하다. 자신의 수고와 고난에 대한 바울로의 서술과 견유학파의 디아트리베 사이의 관계에 대해서는 Betz, 99를 참조하라.

나는 더 심한 고역을 했으며. 이것은 주된 진술을 단지 반복한 것일 뿐이다. 그러나 여기서는 특징적으로 바울로적인 언어로 반복하고 있다. 그가 사용하는 말(명사 *κόπος*, 여기서는 동사로 의역되었다)은 자주, 특히 그리스도교적 활동(고전 15, 58 ; 고후 6, 5 ; 10, 15 ; 데전 1, 3 ; 2, 9 ; 3, 5 ; [데후 3, 8])을 의미한다. 같은 어원의 동사도 마찬가지이다(*κοπιᾶν* ; 로마 16, 6·12 ; 고전 [4, 12] ; 15, 10 ; 16, 16 ; 갈라 4, 11 ; 필립 2, 16 ; 골로 1, 29 ; 데전 5, 12). **감옥에도 더 많이 갇혔고.** 이에 대해서 사도행전은 그가 밤 동안에 필립비에서 감옥에 갇힌 사건을 기술하고 있다(16, 23—30). 아무리 과장을 한다 해도 사도행전의 서술로부터 바울로의 진술을 이끌어낼 수는 없다. 고린토전서 15장 32절, 고린토후서 1장 8—9절은 감옥에 갇힌 사건을 암시한다고 볼 수도 있다. 그러나 물론 반드시 그렇다고 볼 수는 없다. 바울로가 에페소에서 겪은 불운에 대한 던칸(G.S. Duncan, *St. Paul's Ephesian Ministry* 1929)의 상세한 (그리고 매우 의심스러운) 설명도 "더 많이 갇혔고"라는 말에 대한 충분한 증거를 제시해주지 못한다. 그러나 클레멘스1서

5장 6절과 비교하라. 거기에 따르면 바울로는 일곱 번 감옥에 갇혔다. 매는 수없이 맞았으며. 이 진술은 다음 귀절에서 확대된다. 나는 여러 번 죽을 뻔했읍니다. 직역하면 '여러 번 죽음 가운데 있었읍니다.' "죽음"(θάνατος)이라는 말은 "내가 죽음의 위험에 처해 있었던 상황"이라는 의미로 사용되었다. 1장 9—10과 비교하라.

[24] 유다 사람들로부터 "사십에서 하나를 감한 매"를 다섯 번이나 맞았고(직역하면 "유다 "사람들로부터 받았고"—이 동사는 라삐적 용법과 일치한다 : 참조. *S.B.* iii. 527). 신명기 25장 2—3절에 따르면 이러한 형벌은 최고로는 매로 사십 대 맞는 것이었다. 이것은 Makkoth 3, 10에서 발전된 형태로 나타난다 : '그들은 한 사람에게 매를 얼마나 많이 때리는가? 사십에서 하나를 감해서 때린다. 왜냐하면 "사십이라는 수로"[bemispar 'arba'im]라고, 즉 "사십에 가까운 수로"라고 기록되어 있기 때문이다.' 그 성서 본문에 대한 동일한 변형구가 Josephus, *Antiquities.* iv. 238, 248에 나타난다. 이것이 1세기의 일반적인 관행을 반영한다는 데 대해서는 의심의 여지가 없다. 회당에서는 특정한 범죄를 저지른 경우 매질을 했는데, 그 범죄들의 다양한 목록이 Makkoth, iii 1—9에 수록되어 있다. 이 범죄들 중의 대부분이 바울로가 범했다고 볼 수 없는 것들, 가령 불법적인 성관계, 불법적으로 성유나 향을 만드는 것, 문신을 새기는 것 등이었다. 사도행전 21장 28절(물론 이것은 고린토후서를 쓸 때보다 후기에 해당한다)에 비추어볼 때 부정한 상태로 성전에 들어가는 것이 벌을 받아야 할 행동이었다는 것은 주목할 만하다(Makkoth iii. 2). 3세기에는(*S.B.* iv. 318 이하) 회당 축출을 당할 학자에게 매를 때리는 것이 (덜 불명예스러운 벌로서) 일반화되었다. 이보다 초기에는 경우에 따라서 때때로 그렇게 했을 수 있다. 바울로가 (광범위하게 말해서) 그리스도교인이라는 이유에서(Schürer, II ii. 262) 매를 맞았던 일을 언급하고 있다는 데 대해서는 거의 의심할 여지가 없다. 그러나 가령 이방인들과 어울리고, 먹지 못하도록 금지되어 있는 음식을 먹은 것과 같이(참조. 예. 고전 10, 25·27) 바울로가 그리스도교인이었기 때문에 범한 특수한 범죄들에 대해서 말하는 것이 보다 정확할 것이다. 아마도 매맞는 것은 그의 사도활동의 초기로 소급될 것이다(Goppelt, *Christentum und Judentum,* 87 ; *Apostolic and Post-Apostolic Times* [1970], 74 ; 고펠트도 역시 바울로는 회당에 남아 있고 싶어 했지만 회당으로부터 쫓겨났음에 틀림없다고 지적한다). 그러나 그가 그토록 심한 벌을(세부적인 것에 대해

서는 Makkoth iii. 12 이하……바울로가 매를 때린 사람의 수중에서 죽는다 해도 그는 책임이 없다……) 다섯 번이나 받도록 견뎌냈다는 사실은 그가 쉽게 유다인으로서의 신분과 관계(참조. 로마 9, 1—5 ; 10, 1)를 포기하지는 않았음을 보여준다. 이러한 매맞은 일에 대해서 사도행전은 전혀 보도하지 않는다.

[25] 몽둥이로 맞은 것이 세 번이요. 이것은 로마의 형벌이었다. 사도행전 26장 22절을 참조하라. 사도행전이(16, 37) 입증해주듯이 그것은 (적어도 기술된 상황에서는) 로마 시민에게는 가해지지 않았던 형벌이었다. 사도행전 22장 25·29절과 Cicero, *In Verrem* v. 66(170)를 비교하라 : '그 일은 로마 시민을 붙잡아서 악한 행동에 대해서는 매질을 하고, 존속 살해자는 사형에 처하는 것이다' (Facinus est vincire civem Romanum, scelus verberare, prope parricidium necare). 그러나 헨첸이 말하듯이(사도 16, 37에 관한 부분 ; 키케로에 대한 언급은 수정되어야 할 것이다) 이러한 문구는 저자의 기교적 표현일 뿐이며, 로마 당국자들이 항상 율법 문제에 깊은 관심을 갖지는 않았을 것이다. 같은 키케로의 말을 인용하는 것이 좋을 것이다 (62[162]) : '로마 시민이 메싸나의 광장 한가운데서 매를 맞고 있었다. 그런데 재판관들은 아무런 슬픔도 느끼지 않았고, 매를 맞으며 고통 가운데 있는 그 사람의 "나는 로마 시민이다"라는 말 외에 다른 어떤 말도 듣지 않았다' (Caedabatur virgis in medio foro Messanae civis Romanus, iudices, cum interea nullus gemitus, nulla vox alia illius miseri inter dolorem crepitumque plagarum audiebatur nisi haec, "Civis Romanus sum"). Josephus, *War* ii. 308를 참조하라 : '그 날 플로루스는 이전에 어느 누구도 한 적이 없는 일을 했다. 말하자면 비록 유다인으로 태어났지만 적어도 로마인으로서의 권위를 부여받은 곡마사들을 자신의 재판석 앞에서 매질하고 십자가에 못박았다.' 법적인 문제에 대해서는 (사도행전 16장과 22장에 대한 Haenchen, Conzelmann, Bruce의 주석들에 덧붙여서) H. J. Cadbury의 광범위한 주석 *Beginnings* V, 297—338 ; A.N. Sherwin-White, *Roman Society and Roman Law in the New Testament* (1963), 특히 48—98를 참조하라. 기본적인 법은 포르치아 법(Lex Porcia)이었다 : '그럼에도 불구하고 포르치아 법은 시민들의 등판 위에서 널리 알려졌다. 즉 만일 어떤 사람이 로마 시민을 구타하거나 살해하면 어떠한 중형을 받아야 하는지 잘 알려졌다' (Porcia tamen lex sola pro tergo civium lata videtur: quod gravi poena, si quis verberasset necassetve civem Romanum, sanxit:

Zay ix. 9). 바울로가 세 번이나 매를 맞았다는 사실은 그가 로마 시민이었다는 사도행전(16, 37 ; 22, 25 ; 25, 10)의 주장을 반증하지 않는다. 그것은 로마의 행정장관들이 자신들의 권력을 강압적으로 행사했음을 (아마도 때로는 합당한 고려를 하지 않은 채) 보여준다. 바울로의 죄목은 아마 사회적 소동을 일으켰다는 것이었으리라. 유다에서와 마찬가지로 로마에서도 매를 때리는 형벌은 죄인을 죽게 할 수도 있었다.

돌로 맞은 것이 한 번이요. 여기서 사도행전 14장 19절을 회상하는 것은 자연스러우며 아마도 옳을 것이다. 비록 그 귀절이 (사도행전 7장 57—60절의 이야기와 다름 없이) 돌로 쳐죽이는 유다교의 공적인 형벌 (이에 대해서는 참조. Sanhedrin vi. 1—6)과 유사하지 않더라도 말이다. 그러나 이 차이점은 별다른 난점을 제기하지 않는다. 바울로는 그리이스어로 기술하고 있으며, ἐλιθάσθην("돌로 때리다")은 "어떤 사람에게 돌을 던졌다"(참조. 2Kams. xvi. 6)를 의미한다. 추측컨대 사도행전 14장 5절에 기술된 모의는 수포로 돌아갔던 것 같다.

파선을 당한 것이 세 번이요. 파선사건은 사도행전 27장 14—44절에서 어느 정도 세부적으로 기술되었다. 이 일은 고린토후서를 쓸 당시에는 아직 일어나지 않았다. 그 일이 일어날 때까지 사도행전은 다음의 여행들에 대해서 언급하고 있다. 셀류기아로부터 키프로스(13, 4), 바포에서 베르게(아타리아 : 13, 13), 아타리아에서 안티오키아(14, 26), 트로아스에서 사모드라게(16, 11), 베레아에서 아테네(17, 15), 고린토에서 시리아, 에페소 방문(18, 18), 이에 덧붙여서 9장 30절, 11장 26절의 여행은 아마도 부분적으로는 해로를 통한 여행이었을 것이다. 우리는 위의 여행들에 덧붙여서 마음아팠던 두번째 고린토 방문(2, 1)과 트로아스에서 마케도니아로 가는 여행(2, 13 ; 7, 5 주석)을 말할 수 있을 것이다. 헬레니즘문학에서 "파선 주제"에 대해서는 Knox, *H.E.*, 13를 참조하라. 그러나 (사도행전 27장에 대해서 무어라고 말할 수 있건간에) 바울로의 말은 허구가 아니라 실제 일어난 사건이다. 우리가 가지고 있는 자료들은 위에서 언급한 여행에서 일어났을 파선 사건에 대해서 아무런 암시도 주지 않는다. 우리는 바울로의 생애에서 중요한 사건들에 대해서조차도 거의 알고 있지 않다. 적어도 그 중에서 한 번은 매우 심하게 파선을 당했다. 그리고 나는 한 낮과 한 밤 동안을 아득한 바다 위에서—아마도 구조를 기다면서—"헤매었읍니다"(완료형 πεποίηκα를 설명하려는 그리 성공적이지 못한 시도에 대해서는 *M.* i. 144 참조).

파선 사건은 바울로의 여행 전반을 암시해준다. 바울로는 지금 여행 가운데 자신이 당했던 위험한 일들에 대해서 열거하고 있다. 신약성서의 역사에 관한 책들은 자주 로마의 평화에 대해서 언급하며 도로 상태가 좋았기 때문에 복음 전파가 쉬웠다고 언급한다. 만일 이러한 언급을 상대적인 의미에서, 즉 그 이전 세기나 그 이후의 초기 제국 시대와 관련해서 본다면 충분히 타당하다. 그러나 바울로는 자기 시대의 위험들에 대해서 과장하고 있는 것이 아니며, 그러한 위험들이 완전히 사라진 것도 아니다. '1906년 4월 어느 저녁나절에 우리는 밀레투스 가까운 곳에서 길을 잃었다. 그리고 우리는 해가 진 후에 마에안더의 늪 지대를 통과했다. 다음 날 우리는 디디마에 도착해서 얼마 전에 강도의 총에 맞아 죽은 한 그리이스인의 집에 머물렀다. 이 사실은 우리에게 고린토후서 11장 26절의 강과 강도들의 위험에 대해 생생한 설명을 해주었다' (A. Deissmann, *St Paul in the Light of Social and Religions History* [n.d.], 37). 그리고 65년이 지난 지금도 혼자 여행을 할 경우에는 소 아시아의 옛 노상에서 있었던 강도의 위험을 피할 수는 없을 것이다.

[26] 자주 "여행"하는 동안("육로 여행" ὁδοιπορίαι은 해상 여행과 구별되며, 해상여행의 위험은 곧 파선의 위험이었다) 강물의 위험(때로는 강을 건너기가 어렵고, 반쯤 마른 강이 순식간에 급류로 변하기도 했다)과 도둑의 위험(특히 돈을 가지고 다닐 경우 : 참조. 이 책 133면)을 당했읍니다. *M.* iii. 212에서는 속격들(ποτάμων, λῃστῶν)이 장소를 나타내는 속격이라고 주장한다 : '강에서, 도둑들 가운데서.' 아마도 *B.D.* §166에서처럼 그것들을 기원을 나타내는 속격으로 보는 것이 더 좋을 것이다 : '……로부터 생겨나는 위험.' 이 귀절 뒷부분에서 장소를 언급하고자 할 때 그는 "안에"(ἐν)를 쓴다.

다른 위험들이 쌍을 이루면서 계속 언급된다. "나 자신의 민족의"(ἐκ γένους) 위험과 이방인의 위험. 분명히 이것은 개인적인 공격들을 가리키는 말이다. 전자의 경우는 바울로로서는 특별히 더 견디기 어려웠을 것이다. 바울로에 대한 유다인들의 공격에 대해서는 사도행전 9장 23·29절, 13장 8·45절, 14장 2·19절, 17장 5절, 18장 6·12절, 20장 3·19절, 21장 11·27절을 참조하라. 사도행전에는 이방인들의 공격이 훨씬 덜 나온다. 16장 20절, 19장 23절을 참조하라. 이처럼 이방인들의 공격이 상대적으로 덜 나오는 것은 유다인들을 복음의 적으로 제시하고, 로마의 관리들은 복음을 어느 정도 호의를 가지고 대했다는 것을 보여주려는 루가의 의도 때문일 것이다. 그러나 바울로의 말은 이방인들의 공격도 있었고, 때로는 그것이 심한 공격이었다는 사실을 보여준다. 공적인 관리가 보았을 때 그리스도교선교는 사도행전이 전하는 것만큼 그렇게 호감이 가지는 않았을 것이다. 문맥상으로 "위험"은 거의 확실히 "생명의 위험"을 뜻할 것이다. 합법적인 절차를 거쳐서, 그리고 군중들의 폭력에 의해서 유다인들과 이방인들은 똑같이 바울로를 죽이고, 그의 활동을 종식시키려고 했다.

사람이 많은 도시의 위험과 한적한 시골의 위험을 당했고(형용사 "사람이 많은"과 "한적한"은 그리이스어 원문에는 없지만 바울로의 의도를 표현하기 위해서 첨가했다. 도시와 시골은 바울로의 적대자들에게 서로 다른 종류의 기회를 제공했을 것이다) 바다의 위험—추측컨대 파선(위를 참조하라)과 거짓 형제의 위험을 당했읍니다. 아마도 바울로는 거짓 형제들의 위험을 절정으로 하여 서술했을 것이다. 그리고 그것은 바울로가 고린토의 그의 경쟁자들("거짓 사도들" 11, 13 : 22절에서 직접적으로 언급된 사람들은 아니지만 여전히 이들을 염두에 두고 있다)과 그들의 후원자들에 대해서 이야기하는 문맥과도 특별히 잘 부합된다. "거짓 형제들"에 대해서는 갈라디아서 2장 4절을 비교하라. "형제들"이라는 말 자체는 그들이 그리스도교인이거나 아니면 적어도 그리스도교인이라고 주장했음을 충분히 입증해준다. 그리고 이것은 바울로가 이미 "자신의 민족"과 "이방인들"에 대해서 말한 사실에 의해서 확증된다. 남은 것은 단지 그리스도교인들일 뿐이다. 갈라디아서에서는 확실하게, 그리고 아마도 여기서도 그들은 사도들과 구별된다. 문맥상으로 판단하건대 그들은 두 서신들에서 모두 유다교적 그리스도교인들이었으며, 바울로는 전혀 그들을 그리스도교인이라고 생각하고 싶어하지 않는다. 그들은 위험에 관한 목록, 특별히 신체적인 위험에 관한 목록의 절정을 이룬다. 알로와 헤링은, 그들이 적대적인 권위자들에게 바울로에 대해 고자질 했을 것이라고 추측한다. 그렇다면 신체적인 위험과 배신당한 고통이 결합되었을 것이다. 물리적인 직접적 폭력이 배제될 수는 없었을 것이다. 바울로와 그리스도와의 연합은 (신비적 환상을 보는 가운데서가 아니라) 바로 이러한 상황에서 표출된다(Dibelius, 96).

[27] 적대자들의 공격과 폭풍이나 홍수로 인한 일시적인 위험을 제외한다고 해도 바울로의 삶은 결코 편안한 것

이 아니었다(참조. 4, 8 이하 ; 6, 8 이하 ; 고전 4, 9—13). 노동(이것은 23절의 명사 κόπος를 반복하는 것이다)과 고역(바울로는 데살로니카전서 2장 9절, 데살로니카후서 3장 8절에서 이 말, "노동과 고역"을 쌍으로 사용한다. 이 말들은 단지 힘든 일뿐만이 아니라 그에 따르는 고통과 피곤을 암시한다)에 시달리며(그리이스어 원문에서는 동사 없이 진행되지만 영어번역시 동사 없이 분명확하게 할 수 없다) 여러 번 밤을 새우고(고의적으로 잠을 자지 않았기 때문이 아니라 자려고 해도 잘 수가 없었기 때문이다) 주리고 목말랐으며, 여러 번 굶고("주리고"라는 말 뒤에 중복되어 나오는 이 말은 이 말의 용법이 시사하듯이 자발적인 금식을 가리킴에 틀림없다. 비록 왜 금식을 했는지는 서술되지 않았지만 말이다 : 참조 6, 5. 바울로가 고린토인들로부터 돈을 받지 않겠다고 결심했기 때문에 불가피했던 금욕을 가리킬 수도 있다) 추위에 떨고 헐벗었읍니다(확실히 이것은 돈이 없었기 때문이었을 것이다). 컴멜은 이 목록(23—27절)과 동양의 왕들의 비문, 로마 황제들의 행적(res gestae)을, 그리고 그리이스 소설들과의 역설적 유사성을 지적한다.

[28] 이와 같은 상황에서라면 거의 대부분의 사람들이 죽음을 면치 못했을 것이다. 그러한 고난도 바울로가 진 짐 중에서 일부를 차지했을 것이다. "이런 외부적인 일 외에도"(χωρὶς τῶν παρεκτός. 빈디쉬는 '내가 빠뜨린 일들을 제외하고도'라고 번역한다. 이에 대해서는 거의 언급할 필요가 없을 것 같다) 모든 교회에 대한 걱정이 날마다 내 마음을 누르고 있읍니다. 혹은 모든 교회들에 대한 불안이 내 마음을 누르고 있읍니다. 고린토는 물론이고 몇몇 교회들이 바울로에게 많은 근심거리를 안겨주었다. 바울로는 여기서만 유일하게 이 명사(μέριμνα "걱정")를 사용한다. 같은 어원의 동사(μεριμνᾶν)는 고린토전서 7장 32·33·34절, 12장 25절, 필립비서 2장 20절, 4장 6절에서 사용되었다. 고린토전서 12장 25절과 필립비서 2장 20절이 가장 밀접한 병행구이다. 이 귀절과 서신들 전반, 그리고 사도행전의 이야기에 비추어볼 때 바울로가 자신의 설교를 통해 설립된 교회들을 계속해서 그리스도교적으로 존재하게 하는 데 대해 책임을 느꼈음이 분명하다 : "여러분이 주 안에서 굳게 선다면 이제 우리는 사는 보람이 있읍니다"(데전 3, 8). 그러나 바울로가 말하고 있는 것은 걱정어린 관심이다. 그는 여전히 사람들의 믿음을 지배하지 않는다(1, 24). 콘첼만(*Geschichte des Urchristentums* [1969], 76)은 이 귀절에서 바울로가 '지도적인 세력을 조직하기에 바빴다는(Des Betriebs in

seinum Organisationszentrum) 데 대한 암시'를 본다. 그러나 이것은 잘못된 상을 그리고 있다. 바울로는 자신의 선교활동 중에 조직화 작업을 하기에 바쁘지는 않았다. 모든 그리스도교인들이, 심지어 문제가 많은 그리스도교인들까지도 바울로의 형제들이었고, 바로 "그들을 위해서 그리스도는 죽었다"(고전 8,11). 그리고 그들이 그에게 가하는 "압력"(ἡ ἐπίστασίς)은 사랑의 압력이었다. 조직이 있었던 것은 사실이며, 그 조직은 상당히 많은 걱정스러운 일과 여행을 필요로 하는 것이었다(디도의 고린토 선교. 2장 13절과 7장 5절을 회상할 수 있을 것이다). 그러나 이처럼 정력적인 활동은 내적인 목회적 관심이 외적으로 나타난 것에 불과했다. 바울로는 "나에 대한 압력"에 관해서 언급하며, 그것 자체가 사람들이나 일들, 의무들의 중압감을 가리킬 것이다. 많은 사본들에 (비록 관련이 있기는 하지만) 다른 명사(ἐπισύστασις)가 나오는데 그것은 보다 특수하게 공격적으로 가해지는 압력을 시사한다. 대명사에도 역시 변형이 있는데(μου 대격, μοι 대신에 속격) 그것은 "나의 잘못", 즉 내가 다른 사람들에게 가한 "압력"이라는 번역을 정당화해준다. 그러나 위에서 제시한 본문이 거의 확실히 바울로가 쓴 대로일 것이다. 그는 여기서 "모든 교회들"에 대해 말한다. 이것은 그리스도교 교회 전체와 유사한 어떤 것, 말하자면 하느님의 백성 전체로서의 교회를 의미한다. 그는 복수형 "교회들"을 로마서 16장 4·16절, 고린토전서(4장 17절) 7장 17절, 11장 16절, 14장 33·(34)절, 고린토후서 8장 18(19·23·24)절, 데살로니카후서 1장 4절에서 이같은 방식으로 사용한다. "교회"(The Church)는 지방 교회들의 총체이다.

[29] 목회적인 돌봄은 자신들의 목회자를 사랑하고, 그의 선교활동을 높이 평가하는 사람들일 경우에는 상대적으로 쉽다(비록 끊임없이 힘든 일들을 해야 하지만 말이다). 그러나 바울로가 항상 그런 사람들만을 돌본 것은 아니다. 이것은 29절로의 이행을 설명해준다. **누가 약해지면 내가 약해지지 않겠읍니까? 누가 넘어지면 내가 애타지 않겠읍니까?** "약해지다"(ἀσθενεῖν)는 바울로에 의해서 두 가지 중요한 의미로 사용되었다. (ㄱ) 율법과 조문에 의존해서(로마 4,19 ; 14,1—2 ; 고전 8,11·12) 믿음이나 양심이 약해져 있는 사람에 대해서, (ㄴ) 어떠한 면에서건 허약하고, 힘이 없는 사람에 대해서 사용되었다(로마 8,3 ; 고후 11,21 ; 12,10 ; 13,3·4·9 ; 필립 2,26—27). 이 용법들 중에 어느 것도 여기서 적절한 의미를 제공하지 않는다. (ㄱ) 비록 그 자신은 강한 사람이지만(*Romans*. 263, 269 ; 『고린토전서』,

215·240—204면) 자기 교회 안의 약한 사람들에 대해서는 그 자신이 약하게 되었다(고전 9, 22). 이것이 바로 "모든 교회에 대한 걱정"의 의미이다. (ㄴ) 바울로는 이 단락과 다음 단락에서 반복해서 자신은 약하며, 그리스도의 능력이 자신의 약함 가운데서 —그의 겸비하고 겸손한 행동, 가난, 보잘것 없는 외모 가운데서— 알려진다고 선언한다. 만일 어떤 사람이 스스로 자신을 약하다고 말한다면 나는 그보다 더욱 약하다! 이 귀절의 후반부는 (ㄴ)이 (ㄱ)보다 좀 더 정확하다는 것을 시사해준다. "넘어지다"도 역시 목회적 관심에 관한 이 문맥과 부합된다(참조. 예를 들어 로마 14, 13). 만일 그의 사람들 중에 어느 한 사람이 걸려넘어져서 자신의 믿음을 잃게 된다면(로마 14, 1—15, 6 ; 고전 8) 바울로는 걱정으로 마음을 졸일 것이다. 그 자신의 일이, 보다 중요하게는 주님의 사업이 수포로 돌아갈 것이다. 그러나 걸려넘어져서 걱정으로 마음을 졸이는 것이 어떤 것인지를 자신도 알고 있다는 것을 바울로가 뜻했다고 보는 것이 더 낫다.

〔 30 〕 바울로는 이제(잠시 동안 : 참조. 12, 1·11) 어리석은 행동을 하는 것을 그만두고 정상적이고 진정한 마음으로 돌아간다. 바울로는 스스로가 자랑할 수 있다고 생각했던 자격들에 대해서 열거했다. 그리고 그렇게 함으로써 그 목록의 성격은 달라졌다. 그는 다른 사람과 마찬가지로 히브리인이었고 이스라엘인이었으며, 그리스도의 일군이었다. 그러나 마지막으로 그는 아무도 그와 함께 나누고 싶어 하지 않을 자격에 대해서 말한다. 즉 그가 육로나 해로로 위험스러운 여행을 했던 것에 대해서 말한다. 이러한 새로운 사태는 다음의 말로 표현된다. 내가 꼭 자랑해야 한다면(아마도 꼭 자랑을 해야 할 것이다) 나는 나의 약한 것을 자랑하겠읍니다. 바울로는 (자랑을 해야 한다는) 고린토인들의 요구를 역설적으로 받아들인다(Betz, 72 이하, 90). 12장 5절, 그리고 12장 9절에 제시된 이유와 비교하라. 틀림없이 고린토인들은 계속해서 오해할 것이다. 그는 오해받을 위험을 감수해야만 한다. 이것이 바울로와 같은 의미로 사도직을 이해하는 사람이 할 수 있는 유일한 종류의 자랑이다. 이 귀절은 "약함"의 의미를 29절에서 채택한 것과 같은 의미로 고정시킨다.

〔 31 〕 그런데 그와 같은 것에 대해서 말하고, 또 그런 것을 의미하는 것이 가능한가? 그리고 동일한 그 사람이 22—27절에 기술된 모든 자격들을 주장할 수 있겠는가? 말하자면 그가 우두머리 사도들의 권위를 지녔으면서도 동시에 종처럼 고통을 당

하기도 했다고 주장할 수 있겠는가? 아마도 이것은 사도의 시대에도 믿기가 쉽지 않았을 것이다. 그리고 바울로는 열정적으로 자신의 말이 사실이라고 단언한다(참조. 로마 9,1; 갈라 1,20). **영원하도록 찬양을 받으실 주 예수의 아버지 하느님께서 내 말이 거짓말이 아님을 아십니다.** 쉡스(Schoeps, *Paulus*, 156 : 영어번역판, 152)는 매우 일반적인 라삐적 표현인 "거룩하신 분, 찬양을 받으옵소서"(ha-qodesh baruk hu')를 상기시키는 축복문이 주 예수에게 적용되었다고 주장한다. 이것은 문법적으로 불가능하다. 왜냐하면 "주 예수"(τοῦ κυρίου 'Ιησοῦ)는 속격이고, "…인 그 분"(ὁ ὢν…)은 주격이기 때문이다. 만일 평이한 이 문장의 구문을 바꿀 만한 강력한 신학적 이유가 있다면 아마도 주어를 바꾸는 것을 정당화할 수 있을 것이다. 그러나 실제로는 바울로가 하느님께 찬양을 드리지 않았다고 보아야 할 타당한 이유가 없다. 이 문제가 훨씬 더 복잡하게 나타나는 로마서 9장 5절과 비교하라. 로마서 1장 25절도 비교하라. 하느님을 예수의 아버지로 서술하는 데 대해서는 1장 3절과 주석을 참조하라.

〔32—33〕 자신의 말이 진실이라는 바울로의 단언은 이 단락의 중요한 부분을 끝마치며, 동시에 새로운 핵심을 끌어들인다. 32—33절과 앞 부분 사이의 연결은 많은 난점을 제기한다. 어떤 학자들은 이 귀절들(32—33절)이 서신의 원래 부분이 아니므로 삭제해야 한다고 주장하기도 한다(이 제안은 누가 그 귀절들을 이곳에 삽입시켰느냐는 문제를 해결하기보다는 더욱 첨예화시킨다). 어떤 학자들은 사람들이 바울로를 웃음거리로 만들고, 그를 겁장이로 보이기 위해서 32—33절의 이야기를 했으므로 바울로는 이제 일어난 일에 대해서 자기 나름대로 설명해야 할 필요를 느끼고 있다고 주장한다. 실제로 그 귀절들(32—33절)은 —바울로가 말하고 자랑하는— 약함과 비천함을 훌륭한 것으로 기술한다. 여러분은 내가 경험한 비천함의 깊이에 대해서 의심합니다? 아니면 내가 그것을 기꺼이 받아들였다는 데 대해서 의심합니까? **내가 다마스커스에 있을 때 아레다 왕의 장관이 나를 "잡으려고"**(πιάσαι, 목적을 나타내는 부정사) **성문을 지키고 있었으나 나는 광주리에 담겨 들창문으로 줄을 타고 성벽을 타고 내려가**(슐라터는 여호수아 2장 15절을 바울로가 생각하고 있는 것이 아닌가 의심한다) **그 손에서 벗어났읍니다.** 아레다(비문에 의하면 "그의 백성들을 사랑하는 'Ḥarithath'": →*S.B.* iii. 530)는 B.C. 9년부터 A.D. 39년까지 나바테안 아랍의 왕이었다. 따라서 그 사건은 바울로의 생애 초기에 일

어났을 것이다. 다마스커스는 대폼페이에 의해 로마의 지배 하에 들어갔다(Josephus, *Antiquities* xiv. 29 ; *War* i. 127). 거기서 아우구스투스, 티베리우스, 네로 황제의 동전들이 발견되었고, 칼리굴라(37—41), 클라디우스(41—54) 황제의 동전은 발견되지 않았다. 이것은 그 사이의 기간 동안 다마스커스가 나바테안의 지배 하에 들어갔고, 37년에서 39년까지 아레다의 통치를 받았음을 의미한다. 그러나 이것은 전혀 확실치 않다. 칼리굴라와 클라디우스의 동전이 없는 것은 우연일 수도 있다. 그리고 다마스커스는 이중적으로 통치를 받고, 아레다는 로마의 봉신으로서 통치했을 수도 있다(T. Mommsen, *The Provinces of the Roman Empire* II [1886], 148 이하). 더우기 "장관"(ἐθνάρχης)이라는 말의 의미가 불확실하다. 요세푸스는 시몬(*Antiquities* xiii. 214)과 힐카누스(xiv. 151, 191)에 대해서도 이 말을 쓴다. 바울로를 체포하려고 했던 장관은 아레다의 장관이었거나 아니면 만일 그때에도 로마가 유일한 지배 당국이었다면 그 도시의 아랍 거주민들의 문제를 취급하는 그의 부하였을 것이다. 혹은 어쩌면 도시 밖에서 활동하는 족장이었을 것이다. 이 마지막 것은 "성문을 지키고 있었다"는 말에 의해 뒷받침되며, 그것은 성문 안이 아니라 성문 밖에서 지키고 있는 것을 시사한다. 설사 성문 안에서 지켰다고 해도 "장관"이 그 도시의 군사적인 통치자였다고 가정할 필요는 없다. 소수의 아랍 게릴라들이 효율적으로, 그리고 신중하게 수비 역할을 할 수 있었다. 그러나 충분히 효율적으로 그 일을 해내지 못했다. 바울로는 33절에 서술된 바와 같이 도망했던 것이다.

매우 비슷한 이야기가 사도행전 9장 24—25절에 나온다. 사도행전에서 바울로에 대한 음모를 꾸민 자들은 유다인들이다. 그들은 바울로를 죽이기 (체포하기 위해서가 아니다) 위해서 (도시가 아니라) 성문에서 지켰다(παρατηρεῖν. φρουρεῖν이 아니다). 바울로의 제자들이 나서서 그를 도주시킬 준비를 했다. 그들이 창문을 이용했던(그렇게 했다는 것이 분명하기는 하지만) 이야기는 나오지 않는다. 그리고 광주리는 다른 말로 표현되었다(σαργάνη가 아니라 σπυρίς). 그 외에는 단어들도 고린토후서의 이 단락과 거의 똑같다. 바울로의 글이 옳다는 데 대해서는 거의 의심의 여지가 없으므로 차이점들에 대한 논의는 고린토후서보다는 사도행전을 연구할 때 하는 것이 더 유익할 것이다. 그러나 두 단락들의 분위기상의 차이에 대해서는 주목할 필요가 있다(*New Testament Essays*, 95 이하). 사도행전은 이 이야기에서 하느님이 바울로를 적들의 손에서 구출해낸 첫번째 예를 제시해준다. 그는 하느님으로부터 선택받은 그릇이고, 하느님은 그의 모험들 가운데서 항상 그를 지켜주실 것이다. 하느님은 유다인들의 음모를 수포로 돌아가게 할 것이다. 그러나 고린토후서에는 우리는 바울로가 지닌 겸손과 약함의 두드러진 예를 볼 수 있다. 루가는 "영광의 신학"이라는 측면에서, 그리고 바울로는 "십자가의 신학"이라는 측면에서 기술했다고(*Signs*, 41—4, 104—5) 말하는 것은 루가에게는 공평치 못하게 일반화시키는 것이다. 그러나 그렇게 말함으로써 바울로에게 어느 정도 빛을 비춰줄 수는 있다.

20. 어리석은 자들에게는 그들의 어리석음에 맞게 대답한다 : (ㄴ) 계시 12장 1—10절

1 내가 자랑하지 않을 수 없습니다. 자랑한다는 것이 내게 유익할 것은
없으나 주님의 환상과 계시에 대해서는 내가 자랑할 것입니다.[14] 2 나는 십
사년 전에 그리스도 안에 있는 한 사람을 압니다. 나는 그 사람이 세째 하
늘에까지 끌려 올라갔다는 것을 압니다(그것이 이 몸을 가진 대로 된 일인지
이 몸을 떠나서 된 일인지 나는 알지 못하지만 하느님께서는 아십니다). 3
나는 이같은 사람을 알고 있읍니다. —그것이 이 몸을 가진 대로 된 일인지
이 몸을 떠나서 된 일인지 하느님께서는 아십니다— 나는 그가 낙원으로 끌
려 올라갔던 것을 알고 있읍니다. 4 낙원에 이끌려 올라간 그는 입으로 표
현할 수 없는 말, 인간에게는 말하는 것이 허락되지 않은 말을 거기서 들었
읍니다. 5 나는 이런 사람을 자랑합니다. 그러나 나 자신에 대해서는 약한
것밖에 자랑할 것이 없읍니다. 6 내게 자랑할 생각이 있다 하더라도 진실을
말한 것뿐이므로 그것 때문에 내가 어리석은 사람이 될 까닭이 없읍니다.
그러나 여러분을 용서하려고 합니다. 그것은 사람들이 내 안에서 본 것과
내게서 들은 것 이상으로 나를 평가할까 염려되기 때문입니다. 7 그 계시들

14) 이 사역은 다음과 같은 본문을 번역한 것이다 : καυχᾶσθαι δεῖ· οὐ συμφέρον μέν, ἐλεύσομαι δέ…. 많은 변형들이 있다. 그것들 중에서 중요한 것은 다음과 같은 것들이다. 첫째, H vg 사본과 소수의 다른 권위 있는 사본들에서는 εἰ를 καυχᾶσθαι 앞에 둔다. "만일 자랑하는 것이 필요하다면, 그것이 유익하지는 않지만 나는……할 것입니다."둘째, δεῖ

이 너무나도 놀라운[15] 것이었기 때문에 내가 부당하게 교만해지지 않도록
하기 위해서 내 몸 안에 가시가 주어졌읍니다. 내가 부당하게 교만해지지
않도록 하기 위해서 나를 치도록 사탄의 사자가 보내졌읍니다. **8** 이 사자에
대하여 나는 이것이 내게서 떠나게 해줍시사고 주께 세번이나 애원했읍니
다. **9** 그러나 주께서는 "내 은혜가 네게 충족하다. 내 권능은 약한 데서 완
전해진다"고 말씀하셨읍니다. 그러므로 그리스도의 권능이 내게 머무르게
하기 위하여 나는 오히려 기쁜 마음으로 나의 약한 것들을 자랑하려 합니
다. **10** 따라서 나는 그리스도를 위하여 약해지며, 모욕을 당하며, 고통과
박해와 억압을 당하는 것을 기뻐합니다. 그것은 내가 약할 그때가 곧 내가
강한 때이기 때문입니다.

여기서는 10·11장과 12장(10, 8·13·15·16·17 ; 11, 10·12—16·17·18·30 ; 12, 1·5·6·9—그러나 이러한 언어상의 통계조차도 주제에 대한 적절한 설명을 해주지 않는다)에 걸쳐서 계속 나오는 자랑의 주제를 벗어나지 않고 있다. "자랑을 해야 한다"는 것은 고린토인들의 슬로건이었을 수 있다. 그러나 자랑을 해야 할 필요성은 상황으로부터도 역시 생겨난다. 자랑해서 유익할 것은 없지만 자랑하지 않는 것이 더욱 득이 되지 않을 수도 있다. 이 점에서 사도들과 그들을 따르는 교회는 진퇴양난에 빠져 있다. 바울로는 그의 적대자들의 방식대로 자랑함으로써 생기는 문제를 다루고, 그것이 어리석다는 것을 (그러나 그 자신도 그처럼 어리석게 행동해야 했다 ; 12, 11) 보여준다. 그리고 나서

대신 ℵ D*사본에는 *δέ*라고 되어 있다. 대부분의 후기 사본들에는 *δή*라고 되어 있다. 만일 그렇다면(그러나 Robertson, 1092 참조) *καυχᾶσθαι*와 다음에 나오는 동사를 결합시킬 필요가 있다 : '자랑하는 것은 유익하지 않습니다……' 세째, 두번째와 동일한 많은 사본들에서는 다음 절을 "그러나"(*δέ*)에 의해서가 아니라 "왜냐하면"(*γάρ*)에 의해 연결한다. 이러한 변형들은 여기서 사역된 본문보다 확실히 오래되지 않은 것들이다. 그리고 대체로 그것들은 난점을 제거하기 위해서 생겨난 것 같다. 이것은 개선하기 위한 것으로 보이는 본문(이에 대해서는 Windisch 참조)의 경우에도 마찬가지이다. 특히 네째, "자랑은 내게는 유익하지 않지만 나는 …할 것입니다…"(*καυχᾶσθαι δὴ οὐ σομφέρει μοι, ἐλεύσομαι δέ*...), 다섯째, "자랑하는 것은 유익하지 않습니다. 그러나 나는 ～할 것입니다"(*καυχᾶσθαι οὐ σομφέρον μέν, ἐλεύσομαι δέ*...).

15) 이 부분의 본문상의 문제에 대해서는 주석에서 논의할 것이다. "…때문에"(*διό*: 참조. 이 책 313면)는 P^{46} D lat syr Irenaeus Origen과 대다수의 사본들에서 생략되었다. 두번째 나오는 "내가 부당하게 교만해지지 않도록 하기 위해서"는 ℵ* A D G lat Irenaeus와 소수의 다른 사본들에서 생략되었다.

는 그리스도교인이 할 수 있는 유일하게 정당한 자랑, 즉 —주님의 능력을 나타내는— 약함을 자랑한다. 이런 자랑은 실제로는 주님을 자랑하는 것이다(10,17).

[I] **내가 자랑하지 않을 수 없읍니다**(본문에 대해서는 이 책 381면 주 14 참조). 실제로 침입자들은 자신들이 그리스도의 사도라고 자랑했으며(11,13), 예루살렘 교회의 이름으로, 그리고 자신들에게 추천서를 주고 권위를 위임했다는 최고의 권위자들의 이름으로 고린토교회를 맡으려고 했다(10,12—16). 바울로는 그들과 동등하며, 또한 우월하다고도 할 수 있는 자격을 가지고 응답했다. 그러나 그가 그렇게 응답하는 단락(11,16—33)은 놀랄 만한 전환을 이루고 있으며, 사도가 다마스커스로부터 도주한 이야기로 끝마친다. 바울로의 적대자들도 역시 주님 자신이 나타났던 몰아적인 경험과 환상적인 경험을 했다고 자랑했던 것 같다. Betz, 73에서는 *Corpus Hermeticum* i. 30과 비교한다. 여기서도 바울로는 그들이 하는 대로 따라할 수 있었다. 그러나 역시 그의 자랑은 약함에 관한 원래의 주제(참조. 11,30)로 되돌아간다. **자랑한다는 것이 내게 유익할 것은 없으나 주님의 환상과 계시에 대해서는 내가 자랑할 것입니다**(이것은 아마도 다른 사람들에 의해서 제기된 특수한 문제로 들어간다는 것을 시사한다). 이 문장은 보통 다르게 이해되었다(본문에 대해서는 381면 주 14 참조). 즉 "내게 유익할 것은 없으나"는 "내가 자랑하지 않을 수 없읍니다"와 "내가 자랑할 것입니다" 사이의 삽입구로 이해되었다. 그러나 이 귀절의 두번째 절과 세번째 절을 상반되는 쌍으로 연결시켜주는 두 불변화사(*μέν*과 *δέ*)에 비추어볼 때 여기서 채택된 구문이 요구되는 것 같다: "사실 그것은 유익하지 않습니다. 그러나 나는 그렇게 할 것입니다." "유익한"(*συμφέρον*: 분사. *συμφέρει*의 대격 독립 구문: Robertson, 1130)이라는 말은 바울로의 용법에 의하면 개인들이 아니라 그리스도교 공동체의 유익을 가리킨다(8,10; 고전 6,12; 10,23; 12,7). 이러한 자랑은 사실 교회를 세우는 길이 아니다. 그럼에도 불구하고 만일 그러한 자랑이 바울로로 하여금 외부로부터 방해를 받지 않고 고린토에서 활동하도록 허락해준다면, 그러한 자랑은 분명히 교회를 세우는 토대가 될 수 있을 것이다. 컴멜은, "주님의"라는 속격은 목적어가 아니라 주체를 나타내는 속격이라고 주장한다. 이러한 구별은 실제와는 다를 것이다. 속격은 "환상"과 "계시" 둘 다에 해당한다. 그리고 이 두 말은 잘 구별되지 않는다. 회심 때에 그리스도가 바울로에

게 나타난 데 대해서 사도행전 26장 19절에서는 "환상"(ὀπτασία)이라고 기술되어 있다. 바울로는 다른 곳에서는 이 말을 사용하지 않는다. 그리고 "계시"(ἀποκάλυψις)라는 말은 종말론적 맥락에서(로마 2, 5 ; 8, 19 ; 고전 1, 7 ; 데후 1, 7) 매우 자주 사용된다. 그러나 그는 자신의 회심과 관련해서도 그 말을 사용한다(갈라 1, 12 ; 참조. 갈라 1, 16에서 동일 어원의 동사의 용법). 특별한 한 계시가 그를 예루살렘으로 보냈다(갈라 2, 2). 그리고 계시, 혹은 묵시가 고린토 교회의 모임에 활기를 주었다(고전 14, 6·26). "환상"은 직접적으로 보여진 것 혹은 보는 경험 자체를 가리키고, "계시"는 그 경험의 이해가능한 내용과 그것의 전달을 가리킨다. 그러나 이것에 기초해서 논의를 전개하는 것은 현명하지 못하며 불필요하다. 왜냐하면 바울로는 상세하게 정의하지 않은 채 한 경험에 대해서 계속 말하고 있기 때문이다(그러나 참조. 7절). *Clementine Homilies*에 나오는 "환상들"과 "계시들"에 대한 논쟁적인 언급에 대해서는 Schoeps, *T.G.F.* 130, 425를 참조하라.

다음의 몇 귀절들의 번역은 원문의 복잡하고 거친 문체를 어느 정도 따르고 있다. 자신이 환상을 본 데 대해서 자랑할 때에도 바울로는 그렇게 직접적으로 자랑하기를 꺼려하며, 그가 3인칭으로 말하고 있는 다른 어떤 사람과 관계된 이야기처럼 말한다. "나"라는 말 대신 가끔 "그 사람"이라는 말을 쓰는 라삐적 용법과 비교할 수 있을 것이다(*S.B.* iii. 531). 그러나 바울로가 자신 안에서 두 사람을 구별하고 있다는 벤드란트의 말도 전적으로 틀린 말은 아니다. 환상을 보는 어떤 "한 사람"이 있는데 이 사람이 사실은 바울로다. 그러나 오히려 바울로는 약한 사람으로, 자신의 약함 외에는 다른 어떤 것도 자랑할 것이 없는 사람으로 생각될 것이다. 2—4절은 어떤 승천 설화(이런 것이 고대 세계에는 적지 않았다)를 풍자적으로 희화시킨 것이라고 보는 베츠의 해설(84—92)에는 유용한 병행구들과 주장들이 많이 들어 있다. 그러나 내가 보기에 이 단락에는 그것 자체를 다른 병행구들과 본질적으로 구별하는 어떤 내적 동기가 있는 것 같다. 바울로는 기존의 어떤 문체로 문학적 작품을 기술하고 있는 것이 아니다. 베츠는 바울로와, 또 그의 논의가 계몽적이라고 주장하지는 않는다. 그러나 그는 바울로의 글에 담겨 있는 생동적인 힘을 보지 못하고 있다. 6절에 주목하라.

[2] 나는 십 사년 전에 그리스도 안에 있는 한 사람(말하자면 한 그리스도교인)을 압니다. 바울로는 "주님의 환상과

계시"의 적절한 예를 제시하기 위해서는 이처럼 십 사년 전으로(즉 A.D. 40년 경으로. 고린토교회의 설립연대로 추정되는 때보다 훨씬 이전으로 : 참조. 이 책 서론, 25면 이하) 거슬러 올라가야 했다. 그러므로 그는 결코 명상시에는 환상가가 아니었다. 그러나 그는 자신의 환상체험 중에서 가장 놀랄 만한 것을 골라냈으며, 그가 주장할 수 있었던 환상 체험이 한 가지 이상이었다는 데 대해서는 의심할 여지가 없다. 벤드란트는 왜 바울로가 다마스커스 노상에서의 경험에 대해 말하지 않는가를 묻는다. 그에 대한 대답은 바울로는 그 경험을 환상으로 여기지 않았다는 것이다. 그 때 그는 우리 주 예수를 객관적으로 보았다.

고린토에서 환상에 큰 흥미를 느꼈던 사람들이 환상의 작용에 대해서, 그리고 신비주의자들이 일상적인 삶과 맺는 관계에 대해서 토론했다고 쉽게 추측할 수 있으며 아마 이 추측은 옳을 것이다. 바울로는 이 문제에 대해 뚜렷하게 밝히지 않았다. 그것이 이 몸을 가진 대로 된 일인지 이 몸을(기이하게도 이 귀절과 다음 귀절에서 "몸" *σῶμα*이라는 말은 첫번이 아니라 두번째 나올 때 관사가 붙는다 : Moule, *Idiom*, 114, 203—out of and apart from ["떠나서"]이 "부적합한" 전치사들이기 때문이라고 설명할 수 있을 것이다) 떠나서 된 일인지 나는 알지 못하지만 하느님께서는 아십니다. 바울로가 여기서 '현재의 삶에서 자아가 "몸" (*σῶμα*)으로부터 분리될 가능성에 대해서 생각하고 있음은 사실이다. 그리고 이러한 "몸"(*σῶμα*)은 단지 신체적인 몸일 뿐' (Bultmann, *Theol*, 199 : 영어번역판, i. 202)이라는 것도 사실이다. 그러나 동시에 바울로가 "몸을 가진 대로"와 "몸을 떠나서"라는 두 상태를 구별할 수 없음이 분명하며, 오히려 그는 그러한 구별이 무의미하고 적용될 수 없다고 생각했음도 분명하다. 그는 이 사건에서 자신이 "몸을 가진 대로"였는지, 아니면 "몸을 떠나서"였는지 알지 못한다. 여러가지 종류의 황홀경 체험에 대한 세부적인 묘사가 Windisch, 374 이하에 제시되어 있다. 필로는 천상과의 접촉이 "몸을 떠나는 것"을 의미함을 알고 있었다. '모세가 사십 일 낮과 밤 동안 떡이나 물에 전혀 손대지 않고 그의 몸을 떠났을(*ἀσώματον γενόμενον*) 때 그는 그 선율(천상의 음악)을 들었다고 말해졌다' (*De Somniis* i. 36 ; Knox, *P.G.*, 102 그리고 Josephus, *War* vii. 349도 참조. 이것은 슐라터에 의해 인용되었다). 그러나 이것은 바울로의 견해가 아니었다. 사실 바울로는 어떠한 견해를 표명하기를 신중하게 삼가고 있는 것 같다. 말하자면 정당한 종교적 경험은 반드시 "몸을 떠나서" 이루어져야 한다는 고린토의 영지주의적 견해나 혹은 직접적으로 그와는 반대되는 견해를 취하기를 삼가했다는 것이다. 그는 몸이 반드시 악한 것이라고 단언하지도 않았으며, 또 그렇게 암시하려고 하지도 않았다. 마찬가지로 그는 영혼이 몸을 떠나서 영적이고, 비—육체적인 존재들과 관계를 맺게 될 가능성도 부인하지 않는다. "하느님께서는 아십니다"라는 말은 "나는 알지 못하지만"을 강조하는 역할을 한다. 그러나 그렇다고 해서 바울로가 진지하게 그런 것을 의미했다는 말은 아니다. 하느님과 인간의 연합에 관한 문제는 안전하게 하느님께 맡겨진다.

나는 그 사람이(직역하면 '그런 사람') 세째 하늘에까지 끌려 올라갔다는 것을("나는 압니다"를 보충하는 말이며, 이 문장은 대격과 함께 쓰이는 분사 구문으로 보는 것이 가장 좋을 것이다) 압니다(이 동사는 그리이스어 원문에서는 반복되지 않는다. 그러나 바울로의 그리이스어를 그대로 따르는 번역에서도 이해하기 쉽도록 하기 위하여 첨가되어야 한다). 바울로는 다른 곳에서는 유일하게 데살로니카전서 4장 17절에서만 "끌려올려갔다"(ἁρπάζειν)라는 말을 쓴다. 거기서는 주님이 오실 때까지 살아남아 있던 그리스도교인들이 그와 하나가 되기 위해서 공중으로 끌려올라가며, 이미 일으켜진 죽은 자들도 공중으로 끌려올라간다. 지금 이 귀절에 서술된 경험은 신자들이 마지막으로 하늘이나 혹은 천국에 옮겨지는 것의 선취로 생각될 수 있다. 신비주의와 묵시문학적—종말론적 종교는 때때로 생각되었던 것처럼 그렇게 거리가 멀지는 않았다. 묵시문학자들은 현재에 자신들에게 허락된 천상의 것들에 대한 통찰에 근거하여 미래를 기술한다(참조. *S.J.T.* vi. 138—9). 바울로의 경험과 유사한 것들은 여러 면에서 인용할 수 있다. 묵시문학으로부터는 다음의 예들을 인용할 수 있을 것이다: '그날에 회오리바람이 나를 땅에서 날라다 하늘 끝에 데려다 놓았다. 그리고 거기서 나는 다른 환상을 보았다……'(제1에녹서 39, 3—4; 참조. 52, 1). '그리고 이 사람들이 나를 데려다가 둘째 하늘에 올려놓았다. 그리고 내게 지상의 어둠보다 훨씬 더 어두운 어둠을 보여주었다……'(제2에녹서 vii. I: 8장에서 에녹은 계속해서 세째 하늘로 가며, 9장에서는 네째 하늘로, 18장에서는 다섯째 하늘로, 그리고 계속해서 열째 하늘에까지 간다). '그리고 그는 나를 데려다가 첫째 하늘로 인도했다. 그리고 내게……을 보여주었다'(제3바룩서 ii, 2. 이렇게 계속해서 다섯째 하늘에까지 인도된다). 라삐들이 신비주의적 사변을 모른 것은 결코 아니었다. 가장 잘 알려진 단일 귀절은 *Hagigah* 14b이다: '천국에 들어간 사람은 네 사람이 있다. 이들은 벤 아짜이와 벤 조마, 아헤르, 그리고 라삐 아키바이다.' Megillah iv. 10, *Hagigah* ii. 1과 비교하라. 거기서는 불수레에 관한 장(*Merkabah*; 에제 1)을 읽는 것을 금하며, 거기에 생각하는 것도 막는다. 황홀경은 헬레니즘적 신비주의에서는 친숙한 현상이었고, 다른 세상으로 여행을 하는 형태를 지녔다. 예를 들어 플라톤의 에르 신화(*Republic* x. 614—21: '그는 자기 몸을 떠날 때 자신의 영혼이 여행을 한다고 말했다……그는 다른 세상의 소식을 사람들에게 전해주는 사자가 되고자 했다……'), 특히 프로클루스에 의해 해석된 것이 그렇다. 필로는 자신의 황홀경 체험에 대해서 신적 능력이 자신에게 강림한 것이라고도 말할 수 있었고(예를 들어 *De Migr, Abr.* 34—5), 승천이라고도 말할 수 있었다: '나는 천하고 야비한 생각을 하지 않았고, 명성이나 부, 육체적인 안락을 위해서 아첨을 하지도 않았다. 오히려 나는 항상 높은 곳으로 올려지고, 영혼은 하느님이 보낸 영감에 사로잡힌 것처럼 보였으며, 해와 달과 모든 하늘과 우주와 함께 여행하는 자로 보였다. 아! 그리고 나서 나는 공중에서 아래를 내려다보았다……' (*Spec. Leg.* iii. 1—2).

바울로가 하늘에까지 올라간 경험에 대한 선례는 그 시대에도 상당히 많이 있었다(보다 많은 증거에 대해서는 예를 들어 Lietzmann; Betz, *Lukian*, 38, 142, 169를 참조하라). 그리고 놀랄 만한 점은 바울로가 그러한 황홀경을 체험했다는 데 있는 것이 아니라 그가 한 가지 예를 들기 위해서 십 사년이나 거슬러올라가야 했고, 그것의 중요성을 평가했다는 데 있다.

바울로가 여기서 여러 천상들이 있다고 믿었음은 분명하다(아마도 구형이나 반구형의 평면). 바울로가 여기서 "세번째"라고 말했다고 해서 그가 단지 세 개(다섯이나 일곱, 열, 혹은 다른 어떤 수의 하늘이 있다고 믿지 않고)의 하늘이 있다고 믿었다고 추론할 수는 없다. 비록 그의 시대에는 일반적으로 세 개의 하늘이 있다고 생각했던 것 같지만 말이다(*S.B.* iii. 531 이하). 이하의 낙원에 관한 부분을 참조하라. '셋이라는 숫자는 가장 높고 가장 완전한 것을 나타내는 완전수로 쓰였다'는 칼빈의 견해는 옳을 것이다.

[3—4] 바울로는 매우 주저하면서, 그리고 반복적인 문체로 계속 서술해간다. 나는 이같은 사람을 알고 있읍니다(바울로

는 앞 귀절에서 썼던 대격 분사 구문을 다시 쓰고 있는 것으로 보인다. 그러나 삽입구로 인해 이것은 중단된다)—그것이 이 몸을 가진 대로 된 일인지 이 몸을 "떠나서"(ἐκτός가 아니라 다른 말인 χωρίς가 사용되었다. 그러나 아마도 의미상으로는 차이가 없을 것이다) 된 일인지 하느님께서는 아십니다(바울로는 "나는 모른다"는 것을 암시하고는 있지만 이 번에는 그렇게 말하지는 않는다. 여러 사본들에 "나는 알지 못합니다" οὐκ οἶδα가 들어 있는데 아마도 그것은 동화에 의한 것이리라)—나는 그가 낙원으로 끌려 올라갔던 것을 알고 있읍니다(그리이스어 원문에는 없고, 단지 καὶ ὅτι "그리고 ~것을"로 이어진다. 바울로는 분사 ἁρπαγέντα를 썼어야 했다). 바울로는 여기서 대부분 2절의 언어를 반복하고 있다. 그러나 "세째 하늘"대신 "낙원"이라는 말을 쓴다. 의미상으로는 별다른 차이가 없다. 이것은 두번째의 황홀경 체험이 아니라 2절에 그 연대와 함께 제시된 체험과 동일한 체험이다. 제2에녹서 8장에서는 낙원이 세째 하늘에 있는 것으로 말한다. 모세의 묵시록 37장 5절에서 하느님은 미카엘에게 말한다. '그 [죽은 아담]를 세 번째 하늘의 낙원으로 들어올리라. 그리고 내가 이 세상에서 심판할 그 두려운 날까지 그를 거기에 내버려두라.' "낙원"에 대한 여러 언급들에 대해서는 빈디쉬를 참조하라. 원래 이 말(παράδεισος)은 페르샤 귀족의 공원을 뜻했는데 그리이스어로 받아들여져서 에덴 동산을 뜻하는 말로 사용되었다. 이로써 이 말은 (마지막 날들이 처음의 날들과 같을 것이라고 믿는 사상권에서) 죽음이나 혹은 최종적인 심판 이후에 축복받은 자들이 사는 거처로 쓰였다. 낙원에서 그는 입으로 "표현할 수 없는"(ἄρρητα, 로마서 8장 26절의 말이 아니다) 말, 인간에게는 말하는 것이 허락되지 않은 말을 거기서 들었읍니다. 즉 그것은 많은 사람들에게 전해져서는 안 되는 신적 비밀을 전한다는 의미에서 "입으로 표현할 수 없는" 말이다. 이 말은 신비 종교들의 언어이다. 예를 들어 Aurelius, *Metamorphoses* xi. 23을 참조하라 : '아마도 근면한 독자인 당신은 약간 걱정하면서 그 때 무엇을 말했고, 무엇을 행했는지 알고 싶어할 것이다. 만일 말하는 것이 허락된다면(si dicere liceret), 내가 네게 말할 것이다. 만일 듣는 것이 허락된다면(si liceret audire) 너는 그것을 들어야 한다. 그러나 너의 귀와 나의 혀는 모두 똑같은 고통을 받을 것이다. 나의 혀는 불경한 수다로, 너의 귀는 경솔한 호기심으로 고통받을 것이다.' 예전에 아풀레이우스 종단의 입교식을 맡은 사제는 '인간의 언어를 능가하는' 특정한 개념들을 그에게 위임했다

(quae voce meliora sunt). 그러나 바울로가 직접적으로 신비주의에 의존하고 있다고 가정하는 것은 잘못인 것 같다. 필로만이 이미 그러한 언어를 전유(專有)한 것은 아니며(예를 들어 *Leg. Alleg.* ii. 57 : 모든 사람들에게 하느님의 비밀스러운 것들[ἀπόρρητα]을 볼 수 있도록 허락하지는 않았다. 오직 그것들을 감추고 보호할 수 있는 사람들에게만 허락되었다 : 참조. *Quod Det. Pot.* 175), 비밀스런 계시라는 개념이 라삐적 유다교에서만 유행했던 것도 아니다(J. Jeremias, *Jerusalem in the Time of Jesus* [1969], 237—41). 봉인된 계시에 관한 사상은 이미 구약성서에서도 발견된다(이사 8, 16 ; 다니 12, 4 ; 참조. 제2에녹서 17장 ; 묵시 14, 3). 그러므로 바울로의 계시는 친숙한 것이었다. 바울로의 경쟁자들의 자랑이 고린토에서 친숙했던 것과 마찬가지로 바울로의 계시도 틀림없이 친숙했을 것이다. 이에 대해서는 그도 역시 자랑할 수 있었다. 그러나 이 장들 전체에 걸쳐서 그의 자랑은 이상한 형태로 나타난다.

[5] 나는 "이런 사람을"(혹은 τοιούτου를 중성으로 보고 "그와 같은 경험을"이라고 번역할 수도 있다. 그러나 앞에 나왔던 이 말과 이어지는 "나 자신에 대해서는"에 비추어본다면 틀림없이 남성이다. 바흐만도 그렇게 본다) 자랑합니다. 그러나 나 자신에 대해서는 약한 것밖에 자랑할 것이 없읍니다. 계시를 받은 데 대해서 기이하게 3인칭으로 언급하는 것이 계속된다. 그리고 그것은 계속되는 1인칭에 의해 강조된다. 리츠만에 의하면(참조. Wendland. 1절에서 언급되었다) 이 본문은 "묵시문학자로서의 바울로"와 "인간 사도 바울로"를 구별하고 있다. 이러한 견해는 위의 한도 내에서는 옳다. 케제만(*Legitimität*, 63—71/54—66)은 —컴멜도 케제만을 따른다— 바울로가 방언으로 말하는 것(고전 14, 19)이나 황홀경 체험(고후 5, 13)에 대해서 말할 때와 마찬가지로 천상으로 자신이 올리워졌던 경험에 대해서 말할 때에도 교회를 위한 자신의 봉사와 관련하여 그것을 평가한다는 점을 분명히 한다. 단지 자신과 하느님의 개인적인 관계에 있어서만 중요할뿐인 세번째 하늘로 올라갔던 일의 세부적인 점들은 교회를 위해서는 아무런 의미도 없다. 그러므로 그는 그것들에 대해서 자랑하거나 그것들을 억누를 이유를 느끼지 못한다. 이것도 역시 올바른 관찰이다. 그러나 다음 귀절이 분명히 해주듯이 바울로는 자신이 올바르게 평가받아야 한다는 것뿐만이 아니라 올바른 기준에 의해 평가받아야 한다는 데 대해서도 관심을 가지고 있었다. 자주 이

귀절들로부터 바울로의 적대자들, 고린토의 침입자들은 자신들의 커다란 "영적" 은사들에 대해 자랑하고 환상이나 황홀경을 체험한 데 대해서 자부심을 가지고 있었던 사람들이라고 추론되었다(참조. 이 책 서론. 55—56면). 그보다는 아마도 "영적이고 황홀한 현상들을 사도직의 표징으로 주장하는 일이 고린토에서 일어났다고 보는 것이 더 타당할 것이다(참조. "Paul's Opponents", 251—2). 비록 방문 사도들이 그러한 표징들이 요구된다는 것을 깨닫고, 계속해서 그러한 현상들을 일으켰지만 말이다. 그러나 바울로에게 있어서 유일하고 타당하고 가시적인 사도의 표징은 자신 안에서 그리스도의 능력이 나타나게 하기 위해서 받아돌일 준비가 되어 있었던 "약함"이었다. "약함"의 주제는 다음의 몇 귀절들을 통해서 발전되었다. 그가 이 주제를 선택한 것은 의도적이며, 다른 재료가 궁했기 때문에 그렇게 한 것은 아니다.

[6] 내게 자랑할(말하자면 나의 약함이 아닌 다른 것들에 대해서) "생각이 있다 하더라도"(θελήσω, 이 동사는 신중하게 선택한다는 의미를 적절하게 표현해준다) 진실을 말한 것뿐이므로 그것 때문에 내가 어리석은 사람이 될(거짓된 주장들에 사로잡힐) 까닭이 없읍니다. 여기에는 고린토인들의 요구에 못이겨 자신들이 본 적도 없는 환상들에 대해서 자랑하는 사람들에 대한 공격이 들어 있다. 진리를 말해야 한다는 것은 바울로의 편에서 보면 단순히 상식적인 의미에서의 정직뿐만이 아니다. 즉 자신의 약함을 깨달아야 한다는 것은 사도적 복음 현시의 일부였다. 환상이나 그 비슷한 것들에 대해 말할 때에도 그는 진리를 말할 것이다. 그러나 나는 여러분을 "용서하려고" (φείδομαι, 이것은 대개 "나는 나 자신을 용서합니다"를 뜻하는 것으로 받아들여졌다. 그러나 참조. 1,23 ; 13,2 ; 로마 8,32 ; 11,21 ; 고전 7,28) 합니다(현재형을 능동적인 의미로 보았다. 고린토인들은 바울로의 환상에 대한 이야기를 마치 자기들의 이야기인 것처럼 한 데 대해 스스로를 책망해야 한다). 그것은 사람들이 내 안에서 본 것(직역하면 '그가 나를 본 것 이상으로'--관계를 나타내는 대격?)과 "내게서"(혹은 "나로부터." ἐξ ἐμοῦ) 들은 것 이상으로 나를 평가할까 염려되기 때문입니다. 바울로는 자신에 대해서 높이 평가하는 견해가 유행하게 되기를 바라지 않는다. 왜냐하면 그렇게 될 경우 사람들이 주의를 기울여야 할 것은 바울로가 아니라 그의 복음이며, 만일 그가 고통과 수치를 잘 참아낸다면 십자가에 달린 그리스도에 대한 보다 유능한 증인이 되리라는 사실을 흐려놓을 것이기 때문이다. '그것은 단지 그가 자신의 봉사

(diakonia)에 근거해서만 이해되기를 바란다는 것을 의미한다'(Käsemann, *Legitimität*, 69/94: 참조. 70/65. 뎅스토르프에 대한 언급도 참조. 바울로는 사도직을 위한 '열광주의적'인 토대를 거부한다).

다음 귀절은 아마도 바울로가 기술하거나 구술한 형태 그대로일 테지만 바울로가 의도했던 형태라고 보기는 힘들다. 본문상의 변형들에 대해서는 이 책 382면 주 15를 참조하라. 여기서는 다음과 같은 견해를 채택했다 : 본문이 난해하기 때문에 많은 추측들을 하게 되었는데 그것들 중 어느 것도 실제로 본문을 더 쉽게 해주지는 못하며, 처음에 나오는 다섯 개의 그리이스어 단어들(*καὶ τῇ ὑπερβολῇ τῶν ἀποκαλύψεων*. 직역하면 '그리고 훌륭한[참조. 4,7] 계시에 의해서')이 6절 끝에 붙여져서는 안 된다는 것이다. 이 귀절 전체를 문자적으로 번역하면 다음과 같다 : '그리고 놀라운 계시들에 의해(계시들 때문에) 내가 부당하게 교만해지지 않도록, 내 몸에 가시를 주었읍니다. 그리고 사탄의 사자가 나를 쳐서 내가 부당하게 교만해지지 않도록 했읍니다(보내졌읍니다).' 이 귀절의 대체적인 의미는 분명하다. 하느님은 바울로의 몸 안에 가시를 주셨다(수동태는 신적 행위를 암시한다). 혹은 달리 말하자면 그가 그처럼 놀라운 계시를 받음으로써 부당하게 교만해지지 않도록 하기 위하여 사탄의 사자를 보내어 그를 치게 했다. 가시, 혹은 사자가 그를 겸손하게 할 것이다. 이것이 바울로가 뜻했던 바라는 데 대해서는 거의 의심할 여지가 없다. 그러나 일반적인 구문 법칙을 적용시킴으로써 본문에서 벗어날 수는 없다. 본문이 전승 과정에서 매우 훼손되었거나 아니면 바울로가 그 문장에서 한 가지 이상의 시도를 했을 것이다. 그는 이렇게 기술하기 시작했을 것이다 : '그 계시들이 너무나도 놀라운 것이었기 때문에 하느님은 내가 부당하게 교만해지지 않도록 해야겠다고 생각하셨읍니다. 그러나 바울로는 하느님의 행위 자체를 기술하기 전에 그 행위의 목적에 대해서 말한다.' "그러므로"(*διό*)는 불필요하기는 하지만 난해하지는 않다. 왜냐하면 그것은 단순히 마지막 절(~이유 때문에, 즉 ~하기 위해서)을 예기하는 것이기 때문이다. 하느님의 행위의 이유와 목적은 간단하게 서술된다 : '계시들이 너무나도 놀라운 것이었기 "때문에" 내가 부당하게 교만해지지 않도록 하기 위해서…….' 아마도 바울로로 하여금 이 문장 앞에서 하느님의 목적에 대해서 기술했다는 사실을 잊게 하고, 다시 그것을 반복하도록 한 것은 수동태를 사용했고, "가시"라는 말 뒤에 "사자"라는 말을 덧붙였기 때문일 것이다. 그는

이렇게 반복한다 : '내가 부당하게 교만해지지 않도록 하기 위하여 내게 가시가 주어졌읍니다. ……사자가……그것은 내가 부당하게 교만해지지 않도록 하기 위해서입니다.' 이제 우리는 아마도 번역이라고 하기는 어렵지만 바울로의 의미와 그가 쓴 말들을 가능한 한 잘 반영해주는 다음과 같은 문장에 도달하게 된다.

[7] 그 계시들이 너무나도 놀라운 것이었기 때문에 내가 부당하게 교만해지지 않도록 하기 위해서 내 몸 "안에"(여격 τῇ σαρκί에 대해서는 Radermacher, 106과 Robertson, 538 참조) 가시가 주어졌읍니다. 내가 부당하게 교만해지지 않도록 하기 "위해서"(마지막 절을 어느 정도 정당화하기 위해서 두번째 ἵνα는 첫번째 ἵνα에 의존하는 것으로 보았다) 나를 치도록 사탄의 사자가 보내졌읍니다.

하느님은 바울로에게 천상의 진리의 놀라운 계시를 허락해주었다. 그것은 결코 전달될 수 없는 것이었다. 그러나 하느님은 그러한 계시들로 인해 사도가 흥분하기를 원하지는 않았다. 아마도 실수로 씌어진 것이기는 하지만 이중절이 그 사실을 강조한다. 그리고 이 이중절은 아첨으로 인해 우쭐해져서 그 결과 스스로 "교만해진"(ὑπεραίρονται) 다른 사람들에 대해서도 언급한다. 바울로는 계속 겸손하게 행동하려고 한다. 그리고 자신의 약함을 알고 있다. "내 몸 안의 가시"라는 말의 의미에 대해서는 상당히 많이 논의되었다. 여러 해석들 중에서 Hughes와 Windisch 해당란, Allo의 *Excursus*(313—23), H. Clavier(*Studia Paulina*, 66 ; 클라비에는 자신의 목록이 의학 사전처럼 해석된다고 말한다), P.H. Menoud (*Studia Paulina*, 163—71)를 참조하라. 바울로가 암시하고 있는 고통이나 무력함이 어떤 종류의 것인지에 대해서도 의견의 일치가 이루어지지 않고 있다. 칼빈은 여기서 몸은 '거듭나지 않은 영혼의 한 부분'이라고 지적한다. 따라서 그는 다음과 같이 의역한다. '내 몸에는 찌르는 막대기가 주어졌읍니다. 그것은 내가 아직 영적이지 못해서 육에 따른 유혹에서 벗어나지 못하기 때문입니다.' 매우 소수의 현대 저자들만이 이 견해를 받아들인다. 모두는 아니지만 많은 학자들이 신체적인 질병이 언급된 것으로 간주한다. 티어리(J.J. Thierry, *Nov. T.* v. 301—10)는 바울로가 '사탄의 사자가 내 몸 안에 찌르는 가시로서 주어졌읍니다'를 의미했다고 본다. 따라서 여기서 신체적인 질병에 대해 언급하고 있다고 볼 필요는 없다고 한다. 메누드(앞글, 168)는 '바울로에게 닥쳐온 커다란 고통은 그가 복음을 위하여 유다인들을 얻을 수 없었다는 것이다'라는 관찰을 한다. 칼라

(E. Kamlah, *Z.N.T.W.* liv. 219)는 동료 그리스도교인들을 증오하게 되는 유혹에 대해서 생각한다. 클라비에는 "환상과 계시에 뒤따르는 병적인 상황"과 관련하여 순전히 신체적인 측면에서 접근한다. 실제로 바울로가 십자가에 못박혔다고 추측하는 것은(4장 10절에 대한 주석 참조) 거의 확실하게 잘못이다. "가시"(*σκόλοψ*, 이것은 *σταυρός* "십자가"에 해당하는 말일 수도 있다)가 십자가를 의미할 수도 있다는 슐라터의 관찰은 더 나은 점이 있다. 그리고 슐라터의 말은 갈라디아서 5장 24절에 대한 이러한 관찰에 기초하고 있다. 갈라디아서 4장 13절 이하는 바울로가 눈병으로 고생했다는 추측을 자주 불러일으켰으며, 때때로 그런 의미로 이해되기도 했다. 그러나 리츠만이 말하듯이 갈라디아서 4장 15절은 '여러분은 나를 돕기 위해서 여러분의 가장 소중한 부분을 바치려고 했읍니다'를 뜻할 뿐이다. "내 몸 안에"라는 말은 반드시 신체적인 어려움(참조. 민수 33, 55 : "그들이 너희 눈에 가시가 되고, 옆구리에 박힌 바늘이 되어 너희가 살아갈 그 땅에서 너희를 괴롭힐 것이다." 참조. 에제 28, 24—Héring)을 가리키지는 않으며, "나를 치도록 사탄의 사자가 보내졌읍니다"(엄격히 말하자면 머리를 치도록)라는 말이 반드시 바울로가 간질병으로 고통을 당한 것을 의미하지도 않는다(그러나 참조. Schoeps, *T.G.J.* 43, 여기서는 *Clementine Homilies* xx. 19를 언급한다=*Recognitions* x. 64 [61을 말하고자 했던 것 같다]). 분명한 것은 바울로의 신체적 건강(대체로 그는 매우 건강했음에 틀림없다. 만일 그렇지 않았다면 11장 23—33절에 서술된 고난이나 위험들에서 결코 살아남지 못했을 것이다 : 참조. 이 책 서론 60—61면)이나 "가시"나 "사자"라는 말의 정확한 의미에 대한 견해들이 단지 추측일 수밖에 없다는 사실이다. 만일 여기서 특수한 신체적 결함을 찾으려고 한다면 바울로가 언어장애로 고생했다는 것도 한 가지 제안이 될 수 있을 것이다. 만일 그렇게 본다면 그가 처음에 매우 좋지 않은 인상을 주었고(갈라 4, 13 이하), 외모나 언변으로는 보잘것 없으나 편지로는 인상깊었다는 사실(10, 1·9·10·11 ; 11, 6)을 인정하게 될 것이다. 편지들은 매우 유창하므로(『고린토전서』, 88면) 바울로가 언어장애로 고생했다고 보지 않는 한 바울로가 말을 잘 못하는 사람이었다고 믿기는 힘들다. 그러나 이것은 단지 추측일뿐이며, 결코 그 이상은 못 된다(참조. W.K. Lowther Clarke, ***New Testament Problems***[1929], 136—40). 사도행전 14장 12절의 말은 이러한 제안에 반대된다. 그러나 (ㄱ) 루가가 오류를 범했을 수 있으며, (ㄴ) 몸 안의 가시는 아마

도 리스드라 방문 이후에 특별한 사건에서 바울로에게 생겼을 것이다(단순과거 ἐδόθη, 이것은 바흐만에 의해 강조된다).

가시(σκόλοψ)는—고문이나 혹은 사형집행을 위해 쓰이던 막대기까지도 포함하여—"막대기"를 뜻할 수도 있다. 그러나 민수기 33장 55절(위에서 인용되었다)에서 이 말은 sek를 번역한 것인데 그것은 가시를 뜻하는 것으로 보인다. 그러나 그 말은 단지 한 번 나올 뿐이며, 의문의 여지가 있다. "사탄의 사자들"에 대해서는 마태오복음 25장 41절과 요한묵시록 12장 7·9절, 그리고 *S.B.*i. 136, 983—4를 참조하라. "사탄의 사자들"이나 '사자들", 혹은 '악마의 영들'이라는 표현은 고대 유다교 문헌들에서 잘 나타나지 않는다'(983). 그러나 그것들은 때때로 언급되기도 했으며 빌러벡이 알고 있는 귀절들 외에도 이제 *C.D.* xvi. 5(mal'ak ha-masṭema; "마스테마의 사자")를 덧붙일 수 있을 것이다. 더우기 ἄγγελος("사자, 천사")라는 말이 "사자"(messenger)를 뜻한다는 점을 기억해야 하며, 따라서 순전히 전문적인 용어라고 여길 필요는 없다. 그러므로 하느님에 의해 사탄의 사자가 보냄을 받았다고 바울로가 암시했다는 사실은 (실제로 바울로가 그렇게 말하지는 않았다) 더욱 놀랍다. 사탄은 단지 제한된 활동의 자유만을 지니고 있을 뿐이다. 사탄도 역시 하느님이 다스린다는 것이다.

〔 8 〕 이 사자(그리이스어로는 "이 문제"를—중성 τούτου—뜻할 수도 있다. 그러나 분명히 "사자"가 주어인 다음 절은 "이"라는 말을 어디에 적용시켜야 할지를 규정한다)에 "대하여"(περί 대신 1장 8절에서처럼 ὑπέρ) 나는 이것이 내게서 떠나게 해줍시사고 주께 세 번이나(이것은 아마도 열성적이고, 반복하는 기도를 뜻하는 것으로 이해되어야 할 것이다. 그러나 빈디쉬와 다른 학자들은 이 수를 문자적으로 이해한다. 참조. 게쎄마니 동산에서의 예수의 기도: 마르 14, 35—41) 애원했읍니다(이것은 "간절히 원하다" παρεκάλεσα를 보다 강한 어조로 번역하고자 한 것이다—"내가 애걸했다": 그러나 참조. 8,6; 9,5. 그리고 이 말 전체에 대해서는 *Sylloge* 804, 30—1[3판 1170, 31—2]: καὶ περὶ τούτου παρεκάλεσα τὸν θεόν "그리고 이 일에 관하여 하느님께 부탁했읍니다." 이 귀절은 바흐만에 의해 인용되었다).

〔 9 〕 그러나 주께서는 "내 은혜가 네게 충족하다. 내 능력은 약한데서 완전해진다"고 말씀하셨읍니다('완료형은 단번에 올바르게 내린 결단을 뜻한다'—Bachmann. 참조. Moule, *Idiom*, 15). 벵엘은 '매우 친절한 거절'이라고 말하며, 말하자면 주께서 이 말을 바울

로의 입에 넣어주셨고 따라서 그는 '주여, 당신의 은혜가 내게 족합니다' (Sufficit mihi, Domine, gratia tua)라고 말했으리라고 추측한다. 칼빈은 기도에 대한 응답에는 두 가지 종류가 있으며, 우리는 목적과 수단을 구별해야 한다고 지적한다 : '주께서는 우리가 합당하게 추구하는 목적을 허락하시지만 우리가 원하는 수단대로 허락하시지는 않는다.' "은혜"라는 말은 이 서신에서 매우 자주 광범위하게 쓰였으므로(예. 1, 2·12 ; 4, 15 ; 8장 여러 곳 ; 9, 8·14) 여기서 그것이 바울로로 하여금 사도가 되게 한 특수한 은사를 의미하는 것 같지는 않다. 그러나 인간이 그와 같은 그리스도교인이 되고, 그가 하는 것과 같은 봉사를 하는 것은 (6, 1 ; 로마 12, 6 ; 고전 1, 4) 바로 은혜에 의해서라고 덧붙일 수 있을 것이다. 바울로의 경우 이것은 사도가 되고, 사도의 활동을 하는 것을 의미한다(로마 1, 5 ; 12, 3 ; 고전 15, 10). 그러나 근본적으로 "은혜"는 그리스도 안에서 작용하는 인간에 대한 하느님의 사랑의 행위이다(8, 9). 은혜를 통해서 인간은 하느님과 자신과의 관계를 확신하게 되며, 살아서나 죽어서나, 현재에나 미래에나 결코 아무 것도 그리스도 안에 있는 하느님의 사랑으로부터 인간을 떼어놓지는 못한다(로마 8, 38—9). 이것이 가장 심한 고통이나 가장 낮은 비천함을 견딜 수 있게 해준다. 그리고 바울로로 하여금 그의 사도적 선교활동을 수행할 수 있게 해준다. 그뿐만 아니라 그것은 고난 가운데서도 기뻐할 수 있다는 것을 의미한다(로마 5, 2 이하). 왜냐하면 인간의 약함이 하느님의 능력이 나타날 수 있는 가장 좋은 자리이기 때문이다. 바울로가 경쟁해야만 하는 교회 실력가들의 인상적인 활동 안에서는 하느님의 능력이 "완전해"지기는 커녕 찾아보기도 힘들다. 하느님의 능력이 나타나는 것은 그가 약할 때, 정말로 약해 있을 때, 세상으로부터 조롱받을 때는 물론이고 가난하고 아프고 비천하고 멸시받고 자신의 영적 자녀들로부터도 사랑받지 못하는 바로 그때이다. 그것은 하느님의 어리석음이 사람들의 지혜보다 현명하고, 하느님의 약함이 사람들의 강함보다 강하기 때문이다(고전 1, 25).

이제부터는 자랑의 문제에 대한 바울로의 태도가 옳았다는 것을 최종적으로 입증한다. 그러므로 그리스도의 권능이 내게 머무르게 하기 위하여 나는 오히려 기쁜 마음으로 나의 약한 것들을(말하자면 '다른 것보다 이것들을' —Robertson, 664이 이렇게 본다. *B.D.* § 246에서는 "오히려" *μᾶλλον*이 "기쁜 마음으로" *ἥδιστα*와 함께 이해되어서는 안 된다고 본다. 그러나 비교급의 대상이 표현되지 않은 것은 어색하다) 자랑하려

합니다. 둘 중에 어느 하나를 선택하는 것에 대해서는 *sifre Deuteronomy* 32(6장 5절에 대한 해석)(73b) (*S.B.* 3, 798)를 참조하라 : '좋은 일보다는 고통을 더욱 기뻐하라.' 그러나 *sifre Deuteronomy*에서 제시된 이유는 고통 속에서 회개가 나오기 때문인 반면, 바울로는 "그리스도의 능력이 그 위에 머무르기" 위하여 강함보다는 약함을 자랑하려고 한다. 이 동사("머무르다" ἐπισκηνοῦν)는 신약성서 안에서 오직 여기서만 사용되었다(그러나 5장 1절 이하의 σκῆνος "장막"의 용법을 참조하라). 이것은 하느님의 현존에 의해 이스라엘이 보호되는 것을 시사한다 (Schlatter).

[10] **따라서 나는 그리스도를 위하여 약해지며 모욕을 당하며**(참조. 데전 2,2), **고통**(참조. 6,4)**과 박해와 억압**(참조. 6,4)**을 당하는 것을 기뻐합니다. 그것은 내가** (인간적인 표준으로) **약할 그 때가 곧 내가 강한**(나 자신이 아니라 내게 머무는 그리스도의 능력 안에서) **때이기 때문입니다.** 이것이 이 서신 안에서 거듭 반복되었던 사도적 삶의 모습이다. 예를 들어 4장 10절 이하와 *Signs*, 41—44를 참조하라. 이것이 곧 보는 것에 의해서가 아니라 믿음으로 살아가는 의미이다. 그리스도의 능력은 가령 가망없어 보이는 죄인들의 회심(고전 6,9 이하)에서 눈에 보이게 나타난다. 그러나 그것은 인간의 지배 아래 있는 것이 아니므로 인간의 자랑의 주제가 될 수는 없다. 필로는 *Vit. Mos.* i. 69에서 비슷한 언어('너의 약함이 너의 강함이다.' τὸ ἀσθενὲς ὑμῶν δύναμίς ἐστιν)를 사용한다. 그러나 그 의미는 다르다. 베츠(Betz, 92—3)는 여기서 또 다른 희화를 본다(참조. 2—4절에 대한 주석). 바울로는 신들이 자신들에게 탄원하는 사람들을 위해서 행하는 놀라운 치유를 그 나름대로 제시하고 있다는 것이다. 그는 적절한 형태로 구원받기를 기도했다. 그러나 그가 받은 응답은 일반적으로 알려진 치유보다 못한 것이면서 동시에 더 나은 것이기도 했다. 2—4절에서와 마찬가지로 인용된 병행구들도 중요하다. 그러나 역시 바울로의 말에는 강렬한 신학적 동기와 일관성이 있으므로 희화적 요소를 주변적이고 우연적인 것 이상으로 판단할 수는 없다.

바르트는 *C.D.* I ii. 332에서 1—10절에 대해 짧지만 통찰력 있는 주석을 하고 있다.

21. 반론들에 대한 답변 12장 11—18절

11 나는 어리석은 사람이[16] 되었읍니다. 그것은 여러분이 억지로 그렇게
만든 것입니다. 그러나 나는 여러분에게 인정을 받았어야 합니다. 그것은
내가 비록 '보잘것없는' 사람이라 할지라도 저 대사도라는 사람들보다 못한
것이 하나도 없기 때문입니다. 12 적어도 여러분 가운데서 모든 고통과 모
욕을 견디며 사도의 표적을 나타냈읍니다. 나의 인내에는 표징과 기사와 이
적이 뒤따랐읍니다. 13 나 자신이 여러분에게 폐를 끼치지 않았다는 것 외
에 내가 다른 교회들보다 여러분을 더 못하게 대접한 점이 무엇입니까? 나
의 이 불공명을 용서하시기 바랍니다. 14 지금 나는 이렇게 세번째 여러분
에게로 갈 준비를 하고 있읍니다. 그러나 나는 여러분에게 부담이 되는 일
은 하지 않겠읍니다. 내가 구하는 것은 여러분 자신들이요, 여러분이 가진
물건은 아니기 때문입니다. 자식이 부모를 위하여 재산을 모아두는 것이 아
니라 부모가 자식을 위하여 그리하는 것이기 때문입니다. 15 나는 여러분의
영혼을 위해서라면 기쁜 마음으로 내 편에서 쓰겠고 내 몸까지도 희생하겠
읍니다. 내가 여러분을 더 많이 사랑하면[17] 할수록 여러분은 나를 덜 사랑

16) 많은 사본들에서 *καυχώμενος*를 덧붙인다 : '나는 이렇게 영광스럽게 함으로써 어리석은 자가 되었읍니다.' 이것은 올바른 해석이지만 2차적인 본문이다.

17) P^{46} B ℵ에서는 *εἰ*("만일…한다면")로 읽었다. 대다수의 사본들에서는 *εἰ καί*("…함에도 불구하고")로 읽었다. 이 말이 D it Ambrosiaster에는 생략되었다. 단지 소수의 사본들만이, 특히 ℵ* A에서 *ἀγαπαῶ*("내가 사랑한다")로 읽는다. 나머지 사본들에서는(P^{46} B D G와 Latin) 현재분사 *ἀγαπῶν*으로 나온다. 이러한 변형들은 이 귀절의 구두점을 달리 찍도록 요구한다. 그리고 사역에 제시된 것 외에 다음의 세 가지 방식으로 생각할 수 있게 한다. 첫째, "여러분을 더욱 많이 사랑하면서 내가 덜 사랑받습니까?" 이것은 여기서 제시된 사역과 의미상 별다른 차이가 없다. 둘째, "여러분을 더욱 많이 사랑하면서 나는 더욱 덜 사랑받습니다"— 사실에 대한 서술. 세째, "비록 내가 여러분을 더욱 많이 사랑해도 더욱 더 사랑받지 못한다 할지라도 나는 여러분의 영혼을 위해서 기쁜 마음으로 쓰겠고……희생하겠읍니다." 세번째는 후기의 본문형태이며, 원래적인 것일 리가 없다. 아마도 바울로는 첫번째 형태로 썼을 것이다. 그러나 여기서 채택된 본문이 더 생생하며 바울로적이다. 이에 대해 주석을 참조하라.

하겠읍니까? 16 좋습니다. 내가 여러분에게 짐이 된 일이 없읍니다. 그런데 어떤 사람들은 내가 간교한 속임수로 여러분을 붙잡는 사기꾼이라고 말합니다. 17 내가 여러분에게 보낸 사람들 중에서 어느 누구를 통하여 내가 여러분을 갈취한 일이 있읍니까? 18 내가 디도에게 여러분에게로 가라고 권했고, 또 그와 함께 형제 하나를 보냈는데 디도가 여러분을 갈취한 일이 있읍니까? 우리가 다 같은 영의 인도로 살았고 같은 발걸음으로 걸어오지 않았읍니까?

이제 더 이상 자랑해서는 안 될 것이다. 바울로는 어딘지 모르게 꺼려하면서도 역설적으로 자랑하는 데 의식적으로 열중했었다(10, 8 ; 11, 16·17·18 ; 12, 5·6·9). 그리고 바울로는 복음을 수호하기 위해서는 자랑할 수밖에 없으나 동시에 복음을 수호하는 것은 그의 자랑을 무효화시키는 결과를 가져오는 딜레머에 빠졌다. 자랑은 어쩔 수 없이 해야 했으나 동시에 유익하지도 않았다(12, 1). 무엇보다도 이 점에서 교회가 파괴되었다(참조. 이 책 서문 30—31면).

[II] 바울로 개인으로 말하자면 이처럼 무익하고 궁극적으로 그리스도교적이지 못한 자랑을 해야 한다는 필연성은 다음과 같은 것을 의미한다. 나는 어리석은 사람이 되었읍니다(참조. 본문에 대해서는 이 책 397면 주 16). 그것은 여러분이 억지로 그렇게 만든 것입니다. "나는 어리석은 사람이 되었읍니다." 그것은 내가 비난했던 다른 사람들의 행동에 합세해서 내가 그들보다 더 나은 유다인이고 더 열성적인 그리스도의 종이라고 주장했으며, 나중에는 역설적으로 약함을 자랑하게 되었기 때문입니다. 여러분은 나를 위해서 말하지 않고, 나를 위해서 자랑하지 않음으로써(참조. 7, 11) "억지로 그렇게 만든 것입니다"(다음에 나오는 말이 이 사실을 알려준다). 이 귀절은 고린토의 상황을 이해하는 데 있어서 매우 중요하다(참조. 이 책 서론 54면). 바울로의 적은 예루살렘 사도들도 아니고(이하 12절을 참조하라) 고린토인들도 아니며 거짓 사도들이다(11, 13). 고린토인들의 잘못은 그들이 침묵을 지켰다는 점이다. 그들은 적극적으로 바울로의 적대자들의 편을 들지도 않았지만(참조. 7, 11과 해당 주석) 그렇다고 바울로의 편에 서지도 않았으며, 마땅히 그들이 그랬어야 함에도 불구하고 그를 추천하지도 않았다. 따라서 바울로는 자신을 위해서 말해야만 했다. 그리고 그렇게 함으로써 (그 자신의 판단에 의하면) 스스로를 어리석은 자로 만들었다. 그는 그렇게 할 수밖에 없었다. 나는

여러분에게 인정을 받았어야 합니다. 그러나 고린토인들은 자신들이 해야 할 바를 하지 못했다. 고린토인들이 아무리 그를 인정한다고 해도 그것이 그를 사도로 만들어주지는 못한다(참조. 3,1. 그러나 바울로는 고린토인들에게 그들이 그의 경쟁자들에 대해 했던 것과 똑같은 종류의 추천을 자신에게도 해달라고 요청함으로써 모순에 빠지지는 않는다). 그의 사도직은 인간적인 기원으로부터 나온 것이 아니다(갈라 1,1). 그리고 그것은 인간적인 판단을 받지 않으며, 그 자신의 판단도 받지 않는다(고전 4,3—4). 그러나 고린토인들은 그가 사도라는 데 대한 확실한 표이다(고전 9,2). 그것은 그리스도교인으로서의 그들의 존재 자체가 그들을 개종하게 했던 바울로의 사도적 선교 활동을 정당화해주기 때문이다(고전 3,6·10 ; 4,15). 단지 그들이 있는 그대로 그들 스스로를 인정하는 일이 필요할 뿐이었다. 그렇게 하면 바울로를 사도로 인정하게 될 것이다. 그러나 그들은 그렇게 하지 못했다. 그리고 오만한 그의 경쟁자들과 비교해볼 때(11,20) 보잘것 없고(11,7—11 ; 12,13 이하) 언변이 모자라는(10,1·10 ; 11,6) 자신들의 사도를 부끄럽게 생각했다. 실제로 바울로는 어느 면에서건 인정받을 권리가 있었다. **그것은 내가 저 대사도라는 사람들보다 못한 것이 하나도 없기 때문입니다.** 대사도가 누군지에 대해서는 11장 5절과 주석을 참조하라(참조. 이 책 서론 57면 이하와 *Signs*, 37—40). 11장 5절에서는 "못하다"(ὑστερεῖν)라는 말이 완료형으로 표현되었지만 여기서는 단순과거형(ὑστέρησα)으로 표현되었다. 이것은 고린토인들이 바울로와 그의 경쟁자들을 비교할 기회를 가졌을 때 고린토에서 일어났던 특수한 사건을 가리킨다고 이해되었다. 만일 옳다면 이것은 대사도들이 고린토에 있었고, 따라서 이들은 예루살렘 사도들이 아니라 거짓사도들(11,13)과 동일시되어야 한다는 것을 입증해준다. 그러나 자명하게 그렇게 결론내릴 수 있는 것은 아니다. 그리고 단순과거형은 지속적인 의미로 쓰였으며, 그것은 고린토에 대한 바울로의 태도의 본질을 단일한 한 지점에서 총괄하고 있다. 만일 그가 대사도들과 동등하다면 그는 결코 침입자들보다 못하지 않다.

바울로의 생각은 여전히 역설적이며, 그는 자기 스스로 다른 사람들—경쟁자들과 고린토인들—의 말을 쓴다. 그는 **비록 '보잘것없는' 사람이라 할지라도,** 대사도들보다 못하지 않다. 여기 적혀 있는 인용부호는 다른 사람들이 바울로를 '보잘것없는'—고려할 가치가 없는—사람으로 말했다는 것을 암시한다. 이것은 결코 10장 1·10절(ταπεινός

"온순한", ἀσθενής "약한", ἐξουθενημένος "보잘것없는"과 고린토전서 15장 8·9절(ἔκτρωμα "달이 차지 못해서 난 자", ἐλάχιστος τῶν ἀποστόλων "사도들 중에 가장 작은 사도")의 표현보다 심한 표현이 아니다. Plato, *Phaedrus* 234 CDE(이상한 표현인 τῆς ἐμῆς οὐδενίας "아무 것도 아닌 나의"까지도 포함된다—Betz, 122) ; Epictetus, Ⅲ ix, 14(οὐδὲν ἦν ὁ Ἐπίκτητος "에피테투스는 아무 것도 아니다"), Ⅳ viii. 25와 비교하라. 바울로는 인간적인 사람이었으므로 그런 말에 괴로와했다. 그러나 어느 편에서 그는 기꺼이 그 말이 옳다고 주장할 수도 있었다. 그는 그리스도가 보다 잘 나타나고 그의 사람들이 유익을 얻도록 하기 위해서 기쁘게 그 자신은 "보잘것없는" 사람이 될 수도 있었다(참조. 예. 12, 9 ; 13, 7·9).

[12] 그러나 여기서 중요한 점은 바울로가 대사도들보다 못하지 않다는 것이다. "적어도"(이것은 아마도 μέν이 단독적으로 쓰였을 경우의 "한정적 의미"일 것이다—Robertson, 1151. "그것이 아니라 [Allo] 실제로 표적들이 있읍니다"[그러나 여러분은 그것을 깨닫지 못합니다]) 여러분 가운데서 모든 고통과 모욕을 견디며(직역하면 '모든 일에 참으며', 그러나 서신 전체에 비추어볼 때 바울로가 견뎌야 했던 일이 무엇인지는 분명하다) '사도의(Betz, 70—100에는 광범위한 논의가 실려 있다) 표적'을 나타냈읍니다(그는 '내가 그것들을 나타냈읍니다'라고 말하지 않는다 : 참조. 마르 16, 17·20).

"사도의 표적," 즉 사도임을 나타내는 표적이라는 말은 바울로가 다른 사람들이 사용했던 말을 빌어온 것일 수도 있다. 이것은—자신들의 사도적 신분을 입증해주는 표적들을 보여줄 수 있다고(아마도 바울로는 보여줄 수 없겠지만) 주장했던— 고린토에 있는 바울로의 경쟁자들이 쓰던 말이라고 자주 주장되어왔다. 그러나 바울로가 자신의 반대자들의 말이 아니라 —선교사로서 자신들에게 오는 사람들에게서 적절한 표적을 구했던— 고린토인들의 말을 사용하고 있다고 보는 것이 더 개연성이 있다. '고린토인들은 사도들이 —표적들과 이적들을 행함으로써 영을 계시하는 자의 능력을 확증하는— 특수한 영의 담지자(Pneumaträger)임을 보기 원했다. 사도들은 그러한 능력을 자유 자재로 무한정하게 행사할 수 있어야 했다' (Wilckens, *Weisheit*, 218). 그들은 다른 사람들을 시험하는 재판관들이었다(참조. 13, ·3·5과 해당 주석). 그리고 이 시험에는 기적에 대한 요구도 들어 있었다. 본래 유다적—그리스도교의 입장에 서 있었던 바울로의 경쟁자들은 이러한 요구를 따르는 데 아무런 어려움도 없었다(따라서 어느 면에서는 "신적 인간 θεῖοι ἄνδρες임을 주장한다는 인상을 주기도 했다 : 참조. 이 책 서론 55—56면 ; "Paul's Opponents", 251—2). 바울로 자신도 다른 곳에서 기적 행하는 것에 대해 말한다(로마 15, 19 ; 갈라 3, 5). 이런 현상들에 대한 다른 설명들이 옳은 것으로 보이든, 보이지 않든간에 초대 교회는 기적이 일어난다는 것을 믿었다는 사실에 대해서는 의심할 여지가 없다. 대부분의 동시대인들과 마찬가지로 기적을 받아들이는 데 대해서 아무런 어려움도 느끼지 않았던 바울로는, 자신도 기적을 행했다는 주장에 의해서가 아니라 "모든 것을 견디며"라는 말을 덧붙임으로써 자신 앞에 있는 문제를 새롭게 이해한다. 기적들은 그가 선포하고 행했던 '십자가의 신학'과 결코 모순되지 않는다. 왜냐하면 그러한 기적은 승리하는 성공과 번영의 상황에서가 아니라 견뎌야만 했던 압박과 모욕 가운데서 행해졌기 때문이다. 주님은 바울로를 치기 위해서 보냈던 사자를 없애는 기적을 행하지 않았다(12, 8—9). 케제만(*Legitimität*, 63/53)도 역시 11장 23절 이하를 지적한다. 그러나 기적의 이러한 양 측면(신적 인간임을 나타내는 측면과 견뎌야 한다는 측면)이 모두 중요하고 정당하다. 그리고 만일 참고 견디는 가운데 표적들이 행해졌다면 다음과 같은 그의 말은 타당하다. **나의 인내에는 표징과 기사와 이적이 뒤따랐읍니다**("나의 인내에는 뒤따랐읍니다"라는 말은 그리이스어 원문에는 없지만 이어지는 세 명사들의 여격에 암시되어 있는 것 같다). 이 복합적인 표현과 사도행전 2장 22절, 데살로니카후서 2장 9절을 비교하라. "표징과 기사"라는 짝말은 훨씬 더 일반적이다. "기사"(τέρας)라는 말은 사도행전에 9회 나온다. 이외에는 신약성서에 7회 나온다. δύναμις이라는 말은 공관복음서에서 예수의 기적에 대해 일반적으로 사용되는 말이다. 우리는 서신들로부터 바울로가 어떤 기적을 행했는지를 추론할 수 없다. 사도행전 13장 11절, 14장 10절, 15장 12절, 16장 18절, 19장 11—12절, 20장 10절 이하, 28장 3—6·8절을 참조하라.

고린토인들에게도 기적이 일어났었고, 바울로도 역시 그들에게 기적을 행했다. 그렇다면 그들의 불만은 무엇인가? 바울로는 두 고린토 서신들에 반영되어 있는 문제, 즉 그가 교회에서 보수받기를 거절한 문제(11, 7—11 ; 고전 9, 4—18)로 되돌아간다. 이 문제에 대해서는 바울로나 고린토인들이나 모두가 매우 예민했던 것으로 보인다.

바울로가 자신의 의도가 잘못 이해되었다고 느꼈음은 분명하다(15절). 그리고 고린토인들도 똑같이 느꼈을 수 있다. 그들은 다른 교회들이 그러듯이(11, 9—9 ; Georgi, *Gegner*, 238에서는 영감을 받은 자[Pneumatiker]에 대한 일종의 보상이 아니라 개인적인 우애의 표시로 재정적인 보조가 이해되었을 때에만 바울로가 그것을 받아들였다는 점을 잘 지적한다) 사도의 비용을 보조할 수 있기를 바랐다. 그리고 그들은 왜 하필이면 자신들이 마케도니아인들보다 책임감이 부족하고 믿을 만하지 못하다고 낙인찍히는 듯한 대우를 받아야 하는지 그 이유를 알 수 없었다. 그러나 직접적으로 상황을 잘 알고 있던 바울로가 고린토인들의 태도는 사도직을 잘못 이해한 데서 비롯되었다고 판단한 것이 근본적으로 틀렸다고 가정할 만한 이유는 없다. 그들은 사도란(반드시 '신적 인간'은 아니더라도 —위를 참조하라— 확실히) 능력있고 위압적인 사람이어야 하며, 그가 주장할 수 있는 모든 권리들을 관철하고, 기적들을 행하고, 그가 영향을 끼칠 수 있는 모든 사람들로부터 아첨과 지원을 받아야 한다고 생각했다. 초기 교회에 그런 사람들이 생겨났다는 사실은 11장 20절에 의해 입증된다. 그런 사람들이 2세기까지도 존속했다는 사실은 거짓 예언자인 페레그리누스나 알렉산더같은 사람들(비록 이들이 루시안이 풍자적으로 그린 인물들이라 할지라도)에 의해 예증된다. 그들이 내세웠던 "영광의 신학"(예를 들어 304면. 참조. *Signs*, 104—5)이 그리스도교에 대한 영속적인 위협이었다는 사실은 교회사의 매 페이지마다 씌어 있으며, 그것만으로도 고린토후서를 끊임없이 연구해야 할 충분한 이유가 된다.

[13] 나 "자신이"(강조어 αὐτὸς ἐγώ. 아마도 '다른 사람들은 어떻든간에 나는') 여러분에게 "폐를 끼치지"(κατενάρκησα. 이 말에 대해서는 11장 9절 참조) 않았다는 것 외에 내가 다른 교회들(바울로는 다른 교회들에 대해서는 자신을 지원하는 것을 허락했다)보다 여러분을 "더 못하게"(ἡσσώθητε라는 동사와 변형들인 ἡττήθητε, ἐλαττώθητε에 대해 알고 싶으면, 로마서 11장 12절에서 나온 같은 어원의 명사 ἥττημα의 용법을 이 해설과 비교하라) 대접한 점이 무엇입니까? (이 문장에서 γάρ는 번역할 수 없다. 이 말은 "갑작스러운 질문"에서 사용되었다—*L.S.* 해당란 I. 4). 바울로는 신랄하게 풍자하면서 이렇게 덧붙인다. 나의 이 불공평(참조. 2, 10 ; 7, 12. 이 귀절에 관련되어 있는 사람들은 바울로에게 상처를 주었었다 : 참조. 7, 2)을 "용서하시기"(χαρίζεσθαι. 바울로에게 있어서 신학적인 말은 아니다 : 참조. 2, 7, 10) 바랍

니다. "사도의 표징"을 원하는 교회에 대해 소홀히 대한 것을 용서하시기 바랍니다.

[14] 그들은 그를 용서하고, 그가 이 이해할 수 없는 행동을 하도록 내버려두어야 한다. 왜냐하면 그가 자신의 태도를 바꾸려고 하지 않기 때문이다. 지금 나는 이렇게 세번째 여러분에게로 갈 준비를 하고 있읍니다. 그리이스어 구문은 모호하다(Beyer, 280은 이것을 셈어적인 절로 본다: '내가 준비를 하고 있지만……나는……않을 것입니다.' 그러나 그의 견해는 설득력이 없다). 이것은 '나는 지금 갈 준비를 세번째로 하고 있읍니다'이거나 아니면 '나는 지금 세번째로 갈 준비를 하고 있읍니다'이다. 13장 1절은 바울로가 의도한 바는 후자였음을 실제로 확인해준다. 이전에 그는 세번째 방문을 하는 것을 참았었다(1, 23: 참조. 2, 1). 그러나 이제 그는 세번째 방문을 해야 할 시기에 와 있다. 고린토의 문제는 근본적으로 해결되어야 할 것이다. 그리고 그는 자신의 방침을 바꾸지 않을 것이다.

그러나 나는 여러분에게 부담이 되는(13절에서와 같은 말이다) 일은 하지 않겠읍니다. 그 이유는 분명하다. 내가 구하는 것은 여러분 자신들이요, 여러분이 가진 물건은 아니기 때문입니다. Cicero, *De Finibus* Ⅱ. 26, 85와 비교하라('그러므로 만일 우리가 참된 친구가 되려면 내가 가진 것이 아니라 나 자신을 사랑해야 합니다': Me igitur ipsum ames oportet non mea, si veri amici futuri sumus). 빈디쉬는 다른 귀절들도 인용하고 있다. 바울로가 보수받기를 거절하는 동기는 의문시되었었다. 그러나 교회로부터 보수를 받는 목회자는 항상 자신의 동기(아마도 이것에는 잘못이 없을 것이다)가 의심받게 되리라는 생각을 한다. 즉 그는 자기가 개종시킨 개종자들의 호주머니를 노리고 있는 것이 아닌가 의심받게 된다. 그러나 아무도 바울로와 고린토와의 관계에 대해서 그렇게 말할 수는 없었다(그리고 고린토에서 쓰기 위해서 가령 필립비에서 돈을 받는 것은 이보다 비난을 덜 받을 것이다). 그는 부분적으로는 그들로부터 보답하는 애정의 표시를 받고 싶어 한다는 의미에서 그들 자신을 구했다(15절뿐만이 아니라 6장 13절과 7장 2절). 그러나 그는 무엇보다도 그리스도를 위해서 그들을 얻는다는 의미에서 그들 자신을 구했다(고전 9, 19―22. 동사 "얻다" κερδαίνειν의 용법에 대해서는 고전 9, 19―22 참조: 『고린토전서』, 249면). 간단한 인간적인 유비가 바울로의 원칙을 확인시켜준다. 자식이 부모를 위하여 재산을 모아두는 것이 아니라(말하자면 자식들에게는 그러한 의무가 없다) 부모가 자식을 위하여 그리하는 것이기 때문입니다. 복음전도자와 그의 개종자들 사이의 부모—자식 관계에 대해서는 고린토전서 4장 15절과 주석을 참조하라. 바울로는 복음을 통해서 그들을 그리스도교인으로 낳았다(참조. 필레 10). 따라서 그는 그들의 그리스도교적 삶에 대해서 책임이 있으며, 그들이 그러한 삶을 계속할 수 있도록 해주어야 한다. 결코 그들이 바울로에 대해서 책임이 있는 것은 아니다. 그렇다면 바울로와 필립비 교회와의 관계에 대해서는 무어라고 말해야 하는가? 그리고 교회로부터 지원을 받는 다른 사도들에 대해서는 무어라고 말해야 하는가? 바울로가 고린토교회를 대하는 태도로부터 이 문제에 대해 부정적인 답을 이끌어내는 것은 아마도 잘못일 것이다. '그가 한 행동은 아버지로서 그렇게 한 것이었다. 그러나 그가 달리 행동했다고 해도 그것은 아버지로서 그렇게 행동한 것이다' (Calvin). 아버지와 자식 사이의 관계에 대한 세부적인 규정들은 나와 있지 않다.

〔 15 〕 바울로는 부모로서의 책임을 충분히 받아들일 준비가 되어 있다. 나는 여러분의 영혼을 위해서라면—즉 여러분을 위해서라면—기쁜 마음으로 내 편에서(그리이스어 원문에서 이 문장은 강조어인 "이제 나는" ἐγὼ δέ로 시작된다) 쓰겠고(바울로가 별로 가지지 못한 돈뿐만이 아니라 시간, 정력, 사랑) 내 몸까지도 "희생하겠읍니다"(여기서는 단순동사 δαπανᾶν이 아니라 복합동사 ἐκδαπανᾶν이다. 이 동사에서 ἐκ의 완전한 의미에 대해서는 Robertson, 596 참조: 비교. 4, 8). "여러분"이라는 의미에서의 "여러분의 영혼"에 대해서는 1장 23절을 비교하라(참조. Conzelmann, *Theologie*, 201). 바울로가 가장 중요한 일인 고린토인들의 구원을 위해서 하지 못한 일이라곤 없다. 이것은 그들에 대한 그의 사랑의 결과였다. 그리고 거기에는 응답이 있어야 했다(참조. 이 책 398—399면; 6, 11 이하). 그러므로 내가 여러분을 더 많이 사랑하면 할수록 여러분은 나를 덜 사랑하겠읍니까? 11장 11절과 비교하라. 고린토인들은 바울로의 사도적 독립성을 그가 그들을 사랑하지 않는다는 표징으로 이해하였다. 본문에 대해서는 397면 주 17을 참조하라. 알로는 분사(ἀγαπῶν)로 보고, "내가 여러분을 더 사랑한다고 해도 나는 덜 사랑받아야 합니다"라고 번역한다.

〔 16 〕 이것은 심각한 비난이었다. 그러나 이보다 더 심한 것도 행해졌다. 다음 귀절에서 바울로는 그가 진리로 인정하는 것에 대해서가 아니라 고린토에서 적어도 몇몇 사람들이 했던 고발에 대해서 서술한다. "좋습니다"(ἔστω δέ, 직역하면 '그렇게 하십시

요.' Robertson, 392에서 말하듯이 이 동사의 주어는 앞 문장이다). **내가 여러분에게 "짐이 된"**(*κατεβάρησα*. 13·14절의 말이 아니다. 그러나 참조. 11, 9의 *ἀβαρής*) **일이 없읍니다. 그런데 어떤 사람들은 내가 간교한 "속임수로"**(*δόλῳ*. 동일어원의 동사가 4장 2절에 나온다) **여러분을 "붙잡는"**(*ἔλαβον* : 참조. 11, 20) **사기꾼**(참조. 동일어원의 한정명사의 용법[4, 2 ; 11, 3]. *πανοῦργος*라는 말은 지혜문학에서 자주 나온다. 견유학파적 배경에 대해서는 Betz, 105 참조)**이라고**(분사 *ὑπάρχων*의 일반적인 용법 : Moule, *Idiom*, 103) **말합니다**. 다음의 두 귀절들은 그 주장이 어떤 것이었는지를 보여준다 : '바울로는 돈을 받지 않는다고 큰소리쳐 놓고서는 예루살렘의 가난한 성도들을 위한 헌금이라며 돈을 거뒀다. 그리고 그는 그 돈을 자기 주머니에 집어넣었다.' 8—9장에 이러한 비난에 대한 언급이 나오지 않는다는 사실은 10—13장보다 후에 그 장들을 썼다고 믿기 어렵게 한다는 점에 주목하라(참조. 이하와 이 책 서론, 35—41면). 이러한 비난이 바울로 자신뿐만 아니라 그의 조력자들을 향한 것이라는 사실은 결코 사소한 일이 아니었다. 그러나 바울로는 그들 모두의 순수성을 변호할 수 있었다.

[17] **내가 여러분에게 "보냄"**(완료형 *—ἀπέσταλκα—*은 "내가 때때로 보냈던 사람들"을 의미한다. *M.* i. 144 ; iii. 70. 참조. Robertson, 893, 896) **사람들 중에서 어느 누구를 통하여 내가 여러분을 갈취한**(참조. 2, 11 ; 7, 2) **일이 있읍니까?** 영어로는 좋지 않은 이 구문은 그리이스어의 파격구문을 그대로 따른 것이다(참조. *B.D.* §466 ; Robertson, 436 ; Moule, *Idiom*, 176). 그러나 이처럼 파격구문을 이룬 데 대해서는 셈어적인 방식으로 대명사들을 다루었기 때문이라기보다는 바울로가 편지를 쓸 당시의 감정적인 상태 때문이었다고 설명하는 것이 더 개연성이 있다. 이 귀절은 고린토인들을 향한 것이다 : '그들로 하여금 그 일을 조사하게 하시오. 그리고 입증할 수도, 반증할 수도 없으면서 다른 사람들에게까지 일반화시키지 말고 올바른 비난을 하도록 하시오.'

[18] 이제 디도에 대해 특별히 이야기한다. **내가 디도에게 여러분에게로 가라고**("여러분에게로 가라고"라는 말은 그리이스어 원문에는 없지만 함축되어 있다) **"권했고"**(*παρεκάλεσα*. 참조. 8, 6·17), **또 그와 함께 형제**(참조. 8, 18·22—23과 해당 주석. 리츠만은 이름 —'형제 아무개'— 하나가 본문에서 빠졌다고 생각한다) **하나를 보냈는데**. 바울로가 여기서, 가령 리츠만이나 슐라터가 주장하듯이 보다

이전의 방문이 아니라 8장에서 계획했던 방문을 회상하고 있다는 사실은 내용뿐만 아니라 언어상의 일치에 의해서도 실제로 확실해진다. 따라서 8장은 12장보다 먼저 씌었음에 틀림없다(그러므로 10—13장으로 이루어진 단락보다 먼저 씌어졌을 것이다. 따라서 빈디쉬는 10—13장을 바울로가 고린토에 쓴 다섯번째 편지라고 본다. 13장 마지막 부분에서 그의 결론적인 해석을 참조하라). 유일한 차이점은 8장에서는 디도와 함께 두 형제가 보내졌다는 사실이다. 그 이유는 아마도 두 명 중에서 한 명만을 바울로가 지명했기 때문일 것이다(참조. "Titus", 12). 다른 사람은 "교회에 의해서 임명되었을 것이다"(8, 19). 그리고 그의 순수성에 대해서 논란이 되지도 않았을 것이다. 만일 그랬다고 해도 여기서 문제가 되고 있는 것과는 상관이 없다. 어쨌든 셋 중에서 바울로와 가장 가까왔던 디도에게 관심이 집중된다. 디도가 여러분을 갈취한 일이 있읍니까? 이 의문문(μήτι가 쓰였다)은 "아니오"라는 대답을 예상한 것이다: '여러분은 그가 결코 그런 행동을 하지 않는다는 것을 아주 잘 알고 있읍니다.' 우리가 다 같은 영의 인도로 "살았고"(직역하면 "걸었고"), 같은 발걸음으로 걸어오지 않았읍니까? 이 수사학적인 질문에서 "우리"라는 말은 서신의 다른 곳에서와 마찬가지로 상이한 방식으로 이해될 수 있다. (ㄱ) '내가 나 자신의 일에서도 산 것과 같은 방식으로 살지 않았읍니까? 여러분도 그것을 인정할 것입니다.' (ㄴ) '우리가, 즉 디도와 내가 같은 방식으로 살지 않았읍니까?' 이 둘은 의미상으로는 별 차이가 없다. 바울로는 자신을 디도와 관련시킨다. 그리고 자신과 자신의 동료는 완전히 결백하게 행동했다고 주장할 뿐만 아니라 고린토인들은 만일 정직하다면 그 사실을 인정해야만 한다고 주장한다. 여기서 "영"은 성령을 가리킨다: '우리의 행동은 다 같은 하느님의 영에 의해 이루어지고, 인도받지 않았읍니까?' 그러나 "발걸음"이라는 말과의 병행은 이 말이 비신학적으로 사용되었음을(참조. 6,6; 7,1) 시사한다. '우리들은 각기 다 같은 순수한 영을 나타냈읍니다.'

이 문제에 대해서는 더 이상 말할 것이 없다. 만일 고린토인들이 바울로가 헌금을 훔칠 수도 있다고 생각한다면(그리고 이런 의심을 씻을 만한 결정적 수단이 있었던 것도 아니다) 상호 신뢰와 목회자의 관계는 깨어지고 말 것이다. 바울로는 그것을 받아들일 수 없었고 따라서 계속해서 말한다.

여기서 디모테오는 언급되지 않는다. 그래서 플루머는 디모테오가 아직 고린토에 도착하지 않았다고(고전 16, 10) 추론한다. 그러나 이 논증은 전혀 설득력이 없다.

22. 사도와 교회 : 진리 12장 19절—13장 10절

12, 19 아마도 여러분은 우리가 지금까지[18] 여러분 앞에서 자기 변명을 하고 있는 줄로 생각했을 것입니다. 여러분은 틀렸읍니다. 우리는 그리스도 안에서, 하느님 앞에서 말한 것입니다. 사랑하는 이들이여, 우리가 하는 이 모든 것은 여러분에게 덕이 되게 하려는 것입니다. 20 내가 염려하는 것은 내가 가서 여러분을 만나볼 때 여러분이 혹시 내가 원하는 대로의 여러분이 되어 있지 않거나 나도 여러분이 원하는 대로의 내가 되어 있지 못하지나 않을까 하는 그것입니다. 또 여러분 가운데에 다툼[19]과 시기[20]와 분노와 당파심과 비방과 모략과 교만과 무질서가 있지나 않을까 하는 것을 염려하고 있읍니다. 21 그리고 내가 다시 갈 때에 나의 하느님께서 나를 여러분 앞에서 부끄럽게 하실까 두려워하고 있읍니다. 많은 사람들이 전에 죄를 지었는데 그들이 범한 부정과 음란과 방탕에 대해서 그 사람들이 회개하지 않고 있다면 나는 그 많은 사람 때문에 슬피 울게 되지 않을까 염려하고 있는 것입니다. 13, 1 나는 지금 세번째로 여러분을 방문하려고 합니다. 모든 사건은 두 세 증인의 말에 의하여 확정될 것입니다. 2 여러분 중에서 전에 범죄한 사람들과 또 그밖에 모든 사람에게 내가 경고했고, 또 지금 경고합니다. 그것은 내가 두번째로 여러분을 방문했을 때와 지금 내가 떠나 있을 때 하고 있는 것입니다. 내가 이번에 가면 범죄한 그들을 용서없이 대할 것입니다. 3 여러분은 그리스도가 내 안에서 말씀하고 계시다는 증거를 구하고 있기

---

18) P⁴⁶에는 πάλαι("지금까지") 대신 οὐ πάλαι(아마도 질문하는 것이리라. 즉 "여러분은……라고 생각했을 것입니다. 그렇지 않습니까?")로 되어 있다. 그리고 D를 포함하는 대다수의 사본들에는 πάλιν("다시")로 되어 있다. 후자의 변형은 아마도 3장 1절과 5장 12절에 동화된 것이리라. P⁴⁶의 οὐ는 아마도 5장 12절에서 온 것이리라.

19) B D G와 대다수의 사본들에 복수형 ἔρεις("다툼들, 혹은 다툼 사건들")로 나온다. 아마도 이것은 목록의 다른 복수형 낱말들에 동화된 것이리라.

20) ℵ과 대다수의 사본들에 복수형, ζῆλοι("시기하는 구체적인 경우들")로 나온다. 아마도 이것은 이 목록의 다른 복수형 낱말들에 동화된 것이리라.

때문에 이제 그 증거를 나타내어 보일 것입니다. 그리스도는 여러분을 대할 때에 약하시지 않습니다. 그는 여러분 가운데서 강한 권능을 행하십니다. 4 사실 그는 약하셔서 십자가에 달려 죽으셨읍니만 하느님의 권능으로 살아 계시기 때문입니다.[21] 사실 그리스도와 연합한[22] 우리도 약합니다만 여러분과의 관계에서 하느님의 권능으로 그와 함께[23] 살 것입니다. 5 여러분은 자기가 믿음 안에 있는지 자신을 반성하고 자기를 시험해보아야 할 것입니다. 예수 그리스도께서 여러분 안에 계시다는 것을 알지 못합니까? 모른다면 여러분은 버림받은 것입니다. 6 그러나 우리는 버림받은 것이 아니라는 것을 여러분이 알게 되기를 바랍니다. 7 우리는 여러분이 아무런 악행도 하지 않게 하려고 하느님께 기도합니다. 이것은 우리가 정당하다는 것을 드러내려는 것이 아니라 우리는 버림을 받은 자같이 될지라도 여러분만은 옳은 일을 하게 하려는 것입니다. 8 왜냐하면 우리는 진리를 거슬러서는 아무 것도 행할 힘이 없기 때문입니다. 다만 진리를 위해서만 힘이 있읍니다. 9 우리는 약하더라도 여러분이 강하면 그것으로 우리는 기뻐합니다. 우리는 여러분이 완전하게 되기를 바라며 기도합니다. 10 내가 떠나 있는 동안에 이것들을 쓰는 것은 내가 가서 주께서 주신 권능을 가지고 사건들을 처리할 때 너무 엄하게 되지 않도록 하려는 것입니다. 주께서 이 권위를 주신 것은 넘어뜨리려는 것이 아니라 세우려는 것입니다.

[19] 바울로가 이 서신에서, 특히 10·11·12장에서 쓰려고 했던 것은 과연 무엇인가? 그가 쓴 내용들은 어느 정도 오해의 여지가 있었고, 바울로는 고린토인들이 자기가 쓴 내용을 오해할지도 모른다는 사실을 바울로 자신도 잘 알고 있었다. 아마도

21) 많은 그리이스어 사본들과 불가타, 마르씨온에 *καὶ γάρ εἰ*로 나온다 : '왜냐하면 그는 십자가에 못박혔지만……그는 살아 있읍니다.' 이 변형구는 여기 제시된 번역의(εἰ가 없는 본문) 격정적 의미를 결여하고 있다. 여기 제시된 번역은 십자가에 못박히고 부활한 그리스도 안에서 나타난 약함과 권능 모두를 똑같이 강조하고 있다. 앞서 언급한 많은 그리이스어 사본들과 불가타, 마르씨온에 *καὶ γάρ εἰ*로 나온다 : '왜냐하면 그는 십자가에 못박혔지만……살아 계시기 때문입니다.' 이 변형은 —십자가에 못박히고 부활한 그리스도 안에서 나타난 약함과 능력 모두를 똑같이 강조하는— 여기 제시된 번역(εἰ가 없다)의 결정적인 의미를 결여하고 있으며, 바울로의 특징이 더 결여되어 있다.

22) ℵ A G it pesh에는 "우리는 그와 함께 살 것입니다"에 동화해서 "함께"(σύν)로 나온다.

23) P^{46} D*에는 "안에"(ἐν)라고 되어 있으나, 그리스도와의 영화로운 연합에 대한 바울로의 일반적인 표현은 "함께"가 맞음을 확인해준다(참조. 이 책 337면).

여러분은 우리가 지금까지(본문에 대해서는 이 책 407면 주 18 참조) **여러분 앞에서 자기 변명을 하고 있는 줄로 생각했을** 것입니다. *M.* i. 119(참조. Robertson, 879)에서는 이 구문("지금까지" *πάλαι*와 현재진행형)이 영어의 완료형에 해당한다고 보지만 이것을 의문문으로 이해한다 : '여러분은 계속해서 생각해왔읍니까?' 이것은 옳을 수도 있다. 그러나 바울로는 고린토인들을 잘 알고 있었다. 그들의 견해가 전혀 근거없는 것도 아니다. 고린토전서 9장 3절에서 바울로는 자신을 비판하는 사람들에게 그가 하려고 하는 "변호"(*ἀπολογία*)에 대해서 말한다. 그리고 비록 그가 (그 자신의 표준에 의하면) 스스로 어리석은 자가 되었지만 10·11·12장에서 그는 타락한 행동들에 대해 자신은 결백하며, 모든 면에서 그의 경쟁자들과 적어도 동등하다고 주장했다. 그러나 그것은 결코 변호가 아니다. 왜냐하면 변호란 자기 자신을 위하여 글을 쓰는 것이며, 필자 자신의 이익을 더욱 증진시키려고 하는 것이며, 심판자의 위치에 있는 사람에게 ("여러분 앞에서") 스스로를 추천하는 것이기 때문이다. 그리고 바울로의 의도는 전혀 그런 것이 아니었다. 그는 결코 고린토 법정의 피고석에 서 있는 것이 아니다(참조. 고전 4, 3). **여러분은 틀렸읍니다**(이 말은 그리이스어 원문에는 없지만 함축되어 있다. 그리고 이 말은 문장의 흐름을 좋게 해주며, 더 분명하게 해준다). **우리는 그리스도 안에서 하느님 앞에서 말한 것입니다.** 같은 말이 2장 17절에 나온다. 바울로는 좋은 평판을 얻기 위해서 애쓰는 사람으로서가 아니라 책임있는 신학자로서 기술하고 있다. 바울로가 심판을 받는 것은 고린토인들 앞에서가 아니라 "하느님 앞에서"(참조. 5, 10 ; 로마 14, 10)이다. 그는 고린토인들이 아니라 하느님의 표준에 만족해야 한다. 그는 자기 자신의 순수성에 입각해서, 그리고 그것을 변호하기 위해서 독립된 한 개체 인간으로서 말하고 있는 것이 아니라, "그리스도 안에서" 말하며 그의 존재 자체가 그리스도의 사건에 기초하며 규정되기 때문에("그리스도 안에서"라는 용어에 대해서는 2장 17절과 주석 참조) 하느님의 표준에 만족할 수 있다. 더우기 바울로는 자기 자신의 유익을 위하여 행동하지도 않았다. **사랑하는 이들이여**(7장 1절에서와 같다), **우리가 하는 이 모든 것은**(직역하면 '모든 것들은' ; 플루머는 "하는"이 아니라 "말하는"을 보충한다. 그러나 바울로는 고린토 전체와 자신과의 관계를 염두에 두고 있다) **여러분에게 덕이 되게 하려는 것입니다.** 즉 그들 보기에 바울로가 정당화되기 위해서가 아니라 그들이 더 나은 그리스도교인이 되기 위해서이다. "세우다"(building "덕이 되다")라는 은유는 특별히 고린토전서의 특징이다 (3, 9 ; 8, 1•10 ; 10, 23 ; 14, 3•4•5•12•17•26 ; 이 단락에 대한 주석을 참조하라). 이 서신에서 5장 1절은 거의 관련이 없는 병행구이다. 그러나 10장 8절, 13장 10절을 참조하라. 그 귀절들에서는 바울로의 권위, 따라서 사도로서의 그의 기능은 교회를 세우는 것이라고 강조한다. '그의 자기변호의 목적은 단순히 자신에 대한 비방을 반박하려는 데 있는 것이 아니라 교회를 세우려는 데 있다' (Strachan). 그러므로 바울로가 수사학적 변증 형식을 거부했다고 주장하는 것은 옳다(Betz, 39). 그러나 신학적 내용이 형식적인 것보다 중요하다.

〔 20 〕 바울로가 그와 같이 편지를 쓴 것은 자기 자신을 염려해서가 아니라 고린토 교회가 어떻게 될지 두려워했기 때문이다. 내가 염려하는 것은 내가 가서 여러분을 만나볼 때 여러분이 혹시 "내가 원하는"대로의(θέλω. 이 동사에 대해서는 『고린토전서』, 192면 참조) 여러분이 되어 있지 않거나 나도(그리이스어로는 '내가 여러분에게 보여지도록'이라고 되어 있다. 그러나 다음과 같이 바꾼 것은 의미상으로는 차이가 없으며, 문장을 더 좋게 해준다) 여러분이 원하는 대로의 내가 되어 있지 못하지나 않을까 하는 그것입니다. 다음 문장에서는 바울로가 고린토인들에게서 발견하게 되지 않을까 두려워하는 좋지 못한 품성들이 열거된다. 혹은 적어도 예시된다. 그 자신의 경우 그는 자신이 사랑과 부드러운 심정이 아니라 채찍을 가지고 고린토를 방문하게 되지나 않을까 두려워한다(참조. 고전 4, 21). 그는 다음 번 방문 때에는 그들을 결코 용서하지 않을 것이라고 맹세한다(13, 2). 그는 편지를 쓸 때나 만났을 때나 똑같이 임할 것이다(10, 11). 그는 고린토에서 행사할 수 있는 적극적인 권위를 가지고 있다(10, 8 ; 13, 10). 그리고 그의 행동은 고린토인들의 요구에 맞지 않을 것이다.

보다 구체적으로 말하자면 또 여러분 가운데에 다툼(본문에 대해서는 이 책 407면 주 19 참조)과 시기(본문에 대해서는 이 책 407면 주 20 참조)와 분노와 당파심과 비방(이 말은 복수형으로서 널리 공격이 행해지고 있음을 나타낸다)과 모략과 "교만"(φυσιώσεις. 이 명사는 신약성서 중 여기서만 나온다. 그러나 동사는 특히 고린토전서의 특징적인 언어이다 [4, 6•18•19 ; 5, 2 ; 8, 1 ; 13, 4—주석 참조]. 그리고 이러한 잘못은 아마도 고린토교회에 특징적인 것이리라)과 무질서가 있지나 않을까(필요한 동사를 보충해 넣었다) 하는 것을 염려하고 있읍니다(이 말은 그리이스어 원문에서는 반복되지 않는다). "당파심"이라고 번역된 말에 대해서는

Romans, 47—8에서 논의되었다. 전혀 다른 문맥인 로마서 2장 8절에서 지녔던 의미와 똑같은 의미를 여기서도 지녔을 리는 없다. 그러나 둘 다 마찬가지로 자기 자신의 이익을 추구하고, 편협하게 음모를 꾸미는 것을 뜻한다. 여기서 열거한 죄들은 '경쟁적인 사도들의 침입으로 인해 야기된 상황과 관련이 있다. 싸움과 분노와 모략은 바울로의 편과 그의 경쟁자들의 편으로 편이 갈라진 상황에서는 당연히 일어날 수밖에 없는 일들이다. 시기와 비방과 무질서도 마찬가지이다. 그리고 대부분의 경우 —아무리 가능성이 없더라도— 고린토인들은 스스로 자만할 만한 구실을 찾을 수 있었던 것 같다. 고린토후서 12장 전체를 읽으면 이러한 죄들은 경쟁적인 선교의 결과를 시사한다는 것을 알 수 있다. 그리고 고린토전서 1장 11절에서 언급된 분열의 시기에 그러한 모든 죄들이 있었다는 데에는 의심할 여지가 없지만, 바울로가 자신이 다음 번에 고린토를 방문할 때에도 여전히 그런 죄들을 그대로 짓고 있지 않을까 두려워한다는 사실은 그가 지금 편지를 쓸 당시에도 그들이 그러한 죄를 짓고 있다고 생각했음을 보여준다' ("Paul's Opponents," 247). 12장 21절과 13장 2절에 비추어볼 때 이 점에 주목하는 것은 중요하다(주석 참조).

[21] 그러므로 바울로는 그의 세번째 고린토 방문 때에 자신의 선교와는 반대되는 방식의 선교 활동으로 인해 고린토가 분열되고, 고린토인들 자신들도 두 사도들의 권위에 대해 서로 분노하면서 토론을 벌이고 있지나 않을까 두려워하고 있다. 그런 일이 일어날지도 모른다는 가능성은 더욱 큰 두려움을 안겨주었다. **그리고 내가 다시 갈 때에 나의 하느님께서 나를 여러분 앞에서 부끄럽게 하실까 두려워하고 있읍니다.** 이 문장은 해결할 수 없는 문법적인 난점을 포함하고 있다. "다시"(*πάλιν*)라는 말이 "갈 때에"에 연결되어야 하는지, 아니면 "부끄럽게 하다"에 연결되어야 하는지에 관한 문제이다. 두 가지 주문이 모두 가능하다는 데에는 의심의 여지가 없다. "다시"와 "가다"라는 말이 그리이스어 원문에 나란히 나온다는(*πάλιν ἐλθόντος*) 사실은 전자일 가능성을 높여주며, "가다"라는 말은 부차적인 반면(속격—*ἐλθόντος μου*—으로 읽혀져야 한다. 그리고 속격 독립 구문의 용법은 —엄격히 말하자면 부정확하지만— "가다"라는 생각이 삽입된 것임을 보여준다) "부끄럽게 하다"는 문법적으로뿐만 아니라 실질적으로도 주동사라는 사실은 후자일 가능성을 높여준다. 두 가지 해석이 다 문법적으로 가능할 뿐만 아니라 의미상으로도 맞는다. 바-

울로는 앞서(20절) 고린토로 가는 데 대해서 말했다. 그는 틀림없이 이전에 거기에 있었다. 그러므로 그는 다시 간다고 말했을 수 있다. 나아가서 그는 고린토에서 불쾌한 일을 겪었었다. 특히 고린토인들은 바울로에 대해서 그들과 함께 있을 때에는 "온순하다"고 말할 수 있었다(10장 1절과 주석을 참조하라). 이것은 그가 한 경쟁적인 사도가 그에게 상처와 모욕을 주었을 때 온순하게 받아들였던 일을 언급하는 것일 수 있다(7, 12과 주석 : 참조. 2, 1). 그때 고린토인들은 지켜보기만 하고 바울로의 편을 들지 않았었다. 아마도 그들은 보복보다는 온유함이 그리스도교적, 사도적 태도라는 것을 충분히 깨닫지 못한 그리스도교인들이었을 것이다. "여러분을 만나볼 때"라는 말은 비슷한 상황을 시사한다. 고린토인들은 스스로 공격자의 역할보다는 우월한 재판관의 역할을 맡고자 하며, 자제심보다는 고압적인 권위에 의해 더 영향을 받기가 쉽다. 이러한 상황에서 바울로는 그보다 더 큰 소리로 말하는 반대 발언으로 인해 부끄러움을 당할 것이고, 그 자신의 개종자들에게 그의 복음의 정당성과 권위를 입증하지 못함으로 해서 결국에는 그가 고린토에서 땀과 눈물을 흘린 댓가로 이루었던 일들이 수포로 돌아감으로써 부끄러워할 것이다. 그러나 "부끄럽게 하다"라는 동사의 주어는 하느님이라는 점에 주목해야 한다. 경쟁적인 사도들과 우월한 고린토 교인들은 패배한 바울로에 대해 마음껏 의기양양해질 수 있다. 그러나 그들은 하느님이 허락하시지 않고 뜻하지 않은 일은 아무 것도 하지 못할 것이다. 사탄의 사자가 바울로를 치고(그가 반복해서 간구했음에도 불구하고) 하느님이 사탄의 사자를 없애주지 않은 것이(12, 8—9) 하느님의 뜻이었던 것과 마찬가지로 그런 일이 일어나는 것도 하느님의 뜻이다. 바울로가 그의 몸에 예수의 죽음을 지니고 다녀야 했던 것도 하느님의 뜻이었다(4, 10). 이 모든 것은 사도 바울로가 자신의 설교는 물론이고 자신의 인격 가운데서도 십자가의 말을 나타내도록 하기 위한 것이었다(고전 1, 18). 바울로가 그처럼 부끄럽게 되지 않을까 두려워하는 것은 그것이 하느님의 뜻에 의한 것이라는 데 대한 그의 깨달음과 결코 모순되지 않는다. 예수는 죽음을 두려워했다(마르 14, 33). 그리고 바울로는 사탄의 사자를 없애달라고 기도했다(12, 8). 불트만은(*Probleme*, 30—1) 바울로가 두려워하고 있는 것은 고린토인들의 무질서와 불순종에 대해서 자신이 강압적인 행동을 해야 하지 않을까라는 것이었다고 주장한다. 불트만은 계속해서 다음과 같이 말한다 : "고린토에서 엄한 처벌을 해야 할지도 모른다는 가능성을 바울로가 고린토인들 "앞에서"(πρὸς ὑμᾶς) 하느님이 그를 부끄럽게 하는 것이라고 여겼을 리는 없다. 그리고 이러한 처벌이 바울로 안에서 말하고, 고린토인들에게 스스로를 능력있는 자로 나타내실(13, 3) 그리스도의 "증거"(δοκιμή)일 리도 없다. 그러므로 아마도 μου("나의")와 ταπεινώσῃ("부끄럽게 하다") 사이에 οὐ("아니다")가 빠졌다고 가정할 수 있을 것이다 : 바울로는 교회 앞에서 하느님이 자신을 (다시) 부끄럽지 않게 하실까 두려워하고 있다. 바울로가 부끄럽지 않게 되는 것을 두려워하며, 결코 바라지 않는다는 사실은 그에게 있어서는 "교회를 세우는 것"(οἰκοδομή)이 무엇보다도 중요했음을 보여준다. 그의 이전의 고린토 방문에 대해서 언급할 때 그가 스스로에 대해서 '나는 여러분과 마주 대해 있을 때에는 온순하나' (κατὰ πρόσωπον ταπεινὸς ἐν ὑμῖν: 10, 1)라고 기술한 것도 이것과 일치한다. 그는 다음 번 방문 때에는 결코 그러지 않을 것이다' (31). 이것은 흥미있는 추측이기는 하지만 반드시 그렇지는 않다. 왜냐하면 본문은 추측된 부정형을 첨가하는 것보다 지금 상태로 더 훌륭한 신학적 의미를 (본문상으로) 제공해주기 때문이다. 컴멜도 이렇게 본다.

부끄럽게 되는 것은 좋지 않은 일이다. 그리고 이것은 현재의 상황을 넘어서 고린토교회의 보다 이전의 역사로 거슬러 올라간다. 보다 상세하게 말하자면 **많은 사람들이 전에 죄를 지었는데 그들이 범한 부정**(참조. 로마 1, 24 ; 6, 19)**과 음란**(참조. 고전 5, 1 ; 6, 13·18 ; 7, 2)**과 방탕**(로마 13, 13)**에 대해서 그 사람들이 회개하지 않고 있다면 나는 그 많은 사람 때문에 슬피 울게**(참조. 고전 5, 2) **되지 않을까 염려하고 있는 것입니다.** 바울로는 단지 사람들이 이런 죄를 짓고, 회개하지 않는 데 대해서 슬피 울 것이다. 본문상으로는 그들을 그리스도교 공동체로부터 결국 축출하는 데 대해 바울로가 슬피 울 것이라고 암시해주는 바가 전혀 없다 (비록 그런 일이 뒤따르게 될지라도 말이다 : 참조. 고전 5, 11). 미래의 하느님 나라로부터 멀어져 있는 죄들 자체가 보다 심각한 문제였다 (고전 6, 9—10). 두 분사들(προημαρτηκότων: 완료형. μετανοησάντων: 단순과거형)에 대해서는 Robertson, 1117를 참조(비교. 621)하라. 이전부터 이미 죄를 짓기 시작했고 지금도 죄를 짓고 있다. 더 이상 죄를 짓지 않게 해줄 회개는 일어나지 않았다. 분사들은 속격으로 나와 있는데 잘못된 것이다. 회개를 하지 않는 죄인들이 몇 명 있는데 그들에 대해서 슬피 울지는 않을 것임을 바울로가 뜻하지는 않는다(그러나 그의 말을 엄격하게 받아들이면 그러한 뜻을 함축하고 있다).

죄들은 20절과는 놀랄 만큼 대조적인 형태로 기술되었다. 이 사실은 쵸지(*Gegner*, 232 이하)에 의해 주목되었다. 그러나 적절치 못하게 설명되었다. 포괄적으로 말하자면 21절의 죄들을 (무리하게 알레고리화하지 않는 한) 모두가 신체적이고 성적인 범죄들이며, 20절의 죄들과는 거의 관련이 없다. 이처럼 예기치 못한 형태로 바뀌어지는 데 대해서는 어떻게 설명할 수 있는가? 'προαμαρτάνειν("전에 죄를 짓다")이 회심 이전에 범한 죄를 가리킨다는 제안은 거부되어야 할 것이다. 회심을 했다는 사실 자체가 이러한 죄들에 대해서 회개했다는 것을 의미하기 때문이다. 두 귀절들은 아무 관련이 없다는 견해 —20절에서는 침입한 거짓 사도들과 관련된 죄들에 대해서, 그리고 21절에서는 그와는 완전히 다른 상황, 가령 고린토전서 5장에서 언급한 상황에 대해서 바울로가 생각하고 있다는 견해— 도 역시 받아들이지 않아야 할 것이다. 그러나 이 견해는……올바른 방향을 지시해줄 것이다. 바울로가 고린토전서를 쓸 때에는 고린토에서 유행하던 잘못들 중의 하나가 방종주의의 방향으로 나갔다. 배가 음식을 위한 것이고, 음식이 배를 위한 것이듯이 몸은 음행을 위한 것이고 음행은 몸을 위한 것이라는(고전 6,13) 주장을 하는 사람들이 있었다. 고린토의 영지주의는 이러한 방향으로, 천박한 우상숭배로 이끌어졌다. 영지주의와 성적 부도덕에 관한 주제가 고린토후서에는 빠져 있다. 교리적이고 도덕적인 새로운 문제들이 이미 일어났다. 그러나 전적으로 그렇지만은 않았다. 바울로는 그가 고린토를 다시 방문할 때 두 가지 종류의 새로운 죄인들을 만나게 되지 않을까 두려워하고 있다. 즉 침입한 거짓사도들을 받아들임으로써 다툼과 시기 등에 빠지게 된 죄인들과, 자신들의 음행에 대해서 회개하지 않는 영지주의적 방종에 빠진 옛 "죄인들"(προημαρτηκότες)이 있지나 않을까 두려워하고 있다' ("Paul's Opponents", 247—8).

〔13,1〕 바울로는 고린토교회에 무서울 정도로 악이 많이 누적되어 있지 않을까 하고 두려워한다. 그의 생각은 결코 틀리지 않았을 것이다. 확실히 그는 자신의 목회적 과업을 예비하고 있었다. 나는 지금 세번째로 여러분을 방문하려고 합니다(비교. 12,14과 주석; 1,23; 2,1; 이 책 서론 26—34·38—46면). 첫번째 방문은 교회를 세우기 위한 방문이었다. 이것은 교회의 존재에 의해서 암시되며(고전 4,15; 9,1 등등), 사도행전 18장 1—18절에 기술되어 있다. 두번째 방문은 바울로가 마음아파하면서 회상하는 방문이다. 왜냐하

면 그는 경쟁적인 선교사들로부터 공격을 받았기 때문이다(그랬던 것으로 보인다). 이제 그는 세번째 방문에 대해서 생각하고 있다. 이 사실은 빈디쉬가 관찰한 바대로 이 부분이 결코 "마음아픈 편지"일 리가 없음을 보여준다. 왜냐하면 그 편지를 썼을 때 바울로는 방문을 피하고, 대신 디도와 편지를 보냈기 때문이다. 바울로는 다음 번 방문을 법적이고, 법정적인 관점에서 본다. **모든 사건은 두 세 증인의 말에 의하여 확정될** 것입니다. 바울로는 신명기 19장 15절을 인용하고 있는데 칠십인역 본문을 거의 그대로 따르고 있다(히브리어 본문과 칠십인역 본문에는 각각의 숫자들과 함께 "증인"이라는 말이 계속 나온다). 그러나 실제로 언어는 마태오복음 18장 16절에 더 가깝다. 신약성서뿐만 아니라 유다교에서 이 말의 용법에 대해서는 H. van Vliet, *No Single Testimony: a study on the adopting of the law of Deut. xix. 15 par. into the New Testament* (1958)를 참조하라. 그가 고린토후서 13장 1절에 대해서 다음과 같이 말한 것은 아마도 옳을 것이다 : '신명기 19장 15절을 이처럼 격언 형태로 사용한 것은 '이 규칙이 바울로의 생각에서는 실제로 효력이 있는 것이었음을 보여준다' (88). 그리고 다음과 같은 그의 견해도 옳다 : '바울로는 구전 율법에 의하면 정당한 불만을 표하기 위해서는 반드시 필요한 두 세 증인의 경고가 그의 반복되는 방문에 의해 행해졌음을 이 인용문을 통해서 말하고 있다(참조. 2절). 이제는 결단할 시기가 이르렀다' (96). 이 두 귀절들에서 "세번째"와 "두번째"라는 서수들은 인용문의 "둘"이나 "셋"이라는 기수들과 관련이 없을 리가 없다. "증인"의 개념이 "경고"의 개념으로 발전한 데 대해서는 van Vliet, 43—62를 참조하라. 그리고 2절에서 "경고"의 용법에 주목하라. 바울로는 그의 인용문을 증거로 사용하지 않는다("기록된 바"라는 말이 없다—4, 13 ; 8, 15 ; 9, 9와 대조하라). 그러나 실제로는 이렇게 말한다 : '여러분은 이미 기록된 바와 같이 타당한 경고를 받았읍니다. 나는 이제 행동을 취할 것입니다.' 이것은 바울로가 '나는 율법의 타당한 형식을 따라 재판을 할 것입니다'라고 말했거나, 아니면 '한 사람이 세 번 방문한 것은 세 증인들과 같은 효과를 가지게 될 것입니다'라고 말했다고 보는 해석보다 더 훌륭한 해석이다.

[2] **여러분 중에서 전에**(참조. 12, 21 : 옛날에 지은 죄들로 인해 간음이나 그와 비슷한 죄들에 빠진 사람들) **범죄한 사람들과 또 그밖에 모든 사람들에게**(거짓 사도들이 옴으로써 야기된

상황에 대해서 반응할 때 파당을 짓고 질투나 증오 그 비슷한 죄를 지은 사람들) 내가 "경고했고", 또 지금 경고합니다. 바울로가 여기서 사용한 동사(προλέγειν)는 단순히 "미리 말하다", "앞서 말하다"를 뜻할 수도 있지만 "경고하다"를 의미하는 것으로 보는 것이 가장 좋다(참조. *L.S.* 해당란 Ⅱ 3). '나는 여러분들에게 미리 말했고 지금도 미리 말하고 있읍니다'라고 볼 수도 있지만 어딘지 어색하다. 동사의 두 시제, 즉 완료형과 현재형은 이어지는 부사절에 일치한다. 그것은 내가 두번째로(위를 참조하라) 여러분을 방문했을 때와 지금 내가 떠나 있을 때 하고 있는 것입니다. 바울로는 이미 직접 말로 경고를 했고, 이제는 편지로 경고를 하고 있다. 내가 이번에 가면(참조. Moule, *Idiom*, 69) 범죄한 그들을 용서없이 대할 것입니다(그리이스어 원문에는 목적어가 없다. 목적어 없이 동사가 사용되었을 것이다. 그러나 만일 목적어가 함축되어 있다면 분명히 그것은 번역에서 제시된 바와 같을 것이다). 바울로는 여기서 실제로 그가 두번째 방문 때 했던 말을 다시 하고 있는 것이다(예를 들어 플루머와 알로가 그렇게 본다). "용서하다"(φείδεσθαι)는 일차적으로 전쟁에서 용서하는 것을 의미한다. 즉 죽일 수도 있는데 죽이지 않을 것을 의미한다. 이것을 자연스럽게 확대 해석하면, 특히 칠십인역에서는(참조. *L.S.* 해당란 V) '~에 대해 자비를 베풀다'를 뜻하게 된다(이 때에는 대개 전치사와 함께 사용한다). 바울로가 지금까지 참아왔던 것이 무엇이며(1, 23), 또 고집센 고린토인들에게 지금 무슨 일을 하려고 하는지를 묻는 것은 자연스럽다. 이에 대한 대답은 오직 고린토전서 5장 5절과 관련해서만 얻을 수 있다. 그들은 사탄에게 넘겨질 것이다. 『고린토전서』, 155면 이하의 이러한 징계행위에 대한 논의를 참조하라. 고린토전서에서는 공동체 전체가 그와 함께 한 공격자를 물리쳐야 한다는 것이 바울로의 중요한 의도였다. 그러나 새로운 상황에서는 그렇게 할 수 없을 것이다. 실제로 바울로는 고린토의 공동체로부터 자기 자신이 소외되었다고 느꼈을 것이다. 왜냐하면 문맥상으로는 대다수의 사람들이 그에 대해 적대적인 입장을 취했으며, 만일 그가 교회 집회를 소집했다면 거기서도 그에게 등을 돌렸으리라는 인상을 받게 되기 때문이다. 사실 바울로는 진리와 상황에 적용되는 복음 외에는 어떠한 무기도 가지고 있지 않았다. 그는 십자가의 말씀에 의해 성립된 복음을 고린토에서 이미 선포했으므로(고전 1, 18 ; 2, 2) 이제 말과 행동으로 복음을 부인하고 있는 사람들은 그렇게 함으로써 자비로운 하느님으로부터 밀려났고, 사탄의 영역으로 떨어졌다고 선언할 수 있었다. 이것은 축출도 저주도 아니며, 하느님이 인간을 대하는 유일한 방식인 자비로운 진리에 대한 철저한 성실성이다(로마 11,30 이하). 바울로는 자신의 성실성 때문에 (인간적으로 말하자면) 자신과 자신이 그렇게 많은 사랑과 노력을 쏟았던 교회가 파멸하게 되리라는 것을 틀림없이 알았을 것이다. 그러나 다른 대안은 없었다. 그리고 '그리스도가 다시 올 때 그는 결코 용서하시지 않을 것이다.' 냉혹하기는 하지만 비바울로적이지는 않은 직접적인 표현이다(Denney).

[3] 여러분은 그리스도가 내 안에서 말씀하고 계시다는 증거를 구하고 있기 때문에 이제 그 증거를 나타내어 보일 것이다. 슐라터는 하바꾹 2장 1절, 즈가리야 1장 10절과 비교한다. 이 귀절은 바울로의 사도직과 그리스도를 위해서, 그리고 그리스도의 이름으로 말할 수 있는 그의 권리가 — 사도직에 대해 자신들이 조건을 요구할 수 있다고 느낀 고린토인들에 의해서 — 문제시되었다고 말할 수 있는 다른 측면을 제공해준다(참조. 이 책 서론 57면 ; "Paul's Opponents," 251). 고린토인들은 자신들이 심판자가 되고자 했다. Betz, 133에서 바울로는 신학적인 기본 원리들(grundsätzlich-theologisch)을 끌어들임으로써 이러한 상황에 대해 반응하고 있다고 말한 것은 옳다. 고린토인들이 이 문제를 제기한 것은 정당하다(이 문제에 대한 칼빈의 중요한 논의를 참조하라). 단지 그 문제에 답할 때 그들이 적용시켰던 것으로 보이는 표준이 잘못된 것이다. 어떠한 선교활동의 정당성을 검증하는 유일한 척도는 그것이 그리스도의 사람들에게 그리스도의 말씀을 전해주느냐는 데 있다. 그러나 가장 목청이 높고 인상적인 말이 하느님의 말씀을 잘 증거한다든가 아니면 "신적인 인간들"의 영감받은 말만이 하느님의 말씀을 구성할 수 있다고 가정해서는 안 된다(참조. Georgi, *Gegner*, 293 이하). 두 개의 고린토 서신들(예. 고전 2,2 ; 고후 1,5)과 다른 바울로 서신들도 역시 그리스도, 즉 부활한 그리스도가 십자가에 달린 그리스도로서 그의 백성들 가운데 현존하며, 그의 음성은 십자가의 말에서 들린다는 사실을 강조한다. 그러나 바울로 안에서 말하는 그리스도는 여러분을 대할 때에 약하시지 않습니다. 그는 여러분 가운데서(혹은 "여러분 안에서." 그러나 교회 안에서의 그리스도의 활동에 대해서 생각하고 있다) 강한 권능을 행하십니다라는 말도 역시 타당하다. 이미 충분히 나타난 바울로 자신의 약함은 그리스도 안에서의 하느님의 능력이 활동하는 장소이다. 이것이 바로 바울로가 자

신의 약함에 대해 기뻐하고, 자랑하며, 단지 하느님의 능력을 흐리게 할 뿐인 인간의 능력의 과시를 두려워하는 이유이다(11, 30 ; 12, 5). 그리스도의 능력은 기적들 안에서(12, 12 ; 로마 15, 19 ; 갈라 3, 5), 바울로의 설교 가운데서(고전 2, 4), 그리고 죄인들이 씻겨지며 거룩하게 되고 의롭게 되는 회심에서(고전 6, 11), 눈에 보이게 된다. 그리스도는 악의 세력을 이겼고, 그것은 더 이상 하느님으로부터 그 안에 있는 사람들을 끊어내지 못한다(로마 8, 35—39). 약함과 강함, 그리스도와 사도와의 관계에 대해서는 더 설명할 필요가 있다. 전자에 대해서는 강력하다고, 후자에 대해서는 약하다고 말하는 것은 지나치게 단순화시키는 것이다.

[4] "사실"(*καὶ γάρ*. 본문에 대해서는 이 책 408면 주 21 참조) 그(그리스도)는 약함 "때문에"(ἐκ) 십자가에 달려 죽으셨읍니다만 하느님의 권능"으로"(ἐκ) 살아 계시기 때문입니다. "때문에"("~으로"라고 번역되기도 했다)라고 번역된 전치사는 원인적인 의미가 부여된 것이다(*M.* iii. 260). 그러나 이 번역은 부적절하다. 바울로는 단순히 그리스도가 약했기 때문에, 즉 불행한 운명으로부터 벗어날 수 있을 만큼 강력하지 못했기 때문에 십자가에 못박혔음을 뜻하지는 않는다. 혹은 하느님이 죽음을 극복하고 그를 일으킬 수 있을 만큼 강력했기 때문에 그가 다시 살아났음을 뜻하지도 않는다. 십자가 처형은 그에 관한 진리의 일부의 극단적인 표현이다. 그는 진리의 이 부분이 진실이었기 때문에 십자가에 못박혔다. 그가 가난하게 된 것은 그의 은혜였으며, 그의 일차적인 특성이었다(8, 9). 그리고 그의 십자가 처형에서 나타난 약함, 그의 은혜의 표징은 불행하게도 그가 능력이 없어서가 아니라 하느님이 그의 아들 안에서 하고자 했던 행위의 한 측면이다. 역사적으로 그는 특정한 종류의 능력을 행사하기 보다는 십자가 처형을 선택했다. 그는 팔레스틴 사회의 소외된 집단을 버리기 보다는 십자가 처형을 선택했으며, 그들의 사회적, 종교적 약함과 자신을 동일시했다. 이와 마찬가지로 부활이 하느님의 능력의 두드러진 현시였다고 말하는 것은 타당하지만 동시에 부적절하다. 부활을 통해서 그리스도는 살아났으며, 능력으로 활동한다. 능력은 약함과 마찬가지로 그의 특징이며, 가난과 마찬가지로 부요함도 그의 특징이다(8, 9). 이것은 신약성서의 그리스도론의 기본 형태이다. 그리스도는 약하면서 동시에 강하다. 이 두 가지 속성은 신약성서의 그리스도론의 다른 기본 주장—그리스도는 이 시대에 속하면서 동시에 올

시대에 속한다—과 동일하지는 않지만 유사하다. 이 두 가지 동적이고 기능적인 주장들이 "두 가지 본성"에 관한 그리스도론의 본질적으로 이중적인 가설에 의해 적절하게 반영되느냐는 문제는 어느 정도 난점을 지니고 있으나 동시에 중요하다. 그리고 여기서는 그 문제를 다루지 않을 것이다. 그러나 서신의 이 부분에서 (그리고 다른 곳에서도) 바울로가 하는 주장을 그 그리스도론적 기본 토대를 파악하지 않은 채 이해하기는 불가능하다(참조. Wilckens, *Weisheit*, 48—9, 217 이하. 그러나 여기서는 "영적인" 약함 이상을 의미하고 있다 : Betz, 56—7, 99—100). 이 귀절은—"약함"이 십자가 처형을 당할 수 있는 "능력"으로 간주되는—"영지주의적 신학"(gnostic theologumenon. in Güttgemans, 151)을 바울로가 수정한 것이라고 볼 필요는 없다. "약함"과 "능력"은 그의 아들 예수 그리스도 안에서 알려진 한 분 하느님에 대한 도덕적이고 신학적인 진리이다.

바울로와 그의 선교활동에 상응하는 진술이 뒤따른다. "사실"(*καὶ γάρ*; 앞 문장과 똑같은 형식으로 새로운 문장이 시작된다) 그리스도와 (본문에 대해서는 이 책 408면 주 22 참조) 연합한 우리도(아마 "우리도 역시", 그리스도와 마찬가지로) 약합니다만 여러분과의 관계에서(이 구를 어색한 첨가문으로 보고 B D³ 사본은 잘못 생략했을 것이다) 하느님의 권능"으로"(*ἐκ* : 위를 참조하라) 그와 함께(본문에 대해서는 이 책 408면 주 3을 참조) 살 것입니다. 그리스도교인의 존재는 "그리스도 안에"(이 어구에 대해서는 2장 17절과 주석을 참조하라) 있고, 사도직은 특별히 그리스도교적 존재에 집중하는 것을 의미하기 때문에 바울로가("여러분과의 관계에서"라는 말은 여기서 "우리"가 일차적으로 사도 자신을 의미함을 보여준다) 그리스도의 특징인 약함과 능력을 모두 나타내리라는 것이 기대된다. 이 서신 4장 10절에서 이미 주장했듯이 이것은 사실이다. 바울로는 동료 그리스도교인들과 마찬가지로 이 시대에, 죽음 이편에 살기 때문에 그의 그리스도교적 존재의 중심적 표징이 '약함'일 것이라고—즉 그리스도 자신이 받아들이기로 선택한 약함과 같은 것이라고—기대된다. 바울로도 역시 섬김을 받기보다는 섬길 것이며, 받기보다는 줄 것이다(4, 5 ; 12, 15 : 참조. 마르 10, 45). "그와 함께", 즉 그리스도와 함께 사는 것은 일차적으로 미래에 속하는 일이다(J. Dupont, *ΣΥΝ ΧΡΙΣΤΩΙ: L'Union avec le Christ suivant S. Paul* [1952]). 그리스도 자신은 잠든 자들의 첫 열매로서 죽음으로부터 일으켜질 것이다(고전 15, 20 ; 주석 참조). 그리고 나머지 인간들의 경우 부활은 미래의 사건으로 남는다. 그러나 그것은 어느 정도로 선취되었다(4,10 이하; 로마 6,4—5; 골로 3,1). 그리고 여기서 바울로는 그것이 "여러분과의 관계에서" 선취될 것이라고 말한다. 하느님은 그에게 고린토의 상황을 충분히 처리할 수 있을 정도로 부활의 생명을 허락하실 것이다. 그의 약함 안에서 하느님의 능력이 완전히 드러날 것이다(12,9).

[5] 고린토인들이 바울로를, 그리고 사도 신분에 대한 다른 주장들을 시험해왔다는 것은 분명해 보인다. 또한 적어도 바울로는 자신들의 자질과 장점들을 알리기 위해서 보다 많은 노력을 했던 다른 선교사들에 비해 훨씬 영향력이 없는 선교사로서 배척받은 위험에 처해 있었다는 것도 틀림없어 보인다. 이제 바울로는 고린토인들이 시험할 사람들을 잘못 택했다고 답한다. 그들은 자신들 스스로를 시험해야 한다. **여러분은 자기가 믿음 안에 있는지** 다른 사람들이 아니라 **자신을**(이 대명사는 강조하는 위치에 나와 있다) **반성하고.** "믿음 안에"(관사와 함께 쓰였다—*ἐν τῇ πίστει*)에 대해서는 고린토전서 16장 13절과 주석을 참조하라. 만일 "믿음"이라는 말이 "그리스도교적 종교"와 같은 것을 뜻하는 말로 사용되었다면 그것은 인간적인 측면에서는 신뢰와 순종을 특징으로 삼을 수 있는 종교를 의미할 것이다. 바울로는 "여러분이 참으로 그리스도교인인지 생각해 보시오"라고 말하고 있는 것이다("믿음"이 특별히 영의 경험을 가리킨다고 생각하는 리츠만에 반해서 컴멜을 참조하라. 컴멜도 역시 이 문장은 더 이상 그리스도교인일 수 없다는 것을 의미한다고 지적한다: 참조. 갈라 5,2 이하; 고전 9,27; Betz, 135). **자기를**(위의 "자신을 반성하고"에 대한 주석을 참조하라) **"시험해보아야"**(*δοκιμάζειν*. 동일 어원의 형용사 *δόκιμος*와 *ἀδόκιμος*—시험받고 인정받은, 시험받고 인정받지 못한—가 나중에 사용된다. 언어적 관련성을 지시하려는 시도가 있다) **할 것입니다.** 베츠(Betz, 89)는 플라톤의 *Charmides* 158D, *Alcibiades* I. 124C를 인용하면서 청중들로 하여금 스스로를 시험하도록 하는 소크라테스의 반어법을 비교한다. 다음에 나오는 말들은 적어도 반어적이다. 왜냐하면 바울로는 고린토인들이 그와 같은 시험의 결과에 대해서 거의 의심하지 않으리라는 것을 알고 있기 때문이다. **예수 그리스도께서 여러분 안에 계시다는 것을 알지 못합니까?** 즉 여러분이 그리스도교인이라는 것을 알지 못합니까? 무울(C.F.D. Moule, *The Phenomenon of the New Testament* [1967], 24)은 "여러분 안에"보다 "여러분 가운

데"를 택한다. 그리고 확실히 그렇게 번역할 수도 있다(ἐν ὑμῖν에 대한 번역). 그러나 여기서 바울로의 주장은 독자들의 그리스도교인으로서의 실제적인 존재, 즉 그들과 그리스도 사이의 관계, 그들 안에서의 그리스도의 존재와 그리스도 안에서의 그들의 존재에 의존하고 있는 것 같다. 여러분이 이러한 여러분의 신분을 포기하지 않는다면 물론 여러분은 그리스도가 여러분 안에 있다는 것을 인정해야 합니다. 모른다면 여러분은 "버림받은"(ἀδόκιμοι—시험받고, 모자라다고 판정된) 것입니다. 고린토인들은 아마도 이러한 결론에 도달하지 않았을 것이다. '바울로는 여기서 "믿음 안에 있다"와 "그리스도가 여러분 안에"라는 두 가지 표현을 동의어로 사용하고 있다. 믿음은 그리스도의 현존의 현실성이며, 믿는 자들 안에서의 그리스도의 생명이다. 달리 말하자면 믿음은 그리스도 안에 있는 것을 의미한다' (Wendland). 그러나 칼빈의 부정적인 추론('자신들 안에 그리스도가 있으며, 자신이 그의 몸의 일부임을 의심하는 자들은 하느님으로부터 버림받은 자들이라고 바울로는 선언하고 있다')은 따르기가 힘들다.

[6] 그러나 만일 고린토인들이 자신들이 그리스도교인이며, 그리스도가 자신들 안에 있다는 것을 확신한다면 그들은 반드시 당연한 결론에 도달해야 한다. 그러나 우리는 "버림받은 것"(ἀδόκιμοι. 이 말—참조. 5절—은 성서적인 신학 영역에 속한다. 헬레니즘적인 마술사[γοητής; Betz, 예. 132]와의 유비는 기껏해야 2차적일 뿐이다)이 아니라는 것을 여러분이 "알게 되기를"(ἐπιγινώσκειν이라는 의미에서의 γινώσκειν이 5절에서 사용되었다. 복합동사는 자주 단순동사의 형태로 반복된다—*M.* i. 115) 바랍니다. 만일 고린토인들이 그리스도교인이라면 그것은 바울로의 선교 활동을 통한 것이다. 그의 사도직과 사도직 사신에 의심을 품는 것은 그리스드교인으로서의 그들 자신의 존재에 대해 의심을 품는 것이다. 그들 자신의 믿음을 확고히 하는 것이 곧 자신들로 하여금 신자가 되게 해준 설교자를 옹호하는 것이다(참조. 고전 9, 1—2 : 『고린토전서』, 238—239면). 이것이 바로 바울로가 고린토인들에게 자신들을 시험해보라고 권하는 이유이다.

[7] 바울로는 이제 12장 19절의 문제로 되돌아간다. 위의 마지막 두 귀절은 바울로의 목적이 스스로를 변호하고, 자신은 적어도 그러한 시험을 견디어낼 수 있다는 것을 입증하는 데 있음을 다시 한번 시사했을 수도 있다. 그러나 결코 그렇지 않다. 그는 여전히 자기 자신보다는 그의 독자들에게 관심을 가지고 있다.

우리는 여러분이 아무런 악행도 하지 않게 하려고 하느님께 기도합니다. 이 문장에서 "여러분이 아무런 악행도 하지 않게 하려고"(μὴ ποιῆσαι ὑμᾶς κακὸν μηδέν)라는 말을 달리 번역한다면(리츠만이 이 다른 번역을 채택한다) '그(하느님)가 여러분에게 아무런 해도 끼치지 않도록 하기 위해서', 즉 '시험에 견디지 못한 사람들인 여러분을 벌하지 않도록 하기 위해서'이다. 이것은 '우리가 여러분에게 해를 끼치지(해를 끼쳐야 하지) 않도록 하기 위해서'라는 번역과 마찬가지로 매우 개연성이 없는 번역이다. 아마도 바울로는 고린토인들이 심판받지 않도록 기도했을 것이다. 그러나 바울로가 '하느님이 여러분에게 아무런 해도 끼치지 않도록'이라는 이상한 표현을 써서 그러한 기도를 했을 것 같지는 않다. 보다 중요한 것은 첫째, 컴멜이 (바우어에 동조하여) 지적하듯이 그리이스어로 "해를 끼치다"(κακὸν ποιεῖν)라는 말은 2인칭 속격을 취하지 않으며, 둘째, 이 문장 뒷 부분에서는 "여러분이 옳은 일을 하도록" 기도를 하는데, 이것은 확실히 "여러분이 아무런 악행도 하지 않게 하려고"와 균형을 이루기 위한 것이라는 점이다(비교. 9절b). 바울로는 자신의 교회가 도덕적, 영적 건강을 회복하게 하는 데 관심을 가지고 있다. 그리고 이것은 그 자신을 위한 것이 아니라 오직 교회를 위한 것이다. 이것은 우리가 "정당하다"는(우리가 δόκιμοι하다는 것을, 시험을 견디어낸다는 것을) 것을 드러내려는 것이 아니라 우리는 "버림을 받은"(ἀδόκιμοι) 자같이 될지라도 여러분만은 옳은 일을 하게 하려는 것입니다. "우리는 버림을 받은 자같이 될지라도"는 느슨하게 연결되어 있다(직역하면 '그러나 우리가 잘못된 것처럼 되도록'). 그러나 바울로의 생각의 흐름은 분명하다. 그는 자신의 평판에 대해서는 관심이 없다. 고린토에 있는 개종자들이 옳은 일을 행한다면 그가 잘못되고 배척당하고 그의 사도직에서 쫓겨나도 상관이 없다. 사실 바울로가 여기서 그런 일을 당하는 것만큼 그가 예수 그리스도의 사도이며, 위임받은 대리인이라는 것을 잘 드러내주는 것은 없다. 왜냐하면 그는 다른 사람들의 죄를 떠맡을 각오가 되어 있으며, 다른 사람들이 의롭게 되도록 하기 위해서 스스로는 범법자가 될 각오가 되어 있기 때문이다. 그는 이렇게 말할 수 있었다 : "내가 그리스도를 본받는 것같이 여러분은 나를 본받기를 바랍니다"(고전 11, 1).

[8] 앞서 바울로가 말한 것은 오해받지 않으려면 상당한 수정과 적어도 설명을 필요로 한다. 바울로가 잘못된 것으로 드러나고, 거부당하는 것은 하나의 현실적인 가능성이지(고전

9, 27) 그가 지금 그런 일이 일어나고 있다고 단언하는 것은 아니다. **"왜냐하면"**(*γάρ*: 이 절은 앞 절의 "드러내다", "~같이"를 설명한다) **우리는 진리를 거슬러서는 아무 것도 행할 힘이 없기 때문입니다. "다만"**(*ἀλλά*의 이러한 의미가 반드시 셈어적인 영향으로 인한 것은 아니다. 그러나 Beyer, 138을 참조하라) **진리를 위해서만 힘이 있읍니다.** 여기서 "진리"는 아주 일반적인 의미로 쓰였다. 바울로가 어떻게 해서든 자신에게 유리한 판결을 받으려고 하지 않는 것은 아니다. 다만 그는 자신에게 유리하든 불리하든 간에 진리가 승리하기를 바랄 뿐이다. 그러나 이 말은 (바울로와 다른 신약성서 제자들에 의해서) 복음을 뜻하는 것으로도 사용되었다(참조. 예를 들어 4, 2 ; 6, 7 ; 11, 10 그리고 주석들). 그리고 불트만(*T. W. N. T.* i. 244 ; *Exeg.*, 143. 그는 보다 포괄적인 해석을 제시하고 있는 것 같다 : '하느님이 뜻하고 원하는 것의 본질')이 여기서 11장 4절의 "다른 복음"에 반대되는 참된 교의라는 의미를 발견한 것은 옳다. 바울로의 전 생애는 그에게 맡겨진 복음과 떨어질 수 없는 관계에 있다(참조. 1, 17—20). 그가 다른 사람이 되지 않는 한 다른 복음을 설교할 수 없다.

〔 9 〕 바울로가 자주 말했듯이(예. 4, 7—12) 그의 약함도 복음에 대한 봉사에 포함된다. **우리는 약하더라도 여러분이 강하면 그것으로 우리는 기뻐합니다.** 4절과 비교하라. 두 가지 속성이 결합되었다. 고린토인들이 도덕적으로 강해지는 것은(아무런 악행도 하지 않고, 옳은 일을 하게 되는 것) 그리스도 안에서의 바울로의 약함, 그의 끊임없는 봉사와 스스로를 낮추는 것을 통해서이다. 이것이 다음 절의 의미이다. **우리는 여러분이 완전하게 되기를 바라며 기도합니다.** *κατάρτισις*("완전하게 됨")는 13장 11절에서 사용된 한 동사(*καταρτίζειν*)로부터 나온 명사이며, 그 동사는 가령 마르코복음 1장 19절에서는 그물을 고친다는 의미로 사용되었다. 다른 곳에서는 잘못 놓여져 있는 손이나 발을 바로잡는 것(참조. *L.S.* 해당란 I)에 대해서, 그리고 잘못을 저지르는 형제를 바로잡는 데(갈라 6, 1) 대해서 사용되었다. 이 말은 단순히 "준비하다"(로마 9, 22)라는 의미로 쓰이기도 했지만 잘못되어가던 것은 옳게 바로잡는다는 의미로 자주 쓰였다. 고린토 교회 안에는 바로잡을 필요가 있는 일들이 많았다. 그리고 바울로가 여기서 이 말을 사용하는 의미도 아마 그러한 것이리라. 그는 고린토 전서 1장 10절에서 "같은 마음과 생각으로 완전하게 되기를"(*κατηρτισμένοι*) 기도한 것처럼 여기서도 고린토인들이 합당한 그리스도교적

삶을 이루어 완전하게 되기를 기도한다.

[10] 이처럼 완전하게 되는 것이 이 서신의(혹은 적어도 10—13장의 : 이하 참조) 목적이다. 내가 떠나 있는 동안에 이것들을("이것들을"은 1—9장이 아니라 10—13장 전체를 가리킬 것이다. 빈디쉬가 지적하듯이 이것은 서신의 두 부분을 분리시킬 수 있는 좋은 이유이다) 쓰는 것은 (문장 서두의 διὰ τοῦτο는 여기 나오는 ἵνα를 예기하는 것으로 보았다) 내가 가서 너무 엄하게 되지 않도록 하려는 것입다. 2절과 비교하라 : "내가 이번에 가면 용서없이 대할 것입니다." '즉 내 편지로 인해 개선된 것이 아무 것도 없다고 생각하고 용서없이 대할 것입니다.' 용서없이 엄하게 되는 것(이 말—여기서는 부사 ἀποτόμως—에 대해서는 로마서 11장 22절 참조)은 바울로에게 결코 즐거운 날이 아니었다. 만일 혹독한 편지를 써서 그 일을 피할 수 있다면 그는 아마 그렇게 할 것이다. 그러나 만일 그 일을 해야만 한다면 그는 할 것이다. 주께서 이 권위를 주신 것은 넘어뜨리려는 것이 아니라 세우려는 것입니다. '연약한 바울로는 물러나고 이제 강한 바울로가 다시 말한다' (Windisch). 동일한 말이 사용되는 10장 8절과 비교하라. '주님의 뜻 안에 있지 않은 목표를 위해 내가 나의 권위를 사용할 필요가 없다는 사실을 아는 것은 여러분에게 달려 있읍니다' (Lietzmann; Wendland와 비슷하다). 주님의 뜻—주님의 뜻을 위해서 그는 그의 사도직과 함께 이 서신 안에서 계속 반복되어 나타나는 약함 안에서의 역설적인 권위를 부여받았다—은 복음에 기초하고, 자신들의 상호적인 사랑으로 그리스도교적 존재를 표현하는 그리스도교인의 공동체가 고린토에 세워져야 한다는 것이었다. 그러나 만일 고린토에서 스스로 그리스도교인이라고 공언하는 자들이 다른 복음에로 돌아서고 헌신적인 사랑을 실천하는 것이 아니라 자기중심적인 교만을 드러낸다면 그들을 바른 정신과 주님의 뜻에로 바로잡기 위해서는 어느 정도 "엄격할" 필요가 있게 된다.

Ⅵ. 결론 13장 11—13절

23. 마지막 말과 인사 13장 11—13절

11 끝으로 말합니다. 형제들이여, 안녕히 계십시오. 온전하게 되기를 힘쓰시오. 서로 격려하시오. 마음을 같이하여 화평하게 지내시오. 그리하면 사랑과 평화의 하느님께서 여러분과 함께 계실 것입니다. **12** 거룩한 입맞춤으로 서로 인사하시오. 모든 성도가 여러분에게 문안합니다. **13** 주 예수 그리스도의 은혜와 하느님의 사랑과 성령에의 동참이 여러분에게 있기를 빕니다.

이제 서신은 결미 부분으로 접어든다. 현재의 이 서신이 혼합된 것이라는 주장은 가능하며, 또 개연성이 있다(참조. 이 책 서론 33—39면). 10—13장의 보다 많은 부분들이 하나의 통일체를 형성하고 있다. 그러나 이 통일체가 어디서 끝나는지는 확실히 알 수 없다. 11절은 바로 앞의 단락과 연결되는 것으로 보인다. 12절은 일반적인 말이어서 어떠한 서신의 결론에서나 볼 수 있다. 그러나 그렇다고 해서 이것이 10—13장의 결론이 아니라고 할 이유는 못 된다. 13절은 여러 단편들을 결합시켰을 때 작문을 마무리짓기 위해서 덧붙여졌을 것이다. 이것은 바울로 서신의 다른 어떤 곳에 나오는 것보다도 잘 다듬어진 결론 형식이다. 이 책 428—430면을 참조하라.

[11] **"끝으로"**(이 말 *λοιπόν*에 대해서는 Thrall, 25—30 참조. 서신의 맨 마지막 부분인 여기서 이 말의 의미에 대해서는 거의 의심할 여지가 없다) **말합니다. 형제들이여**(이 말은 1장 1절에서는 디모테오에 대해서, 1장 8절에서는 독자들을 부르는 말로 사용되었다 : 참조. 8,1 ; 『고린토전서』, 50면) **안녕히 계십시오**(*χαίρετε*, 직역할

경우 '기뻐하시오'이다. 그러나 이 말은 일반적으로 그리이스어의 인사말이며, 필립비서 4장 4절에서 바울로에 의해서도 아마 그렇게 사용되었을 것이다. 신약성서의 서신들 중 다른 곳에서는 사도 15, 23; 23, 26; 야고 1, 1에서 부정사 χαίρειν이 사용되었다. 그러나 빈디쉬는 이 귀절의 다른 명령형들에 비추어볼 때 이것도 역시 단순한 명령형으로 이해되어야 하다고 생각한다). 여기까지 이 인사말에는 고린토인들의 상황과 특수하게 관련된 것이 없다. **온전하게 되기를 힘쓰시오.** 이 동사("온전하게 되다" καταρτίζειν의 중간태, 혹은 수동태)는 "완전하게 되는 것"(참조. 13, 9와 해당 주석)과 같은 어원의 말이다. 수동태는 직역하면 '온전해지다'가 될 것이다. 그러나 바울로는 고린토인들이 (하느님 아래서) 자기 자신들에게, 그리고 자기 자신들을 위해서 할 어떤 일에 대해서 생각하고 있다. 그리고 이 번역은 중간태를 관용적으로 번역하려고 한 것이다. 다음 말도 마찬가지이다. **서로 격려하시오** (참조. 데전 5, 11). 고린토인들은 서로 권면하고 의지하는 상호협동적인 목회활동을 해야 한다. 아니면 이 동사는 수동태이고 '나의 권면을 받아들이시오'를 의미할 수도 있다(비교. 히브 13, 22). 이 말(παρακαλεῖν)은 "격려하다", 혹은 "위로하다"를 의미할 수도 있다. 이 말은 단순히 "부탁하다"(2, 8; 8, 6; 9, 5; 12, 18)에서부터 "탄원하다", "권면하다", "고무하다", "위로하다"(1, 4·6; 2, 7; 5, 20; 6, 1; 7, 6·7·13; 10, 1; 12, 8)에 이르는 광범위한 의미를 지니고 있다. **마음을 같이 하여.** 로마서 12장 16절, 15장 5절, 필립비서 2장 2절, 4장 2절과 비교하라. 이 말의 유다적 배경에 대해서는 D. Daube, *The New Testament and Rabbinic Judaism* (1956), 344를 참조하라. 그러나 그리스도교 공동체는 물론이고 어떠한 공동체에서건 당연히 구성원들 사이의 조화를 바랐을 것이다. **화평하게 지내시오.** 이 말도 같은 생각을 계속 표현한다. 이것은 '같은 마음을 가진' 결과를 표현하고 있다(Calvin). 로마서 12장 18절, 데살로니카전서 5장 13절의 비슷한 권면들과 비교하라. 마르코복음 9장 50절도 비교하라.

명령형들에 이어 καί("그리하면")와 미래 직설법이 나온다. **그리하면 사랑과 평화의 하느님께서 여러분과 함께 계실 것입니다.** 만일 이것이 조건절의 문장을 대신 표현한 것이라면('만일 여러분이 온전하게 되기를 힘쓴다면 사랑과 평화의 하느님께서……') 셈어적인 구문법에 의존한 것일 수도 있다. 그러나 반드시 그렇지는 않다. 왜냐하면 그리이스어로 된 병행구들도 있기 때문이다(Beyer, 253). 그러나 여기서 이러한 조건절 형태의 문장(6장 17절에서는 분명히 나타난다)이 쓰였는지는 확실치 않다. 바울로는 마지막 말에서 따로 떨어져 있는 주장들을 단순히 한데 합치고 있을 뿐이다 : '이렇게 하시오. 저렇게 하시오. 하느님께서 여러분과 함께 계실 것입니다.' 기이하게도 "사랑의 하느님"이라는 말은 신약성서의 다른 곳에서는 나오지 않는다. "평화의 하느님"은 로마서 15장 33절, 16장 20절(고린토전서 14장 33절), 필립비서 4장 9절, 데살로니카전서 5장 23절(데살로니카후서 3장 16절), 히브리서 13장 20절에 나온다. 이것은 분명히 일반적인 바울로의 결론 형식이다. 여기서는 하느님 자신의 특징이 사랑과 평화라는 것뿐만이 아니라 그는 사랑(참조. 로마 5,5)과 평화(참조. 로마 5,1 ; 14, 17)를 주시며, 그렇게 함으로써 바울로가 지금 말하고 있는 것들을 이루어준다는 것을 의미하는 것 같다.

[12] 거룩한 입맞춤으로 서로 인사하시오. 로마서 16장 16절, 고린토전서 16장 20절과 비교하라. 그리고 주석들도 참조하라. '바울로의 편지들은 교회의 모임에서 큰 소리로 읽혀짐으로써 교회의 구성원들에게 전달되었을 것이다. 바울로는 만일 자신이 그 자리에 있었다면 그들에게 보냈을 인사를 서로 나누라고 권한다. 이 입맞춤은 당시에 이미 제의적 행위였을 수도 있다'(『고린토전서』, 450면). 저스틴의 시대에는 이미 그러했다(*I Apology* lxv. 2 : 그러나 사도적 교부들에게서는 이 입맞춤이 언급되지 않는다—Windisch). 이하를 참조하라. 신비종교들에서의 배경에 대해서는 Betz, *Lukian*, 115를 참조하라.

모든 성도가 여러분에게 문안합니다. 고린토전서 16장 20절과 비교하라 : "모든 형제들이 문안합니다." 이 두 표현에는 차이점이 없다. "성도들"과 "형제들"은 모두 그리스도교인을 뜻하는 말이다. "성도들"에 대해서는 1장 1절, 로마서 1장 7절, 고린토전서 1장 2절과 주석을 참조하라. 아마도 바울로는 자신이 편지를 쓰고 있던 장소에 모여 있었던 그리스도교인들을 가리켰을 것이다(참조. 이 책 서론, 32—33면). 그가 모든 성도들, 즉 거기 있던 그리스도교인의 이름으로 고린토에 말할 수 있다고 생각했으리라는 것이 불가능하지는 않다. 다른 모든 그리스도교인들의 집단과 하나라는 의미는 지역 공동체들에 대해 격려와 동시에 자극의 역할을 했을 것이다.

12절과 13절의 연결에 대해서 리츠만은 다음과 같이 기술하고 있다 : '고대 제의에서는 평화의 입맞춤 다음에 항상 세 가지 종류의 인사가 뒤따랐다(13절). 그러므로 이 두 귀절 사이의 연결은 예전부터 있었고, 바울로 교회들의 제의에서부터 생겨났다고 가정하는 것이 자연스럽다. 편지는 교회의 집회에서 읽혀졌고, 다음에는 13절의 제의적인 인사와 함께 평화의 입맞춤과 주의 만찬이 행해졌다.' 리츠만의 말과 같았을 수도 있다. 그러나 이 제의적인 관습은 이차적인 것이고, 이 서신의 평화의 입맞춤과 이 서신의 3중적인 문안형식(13절)이 결합됨으로써 생겼을 수도 있다. 그리고 그렇게 보는 것이 더 개연성이 있는 것 같다. 나아가서 삼위일체론적인 형식은 보다 초기의 더 단순한 형식에 기초 한 후기 바울로적인 형식일 수도 있으며, 편집자가 두 개나 혹은 그 이상의 단편들을 결합시킨 잡다한 이 서신을 결론짓기 위해 첨가했을 수도 있다.

〔 13 〕 **주 예수 그리스도의 은혜와 하느님의 사랑과 성령에의 동참이 여러분에게 있기를 빕니다.** 고린토전서 16장 23절(참조. 로마 16, 20)에는 보다 단순한 인사말이 나온다: "주 예수의 은혜가 여러분과 함께 하시기를 바랍니다." '바울로의 어법에서 은혜란 매우 특징적 의미로 행위이자 선물이다. ……이러한 말들을 통해서 바울로는 고린토 교회에서 이미 행해졌고 주어진 것이 지속되고 심화되기를 기도한다"(『고린토전서』, 452면). 역사 속에서 관찰 가능한 사건으로 알려진(참조. 8, 9) "주 예수 그리스도의 은혜" 뒤에는 "하느님의 사랑"이 있다. 이것은 비록 시간 속에 맡겨지기는 했지만 예수의 행위와 특히 그의 죽음(로마 5, 8)에서 영원한 사실로 되었다. 세번째 절의 "동참"은 고린토전서 10장 16절에서 "함께 참여함"이라고 번역되었던 그리이스어 단어(*κοινωνία*)를 번역한 것이다. 이 서신의 6장 14절과 8장 4절, 9장 13절에서는 다른 번역어를 사용해야만 했다. 그리고 이 귀절에서 그 단어를 어떻게 번역하느냐에 대해서는 열띤 논쟁이 있었다. 그리이스어에 나타나는 이 말의 다양한 구문에 대해서는 하우코가 분명하게 설명해주었다(*T. W. N. T.* iii. 798—9). 그 자신의 결론에 의하면(807) 현재의 귀절에는 공유되고 있는 것이 목적격인 속격(*τοῦ ἁγίου πνεύματος*)이 쓰였다. 그리고 이것은 가장 그럴 듯한 견해인 것 같다. 처음 두 절의 속격이 주격으로 보인다는 사실—주 예수 그리스도에 의해 나타난 은혜, 하느님이 보여준 사랑—은 이러한 견해와 반대된다. 그리고 몇몇 주석자들(예. 플루머, 슐라터, 벤드란트)은 세번째 속격도 역시 주격이며, 따라서 "성경에 의해 생겨나고 주어진 사귐"으로 번역해야 한다고 주장한다. 그러나 다른 학자들(예. 빈디쉬와

하우크 *T.W.N.T.*)은 '영이 하느님이나 그리스도와 아주 비슷한 한 요소로서 나란히 나올 수는 없다는 점에서'(Hauck) 세번째 절이 처음 두 절과 완전히 병행하는 것은 아니라고 주장한다. 리츠만과 퀨멜도 참조하라. 고린토전서 10장 16절("그리스도의 피에 동참하는 것"), 로마서 15장 27절, 필립비서 3장 10절("그리스도의 고난에 동참"), 필립비서 2장 1절, 필레몬서 6절과 비교하라. 확실하지는 않지만 이것이 가장 그럴 듯한 견해인 것 같다. 더우기 "~에 의해 주어진 사귐"을 마지막 말인 "여러분에게 있기를 빕니다"와 결합시키기는 어렵다. 반면 만일 '동참'이라는 번역어를 택한다면 위의 첫번째 절과 두번째 절에 대해서 설명할 때 제시한 방향으로 이것을 쉽게 이해할 수 있을 것이다. 바울로는 독자들이 "성령에의 동참"을 계속 유지하고 심화시키기를 바란다. '동참'(κοινωνία)이라는 말에 대해서는 렉시콘들과 주석들 외에도 Reicke, *Diakonie*, 25—6를 참조하라. 여기서는 원십적 의미(어떤 것과 사귀거나 혹은 동참하는 것)와 구심적 의미(공유, 줌, 나눔 : 참조. 8, 4 ; 9, 13)를 구별한다.

여기서 세례고백문을 조심스럽게 언급하고 있다고 여길 만한 확실한 이유는 없다(J. Jeremias, *Jerusalem zur Zeit Jesu* [1958], Ⅱ B 109). 제의적인 축복문들은 세례가 아닌 다른 목적들을 위해서 사용되었을 수도 있다. 그리고 우리는 이 귀절이 전형적인 의전적 형태로 생겨났는지 알지 못한다. 퀨멜이 이 귀절에 대해 '역사적이고 종말론적인 하느님의 구원 행위에 대한 믿음을 고백하는 적절한 표현 형식'이라고 서술한 것은 옳다. "하느님이 그의 아들을 보내셨다(갈라 4, 4), 하느님이 영을 주셨다(갈라 3, 5). 그리고 그렇게 함으로써 하느님은 스스로가 신자들에게 궁극적인(endzeitliche) 구원자임을 보여주신다." 그러나 그가 이 귀절이 "삼위일체론적 신앙고백으로 향하는 첫 걸음"임을 부인하는 이유는 분명치 않다. 만일 그가 부인하는 것이 바울로는 아직 후의 정통주의 삼위일체론의 "한 가지 본질과 세 위격"에 대해서 알지 못했다는 것을 의미한다면 그것은 옳으며, 동시에 분명하다. 그러나 여기 나타나는 이 삼중적인 형식은(참조. 베전 1, 1—2) 그러한 사변적인 사고와 신조 형식이 발전할 수 있는 출발점을 제공한다. 한 문장 안의 균형잡힌 절에 나타나는 그리스도, 하느님, 성령은 동일한 신적 차원에 속해 있음이 분명하다(비록 바울로 자신이 그것들을 이런 방식으로 보지는 않았더라도 : 위를 참조하라). 그렇다면 (신학자들은 조만간에 틀림없이 이렇게 물을 것이다) 그것들은 어떻게 서로 관련되며, 구약성서 신학과 그리이스의 철학적 사변의 한 분 최고의 하느님과 어떻게 관련되는가? 바울로는 (초보적인 방식으로) 하느님의 아들로서의 예수와 그를 보낸 아버지와의 관계에 대해서 그리고 성령과 아들과의 관계에 대해서 다룬다. 그는 결코 삼위 일체의 교리를 발전시키지는 않는다. 그러나 그는 아버지, 아들, 성령과 관련하여 표현함으로써 삼위일체 신학이 필연적으로 가능하게 했으며, 이어지는 4세기 동안의 그리스도교의 장을 마련했다. 그러나 그는 자기도 모르게 그렇게 했다. 그에게 있어서 궁극적으로 중요한 것은, 구별되지만 동질인 세 가지 위격이 아니라 은혜와 사랑과 동참이다. 바르트는 설명어인 두 개의 "그리고"에 대해서 언급한 다음, '하느님의 사랑이 활동하고, 성령의 연합이 나타나고 전해지는 주 예수 그리스도의 은혜가 여러분 모두와 함께 있기를 빕니다'로 번역해야 한다고 말한다(*C.D.* Ⅳ. ii. 766).

색인

편집자 주
1. 색인에 제시된 쪽수는 이 책 각 쪽 상단 좌우 측에 /123/와 같이 "/ /"로 삽입한 원서의 쪽수를 뜻합니다.
2. 색인에 실린 쪽수 n은 해당 쪽의 각주를, f.는 해당 쪽의 다음 쪽을, ff.는 해당 쪽에 이어지는 여러 쪽을 가리킵니다.
3. 성경의 각 책 이름은 한국신학연구소에서 공동번역판의 것을 이용했으므로, 그대로 따릅니다. 전체 약어 목록은 11쪽에 있는 약기표를 참고하기 바랍니다.
4. 성경을 제외한 색인 표제어들은 원서에 있는 그대로 표기합니다.

인명 및 주제 색인

그리스어 색인

고대 자료 색인

구약

신약

고전

요세푸스

필론

그리스-로마 문헌

초기 기독교 문헌

國際聖書註釋을 내면서

이번 韓國神學硏究所에서는 한국 교회의 오랜 숙원이었던 건전한 신학에 근거한 성서 주석을 여러분에게 선보이게 되었읍니다.

본 주석서를 내게 된 동기는 성서에 대한 세밀한 것, 가령 단어 하나에 이르기까지 정확하게 알 수 있는 주석서의 결정판을 냄으로써 성서를 바르게 이해하려고 소원하는 한국의 많은 그리스도인들에게 보답하며, 특히 제목 설교의 풍조 아래서 성서를 앞세운다고 하면서도 실제로는 성서를 가장 등한시 하는 경향이 지배하는 한국 강단의 잘못을 시정하고, 한국 교회에 하느님의 말씀이 올바르게 선포되도록 하려는 데 있읍니다.

國際聖書註釋이라고 이름붙인 것은 국제적으로 가장 정평있는 주석서를 선정한 이유도 있지만, 언제까지나 외국의 주석서에만 의존할 수는 없고 앞으로 이 주석 전집에 이어 한국 성서 학자들의 독자적인 힘으로 이루어질 韓國聖書註釋의 출간을 전제하고 있기 때문입니다.

國際聖書註釋이 나오기까지에는 세계에서 가장 정평있는 주석들 가운데서 엄선한 한국의 신구약 성서 학자들의 노고와 미래가 촉망되는 본 연구소 번역실 직원들의 의욕적인 번역 그리고 이 일을 사명으로 아는 편집실 직원들의 수고가 있었읍니다.

이 주석 전집이 한국 성서학의 초석이 되며 한국 교회의 강단에 통일된 성서 지식을 전달하는 길잡이가 되기를 기원합니다.

韓國神學硏究所長 安炳茂

알맹e 출간 목록

2025년 9월 현재 목록입니다. 각 책에 관한 상세 정보와 더 나올 책들은 www.rmaenge.com에서 확인할 수 있습니다(e=전자책 / p=종이책).

쁘띠 알맹e

- 신약학 부문(편집장 김선용)

병행구절광증. 새뮤얼 샌드멜. 김선용 역. 2022-01-04. ("Parallelomania," *JBL* 81 [1962]: 1-13) e.

초기 기독교의 가족, 개정판. 캐롤린 오시에크. 임충열 역. 2024-02-25. ("The Family in Early Christianity: 'Family Values' Revisited," *CBQ* 58/1 [1996]: 1-24) e.

왜 신약성경을 연구하는가. 웨인 믹스, 리처드 헤이스. 김선용, 임충열 역. 2022-08-23 e.

헬레니즘계 종교로서의 기독교의 출생. 한스 디터 벳츠. 진규선 역. 2023-06. ("The Birth of Christianity as a Hellenistic Religion," *JR* 74.1 [1994]: 1-25) e.

기억, 역사 이론, 그리고 예수 수용. 옌스 슈뢰터. 임충열 역. 2023-11. ("Memory, Theories of History, and the Reception of Jesus," *JSHJ* 16 [2018]: 85-107) e.

왜 신약성경을 연구하는가 외: 넌쁘띠 알맹e 신약학 I. 김선용 외. 2024-02-28. (상기 5권의 전자책을 묶은 책) p.

왜 로마제국은 바울에게 중요치 않았는가. 존 M. G. 바클레이. 임충열 역. 2024-3. ("Why the Roman Empire Was Insignificant to Paul") e.

"Paul and Jewish Apocalyptic Eschatology." Martinus C. de Boer. 임충열 역. 근간 e.

- 신학 부문(편집장 민경찬, 차보람)

현대 영국 신학의 흐름. 데이비드 F. 포드. 권헌일 역. 2023-08-02. ("British Theology" and two other articles from *the Christian Century*) e.

아돌프 폰 하르낙의 치명적 단순함. 로완 윌리엄스. 양세규 역. 2023-12-17. ("The Deadly Simplicities of Adolf von Harnack," *Legatum Lecture Transcript*) e.

알맹e 크리티카 성경 주석

마태복음 1-3장 주석. W. D. 데이비스, 데일 C. 앨리슨. 2024-10. (*Matthew* 1 앞 절반 부분, ICC, T&T Clark / Bloomsbury Academic, 1988) p&e.

마태복음 4-7장 주석. W. D. 데이비스, 데일 C. 앨리슨. 예정. (*Matthew* 1 나머지, ICC, T&T Clark / Bloomsbury Academic, 1988) p&e.

누가복음 1 & 2. I. 하워드 마샬. 강요섭 역. 2023-10-13. (*Luke*, NIGTC, Eerdmans, 1978) p&e.

요한 복음 1 & 2. C. K. 바레트. 한국신학연구소 번역실 역. 2023-12-1. (*John*, 2nd ed. SPCK, 1978) p&e.

로마서: 로마인들에게 보낸 바울의 편지에 대한 성경 주석. 에른스트 케제만. 한국신학연구소 번역실 역. 2023-12-25. (*An die Römer*, HNT, Mohr Siebeck, 1980) p&e.

갈라디아서: 갈라디아 교회에 보낸 바울의 편지에 대한 주석. 한스 디터 벳츠. 한국신학연구소 번역실 역. 2023-06-

17. (*Galatians*, Hermeneia, Fortress, 1979) p&e.

고린도전서 주석. C. K. 바레트. 한국신학연구소 번역실 역. 2025-09-22. (*1 Corinthians*, BNTC, Black/Bloomsbury, 1971) p&e.

고린도후서 주석. C. K. 바레트. 한국신학연구소 번역실 역. 2025-09-22. (*2 Corinthians*, BNTC, Black/Bloomsbury, 1973) p&e.

알맹e 성경 주석서 가이드

갈라디아서 주석서 가이드. D. A. 카슨, John F. Evans 외. 맹호성 편집. 2023-06-17 p&e.

알맹e 클라시카 텍스트

b (한국어 & 원어 대역본)

디오그네토스께 드리는 편지 · 디다케: 열두 사도의 가르침 . 조재천 해제 김한원 역. 2025-2-28. p&e.

신행사전

1 개혁신학 용어 사전. 켈리 M. 캐픽, 웨슬리 밴더 럭트. 송동민 역. 2017-10-31. (*Pocket Dictionary of the Reformed Tradition*, 미국 IVP, 2013) e / 도서출판 100p 출간. 2018-03-01.

2 성서학 용어 사전. 아서 G. 팻지아, 앤서니 J. 페트로타. 하늘샘, 맹호성 역. 2019-08-23. (*Pocket Dictionary of Biblical Studies*, 미국 IVP, 2022) e / IVPp 출간. 2021-10-28.

3 윤리학 용어 사전. 스탠리 J. 그렌츠, 제이 T. 스미스. 이여진 역. 2018-03-25. (*Pocket Dictionary of Ethics*, 미국 IVP, 2003) e (p는 알맹e 복간 예정).

4 신학 용어 사전. 스탠리 J. 그렌츠, 데이비드 거레츠키, 체리스 피 노들링. 진규선 역. 2018-10-29. (*Pocket Dictionary of Theological Terms*, 미국 IVP, 1999) e / IVPp 출간. 2022-03-28.

5 교회사 용어 사전. 네이선 P. 펠드머드, 이재근(한국 교회사 부분 저자 및 번역 감수). 송동민 역. 2022-08-15 (*Pocket Dictionary of Church History*, 미국 IVP, 2008) e / IVPp 출간. 2022-08-29.

6 철학 변증학 용어 사전. C. 스티븐 에반스. 김지호 역. 2018-05-31. (*Pocket Dictionary of Apologetics and Philosphy of Religion*, 미국 IVP, 2002) 도서출판 100p&e.

신행신학

원시 그리스도교에 대한 사회학적 연구, 개정판. 게르트 타이센. 김명수 역. 2024-5-15. (*Studien zur Soziologie des Urchristentums*, 3e, Mohr Siebeck, 1989) p&e. M어게인.

일하는 사도 바울의 사회적 배경과 맥락: 천막짓기와 사도직. 로널드 F. 호크. 이성하 역. 2023-8-21. (*The Social Context of Paul's Ministry: Tentmaking and Apostleship*, Fortress, 1980) p&e. M어게인.

바울의 신학과 윤리. 빅터 퍼니쉬. 김용옥 역. 2022-02-28. (NTL *Theology and Ethics in Paul*, Westminster John Knox, 2009) 2009년 리처드 헤이스 개관 포함. p&e. M어게인.

바울, 율법, 유대인. E. P. 샌더스. 김진영, 이영욱 역. 2021-08-18. (*Paul, the Law, and the Jewish People*, Fortress, 1983) 종이책은 감은사 출간. 2021-08-25. M어게인.

바울과 팔레스타인 유대교. E. P. 샌더스. 박규태 역. 2018-07-10. (*Paul and Palestinian Judaism*, SCM Press; Fortress, 1977, 2017) p&e.

바울과 팔레스타인 유대교 간추린판. E. P. 샌더스. 박규태 역. 김선용 편집. 2020-10-29. e / 비아토르p.

하나님과 성의 수사학. 필리스 트리블. 유연희 역. 2022-07-18. (*God and the Rhetoric of Sexuality*), Fortress, 1978) p&e. M어게인.

수사비평: 역사, 방법론, 요나서. 필리스 트리블. 유연희 역. 2021-05-26. (*Rhetorical Criticism*, Fortress, 1995) e / 한국기독교연구소p 출간. 2007-10-20. M어게인.

히브리성서 개론. 존 콜린스. 유연희 역. 2021-05-26. (*A Short Introduction to the Hebrew Bible*, Fortress, 2007) e / 한국기독교연구소p 출간. 2011-03-20. M어게인.

예수와 유대교. E. P. 샌더스. 이정희 역. 2022-05-05. (*Jesus and Judaism*, SCM; Fortress, 1985) p&e. M어게인.

이야기 마태복음 개정증보 2판. 잭 딘 킹스베리. 권종선 역. 2021-08-13. (*Matthew as Story* 2nd ed., Fortress, 1988) p&e. M어게인.

이야기 마가복음 개정 3판. 데이비드 로즈·조안나 듀이·도널드 미키. 양재훈 역. 2022-10-12. (*Mark as Story* 3rd ed., Fortress, 2012) e / 이레서원p. M어게인.

요한복음 해부. R. 앨런 컬페퍼. 권종선 역. 2021-12-25. (*Anatomy of the Fourth Gospel*, Fortress, 1987) p&e. M어게인.

성경해석의 역사. 개정증보판. 로버트 M. 그랜트, 데이비드 트레이시. 이상훈, 임충열 역. 2022-12-17. (*A Short History of the Interpretation of the Bible*, Fortress, 1984) p&e. M어게인.

현대 영국 신학자들과의 대담. 이승구. 2023-09-11. p&e. M어게인.

신 계시 권위 1-4권. 칼 헨리. 맹용길 & 이상훈 역. 2022-01-21. (*God, Revelation and Authority* Vols. 1 -4, Crossway Books, 1999) p&e. M어게인.

복음주의자의 불편한 양심. 칼 F. H. 헨리. 리처드 마우, 러셀 무어 서문. 박세혁 역. 2024-02-28. (*The Uneasy Conscience of Modern Fundumentalism*, Eerdmans. 1947, 2003; Crossway, 2022) e / IVPp.

기후 변화와 신학의 재구성. 샐리 맥페이그. 김준우 역. 2021-05-26. (*New Climate for Theology*, Fortress, 2008) e / 한국기독교연구소p 출간. 2008-09-25. M어게인.

예수와 창조성. 고든 카우프만. 김진혁 역. 2021-05-26. (*Jesus and Creativity*, Fortress, 2009) e / 한국기독교연구소p 출간. 2009-06-30. M어게인.

하나님의 말씀에 사로잡혀. 미로슬라브 볼프. 홍병룡 역. 2021-08-09. (*Captive to the Word of God*, Eerdmans, 2010) e / 국제제자훈련원p. 2012-12-05. M어게인.

태초에 창조성이 있었다. 고든 카우프만. 박만 역. 2021-05-26. (*In the Beginning… Creativity*, Fortress, 2000) e / 한국기독교연구소p 출간. 2013-10-01. M어게인.

윗필드 씨! 제발 좀 마이크 내려놓고 쉬세요! 아놀드 A. 댈리모어. 오현미 역. 2021-12-31. (*George Whitefield: God's Anointed Servant in the Great Revival of the Eighteenth Century*, Crossway, 2010) e / 이레서원p. M어게인.

알맹4U

동성 끌림을 경험하는 친구를 위하여: 기독교인인 나는 어떻게 해야 할까? 브래드 햄브릭. 맹호성 역. 2024-5-15. (*Do Ask, Do Tell, Let's Talk: Why and How Christians Should Have Gay Friends*, Cruciform Press, 2016) e.

도널드 밀러는 인생 편집 중 - 〈천년 동안 백만 마일〉 일러스트레이션 한정판. 도널드 밀러. 윤종석 역. 2022-12-25. (*A Million Miles in a Thousand Years*, Thomas Nelson, 2009) p&e.

도널드 밀러의 오색사막 순례 이야기. 도널드 밀러. 허진 역. 2022-07-04. (*Through Painted Deserts*, Thomas Nelson, 2005) e / 잉클링즈p. 2022-06-30.

천년 동안 백만 마일. 도널드 밀러. 윤종석 역. 2021-09-03. (*A Million Miles in a Thousand Years*, Thomas Nelson, 2009) e / IVPp 출간. 2010-10-27.

메리에게 루이스가. C. S. 루이스. 이종태 역. 2021-07-23. (*Letters to an American Lady*, Eerdmans, 1967, 2014) e.

버거킹에서 기도하기. 리처드 마우. 강봉재 역. 2023-11-10. (*Praying at Burger King*, Eerdmans, 2007) e / IVPp.

아름다운 '안녕'. 매럴린 매킨타이어. 오현미 역. 2024-02-28. (*A Faithful Farewell: Living Your Last Chapter with Love*, Eerdmans, 2015) e / 이레서원p. 2019-06-12..

KCBS

Frederick William Danker ed. *A Greek-English Lexicon of the New Testament and Other Early Christian Literature, 3rd. ed.*, The University of Chicago Press, 2000. 한국 공인 reprint판. p. 2024-9-19.

K. 바레트 (Charles Kingsley Barrett, 1917-2011)

국 더럼대학교의 교수(1945-1982)이자 70년 동안 감리교 목사였다. 사도행전과 주요 바울 서신 주을 집필하였으며, 20세기 영국의 대표적인 신약학자로 평가받는다. 한국어로는 한국신학연구소에 『요한 복음』, 『고린토전서』, 『고린토후서』가 번역 출간되었다. 이 주석서들은 알맹e를 통해서 모 복간되었다.

고린도전서 주석

고린토전서 성경 주석 (BNTC)

알맹e 크리티카 성경 주석 시리즈

옮긴이 한국신학연구소 번역실
펴낸이 김진실, 맹호성
펴낸곳 알맹e
등록 제25100-2014-000047호(2014년 7월 25일)
주소 서울특별시 노원구 동일로 1700, 1031호 (파르코오피스텔) 01624
e우편 rmaenge@rmaeng2.com
웹집 rmaenge.com
얼굴책 facebook.com/rmaenge

발행 2025년 9월 22일
종이책 ISBN 9791191822854
종이책 세트 ISBN 9791191822847
PDF 전자책 ISBN 9791191822878

고린도전서 주석

고린도전서 주석

고린토전서 성경 주석 (BNTC)

C. K. 바레트 지음

한국신학연구소 번역실 옮김

알맹e

Originally published as
A Commentary on the First Epistle to the Corinthians, Black New Testament Commentaries
by Adam & Charles Black, London, UK in 1968.
Second edition published in 1971.

이 책은 1985년에 한국신학연구소에서 국제성서주석 시리즈 제35권으로 출간된 적이 있습니다. 이 한국어판은 한국신학연구소의 이용 허락을 받았으며, 이전 판을 스캔하여 그대로 출간하되, 이전 판에는 없던 원서의 색인을 추가하고, 본문에는 원서의 쪽수 정보를 추가하였습니다. 스캔한 원고는 OCR(광학문자인식) 처리를 했지만, 전자책에서 검색 결과가 완벽하지 않을 수 있습니다.

표지 전반에 이용된 여러 색은 세계적인 명문 신학 출판사 Mohr Siebeck를 오마주하는 의미에서 가져왔습니다.

뒤표지 이미지: 사도 바울과 그의 제자들(Plaque with Saint Paul and His Disciples)
1160-1180년, 영국, 구리, 에마뉴 샹르베. 미국 뉴욕시 Metropolitan Museum of Art 소장 작품. 공유 저작물(CC0 1.0 DEED)이며 무상으로 사진을 제공받아 가운데 부분을 이용함. Ad CHORINT [CHORINTHOS] 는 바울이 자기가 쓴 편지의 수신자인 "코린토스(고린도)인들에게"를 뜻한다.

목차

서론

본문과 주석

색인

머 리 말

*

이 책과 같은 시리즈인 로마서 주석 머리말에 쓴 것 중 상당부분이 이 책에도 적용된다. 이번에도 주석에 대한 이해를 돕는 의미에서, 본문은 바울로가 말한 바를 가능한 한 정확하고 평이한 영어로 번역하였다. 이 책에서는 로마서 주석에서보다 헬라어가 더 많이 나오는데, 그 이유는 간단히 말해서 고린토전서에 대해서는 "Sanday and Headlam"과 같은 정통한 문법책이 없으므로 헬라어가 충분히 밝혀지지 않으면 독자들이 어려움을 느끼게 되기 때문이다. 그러나 헬라어를 모르는 사람은 헬라어가 나오는 부분을 이 책에서도 건너뛰고 읽어도 큰 무리는 없을 줄 안다.

필자가 고린토전서를 주석함에 있어서 이전 주석가들의 성과에 힘입은 정도는, 로마서의 경우처럼 그렇게 크지는 않다. 그러나 많은 유익한 책들로부터 배운 바가 컸는데 그 책들 중 대부분은 참고문헌 약어표에 실어 놓았다. 그러나 이 책 원고를 처음부터 끝까지 훑어 보고 나서, 나는 G.G. Findlay와 F.W. Grosheide의 주석들에 대한 언급이 하나도 없는 것을 알고는 당혹감을 느꼈다. 그들에게서 받은 도움도 컸기 때문이다. 보다 자세하게 인용할 수도 있었던 책들이 몇권 더 있는데, W. Schmithals, *Die Gnosis in Korinth*(1956)와 U. Wilckens, *Weisheit und Torheit*(1959) 같은 책들이 그것이다. 그러나 이 책들은 필자의 논문 "Christianity at Corinth"에서 언급하였다. 바르트(K. Barth)의 고린토전서 주석(*The Resurrection of the Dead;* E.T. 1933)보다는, 고린토전서에 대해 많이 논의되어 있는 그의 *Church Dogmatics*를 인용하는 것이 보다 유익했을텐데 하는 아쉬움도 남는다.

내가 고린토서신들의 주석에 착수할 수 있도록 여러가지로 자극을 주고, 또 이렇게 고린토전서 주석서가 나올 때까지 인내로써 기다려 준 편집인 헨리 챠드윅 교수에게 심심한 사의를 표한다. 아마 챠드윅 교수는 신약성서에서 가장 문제가 많은 고린토후서의 주석이 나올 때까지 또 한참을 기다려야만 할 것이다. 그러나, 당시에 가장 말썽 많았던 교회를 바울로가 어떻게 취급했는가를, 자료들과 내 능력이 허락하는 한 철저하게 다루는 일을 너무 오래 지연시키지 않게 되기를 스스로 바라는 바이다.

나는 우리들 세대의 교회가 사도의 복음을 재발견할 필요가 있다고
* 생각하는데 그럴 경우 로마서가 도움이 될 것이다. 또한 오늘의 교회는 교회의 질서, 훈련, 예배, 그리고 윤리 등이 사도의 복음과 어떤 관련성 속에 있는가를 재검토해 보아야 하는데, 그렇게 하는 데 있어서는 고린토전서가 많은 도움을 줄 것이다. 만약 이런 재발견의 작업들이 수행될 경우, 당연히 교회는 그 스스로가 깨어지는 아픔을 경험하게 될 것이며, 바로 거기에서부터 고린토후서의 의미가 밝혀지기 시작할 것이다.

1967년 4월 더럼대학에서

C.K. 바레트

일러두기

1. 이 한국어판은 원서의 각주 번호 체계와는 다르게 각 섹션 별로 번호를 이어서 붙이고 있습니다. 색인은 원서의 색인 방식을 그대로 사용했기 때문에 각주 번호는 위치를 확인하는 정도로만 활용할 것을 참고하기 바랍니다.
2. 각 쪽 상단에 있는 한국어판 쪽수 정보 아래에 /123/과 같은 방식으로 원서 쪽수를 표기했습니다. 원서의 쪽이 바뀌는 대략적인 위치는 *로 분문 안쪽 여백에 표시했습니다.
3. 기존 한국신학연구소 판에서 간혹 누락된 내용을 발견한 경우 **로 표시하고 하단 여백에 해당 내용을 추가했습니다.
4. 성경의 각 책의 표기와 기타 약어는 이어서 나타나는 약기표를, 성경 인용에 대한 설명은 약기표 15쪽의 범례를 참고하기 바랍니다.

略記表

〈구약성서〉

창세	창세기
출애	출애굽기
레위	레위기
민수	민수기
신명	신명기
여호	여호수아
판관	판관기
삼상	사무엘상
삼하	사무엘하
열상	열왕기상
열하	열왕기하
이사	이사야
예레	예레미야
에제	에제키엘
호세	호세아
요엘	요엘
아모	아모스
오바	오바디야
요나	요나
미가	미가
나훔	나훔
하바	하바꾹
스바	스바니야
하깨	하깨
즈가	즈가리야
말라	말라기
시편	시편
욥기	욥기
잠언	잠언
룻기	룻기
아가	아가
전도	전도서
애가	애가
다니	다니엘
에스	에스델
에즈	에즈라
느헤	느헤미야
역상	역대기상
역하	역대기하
에스	에스델(그리이스어)
유딧	유딧
토비	토비트
마상	마카베오상
마하	마카베오하
지혜	지혜서
집회	집회서
바룩	바룩서
예편	예레미야의 편지

〈신약성서〉

마태	마태오의 복음서
마르	마르코의 복음서
루가	루가의 복음서
요한	요한의 복음서
사도	사도행전
로마	로마인들에게 보낸 편지
고전	고린토인들에게 보낸 첫째 편지
고후	고린토인들에게 보낸 둘째 편지
갈라	갈라디아인들에게 보낸 편지
에페	에페소인들에게 보낸 편지
필립	필립비인들에게 보낸 편지
골로	골로사이인들에게 보낸 편지
데전	데살로니카인들에게 보낸 첫째 편지
데후	데살로니카인들에게 보낸 둘째

	편지	야고	야고보의 편지
디전	디모테오에게 보낸 첫째 편지	베전	베드로의 첫째 편지
		베후	베드로의 둘째 편지
디후	디모테오에게 보낸 둘째 편지	요일	요한의 첫째 편지
		요이	요한의 둘째 편지
디도	디도에게 보낸 편지	요삼	요한의 세째 편지
필레	필레몬에게 보낸 편지	유다	유다의 편지
히브	히브리인들에게 보낸 편지	묵시	요한묵시록

〈참고문헌〉

Adam	C. K. Barrett, *From First Adam to Last*, 1962.
Allo	E.B. Allo, *Saint Paul: Première Épître aux Corinthiens* (*Études Bibliques*), 1956.
Bachmann	P. Bachmann, *Der erste Brief des Paulus an die Korinther*, fourth edition, with supplements by E. Stauffer, 1936.
Background	C.K. Barrett (ed.), *The New Testament Background: Selected Documents*, 1956.
Barth, *C.D.*	K. Barth, *Church Dogmatics*, 1936—1962.
Bauer[1]	W. Bauer, *Griechisch-Deutsches Wörterbuch zu den Schriften des Neuen Testaments und der übrigen urchristlichen Literatur*, 1952.
B.D.[2]	F. Blass, *Grammatik des neutestamentlichen Griechisch*, revised by A. Debrunner, 1949.
Betz	H.D. Betz, *Lukian von Samosata* (*Texte und Untersuchungen*, 76), 1961.
Bultmann, *Theology*	R. Bultmann, *Theologie des Neuen Testaments*, 1948—1953. E. T.: *Theology of the New Testament*, 1965.
Calvin	J. Calvin, *The First Epistle of Paul the Apostle to the Corinthians* (tr. J.W. Fraser), 1960.
"Cephas and Corinth"	C.K. Barrett, "Cephas and Corinth," in *Abraham unser Vater, Festschrift für Otto Michel*

1) 또한 W.F. Arndt와 F.W. Gingrich가 편집한 영어판을 참조하라.
2) 이것은 R.W. Funk의 영어판(1961)에도 해당된다.

	(ed. O. Betz, M. Hengel, P. Schmidt), 1963, pp. 1—12.
"Cristianity at Corinth"	C.K. Barrett, "Christianity at Corinth," in *Bulletin of the John Rylands Library* 46(1964), pp. 269—97.
Daube	D. Daube, *The New Testament and Rabbinic Judaism*, 1956.
W.D. Davies	W.D. Davies, *Paul and Rabbinic Judaism*, 1948.
E.T.	English translation.
EVV	English Versions.
Harris	W.B. Harris, *The First Epistle of St Paul to the Corinthians*, 1958.
Heim	K. Heim, *Die Gemeinde des Auferstandenen*, ed. F. Melzer, 1949.
Héring	J. Héring, *La Première Épître de saint Paul aux Corinthiens* (*Commentaire du Nouveau Testament* VII), 1949. E.T.: *The First Epistle of Saint Paul to the Corinthians*, 1962.
Hurd	J.C. Hurd, *The Origin of I Corinthians*, 1965.
J.T.S.	*The Journal of Theological Studies.*
Knox, *Gentiles*	W.L. Knox, *St Paul and the Church of the Gentiles*, 1939.
Kümmel	See Lietzmann.
Lietzmann	H. Lietzmann, *An die Korinther I,II* (*Handbuch zum Neuen Testament* 9), fifth edition with supplements by W.G. Kümmel, 1969.
Lightfoot	J.B. Lightfoot, *Notes on Epistles of St Paul*, 1895.
Lipsius-Bonnet	R.A. Lipsius and M. Bonnet, *Acta Apostolorum Apocrypha*, 1959.
L.S.	H.G. Liddell and R. Scott, *A Greek-English Lexicon*, new edition by H.S. Jones and R. McKenzie, n.d.
M. i	J.H. Moulton, *A Grammar of New Testament Greek*, Volume I, Prolegomena, 1908.

M. ii	The Same: Volume II, Accidence and Word-Formation, by J.H. Moulton and W.F. Howard, 1929.
M. iii	The Same: Volume III, Syntax, by N. Turner, 1963.
T.W. Manson, *Studies*	T.W. Manson, *Studies in the Gospels and Epistles*, ed. by M. Black, 1962.
M.M.	J.H. Moulton and G. Milligan, *The Vocabulary of the Greek Testament*, 1914—1929.
Moffatt	J. Moffatt, *The First Epistle of Paul to the Corinthians*, 1938.
Moule	C.F.D. Moule, *An Idiom Book of New Testament Greek*, 1953.
N.T.S.	*New Testament Studies.*
Robertson	A.T. Robertson, *A Grammar of the Greek New Testament in the Light of Historical Research*, 1919.
Robertson-Plummer	A. Robertson and A. Plummer, *A Critical and Exegetical Commentary on the First Epistle of St Paul to the Corinthians* (*International Critical Commentary*), 1914.
Romans	C.K. Barrett, *A Commentary on the Epistle to the Romans* (Black's New Testament Commentaries), 1962.
RV	Revised Version.
S.B.	H.L. Strack and P. Billerbeck, *Kommentar zum Neuen Testament aus Talmud und Midrasch*, 1922—1961.
Schlatter	A. Schlatter, *Paulus der Bote Jesu*, 1962.
Schoeps, *Paulus*	H.J. Schoeps, *Paulus*, 1959. E.T.: *Paul*, 1961.
Schweitzer, *Mysticism*	A. Schweitzer, *The Mysticism of Paul the Apostle* (tr. W. Montgomery), 1931.
Schweizer	E. Schweizer, *Church Order in the New Testament* (*Studies in Biblical Theology* 32), 1961.
Sevenster, *Seneca*	J.N. Sevenster, *Paul and Seneca* (*Novum Tes-*

	tamentum Supplement IV), 1961.
Stauffer	See Bachmann.
Studia Paulina	*Studia Paulinain in honorem J. de Zwaan* (ed. J.N. Sevenster and W.C. van Unnik), 1953.
"Things Sacrificed to Idols"	C.K. Barrett, "Things Sacrficed to Idols," in *N.T.S.* xi (1965), pp. 138—53.
T.W.N.T.	*Theologisches Wörterbuch zum Neuen Testament*, ed. by G. Kittel and G. Friedrich, 1933—. See also the English translation.
Weiss	J. Weiss, *Der erste Korintherbrief (Kritisch-exegetischer Kommentar über das Neue Testament*—Meyer), 1910.
Wendland	H.D. Wendland, *Die Briefe an die Korinther (Das Neue Testament Deutsch* 7), 1946.
Whiteley	D.E.H. Whiteley, *The Theology of St Paul*, 1964.
Z.N.T.W.	*Zeitschrift für die neutestamentliche Wissenschaft und die Kunde der älteren Kirche.*
Zuntz	G. Zuntz, *The Text of the Epistles*, 1953.

〈凡 例〉

* 성서의 章節 표기는 아래와 같이 통일한다.
  1장 1—10절=1, 1—10
  1장 1절—2장 1절=1, 1—2, 1
  1장 1절, 10절, 20절=1, 1·10·20
* 성서 본문은 구약은 공동번역, 신약은 새번역을 참조하고 저자의 사역을 충분히 고려하였다.
* 지명, 인명은 공동번역을 따랐다.

서 론

I. 고 린 토

고린토는 지금의 그리이스 본토와 펠레폰네소스를 연결하는 지협의 서남단에 위치하고 있었다. 그곳은 북쪽 1.5마일 지점에 있는 고린토 만(灣)의 레카이옹과 동쪽으로 7.25마일 떨어진 사로닉만의 겐크레아(로마 16,1)를 포함한 복잡한 지역에 속해 있었다. 이 지역은 토지가 비옥하지는 않았지만 그 경제적 이점은 대단했다. 그곳은 남북으로는 육지와 연결되어 있고 동서 양 옆구리에 바다를 끼고 있어서, 북쪽과 남쪽을 잇는 육로를 관장하고 있었을 뿐만 아니라 동서를 뚫는 고린토 운하 —네로 황제에 의해 착공되었다가 곧 중단되었던 것인데 1893년에야 완성되었다— 가 개통되기까지는 양 해로를 연결하는 요충지였다. 때때로 선박들의 화물운송을 통제하는 것은 군사적으로 매우 중요했으며[1] 상업상으로도 여전히 중요했음이 분명하다. 일찌기 호머는 '부유한 고린토'라고 말한 바 있다(*Iliad*, ii. 570 ; 참조. xiii. 664). 고린토는 평지에 위치하고 있었는데, 해발 1857 피이트의 아크로 고린토 언덕이 흡사 성곽처럼 그 주위를 내려다보고 있다. 이처럼 경제적으로나 군사적으로 고린토는 유리한 조건에 있었다.[2] 이렇게 보면 그곳이

---

1) 예를 들어 Thucydides viii, 7을 참조하라 : 스파르타인들이 세 명의 완전시민들(Spartiatae)을 고린토로 파견한 것은, 지협건너편에 정박해 있는 배들을 가급적 빨리 그쪽 바다로부터 아테네쪽 바다로 보내기 위해서는 그 배들에게 카이오스로 항해하라는 전갈을 보내야만 했기 때문이다.

2) 예를 들어 Plutarch, *Aratus XVI, XVII* (1034) : ……그리이스 한 복판에(즉 펠로폰네소스와 에피루스 사이에) 치솟은 매우 높은 산 아크로고린토에는 수비대가 주둔해 있었으며, 그곳은 길을 가로막고 있어 자연

고대세계에서 왜 그토록 유명했던가를 이해할 수 있을 것이다. 그러나 놀랄 만한 사실은 고린토보다 더 뛰어난 도시가 있었다는 것이다.

B.C. 146년에는 고린토의 역사에 중요한 분기선이 그어지는데, 그것은 로마가 아카이아 연맹(Acacan League)을 해체시켰기 때문이다. 고린토 지협의 류코페트라에서 결정적인 교전이 있은 뒤, 집정관 루시우스 뭄미우스(Lucius Mummius)는 힘들이지 않고 고린토를 점령할 수 있었다. 시민들은 학살당하거나 아니면 노예로 팔려갔다. 도시는 파괴되었고 재건은 금지되었다. 이후로 고린토의 영토는 대부분이 로마의 공유지가 되었고, 그 중 일부만이 인접 속주인 씨시온(Sicyon)에게 주어졌는데 그것은 이제부터 고린토 대신에 씨시온이 체육제전(Isthmian Games)을 담당한다는 것을 조건으로 한 것이었다(Isthmian Games: 옛날 고린토 지협에서 2년에 한번씩 열렸던 경기로서 올림픽 경기와 더불어 고대 그리이스의 4대 경기 중의 하나였다). 고린토는 그후 100년 동안 폐허가 된 채로 있다가 후에 줄리우스 씨이저에 의해 로마의 식민지로 재건되었다. *

재건된 새 고린토는 당연히 옛 고린토의 지리적 특징을 그대로 지니고 있었다. 그러나 그 밖의 점에서는 새 도시는 옛 도시와 별로 관계가 없었다. 오늘날 여행자들은 그리이스 도시의 모습은 거의 볼 수 없고 아폴로 신전의 여섯 돌기둥만을 볼 수 있을 뿐이다. 지금은 로마의 주춧돌이 훨씬 두드러지게 눈에 띈다. 그러나 이 점은 파우사니아스(Pausanias)[3]의 시대에도 이미 그러하였다. 파우사니아스는 옛 고린토와 새 고린토를 대조시켜 묘사하면서 이를테면 다음과 같이 말했다. "그들에 대한 존경의 표시로 매년 드리는 희생제물 의식이 제정되었고, 공포(δεῖμα)의 상(像)이 세워졌다. 이 공포의 상은 오늘까지도 남아 있다.…… 그러나 로마인들이 고린토를 파괴하고 고대 고린토인들이 사라져 버린 이후로는 식민지 개척자들은 더 이상 제사를 드리지 않았고, 아이들이 머리털을 자르거나 검은 옷을 입지도 않게 되었다"(Pausanias, Ⅱ, iii. 7). 고린토의 전통에 대해 거의 아무런 의미

히 통상과 운송과 전투에 있어서 지형 내의 모든 육로를 막고 육로든 해로든 모든 교통을 차단시켰으므로, 그 지역을 지배하고 통제하는 사람이 수비대 대장이 되었다…… 그 지역은 항상 모든 왕들과 통치자들이 쟁탈전을 벌렸던 곳이다……

3) G. Roux, *Pausaninas en Corinthe*(1958), 29에는 고린토에 대해 기술하고 있는 파우사니아스의 두번째 책의 연대가 155±~170±로 제시되어 있다.

도 느끼지 못하는 새 이주자들이 로마제국의 여러 지역에서 속속 들어 왔다. 그들 대다수가 제대한 군인들이었을 것이다. 그들 가운데 그리이스인들도 있었음이 분명하긴 하지만 바울로 당시 고린토가 어떤 면에서건 뚜렷이 그리이스적이었다고 볼 수는 없다. 고린토에 유다인들이 있었다는 사실은 한 비문[4]을 통해 알 수 있는데, 그 글자들이 훼손되어 확실하게 보이지는 않지만 '유다인의 회당' ([Syn]agogue of the Hebr(ews)... ΓΩΓΗ EBP...)이라고 씌어진 것 같으며 이것은 회당문의 상인방돌(lintel)의 일부분으로 생각된다. 이 비문의 연대를 정확하게 말할 수는 없지만 그것은 사도행전 18장 4절("그는 안식일마다 회당에서 변론하였다")을 충분히 확증해준다. 새 고린토는 이렇게 세계적인 도시였던 것이다. 한 세기가 지난 당시의 새고린토에 대해, 부도덕하다는 옛 고린토에 대한 평판을 그대로 적용할 수 없게 되었다(고린토라는 이름에서 파생된 말들은 옛 희곡에서 "간음하다," "포
* 주" 등의 의미로 사용되었던 것으로 보인다). 하지만, 그렇다고 하여 이 새 도시가 옛날의 오명에서 벗어나서 좋은 평판을 얻었다고 말할 수도 없다. 바울로 시대의 고린토는 그 시대의 어느 다른 큰 항구나 무역 중심지에 비해 평판이 썩 좋지도 썩 나쁘지도 않은 정도였다.

바울로가 처음 고린토를 방문했을 때(2, 3) 그를 두렵게 한 것은, 그 도시의 좋지 않은 평판이 아니라 아마도 자신의 직분과 책임감이었을 것이다. 그는 그리스도께서 십자가에 못박히셨다(2, 2)는 것 이외에는 설교하지 않았고 이 주제를 설명하는 데 있어서 어떤 인간적인 기교도 구사하지 않기로 결심하였다(1, 17 ; 2, 1). 이러한 결심에도 불구하고 (어쩌면 바울로 자신이 말한 바와 같이 바로 이러한 결심 때문에) 그의 설교는 많은 고린토인들의 개종을 가져왔는데, 그들 가운데 최초의 개종자들 —적어도 아가야에서의 최초의 개종자들, 혹은 고린토보다 먼저 복음화된 도시 아가야에 대해 우리가 아는 바가 없다는 것을 전제한다면 아마 고린토에서의 최초의 개종자들— 은 스데파노와 같은 세대였다(14, 15). 바울로는 그리스도교 교회를 위해서 오직 하나의 기초를 놓았는데 그 유일한 기초는 바로 예수 그리스도였다(3, 10·11). 다른 사람들은 이 기초 위에 건물을 세워야 했는데 그 위에 세워진 건물은 그것을 받치고 있는 기초만큼 만족스럽지 못하다는 사실이 드러났다. 고린토에 있는 하느님의 교회도 흠이나 주름잡힌 데가 전혀 없지는 않았다. 이렇게 된 부분적인 이유는 아마도 다종다양한 수많

4) Background, 50을 참조하라.

은 건축자들이 그 건물을 지은 데 있었던 것 같다. 아폴로는 분명히 고린토에서 활동하고 있었다(3, 6). 베드로도 이와 같이 활동했을 것 같기는 하지만 확실하지는 않다.[5] 교회 성원들은 창설자들의 다양성 때문에 또한 분명히 그들 자신이 신앙적으로 완전하게 성숙하지 못했기 때문에, 비록 칼로 잘라내듯 그렇게 분명하게 분열되지는 않았지만, 각기 그리스도교 지도자의 이름을 내세워 파당을 짓는 경향이 있었다(1, 11·12). 교회의 불일치는 이러한 측면에서뿐만 아니라 가난한 사람들과 부유한 사람들이 구별되는 양상을 띠게 된 주의 만찬에서도 나타났다(11, 18—22). 그 밖의 잘못은 외관상 고린토 교회의 생활에서 드러났다. 성도들 가운데 공적인 소송을 거는 일이 있는가 하면(6, 1—8), 부도덕함으로 악명높은 사람들이 속출했고(1—5절), 이미 우상에게 희생제물로 바친 음식을 먹어도 되는지에 대한 논쟁이 일어나기도 했으며(8, 1—13 ; 10, 14—11, 1), 결혼 예법에 관한 의견의 불일치도 있었고(7, 1—40), 혼외 성관계를 가져도 좋은지에 대한 문제가 제기되기도 했다(6, 12—20). 그리스도교의 부활교리가 부인된 것처럼 보였고(15, 12) 바울로 자신의 사도권이 의심을 받기도 했다(4, 3·15 ; 9, 1·2).

한동안 바울로는 고린토를 떠나 있었으나 그곳의 교회와는 계속 접촉을 가졌다. 그는 글로에의 집 사람들을 통하여 교회 내에 당파가 생겼다는 소식을 들었다(1, 11). 우리는 이 사람들이 누구였는지에 대해서 아무 것도 알 수 없으며 추측을 해 볼 수도 없다. 그들은 바울로에게 소식을 전하려고 교회의 부탁을 받아 일부러 여행하지는 않았던 것 같으며, 어쩌다 다른 볼 일이 생겨서 우연히 소식을 전하게 되었던 것으로 보인다. 이와는 달리 스테파나와 포르두나도와 아카이고는 교회의 대표자들로 활동했을 것이다(16, 17·18). 그러나 그들이 어떤 선물을 건네주었을 것 같지는 않다(참조. 필립 4, 18). 만약 그랬다면 그 점이 훨씬 구체적으로 언급되었을텐데 말이다. 어쩌면 그들이 고린토전서 7장 1절에 언급된 편지를 전해주었을지도 모른다(해당 귀절 주석 참조). 만일 그들이 전해주지 않았다면 우리는 편지를 전해 준 사람이 도대체 누구인지를 생각해낼 수가 없다. 일찌기 바울로편에서 먼저 고린토 교회에 편지를 썼었다(5, 9). 그러나 그 편지를 고린토인들이 잘못 이해하자 그는 그 그릇된 인상을 바로 잡아주기 위해서 이 편지를 쓰고 있는 것이다. 방금 말한 '이전의 편지'는 흔히들 말하듯

5) 9장 5절을 보라. 또한 "Cephas and Corinth"를 참조하라.

이 완전히 분실된 것 같다. 어떤 학자들은 고린토후서 6장 14절—7장 1절을 그 편지의 일부로 간주한다. 이러한 견해에 대해서는 고린토후서 주석에서 자세히 논의할 것이다. 그 편지의 몇몇 부분들이나 그 일부를 고린토전서에서도 찾아볼 수 있다는 견해에 대해서는 이책 30—35면을 참조하라.

바울로와 고린토교회와의 관계를 역사적으로 이야기할 때 (우리는 그러한 역사에 대해서 별로 아는 바가 없다) 흔히 사람들은 확실히 바울로 자신의 순수한 서신들에만 근거해서 가급적 정확성을 기해 약술해왔다.[6] 하지만 사도행전에는 바울로와 고린토 교회와의 관계가 역사적으로 일관성 있게 서술되어 있다. 사도행전에 의하면 바울로는 아테네를 방문한 이후에 고린토에 도착했다(사도 18,1). 그는 아퀼라와 브리스킬라를 만났으며(사도 18,2·3. 참조. 고린토전서 16장 19절에는 그 부인의 이름이 브리스카로 나와 있다) 실라와 디모테오가 그와 합류했을 때 좀 더 자유롭게 회당을 이용하였다(사도 18,4·5). 유다인들과 갈수록 심하게 부딪치자 바울로는 이방인들(특히 아마 회당과 이방세계 사이에 있었던 하느님을 경외하는 자들 : 참조. 사도 18,7—이 귀절을 보면 바울로는 하느님을 경외하는 디디오 유스도의 집에서 일하고 있다)에 대한 보다 특수한 선교로 방향을 바꾸었다. 하지만 회당장인 그리스보(참조. 고전 1,14)는 개종하였다(사도 18,6 이하). 바울로는 하느님의 도우심에 힘입어 열여덟 달 동안 선교활동을 계속하였다.

* 사도행전 18장 12—17절은 A.D.51년(?) 여름부터 아카이아 지방 총독이었던 갈리오[7] 앞에 등장한 바울로에 대해 이야기한다. 바울로가 50년 3월경에 고린토에 도착해서 51년 9월까지 그곳에 머물렀다고 추정하는 것은 (비록 그 연대가 1년 정도는 오차가 생길 수도 있다 하더라도) 타당하다.

오래지 않아서 바울로는 고린토를 떠나 시리아로 향했다(사도 18,18). 에페소에 이른 그는 돌아오리라는 약속을 하고서 그곳을 떠났다(사도 18,19 이하). 이것으로써 그는 소위 2차 전도여행을 끝냈다(사도 18,22·23). 그 뒤를 이어 사도행전은 아폴로를 언급하면서 그가 브리스킬라와 아퀼라에게서 가르침을 받은 일과 아카이아에로 여행한

6) Hurd, 41 f.를 참조하라.

7) 갈리오 총독이 재임했던 기간에 관해서는 델피에서 발견된 비문에서 밝혀졌다. Background, 48 f.와 *Romans*, 4 f.를 참조하라.

일 등을 함께 언급하고 있는데, 아카이아로 가는 도중에 그는 분명히 고린토를 방문했다. 19장에 의하면 바울로가 에페소로 돌아왔는데 그곳에서의 2년 3개월 간(19장 8·10절을 보라. 그러나 20장 31절에 '3년'으로 되어 있다해서 이것과 틀린 것은 아니다)의 선교 활동이 사도행전 19장 1절—20장 1절에 나와 있다. 선교활동 과정에서 바울로는 디모테오와 에라스도를 마케도니아로 보냈다고 기록되어 있으며(사도 19, 22), 한편으로 그는 이와 같은 여행을 스스로 계획했다고 한다(사도 19, 21). 이 여행이 고린토전서 16장 5·10절에서 언급된 여행과 일치한다는 것은 있을 수 있는 일이다. 만일 그렇다면 사도행전의 연대기가 신빙성이 있는 한, 우리는 고린토전서에 대한 연대를 추정하는 데 있어서 꽤 정확한 단서를 갖고 있는 셈이다. 바울로가 안티오키아에서 얼마동안 머물렀던 것과 '북부지방'으로 여행한 것을 인정한다면 (사도 19, 1) 그는 52년 늦은 여름에 다시 에페소에 도착했을 것이다. 또한 그가 예루살렘에서 보내려고 열망하였던 오순절은(사도 20, 16), 55년의 오순절이었을텐데 고린토전서 16장 8절에 나온 오순절의 연대는 53년이거나 아마도 54년 이후였을 것이다. 그러므로 가장 그럴듯한 고린토전서의 연대는 54년 초이거나 아니면 53년 말경일 것으로 생각된다.

이 서신은 그 효과면에 있어서 성공을 거둔 문서는 아니었다. 고린토 교회와 사도간의 관계라든지 고린토에서 발생한 일들이 더욱 악화되기만 하였다. 결국 바울로는 고린토교회 때문에 상심하여 큰 슬픔을 안고서 고린토 교회를 방문했던 것 같다(고후 2, 1 ; 12, 14·21 ; 13, 2). 그는 많은 눈물을 흘리면서 심각하게 편지를 썼다(고후 2, 4 ; 7, 8). 그는 디도를 고린토에 보냈었는데 그로부터 기쁜 소식을 듣고서 대단히 반가와하였다(고후 7, 6·7). 그러나 그를 비통에 빠뜨렸던 불씨들은 여전히 남아 있었다. 다시 말해 바울로는 분명히 자신을 모욕하려고 했던 사람들로부터 악용당하였고(고후 12, 11), 경쟁자들로 인해 자신의 위치를 빼앗겼다. 그 경쟁자들은 외견상으로는 보다 호감이 갈지 모르나 바울로의 사도적 과업의 특징인 그리스도의 고난을 함께 하려는 자세와 내적 권위가 없는 자들이었다(고후 12, 12·13). 이런 사건들은 고린토후서에 관한 세부적인 연구에 입각해서만 서로 연결되어 상세히 논의될 수 있는 문제로서 고린토후서 주석서 서론에서 차후로 충분히 논의할 예정이다. 다만 여기서 우리가 주목해야 할 것은 1세기 말엽의 고린토교회가 —로마의 클레멘스의 말을 믿을 수만 있다면—쇠퇴일로에 있는 것으로 보인다는 점이다. 중심 역할을 했던 장로들이 물러나게 되었고 교회는 여러 당파로 분열되었다(*I Clement* XIiv ; XIvi ; XIvii).

고린토 교회의 역사를 보다 상세하게 재구성하려는 두 가지 독특한 시도를 살펴보고 넘어가기로 하자. 첫번째 시도는 허드(J.C. Hurd)에 의한 것이다.[8] 고린토전서를 연구자료로 삼은 허드 박사는 예리하고도 철저한 연구과정을 통해 고린토서상에 있어서의 바울로의 원 설교(고린토전서), '이전의 편지,' 또는 고린토인들의 회답에 관한 내용들을 분석하였다. 한마디로 말해서 그의 결론은 고린토인들이 바울로가 직접 했던 것보다 바울로의 원래의 설교에 훨씬 더 근접해 있었다는 것이다. 다음은 허드 박사의 주장을 간략히 요약해 본 것이다. 바울로는 고린토에서 선교활동을 하는 동안 "남자가 여자에게 접근하지 않는 것이 가장 좋다"(고전 7,1)고 주장하였다. 그 자신은 결혼하지 않았으며 다른 사람들도 그와 같이 해야 한다고 믿었다. 대신 그는 "영적인 결혼"을 찬성하고 권면하였다. 그는 우상에게 바친 음식에 관련하여 "모든 것은 합법적이고"(10,23) 우상은 실제로 존재하는 것이 아니라고(8,4) 가르쳤다. "우리가 다 알고 있다"라고 그는 말했고(8,1) 율법 없이 사는 사람들처럼 행동했다(9,21). 그는 예배시에 여러가지 말로 자유롭게 말하였고(14,18) 여자들이 가리지 않고 다니는 것을 허락하였다(이 점은 11장 2절 배후에 바울로 자신의 교훈들을 따르라는 주장이 들어있는 것으로 보고 유추한 것이다). 미래에 관한 한, "바울로는 내림의 임박성을 고린토교인들에게 확신시켰다. 하지만 하느님의 나라에 들어가기 위한 몸의 변화라든지 부활의 필요성에 대해서는 아무 말도 없었다. 죽음을 생각할 수 없을 만큼 종말이 임박한 시대에서는 부활에 대해 말할 필요가 없었다. 또한 이 주제는…… 이미 죽은 신자들의 부활에 대해 바울로가 나중에 한 설명에 의거한 것이었기 때문에 몸의 변화에 대해서 논의할 이유도 없었다"(285). 세례와 특히 주의 만찬은 "죽음을 저지하였고 모든 신자들이 종말에 살아 있으리라는 것을 보증하였다"(287). 이상과 같은 점들이 율법에 얽매이지 않은 복음에 관한 바울로의 열정적인 설교에 포함되어 있었다.

(고린토 전서) 그 이전의 편지는 하나의 변화를 보여주었다. 그것은 두 가지 요지, 즉 부도덕과 우상숭배(우상에게 바친 고기 ; 우상으

8) 이책 약기표 13면을 참조하라.

로 인해 더럽혀짐)를 다루었던 사도칙령의 조항들을 장려하고 강화하기 위해서 씌어진 것이었다(참조. 사도 15,20·29; 21,25). 허드 박사에 의해서 재구성된 이전의 편지는 정확하게 다음의 점들을 다루고 있다. 그 편지는 간음에 대한 방지책으로서 결혼을 장려하였고 부도덕한 사람들과 가까이 하지 말도록 당부하였다. 또한 우상숭배의 행위들을 정죄하였고, 우상에게 바친 음식을 공공연히 먹는 일을 금지했으며, 말을 할 때 주의하라고 권고했으며, 여인들에게 가리고 다닐 것을 당부하였다. 이 외에도 이전의 편지는 죽은 그리스도교인들이 부활하여 그들도 함께 하느님의 나라에 들어가게 될 것이라고 설명하였으며 가난한 자들을 위한 헌금에 대해서도 언급하였다. 이 편지를 받아 본 고린토교인들은 물론 당황하였고 따라서 바울로에게 많은 질문을 제기하는 답장을 곧 바로 보냈다. 진정 당신이 뜻하는 바는 무엇입니까? 우리더러 결혼을 하라는 말입니까, 하지 말라는 말입니까? 우상에게 바친 음식을 먹어도 된다는 겁니까, 먹지 말라는 겁니까? 또한 여인들은 너울을 써야 합니까, 쓰지 말아야 합니까? 도대체 당신은 시체들이 무덤에서 일어나는 것을 우리가 믿으리라고 생각합니까? 그리고 어떤 사람들은 세례도 받고 주의 만찬의 빵과 포도주를 먹고 마시기도 했는데 왜 죽었나요?

바울로는 이러한 질문들에 답하려고 그가 초기에 품은 열광주의와 이전의 편지에서 했던 지나친 경고의 양 극단을 피하여 어느 한쪽에도 치우치지 않는 냉정한 태도로 고린토전서를 썼다. 허드 박사는 이렇게 생각한다: "우리가 정경에 속한 편지에서 원숙한 경지에 이른 바울로의 사상을 접하는 것은 유익한 일이다. 하지만 보다 혈기 왕성했던 젊은 시절의 바울로는 새로운 신앙에 접해서 열광주의에 불붙어 있었는데, 이처럼 그가 처음에는 나중에 비해서 신학적 진술에는 별로 주의하지 않았던 점이라든지 인간의 본성이 지닌 약점들을 별로 의식하지 않은 점 등을 우리는 간과해 버렸다"(287).

허드 박사의 책에는 훌륭한 통찰들이 많이 들어 있다. 나는 고린토전서를 연구하는 학생들이 그들 나름대로 허드 박사의 주장을 탐구하고 가능한 한 그의 주장을 따를 것을 희망하므로 여기서 충분히 언급하였다. 이러한 연구들을 통해 우리가 고린토전서의 의미를 재조명할 수 있게 된 것은 분명하다. 그러나 허드 박사가 제안한 재구성에 대해 다음의 두 가지 문제점을 지적하지 않을 수 없다. (ㄱ) 그가 주장한 대로 정-반-합의 원리로 전개된 바울로의 사상은 아주 짧은 기간에 이루어진 것이다. 바울로가 51년 9월 경에 고린토를 떠났고 54년 초 아니면 53년 말쯤에 고린토전서를 썼으리라는 것을 앞서 지적한 바 있다. 다시 말해서 약 27개월(혹은 아마 15개월)의 기간 동안 바울로는 고린토 교회에 대해서 자신의 초기 복음을 설교하였고 이전의 편지에 대한 반발석인 견해들에 대해 '방향전환'(volte face)하여 결국 고린토전서라는 확고한 체계를 확립하였다는 것이다. 이것은 불가능한 주장이라고 할 수도 없지만 그럴 듯한 사실로 받아 들일 수도 없다. (ㄴ) 고린토전서나 그 밖의 곳에서 바울로는 사도칙령에 대해서 언급하고 있지 않다. 그가 침묵한 것은, 당황했기 때문일 수도 있으며 아마 보다 그럴 듯한 이유는 그가 사도칙령을 몰랐거나 아니면 사도칙령이 적어도 자신의 교회들에 대해서 어떤 권위를 지녔다고 인정하지 않았기 때문이었을 것이다. 이 칙령의 기원, 범주, 목적, 권위 등에 대해서 우리가 아는 바가 사실상 적으므로, 그것을 재구성한다는 것은, 거의 불가피하게 하나의 가설 위에 또 다른 가설을 세우는 것밖에 안 된다. 따라서 바울로가 이전의 편지를 쓴 동기들 중의 하나가 사도칙령을 고린토교회에 장려하기 위해서였다는 것은 나로서는 거의 납득하기가 힘들다.

전반적으로 볼 때, 고린토전서에서 우리는, "신학적이고 제도적인 재조정과 재정의"(288)의 관점들에 있어서 바울로가 신중을 기했다는 인상을 전혀 받을 수 없다. 고린토전서에는 제도주의적인 요소는 거의 없으며, 오히려 참신하고 독창적이며 고무적인 여러 신학적 사상이 들어 있다.

고린토 교회의 역사를 재구성하려는 또 하나의 시도는 몽떼피오르(H.W. Montefiore)에 의한 것이다. 그는 히브리서에 대한 자신의 주석[9]에서, 히브리서는 바울로의 동료 아폴로에 의해 씌어진 거라고 보고 그 시기는 사도행전 19장 1절에 기록된 대로 아폴로가 고린토 방문을 마친 후 에페소로 돌아가 고린토 교회의 여러 어려운 점들에 관해 들었던 이후라고 주장한다. 고린토를 방문할 수 없었거나 방문을 꺼려했던 아폴로는 직접 방문하는 대신(참조. 고전 16, 12) 서신을 썼던 것이다. 이 서신에는 선의의 마음이 담겨 있고 그것 자체로는 경탄할 만한 것이긴 해도, 고린토 전서에 반영되어 있듯이 몇가지 좋지 않은 결과를 초래했다. 그래서 바울로는 머지 않아 아폴로가 다루었던 것과 부분적으로는 같으면서도 일부는 아폴로의 개입으로 벌어지게 된 상

9) 블랙의 『신약성서주석』(*New Testament Commentaries* [1964]).

황을 다루려고 고린토전서를 썼던 것이다. 몽떼피오르 주교는 주장하기를 고린토전서의 많은 귀절들(특히 고전 1—4장의 많은 귀절들)이 히브리서에서 제시하는 여러 상황들을 반영하고 있다고 한다. 아폴로의 편지로 인해서 아폴로파가 형성되었다. 그런데 몽떼피오르 주교는 이것이 바로 바울로가 당파에 대한 논의에 있어서 주로 염두에 두었던 점이라는 것이다. "게바가 논쟁에 끼어들긴 하지만(고전 1, 12 ; 3, 22) 그 당시 실제적인 문제는 바울로와 아폴로에 관한 것이다(고전 3, 5 ; 4, 6)"(22). 바울로는 난처한 입장에 놓여 있었다. 바울로는 "나중에 그의 친구이자 동료가 되었던 것으로 보이는 아폴로에 대해서 높이 평가하는 마음을 갖고 있었음이 분명하다(디도 3, 13). 그는 아폴로에게 반대하는 말을 한마디도 쓰지 않았지만 아폴로가 썼던 서신에 대해서, 그리고 반항적인 고린토인들이 그 편지를 오용했던 것에 대해서 언급했을 것이다"(22—23). 몽떼피오르 주교는 두 서신의 접촉점들을 다음과 같이 보았다. *

히브리서	고린토전서
2장 3절("확증해준" βεβαιοῦν의 용법을 주목하라)[10]	1장 6·8절
히브리서는 특히 웅변조의 작품이다.	2장 1·4절
5장 14절 ; 4장 1절로 미루어 고린토인들은 그들이 성숙한(τέλειοι) 자들이라고 생각하게 되었는데, 이 점에 대해서 바울로는 회의적이다.	2장 2·6절
4장 12·13절 ; 5장 13절 이하	2장 10—16절 ; 비교. 4장 5절. 바울로는 그리스도교인의 분별력이 성령의 선물이라고 주장한다.
5장 12절	3장 2절
6장 7·8절	3장 6·8·9절
6장 1·3절	3장 10·11절

10) 이런 차이점들로 인해 히브리서 저자를 '반(半) 펠라기우스주의자'로, 바울로를 '반(半) 어거스틴주의자'로 말하는 것은 정당성을 갖지 못하는 것 같다.

6장 8절

3장 13—15절 : 바울로는 '아폴로의 엄격주의를 완화시켰던 것 같다'(25).

고린토교인들은 아폴로의 편지를 받고서 오직 참된 성전은 하늘에 있었다고 추론하였다. 그렇다면 어찌 그들이 지상에서 거룩한 생활을 영위할 필요가 있겠는가?

3장 16·17절 ; 비교. 고후 6장 16절

* 3장 2—6절
히브리서는 구약성서 해석의 용어로 표현되어 있다.

4장 1·2·4절

4장 6절. 바울로는 '성서적 관점에서 본 아폴로의 가르침이 지닌 제한점들에 대하여' 고린토교인들을 일깨우거나(26) 아니면 아마 아폴로의 주석이 너무 지나치다는 것을 그들에게 경고하고 있다.

3장 1·12절 ; 6장 1절 ; 참조. 8장 7절. 아폴로는 자기 독자들을 가리켜 형제들이라고 부른다.

4장 14·16절. 바울로는 고린토인들을 가리켜 자녀들이라고 부를 수 있다.

10장 25·26·27절. 아폴로는 자기 독자들이 성만찬이 포함되었을 그리스도교 예배에 참여하지 않은 데 대해서 비난한다. 또한 이것은 용서할 수 없는 일이라고 한다.

11장 20·25·27·29·30·32절. 발전의 다음 단계에서 고린토인들은 성만찬에 참여하였고 또 그것을 오용하였다. 바울로는 덜 엄격하고 그러한 결과에 대해서 정죄한다기보다는 혼내는 것으로 보인다.

몽떼피오르 주교의 가설이 옳다면 거기서 우리는 고린토전서가 형성된 역사적 배경을 이해하는 데 있어서 상당한 도움을 얻을 수 있을 것이다. 그러나 이 가설은 신중하게 검토되어야 하며 이 주석서에선 인용되지 않을 것이다. 아폴로가 히브리서를 썼는지의 여부는 여기서 논의할 문제가 아니다.[11] 그가 히브리서를 썼다고 할 수도 있

11) 몽떼피오르가 지적하듯이 이런 제안은 새로운 것이 아니다. 이미 루터

다. 그러나 설사 그렇다고 해도 고린토전서 1장—4장과 특히 3장을 고려해보면, 바울로가 자신의 일을 위태롭게 할 소지가 있다고 보았던 사람은 아폴로가 아니라 게바였다는 나의 의견이 옳다. 아폴로는, 몽떼피오르 주교가 정확히 보았듯이, 항상 바울로의 친구요 동료였고, 바울로는 바로 이러한 이유로 해서 어떤 다른 경쟁자보다도 아폴로의 이름을 들먹거리기가 더 용이했을 것이다.

몽떼피오르 주교가 제시한 병행귀들은 대개 근거가 너무 빈약하고 추측에 의한 것들이어서 확신하기가 어렵다. 고린토전서 배후에 놓인 역사적 상황을 우리가 충분히 알 수 없다는 것이 안타깝기는 하나 무지를 인정하는 것으로 우리는 만족해야 할 것이다. 감히 우리는 고린토전서 4장 6절의 바울로 자신의 충고를 해석할 수 있을 뿐이리라. 그러나 행간에 숨은 뜻을 지나치게 추측하지 않는 것이 좋다.

Ⅱ. 서 신

바울로와 고린토 교회와의 관계가 어떠했는가에 대해 제시되어온 설명은 고린토전서의 진정성과 전일성(全一性 : integrity)을 전제로 한다. 고린토전서의 진정성에 대해서는 변호할 필요가 없다. 아무리 진지한 학자라도 그 점을 문제삼지는 않는다. 제 1 세기의 50년대의 관심들과 바울로의 개인적인 특성들을 한행 걸러 반영하고 있는 문서를 작성한다는 것은 1세기 말의 그리스도교인으로서는 도저히 이룰 수 없는 과제였을 것이다. 더우기 95년경[12] 고린토인들에게 글을 썼던 로마의 클레멘스는 이 서신을 인용만 한 것이 아니라 구체적으로 언급하였다 (*I Clement* XIvii. 1—3).

도 이렇게 제안했었다. 그러나 이런 제안이 사실이 아닐지라도 이에 대해 논의할 사항은 많다.

12) 이 연대는 일반적으로 받아들여지고 있는 클레멘스 I 서의 연대이다. 그러나 E.T. Merrill, *Essays in Early Christian History*(1924), 235—41을 참조하라. 메릴은 그 연대가 A.D. 40년경일 거라고 주장한다. 이런 주장은 그 서신의 증거상의 가치를 어느 정도 떨어뜨릴 것이다.

축복받은 사도 바울로의 서신을 펼쳐 보아라. 무엇보다도 그가 그 복음서의 서두에서 너희에게 뭐라고 썼는가? 참으로 그는 그 때에도 너희가 파당을 지었기 때문에 자기 자신과 게바와 아폴로와 관련하여 너희를 영적으로 책망하였다.

같은 책 49장 쯤에 가서도 클레멘스는 고린토전서 13장의 흔적이 희미하긴 하지만 분명히 고린토전서 13장을 기초로 한 것으로 보이는 사랑의 송가를 쓰고 있다. 서신의 인용문들과 서신을 암시하는 귀절들이 이 외에도 종종 나온다.

안티오키아의 이그나티우스(A.D. 112)도 고린토전서의 언어를 반영하고 있다. 예를 들어 다음의 귀절을 참조하라. Ignatius, ***Ephesians*** xvi. I : "가문을 더럽히는 자들은 하느님의 나라를 유업으로 받지 못하리라" ; xviii. I : "현인이 어디에 있는가? 논쟁자가 어디에 있는가?" ; ***Trallians*** xii. 3 ; ***Romans*** iv. 3 : "내가 베드로나 바울로의 권위를 갖고서 너희를 책망하는 것은 아니다. 그들은 사도들이다.…… 그들은 자유롭다." ; v. i ; ix. 2 : "나는 그들 중에 가장 작은 자요 자기 때가 오기 전에 세상에 서둘러 온 자〔'조산아' ἔκτρωμα〕이다." 더 이상 열거할 필요는 없다고 생각한다. 고린토전서를 사용한 증거는 신약성서의 다른 책에 비해 보다 일찍부터 다른 문서에 나타나며
* 그 출처가 분명하고 광범위하다. 사도시대 이래로 그리스도교인들은 고린토전서의 매우 실용적인 용도를 일찌기 발견했음이 분명하다.

또 하나의 문제는 고린토전서의 전일성 문제이다. 이 문서를 기록한 사람은 바울로다. 하지만 이것을 그가 단번에 기록했을까? 이 문서는 하나 이상의 편지들의 부분들로 이루어져 있는 것이 아닐까? 이런 물음들에 대한 논의는 바울로가 고린토서를 취급하는 방식이 겉으로 드러난 것보다 훨씬 더 복잡했다는 관찰에서 출발해야 한다. 다음의 사실은 확실한 것이다. (가) 그는 사도행전에는 기록되어 있지 않은 어떤 기회에 고린토를 방문하였다. 고린토후서 2장 1절과 12장 14·21절, 13장 1·2절은 '슬픔을 안은 방문'을 암시하는데, 거기서 그는 두번째가 아니라 세번째 방문인 다음 번 방문(참조. 사도 20, 2)을 준비하려고 하였다. (나) 그는 적어도 고린토를 위해서 네 개의 편지를 썼다(참조. 고전 5,9 ; 고후 2,3—9 ; 7,8). 이 네 편지들 중에서 두 개의 편지(고린토 전후서)만이 보존되고 다른 두 편지는 완전히 분실되었을 수도 있다. 그러나 신약성서에 들어온 두 개의 편지에서 본래의

문서에 속한 두 개의 편지보다 더 많은 부분들이 결합되었다는 가설은 연구할 만한 가치가 있다. 고린토후서를 복합적인 편지로 보는 학자들이 상당히 많다. 이 문제는 고린토후서 주석에서 살피고자 한다. 고린토전서에 대해서 이와 유사한 가설을 채택하는 학자는 비교적 드물다.

단순한 형태의 분석이 헤링(J. Héring)[13]에 의해 제안되었는데, 그는 이 서신에서 작문상의 특징들로 다음의 세 가지 점을 지적한다. (가) 4장 19절(여기서 바울로는 곧 고린토로 가겠다고 말한다)과 16장 5—9절(여기서 그는 그가 가는 것이 지연되리라고 말한다) 사이의 모순. (나) (이교의 제물로 바친 음식에 대하여 엄격한 태도를 취하는) 10장 1—22절과 (그 문제를 단순히 약한 자에 대한 자비의 문제로 다루고 있는) 8장 1—13절과 10장 23절—11장 1절 사이의 모순. (다) 4장에서 완결되었던 것으로 보이는 바울로의 사도직에 대한 논의가 9장에서 갑자기 다시 시작되는 것 등이다. 이러한 관찰들에 근거해서 헤링은 그가 생각하기에 서로 일관성 있는 두 개의 편지를 다음과 같이 구성한다.

A. 1장 1절—8장 13절 ; 10장 23절—11장 1절 ; 16장 1—4·10—14절.

B. 9장 1절—10장 22절 ; 11장 2절—15장 58절(하지만 13장은 따로 분리된다) ; 16장 5—9·15—24절.

사건들의 순서는 다음과 같다 :

(가) 바울로는 글로에 집사람들로부터 소식을 받았다.

(나) 동일한 사람들이거나 아니면 아마도 소스테네가 혼인에 대한 문제와 우상에게 바친 희생제물에 대한 문제를 담고 있는 고린토에서 온 편지를 그에게 건네주었다. *

(다) 바울로는 어쩌면 이미 (고린토로) 가는 도중에 있을 디모테오의 도착을 알리고 동시에 자신도 빠른 시일 내에 도착할 것이라고 약속한 서신 A를 썼다.

(라) 고린토에서 바울로편에 가담했던 스테파나는 놀라운 소식을 갖고 에페소에 도착했다. 고린토교인들이 바울로의 사도직을 의심하고 부활을 믿지 않는 등 대체로 걷잡을 수 없는 상황에 빠져 있다는 것이다.

13) 이책 약기표 13면을 참조하라.

(마) 바울로는 서신 B를 써서 스테파나 편으로 보내면서 스테파나가 디모테오보다 먼저 도착하기를 바랐다. 그리고 자기 자신은 에페소에 머물러 있었다.

헤링은 주장하기를, 편집자는 아마 서신 B의 서두가 판독하기 어려운 관계로 B를 A에 덧붙였으며 10장 23절—11장 1절을 그 본래의 틀에서 떼어내어, 서로 동일한 주제를 다루고 있다는 이유에서 10장 1—22절에 결합시켰고 16장을 작성하면서는 개인적인 주석도 함께 끼워넣었다는 것이다.

보다 치밀한 분리이론의 한 예는 봐이스(J. Weiss)[14]가 제공한 것이다. 고린토전서에 관련된 이 이론의 일부분이 『원 그리스도교의 역사』(*The History of Primitive Christianity* 〔1937〕, i. 356—357)에 서술된 봐이스 자신의 말에 가장 간략하게 제시되어 있다.

(가) 바울로의 첫번째 편지(A)는 그가 출발하기 얼마 전에 에페소에서 쓴 것인데(16, 8·9), 우상숭배, 간음, 여인들이 너울을 쓰지 않는 것 등과 공동식사에서의 합당치 못한 행위 등에 대한 격렬한 공격을 담고 있다. 이 편지에 속하는 귀절은 고린토전서 10장 1—23절, 6장 12—20절, 11장 2—34절, 16장 7(?)·8·9절, (아마) 16장 20·21절, 고린토후서 6장 14절—7장 1절이다. 이 편지에서 바울로는 자신의 방문을 알린다.

(나) 바울로에게 보내는 교회의 편지(고전 7, 1). 스테파나와 포르두나도와 아카이고가 전해주었을 가능성이 크다. 이 편지가 사도에게 도착했을 때는 아마 그가 아직 에페소에 머물러 있던 때거나 혹은 이미 그 지방의 어떤 다른 곳으로 가버린 이후였을 것이다.

(다) 에페소에서 목숨이 위태로와진 바울로는 그 도시를 떠나 지방에 머문다. 그는 디모테오와 에라스도를 마케도니아(사도 19, 22)와 고린토(고전 4, 17 ; 16, 10·11)에 보내는데, 고린토에는 편지와 함께 * 보냈다. 이 편지에는 고린토교인들의 여러 가지 문제에 대한 바울로의 답변이 들어 있고, 고린토전서의 여러 장들, 즉 7장, 8장, 9장, 10장 24절—11장 1절, 12장, 13장, 14장, 15장, 16장 1—6절, (아마) 7절과 15—19절이 포함되어 있다(이 편지가 B_1이다). 그는 다시 한번 그가 갈 것을 알린다(16, 1 이하).

---

14) 그의 주석서(참조. 이 책 약기표 15면)와 그의 저서 *The History of Primitive Christianity* (E.T., 1937)에서 제시되었다.

(라) 바울로는 아마 마케도니아로부터 가이오와 아리스타르고(사도 19, 29)를 통해서 헌금사업에 참여하려는 그곳 교회들의 준비에 대해서 보고를 받았다. 그는 헌금사업을 끝맺으려고 디도와 두 형제를 마케도니아를 거쳐 고린토로 보냈다(고후 8장). 이 때쯤 해서 혹은 그 직후에,

(마) 글로에 집사람들이 당파 논쟁에 대한 보고를 갖고 도착한다.

(바) 이를 듣고 바울로는 상당히 걱정하면서 고린토전서 1장 1—9절, 1장 10절—6장 2절, 16장 10—14절과 (아마) 22절 이하도 포함하는 편지 B_2를 썼다. 그가 고린토에 보낸 이 편지는 B_1과 함께 동봉된 것이거나 아니면 B_1이 이미 발송되었다면 이 편지만 보냈을 것이다. 그는 다시 한번 이제 곧 갈 것이라고 알린다.[15)]

학생들은 이상과 같은 분석방법의 주창자들인 헤링과 봐이스가 재구성한 대로 문서들을 이어 맞춰서 그 순서대로 통독해 보아야 한다. 그렇게 하면, 이 두 학자가 제공한 역사적 맥락들 속에서 이 문서들이 아주 잘 이해된다는 점을 발견하게 될 것이다. 그러나 각각의 재구성이 모두 뜻이 잘 통한다는 사실은 오히려 그 두 재구성을 반증하는 것이다. 둘다 옳을 수는 없기 때문이다. 따라서 어느 하나의 재구성에 의해 형성된 의미는, 아니 어쩌면 두 개의 재구성에 의해 형성된 두 가지 의미가 모두 그것을 재구성한 학자의 잘못에 가인한 것임이 틀림없다.

분리 이론들을 반증하는 것으로 자주 제시되는 것은 그것을 뒷받침해주는 본문상의 증거가 없다는 것이다. 그러나 이러한 논증은 중요하지 않다. 바울로문서가 지금의 상태로 작성되기 이전의 상태를(혹은 그 자료나 어떤 다른 문헌에 대해서) 말해주는 증거는 그 어느 사본에서도 찾아 볼 수 없다. 소위 고린토전서가 현재 우리가 알고 있는 형태로 작성되었다는 사실은 확실하다. 그러나 이 사실이 현재의 고린토전서의 형태가 수많은 단편들로부터 생겨난 것이 아님을 입증하지는 못한다.

제기되어야 하고 또 대답되어야 할 중요한 문제는, 고린토전서가 현재의 형태대로 뜻이 잘 통하는지, 아니면 현재의 형태로서는 일관 *

15) 고린토의 이야기에 대한 봐이스의 재구성은 계속된다. 그러나 여기에 소개되지 않은 부분은 고린토후서하고만 관련이 있다.

성이 없으므로 그것의 비논리적인 흐름과 내적 모순들을 교정하기 위해 일치하지 않는 부분들을 다른 기회에 씌어진 다른 편지들로 분리해야만 하는 것인지 하는 점이다.[16] 이러한 문제는 원래 주석상의 문제이고, 따라서 서론은 때때로 이러한 문제가 제기될 때마다 논의하는 본문 주석의 주된 체계에로 독자들을 안내하는 정도에 그쳐야 한다. 고린토전서에서보다 고린토후서에서 훨씬 더 어려운 문제들이 제기된다는 점 역시 명심해야 한다. 나는 고린토후서 주석서의 서론에서 분리와 전일성에 관한 전반적인 문제로 돌아가기를 희망한다. 현재 나는 바울로가 1장부터 시작해서 16장으로 끝나는 편지를 단순히 일관되게 썼다는 사실이 고린토전서에 관한 어떤 분리이론보다도 그럴 듯하다는 입장을 취하고 있으며 그러한 사실을 뒷받침하는 가장 중요한 몇 가지 주장들을 요약하겠다.

(가) 고린토전서는 긴 편지이다. 이 편지를 썼을 때 바울로는 활기찬 복음전도와 목회활동에 정열적으로 참여하였고 동시에 장사를 하면서 생계비를 벌었을 것이다. 그가 얼마나 시간적인 여유를 갖고 이 서신을 썼는지 우리는 정확히 알지 못한다. 그러나 아마 시간적인 여유가 많지는 않았을 것이다. 이런 점을 감안해 볼 때 우리는, 바울로가 얼마 동안에 걸쳐 이 편지를 완성했는가를 추측할 수 있다. 아마 때로는 편지 쓰기를 제쳐두었다가 휴식시간을 가진 후에 집필을 계속했을 것이다. 이와 같은 환경에서 편지가 씌어졌으므로 그것을 읽는 독자들은 경우에 따라 일치하지 않는 부분이나 때로는 동일한 주제를 다른 관점들에서 다루고 있는 대목들에 부딪치리라는 것을 우리는 예상할 수 있다. 편지를 쓰고 있는 도중에 새로운 소식들이 필자의 귀에 들어왔을 수도 있고 혹은 그 계획들이 필요에 따라 또는 새로운 계기를 맞아 바뀌었을 수도 있다.

(나) 바울로의 여행 계획들에 관해서는 그렇게 큰 문제는 없다. 4장과 16장의 집필 사이에 게재하였을 시간의 경과와는 별도로, 이 두 장은 각각 다른 조건에서 구상된 것이다. 마치 자기네들의 사도를 다시는 보지 않을 것처럼 행동하는 사람들에게 바울로는 준엄한 경고를 하고 있다. "어떠한 실수도 하지 말아라! 나는 너희가 생각하는 것보다 더 빨리 다시 고린토로 돌아갈 것이다. 그 때 우리는 이들의 말

16) 신학적인 일관성에 관한 한, 많은 요소들이 모순되는 이유를 몇개월 간의 시간적 간격에서 찾는다고 해서 보다 많은 신학적 일관성을 얻을 수 있다고 보기는 어렵다.

의 능력보다는 행동의 능력을 알게 될 것이다." 16장에서 바울로는 진지하게 그의 계획들에 대해서 쓰고 있다. "나는 실로 적당한 때에 곧 고린토로 갈 것입니다. 하지만 오순절까지는 에페소에 있을 예정입니다." *

(다) 디모테오에 관해서는 다소 문제가 있다. 4장 17절을 보면 그가 이미 보냄을 받았다고 되어 있는데 16장 10절에는 "그가 갈 때"라고 말하지 않고 "그가 간다면"이라고 되어 있다. 따라서 그가 실제로 도착할 것인지 확실치 않다. 이 귀절들에 대한 주석을 참조하라. 가장 그럴 듯한 해결책은, 디모테오가 (혼자서 혹은 에라스도와 함께) 마케도니아로 보냄을 받았는데, 아가야까지 여행을 계속해야 할른지에 대한 문제는 어느정도 그의 재량에 맡겨졌을 수도 있다는 점이다.

(라) 문제의 단서는 9장에 있다. 제기된 문제들은 다음과 같다. 사도직의 주제가 다시 거론된 이유는 무엇인가? 어떻게 9장이 8장에 연결될 수 있는가? 우상에게 바친 음식에 관한 논의가 8장에서 시작되었다가 중단되고 나서 (분명히 다소 난해한 언급과 함께) 10장에서 다시 계속된 이유는 무엇인가? 이 모든 문제들에 대해서 하나의 답변으로 충분하긴 하지만 그 대답은 본문 주석에 제시된 상세한 주석적 뒷받침이 있어야 한다. 바울로는 우상에게 바친 음식에 관한 문제를 매우 복잡한 문제로 다루고 있다. 그것은 두 가지 면에서 복잡한 문제이다. (a) 먹는 행위가 우상숭배를 의미하는 특수한 상황에서 음식을 먹는 일과 단순히 음식을 먹는 일은 구별할 필요가 있다. (b) 그리스도교인의 자유와, 경우에 따라서는 그 자유를 제한할 수 있는 그리스도교적 사랑의 의무 모두를 염두에 둘 필요가 있다. 이러한 점들은 희생제물에 대한 바울로의 언급에서 분명히 나타나는 불일치점들을 설명해준다. 그러한 점들은 또한 9장을 설명해주기도 한다. 바울로는 고린토교인들을 향하여 그들의 자유에 대한 자제와 권리에 대한 포기를 호소하였다. 그는 곧 이어 자기가 주지 못할 것을 그들에게 요구하는 것은 아니라고 덧붙여 말한다. 그는 자발적으로 자기 자신의 사도적 권리들을 포기하였다. 이점에서 그는 주된 줄거리를 일단 끊었다가 다시 실마리를 이을 수 있었지만, 특징적으로 왜? 라는 물음을 던지기 위해 중단한다. 그 대답은 그가 자신의 분명한 권리를 누리는 일을 복음을 위하여 제한했다는 것이다(9, 12·15·18·22·23). 그러한 권리 포기를 통해 그는 복음의 본질을 생각하기에 이르렀고, 성례전을 통하여 자동적으로 죄와 심판이 면제된다고 감히 생

각하는 사람들의 위험하고도 어리석은 생각을 고려하게 되었다. 이제 그는 희생제물에 관한 중심 주제를, 잠시 그 주제에서 벗어남으로써 * 얻게 된 새로운 통찰들에 비추어서 다시 계속한다. 확실히 고린토전서의 전일성 문제에 대해서는 견해의 차이를 계속 그대로 유보해 두는 수밖에 없을 것이다. 제안된 재구성들은 —그 중 이미 두 가지 예가 제시되었던 바— 재구성한 학자들의 주관적인 요소가 개입됨으로써 매우 다양하며, 또 그 재구성이 정교해질수록 이 서신이 현재의 형태를 갖추게 되기까지의 편집과정을 이해하기가 더욱 어려워진다. 그렇다고 해서 그러한 재구성이 꼭 불가능하다고 말할 수도 없다. 그러나 현재대로의 서신이 역사적으로나 신학적으로 뜻이 잘 통하는 것으로 보이는 한, 그것이 내용상 저자의 원래의 편지를 그대로 갖추고 있다는 견해 역시 개연성이 있어 보인다.

Ⅲ. 고린토전서의 공헌

가. 신학의 발전

고린토전서는 결코 조직신학서가 아니다. 이것은 내용은 복잡하지만 단일한 상황에 대해 언급하였고 고린토교회 교인들을 향해 사고의 방향에 대해서가 아니라 그들이 해야 할, 혹은 하지 말아야 할 일들에 대해서 말하려고 한 실용적인 편지이다. 그러나 실용적인 그 충고는 보통 발견할 수 있는 신학적 원리들에 의식적으로 기초한 것이다. 그러나 보다 중요한 것은, 바울로가 다루고 있는 문제들이 그의 신학적 견해들과 상호작용을 일으켰거나, 아니면 적어도 그렇지 않았더라면 보다 서서히 진행되었을 신학적 견해들의 발전을 촉진시킨 것으로 보인다는 점이다. 고린토전서에 포함된 권면의 기초를 이루는 신학은, 서신의 전개과정과 더불어 상세히 연구되어야 하므로 본문 주석에서 다루어질 것이다. 그러므로 여기서는 "바울로의 신학"이나 고린토전서의 신학에 대해 충분한 설명을 하려는 시도는 하지 않았다. 오히려 우리는 무엇이 바울로로 하여금 고린토의 상황에서 자신의 신학사상을 발전시킬 수 있도록 하였는가를 밝혀보고자 한다.

(ㄱ) 그리스도론. 고린토교회에는 바울로로 하여금 일정한 그리스도론적 관점들을 발전시키게 할 만한 분명한 그리스도론적 오류가 없었다. 그러나 다음의 두 가지 점이 그로 하여금 그리스도론적 방향에 대해 생각하게끔 했다.

첫째는 지혜(σοφία)에 관한 것이다. 지혜라는 말이 고린토전서에서는 적어도 네 가지 면에서 사용되었다는 것을 독자들은 앞으로의 본문 주석[17]에서 알게 될 것이다. 고린토에는 청중들에게 확신을 심어 * 주기 위해 고안된 논리적이고 수사학적인 기법을 포함하여 지혜를 일종의 설교의 수단으로 삼는 사람들이 더러 있었다. 청중들이 설득당하느냐 하는 것은 (만일 그들이 실제로 설득당했다 하더라도) 설교 때에 사용된 그러한 기법에 따라 좌우되었을 것이다. 설교자가 지혜를 사용할 수 있었던 말의 힘에 의해 그의 주장은 전달될 수 있었다. 바울로는 자신이 그리스도교적 설교를 이해하였던 방식과 이것과는 다른 것임을 지적할 필요를 느꼈다. 바울로가 생각하기에, 그리스도교적 설교는 가장 불가해한 어리석음인 십자가에 달리신 그리스도를 알리는 것이었고, 또 설교의 능력은 인간의 지혜에서 나오는 것이 아니라 설교 자체의 주제가 되시는 그리스도 자신과 설교에 수반되는 자기 확증적인 성령의 능력으로부터 비롯된 것이었다. 결국 그리스도 자신이 참된 지혜였던 것이다. 그러나 이에 덧붙여서 지혜(때로는 아마 '지식' γνῶσις)는 구원 자체의 본질로서 나타난 존재였다. 지혜는 구원에 이르는 길을 권면하는 단지 하나의 방법이 아니라 그것 자체가 구원에 이르는 길, 다시 말해서 사람들이 하늘 나라의 영광에로 들어가는 것을 발견하게 될 길이었다. 또 다시 바울로는 이런 그릇된 지혜를 참된 지혜인 그리스도 자신과 대조시켜야 했다. 그리스도는 실로 감추어진 지혜였다. 왜냐하면 인간적인 눈으로 보면 십자가에 달린 예수는 하느님의 능력과 지혜가 될 수 없었을 것이며, 또한 그를 영접하는 것이 행복의 극치에 도달하는 직접적인 길을 열어주기보다는 오히려 엄격한 복종적인 삶에로 이끌어갔기 때문이다. 그러나 만약 고린토서의 맥락에서 그리스도교에 대한 바울로의 이해가 주장될 수 있다면 다음과 같은 등식이 성립되어야 한다 : 그리스도=하느님의 지혜.

이러한 등식이 골로사이서나 히브리서에서 나타나기 시작한 바와 같은 발전된, 지혜 그리스도론에로 바울로를 직접 이끈 것은 아니다.

17) 또한 "Christianity at Corinth," 275—86을 참조하라.

그러나 이런 형태의 그리스도론의 뿌리들을 고린토전서에서 발견할 수 있는데, 1장과 2장에 나오는 지혜에 관한 논의에서뿐만 아니라 특히 8장 6절 —우리들 자신을 포함하여 만물이 그를 통하여 존재하는 바로 그 그리스도께서, 인격화된 지혜(예를 들어 솔로몬의 지혜)의 특징들을 취하신다는 내용의 귀절— 에서 발견할 수 있다. 여기서 이런 사상에 대해 상세히 설명할 필요는 없다. 그와 같은 사상이 고린토의 상황에서 생겨나고 발전되었다는 것을 주목하는 것으로 충분하다.

둘째, 그리스도론의 발전은 부활의 교리에 대한 바울로의 논의에서 또 그 문제에 있어서 저지른 고린토교인들의 실수(15, 12)로 인해 야
* 기된 논의에서 볼 수 있다. 사람들이 죽지 않고 영원히 사는 것이라든가 자신들의 타고난 권리로 부활하리라는 것은 바울로의 신앙과는 맞지 않았다. 인간으로서 그들은 사형선고 —아담 이래로 정당하게 선언되었고(창세 2, 17 ; 3, 19) 그의 모든 후손들에게 계승된 선고— 를 받게 되었다. 그러나 이제 인류가 새로운 미래에 대한 새로운 희망을 품게 되었는데 그것은 십자가에 달린 예수가 죽은 자들로부터 부활하였고, 잠들어 있는 모든 사람들의 첫 열매로 부활했다는 사실에 기인한 것이었다. 이와 같이 예수는 아담이 옛 사람을 대표하듯이, 새 사람을 대표하였다. 그는 사실 마지막 아담이요 창세기의 창조설화에 나오는 '먼지와 같은 인간'에 대조되는 천적인 인간이었다. 어떤 의미에서 그리스도는 아담과 대조되는가? 바울로는 사람의 모습을 한 이가 구름을 타고 나타나는 다니엘서 7장 13절의 환상을 언급하는 것 같으며, 따라서 그는 사상의 두 영역, 즉 사람의 아들에 대한 유다교와 묵시문학에 속하는 영역과, 최초의 인간 혹은 원초적 인간에 대해 널리 퍼진 사변들을 자료로 사용한다. 바울로가 인용하는 일에 대해 어느 정도로 옳다고 생각했는지 또는 그가 무엇을 인용했는지를 고린토전서[18]에 근거해서 말할 수는 없다. 하지만 그가 고린토교인들과 함께(의심할 바 없이 다른 경우들과 더불어) 논쟁할 필요성을 느끼면서 어떻게 그 중요한 그리스도론적 발전을 이룩하게 되었는지를 알 수는 있다.

(ㄴ) 인간학. 고린토전서 6장 12·13절에는 겉보기에 설득력 있는 고린토교인들의 특징적인 논증이 반영되어 있다. 이 논증은 모든 것을 율법 아래 가두어 둔 율법주의로부터의 자유를 의미한 복음에 대

18) 이외에 로마서 5장 12—21절와 필립비서 2장 6—11절, 또한 *Adam*을 참조하라.

한 바울로의 설교로부터 연역되어 나온 것이다. 이러한 결론은 인간적인 기능들의 유비에 근거한 논쟁에 의해 뒷받침되었다. 인간은 더 이상 음식에 대한 규정들에 얽매이지 않는다. 음식은 배를 채우기 위해 만들어진 것이고 배는 음식을 담기 위한 것으로서 음식과 배는 똑같이 일시적으로 존재하는 것에 불과하다. 그러므로 인간의 영원한 운명에는 별 영향을 미칠 수 없으므로 어떤 음식을 먹느냐하는 것은 문제가 되지 않는다. 이런 식으로 계속 추론해 나간다면 (실제로 주장된 바대로) 인간의 성생활도 아무런 제한을 받지 않을 수도 있다. 남성의 생식기나 여성의 생식기는 죽은 이후에는 기능을 할 수 없으므로 살아있는 동안 각자는 상대방의 욕구를 충족시키기 위해 자유롭고 분방하게 성행위를 가질 수 있을 것이다. 바울로는 그리스도교 윤리를 포기하지 않고서는 이런 주장에 동의할 수 없었다. 그러나 성적 욕구와 인간의 다른 욕구 사이의 차이점은 어디서 찾아질 수 있는가?

바울로는 죽은 자들의 부활을 논의할 때 이와 관련된 문제에 직면* 하였다. 그는 현세의 몸과 내세의 몸 사이의 연속성[19]을 주장한다. 그러나 이것은 신빙성이 있는 것인가? 그가 뜻하는 것은 어떤 형태의 연속성인가?

바울로가 이런 문제들을 다루고 있는 방식은 본문을 주석해가는 과정에서 자세히 살펴볼 것이다. 단지 여기서 우리가 관찰할 수 있는 것은, 이런 문제들로 해서 바울로는 육(*σάρξ*)과 몸(*σῶμα*)의 관계에 대해 생각하게 되었고 두 가지 형태의 몸, 즉 자연적인 몸과 영적인 몸(*σῶμα ψυχικόν*과 *σῶμα πνευματικόν*)에 관한 그의 개념을 발전시키게 되었으며, 또한 몸 안에서 행해지는 행위들이 인간의 본질적인 생명과 인간 자신에게 미치는 영향에 대해서도 고려하게 되었다는 것이다. 이런 구분점들과 관계성들이 고린토후서에서, 특히 로마서에서 보다 확고하게 다루어졌다. 하지만 바울로가 고린토전서를 쓸 때는 그러한 점들이 단지 사도적인 관심에 머물 수밖에 없었을 것이다.

(ㄷ) 유다교와 다른 종교들. 바울로의 그리스도교 신앙은 그가 그리스도교인이 되기 위해 포기하였던 유다교와의 긴장 가운데서 성장하였다. 그가 그리스도인으로서의 그의 생활을 통해서 이전의 종교가 미치는 영향력에 대해 잘 알고 있었다는 것은 의심할 여지가 없다. 그

19) 이런 연속성의 특성에 대해서는 15장에 관한 주석을 참조하라. 또한 M. E. Dahl, ***The Resurrection of the Body*** **(*Studies in Biblical Theology* No. 36, 1962)**를 참조하라.

리고 적어도 그가 고린토전서를 쓰기 이전에는 고린토에서보다도 더 강력하게 그의 관심을 끌었던 때와 장소가 있었다. 그러나 바울로가 7장 19절에서 진술하고 있듯이 당대 유다교를 완전히 부정하는 사고를 형성해갈 무렵에 유다교화하려는 압력[20]이 주위에 어느 정도 있었다. 또한 고린토전서에서 바울로가 9장 20절 이하의 원리를 진술하고 있다는 점은 아마 우연이 아닐 것이다. 그는 실천적인 문제에 대해서는 완전히 융통성 있는 입장을 취하면서[21] 자신의 환경에 따라 행동을 규정한다. 이것은 순전히 개종자들을 믿음에로 이끌려는 일념에서였다. 아마 다른 어느 시대나 다른 어느 사람에게 있어서도 토라를 준수하기도 하고 무시하기도 하는 이런 유동적인 태도가 일시적으로나마 실용적인 태도가 될 수는 없었을 것이다. 중요한 사실은, 모든 것이 "복음을 위하여"(*διὰ τὸ εὐαγγέλιον*) 행해져야 한다는 원리를 바울로가 포착했다는 점이다.

고린토에서 바울로는 유다교뿐만 아니라, 성전에서 갖가지 희생제물로 숭배되었던 많은 신들과 주들(8, 5)을 믿는 다양한 종교들을 대하지 않을 수 없었다. 고린토전서에서 바울로가 우상에게 드린 희생제물에 관한 문제를 다루고 있는 여러 귀절들이 서로 일치하고 있지 않다는 점을 앞서 지적한 바 있다(이책 34면 ; 또한 해당 주석 참조). 그러나 이 귀절들을 통해 우리는 바울로가 이 문제에 직면해서 그리스도교의 원칙과 방침을 분명히 진술하려고 몹시 신중을 기했다는 것을 알 수 있다. 더우기 그는 자신이 악마와의 관례적인 친교라고 비난했던 이교의 축제들과 그리스도교의 축제 사이에 어느 정도의 유비를 허용한다. 그리스도교의 축제는 이교의 주와는 다른 주님과의 친교이긴 하지만 역시 친교는 친교다. 아마 그는 그리스도교의 축제가 독특하게 이교도 성전들의 축제들과 마찬가지로 희생제사라는 것을 넌지시 비칠 생각이었을 것이다. 그리스도교의 희생제사는 희생 자체를 뜻하는 것은 아니지만 희생의 결과로서, 희생에 대한 기념으로서 행해졌다 (참조. 5, 7). 그리스도교의 만찬의 배경과 관련하여 바울로는 세례에 대해서는 모세를 지적했듯이 영적으로 먹고 마심에 대해서는 광야에서의 이스라엘을 지적하였다. 또한 그러한 배경을 통해서 그는 이교와 비교해 보면서, 만찬이 십자가에 달린 그리스도와의 교제를 가능

20) T.W. Manson, *Studies*, 191—207, 216을 참조하라.
21) H. Chadwick, "All things to All Men," in *N.T.S.*i. 261—75와 비교하라.

하게 해주는 양식이라는 점에 대해 생각하게 되었다. 바울로의 설교와 논증은 만일 청중들이 그리스도교인이 아니라면 아무런 의미도 없었겠지만 그래도 그는 (누구든지 이 서신에서 알 수 있듯이) 자신의 환경을 예민하게 의식해가면서 설교하고 논증하였다.

(ㄹ) 사도직과 그리스도교인의 생활양식. 이 주제는 이미 첫번째 서신에 나와 있기 때문에, 고린토후서까지 가지 않더라도 아주 분명하게 알 수 있다. 그가 사도라는 것을 어떻게 알 수 있을까? 고린토교인들의 대답은 다음과 같았던 것으로 여겨진다. 웅변을 통해서, 영지주의 형태의 인상적인 신학을 통해서, 혹은 권위있는 행위를 통해서 알 수 있다는 것이다. 이러한 평가기준에서 본다면 바울로는 그 어떤 것도 갖추지 못했다. 그는 논증과 수사학적인 전달수단을 거부하였고 선구자로서의 고난을 감수했으며, 자신의 개종자들에 대해서는 교사로서의 외적 권위로 대하기보다는 아버지와 같은 관대함을 지니고서 행동하였다. 바울로는 본능적으로 자기 방식이 옳다는 것을 알았지만 고린토교회 때문에 그는 사도란 무엇이며 그가 어떻게 사도로 인정받을 수 있는가 라는 물음에 직면하여 이에 대답하지 않을 수 없게 되었을 것이다. 바로 이러한 물음을 통해서 그는 자신의 소명은 부활하신 그리스도로부터 위임받은 것이라는 것과 그리스도교인들로서 고린토교인들은 자신이 낳은 자식과 같다는 사실을 주장하기에 이르렀다. 그는 그들 사회의 토대를 마련하였다. 이상과 같은 점들은 분명한 사실이고 또 그런 점들이 바울로에게 참된 권위를 부여해주었지만, 사도와 사도의 활동을 옹호해 줄 분은 오직 주님 한 분이었다. 외관상 * 사도란 조롱거리에 지나지 않았을지도 모른다. 그 자신의 깨끗한 양심조차 그가 사도임을 옹호해 주지는 못한다.

이 모든 점에서 바울로와 그의 동료사도들은 전체적인 교회로부터 떨어져 있었던 것이 아니라 매우 분명한 한 예로서 그리스도교인의 삶의 모범을 보여주었다. 고린토는 또한 바울로에게 가치들의 위계를 제정할 필요성을 강조하였다. 성령의 모든 은사 중에서 고린토에서 가장 높이 평가받은 은사는 방언의 은사였다고 생각할 만한 타당한 이유가 있다. 그것은 바울로 자신이 소유한 은사였다. 만일 허드[22]박사의 견해가 옳다면 바울로는 고린토교인들에게 방언의 은사를 행하고 존중하도록 가르쳤다. 이것은 옳을 수도 틀릴 수도 있다. 그러나

22) 앞 책, 281. 물론 허드는 이전에 바울로가 방언을 말하는 것을 가장 중요한 영적 은사라고 고린토교인들에게 가르쳤다고 주장하지는 않는다.

사실이 그러했다 하더라도 고린토교회의 상황에 직면해서 바울로는 자신의 판단을 바꾸어 그리스도교인의 생활의 진수를 겉보기에 두드러진 은사들에서가 아니라 사랑에서 찾게 되었던 것이다. 바울로가 고린토전서를 썼을 당시에야 비로소 이 사랑의 진리가 그에게 떠올랐을 것이라고 생각한다면 그것은 어리석은 생각일 것이다. 실제로 고린토전서 13장은 바울로가 이 편지에 이용하기 이전에 이미 있었던 자료라고 생각할 만한 몇 가지 이유가 있다. 그러나 고린토교회는 그에게 생각할 기회를 주었고 또한 그리스도교에 있어서 최우선적인 것들이 무엇인가에 대한 그의 이해를 아주 분명하게 체계화할 기회를 주었던 것이다.

나. 초대교회

고린토전후서는 사도시대를 연구하는 사가에게 유용한 모든 문서 중에서도 가장 귀중한 문서가 될 것이다. 고린토후서에 관해 논의하는 데 있어서 가장 적합한 자료에 대해서는 고린토후서에 대한 주석에서 다루겠다. 여기서는 고린토전서에서 이끌어 낼 수 있는 가장 중요한 결론 중에서 몇 가지만을 요약하겠다. 보다 상세한 설명은 주석하는 과정에서 보게 될 것이다.

(ㄱ) 연대기. 이 주제는 이 서신의 연대와 배경에 관한 문제를 고려했을 때 이미 논의한 바 있다(이책 19면 이하). 우리가 입증할 수 없는 추론들을 (그러한 추론들 중에 몇 가지는 그럴 듯하긴 하지만) 다 배제해 버린다면 고린토전서는 그 서신을 계속 이끌어가는 사건들의 간략한 개요 —문안인사, 고린토로부터 받은 편지인 이전의 편지, 그리고 글로에 집사람들과 스테파나와 포르두나도와 아카이고의 방문— 만을 제공해 준다. 여기에다가 게바[23]의 고린토 방문과 아폴로의 고린토 방문을 첨가시키는 것은 확실하지는 않지만 타당한 것일 수 있다. 이에 덧붙여 두 가지 점을 더 부연할 수 있다.

그 하나는 고린토전서는 에페소에서의 바울로의 선교활동에 대한 몇가지 정보를 제공해 준다는 점이다. 15장 30절 이하에서 바울로는 이렇게 말한다: "우리는 또 무엇 때문에 끊임없는 모험을 하고 있는

23) "Cephas and Corinth"를 참조하라.

것입니까? 내가 에페소에서 맹수와 싸웠다고 하더라도 그것이 다만 보통 인간들의 관례대로 한 것이라면 내게 무슨 유익이 있겠읍니까?" 이것은 문자적으로 투기장에서 맹수와 싸운 것을 말하는 것 같지는 않다(그 주석 참조). 이것은 대단한 위험과 곤경에 처한 경험을 증거해주고 또 아마도 바울로의 설교에 대한 격렬한 반박이 있었음을 증거해 주는 것 같다. 따라서 이것은 16장 9절에 나오는 '많은 적대자들'에 대한 실감을 더해준다.

또 하나는 고린토전서에는 가난한 성도들을 위한 바울로의 모금에 대한 최초의 (아마 갈라디아서 2장 10절의 일반적인 진술을 제외하고는) 언급이 나와 있다는 점이다. 바울로의 이러한 활동에 대한 자세한 설명[24]은 고린토후서의 주석에 속한다. 그러나 헌금사업은 이미 시작되었고 갈라디아 교회들에서는 이미 준비가 되어 있었다는 점(갈라 16, 1)에 주목해야 한다.

(ㄴ) 교회의 구조. 고린토교회의 사회적 성분은 1장 26절에 군더더기 없이 서술되어 있다. 고린토교회에는 인간적인 표준으로 볼 때 지혜있는 사람이나 권력자나 가문이 좋은 사람이 많지 않았다. 개중에는 노예들도 있었으나(7, 21) 지위상 완전한 노예는 아니었다(7, 23).

몇몇 구성원들은 ―과거에는 이들도 다른 고린토인들처럼 상당한 정도로 개인주의에 빠져 있었음이 분명하다―, 각 지체마다 결합되어 상호 보완 작용을 하는 사람의 몸에 비교될 수 있을 정도로 친교를 통해 아주 밀접하게 연합되어 있었다(10, 17 ; 12, 12—27). 하지만 몸의 표상이 암시하는 바대로 집단은 하나의 조직이라기보다는 유기체였다. 적어도 실제적으로 이 편지에는 조직에 대한 흔적이 드러나지 않는다. 특히 공적인 지도자에 대해선 거의 안 나오거나 전혀 나오지 않는 것으로 보인다. 주의 만찬을 위한 교회의 모임은 사회자에 대한 * 언급없이 표현되어 있다. 실로 11장 33절은 이런 류의 사람이 없었음을 뜻하는 것일 수 있다. 또한 기부금을 수납하는 회계도 없었다(16, 2). 각기 바울로, 아폴로, 게바, 그리스도 등의 이름을 내세워 파당을 형성하려고 했던 것은 어느정도 인간의 자연적인 욕망이었으리라. 만일 그러했다면 바울로는 그러한 상황을 자기 자신만의 권위를 주장

24) 참조. D. Georgi, *Die Geschichte der Kollekte des Paulus für Jerusalem* (*Theologische Forschung: Wissenschaftliche Beiträge zur kirchlich-evangelisehen Lehre* 38), 1965 ; 또한 K.F. Nickle, *The Collection* (*Studies in Biblical Theology* No. 48), 1966.

하여 해결하려고 하거나 전 교회의 충성을 요구하려고 하지는 않았을 것이다. 그는 청지기에 지나지 않았으며(4, 1), 비록 양심적이긴 해도 (4, 4) 아주 인상적인 사람은 아니었다(4, 9—13). 하지만 바울로는 고린토인들로 하여금 그리스도교적 체험을 하게 했던 복음전도자였으며 복음전도자로서의 자기 자신을 가리켜서 그들의 아버지라고 말할 수 있었다(4, 14·15). 아버지로서 그는 필요하다면 채찍을 사용할 수도 있었다(4, 21).

우리는 초창기의 교회조직을, 그리스도교적 활동을 하고 공동체의 운영과 훈련에 협력한 스테파나 집사람들과 다른 사람들의 등장에서, 또한 교회에 주어진 은사들의 다양함에서 엿볼 수 있다. 12장 28절에 관한 주석을 참조하라. 사도들 이외에도 예언자들과 교사들이 있다. 오로지 고린토전서에 의거해서, (사도나 예언자나 교사의) 직분들을 서술하고 제 2의 집단(예언자)이나 제 3의 집단(교사)의 위치를 설정하기란 쉽지 않다. 예언은 방언과 마찬가지로 지방교회의 회중들에 의해 행해졌다는 의미에서 분명히 지역적으로 한정된 은사였다. 그러나 예언자들은 어느정도는 사도들의 활동의 일익을 담당하면서 이 교회에서 저 교회로 순회하였을 것이다. 교사들은 아마 지역에 한정된 사람들이었을 것이지만, 우리는 그들이 무엇을 가르쳤고 어떻게, 누구에게 가르쳤는가를 알 수 없으며 고린토전서에서 추론해낼 수도 없음을 인정해야 한다. 다른 은사들 중에는 실제로 봉사하는 일, 지도하는 일, 또는 조언하는 일 등의 은사들이 있는 것 같다. 여기서 이러한 은사들에 대해서 언급할 것까지는 없다.

50년대의 고린토교회는 아직 두드러진 형태나 구조를 갖추지 못했다(이 점은 당대의 많은 단체들에도 해당하는 것임이 분명하다). 그 때의 교회는 매우 생동적이었다. 여러 영적인 은사들이 그 안에서 행해졌다. 많은 사람들이 기부를 했는데, 많이 하는 사람들도 있었고 적게 하는 사람들도 있었으며, 조용히 실속있게 하는 사람들이 있는가 하면, 겉치레만을 위해 일시적으로 하는 사람들도 있었다. 바울로는 교회에 영속적인 형태를 부여하려고 의식적인 노력을 하지는 않았던 것 같다. 하지만 (다른 신약성서 책들의 도움을 빌린다면) 어떻게
* 그리스도교인의 생활이 세상에 대한 선교활동의 노정에서 사랑의 봉사를 하고, 공동체를 훈련시키면서 그 자체의 형태들을 이루어가는 경향을 띄게 되는가를 알 수 있다.[25]

25) 참조. "The Ministry in New Testament," *The Doctrine of the Church,*

(ㄷ) 교회의 제도들. 점진적으로 틀을 갖춰가는 영성한 구조의 교회('몸' body)가 일련의 엄격한 제도들을 지켜나갔어야 했다고 생각해서는 안 된다. 몸이라는 명사 자체는 부적당한 것일른지 모르지만, 고린토교회에서조차 여러 일들이 어느정도 되풀이되는 양상을 띠고 일어났다. 그리고 어떤 사회든지 몇번의 시행을 통해 어느정도 확고해진 것을 채택하지 않고서는 오래 지속될 수 없다.

아마 모든 그리스도교인들이 입교 세례를 받았을 것이지만 바울로는 여기에 대해서 직접적으로 증거하려는 입장을 취하지 않았는데, 그것은 그로 인해 개종한 대다수 사람들에게 친히 세례를 베풀지 않았고 실로 누구에게 세례를 주었는지도 잘 기억하지 못했기 때문이다 (1, 14—17). 10장 1—13절에서 우리는 일부 그리스도교인들은 세례를 죽음이나 질병에 대한 (결코 그렇게 볼 수는 없는) 예방책으로 간주함으로써 세례를 과대평가하였음을(아니 잘못 해석했다고 보는 편이 더 옳을 것이다) 알 수 있다. 또한 15장 29절에는 적어도 일부 사람들의 해석에 따라 고린토에는 세례라는 의식 자체에 효력이 있다는, 앞의 생각과 유사한 주술적 견해가 있었음이 암시되어 있다.

교회의 회중들은 때때로 집회를 가졌다. 이런 모임들에서 예언과 방언이 행해졌고, 회중들마다 여러가지 형태로 모임에 참여하였다. 지혜나 지식의 말씀을 전하는 사람들고 있었고, 설교나 하느님의 계시를 말하는 사람들도 있었으며 예언이나 방언을 하는 사람들도 있었다 (12, 8 ; 14, 26). 바울로의 훈계 속에는 이런 모임들이 간혹 무질서하고 혼란스럽기조차 했다는 것이 암시되어 있다. 그의 훈계는 확실히 예리했다. 그의 훈계는 교회 회중들에게만 한정된 것이 아니라 교회밖 불신자들까지도 고려를 한 것이었다(14, 23). 여인들의 참여가 어느정도나 허락되었는가 하는 것은 평가하기가 곤란하다. 11장 5절과 14장 34절의 내용을 조화시키기가 어렵기 때문이다. 이 귀절들에 대한 주석을 참조하라. 만약 바울로가 (실제로 그런 것으로 보이는데) 여자들의 공적인 활동을 꺼림직하게 생각했다면, 이것은 고린토인들이 남녀간의 관계 규정에 어려움을 느꼈기 때문이었을 것인데 이러한 이유는 있었을 법하다. 한편으로 5장은 이교도가 보더라도 충격을 받을 정도의 부도덕한 경우를 열거하고 있으며, 다른 한편 7장은 성에 대한 금욕적인 견해를 제시한다. 비록 7장 25—38절이, 교회사의 후 * 대에 가서 영적 혼인으로 알려진 관습의 초기 형태를 나타내지는 않

* Dow Kirkpatrick (1964), 39—63.

는다고 하더라도 그러하다.

때때로 교회집회시에 공동식사가 있었다. 공동식사에 대한 본문 주석에서는 불가피하게, 바울로가 전후 사정에 따라 비난할 수밖에 없었던 고린토인들의 구체적인 위반행위에 강조점을 두었다(10장 16—21절과 11장 17—34절에 대한 주석 참조). 그러나 여기서는 본래의 성만찬의 취지에서 벗어난 일들을 판단하는 규범으로 간주될 수 있는 것이 무엇인가를 아는 것이 보다 중요하다. 그러므로 배고파하는 교인이 있는가 하면 술취한 교인이 있다고 한 바울로의 말에서 우리가 추론해 낼 수 있는 것은, 식사는 (단순히 상징적인 식사가 아니라) 실제로 행해진 식사였다는 것, 그리고 부자 교인이나 가난한 교인이나 모두 공동으로 그 음식물을 먹을 수 있다는 것을 이상적으로나마 내포하고 있었다는 것이다. 공동식사에서는 주의 죽음의 사건들에 관해 낭송되었으며 그렇게 하여 참석한 자들은 주의 죽음을 회상함과 동시에 주의 재림을 대망하였다. 그 낭송 속에 "성만찬 제정의 말씀" (Words of Institution)이 포함되어 있었는지는 확실치 않다. 제정의 말씀이 포함되어 있었다고 보는 것은 보통 바울로가 그 말씀들을 인용하고 있기(11, 24 이하) 때문이라는 생각에서 나온 것이다. 그러나 비록 그가 고린토교회에게, 언급된 예수의 말씀의 의미가 무엇인가를 올바르게 이해시키기 위해 그 말씀을 사용했다고 할지라도, 이러한 사실로부터 반드시 그 말씀이 집회 때마다 사용되었다고 추론할 수는 없다.

보다 상세한 것에 대해서, 그리고 서신에 서술되어 있거나 암시되어 있는 그리스도교인의 행위에 대한 의미를 밝히려는 몇몇 시도에 대해서는 본문 주석에서 다루어질 것이다. 이 서신에서는 고린토에서 일어난 상황에 대한 역사적 증거를 일일이 제시하고 있으며, 또한 바울로가 복음을 적용시킬 수 있다고 믿었던 그 상황에 관한 적극적이고 독창적인 비판에 대하여 신학적 증거를 제시하지 않는 단락은 거의 없다. 이러한 사실이 바로 고린토전서가 신약성서 안에서 그 자체의 독특한 중요성을 지니고 있음을 말해주는 점이다. 고린토전서가 바울로의 복음에 대한 가장 충분하고 명백한 진술은 아니다. 이 점에 대해선 로마서를 참고해야 한다. 또한 고린토전서는 바울로 자신의 마음을 가장 분명하게 보여주는 편지도 아니다. 이런 점에 있어서는 고린토후서나 아마 다른 서신들이 고린토전서를 능가할 것이다. 하지만 고린토전서는 거기에 사용된 신학, 다시 말해 사람이나 제도나 관행이나 이념 등을 비판하고 바로 세우는 데 의도적으로 사용되었던 신학을 보여준다는 점에서 대단한 가치가 있다. "성서신학으로서의 신학은 기초에 대한 물음이고, 실천신학으로서의 신학은 목적에 대한 물음이며 교리신학으로서의 신학은 내용에 대한, 또는 교회의 특수한 언어에 대한 물음이다."[26] 신약성서를 연구하는 사람들로서 우리는 * 성서신학, 실천신학, 교리신학을 구별할 수는 없지만, 고린토전서에서 우리는 이 모든 면에서 특정 교회를 다루는 사도 바울로의 기본적인 신학적 확신을 엿볼 수 있다. 그러나 신학적인 확신의 내용뿐만 아니라 교회의 실천적 문제를 다루는 방식 등이 배우는 우리들에게 많은 보탬이 될 것이다.

---

26) K. Barth, *C.D.*I.i. 3.

본문과 주석

I. 서 언 1장 1—9절

1. 인 사 말 1장 1—3절

1 하느님의 뜻에 의해서 그리스도 예수의 사도로 부르심을 받은 바울로와 그리스도교인인 형제 소스테네는, 2 우리 주 예수 그리스도의 이름을 부르는 각처에 있는 모든 사람과 함께 그리스도 예수 안에서 거룩해지고[1] 성도로 부르심을 받은 고린토에 있는 하느님의 교회 여러분에게 편지합니다. 그리스도는 그들의 주님이시요 또 우리의 주님이십니다. 3 하느님 우리 아버지와 주 예수 그리스도로부터 은혜와 평안이 여러분에게 임하기를 빕니다.

바울로는 모든 서신에서처럼 의례적인 그리이스의 편지형식, 즉 A가 B에게라는 형식을 빌어 인사말을 쓰고 있다. 이 형식은 다른 서신에서와 마찬가지로 여기서도, 발신인과 수신인들에 대한 한정어들과 인사말들에 있어서 그리스도교적으로 확대되었다. 이 편지에 나타난 확대는 로마서에서의 확대(1, 1—7)만큼 긴 것은 아니지만 그것은 본문이나 문법, 해석면에서 어려운 문제들을 제기한다.

〔 I • 2 〕 바울로는 자신을 가리켜서 사도로 부르심은 받은 이라고 기술한다. "부름을 받은"(κλητός)이란 말이 A D 사본에는 생략되어 있다 하더라도, 또한 (κλητός가 삽입된) 긴 본문은 로마서 1장 1절에 동화한 것이며 (κλητός가 빠진) 짧은 본문은 고린토후서 1장 1절에 동화한 것으로 볼 수 있다 하더라도 κλητός란 말은 본문에 들어가야 할 것이다. "부르심을 받은"이란 말이 들어있는 본문은 그것이 하느님의 뜻에 의해서라는 말과의 연관성에 대한 문제(필사자가 그 말을 생략함으로써 제거하기로 생각하였을지도 모르는 문제)

---

1) "그리스도 예수 안에서 거룩해진"이란 말이 P^{46} B D* G it에는 "하느님의 교회" 바로 앞에 놓여 있다.

를 제기한다는 점에서 지지된다. "하느님의 뜻에 의해서"란 말은 소명을 지시하는 것인가, 아니면 사도직을 지시하는 것인가? 비록 갈라디아서 1장 15절이 소명을 지지한다고 해도 고린토후서 1장 1절은 결정적으로 사도직을 가리킨다. 단순히 다마스커스 도상(사도 26, 16 이하)이나 예루살렘(22, 21)에서 일어난 실제적인 부르심이 아니라 바울로의 전체 사도활동이 하느님의 뜻에 의해 결정된 것이다. 복음의 선포는 그 자체가 복음의 일부이며, 교회 내에서의 바울로의 선교활동은 교회창설의 기초인 하느님의 조직적인 활동의 일부이다. 그러므로 미묘하게 (인간쪽으로도 하느님쪽으도) 치우치지 않은 바울로의 권위는 의문을 일으키게 될 것이고 서신들의 전개과정에서(예. 고전 4장; 9, 1—23; 고후 4, 1—15; 10—13장) 많은 오해를 불러일으킬 것이다. 은사나 행위나 인간관계에 있어서 인상적이긴 하나 권위가 결여된 사람들은, 하느님의 뜻에 의해 임명받은 자들이 아니라 오직 인간 편에서 타당한 봉사를 하도록 임명받은 자들이다(참조. 고후 10, 12—18; 11, 12—23). *

바울로는 혼자 있지 않았다. 소스테네는 분명히 사도는 아니지만 형제인 그리스도교인이다. 그러나 직역하면 형제이다. 형제라는 말은 그리스도교인들간에 통용되던 용어였다(예. 마태 23, 8). 이 말은 사실상 그리스도교인 상호간의 올바른 관계를 나타낸다. 이들은 그리스도 안에서는 모두가 한 아버지의 자녀이므로 서로간의 성, 인종, 계급 등의 일반적인 모든 구별이 사라지게 되었음을 인정해야만 한다(갈라 3, 28; 골로 3, 2). 하지만 그 말은 유다교에서 사용된 역사가 있고(예. 마하 1, 1; 요세푸스, *War* ii. 122. 이것은 에쎄네파에 속한 것임), 또한 이교도의 사회생활이나 종교생활에서 사용된 역사가 있는 것이기도 하다(참조. Bauer와 L.S. 그 항목). 복음은 실제로 새로운 기초를 제공하였고 따뜻한 감정을 품게 하였지만 그것이 전적으로 새로운 어휘를 만들어내지는 않았다. 사도행전 18장 17절에 의하면 고린토 회당의 지도자였던 소스테네는 갈리오의 재판정 앞에 끌려가 매를 맞았다. 사도행전에는 이 소스테네가 그리스도교인이 되었다는 말이 없다. 사도행전 18장 17절에 대한 서방본문에 의하면 그가 추측컨대 유다인으로서 모든 "그리이스인들"에게 매를 맞았다고 한다. 그러나 아마 "그리이스인들"이란 말은 생략되었어야 했을 것이며 그것은 그리이스인들과 유다인들이 합세하여 소스테네를 때렸음을 뜻하는 것일 수 있다. 그리이스인들이 때린 것은 그가 유다인이었기 때문이고, 유다인들이 때린 것은 그가 그리스도교인이 되었거나 아니면 적어도 그가 바울로에 대한 유죄판결을 내리지 못했기 때문이다. 고린토에 보내는 편지에서 바울로와 합세하였던 소스테네가 초기에는 고린토에서 지도적 위치에 있었던 유다인이었다고 확신할 수는 없지만 그것은 적어도 가능성이 있으며 아마 틀림없이 가능할 것이다. 바울로가 손위의 협력자였음이 분명하며 적어도 소스테네가 실제로 협력자였던 것은 확실하다.

* 바울로와 소스테네는 고린토후서에 나오는 하느님의 교회에 편지를 쓴다. "교회"(ἐκκλησία)라는 말은 고린토전서에 22회 나오는데, 그 말의 의미에 대해서는 이하에서 상세히 논의하겠다(예. 이책 304—5 · 332—44). 고린토교회는 분명히 바울로의 편지를 읽기 위해 (혹은 듣기 위해) 모여든 사람들의 집단으로 구성되어 있지만, 그것이 교회일 수 있는 것은 인간이 만든 어떤 특정한 구조를 이루고 있기 때문이 아니라 예수 그리스도 안에서 거룩해진 사람들로 이루어진 것이기 때문이다. 이 사람들이 교회를 이루는 것은 그들을 거룩하게 하시는 (즉 그들을 친히 성별하시는) 하느님의 행위에 의한 것이지 그들 자신의 어떤 행위에 의한 것은 아니다. 바울로는 이 귀절에서와 마찬가지로 그리스도교인들의 개별적인 모임에 대해서나 또는 그리스도교 신자들의 전체 회합에 대해서 똑같이 교회라는 말을 사용한다(15, 9 ; 아마 12, 28. 복수나 그에 상당하는 말의 사용 : 4, 17 ; 7, 17 ; 11, 16 ; 14, 33). 이것은 중요한 사실인데, 그 두 가지 경우에 대해서 모두 동일한 영어로 번역해야 하기 때문이다. 고린토교회에 관한 한, 그것은 숫적으로는 부족하지만 모든 것을 갖춘 하느님의 교회이다. 전체 교회의 어떤 다른 유사한 모습들을 무시할 수는 없으며 (따라서 바울로는 고린토인들에게 팔레스틴의 그리스도교인들을 위한 자선사업에 참여하도록 촉구한다 : 16, 1—4), 보편적인 그리스도교 신앙과 실천에도 주목해야 한다(4, 17 ; 7, 17 ; 11, 16 ; 14, 33—36). 하지만 그것은 어디까지나 교회이지 전체교회의 일부분은 아니다.

"예수 그리스도 안에서 거룩해진"이라는 말은 그 위치가 사본들마다 각기 다르며 원래의 본문의 일부가 아닐 수도 있다(참조. Zuntz, 91—92). 이 말들이 생략된다고 해도 그 의미는 이어지는 말들, 성도로 부르심을 받은 (직역하면 "부름받은, 거룩한")에서 반복하여 나타나므로 의미상 손상은 없다. 고린토교인들은 —우리는 이어지는 귀절들에서 그들의 품행에 대해서 많은 불평을 듣게 되겠지만— 이전에 이스라엘이 그러했듯이 그들이 하느님의 백성이라는 의미에서 "성도들"(즉 거룩한 사람들)이다(참조. 출애 19,6). 그들은 더 이상 자신들의 목적을 위해서 존재하는 것이 아니라 하느님의 목적을 위해서 존재한다. 그러므로 만일 그들이 자신들의 거룩함을 진지하게 받아들인다면 그러한 거룩함에서 가장 중요한, 도덕적 결실을 맺게 될 것이다. 그러나 거룩함 자체가 도덕적 조건은 아니다(참조. 이 책 82—4면과 173면 이하). 1절에서처럼 여기서도 "부르심을 받은"(κλητός)이란 동사적 형용사는 실명사에 가깝다. 바울로는 부르심을 받은 사람으로서 사도이다. 고린토인들은 부르심을 받은 사람들로서 거룩한 사람들이다(Moule, 95—96). 부르심을 받았다는 사실은 거룩하다는 사실만큼 중요하다(이 두 사실은 밀접하게 결부된 것이다). 고린토 교회의 회중들은 사도와 마찬가지로, 비록 그와 위치는 다를지라도 하느님의 목적 안에서 각각 나름대로의 위치를 차지하고 있다. *

다음에 나오는 말인 우리 주 예수 그리스도의 이름을 부르는…… 모든 사람과 함께라는 귀절은 바울로와 소스테네(1절)에 걸릴 수도 있고 편지를 받는 고린토인들에 걸릴 수도 있다. 혹은 "성도로 부르심을 받은"으로 표현된 표상과도 연결될 수 있을 것이다. 고린토인들은 모든 동료 신자들과 함께 이러한 부르심에 동참했기 때문이다. 그러나 어떤 것에 걸리든지 각각 문제점을 안고 있다. 바울로와 소스테네가 고린토교회를 향해 문안인사를 할 때 어떤 의미에서 전체 그리스도교인들의 회합에 연결되는지 알기가 어렵다. 그들은 결코 그렇게 연결되어 있지 않다. 따라서 이 가능성은 확실히 배제할 수 있다. 게다가 바울로가 하나의 지방 교회에 인사말을 한 것은 전체 교회에 하는 것이라는 의미가 담겨 있긴 하지만(앞의 주석 참조), 이 편지는 아주 개인적인 것이므로 바울로가 모든 그리스도교인들이 편지를 읽으리라고 생각했을 리는 없다. 이 절은 바울로의 편지들이 수집되어 작성되고 모든 교회에 적용되는 정경으로 인정받게 되었을 때 첨가된 것일 수 있다(예를 들어 봐이스가 이와 같이 주장한다). 이런 주장에 대한 본문상의 증거는 없지만 일의 성격상 증거를 기대할 수도 없을 것이다(참조. 이 책 서론 32면). 의미에 관한 한 제 3 의 가능성이 가장 그럴 듯하다. 고린토의 그리스도 교인들은 거룩함에로 부름을 받았고 이런 의미에서 그들은 모든 그리스도교인들과 함께 공동의 소명을 받은 것이다. 그러나 이러한 해석은 문법적으로는 가장 곤란하다(라이트후트의 해당 귀절을 참조하라). 아마 제 2 의 해석을 받아들이는 것이 가장 좋을 것이며,

바울로는 편지 전체에 대해서 생각한 것이 아니라 그가 막 표현하려고 하는 그리스도교인 인사말에 대해서 생각해낸 것이라고 가정하는 것이 가장 무난할 것이다. 그가 고린토교회에 은혜와 평안이 있기를 바랐다면 이와 같이 그 밖의 모든 신자들에게도 그러기를 바랐을 것이다.

그리스도의 이름을 부른다는 것은 그를 신뢰하는 것이고 기도와 예배에서 그에게 말을 거는 것을 말한다. 요엘 3장 5절(EVV, ii.32)의 인용귀인 로마서 10장 13절을 참조하라. 바이스는 로마서의 요지를 회심으로 보고 고린토전서의 요지를 의식적인 기원에 있다고 봄으로써 그 둘 사이를 지나치게 구분하는 것 같다. 이와 같은 그리스도에 대한 기원이 각처에서 행해졌다. 명사(τόπος)는 대체로 "장소"를 의미할 뿐이다. 그러나 이 말이 유다인들에 의해 그들 자신의 집회장소(회당)를 가리키는 것으로 사용되었다는 증거가 있고,** "각처에서"라고 해석해도 여기서 의미가 잘 통하기는 하지만 특수한 의미를 적용시킨다면 그 문장은 보다 분명해질 것이다. 이 말은 유다교의 집회장소를 지시할 수도 있었고 회당이라는 틀 안에서 그리스도교의 증거를 고수하였던 유다 그리스도교인들을 가리키기도 하였다. 그러나 보다 그럴듯한 사실은 (바울로는 유다 그리스도교인들만이라기 보다는 모든 그리스도교인들을 염두에 두고 있으므로), 이 말이 그리스도교의 집회장소 —유다교라는 말은 이 말에서 따온 것이었다— 를 지시한다는 것이다. 물론 이 시기에 특별히 그러한 목적을 위해 세워진 건물을 생각할 수는 없다(16, 19 : "그 집에 모이는 교회"). 어떤 지역에서는 대다수의 유다교 공동체가 개종하였고, 따라서 회당은 그리스도교인들이 사용하도록 넘겨졌다고 할 수 있다. 하지만 이런 일이 고린토에서 일어났다고 생각할 만한 근거는 없다.

2절의 마지막 말들을 번역하면 **그들의 주님과 우리의 주님**이다. 그리이스어 성서에는 명사가 표현되어 있지 않으며 ("그들의 것과 우리의 것") 그 대명사(theirs and ours)는 "집회장소"를 지시할 수도 있다. 즉 "모든 집회장소에서, 즉 그들의 집회장소이자 우리의 집회장소에서 우리 주 예수 그리스도의 이름을 부르는 모든 사람들." 이것은 뜻이 통하긴 하나 매우 진부하다. 바울로는 모든 그리스도교인들이 같은 주님을 모셨기 때문에 똑같이 거룩함에 참여한다는 점을 밝히고 있다는 사실이 더욱 타당하다. 울리히 비케어트(Ulrich Wickert, *Z.N.T.W,* 50〔1959〕, 73—82)는, 바울로가 짧게 말하고자 하는 연합에 대한 권고를 염두에 두고서(참조. 1, 10) 이제 여기서 고린토인들("우리들" 속에 포함되었

** Manson, Studies, pp. 208f.

울 사람들)과 자기 자신의 결속을 밝히는 데 관심을 가졌다고 하는 주장을 덧붙인다 : "나는 우리 주의 이름을 부르는 모든 사람들과 교제를 나누는 여러분에게 편지를 씁니다(이와 같이 나도 파당을 짓는 여러분 〔고린토인들〕—참조. 고전 11,6— 과 함께 교제를 나눕니다). 실로 우리가 기꺼이 주님을 향하려고 하는 곳에서는 어디서나 우리 모두가 하나이듯이 나도 그들과 하나입니다"(80).

[3] 그리스도인이 아닌 헬라인이라면 문안인사(χαίρειν)를 보낼 것이며, 유다인이라면 그에게 평안을 빌 것이다. 바울로는 독자들에게 은혜(χάρις)와 평안이 있기를 기도하며 (이 둘의 결합에 대해서는 외경 바룩서 78장 2절과 마카베오하 1장 1절을 참조하라) 은혜와 평안은 모두 하느님 우리 아버지와 주 예수 그리스도로부터 오는 것이라고 본다. 고린토전후서에서 은혜와 평안은 로마서에서처럼 대단한 신학적 역할을 하지는 않는다. 바울로는 여기서 신학적 원리를 진술하기보다는 그것의 실제적인 결과를 강조하는 데 더 관심을 갖고 있다. 그러나 신학적인 원리가 항상 내포되어 있다. 은혜에 대해서는 특히 고린토후서 8장 9절과 그 문맥을 참조하고, 평안에 대해서는 고린토전서 7장 15절을 참조하라. 은혜는 모든 그리스도교인의 존재기반이 되는 하느님의 선행적인 존재요 행위이다(참조. 고전 15,10). 평안은 하느님의 구원행위의 결과, 다시 말해 인간에게 허락된 전적으로 행복한 상태이다(참조. 로마 5,1). 한 그리스도교인이 다른 그리스도교인에게 은혜와 평안이 있기를 빌 때, 그는 자신이 이미 받고 있는 하느님의 은혜와 이미 누리고 있는 평안을 보다 충분히 알게 되길 기도한다. *

모든 것은 각기 하느님 아버지와 주 예수 그리스도로부터 오는 것이다. 아버지는 근원이 되시고, 그리스도는 수단 혹은 대리자가 되신다(참조. 8,6). 바울로는 완성된(ready made) 하느님에 관한 교리나 그리스도에 관한 교리를 제공하지 않는다. 그가 하느님과 그리스도에 대해서 믿었던 바는 하느님과 그리스도의 행위에 대한 그의 진술에서 드러나야 한다(참조. 1,30 ; 8,6에 대한 주해). 주님으로서의 예수에 대해서는 특히 7장 3절과 주석을 참조하라.

2. 감 사 말 1장 4—9절

4 여러분이 그리스도 예수 안에서 받은 하느님의 은혜 때문에, 나는 하느

님께 감사를 드립니다. 5 그것은 여러분이 모든 변론이나 모든 지식이나 모
든 면에 있어서 그리스도 안에서 부요해졌기 때문입니다. 6 그리스도에 대
해 선포된 증거가 여러분 자신의 경험 속에서 자리잡힘에 따라 7 여러분은
은혜의 선물에 조금도 결여됨이 없이 우리 주 예수 그리스도의 나타나심을
기다리게 되었읍니다. 8 주께서도 여러분을 끝까지[1] 굳게 세워 우리 주 예
수 그리스도의 날에 흠없는 자로 서게 하실 것입니다. 9 하느님은 신실하십
니다. 여러분은 그 하느님을 통해 그의 아들 예수 그리스도와의 친교를 갖
게 되었읍니다.

[4] 바울로는 관례대로 감사말을 계속한다. 물론 그의 감사말은 그리스도교의 토대에 근거를 둔 것이며 그의 독자들이 그리스도교인이라는 사실을 반영한 것이다. 다시 말해서 그것은 여러분이 그리스도 예수 안에서 받은 하느님의 은혜에 근거한 것이다(대격과 함께 쓰인 ἐπί는 "…근거하여 혹은 …때문에"라는 의미로 쓰인다 : 헬라어 원문은 "예수 그리스도 안에서 너희에게 주어진 하느님의 은혜 때문에"이다). 은혜에 대해서는 1장 3절에 대한 주석을 참조하라. 그러나 여기서 이 말은 동일한 표현("주신 은혜"
* ἡ χάρις ἡ δοθεῖσα)이 사용된 바울로의 많은 귀절들(로마 12,3·6 ; 15,15 ; 고전 3,10 ; 갈라 2,9)에서처럼 발전된 의미를 지니고 있다. 하느님의 선행하는 보편적인 은혜는 특정한 그리스도교인들과 하느님의 선물로서 임하사, 그들로 하여금 그리스도교적 삶을 영위하게 하고 교회 안에서 그리고 세계를 위해서 부름받은 봉사를 할 수 있게 하는 것이다. 이 은혜의 선물은 예수 그리스도 안에서 주어진다. 이 전치사구는 동사와 더불어 번역될 수도 있다. 즉 말로 다 할 수 없는 그리스도의 선물 안에서(고후 9,15) 다른 모든 구체적인 선물들이 주어진다(참조. 로마 8,32). 또는 "여러분"과 연결될 수도 있다. 즉 그리스도 안에서 여러분에게, 곧 그리스도교인들이 된 여러분에게 선물이 주어졌다. 이 두 가지 해석은 매우 밀접하게 관련된 것이지만 그 다음 귀절을 감안해 볼 때 후자에 강조점이 있음을 암시한다.

[5] 번역상 다음 귀절은 "여러분이 받은 은혜"를 설명하는 것으로 생각된다. ……여러분이 부요해졌기 때문

1) P^{46}에는 "끝까지"(ἕως τέλους)란 말 대신에 주목할 만한 변형인 "완전한"이란 말로 되어 있다. 아마 이것은 본문훼손인 것 같다(참조. Zuntz, 20).

(ὅτι)입니다. 그리이스어 접속사(ὅτι)는 "나는 감사합니다"와 종속적 관계로 받아들일 수 있다. 즉 "……여러분이 부요하게 된 것(ὅτι)을 나는 감사 드립니다." 그러나 나중 구문은 "그리고"를 포함시키는 것이 보다 자연스러울 것이다: "나는 ……하기 때문에 ……사실에 대해서 감사 드립니다." 하느님이 은혜를 주신 결과 그리스도교인들이 그리스도 안에서 부요해졌다는 것이다. 이처럼 그들이 부요해진 것은 은혜를 받은 표징이다. 그리스도교인의 삶의 부요함이란 이 서신들에서 낯설지 않은 사상이다(4,8 ; 고후 6,10 ; 8,2·7·9 ; 9,11 ; 그 밖의 곳에서 바울로는 하느님의 통치 혹은 그리스도의 부요라고 말한다: 로마 2,4 ; 9,23 ; 10,12 ; 11,33 ; 필립 4,19). 고린토인들은 자기네들이 소유하였던 부를 과장하였고 그리스도교인들이 그리스도 안에서 재물을 지킨다는 말을 이해하지 못하였던(고후 4,7) 것 같다. 그러나 당분간 바울로는, 아마 편지나(참조. 7,1) 전달자들의 말을 통해(16,17) 알게 되었던 고린토교인들이 받았던, 하느님의 은혜로 인한 부를 문제삼지 않고 있다. 고린토로부터 받은 소식에는 모든 형태의 부의 목록이 들어 있었을 것이다. 그들은 모든 면에서 부요해졌다. 그러나 우리는 그들이 믿음, 소망, 혹은 사랑의 면에서 부요해졌다는 말을 듣지 못하고(참조. 13,13과 이책 60면) 모든 변론과 지식에서 부요해졌다는 말을 듣는다. 이 서신을 읽어가면서 분명히 알 수 있는 것은 이러한 것들이 고린토인들에게 가장 호소력이 있었던 일종의 그리스도교적인 부요함이었다는 것이다. 바울로는 그것들이 참된 선물인가를 전혀 의심하지 않지만(예. 12,8·10 ; 14,1·2) 그는 보다 훌륭한 길을 알고 * 있다(12,31). "변론"은 추측컨대 방언의 은사를 내포하고 있지만(참조. 12,10·28 ; 14,2 등) 그러나 "모든 형태의"(그리이스어로는 두 번 씌어져서 "변론"뿐만 아니라 "지식"에도 걸리는 말)는 예언(14,1)과 모든 형태의 그리스도교 담론(12,8)을 내포하는 것임을 뜻한다(봐이스가 지적했듯이 그것은 모든 형태의 수사학적 기술을 말하는 것은 아니다). 고린토전후서에서는 그리스도교적 변론의 현상이 상당한 주목거리가 되고 있는데, 우리는 나중에 특히 14장에 대한 주석에서 보다 상세히 논의하는 것으로 만족해야 할 것이다. 지식에 대해서도 마찬가지이다. 이 말(γνῶσις)은 8장 1·7·10·11절, 7장 8절, 13장 2·8절, 14장 6절, 고린토후서 2장 14절, 4장 6절, 6장 6절, 8장 7절, 10장 5절, 11장 6절 등에 나온다. 이와 관련된 지혜(σοφία; 1장 17절에서 처음으로 이 말이 나옴)의 주제와 비교하라: "Christianity at Corinth", 275—86을 참조하라. 지식은 각각의 문맥에 따라 미묘한 의미의 차이가 약간씩 나타나긴 하지만 지적인 이해와 그리스도교의 진리의 적용을 가리키는 것이 분명하다. 그러므로 지식은 분명히 좋은 것이긴 하나 사랑보다 못한 것이고 이웃에 대한 관심이 없는 과대한 개인주의로 이끌 수 있다(8, 11). 그 말('영지' γνῶσις. gnosis) 자체가 반드시 (놀라우리만치 다양하게 정의되는) 영지주의의 종교적 현상을 지시하는 것은 아니다. 영어에서처럼 그리이스어에서도 그것은 전문적인 의미없이 그저 평이한 의미로 가장 자주 사용되는 말이다. 그러나 이 말이 빈번히 사용되는 걸로 보아(고린토전서에서 10회 ; 고린토후서에서 6회 ; 〔에페소서를 제외하고 골로사이서를 포함하는〕 다른 바울로 서신들에서 5회 ; 신약성서의 나머지 부분에서 8회 사용) 그것은 고린토와 아마 다른 곳에서 유행하였던 종교적 이념들의 특수한 배경을 가지고 있음이 분명한 것 같다. 보다 상세히 다룰 만한 근거가 현재의 귀절에는 없으며 여기서 고린토의 "영지"(gnosis)에 대해 상세히 설명할 수도 없다. 6장 12·13절과 8장 1절, 10장 23절 등에 관한 주석을 참조하라.

〔 6 〕 이와 같이 변론과 지식에서 고린토인들을 부요케 하였던 동인(…에 따라 καθώς는 설교와 부요가 동시에 일어나는 것이고 비례적인 것임을 암시한다)은 설교였다. 바울로의 말들은 문자 그대로 "그리스도의(에 관한) 증거"이다(참조. 2, 1). 속격은 주격(그리스도께서 하신 증거)일 수도 있으며, 이것은 참된 설교에서는 그리스도 자신이 말씀하신다는 사실과 일치하는 것이리라(참조. 로마 10, 14·17과 *Romans*, 204—205에서 그 주해). 그러나 현재의 문
* 맥이 시사하는 바로는(참조. 1, 23 : "우리는 십자가에 달리신 그리스도를 설교하는 것입니다" ; 또는 2, 2) 그것은 목적격(그리스도에 대한 증거)이다. 이 객관적으로 참된 선포(선포의 내용에 대해서는 앞서 언급된 귀절들에 대한 주석과 이곳 저곳 참조)는 여러분 자신의 경험 속에서(직역하여 "여러분 가운데서") 자리잡힌 것입니다. 모든 영적 선물의 수여자인 성령 자신이 선포의 정당성을 보증했다(참조. 고후 1, 21 ; 또한 동일한 동사 βεβαιοῦν가 사용된 8절). 오직 성령의 활동만이 가르침을 유효하게 한다. 설교자의 지혜, 경건 및 성직자로서의 권위는 비길 데 없는 중요성을 지닌 것이다(참조. 9, 1 ; 고후 12, 11·12). 그러나 설교의 진리가 그것이 불러일으키는 믿음에 의해 확증되듯이(아마 "비례하여" 앞의 주석 참조) 교회는 성령의 은사들로 세워진다. 역

으로 교회는 참으로 복음에 일치해서만 세워지는 것이다(Héring).

[7] 그 결과에 대해서 바울로는 아마 어느 정도 우정어린 과장을 띠고 고린토의 자기 자랑을 반영하면서 진술하고 있다: **여러분은 은혜의 선물에 조금도 결여됨이 없이**(아니면 여러분은 은혜의 선물에 결여됨이 없이—참조. Lightfoot). 이러한 해석은 다음과 같은 가정, 즉 고린토인들은 무가치하긴 하지만 그리스도교인들로서, 잠정적으로 하느님이 인간들에게 부여해 주신 모든 선물을 마음대로 소유하는 것을 바울로가 의미했다(참조. 로마 8, 32)고 하는 가정보다는, 바울로의 말을 이해하는 보다 쉽고 자연스럽고, 또 바로 그러한 이유에서 더 좋은 방법이다. 고린토의 내분은 선물의 결여 때문에 일어난 것이 아니라 그것들을 평가하고 사용하는 데 있어서 균형과 공정성을 잃은 때문이라고 말해도 무방할 것이다. 주지한 바대로 은혜(χάρις)는, 일차적으로는 그리스도 안에서 활동하는 하느님의 사랑을 의미하지만 이차적으로는 이러한 사랑이 그리스도교인들의 존재 안에서 작용하는 것을 의미한다(참조. 4절). 은혜의 선물(χάρισμα; 참조. Schweizer, 7, 1과 377의 주석)은 보다 특수하고 구체적인 하느님의 은혜의 실현이다. 고린토의 모든 그리스도교인들은 이와 같은 선물들을 소유하였다(12, 4—7). 실로 일반적인 그리스도교인들도 이와 마찬가지로 은혜의 선물들을 소유한다(로마 12, 6).

은혜의 선물들은 그리스도교인의 삶에 있어서 귀중하고 실로 필수적으로 수반되는 것이다. 그리스도교인의 삶은 그러한 선물들이 없이는 초자연적인 원천에 대해 증거할 수 없을 것이다. 그러나 그러한 선물들은, **사람들이 우리 주 예수 그리스도의 나타나심을 기다리는** 그리스도교인의 삶의 목적이 되는 것은 아니다. 이러한 계시는 역사의 종말에, 다시 말해(로마 8, 22·23) 그리스도교인들을 포함하여 모든 피조물이 함께 신음하고 함께 해산의 고통을 겪는 대망의 순간에 하늘로부터 도래할 그리스도의 현시이다. 영광 중에 오시는 그리스도의 이러한 도래에 대해서는 이 서신의 후반부에서(11, 26 ; 15, 23·47·52 ; 16, 22 ; 참조. 3, 13 ; 4, 3 ; 5, 5 ; 7, 29) 보다 자세히 말할 것이다. 잠깐 언급할 필요가 있는 것은 우리가 여기서 그리스도교인의 존재에 대한 두번째 정의를 얻게 된다는 것 뿐이다. 그리스도교인들은 그들이 성령을 통하여 은혜의 선물을 받게 되었기 때문에 그리스도교인들이 된 것이며, 또한 그들이 이제 그리스도의 완전한 성취를 위한 도래를 고대하는 그의 역사적 활동을 통해 구원받고 부름받았기 때문에 그리스 *

도교인들이 된 것이다. 그들은 그리스도가 이룬 일을 회상하면서 또 그가 앞으로 이루실 일을 고대하면서 살아가는 것이다(참조. 11, 26). 고린토교회가 저지른 두드러진 잘못은 그 종교적인 열광으로써 현재에 너무 집중했다는 데(참조. 4, 8 ; "이미"를 주목하라) 있으며, 또한 현재의 상태에 이르게 한 그 희생의 대가(예. 6, 20)와, 현재는 여전히 불완전한 것이라는 사실을 간과해 버린 데 있다. 바울로는 전체적으로는 아니지만 부분적으로 원시 그리스도교의 묵시를 비신화화 한다(참조. *Adam*, 90).

〔 8 〕 우리 주 예수 그리스도의 날(즉 심판의 날 : 참조. 3, 13 ; 4, 3 ; 구약성서에는 "주의 날" : 아모스 5장 8절 등)에 대한 사상은 고린토 교인들의 자만의(예. 5, 2) 기를 꺾는 효과를 내는 것은 좋지만 두려움을 불러일으키는 효과를 노려서는 안 된다. 다른 사람과 마찬가지로 그리스도교인들도 하느님의 심판을 면할 수 있을 만큼 도덕적 행동규범을 충분히 지킬 수 없음(설령 양심에 거리끼는 것이 없다 할지라도 : 참조. 4, 4)은 사실이다. 그렇다고 해서 그리스도교인은 스스로 흠없는 자가 되려고 할 필요는 없다. 그 자신을 "끝까지"(본래 때를 나타내는 끝. 그러나 ἕως τέλους는 때를 나타내는 의미로부터 완전히라는 의미로 쉽사리 이행한다 : Schlatter) 굳게(βεβαιώσει; 참조. 6절) 세우시는 재판관은 (관계대명사 ὅς의 선행사를 4절로 돌아가서 찾기가 매우 어렵기 때문에 하느님이 아니라) 그리스도 바로 그분이기 때문이다. 이 말은 그들이 도덕적으로 완전한 자들이라는 것을 의미하는 것이 아니라 그리스도 자신의 의가 그들에게 주어짐으로써 그들이 대심판에서 무죄한 자들이 될 수도 있다는 것을 의미한다(참조. 로마 8, 33). 바울로는 그리스도교인들이 오실 심판주를 조용한 가운데서 기뻐하면서 기다리는 상황을 묘사하는 데 있어서, 그가 다른 곳에서는 종종 사용한 전문적인 용어를 쓰지 않고 신앙에 의한 인의(justification)의 교리를 진술하고 있다. 그러나 인간의 믿음보다 더 중요한 것은 그 모든 것이 달려 있는 하느님의 신실하심이다. 인간의 불성실과 특히 수많은 고린토교인들의 도덕적인 결핍에도 불구하고 (그리스도의 날에 받아들여진다는) 그 목표는 확실하다.

〔 9 〕 왜냐하면 그의 아들 예수 그리스도와 친교를 갖도록 여러분을 부르신 하느님은 신실하시기 때문이다. "친교"(κοινωνία)는 인간적인 사귐을 의미할 뿐만 아니라 함께 나누거나 공유함을 시사하기도 하며 공동체를 의미할 수도 있다(그러므로 여기

서 그 의미는 "하느님께서 여러분을 예수의 공동체로 —즉 교회로— 불러모으셨다"가 될 것이다). 바울로의 어법은 이 말을 단순히 "교회"와 일치시키는 것은 아니다(참조. 10,16 ; 고후 13,13 ; 필립 1,5 ; 2,1 ; 3,10). 그러나 그리스도와의 친교가 그리스도의 존재 안에서가 아니라 (바르트가 이와 같이 주장함) 그리스도와 아버지와의 관계 속에서 이루어진다고 하는 사실이 동시에 밝혀질 수만 있다면, 여기서 제시한 번역이 유력시될 것이다. "그리스도 안에서"라는 바울로의 표현에서와 마찬가지로(참조. 4절과 *Romans*, 127), 이 귀절에 담긴 사상은 올리워진 종말론적인 주의 자리에 그리스도교인들이 함께 동참한다는 것이다. 이러한 사실은 현재와 미래 모두에 있어서 그리스도교인의 존재를 보증하는 유일한 보증이 되는 하느님이 신실하시다는 사상과 연결되어 있다. 하느님의 신실하심은 자신의 사랑의 영속적인 표현이다. 하느님의 신실하심이야말로 바울로가 감사드리는 궁극적인 근거이다. 그가 고린토인들의 신뢰, 사랑, 인내, 신실함 등에 대해서 전혀 아무 말도 하지 않는다는 사실은 부분적으로, 단지 부분적으로만 고린토가 처한 상황에 기인한다(Bachmann).

Ⅱ. 고린토에서 온 소식들
1장 10절—6장 20절

가. 지혜와 고린토 교회의 분열 1장 10절—4장 21절

3. 고린토 교회의 파당들 1장 10—17절

10 그런데 형제들이여, 나는 우리 주 예수 그리스도를 위해 여러분에게 권
합니다. 모두 일치되는 말을 하여 여러분 가운데 분열들[1]이 없게 하며 같은
마음과 같은 생각으로 굳게 합하기를 바랍니다. **11** 내 형제들이여, 이제 내
가 권합니다. 나는 글로에의 집사람들을 통하여 여러분 가운데 다툼이 있다
는 것을 알게 되었기 때문입니다. **12** 말하자면 여러분은 각각 "나는 바울
로 편이다," "나는 아폴로 편이다," "나는 게바 편이다," "나는 그리스도
편이다" 하고 구호를 외치고 있다는 것입니다. **13** 그리스도가 나뉘어졌읍니
까? 바울로가 여러분을 위하여 십자가에 달렸읍니까? 또는 여러분이 바울
로의 이름으로 세례를 받았읍니까? **14** 나는 그리스보와 가이오 밖에는 아
무에게도 세례준 일이 없었음을 감사합니다.[2] **15** 그것은 여러분 가운데 아무
도 내 이름으로 세례를 받았다[3]고 말하지 못할 것이기 때문입니다. **16** 내가
스테파나와 그 가족들에게도 세례를 준 일이 있으나 그 밖에는 아무에게도 세
례준 기억이 없읍니다. **17** 내가 여러분 몇 사람에게만 세례를 베푼 것은 그
리스도께서 나를 보내신 것이 세례를 베풀기 위한 것이 아니라 복음을 전하
기 위한 것이었기 때문입니다. 그리고 내가 복음을 전할 때에 수사학적 기교

---

1) P^{46}과 다른 소수의 증거들에는 단수 *σχίσμα*로 되어 있다.
2) 대다수 사본들은 동화작용에 의해서 다른 귀절들에 "(내)하느님께"란 말을 덧붙이고 있다.
3) 서방본문을 포함하여 많은 사본들에는 "내가 세례를 베풀었다"라고 되어 있다. 주의를 끄는 독법이긴 하나 아마도 **14절**과 **16절**에 동화해서 그렇게 된 독법인 것 같다.

를 쓰지 않는 것은 그리스도의 십자가가 헛되이 되지 않게 하려는 것입니다.

9절까지가 서신의 도입부였다. 도입부는 운율이 형식에 치중하는 감이 있긴 했지만 그 둘째 단락(감사말)은 이제 시작된 맨처음의 중심 주제를 예시하였다. 개인주의적으로 인식되어 적용된 영적 은사들로 가득찬 교회는, 특히 이러한 은사들이 사변과 웅변의 영역에 갇혀 있을 경우 분열의 위기에 처하게 된다. 실제로 그러한 위기가 고린토교회에 발생하였다. 그 분열이 어느정도까지 진행되었는지 결정짓기란 쉽지 않다. 분명히 고린토교회는 모든 회중이 자기 편지를 읽었으리라고(그렇지 않으면 들었으리라고) 바울로가 확신할 만큼 단합하였다. 그들은 (비록 불행한 결과를 초래하긴 했지만 ; 11, 17) 공동식사를 하기 위해 함께 모였다. 그러나 그들이 파당을 짓는 경향이 있자 그들의 목회자는 첫번째 과제를 안게 되었다.

[10] 형제들이여, 여러분에게 권합니다. 이 말은 어떤 형식을 띤 말이 아니다. 이 간청은 그들이 바울로에 대해서 또는 서로에 대해서 형제들이라는 사실에 근거한 것이다. 1장 1절에 대한 주석을 참조하라. 이 간청은 또한 우리 주 예수 그리스도를 위해(직역하면 그 이름으로, '그의 존재 전부와 여러분을 위해 존재하는 모든 것에 의해'—Moffatt) 하는 간청이기도 하다. 여러분이 동료 그리스도교인과 올바른 관계를 맺어야 한다는 것은, 단순히 여러분이 모두 같은 유기체에 속한 지체들이기 때문이 아니라, 여러분뿐만 아니라 동료 그리스도교인을 위해서도 그리스도께서 죽으셨다는 점에서 그들은 여러분의 형제이기 때문이라는 말이다(8, 11). 바울로의 말들은 또한 그가 예수 그리스도의 권위를 힘입어 그의 독자들에게 말하는 것임을 뜻할 수도 있다. 그가 갖고 있는 이와 같은 권위는 그들을 세우기 위한 것이다(그의 권위는 한정된 것이다 : 4, 1 ; 고후 1, 24). 이 간청은 여러분이 모두 일치되는 말을 하도록 하려는 것이다(직역하면 "여러분이 모두 같은 것을 말하도록 하려는 것"이다). 이 표현은 정확하게 평화스런 공존(바이스는 이 말에 대해서 부부의 무덤에서 나온 비문을 인용한다. 참조. Thucydides iv. 20 ; v. 31)을 의미할 뿐이다. * 그러나 이 말이 여기서 씌어진 것은 고린토인들이 각기 다른 말을 하고 있기 때문이다(1, 12). 바울로는 이와 같은 파당의 표어들을 버릴 것을 촉구하며 여러분 가운데 분열이 없도록 하길 바란다. 분열이란 찢어짐, 갈라짐(σχίσμα)을 말한다. 바울로는 공동체가 이미 분열되었다

는 것을 말하는 것이 아니라 이런 일이 일어나지 않도록 하라고 요구하면서 오히려 같은 마음과 같은 생각으로 굳게 합하기를(κατηρτισμένοι) 바란다. 마르코복음 1장 19절에서 그물은 "복구되어"(καταρτίζειν) 원상대로 되었다. 이 단어를 헤로토투스(V. 28)는 시민의 불화를 진정시킨다는 의미로 사용하였다. 불일치는 기본적으로 마음과 생각의 문제 즉 교리상의 문제이며, 회복되어야 하고 화해가 이루어져야 할 문제가 바로 이 문제이다. 그러나 바울로는 여기서도 그리고 이 이후로도 교회가 교회정치에 의해 수정될 수 있다고는 주장하지 않는다.

[II] 이제 내가 권합니다 라는 말은 그리이스 어투는 아니지만 새 귀절을 도입하는 왜냐하면(γάρ)과 같은 보충어가 필요하다. 바울로는 한 마음과 같은 생각을 지향하는 올바른 지침을 지적하고 난 다음에야 비로소 그가 전해 들은 소식, 즉 고린토는 모든 것이 만족스럽지 못하다는 소식을 언급한다. 이 소식은 교회로부터 공적으로 받은 것은 아니었다. 그래서 우리는 이 소식이 편지를 받기 전에 혹은 그 이후에(7, 1), 또는 스테파나와 포르두나도와 아카이고의 방문 이전에 혹은 그 이후에(16, 17) 도착했는지에 대해서 추론할 뿐이다. 그 소식은 글로에의 집사람들을 통하여 전해 받은 것이었다. 글로에가 어떤 사람이었는지 우리는 알지 못한다. 그 이름은 디미터(그리이스 신화에 나오는 농사·결혼·사회질서의 여신 : 역주)의 제의적 칭호였지만 아마 (데프니스와 글로에, 또는 호레스의 열렬한 사랑에 관한 유명한 이야기를 증거하는 *Odes* iii, 9) 일반적으로 통용되는 것이었으리라. 우리는 바울로가 언급한 글로에가 그리스도교인이었는지 알지 못하지만 분명히 그녀의 부양가족(노예 혹은 자유민) 중에 일부가 그리스도교인이었던 것으로 알고 있다. 하지만 그들이 고린토교회 교인이었는지는 모른다. 그들은 고린토와 에페소 사이를 두루 여행하였지만 어느 한 도시에 근거지를 두었을 것이다. 우리는 이들 여행자에 대해서 더 이상 아무말도 들을 수 없다. 하지만 그들은 사회일반과 제 1 세기 그리스도교인들간의 유동적인 관계를 연상케 하는 데 도움을 줄 수 있다. 바울로가 그들을 통해 받은 보고는 여러분 가운데 다툼(ἔριδες : 바울로가 즐겨 쓰는 말이다. 3, 3 ; 고후 12, 20 ; 로마 1, 29 ; 13, 13 ; 갈라 5, 20 ; 필립 1, 15 ; 신약성서의 다른 곳에서는 디전 6, 4 ; 디도 3, 9에만 나옴)이 있다는 것이다. "분열"이란 말은 여기서 빠져 있다. 실제로 분열이 아직 일어나지는 않았지만 분쟁이 일고 감정이 고조되었다. 불일치에 대한 세번째 말인 "당파"(αἱρέσεις)에 대해서는

11장 19절을 참조하라. 분쟁의 성격이 다음 귀절에서 밝혀진다.

[12] **말하자면, 여러분은 각각 …구호(watchword)를 외치고 있다는 것입니다.** 다소 난점을 피해보려고 이렇게 번역했다. 바울로의 말은 실제로 "여러분은 각각 … 말합니다"(*RV*)를 뜻하지 않는다. 그 의미는 3장 4절에서 주어진다. 네 가지 "구호들"이 나온다 : **"나는 바울로 편이다." "나는 아폴로 편이다." "나는 게바 편이다"**(바울로는 그리이스어로 베드로〔갈라 2, 7·8〕라고 말하지 않고 보통 아람어로 게바라고 말하고 있음을 주목하라〔3, 22 ; 9, 5 ; 15, 5 ; 갈라 1, 18 ; 2, 9·11·14〕), **"나는 그리스도 편이다."** 그리스도교 지도자들은 자의건 티의건 분쟁의 촛점이 되었다. 먼저 여러 당파를 고찰해 본 다음 암시되어 있는 고린토교회의 일반적인 상황을 고찰해야 한다.

"바울로파"가 있었다는 사실은 고린토교회 내부에 바울로에 반대하는 사람들도 있었음을 시사한다. 교회가 창설자에 의해 존속되는 것을 중요시하는 사람들이 있었다는 사실은, 다른 한편으로 그의 지위에 대해 맹렬히 공격하지는 않았다고 해도 적어도 그를 시대에 뒤진(démodé) 사람으로 간주하고 새 선교자들을 좋아하였던 사람들이 있었음을 보여준다. 바울로는 떠들썩하게 자기 편을 들었던 사람들에게 크게 감사하지 않는다. 그 이유는 그들이 자기의 견해를 과장했고 따라서 그르쳤기 때문이거나 또는 교회의 통일성이란 관점에서 볼 때 그들이 다른 사람들보다 더 나은 것이 없었기 때문일 것이다. 아니면 이 두 가지 이유가 다 작용했을지도 모른다. 바울로파에 대한 더 상세한 언급은 아마 이 서신에 나와 있지 않을 것이다. 또한 바울로파가 심각한 문제거리였음을 시사하는 말이 없다.

아폴로(동명이인을 주장할 수 있다면 더 중요할 것이다)는 브리스킬라와 아퀼라에 의해 교육을 받은(사도 18, 26) 후에 고린토를 방문했는데(사도 18, 27—19, 1) 분명히 그는 열렬한 지지자들을 확보했었다. 사도행전 18장 24절을 보면 그는 알렉산드리아인이었고 비록 모든 알렉산드리아의 유다인이 필로(Philo)와 같지는 않다고 해도 사도행전의 같은 귀절에서 우리는 아폴로가 유식한(혹은 말 잘하는 *λόγιος*) 사람이었음을 알 수 있다. 바울로는 아폴로와 자기 자신과의 어떤 차이도 주장하지 않으며 심지어 아폴로는 자기의 동료라고까지 말한다(3, 6—9). 아폴로는 고린토교회로 하여금 지혜(*σοφία*: 참조. 1, 17과 그에 대한 언급들)를 추구하게끔 했을 수도 있다. 하지만 그것이 잠정적으로 다툼의 한 원인이 되었다고 해도(참조. 이책 서론 36·37면), 아폴*

로와 바울로간에 어떤 심각한 차이를 일으키지는 못했는데, 그 이유는 바울로 자신이 "성숙한 사람들 가운데서, 우리가 지혜를 말합니다"(2,6)라고 인정하기 때문이다. 오히려 방언의 은사들을 높이 평가하던 교회 안에서(1,5 ; 7,8·28 ; 14,26) 특별히 말 잘하는 설교가의 등장은 분명히 파당을 짓게 했을 것이고, 연설자로서는 낮게 평가받았으며(고후 10,10), 이 점에서 스스로도 자신의 모자람을 인정했던 창설자를 멸시하는 풍조가 생겼을 거라고(고후 11,6) 이해하는 것이 쉬울 것이다.

베드로가 고린토를 방문했다는 것은 있을 법하긴 하지만 확실하진 않다(참조. "Cephas and Corinth"). 만일 베드로가 고린토를 방문했다면 우리가 게바파의 출현을 이해하기가 더 쉬울 것이다. 그러나 그가 고린토를 방문하지 않았을 경우라도 게바파의 출현이 전혀 불가능한 것은 아니다. 왜냐하면 (고린토후서에 대한 연구에서 나타나는 바대로) 예루살렘 사도들의 대변인들은 반드시 예루살렘 사도들에 의해서 권위를 위임받은 것은 아니었지만 이방 교회들이 그들의 존재를 인정했기 때문이다. 베드로 자신은 위대한 선교자요 유다 그리스도교의 순회 지도자였으며, 한편 야고보는 예루살렘의 거주자로 그곳의 지도자였다. 게바파가 어떤 형태로든 유다 그리스도교를 대표한다는 것은 확실히 그럴 법하다. 또한 맨슨(T.W. Manson)이 음식에 관한 법들의 준수와 공동체의 법적 권리들에 대한 강요에서 게바파의 영향을 보고 바울로의 사도적 지위에 의문을 품도록 그들이 영향을 미쳤다고 본 점에서, 그의 견해는 옳은 것 같다. 6장 1—11절, 8장 1—13절, 9장 1—12절, 10장 14—23절과 그 주석들을 참조하라. 그리고 "Christianity at Corinth," 273, 296도 보라. 필자는 이 논문에서 고린토교회의 구조뿐만 아니라 원그리스도교 전체의 역사와 관련된 기본적인 문제들을 다루고 있다. 이러한 전체적인 문제들을 어떤 한 귀절에 근거해서 다룰 수는 없다. 이러한 문제들은 본문에서 나타날 때마다 다룰 것이며 보다 상세한 논의는 고린토후서를 참조해야 할 것이다.

"나는 그리스도 편이다." 이 말은 모든 고린토전서 사본들에 다 나온다. 만일 "그리스도"가 이상하게도 "바울로," "아폴로," "게바" 다음에 맨 끝에 나오지만 않았더라도 이 귀절의 진정성이 의심받지는 않았을 것이다. 실제로 로마의 클레멘스는 고린토전서에 언급된 분열을 지시하면서(A.D. 95년 경에 기술) 처음에 나온 세 이름만을 쓰고 있다(*I Clement* xl vii. 2). 그러므로 서신에 대한 그의 필사본(우리가 현재 알기로는 가장 최초의 것)에는 네번째 이름(그리스도)이 빠져 있었을 가능성이 크다. 그러나 그 가능성은 단지 가능성에 불과하다. 이와 마찬가지로 적어도 클레멘스의 기억은 3장 22절에 영향을 받은 것이거나 아니면 "나는 그리스도편이다"라는 말을 그가 알고 있으면서* 도 바울로가 고린토교인들의 분쟁을 바로 잡으려고 사용한 말로 간주했을 수도 있기 때문이다. 그 말이 경건한 필사자의 여백의 주석에서 슬그머니 빠져버렸다고 가정한다면(내 생각으로는 이렇게 가정해야 한다) 우리는 그 말을 바울로 편에서 주석한 것으로 추측할 수 있다. 즉 "다른 이들은 이 사도에게 혹은 저 사도에게 충성을 확언할 수도 있다. 그러나 나는 오직 그리스도에게만 충성할 뿐이다." 이것은 원래 "그리스도파"에 대한 난점들을 피하기 위해 시도된 해석(모든 그리스도교인들이 그리스도에게 속했던 것은 아니지 않은가?)이며 또한 일부 학자들에 의하면 다음 귀절과의 연관성을 더 긴밀히 해주는 해석이다. 그러나 충성을 나타내는 네 가지 언명들이 병행형태로 표현되었다는 사실을 중요시 하는 것은 합당치 않다(만일 바울로가 하나의 감탄사를 사용했더라면 그는 아마 동일한 형태의 말들을 쓰지는 않았을 것이다). 난점들은 때때로 생각하는 것만큼 대단한 것은 아니며, (다음 귀절과의) 연관성은 아마 엄격하게 논리적이지는 못하지만 꽤 믿을 만하다. 왜냐하면 사람들이 규합하여 바울로파, 아폴로파, 게바파를 외쳐댄다고 해도 그들 모두는 그리스도에게 속한 자들로 언명되었음을 바울로는 아주 잘 알고 있기 때문이다. 그들의 말은 이렇다: "우리는 바울로에 의해, 아폴로에 의해, 게바에 의해 각기 선포된 그리스도, 다시 말하여 우리가 알기로는 어느 설교가의 중재가 필요없는 그리스도를 지지한다." 이러한 태도에 대해 던진 "그리스도가 나누어졌읍니까?"라는 수사학적 질문은 적합한 응답이 된다.

그러나 만약 사본들에 나와 있는 대로 본문을 받아들인다면, 또한 바울로가 고린토교회의 네번째 그리스도교 집단을 언급하고 있는 것이라면 과연 그러한 집단의 특징은 무엇일까? 그리스도파에 대한 그 이상의 분명한 언급이 나오지 않으므로(참조. 아마 고후 10,7) 우리는 그 집단의 신조들을 추측할 수밖에 없지만 고린토전서에는 아마 그에 해당하는 것으로 보이는 논쟁자료가 많이 있다(하나의 대안이긴 하지만 다소 그럴 듯한 추측은, 그리스도파가 사변적인 알렉산드리아의 유다교와 관련되어 있었다고 가정한다면 아폴로파라고 불리웠을 거라는 점이다). 또한 다음과 같은 맨슨의 짧은 요약은 그다지 틀린 말은 아니리라(*Studies*, 207): "그리스도파는 그리스도가 '하느님, 자유, 불멸성' 등등과 비슷한 것을 의미한다고 믿었던 파당이었다는 확신이 든다. 여기서 '하느님'이란 세련된 철학적 일신론을 의미하며 '자유'란 팔레스틴의 야만적인 통치자들의 청교도적 엄격함으로부터 벗어나서 광활한 자아 실현의 넓은 세계에로의 해방을 의미한다. 그리고 불멸성이란 부활에 대한 조야한 유다교 개념에 반대되는 건전한 그리이스의 교리를 의미한다."

멍크(J. Munck, *Paulus und die Heilsgeschichte* [1954], 특히 128—31; E.T., 136—9)는, 이러한 집단이 있었다는 사실이 곧 고린토교회가 전혀 일치점이 없는 여러 분파로 갈라져 있음을 뜻하는 것은 아니라고 강조한 바 있는데 그것은 옳다(이 점에 대해서는 앞서 지적하였다). 그럼에도 불구하고 고린토교회가 위험한 상황에 처해 있었다는 것은, 사랑이 결핍(8, 1; 참조. 로마 14, 15)되어 있었다는 것이 가장 중요한 문제이긴 해도 전적으로 이러한 문제 때문만도 아니다. 유감스럽게도 고린토교인들이 자기네들의 복음전도자들의 입장과 복음의 본질을 올바르게 이해하지 못했던 것이다. 그들이 그들의 교사에게 속해 있는 것이 아니라 오히려 그들의 교사가 그들에게(3, 21 이하) 속해 있었다. 그 교사들은 하느님이 그리스도 안에서 그들에게 주었던 모든 은사의 일부에 불과하다. 실제로 그들 모두가 속해 있었던 그리스도는 많은 지도자들 가운데서 택할 수 있는 한 지도자로 생각되어서는 안 되고 오히려 온 교회의 유일한 기초로서 생각되어야만 했다(참조. 3, 11과 그 주해).

[13] 바울로는 일련의 수사학적 물음들을 던짐으로써 고린토에서 일어난 일의 의미를 설득시킨다. 그리스도가 나누어졌읍니까? 학자들 가운데는 이 말들을 하나의 질문으로서가 아니라 진술로 받아들이는 사람도 있다. 즉 교회가 나뉘어졌으므로 그리스도 자신이 교회라는 의미에서 본다면(참조. 12, 12와 그 주해) 그리스도도 나뉘어진 것이라는 말이다. 그러나 이것은 이 귀절을 하나의 질문으로 받아들이는 견해보다는 설득력이 부족하다. 이 귀절에는 그 다음 귀절에서 부정적인 대답(μή)을 기대하는 의문의 불변화사가 빠져 있는 것이 사실이긴 하지만 이에 대한 이유를 제시할 수 있다(이하 참조). 동사(μερίζειν)는 단순히 "나누다"가 아니라 "나누어서 주다"를 의미한다(참조. 7, 17; 고후 10, 13; 로마 12, 3). 바울로는 그리스

도가 여러 조각으로 나뉘어져서 각기 다른 당파에게 주어질 수 있다고 너희들은 생각하느냐고 묻고 있는 것이다. 불변화사가 없는 이유는 누구라도 다음의 물음("바울로가 여러분을 위하여 십자가에 달렸읍니까?")에 대해서는 부정적인 대답으로 답할 수 밖에 없었다고 해도, 또한 현재의 이 질문에 대한 맞는 대답이 '아니오'일지라도, 고린토교회의 상황에 비추어 볼 경우 현재의 질문에 대해서 '예'라는 대답이 주어질 수도 있었기 때문이다. 바울로가 지적하고자 한 점은 이렇다. 즉 "분리될 수 없는 그리스도 한 분만이 존재하기에 만일 여러분이 그리스도를 소유하고 그분께 속해 있다면 여러분이 바울로나 아폴로나 게바 중에서 어느 편에 가담하느냐는 것은 사소한 일입니다." 역으로 말해서 이들 인간적인 교사들 중 어느 한 사람에게 헌신하지 않는다고 해서 그리스도를 소유하지 못하게 되는 건 아니다. 참으로 그리스도는 나뉠 수 없는 분이지만 고린토교회는 마치 그가 나뉠 수 있는 것처럼 행동하고 있다는 말이다.

바울로가 여러분을 위하여 십자가에 달렸읍니까? 이 질문에 대한 대답은 분명하다. 아무도 역사적인 구주의 독특하고 유일회적인 지위를* 부당하게 뺏을 수 없다. 그리스도가 십자가에 달리신 그리스도로 설교된 사실을 비교하라. 그리고 이와 같은 말의 용법에서 보여준 바울로의 정교함과, 그가 다음의 질문에서 동료들의 이름을 내걸기보다는 자신의 이름을 내걸고 있음을 주목하라. **여러분이 바울로의 이름으로 세례를 받았읍니까?** 다시 한번 그 대답은 분명한데, 비록 개종자가 특별한 관점에서 그에게 세례받은 사람으로 생각할 만하였다고 해도 그러하다(그러나 6장 11절에 대한 주해를 참조하라). 초대 교회에서 세례는 보통 그리스도의 이름으로 혹은 그리스도의 이름 안에서(예. 사도 2, 38 ; 8, 16), 또는 그리스도와 연합하여(예. 로마 6, 3) 행해진 것 같다. 세례가 삼위일체의 이름으로 행해진 것은(마태 28, 19) 아주 후대는 아니지만 다소 후대에 이루어진 것이었다. 이 귀절은 세례가 행해지는 것이 그리스도의 권위에 달려 있음을 지시하는 것이고, 또한 세례받은 사람은 그리스도의 소유가 되고, 말하자면 그의 계산에 들어가게 됨을 지시하는 것이다. 더 나아가서 *Romans*, 121—30과 *Adam*, 107 이하·220—21 이하를 참조하라. 바울로가 고린토 교인들의 한 파당을 소유한 것도 아니고 그들의 신앙의 주도 아니다(고후 1, 24). 그리스도가 그들을 소유한 것이고 또 그들의 주님이시다(12, 3).

〔 14 〕 바울로는 과거의 사건들이 이같은 사실들을 오해의 여지가 없이 분명하게 밝히는 데 도움이 되었음을 기뻐한다. **나는 그리스보와 가이오 밖에는 아무에게도 세례준 일이 없었음을 감사합니다.** 바울로는 언급된 사람들 이외에도 예외의 사람들이 있었긴 하지만 그의 개종자들 가운데 아무에게도 세례를 주지 않았다. 우리는 그의 이러한 습관이 다른 교회들에서도 마찬가지였다고 가정할 수 있다. 그 이유에 대해서는 17절을 참조하라. 그리스보는 아마 사도행전 18장 8절에서 초기의 개종자로 언급된 회당장이었던 것 같다. 가이오는 사도행전 19장 29절에서 언급된 가이오일 수 없는데, 그 이유는 거기서 가이오는 마케도니아인으로 나오기 때문이다. 또한 사도행전 20장 4절에 나오는 가이오일 수도 없는데 이 귀절에서 그는 더베인으로 나오기 때문이다(만일 우리가 서방본문을 받아들인다면 여기서도 19장 29절에서와 같이 마케도니아인 가이오를 말하는 것일 수 있다). 그러나 그는 아마 로마서 16장 23절에서 바울로와 (고린토와 겐그레아에 있는) 온 교회의 집주인으로 언급된 가이오와 동일시 될 수도 있을 것이다. 이것은 그가 그리스보와 같이 초기의 개종자였을지도 모른다는 것을 암시한다.

〔 15 〕 다음 귀절은, 직역한다면, 바울로가 그리스보와 가이오에게만 세례를 준 목적을 제시해줄 것이다 : "내가 그렇게 행동한 것은 아무도(ἵνα μή τις)…말하지 못하도록 하려는 것입니다." 그러나 바울로의 행위에 대한 참된 이유가 17절에 나온다. 그러므로 현재의 귀절은 목적이라기보다는 결과를 표현한 것이다.
* **그것은 여러분 가운데 아무도 내 이름으로 세례를 받았다고 말하지 못할 것이기 때문입니다.** 앞의 13절을 참조하라. 비록 바울로가 자신으로 인해 개종한 모든 사람들에게 세례를 주었다고 할지라도 자기 이름으로 그들에게 세례를 주지는 않을 것이다. 그러나 이러한 사실은 특히 고린토와 같은 —그리스도교 주변적인 성례전 사상(sub-Christian ideas of the sacraments)이 교회 내에 침투하기가 용이했던 요인들이 많이 있었던 것으로 보이는— 이교적인 환경에서는 오해를 일으킬 가능성이 컸을 것이다.

〔 16 〕 여기서 바울로의 회상이 언급되는데, (Lietzmann에 의하면) 이러한 회상은 바울로가 자신의 편지들을 수정하지 않고 받아쓰게 하는 방식을 나타낸다. **내가 스테파나와 그 가족들에게 세례를 준 일이 있으나 그 밖에는 아무에게도 세례준 기억이 없**

읍니다. 바울로가 확실히 기억하지는 못하지만 그리스보와 가이오 외에도 바울로로부터 세례를 받은 사람이 몇 사람 있었다. 스테파나는 바울로를 방문하였던 고린토인들 중에 한 사람이었고(16, 17) 바울로가 편지를 쓸 당시 함께 있었을 것이다. 스테파나의 가족들이 어린 아이들을 포함하여 모두 세례를 받았단 말인가? 그렇다면 이 귀절은 신약성서 시대에 유아세례를 실시한 증거로서 사용될 수 있지 않을까? 가족(여기선 *οἶκος*)이란 말의 의미는 장황하게 논의되어 왔어도 정확하게 확정지을 수는 없지만 16장 15절에서 스테파나의 가족(여기선 *οἰκία*, 하지만 이 말은 *οἶκος*와 동일어이다)은 "성도들을 섬기는 일에 몸을 바친" 사람들로 기록되어 있음을 주목해야 한다. 그러므로 이 말은 거의 아이들에게 해당될 수 없었고 이 말을 쓸 때 바울로는 어른들을 생각하고 있음을 전제한다. 그리스보나 가이오와 같이 스테파나는 초기의 개종자였다(16, 15).

이 귀절은 적어도 (단순히 세례자가 세례를 주는 역할에 대한 상대적인 무시가 아니라—Kümmel) 세례 자체에 대한 상대적인 무시를 드러낸다는 결론을 피하기가 어렵다. 바울로는 모든 그리스도교인들이 세례를 받았음을 가정하고는 있지만(12, 13) 그가 누구에게 세례를 주고 누구에게는 세례를 주지 않았는가를 자세히 기억하지 못한다. 비록 6장 11절에서 대개의 그리스도교인들은 스스로 세례받았다는 것이 암시되었다고 할지라도, 바울로 자신은 그의 첫 개종자들에게 세례를 베풀었고 다른 사람들과 교제하기 위해 그들을 떠났으리라(참조. 요한 4, 1·2 ; 사도 10, 48). 그러한 사실은 바울로 편에서 세심한 주의를 기울여야 할 문제는 아니었다.

[17] 내가 여러분 몇 사람에게만 세례를 베푼 것은(이 말들은 그리이스어 성서에는 나오지 않지만 귀절을 새로 시작하는 접속사 "왜냐하면" *γαρ*에 이미 이러한 내용의 말이 함축되어 있다) 그리스도께서 나를 보내신 것이 세례를 베풀기 위한 것이 아니라 복음을 전하기 위한 것이었기 때문입니다. 바울로의 생각에는 세례보다 더 중요한 것은 복음을 전하는 것이고 그것이 그 자신의 소명이었다. 그가 강조하려고 하는 바는 이렇다. 즉 그는 자신으로 인해 개종한 몇 * 몇 사람들에게 세례를 베푼 것으로 자기 자신을 변명하려고 하지 않는다는 것이다. 복음을 전한다는 말에서 바울로가 뜻하는 바가 무엇인지를 여기서 상세히 설명할 필요는 없다. 왜냐하면 그는 이러한 실마리를 통해서 본장의 나머지 부분을 전개해 나가며 이 서신의 대부

분에서 그러한 실마리를 계속 설명하고 있기 때문이다. 복음을 가르치는 일은 그의 사도직의 본질이다(사도직 : "보냄받은"은 그리이스어로 ἀπέστειλεν —명사 ἀπόστολος "사도"와 동일어원의 동사— 이다). 설교는 그리스도교 선교의 핵심이었다. 즉 복음전도자의 설교가 효력을 나타냈을 때에야 비로소 이미 확신과 인내와 믿음 안에 있는 사람들은 세례받기를 원하게 될 것이다.

바울로의 보내심에 대해서는 1장 1절에 관한 주해를 참조하라. 고린토전후서는 바울로가 자기의 소명을 어떻게 이해하였는가를 충분히 보여주는 자료이다.

현재의 귀절은 이어지는 단락들에서 계속해서 나오게 될, 바울로가 설교한 복음의 내용과 그것을 설교하는 방식에 대한 암시들을 덧붙인다— 그리스도의 십자가가 헛되이 되지 않도록, 즉 십자가가 수사학적 논증과 변증법적 난해함의 영향 아래서 점차 무로 변하여 사라져 버리지 않도록(Lightfoot) 수사학적 기교를 쓰지 않고(직역하면 지혜로운 말을 쓰지 않고). 바울로는 자신을 가리켜서 연설자가 아니라 설교자라고 말한다. 설교는 십자가의 선포이다. 십자가야말로 설교의 권능의 원천이다. 만일 설교가 인간의 수사학적 기교를 너무 분명하게 구사한다면 십자가의 설득력은 충분히 드러나지 못할 것이다. 마찬가지로 만일 사람들이 웅변에 설득당한다면 그들은 십자가에 달리신 그리스도에 의해 설득당하지 않을 것이다. 그러므로 바울로는 수사학적 기교로서의 지혜(σοφία)를 거부한다. 우리는 그가 지혜라는 말을 다른 의미들로, 좋은 의미로도 나쁜 의미로도 사용하고 있음을 알게 될 것이다(참조. 1, 19—22·24·30 ; 2, 1·4—7·13 ; 3, 19 ; 12, 8에 관한 주해들과 "Christianity at Corinth," 295—86). 여기서 실로 능숙한 언변의 형식적 특징으로서의 지혜는 십자가가 어리석은 것으로 보이도록 설교의 내용을 기술하는 것이다.

이러한 관찰을 가지고 바울로는 자신의 서신을 시작하게 되었다. 로마서에서와 같이(참조. 1, 16 이하) 복음을 중심으로 하여 그의 사상과 언어가 전개된다. 이 주제는 고린토의 분열로 인해 결정된 문맥에서 밝혀졌고, 이러한 분쟁들이 4장까지 고려되고 있다. 그러나 분열을 논의하는 데 결정적인 역할을 한 기본적인 주제는 복음과 또 그것을 설교하는 사람들과 듣는 사람들의 소명, 책임 및 의무이다.

4. 십자가의 말씀 1장 18—31절 *

18 십자가의 말씀이 멸망할 사람들에게는 어리석은 것이 되지만 구원받는
우리에게는[1] 하느님의 능력이 됩니다. 19 성서에도 "내가 지혜로운 자의 지
혜를 멸하고 총명한 자의 총명을 헛되게 할 것이다"고 기록되어 있읍니다.
20 지혜있는 자가 어디 있읍니까? 학자가 어디 있읍니까? 이 세대의 변론
가가 어디 있읍니까? 하느님께서 이 세상의 지혜를 어리석게 만드시지 않
았읍니까? 21 세상이 자기 지혜로 하느님을 알지 못한 것은 하느님의 지혜
로운 계획을 통해서 된 일입니다. 그래서 하느님께서는 그리스도교의 가르
침의 어리석음을 통하여 믿음이 있는 자들을 구원하시려고 택하셨읍니다. 22
유다사람들은 기적을 구하고 그라이스사람들은 지혜를 찾으나, 23 우리는 십
자가에 달리신 그리스도를 전합니다. 이것이 유다사람들에게는 거리낌이 되
고 이방사람들에게는 미련한 것이 되지만, 24 부르심을 받은 사람에게는 유다
사람에게나 그리이스사람에게나 그리스도는 하느님의 능력이요 하느님의 지
혜입니다. 25 이것은 하느님의 어리석음이 사람의 지혜보다 더 지혜롭고 하
느님의 약함이 사람의 강함보다 더 강하기 때문입니다. 26 형제들이여, 여
러분이 그리스도교인들로 부르심을 받았을 때의 일을 생각해보면 내 말을
이해할 수 있읍니다. 여러분 가운데는 인간적으로 볼 때 지혜있는 사람이
많지 않았으며 권력있는 사람이나 가문이 훌륭한 사람도 많지 않았읍니다.
27 그런데 하느님께서는 세상의 지혜있는 자들을 부끄럽게 하시려고 세상의
어리석은 자들을 택하셨으며 강한 자들을 부끄럽게 하시려고 세상의 약한 자
들을 택하셨읍니다. 28 그리고 유력하다는 자들을 제거하시려고 세상에서 천
한 자들과 멸시받는 자들과 존재없는 자들을 택하셨읍니다. 29 그래서 한 사
람도 하느님 앞에서는 자랑하지 못하게 하시려는 것이었읍니다. 30 그러나
여러분은 그리스도 안에서 하느님과 관계를 맺고 있읍니다. 그리스도는 하
느님의 선물로서 우리의 지혜요 의와 성결과 속량이십니다. 31 그러므로 성
서에도 "누구든지 자랑하는 자는 주를 자랑하라"고 했읍니다.

이제까지 바울로가 고린토의 분열을 다루면서 매우 충분히 주장해* 오긴 했지만 다소 피상적인 내용은 다음과 같다. "나는 내 개종자들에게 거의 세례를 주지 않았다. 그러므로 여러분은 내 이름으로 세례를 받았다고 말할 수 없다. 또한 여러분은 나는 바울로파라고 말해서도 안 된다. 마찬가지로 나는 아폴로파다라거나 나는 게바파다라고

1) 준쯔(137)는 서방본문에 따라 ἡμῖν "우리에게는"이란 말을 생략하고 "……하게 될 사람들에게는"이라고 읽는다.

말해서도 안 된다. 그 어느 파도 나는 그리스도파이다라고 말할 수는 없다." 이 주제에 대한 좀 더 깊은 언급이 이어진다. 모든 당파의 구호는 인간의 지혜를 과대평가한 것이고 바울로가 전하도록 부름 받은 (1, 17) 복음을 이해하지 못한 것이거나 옳게 평가하지 못한 것임을 나타낸다. 그는 이제 신적인 지혜와 인간적인 지혜의 참된 의미와 복음의 참된 의미를 상세히 설명하기 시작한다. 이것이 바로 그의 의도인데 그것은 본래 그리스도교의 동기부여와 발전이라는 틀 속에서 작용하는 것이다. 그러나 그의 해설은 11월 9일에 그 날을 기리기 위해 모세 오경귀절(Haphtorah; 예레 8, 13—9, 24)을 설교한 유다교 설교들(그 설교들 중의 하나가 바룩서 3장 9절—4장 4절에 보존된 것일지도 모른다)을 연상시키는 것이라는 주장에 대해서 충분히 논의된 바 있다. 이러한 관점에서 볼 때 바울로는 틀림없이 회당에서 한 것으로 보이는 이 설교의 내용을 구사하면서 설교본문을 31절에서 인용한 것이다. H. St John Thackeray, ***The Septuagint and Jewish Worship***(1921), 97을 참조하라.

〔 18 〕 바울로는 그리스도의 십자가를 언급했었는데 이 단락에서 다시 새롭게 언급한다 : **십자가의 말씀**(*λόγος*). 속격은 주격은 아니지만 말씀이나 담론의 주제를 지시한다. 바울로가 말하는 십자가의 말씀은 그리스도교의 본질적인 기초인 복음만을 의미한다는 것을 우리는 이어지는 귀절들에서 분명히 알 수 있다. 복음은 오로지 십자가에 달리신 그리스도의 계시이다(참조. 갈라 3, 1). 따라서 복음의 결과는 이중적이다. 그것은 **멸망할 사람들에게는 어리석은 것이 되지만 구원받는 우리에게는 하느님의 능력이 됩니다**(참조. 고후 2, 15·16). 두 무리가 현재분사로 서술되어 있으며 비록 전자가 "완료"의 전치사구와 결합된 복합동사에서 비롯된 것이지만("멸망할" *ἀπολλυμένοις* 〔현재분사〕; 참조. *M*.i. 114—15) 어느 과정도 완료의 상태로 생각할 수 없다. 그럼에도 불구하고 컴멜이 (필립비서 1장 28절과 로마서 8장 24절을 비교하면서) 지적한 바대로 두 용어(멸망할, 구원받을)와 두 무리 사이의 구분은 종말론적인 것임이 사실이다. 멸망과 구원은(참조. 로마 1, 16·18) 마지막 날에 성취된다(참조. 로마 9, 22 ; 8, 11).

* "멸망할 사람들은" 복음이 "어리석음"으로 생각되므로 그것을 거부한다. 그들은 거부하기 때문에 멸망하는가? 아니면 멸망할 것이기 때문에 거부하는가? 이와 같은 질문은 바울로의 논쟁의 서두에서 자주 제기된다. 바울로가 예정의 문제들을 여러 측면에서 보았을 경우에만

잘 답변된다. 의심할 바 없이 그는, 십자가 처형의 장면에서 하느님에 대한 진리를 발견하는 일은 어리석은 짓이라는 이유로 해서, 즉 지혜가 십자가 처형보다는 더 유익한 것일 수 있다는 이유로 해서 실제로 자신이 복음을 배척했었던 사실을 누구보다도 잘 알고 있었다. "어리석음"에 대응하는 말이 "참된 지혜"나 "하느님의 지혜"가 아니라 하느님의 능력임을 알게 되면 처음에는 놀랄 것이다. 그러나 바로 이 점에서 복음에 대한 바울로의 이해가 시작된다. 로마서 1장 16절을 참조하라. 더우기 바울로는 2장 5절에서 그리스도교적 지혜가 있음을 인정하긴 하지만 고린토교회 내에서의 지혜가 그리스도교적이었다고 보기에는 곤란했다. 따라서 적어도 당분간 지혜라는 말은 좋은 의미를 지니지 않는다.

[19] **바울로는 구약성서를 그의 편에서 받아들인다. 섬서에도 "내가 지혜로운 자의 지혜를 멸하고 총명한 자의 총명을 헛되게 할 것이다"고 기록되어 있읍니다.** 이 인용문은 이사야 29장 14절로부터 인용한 것인데 "내가 감출 것이다"로 되어 있는 것을 "내가 헛되게 할 것이다"로 고친 것 외에는 70인역을 따른 것이다. 바울로가 이처럼 약간 변형시킨 것은 시편 32편 10절(70인역 : "주는 이방인들의 회의를 흩으시고 백성들의 논거를 무효화하시며 통치자들의 회의를 물리치신다")에서 기인한 것일 수 있지만 그러나 어쨌든 그는 이 인용문이 전후 문맥에서 보다 적합하게 되도록 하였다. "헛되게 함"은 "감추임"의 철저한 형태로 간주할 수 있다. 여기서 말하는 지혜란 이 세상의 지혜(비교. 20절), 즉 타산적으로 하느님을 떠난, 인간중심적인(따라서 "공적"과 밀접하게 관련된—Schlatter) 지혜임이 분명하다. 이것은 복음을 어리석은 것으로 배척하는 사람들이 주장하는 지혜이다. 지혜(*σοφία*)란 말의 의미는 그것이 더 이상 말하는 방식이 아니라 사고하는 방식이기 때문에 1장 17절에서 이미 바뀌어졌다. 그러나 언어의 방식과 사고방식은 서로 같은 것이고 본질적으로 인간중심적이라는 점에 밀접하게 관련된 것이다. 이 인용문은 바울로가 인용했다는 사실로써 이미 바울로를 지지해 주고 있지만 그로 하여금 한 단계 더 나아가게 한다. 구약성서에는 이 세상의 지혜에 대해서 언급되어 있을 뿐만 아니라 그것의 패배를 예고하고 있기 때문이다. 더 나아가 이와 같은 내용의 구약성서 귀절이 얼마든지 있다.

[20] **지혜있는 자가 어디 있읍니까? 학자가 어디 있읍니까? 이 세대의 변론가가 어디 있읍니까? 하느님께서 이 세상** *

의 지혜를 어리석게 만드시지 않았읍니까? 여기서 바울로는 논쟁적이라기보다는 암시적으로 구약성서를 인용하고 있다(참조. 이사 19,11·12; 33,18; 44,25; 욥기 12,17). 다음 귀절에서 분명해지듯이 이제 하느님은 이 세상이 지혜로 생각하는 것을 참으로 어리석은 것으로 드러나도록 하고, 거만하고 주제넘게 나서는 현자들과 학자들과 변론가들을 패주토록하셨다. 이 세대의($\alpha i\acute{\omega}\nu$)와 이 세상의($\kappa\acute{o}\sigma\mu o\varsigma$)는 동의어적으로 사용된 말인 것 같다. 이것은 (후대 히브리어에서) 'olam의 이중의 의미에 일치하고 (보다 중요한 것은) 묵시문학적 종말론과 철학적 이상주의 사이의 본래적인 유사성에 일치하는 것이다. 오는 세대와 대비되는 이 세대와 다른 세상과 대비되는 이 세상은 완전히 구분되는 두 가지 이원론은 아니다. 하느님의 직접적인 권위 아래 있는 새 세대와 새 세상에서, 인간 중심적인 지혜는 종말을 고하게 될 것이다(참조. 2,6 이하. 그 의미에 대해서는 3장 19절).

[21] 하느님께서 이 세상의 지혜를 어리석게 만드신 것 (즉 이 세상의 지혜를 어리석은 것으로 드러내신 것)은 이 세상의 지혜가 하지 못하는 일을 하심으로써 또 이 세상의 지혜있는 사람들이 어리석은 것으로 무시했던 방식으로 행하심으로써 되어진 일이다. 세상이 자기 지혜로 하느님을 알지 못한 것은 하느님의 지혜로운($\sigma o\phi i\alpha$) 계획을 통해서 된 일입니다. 그래서 하느님께서는 그들 자신의 지혜로가 아니라 그리스도교의 가르침의 어리석음을 통하여, 비록 지혜는 소유하지 못했더라도 믿음이 있는 사람들을 구원하시려고 택하셨읍니다. 우리는 지혜라는 말이 두 가지 나쁜 의미로 사용되었음을 알게 되었다. 반면 그 말은 두 가지 좋은 의미로도 사용된다. 좋은 의미에 있어서 지혜는 인류의 구원을 위해 하느님께서 준비하고 제정하신 틀과 계획을 지시한다. 하느님의 계획은 사람들이 생각할 수 있는 계획이 아니다. 왜냐하면 그것은 십자가에 초점이 있으므로(18절) 세상적인 기준에서 볼 때 당연히 지혜로운 것이 아니라 어리석은 것으로 판단될, 그리스도교의 설교를 통하여 작용하는 것이기 때문이다. 이것이 본 귀절의 의미인 것 같다. 그러나 몇몇 학자들은(참조. 많은 주석서들에 첨가하여 G. Bornkamm, *Gesammelte Aufsätze* II, [1959], 120—121) 전치사 by($\dot{\epsilon}\nu$ "안에")를 위치를 나타내는 의미로 받아들이고 이 귀절을 그의 활동 가운데 나타난 하느님의 지혜라는 의미로 이해한다. 이처럼 계시의 한 가운데 있으면서 세상은 하느님을 알지 못하였다. 그러나 Lightfoot, 161를 참조하라.

바울로는, 이 세상이 자기 지혜로써 하느님을 알게 되었다는 주장에 반대하는 것으로 보인다. 이것은 바울로가 이 세상의 지혜를 하느님에 관한 지식 —사람들은 이 지식에서 구원을 찾으려 했을 것이다—을 제공하였던 영지주의와 유사한 것으로 이해하고 있음을 뜻한다. 이 * 세상의 지혜는 자기 주장을 성취하지 못했는데 이러한 실패가 하느님의 목적의 일부였다. 신화론적 용어로 표현한다면 하느님의 이같은 목적은 에덴 동산에 이르는 길목을 지키고 직접적인 지식과 생명의 원천(창세 3, 24)에로 다가가는 것을 방해하였던 불칼이다. 하느님은 예술가가 그의 작품에서 자신을 나타내듯이 피조물에서 참으로 그 자신을 나타낸다. 그러나 본질적으로 인간의 자기애적인 지혜는 그 나름대로의 형상에 따라 하느님의 현시를 왜곡시킬 수밖에 없기 (이 점은 자기애의 본질인 영지주의의 하느님에 대해서도 타당하다) 때문에 하느님은 피조물에서 인식되지 못한다 —십자가에 달리신 그리스도의 계시 이외에는 어떠한 계시도 없다(비교. 로마 1, 19—24 ; *Romans*, 35—8 ; *Adam*, 17 이하). 이 그리스도의 계시는 십자가에서 죽은 한 유다인에 대한 불명예스런 이야기에서 승리를 거둔 하느님의 사랑을 감지하고 신뢰하는 믿음에 의해서만 하느님의 계시로 받아들여질 수 있다. 구원(현재 기대된 마지막 날의 구원)을 얻는 것은 영지를 통해서가 아니라 믿음을 통해서이며 또한 지혜를 통해서가 아니라 바울로와 그의 동료들이 선포한 말씀(*κήρυγμα*는 행위가 아니라 "설교"의 내용을 의미한다)의 어리석음(이것도 인간적인 견지에서 볼 때 그렇게 생각되는 것이다)으로 말미암는 것이다.

〔22—24〕 **유다사람들은 기적을 구하고 그리이스사람들은 지혜를 찾기 때문입니다**(21절을 끌어들인 이 말은 사상을 보다 예리하게 재진술하기 위해서 긴밀한 연관성없이 반복된 것이다). **그러나 우리**(그리스도교인들)**는 십자가에 달리신 그리스도를 전합니다** (포고자들로서 선포하다. 동일어원의 명사가 냉소적인 설교가를 지칭하는 데 사용되기도 한다—참조. *Epictetus* Ⅲ. xxii. 69). **이것이 유다사람들에게는 거리낌이 되고 이방사람에게는 미련한 것이 되지만 부르심을 받은 사람에게는 유다사람에게나 그리이스사람에게나 그리스도는 하느님의 능력이요 하느님의 지혜입니다.** 이것은 복음이 전파되는 세상에 대한 또 복음 자체에 대한 바울로의 가장 훌륭한 경구(警句)적인 표현이다. 기적에 대한 유다인들의 요구에 대해서는 마르코복음 8장 11절(과 병행귀들)을 비교하라. 또한 구약성서는 이스라엘이 "주를 시험함"에 대한 기록을 하고 있다

(예. 민수 14,11·22). 그것은 하느님에 대한 신뢰를 거절하는 것을 뜻한다. 다시 말해 하느님은 사람들을 향한 자신의 주장과, 그들의 필요를 충족시키는 자신의 능력을 입증할 수 있는 가시적인 행동양식으로 신빙성을 확증해 보여 주어야 한다는 것이다. 문제시되는 이런 태도는 그것이 비록 매우 자주 종교적인 형태를 띠긴 하지만 기본적으로 회의적인 것이고 본질적으로 이기주의적인 것이다. 그리이스철학 사상이 유명하긴 하지만(이것은 사실상 여기서 특별히 의도된 것은 아니다) 본문의 "그리이스사람들"이란 헬라사람들을 말하는 것이 아니다. 이점은 같은 문장에서 "이방사람들"이 동의어로 쓰인 사실에서 입증된다. 여기서 추구된 지혜는 영지주의적인 지혜, 또는 (제의적 의미에서) 종교적 실천이 없는 종교 사상적인 지혜이며, 실로 인간의 사변적인 산물인 신의 거짓된 계시였다. 사실 기적을 구하는 유다인과 지혜를 구하는 그리이스인은 각기 종교적인 면과 비종교적인 면에서 두 가지 인간, 말하자면 세속적인 인간 즉 하느님으로부터 소외된 인간과, 인간중심적인 실존에서 그의 반역을 드러내는 인간을 대표하는 것이다. 바울로는 유다인들과 그리이스인들을 번역하기 어려운 both...and(*καί...καί*—Zuntz, 200에는 P^{46} F.G. Marcion에 따라서 앞의 *καί*가 생략됨)로 한데 묶었지만, "유다인들은 기적을 구하고 그리이스인들은 지혜를 찾는다는 점에서 유다인들과 그리이스인들은 모두 잘못하고 있다"라고 의역될 수 있을 것이다. 고대세계에서 또 모든 시대에서 이 두 가지 표현이 아주 다양하게 혼합된 형태로 나온다고 말할 필요까지는 없다. 예를 들어 고린토에는 유다교적 영지주의가 있었다. 종교적인 자기중심성에서 볼 때 십자가에 달리신 그리스도, 즉 그리스도교의 가르침의 주제(참조. 18절)는 거리낌(사람들을 걸려 넘어지게 하는 것)으로 나타날 터인데(만일 *Χριστός*가 메시야의 직능을 표현하는 것이라면 보다 그러하겠지만 그러나 아마 보통 바울로에게서 그렇듯이 그것은 단지 이름에 지나지 않는다), 그것은 십자가상에서 하느님은 그가 하리라고 사람들이 기대하는 바와는 정반대로 행하시기 때문이다. 지혜를 찾는 이방인들의 지적인 자기중심성에서 볼 때도 동일한 주제가 미련한 것으로 나타는데, 왜냐하면 십자가의 처형에서 구체적으로 나타난 성육신은 인간이 하느님을 향해 나아가리라고 숙고하였음을 뜻하는 것이 아니라 하느님께서 인간에게, 그가 현재 있는 곳에로 내려오셨음을 뜻하는 것이기 때문이다. 십자가에 대한 다른 평가를 내리게 될 사람들이 있다면 그들은 특히 종교적인 사람들이거나 특별하게 유

식한 사람들이 아니라, 하느님께 부르심을 받은 사람들이다(참조. 1, 2). 표현 ("부르심을 받은 사람들에게는" αὐτοῖς δὲ τοῖς κλητοῖς)의 정확한 의미가 분명하지 않다. 대명사를 "개인적인 경험에 호소하는" 것으로 보았던 사람들도 있다(Robertson-Plummer). 하지만 대명사는 그들의 내면적인 느낌이라기보다는 사람들에게 주의를 끌게 한다. 바울로는 돌이켜서 21절에 나온 신자들을 지시하는 것이고 또 그들을 재정의하는 것일 수 있다. 한 시각에서 볼 때 그들의 특징은 그들이 믿음을 지녔다는 데 있다. 그러나 선행하는 진리는 하느님께서 먼저 그들을 부르셨다는 것이다 —이것이 하느님의 주도권이다. 바울로의 사상이 이 노선을 따랐든 안 따랐든간에 확실히 그가 뜻하는 바는, 유다인을 통해서건 그리이스인을 통해서건 복음을 받아들이는 일은 궁극적으로 인 *
간적인 결단에 달린 것이 아니라 하느님의 결정에 근거한 것이라는 것이다. 그는 이같은 확신에 대한 철학적인, 심지어 신학적인 의미들을 충분히 밝히지 않으며 이 주제에 관해서 고린토전후서보다는 로마서에서 더 많이 말한다. 특히 로마서 9—11장을 참조하고 *Romans*, 170—71, 186—91, 220—21, 227와 *Adam*, 118을 비교하라. 부르심을 받은 사람들에게(참조. 1, 1·2) 그리스도는 하느님의 능력이요 하느님의 지혜이다. 1장 18절과 그 주해를 비교하라. 여기서 언어는 충분히 조화를 이루고 있다. 기적과 거리낌에 상응하는 말은 하느님의 능력이고(참조. 로마 1, 16), (세상이 이해한 대로의) 지혜와 미련함에 상응하는 말은 하느님의 지혜이다. 여기서 지혜란 지혜로운 계획 이상을 말하는 것이다. 1장 30절(참조. 또한 8, 6)에서와 같이 지혜는 단순히 구원의 계획을 말하는 것이 아니라 구원의 내용을 말한다. 여기서 바울로는 비록 그가 그것의 비그리스도교적인 내용을 거부하긴 하지만 영지주의의 형식들과 어휘를 반영하고 있다.

십자가에 달리신 그리스도가 능력이요 지혜라면 이것은 다만 역설적인 의미로만 그러하다. 왜냐하면 확실히 그리스도는 하느님의 강제적인 행위나 신학, 형이상학 및 윤리학의 정립된 체계를 나타내는 분이 아니기 때문이다. 바울로는 이러한 역설을 강조한다.

[25] 이것은 하느님의 어리석음(18·21·23절에서처럼 추상명사가 아니라 형용사의 중성명사이다. 이것은 "어리석음"의 특수한 행위를 지시하는 것이다. *M.* iii. 14에는 다소 요지에서 벗어나서 "어리석게 보이는 하느님"이라고 되어 있다)이 사람의 지혜보다 더 지혜롭고 하느님의 약함(역시 형용사적인 중성명사)이 사람의

강함보다 더 강하기 때문입니다. 하느님께서 십자가에 달리신 그리스도 안에서 행하신 일은 지혜와 능력에 대한 인간의 이념들과는 직접적으로 모순이 된다. 그러나 그것은 인간의 지혜와 능력으로 성취할 수 없는 것을 성취하였다. 그것은 하느님(과 인간)에 대한 진리를 전해주는 것이고 인간을 그의 속박으로부터 구출해내는 것이다(하지만 이 주제는 아직 발전되지 못하였다).

이 단락의 운율적인 병행구(1, 18—25)는 주목해야 한다. 그것은 운문도 아니고 "히브리어적"인 것도 아니다. 그러나 그것은 절과 절 사이에 조화를 이룸으로 다소 의식적인 수사학적 우아함을 보여준다. 똑같은 현상이 서신의 뒷부분에서도 나타난다. 예를 들어 27·28절과 특히 13장을 참조하라.

[26] 하느님의 행동방식에 나타난 역설은 교회의 구성에 의해 설명된다. **형제들이여, 여러분이 그리스도교인들로 부르심을 받았을 때의 일을 생각해 보면**(우리가 동사 *βλέπετε*를 직설법으로 받아들이든 명령법으로 받아들이든간에 의미상 별 차이는 없다. 쉴라터의 지적에 의하면, 직설법은 *γάρ* 때문에 주장된 것이다) **내 말을 이해할 수 있읍니다**(이 말은 그리이스어 *γάρ* "왜냐하면"의 의미를
* 밝힌다. 변형인 "그러므로" *οὖν* 〔D G〕는 논증을 역으로 한다). 그리스도교인들이란 하느님이 부른 자들이라고 정의할 수 있음에 대해서 이미 살펴본 바 있다(2·24절). 여기서 바울로는 가장 자연스럽게 부르심의 과정을 지시하긴 하나 "여러분이 부르심을 받은 상황"을 의미하는 추상명사를 쓰고 있으며 따라서 부르심을 받은 사람들의 부류와 부르심을 받은 자들로 이루어진 공동체의 성격을 예시한다. 하느님이 적용하는 판단기준은 사람들끼리 채택한 판단기준과 다름이 분명한데, 그것은 **여러분 가운데는**(그리이스어성서에는 없는 이 두 단어는 영어 문장의 의미와 구조상 있어야 하는 것이다) **인간적으로**(직역하여 육에 따라) **볼 때는 지혜있는 사람이 많지 않았으며 권력있는 사람이나 가문이 훌륭한 사람도 많지 않았기 때문입니다.** 이 귀절과 관련하여 초대 교회의 사회적 구조에 관한 해설에 대해서는 C.F.D. Moule, ***The Birth of the New Testament***(블랙의 신약성서주석, ***New Testament Commentaries,*** Companion Volume Ⅰ, 1962), 156 이하를 참조하라. 7장 21절에서 볼 때 고린토의 공동체에는 노예들이 있었음이 분명하다. 반면에 그 공동체에 추측컨대 (유다인들 속에서) 어느정도 사회적인 지위를 누렸던 회당장(사도 18, 8)과 가난하다고 보기는 어려웠을 에라스도(로마 16,

23)가 소속해 있었다. 그리스도교는 낮은 계급의 사람들 사이에서 가장 급속하게 전파되었고 이러한 사실이 그리스도교가 비난받게 된 일부 요인이었음이 분명하다. 바울로의 서술에 관한 흥미있는 언급은 셀수스에게서 볼 수 있다(Origen, *Contra Celsum* Ⅲ, 44에서 인용됨) :

> 그들의 금지명령은 이와 같다. "아무도 교육을 받거나 현명해지려 하거나 분별있는 사람을 가까이 해서는 안 된다. 우리들에겐 이러한 능력들이 악한 것들로 생각되기 때문이다. 그러나 무지한 사람이나 어리석은 사람이나 무식한 사람 또는 아이들은 얼마든지 데려와라." 이러한 류의 사람들만이 그들의 하느님 편에서 볼 때 가치있는 자들임을 그들 스스로 인정하고 있다는 사실을 통해 우리는, 그들이 오직 어리석고 불명예스럽고 우둔한 자들에게만, 또는 노예들, 여자들, 어린 아이들에게만 확신을 품게 하기를 원하고 또 원할 수 있었음을 알 수 있다.

셀수스의 전제들을 가정한다면 그리스도교인들의 가난과 비천함과 불완전함은 그리스도교의 거짓됨을 판명한 것이었다. 또한 바울로의 전제들을 가정하면 그것은 하느님에 대한 중요한 진리 —하느님의 표준과 관련된 말들은 세상이 채택한 표준이나 말들과는 다를 뿐만 아니라 그는 이제 세상의 거짓된 표준들을 뒤바꾸는 일에 참여하신다—를 입증하는 것이었다. 마태오복음 11장 25·26절을 참조하라.

[27] **하느님께서 세상의 어리석은 자들을 택하셨으며**—여기서 "세상의"는 "세상의 평가에서" 라는 의미로 속격(τοῦ κόσμου)을 취한 것이다. 이와 달리 "세상의 어리석은 요소"라고 말할 수도 있다. 그러나 이것은 세상이 어리석기도 하고 현명하기도 함을 뜻하며, 바울로가 이와 같이 보충적인 의미를 뜻했는지 의심스럽다. 하느님께서는 순수한 사랑으로 가망없는 사람들을 먼저 선택하셨다(ἐξελέξατο: 동일 어원의 동사적 형용사에 대해서는 로마 8,33 참조). 하느님께서 이렇게 하신 것은 **세상의 현명한 자들을 부끄럽게 하시려고** (여기서 세상의는 그리이스어성서에는 없지만 도움이 되고, 확실히 옳은 보충어인 것 같다), 다시 말해서 그들의 잘못됨을 증명하심으로써 또는 그들이 기꺼이 어리석은 사람이 되려고 하지 않을 경우에는(참조. 3,18) 그들이 구원에 참여하지 못하도록 하심으로써 세상의 지혜있는 자들을 부끄럽게 하시려는 것이었다. 이와 마찬가지로 하**느님께서는 강한 자들을 부끄럽게 하시려고 세상의 약한 자들을 택하셨읍니다**("강한 자들을"은 보충어이다 : 앞의 해설 참조). 이 귀절에서 쓰인 성(性)에 문제점이 있다. 어리석은, 약한, 강한은 모두 중성복수이 *

다. 현명한 (사람들)은 남성복수이다. 이 점 때문에 문장은 (특히 그리스어에서) 이상하게 보인다. 그러나 여기서 상세히 설명할 필요는 없으리라. 바울로는 중성형용사들을 일반화하기 위해서 사용한 것이다. 또한 아마도 너무 무딘 고린토인들이 그들 자신에 대한 묘사로 기분 상하지 않도록 하기 위해서 또는 다음 귀절에서 그가 "실재하지 않는 것들"에 대해 말하고 있음을 알고 있기 때문에 일반화하기 위해서 중성형용사들을 사용한 것이다. 그러나 형용사 "현명한"은 중성으로 사용하기가 어렵다. 따라서 그것만이 남성으로 남아 있다.

[28] 바울로는 **세상에서 천한**(이 말은 26절에 나오는 "가문이 훌륭한"의 반대말이이다) **자들과 멸시받는 자들**이라고 말하면서 고린토교회에 대해 본질적인 서술을 계속한다. 그는 자신의 수사학에 힘입어서 더 나아가 **하느님께서는 유력한 자들을 제거하시려고**(비교. 고후 3, 11 ; Heim은 이 사상이 종말론적이라고 생각한다) **존재없는 자들을 택하셨읍니다** 라고 덧붙인다. 비록 이 말들이 수사학적이긴 하지만(그 의미가 잘 알려진 철학적 용법과 관계가 없는 것이긴 하지만) 의미가 없는 것은 아니다. 하느님이 자기 계획을 착수하실 때 그의 의중에는 있었지만 실제로 고린토에는 교회가 없었다. 반대(또는 그 자체의 취약함)에도 불구하고 고린토교회는 이제 존재하게 되었다. 복음에 나타난 하느님의 지혜는 그것의 결과로 이미 정당화되었고 마침내 모든 새로운 피조물에 의해서 완전히 정당화될 것이다.
* 지혜와 힘을 뽐내는 세상의 교만을 꺾는 것을 교회 밖에서의 하느님의 지혜의 목적으로 볼 수 있다면 교회 안에서의 목적도 마찬가지이다.

[29] **즉 한 사람도**(직역하여 한 육체도—구약성서적 표현) **하느님 앞에서는 자랑하지 못하게 하시려는 것입니다.** 이것은 "인의(認義)의 긍정적인 내용에 반대되는 부정적인 표현"(Wendland)이다. 여기서 바울로는 직접적인 요지로 돌아가고 있다. 바울로가 고린토전서를 쓰게 된 원인은 그 자체의 지혜와 능력에 대한 세상의 거짓된 자랑 때문이 아니라 교회 내에서 또 고린토에서 —고린토교인들은 사람에게(3, 21: 그들의 사도와 선교사들에게) 영광을 돌리고 있었으며 그들이 받은 은사를 잘못 평가하고 있었다(참조. 1, 5 이하에 대한 주해들)— 세상과 똑같이 거짓된 자랑이 행해졌기 때문이다. 그들이 이렇게밖에 할 수 없었던 것은 다음의 사실들, 즉 그리스도교인으로서 존재하는 것이 결코 그들의 장점에 달린 것이 아니라 하느님의 부르심에 달려 있다는 사실과, 복음은 십자가의 말씀이라는 사

실을 그들이 잊었기 때문이다. 이것이 바울로가 다음 귀절에서 분명히 밝히고자 한 점이다.

[30] 여러분(이 대명사는 강조어이다)은 여러분 자신이 아니라 오직 예수 그리스도 안에서 하느님과 관계를 맺고 있읍니다. 이 문장을 역으로 만들어도 똑같은 기본적인 의미를 그대로 유지할 수 있을 것이다 : "여러분이 예수 그리스도 안에 있게 된 것은 하느님으로부터 온 그의 선물이다. 즉 여러분이 그리스도교인이 된 것은 여러분 자신 때문이라기보다는 하느님의 은혜인 것이다." 그러나 이것은 인간이 그리스도를 통해 하느님과 관계를 맺는 것으로 그리스도를 서술하고 있는 문맥과는 잘 부합하지 않는다. 그리스도는 수단이며 하느님은 목적이다(참조. 8, 6 ; 15, 24). "여러분은 하느님과 관계를 맺고 있읍니다." 직역하면 "여러분은 하느님으로부터(ἐκ θεοῦ) 난 자들입니다"이다. 믿음에 근거하여, 믿음에 달린, 믿음에 의한 등등을 의미하는 이와 유사한 그리이스어적 표현(ἐκ πίστεως)을 비교하라. 이것은 의미심장한 어법이다. 부여받은 여러분의 재질 —지혜, 힘 따위— 은 하느님으로부터 온 것이다. 그뿐 아니라 여러분의 존재 자체도 하느님에게서 비롯된 것이다. 이것은 인간과 그의 창조주와의 합당한 관계를 서술한 것이다. 존재없는 것들이 존재하게 되는 그리스도 안에서(28절 ; 참조. 고후 5, 17)의 이러한 관계는 새 창조에 의해 회복된다. 이같은 상황에서 자랑은 분명히 배제된다(참조. 로마 3, 27).

바울로는 인간이 예수 그리스도를 통하여 하느님과 갖게 된 그 관계를 정의하기 시작한다. 즉 예수 그리스도는 하느님의 선물("하느님께로부터 온" ἀπὸ θεοῦ)로서 우리들에게 지혜와 의와 성결과 속량이 되셨다는 것이다. 우리가 이미 여러가지 의미로서 접했던(1, 17·19·21·24) 지혜(σοφία)는 이제 새로운 의미를 지닌 것으로 나타난다. 유다교의 명상에서(참조. 특히 잠언 8, 22—31 ; 솔로몬의 지혜 7, 22—8, 1) 다소 인격화된 모습을 띤 지혜는 창조에 있어서 또 지식과 구원을 연결짓는 데 있어서 하느님과 인간 사이의 중재자로서 점차 중요한 위치를 차지하게 되었다. 따라서 지혜는 즉시 그리스도론적인 목적들을 위해서 쉽게 사용될 수 있는 용어였다. 바울로는 지혜란 말을 여기서처럼 직접적으로 쓸 때도 있고 유다교에서 지혜에 귀속시켰던 그리스도에게 기능들과 특징들을 돌림으로 간접적으로 지혜를 사용하기도 한다. 지혜란 말 자체는 고린토전서의 도입단락들에서 아주 빈번히 (여러가지 의미로) 사용되고 있으므로 바울로는 그 말이 고린토에서 일반적으로 사용되고 있음을 알고 있었다고 결론짓는 것은 타당하다. 이것은 바울로 자신의 사상을 지혜의 관점에서 보도록 자극했을 것이다. 그러나 이러한 관찰은 바울로 자신이 한 말의 중요성을 강조하는 데 도움을 줄 뿐이다. 참된 지혜란 웅변이나 하느님의 존재에 대한 영지주의적 사색에 있는 것이 아니다. 참된 지혜는 그 자체의 지혜만으로 하느님을 떠났던 세상을 구원하기 위한 하느님의 계획 안에, 십자가를 통해 실행되었던 계획 안에 있는 것이다. 따라서 십자가에 달리신 그리스도 자신이 지혜의 인격적인 화신이요 창조시에 하느님의 대행자가 되었고(참조. 8, 6), 특히 (현재의 귀절에 관한 한) 사람들을 자기 자신에게로 돌이키게 하는 하느님의 수단이 되었다.

바울로는 현재의 문맥에 특히 적합한 말을 사용하고 난 다음에, 그리스도의 중재자됨을 표현하는, 그러나 그가 흔히 사용하는 어휘에 속하는 다른 말들을 덧붙인다. 하느님의 의의 선물로서의 그리스도에 대해서는 예를 들어 로마서 1장 17절과 3장 21절, 10장 4절 등을 비교하라. 사상의 뿌리는 법정적인 것이다. 즉 인간은 하느님의 법정에 고발되었고, 인간 스스로 드러낼 수 없는 의가 그에게 주어지지 않는다면 재판관을 만족시킬 수 없다. (인간의) 믿음으로 말미암아 인간이 의롭게 간주되는 이러한 상황에서는(로마 4, 3 ; 갈라 3, 6. 이 두 귀절 모두 창세 15, 6의 인용귀임), 그리스도 자신이 인간을 위한 의가 되며(고후 5, 21) 재판관인 하느님은 인간을 인간 자신 안에 있는 존재로서가 아니라 그리스도 안에 있는 존재로 간주한다. 바울로의 어법에 있어서 성결(거룩함)이란 주로 도덕적인 뜻을 지닌다. 그러나 여기서 성결은 의와 유사한 방식으로 사용된 것이다(참조. 6, 11 : "여러분은 거룩해졌으며 또 의롭다함을 얻었읍니다"). 인간은 그 자신이 거룩해질 때만 거룩한 하느님에게로 가까이 다가갈 수 있다(참조. 히브 12, 14). 인간은 그 자체만으론 거룩하지 않지만 그리스도께서 그를 위해 거룩함이 되시는데, 이런 거룩함은 인간이 다른 방식으로는 소유할 수 없는 것이다. 비록 도덕적인 의미에서 볼 때 인간은 의롭거나 거룩한 것은 아니지만 그리스도 안에서 그는, 하느님에게로 다가갈 수 있게 하는 의와 거룩함을 지니게 되고 결국 도덕적인 정화를 얻게 될 것이다. 성도가 어떤 의미로 쓰이고 있는가를 비교하라(1, 2). 바울로는 구원에 대해서 —비록 바울로가 구원을 그리스도와 관련시킴으로써 그것을 역사 속에 끌어들이긴 하지만 구원이란 종말론적인 말이다—, 비록 그가 다른 곳에서는(로마 3, 24) 그것을 의에 대한 명시와 연관시키기는 하지만, 다소 다른 사상 노선에로 전환한다. 하느님이 죄된 인간에게 그리스도의 의와 거룩함을 줄 때 하느님은 단순히 문서상의 계약으로만 처리하거나 주술을 사용하는 것은 아니다. 십자가에 달리신 그리스도 안에서 이루어진 구원의 행위에 의해서만이 전이(transference)가 일어날 수 있다. 구원의 주제, 즉 보통 어떤 대가를 치름으로써 초래되는 해방의 주제는 이 점에서 발전된 것은 아니지만 (참조. 6, 20) 바울로는 이 말(구원)을 사용하는 데서 다른 말들 —지혜, 의, 또는 성별— 을 그것들이 올바르게 이해될 수 있는 문맥에 배치한다. 지혜란 단지 사변적인 유다교에서 생겨난 것은 아니다. 의란 단지 법정적인 판단의 척도는 아니며 또한 거룩함이란 단순히 종교적인 전문용어는 아니다. 지혜, 의, 거룩함은 각기 인간들을 위한 그리스도의 자기희생의 직접적인 산물이며 하느님이 그를 통해 이룬 구원활동의 직접적인 결과이다.

[31] 바울로는 아마 아빕월(11월) 9일을 위한 그의 설교 본문으로 간주할 수 있는 것(이책 73면 참조) —이 날을 위한 모세 오경(Haphtorah)의 성구와 관련된 예레미야 9장 22·23절— 을 인용함으로써 본 단락을 끝맺는다. 만일 인간이 조물주 앞에서 그리스도 안에서 주어진 신분 이외에 어떤 신분도 갖고 있지 않다면, **기록된 말씀에 누구든지 자랑하는 자는 주를 자랑하라**는 말대로 행함으로써 얻는 성취보다 더 큰 성취란 있을 수 없었다. 사람들은 그들 자신이나 그들 자신의 업적을 자랑할 수 없다. 그들이 받지 않은 것은 아무것도 없다(4, 7). 그러나 그리스도 안에서 그들은 모든 것을 갖고 있으며(3, 21 이하) 그 안에서 그들은 많은 자랑거리를 갖고 있다.

이 인용문은 정확하진 않지만 조건 분사를 주어로 사용하는 셈어적 용법은("누구든지 자랑하는 자는"… *ὁ καυχώμενος*; K. Beyer, ***Semitische Syntax im Neuen Testament*** I. i (1962), 211—12) 70인역에 기인한 것이다. 고린토후서 10장 17절을 참조하라.

5. 단순한 증거 2장 1—5절

1 형제들이여, 나도 이 원리에 따라 여러분에게로 가서 하느님에 대한 증거[1)]를 전할 때에 훌륭한 말이나 지혜로 하지 않았읍니다. 2 그것은 내가 여*

1) P[46] ℵ*와 다른 사본들에는 "하느님에 대한 증거"(*μαρτύριον τοῦ θεοῦ*)라

러분과 함께 지내는 동안 예수 그리스도, 특히 십자가에 죽으신 그리스도 이외에는 아무것도 알지 않기로 결심했기 때문입니다. 3 그래서 내가 여러분에게 갔을 때 나는 약하고 두려워 몹시 떨었읍니다. 4 그때의 내 말과 내 설교는 교묘한 지혜[2]의 말에 힘입은 것이 아니라 다만 성령과 권능의 현시에 힘입은 것이었읍니다. 5 그것은 여러분의 믿음이 인간의 지혜에 근거한 것이 아니라 하느님의 능력에 근거한 것이 되게 하기 위한 것이었읍니다.

[I] 바울로가 1장 끝에서 진술하였던 신학적인 원리가 실제로 적용되고 있다. 예를 들어 그의 선교활동에 **형제들이여**(비교. 1,1), **나도 이 원리에 따라**(이 귀절은 새 단락을 시작하면서 강조어 *κἀγώ* "나도"가 함축하고 있는 의미를 이끌어낸다) **여러분에게로 가서 하느님에 대한 증거를 전할 때에 훌륭한 말이나 지혜로 하지 않았읍니다.** 이 문장의 일반적인 의미는 분명하지만 몇몇 세부적인 말은 난점을 제기한다. "증거"는 다른 많은 중요한 사본들의 독법이긴 하지만 어떤 사본들에는 "신비"로 되어 있다. 이 두 말은 그리이스어(*μαρτύριον—μυστήριον*)로는 같은 말이며 전달과정에서 쉽게 서로 바꾸어 쓸 수 있었다. 바울로가 어느 말을 썼는가를 결정짓기는 쉽지 않지만 다음과 같은 이유에서 "증거"가 훨씬 개연성이 있다. 첫째, "신비"라는 말이 같은 문맥인 2장 7절(참조. 4,1)에 나오며, 그래서 필사자가 무의식적으로 영향을 받았을 수도 있었기 때문이다. 둘째, 또한 "증거"는 최초의 복음 선포에 더 적합한 것인 반면, "신비"는 바울로

는 말 대신에 "하느님의 신비"(*μυστήριον τοῦ θεοῦ*)라고 되어 있다. 주석을 참조하라.

2) 여기서 본문은 상당히 혼동되고 있다. 앞의 번역은 B ℵ* D pc vg^codd의 독법인 *πειθοῖς σοφίας λόγοις*로 번역한 것이다. 대다수 사본들은 이 독법에서 *σοφίας* 앞에 *ἀνθρωπίνης*"인간적인"를 삽입했다. 이러한 삽입은 확실히 이차적인 것이다. 가장 중요한 대안은 P⁴⁶ G Pᶜ에서 제시한 독법인 *πειθοῖς σοφίας*이다. 이 독법을 그대로 받아들이려면 (긴 본문에서처럼) *λόγοις*와 같은 보충어가 필요하다. 그러나 그 독법은 훼손된 형태인 *πειθοῖ σοφίας*로 간주할 수 있는데, 여기서(몇몇 사본들에 나오는) *πειθοῖ*는 *πειθώ*("설득")의 여격이다. 준쯔(23ff)는 이 본문('내 설교는 지혜의 설득력에서 나온 말이 아니라 성령의 현시에서 나온 말이다')을 강력하게 주장한다. 그러나 형용사 *πειθός* "교묘한"이란 말을 고안해 낸 것이 바울로의 의도와 다른 것은 아니었다. 이렇게 고안해낸 것이 문법학자들에게서 그리 동의를 얻지는 못했다. 그러나 *M.* ii. 78과 *B.D.* §112(후자는 병행어로 *φειδός* ["인색한"]를 제시한다)는 이 형용사를 기꺼이 받아들이는 것 같다. 이 말이 새로 발견된 어떤 파피루스문서에도 나오지 않을 것이라고 가정하는 것은 성급한 일이다.

가 성숙한 사람들 가운데서 말할 수 있었던 지혜를 뜻하는 것이기 때 *
문이다(2,6). 이것은 클라크(K.W. Clark, ***Studia Paulina***, 57—58)에 의해서가 아니라 준쯔(Zuntz, 101)에 의해 채택된 독법인데 주석서들마다 다르다. 그러나 "증거"라는 독법을 받아들여도 문제점은 있다. 바울로의 말은 직역하면 "하느님의 증거"이다. 이것은 (앞서 번역한 바대로) "하느님께 대한 (목적격적 속격) 나의 증거"를 뜻하는 것으로 받아들일 수 있고 아니면 "하느님께서 주신"(주격적 속격), 혹은 "하느님께서 시작하신(창시자를 가리키는 속격) 증거"를 뜻하는 것으로 받아들일 수 있다. 1장 6절(그리스도의 증거)에서와 같이, 또 그 비슷한 이유들로 해서 첫번째 독법(하느님의 증거)이 가장 그럴 듯한 구문인데, 비록 라이트후트가 1장 6절의 속격을 목적격으로, 2장 1절의 속격을 주격으로 간주하여 두 개의 속격을 서로 비교하고 있더라도 마찬가지이다. 즉 "그것은 하느님께서(*τοῦ θεοῦ*) 그리스도에게(*τοῦ Χριστοῦ*) 주신 증거입니다."

바울로는 그의 선포에서 훌륭한 말이나 지혜에 결코 의존하지 않았다. 지혜에 대해서는 이책 71면을 참조하라. 이 두 명사는 의미상 밀접한데, 훌륭한 말(직역하면 "말" *λόγος*)은 여기서 합리적인 말을 뜻하고 지혜는 말에 있어서 영리함을 뜻하는 것이기 때문이다. 훌륭한 말과 지혜는 사람들로 하여금 변호론이나 언어의 효과, 또는 변론술에 감탄하게 만드는 외적, 내적 수단에 불과하다. 이와같은 바울로의 말("지혜로운 말의 훌륭함으로" *καθ' ὑπεροχὴν λόγου ἢ σοφίας*: 상세한 논의에 대해서는 Bachmann 참조)은 그가 어떠한 형태의 화술이나 지혜도 사용하지 않았다는 것을 의미하지는 않는다. 어떠한 형태의 화술이나 지혜도 사용하지 않았다는 것은 불합리한 것이리라(참조. 2,16 ; 12,8). 다만 이러한 훌륭한 말이나 지혜가 그의 복음전도에 있어서 두드러진 역할을 하지 않았다는 말이다. 그것들은 배후에 물러나 있었다.

[2] 보다 확실하게 표현하자면, 내가 —지혜를 사랑하는 사람들인— **여러분과 함께 지내는 동안 예수 그리스도, 특히 십자가에 죽으신 그리스도 이외에는 아무것도 알지 않기로**(부정어가 잘못 놓인 것 같다는 가정 하에, Moule, 168를 따른 번역이다. 참조. ***Corpus Hermeticum*** xiii. 16 ; 이와 반대되는 견해는 라이트후트가 제시하였다) **결심했기 때문입니다.** 사도행전 18장 1절에 의하면 바울로는 아테네를 떠나 고린토로 갔다. 이것을 근거로 학자들은 다음과 같이 추측하기도 한다. 즉 바울로는 아레오파고 연설(사도 17,22—31)

에서 복음을 희랍 철학에 결합시키려고 시도해 보았으나 별 성과가 없자(사도 17,32 이하) 전술을 바꿔 십자가 외에는 아무것도 설교하지 않기로 결심했다는 것이다. 이러한 추측에 대해서 무엇이든 증거가 될 만한 것은 없다. 사도행전은 바울로가 아테네인들에게 한 설교에 대한 정확한 이야기를 포함하고 있을 수도 있고 그렇지 않을 수도 있다. 그러나 루가가 자신이 말하는 주인공의 편에 서서 사소한 실수를 애써 기록하려고 하지는 않았을 것으로 우리는 확신할 수 있으며, 또한 고린토전서에서 바울로 자신이 한 말 가운데 그와 같은 계획의 변경을 암시하는 말은 한군데도 없다. 오히려 그는 자신의 규범적인 행위를 서술하려고 한다. 그러한 규범적인 행위가 고린토와 같은 곳에서 보다 호소력이 있을 수밖에 없다는 의미에서가 아니다. 다시 말해 그는 자신이 고린토에서 사용한 복음전도의 방법을 그가 다른 선교지에서 사용한 복음전도의 방법과 대조시키는 것이 아니라, 다른 사람들이 고린토에서 사용한 복음전도의 방법과 대조시키고 있는 것이다 (Moffatt).

바울로의 복음에 있어서 "예수 그리스도, 특히 십자가에 죽으신 그리스도"에 대한 강조에 대해서는 1장 18절과 비교하라. 바울로는 자신이 훌륭한 화술이나 지혜에 있어서 그리이스 사람들을 능가하거나 그들과 필적할 수 없다는 것을 잘 알고 있었음에 틀림없고, 모든 시대의 현명한 그리스도교 설교가들과 마찬가지로 그도, 세상 사람들이 소유하지 못하는 오직 하나의 주제에 관심을 집중시켰다. 모든 서신들 가운데서도 고린토교인들에게 보내는 서신들은 대부분 그리스도교적 역설들로 가득차 있다. 예컨대 우리의 약함이 주의 능력으로 완전해진다는 것, 부요한 자들이 가난해 질 것이라는 것, 결혼한 사람들은 마치 그들이 아내가 없는 자들처럼 하라는 것, 아무것도 갖지 못한 자처럼 보이나 모든 것을 소유한 자들, 그들은 또한 세상에서 쓸모없는 자들이나 세상을 구원에로 이끌고, 죽었으나 아직 살아있는 자들이라는 것 등등. 이러한 모든 역설은 십자가에 달리신 그리스도에 대한 하찮고 어리석어 보이는 메시지의 설교로 집약된다. 바로 이 설교야말로 하느님 자신의 능력과 지혜이므로 어떤 인간적인 훌륭한 말로도 소유하지 못하는 능력과 지혜를 지닌 것으로 입증된다. 이하 5절에 대한 주해를 참조하라.

[3] 이것이 사실이지만, 복음설교자가 냉소와 공격을 받는 것을 막아주지는 못한다. 그러므로 내가(κἀγώ:

강조어 즉 내 설교뿐만 아니라 나 자신에게서도 약함이 드러났다… 참조. 1절) 여러분에게 갔을(ἐγενόμην) 때 나는 약하고 두려워 몹시 떨었읍니다 라고 해서 놀라운 것은 없다. (ἐγενόμην πρὸς ὑμᾶς에 대한) 다른 번역인 "내가 여러분과 함께(πρὸς ὑμᾶς) 교제를 나눌 때 나는 약함 가운데 있었다"(Lightfoot)도 대체적인 의미가 통한다. 이것은 동사("되다" γίνεσθαι)에 대한 바울로의 일반적인 용법에서 다소 가능성을 찾게 되는 번역이다. 그러나 16장 10절과 데살로니카 1장 5절을 비교하라. 바울로는 마주 대하고 얘기할 때에는 인상깊은 설교자의 모습이 아니었다(고후 10,1·10). 이 말이 다소 이상하게 들릴지도 모르겠다. 왜냐하면 그의 글은 항상 말처럼 쉽게 읽혀지고 (그것의 내용과는 아주 달리) 진정한 웅변을 담고 있으며 또한 그의 저술의 일반적인 필치와 우연한 셈어적 구조가 그리이스 산문의 극치에 달해 있기 때문이다. T.R. Glover, *Paul of Tarsus* (1925), 194—7를 참조하라. 이와 함께 E. Norden에게서 발췌한 인용문을 참조하라. 즉 "이 장들(로마 8장과 고전 13장)에서 사도 바울로의 화법은 *Phaedrus*에서 플라톤의 화법과 같은 극치에 달해 있다." 그러나 그가 이렇게 할 수 있었다고 해도 그는 인간적인 언변의 힘을 빌릴 의도가 전혀 없었으며, 그리스도와 성령의 능력에 대한 그의 믿음 때문에 다음의 사실, 곧 그리스 *
도는 십자가에 달리신 그리스도였고, 설교자의 역할이란 그리스도의 수난에는 없었던 것을 채우는 것과 다름없다는 사실이 그에게 은폐될 수는 없었다. 이러한 사실이 바울로의 두려움과 공포의 가장 깊은 원인이었던 것은 아니다. 반대에 부딪치건 성공을 거두건간에 그는 복음에 대해서 책임을 져야 했다(Schlatter).

[4] 따라서 내 말(1절에서 훌륭한 말로 번역된 것과 같은 단어인 λόγος. 영어에는 이 말에 정확히 맞아 떨어지는 단어가 없지만 대략 "이성적인 형태의 말"을 암시하며, 따라서 때로는 "말"에, 때로는 "이성적인"에, 또 때로는 "형태"에 강조점이 주어진다)과 내 설교는 교묘한 지혜의 말에(참조. 1절) 힘입은 것이 아닙니다. 여기서 "힘입은"이란 말은 전치사 ἐν(in)을 옮긴 것이다. 이것은 단지 바울로의 말을 둘러싸고 그의 말을 특징짓는 상황을 암시하는 것일 수 있고 또한 어쩌면 (말과 설교라는) 수단에 담긴 사상을 전달하는 것일지도 모른다. "교묘한 지혜의 말"이라는 귀절은 실제로 바울로가 표현하고자 했던 사상을 드러내는 것임에는 분명하지만 그 이면에는 잘 알려진 본문상, 언어상의 난점들이 숨어 있다(참조. 이책 85면에

서 주 2). 바울로 자신이 동사 "설득하다"(πείθειν)에서 파생된 "교묘한"이란 의미의 말(πειθός)을 조어한 것 같다는 사실에서 대체로 본문상의 문제들이 생겼던 것 같다(참조. *M.* ii. 78; Robertson, 157; *B.D.* §112). 따라서 필사자들은 당연히 난점을 완화하려는 여러 가지 시도를 하였고 또한 형용사 "인간적인"을 명사 "지혜" 앞에 갖다 붙였다. 이렇게 하면 의미가 잘 통하기는 하나(참조. 13절) 불필요하다. 바울로는 상세한 정의를 내리지 않은 채 "지혜"라는 말을 좋은 의미로도 나쁜 의미로도 사용한다. 속격("지혜의" σοφίας)이 주격으로 쓰인 것이다. 따라서 지혜에 대한 말이 아니라 또한 십자가에 달리신 그리스도가 이끌어가는 것이 아니라 (세상의) 지혜가 이끌어가는 말이다.

수사학적 기교에 의존하지 않은 바울로의 설교는 성령과 권능의 현시(manifestation)에 힘입은 (앞과 동일한 구문—직역하여 in) 것이었다. "현시"(ἀπόδειξις)는 더 나아가 "증거"를 의도한 것이다. 설교에 수반된 초자연적인 확신과 영향력은 어떠한 논리적인 과정(설득과정—이 귀절의 대조적인 첫 절과 비교하라)도 제공할 수 없는 진리에 대한 증거를 제공하였다. 따라서 속격들(πνεύματοςκ와 δυνάμεως)은 목적격이면서 왜냐하면 성령과 능력이 현시의 대상이기 때문이다) 주격이다(왜냐하면 현시된 성령과 능력 자체가 곧 증거와 확신을 가져다 주기 때문이다). "성령과 능력"은 종종 함께 언급되며(예. 사도 1,8) 이사일의(二詞一意. 역주 : 형용사+명사 대신에 두 개의 명사를 연결하여 나타내는 법)로 간주될 수도 있다. 즉 하나의 개념이 두 가지 말로 표현된 것이다. 바울로가 하느님의 능력을 설교했을 때 그는 청중들(혹은 그들 중 일부. 참조. 1,8)을 사로잡았고 그들에게 회개와 신앙을 강요하였다. 이것이 성령의 활동이었다. 예를 들어 로마서 15장 19절과 데살로니카 전서 1장 5절을 비교하라.

설교자의 논리적이고 수사학적인 능력에 따라 그 효과가 좌우되었던 설교는 다만 그 설교를 지지하는 사람들의 신앙만을 불러일으킬 수 있었을 뿐이다. 이와같은 신앙은 논리학이나 웅변술의 특출한 기교에 근거하고 있었을 것이며 따라서 매우 불안전한 신앙이었을 것이다. 더우기 그러한 설교는 그 자체의 내용 면에 있어서도 그리스도교적인 것이 아니었을 것이다.

[5] **그러나 바울로의 설교는 여러분의 믿음이 인간의 지혜에(on) 근거한 것이 아니라**(여기서 전치사 on은 진부한 전치사 in과 대조하여 사용된 것임) **하느님의 능력에 근거한 믿음에로**

이끄는 것이다. 이것이 실로 바울로의 설교가 왜 그런 토대 위에 서 있었는가를 말해주는 이유이다. 인간의 지혜와 하느님의 능력의 대조에 대해서는 1장 18·19절을 비교하라. 그러한 대조는 서신의 새로 시작하는 장들에서 계속되며 바울로의 보다 특징적인 다른 대조, 즉 율법에 대한 복종에서 이룩한 공적과 신앙에서 받아들인 은혜 사이의 대조(참조. 로마 3,28 ; 4,16 ; 11,6)와 비교할 수 있다. 이와 같은 대조점들은 각기 그리이스인들과 유다인들을 비교하는 논의에서 특히 부합하는 점들이다. 이 두 대조는 각기 인간 중심적인 신앙과 하느님 중심적인 신앙을 대조시키는 특수한 경우이다. "인간의" 지혜는 "이 세대의"(2,6) 또는 "이 세상의(1,20) 지혜"라는 시사적인 병행귀를 제공한다.

6. 지혜, 거짓과 참 2장 6—16절

6 그러나 성숙한 그리스도교인들 가운데서는 우리가 지혜를 말합니다. 그
런데 이 지혜라는 것은 이 세대에 속한 지혜나 이 세대를 다스리는 자들의
지혜를 말하는 것이 아닙니다. 그 통치자들은 없어져가는 권력의 소유자입
니다. **7** 그러나 우리가 말하는 것은 신비로운 하느님의 지혜입니다. 그것은
하느님께서 우리를 영광스럽게 하시려고 만세 전부터 미리 정하신 감추인
지혜입니다. **8** 이 세상 통치자들 중에는 이 지혜를 안 사람이 하나도 없읍
니다. 만일 그들이 알았더라면 영광의 주를 십자가에 못박지 않았을 것입니
다. **9** 그러나 감추인 지혜가 계시되었읍니다. 성서의 말씀에 '눈으로 본 적
이 없고 귀로 들은 일도 없고 사람의 마음에도 떠오르지 않았던 일을 하느 *
님께서 자신을 사랑하는 자들을 위하여 모든 것을 예비해 두셨다'고 되어 있
읍니다. **10** 그러나[1] 하느님께서는 성령을 통하여 그것을 우리에게 나타내 보
이셨읍니다. 성령은 모든 것을 아시므로 하느님의 깊은 경륜까지도 아시기
때문입니다. **11** 사람 속에 있는 사람의 영이 아니고서야 어떤 인간의 대리
자[2]가 그 사람의 내면적 진실을 알 수 있겠읍니까? 이와 같이 하느님의 영
외에는 아무도 하느님의 내면적 진리들을 알지 못합니다. **12** 우리는 세상의

---

1) "그러나"(δέ)는 (서방본문을 포함하여) 대다수 사본들의 독법이다. "왜냐하면"(γάρ)은 P 69와 B[69] 1739와 다른 몇몇 사본들의 독법이다.
2) 직역하면 "사람들 중에 누가……?"(τίς ἀνθρώπων)이다. 헤링은 그 말뜻이 (다른 사람들 가운데) "어느 누가"가 아니라 "인간의 어떤 요소가"라는 데 근거하여 ἀνθρώπων("사람들")을 생략하는데, 이것은 A33에 따른 것이다.

영을 받은 것이 아니라 하느님께로부터 오신 영을 받았읍니다. 그것은 우리가
하느님께로부터 자유롭게 받은 것들임을 깨달아 알게 하시려고 주신 것입니
다. 13 더우기 우리가 받은 그것들에 대하여 설명하는 데 있어서도 인간적인
지혜가 가르치는 말로[3] 하지 않고 성령이 우리에게 가르쳐주시는 말로 하는
것입니다. 다시 말하면 영적인 말에 의해[4] 영적인 진리들을 해석하는 것입니
다. 14 그러나 자연적인 인간은 하느님의 영에 의해 계시된 진리를 받아들이
지 않습니다. 그것들이 인간에겐 어리석은 것으로 보이기 때문입니다. 그리
고 영적인 진리들은 영적으로만 이해할 수 있는 것이므로 인간은 그것들을
알 수도 없읍니다. 15 영적인 사람은 모든 것을 판단합니다. 그러나 자신은
누구에게서도 비교하는 판단을 받지 않습니다. 16 누가 주를 가르칠 만큼 주
의 마음을 알겠읍니까? 그러나 우리는 그리스도의 마음을 갖고 있읍니다.

앞 단락에 비추어 볼 때 지혜란 마치 그리스도교인과 아무 관계가 없는 것으로 보일 것이다. 그러나 이것은 그릇된 결론이리라. 서신 전체를 통해서, 특히 이 부분에서 바울로는, 자신이 "지혜"라는 말을 두 가지 의미로 —혹은 그가 좋은 의미와 나쁜 의미로 각각 다시 구별해서 사용하기 때문에 네 가지 의미로— 사용할 수밖에 없으므로 애를 먹고 있다. 본 단락을 전개하기 전에 이러한 지혜의 의미들을 회상하고 요약하는 것이 좋을 것이다. 지혜는 그것이 단순히 청중들을 설득시키기 위해서 사용된 인간의 주장들을 나열하는 솜씨를 의미할 경우에
* 는 나쁜 의미로 쓰인 것이다. 이러한 과정 자체가 결코 악한 것은 아니지만 그것이 참된 그리스도교적 설교의 대체물로 이용되고 인간적인 설득력을 과시함으로써 성령의 능력을 가리울 경우에만 악한 것으로 된다. 그러나 그것은 보다 심각한 악의 형태를 띤 지혜로 넘어가기 쉬운데, 그러한 지혜는 신학적이고 윤리적인 진리를 십자가에 달리신 그리스도에게서 주어진 표준에 의해서라기보다는 인간적인 표준에 의해서 평가한다. 내가 믿기를 바라고 행하고자 하는 바가 무엇인가를 궁극적으로 물어나가는 데 있어서 그와 같은 표준에 근거할 경우, 십자가는 어리석은 것이 될 수밖에 없다. 바울로에게 있어서 십자가의 말씀은 곧 하느님의 지혜이므로, 이러한 인간적인 지혜야말로 가장 심각

3) 봐이스와 헤링은 사본상의 뒷받침없이 "말들"(λόγοις)을 생략하며 이렇게 함으로써 형용사("가르침을 받은" διδακτοῖς)가 사람들을 수식하도록 한다 : 우리는 인간적인 지혜로 가르침을 받은 사람들 가운데서(그러나 참으로 성숙한 사람들 가운데서 ; 6절) 지혜를 말하지 않는다.

4) B33에는 "영적으로"(πνευματικῶς)라고 되어 있다. 아마 이것은 과실일 것이다.

한 죄악이다. 하느님의 지혜 —좋은 의미에서의 지혜— 도 두 가지로 구별될 수 있다. 먼저 그 지혜는 십자가에 달리신 메시아를 통해 세상을 구원하시는 하느님의 지혜로우신 계획, 다시 말해서 분명히 하느님 한 분밖에는 아무도 예비할 수 없는 그리고 인간이 기꺼이 자기 자신의 자연적인 인간중심적 가치들을 포기하려고 할 경우에만 포착할 수 있는 그러한 계획을 뜻하는 것일 수 있다. 그러나 또한 그 지혜는 구원의 지혜로운 계획을 통해 주어진 것으로서 구원 자체의 실제적인 내용을 의미하는 데 사용되는 것이기도 한다. 따라서 바울로의 용법에 있어서 지혜는 의와 상당히 밀접한 병행을 이루는 것인데, 의 역시 하느님의 행동방식과, 그 행동이 인간에게 부여하는 선물을 나타내는 것이기 때문이다(그리고 의는 나쁜 의미를 갖고 있기도 하다. 예. 로마 10, 3). 지혜의 두 가지 좋은 의미는 독일어로는 두 마디로, 즉 "구원의 계획"(Heilsplan), 또는 "구원의 내용"(Heilsgut)으로 편리하게 표현된다(참조. U. Wilckens, in *T. W. N. T.* vii. 520, 382의 주). 그러나 거기에 해당하는 영어 "구원의 계획"(plan of salvation)이나 "구원의 내용"(substance of salvation)은 다소 서투르고 부적절한 대체어이다.

"지혜"라는 용어에 대한 바울로의 용법에 관한 이상과 같은 개요에 비추어서, 바이스가 지적한 대로 2장 1—5절(지혜에 대한 거부)과 3장 1—17절(파당심에 대한 견책) 사이에서 특히 두드러지는 이 새로운 단락에 관한 주석이 진행되어야 한다. 그리스도교적 지혜가 있다. 또한 미숙한 그리스도교인과 성숙한 그리스도교인, 자연적인 그리스도교인과 영적인 그리스도교인 사이에 구별이 있다. 이 단락의 문체상의 특징은 일인칭 복수가 사용되고 있다는 점이다(2, 1·2·3·4 ; 3, 1·2와 2, 6·7·10·12·13·16 비교).

[6] 그리스도교 설교자가 부인할 수밖에 없는 지혜의 형태가 있다. **그러나 성숙한 그리스도교인들**(τέλειοι) **가운데서는 우리가 지혜를 말합니다.** *M.* iii. 264에 의하면 이렇게 번역되어야 한다. "…성숙한 그리스도교인들에게(ἐν과 단순한 여격에 해당하는 것으로 간주된 여격)…." 이것은 거의 틀린 번역임이 확실하다. *
바울로가 "말하다"(λαλεῖν)란 동사를 사용하면서 말하는 대상을 언급할 경우에 그가 단순한 여격을 사용하는 것은 10회이고 전치사 "to"("…에게"προς와 대격)를 사용하는 것은 일회뿐이다. 전치사 "in"(ἐν)이 "말하다"와 함께 쓰인 경우에 그것은 완전히 다른 의미를 지닌다(14, 11·21 ; 고후 2, 17 ; 12, 19 ; 13, 3). 이 점은 사소한 것이 아니다. "우

리가 누구에게 말하다"는 바울로가 (또는 아마 그의 선교활동의 동료들이) 말한 모든 내용을 뜻하는 것이리라. 또한 "우리가 (사람들) 가운데서 말한다"는 모든 사람들이 말할 수 있다는 것을 뜻한다 —이것은 12장 8절에서 확증된다. 그리스도교적 지혜란 한 집단에게 국한된 것이 아니라 성령의 역사하심에 따라 일반적으로 주어진 것이다. 그러나 지혜의 선물은 "성숙한 그리스도교인"을 위한 선물이다. (사람들에게 적용된) 바울로의 이 말에 대해서는 14장 20절과 필립비서 3장 15절, 골로사이서 1장 28절, 4장 12절 등을 참조하라. "성숙한" (그리스도교인)이란 말은 그리이스어 구약성서에서 일반적으로 사용되지는 않지만 거기서 이 말은 윤리적인 완전을 뜻한다(예. 지혜 9, 6 ; 시락 44, 17). 다른 곳에서 그 말은 보다 일반적인 의미로 성숙한 성인들을 가리킨다. 여기서 그 의미는 2장 12절과 3장 1절에서 밝혀진다. 또한 2장 15절의 "영적인 사람"과 비교하라. 고린토교인들은 그들의 행위로 미루어 볼 때 일반적으로 아직 미숙한 사람들로 보인다. 그들은 성숙하거나 영적인 사람들이 아니므로 그리스도교적 지혜를 갖추지 못한 자들이다. 바울로의 이 말에 대한 용법에서 이것이 밀의종교에 대한 직접적인 언급이라거나 밀의종교에서 빌려온 것이라고 볼 필요는 없다. 비록 이 전체 단락에서(참조. 특히 10절 : "하느님의 깊은 경륜") 영지주의적인 언어가 나오고(참조. Bultmann, *Theology*, 180〔E. T., 181〕; 예를 들어 *Corpus Hermeticum* iv. 4) 또한 고린토교회에서 바울로가 한 말들 중에서 어떤 말들은 바울로 자신이 전했던 것보다 더 영지주의적인 내용으로 받아들여졌을 것이라고 해도 꼭 그렇게 볼 필요는 없다. 비의적 전승의 개념은 유다교에서도 찾아볼 수 있다. J. Jeremias, *Jerusalem zur Zeit Jesu* 〔1958〕, Ⅱ B 106—9를 참조하라. 여기서 사해사본들(예. *Manual of Discipline* viii. Ⅰ)은 비의적 전승의 개념에 대해 새로울 것이 없다. 어느 정도 규모를 갖춘 대부분의 사회에서는 특수한 비밀을 지닌 내부집단이 있다. 여기서 중요한 점(참조. Sevenster, *Seneca*, 144—45)은 바울로가 어린 아이들(3, 1)을 위해서는 단순한 십자가의 복음을 지니고 있고 성숙한 사람들(τέλειοι)을 위해서는 이와 다른 지혜의 복음을 지니고 있다는 것이 아니라는 것이다. 실제로는 일부 그리스도교인들만이 완전하고 성숙한 인간이지만 잠재적으로는 모든 그리스도교인들이 그리스도 안에서 완전한 혹은 성숙한 사람들이다(골로 1, 28). 이것이 지상적 인간과 영적 인간 사이의 영지주의적 구분은 아니다.

참된 그리스도교적 지혜는 우선 부정적으로 정의된다. 이 지혜라는* 것은 이 세대에 속한(아마 이 세대에서 비롯된) 지혜나 이 세대를 다스리는 자들의 지혜를 말하는 것이 아닙니다(비교. 요한 12,31 ; 14,30 ; 16,11). 바울로는 악한 이 세대라는 말을 할 때 그 말을 유다교의 묵시문학적 표현법에 따라(참조. Background, 239—42) 다가오는 세대 —하느님께서 그의 나라를 세우시고 선택하신 자들을 구원하실— 와 대조시킨다. 그러므로 이 세대에 적합한 지혜는 하느님에 대한 반역에서 생겨나고 또 하느님에 대한 반역을 특징으로 하는 지혜이다. 그것은 창조주에 반대하여 자기 위치를 확보하려는 피조물의 시도를 나타내는 것이다(비록 이것이 훌륭하고 영적인 —혹은 과학적인— 것으로 나타난다고 하더라도 그렇다). 한 마디로 말해서 그것은 (인간에 관한 한) 인간중심적인 지혜이다(비교. 이책 91·92면). 그러나 그 지혜는 인간만이 관련되어 있는 것은 아니다. 그것은 "이 세대를 다스리는 자들의 지혜이다"(참조. 8절 ; 고후 4,4). 바울로는 그 당시 아주 많은 동시대인들과 마찬가지로 현재의 세계질서를 초자연적인 존재들 —자주 위성들 또는 다른 천체들로 표현되거나 또한 그러한 것들과 동일시되는— 의 통제 하에 있는 것으로 생각하였다. 이러한 초자연적 존재들이 (하느님의 능력이 그러한 존재들을 뒤엎거나 저지시키지 않을 경우에는) 인간의 운명을 통제하였다. 이 세대의 초자연적인 존재들이 지닌 지혜로서 아마 그 존재들이 사람들에게 전해주었던 지혜는 물론 앞서 서술된 바와 같은 지혜였다. 비그리스도교적인 영지주의적 지혜는 본질적으로 이기적인 것이었다. 그러한 지혜에 대해서는 그것이 단순히 자연인의 기질을 드러낼 뿐 독립된 존재들로서의 신화론적 지배자들의 실제적인 존재를 내포하지는 않는다는 해석을 쉽게 할 수 있다. 이것은 중요하다. 그러나 바울로는 지배자들의 존재를 믿었고 또한 그들의 존재가 사멸해가고 있음을 믿었던 것이 분명하다. 바울로와 그의 동시대인들은 아직도 이 세상에서 살고 있었고 이 세상은 여전히 이 지배자들이 통치하였다. 그러나 그들은 없어져가고 있었으며 다가오는 세대의 권능(히브 6,5)이 이미 영향력을 미치고 있었다. 바울로는 단순히 원 그리스도교적 신념의 비신화화를 허용하는 것이 아니라 부분적으로 오직 부분적으로만 인용하고 있는 것이다.

[7] 참된 지혜는 (그것이 다가오는 세대를 드러낸다는 의미에서 분명히 묵시문학과 관련된 지혜 ; 참조. 7절 : "우리를 영광스럽게 하시려고") 이제 긍정적으로 정의된다. 비록

실은 그것을 쉽게 서술할 수 없다고 할지라도 그렇다. **그러나 우리가 말하는 것은 신비로운 하느님의 지혜입니다.** 직역하면 "신비 속에서"인데 이것은 형용사적으로 받아들여서 다소 "신비스러운"과 일치하는 것으로 간주할 수 있다. 아니면 이 단어들은 부사로서 지혜를 말하는 방식을 지시하는 것일 수도 있다. 정관사가 없다는 점은 후자의 해석을 별로 지지해주지 못하지만 감추인 지혜(이하 참조)는 전자의 해석을
* 결정적으로 지지한다. 바울로는 "신비"라는 말을 특정한 그리스도교 진리를 지시하는 것으로, 혹은 복수로 쓰일 경우에 복음을 지시하는 것으로 사용한다(참조. 4, 1 ; 13, 2 ; 14, 2 ; 15, 51 ; 또한 골로 1, 26·27 ; 2, 2 ; 4, 3. 그 말이 "성숙한 사람들" τέλειοι이 참여하게 된 "신비"의 의식들을 항상 말하는 것인지 의심스럽다). 여기서 요지는 본질적으로 설득력에 있으며 공공연하게 설득하려고 드는 세상적인 지혜와 하느님의 지혜를 대조시키는 데 있다. 십자가의 설교는 **감추어진 지혜이다.** 그것은 현 세대의 전환점에서, 십자가에 달리신 그리스도의 최근의 역사적인 사건 속에서만 드러나게 되었다는 의미에서 "감추인" 것이다. 또한 그것은 "교묘한 지혜의 말들"(2, 4)과 무관한 것이라는 의미에서 감추인 지혜이다. 다만 지금 계시된 것이지만 이 지혜는 하느님의 지혜로서 하느님이 영원하듯이 영원한 것이다. **하느님께서는 만세 전부터** (직역하여 "태초에," 시간 이전의 "무시간성"에 대한 문제를 제기할 필요가 없고 또한 6절에 비추어 볼 때 여기서 αἰῶνες가 공간적인 의미로 이해될 것 같지도 않다— O. Cullmann, *Christus und die Zeit* (1962), 67 ; E.T., 46) **우리를 영광스럽게 하시려고 그것을 정하셨읍니다.** 태초부터 그리스도를 통해 인류를 구원하는 것이 하느님의 목적이었고, 역설적인, 자기희생적인 지혜는 항상 그의 목적의 표징이었다. "우리를 영광스럽게 하시려고"는 "이 세대를 다스리는 자들," "없어져가는 권력의 소유자들"(6절)에 대한 언급과 "영광의 주"(8절)로서 그리스도에 대한 언급 사이에 놓여 있다. 이 시대의 통치자들은 하느님에게 반항함으로써 자기네들의 영광을 잃어 버린다. 그러나 그리스도는 십자가상에서 죽기까지 복종했다는 바로 그 사실에서 자신의 영광을 성취한다(참조. 필립 2, 6—11 ; 그러나 현재의 귀절은 이미 "영광의 주"로서 예수가 십자가에 달린 것이라고 서술되어 있는 필립비서의 찬양보다 더 신학적으로 심화시킨 것이다). 하느님의 지혜는 그것이 우리로 하여금 복종케 하는 한, 우리를 영광스럽게 하는 것이다. 영광은 사람들이 다가오는 세대에서 기대하는 바이지만(예. 15, 43) 그것은 어느

정도 현세대에서 선취되는 것이다(예. 고후 3,8).

[8] **이 세상 통치자들 중에는**(6절에 대한 주해 참조) **이 지혜, 즉** 하느님의 **지혜를 안**(아마 완료시제인 has known, 혹은 현재시제 knows. 그러나 여기서 번역한 것이 문맥에 가장 잘 부합한다) **사람이 하나도 없읍니다.** 여기서 다음의 두 가지 해석 가운데 하나를 취할 수 있다. 즉 "그들은 십자가에 근거하여 세상을 구원하려는 하느님의 계획을 이해하지 못하였다," 또는 "그들은 세상을 구원하려고 하느님께서 택하신 그의 대리자로서 십자가에 달리신 그리스도를 승인하지 못하였다." 이 두 가지 해석은 구별할 수 있지만 그러나 양자의 차이점은 크지 않다. 바울로의 언어는 영지주의적이며 구원자가 지상에 내려왔을 때 사람들이 깨닫지 못하는 구원자의 신화를 연상케 한다(Bultmann, *Theology*, 174—175〔E.T., 175〕; Knox, *Gentiles*, 220—21). 그러나 그러한 신화는 철저히 윤리화된 것이다. 하느님의 지혜는 활동에 대해서 개략적으로 서술하건 세부적으로 서술하건 간에 희생적이고 헌신적인 사랑을 통해 작용하므로, 통치자들의 본성과는 모순되는 것이다. 그들이 하느님의 목적을 이해하지 못할 것은 분명하다. **만일 그들이 그것을 알았더라면 영광의 주를 십자가에 못박지 않았을 것입니다.** 이제까지 주석상 통치자들은 (그들이 예수 그리스도에 의해 폐하기까지) 이 세대의 사건들을 통제하는 초자연적인 세력들로 간주되어 왔다. 몇몇 주석가들은 (예를 들어 라이트후트) 그들이 십자가 처형에 대해서 책임이 있었던 지상의 통치자들(예를 들어 로마의 총독 본디오 빌라도와 대사제 가야파. 참조. 바룩 3,16)이라고 가정한다. 이러한 견해는 8절에 비추어 볼 때 가능하긴 하지만 6절에 비추어 볼 때 거의 그럴 듯하지 않다. 복음서들은 예수의 선교 활동을 초자연적인 세력들과의 투쟁의 기록으로 나타내지만 예수의 죽음에 대해서는 결코 그렇게 나타내지 않는다. 이 문제에 대해서는 Héring, 26(E.T., 16—17)을 참조하라. 그러나 인간은 십자가상에서의 하느님의 지혜를 세상의 통치자들이 깨닫지 못한다는 그러한 사실에서 자신의 모습을 인식할 수 있다. 에녹 1서(22,14; 25,3·7; 27,3·4; 66,2; 75,3)에서 공통적인 표현인 "영광의 주"는 주로 "영광스러운 주"를 의미하지만 예수가 영광스러운 것은 그가 하느님나라에 속해 있고 하느님의 존재에 동참하기 때문이다.

다음 귀절의 연결은 분명하지 않다. 왜냐하면 그리이스어로 바울로는 본동사 없이 시작하기 때문이다: "그러나 기록된 대로… 일들이."

그 연관성은 8절에서 무언가가 통치자들에게 감추어져 있고(참조. 6절) 또한 10절에서 무언가가 우리들에게 계시되어 있다는 관찰에 비추어볼 때 밝혀진다. 따라서 우리는 비록 의역이긴 하지만 바울로의 의미를 잘 전달해주는 것으로 보이는 번역을 하게 된다.

〔 9 〕 **그러나 감추인 지혜가 계시되었읍니다**(이 삽입문의 의미는, 9절이 6절의 "우리가 말합니다"의 보다 상세한 내용으로 간주되어야 한다는 알로의 제안과 거의 비슷하다). **성서의 말씀에 '눈으로 본 적이 없고 귀로 들은 일도 없고 사람의 마음에**(the mind: 직역하면 heart. 그러나 사고기관이 의도되어 있다. 이 표현은 히브리어적인데, 이러한 사실은 인용문의 출처에 관한 문제에 대한 증거가 된다)**도 떠오르지 않았던 일을 하느님께서는 자신을 사랑하는 자들을 위하여 모든 것을** (비밀리에) **예비해 두셨다'고 되어 있읍니다.**

* 그러나 이 말들이 성서의 어느 곳에 나오는가? 바울로가 말한 형태대로는 그 어느 곳에도 나오지 않는다. 우리는 이사야 64장 3절(70인역)을 주목할 수 있다: "태초로부터 우리는 당신과, (당신의) 자비를 기다리는 사람들을 위해 당신께서 베푸실 일들 이외에는 다른 어떤 신도 듣거나 보지 못했읍니다."

또한 65장 16절: "그들은 그들의 처음 사랑을 잊어버릴 것이고 그것이 그들 마음에 떠오르지도 않을 것이다"(참조. 17절).

이 귀절들은 어렴풋이나마 바울로의 말들을 연상하게 하기는 하지만 바울로의 말과 동일한 것은 아니며 또한 그 일반적인 의미 역시 그의 말과 동일하지 않다. 오리겐에 의하면, 바울로는 구약성서를 인용한 것이 아니라 외경의 엘리야 묵시를 인용한 것이라고 한다. 그런데 이러한 주장은 입증될 수 없는 것 같다. 보다 상세한 설명은 봐이스에게서 볼 수 있다. 데이비스(W.D. Davies, 307)는 바울로가 다가오는 세대의 축복을 묘사하기 위해 "유다교 전승의" 언어를 사용했다고 생각하지만 그러나 이러한 사실 자체가 "기록된 대로"(καθὼςγέγραπται)라는 인용정식을 설명해 주지는 못한다. 이 문귀는 바울로 스스로가 구약성서를 인용한 것이라고 믿었던 귀절임이 거의 확실하므로, 우리는 그가 기억에 의존한 관계로 아주 부정확하게 인용하려 했거나 아니면 현재의 본문과는 또 다른 이사야 64장과 65장의 본문을 알고 있었던 것으로 결론지어야 한다. 여기에 대한 상세한 논의에 대해서는 슈타우퍼를 참조하라.

그 인용자료가 무엇이든지간에 바울로가 이 귀절을 인용한 의도는,

지혜의 의미, 즉 "구원의 계획"이란 뜻에서 이 세대의 지혜가 아닌 감추인 하느님의 지혜를 지시하려고 한 것이다. 하느님은 자신의 지혜로 인간의 마음이 생각해내지 못했던 좋은 일들을 스스로 예비했다. 데이비스 박사가 다음과 같이 생각한 것은 타당성이 있다. 즉 이 말은 도래할 세대에 대한 전통적인 서술들로부터 유래한 것이지만, 바울로가 그 말을 사용한 이래로, 신약성서의 종말론이 일정하게 실현되어 가는 정도에 따라 그 말의 표상이 수정된다는 것이다. 바울로는 이러한 보화가 하느님을 아는 (지식을 지닌) 사람들을 위해서 예비된 것 —다른 곳에서와 마찬가지로 고린토에서는 이렇게 말한 사람이 많았을 것이다— 이라고 말하지 않고, 오히려 하느님을 사랑하는 사람들을 위해서 예비된 것이라고 말한다(비교. 8, 3). "영지"가 아니라 사랑이 바로 그리스도인의 성숙과 영성의 표준이다.

[10] **더우기 인간은 자기 자신의 어떠한 성취에 의해서도 이러한 비밀들을 깨우치지 못한다. 하느님께서는 성령을 통하여 그것을 우리에게 나타내 보이셨읍니다**(참조. *Manual of Discipline* ix 17, 22). 앞에 나온 문장과 이 문장과의 연관성이 불확실하다. 하지만 하느님이 예비한 것의 신비스러움 —보고 듣고 생각할 수 없는— 과 대조시킬 뿐 아니라 통치자들의 무지와도 대조시킴으로써 접속사 그러나(δέ)는 "왜냐하면"(γάρ; 참조. 이 책 90면에서 주 1 ; Zuntz, 205에서 δέ를 채택함)보다 뜻이 잘 통하는 것 같다. 인간은 하느님에 대한 진리와 그 목적들을 스스로 발견해 낼 수 없다. 하느님의 영만이 이러한 것들을 알아낼 수 있다. **왜냐하면 성령은 모든 것을 아시므로 하느님의 깊은 경륜까지도 아시기 때문입니다.** 바로 성령이 복음의 진리를 듣는 자들을 설득시키며(2, 4) 또한 복음에서 주어진 바의 의미를 밝혀내기도 한다(2, 12). 보혜사에 관한 요한의 교리(요한 16, 8—15)와 비교하라. 주석가들은 성령과 하느님과의 관계를 다루고 있는, 또한 성령의 탐구에 대한 이유를 다루고 있는 이 부분에서 자주 당황함을 느낀다. 바울로는 아마 다른 의미로 사용된(아마 그에게 편지를 보내온 사람들이 사용한. 참조. 8, 1 ; 스토아의 병행귀들에 대해서는 Knox, *Gentiles*, 116 이하) 말을 이어받은 것이리라. 사람들은 자기네들이 탐구하여 하느님을 발견할 수 있고 그의 존재의 깊이(참조. 묵시 2, 24 : "사탄의 깊은 것들"; 또한 영지를 유출하는 Bythos "깊이")에 도달할 수 있다고 생각하였다. 바울로는 이러한 영지주의적 신념들을 갖고 있지 않다. 그에겐 십자가의 말씀보다 더 심오한 진리가 없으며 성령만이 스스로

하느님에 대한 진리를 알 수 있고 또 전달할 수 있다.

[11] 사람 속에 있는 사람의 영(말하자면 그의 자의식)이 아니고서야 어느 인간의 대리자(혹은 "어느 인간," 또는 "사람들 가운데 누가")가 그 사람의 내면적 진실을 알 수 있겠읍니까? 이것을 공통적인 인간의 경험이다. 하느님과 인간 사이에는 (존재의 영역에서라기보다는 영이라는 말의 용법에서 가능한) 유비가 있다. 이와 같이 하느님의 영 외에는 아무도 하느님의 내면적 진리들을 알지 (혹은 "알았던 적이 있지" ἔγνωκεν) 못합니다. 하느님만이 자기 자신에 대한 진리를 알며 또 전달할 수 있다(참조. 마태 11, 25 이하 ; 루가 10, 21·22). 그러나 사람들 가운데는 단지 특정인만이 자기 자신에 대한 진실을 알고 있지만 하느님은 이 사람들의 진실까지를 알고 계시다. 여기서 유비는 단절된다.

[12] 그러므로 인간은 하느님의 영을 떠나서는 하느님에 대해서, 세상을 위한 그의 지혜로운 목적에 대해서 무지한 채로 있다. 그러나 우리는 이런 처지에 있지 않다. 우리는 세상의 영을 받은 것이 아니라 하느님께로부터 오신 영을 받았읍니다. 바울로는 그가 말하는 "세상의 영"이 무엇을 의미하는지를 설명하지 않는다. 그의 서신들의 다른 곳에서 로마서 8장 15절과 11장 8절, 고린토후서 11장 4절을 비교하라. 이 귀절들 가운데 적어도 첫째 귀절은 수사학적인 것으로 보인다. 하느님의 영에 대한 언급에서 우리는, 하느님의 영을 소유하지 못한 자들의 특성과 동기를 나타내는 유사한 표현, 또는 명백한 인간의 악한 영의 존재를 반드시 뜻하지는 않는 유사한 표현을 생각할 수 있다는 의미에서 그렇다. 데이비스 박사가(*Christian Origins and Judaism* [1962], 172—173) 쿰란문서의 병행귀들이 어느정도의 중요성밖에 없다고 생각한 점에서 옳다. 그러나 바울로는 하느님에게 반대하는 영적 세력이 있다고 믿고 그러한 영적 세력을 이 세상과 결부시킨 것이 분명하며 그렇게 함으로써 회개한다는 것은 그러한 세력의 권위로부터 벗어나서 하느님에게로 나아감(참조. 골로 1, 13)을 의미하게 되었다. 이 세상의 영은 사실상 이 세대의 지혜(6절)와 거의 구별할 수 없다. 양자는 모두 자기애에 머무는 지혜, 또는 인간이 자신의 유익을 위해서 제공하는 인간 중심적인 계획, 그리고 인간이 십자가에 달리신 그리스도 안에서 계시된 신적인 진리의 형태를 이해하지 못한 상태를 암시한다.

그러나 하느님이 이미 그리스도교인이 된 우리에게 자신의 영을 준

것은 우리가 하느님께로부터 자유롭게 받은(직역하여, 하느님에 의해서 자유롭게 우리에게 주어진) 것들임을 깨달아 알게 하시려고 주신 것입니다. 바울로는 이러한 "것들"이 무엇인가를 정의하려 하지 않는다. 실로 그것들은 9절에서 나온 정의할 수도, 서술할 수도 없는 것들로서 (일반적으로 유다교의 종말론적 사상에 있어서) 천적인 삶에 적합한, 그러나 이미 자유롭게 그리스도교인들에게 주어진 것들이다. 여기서 동사의 시제(단순과거 분사 τὰ χαρισθέντα "주신")는 중요한데, 왜냐하면 그 시제를 통해, 9절에서 일반적으로 그 귀절에서 바울로가 그리스도교인들의 미래에 대해서뿐만 아니라 그들의 현재적 삶에 대해서 말하고 있음을 우리가 알 수 있기 때문이다.

[13] 이와 같이 성령은 심오한 하느님의 진리에 대한 내면적인 이해를 가능케 한다. 또한 성령은 이러한 진리에 대해서 대화할 수 있도록 하는 언어를 제공하기도 한다. 더우기 우리가 받은 그것들에 대하여 설명하는 데 있어서도 인간적인 지혜가 가르치는 말로(아니면 만일 διδακτός가 단순한 동사적 형용사의 의미, "인간적인 지혜의 유식한 말로" 이상을 뜻한다면, 속격은 주격이다. Moule, 40, *M.* iii. 211, 234에서 이렇게 주장한다. 그러나 Turner가 주장하듯이 여기서 히브리어의 영향을 살펴볼 필요는 없다) 하지 않고 성령이 우리에게 가르쳐주시는 말로 하는 것입니다. 독자적인 인간 이성에 의해서가 * 아니라 성령을 통해서만이 식별될 수 있는 것을 표현하려면 인간의 이성 그 이상의 것이 필요하다. 그러나 이것이 그리스도교적 논의의 주제가 될 수는 있다. "우리"는 바울로만을 지시할 수도 있고 아니면 바울로와 그의 동료들을 지시하는 것일 수 있으나 그 말에 담긴 보다 그럴 듯한 의미는, 모든 성숙한 그리스도교인들이(대부분이 성숙하지 못한 그리스도교인들인 고린토 교회에 성숙한 그리스도교인들이 얼마나 있었는지는 알 수 없지만) 심오한 영적 진리를 말할 수 있었고 또 말했다는 것이다. 이 대화에서 우리는 성령에 의해 고무된 말들을 사용한다. 영적인 말에 의해 영적인 진리를 해석하는 것입니다. 이 절은 다양한 번역과 해석을 하게 하였다. 두 가지 중요한 문제가 제기된다. 첫째, 여기서 "해석하는" 것으로 번역된 동사(συγκρίνειν)의 의미는 무엇인가? 둘째, 여기서 "영적인 말들"로 번역된 형용사(πνευματικοῖς—변형인 πνευματικῶς는 안심하고 배제할 수 있다)의 성과 의미는 무엇인가? 이 두 문제는 서로 관련된다. 그 동사는 "해석하다," "구성하다," 또는 "결합시키다"를 의미할 수 있다("영적인 일

들을 위해서 영적인 일들의 조화를 보여준다"—Allo). 그 형용사 (πνευματικοῖς)는 (그 형태에 관한 한) 남성일 수 있는데, 이럴 경우 그것은 "영적인 사람들"을 의미할 것이고 이와 달리 그것이 중성일 경우에는 "영적인 일들" 혹은 "영적인 말들"을 의미할 것이다. 여기서 채택된 번역은 구약성서의 용법에 의해 뒷받침되며(예. 창세 40, 8 ; 다니 5, 7) 또한 바울로가 방금 먼저 성령에 의해 알려지고 나서 전달된 진리에 대해서 말했다는 사실에서 뒷받침된다. 그러나 문맥상 그는 성숙한 사람들과 영적인 사람들에 대해서 말하고 있는 것이므로 "영적인 사람들에게 영적 진리를 해석하는"이라는 말이 그가 뜻하는 바일 수 있다고 생각할 만한 이유가 있다. 비교 사상이 문맥상으로 안 나오지만 이것이 고린토후서 10장 12절에 나오는 동사의 의미이다. 비록 그럴 법하지 않긴 하지만 "영적인 것들을 결합시키는"—아마 계시를 그것에 대한 표현과 결합시키고 또는 영감받은 지혜의 말을 영감받은 지식의 말과 결합시키는(12, 8)— 것을 바울로가 의미한다고 볼 수도 있다. 이러한 해석들 중에서 어느 해석도 배제할 수 없지만 그러나 처음의 두 가지 해석이 보다 그럴 듯하며 독자들이 마지막으로 그 두 가지 해석 가운데 어느 해석이 문맥에 보다 적합한가를 판단해야 한다.

[14] 영적인 진리를 영적이지 못한 사람(즉 성령을 받지 못한 사람 —신비적이지 못한 사람을 의미하는 것은 아니다)에게 설명하려고 애쓰는 것은 무익한 일일 것이다. **자연적인 인간은 하느님의 영에 의해 계시된 진리를 받아들이지 않습니다.** "자연적인 인간"은 "영적인 인간"의 반대어이다(참조. 13·15절). "영적인" (πνευματικός)은 명사 "영"(πνεῦμα)에서 파생된 형용사이다. "자연적인"(ψυχικός)은 그 말이 친숙하다는 것과 다른 해석을 찾기 어렵다는 것 이외에는 그다지 좋은 번역이 아닌데, 명사 "혼"(ψυχή)에서 파생된 형용사이다. 이 두 말의 대조와 그 의미들에 대해서는 특히 15장 44절 이하와 거기에 대한 주해를 참조하라. 자연적인 인간은 매우 쉽게 부정적으로 정의된다. 즉 그는 성령을 받지 못한 사람인 것이다. 그의 자연적인 재질, 예를 들어 그의 지적인 재질은 완전하거나 완전한 것일 수 있다. 그뿐만 아니라 그는 일반적인 의미에서 "나쁜 사람"이거나 "어리석은 사람"이거나 "비종교적인 사람"은 아니다. 그러나 그는 하느님의 영이 결여되어 있음으로 해서 영적 진리를 이해할 수 없다. **그것들이 인간에겐 어리석은 것으로 보이기 때문입니다. 그리고 영적인 진리를**

은 영적으로만 이해할 수 있는 것이므로 인간은 그것들을 알 수도 없읍니다. 이것은 단순히 영감의 문제는 아니다. 하느님의 영은 십자가에 달리신 그리스도의 영이고, 성령께서 가르치신 지혜는 십자가의 말씀(1, 18)이다. 이것은 자연적인 인간에게는 그가 살아나가는 가치기준들을 전도시키므로 어리석은 것이다. "이해한"(investigate)은 (ἀνακρίνεται에 대한) 전적으로 만족할 만한 번역은 아닌 것 같다. 동일한 말이 다음 귀절에서 두번 사용되는데, 이러한 용법은 "이해하다"로 번역하는 것을 어느 정도 지지해준다. 이 말은 이상하게 이 서신에서 자주 나오는데(10회 ; 루가복음에서는 1회 ; 사도행전에서 5회 ; 신약성서의 다른 곳에서는 나오지 않음), 그 말은 고린토에서 바울로의 적대자들간에 일반적으로 사용된 말이었고 그들에게 응답할 때 바울로는 그 말의 여러 가지 의미에 비추어서 언어의 유희를 하였다는 주장이 있었다(Weiss).

[15] 그러나 영적인 사람(ὁ πνευματικὸς는 영적인 분 par excellence 곧 "하느님"을 의미할 수 있는 가능성이 얼마간 있긴 하지만 이런 의미는 다음 귀절엔 적합할지 모르지만 전체 문맥에는 적합하지 않다)은 모든 것을 판단합니다(앞서 "이해하다" investigate로 번역). 그러나 자신은 누구에게서도 비교하는 판단을 받지 않읍니다. 검증 이상의 의미가 여기에 담겨 있다. (바울로에게 있어서 하느님의 본체라기보다는 하느님의 선물을 의미하는--Kümmel) 성령을 받은 사람은 모든 것들을 고려하고 평가할 수 있다. 왜냐하면 그는 자기가 보는 것을 이해할 수 있도록 영감받았을 뿐만 아니라 모든 것들을 판단할 수 있는 도덕적 표준을 제공받았기 때문이다. 이것은 영적인 사람이 잘못을 저지를 수 없음을 말하는 것은 아니다. "인간은 그가 거듭났는지에 따라 또 그가 받은 은혜의 정도에 따라 —오직 이러한 기준에 따라— 올바른 확신을 갖고서 판단한다"(칼빈). 그러나 영적인 사람은 어떤 의미에서 판단도 받지 않고 평가도 받지 않는다는 말인가? 주석가들은 영적인 사람이란 자연인에 의해 판단받지 않는다는 귀절을 해석하는 데 있어서 크리소스톰의 말을 인용하는데, 그는 시력이 있는 사람은 눈먼 사람의 상태를 포함하여 모든 것을 볼 수 있지만 눈먼 사람은 시력이 있는 사람의 상태를 볼 수 없다고 지적한다. 그러나 이것이 바울로가 말하는 바는 아니다. 그는 영적인 사람이란 어느 누구에게서도 판단받거나 평가받지 않는다고 말한다. 더우기 우리가 이 서신 전체를 통해서 판단해 보건대, 바울로는 확실

히 누구든 영감의 현상을 내보이는 사람은 자신을 시험받도록 드러내서는 안 된다고 말하는 것도 아니다. 14장 29절에는 분명히 그 반대로 진술되어 있다. 문제의 해결은 4장 3·4절에서 제시되는데, 거기서 바울로는 인간의 유죄선고든 무죄선고든 그에겐 아무것도 아니며 유일한 재판관은 주님이라는 점을 지적한다. 이와 같은 점이 여기서 의도된 바인 것 같다.

[16] 성서의 증거가 뒤따른다. **누가 주를 가르칠 만큼 주의 마음을 알겠읍니까?** (연속적인 관계사에 관해서는 Robertson, 724 참조). **그러나 우리(영적인 그리스도교인들)는 그리스도의 마음을 갖고 있읍니다.** 여기서 "마음"이란 말은 이사야 40장 13절 때문에 "영" 대신에 쓰인 것이다. 그러나 이 말은 이사야 40장 13절을 똑같이 따르는 것이 아니다. 히브리어성서에는 "영"으로 되어 있다. 70인역은 다음과 같이 되어 있다. "누가 주의 생각(*νοῦν κυρίου*)을 알았더냐?…" 로마서 11장 34절과 비교하라. 아무도 하느님의 생각의 깊이를 충분히 이해할 수 없다(참조. 10절). 아무도 그를 옳게 평가할 수는 없다. 그러나 바울로와 그의 영적인 동료들은 그리스도의 마음을 품고 있으며 자연히 15절의 전제가 뒤따른다. 따라서 16절이 접속사 "왜냐하면"(*γάρ*)으로 시작된 것은 적절하다.

벤트란트는 이 단락 전체의 삼위일체적 특성을 지적하는데, 그러한 관찰은 이 단락이 세 가지 신적 기능(agency)을 언급하고 있다는 의미에서 옳다. 그러나 이 문단에서 그리스도와 성령 사이의 관계에 대한 분명한 설명을 이끌어내기가 어렵다는 것과, 이 관계는 "마음"이란 말이 도입됨으로써 모호해졌다는 것을 덧붙이는 것이 옳다.

7. 참된 지혜조차 어린 아이에게는 부적합하다 3장 1—4절

1 형제들이여 내가 여러분에게서 경험한 바로는 여러분에게 영에 속한 사
람에게 하듯이 말할 수 없어서 육에 속한 사람,[1)] 곧 그리스도 안에서 어린

---

1) 이 귀절에서 바울로는 *σαρκίνοις*라고 썼던 것 같다. 그러나 대다수 사본들에는 *σαρκικοῖς*라고 되어 있다. 이 두 말은 구별된다(Robertson, 158—59). *σάρκινος*의 고유한 의미("육으로 된")가 고린토후서 3장 3절에서 제시되며, *σαρκικός*의 고유한 의미(육적인 특징을 지닌)가 고린토전서 9장 11절에서 제시된다. 그러나 *σαρκικός*란 말이 3절에서 쓰였으므로 바울로가 이 단락에서 그 두 말을 구별하려고 했을 리는 없다(리츠만

아이 같은 사람에게 하듯이 말할 수밖에 없었읍니다. 2 나는 여러분에게 젖 *
을 먹였고 굳은 음식을 먹이지 않았읍니다. 그것은 여러분이 아직 굳은 음
식을 먹을 때가 되지 않았기 때문입니다. 사실 아직 여러분은 그것을 먹을
때가 되지 않았읍니다.[2] 3 여러분은 지금도 육적인 사람이기[3] 때문입니다.
여러분들 사이에 시기와 다툼[4]이 있으므로 여러분은 육적인 사람들이 아닙
니까? 여러분은 인간적인 표준에 따라서 행동하지 않습니까? 4 어떤 사람
은 '나는 바울로 편이다' 하고 또 다른 사람은 '나는 아폴로 편이다' 한다면
여러분이 육의 인간이 아니고 무엇이겠읍니까?

앞 단락에서 바울로는 그리스도교적 지혜에 대해서 상세히 설명하였다. 다시 말해서 그리스도교적 지혜와 이 세대의 지혜 사이의 대조뿐만 아니라 그것의 긍정적인 내용에 대해서 상세히 설명하였다. 그는 이제 현재의 상황으로 되돌아간다. 성숙한 그리스도교인들이 이해할 수 있고 또 논의할 수 있는 그리스도교적 지혜가 있다는 것이 사실이지만 이러한 지혜가 고린토인들에게 없다.

[I] **형제들이여**(참조. 1, 10 ; 바울로의 비판이 이러한 어조를 약화시키지는 않는다. 다음에 이어지는 "영적인" 또는 "육적인"은 한 가족에 속한 늙거나 젊은 형제, 성숙하거나 미숙한 형제를 특징짓는 말인데, 그들 가운데는 영지주의 집단에 속한 사람도 있고 속하지 않은 사람도 있다), **내가 여러분에게서 경험한 바로는**(이것은 강조어 *κἀγώ* "내가"를 의역한 것이거나 아마 확대 해석한 것이다) **여러분에게 영에 속한 사람에게 하듯이 말할 수 없어서 육에 속한 사람에게 하듯이 말할 수밖에 없었읍니다.** "영에 속한 사람들"에 대해서는 2장 14·15절과 비교하라. 그 의미는 성숙한과 동일하다(2, 6). 또한 14장 37절과 갈라디아서 6장 1절을 비교하라. 이 말은 금욕주의를 실천함으로써

은 바흐만과 쉴라터의 주장에 반대하여 이렇게 주장한다).

2) P[46] B는 *ἔτι*("아직")를 생략한다. 짧지만 아마도 이차적인 이 독법은 (Zuntz, 40, 285) 구문을 더 좋게 만드는데, 이 구문은 "지금이 아니라면 (*οὐδὲ νῦν*) 여러분은 할 수 있다"와 "지금도(*ἔτι καὶ νῦν*) 아직 여러분은 할 수 없다"를 합성한 것으로 보인다.

3) 이런 배치에서도 1절에서처럼 *σαρκικός*와 *σάρκινος* 사이에 본문상 혼동이 있다. 주 1을 참조하라.

4) P[46] D G it를 포함하여 대다수 사본들은 *καὶ διχοστασίαι* "그리고 분쟁들"이란 말을 덧붙인다. 만일 이 말이 원래의 본문에 있다면 이 말을 생략할 만한 이유는 없었다. 이 말은 갈라디아서 5장 20절에 나오는 "육적인 일들"에 비추어서 첨가되었을 것이다(Zuntz, 170에서 이렇게 주장한다).

* 물질적인 생활과는 동떨어진 사람들을 지시하는 것이 아니라 하느님의 영을 받아들여 그 영에 의해 자신들의 존재를 결정지었던 사람들을 지시하는 것이다. 이에 상응하여 "육에 속한 사람들"이란 언제나 육욕의 죄에 빠져 있는 사람들이 아니라 자기 자신만을 고려함으로써 또는 적어도 하느님과 다른 인간성만을 고려함으로써 그들의 존재가 결정된 사람들(참조. 2장 14절의 자연적인 인간)이다. 또한 15장 44절의 구분을 참조하고 로마서 7장 14절과 비교하라.

그 다음 이어지는 말들은 (고린토교인들의) 특성을 제시한다. 그의 독자들을 육에 속한 사람들이라고 부르는 것은 그들이 그리스도교적인 길을 완전히 벗어나 있음을 뜻하는 것인데, 이것은 지나친 말일 것이다. "성숙한"은 "영적인"에 비해서 더 잘 비교가 되게 한다. 고린토교인들은 확실히 성숙한 사람들은 아니지만 그러나 그들은 그리스도 안에서의 어린 아이들로 서술될 수 있다. 즉 그들은 이교도가 아니라 그리스도교인이다. 그러나 그들은 이제 겨우 그리스도교인의 생활을 시작하였다. "형제들"(앞서 나온 말)이란 말에 대한 바울로의 용법을 비교하라. 그들은 "그리스도 안에" 있기 때문에 다가오는 세대와 관계를 맺게 되었고 또 성령의 영역에로 들어가게 되었지만 그러나 그들은 아직 성령에 의해서 결정된 사람들은 아니다. 그들은 아직 성숙한 사람들이 아니다. 이 비유의 다른 용법에 대해서는 14장 20절을 참조하라.

[2] 그러므로 누구든지 그들에게 지혜를 말할 수 없다(2, 6). 아니면 바울로가 자연적인 비유를 들어 **나는 여러분에게 젖을 먹였고 굳은 음식을 먹이지 않았습니다**(직역하여 "나는 여러분에게 마실 것ἐπότισα를 주었습니다." 여기서 ἐπότισα는 "젖"과 "굳은 음식"에 모두 걸리는 액식어법 軛式語法 —역자 : 한 개의 형용사 또는 동사가 다른 2개의 명사를 무리하게 수식 또는 한정하는 것)라고 지혜를 말하듯이 할 수밖에 없다. 이 비유는 아주 다양한 고대 자료들(참조. Philo, the Mishnah, Macrobius, Sallustius, Epictetus, 그리고 *Corpus Hermeticum*을 포함하여 Knox, *Gentiles*, 111에 나오는 긴 목록)에서 볼 수 있지만 바울로가 그러한 자료들 중에 어떤 특정한 자료에서 빌려온 거라고 생각할 필요는 없다. 그는 보통 어린 아이들에게 주는 음식이 어떤 음식인가를 스스로 알고 있었다. 베드로전서 2장 2절과 히브리서 5장 12절 이하에 나오는 이와 유사하나 경멸적이지 않은 이 비유의 용법과 비교하라. 이 귀절들 가운데 어느 곳에서도 새로 세례

를 받은 개종자들에게, 마실 우유를 주는 습관에 대해 생각할 이유가 없다. 이러한 습관(터툴리안과 히폴리투스가 처음으로 증거한 습관)이 신약성서(또는 구약성서)에 의거한 것이지 신약성서의 말들이 그러한 습관에 의거한 것은 아니다.

바울로가 그리스도교적 지혜를 드러내기를 보류한 것은 감추려고 했기 때문이 아니라 그의 고린토 형제들에 대한 배려에서 **여러분이 아직 굳은 음식을 먹을 때가 되지 않았기 때문에** —이것은 고린토교인들에게 불쾌한 말이다— 그렇게 한 것이다(참조. 1, 4—7). 바울로의 진술이 뜻하는 의미들은 얼핏 이해하기가 어렵다. 앞서(참조. 이책 91·92면) 우리는 지 *
혜란 본질적으로 십자가의 말씀과 동일한 것이었고 이것은 분명히(1, 17·18 ; 2, 1·2) 바울로가 처음부터 그의 청중들에게 전했던 바라고 생각할 만한 이유를 살펴 보았다. (2장 6절과 같이) 여기서 지혜는 초신자들에겐 도움이 되지 않는 것으로 서술되어 있다. 바울로가 성숙한 사람들에게 말했던 지혜는 좀 더 명백히 규정되어야 할 것으로 보인다. 지혜는 십자가의 말씀에 달려 있지만 그러나 미숙한 사람들에 의해 십자가의 단순한 가르침에 대한 본질적인 말씀이 간과되거나 왜곡되는 형태로 지혜가 발전될 수도 있다. 본질적으로 지혜는 고기와 우유가 비록 그 구성요소가 다르긴 하지만 둘 다 음식에 속하듯이 내용보다는 그 형태에 있어서 다른 것이다.

〔2·3〕 더우기 바울로의 불평은 고린토에서의 그의 초기 활동 시기에만 관련되거나 또 주로 그 시기와 관련된 것이 아니다. 사실(ἀλλά; 뜻을 강화시키는 이 말의 효과에 대해서는 *B.D.* §448 참조) **아직 여러분은 그것을 먹을 때가 되지 않았읍니다. 여러분은 지금도 육적인 사람이기 때문입니다.** 단지 시간이 경과함으로써 그리스도교인이 성숙해 가리라는 것을 기대는 할 수 있을지 모르나 그렇게 되지는 않는다. 바울로의 말 속에는 비난의 뜻이 담겨 있다. "그 당시에는 고린토인들이 어린 아이와 같았다고 생각해도 타당하지만 지금 그들은 성숙한 사람이 되어서 참된 지혜를 맞이할 준비가 되어 있어야 한다"(Harris). **여러분들 사이에 시기**(ζῆλος: 원래 좋은 의미로는 "경쟁", 그러나 여기서는 "나쁜 의미로 사용되었다"—Lightfoot)**와 다툼이 있으므로**(for where: 이 자연스런 영어 상당어는 ὅπου "곳에"의 원인적 용법을 적절하게 밝히는 것 같다) **여러분은 육에 속한 사람들이 아닙니까?** 고린토에 적용된 표준들은 바울로의 표준들과 다른 표준들이었던 것 같다. 방언을 말하거나 예언을 말하는 것과 같은 성령의 은사

들은 "영적인" 지위를 부여해주는 것으로 간주되었다. 그러나 사랑이 수반되지 않는다면 이같은 은사들은 육적인, 즉 인간 중심적인 영성에 불과한 것이었다(참조. 13,1—3). "시기와 다툼"은 사랑에 반대되는 것이고 이기주의적인 생활을 분명히 지시하는 것으로서 보다 믿을 만한 평가기준이다. 여러분은 인간적인 표준에 따라서 행동하지 않읍니까? 이 물음('여러분은 육에 속한 사람들이 아닙니까?'의 수사학적 반복)은 바울로가 말하는 육이 무엇을 뜻하는가를 분명히 밝히는데, 그것은 하느님으로부터 단절된, 하느님께 반대하는, 자기 중심적이고 자족적이고 자기 지향적인 삶을 뜻하는 것이다.

〔 4 〕 이러한 관점은 바울로가 어떤 사람은 '나는 바울로 편이다' 하고 또 다른 사람은 '나는 아폴로 편이다' 한다면 여러분이 육의 인간이 아니고 무엇이겠읍니까 라고 덧붙여 말하고 있으므로 고린토에서의 사건들과 밀접한 관계가 있다. 마지막 네 단어(that and nothing more "아니고 무엇이겠읍니까?")에 해당하는 그리이스어가 없지만 이 네 단어는 "여러분은 (육의) 사람들이 아닙니까?" —물론 고린토교인들은 (육의) 사람들이다— 라는 물음의 의미를 밝히기 위해서 필요하다(아니면 적어도 요구된다). 문제는 그들이 하느님에게 절대적으로 의존해 있다는 사실을 잊어버리고 또한 그들의 존재를 하느님의 명령에 따라서가 아니라 그들 자신의 욕망에 따라서 결정하기로 선택한 인간들이라는 데에 있다. 그러나 보다 더 그럴 듯한 사실은 바울로의 표현이 고린토에 유행하던 영지주의적 견해 —참된 그리스도교인이 신격화되어서 더 이상 인간으로 머물러 있지 않는다— 를 반영한 것이라는 것이다.

*

4절의 문장은 1장 12절과 비교할 수 있다. 그 귀절에 비해 4절의 표현이 보다 분명하며 또한 두 이름, 즉 게바와 그리스도를 생략하고 있다. 게바라는 이름이 빠진 이유는, 다음 단락에서 알 수 있듯이, 바울로가 자신과 게바와의 관계를 자신과 아폴로와의 관계와는 다른 시각에서 보고 있기 때문이다. 이 귀절에서 바울로와 아폴로를 나란히 늘어놓은 것은 특히 중요하다. 왜냐하면 두 사람은 차이가 없었으며 서로 경쟁하지 않았기 때문이다. 따라서 바울로와 아폴로를 서로 대립시키는 것은 바울로를 게바보다 우위에 두는 것보다 더 "육적"이고 변명의 여지가 없는 일이었다. 그리스도라는 이름이 빠진 이유는 그리스도당의 존재 자체가 특수한 문제를 제기하기 때문이거나(1장 12절의 이러한 견해를 받아들인다면—참조. 그 주해) "나는 그리스도에게 속해 있다"라는 말은 어떤 한 당파를 나타내는 말이 아니라 바울로 자신의 말이기 때문이었을 것이다. 4절은 고린토교회에는 세 당파만 있었다는 견해(이 주석에서 택하지 않은 견해)를 다소 유력하게 해주는 것 같다. 그러나 여기서 중요한 점은 바울로나 아폴로에겐 잘못이 없다는 것이다. 잘못이 있다면 그것은 바울로나 아폴로를 각기 구호로서 내세운 사람들의 자기(ego) 중심성이다. 고린토인들은 그리스도교인으로서 자유를 자기네들의 교사를 칭찬하는 일에 남용함으로써 그 자유를 위태롭게 하고 결국에는 그것을 상실하고 말 것이다. 바울로가 사도의 복음을 옹호한 것은 동시에 교회의 자유를 옹호한 것이기도 하다(Schlatter).

8. 바울로와 아폴로 3장 5—17절

**5 나는 방금 아폴로의 이름과 내 이름을 언급하였읍니다. 대체 아폴로는
무엇[1]이고 바울로는 무엇[1]입니까? 그들을 통하여 여러분이 믿게 된 종들이
며, 각각 주께서 주신 직책을 따라 여러분을 신자들이 되게 한 종들입니다. *
6 나는 심었고 아폴로는 물을 주었을 뿐이요, 자라나게 하신 이는 우리가 아
니라 하느님이십니다. 7 그러므로 심는 사람이나 물주는 사람은 아무것도
아니요 자라게 하시는 이는 하느님뿐이십니다. 8 심는 사람과 물주는 사람
은 같은 일군이어서 각각 수고한 만큼 자기 삯을 받을 것입니다. 9 우리는
하느님께 대한 봉사에 있어서 동역자요 여러분은 하느님의 밭입니다. 여러
분은 하느님의 건물이기도 합니다. 10 나는 하느님께서[2] 내게 주신 은혜를
따라 지혜로운 건축사와 같이 기초를 놓았읍니다. 그리고 다른 사람들이 그
위에 건물을 세웁니다. 그러나 어떻게 세울 것인가에 대하여는 각각 신중히
생각해야 합니다. 11 아무도 이미 세워놓은 기초, 즉 예수 그리스도 이외에
다른 기초를 놓을 수 없읍니다. 12 만일 누가 이 기초 위에 금이나 은이나**

---

1) P[46]과 서방본문을 포함하여 대다수 사본들에는 "무엇?"이 아니라 "누구?"로 되어 있다. 그러나 7절에서 중성형 의문대명사($\tau\iota$)는 5절에서 의문대명사가 What("무엇")임을 결정해 준다. 그 대답이 "아무것도 아니다"이므로 그 물음이 "누구인가?"일 수는 없었을 것이다(Zuntz, 131).

2) 준쯔(46)는 P[46]에 따라 로마서 12장 3절과 갈라디아서 2장 9절에 나오는 '참된 병행귀들'에 일치시켜 τοῦ θεοῦ("하느님의")를 생략한다. 적어도 P[46]은 이들 귀절에 동화하여 생략했을 것이다. 그러나 거의 대부분의 사본들은 이들 귀절에서 벗어났을 것이다.

귀한 돌로 세우든가 또는 나무나 풀이나 짚으로 세우든가 하면 13 각 사람의 업적이 드러날 것입니다. 그 날이 각 사람의 업적을 밝혀주기 때문입니다. 그 날은 불로 나타나서 그 불이 각 사람의 한 일이 어떤 것인가를 시험할 것입니다. 14 만일 어떤 사람이 하나의 기초 위에 세워놓은 일이 그대로 남으면 그가 상을 받을 것이요, 15 만일 어떤 사람의 일이 타버리면 그는 손해를 볼 것입니다. 그러나 그 사람 자신은 불 속에서 살아 나오는 것처럼 겨우 구원을 받을 것입니다. 16 여러분은 하느님의 성전이며 하느님의 영이 여러분 속에 살고 계시다는 것을 알지 못합니까? 17 만일 누구든지 하느님의 성전을 파괴하면 하느님께서도 그 사람을 멸망시키실 것입니다. 그것은 하느님의 성전이 거룩하기 때문입니다. 여러분 자신도 하느님의 성전입니다.

[5] 맨 앞에 나온 번역문은 이 단락과 앞 단락이 연결된다는 것을 보여주려고 첨가한 보충문이다. 바울로가 문장을 연결할 때 사용하는 불변화사("이제" οὖν)는 논쟁을 이끌어 내기엔 불충분하나("내가 방금 말한 바대로라면, 우리는 아폴로와 바울로에 관해서 어떤 결론을 내릴 수 있겠는가") 단락을 새로 시작하기에 적합하다. **나는 방금 아폴로의 이름과 내 이름을 언급하였읍니다. 대체 * 아폴로는 무엇**(중성명사임을 주목하라. 이것은 "누구"라고 번역하는 것보다 더 적절한 번역이다)**이고 바울로는 무엇입니까?** 그 대답은 "아무것도 아니다"이어할 것 같다. 그들은 전적으로 사소한 존재이다. 그러므로 그들에게 또 그들의 육에 관심을 집중하게 되면, 상황에 대해서 순전히 인간적으로 평가하게 된다. 그러나 사실이 그런 것은 아니다. 사도들이 우상화 되어서는 안 되지만 그렇다고 사소한 존재들로 볼 수는 없다(참조. 본장의 나머지 부분과 4장). 바울로와 아폴로는 **그들을 통하여** (per quoss. in quos "그들 안에서"가 아니다. Bengel) **여러분이 믿게 된**(단순과거 ἐπιστεύσατε; 바이스는 바울로뿐만 아니라 아폴로도 복음을 전했다는 암시에 주목한다) **종들**(우선 고린토교인들의 종들이 아니라 그리스도의 종들, 그러나 고린토후서 4장 5절 참조. 그들은 확실히 주인은 아니다—대조. 고후 11, 20)**이다.** 그들의 직책의 성격은 단락이 계속되면서 좀 더 상세히 규정되고 4장 1절에서 명확해진다. 4장 1절에서는 "종들"이란 말이 다른 (그러나 아주 다르지는 않은) 말로 씌어 있고 관리인이란 말이 첨가되어 나온다. 현재의 귀절에서 "종들"은 후대에 전문용어인 deacons "집사들"로 되어버린 말(διάκονοι)을 그렇게 번역한 것이다. 종들이란 말이 여기서 이같은 전문적인 의미를 담고

있지 않음이 분명하다. 후대에 가서야 이 용어들에 나타난 목회상 기능들의 구별이 발견되었다(예. 디모테오전서 3장 8—13절과 나의 주해를 참조하라). 사도행전 6장에는 집사들의 임명에 대한 서술이 없다(그리고 아마 서술할 의도가 없었던 것 같다). 여기서 그 말은 바울로와 아폴로가 그들의 주인인 예수 그리스도(그들의 위엄과 권위는 오직 그에게서 부여받은 것이다)의 분부대로 행하는 종들(그다지 높은 위치에 있지 않은 ; *διάκονος*는 흔히 "시종"을 뜻하였다)임을 의미할 뿐이다. 그들이 그들에게 맡겨진 임무를 수행함으로써 고린토에서 일단의 신자들이 생겨나게 되었다. 그들 때문에 이런 일이 일어나게 된 것은 아니지만 그들이 매개수단이 되었다. 하느님께서 친히 그의 종들을 통해 고린토교인들이 믿음을 갖게 할 것이다. 이러한 과정을 통해서 그들은 각자 다른 임무를 맡게 되었고 각각 주께서 각자에게 하도록 명하신 직책을 완수할 뿐이었다. 여기서 쓰인 그리이스어는 아주 모호하다. 직역하면 그 말은 "주께서 각 사람에게 주신 대로"(*καὶ ἑκάστῳ ὡς*)이다. 이것은 설교자들이 아니라 오히려 신자들을 가리키는 것일 수 있었다. "주께서 믿음을 주심에 따라 각 사람이" 믿게 되었다. 그들이 믿음을 갖게 된 것은 고린토인들 자신의 업적도 아니었고 그들의 복음전도자들의 활동의 결과도 아니었다. 그것은 곧 하느님의 선물이었다. 이것은 뜻이 잘 통하고 바울로의 의미와도 잘 통한다. 또한 이것이 바울로의 말들이 지닌 의미일 수 있다. 그러나 앞서 제시된 번역은 다음 귀절을 유도하고 문맥에 잘 맞는 이점을 지니 *
고 있으며 바로 이러한 이유에서 채택할 수 있다. 바울로는 여기서(다른 곳에서처럼) 사람들이 스스로 믿음을 갖지는 못한다는 점을 지적하는 데 관심이 없다. "각 사람"은 설교자들이나 종들을 가리킨다. "각 사람에게" "주께서 주신 대로" 임무가 맡겨졌고 각 사람은 맡은 임무를 수행하였다.

[6] 그러므로 나는 심었고 아폴로는 물을 주었을 뿐이요(그리이스어는 "식물"에 해당하는 말이 없다. 그리고 이 말을 개종자들에 대한 알레고리적인 언급으로 이해해서도 안 된다). 분명히 이 귀절은 바울로가 고린토에서 활동한 최초의 복음전도자였음을 의미한다(로마서 15장 20절에서 진술된 원칙을 주목하라 : "그때 내가 가졌던 포부는 그리스도의 이름이 아직 불리지 않은 곳에 복음을 전하는 것이었읍니다. 그것은 내가 남의 터에 집을 짓고 싶지 않았기 때문입니다"). 반면 아폴로는 나중에 도착해서 복음전도 활동

을 계속했고 교회를 세우는 일을 도왔다. 사도행전 18장 27절—19장 1절을 비교하라. 심는다는 비유에 대해서는 9장 7절과 마태오복음 15장 13절을 비교하라. 그러나 단지 식물을 땅에 심고 거기에 물을 주는 것은 아무것도 아니다. **그러나 자라게 하시는 이는 우리가 아니라** (이 여섯 마디 말은 그리이스어 *ἀλλά* "그러나" —앞서 나온 주제를 부정하는 효과를 지닌— 를 번역하기 위해서는 필요하다 : 참조. *B.D.* § 448) **하느님이십니다.** 이 귀절은 앞서 말한 내용(5절과 주해)을 비유의 말로 되풀이한 것이다. 믿음을 움트게 하고 자라게 하는 것은 설교자나 청중의 일이 아니라 하느님의 일이다.

[7] 이와 같이 비교해 볼 때 **그러므로 심는 사람이나 물주는 사람은 아무것도 아니요 자라게 하시는 이는 하느님** (*θέος*는 *ὁ αὐξάνων* "자라게 하는 이"와 동격이다)**뿐이십니다.** 심는 이와 물주는 이는 하느님이 그들의 일을 인정해 주고 그들을 통해서 역사할 때만 중요하다(9절). 그들만으로는 의미가 없다.

[8] 고린토의 상황과 관련이 있는 좀 더 상세한 진리가 나온다. 심는 이와 물주는 이가 모두 중요하게 되는 것은 그들 자신 때문이 아니라 단지 하느님이 그들의 노력을 받아들인다는 사실 때문이므로 그들 사이의 경쟁을 자극시키는 것은 어리석은 일이다(1, 12 ; 3, 4). **심는 사람과 물주는 사람은 같은 일군**(헬라어로는 중성 : "한가지 일")**입니다.** 바로 이 점에서 그들의 활동의 목적, 결과, 동기는 같은 것이다. 바울로와 아폴로는 경쟁자로서가 아니라 동업자로서 고린토에서 활동하였다. 이렇게 말하고 나서 바울로는 이제 특징적으로 다른 측면에로 눈을 돌리며 자신과 동료 사이의 일치뿐
* 만 아니라 차이를 인정한다. **각각** (즉 심는 이와 물주는 이. 그러나 이 진술은 적용범위가 넓을 수도 있다) **수고한 만큼 자기 삯을 받을 것입니다.** 바울로는 하느님의 정원사들을 통해서 받은 삯이나 보상(*μισθός*) 사상을 그 이상 발전시키지 않으며 또한 그가 하늘의 보상을 지시하는 것인지 아니면 식물을 자라게 한 그의 노동자들에 대한 보답 —정원사의 직접적인 보상— 을 지시하는 것인지 분명하지 않다. 현재의 문맥에서 볼 때 그는 진행 중인 일, 노동자들, 그리고 그들의 생산물에 보다 관심이 있다. 그들이 받는 삯은 그들의 주인에 대한 책임을 강조하는 것이다.

[9] **우리는 하느님께 대한 봉사에 있어서 동역자입니다.** 이와 달리 "우리는 하느님과 함께 하는 동역자입니

다"라고 번역할 수 있다(참조. 15, 10 ; 고후 6, 1). 그러나 이 번역은 비록 그리이스어에 대한 번역으로 아주 만족할 만한 것이고(θεοῦ는 소유를 나타내는 속격이라는 서술에 대한 이유가 *M.* iii. 231에는 안 나온다) 바울로의 사상과 대체로 일치하는 것이긴 하나 문맥에 잘 맞지 않는다. 문맥상으로 바울로나 아폴로와 같은 사람들은 서로 적대자가 아니라 동료임이 강조되고 있기 때문이다.

다음의 상응하는 진술은 고린토인들에 대해서 한 말일 수 있다. **여러분은 하느님의 밭입니다. 여러분은 하느님의 건물이기도 합니다.** 즉 밭이란 하느님이 자기 종들을 통해서 경작하는 밭이고, 건물이란 하느님이 자기 종들을 통해서 세우는 건물이다. 이 두 명사는 구체적인 명사("경작," "건물")라기 보다는 동작 명사(nomina actionis)로 받아들여도 될 것이다 : "여러분은 (비유적인 의미로) 하느님께서 농사를 지으신 산물이고 건축물이다." 그러나 이어지는 몇 행을 통해서 (비록 원예의 비유가 빠져 있다고 해도) 바울로는 고린토 교회를 하나의 건축물로 서술하고 있음을 알게 될 것이다.

〔 10 〕 바울로는 다음 단계로 건물의 비유를 발전시키고 있다. **나는 하느님께서 내게 주신 은혜를 따라** (이것은 바울로의 일반적인 표현이다. 참조. 1, 4 ; 로마 12, 3 ; "은혜"는 원래 모든 인류를 위하여 예수 그리스도 안에서 행하는 하느님의 행위이지만 〔예. 로마 3, 24〕 사람들에게 주시는 하느님의 특별하신 은사로서 구체적으로 나타나는 것이기로 하다) **지혜로운**(*σοφός*; 나는 앞서 나온 이 말과 이 말의 유사어의 용법과의 연관성을 보여주기 위해 *σοφός*를 "지혜로운"으로 번역했지만 여기서는 "노련한"으로 하는 것이 이 그리이스어의 보통 잘 쓰이는 의미를 나타내는 더 나은 번역일 것이다) **건축사**(*ἀρχιτέκτων*; Plato, *Statesman* 259E, 260A에서 상세히 기술된 정의를 참조하라 —건축사는 육체노동이 아니라 지식을 제공함과 동시에 노동* 자들에게 각자의 일을 분담시키는 사람이다)**와 같이 기초를 놓았읍니다. 그리고 다른 사람들이 그 위에 건물을 세웁니다.** 바울로는 새로운 비유를 들어 그가 6절에서 말했던 바를 되풀이 한다. 그는 고린토에서 첫 개종자들을 낸 최초의 복음전도자였으므로 그가 교회의 기초를 놓은 것이다(개종자들이 교회의 기초는 아니다 : 참조. 11절). 교회의 기초를 놓는 과정에서 십자가에 달리신 그리스도만을 알리라는 그의 확고한 결의가 있었다(2, 2). 교회의 기초를 놓는 일은 첫 개종자들이 생겨났을 때 다 이루어진 것은 아니었다. 그들을 가르치고 세워야 했으며

새로운 개종자들을 얻어야 했다. 따라서 바울로의 일은 시작이었고 그것이 끝이 되어야 할 이유가 없었다. "다른 사람들이" 그의 기초 "위에 건물을 세울" 수 있다. 바울로는 이 일이 마땅히 해야 할 일이고 그는 그것에 대해 반대하지 않음을 아주 분명히 밝힌다. 이 일은 그의 친구인 아폴로가 했던 일이다. 한 사람은 심고 다른 사람은 물을 준다. 한 사람은 기초를 놓고 다른 사람은 건물을 세운다. 그러나, **어떻게 세울 것인가에 대하여는 각각 신중히 생각해야 합니다.**

[II] 건물을 잘 세울 수도 있고 잘못 세울 수도 있다. 두 가지 면에서 건물은 잘못 세워질 수 있다. 그 하나는 건물의 기초를 부당하게 바꾸려는 데에 있다. **아무도 이미 세워놓은** (τὸν κείμενον, 교회의 기초에 대한 문제에 있어서 선택의 여지가 없음을 강조하는 말) **기초, 즉 예수 그리스도 이외에 다른 기초를 놓을 수 없읍니다.** 갈라디아서 1장 7절과 베드로전서 2장 5절을 비교하라. 바울로의 말은 다른 기초 위에 공동체를 세울 수 없다는 것이 아니라 그러한 공동체가 교회일 수 없다는 것을 의미한다. 교회의 기초는 (시사하는 바대로) 나자렛 예수가 메시야라는 고백에 있는 것이 아니라 예수 그리스도의 인격에 있는 것이다. 여기서 바울로는 그리스도가 그리스도교에서 중심임을 일반적인 말로 주장하려 했는가, 아니면 고린토 교회를 무너뜨리려고 위협하는 구체적인 잘못을 염두에 두었는가? 아마 후자가 맞을 것이다. 베드로가 고린토에서 활동하게 되었다고 생각할 만한 (결정적이지는 못하지만) 타당한 이유가 있다(참조. 9,5와 이책 65면). 만일 베드로가 고린토에 있지 않았다해도 사람들이 그를 대표해서 그의 요구대로 밀고 나갔을 것이다. 어느 경우든지간에 예수가 시몬을 베드로(Kepha"반석")라고 개명하였고 그가 이 반석 위에 교회를 세우리라고 약속하였다는 전승(마태 16,18)에 근거한 것이리라. 우리는 또한 베드로, 요한, 야고보를 "기둥과 같은 이들"(참조. 에페 2,20)로 서술하고 있음을 (갈라디아서 2장 9절에서) 연상할 수 있다. 여기서 마태오가 한 말의 의미나 진정성을 논할 수는 없지만(그가 시인을 했든지 안 했든지간에 베드로가 교회의 참된 기초로 서술
* 되었을 가능성은 있는 것 같다. 어떤 의미에서 이것은 사실이었지만, 베드로가 교회의 기초가 된 증거를 전한 중심 인물임을 뜻하는 것이기도 했다. 이것은 모든 사도들에게도 해당되는 사실이다(참조. 마태 18,18 ; 사도 1,8·21·22). 그들은 필수적인 행정당국이란 의미에서 본 교회의 기초는 아니지만 그들 자신으로부터 벗어나서 그리스도에게

로 향하는 자들이다.

〔12 • 13〕 건축가가 저지를 수 있는 두번째 잘못은 상부 구조물에 질이 낮은 자재를 사용하는 것이다. 부실한 자재는 곧 드러나게 될 것이다. 만일 누가 이 기초 위에 금이나 은이나 귀한 돌로(아마 귀중한 대리석, 그러나 참조. 이사 54, 11·12 ; 묵시 17, 4 ; 21, 18 이하) 세우든가 또는 나무나 풀이나 짚으로(접속사가 없이 쓰인 이 목록의 수사법상의 효과에 대해서는 *B.D.* §460 참조) 세우든가 하면 (혹은 만약 세우면 : 그러나 "만약" if은 일반화하는 효과가 있다. 이 구문에 대해서는 로마 12, 6 이하 참조) 각 사람의 업적이 드러날 것입니다. 그 날이 그것을 밝혀주기 때문입니다. "그 날"(좀 더 상세히 정의되어 있지 않다. 그러나 구약성서의 "주의 날" : 예. 아모 5, 18)은 심판의 날이다(참조. 4, 3). 이 날에 하느님은 사람들의 숨겨진 것들을 심판하실 것이며(로마 2, 16), 겉보기에는 그럴 듯한 거짓 업적들이 드러날 것이다. 그 날은 불로 나타나기 때문이다. 그리스어로는 주어가 없는데, 주어는 ("각 사람의") "일"로 생각할 수 있을 것이다. 그러나 그 "날"이 주어로 더 적합한 것이고 "각 사람의 일이 불로 드러날 것이다"는 번역은 다음 귀절을 되풀이 하는 것이다. 불의 심판이라는 사상은 일반적인 것이다(이하 참조). 불은 웅보를 말하는 것이 아니라 시험을 말하는 것이다 : 불은 각 사람의 한 일이 어떤 것인가를 시험할 것입니다. 타기 쉬운 자재는 없어질 것이나, 다른 자재는 남아 있을 것이다. 이와 같이 심판의 날은 각 사람이 (특히 여기서 각 선교자가) 교회생활에 기여한 자질을 드러낼 것이다. 불의 시험에 대해서는 베드로전서 1장 7절과 또는 잠언 17장 3절, 지혜서 3장 6절 등을 비교하라.

〔 14 〕 만일 어떤 사람이 하나의 기초('하나의 기초'는 보충어이긴 하지만 영어로는 있어야 할 말이다) 위에 세워놓은 일이 그대로 남으면 (즉 시험을 견뎌내고 불로 손상되지 않은 채 남아 있으면) 그가 상을 받을 것이요. 보상 개념이 바울로의 사상에 꼭 없는 것은 아니다. 비록 그 사상 속에 하느님을 사람들의 채무자로 보는 개념이 들어 있다 하더라도. 8절과 로마서 4장 4·5절과 비교하라. 그러나 보상 사상은 이 문맥에서 잠깐 언급하고 지나칠 뿐이며 품삯은 그것 자체가 하느님의 인정을 의미할 정도로 중요하게 언급되고 있지는 않다.

*

[15] 바울로는 반대의 경우에 대해서도 말한다. 만일 어떤 사람의 일이 (불의 시험으로) 타버리면 그는 손해를 볼 것입니다. 이와 같이 번역된 말("손해를 볼 것이다" ζημιωθήσεται)은 자신있게 번역하기가 쉽지 않다. 이 말은 "그는 벌받은 것이다"를 의미할 수도 있지만 그러나 이것은 다음에 나오는 강조어 그러나 그 사람 자신은(αὐτὸς δέ)과 잘 맞지 않는다. 또한 이 말은 "그는 자신의 일의 손실로 괴로와할 것이다"를 의미할 수도 있지만 그러나 이것은 "일이 불타버릴 것이다"는 진술 다음에 오는 진부하고 불필요한 번역이다. 본문의 번역은 "그러나 그 사람 자신은"의 의미를 잘 살려주고 14절의 "상"(pay)에 대한 언급과 잘 연결되게 한다. 부적당하거나 부실한 자재를 사용하는 하느님의 종은 비록 자신은 구원을 받더라도 그가 받은 보상은 잃어버릴 것이다. 우리는, 매우 분명해서 언급할 필요가 거의 없는 다음의 말들을 이미 주목한 바 있다 : 그 사람 자신은 구원을 받을 것입니다(구원은 보상이나 상과 구별될 수 있음이 강조된 것이다. 구원은 벌어들일 수 없는 것이다). 헬라어 문장의 마지막 절은 덜 분명하다 : 그 사람은 불 속에서 살아 나오는 것처럼 겨우 (직역하면, "그러나 이와 같이, 즉 불 속을 지나온 것처럼" οὕτως...ὡς 구문은 9장 26절과 같이 비유를 말하는 것이지 4장 1절처럼 사실을 말하는 것은 아니다). "불"은 문맥에 들어 있다(참조. 13절). 불은 깨끗케 하는 (이렇게 언급된 적이 있었다 하더라도) 불이 아니라 여전히 심판의 불이다. 무가치한 건축자재는 타서 없어질 것이지만 가치 있는 자재는 남을 것이다. 따라서 문맥에 비추어 볼 때 불은 무가치한 일군을 정결케 하는 효과를 지닌 것이라는 암시가 없다. 새로운 방향에서 비유를 발전시키는 것은 바울로다운 것이라고 하겠지만 그러나 여기서 그가 이같은 방향에서 비유를 발전시켰다고 시사해주는 바가 없다. 그것은 17절에 나오는 멸망이 여전히 위협적인 것이기 때문이다. 요지는 다음의 사실에 있는 것 같다. 즉 심판의 날은 대화재가 그 특징이라는 것과(참조. 데후 1,8 ; 또한 이사 26,11 ; 31,9 ; 66,24 ; 다니 7,9 이하 ; 오바 18 ; 말라 3,1 이하·19), 집을 잘못 지어 그 집이 불길에 싸이게 한 일군은 자신도 그 화염 속에 휩쓸려 버릴 위기에 처해 있다는 것이다. 실은 그는 구조되기는 할 것이다. 그러나 "불 속에서"(διὰ πυρός : 장소를 나타내는 의미로 받아들여야 한다) 뛰쳐나온 사람과 같이 안전하긴 하겠지만 그에게서는 타는 냄새가 날 것이다. 비유를 버리고 바울로가 염두에 두었던 것으로 생각되는 바를 평이하게

말하면 이러하다 : 베드로의 제자들과 같이 유다교화한 그리스도인들은 교회라는 기초 위에 낡은 유다교의 배타주의를 세우려고 할지라도 그들은 실패할 것이다(참조. 갈라 2,11—14). 이 썩은 상부구조물은 무너질 것이다. 그러나 유다 그리스도교인들이 비록 그들의 일의 실패로 * 고통과 손실을 맛보게 되겠지만 구원에서 배제되지는 않을 것이다.

[16] 건물의 주제를 좀 더 발전시킨다. **여러분은 하느님의 성전이며 하느님의 영이 여러분 속에 살고 계시다는 것을 알지 못합니까**(바울로적인 표현이다. 이것은 그들이 알아야만 한다는 것을 뜻하며 아마 바울로가 이미 그들에게 말했다는 것을 뜻할 것이다)? 논리적인 연관은 없지만 그러나 유일한 기초인 예수 그리스도 위에 세워진 건물은, 하느님과 인간이 하느님에게 합당한 영광을 돌리는 배경이 되는 것으로 이해할 수 있다. 이 건물은 벽돌과 회반죽으로 만들어지지 않고 그를 믿고 그에게 복종함으로써 하느님에게 영광을 돌리는 사람들로 이루어진 것이다. 바울로가 여기서 쓰는 용어는 헬레니즘 세계에서 일반적으로 쓰였다. 헬레니즘 세계에서 종교적이고 도덕적인 철학자들은 청중들에게 신 —그의 성전과 거주지를 돌로 만들어진 건물이 아니라 인간의 마음에서 찾았던— 의 내재를 상기시켰다. 예를 들어 에픽테투스는 청중들에게 이렇게 권면한다 : "만일 신의 형상이 네 안에 있다면 너는 감히 네 마음대로 일을 하지는 않을 것이다. 그러나 신이 친히 네 안에 거하셔서 모든 일들을 보고 들으신다면 너는 이런 일들을 깊이 생각하고 행하는 것을 부끄러워 하지 않겠느냐…?"(Ⅱ. viii. 14). 이 사상은 그리스도교 저자들이 여러 가지 형태로 (특히 베드로전서 2장 5절에서) 빌려다 쓴 것이었고 실은 바울로도 후에 이 서신에서(6, 19) 사용한 것이다. 그러나 여기서(참조. 고후 6, 16·17) 그는 그리스도교인 한 사람 한 사람을 하느님이 거하시는 성전으로 생각하는 것이 아니라 교회를 염두에 둔 것이다. 이것이 전체 문맥의 주제이며 또한 아마 마지막 날에 세워질 새로운 성전 혹은 재건된 성전이라는 유다교의 묵시문학적 개념(참조. 이사 28, 16·17 ; 에녹 Ⅰ. 91, 13 ; 희년서 1, 17)과 관련이 있는 것 같다. 이 종말론적 성전이 교회이며, 교회에 내재하는 하느님의 현존의 표징이나 양식이 곧 "하느님의 영"이다. 이 서신의 후반부에서(특히 12—14장 ; 참조. 1, 7 ; 2, 5·10—16) 영의 임재가 알려지는 방법들에 대해 많이 듣게 될 것이다. 그 방법들에 대해 여기서 일일이 열거할 필요는 없다. 고린토교인은 (성령의 활동에 대한 그의 이해가 부적합한 것이긴 하나)

그의 교회가 성령의 집임을 의심하지 않았다. 그러므로 바울로는 즉시 필요한 추론을 자유롭게 끌어낼 수 있다.

[17] **만일 누구든지 하느님의 성전을 파괴하면 하느님께서도 그 사람을 멸망시키실** 것입니다. 바울로의 사상은 12—15절 이후 바뀌어졌는데, 12—15절에서 말하는 잘못은 거룩한 건물을 파괴한 데(또는 벌을 받아 망하게 된 데) 있었던 것이 아니라 무가치한 자재를 건축에 사용하였다는 데 (또는 결과적으로 건축자로서 받게 될 상을 잃게 된 데) 있었기 때문이다. 바울로는 자신이 실제로 다루었던 상황들에서 두 가지 가능성을 구분하기는 어려웠을 것이다. 예를 들어 유다주의적인 그리스도교인들은 (여기서 바울로는 아마 "게바파"에 속한 사람들을 염두에 둔 것 같다) 특정한 유다교의 관습들을 교회로 끌어들였을 것이고 아니면 그러한 관습의 보류에 대해서 참지 못할 공격을 하지는 않았지만 적어도 반박하였을 것이다. 예를 들어 그들이 "유다인의 음식물에 관한 율법에 맞는" 음식 규정들을 지키는 것은, 비록 그들이 교회 구조에 새로운 가치를 부여한 것은 아니지만 좀 더 교양있는 사람들에게는 납득될 수 있었다(8, 7—13 ; 10, 28—11, 1 ; 참조. 로마 14, 1—15, 6). 그러나 대대적으로 율법주의를 끌어들이려는 시도는, 그리스도교인의 신앙과 실천에 바람직스럽지 못하고 불필요한 사항을 덧붙이는 것이 아니라 신성한 전 건물을 파괴하고 그것을 완전히 변형시키는 것으로서 교회의 흔적도, 하느님과 인간이 만나는 장소도 남겨두지 않을 것이다. 이러한 시도는 교회의 파괴를 가져올 뿐만 아니라 틀림없이 그 율법을 위반한 자들을 파멸에로 이끌 터인데, 그 이유는 앙심을 품은 보복의 행위 때문이 아니라 위반할 때 이미 구원받을 가능성을 거부했기 때문이다. "멸망"을 이런 식으로 이해하는 것이, 5장과 6장에서 언급된 추문을 바울로가 미리 염두에 두고 있는 것이라고 가정하는 것보다 더 그럴 듯하다 (Héring).

교회 즉 하느님의 성전은 파괴될 수 없기 때문에 바울로가 쓴 동사 (*φθείρειν*)를 "멸망시키다"로 번역할 수는 없다는 주장이 종종 있었다. 어떤 의미에서 이것은 옳다. 지옥의 문들조차(더구나 인간적인 율법주의조차) 교회를 이길 수는 없다(마태 16, 18). 그러나 여기서 바울로가 생각하는 하느님의 성전은 지역적으로 나타나는 지역교회임을 우리는 기억해야 한다. 즉 지역 교회들은 이단의 압력을 포함하여 여러가지 압력을 받아 사라져버리게 되었다는 사실이 문제이다(참조. 묵시 2,5 ; 3,16. 요한묵시록 2장 3절에 나오는 일곱 교회들의 사라짐에 대한 역사적인 사실). 더우기 바울로는 그릇된 교리에 대해서뿐만 아니라 당적파인 행동에 대해서 생각하고 있는 것이다. 현재 시제(φθείρει)는 분명히 능동적인 의미("파괴하기 시작하다")일 수 있겠지만 이러한 의미가 문맥에서 요구되지는 않는다.

성전파괴는 벌을 면할 수가 없다. 하느님의 성전이 거룩하기 때문입니다. 여러분 자신도 하느님의 성전입니다. 이 말들은 마치 감전과도 같은 * 효력을 나타내는, 거룩함에 대한 원시적인 개념들을 연상케 한다. 예를 들어 그의 손을 뻗쳐 신성한 법궤를 만졌던 우짜의 운명과 비교하라(삼하 6,6 이하). 그러나 바울로는 제의시 사용되는 물건에 대한 신성모독을 생각한 것이 아니다. 그가 말하는 성전은 (마지막 절에서 강조하듯이) 물질적인 건물은 전혀 아니다. 오히려 교회는 하느님과의 관계를 내포하며 (이것이 거룩함의 기본적인 이상이다) 만일 이같이 (예컨대 율법 주의를 은혜에 대치시킴으로써) 하느님과 교회의 관계를 끊는다면 이것은 은혜를 스스로 거부하였고 자기 자신과 하느님과의 관계를 부인하였음을 뜻할 뿐이다.

이 귀절의 마지막 말의 일반적인 의미는 분명하긴 하나 그 어형을 설명하기는 어렵다. 불가타역의 라틴어는 이해하기가 쉽다 : quod estis vos: "여러분이 (성전)이라는 사실." 이것(여러분 자신이 성전입니다. 그러나 여러분 자신이 거룩한 것은 아닙니다)이 바울로가 뜻하는 바일 것이다. 그러나 그리이스어 본문에는 관계대명사의 중성 단수형이 나오지 않고 복합 관계대명사의 남성 복수형("누구든지" οἵτινες)이 나온다. 관계대명사의 수는 "여러분"(ὑμεῖς)의 수에 동화한 때문일 것이다. 헬레니즘적 그리스어에서 단순 관계대명사와 복합 관계대명사 사이의 구분이 약화되었다. 말로는 바울로의 말이 각 개인과 (and) 전 집단, 즉 "여러분이 모두…이다"를 가리키는 것이라고 주장하는데, 이것은 단순 관계대명사와 복합 관계대명사의 구분을 지나치게 과장한 것일 수 있다. 그러나 이 말은 언급된 사람들이 하느님의 성전이라고 할 수 있는 자격을 뜻하는 것일 수 있다—"그리스도교인들로서 여러분은 …이다." 그들의 그리스도교는 개인적인 측면과 공동체적인 측면을 동시에 지닌 것이다. 여기서 채택된 번역은 바울로가 쓴 그리이스어와 같은 암시적인 방법으로 이런 사실을 밝히려고 하였다.

9. 바울로, 아폴로, 게바, 그리고 그리스도 3장 18—23절

18 아무도 자기를 속이지 말아야 합니다. 만일 여러분 가운데 누가 이 세
대의 표준에 따라 지혜있는 자인줄 스스로 생각하거든 정말 지혜있는 사람
이 되기 위하여 이 세대의 표준에 따라서 어리석은 사람이 되어야 합니다.
19 이 세상의 지혜는 하느님 보시기에 어리석음이 되기 때문입니다. '하느
님은 지혜로운 자들을 자기 꾀에 빠지게 하시는 분'이라고 성서에 기록되어
* 있읍니다. **20** 또 '주께서 지혜로운 자들의 생각이 헛됨을 아신다'고도 기
록되어 있읍니다. **21** 그러므로 누구든지 사람을 자랑하지 말아야 합니다. 모
든 것이 다 여러분의 것입니다. **22** 바울로나 아폴로나 게바나 세상이나 삶
이나 죽음이나 현재 일이나 장래 일이나 모든 것이 다 여러분께 속한 것입
니다. **23** 그리고 여러분은 그리스도에게 속해 있고 그리스도는 하느님께 속
해 있읍니다.

앞서 1장 18절 이래 간혹 중단되면서 전개된 지혜와 어리석음에 대한 논의는 4장에서 다시 설명되겠고 경우에 따라서 또 언급되겠지만(6,5; 8,1 이하; 10,15; 12,8; 13,8—12) 여기서 일단락짓게 된다. 이와 동시에 바울로는 앞서 지혜에 관한 논의와 동시에 논의되었던 고린토인들의 파당 싸움에 대한 논의를 서두에서 다루며 파당 싸움의 원인이 된, 궁극적인 어리석음을 보여준다.

[18] **아무도 자기를 속이지 말아야 합니다.** 바울로는 견유스토아학파의 문체로 신랄한 비난을 하고 있다(참조. *Romans*, 43). 스스로 현명하다고 그릇된 망상에 잠기는 사람들은 누구나 어쩔 수 없이 자기 기만에 빠지게 된다. 자기기만으로 일단 미혹당하게 되면 그 사람은 여러 다른 문제에 처해서도 미혹당하게 된다. 6장 9절, 15장 33절, 갈라디아서 6장 7절, 특히 일반적인 용어로 이 문제를 언급하고 있는 갈라디아서 6장 3절을 참조하라. 고린토교회가 처한 특별한 위험성은 사람들이 (심지어 교회 내에서조차) 지혜를 그릇된 판단기준에 비추어 평가하기 때문에 스스로 현명하다는 생각에 잘못 빠질 수 있다는 데 있다. 이와 같은 사람들은 새로운 판단기준들을 가지고서 자신들의 판단을 뒤바꿀 필요가 있다. **만일 여러분 가운데 누가** (바울로가 ὑμῶν "여러분의"가 아니라 ἐν ὑμῖν "여러분 가운데"로 쓰고 있다고 해서 이 사실이, 문제가 된 사람은 고린토교인이

아니라 외부사람이었음을 입증해주지는 못한다. 바울로는 어쨌든 일반적으로 지칭하는 것이다) 이 세대의 표준에 따라 지혜있는 자인줄 스스로 생각하거든("이 세대의 표준에 따라"를 단지 때를 나타내는 in으로 받아들인다면 아마 "이 세대에서"일 것이다") 정말 지혜있는 사람이 되기 위하여 이 세대의 표준에 따라서(이 말은 해석상 첨가어이다. 그러나 일부 학자들은 그리이스어 성서에서 단 한번 나오는 ἐν τῷ αἰῶνι τούτῳ "이 세대에서"라는 말을 현재의 번역과 같이 첫 절에 적용시키지 않고 두번째 절에만 적용시킨다) 어리석은 사람이 되어야 합니다. "정말" 역시 해석상의 첨가어이다. 이 세대(αἰών)에서 우세한 지혜에 대해서는 2장 6절과 비교하라. 이 세대의 지혜는 다음 귀절과 1장 21절에 비추어 볼 때 이 세상(κόσμος)의 지혜와 구별되지 않는 것이다. 사람들이 하느님과 아무런 상관없이 그들 나름대로 살아가기로 결심한 것이 어떤 시대이든 어떤 장소이든 그것은 별 문제가 되지 않는다. 이러한 결정이 세상적인 지혜의 본질임을 이미 살펴보았는데, 여기서 세상의 지혜란 전적으로 인간의 설득력에 의존하는 논증 방식으로 또는 인간과 자아에 근거를 둔 생활방식이나 종교형태로 표현될 수 있는 것이다. 이와 같은 의미에서 스스로 현명하다고 생각하는 사람이 있다면 그는 지혜있는 사람이 되어도 인간적인 지혜에서 벗어나 하느님의 지혜로 나아갈 수는 없다. 그는 새로운 지혜를 얻기 위해서 낡은 지혜를 부정해야 한다(참조. 로마 10, 3 ; 필립 3, 6—9. 여기서는 다른 차원에서 똑같은 진리를 진술하고 있다. 만일 정말 의로운, 다시 말해서 하느님 앞에서 의롭다하는 자가 있다면 그는 자기 자신의 의를 멸시하고 버려야 할 것이다). 이 세상의 지혜가 하느님의 지혜로 개선되거나 발전될 수는 없다. 그러한 지혜는 멸망해야 한다(참조. 1, 19 ; 2, 6). *

[19] 이 세상("세대"로부터 이렇게 번역했음을 주목하라)의 지혜는 하느님 보시기에 어리석음이 되기 때문입니다(이 구문에 대해서는 로마 2, 13 비교). 대조가 매우 예리한 말로 언급되어 있다. 그러나 다음 귀절은 이 사상이 여기서 새로운 전환을 이루고 있음을 보여준다. 인간의 지혜와 하느님의 지혜는 서로 정반대이기 때문에 이 세상의 지혜는 하느님의 평가에 의하면 어리석다. 더우기 세상적인 지혜의 대변자들은 하느님의 손 안에서는 어리석은 자들에 불과하다. 비록 그들이 세상으로부터 하느님을 추방할 수 있다고 생각하더라도 하느님은 여전히 그들의 주인이다. 하느님은 '지혜로운 자들을 자기 꾀에 빠지게 하시는 분' (관사와 분사로 이루어진 이 구

문은 여기서 하느님께 대한 서술을 얻도록 의도된 것이다)이라고 섬서에 기록되어 있읍니다(직역하여 "씌어 있읍니다"). "현명한" 사람들은, 아무리 교활해도 사냥군보다는 영리하지 못한 짐승들과 같다. "꾀"라는 말은 바울로가 적어도 고린토의 부정한 활동들을 알아 차리고 있음을 시사한다.

[20] 또 주께서 지혜로운 자들의 생각(διαλογισμούς: 깊이 생각한 계획들 또는 심지어 음모들. 혹은 철학적 사변 : 참조. 로마 1, 21)이 헛됨을 —즉 아무런 효과도 없고 무익한 것임을— 아신다("또 주께서 …을 아신다," 이것은 그리이스어로는 뒤바뀐 말들의 어순을 바로 잡은 것이다). 구약성서 인용귀들은 욥기 5장 13절과 시편 94편 11절에서 빌어온 것이다. 구약성서에서 "현명한"과 "지혜"의 용법은 신약성서와 같이 좋은 의미와 나쁜 의미의 다양성을 보여준다. 욥기로부터 인용한 인용귀는 (로마서 11장 35절의 인용귀와 같이) 70인역의 번역과는 두드러지게 다르다. 바울로는 욥기에 대한 어떤 다른 번역을 취했다는 견해가 많은 지지를 얻었다.

[21] 모든 사람들은, 비록 현명하다 하더라도, 하느님의 손에 붙들린 어린아이에 불과하다. 그래서 다음의 결론이 뒤따른다. 그러므로 누구든지 사람을 자랑하지 말아야 합니다. 이와 같이 "사람"을 자랑하는 일은 고린토교인들이 파당분쟁에서 행했던 것과 똑같은 짓이다. 사람들 가운데는 바울로를 자랑하는 이가 있는가 하면 아폴로나 게바를 자랑하는 이들도 있었다. 그러나 누구든지 사람이 아니라 오직 하느님 한분만을 자랑할 수 있다(혹은 영광을 돌릴 수 있다 : 참조. 1, 31 ; 또한 갈라 6, 14 ; 필립 3, 3). 더우기 (여기에는 다음 장에서 바울로를 다루게끔 진전시키는 행이 들어 있다) 인간적인 지도자들을 자랑하고 영예롭게 하는 것은 하느님을 불명예스럽게 하는 것일 뿐만 아니라 그들을 자랑하는 사람들의 품위를 떨어뜨리는 짓이다. 왜냐하면 그것은 그리스도교인과 지도자와의 관계를 그르치는 것이기 때문이다. 교회 지도자들을 자랑하였던 자들은 "나는 바울로파다," "나는 아폴로파다," "나는 게바파다"라고 말하였다(1, 12). 이것은 진리와는 정반대된다. 여러분은 이런 저런 전도자에 속해 있지 않읍니다. 모든 것이 다 여러분의 것입니다.

[22] 선교자들인 바울로나 아폴로나 게바나(이 문맥에서 그리스도에 대한 언급이 없다는 사실은 "그리스도파"가 있었는지 없었는지에 대해 아무것도 입증해 주지 않는다) 그리고

그 밖에 모든 것들, **세상이나 삶이나 죽음이나 현재일이나 장래 일이나** (다 여러분의 것입니다). 사도의 사신들은 이미 3장 5절에서 제시된 의미(그들을 통해서 여러분이 신자가 된 종들)대로, 또 뒤에 4장 1—5절에서 상세히 설명된 의미대로 "여러분의 것"이다. 그들은 하느님의 백성을 지배하는 주들이 아니라 그들을 기쁘게 하기 위하여 돕는 사람들이다(고후 1, 24). 그들은 그들 자신을 주로 전하는 것이 아니라 그리스도를 주로 전하는 것이다. 그들은 그리스도의 종들이요 따라서 교회의 종들이다(4, 5). 그러므로 한 선교자를 헌신적으로 따르는 행위는 그리스도교인의 겸손에 대한 합당한 표현이 아니라 그리스도의 주권을 부인하는 것이다. 물론 그리스도교 교사들이 (확실히 바울로나 게바는 경우에 따라 서로 달랐듯이) 다를 경우에 그리스도교인은 그들 중 어느 한 사람을 선택해야만 한다. 그러나 선택할 때 진리에 일치하여 해야지 어떤 특정한 교사를 편들기로 이미 결정하였다는 식의 인간적인 이유들에 근거해서는 안 된다.

바울로는 이러한 사실에서 출발해서 직접적으로는 아니지만 엄밀히 말해서 문맥과 일관하는 듯한 요지에로 이른다. 선교자들은 그들이 그리스도와 교회의 종들이기 때문에 "여러분께 속한 자들이다." 또한 "세상이나 삶이나 죽음이나 현재 일이나 장래 일이나—모든 것이" "여러분의 것이다." "모든 것"이 동일한 의미에서 여러분의 것이 아니라는 것은 분명하다. 예를 들어 사도들이 교회의 종인 것과 같은 의미로 세상이 교회의 종은 아니다. 바울로의 사상은 자연스럽게 하느님의 백성으로서의 교회의 일반적인 주권에로 옮겨간다. 잃어버린 주권을 인류가 되찾게 되는 것은 그리스도 안에서 또 그리스도 안에 있는 공동체 안에서만이 가능하다. 또한 그리스도는 세상을 지배하고 십자가죽음과 부활을 통해서 생사를 주관하며 이 세대와 오는 세대 *
를 다스리는 주님이시기 때문에, 마찬가지로 그의 백성들은 그리스도 안에서, 그리고 그리스도 안에 있는 공동체에서 이제는 더 이상 운명과 타락의 종들이 아니라 모든 것을 지배하는 자유로운 주들이 될 수 있다. 그러므로 그리스도교인은 세상에서 살고는 있으나 세상이 그의 삶에 대한 태도를 지배하지는 못한다. 달리 말해서 그는 세상의 지혜에 맞추어서 생각하지 않는다(2, 2·6 ; 또한 7, 29 이하). 그는 인생의 흥망 성쇠에 지배받고(바울로가 가능하다고 생각하듯이 만일 그가 다가오는 세대가 시작될 때까지 생존하지 못한다면) 결국 죽을 수밖에 없다. 그러나 이러한 경험을 해나가는 가운데 어떠한 경험도 그를 하느님에 대한 사랑으로부터 떼어놓을 수는 없다(이와 매우 유사한 사상의 흐름이 나타나는 로마서 8장 38·39절과 비교하라. 그 귀절은, 바울로가 적대적인 영적 세력들과 우주적 세력들을 이기는 그리스도교인들의 확실한 승리를 생각하고 있다는 것을 보다 분명히 밝히고 있다). 그리스도교인은 이 세대에 살고 있으며 이 세대의 적대적인 지배자들은(2, 6·8) 할 수만 있다면 그에게 해를 입히려 할 것이다. 그러나 그들이 어떤 궁극적인 의미에서 그(그리스도교인)를 해칠 수는 없다. 그리스도는 현재의 주일 뿐 아니라 장래에도 계속 주일 것이기 때문에 그리스도교인은 때가 이르면(15, 23) 오는 세대에 참여하게 될 것이다.

〔 23 〕 마지막 고찰은 그리스도교인의 주권의 원천과 본성을 강조한 것이다. 이 그리스도교인(여러분 모두는 : 1장 12절에서처럼, 여러분 중에 한 집단만이 아니라)의 주권은 결코 자유롭거나 독자적인 것이 아니라 전적으로 그리스도의 주권에 달려있는 것이다. 여러분은 그리스도에게 속해 있다. 세벤스터 박사가 지적했듯이(*Seneca*, 119) 바울로가 말하는 그리스도교인의 자유와 주권은 세네카가 말하는 "우리는 만인이 현인이라고 말한다"(omnia illius esse dicimus: *De Beneficiis* Ⅶ. viii. Ⅰ ; 제노 〔*Diogenes Laertius* Ⅶ. i. 25〕, 키케로 〔*Academicae Quaestiones* ii. 44〕 및 다른 스토아 철학자들도 이와 같은 말을 했었다)라는 일반적인 명제와는 전혀 다른것을 뜻한다. 세상에 대한 그리스도교인들의 주권은 오직 하느님이 의도한 창조질서(참조. 창세 1, 26·28 ; 시편 8, 6—9)에 따르는 인간의 갱신에 근거한것이며, 이러한 갱신은 그리스도를 통해서 또 그리스도 안에서만 이루어지는 것이다. 그리스도교인들이 그리스도의 주권에서 벗어나려고 하는 순간, 그들은 하느님의 피조물 가운데서 부분적으로 되찾은 그들 자신의 지위를 잃게 되고 또 다시 마땅이 그들의 종이 되어야 할 피조물의 노예가 된다(참조. 갈라 4, 9). 예컨대 교회가 참으로 그리스도에게 속해 있기를 그만둔다면 사도들은, 바울로가 고린토교회를 다루는 방식에서 볼 수 있듯이, 거기에 대항하여 그들의 권위를 행사해야 한다(그 반대의 상황에 대해서는 고린토후서 10—13장을 참조하라. 사도나 혹은 그의 대변자가 자신의 권위를 내세우려고 권위를 행사한다면 그는 모든 권위를 잃게 될 것이다). 고린토교인들이 주의 만찬을
* 그들 멋대로 바꾸므로(11, 20·21) 그리스도의 멍에를 벗어버렸을 때 그들은 죽음에 예속된다(11, 30). 또한 하느님이 값을 치르고 그들을

사신 것이라는 사실(6, 20)을 그들이 잊어버리면, 그들은 모든 것이 합법적이라는 사실만을 강조하고 모든 것이 유익한 것은 아니라는 사실을 무시하게 되어 결국 그들이 남용한 자유마저 잃게 될 것이다. 따라서 처음에는 바울로가 요지를 벗어난 것으로 보였을지라도 여기서 다시 요지로 되돌아온 것이 분명하다. 그 까닭은 "모든 것이 다 여러분의 것입니다. 그리고 여러분은 그리스도의 것입니다"라는 진술은 분명히 고린토교회에 보내는 말씀이기 때문이다. 어떤 이는 "모든 것이 다 여러분의 것입니다"는 고린토교회의 "영적인" 당파에 대한 바울로의 허용을 말하는 것이라고 주장하였다("무엇이나 할 자유가 있다"라는 6장 12절의 진술을 참조하라). 그는 그러한 주장이 진실임을 인정하긴 하지만 "여러분은 그리스도의 것입니다"라는 진술을 덧붙여서 그러한 주장에 제한을 둔다. 그러나 다음과 같은 봐이스의 말은 옳은 것으로 생각된다. "바울로가 세상에 대한 그리스도교인의 주권에 대한 훌륭한 진술을 단순히 양보하려고 서술했다거나 그가 이러한 서술을 적대자들의 사상으로부터 이끌어 냈다고 볼 수는 없다. 다른 곳에서와 마찬가지로 여기서도 바로 바울로 자신이 말하고 있다. 이것은 그 자신의 신념인 것이다"(봐이스의 책 88의 주 1).

방금 진술된 실제적인 요지는 좀더 신학적인 기초지식을 필요로 한다. 고린토의 그리스도교인들은 그들 자신에 의해서가 아니라 그리스도로 말미암아 자유와 주권을 회복한 것이라는 사실이 지적되었다. 그러나 그리스도가 그들을 위해 이러한 선물을 마련한 것은 오직 하느님께 속해 있기 때문이다. 죽기까지 복종한 그리스도의 복종으로 말미암아 그들이 자유를 얻게 되었고 또한 그리스도 안에서 그들은 하느님과의 새로운 관계를 누릴 수 있다.

만일 여기서 우리가 논의를 잠시 중단하고, 그리스도가 하느님에게 속한다는 말을, (고린토교인들도 마땅히 그러해야 하듯이) 희생적인 복종을 실천했던 그의 지상생활이나 인간성에만 국한시킨다면 그것은 잘못이며 (가령 칼빈이나 대부분의 초기 주석가들은 그렇게 생각했다) 우리는 그러한 생각을 버려야 한다. 바울로의 일반적인 사상과 또한 15장 28절의 분명한 진술("그러나 모든 것이 아들에게 복종하게 된 때에는 아들 자신까지도 모든 것을 아들에게 복종하게 하신 분에게 복종하게 될 것이며 따라서 하느님이 만유의 주가 되실 것입니다")에 비추어 볼 때, 우리는 결코 그렇게 생각할 수 없다. 아버지와 아들 사이에는 상위와 하위의 관계가 영원히 존속한다. 그러나 이 말은

(이 말을 그리스도의 신성과 관련하여 이해하는 것은 "니케아 신조를 옳게 이해하는 데 필요하다"고 라이트후트가 지적하고는 있지만—바울로 시대 이후 오랜 기간 동안 생겨나지 않았던 말을 구사할 수 있다면) 아들이 아버지와 한 본체가 아니라는 것을 뜻하지는 않으며 그가 (아버지와) 다른 존재질서에 속해 있음을 뜻하지도 않는다. 오히려 그것은 아버지와 한 본체인 아들이 아버지의 완전하신 사랑의 의지에 따라 완전한 사랑의 복종을 바친다는 바로 그러한 점에서 그가 아버지와 구별되는 것을 뜻한다. 이런 언어는 실은 본질에 관한 진술보다 오히려 기능에 관한 진술에 대해 생각하는 바울로에게는 지나치게 형식적이다. 바울로에게 있어서 예수는 하느님의 자발적인 대행자이다. 고린토인들이 윤리적인 성취를 지속적으로 발전시키고 향상시켜 나감으로써 (또 그렇게 해야만 하는데) 그러한 그리스도의 의를 받아들이고 그리스도의 의에 동참하는 한, 그것이 바로 하느님에게 복종하는 것이며 그의 은혜에 보답하는 것이다. 그리스도는 역사 속에서 완전하고 완벽하게 그리고 실제로 하느님에게 복종하였다. 그러므로 "여러분은 그리스도가 하느님께 속해 있으므로 그리스도에게 속한 것입니다."

10. 그리스도의 종들과 그들의 직분 4장 1—5절

1 그러면 사람이 우리를 어떻게 생각해야 합니까? 그리스도의 종들도 또
하느님의 비밀을 맡은 관리인으로 보아야 합니다. **2** 이런 경우에 관리인에
게 요청되는[1] 것은 주인에 대한 신실성입니다. **3** 내가 여러분에게서 조사를
받든, 누군가의 심리에 따라 조사를 받든 그것은 내게 아주 하찮은 문제입
니다. 뿐만 아니라 나도 나 자신을 판단하지 않습니다. **4** 내 양심에 거리끼
는 것이 없다고 하더라도 이것으로 내가 의롭게 되는 것은 아니기 때문입
니다. 나를 심판하시는 이는 주님이십니다. **5** 그러므로 주님이 오실 때까지
는 아무것도 판단하지 맙시다. 주께서는 암흑 속에 감추인 것들을 밝히 드
러내시며 마음 속의 계획도 드러나게 하십니다. 그 때에는 각 사람이 제각
기 하느님으로부터 칭찬을 받게 될 것입니다.

---

1) 3인칭 단수 수동형인 $\zeta\eta\tau\varepsilon\hat{\iota}\tau\alpha\iota$가 대다수 그리이스어 사본들과 B사본, 그리고 라틴사본과 시리아사본 등에 나온다. (P^{46} A D G를 포함하여) 다른 사본들에는 $\zeta\eta\tau\varepsilon\hat{\iota}\tau\varepsilon$(2인칭 복수 능동)으로 되어 있고 ℵ*에는 $\tau\acute{\varepsilon}$ $\zeta\eta\tau\varepsilon\hat{\iota}\tau\varepsilon$로 되어 있다. 해당주석을 참조하라.

이 새 단락에서 바울로는 분열되어 있고 자만에 빠져 있는 고린토 교회에 대한 논의를, 고린토 교회의 분쟁들이 사도적 지도자들과의 관계에서 일어났고 또 그러한 관계를 반영하고 있다는 점에서 풀어나간다.

[I] **그러면 사람이**(ἄνθρωπος: 그리이스어로는 τις "어떤 사람"이 보다 자연스러웠을 것이다. 여기서 바울로의 문체가 지닌 셈어적 배경을 엿볼 수 있지만 그러나 순수한 그리이스어 병행귀들, 예를 들어 Epictetus Ⅲ. xxiii. 15를 참조할 수 있다. *M.* ii. 433, 11장 28절 비교) **우리를 어떻게 생각해야 합니까**(λογίζεσθαι "생각하다": 바이스는 이 말이 고린토후서 10—12장에는 6회 이상 나온다는 사실을 주목하고서 그것은 바울로의 적대자들이 사용했던 말이었다고 생각한다. 참조. 특히 고후 10,7·11)? 원문은 질문형식으로 되어 있지 않으므로 직역하면 "그러므로 사람이 우리를 즉 …으로 생각하도록 합시다"(참조. 에페 5,28)이다. 번역상 질문형식을 취한 것은, 바울로가 "그러므로"(οὕτως)라는 말을 씀으로써 그가 이미 말했던 바로부터 고린토교인들이 그들의 선교자들에 대해 지녀야 할 올바른 태도에 대한 결론을 이끌어내려 한다는 사실을, 가능한 한 분명하게 밝히기 위한 것이다. "우리를"은 적어도 바울로와 아폴로를 뜻한다. 아마 게바도 포함될지 모르나(4장 6절에 의하면) 이 두 사람만을 뜻하는 것이리라. 3장 5절과 비교하라. 만일 제한을 둔다면 그것은 역사적인 제한일 뿐이다. 바울로가 말한 것은, "필요한 변경을 가한다면"(muatis mutandis), 일반적으로 교회 내의 선교자들의 역할에 적용될 수 있는 것이다. *

바울로는 함축적인 물음에 답변한다. 우리는 **그리스도의 종들로** 생각되어야 합니다. 이 말(ὑπηρέτης)은 3장 5절의 말(διάκονος)과는 다르지만 의미상 거의 차이가 없다. 이 새로운 말에 대해서는 루가복음 1장 2절과 사도행전 13장 5절과 비교하라. 쉴라터에 의하면 3장의 말은 종이 행하는 봉사를 시사하나 4장의 말은 종이 주인에게 종속됨을 시사한다고 한다. 이같은 섬세한 차이를 바울로와 그의 독자들이 의식했는지가 의심스럽다. 여하튼 "종" 그 자신은 중요하지 않다. 그가 하는 일은 그의 소유가 아니라 주인의 소유이다. 마찬가지로 사도의 활동은 스스로 권리 주장을 할 수 있는 것이 아니라 그것 자체가 그리스도를 지시한다는 사실이 그 특징이다. 그러나 이러한 사실이 사도의 활동의 가치를 떨어뜨리는 것은 아니다. 바울로와 그의 동료들은 **하느님의 비밀을 맡은 관리인들**(οἰκονόμοι: 디모테오 전서 3장 15절에서 교회를 하느님의 "집" οἶκος으로 묘사하고 있음을 참조하라)이다. 그리이스어로 쓰여진 "비밀"이란 말은 일반적으로 신성한 의식들 (예를 들어 Euripides, *Suppliants* 173, Δήμητρος μυστήρια "디미터 〔역주 : 그리이스 신화에 나오는 농사·결혼·사회질서의 여신〕의 비밀 종교 의식") 을 지칭하는데, 후대에 이 말은 자연스럽게 그리스도교의 성례전을 가리키는 데 사용되었다. 이렇게 따져 볼 때 "하느님의 비밀을 맡은 관리인"이란 "성례전의 집례자"를 뜻하는 것일 수도 있으나 이것이 바울로가 사용한 "비밀"이란 말의 뜻은 아니다(참조. 특히 2,7과 이에 덧붙여 2,1(?) ; 13,2 ; 14,2 ; 15,51 ; 로마 11,25 ; 16,25 ; 데후 2,7: 비교. 골로 1,26·27 ; 2,2 ; 4,3). 이 귀절들은 일반화시키기에는 약간 무리가 있지만 그러나 대개의 귀절들이 시사하는 의미는, 복음을 통해 드러난 하느님의 목적에 관한 은밀한 지식을 말한다. 그러므로 사도들은 일차적으로 복음의 설교자들, 즉 "계시된 진리의 교사들"(Lightfoot)로 생각할 수 있다. 또한 "관리인"(Steward)은 가사관리자를 말하는 것이므로 사도들이 교회 안에서 행사하는 행정적인 권위에 대한 언급을 함축하는 것일 수 있다. 그러나 아마 바울로는 "종" 다음에 언어상의 다양성을 제공하기 위해 동의어를 찾았는지도 모르므로 "관리인"에 대한 이같은 행정적인 의미는 강조될 수 없다. 현재의 본문에 관한 한 그 말은 분명히 복음에 의해 정해진 것이고 복음에 따라 영향을 받는 것이다. 대체로 본장에서는(참조. 4,9—13) 사도직을 교회적인 공무(civil service)로 생각하기가 어렵다. 에픽테투스는 퀴닉(견유학파) 학파의 설교가를 "제우스의 종"(ὑπηρέτης τοῦ Διός, Ⅲ. xxii. 82,95)으로 또는 "관리인"(οἰκονομος, 3)으로 서술한다. 물론 바울로는 이 말들이 사용된 이러한 배경을 알았을 것이다.

〔 2 〕 그러나 "관리인"이라는 말은 바울로가 다음 말로 넘어가기 위해서는 필요한 연결어이다. 만일 그와 아폴로가 관리인이라면 그들에게 무엇이 요청되는가? 이것은 분명히 논의를 더욱 진전시키기 위한 것이긴 하나 본문과, 뒤따르는 말들에 대한 번역이 불확실하다. 2절을 이끄는 첫말 ὧδε는 다양한 의미, 즉 "그러므로," "실제로는," "지금까지," "여기서" 등을 뜻한다. 그것은 "이 세상에서"를 시사하는 말일 수도 있다 —그런 경우에는 인간적인 면이 암시될 것이다. 아니면 "관리라는 개념을 받아들이면," "관리인이 시사하는 사상의 영역에서"를 암시하는 말일 수 있다. 또는 그 말을 다음 말(λοιπόν) —단순히 "그러면"을 뜻할 수 있는— 과 보다 밀

접하게 결부된 것으로 받아들이거나 보다 엄격하게 말해서 "그 밖의 점에 대해서는," "이에 덧붙여서"를 뜻하는 것으로 받아들일 수 있다 (Moule, 161에 의하면 이러한 의미들은 "당연히 …이 되다"라는 의미로까지 확대될 수 있다). 이 두 마디 말(ὧδε, λοιπόν)을 함께 연결시킨다면 그 의미는 "이제 현재의 주제를 계속한다면," "이제 문제를 일보 진전시키면"이 될 것이다. 그러나 이런 식으로 따져나가게 되면 본문에 담겨 있는 의미보다 지나치게 많은 것을 해석하게 될 것이다. 말문을 여는 불변화사(ὧδε)를 "여기서," "관리의 영역에서"라는 의미로 받아들인다면 "관리인에게"는 없어도 좋은 말이 된다. 그리고 결합된 불변화사들(ὧδε λοιπόν)에 단순한 요약적인 의미를 부여하여 그러므로 관리인에게 요청되는 것은 (주인에 대한) 신실성입니다 라는 번역을 채택하는 것으로 우리는 만족할 수 있다. 전반적인 문제에 대해서는 M.E. Thrall, *Greek Particles in the New Testament* (1962), 25—30을 참조하라. 그러나 본문상의 문제는 여전히 남아 있다. 왜냐하면 보다 매끄럽지 못한 형태로 되어 있는 다음과 같은 변형귀가 있기 때문이다. "그러므로 여러분이 관리인에게 요청하는 바(혹은 ζητεῖτε를 명령법으로 받아들이면, 여러분이 요청해야 하는 것)는 주인에 대한 신실성입니다." 한 사본에는 의문문 형식의 보다 유력한 변형인 "그러므로 여러분이 관리인에게 요청하는 바는 무엇입니까? 그것은 주인에 대한 신실성입니다." 그 동사의 3인칭 단수 수동형(ζητεῖται)과 2인칭 복수 능동 직설법 혹은 명령법(ζητεῖτε) 간의 차이는 근소하며 고대 그리이스어에서는 그 차이가 분명히 드러나지 않았다. 2인칭이 다음 귀절에 보다 잘 맞는 것 같지만 바로 그렇기 때문에 이차적인 것일 수 있다. 관리인에 대한 일반적인 진술은 사실 택할 만한 것이다. 다행히 의미상 큰 차이는 없으며 바울로가 말하고자 하는 요지도 아주 분명하다. 관리인은 독자적인 주도권을 행사해서도 안 되고 더군다나 개인적인 권한을 행사해서도 안 된다(그러나 쉴라터가 지적하듯이 고린토교인들은 사도에게서 개인적인 권한을 기대했던 것 같다). 그는 주인의 명령에 따를 뿐이며 자기 일을 처리하는 데 있어서 신실해야 한다. 문제는 판단을 받아야 할, 그의 신실성의 기준이 무엇인가, 또한 그를 서거나 넘어지게 할 수 있는 주인이 누구인가(로마 14, 4)하는 것이다.

[3] 바울로는 스스로 답변을 한다. 내가 여러분에게서 조사를 받든, 누군가의 심리에 따라 조사를 받든 그것은 내게 아주 하찮은 문제입니다. 만일 바울로가 (더 이상 진전이 없는) 자기

가 세운 교회들 내에서 행해진 자기 자신과 자신의 일에 대한 모든 비판에 주의를 기울였다면, 그는 사도직을 포기했을지도 모른다. 그러나 그는 낯이 두꺼웠던 것이 아니라 사람은 자기 형제의 판단에 따라 행동의 제한을 받지 않는다는 진리를 인정했을 뿐이다(참조. 로마 2,1·19·20 ; 14,4). 고린토후서에서 본격적으로 나타나는 사도에 대한 비판이 이미 시작되었다고 추론하는 것은 타당하다. "누군가의 심리에 따라"(by any human assize) 라는 귀절은 직역하면 "인간의 어느 날에 의해"(by any human day)이다. 여기에 라틴 말투("재판날" dies forensis: 비교. "결정하는 날들" diem dicere)가 섞여 있다고 본 학자들이 더러 있었다(참조. *B.D.* §5). "그 날"이 주의 심판의 날로 나오는 3장 13절을 연상할 수 있는 가능성이 훨씬 더 높다. 여기서는 하느님의 심판을 모방하려 하고 마치 자기가 재판관인 양 행동하려는 연약한 인간의 시도가 문제되고 있다. 라삐적인 유다교는 "인간의(혹은 육과 혈의) 심판"과 "하늘의 심판"(*S.B.* iii. 336)과의 대조를 알고 있다. 바
* 울로는 자기 유익을 위해 하느님의 일을 하려는 인간적인 시도에 대해 관심이 없다. **뿐만 아니라**(ἀλλά: 비교. 3,2) **나도 나 자신을 판단하지 않습니다.** 선한 양심이란 악마가 지어낸 것이다. 바울로는 선한 양심을 지니고 있지만 그것을 대수롭지 않게 여긴다.

[4] **내 양심에 거리끼는 것이 없다고 하더라도** (우리는 "내 사도적 임무에 관한 한"을 바울로가 뜻했을 뿐이라고 말한 칼빈을 따르거나, 아니면 "이것은 단순히 가정적인 사례에 지나지 않는다…이 문장은 '비록 내가 양심적이라 해도 나는 그것을 의식하지 않는다는 가정에 의거하여'를 의미하는 것이다"라고 말한 라이트후트에 동의해야 한다) **이것으로 내가 의롭게 되는 것은 아니기 때문입니다.** 바울로는 원래 "양심"(συνείδησις)이란 명사를 쓴 것이 아니라 그 명사가 파생되어 나온 동사(σύνοιδα)를 쓴 것이다. 이것은 직역하면 죄의 비밀을 지니고 있다는 의미에서 "…에 대해 알고 있는"을 의미한다. 바울로는 이와 같은 죄의 비밀을 혼자 간직하고 있지는 않았지만 그러나 이 사실은 인간의 무죄에 대해서 말하는 것이라기보다는 인간의 무지에 대해서 말하는 것이고, 또한 의롭게 함이란 인간의 행위가 아니라 하느님의 행위이며 인간이 무죄함에 근거한 행위가 아니라 하느님의 은혜에 근거한 행위라는 것이다. 즉 "하느님께서는 선한 자들을 의롭게 하시는 것이 아니라 불경건한 자들을 의롭게 하신다"(로마 4,5)는 것이다. 여기서 바울로는 케팔루스(또 들

틀림없이 플라토)와 의견을 달리하는데, 비록 그가 부분적으로는 그의 말, 즉 "자기 양심에 의거하여 죄가 없는(μηδὲν ἑαυτῷ ἄδικον ξυνειδότι) 사람에게는 즐거운 행복이 있으리라…"(*Republic* 331A)를 인용하고 있더라도 그러하다. 바울로의 자기 자신에 대한 판단은 전혀 중요하지 않은 것이다.

"양심"에 관한 바울로의 용법에 대한 주해에 대해서는 *Romans*, 53을 참조하라. 특히 스토아철학자 세네카에 의하면 양심이란 최종적인 판단을 내리게 하는 것인 반면에(참조. *De Ira* Ⅲ. xxxvi. 2 이하), 바울로에 의하면 "주만이 마지막 심판을 내리는 위치에 있다"는 사실을 분명히 밝히고 있는 Sevenster, *Seneca*, 99 이하를 참조하라. 나를 심판하시는(나를 조사하기 위해 그의 법정 앞에 세우시는) 이는 주님, 즉 모든 이들의 재판관이신 그리스도이십니다(비교. 고후 5,10). "주"가 하느님 아버지를 의미할 수도 수 있겠지만(비교. 로마 14,10) 그러나 다음 귀절에 비추어 볼때 그럴 것 같지는 않다(그러나 이책 132면 참조). 그리이스어에서 "주"(κύριος) 앞에는 관사가 없다. 이 사실은 영어로는 거의 밝혀지지 않지만 그러나 바울로는 그리스도를 능력있는 심판자—유일한 심판자— 로 생각하고 있음을 시사하는 것일 수 있다.

[5] 형제들을 판단하는 것이 그리스도교인들이 할 일은 아니다(비교. 로마 14,4). 그 때가 오기 전에는 아무것도 판단하지 맙시다. "판단하다"는 "조사하다"로 번역된 복합동사(ἀνακρίνειν)의 간략형(κρίνειν)이다. 이 두 동사가 구분된다면 그것은 심판이 조사(ἀνάκρισις는 그리이스어에서 예비심문을 뜻하는 것이었다) *
과정을 전제로 하며 동시에 조사를 끝낸 다음에 내리는 판단을 강조한다는 사실 때문일 것이다. 그러나 그 차이는 근소하다. 누구든지 바울로가 "아무 것도 판단하지 맙시다"가 아니라 "아무도 판단하지 맙시다"로 썼었을 것으로 기대했을 것이다. 이 문장을 "어떤 관결도 내리지 맙시다"로 번역해야 할지도 모른다. 이러한 번역은 앞서 언급한 동사 "조사하다"와 "판단하다" 사이의 구분을 강조하는 효과를 지닌 것이리라. 참으로 판결이 내려지는 순간이 있다. 번역상 "때"(Time)라는 말을 대문자로 표기한 것은, 바울로가 단순히 조급한 시기상조의 판단을 비난하고 있는 것이 아니라 주님께서 오실 마지막 날에 일어날 심판을 염두에 두고 있음을 밝히기 위해서이다. 이 "마지막" 심판에 비추어 볼 때 인간의 모든 판단은 임시적인 판단(*pre*-judice)임에 틀림없다. 이것은 비록 6장 3절에서 바울로가 그리스도교인들은

천사들의 심판에 참여하리라고 언급하고 또한 실제적인 목적들을 위해서 이 시대의 그리스도교적 법정을 인정하고 있다고 해도 마찬가지다. 주(예수 그리스도)가 심판하러 오신다는 것에 대해서는 로마서 2장 16절, 데살로니카전서 4장 16절, 데살로니카후서 2장 8절과 비교하라. 특히 문맥상 심판이 의도된 것으로 보이는 고린토전서 11장 26절과 비교하라. 주께서 심판하러 오신다는 의미는 뒤따르는 절들에서 분명해질 것이다. 첫째 절은 비유이다 : **주께서는**(영어로는 "주"를 받는 관계대명사 who인데 헬라어로는 *ὃς καί*; 만일 *καί* "그리고"가 강조된다면 "그가 오실 때 누가 또한 …할 것인가," 아니면 "누가 …드러내고 … 드러나게 할 것인가"라고 말해야 할 것이다. 그러나 이것은 확실하지 않다) **암흑 속에 감추인 것들을 밝히 드러내실 것입니다.** 이것은 성서에서 흔히 나오는 말이다. 예를 들어 시편 139편 11·12절과 비교하라. 그리스도가 심판하러 오심으로써 사람들이 감추어 두었던, 말하자면 "알리지 않았던" 것들을 모두 밝히 드러내는 결과가 초래될 것이다. 그것들은 더 이상 은폐될 수 없고 분명히 알려지게 될 것이다. 이러한 것들, 즉 "감추인 것들"(*τὰ κρυπτόμενα*)은 동사("밝히 드러내다" *φωτίζειν*)의 목적어이며 *M.* iii. 14에서 시사하듯이 그것들을 "감추는 암흑"은 아니다. 봐이스는 *Epictetus* I. iv. 31로부터 다음과 같은 적절한 병행귀를 인용한다 : "그는 진리를 발견하고 진리를 밝혔고(*φωτίσαντι*) 또 그 진리를 모든 사람들에게 드러냈다." 진리(현재의 문맥상 인간의 행위와 품성에 대한 진리)는 어두운 곳에 감추어져 있다. 주는 진리 위에 빛을 비추이신다. 다음 귀절은 같은 사실을 비유를 쓰지 않고 진술한 것이다 : **그리스도께서는 마음 속의 계획**(혹은 의도)**도 드러나게 하실 것입니다.** 즉 사람들의 행위(감추어져서 알려질 수 없는 행위)뿐만 아니라 그들의 속 생각들(좋은 생각이든 나쁜 생각이
* 든 간에 그들의 외적인 행위에 가리워져 있을지 모르는 그러한 생각들)도 알리실 것이다. 그리스도께서 인간의 속 생각을 드러내실 때 우리는 좋든 나쁘든 모든 인간적인 의견들을 무시해버렸음을 알게 될 것이다. **그때에는 각 사람이 제각기 하느님으로부터 칭찬을 받게 될 것입니다.** "그 때에는"과 "하느님"에 강조점이 있다. "그때"는 심판의 때로서 지금이 아니며, 또한 사람들을 통해서가 아니라 "하느님" 자신을 통해서 비로소 시작되는 때이다. 로마의 클레멘스(*I Clement* xxx. 6)는 "하느님은 자화자찬하는 자들을 미워한다"(*αὐτεπαινετοὺς μισεῖ ὁ θεός*)라고 말하는데 그 해석이 전적으로 옳지는 않다. 바울로가 공격하는

것은 자화자찬만이 아니라 단순히 인간에게서 비롯된 어떤 칭찬이다. 그는 여기서 칭찬이 아니라 비난을 받게 될 사람들에 대해서 아무말도 하지 않는다. 그는 더러는 자기 자신인 바울로를, 더러는 아폴로를, 또 더러는 게바를 자랑하는 이들이 있었던 고린토교회의 상황에 관하여 여전히 생각하고 있다. 그러나 3장 5절과 비교하라 : 주께서는 그의 종들의 은사와 직무를 정해주셨고, 또한 그들이 감당한 직무에 대해서 칭찬하거나 칭찬을 보류하는 이는 고린토교인들이 아니라 바로 주이시다.

다음의 두 귀절, 즉

"주께서는 암흑 속에 감추인 것들을 밝히 드러내시며,
사람의 마음 속의 계획도 드러나게 하실 것입니다"

는 그 병행구조에 비추어 볼 때, 아마 "주"란 메시야가 아니라 하느님임을 지칭하였던 어떤 외경서에서 바울로가 이 두 귀절을 인용했던 것이라는 주장이 있었다. 그러나 바울로가 실제로 인용한 것이라면 그 인용문은 그리스도교의 찬양시(참조. 에페 5,14)에서 인용한 것이라고 볼 수도 있다. 그러나 이와 같이 가정할 필요는 없다. 왜냐하면 바울로의 서술 문체는, 비록 실제로 병행귀의 구조 같은 것은 비그리이스적이라고는 할 수 없지만, 그의 성서적 주제와 그가 지니고 있는 셈어적 특성에 이미 암시되어 있기 때문이다.

11. 고린토교인들과 그들의 사도들 4장 6—13절

6 형제들이여, 나는 여러분을 위하여 이 일을 나 자신과 아폴로에게 적용시켜 말했읍니다. 그것은 우리를 본보기로 여러분이 '기록된 말씀을 넘어서지 않는 것'의 의미를 배워, 어느 한 편을 자랑하고 다른 한 편을 멸시하는 일이 없도록 하려는 것이었읍니다. 7 누가 당신을 당신의 이웃과 다르게 만들었읍니까? 당신이 가지고 있는 것 중에서 하느님께로부터 받지 않은 것이 무엇입니까? 만일 모두가 받은 것이라면 왜 받은 것이 아닌 것처럼 자기를 자랑합니까? 8 여러분은 벌써 배불러졌읍니다. 벌써 부자가 되었고 우리를 제쳐놓고 왕이 되었읍니다. 여러분이 진정 왕이 되었으면 좋겠읍니다. 그렇게 된다면 우리도 여러분과 함께 왕이 될 수 있겠읍니다. 9 그 까닭을 나는 이렇게 생각합니다. 하느님께서 우리 사도들을 마치 죽게 되어 있는 사람처럼 맨 끝자리에 세워 온 세계와 천사와 사람들의 구경거리가 되게 하셨읍니다. 10 우리는 그리스도를 위하여 어리석은 자가 되었고 여러분은 그리스

스도 안에서 지혜있는 자가 되었읍니다. 우리는 약하나 여러분은 강합니다. 여러분은 영광을 받고 있으나 우리는 천대를 받고 있읍니다. 11 그리하여 우리는 오늘 바로 이 순간까지도 주리고 목마르며, 헐벗고 학대를 받으며, 집없이 유랑합니다. 12 우리는 심한 노동을 합니다. 제 손으로 일하면서 살아갑니다. 조롱을 받으면서 축복해주고, 박해를 받으면서 참아 견디고, 13 능욕을 당하면서 좋은 말로 응답합니다. 우리는 지금에 이르기까지 이 세상의 폐물같이 이 지상의 속죄양같이 살아왔읍니다.

이 단락은 바울로가 이 서신 대부분을 통해서 여기에 이르기까지 추구하였던 동일 노선을 따르고 있음이 분명하다. 고린토교인들은 바울로나 아폴로와 같은 교사들의 중요성을 과장해서는 안 된다. 교사들은 오만해도 안 되고 자만에 빠져서도 안 되며 명령받은 내용을 넘어서도 안 된다. 그들은 그들의 소유가 무엇이건 그들의 존재가 어떠하든 간에 그것들이 전적으로 하느님의 은혜스러운 활동에서 비롯된 것임을 인정해야 한다. 그러나 새로 시작되는 절들의 세부적인 서술들은 대개가 불확실하다.

〔 6 〕 **형제들이여, 나는 여러분을 위하여 이 일을 나 자신과 아폴로에게 적용시켜 말했읍니다.** 이 문장은 동사("변형시키다"〔본문에서는 "적용시키다"〕 *μετεσχημάτισα*)에 난점이 있다. 이 동사는 능동태로 사용된 것인데 필립비서 3장 21절에서는 간단하고 단순한 의미로 쓰여졌다 : "그리스도는 우리의 몸을 변화시켜 그의 몸과 같은 모양이 되게 하실 것입니다." 고린토후서 11장 13·14·15절에서 그 동사는 자신의 모습을 바꾸고 변장한다는 의미를 지닌 중간태로 쓰여졌다 : "거짓 사도들은 그리스도의 사도로(그렇게 보이도록) 변장 합니다. 사탄도 빛의 천사로 변장합니다. 그의 종들은 의의 종들로 변장합니다." 신약성서에는 이 동사에 대한 다른 용례들이 없다. 어떤 이들은 "비유"라는 의미를 지닌 복합동사의 한 구성요소(*σχῆμα* "형태")로 사용된 것에 주목한다. 그 결과 "이 일들"이란 바울로가 그 자신과 아폴로를 가리켜서 말했던 정원사, 건축가, 관리인의 비유들이라는 견해에 도달한다. 그러나 보다 그럴 듯한 견해는, 바울로가 이 귀절에서 마지막 몇 문단(3장 22절은 별 문제로 하고, 특히 3장 5—17절에 의도되어 있는)의 논증을 그 자신과 아폴로에 (또는 오직 그 둘에게만) 적용되는 것처럼 보이려고 했다는 것이다. 그는 고의적으로 다른 이름들을 생략하였다(특히 베드로의 이름을 뺐는데, 그러나 "거짓 사도들"이 이미 고린토에서 활동하고 있었다고 볼 수 있다).

바울로와 아폴로는 그들을 통해 고린토교인들이 교훈을 배우도록 본보기로 사용되었다. 그들은 이렇게 언급되었다. 우리를 본보기로 여러분이 '기록된 말씀을 넘어서지 않는 것'의 의미를 배우게 하려는 것입니다. "우리를 본보기로"는 직역하면 "우리에게서"(ἐν ἡμῖν)이다. 아마 "우리의 경우에서," 또는 "우리에 의해서"일 것이다. 그리이스어(τὸ Μὴ ὑπὲρ...)에서 정관사의 용법은 다음에 나오는 말들이(한 책에서 인용한 것이 아니라 유행하는 말 —그러나 반드시 고린토에서 유행하는 말이라고 할 수는 없는— 에서 인용한) 인용문임을 보여준다. 그러나 그 말들에 대한 번역은 어렵고 그 말들의 참조문은 모호하다. "기록된"(γέγραπται)은 구약성서 인용문들(예. 1, 19)을 도입할 때 쓰이는 정해진 양식이다. 아마 여기서도 구약성서를 언급하는 것일 것이다. 따라서 그 말은 성서의 교훈과 본보기를 따르는 생활을 지시하는 것이다. 그러나 이것이 일반적인 의미라면 "…넘어서지 않는 것"(nothing beyond)에 대한 분명한 표현방법이 없다. 이것을 직역하면 "～을 넘어서지 않은"(not beyond)이기 때문에 헬라어 문장으로는 주절(번역문에서는 "배우다"의 목적어로 되어 있다)인 이 귀절에 동사가 없다. 번역문상의 nothing은 어색하지 않은 영어 문장으로 만들기 위해 의역한 것인데, 동사를 첨가한 경우(예. "넘어서지 말라" Do not go beyond)에 비해 훨씬 거칠다. 우리는 원문을 단지 추측할 수 있을 뿐이다. 고린토교인들은 자기네들이 속한 파당의 표어와 전통을 그것들이 마치 성서와 같은 수준에 있는 것처럼 취급할 위험에 빠져 있었을 수도 있다. 쉴라터는 "성서를 넘어서다"를 그리스도파의 특징적인 표어라고 보았다. "교회 안에서 '모든 것을 할 수 있다'라는 말씀이 선포되고 있었다. 이것은 성서를 넘어서는 기본적인 단계였다. 할 수 있는 것과 할 수 없는 것을 분리시키는 금지조항들을 담고 있는 율법은 그리스도교인들에겐 진부한 것으로 간주되었다"(154). 슈타우퍼에 의하면, "기록된 말씀을 넘어서지 않는 것"은 유다교의 관용적인 표현이었는데, 이 표현은 게바파를 통해 고린토교회에 전해졌고 헬레니즘적인 그리스도교인들에 의해 거부되었으며 바울로에 의해 그 나름의 의미에서 옹호되었던 것이다. 우리는 필자와 독자에게 잘 알려져 있었으나 우리에게 알려지지* 않은 상황들에 대한 암시들로 가득찬 사적인 편지를 읽고 있는 것이라는 사실에 비추어 볼 때, 어느 정도 이와 같은 해석에 만족할 수 있다. 그러나 본문이 회복될 수 없을 정도로 훼손되어 있다는 (예를 들어 모펫이 그렇게 주장한) 추론이나 가정에 의존할 필요는 없다. "기록된 말씀"은 성서 일반에 대한 언급이 아니라 1—3장에서 제시한 구약성서 인용귀들에 대한 언급일 가능성이 있다. 후커 교수가 이와같이 주장하는데 이 귀절의 문제들에 관한 그의 상세한 논의(*N.T.S.* x. 127—32)가 고려되어야 할 것이다. 그러나 어떻게 문제의 인용문들의 내용을 벗어날 수가 있다는 말인지에 대해서는 알 수 없다.

뒤의 종속절은 주절("나는 이 일을 …에 적용시켜 말했읍니다")에 연결되는 것일 수 있으나 바로 앞 문장("…하도록…배우게 하려는 것입니다")에 더 의존하는 것 같다. 또 다시 의미가 모호해진다 : 각자(εἷς) 어느 한 편을 자랑하고 다른 한 편을 멸시하는 일이 없도록. 이 번역을 받아들이는 데는 조건이 따른다. "자랑하는"(φυσιοῦσθαι) 일은 고린토교인들에게서 두드러지게 특징적으로 나타나는 위험이었다(참조. 4, 18·19 ; 5, 2 ; 8, 1 ; 13, 4 ; 고후 12, 20 : 신약성서의 다른 곳에서는 골로사이서 2장 18절만 참조하라). 이런 위험은 다른 형태로도 나타났다. 예를 들어 바울로 앞에서 자만에 빠지거나 동시에 도덕적으로 무관심한 것(2절)이 그것이다. 여기서 "한 편"과 "다른 한편"은 (앞의 귀절들에 비추어 볼 때) 고린토교인들이 그들 멋대로 선택했던 지도자들을 지칭하는 말이라고 가정하는 것이 타당한 것 같다. 두 사람이 각기 상대방을 그리스도의 종으로서 인정하고 화합하여 일하고 있는데, 아폴로에 대해서 바울로를 높이거나 또는 바울로에 대해서 아폴로를 높임으로써 분쟁을 일으키는 일은 얼마나 어리석은 것인가! 그것은 정말로 어리석을 뿐만 아니라 자랑하는 당사자가 그가 자랑하는 지도자 앞에서 자신을 낮추고 있다고 생각할지라도 지나치다. 아니면 바울로가 한 교사를 그에 비해 은사가 부족하긴 하지만 그와 같은 그리스도교인들인 다른 사람들보다 월등히 높이는 것을 언급하는 것일 수 있다. 그렇다면 이것도 역시 한편을 자랑하는 행위에 속할 것이다. 따라서 바울로의 말들에 대한 해석으로서는 개연성이 적다.

[7] 바울로는 자랑의 주제를 일반화하며 그러한 일반화의 과정에서 자랑을 제거할 수 있는 근거에 대해 제시한다. 누가 당신을 당신의 이웃과 다르게 만들었기 때문입니까(영어문장에서는 맨앞에 나온 for"때문입니까"는 자랑해서는 안 될 이유를 도입하는 말이다)? 동사("다르게 하다" διακρίνειν)는 다른 곳에서는 이와 다른 의미로 쓰였지만 여기서는 분명히 이 의미로 쓰였다. 사도행전 11장 12절, 15장 9절과 비교하라. 그러나 바울로가 그의 수사의문문에
* 대해 어떤 대답을 기대하는지가 불확실하다. 그 대답은 아마 "아무도

아닙니다. 실은 여러분은 이웃과 다르지 않기에 하는 말입니다. 여러분은 용서받은 죄인이며 또 용서받은 죄인일 수밖에 없읍니다"일 것이다. 또는 이런 대답일 수도 있다. "여러분이 특별한 은사를 소유하였다는 것 때문에 이웃과 구별된다고 해도 여러분을 구별하시는 이는 (여러분 자신이 아니라) 하느님이십니다. 왜냐하면 은사는 그에게서 받은 것이기 때문입니다. 그러므로 여러분은 아무 것도 자랑할 것이 없읍니다." 전자의 대답이 보다 의미가 잘 통하는 것 같지만 그러나 그것을 택할 경우라 할지라도 이 귀절의 후반부에서 가서는 바울로의 생각이 후자의 대답이 시사하는 의미와 잘 통한다는 점을 인정해야 한다.

당신이 가지고 있는 것 중에서 (하느님께로부터) 받지 않은 것이 무엇입니까? 물론 아무것도 없읍니다. 그리스도교인의 덕목들과 그리스도교인의 지혜는 스스로 얻은 것이 아닙니다. **만일 모든 것**(여러분이 소유한 은사가 무엇이든지간에)**이 받은**(*καὶ ἔλαβες*; *καί*는 동사를 강조하는 것이다) **것이라면 왜 받은 것이 아닌** (오히려 여러분 자신의 권리로 소유한) **것처럼 자기를 자랑합니까?** 바울로는 여기서 교사들을 통해서 전해받은 가르침이 아니라 하느님으로부터 받은 은사들을 생각하고 있다. 3장 5절과 비교하라. 이 귀절은 전적인 타락, 불가항력적인 은혜, 예정론 등에 대한 어거스틴의 사상의 발전에 있어서 결정적인 역할을 하였던 것으로 잘 알려져 있다. 어거스틴은 적어도 그의 언급들이 지닌 일반적인 취지에 있어서는 옳았다. 그러나 바울로가 이와 같이 고차원적인 신학적 의도를 갖고서 기술한 것은 아니다. 바울로의 동기는 엄격하게 말해서 실제적인 것이었다. 이 점을 칼빈은 옳게 인식했는데, 그는 본문으로부터 의도된 바 이상의 신학을 억지로 끌어 내려고 시도하지 않았다: "그리스도교인의 겸손의 참된 근거는, 우리가 우리 자신에게서 전혀 선을 발견할 수 없음을 알기 때문에 스스로 만족할 수 없다는 점에 있다. 또한 그러한 겸손의 근거는 만일 하느님이 우리들 속에 선을 심어주었다면 바로 그렇기 때문에 더욱 더 모든 것이 하느님의 은혜의 덕분이라는 사실에 있다."

[8] 바울로는 직접적인 논법에서 반어적인 논법으로 바꾼다. 물론 고린토교인들은 이미 사도들에 대해서 판단하고 모든 사람을 그들의 처지에 따라 생각할 태세가 되어 있었다. 바울로의 말은 고린토교회에서 어떤 이들이 아주 진지하게 말했던 내용을 반영하는 것일 수 있다. **여러분은 벌써 배불러졌읍니다**(즉 여러분은 하느님께로부터 하나의 은사뿐만 아니라, 모든 은사를 이미

받았읍니다). 벌써 부자가 되었고 (어떤 의미에서 이것은 사실이었으며, 또한 바울로는 1장 5절에서 이와 같이 말했다. 그러나 1장 5절의 주해를 참조하라) 우리를 제쳐놓고 (즉 바울로나 아폴로와 같은 중요하지 않은 사람들의 도움을 받지 않고도) 왕이 되었읍니다. 이 문장들은, 혹은 적어도 처음의 두 문장은 반어적인 물음들로 간주할 수 있을 것이고
* 또 그렇게 하는 것이 옳을 것이다. 그러나 7절 이후 어조의 변화는 물음이 중단되었음을 시사한다. 바울로는 여기서 그가 (혹은 그 앞에서 고린토인들이) 스토아철학에서 인용하였던 말을 하고 있는 것일 수 있다. 스토아철학에서 빌려온 인용귀들뿐만 아니라) 예를 들어 Horace, *Epistles* Ⅰ. i. 106 이하를 포함하여 여러 인용귀들을 인용하는 Weiss를 참조하라. *Epistles* Ⅰ. i. 106 이하 : "현자란 부요와 자유와 명예와 멋을 두루 갖춘 주피터 신에 버금갈 만한 왕들 중의 왕이다." 그러나 이와 같이 연결시키는 것이 불가능하지 않다고 하더라도 주요단어는 "벌써"이다(또한 단순과거 시제들인 ἐπλουτήσατε "부자가 되었다"와 ἐβασιλεύσατε "왕이 되었다"는 졸속한 성취〔Lightfoot〕를 서사하는 것이 아니라 종말론적 성취를 시사하는 것임을 주목하라 : 비교. 디후 2, 18. 그리고 이 귀절과 고린토전서 15장과의 있을 수 있는 연관성에 대해서는 이책 396—98면을 참조하라). 또한 사상과 언어는 둘 다 종말론적인 것이다. 고린토교인들이 마치 다가오는 세대가 이미 성취된 것처럼, 또 성도들이 이미 하늘나라에 들리움을 받은 것처럼(다니 7, 18) 행동하고 있다. 그들에게는 실현된 종말론의 "이미"를 한정짓는 "아직 아니"가 존재하지 않는다. 이 점에서 그들은 분명히 오류를 범했다. "그들은 복음과 신앙을 잘못 해석하고 있으며 종말이 이미 실현되었다고 믿음으로써 복음과 신앙을 영지와 열광주의로 바꿔버렸다"(Wendland). 성령은 이미 그들의 유산의 보증으로(고후 1, 22 ; 5, 5) 간주되었음이 사실이나 그렇다고 해도 그들은 여전히 보는 것에 따라서가 아니라 신앙에 따라 살아야 한다(고후 5, 7). 종말(고전 15, 24)은 아직 이르지 않았고 지금은 완성과 풍요의 때가 아니다(비교. 묵시 3, 17).

이때가 왔다면 그것은 확실히 행복한 일일 것이다. 여러분이 진정 왕이 되었으면 좋겠읍니다. 그렇게 된다면 우리도 여러분과 함께 왕이 될 수 있겠읍니다. '왕이 된'은 의역이다. 그러나 "우리도 여러분과 함께 다스리게 될 것입니다"라는 번역은 왕국에 들어감을 시사하는 동사의 시제(단순과거 συμβασιλεύσωμεν)를 잘 살라지 못한 것이다. 이것은 (종

말이 이미 왔고 죄와 고통과 죽음이 끝났다는 그것의 암시와 더불어) 바울로와 같은 사도들에겐 정말로 기쁜 변화였을 것이다. 계속 이어지는 몇몇 귀절은 사도들의 선교활동이 어떠했는가에 대해서 가혹하긴 하나 훌륭하게 묘사하였다(비교. 고후 6,4—10). 왕좌에 앉는 것은 바울로에겐 새로운 경험이 될 것이다.

【 9 】 그 까닭을 (이 말은 고린토교인들의 자랑이 사실에 근거한 것이기를 바울로가 바라는 이유를 도입하는 것이다) 나는 이렇게 생각합니다. **하느님께서 우리 사도들을 마치 죽게 되어 있는 사람처럼 맨 끝자리에 세우셨읍니다.** 이 비유의 결정적인 요소는 이따금 제안되듯이 동사("보여주었다" ἀπέδειξεν, 이 동사는 라틴어 édere "나타내다"와 비교가 되긴 하지만 비유의 결정적인 요소가 아니다)가 아니라 "죽게 되어 있는 사람처럼"(그리이스어로는 ὡς ἐπιθανατίους) 이다(Weiss). 사도들(대조. 12,28 : "첫째는 사도요")은 하느님에 의 * 해 투기장의 행렬이 끝날 무렵에 나오는 가련한 사람들, 즉 이미 사형언도를 받은, 그리고 서로서로 혹은 검투사들이나 맹수와의 싸움으로 사라지게 될 것임이 확실한 사람들처럼 세상에 나타나게 된 자들이다(비교. 15,32). 이것은 실은 그리스도 자신의 지위이기 때문에 세속적인 판단기준에서 평가할 때는 그렇지 않지만 특권을 지닌 지위이다. 사도들은 그들의 인간적인 운(運)을 통해서, 또한 설교를 통해서 세상사람들이 보는 앞에서 십자가에 달리신 그리스도를 보여주었다(갈라 3,1). **우리는 온 세계와 천사와 사람들의 구경거리가 되었읍니다.** "구경거리"(θέατρον)란 보통 구경거리들을 보여주는 장소(극장)를 가리킨다. 이 말의 의미가 여기서 약간 다르다는 것은 의심할 여지가 없다. 문장 중에 나오는 세 명사("세계와 천사와 사람들")는 "세계에 대해, 천사들에 대해, 사람들에 대해"를 결합한 것일 수 있었다. 그러나 이 말들은 앞의 번역과 같이 받아들이면 의미가 보다 잘 통하는데, 앞의 번역은 '세상'만이 정관사가 붙어 있다는 사실을 잘 드러내준다(Robertson, 788). 이들 명사 가운데 "천사들과 사람들"은 둘이 합해서 세상의 주민을 이룬다. 스토아 철학자도 역시 운명에 대한 그의 투쟁에 있어서 자기 자신을 보편적인 구경거리가 되는 것으로 생각할 수 있었다. 예를 들어 세네카도 이와 같이 생각한다 : "신에게 어울리는 가치있는 구경거리를 보라… 신에게 가치가 있는 구경거리를 보기 위해서 용감한 자는 불운에 대항하였다…. 내 말은 주피터 신이 지상에서 케토(스토아 철학자)를 보는 것보다 더 고상한 것을 얻었다고 생각

할 수 없다는 것이다…"(*De Providentia* ii. 9). 그러나 스토아 철학자는 구경거리의 자랑으로 그가 보여주는 용기와 힘을 생각하고 있기 때문에 그 동기와 의도에 있어서 큰 차이가 있다. 바울로는 자신의 약함과 겸손을 자랑한다(참조. Sevenster, *Seneca,* 115—116).

[10] 바울로는 그 자신과 동료 선교자들을 자기만족적인 고린토교인들과 계속해서 대조시킨다. **우리는 그리스도를 위하여 어리석은 자가 되었고**(비교. 고후 5, 13) **여러분은 그리스도 안에서 지혜있는 자가 되었읍니다.** 이 귀절 전체를 통해서 바울로는 "자신의 입장에서" 말을 하고 있다. 고린토서신들 자체는 "어리석은 자"가 되는 것도 옳고(참조. 3, 18) 지혜있는 자가 되는 것도 옳다(10, 15)는 의미가 담겨 있음을 보여준다. 그러나 여기서 "그리스도를 위해서"와 이에 대응하는 "그리스도 안에서"라는 말이 나옴에도 불구하고 바울로가 말하고자 하는 바는, 그는 그리스도교적인 의미에서 지혜있는 자가 되기 위해 세속적인 판단기준에서 볼 때는 어리석은 자가 되었다
* 는 것이며 또한 고린토교인들의 상식은 세상적인 지혜에 아주 가깝다는 것이다. 적어도 바울로는 어리석음 때문에 큰 불편을 겪게 되었을 것이고 반면에 고린토인들은 그네들의 상식에 비추어서 추측컨대 보다 우월한 위치에서 그를 멸시하게 되었을 것이다. 바울로는 같은 생각을 계속해서 말한다. **우리는 약하나 여러분은 강합니다. 여러분은 영광을 받고 있으나 우리는 천대를 받고 있읍니다.** 다시 말해서 바울로는 자기의 약함에서 하느님의 능력이 나타남을 잘 알고 있다(고후 12, 9). 그리스도 안에서 그는 약하며(고후 13, 4) 바로 이 사실 때문에 그는 그의 적대자들에겐 강적인 것이다(고후 10, 4). 반면에 고린토인들은 단순히 말로만 강하다(4, 19). 그들이 "영광을 받고 있고"(ἔνδοξοι) 바울로는 "천대를 받고 있다"(ἄτιμοι; 이 한 쌍의 대조적인 말에 대해서는 15, 43 참조)는 판단 기준은 하느님의 기준이 아니다. 이 귀절의 반어적 표현은 8·9절의 반어적 표현에 비해서 보다 미묘하고 그 의미가 더 강하다.

[11] 바울로는 반어적 표현을 일단 중단하고 나서 사도의 생활에 대한 평이한 서술을 계속한다. 고린토후서 4장 7—12절, 6장 4—10절, 11장 23—33절과 비교하라. 사도의 생애는 그가 동참하는 그리스도의 고난의 구체적인 표현이다(Bultmann, *Theology,* 346, E.T., 350). **바로 이 순간까지** 13절과 비교하라. 이 말은 집필하던 당시 특별히 수난받던 한 시기를 암시하는 것일 수 있

다. 15장 32절은 이와 같은 순간을 지적하는 것일지 모른다(비교. 16, 9). 그러나 바울로는 사도의 이야기가 현세대에서 행복하게 끝맺지 못한다는 점을 지적하고자 했을 뿐이라는 사실이 보다 개연성 있다. 수고와 고난받는 것으로부터 벗어나기를 기대할 수는 없는 것이다. 8절의 "이미"와 비교하라. 우리는 주리고 목마르며 헐벗고 —여행 도중에 분명히 도적의 약탈을 당하거나 순전히 양식부족 때문에(비교. 필립 4, 14) 이런 상태에 처하게 된 것이다— 학대를 받으며 : 이것은 단순히 매맞는 것이 아니라(노예처럼 : 베전 2, 20 ; 또는 정죄받은 사람처럼 : 마르 14, 65) 모욕적인 대우를 받는 것을 말한다. 우리는 집없이 유랑합니다 : 동사("집없이 유랑하다" ἀστατεῖν)는 이사야 58장 7절에도 이와 같이 쓰이고 있다(Aquila). 바울로는 선교활동을 시작했을 때부터 일정한 주거가 없었다.

[12] 우리는 심한 노동을 합니다. 제 손으로 일하면서 살아갑니다. 이것은 바울로가 자신에 의해 개종한 사람들의 도움에 호소하지 않고 자기 직업을 갖고서 생계를 유지하는 생활을 언급하는 것이리라(비교. 사도 18, 3 ; 20, 34 ; 고전 9, 6·12·15—18 ; 고후 11, 9 ; 12, 13 ; 데전 2, 9 ; 데후 3, 8). 만일 이것이 사실이라면 분사 "일하면서"(ἐργαζόμενοι)는 동사 "심한 노동을 하다"(κοπιῶμεν)라는 의미를 확대한 것에 지나지 않는다. 그러나 후자의 말은 바울로의 용법에 있어서 특히 그리스도교인의 활동, 다시 말하여 설교하는 일, 교회를 설립하고 관리하는 일을 흔히 시사한다(참조. 15, 10 ; 16, 16 ; 로마 16, 6·12 ; 갈라 4, 11 ; 필립 2, 16 ; 골로 1, 29 ; 데전 5, 12). 만일 여기서 이런 의미를 채택한다면 그 의미는 이러할 것이다 : "우리는 그리스도교인으로서 봉사를 하며 동시에 우리의 생계유지를 위해 특정한 직업에 종사합니다." 그리이스인이라면 교사로서 이와 같이 행동하는 것을 멸시할 것이다. 고린토교인들도 이런 견해를 갖고 있었음이 분명하다. 다른 라삐적 태도에 대해서는 *S.B.* iii. 338을 참조하라. *

[13] 바울로는 도덕적 관계들에 대한 논의로 넘어간다. 그가 서술하고 있는 그 자신의 행위는 특히 산상수훈(마태 5, 5·10 이하·44 ; 루가 6, 21 이하·35) —꽤 분명하게 바울로의 말들에 반영되어 있는— 에 나오는 예수의 가르침을 연상케 한다. 그러나 바울로는 자신이 예수의 말을 인용하고 있다거나 그 교훈에 따라서 행동하고 있다는 것을 알고 있다는 어떠한 암시도 하고 있지 않는 것이 특징적이다. 로마서 12장 14절, 13장 1—10절과 비교하

고 *Romans*, 241을 참조하라. **우리는 조롱을 받으면서 축복해주고, 박해를 받으면서 참아 견디고 능욕을 당하면서 좋은 말로 응답합니다.** 이 전체 귀절은 마지막 동사(παρακαλοῦμεν)를 제외하면 분명하다. 이 동사는 바울로에 의하면 다음의 두 가지 의미로 쓰여진 것이다. 첫째는 "요청하다"에 비해 약한 의미인 "권면하다"(1, 10 ; 4, 16 ; 14, 31 ; 16, 12·15 ; 고후 2, 8 ; 5, 20 ; 6, 1 ; 8, 6 ; 9, 5 ; 10, 1 ; 12, 8·18—오직 고린토교회를 향한 언급들)이고 둘째는 "위로하다"(고후 1, 4·6 ; 2, 7 ; 7, 6·7·13 ; 13, 11)이다. "우리는 그들을 위해서 하느님께 요청한다(기도한다)"라는 번역은 받아들이기 어렵다. 고린토후서 2장 7절은 가장 밀접한 병행귀이다 : "우리는 거칠게 말하는 사람들에게 친절하게 말합니다."
요약하면 이렇다 : **우리는 지금에 이르기까지 이 세상의 폐물같이 이 지상의 속죄양같이 살아왔읍니다.** "지금에 이르기까지"에 대해서는 11절에 관한 주해를 참조하라. "속죄양"(περικαθάρματα)과 "찌꺼기"(περίψημα)와 같은 말들의 정확한 의미, 특히 그 정확한 어감을 평하기가 매우 어렵다. 전자는 "깨끗케 하다"라는 어근의 의미에서 조성된 말로 깨끗케 하는 과정에서 결과한 오물을 단지 가리키는 것일 수 있다. 그런데 이 말(또는 이 말의 단순한 형태—κάθαρμα; Betz, 67, 주 7에서 제공된 루가의 병행귀들을 참조하라)은 한 민족이나 도시가 도덕적으로나 종교적으로 정화되게끔 하는 수단, 따라서 인간의 희생제사를 지시하는 용어이기도 하였다(상세한 설명은 리츠만이 제공한다). 그러나 가장 쓸모없는 사람들(비교. 9절 : "사형언도를 받은 사람들")이 이런 목적(정결을 위해서)을 위해서 희생당하는 것이 관례화됨에 따라서 이 말은 이러한 연관성에서 오용되었다. 예를 들어 에픽테투스(Ⅲ. xxii. 78)는 프리암은 "50명의 악당들(περικαθάρματα)을 낳았다"라고 말한다. 70인역에 나오는 그 말의 한 가지 용법은(잠언 21, 18 ; 히브리어 Kopher) 그 말이 희생적인 정결이란 의미를 완전히 잃지는 않았음을 시사한다. "속죄양"(scapegoats)이란 아마 멸시받는 사람들, 그럼에도 불구하고 공동체를 위해 남을 대신하여 봉사하는 사람들이란 이중의 의미를 전달하는 것일지 모른다. 이것은 자신의 소명에 대한 바울로의 견해와 일치하는 것이리라(비교. 골로 1, 24). "찌꺼기"(scum)란 "폐물"과 유사한 의미를 지닌 말이지만 그러나 희생이나 속죄의 의미를 이 말에서 찾아보기는 쉽지 않다(이 말이 토비트 5장 19절에서 이러한 의미로 나올 수도 있지만 그러나 이것은 반증된다). 그러므로 여기서 제시된 번역이 옳다. 그러나 이그나티우스가 이

말을 다른 의미로 사용하고 있음을 주목해야 한다. *Ephesians* viii. I에서 그는 이 말을 사용하여 그의 독자들에게 이렇게 말한다. "나는 여러분의 가장 미천하고 가장 충실한 종입니다"; xviii. 1에서 "내 영은 비천하고 충실한 십자가의 종입니다"(참조. Lightfoot의 주해들). 이그나티우스는 바울로의 말을 빌려 쓴 것이었을지 모른다. 만일 바울로가 여기서 그의 사도적 직무를 모든 사람들(πάντων을 남성으로 취하여)의 종으로 서술하고자 했다면 이 말은 고린토전서 4장의 문맥에 부합하는 것이리라. 그러나 대체로 우리는 다소 주저하게 되긴 하지만(πάντων을 중성으로 받아들여) "이 지상의 찌꺼기"라는 번역을 견지할 수 있다.

이 귀절의 정확한 의미가 무엇이든지간에 바울로 자신과 사도직에 대한 그의 이해 또 그의 동시대인들의 일부 사람들(참조. 고후 11, 20과 고린토후서 주석) —이들은 그리스도교의 선교활동의 계승자들이었을지 모른다— 을 적절하게 비교할 수 있을 것이다. 선교활동의 개념이 주의 명령에 보다 밀접하게 일치하는 것이라는 사실은 의심할 여지가 없다(예. 마르 8, 34·35 ; 10, 42—45 ; 마태 23, 8—11).

12. 고린토교인들과 사도들 및 바울로의 계획들 4장 14—21절

14 내가 이런 말을 쓰는 것은 여러분을 부끄럽게 하려는 것이 아니라 내
사랑하는 자녀들처럼 훈계하려는[1] 것입니다. 15 여러분이 그리스도 안에서
수천 명의 교사를 가질 수는 있을지 몰라도 아버지는 여럿이 있을 수 없읍
니다. 예수 그리스도 안에서 복음을 통하여 여러분을 낳은 사람은 나 한 사
람이기 때문입니다. 16 그러므로 나는 여러분에게 권합니다. 나를 본받으시 *
오. 17 이 일[2] 때문에 나는 내 사랑하는 아들이며 또 주 안에서 신실한 사
람인 디모테오를 여러분에게 보냈읍니다. 그는 그리스도 안에서의 내 생활방
식을 내가 모든 교회에서 가르친 대로 여러분에게 생각나게 해줄 것입니다.
18 그런데 여러분 중에는 내가 여러분을 방문하지 못할 것인양 교만해진 사

1) 이 독법은 P46 B D G와 대다수 사본들에 따라서 분사(νουθετῶν보다 어조가 부드러운 변형)로가 아니라 한정동사 νουθετῶ로 읽은 것이다.
2) 몇몇 사본들에는 "바로(αὐτό) 이러한 이유에서"라고 되어 있다. 그러나 P46 B C D G와 많은 다른 사본들에 따라서 αὐτό란 말을 생략하는 것이 더 좋다. Zuntz, 63과 비교하라.

람들이 있다고 합니다. 19 주께서 허락하시면 내가 속히 여러분에게로 가서 교만해진 사람들이 얼마나 말을 잘 하느냐가 아니라 얼마나 능력이 있느냐를 알아 보겠읍니다. 20 하느님의 나라는 웅변에 있는 것이 아니라 능력에 있기 때문입니다. 21 여러분은 어느 것을 원합니까? 내가 채찍을 가지고 여러분에게 가기를 원합니까? 그렇지 않으면 사랑과 부드러운 심정을 가지고 가기를 원합니까?

바울로는 이제 서신의 긴 서론부분을 끝맺는다. 그는 고린토교인들이 그리스도의 지혜에 반대하여, 즉 세상이 어리석다고 평가하는, 사랑과 희생의 지혜에 반대하여 세상의 지혜를 택하였다는 데서 기인한 상황을 이미 다룬 바 있다. 이와 같이 인간 중심적인 인생관에 대한 그릇된 (하지만 아주 자연스러우면서도 매우 공통적인) 선택 때문에 고린토교인들은 자만스런 태도로까지 발전하였고 이러한 태도를 갖고서 (아마 잠재 의식적으로) 그들의 선교자들과 목회자들을 후원하였으며 그들끼리 경쟁을 붙이려고 하였다. 바울로의 대답은 신학과 생활방식 면에서 십자가에 근거한 것이었다. 그는 정열을 갖고 힘있게 기술하였다. 또한 자신 안에 한가닥 인간성이 남아 있는(이것은 그리스도교인의 확신을 말하는 것은 아니다) 고린토교인이라면 특히 4장에 비추어 볼 때 지나치게 자만심에 빠진 자신의 모습을 멸시받고 고통당하는, 그러면서도 기가 꺾이지 않는 그리스도와 교회와 인류의 종으로서의 바울로 (또한 그의 동료 사도들)에 견주어 본다면 틀림없이 부끄러워 했을 것이다. 그러한 부끄러움이 그에겐 유익이 되었을 것이다. 그러나 이것이 (아마 고린토후서 7장 8절의 간접적인 의미를 제외한다면) 바울로가 의도한 바는 아니었다.

[14] **내가 이런 말을 쓰는 것은 여러분을 부끄럽게 하려는 것이 아니라.** 6장 5절, 15장 34절과 대조하라. 현재분사(“부끄럽게 하는” ἐντρὲπων)는 만족할 만한 번역을 하기가 어렵다. 미래가 보다 자연스럽게 목적을 나타낼 것이다. 현재는 시도를 나타내는 것으로 생각할 수 있다 : 내가 여러분을 부끄럽게 하려는 것이 아닙니다. 이와 다소 유사한 현재분사의 용법에 대해서는 베드로전서 5장 12절과 비교하라. **내 사랑하는 자녀들처럼 훈계하려는 것입니다**(참조. 이 책 142면의 주 1). “훈계하려는 것”(로마 15, 14 ; 골로 1, 28 ; 3, 16 ; 데전 5, 12·14 ; 데후 3, 15)은 주로 아버지의 행동이다(바울로가 여기서 언급할 수 있는 이런 행동에 대해서는 지혜서 11장 10절을 참조하라.

쉴라터는 Josephus, *War* i, 481에 주목한다 : 헤로데는 왕으로서 그들에게 엄격한 위협을 가했지만 아버지로서 많은 "훈계를 하였다" ἐνουθέτησεν). 즉 그것은 사랑 안에서 적극적이고 창조적으로 바로잡는 행위이다. 강조점은 "내 사랑하는 자녀들처럼"에 있고 바울로는 더 나아가서 자기 자신과 고린토교인들과의 관계가 부자지간임을 강조한다.

[15] 여러분이 '그리스도 안에서'(다시 말하여 그리스도교인으로서의 행동을 주입시키고 —아마도 '지혜'를 가르치는— 그리스도교의 지도자들) 수천명의 (직역하여 "수만명의" μυρίους, 그러나 이 말은 산술적인 것이 아니라 수사학적인 것이다) '교사'(비교. 갈라 3, 24 ; 강조점은 가르침에 있다기보다는 지도권에 있고 이 말은 존경을 표하는 말은 아니다)를 가질 수는 있을지 몰라도 그러나(ἀλλά; 적어도, 어쨌든 : *B.D.* §. 448) 아버지는 여럿이 있을 수 없읍니다. 조건절(가정법으로 쓰인 ἐάν)의 구문에서 로버트슨 플럼머(비교. 바흐만)는 (조건문의) 결구로 "여러분은 결코 한 아버지 밖에는 가질 수 없을 것이다"를 시사하는 미래적인 요소를 보았다. 이것은 아마 그리이스어 본문에 대한 지나친 독법일 것이다. 부자의 관계는 유일한 것이고, 개종자와 그의 개종에 대해서 하느님께 책임을 진 설교자 사이의 관계도 이러한 관계에 일치하는 것이다. 예수 그리스도 안에서 복음을 통하여 여러분을 낳은 사람은 '나'(대명사 ἐγώ는 강조어이고, 그리이스어 본문에서는 ὑμᾶς가 ἐγώ 다음에 나온다) 한 사람이기 때문입니다. 고린토인들이 그리스도교인들로 된 것은 바울로의 선교활동의 결과였다. *Sanhedrin* 19 b에 의하면 만일 어떤 이가 이웃의 아들에게 토라를 가르치면 그것은 그가 그 이웃의 아들을 낳은 것과 같다고 성서는 말한다. *S.B.* iii, 340—41에 나오는 이와 유사한 귀절들을 비교하라. 1장 14절 이하에서처럼 여기서도 바울로는 이러한 관계가 지나치게 확대되어서는 안 될 것이라는 점에 주의한다. 만일 그가 그들을 낳았다면(바울로가 거듭남의 비유를 사용하지 않음은 주목할 만하다 : 대조. 요한 3, 3·5 ; 디도 3, 5) 그것은 그 자신의 권한으로가 아니라 "예수 그리스도 안에서" 또 "복음을 통하여" 이루어지는 일이다. 그리스도는 새 생명의 수여자(agent)이고 복음은 사람들이 새 생명을 얻게 되는 수단이다. 바울로는 그리스도교의 목회자에게 "아버지"라는 칭호를 붙이지는 않지만(비교. 마태 23, 9) 그러나 복음전도자와 그의 개종자들간의 관계를 서술하려는 특별한 목적에서 이 비유를 간직하고

그것을 특수한 목적에서 도입한다.

[16] **그러므로**(οὖν: 방금 서술된 관계에 비추어) **나는 여러분에게 권합니다. 나를 여러분의 아버지처럼 본받으시오.** 이것은 아들에게 기대되는 바이다. 본받음의 주제는 11장 1절("내가 그리스도를 본받는 자이듯이 여러분은 나를 본받는 자들이 되십시오")에서 반복된다(비교. 갈라 4, 12 ; 필립 3, 17 ; 데전 1, 6 ; 2, 14 ; 데후 3, 7·9). 본받음이란 주제의 배후에는 앞서 이끌어낸 사실(이책 138면), 즉 사도의 생활은 특히 십자가에 달리신 그리스도를 분명히 나타내는 것이라는 사실이 놓여 있다. 그리스도교인들이 그리스도를 직접 본받아서는 안 된다고 생각할 이유는 없다. 그러나 고린토교인들이 그리스도의 생애와 행위에 대해서 많이 알고 있었다고는 생각할 수 없다. 오히려 바울로가 수개월 동안 그들이 보는 데서 살아왔고 단지 세부적인 사항들만이 아니라 (이 장에서 묘사된) 그의 전 생활방식을 직접적인 모범으로 제공하였다. 만일 고린토교인들이 바울로와 같이 기꺼이 그들 교회의 겸손한 종들로 자처했다면 문제는 없었을 것이다. 그러나 그들은 도움을 필요로 한다.

[17] **이 일 때문에**(즉 나는 여러분이 나를 본받기를 바라고 또 이 일에 있어서 여러분에게 도움을 주기를 바라기 때문에) **나는 디모테오를 여러분에게 보냈읍니다**(아니면 "지금 보냅니다"). 동사("보냈읍니다" ἔπεμψα)는 보통 (직설법에서) 과거의 행동을 가리키는 단순 과거시제이다. 그러나 그 동사는 때때로 편지에서 수신자의 입장에서 쓰여지므로(서신상의 단순과거) 편지를 쓰는 사람의 입장에서 볼 때는 현재에 해당하는 것이다. 디모테오는 편지가 도착하기 전에 보냄을 받았거나 (이것은 그가 1장 1절에서 언급되어 있지 않으므로 개연성이 있다) 아니면 늦어도 편지와 동시에 보냄을 받았을 것이다. 이것은 16장 10·11절에 비추어 볼 때 난점을 제기한다. 여기서 고린토전서의 복합구조를 주장하는 이들이 있다. 아마 디모테오는 다른 곳을 방문하도록 다른 경로로 보냄을 받았다(이런 관점에서 볼 때, 그가 편지의 전달자이었을 수는 없다)고 가정하는 것이 타당할 것이다. 이책 서론 21—22·34면을 참조하라. "내가 보냈다"는 "내가 이미 다른 목적지(마케도니아)로 출발했던 디모테오에게 그가 그곳을 떠나 여러분을 방문하도록 말을 전했읍니다"를 뜻하는 말일 수 있다. 디모테오는 바울로의 협력자들 가운데 신임받은 한 사람이었는데 그는 고린토의 복음화에 참여하였다(참조. 고린토전서 이외에 로마 16,

21 ; 고후 1, 1·19 ; 필립 1, 1 ; 2, 19 ; 골로 1, 1 ; 데전 1, 1 ; 3, 2·6 ; 데후 1, 1 ; 필레 1 ; 또한 사도 16, 1 ; 17, 14·15 ; 18, 5 ; 19, 22 ; 20, 4와 히브 13, 23). 디모테오의 두 서신은 그의 이름과 바울로의 이름을 결부시키는 전승이 이어져 왔음을 증거한다. 현재의 귀절에서 그는 **바울로의 사랑하는 아들이며 또 주 안에서 신실한 사람으로** 칭찬받고 있다. 즉 그는 바울로의 개종자들 가운데 한 사람이다(앞의 주해 참조. 그리고 필레 10장과 비교). 그는 자신의 신앙을 지켰으며 바울로의 사랑을 받았다. 그러므 *
로 그는 바울로가 의도한 목적에 적합한 사람이다 : **그는 예수 그리스도 안에서의 내 생활방식을 내가 모든 교회에서 가르친 대로 여러분에게 생각나게 해줄 것입니다**("여러분이 잊어버린 것 같기 때문입니다." 아마 우리는 앞의 문장과 연관시켜…여러분에게 상기시키도록 "내가 디모테오를 보냈다"라고 번역해야 할 것이다. 그러나 ὅς와 미래 직설법이 마지막 구문으로 나오는 것은 그리이스어에선 일반적인 것이 아니다. 그러나 참조. Robertson, 960, 989). "교회"라는 말에 대해서는 1장 2절에 관한 주해를 참조하라. 현재의 문맥상 교회는 그리스도교인들의 지역적인 모임들을 가리키는 것이어야 한다. 그러나 "모든 교회"는 이런 모든 지역적인 모임들의 상호의존성과 연합이란 의미를 제시한다. 바울로의 "예수 그리스도 안에서의 생활방식"은 도덕적인 표준들을 말하는 것인데, 이러한 도덕적인 표준들은 가르침의 내용이 될 수 있는 어느정도 인정받은 행동 유형들로(비교. 7, 17 ; 12, 31 ; 14, 33 ; 데후 2, 15) 표현되었다. "방식"(way)이란 말은 바울로의 유다교적이고 라삐적인 배경을 시사하는 것일 수 있다(참조. halakah 〔역주 ; 유다교의 관례법규〕라는 말). 그 말(방식)은 그리이스어로는 도덕적인 의미가 거의 없다. 이 귀절은 고린토교회가 새로운 것에 애착을 느끼고 독창성을 강요하고 제멋대로 행동하는 것을 간접적으로 시사하는 것일 수 있다.

[18] 14절에서 바울로는 그의 독자들을 향해 어조를 부드럽게 하기 시작했었다. 그는 그들을 부끄럽게 하려는 것이 아니라 다만 그들이 그리스도교의 원리들로 교육을 잘 받았는지에 대해서 알고자 했던 것이다. 그러나 그는 고린토교회의 (보편적이지는 않지만) 실제적인 상태를 고려해서 이 문단을 단호한 어조로 끝내야겠다고 생각한다. **그런데 여러분 중에는 내가 여러분을 방문하지 못할 것인양**(비교. 고후 10, 14) **교만해진 사람들이 있읍니다**(비교. 4, 6 : 이 서신의 특징적인 말이며, 사실상 고린토교회의 특징이기도 하였

다). 바울로는 고린토에서 선교활동을 하는 동안 교회의 발전을 주도하였고 어려움을 무릅쓰고 일부 회중들이 방종해지는 것을 막았다. 이것은 그들이 신앙을 포기하는 것을 방지했던 것이 아니라 그들이 신앙을 통해 부여받은 자유를 무절제한 방식으로 행사하는 것을 방지했던 것이다. 그가 등을 돌리자 그들의 자유는 방종으로 변했다. 바울로가 없는 동안 그들은 무절제한 향락에 빠지게 되었으므로 그가 올지도 모른다는 사실을 간과해 버렸다. 그들은 제멋대로 처신하였다. "그러나" 그들은 잘못을 범한 것이다.

[19] **주께서 허락하시면 내가 속히 여러분에게로 갈 것입니다.** 16장 5—9절에서 바울로는 왜 그가 고린토에 가는 것이 지연되어야 하는가를 설명한다. 이와 같은 모순 때문에 일부 학자들은 디모테오와 관련된 모순(4, 17 ; 16, 10·11)과 마찬가지로 이 두
* 귀절(4, 19와 16, 5—9)이 원래는 같은 편지에 속한 것일 수 없다고 생각하기에 이르렀다(참조. 이 책 서론 29—35면). 그렇다고 반드시 이런 결론에 도달할 수는 없다. 이 서신을 쓰는 데는 얼마 간의 시간이 걸렸을 것이므로 바울로가 4장을 쓰고나서 16장을 쓰는 동안에 (본문의 수정 없이) 계획을 변경했을지도 모른다. 보다 중요한 사실은 이 두 장의 동기가 완전히 다르다는 것이다. 16장에서 바울로는 계획된 일정대로 어떤 일을 착수하고 있다. 4장에서 그는 "내가 다시는 고린토에 나타나지 않을 것처럼 생각하는 사람이 있을 것입니다. 그러나 나는 아마 여러분이 생각하는 것보다 더 빨리 거기에 갈 것입니다"라고 격렬하게 쓰고 있다. 그렇다고 할지라도 그의 계획들이 하느님의 뜻에 따를 수밖에 없다는 점을 주목해야 한다. 16장 7절, 야고보서 4장 15절과 비교하라. 그의 계획들은 여러번 변경을 겪어야 했다. "주께서 허락하시면"과 같은 말은 유다인들과 그리스도교인들에게 국한된 것이 아니라 폭넓게 사용된 말이었다.

바울로는 고린토 방문의 또 다른 계획을 세운다. **나는 교만해진 사람들이 얼마나 말을 잘 하느냐가 아니라 얼마나 능력이 있느냐를**(직역하면 "…말이 아니라 그 능력을…" ; "말" *λόγος*과 "능력" *δύναμις*의 대조에 대해서는 2, 4·13 참조 ; 비교. 고후 10, 5) **알아보겠습니다.** 고린토교회에는 말이 많았다(비교. 1, 5와 주). 대부분의 말이 별것이 아니었다. 나중의 일이긴 했지만 실제로는 상황이 걷잡을 수 없게 되어 바울로의 방문은 슬프고 효과없는 방문인 것으로 입증되었다(참조. 이 책 서론 21면 이하).

〔 20 〕 그러나 그들의 시끄러운 말들은 중요한 것이 아니다. 즉 하느님의 나라는 웅변에 있는 것이 아니라 능력에 '있기' 때문입니다(그리이스어 본문에는 동사가 없다. '있다'가 자연스런 보충어일 것이지만 영어로는 분명하지 못한 것 같다). "하느님의 나라"는 바울로에게서보다는 공관복음서에서 더 일반적으로 나오는 표현이다. 15장 24절에 관한 주해를 참조하라. 하느님 나라는 (때때로 현재적인 것으로 제시되었긴 하지만) 항상 종말론적인 개념이고 그것을 이룩하는 "능력"은 성령의 능력인데(비교. 로마 14, 17), 성령의 능력을 통해서 하느님의 목적이 실행되고 현재 속에서 미래가 선취되는 것이다. 대조적으로 "웅변"(*λόγος*)은 항상 그런 것은 아니지만 자주 인간적인 웅변술을 말한다. 그러나 그것은 성령의 능력을 전달하는 수단일 수도 있다(참조. 2, 4 ; 12, 8). 4장 8절의 주장은 헛된 말뿐이라는 사실이 함축되어 있다.

〔 21 〕 이것은 고린토교인들이 결정할 문제이다. 바울로는 (하느님께서 허락하신다면) 확실히 그들을 방문할 것이다. 바울로의 방문이 아버지와 자녀의 상호신뢰가 상호애로 표현되는 그러한 방문이어야 하는가, 아니면 그의 자녀들이 가족의 불명예가 되었기 때문에 아버지로서 그들을 벌하고 훈육해야 하는 그러한 방문이 되어야 할 것인가? 내가 채찍을 가지고 여러분에게 가기를 원합니까? 그렇지 않으면 사랑과 부드러운 심정을 가지고 가기를 원합니까(비교. 갈라 4, 1)? 확실히 바울로가 "채찍"을 갖고(*ἐν*과 여격. 셈어법일 가능성은 있지만 반드시 그렇지는 않다 : *M.* i. 12 ; ii. 23) 갈 경우라고 해도 그는 "사랑을 품고" 갈 것이다. 왜냐하면 사랑의 매도 있는 법이기 때문이다. 문제는 사랑을 부드럽게 표현하느냐 아니면 격렬하게 표현하느냐에 있으며 이것은 바울로의 기분에 달려 있는 것이 아니라 그의 훈계에 대한 고린토교인들의 반응에 달려 있는 것이다(14절). 이러한 대조는 14절의 대조(여기서 수치를 주는 일과 훈계는 상호 배타적인 것이 아니다)와 마찬가지로 그다지 논리적인 것은 아니지만 아주 분명한 것이다.

나. 음 행 5장 1—13절

13. 교회 안팎의 음행 5장 1—13절

1 여러분 가운데 음행 사건이 있다고 실제로 들었는데 심지어 어떤 사람
이 자기 아비의 아내와 같이 살고 있는 것과 같이 이방 사람들 가운데서도
볼 수 없는 그러한 음행입니다. 2 이런 상황인데도 여러분은 자만하고 있읍
니까? 오히려 여러분은 슬픔에 못 견디어 그런 일한 사람을 여러분들로부
터 제거했어야 할 것이 아닙니까? 3 왜냐하면 나로 말하면 몸으로는 떠나
있으나 영으로는 함께 있으니 실제로 여러분과 같이 있는 것과 다름없어서
그런 일한 사람에 관해서 벌써 판결을 내렸기 때문입니다. 4 여러분이 함께
모였을 때 나의 영이 여러분과 함께 있어 주 예수의 이름으로, 우리 주 예
수의 권능으로 5 그런 사람을 사탄에게 내어주어야 한다는 말입니다. 그것
은 그가 육신으로는 파멸을 당하고 영으로는 주의 날에 구원을 받게 하기
위한 것입니다. 6 여러분이 자만하는 것은 옳지 않습니다. 여러분은 적은
누룩이 온 반죽을 부풀게 한다는 것을 알지 못합니까? 7 그러므로 여러분
은 새 반죽이 되기 위하여 묵은 누룩을 제거하십시오. 사실 여러분은 누룩
이 없습니다. 그것은 더우기 그리스도께서 우리들의 과월절 양으로 이미 희
생되셨기 때문입니다. 8 그러므로 우리는 묵은 누룩, 곧 악의와 사악의 누
* 룩 있는 떡을 가지고 과월절을 지킬 것이 아니라 누룩없는 떡, 곧 순수와
진실의 떡을 가지고 지켜야 하겠읍니다. 9 내가 여러분에게 쓴 편지 가운데
음란한 사람들과 사귀지 말라고 했지만 10 그것은 결코 이 세상에서 음행하
는 사람이나 욕심부리는 사람이나 약탈하는 사람이나 우상 숭배하는 사람들
과 전혀 사귀지 말라는 말이 아닙니다. 그렇게 하려면 여러분은 이 세상 밖
으로 나가야 할 것입니다. 11 그러나 내가 이제 쓴 것은 만일 그리스도교 형
제라는 사람으로서 음란하거나 욕심부리거나 우상을 숭배하거나 사람을 중상
하거나 술취하거나 약탈하거나 하는 자가 있다면 그런 사람과는 사귀지 말고
식사도 같이 하지 말라고 한 말입니다. 12 밖에 있는 사람들을 심판하는 것
이 내가 할 일이겠읍니까? 여러분 자신이 심판할 사람들은 안에 있는 사람
들이 아니겠읍니까?[1] 13 밖에 있는 사람들은 하느님께서 심판하실 것입니

---

1) P^{46}에는(오직 이 사본에만) "여러분 안에(ἔσω "안으로"가 아니라 ἔσωθεν

다. 여러분은 그 악한 사람을 여러분 가운데서 제거해야 합니다.

거창하긴 하나 본질적으로 세상에 속한 지혜를 추구하여 분열을 일으키는 고린토인들의 경향은, 아마 하느님 앞에서의 그들의 자만심, 완고함, 그리고 바울로가 "교만해진"이라고 서술한 것과 같은 성질에 대한 가장 기본적이고 중요한 표현이었던 것 같다. 그러나 이러한 경향은 달리 표현될 수도 있었다(2세기의 영지주의에서 중요한 병행을 볼 수 있다). 그러한 표현들 중에 하나는 도덕적인 문제들에 있어서의 방종함이었다. 다음 단락에서 바울로는 단순히 음행의 사건만이 아니라 그 사건에 대한 고린토인들의 반응을 연이어 다루고 있는데 이러한 반응은 매우 경솔하고 교만한 것이었으며 아마 저질러진 행위만큼 비난받아 마땅했던 것으로 보인다. 바로 이러한 반응에서 우리는 쉴라터가 음행사건에서 발견한 열광적인 반율법주의를 보아야 할지도 모른다. 이 단락은 암시적으로 도덕적 순수성의 근거들 또는 교회 훈련과 관련된 교훈들에 대한 언급을 내포한다. 사실 "그리스도교인의 자유가 지니는 제한점들에 대한 가르침은 5장 1절부터 11장 34절까지 이른다"(Schlatter).

[I] **여러분 가운데 음행사건이 있다고**("여러분 가운데" ἐν ὑμῖν을 "음행사건" πορνεία와 결부된 것으로 받아들인 것이다. 문법상 이 말은 "들었다" ἀκούεται와 결부된 것으로 받아들일 수도 있었다〔Lightfoot〕. 그러나 이것은 의미가 잘 통하지 않는다) **실제로** (이 말은 ὅλως의 후대에 발전된 의미인 것으로 보이지만 〔참조. L.S. 해당항목 Ⅲ. 4〕 그러나 여기서 의미가 잘 통한다. 봐이스와 헤링 및 다른 학자들은 이 말이 "보편적으로," "모든 곳에서" —그리이스어로는 ἐν ὅλῳ τῷ κόσμῳ에 해당— 를 뜻하는 것이라고 이해한다) **들었는데.** 바울로의 말(πορνεία)은 엄격하게 받아들이면 매음 또는 매춘부들과의 접촉을 의미한다. 그러나 신약성서에서 이 말은 음란과, 거의 온갖 성적인 난잡함을 가리키는 통용어이다. 여기서 이말의 의미는 다음의 문장에 의해 한정된다. 그것은 **심지어 어떤 사람이 자기 아비의 아내와 같이 살고 있는 것과 같이 이방 사람들 가운데서도 볼 수 없는 그러한 음행**(동사가 나타나 있지 않다. 후대의 사본들은 에페소서 5장 3절에서 빌려와 "입에 담지 말라"라고 되어 있다)이다. 이 문장은 서 *

이다) 있는 사람들을 심판하십시오"라고 되어 있다. 이것은 자유로운 의역일 수 있다.

툰데, 그것은 "그러한"(τοιαύτη)이 처음에는 관계대명사(ἥτις)로 이끌리고 나서 접속사("그래서" ὥστε)로도 이끌리기 때문이다. 바울로는 그 범죄를 간통이라고 말하지 않는다. 따라서 우리는 범법자의 아비가 살아 있지 않거나 아니면 그가 아내와 이혼하였다고 추론할 수 있을 것이다. 또한 바울로는 그 사건을 근친상간이라고 서술하지 않으므로 아마 그 부인은 의붓 어머니였을 것이다. 그녀에 대한 언급은 그 이상 없다. 그녀는 아마 그리스도교인이 아니었을 것이다(비교. 12·13). 이런 행위는 레위기 18장 8절과 20장 11절에는 금지되어 있다(참조. *Sanhedrin* vii. 4). 바울로는 이런 행위가 이방인들 사이에서도 볼 수 없는 것이라는 말을 덧붙이는데, 그 말은 분명히 어떤 이방인도 그런 행동을 하지 않았음을 뜻하는 것이 아니라 이방인들도 그런 행동을 정죄하였음을 뜻한다. 이것은 사실이다. 따라서 라이트후트는 Cicero, *Pro Cluentio* v. 14를 인용한다 : "장모가 사위와 결혼하다니…오, 여인의 불가사의한 패륜이로다. 이 여인의 경우가 아니고서는 일찌기 들어 본 적이 없는 패륜이로다"(nubit genero socrus…O mulieris scelus incredibile, et praeter hanc unam…inauditum). Gaius, *Institutes* i. 63과 비교하라 : "마찬가지로 고모와 이모를 아내로 맞는 것도 합법적인 일이 아니다. 또한 언젠가 장모나 며느리나 의붓 딸이나 계모였던 여자를 아내로 맞는 것도 옳치 않다"(Item amitam et materteram uxorem ducere non licet. Item eam quae mihi quondam socrus aut nurus aut privigna aut noverca fuit). 그러나 바울로는 이 비유다인들에게 부과된 최소한의 신의 요구들을 표현하는 것으로 라삐들이 받아드린 소위 노아의 법령이라는 것에 대해 언급하고 있는 것일 수도 있다. 노아의 법령에 의하면 개종자가 과부가 된 의붓 어머니와 결혼하는 것이 허용되었는지에 관한 문제에 대해서 견해 차이가 있었다. 분명히 바울로는 (아키바와 같이) 이런 행위를 비난하였다(유다교의 견해에 관한 세부적인 사항들에 대해서는 Daube, 113 ; 또한 *S.B.* iii. 353—8를 참조하라). 그러나 다음과 같은 점은 확실하지 않으며 이에 대해 바울로도 확실한 얘기를 하지 않는다. 즉 한 남자가 회심하기 전이라면 관계를 갖을 수 없었을 여자와의 성적 관계를, 그리스도교의 "개종자"로 회심을 함으로써 그 관계를 자유롭게 가질 수 있느냐 하는 것을 문제삼았느냐 하는 점이다. 아뭏든 그러한 죄는 고린토인들의 방종에서 직접적으로 야기된 것이었을 것이다(참조. 4,6). 노아의 법령과 그 법령에 대한 바울로의 용법에 대해서는 *Adam*, 23—6을 참조하라. 바울로가 쓴 동사의 시제

($\check{\epsilon}\chi\epsilon\iota\nu$, 현재 부정사)는 그 사건이 단순한 사건에 속한 것이 아니라 결혼이나 축첩에 속한 사건임을 시사한다. 이러한 추론은 2·3절에서 쓰인 단순과거들과 모순되는 것은 아닌데, 그 단순과거들은 지속적인 의미를 담고 있고 그 사건을 전반적으로 요약하는 것이기 때문이다.

[2] 바울로에겐 그러한 관계가 변명할 수 없는 것이었다. 그러나 고린토인들 편에서는 그렇지 않았다. **이런 상황인데도 여러분은**(καὶ ὑμεῖς, 강조어) **자만하고 있읍니까?** 바울로의 말은 고린토인들이 단지 간음한 행동에 대해서 "자만했고" 그런 일이 일어났어야 했다고 자랑했다는 것을 반드시 의미하는 것은 아니다. 오히려 음행사건이라는 불미스런 일 때문에 적어도 수그러져야 했을 그들의 허풍이나 들뜬 상태를 언급하는 것일 수 있다. 그러나 어쨌든 고린토교인들이 바울로가 말하는 음행사건을 실제로 저지르지 않았다고 하더라도 그들의 교만은 그런 짓을 저지르기에 충분했다. 그것은 그들이(참조. 6, 12 ; 10, 23) 자랑했던 자유의 한 예로서 간주될 수 있었다. 그들은 이제 영적인 사람들이 되었고 따라서 그들은 육적으로 행하는 일은 더 이상 문제삼지 않았다. 다만 그들은 유다교나 이교(pagan)의 관례적 종교생활에 수반된 이전의 도덕적 제한들은 완전히 초월하였다는 것을 과시할 수 있다는 점에서만 그 육적인 일의 의미를 찾으려 했던 것이다. 그들의 반응은 더할 나위없이 그릇된 것이었다. **오히려 여러분은 슬픔**(단순과거 시제인 ἐπενθήσατε "슬퍼하였다"를 제시하는 것)**에 못 견디어 그런 일한 사람을 여러분들로부터**(직역하여 "여러분 가운데서," 아마 라틴어법인 듯하다—*B.D.* §.5) **제거했어야 할 것이 아닙니까?** 다른 번역(*M.* iii. 95에 의하면 뜻이 잘 통하는 유일한 번역)은 의문부호를 "못견디다" 다음에 적고 "그런 일을 한 그를 여러분들로부터 제거하도록 하십시요"(명령의 ἵνα)라고 문장을 이었을 것이다. 이런 식으로 작성된 문장은 바울로가 이어지는 귀절들에서 제시하는 가르침들과 일치하는 것이다. 이 번역은 옳을 수 있다. 그러나 내포된 구문은 때때로 가정하는 것만큼 신약성서에서 일반적인 것은 아니며(참조. Moule, 144—145), 이 주석서에서 취한 번역문은 바울로 문체의 특징인 자연스런 생략구문으로 이해할 수 있다면 의미가 잘 통한다 : "오히려 여러분은 슬픔에 못 견디어 그러한 일한 사람을 여러분 가운데서 제거하기" 위하여 "필요한 조처를 취함으로써 여러분의 슬픔의 진실성을 보여주었어야 하지 않습니까…?"

잘못을 범한 사람을 제거하는 이런 일은 쿰란 공동체의 훈련에서도 찾아볼 수 있다는(1 *QS* v. 26—vi. 1) 주장이 있었는데 이것은 그리 중요한 것이 아니다(예를 들어 S.E. Johnson, *The Scrolls and the New Testament* 〔1958〕, K. Stendahl편, 139에서 이렇게 지적한다). 도덕적 표준들을 가르치는 공동체(예를 들어 초대 교회나 쿰란 종파와 같은)라면 공동체 법규의 위반을 용납할 수 없어서 축출이 불가피한 경우의 기준을 정해야 한다. 왜냐하면 그러한 기준 없이는 법규위반이 공동체의 토대 자체를 파괴하기 때문이다. 초대 그리스도교와 쿰란 종파 사이에는 당연히 어떤 형태로든 관계가 있었을 것이다. 그러나 이런 사실은 방금과 같은 일반론으로는 입증될 수 없다. 고린토의 상황은 자만할 만한 상황이 아니라 서글퍼해야 할 상황이라는 바울로의 주장은 중요한 것이다. 죄가 교회를 침범할 수 있고 또 침범하고 있다. 그러나 죄가 발생하면 이것은 오직 슬퍼할 수밖에 없는 부자연스런 일이다.

다음의 세 귀절(3·4·5절)은 난해하고도 중요하다. 이 귀절들은 여러가지로 번역할 수 있다(이러한 번역 모두를 여기서 언급할 수는 없다). 왜냐하면 바울로의 가장 단순한 말들 중에서 몇 가지 말은 그 정확한 의미가 논란되고 있기 때문이다. 그리스도교인의 생활과 공동체 훈련에 대해서 바울로가 어떻게 이해했느냐에 비추어서 3·4·5절의 전반적인 취지가 평가되어야 한다.

〔 3 〕 **왜냐하면**(앞의 귀절에 대한 이유를 제시하는 것이다) **나로 말하면**(이 문장은 매우 강조적인 ἐγὼ μὲν —2절의 ὑμεῖς에 상응하는 말—로 시작한다 : "여러분"은 자만할 수 있으나 그러나 "나"는 완전히 다른 견해를 갖고 있다) **몸으로는 떠나 있으나 영으로는 함께 있으니 실제로 여러분과 같이 있는 것과 다름없어서**(그런 일한 사람에 관해서) **벌써 판결을 내렸기 때문입니다.** "몸으로는 떠나 있다"는 의미는 아주 분명하다 : 바울로의 신체적인 몸은 고린토에 있지 않고 다른 곳(추측컨대 에페소 : 참조. 이책 서론 21면 이하)에 있다. 그러나 "영으로는 함께 있다"(παρὼν δὲ τῷ πνεύματι)는 말은 무엇을 의미하는가? 바울로의 용법에서 영은 자주 하느님의 영을 지시한다. "영" 앞에 관사가 있다는 사실은 여기서 하느님의 영이 의도되었다는 견해를 지지해줄지도 모른다. 그러나 (역시 관사가 있는) "몸"과 대조해 볼 때 바울로는 이 말은 "아주 통속적인 의미로"(봐이스), 즉 신학적이라기보다는 심리학적으로 사용한 것이라는 사실이 보다 그럴 듯하다. 골로사이서 2장 5절과 비교하라. 바울로는 자신의 생각들과 고린토교회에 대한 관심에 대해 언급하고 있다. 확실히 그의 생

각들과 관심은 성령의 영역에서 작용한다는 것이 사실이긴 하지만 이것이 주된 사상은 아니다.

바울로는 상황에 대해서 잘 알고 있으므로 그가 실제로 "함께 있는" 것과 "다름없이" 이미 "판결을 내렸다." 이런 사실로 미루어 동사("판결을 내렸다" κέκρικα)는 직접 목적어가 필요없는 절대적인 의미를 지닌다. 그러나 또 한편으로는 "판결을 내리다"라는 말이 바로 그 앞 말 그런 일한 사람에 관해서를 직접 목적어로 취한다고 볼 수도 있다. 그러나 이렇게 볼 경우, 5절의 부정사("내어주다" παραδοῦναι)는 문장상 아무런 관련도 없게 될 것이므로 이런 구문은 채택되어서는 안 된다. 바울로는 이미 결정을 내렸고 범법자의 사건에 대해서 "우리가…내어주어야 한다"(5절)는 판단을 내렸던 것이다. *

[4 · 5] 이와 같이 바울로는 자신의 결정을 아주 분명하게 알고 있고 자신의 결정을 발표하기를 주저하지 않는다. 그렇다고 해서 그가 자신의 생각을 교회에 강요할 의도가 있었던 것은 아니다(참조. 4, 1 ; 4장에 나오는 주들 ; 고후 1, 24). 어떤 조치를 취하기 전에 완전한 조건들이 갖추어져야 한다. **여러분이 함께 모였을 때**(동사 συνάγειν은 그리스도교인들의 집회를 가리키는 전문용어가 되었다) **나의 영이 여러분과 함께 있어 주 예수의 이름으로, 우리 주 예수의 권능으로 그런 사람을 사탄에게**(비교. 디전 1, 19·20) **내어주어야 한다는 말입니다**("내어주다" παραδοῦναι; 이 부정사는 원래 "판결을 내렸다" κέκρικα에 관련된 것으로 보아야 한다. 번역에 있어서는 분명하게 표현하기 위해서 이 문장들을 편의상 분리시킨 것이다). 바울로는 고린토교회 집회를 그리고 있다. 물론 고린토교인들은 참석할 것이다. 그는 직접 참석할 수는 없지만 (3절에서 그가 말했듯이) 영으로는 참석할 수 있다. 즉 그의 몸으로가 아니라 영으로는 그들의 집회에 함께 있을 것이다(이것은 3절의 해석을 확증해주는 것이다 : 영은 현재의 문맥상 바울로의 인격적 측면이다). 고린토 교인들은 그들이 기억하고 있는 바울로의 신념이나 성격, 행동 방식 등에 대해, 또한 현재의 당면 문제를 바울로가 어떻게 볼 것인가에 대해 그들 나름대로 숙고할 것이므로, 바울로는 직접 가지 않고서도 문제 해결에 도움을 줄 수 있을 것이다. 그리스도의 몸으로서의 교회 집회가 "주 예수의 이름으로," 그의 권위 아래 그리고 그에게 복종하여 행동하려는 의도를 품고서 모이라는 것은 말할 나위가 없다. 이러한 상황 하에서 숙고된 행위는 사도들만의 행위가 아니라 교회 전체의 행위일 것이다. 나중

에 고린토교회는 그들 자신의 의지를 강하게 하기 위해서 바울로와는 다르게 행동하였던 거짓 사도들과 대면하게 되었다(고후 11, 13). 거짓 사도들은 영향력이 있긴 했지만 바울로와 복종적인 교회가 "우리
* 주 예수의 권능으로" 행동할 수 있었던 것과 같이 행동할 수는 없었다. "우리 주 예수의 권능으로"는 단순히 "주 예수의 이름으로"를 되풀이하는 것이 아니라 하느님의 순종하는 백성에게 주어진 초자연적인 능력을 언급하는 것이다. "이름"은 때때로 (예를 들어 사도행전 3장 6절에서처럼 치유와 귀신축출에 있어서) "권능"과 유사한 의미를 지닐 수 있다. 그러나 "이름"은 여기서와 바울로의 기술들에서는 일반적으로 다른 의미로 쓰인다. 불트만(*Theology*, 126, E.T., 126—127)은 "권능"이 "이름"을 부름으로 작용하는 것이라고 시사한다. 만일 "이름"이 앞서 언급된 대로 기본적으로 도덕적 의미로 이해된다면 불트만의 시사가 옳을 수도 있다. "…권능으로" 라는 말은 "내어주다"에 걸리는 부사로 이해할 수 있다. σύν("…으로")는 때때로 도구나 수단을 나타내는 말이다. 그러나 현재의 문귀에서 그 말은 보다 인격적인 것을 말하며 "누구의 도움으로"(예를 들어 σὺν θεῷ "하느님의 도우심으로" 혹은 "하느님의 축복으로"와 같이. 이러한 그리이스어 관용어가 있다는 사실은 σύν이 주술적인 의미로 사용되는 문맥들에 의존할 필요가 없음을 보여준다—Robertson, 628 ; *M.M* 해당 항목)를 뜻하는 것이다.

현재의 문장을 이런 식으로 —"권능으로 넘겨주기 위해 이름으로 모인"— 이해하는 것이 가장 좋을 듯하다. 그러나 이와 다른 여러 배열방식이 제안된 바 있다(알로Allo는 아주 상세하게 설명한다). 그것은 (ㄱ) 넘겨주기 위해서 이름과 권능으로 모인, (ㄴ) 이름과 권능으로 넘겨주기 위해서 모인, (ㄷ) 이름으로 넘겨주기 위해서 권능으로 모인 등이다. (ㄷ)에 대해서는 "~으로"가 당연히 "모인"을 수식하는 (σύν, "~으로 모인" συναχθέντων) 것으로 말할 수 있다. 그러나 이것은 어순을 강조하는 것이다. (ㄱ)과 (ㄴ)에 대해서는 별로 할 말이 없으며, 따라서 여기서 제시된 사역은 자신있게 채택할 수 있다. 주 예수의 능력이, 모인 교회의 행동 배후에 드리워져 있음을 주목해야 한다. 바울로는 자기 혼자서 그 능력을 행사하기를 주장하는 것이 아니라 공동체로 하여금(알로가 시사하듯이 그 "지도자들이나 장들" προϊστάμενοι가 아니라 공동체 전체가) 행동하도록 촉구한다. 그는 공동체가 무엇을 해야 하는가에 대해서 또는 공동체의 협의과정에 있어서의 자신의 위치에 대해서 의심하지 않으며, 그렇다고 해서 공동체를 무시

하려고도 하지 않는다. 그는 "교회를 참으로 책임있는 공동체로 세우려고 노력하고 있음이 분명하다"(Schweizer, 23e).

"그런 사람"(비교. 고후 2,6·7)은 바울로의 방식대로 "내어줄"의 목적어를 재진술하는 것인데, "내어줄"의 목적어는 앞서 "그런 일한 사람"에서 미리 암시된 바 있다. 이 사람은 육신으로는 파멸을 당하고 영으로는 주의 날에, '즉 마지막 날, 심판의 날에' 구원을 받게 하기 위하여, 사탄에게 넘겨질 것이다. 본장의 나머지 부분에 (특히 7·13절에) 비추어 볼 때, 고린토교회가 취하기를 바울로가 바랐던 실제적인 조치는 범법자를 그들 집단에서 제외시키거나 파문하는 것이었다(그러나 이 말을 시대착오적인 것으로 받아들여서는 안 된다). 이것은 유다교에서 이미 알려져 있던 처리방식이었다. 이에 대해서는 봐이스의 아주 상세한 해설을 참조하라. 새로운 그리스도교적 배경에 있어서 종교가 갖는 영향력은 그 이전에 생각되었던 것보다 훨씬 심각한 것이었다. 왜냐하면 이 새로운 공동체는 예수가 이미 선취한 사탄에 대한 승리에 뿌리박고 있었기 때문이다(참조. 15,24—27 ; 필립 2,10·11 ; 골로 2,15). 그리스도가 활동하는 곳으로부터 쫓겨나는 것은 사탄이 여전히 그 권위를 행사하는 영역에로 던져지는 것이나 다름 없었다. "그리스도는 교회 안에서 통치하시는 반면 사탄은 교회 밖에서 통치한다"(칼빈). 그러나 사탄의 권위는 제한된 것이었다. 만일 인간이 사탄에게 넘겨준 바 되었다면 그것은 사탄이 그를 다루도록 하기 위해서가 아니라 오히려 그가 궁극적인 구원을 얻기 위해서였다. 실은 사탄은 그리스도와 교회를 위하여 도구로 사용된 존재였다. 다이스만에 의해 인용된 다음의 파피루스 인용문(*Light from the Ancient East* (1910), 304)에는 실제적으로 동사의 병행이 있을 뿐만 아니라 내용상 차이가 있다. "죽은 자들의 수호신이여, 나는 너에게 …하기 위해(ὅπως) …내어준다(παραδίδωμι)…"(*London Magical Papyrus* 46·334 이하=K. Preisendanz, *Papyri Graecae Magicae*. i, 192). 사탄의 능력은 제한된 것이긴 하나 그럼에도 불구하고 실제적으로 작용한다. 그는 범법자의 "육신"을 파멸시킬 것이다. 이것은 단지 도덕적 악의 원천인 육신을 뜻하는 것이 아니라(참조. 로마 7,5와 *Romans*, 137) 바울로 자신이 사탄의 공격을 받아들였던 영역(고후 12,7)인 신체적인 육신 자체를 뜻하는 것이다. 결국 그것은 고통이나 (비교. 사도 13,11), 어쩌면 죽음까지를 뜻할 것이다(비교. 사도 5,5·10 ; 또한 고전 11,30). 이 두려운 과정은 "인간의 영" (즉 본질적이고 내면적 자아인 인간의 영을 지시하는 이와 같은 πνεῦμα의 용법에 대해서는 3·4절을 참조하라— 이것은 바울로가 잘 쓰는 용법은 아니지만 그러나 너무나 일반적이어서 그러한 용법을 반드시 쿰란과 일치시킬 수는 없다)을 구원에로 이끌기 위해 (목적을 나타내는 ἵνα) 의도된 것이다. 인간 본성의 신체적인 측면의 파멸이 정신적인 측면의 구원에 어떻게 영향을 미칠 수 있는지가 분명하지 않다. 고통은 실로 치유의 효과를 지닐 수 있는 것이다. 그러나 문맥상 아무것도 이런 사상을 시사하지는 않는다. 유다교에 있어서 죽음은 때때로 속죄의 날에 다루어지지 못한 죄들을 속죄하는 수단으로 간주되었다(참조. *Sanhedrin* vi. 2. 여기서는 이제 곧 처형될 범법자일지라도 "내 죽음이 내 모든 죄를 속죄하게 하소서"라는 말을 하도록 가르침을 받는다). 그러나 바울로에게 있어서 속죄란 우리의 죽음을 통해서가 아니라 그리스도의 죽음을 통해서 이루어지는 것이다. 이러한 사상은 악마가 마땅한 대우를 받아야 하지만 그 이상은 주장할 수 없음을 뜻하는 것일 수 있다. 즉 악마는 육신을 지배할 수 있을지는 몰라도 영에 대해서는 심지어 죄인의 영에 대해서조차 권한이 없는 말이다. 이 사상은 3장 15절의 사상에 불과할 수도 있다. 그러나 인간의 내면적 자아는 3절에서처럼 그의 일뿐만 아니라 육신의 상실을 통해서 구원받게 될 것이다.

[6] 그러므로 바울로의 일차적인 관심은 잘못한 교인들의 구원에 있다. 또한 그는 교회 전체의 순수성에도 관심이 있다. 교회의 순수성이란 파문의 또 다른 이유가 된다(참조. Calvin, *Institutes* Ⅳ. xii. 5. 여기서 그 문제는 그의 주석서에서보다 더 분명하게 다루어지고 있다). 그는 고린토교인들의 자만에 대한 또 다른 언급(참조. 2절 : "자만하고 있다" φυσιοῦσθαι)을 하면서도 이 점을 지적한다. **여러분이 자만하는 것은 옳지 않습니다.** 단지 내부적으로 부패한 요소를 지니고 있는 교회는 너무 위험한 처지에 놓여 있어서 자만할 수 없었기 때문이 아니라, 교회가 향유했던 좋은 일들조차 교회가 받았던 은사들이었기 때문에(4, 7) 자만할 만한 이유가 없다는 말이다. 그러나 현재의 상황은 특히 위험스런 것이었고 부패를 드러낸 교회는 슬픈 어조로 죄를 자백해야 옳았을 것이다. **여러분은 '적은'** (아마 고린토교인들은 그 일을 대수롭지 않게 여겼던 것 같다) **누룩**("효소" ζύμη. 그러나 옛 말이 사용된 것임에 틀림없다. 왜냐하면 "효소"는 "부풀리다"와 "부풀리지 않은"을 해당어구들로 취하지 않기 때문이다)**이 온 반죽을 부풀게 한다는 것을 알지 못합니까**(이것은 그들이 확실히 알았어

야한다는 것을 뜻한다)? 이와 동일한 격언이 갈라디아서 5장 9절에도 나온다. 유다교권에서 누룩은 당연히 악을 상징한다(누룩을 선한 의미로 말하고 있는 마태오복음 13장 33절, 루가복음 13장 20·21절의 비유는 예외이다). 왜냐하면 모든 누룩(ḥameṣ "발효물질")은 과월절 의식이 행해지기 전에 집에서 제거해야 했기 때문이다. 바울로는 이 비유를 여러 면에서 사용한다(그는 추측컨대 *Orlah* ii. 12에서 그의 스승 라반 가말리엘이 장로들에게 한 말을 인용한 것이다—참조. Schoeps, *Paulus*, 27 주 3; E.T., 37 주 3). 첫째로 아주 분명한 사실은, 적은 양의 효소로도 온 반죽을 부풀리게 할 수 있다는 것과 타락한 한 사람이 온 교회를 타락시킬 수 있다는 것이다. 그러므로 교회는 그 순수성을 유지하기 위해서 교인들을 훈련시켜야 한다.

[7] 또한 이 비유에 의하면 여러분은 '누룩이 섞이지 않은 새 반죽이 되기 위하여 묵은 누룩을 제거하십시오("묵은 누룩"은 과월절 이전의 기간 중에 사용된 누룩. 아마 누룩으로 부
풀리지 않은 빵의 축제 이후 새 누룩을 집안으로 가져왔을 것이다). *
여기서 직접 명령은 교회를 향해 말하는 것이다. 악의 영향력은 축출되어야 한다. 그러나 명령법은 직설법에 근거해 있다: 사실 여러분은 누룩이 없습니다(혹은 이 형용사가 명사로 사용된 것일지도 모른다: "여러분은 누룩 없는 반죽입니다"). 명령법과 직설법의 이와 같은 결합은 바울로의 윤리사상이 지닌 기본적 구조이다(참조. 특히 로마 6, 11—14·19와 그에 대한 해설, 또한 갈로 2, 20—3, 14). 하느님의 백성은 사실 이미 죄로부터 자유로와진 사람들이다. 이것이 사실이기 때문에 그들은 죄를 피해야 하고 하느님의 명령에 따라 살아야 한다. 명령법은 이와 달리 불가능한 복종을 가능케 하는 직설법을 배제하고는 생각할 수 없는 것이다. 또한 직설법에 도덕적 예리함을 더해주는 명령법이 결여될 경우에 직설법은 약화된다.

바울로는 계속해서 말한다. 그것은 더우기 그리스도께서 우리들의 과월절 양으로 이미 희생되셨기 때문입니다. 이 절은 비록 "여러분은 누룩이 없읍니다"라는 진술에 대한 근거로서 이 절을 보아도 틀린 것은 아니지만 묵은 누룩을 제거해야 하는 또 다른 이유(καὶ γάρ)를 제시한다. 유다교의 과월절과의 유비는 꼭 들어맞는 것은 아닌데, 그것은 원래 유다교의 관행에서는 축제가 시작하기 전에 누룩을 제거해야 했을 것이기 때문이다. 이러한 유다교 관행의 그리스도교적 적용에 의하면 하느님은 미리 희생의 어린 양을 제공했다는 것이며(창세 22, 8; 요한

1, 29) 인간에게는 하느님이 먼저 행하신 일을 뒤따라 행하는 일이 남아 있다는 것이다. 또한 그리스도의 희생적인 죽음이 죄가 사해질 수 있는 유일한 수단임이 사실이다. 바울로는 어디에서도 그리스도의 희생에 관한 이론을 상세히 전개하지는 않는다. 그러나 그는 로마서 3장 25절에서 유다교의 대축제(속죄의 날)에 대해 언급하고 있는 것과 같이 여기서도 또 다른 축제를 언급하고 있다. 과월절의 가장 중요한 주제는 구원이었다. 과월절에는 에집트로부터 구원받은 사실이 기념되었고 따라서 구원은 현재의 사실로서 향유된 것임과 동시에 미래의 희망이기도 했다. 하느님의 어린 양으로서 그리스도는 자신의 백성을 위한 하느님의 구원행위의 총체이다. 현재의 문맥이 시사하는 바는 (비록 요한복음 1장 29절만큼 분명하게 시사하지는 않지만) 하느님이 그들의 죄짐을 대신 짊으로써 또한 그렇게 하여 그들의 죄를 제거함으로써 그들을 구원했다는 것이다. 이러한 과정의 근본 이유에 대한 논의에 있어서 우리는 앞서 다른 귀절들, 특히 고린토후서 5장 21절을 참조해야 한다. 바울로가 그리스도를 과월절 양으로 말할 * 수 있었다고 해서 (십자가 처형일을 하루 늦게 잡는 공관복음서와는 달리 요한복음과 마찬가지로) 그가 유다의 양들이 성전에서 살육되는 때인 니산월 14일에 예수가 죽은 것으로 믿었다고 볼 수는 없다(그러나 이러한 신앙에 일치하기는 한다). 예수를 하느님의 양으로 받아들이는 것은 연대추정과는 무관한 것이다. 이 사상은 주의 만찬이 그리스도교의 새로운 과월절이라는 신념에 기인한 것일 수 있었다. 그러나 이 신념은 공관복음서에서 최후의 만찬을 과월절 음식과 동일시하는 것과는 무관한 것이다.

[8] 이제 과월절 주제가 새로운 방향에서 발전된다. 그러므로 우리는 **묵은 누룩, 곧 악의와 사악의 누룩 있는 떡을 가지고가 아니라**(직역하면 "그리고 무엇이 아니라"이다. 그러나 누룩에 대한 새로운 서술은 병행을 이루는 것이며 "묵은"에 대한 부연적인 서술이 아니다) **누룩 없는 떡, 곧 순수와 진실의 떡을 가지고 '과월절을 기념해야 하겠읍니다'** (라이트후트는 "영속적인 과월절을 지키도록 합시다"라고 번역한다. 그러나 현재의 문맥은 그 강조점이 지속적인 시제의 동사 ἑορτάζωμεν"과월절을 지키다"에 있지 않고 그 동사에 수반되는 부사에 있음을 보여준다). 그리스도께서 자신을 희생하셨기 때문에 그리스도교인들은 그가 제정한 축제 가운데 살고 있는 것이고, 그리스도교인의 삶이란 하느님의 전능하신 사랑과 구원의 행동에 감

사를 드리는 데 있으며, 이러한 감사를 적어도 말만이 아니라 행위로도 표현해야 한다. 그러나 이러한 사실이 진지하게 고려될 경우 그것은 그리스도교인들이 단지 기뻐할 뿐만 아니라(추측컨대 고린토교인들은 기꺼이 이렇게 하려고 하였다) 유다인들이 과월절 기간 중에 집에서 누룩을 제거한 것과 같이 과월절의 변화된 도덕적 의미에서 누룩을 제거함으로써 합당한 과월절의 순수성을 지켜야 한다는 것이다. 고린토교회에 누룩의 요소가 남아 있었을 뿐만 아니라 일부 고린토교인들은 적어도 그래야 한다고 환영했음이 분명하다. 바울로에게 이것은 묵인할 수 없는 것이었다. "악의와 사악"(비교. 로마 1, 29)이 "순수와 진실"로 바꾸어져야 한다.

이와 같이 과월절의 상징을 사용한 바울로의 목적은 분명하다. 곧 희생은 이미 치러졌고 잠재적으로 그리스도교인들은 품성과 행위의 완전한 순수성을 내포하는 축제에 참여하고 있는 것이며 그들은 이러한 잠재성을 실현하기 위해 전심전력을 다해야 한다는 것이다. 이러한 사실에 대한 진술과 권면은 본장에서 드러난 상황과 완전히 부합한다. 그러나 바울로가 이런 식으로 자기 주장을 한 이유는 무엇일까? 이에 대해 그가 과월절 기간 중에 편지를 썼기 때문이라고 종종 주장되어 왔는데 맞는 말인 것 같다. 고린토전서의 통일성을 전제한 * 다면(참조. 이책 서론 29—35면) 그는 에페소에서 편지를 썼고(16, 8) 오순절까지는 얼마동안 그곳에 머무를 작정이었다고 볼 수 있다. 그 기간을 7주나 8주로 추산하거나, 바울로가 집필 당시 과월절을 준비하는 일과 과월절 의식에 참여하였기 때문에 새로운 과월절 상을 사용하도록 자극받았다고 가정해도 터무니없는 것은 아니다. 그러나 "우리의 과월절은 이미 희생을 치렀읍니다"라는 말은 되풀이되는 과월절 의식을 언급하는 것이 아니라 십자가 처형의 역사적 사건을 언급하는 것이다(Lietzmann). 더우기 (헤링이 생각하듯이) "과월절을 …지키도록 합시다"가 주의 만찬에 대한 언급일 가능성은 거의 없다. 바울로가 구약성서와 유다교 자료를 사용한 것은 과월절에 한정되는 것 같다. 그러나 여기서 "이삭의 결박"('Binding of Isaac': 참조. *Adam*, 26—30)을 찾아볼 만한(Schoeps, *Paulus*, 142—52, E.T., 141—9에서 이와 같이 한다) 타당한 이유는 없다.

[9] 바울로는 이제 단호하고 실제적으로 취급해야 할 고린토의 사건에로 되돌아가 말하기 시작한다. 그러나 논의를 시작하기 전에 분명히 밝혀야 할 점이 있다. 그것은 이

편지가 고린토에 보내는 바울로의 첫번째 편지가 아니었고 또한 그가 처음으로 부도덕함의 문제를 다루려고 시도한 것도 아니었으며 그 이전의 편지가 (고린토인들의) 오해를 일으켰다는 점이다. 즉 '그들은 악의 문제를 진지하게 다루기 싫은 나머지 악과의 완전한 분리는 불가능하다는 반론을 제기하였다고 우리는 추측해 볼 수 있다' (Harris). 바울로의 고린토교회와의 서신왕래와 "잃어버린 편지"를 찾으려는 시도들에 관한 상세한 설명에 대해서는 이책 서론 29—35면을 참조하라. **내가 여러분에게 '쓴 편지 가운데'** (영문을 직역하면 "나의 편지에"in my letter인데 이것은 ἔγραψα를 서한체의 단순과거 "내가 쓰고 있다"가 아니라 순수한 과거시제 "내가 썼다"로 본 것이다) **음란한** —이것은 앞서 1절에 관한 주에서 설명한 바대로 넓은 의미의 음란이다— **사람들과 사귀지 말라고 했지만.** 바울로가 이 명령에서 뜻한 (우리가 앞으로 살펴보게 될) 의미에서 볼 때, 그는 이미 최근의 편지에서 범법자의 축출을 권고하였을 때 구체적으로 그러한 명령을 하였던 것이다.

[10] 그러나 다음의 진술에서 바울로가 말하고 직접 수정하고 있는 바는 다른 의미로 이해되었다. **그것은 결코 이 세상에서 음행하는 사람들과 전혀**(πάντως; 비교. 로마 3, 9) **사귀지 말라는 말이 아닙니다.** 여기서 음행하는 사람들이란, 결코 그리스도교인이 아닌 사람들로서 자신의 정욕에 따라 무절제한 생활을 계속하는 사람들인데 이런 태도는 삶이 현세에(비교. 15, 32 ; "이 세상"에 대해서는 그 예로 3, 19 참조) 한정된 것으로 생각할 경우에는 당연하다. 완전한 판단기준에서 바울로는 다른 부류의 죄인들, 즉 **욕심부리는 사람**(비교. 로마 1, 29와 그 주해)**이나 약탈하는 사람이나 우상숭배하는 자들**을 덧붙인다(이는 아마 이전의 편지에서 인용한 것이리라). 죄인의 전체 목록에 대해서는 6장 9·10절과 비교하고 거기에 나오는 주해를 참조하라. 분명히 바울로는 다음과 같은 지켜질 수 없는 명령을 할 수는 없었을 것이다 : "그렇게 하려면(ἐπεί "그렇지 않으면" : 7, 14 ; 14, 16 ; 15, 29 ; 로마 3, 6 ; 11, 6·22에서도 이와 같은 뜻으로 사용되었음) 여러분은 이 세상(음행하는 자들이 속해 있는 그러한 세상) 밖으로 나가야 할 것입니다." 음행하는 자들이 고린토에는 너무 많아서 다 제거할 수 없을 정도였다(참조. 이책 서론 18—20면). 또한 그리스도교인들이 일상생활을 떠나 수도사나 수도원과 같은 은둔생활을 해야 한다고 바울로가 생각했을 것 같지도 않다. 비록 이런 은둔 생활이 고대세계에 잘 알려져 있었다 하더라도 말이다. 그는 또한 그리스도교인들이 (속세를

떠나 혼자 살거나 종교적 공동체 생활을 할 경우라고 하여도) 이 세상을 벗어날 수 없다고 하는 신학적 진리를 시사한다. 예수의 활동이 결정적인 것일지라도 그것은 낡은 세대가 완전히 끝났고 새로운 세대가 완전히 도래한 것을 뜻하지는 않는다. 15장 25·26절을 참조하라. 바울로가 이런 식으로 말했다고 고린토교인들이 생각했다면 그들은 그 말 뜻을 오해한 것이다.

[II] 그러나 내가 '이제 쓴' 것은(νῦν ἔγραψα. 아마 서한체의 단순과거일 것이다 —9절과 비교하라— 이와 달리 '그러나 사실 내가 쓴 것은 …하다'로 볼 수도 있고 또는 *M.* iii. 73에 나온대로 이 언급은 '같은 편지의 앞 부분'과 관계되는 것일 수도 있다) 만일 '그리스도교 형제라는 사람으로서' (ὀνομαζόμενος: 그는 그리스도교인이라는 이름을 지니고 있지만 그의 행위로 보건대 실상은 그리스도교인이 아니다—Weiss) 음란하거나 욕심부리거나 우상을 숭배하거나 '사람을 중상하거나' (λοίδορος는 앞의 명부에 덧붙여진 것이다. 이런 사람들은 그리이스의 공공생활에서 흔히 볼 수 있는 사람들이었다. 티아나의 아폴로니우스는 고린토에 이런 부류에 속하는 바수스라는 사람을 만났다. 동일어원의 말들인 *λοιδορεῖσθαι*"비방하다"와 *λοιδορία*"비방"을 쓰고 있는 Philostratus, ***Life of Apollonius*** iv. 26을 참조하라—바수스는 거짓된 "지혜" *σοφία*를 가르쳤다) 술취하거나 약탈하거나 하는 자가 있다면 그런 사람과는 사귀지도 말고 식사도 같이 하지 말라고 한 말입니다. 그리스도교인들은 예수 자신이 일반인이나 죄인과 자유롭게 식사를 했듯이(예. 마르 2, 15) 그들이 보는 그대로 세상을 받아들여야 한다. 예수에게 있어서와 마찬가지로 그들에게 있어서도 이러한 교제의 자유란, 비판하고 필요할 경우에는 정죄하는 예언자적 자유를 부인하는 것이 되어서는 안 된다. 그러나 그 비판이 은둔 형태로 나타나서는 안 된다. 그런데 교회 내에 무슨 일이 일어나느냐 하는 것은 또 다른 문제이며 여기서는 순수성이 추구되어야 함이 중요한 것이다. 바울로는 "형제"라는 말을 (예를 들어 1장 1절에서와 같이) 단순 *
한 의미로 사용한다. 다시 말해 그가 말하는 형제란, 저지른 행위에서 무가치한 사람으로 나타날지라도 교인으로 인정된 사람을 뜻한다. 이런 사람이 공공연히 죄를 범할 경우에 그는 자신의 유익을 위해서(참조. 앞의 5절) 뿐만 아니라 교인들의 유익을 위해서 교회로부터 탈퇴해야 한다. 이와 같이 그리스도교인으로서의 교제를 끊게 하는 유일한 근거는 도덕적인 잘못에 있다. 그런 사람은 더 이상 이전의 사귐을 나

누어서는 안 된다. 따라서 바울로는 그와 함께 식사해서도 안 된다는 특정한 예를 덧붙인다. 이러한 금지에는 분명히 그를 사적인 교회는 물론이고 교회의 공동식사(비교. 갈라 2,12 ; 참조. 10,16—21 ; 11,17—34)에서 제외시켜야 한다는 내용까지도 포함한다(그러나 금지조항이 이렇게 한정되는 것은 아닐 것이다). 또한 그것은 그리스도교인들이 그리스도교인이 아닌 사람들과 식사를 함께 할 자유를 지녔음을 시사하며 그러한 자유는 적어도 때로는 우상에게 바친 음식을 먹는 것도 허락되었음을 뜻했을 것이다. 8장과 10장에서 다루어질 이 문제에 관한 논의를 참조하라.

[12] 교회 내의 엄격한 규율과 교회 밖의 교제에 있어서의 완전한 자유. 이제 이런 이중적 원리의 근거가 나온다. (교회) **밖에 있는 사람들을 심판하는 것이 내가 할 일이겠읍니까?** 이 구문에 대해서는 *B.D.* § 299 ; Robertson, 736을 참조하고 Epictetus Ⅱ. xvii. 14 ; Ⅲ. xxii. 66과 비교하라. 라삐적 용법에 있어서 "밖에 있는 사람들"에 대해서는 *S.B.* iii. 362를 참조하라. 현재의 본문 그대로의 진술은 아주 분명하고 교회가 스스로를 나쁜 품성을 지닌 비그리스도교인들로부터 고립시킬 것을 요구하는 것이 아니라는 바울로의 설명에 일치하는 것이다. 심판은 하느님의 특권이며, 사람들이 그들의 이웃에 대해 스스로 심판하려고 할 경우에는 그들도 역시 이웃이 범한 죄에 빠지기가 쉽다(비교. 로마 2,1 ; 14,4·10·13). 이 귀절을 6장 2절과 비교할 경우 난점이 제기된다. 그러나 6장 2절은 마지막 때의 심판을 언급하는 것이다. 여기서 바울로는 최후의 심판을 다루고 있는 것이 아니라 규정상 공동체에 한정되는 규율을 다루고 있는 것이다. 그와 반대로 **여러분 자신이 (강조어) 심판할 사람들은 (교회) 안에 있는 사람들이 아니겠읍니까?** 목적어와 주어가 모두 중요하다. 심판은 교회 내부를 향한 것이며 감시를 뜻하는 것이 아니라 교회의 훈육을 뜻하는 것이다. 이것은 교회생활에 절대로 필요한 요소이다. 교회는 교회가 내린 판단들의 무오류성을 주장할 수는 없으나 그리스도에게 복종하여 정죄해야 하며, 그리스도께 대한 불순종을 내포하는 모든 행위를 교회 안에서 몰아내야 한다. 전교회가 실은 이러한 심판 아래 놓여 있으며
* 또한 전교회가 심판자이다. 바울로는 자신이 교인들을 심판한다고 주장하지 않기 때문이다. 심판에 대한 책임은 권위있는 교회지도자들이라는 소수 집단의 수중에 달려 있는 것이 아니라 신자들 전체의 수중에 달려 있다.

[13] **그러면 밖에 있는 사람들은 어떻게 될 것인가? 밖에 있는 사람들**(분명히 1절의 여인 —본장에서 심판받지 않은— 과 같은 사람들)은 **하느님이** (추측컨대, 마지막 날에) **심판하실 것입니다.** 여기서 하느님의 판결은 사람들이 예기치 못하는 것이고 또한 그것은 실로 올바른 그리스도교인들에게 대단한 놀라움을 안겨줄 수 있는 것이다(9, 27 ; 10, 12 ; 마태 7, 22·23). 바로 이런 사실이, (앞의 주해) 그리스도교인이 심지어 사도조차도 조직화된 교회구조 밖에 있는 사람들을 심판할 권한이 없다는 데 대한 이유이다. "심판할 것이다"로 번역된 동사는 현재 시제 "심판하다"로 이해할 수도 있다. (3인칭 단수형태의) 이 두 시제 사이의 차이는 액센트에 있으며, 이 두 시제는 가장 오래된 신약성서 사본들에서는 쓰이지 않고 있다(κρινεῖ 미래 ; κρίνει 현재 ; 같은 문제가 로마서 3장 6절에서도 제기된다). 두 시제 사이의 차이는 오직 이 귀절의 일반적 의미에 근거해서만 결정지을 수 있다. 하느님이 이 세상을 여기서 지금 심판한다('이 동사는 확실히 현재형으로서 강조된 것이다. 그것은 하느님의 일반적 속성을 진술하는 것이다'—Robertson-Plummer)라는 말은 의미가 잘 통하고 맞는 말이다. 그러나 하느님이 이후로 세상을 심판할 것이라는 말이 보다 무리가 없고 바울로적인 것 같다(비교. 로마 2, 5 ; 사도 17, 31).

마지막으로 바울로는 다시 한번 전체 단락의 중심 요지가 무엇인가를 돌이켜 강조한다. 밖에 있는 사람들에 대한 심판을 하느님에게 맡기는 것이 안전할 수 있다. 그러나 교회는 타락한 교인들을 제거함으로써 그 순수성을 지켜야 한다. **여러분은 그 악한 사람**(아마 1절에서 말하는 간음한 사람, 일반적으로 사악한 사람들을 언급하는 것일 수 있다. 그러나 사악한 자, 곧 사탄일 개연성은 거의 없다)**을 여러분 가운데서 제거해야 합니다.** 이 말은 신명기 17장 7절에서 따온 인용문이다. 이와 유사한 표현이 19장 19절과 22장 21·24절, 24장 7절 등에 나온다. 이 표현이 구약성서에서 나오는 곳마다 그 동사가 단수로 되어 있음은 주목할 만하다. 여기서 동사는 복수이다. 이런 사실은 바울로가 이 단락 전체를 통해서 말했던 바와 일치한다. 축출은 결코 어떠한 사도의 권한도 될 수 없다. 그러한 권한이 행사될 경우, 그것은 (그리스도 아래서) 그 권한을 수중에 쥐고 있는 전체 공동체에 의해 행사되어야 한다.

*

다. 소　송　6장 1—11절

14. 소송이나 소송의 이유를 제기하지 말라 6장 1—11절

1 여러분 중의 하나가 다른 동료를 상대로 소송을 제기할 때 감히 어떻게
성도들 앞에서 고소하지 않고 불의한 사람들 앞에서 고소합니까? 2 성도가
세상을 심판하리라는 것을 여러분은 알지 못합니까? 세상이 여러분에게 심
판받아야 한다면 여러분은 지극히 작은 사건 하나도 심판할 수 있는 사람이
못되겠읍니까? 3 우리가 천사들도 심판하리라는 것을 여러분은 알지 못합
니까? 그렇다면 하물며 일상적인 일들이겠읍니까! 4 그런데 일상적인 사
건을 다루기 위한 법정을 개정할 때 여러분은 어찌하여 교회에서는 대수롭
지 않게 여기는 사람들을 재판관으로 임명하는 것입니까? 5 나는 여러분을
부끄럽게 하려고 이 말을 합니다. 여러분 가운데는 형제들 사이에 옳고 그
름을 결정할 수 있는 지혜로운 사람이 하나도 없으며, 6 그래서 형제가 형
제를 고소하고 또 그것을 불신자들 앞에서 고소하는 것입니까? 7 실은 여
러분이 서로 소송을 제기한다는 그 자체가 이미 전적으로 여러분의 패배를
말하는 것입니다. 왜 부당함을 그대로 당하지 못합니까? 왜 빼앗김을 그대
로 당하지 못합니까? 8 그래야 할 것인데 여러분은 도리어 자신이 불의를
행하고 속여 빼앗고 있읍니다. 더군다나 그것을 형제들끼리 하고 있읍니다.
9 또는 불의한 자들이 하느님의 나라를 차지하지 못하리라는 것을 여러분은
알지 못합니까? 스스로 속지 마시오. 음란한 자나 우상숭배자나 간음하는
자나 탐색하는 자나 남색하는 자나 10 도둑질하는 자나 욕심부리는 자나 술
주정군이나 남을 중상하는 자나 남의 것을 약탈하는 자들, 이런 자들은 누
구도 하느님의 나라를 차지하지 못할 것입니다. 11 여러분 중에도 이런 사
람이 더러 있었읍니다. 그러나 여러분은 주 예수 그리스도의 이름과 하느님
의 영으로 씻음을 받아 거룩해졌으며 또 의롭다함을 얻었읍니다.

바울로는 성생활과 관련하여 교회 규율의 주제를 마무리짓지는 않았다(참조. 6,12 ; 7). 그러나 5장 12·13절에서 바울로는 심판에 대해 말한 바 있으며 이 심판에 입각하여 그는 (아마 글로에 집사람을 통해: 1,2, 또는 스테파나와 그의 동료들을 통해 : 16,17. 그러나 7장 1절에

서 언급된 편지를 통해서라고 보기는 어렵다) 그가 전해들은 고린토교 *
인들 생활의 또 다른 양상을 떠올리게 되었다. 이것은 그의 서신의 어느 부분에서인가 한번 다루어졌음에 틀림없고 여기에 적절하게 도입되었다. 그리스도교인들끼리의 소송이 세속적인 이교도의 법정에서 제기되었던 것 같다. 바울로는 다음의 두 가지 근거에서 이같은 행위를 비난한다. 첫째 그리스도교인들은 자기네들 사이에서 일어난 분쟁을 자신들의 법정에서 해결할 수 있어야 한다(1—6절). 둘째 그들은 결코 서로 분쟁을 일으켜서는 안 된다(7·8절).

[I] **여러분 중의 하나가 다른 동료를 상대로**(이 말은 그 이외의 다른 사람을 뜻할 수도 있다. 그러나 문맥상으로는 동료 그리스도교인을 가리킨다) **소송** (바울로는 흔히 공적인 사건을 가리키는 말인 *πρᾶγμα*를 쓰고 있다)**을 제기할 때 감히 어떻게 성도들 앞에서 고소하지 않고 불의한 사람들 앞에서 고소합니까** (어조가 강한 말이다. 비교. 로마 5, 7 ; 15, 18. 바울로는 이와 같은 행동이 하느님과 교회를 모독하는 것임을 시사한다)? "성도들"이나 "불의한 사람들"은 만족할 만한 번역이 아니다. 아마 각각 "그리스도교인들"과 "비그리스도교인들"로 번역하는 것이 오히려 나을 것이다. "불의한"이란 말에서 바울로는 로마의 법정이 불공평했음을 뜻하지는 않는다. 로마의 정부와 그 행정장관들에 대한 바울로의 견해에 대해서는 로마서 13장 1—7절을 참조하라. 또한 그에게는 고린토에서 갈리오의 공정함에 대해 감사해야 할 구체적인 이유가 있었다(사도 18, 12—17). 이 말은 도덕적인 의미로가 아니라 종교적인 의미 —그리스도를 통해 의롭다 함을 얻지 못한, 또는 하느님과의 올바른 관계를 맺지 못한— 로 이해해야 한다. 이와 비슷하게 "성도들"(비교. 1, 2)이란 반드시 도덕적인 뜻을 지닌 것은 아니다. 성도들이란 하느님의 백성을 지칭하는 말인데, 그들은 하느님이 도덕적으로 선하듯이 도덕적으로 선해야 하지만 대개 그렇지 못하다. 요지는 단순히 하느님의 백성들 사이에서 일어나는 사건들이 자체적으로 해결되어야 한다는 것이다. 이것은 (다음의 귀절들에서 시사하듯이 전적으로가 아니라) 부분적으로 내부의 창피스러운 일을 외부에서 처리하도록 맡기지 않는다는 원칙적인 문제이다. 그리스도교인들은 이교도인 이웃들에게 좋은 인상을 주려고 하는 소망을 유다인들로부터 이어받았다(윤리적인 동기로서 이러한 소망이 지닌 중요성에 대해서는 10장 32절과 비교하고 다음을 참조하라 : W.C. van Unnik, "Die Rücksicht auf die Reaktion der Nicht-Christen als Motiv in der altchristlichen Paränese," in ***Judentum-Urchristentum-Kirche, Festschrift für Joachim Jeremias*** (1960), 221—34). 이와 비교할 수 있는 쿰란종파의 태도 —그들은 그들 자신의 공동체 내의 법적 절차들에 대해 상세한 규정을 만들었다— 에 대해서는 M. Burrows, ***The Dead Sea Scrolls***, 1956, 235을 참조하라. 맨슨(***Studies***, 198)은 이러한 소망이 고린토의 유다교 집단에서 생긴 것임을 지적한다. 바울로는 그들을 능가하긴 하지만 이점에서 그들과 의견을 같이 한다. 분쟁을 유다교 공동체 내에서 해결하는 것이 유다의 관습이었고(*S.B.* iii. 362—63) 이와 똑같은 관행을 * 따랐던 그리이스와 로마의 사회단체들과 종교집단들이 있었다. 그런 상황에서 보다 강력한 근거(이하 참조)를 가지고 있는 그리스도교인들이 이와 같이 분쟁을 해결할 수 없다면 얼마나 수치스러운 일인가!

〔 2 〕 성도(비교. 1, 2 ; 하임이 지적한 바대로 특정한 계층의 재판관들이나 통치자들이 아니라 모든 그리스도교인들)가 **세상을 심판하리라**(또는 현재시제로 '심판하다.' 5장 13절에서처럼 그 시제가 모호하다. 그러나 여기서 3절은 결정적으로 미래시제가 의도된 것임을 보여준다)**는 것을 여러분은 알지 못합니까?** (즉 '만일 여러분이 나의 처음의 진술에 동의하지 않는다면 아마 여러분은 모를 것이다'를 뜻하는 말일 수 있다). 이 말은 바울로가 교회 밖의 사람들을 판단할 권리를 부인하는 5장 12절과 잘 연결되지 않는다. 이에 대해서 5장 12절은 현재 교인들이 행하고 있는 마치 검열관이 하는 것과 같은 비판을 언급하는 것이고 반면에 6장 2절은 하느님의 백성이 마지막 날에 심판에 참여함을 언급하는 것이라고 설명할 수 있다. 성도들이 세상을 심판하는 일에 대해서는 많은 묵시문학 작품들에서 언급되고 있다(C.H. Dodd, ***According to the Scriptures*** (1952), 68은 바울로의 이 귀절을 다니엘 7장 22절에 대한 언급으로 간주한다. 비교. 지혜 3, 7·8 ; 에녹 1서 1, 9·38과 다른 귀절들 ; 희년서 14, 29 ; 참조. 마태 19, 28 ; 루가 22, 30 ; 묵시 20, 4). 그러나 여기서 바울로는 그러한 사상을 새롭게 적용했다. **여러분에게서**(직역하면 "여러분 가운데서" ἐν ὑμῖν. 이는 아마 파피루스 문서에서 발견된 전치사의 전문적인 용법, "여러분의 부서에서"를 연상케 한다 : 참조. *M.* i. 103. 그러나 법정이나 재판소를 가리키는 용법은 고전적인 것이다 : 참조. Lightfoot) **세상이 심판을 받아야 한다면 여러분은 지극히 작은 사건 하나도 심판할 수 있는 사람이 못되겠읍니까?** 단순히 '대전제에서 소전제를 이끌어내는' 논증이다. 즉 그리스도교인들은 세상에서 그들 앞에 제기될 수 있는 그러한 사

건들을 심판하기에는 그들 자신이(또는 그들의 형제들이) 하찮은 존재라고 하는 이유를 내세울 권한이 없다. 마지막 심판 때의 미래의 판사들은 이미 현 세대의 재판들을 다룰 만한 능력을 갖춘 사람들이다.

[3] 우리가 천사들도 심판하리라는 것을 여러분은 알지 못합니까? 그렇다면 '하물며' (μήτι γε. 이 말의 발전된 의미에 대해서는 L.S. 참조 ; 또한 *M.* i. 240) 일상적인 일들이겠읍니까? 마지막 날에는 "천사들"뿐만 아니라 인간들이 하느님의 법정에 나타날 것이다. 바울로의 어법에 있어서 천사들의 일반적인 범주에는 착한 천사뿐만 아니라 악한 천사도 포함된다(예. 고후 12,7 : "사탄의 천사"). 로마서 13장 1절에서 천사들이 국가 배후에 있는 참된 권위자들을 뜻하는 것인지가 확실한 것은 아니지만 (나의 해설과 언급들 참조), 만일 이러한 견해가 받아들여진다면 그것은 천사들도 심판하게 될 그리스도교인들이 세상 법정에 굴복해서는 안 되는데, 이런 법정은 그리스도교인들이 심판할 대상인 천사들의 권위 아래 놓여 있기 때문이라는 바울로의 논증을 분명하게 밝혀준다. "일상적인 일들"이란 단지 현재의 생활과 관련된 문제들을 의미한다.

[4] 그러나 4절에서 이 형용사는 명사 "법정"을 수식한다. 그런데 일상적인 사건(아마 '일상사들에 관련된 사건들.' 그러나 방금 언급한 대로 명사 "심판"κριτήριον이 2절에서 사용된 바 있다. 이런 사실로 해서 "사건들"이란 말 뜻이 아주 급격하게 바뀔 것 같지는 않다. "세속적인 심판" βιωτικὰ κριτήρια에 대해서는 바우어의 이 두 말에 대한 해설 참조)을 다루기 위한 법정을 개정할 때 여러분은 어찌하여 교회에서는 대수롭지 않게 여기는 사람들을 재판관으로 임명하는(직역하여 "앉히는") 것입니까? 번역상 목적어가 분명하게 제시되지 않은 것 같다 : "하잘것 없는 사람들"이 보다 나은 번역일 것이다. 요지는 하느님의 법정 재판에서 재판을 하게 될 사람들로 이루어진 공동체가 로마 총독 —그가 아무리 법적 훈련과 경험과 천성적인 미덕을 갖추었다고 해도 하느님의 백성에 속하지 않은 그러한 사람— 앞에 선다면 어리석은 짓이라는 점이다. 동사 "재판관으로 임명하다"(καθίζετε)는 여기서 서술문 또는 의문문으로 간주되어 왔다. 그것은 명령형으로 볼 수도 있다. 그럴 경우 의미는 다음과 같을 것이다. 즉 "만일 반드시 일상적인 사건의 소송을 제기해야 한다면, 여러분은 교인들 가운데 가장 미약하고 멸시받는 사람들을 가려내어 *

그들을 재판관으로 임명함으로써 여러분이 그러한 소송사건들을 하찮게 여긴다는 것을 보여주십시오"가 될 것이다. 이러한 번역은 문법상 가능하긴 하지만 (또한 고린토의 세속적인 재판관들을 "임명하는" 일은 교회의 권한 밖의 일이었기 때문에 엄격한 의미에서 καθίζειν이라는 동사에 본문의 번역보다 훨씬 잘 부합하긴 하지만) 채택할 수는 없다. 왜냐하면 바울로는 가장 하찮은 교인들에 대해서라 할지라도 이같이 경멸적이거나 (앞의 말들을 달리 이해한다면) 반어적인 방식으로는 말하지 않고 있으며(1장 26절의 말은 아주 다른 맥락에 놓여 있다), 또한 그가 그렇게 함으로써 고린토교회 내에 오해를 불러일으키려 하지도 않았을 것이기 때문이다. 모든 그리스도교인은 교회에서 소중한 존재이다. 또한 이 반어적 표현은 오만한 교인들의 말을 인용한 것이라는 시사가 전혀 없다.

〔 5 〕 다음의 말은 현재의 해석을 확증해준다. **나는 여러분을 부끄럽게 하려고 이 말을 합니다.** 내 말을 여러분이 읽을 때 여러분 자신에 대해서 또 여러분이 이교 법정에 의뢰한 일에 대해서 부끄러움을 느끼게 되길 바랍니다. 4장 14절과 비교하라. 바울로는 여기서 그가 (상처입고 무시당한 사도로서) 개인적으로 전혀 관련이 없기 때문에 보다 자유롭게 말한다. 명령법으로 받아들여 "임명할" 권한이 있는 것으로 본다면 또 "교회에서는 대수롭지 않게 여기는 사람들"이 하찮은 그리스도교인들을 의미할 경우에, 그 요지는 이럴 것이다 : 내가 이 말을 하는 것은 여러분이 실제로 이와 같은 법정을 개정하도록 하기 위해서가 아니라 여러분이 부끄러움을 느
* 끼게 하려는 의도에서이다(이렇게 알로는 제안한다. 비교. Bachmann). 그러나 이것은 훨씬 개연성이 적다.

〔 5·6 〕 바울로는 그의 불평을 되풀이해서 말한다. **여러분 가운데는 형제들**(비교. 1,1. 그러나 여기서 이 말은 특히 중요하다) **사이에 옳고 그름을 결정할 수 있는**(직역하여 '해결해 줄' 〔미래〕. 그러나 이것은 영어의 관용어라기보다는 그리이스어적이다) **지혜로운 사람**(아마 오만한 고린토인들의 지혜에 대한 반어적인 언급일 것이다—비교. 8,1. 그러나 바울로는 유다교의 ḥakam, 즉 재판관 역할을 할 수 있는 라삐에 비해 등급이 낮은 학자를 염두에 두었을 것이다)**이 하나도 없으며**(οὕτως οὐκ ἔνι), **그래서 형제가 형제를 고소하고 또 그것을 불신자들 앞에서 고소하는 것입니까?** 일반적인 흐름이 분명하긴 하지만 문장의 후반부는 매우 불확실하다. 따라서 "하나도 없으

며" 다음에 의문부호를 붙일 수 있을 것이고 의문문이거나 아니면 서술문인 새 문장을 "그래서(직역하면 그러나) 형제가 … 고소하고…" 라는 말로 시작할 수 있을 것이다. "해결하다"로 번역된 동사는 단순동사 "재판하다"(κρίνειν)가 아니라 복합동사 "판별하다"(διακρίνειν)이다. 이 동사의 용법에 대해서는 4장 7절, 11장 29·31절, 14장 29절과 비교하라. 이 귀절에서 복합동사를 사용한 데에 의미상 큰 차이가 있는지는 의심스럽다. 복합 전치사(διά)가 도입된 이유는 다음에 나오는 문귀가 두 형제 "사이에서" 결정을 내림을 시사하기 때문이다. 그러나 여기서도 역시 "그의 형제들"은 직역하면 "그의 형제"(단수)인 그리이스어에 대한 번역이라기보다는 의역이기 때문에 난점이 있다. 단수인 "형제"로서는 의미가 통하지 않는다(그러나 비교. 시락 25,18; 묵시 7,17). 본문은 훼손된 것이거나(이와 같은 주장이 *M.* i. 99에 나온다. 그러나 Robertson, 409, 648은 이와 반대이다) 아니면 바울로 자신이 급히 서둘러 써서 문장을 미완성인 채로 남겨두었을 것이다(비교. *M.* iii. 23 〔*B.D.* §139를 따름〕: 단수가 쓰인 것은 '일반적인 경우라기보다는 셈어의 영향과 그에 따른 생략으로 인한 복합적인 결과로 보는 것이 더 그럴 듯하다'). 현재의 번역이 실제로 바울로가 뜻한 바의 의미를 나타낸다는 것은 거의 의심할 여지가 없다. 교회의 교인들이 동료 교우들보다도 불신자들에게서 옳고 그름을 가려내기가 더 쉽다고 생각한다면 그 교회는 문제가 있는 교회다.

〔 7 〕 바울로는 이제 보다 심하게 고발한다. **실은**(μὲν οὖν) **여러분이 서로 소송**(1절에 나온 말인 πρᾶγμα가 아니라 여기서는 κρίμα이다. 전자는 본래 일반적인 용어로서 그 문맥에서는 하나의 법적 결정을 제시하는데 후자는 반드시 법정적 용어이다) **을 제기한다는 그 자체가 이미**(ἤδη, 즉 어떻게 이 사건을 조정해야 하느냐는 문제에 미처 우리가 이르기도 전에) **전적으로**(ὅλως) **여러분의 패배**(또는 도덕적 패배라는 의미에서의 "패배"ἥττημα. '가장 진실한 그리스도교인의 견지에서 볼 때 여러분은 그것을 법정에 제기함으로써 이미 그 사건에서 패배한 것이다'—Harris)**를 말하는 것입니다.** 제삼자(그가 누구이든 간에)에게 판결을 요청하라는 주장이 있었다는 사실은, 사랑은 폐하고(참조. 13장) 그 대신 획득하거나 보유하려는 이기적인 욕망으로 대치되었음을 입증해주는 것이다. 이것이 사실인 한, 이런 그리스도교인들은 더 이상 그리스도교인이 아니며 그들은 패배를 당한 것이다. 어려운 길이긴 하나 더 좋은 길이 있다. **왜 부당함을**

그대로 당하지 못합니까? 왜 빼앗김을 (또는 패배를) 그대로 당하지 못합니까? *M.* iii. 57은 동사 "부당함을 입은," "빼앗김을 당한"(ἀδικεῖσθε, ἀποστερεῖσθε)을 "개념상 자동사적인 능동태"(사기 또는 손실을 '당하게 하다')인 중간태로 간주한다. *B.D.* §314도 이와 유사한 결론에 이르긴 하지만 그 동사들을 수동태로 간주한다. 바울로는 여기서 예수의 가르침에 호소할 수 있었을 것이다. 그 예로 마태오복음 5장 39—42절을 참조하라. 그가 그렇게 하지 않는다는 사실은 아주 큰 문제를 제기하는 것이므로 이 주석서의 논의과정에서 다룰 수는 없다. 바울로가 예수의 가르침을 몰랐을까? 고린토교인들은 예수의 가르침을 아주 잘 알고 있었으므로 그들에게 그것을 상기시켜 주는 것이 필요없다고 그는 생각한 것일까? 아니면 바울로는 (그가 7, 10 ; 9, 14에서 그랬던 것처럼) 주의 권위에 호소하지 않아도 될 만한 타당한 이유가 있었을까? *Romans*, 241을 참조하라. 오직 신약성서만이 이런 형태의 가르침을 포함하고 있는 것은 아니다. '희랍의 도덕철학도 악을 감수하는 것이 악을 행하는 편보다 차라리 더 낫다는 것을 알고 있었다는 것을 지적할 수 있을 것이다' (Héring). 예를 들어 Plato, *Gorgias* 509 c, "우리는 악을 행하는 것은 보다 큰 악이고 악을 감수하는 것은 보다 작은 악이라고 말한다"를 참조하라.

[8] 바울로가 그리스도교인의 이상을 제시한 것일 수 있다. 그러나 이 이상은 고린토교회에서 성취되기는 커녕 추구되지도 않는다. **여러분은 도리어 자신이 불의를 행하고 속여 빼앗고 있읍니다. 더군다나 그것을 형제들끼리 하고 있읍니다.** 고린토의 그리스도교인들이 서로 고소를 하고 손해를 입혔다는 구체적인 사례를 우리는 모른다. 소송은 5장 1절에서 언급된 사건들에서 제기될 수 있었을 것이다. 고린토 후서 7장 12절과 비교하라. 바울로는 고린토인들의 행위에 따른 치명적인 결과들을 제시함으로써 자신의 주장을 계속한다. 9절의 "불의한"은 7·8절에서 사용된 동사인 "불의를 행하다"(ἀδικεῖν)에 일치하는 형용사(ἄδικος)이므로 그 연관성은 영어로 보다는 그리이스어로 더 쉽게 볼 수 있다. 사상의 연관성은 중요하다. 그러나 그렇다고 해서 "방어적인" 소송에 관련된 사람들도 불의한 자들이며 음행자들, 우상숭배자들 등과 마찬가지로 하느님의 나라에 들어갈 수 없다는 바르트의 주장(*C.D.* Ⅲ. iv. 429)에 이를 정도는 아닌
* 것 같다. 9절부터 시작되는 새로운 소단락은 바울로가 독자들에게 그들이 잊어 버렸을까봐 염려하여 진리를 상기시키기 위해 가끔 사용한

말의 형식에 따라 도입될 것이다.

[9] **또는 불의한 자들이 하느님의 나라를 차지하지 못하리라는 것을 여러분은 알지 못합니까?** "하느님의 나라"라는 용어는 바울로가 자주 사용하지 않는 용어이다("그리스도의 나라"에 대해서는 15장 24절 참조). 그는 (15장 24절이 그리스도의 나라뿐만 아니라 하느님의 나라에 대해 언급하고 있는 것으로 간주할 경우 그 귀절을 포함하여) 열 군데 중에서 네 곳(6, 9·10 ; 15, 50 ; 갈라 5, 21)에서 하느님의 나라를 차지한다는 (또는 차지하지 못한다는) 내용으로 말한다. 적어도 이 귀절들에서(비교. 마태 6, 10 ; 루가 11, 2, 다른 신약성서 귀절은 말할 것도 없다) 하느님의 나라는 미래의 복과, 하느님이 만유의 주가 되고 악의 세력이 극복되는 축복의 때(참조. 15, 28)를 언급하는 것임에 틀림없다. 규정상 불의한 자들은 이 미래의 의의 나라에 참여하지 못할 것이다. 바울로는 여기서(앞의 1절과 대조) "불의한"을 엄격하게 도덕적 의미로 이해하며 더 나아가서 불의한 자들의 예를 구체적으로 제시한다. 이것은 분명히 특히 고린토에서의 바울로 자신의 관찰에 근거해서 선택되었으며, 그러나 당시의 이교와 헬레니즘적 유다교의 악덕 목록들과 밀접한 병행을 이루도록 작성된 것이다. W.L. Knox, *Some Hellenistic Elements in Primitive Christianity* (1944), 5에서 인용된 병행귀들을 참조하라. **스스로 속지 마시오**(그리이스어의 디아트리베〔그리이스 철학자들이 대중 앞에서 했던 대중설교, 오늘날에는 논쟁문〕에서 자주 사용되는 말이다. 그러나 비교. 15, 33 ; 갈라 6, 7 ; 또한 루가 21, 8 ; 야고 1, 16. 바로 이같은 경우들에서 사람들은 하느님은 자신의 도덕적 요구들을 진지하게 내세우지 않는다고 생각함으로써 스스로를 기만하게 된다). **음란한 자나**(넓은 의미로 받아들인 것임. 참조. 1절과 그 주들) **우상 숭배자나 간음하는 자나 탐색하는 자나 남색하는 자나**(각기 남자들끼리 동성 연애관계에 있는 능동적이거나 수동적인 파트너들)

[10] **도둑질하는 자나 욕심부리는 자나**(비교. 앞의 11절과 그 주들) **술주정군이나 남을 중상하는 자나 남의 것을 약탈하는 자들**(만일 "약탈하는 자들" ἅρπαξ가 "도둑" κλέπτης와 구분된다면 그 말은 범행에 폭행이 뒤따르는 것을 가리킬 수도 있다), **이런 자들은 누구도 하느님의 나라**(앞의 주해 참조)**를 차지하지**(구약성서적인 의미로는 "소유하지" : 비교. 창세 15, 7 ; 또한 예. 마태 5, 5 ; 베전 1, 4) **못할 것입니다.** 앞서 언급된 병행귀들에도 불구하고 바울로는 단순히 문자

적이거나 상징적인 말로 기술하고 있는 것이 아니라 기적들 중에 가
* 장 큰 기적, 즉 죄인들이 하느님의 권능에 힘입어 그들의 옛 생활로 부터 벗어나서 구원받은 죄인들의 교회를 언급하고 있는 것이다.

[II] 여러분 중에도 이런 사람이 더러 있었읍니다(ταῦτά τινες ἦτε). 칼빈은 "더러"(직역하면 "몇 사람" τινες)를 불필요한 말로 간주한다. 그러나 그 말이 없으면 의미가 잘 통하지 않을 것이다. 고린토인들 모두가 음란한 자들, 도둑질하는 자들 등등은 아니었지만 고린토의 회중 가운데는 여러 부류의 부도덕한 범인들이 있었다. 현대 그리스도교인은 고린토의 성도들이 범한 잘못을 성급히 정죄하기 전에 먼저 그들의 배경을 상기해야 한다. 배경이란 고린토의 성도들이 어떤 사람들인가를 말하는 것이다. 그러나(but은 동사마다 앞에 되풀이 된 것이다. 이것은 그리이스어로는 인상적이고 효과적이나 영어로는 그런 효과를 낼 수 없는 것 같다) 여러분은 주 예수 그리스도의 이름과 하느님의 영으로 씻음을 받아 거룩해졌으며 또 의롭다함(δικαιοῦν은 ἀδικεῖν "불의를 행하다"와 ἄδικος"불의한"을 되받는 것이다)을 얻었읍니다. 세 동사 가운데 두번째와 세번째 동사는 그리이스어로 수동태이다. 첫번째 동사는 중간태인데, 중간태란 단순히 재귀동사에 해당하는 것은 아니지만 보통 행동의 주체자를 가리킴과 동시에 수행된 행위를 지시하는 것이고 때로는 재귀동사로 가장 잘 번역될 수 있는 것이다. 여기서도 그와 마찬가지일 수 있다(영어로는 자동사 "여러분이 씻었다"가 이런 경우에 사용될 수 있었다). 그러나 동사(λούειν과 그 복합동사들)의 수동태는 드물게 쓰이므로 중간태가 수동태 대신에 쓰인 것으로 가정하는 것이 타당한 것 같다(A. Oepke, in *T.W.N.T.* iv. 306에서 이렇게 가정한다). 사도행전 22장 16절에는 똑같은 동사가 같은 태로 쓰였는데, 거기서 아나니아는 회심의 순간에 바울로를 권면하면서 "일어나 그 분〔그리스도〕의 이름을 부르며 세례를 받고 죄씻음을 받으시오"라고 말한다. "주 예수 그리스도의 이름"에 대한 언급은 세례를 염두에 둔 것일 수 있다. 그러나 ("여러분이 세례를 받았다" ἐβαπτίσθητε가 보다 쉽게 사용된 용어였다고 한다면) 비전문적인 말이 사용되었다는 사실은, 바울로에게 있어서 중요한 것은 세례 의식의 외적인 상황이라기보다는 내면적인 의미임을 시사해준다. 다른 곳에서 세례는 예수의 이름(예. 사도 2, 38 ; 바울로는 "그리스도와 연합하는" 것이라고 기술한다. 예. 로마 6, 3)이나 성령의 은사(12, 13)와 관련되어 나온다. 세례는 확실히 어른 신자가 스스로 택한 행위로 생각된다

(이것은 중간태 ἀπελούσασθε가 쓰인 이유일 수 있다. 고린토인들은 스스로 세례받기로 결정하였다〔Bachmann이 이렇게 제안함〕. 그러나 이 동사가 세례는 세례자 자신에 의해서 행해진 것이었음을 보여준다고 단언하는 것은 너무 지나친 것 같다. 비교. 1, 14·16). 그러나 신자의 결단 배후에는 그리스도 —그를 통해 용서를 받음으로 인간들이 죄로부터 구원받고 따라서 정결케 되는— 안에서의 하느님의 행위가 있다. "여러분이 씻음을 받아"가 그리스도교인들의 동의를 드러내는 것이라면 다른 두 동사는 하느님의 본질적이고 자발적인 활동을 강조하는 것이다. "여러분은 거룩해졌으며"는 윤리적인 발전단계를 가리키는 것이 아니며 또한 그것은 "여러분은 의롭다함을 얻었읍니다"에 선행하는 것일 수 없다. 그것은 오히려 "여러분은 하느님께서 자기 사람으로 부르시고 그의 거룩한 백성의 일원 —바울로의 말을 빌리면 성도(ἅγιος)— 으로 삼으신 자들입니다"를 뜻하는 것이다. "여러분은 의롭다함을 얻었읍니다"는 바울로가 여기서 이 말의 원래의 용법을 이어받았고 (Bultmann, *Theology*, 135 〔E.T., 136〕) 그 의미가 "여러분은 도덕적으로 의로와졌다"인 것으로 생각하는 학자들이 더러 있기는 하지만 이 문귀는 아마 자주 쓰이는 바울로적인 의미(여러분은 하느님의 법정에서 무죄로 되었다)를 지닌 것 같다. 그러나 이 귀절을 대체적으로 이해할 때 바울로는 고린토교인들이 선한 사람, 즉 완전히 거룩하고 의로운 사람으로 되었다고 말하는 것은 아니다. 그들이 도덕적인 덕을 지향하여 먼 길을 가야한다는 것은 문맥상 분명하다. 바울로의 주장은 그들의 죄가 컸을지라도 그들은 그리스도 덕택으로 죄로부터 자유로와졌으며 하느님과 연합하였고 무죄로 되었다는 것이다. 그러나 이 귀절에는 윤리적인 여운과 함축성이 담겨져 있다. 하느님이 행한 일 때문에 새 삶의 가능성이 그들에게 열려졌다. 그들은 (7절의 말을 빌리면) "누룩이 없는" 자들이다. 또한 이제 그들은 옛 누룩을 제거하고 순수와 진실함으로 그리스도교의 축제를 지켜야 한다. 여기서 바울로가 "우리들 내면의"(in nobis) 회심이라는 도덕적 결과, 곧 그리스도의 활동 —"우리들 앞에"(extra nos) 놓여 있고 "우리들을 위해"(pro nobis) 있는— 에 근거해 있고 또한 세례로 보증된 도덕적 결과를 언급하고 있다고 보는 것이 다음과 같이 가정하는 것보다 현재의 문맥에 훨씬 잘 들어 맞는다(그러나 10장의 문맥에는 적합하지 않다). 즉 '세례를 통한 그들의 내면적 변화에 대한 이같은 언급'을 통해 바울로는 그들을 위로하려는 것이 아니라 오히려 그들의 생각, 세례받은 자들로서

어떠한 내면적인 노력없이도 이전의 그들과는 전적으로 달라지게 되었다고 하는 그러한 생각을 냉소적으로 비웃고 있다(Schweitzer, *Mysticism*, 261)고 가정하는 것보다는 현재의 문맥에 더 잘 일치한다. 그들은 간음하는 자들 따위의 사람들이었으나 회심한 이후로는 더 이상 이런 자들이 아니다. 그러나 그들은 서로 법정 소송을 제기한다는 사실에서 그들의 불완전함을 보여준다. 이제 그들은 이미 신학적으로 그리스도의 거룩함과 의로움에 참여함으로써 거룩하고 의로운 자들이 된 것처럼, 도덕적으로도 완전히 거룩하고 의로운 자들로 되어야 한다.

"주 예수 그리스도의 이름으로"는 형식상 세례의식문에 근거한 것이다. 실제로 이것은 고린토의 그리스도교인들 가운데 행해진 전반적인 은혜의 활동이 예수 그리스도 안에서의 하느님의 활동과 그들의 그와의 관계에 의존해 있음을 지적하는 것이다. 이와 마찬가지로 "우리 하느님의 영"은 세례시에 받는 성령의 선물을 암시하는 것일 수 있지만 그러나 성령은 정결케 하는 대행자이고(참조. 로마 8, 8·9 ; 갈라 5, 22—25) 인의(認義)와 연관이 있다(참조. 로마 8, 4 ; 14, 17). "여러분 중에도 이런 사람들이 더러 있었읍니다"라는 말이 확인해 주듯이, 바울로는 독자들의 삶을 변화시켰던 회심의 체험을 이 귀절에서 그다지 일목요연하게 서술하지 않고 있다. 그리스도교의 설교 안에서 역사하는 성령에 의해 사로잡히고 확신을 품게 되면서 그들은 세례를 받아 그들 속에 생겨난 신앙을 표현하였으며 그들의 죄는 씻김을 받았고, 또한 그들은 하느님께로 좀 더 가까이 다가가게 되었다. 또한 하느님의 백성의 일원이 되었으며 성령의 능력으로 살아가는 의롭다함을 받은 신자들이 되었다.

결론부분의 말들 속에 드러나지 않게 매우 함축적으로 담겨 있는 삼위일체론을 주목해야 한다 : "주 예수 그리스도," "성령," "우리의 하느님." 삼위일체론의 신학은 적어도 그 신약성서적 틀에 있어서 사변에서 생겨난 것이 아니라, 그리스도교인들이 하느님께서 그들을 위해 또 그들 안에서 행하셨던 일을 말할 때 자주 그들이 이런 형태의 삼중 언어를 사용할 수밖에 없음을 발견하게 된다는 사실에서 기인한 것이다.

라. 분쟁의 근거 6장 12—20절

15. 분쟁의 근거 6장 12—20절

12 "나는 무엇이나 할 자유가 있다." 그러나 모든 것이 다 여러분에게 유
익한 것은 아닙니다. 나는 무엇이나 할 자유가 있읍니다. 그러나 나는 그
무엇에도 굴복당하지 않겠읍니다. 13 "음식은 배를 위한 것이요 배는 음식
을 위한 것이다. 그러나 하느님께서는 이것도 저것도 다 없애버리실 것이
다." 그러나 몸은 음행을 위해 있는 것이 아니라 주께 속한 것이며 주는 몸
에 속해 있읍니다. 14 하느님께서 그의 권능으로 주를 일으키셨으니 우리들
도 일으키실[1] 것입니다. 15 여러분의 몸이 그리스도의 지체라는 것을 알지
못합니까? 그런데 내가 그리스도의 지체들을 떼어내어 창녀의 지체들로 삼
는다면 그것이 될 말입니까? 결코 그럴 수 없읍니다! 16 창녀와 합하는 사 *
람은 그녀와 한 몸이 된다는 것을 알지 못합니까? 성서가 말하길 두 사람
이 한 육체가 되리라고 했기 때문입니다. 17 그러나 주와 합하는 사람은 그
와 한 영이 되는 것입니다. 18 음행을 피합시다. 사람이 짓는 다른 모든 죄
는 자기 몸 밖에 있는 것이지만, 음행하는 자는 자기 몸에 대하여 죄를 짓
는 것입니다. 19 여러분의 몸은 하느님으로부터 오셔서 여러분 안에 계신
성령의 성전이며 여러분 자신의 것이 아니라는 것을 알지 못합니까? 20 그
렇습니다. 왜냐하면 하느님께서 값을 치르고 여러분을 사셨기 때문입니다.
그러므로 여러분의 몸으로 하느님을 영화롭게 하시오.[2]

---

1) 사본들은 한결같이 이 동사의 시제를 달리한다. (P^{46}의 최초의 사본을 포함하여) 어떤 사본들에는 현재시제로 되어 있고, (P^{46}의 첫번째 개정사본을 포함하여) 어떤 사본들에는 미래시제로, 그리고 (P^{46}의 두번째 개정사본을 포함하여) 다른 사본들에는 단순과거(과거)시제로 되어 있다. 해당 주석을 참조하라.

2) 이 번역은 이 귀절의 원문대로 번역한 것이 분명하다. 그러나 주목할 만한 몇 가지 변형들이 있다. "하느님을 영화롭게 하시오" 대신에 라틴 사본에는 "하느님을 영화롭게 하고 그분을 전하시오"(et portate)라고 되어 있다. 이런 독법은 δή를 대신하는 그리이스어 변형 ἄρατε —이 변형은 후에 ἄρατε로 잘못 읽혀졌다— 에서 생겨난 것이라는 흥미있는 추론이 있다. 많은 사본들은 이 귀절의 끝에 "그리고 하느님께 속한 여러분의 영으로"라는 말을 덧붙이는데, 이런 독법은 특히 하느님께 마땅

9—11절은, 바울로가 5장의 말미에서 여운을 남겨두었던 성적 방종이라는 주제로 다시 돌아가는 적절한 계기를 마련해 주었다. 이 주제는 7장의 결혼에 관한 논의에서 바울로가 적극적으로 다루려고 하는 주제이다. 그러나 5장에서는 특정한 도덕적 행위에서부터 논의가 시작된 반면에, 여기서는 바울로가 고린토인들로부터 흘러나온 말(Corinthian Source)을 따온 것으로 보이는 하나의 진술 내지는 원리에서 논의가 시작된다. 이런 사실로 미루어 바울로는 고린토의 방종주의를 보다 깊은 차원에서 다룰 수 있었을 것이다. 그는 그 원리에 대한 논의를 8장 1—3절과 10장 23절에서 계속한다.

[12] 나는 무엇이나 할 자유가 있다. 이 말은 바울로가 단지 인용했을 뿐 고린토에서 통용되던 말이었다는 사실에 대해서는 일반적으로 견해가 일치하고 있다. 예를 들어 Moule, 196을 참조하라. 바울로는 이 말 자체에 대해서는 조건부 동의를 하지만 이 말에서 이끌어낸 결론들에 대해서는 동의하지 않음을 우리는 알게 될 것이다. 이 말은 어디서 나온 것이었을까? 가장 그럴 듯한 견해는 (8장 7—13절을 포함하여 전체 문맥을 주목해야 하는 10장 23절에서 이 말이 되풀이된다는 점에 비추어 볼 때) 이 말이 고린토의 영지주의 분파에서 내건 표어였다는 것이다(참조. 1, 12에 관한 주해. 또한 "Christianity at Corinth"). 우리는 2세기의 발전된 영지주의가 때로는 금욕주의를 지향하고 때로는 방종주의를 지향했음을 알고 있다. 영지주의의 물질에 대한 경시(참조. 13·18·19절)가 "나는 모든 것을 할 자유가 있다" —몸으로 행한 것은 아무것도 실제로 문제가 되지 않으며 따라서 무엇이든지 행할 수 있다— 고 하는 도덕적 무관심주의에로 이끌었을 것이다. 또 다른 견해로서 바울로 자신이 반유다교적 논쟁에서 사용하였던 말을 고린토인들이 인용한 것이라는 견해가 있다. 예를 들어 허드가 이렇게 주장한다(참조. 이책 서론 23면). 초대교회를 유다교의 율법주의에 결속시키려고 하였던 사람들에 대해서 바울로는 그리스도교인의 자유를 주장하였음을(참조. 9, 1 ; 갈라 5, 1) 이 말로 미루어 생각할 수 있다. 그렇다면 여기서 이 말은 바울로의 말로 돌릴 수 있다. 이런 견해는 가능하며 다른 견해와 결합될 수도 있는데, 그 이유는 고린토의 영지주의자들이 바울로가 다른 의미로 말했던 말을 그들 식의 의미로 사용했던 것일 수 있기 때문이다. 그러나 고린토의 영

*히 영광돌려야 할 영역인 "몸"에 대한 바울로의 언급을 약화시키는 것이다.

지주의 배경에서 볼 때 이 문장이 특별히 반유다교적인 것은 아니다. 여기서와 8·10장에서 자유가 논의되고 있는 영지주의적이거나 준 영지주의적인 문맥을 주목하고, 또한 몸의 자유에 대해 제시된 근거 —몸은 멸망할 수 있는 것이고 따라서 몸에서 나온 행동들은 중요하지 않은 것이다— 를 주목하라. 창녀와 관계를 맺을 권리에 대한 함축된 주장과, 7장에서 나타나는 결혼에 대한 고린토인들의 태도 —결혼은 가능한 한 피해야 하고 결혼한 사람들은 성적 관계를 피하는 것이 좋을 것이라는— 를 결부시킨 점에서 쉴라터는 옳다고 할 수 있다. 남편이 아내의 "순결"을 지키기 위해서 필요하다면 창녀에게서 성적 만족을 찾는 것이 올바른 행동이라는 주장이 고린토에서 (쉴라터의 제안에 의하면 특히 여자 교인들에게서) 제기되었을 수 있다.

"나는 무엇이나 할 자유가 있다." 바울로는 이 말에 반대하지는 않지만 그러나 모든 것이 다 유익한 것은 아닙니다 라고 덧붙인다("유익하다" συμφέρει. 봐이스의 많은 인용문들이 보여주듯이 이 말은 대중 철학에서 일반적이었다. 또한 바울로에게서는 10장 23절, 12장 7절, 고린토후서 8장 10절, 12장 1절을 참조하라). 그리스도교인의 존재는 유다교적이든 이교도적이든 영지주의적이든 —또는 원래 그리스도교적이든— 간에 그러한 규칙들의 준수에 달려 있는 것이 아니라, 오직 순수한 사랑으로 그 자신의 율법을 위반한 사람들조차도 받아들이시는 하느님의 자유로운 은혜의 활동에 전적으로 달려 있는 것이다. 그렇다고 해서 그리스도교인이 자유를 무책임한 방식으로 행사하는 것이 선하고 유익한 일이 되지는 않는다(비교. 갈라 5, 13; 또한 베전 2, 16). 진실로 사랑과 사랑에 근거한 행위만이 하느님의 백성의 덕을 세우는 것이므로(8, 1) 하느님의 백성에게 유익하다. 비록 율법에 대한 복종이 의인의 수단으로서는 전혀 인정받지 못하는 것이긴 하지만 하느님의 율법은 여전히 존속하며**도리어 그리스도 안에서 단일화되었고 강화되었다("그리스도의 율법": 갈라 6, 2). 또한 하느님의 율법은 불가피하게 사회의 붕괴와 인간 삶의 파멸을 초래할 것이기 때문에, 사람들은 그 율법을 구원의 길을 드러내는 것이 아니라 유익하지 않은 길을 드러내는 것이라고 간주할 수도 있다. 그리스도교인의 자유란 타인에 대한 관심에 의해 제한된 것이어야 한다. *

또한 그리스도교인의 자유는 자아의 참된 번영에 대한 관심에 의해 제한된 것이어야 한다. 나는 무엇이나 할 자유가 있읍니다. 그러나 나는 그 무엇에도 굴복당하지 않겠읍니다. 이 말은 약간 말재주를 피워 "모든 것

** 9,21

이 내 능력 안에 있으나 어느 것에도 예속당하지는 않겠읍니다"라고 번역할 수도 있지만 이는 좀 과장된 번역인 것 같다. 이 두 번역 중에 나오는 대명사 "어느 것"(ὑπό τινος)은 중성명사 —즉 "모든 것"(πάντα) 중에 하나— 로 받아들여야 한다. 가능성이 덜 하긴 하지만 그 대명사를 남성으로 취할 수도 있었다 : "나는 가령 내 지체들을 창녀에 맡김으로써 누군가의 힘에 나 자신을 예속시키지 않겠읍니다." 그러나 바울로의 사상은 이것보다는 훨씬 더 깊다. 왜냐하면 그는 자유의 명분 아래 스스로 노예가 되거나 또는 유익하지 못한 관행들과 자기 자신의 욕망의 지배하에 놓일 수 있음을 알고 있기 때문이다. 자기 자신이 월등한 영적 인간이라고 상상하여 자유롭게 창녀와 관계를 가진 고린토인은 그 자신이 "간음하지 말라"라는 명령보다 더 엄격한 권위의 제재를 받고 있음을 알게 될 것이다. 따라서 바울로는 어떤 의미에선 "무엇이나 할 자유가 있다"라는 표어를 받아들일 자세가 되어 있긴 하지만 그 표어에 엄격한 제한을 두려고 한다. 그리스도교인의 자유란 방종이 아니다. 그것은 방종이 자유 이상의 것이 아니라 자유 이하의 것이기 때문이다.

[13] 이 말은 아마 불확실하긴 하지만 인용을 계속하는 것이리라. 음식은 배를 위한 것이요 배는 음식을 위한 것이다. 그러나 하느님께서는 이것도 저것도 다 없애버리실 것이다. 이것은 음식법에 구애받지 않고 먹을 수 있는 자유에 대한 합리적인 주장인데, 영지주의적이라고 할 수 있을 것이다. 바울로가 이 말을 지어낸 것 같지도 않고 이 말과 예수의 가르침(마태 7, 19)과의 관련성에 주목하지도 않지만, 그는 이 말을 받아들이는 것 같다. 적어도 그는 앞의 진술에서 그랬던 것처럼(비록 여기서 중요한 첨가문을 덧붙이고는 있지만) 이 말에 제한을 두지는 않으며, 우상에게 바친 음식에 대한 논의(8, 8 ; 10, 25 이하)에서 그는 본질적으로 이와 동일한 입장을 취한다. 내가 무엇을 먹든지간에 그것은 뱃속으로 들어가서 여러 성분으로 분해될 것이다. 그리고 죽을 때 일정한 과정을 거쳐서 내 위
* 는 그것의 여러 요소들로 해체될 것이다. 소화과정과 죽음의 순간에 몸의 해체를 모두 결정하셨던 분은 하느님 자신이다. 우리가 이 음식을 먹을까 아니면 저 음식을 먹을까 하는 것이 어떻게 영원한 중요성을 띤 문제라고 생각할 수 있겠는가? 다음의 귀절뿐만 아니라 15장에 비추어 볼 때 바울로는 몸의 부활을 믿었기 때문에 이런 주장에 대해 제한을 두었을 거라고 생각할 수 있을 것이다. 그러나 그는 이

말에 제한을 두지 않았다. 우리는 그가 부활한 몸을 변형될 몸일 것으로 믿었다는 것을 상기해야 한다(참조. 15, 35—44 ; 고후 5, 1—5 ; 필립 3, 21). 더우기 알게 되겠지만 바울로가 말하는 "몸"이란 "배"와 같은 조직들의 신체적 복합체 이상을 뜻하는 것이다. 그럼에도 불구하고 15장 12절에서 언급된 불신앙에 대한 원래의 문맥은 육적인 행동들이 영원한 가치를 지닌 것이 아니라는 논증이었음이 사실일 수도 있다. 이하를 참조하라.

따라서 고린토인들의 주장은 음식법에 관한 한 타당하다. 그리스도교인들은 음식법에 얽매어 있지 않다. 바로 이 점에서 바울로는 그의 서신 왕래자들과 차이가 있다. 전체적으로 이 단락은 창녀와의 관계에 대한 것이다. 그래서 우리는 다음과 같이 주장한 사람들이 고린토 교회에 있었던 것으로 가정해 볼 수 있다. 즉 몸과 음식은 일시적인 것이므로 그리스도교인이 음식법에 관계없이 식욕을 충족시키는 일은 정당하며, 이런 식으로 고려할 때 가능한 한 가장 편리한 방식으로 성욕을 충족시키는 일도 정당할 것이라고 주장했던 사람들이 있었다고 가정해 볼 수 있다. 이런 진술에 대해서 (아마 그는 사람들의 이러한 진술을 지면에 옮길 수 없다고 느꼈던 것 같은데, 만일 그가 그렇게 했더라면 그의 논리는 좀 더 분명해졌을 것이다) 바울로는 아무런 제한도 두지는 않지만 즉시 부정한다. '그런 일은 금지된 것입니다. 그런 일은 본래 불가능합니다' (Barth, *C.D.* Ⅲ. ii. 305). 그러나 몸은 음행을 위해 있는 것이 아니라 주께 속한(또는 주를 위한) 것이며 주는 몸에 속해 (또는 몸을 위해) 있읍니다. 배는 음식을 위한 것이지만 몸은 음행을 위한 것이 아니다. 언어상의 변화가 중요하다. 배는 순수하고 단순한 물질이며 일시적인 것이다. 그러나 바울로의 어법에서 "몸"(σῶμα)은 동물체의 세포조직 이상을 의미한다. "자연적인 몸"도 영혼(ψυχή)이 들어 있는 물질이다. 자연적인 몸이 있다면 "영"(πνεῦμα)을 담고 있는 영적인 몸도 있다(15, 44). 사실 "몸"이란 바울로가 인간의 본성의 일부가 아니라 전인(全人)을 지시하기 위해서 사용한 여러 용어들 중의 하나이다. "배"는 잠시 사용하는 물질적인 기관이고, "몸"은 나 자신이다. 그러므로 고린토인들이 적용했던 것으로 보이는 주장은 잘못된 것이다. 왜냐하면 소화를 위한 위의 용도와 음행을 위한 몸의 * 용도 사이의 유비는 타당하지 않기 때문이다. 몸은 주를 섬기기 위한 것이고(비교. 로마 6, 12·13·19 ; 12, 1) 주는 몸을 위해 자기 자신을 내어 주었다. 그리고 여기서 의도된 바는, 이들이 현 세대에서 신자가 그리스도와 함께 나누는 약함과 고난 속에서(고후 6,10 ; 12,9·10) 또 그가 변모하게 될 영광의 상태 가운데서(15,51 ; 고후 5,1—5 ; 필립 3,21) 영원히 결속해야 한다는 것이다. 여기서와 본 단락의 나머지 부분을 통해서 바울로는 참으로 "그리스도에 속한"이라는 말이 무엇을 뜻하는가를 밝힘으로써 그리스도파의 방종주의적 주장들에 대해 답변하고 있는 것일 수 있다(Schlatter).

[14] 이제 그는 요지를 좀 더 분명히 한다. **하느님께서 그의 권능으로 주를 일으키셨으니 우리들도 일으키실 것입니다.** 성적 관계는 먹는 행위와는 달리 전인의 행동이므로 그것은 일시적인 물질적 지체들에 관련된 것이 아니라 연속적인 부활의 삶에 관련된 것이다. 이 귀절에서 바울로는 두 동사를 사용하는데, 그것은 "일으키다"(to raise: ἐγείρειν)로 번역된 단순형태와 "일으키다"(to raise up: ἐξεγείρειν)로 번역된 복합형태이다. 바울로가 영어 단어 'up'이 시사하는 것보다 더 큰 의미상 차이를 지적하려고 했는지는 의심스럽다. 그러나 보다 중요한 문제는 이 귀절의 끝에 나온 일군의 여러 독법들, 즉 "일으킬 것이다," "일으켰다," "일으킨다"에서 제기된다(참조. 176면의 주 1). 이 독법들은 각기 많은 사본에 의해 뒷받침되었고 진지하게 받아들일 정도로 초기의 것이다. 그러나 준쯔(256—57)는 고린토후서 4장 14절과 비교하는데 그것은 옳다. 미래시제만이 바울로가 요구하는 주장을 성립시킨다. "몸"은 단지 사멸할 것이 아니라 부활할 것이기 때문에 사람들은 몸을 음행의 도구로 사용해서는 안 된다.

[15] 다음의 귀절은 앞의 주장을 반복하고 강조하는 것이다. **여러분의 몸이 그리스도의 지체라는 것을 알지 못합니까**(일반적인 용법과 같이—비교. 6,2—그의 독자들은 마땅히 알아야 하지만 마치 모르는 것처럼 행동하는 경향이 있음을 바울로는 가리킨다)? 로마서 12장 5절과 골로사이서 1장 18·24절과 비교하라. 바울로는 몸의 비유를 여러가지 면에서 사용한다. 12장 12—27절에는 '그리스도의 한 몸'에 대해서 나온다. 여기서는 많은 인간의 몸들이 그리스도의 지체들이며 그것들은 제각기 그리스도와 연합해 있으며 (개념상) 그리스도가 뜻한 바대로 사용되도록 그의 처분에 맡겨져 있다는 것이다. 결론은 다음과 같다. **그런데 내가 그리스도의 지체들을 떼어내어 그것들을 창녀의 지체들로 삼는다면 그것이 될 말입니까?** 바울로는 이제 개인적인 말로 기술하면서 인간의 한 몸을 이루는 여러 지체들에

대해 생각하고 있으므로 몸의 상징은 약간 달라진다. 모두가 그리스도에게 속해 있고 (어떤 의미에서는 나의 것이긴 하지만) 실은 그의 것이다. 그가 자신의 것을 사용하는 것을 부인하고 그의 지체들을 창녀가 사용하도록 내가 내어주겠는가? 이와 같이 (실제로 그런 것처럼) 본다면 이것은 생각할 수 없는 진실이다. **결코 그럴 수 없읍니다!** 그러나 아마 고린토인들은 창녀와 관계를 갖는다고 해서 그리스도에게 속한 지체들이 떨어져나온 것은 아니라고 확언함으로써 바울로의 이러한 전제를 부인했을 것이다. 그들은 자기네들이 잘못되었다는 것을 성서가 입증하고 있음을 좀 더 잘 알아야 한다. *

[16] **창녀와 합하는**(*κολλώμενος*를 중간태로 취한 것이다. 이 말은 구약성서에서 성적 결합을 가리키는 말로 또는 종교적 의미로 쓰인다) **사람은 그녀와 한 몸이 된다는 것을 알지 못합니까?** "그녀와"(with her)는 그리이스어 본문에는 안 나와 있지만 영어로는 어쩔 수 없이 첨가해야 될 것 같다. **성서가 말하길**(그리이스어 본문에는 동사의 주어가 나오지 않는다. 의미상 아무런 차이가 없으므로 '성서'를 '하느님'이란 말로 바꿀 수 있을 것이다. 아니면 이 동사는 비인칭일 수 있다 : ~라고 한다) **두 사람이 한 육체가 되리라고 했기 때문입니다.** "몸"이라는 말이 언뜻 보기에 "육체"라는 말에 비해서 바울로의 논증에 더 잘 들어맞는 것 같다. 그러나 그는 창세기 2장 24절을 인용하고 있는 것이고 실은 거기에서 중요한 단계로 나아가게 하는 수단을 이끌어내고 있다. 그의 인간학에 의하면 "몸"이란 결단의 자리로서 인간의 자아를 대표하는 중립적인 용어이다. 몸은 죄의 종일 수도 있고 의의 종일 수도 있다. 만일 누군가가 자기 몸을 창녀의 처분에 맡겨 그녀와 한 몸이 된다면 그러한 몸은 그릇되게 전향을 함으로써 육으로 변할 것이다. 그런데 육이란 바울로에게 있어서 종종 나쁜 의미를 지닌 것, 즉 타락한 —육이 물질이기 때문이 아니라 그것이 전체적으로 하느님께로부터 벗어나 인간중심적인 삶을 영위하기 때문에 타락한— 인간의 본성을 의미한다(바울로에게 있어서 그러나 예외적인 경우들도 있다). 그러나 몸은 그 자체의 힘으로가 아니라 성령의 활동에 힘입어 옳은 방향에로 전향하고 하느님 중심적인 삶을 살 수 있게 하는 것이기도 하다. 이런 일이 이루어지면 몸은 육의 영역이 아니라 영의 영역에로 들어간다. 그 이유는 몸이 더 이상 물질이 아니기 때문이 아니라 몸 전체가 하느님의 영의 통제를 받기 때문이다.

[17] 따라서 창세기 2장 24절을 가지고 바울로는 계속 논할 수 있다. 그러나 **주와 합하는** (16절과 같이 *κολλώμενος*로 되어 있음) **사람은 그와 한 영이 되는 것입니다.** 16절에서와 같이 '그와'(with him)는 영어문장을 완전하게 하는 보충어이다. 주(그리스도)는, 인간이 성령 안에서의 삶을 의미하는 하느님 중심적인 존재로 되게 하는 수단을 제공한다. "육"으로부터 "영"에로의 변화에 비추어 볼 때 '그리스도 안에서의 존재'가 '남자와 여자의 육체적 결합'과 '동일한 특성'을 지닌 신체적 연합임을 입증하기 위해서 어떻게 슈바이처가 이 귀절을 인용할 수 있었는지(*Mysticism*, 127) 이
* 해가 잘 안 간다. 그렇다고 해서 그리스도와의 연합이 단지 (현대적 의미로) '영적인' 것이라고 말하는 것은 아니다. 그와의 연합은 먼저 그의 주도권을 통해서 가능한 것이며 신체적인 행동(비교. 20절 : '값을 치른')과 고난에서 표현된다. 둘째로 그것은 신앙을 통해서 또는 지체들 —그가 그것들을 샀으므로 법적으로는 그의 것인— 을 그에게 복종시킴으로써 가능하다. 바울로는 새로운 단락을 단호한 명령법으로 시작함으로써 이점을 보다 발전시킨다.

[18] **음행을 피합시다**(*φεύγετε τὴν πορνείαν*. 이 구문이 "…로부터 피하다" *φεύγειν ἀπό*로 되어 있는 10장 14절과 비교하라. Robertson, 471에 의하면 이 두 구문은 차이가 있다. 그러나 그는 그 차이가 무엇인지를 말하지 않으므로 알기가 어렵다). 그러나 단지 피하는 것이 아니라 철저히 떠나는 것이다. 음행의 유혹은 고린토에서 아주 일반적이었으므로 이것을 거부하기가 무척 어려웠을 것이다. 따라서 이를 피하려는 강력한 행동이 필요했을 것이다. 우상숭배도 이와 마찬가지였다(10, 14).

다음의 말은 주석상 곤란한 문제를 제기한다. **사람이 짓는 다른 모든 죄는 자기 몸 밖에 있는 것이지만, 음행하는 자는 자기 몸에 대하여 죄를 짓는 것입니다.** 다른 모든 죄들은 몸과의 관계에 관해서는 음행과 구별된다. 이런 구별이 타당한가? '실은 폭식, 술취함, 자해, 자살 등도 자기 몸에 대한 범죄들이다'(Lietzmann). 이런 난점을 극복하기 위해서 모울(196—197)은 "사람이 짓는 …몸 밖에 있는 것이지만"이라는 문장을 고린토의 방종주의자들이 내린 표어로 간주할 수 있다고 시사하였다. 이런 표어에 대해서 바울로는, 음행은 인격에 영향을 미치지 않는 방식으로 인격과 무관하게 행해지는 행동이 아니라 몸 자체에 대한 죄이므로 음행을 피해야 한다고 단언함으로써 응답한다. 그럴

듯한 이런 설명이 전적으로 만족할 만한 것은 못 된다. 왜냐하면 바울로의 응답이 일반적 진술을 인정하고 그 진술에 대해 원래의 문제에서 벗어난 예외를 제시하고 있는 것으로 보이기 때문이다. 바울로는 도덕철학서와 같은 방식으로가 아니라 오히려 부정확하게 기술하고 있다고 가정함이 옳을지 모른다. 이런 해석은 칼빈에게로 돌릴 수 있다: '내 설명은 이렇다. 즉 바울로는 우리 몸에 불명예와 수치를 가져다 주는 다른 죄들이 있다는 사실을 완전히 부인하는 것이 아니라 그는 단지 이런 다른 죄들이 음행과 똑같은 오점을 우리 몸에 남기지는 않음을 말하고 있다는 것이다.' 비교해서 말하자면 그 죄들은 "몸 밖에" 있다 (여기서 "몸"이란 말은 전 지체 —비교. 15절— 즉 하느님께서 인간이 자아를 표현하는 수단으로 주신 신체를 가리키는 용어이다). 음행이란 하느님께 대한 죄일 뿐만 아니라 상대방 또는 음행자 자신의 몸에 대한 죄인데, 여기서 음행자 자신의 몸이란 창녀에게가 아니라 주께 속하도록 의도된 것이고(13절) 만일 다른 목적으로 쓰인다면 잘못을 범하는 것이다. 여기서 바울로의 논증은 원래 창조된 인간은 남녀 양성 소유였다는 유다교의 신념(Daube, 79이하, 84)을 반영하는 것일 수는 있지만 이런 신념에 의존한 것은 아니다. 또한 바울로의 결론에 대한 스토아철학적인 병행귀들이 있긴 하지만 그것들은 다른 전제들로부터 다른 사유를 통해 이끌어 낸 것이다. *

〔 19 〕 바울로는 더 나아가서 보다 정확하고 강력한 말로 기술하기조차 하는데, 그것은 그가 이미 몸의 운명이 부분적으로 또는 예비적인 방식으로 이루어진 그리스도교인들에게 편지를 쓰고 있는 것이기 때문이다. **여러분의 몸은 하느님으로부터 오셔서 여러분 안에 계신 성령의 성전**(또는 성당; 비교. 3,16)**이며 여러분 자신의 것이 아니라는 것을 알지 못합니까?** (이 반어법적인 바울로의 표현법에 대해서는 16절 참조). 3장 16·17절(참조. 그 주들)의 말도 이와 유사하긴 하나 사상의 차이가 있다. 3장 16·17절에서 바울로는 성령이 거하는 곳으로서 공동체를 생각했던 반면에, 여기서는 보다 헬레니즘적인 병행귀들에 일치하여(많은 예들에 대해서는 Weiss 참조) 개인에 대해서 생각하고 있다. 비유를 사용하는 이 두 가지 방식 사이에 모순은 없다. 둘 다 옳으며 각기 적합한 문맥에서 사용된 것이다. 교회의 일치성과 순수성이 문제가 될 경우라면 바울로는 교회가 성령이 거하는 성전임을 상기시킬 것이다. 개인의 도덕적인 삶의 통일성과 순수성이 위협을 받을 경우라면 그는 성령이 각 그리스도교인 속에

내재하는 것이므로 성령의 전을 더럽혀서는 안 된다는 것을 상기시킬 것이다. 스토아 도덕가들도 이와 매우 유사하게 논증하였다(예. 3, 16에서 인용된 Epictetus). 신성한 영이 본성에 따라서가 아니라 은혜에 따라서 인간 속에 내재하는 것으로 이해되고 또 그리스도의 도덕적인 거룩함에 비추어서 생각된다면, 영에 대한 논증은 현실성과 설득력을 얻게 될 것이다.

"성전이며" 다음에 의문부호를 붙이고 새 문장을 "그리고 여러분은 여러분 자신의 것이 아닙니다"로 시작하는 데 대해서 상당한 논의가 있을 수 있다. 그러나 대체적으로 바울로는 이와 같이 문장을 단순히 * "그리고"(καί)로 시작했을 것 같지 않으므로 고린토인들이 다음의 두 사실을 결코 잊어버려서는 안 된다는 것을 상기시키는 의문문의 계속으로 보는 것이 더 좋을 것이다. 즉 성령이 그들 안에 거한다는 것과 그들은 그들 자신의 몸의 소유자들이거나 실로 그들 자신의 자아의 소유자들이 아니라는 것이다. 그들은 창녀를 위해서가 아니라 그리스도를 위해서 지음받았고 또 운명지워졌으며 그들 마음대로 지체를 사용할 권리가 없다. 또한 이것은 비단 창조에 관한 문제만은 아니다.

[20] '여러분은 여러분 자신의 것이 아닙니다.' 왜냐하면 **하느님께서 값을 치르고 여러분을 사셨기 때문입니다.** 인간이 하느님께로부터 자유로와지려 하고 자신이 주인이 되고자 했을 때(로마 1, 20—23 ; 5, 12—21에서 아담에 대한 언급 참조) 그는 죽음과 함께 지배하는 죄의 노예가 되었다(로마 5, 17 ; 6, 23). 그가 이러한 속박(특히 19절이 시사하듯이 자아에 대한 속박)으로부터 자유로와지는 것은 그가 이전의 피조된 상태, 즉 하느님의 아들이요 종으로 다시 돌아감으로써만이 가능하다. 그러므로 12절에서 그리스도교인의 자유에 대한 제한들이 부과되었다. 하느님께 대한 복종 안에서 누리는 그리스도교인의 자유는, 바울로가 (이곳과 로마 3, 24 ; 갈라 3, 13 ; 4, 5에서) 속량하심 또는 사들이심으로 서술했던 그리스도의 일을 통해 그에게 회복되었다. 노예가 '자유를 얻기 위해' 신의 명의로 댓가를 치렀던(비교. 갈라 5, 1) 노예해방 성식(聖式)의 과정이 물론 바울로에게 하나의 유비로써 제공되었을 것이고 또 유용한 용어를 제공해주었겠지만, 그러나 값을 치르고 자유를 얻는다는 기본 사상은 바울로가 이에 대해 여러가지 말이 아주 다양한 의미로 사용된 구약성서(예. 출애 6, 6 ; 13, 13 ; 룻기 4, 4 이하 ; 시편 103, 4 ; 이사 43, 1)로부터 이끌어낸 것이

다. "값을 치르고"는 지불된 값의 크기가 아니라 (불가타역은 이 말을 '큰 댓가' pretio magno로 받아들였긴 하지만) 거래가 공정하게 이루어졌고 끝났다는 사실을 강조하려는 의도를 담고 있는 것 같다.

문맥에 따라서 여기서 바울로는 값비싼 댓가를 치름으로 얻게 된 자유에 강조점을 두지 않고, 이미 구원받은 자들은 하느님께 봉사하기 위해서 자유로운 것이라는 사실에 강조점을 두고 있다. "하느님께서 값을 치르고 여러분을 사셨읍니다." 그러므로(δή) 여러분의 몸으로 하느님을 영화롭게 하시오. 이것은 부정적 의미, 즉 '여러분의 몸을 음행을 위해 사용해서는 안 됩니다'를 함축하고 있긴 하지만 이 말 자체는 긍정적 의미를 담고 있다. 그리스도교인들은 무엇을 하든지 간에 하느님의 영광을 위해서 해야 한다(10, 31). '여러분의 몸으로'를 덧붙인 것은 바울로의 특징이다(비교. 로마 12, 1). '이런 진술이 세네카에게서 유래했을 거라고 생각할 수는 없다. 세네카에 의하면 혼과 영으로는 신들을 영화롭게 할 수 있었지만 언제나 영의 순수성을 위협하는 하찮은 몸으로는 이렇게 할 수 없다' (Sevenster, *Seneca*, 76). 그러나 바울로에 의하면 몸의 지체들이 활동하는 구체적인 상황들 속에서 하느님은 섬김을 받는다. 후세대의 그리스도교인들이 이 진리를 포착하지 못했다는 사실이 다양한 독법에 반영되어 있다(참조. 이 책 176면의 주 2).

Ⅲ. 고린토로부터 온 편지 7장 1절—16장 4절

가. 결혼과 관련된 문제들 7장 1—40절

16. 결혼생활에 관하여 7장 1—7절

1 이제 여러분이 적어 보낸 여러 가지 문제에 대하여 말하겠읍니다. '남자
가 여자에게 접근하지 않는 것이 좋겠읍니다.' 2 그러나 음행하는 일들이
생기기 때문에 남자는 각각 자기 아내를 두고 여자는 각각 자기 남편을 두
도록 하십시오. 3 남편은 아내에게 남편으로서 옹분의 대우를 하고 이와 마
찬가지로 아내는 아내로서 남편에게 옹분의 대우[1]를 해야 합니다. 4 아내의
몸을 주관하는 것은 아내가 아니라 남편입니다. 이와 마찬가지로 남편의 몸
을 주관하는 것은 남편이 아니라 아내입니다. 5 다음의 경우를 제외한다면
서로 몸을 강탈해서는 안 됩니다. 다만 합의에 따라 기도에 전념하기 위하
여, 또한 그런 다음 다시 합하기 위하여 얼마 동안 서로 떨어져 있는 것은
무방합니다. 여러분은 자제하는 힘이 없기 때문에 사탄이 여러분을 유혹하
지 못하도록 하기 위해서입니다. 6 그러나 내가 이것을 말하는 것은 부탁이
요 명령이 아닙니다. 7 나는 모든 사람이 다 나와 같기를 바랍니다. 그러나
사람은 제각기 이 사람은 이런 방면으로 저 사람은 저런 방면으로 하느님께
로부터 받은 선물이 있읍니다.

성적인 난잡함이란 주제는 바울로가 5장 1절에서 처음으로 관심을 돌린 이후 그의 주의를 상당히 끌었던 주제이다. 이제 그는 2절이 열

1) 말하자면 그녀에게 부과된 성적 관계들. 많은 필사자들은 그녀의 의무라고 보는 것이 지나치다고 생각했으므로 "그녀가 베풀 권리가 있는 친절"이라는 말로 대치하였다.

꾓 시사하듯이 고린토의 일반적인 현상이 되어버린 도덕적 타락성에 비추어서 결혼을 생각할 수밖에 없었다 하더라도, 결혼과 관련된 주제를 전개하고 있다. 1—4장과 아마도 5·6장에서 논의된 문제들은 간접적으로 바울로에게 알려졌겠지만 본장(또는 다음 장들)의 주제들은 한 편지에서 고린토인들 자신이 직접 제기한 것임이 곧 드러난다. *

[I] **이제 여러분이 적어 보낸 여러가지 문제에 대하여 말하겠읍니다.** 이와 유사한 말("이제 무엇에 대하여" *περὶδέ*)이 7장 25절과 8장 1절, 12장 1절, 16장 1절 등에서는 특정한 주제들을 도입하는 데 사용된다. 고린토인들이 바울로에게 행위에 관한 특정한 문제들 또는 이와 비슷한 문제들에 대한 그의 충고를 구하는 편지를 썼었다는 것은 아주 그럴 듯한 견해이다. 그는 이따금 이 편지를 인용한 것으로 보이며 적어도 그 편지 내용의 일부는 바울로의 답변에서 재구성될 수 있다. 이점에 대해서는 비록 이책 서론 23면 이하에서 언급된 제한점들이 있긴 하지만 허드의 저서를 참조하라. **남자가 여자에게 접근하지 않는 것이 좋겠읍니다.** 이 말을 고린토인들의 편지에서 인용한 것으로 간주한다면 다소 난점이 완화될 것이다. 이것은 아주 그럴 듯한 가설이다(비교. 6, 12·13과 그 주해 ; 또 Jeremias, *Studia Paulina*, 151). 그러나 난점을 전적으로 제거할 수 없다. 왜냐하면 바울로 자신이 이 문장을 지어낸 것이 아니라고 해도 그는 직접적인 반대의 표시없이 이 문장을 인용하고 있고 단순히 결혼을 승인할 뿐만 아니라 결혼에서의 금욕생활을 반대하기 때문이다. 만일 바울로가 (그렇게 보이듯이) 고린토인들의 진술을 수긍한 것이라면 그 진술에 대해서 칼빈과 같은 방식으로 설명할 필요가 있는데, 칼빈은 '남자가 여자에게 접근하지 않는 것이 좋다'는 진술이 논리적으로 '남자가 여자에게 접근하는 것은 나쁜 일, 즉 나쁘고 악하고 죄스런 일임'을 뜻하지는 않는다고 지적한다. 결혼생활에서 나타나는 성적인 관계들은 나쁜 것이 아니다. 그러나 (이하에서 밝혀질 여러가지 이유들에서) 그러한 관계를 갖지 않는 것이 좋다. 여기서 독신생활을 찬성하는 제한들에 관해서는 Lightfoot를 참조하라. 문맥상 제시된 제한들은 고린토인들이 제시한 것이라기보다는 바울로가 제시한 것일 듯하다.

S.B. (iii. 367)에서 지적하듯이, 바울로가 이어받은 진술과 관련하여 "이 기본적인 진술은 고대 회당의 사상들에 일치하지 않는 것이었다." 바울로는 결혼에 대한 견해들을 자신이 자란 유다교의 환경으로부터 터득하지 않았다. 유다교에서 결혼은 인간에게 부과된 의무로 간주되었

다. 보다 중요한 사실은 바울로의 견해들이 구약성서의 견해들과 일치하지 않는 것 같다는 점이다. 특히 '남자가 여자에게 접근하지 않는 것이 좋다'에 상반되는 문귀인 '남자가 홀로 지내는 것이 좋지 않다' (οὐ καλὸν εἶναι τὸν ἄνθρωπον μόνον. 비교. 토비 8,6)를 제시하는 창세기 2장 18절을 참조하라. 창세기의 이 귀절은 죄로 인해 아직 신성한 결혼제도가 타락하지 않았던 타락 이전의 때를 언급하는 것이라고 (칼
* 빈과 같이) 말하는 것은 불완전한 대답일 뿐이다. 왜냐하면 구약성서 기자들은 이런 구분을 하지 않고 오히려 죄된 세상 속에서 하느님께서 정해주신 것으로 그들이 알았던 결혼제도를 옹호하기 위해서 창조설화를 이야기했기 때문이다. 뒷부분에서 바울로는 남자가 여자에게 접근하지 않는 것이 좋다는 진술에 대해서 아주 강력하게 제한을 두기 때문에 (불트만이 *Theology*, 199(E.T., 202)에서 그랬던 것처럼) 그의 태도가 금욕주의적이고 이원론적이며 따라서 구약성서에 모순된다고 말할 수는 없다. 결혼을 멀리 했던 철학자들이 제공한 병행귀들이 있다(참조. Betz, 75). 그러나 고린토인들의 태도는 그리스도교적 배경에서 형성된 것 같다. "독신생활에 대한 갈망은 유다교와의 모든 관계를 단절시키는 것이지만 바로 이러한 이유로 해서 그리이스적인 태도라고 할 수는 없다. 독신생활에 대한 갈망은 '나는 무엇이나 할 자유가 있다'라는 진술의 뒷받침에서만 생각할 수 있는 것이다. 그런데 이 진술은 그리이스 전승들과 관계가 있는 것이 아니라 유다교의 율법준수에 대한 그리스도교적 답변이었다"(Schlatter). 바울로에게 있어서 이 문제는 원칙적인 문제가 아니라 편의상의 문제이다. '좋다'라는 말은 도덕적인 의미로 쓰인 것이 아니다(헤링은 요나 4장 3·8절, 또한 창세기 2장 18절과 비교하고 '교회의 성원으로서 그리스도교인들에겐 더 이상 첫번째 아담이 지녔던 고독은 없다'고 말한다). 결혼하지 않은 상태는 여러가지 실제적인 이유에서 아주 좋은 것이며 그러한 독신상태를 유지할 수 있는 사람들은 행복하다. 그러나 결혼은 최악의 경우에라도 괴로운 것뿐이지 나쁜 것은 전혀 아니며 일종의 신성한 제도이기도 하다.

[2] 그 이상의 의미가 담겨 있다. "남자가 여자에게 접근하지 않는 것이 좋습니다"라고 고린토인들이 주장하는 것이 잘못은 아니다. **그러나 음행하는 일들이 생기기 때문에 남자는 각각 자기 아내를 두고 여자는 각각 자기 남편을 두어야 합니다**(여기에는 '일부다처제에 대한 금지'가 함축되어 있다—Lightfoot). "음행"이

란 말은 복수이며 현재의 번역대로 해석하는 것이 가장 좋다(*M.* iii. 28은 '운율을 맞추기 위한 복수'에 대해 말하지만 그렇게 말할 타당한 이유가 없다. 그러나 그 복수는 '…사례들'을 뜻하는 것일 수 있다는 말을 그는 덧붙인다). 우리는 이미 간음(폭넓은 의미에서의 간음 : 5, 1)의 한 가지 사례에 대해서 알고 있다. 편지의 일반적 취지는 평판이 나쁜 많은 행동이 고린토 교회에조차 침투하였음을 시사해준다. 바울로는 단순히 결혼이 간음의 예방책에 지나지 않는다고 말하는 것은 아니지만 결혼은 그러한 목적에 도움이 된다. 남자와 여자는 성적인 강렬한 욕망을 갖고 있다. 만일 이러한 욕망이 하느님이 제정한 결혼제도 내에서 발산되지 않는다면 하느님이 금지한 방식으로 발산될 것이다. 더우기 결혼은 현실적인 결혼이어야지 "영적" 결혼이어서는 안 된다. *

[3] **남편은 아내에게 남편으로서 응분의 대우를 하고 이와 마찬가지로 아내는 아내로서 남편에게 응분의 대우를 해야 합니다.** 여기서 (1절과 대조) 바울로는 전적으로 유다교의 견해와 일치한다. 그는 유다교의 견해를 어구의 교차배열법에 따라 다듬어진 문장으로 표현하였는데, 어구의 교차배열법은 현재의 번역에서 정확하게 재현되었다기보다는 오히려 흉내냈을 뿐이다. 남편과 아내에게 주어진 그의 비슷한 권고는 이와 유사한 병행절에서 그 강조점과 이유가 좀 더 분명해진다.

[4] **아내의 몸을 주관하는 것은 아내가 아니라 남편입니다. 이와 마찬가지로 남편의 몸을 주관하는 것은 남편이 아니라 아내입니다.** 여기서 가장 눈에 띄는 것은 정확한 병행이다. 부부의 권리는 동등하고 상호적인 것이다. 남편이 자기 아내를 주관할 수 있다면 마찬가지로 아내도 남편을 주관할 수 있다. 남자와 여자의 관계에 대한 바울로의 주장들을 이해할 때, 이 분명한 주장을 염두에 두어야 한다.

[5] **다음의 경우를 제외한다면** (unless: 이런 의미에 대해서 심히 의심이 가는 것은 아니지만 그러나 그리이스어 εἰ μήτι ἄν은 잘 쓰이지 않는 말이다. 참조. *M.* i. 169 ; *B.D.* §376) **서로 몸을 강탈해서는 안 됩니다. 다만 합의에 따라 기도에 전념하기 위하여, 또한 그런 다음 다시 합하기 위하여 얼마 동안 서로 떨어져 있는 것은 무방합니다.** 바울로는 3절의 명령을 부정적인 형식으로(또는 라삐의 말을 연상케 하는 용어로. 참조. Daube, 365) 반복한다. 결혼은 현실적인 결혼

이어야 하며 한 배우자가 그것을 영적 결혼으로 만들려고 하는 것은 다른 배우자의 결혼생활을 빼앗는 것을 의미한다. 이 교훈에 제한을 두어야 한다. 절제는 그것이 "합의에 따른"(이런 경우에 그것은 약탈하는 것이 아니다) 것일 경우 또는 위험을 극소화하거나 종교적 목적을 위해서 '얼마동안'일 경우에 허용될 수 있다. 유다교에서(참조. *Berakoth* ii. 5) 신혼의 남자에게 —그의 마음이 다른 데 사로잡혀서 기도에 전념할 수 없었다는 분명한 이유에서— 유다교의 신앙고백(Sh^{e}ma)을 말하는 의무가 면제되었다는 것은 인정된 사실이다. 이것은 바울로의 견해에서, 성교는 몸을 더럽히는 것이고 따라서 그것은 기도를 하지 못하게 하거나 기도를 부정하게 만드는 것이었다는 결론을 이끌어낼 필요가 없음을 뜻한다. 두번째 목적절(ἵνα)이 첨부되어 있다 : 그런 다음 다시 합하기 위하여. 몇몇 학자들(예. Lietzmann)에 의하면 이것은 엄격한 논리를 따른 것이 아니다. 즉 이 주장의 목적은 기도에만 있는 것이지 "다시 합하는" 데 있지 않다. 그래서 일부 문법학자들은
* 여기서 접속어(ἵνα)를 명령법으로 받아들여야 한다고 제안한다 : '그리고 나서 여러분은 다시 합해야 합니다.' 그러나 이것 역시 비논리적인 것이라는 반론이 제기된다. 즉 여러분은 기도에 전념하기 위해서 떨어져 있어야 하며 또한 "합의에 따라, 얼마 동안" 떨어져 있는 것은 여러분의 종교적 목적을 이룬 다음에 다시 합하기 위한 것입니다. 명령법 ἵνα에 대해서는 이책 212면을 참조하라.

여러분은 자제하는 힘이 없기 때문에 사탄이 여러분을 유혹하지 못하도록 하기 위해서는 정상적인 부부관계에로 되돌아가는 것이 매우 중요하다. 성관계를 가지려는 억누를 수 없는 욕구라는 의미로서의 '무절제'는 반드시 전제되어야 한다. 만일 부부가 이런 무절제함이 없었다면 아마 결혼하지도 않았을 것이다(비교. 1·2절). 만약 무절제한 욕망을 채울 수 있는 합법적인 출구가 없다면, 사탄은 결혼했으나 만족을 느끼지 못하는 부부들을 간음이라는 음란한 길로 유혹할 것이다(참조. 5,5 : 그러나 여기서 사탄은 파멸시키는 자라기보다는 악의 길로 유혹하는 자이다).

〔 6 〕 **그러나 내가 이것을 말하는 것은 부탁이요 명령이 아닙니다.** '이것'은 무엇을 지시하는 것인가? 여러가지 제안이 있었다. (ㄱ) 그것은 2절을 지시하는 것이거나 아니면 —결혼을 기껏해야 성관계의 일시적인 자제를 위한 것으로 관련시키거나 혹은 관련시키는 것으로 보이는— 본 장 2-5절 전체를 지시하는 것일

수 있다. 이렇게 본다면 바울로의 말은 "내가 '남자는 각각 자기 아내를 두고…'라고 말할 때 나는 여러분에게 결혼을 명령하고 있는 것이 아니라 다만 여러분이 결혼하도록 허용하는 것입니다"를 뜻한다. (ㄴ) '이것'은 기도를 위해 잠시 중단한 후에 부부관계를 다시 갖는다는 내용의 5절b만을 지시하는 것일 수 있다: "나는 여러분이 이전의 동거생활을 다시 하도록 권하는 것입니다. 그러나 꼭 그렇게 해야 한다고 말하는 것은 아닙니다." 이 두 가지 가능성만을 고려한다면 (ㄱ)이 더 낫다. 그러나 또 다른 제안이 문맥에 더 잘 맞는 것 같다 (다음 귀절의 주석 참조). (ㄷ) '이것'은 '다음의 경우를 제외하면'이 일종의 양보문을 도입하는 5절 전체를 지시하는 것이라고 제안할 수 있다. "여러분은 (바울로의 충고의 계속) 여러분의 권리를 서로 빼앗아서는 안 됩니다. 그러나 나는 여러분 가운데 금욕주의자들(그들의 말이 1절에서 나온다)에 대해 이런 양보를 하겠읍니다: 만일 남편과 * 아내가 모두 원한다면 기도에 전념하기 위해서 잠시 동안 동거생활을 하지 않기로 합의할 수 있읍니다. 그러나 이것은 명령이 아니라 양보라는 사실을 주목하십시오. 만일 여러분이 이런 식으로 절제한다면 그것은 얼마 동안이어야 하며 서로 다시 합하기 위한 것이어야 합니다." 우리는 이제 다음 귀절과 그것의 6절과의 연관성을 검토해야 한다.

[7] **나는 모든 사람이 다 나와 같기를 바랍니다**(θέλω). 이 귀절은 New English Bible("나는 여러분 모두가 나와 같이 되어야 한다고 생각합니다")에서와 같이 자주 오역되었다. 바울로는 자신이 달성할 수 없는 것으로 알고 있는 바람을 표현하고자 할 때 (올바르게) 동사의 미완료시제를 사용한다(예. 갈라 4, 20: "나는 함께 있기를 원합니다" ἤθελον[미완료] δὲ παρεῖναι, 즉 그는 자신이 함께 있을 수 없음을 알고 있다. 참조. 로마 9, 3: "좋겠읍니다" ηὐχόμην[미완료]). 그가 (여기서처럼) 현재 시제를 사용하는 경우는 실현할 수 있고 또 실현되어야 하는 바람(이에 대한 예들이 많다. 참조. 11, 3; 14, 5), 즉 명령에 가까운 요청을 표현하려고 할 경우이다. 바호만은 여기서 제시된 주석을 채택하지는 않지만 올바른 의미를 제시한다: '바울로가 원하는 것이 단순히 독신생활 자체일 수는 없다. 오히려 그의 요청은 그는 혼자서도 행복하였고 결혼하지 않고도 살 수 있었다고 지적하고 있는 바와 같이 모든 사람들이 육욕의 유혹들을 물리칠 힘을 지니게 되는 데 있을 뿐이다.' 앞으로 알게 되겠지만 8절에서 언어

와 사상이 다소 달라진다. 그러나 현재의 귀절에서 바울로는 그리스도교인으로서 그의 절대적인 요청을 언급하면서 시작하는데, 그러한 요청이란 모든 사람들이 하느님께 대한 복종 안에서 살아야 하고(참조. 7, 29에 대한 주해) 또한 간음으로부터의 자유와 그들 내부의 욕구를 지나치게 위반하여 발산하고 방출하는 것으로부터의 자유를 누리며 살아야 한다는 것이다. 이것을 그는 하느님의 이름으로 절대적으로 요청할 수 있다. 그러나 이런 요구를 충족시키는 데는 한 가지 이상의 방법이 있음을 바울로는 인정한다. **그러나 사람은 제각기 이 사람은 이런 방면으로 저 사람은 저런 방면으로 하느님께로부터 받은 선물이 있읍니다.** 다시 말하면 하느님께 대한 복종을 나타내는 데 있어서 어떤 이는 결혼생활 안에서, 다른 이는 결혼하지 않은 상태에서 나타낸다. "선물"(χάρισμα)에 대해서는 1장 7절을 참조하라. 다른 곳에서 바울로는 이와 같은 선물을 성령을 통해 받은 것이라고 말한다. 여기서도 ("하느님께로 부터") 그가 뜻하는 바는 다르지 않다. 현대의 주석가들(예. Barth, *C.D.* Ⅲ. iv. 144—8)은 다음과 같이 결론지어야 한다고 주장하는데, 이것은 납득할 만한 주장이다. 즉 바울로는 독신생활이 결혼생활과 마찬가지로 하느님께로부터 받은 특별한 선물을 필요로 한다고 가르치고는 있지만, 그러나 (비록 바울로가 결혼에 대해 단지 부정적인 의미만을 부여한다는 가정이 틀린 것이 확실하다고 할지라도—11, 11·12와 고후 11, 2, 또한 바울로가 쓰지 않은 것으로 여겨지는 서신의 자료도 물론 참조하라) 여기서 그의 요지는 오히려 어떤 *이들은 독신 생활의 선물을 받았고 다른 이들은 이런 선물이 없으므로 결혼을 권유받는 것이 좋으며 이를 보완할 수 있는 선물이나 선물들을 받았다고 생각하는 것 같다.

그러므로 바울로는 '남자가 여자에게 접근하지 않는 것이 좋다'는 고린토인들의 진술을 제한적으로 동의하고 있음이 아주 분명하다. 만일 남자들이 이와같이 완전한 자제와 절제로 그들의 복종을 드러낼 수 있다면(바울로 자신도 이렇게 할 수 있는데 그것은 7절에서는 그렇게 나타나지 않는다고 하더라도 나중 귀절들에서는 나타난다) 이 진술은 타당하다. 그러나 결혼은 죄가 아니다(비교. 7, 28·36). 결혼할 경우에 그것은 완전한 결혼이어야 하며 육체적인 욕구도 충족되어야 한다.

17. 그리스도교인과 믿지 않는 사람과의 결혼, 노예상태와 자유 7장 8—24절

8 결혼하지 않은 사람들과 과부에 관하여 말합니다. 나처럼 그냥 지내는
것이 그들에게 좋을 것입니다. 9 그러나 절제하면서 살고 있지 않거든 결혼
하시오. (욕정으로) 불타는 것보다는 결혼한 상태[1]가 더 낫습니다. 10 결혼
한 사람들에게 아내는 남편과 헤어지지 말아야 한다는 의무를 지우려고 합
니다(하지만 이것은 내 말이 아니라 주님의 말씀입니다). 11 만일 헤어졌거
든 다시 결혼하지 말고 그냥 지내든지 그렇지 않으면 남편과 다시 화해해야
합니다. 그리고 남편도 아내와 이혼해서는 안 됩니다. 12 그 밖의 사람들에
게 말합니다(이것은 내 말이요 주님의 말씀은 아닙니다). 만일 어떤 그리스
도교인 형제에게 믿지 않는 아내가 있는데 그 여자가 남편과 같이 살기를 원
한다면 그 여자와 이혼해서는 안 됩니다. 13 또 그리스도교인인 여자는 만
일 그녀[2]에게 믿지 않는 남편이 있는데 그가 그 여자와 같이 살기를 원한다
면[3] 이혼해서는 안 됩니다. 14 믿지 않는 남편은 그리스도교인인 아내[4]로
말미암아 성별되었고 믿지 않는 아내는 그리스도교인인 형제[5]로 말미암아 *
성별되었기 때문입니다. 그렇지 않으면 여러분의 자녀도 깨끗하지 못할 터
인데 실은 그들은 거룩해졌읍니다. 15 그러나 만일 믿지 않는 사람 편에서
헤어지려고 한다면 그를 가게 하십시오. 그런 경우에 그리스도교인인 형제
자매가 얽매일 것이 없읍니다. 그러나 하느님은 여러분을[6] 평화 가운데로
부르셨읍니다. 16 아내여, 그대가 그대의 남편을 구원할 수 있을지도 모릅
니다. 남편이여, 그대가 그대의 아내를 구원할 수 있을지도 모릅니다. 17 다
만 주께서 각 사람에게 나누어 주신 몫대로, 또 하느님께서 각 사람을 부르
신 그대로 살아가십시요. 이것이 내가 모든 교회에 부여한 의무입니다. 18

1) "결혼하다"(γαμῆσαι)라고 읽는 것이 P[46] B D G에서 강력히 뒷받침된다. 그러나 이런 독법은 내용상의 이유들로 해서 거부될 수도 있다. 해당 주석을 참조하라.
2) P[46] ℵ D G와 라틴사본에 따라서 εἴ τις라고 읽은 것이다. ἥτις는 보다 부드러운 독법이긴 하나 이차적인 독법이다.
3) 아마 P[46] B에 따라서 εὐδοκεῖ라고 읽어야 할 것이다.
4) τῇ πιστῇ(D G, 라틴사본과 시리아사본)는 옳은 해석이다.
5) ἀδελφῷ: 여러 변형들이 있는 것은 앞 절에 대한 병행적인 동화 때문이다.
6) ἡμᾶς "우리를"(P[46] B D G와 다른 여러 사본들의 독법)이 본문에 대한 자연스럽고 평이한 독법이다. 그러나 "여러분을"이란 독법은 이 절이 다음 절과 연결되어 있다는 사실을 밝혀준다(해당 주석을 참조하라).

할례받은 상태에서 부르심을 받은 사람이 있읍니까? 그런 사람은 할례받은 흔적을 없애려고 하지 마십시요. 할례받지 않은 채 부르심을 받았던 사람이 있읍니까? 그런 사람은 할례를 받으려고 하지 마십시요. 19 할례를 받든 안 받든 그것은 문제가 되지 않습니다. 다만 우리가 하느님의 계명을 지키는 것만이 문제가 됩니다. 20 각 사람은 부름을 받던 그때의 상태대로 머물러 있어야 합니다. 21 당신이 노예로 있을 때 부르심을 받았읍니까? 그런 것 때문에 염려하지 마십시요. 비록 당신이 자유인이 될 수 있을지라도 현재의 지위를 감수하십시오. 22 왜냐하면 주의 부르심을 받은 노예는 주의 자유인이기 때문입니다. 그와 같이 (그리스도의) 부르심을 받은 자유인은 그리스도의 노예입니다. 23 하느님께서 값을 치르고 여러분을 사신 것입니다. 사람의 노예가 되어서는 안 됩니다. 24 형제들이여, 여러분은 각각 부르심을 받던 그 때의 상태대로 하느님과 함께 있어야 합니다.

남자가 여자에게 접근하지 않는 것이 좋다는 (아마도 고린토인들이 내건 말을 인용한 것 같은) 진술에 비추어서 일반적인 고찰을 한 후에, 바울로는 계속해서 보다 세부적인 교훈들을 (7장 5절에서 그는 이미 세부적인 한 가지 문제를 다루었긴 하지만) 특정 부류의 사람들에게 말한다.

[8] 결혼하지 않은 사람들(그리이스어로는 남성이다. 그러나 아마 의도된 바는 —그리이스어 관용어에 의하면— 남녀를 모두 포함하는 것 같다)과 과부들(물론 이 말을 일반화할 수 있다고 하더라도, 관사가 붙어 있는 것으로 보아 바울로가 고린토 교회의 회중들 가운데 과부들을 염두에 둔 것 같다)에 관하여 말합니다. 나처럼 그냥 지내는 것이 그들에게 좋을 것입니다(1절과 비교하고, * 7절a "나는 바랍니다"와 대조하라). 여기서는 언급된 사람들이 바울로와 같이 되어야 한다는 적극적인 요청이 아니라(그들 자신을 위해서 : 참조. 이하 7,28·35) 그들의 현재의 상태대로 있어야 한다는 충고가 나온다. 바울로 자신은 추측컨대 집필할 당시 아내가 없었다(9장 5절은 비록 이점을 입증해주지는 못하지만 이점에 일치한다). 그는 결코 결혼하지 않았을 것이다. 그러나 보다 그럴 듯한 사실은 그가 홀아비였다는 것이다. 결혼하지 않은 라삐는 거의 없었고, 결혼은 이 규칙이 보편적으로 준수되었다고 가정할 수는 없지만 유다인에겐 의무였던 것으로 보인다(*S.B.* ii. 372). 아뭏든 총각이었든 홀아비였든 간에 여기서 바울로는 결혼하지 않은 상태였다. 실은 그는 결혼생활을 하면서 선교활동을 하는 것이 어렵다는 것을 알았을 것이다. 다른

이들도, 만약 그들이 절제의 은사를 받았다면(7, 7) 그를 본받는 것이 좋을 것이다.

[9] 그러나 절제하면서 살고 있지 않거든(이 말을 '절제하면서 사는 것이 어렵게 생각되면'으로 그 의미를 약화시킬 이유는 없다. 비교. 7, 2 : '음행하는 일') 결혼하시오. 욕정으로 불타는 것보다는 결혼한 상태가 더 낫습니다(여기서 택한 독법은 '결혼하다'의 현재 부정사형인 γαμεῖν이다. 그 단순과거는 γαμῆσαι인데 단순과거 독법은 훌륭한 사본의 지지를 얻고 있긴 하지만 아마 단순과거 명령형인 γαμησάτωσαν에 대한 동화에서 기인한 것 같다). "불탄다는 것"은 실제로 음탕한 행동들을 발산하는 것을 뜻하는 것이 아니다(이 단계에서 결혼하는 것이 차라리 간음하는 것보다 나음을 지적할 필요는 없을 것이다). 비록 그러한 욕망에 굴복하지 않는다고 하더라도 내적으로 그러한 욕망에 불타는 것을 뜻한다. 이런 상태로 '주님을 단정하게 무사히 기다릴'(7, 35. 비교. 5절) 수는 없다. 그렇게 하느니 결혼하는 것이 낫다(비교. 디전 5, 11). 바울로의 말은 '라삐의 주장에서 끌어낸 것일 수 있다'(Daube, 369).

이 귀절들에서 볼 때 분명한 사실은, 바울로의 견해에 의하면 가장 행복한 상태란 결혼하려는 욕망을 느끼지 않는 독신자의 상태라는 것이다. 이보다 덜 바람직한 것은 자신의 성적 본능을 충족해야 하고 또 그러한 본능을 결혼생활에서 충족하는 사람의 상태이다. 가장 바람직하지 못한 것은 이와 같은 본능의 충족 수단으로서 결혼을 필요로 하지만 결혼하지 않고도 본능을 충족하려고 하는(또는 아마 그럴 수밖에 없는) 사람의 상태이다. 이러한 상대적 평가는 문제를 제기한다. 결혼을 했지만 결혼생활의 필요를 못 느끼는 사람들은 어떻게 해야 하는가? 그들은 결속을 끊고 별거생활을 해야만 하는 것일까? 바울로는 가장 훌륭한 근거들을 갖고서 답변한다.

[10 · 11] 결혼한 사람들에게(이 문맥은 바울로가 그리스도교인인 남편과 아내를 향하여 말하고 있음을 시사한다) 아내는 남편과 헤어지지 말아야 합니다…그리고 남편도 아내와 이혼해서는 안된다는 의무를 지우려고 합니다(하지만 이것은 내 말이 아니라 주님의 말씀입니다). 아무리 독신생활을 높이 평가한다고 해도 일단 서약한 결혼을 취소해서는 안 된다. '강력한' 논증을 통해서 다른 이유는 충분치 못하다는 결론에 이르게 될 것이다. 이러한 의무를 바울로는 자신의 권위를 갖고서가 아니라 주님 자신의 권위에 힘입어 부과한다. 마르코 *

복음 10장 2—12절과 그 병행귀들을 참조하라. 고린토전서는 다른 복음서보다 그 연대가 이르므로 이 귀절은 (마태오의 병행귀에 비해서) 마르코복음 10장이 이혼에 관한 예수의 교훈의 원래의 형태를 제시하는 것이라는 주장을 부차적으로 뒷받침해준다. 예수의 가르침에 대한 바울로의 구체적인 언급은 잘 알려져 있듯이 드물다(참조. 앞의 140면 : 4, 13). 이 주석서에서 논의해야 될 점은, 이와 같이 바울로가 일반적으로 예수의 교훈에 대해 자주 언급하지 않은 것을 설명하는 데 있는 것이 아니라 왜 바울로가 여기서 예수의 말을 인용하고 있느냐를 설명하는 데 있다. 한가지 가능한 설명은 바울로는 그가 할 수 있다면 언제나 예수의 교훈을 인용했는데, 그가 알고 있는 예수의 교훈은 거의 없었다는 것이다. 이 귀절은 그러한 소수의 귀절 가운데 하나였을 것이다. 만일 바울로가 예수의 가르침을 더 많이 알고 있었지만 소수만을 채택하였다고 한다면, 그는 예수의 가르침이 유다교에서 우세했던 가르침과 명백히 다른 경우에만 택한 것일 수 있다. 이혼에 관하여 힐렐 학파는 샤마이 학파와 입장이 달랐다. 그러나 양자는 모두 —이혼을 절대적으로 금지하였다는 점에서 구약성서(신명 24장)와 달랐던— 예수와 불일치했다. 이러한 구약성서와의 불일치 때문에 바울로는 여기서 주의 권위를 요청하게 된 것일 수 있다. 이 귀절에서 바울로가 다른 말 —헤어지다(*χωρίζεσθαι*, 아내에 대한 말)와 이혼하다(*ἀφιέναι*, 남편에 대한 말)— 을 사용했다는 것은 유다교에서는 남편만이 이혼할 권리가 있었다는 사실을 반영하는 것일지 모른다. 그러나 일반적으로 라삐들은 이방세계의 다른 상황에 친숙해 있었으며(Daube, 362—5), 또한 이곳저곳 두루 여행하였던 바울로는 그 동시대의 대부분의 유다인들에 비해서 그러한 상황을 보다 잘 알았음에 틀림없다. 나중에 13절에는 그는 아내에 대해서도 '이혼'이란 말을 사용한다. 15절에서 모두 "헤어지다"라는 말을 사용하는데, 아마 이 말은 합법적 이혼을 그는 남편과 아내에 대해서 뜻하는 것 같지는 않다. 그 주해들을 참조하라.

(그리스도교인들끼리의) 별거와 이혼의 금지는 절대적인 것 같다. 그러나 바울로는 결혼이 파기될 수 있고 또 실제로 파기되었음을 그가 알고 있었음을 시사하는 삽입귀를 포함시키고 있다. 만일 헤어졌거든(영어문장에서 "그런 일이 일어나다"는 그리이스어 *καί*와 단순과거 *χωρισθῇ*의 의미를 밝히려는 시도이다) 다시 결혼하지 말고 그냥 지내든지 남편과 다시 화해해야 합니다. 이 귀절은(비교. 7, 6) 그리스도교적 법

률이 있다고 하여도 그것이 법적 방식으로 해석되어서는 안 된다는 것과 또 바울로가 그런 식으로 해석하지도 않았음을 시사한다. 별거한다고 해서 별거 중인 배우자들을 교회에서 제명하지는 않는다. 그들은 여전히 친교를 나누는 일원이며 친교의 훈련을 받는다. 문제의 여자에 대해서 이 귀절이 말하고자 하는 바는, 그녀의 남편이 살아 있는 동안에는 두번째 결혼이 불가능하다는 것이다. 그녀는 결혼하지 않고 그냥 지내든가 이전의 관계를 회복해야 한다. 바울로는 성관계에 대한 금욕적인 견해로 위협을 받고 있는 결혼(아마도 이 문제만을 다루고 있는 것은 아니지만)을 다루고 있음을 기억해야 한다(참조. 이책 188면 이하). 삽입절은 헤어진 아내에 대해 언급하고 있으며 이에 대응하여 아내와 이혼한 남편의 의무를 진술하는 귀절이 없다. 이 단락의 일반적 흐름과 균형은 바울로가 이혼한 남자도 결혼하지 않고 그냥 지내거나 원래의 배우자와 화해하기를 기대하고 있음을 암시한다.

상술한 바가 그리스도교인인 부부의 의무이다. 비그리스도교인들의 결혼에 대해서 바울로는 일정한 규정을 말하려고 하지 않는다. 그러나 믿지 않는 아내를 둔 믿는 남편과 믿지 않는 남편을 둔 믿는 아내의 중요한 경우가 남아 있다. 이제 바울로는 이런 경우에 대해서 말머리를 돌리는데 이 점이 분명해지는 것은 이 단락의 도입부가 아니라 내용부분에 들어가서이다. 불신자와 결혼서약을 하는 것은 바람직스럽지 못하다는 사실이 고린토후서 6장 14절—7장 1절(이 부분을 어떤 학자들은 '이전의 편지'의 일부로 간주한다—참조. 이 책 서론 20•21면)에서 드러나지만 그러나 이런 사실이 한 쪽은 회심을 하고 다른 쪽은 회심을 하지 못함으로 인해 불신자와의 결혼이 성립된 경우에는 어떻게 해야 하는가 라는 물음에 대한 대답은 아니다.

[12] **그 밖의 사람들에게**(이 말은 아주 모호하다. 바울로는 그가 방금 언급한 사람들의 경우와 다른 결혼한—즉 결혼했지만 믿지 않는 배우자와 결혼한— 그리스도교인들에게를 뜻하는 것임에 틀림없다) **말합니다**(**이것은 내 말이요 주님의 말씀은 아닙니다**). 25절과 비교하라. 바울로는 자신의 판단과 예수에게 소급되는 선언을 분명히 구분한다. 그러나 이 점은 그가 여기서 그의 책망을 권위가 없는 것으로, 아니면 의미상 10절의 권위에 비해 뒤떨어지는 권위를 지닌 것으로 간주하고 있음을 뜻하지는 않는다. 선교활동을 오직 유다교 내에서만 펼쳤던 예수는(참조. J. Jeremias, ***Jesus' Promise to the Nations*** (1958)) 하느님의 백성과 다른 사람들 사이의 혼합결혼에

* 대해 다룰 기회가 없었다. 다시 각각 남편과 아내에 대해서 다루는 밀접한 병행귀절들에서 교훈이 뒤따른다. **만일 어떤 그리스도교인 형제에게**(그리이스어 본문은 단순히 ἀδελφος "형제"로 되어 있다. 그러나 참조. 1,1. 이 귀절과 다음 귀절들에서, 형제를 아내가 남편을 부르는 애칭으로 사용한 현대 '코이네' 그리이스어 용법을 참조하는 것은 이치에 맞지 않을 것이다) **믿지 않는** (즉 비그리스도교인인) **아내가 있는데, 그 여자가 남편과 같이 살기를 원한다면**(아마 복합동사 συνευδοκεῖν의 전치사에 완전한 의미를 주어서 '아주 원한다'로 번역해야 할 것 같다—*M.* ii. 325) **그 여자와 이혼해서는 안 됩니다.**

[13] **또 그리스도교인인 여자는**(또 그리이스어 본문에는 "여자"라고만 되어 있다. 그러나 이 문맥과 12절과의 유비에 비추어 볼 때 "그리스도교인인 여자"라는 의미임이 분명해진다) **만일 그 여자에게**(참조. 이책 194면의 주 2) **믿지 않는 남편이 있는데, 그가 그 여자와 같이 살기를 원한다면**(참조. 이책 194면의 주 3. 그러나 이 동사의 단순형태는 앞서 사용된 복합동사와 의미상 별반 차이가 없을 것이다) **그와 이혼해서는 안 됩니다.** 요지는 분명하다 : 불신자와 결혼한 그리스도교인인 배우자는 먼저 이혼을 제기해서는 안 된다(비교. 10·11절. 어조가 강한 말인 "이혼한다"ἀφιέναι는 여기서 아내와 남편에게 모두 사용되고 있다). 이것은 일반적으로 평화를 위해서이며 또 한편으로 다음과 같은 이유 때문이기도 하다.

[14] **즉 믿지 않는 남편은 그의 그리스도교인인 아내**('그리스도교인'이란 말은 해석상 첨가어이다. 비교. 이책 194면의 주 4)**로 '말미암아**(직역하면 '안에서'이다. 그러나 어느 정도 도구의 의미가 담겨 있다 ; 이하 참조) **성별되었고, 믿지 않는 아내는 그리스도교인인**(앞의 12절 참조) **형제로 말미암아** (안에서) **성별되었기 때문입니다.** 바울로의 어법에서 거룩해지다(ἅγιος) 또는 성별되다(ἡγιασμένος)는 보통 그리스도교 교인들을 구별하는 특징을 말하는 것이다. 그리스도교인들은 "성도들"(ἅγιοι)이다. 그러므로 근본적으로 다른 사람들과 구별되는 사람들이다. 그들에 대해 바울로는 사악한 과거에도 불구하고 그들은 예수 그리스도의 이름으로 또 하느님의 성령을 통하여 "성별되었다"(ἡγιάσθητε)고 기술한다(6,11). 정의상 현재의 귀절에서 언급된 사람들이 이런 의미로 성별되었다는 것은 아니다. 왜냐하면 그들은 불신자들이기 때문이다. 16절에서 보여주듯이(이하 참조) 그들은 구원의 영역에로 들어가리라는 희망을 품을 만한 이유가

있긴 하지만 현재 구원의 영역 밖에 있다. 그러므로 이 귀절에서 동사 "성별하다"(ἁγιάζειν)와 형용사 "거룩한"(ἅγιος)은 바울로에게서 통상적인 의미와는 다른 의미로 사용된 것임에 틀림없다. 대다수 주석가들은 (어떤 이들은 유다교에 비추어서, 다른 이들은 헬레니즘적 배경에 * 비추어서 설명한다) 바울로가 거룩함이란 개념을 신체적인 면에서 또는 거의 그렇게 볼 수 있는 면에서 다루고 있다고 가정한다. 거룩함이란 개념이 많이 나오는 원시 종교들에서 또 구약성서의 여러 부분들에서 신체적이거나 혹은 거의 그런 의미로 사용되었다는 것은 사실이다. 그러나 바울로가 거룩함이란 개념을 이렇게 사용했을 것 같지는 않은데, 그것은 결혼함으로써 얻게 된 거룩함이 그러한 거룩함에 의해 성별되는 배우자를 자동적으로 '구원하는' 것은 아니기 때문이다(16절). 문제의 단서는 적어도 일부 고린토인들이 성과 결혼에 대해서 느꼈던 강한 반감을 바울로가 다루고 있는 것이라는 사실에서 찾을 수 있다. 그들의 주장에 의하면 그리스도교인들끼리만 결혼하는 것이 허용된다면 적어도 혼합결혼은 금지되어야 한다는 것인데, 그 이유는 그리스도교 교인인 배우자가 비그리스도교인인 배우자 때문에 더럽혀질 것이고 결혼해서 생긴 자녀들도 부정할 것이기 때문이라고 한다. 바울로는 주장된 바의 그 반대가 진실이라고 대답한다. 그리스도교인인 배우자는 (그의 편에서 볼 때 신성한 결혼제도인) 관계를 성별케 하고 그의 배우자를 그러한 관계 속으로 끌어들인다. '전자의 경건함이 결혼을 성결케 하는 정도는 후자의 불경건함이 결혼을 더럽히는 정도를 능가한다'(칼빈). 바울로는 다음의 말을 덧붙인다. "그렇지 않으면(이 구문 —직설법과 함께 쓰인 ἐπεὶ ἄρα— 에 대해서는 5, 10 참조), 즉 만일 그리스도교인인 배우자가 부부관계를 성별케 하지 않는다면 **여러분의 자녀도 깨끗하지 못할 터인데 실은 그들은 거룩해졌읍니다**. 바울로는 그가 자명한 것으로 간주하는 이 진실을 문제를 결말짓기 위해 사용한 것이다. 아마 그는 여기서 유다교의 어법과 신념에 따른 것 같다. 자녀들은 계약에 포함되어 있다. 결혼 자체가 부정한 경우에는 이것이 사실이 아닐 수도 있을 것이다.

고린토교회에서 행해진 세례의 실시와 관련된 이 귀절에서 어떤 결론을 이끌어낼 수는 없는 것 같다. 어떤 이들은 (임신한 여자가 개종자가 되고 세례를 받는다면 태어난 아이는 세례를 받을 필요가 없다고 말하는 *Yebamoth* 78a에 나타난 유다교의 유비에 부분적으로 근거해서) 다음과 같이 주장하였다. 즉 여기에 반영된 관습은 개종자에게서 이미 태어난 아이들은 부모와 함께 세례를 받았지만 나중에 태어난 아이들은 그들이 거룩하게 태어났으므로 세례를 받지 않았다는 것이다. 또 어떤 이들은 그리스도교인인 부모 또는 한쪽만 그리스도교인인 부모의 결혼생활에서 생긴 자녀의 거룩함이 유아세례의 근거가 되었을 거라고 생각한다. 컴멜은 이 점에 관한 견해들을 잘 요약해준다. * 그러나 우리는 이러한 가정들이 본문에 언급되어 있지 않거나 반드시 암시되어 있는 것은 아니라고 말할 수 있을 뿐이다. 세례가 신자들에게만 베풀어졌다는 점이 고린토전서나 다른 바울로 서신에는 안 나오는 것 같다.

이상과 같은 고찰은 그리스도교인인 배우자가 혼합결혼을 해체시키는 일에 앞장서서는 안 된다는 명령을 확인시켜준다. 그러나 고려해야 할 또 다른 경우가 있다. 바울로가 언급하고 있는 조건은 충족될 수 없다. 믿지 않는 배우자가 그리스도교인이 됨으로써 사회적인 '수치'를 일으키고 그럼으로써 의심과 혐오를 불러일으킨 (이는 추측일 수도 있다) 배우자와 함께 살기를 원치 않을 수도 있다.

〔 15 〕 **만일 믿지 않는 사람 편에서 헤어지려고 한다면**(10절에 관한 주해 참조 ; 이 말의 속 뜻은 부부의 권리를 거부하는 것보다는 강하고, 법적인 이혼보다는 약한 것 같다) **그를 가게 하십시오**(직역하여 헤어지게 하십시오). **그런 경우에**(아마 그러나 덜 그럴 듯하지만 '그런 사람들에게'—ἐν τοῖς τοιούτοις) **그리스도교인인 형제자매는** 말하자면 다른 배우자가 포기하기를 원하는 부부 관계에 형식적으로 **얽매일 것이 없읍니다.** 여기서 이혼의 금지는 적용되지 않는다—더우기 이 말은 바울로가 예수의 가르침에서 이끌어낸 교훈을 율법주의적인 방식으로 사용하지 않음을 지시한다. 그는 혼합결혼이 본질적으로 그리스도교적인 결혼이며 그리스도교인들에 의해서 파기되어서는 안 된다는 주제로 되돌아간다. 15절c 는 15절ab(이 귀절은 '예외를 나타내는 삽입구'이다—Lightfoot)보다 오히려 16절(그리고 14절)에 연결되어야 한다.

하느님은 여러분을 평화 가운데로(또는 아마 여격과 함께 쓰인 ἐν을 대격과 함께 쓰인 εἰς "평화로," "평화의 상태"로 대신에, 또는 Moule, 79에 따르면, '하느님이 여러분이 그 속에서 살기를 원하는 바로 그러한 "평화로" 대신에 사용된 것으로 보는 것이 더 좋을 것이다") **부르셨읍니다.** 남자와 여자가 조화롭게 살아야 한다는 것이 하느님의 뜻이며 이러한 목적은 만일 그리스도교인인 배우자가 종교적인 이유들로 해서 이혼한다면 추진될 수 없을 것이다. 그러한 별거는 분쟁을 일으킬 뿐이었다. 그리스도교인인 배우자는 "평화의 길을 위하여" 연합을 지속시켜야 한다(바울로의 말들은 이 라삐적 표현을 연상케 한다. Daube, 127). 이것은 보다 그럴 듯한 해석인 것 같다. 그러나 그 역도 가능할지 모른다. 즉 만일 비그리스도교인인 배우자가 그리스도교인인 배우자와 함께 살기를 반대하면 후자는 그냥 지내면서 그 문제로 싸우느니 차라리 헤어져야 한다는 것이다. 그러나 이러한 해석이 성립하려면 "그러나 하느님은 부르셨읍니다…"가 아니라 "하느님은 부르셨기 때문입니다'로 되어야 할 것이다.

[16] 왜 그리스도교인인 배우자가 가능한 한 비그리스도교인과 함께 계속 살아야 하는지에 대한 또 다른 이유가 있다. **아내여, 그대가 그대의 남편을 구원할 수 있을지도 모릅니다. 남편이여, 그대가 그대의 아내를 구원할 수 있을지도 모릅니다.** "구원하다"는 여기서 예를 들어 로마서 5장 9·10절의 의미로가 아니라 로마서 11장 14절과 고린토전서 9장 22절에 나타난 의미로 쓰인 것이다. 즉 그것은 "그리스도교적인 신앙과 생활에 의식적으로 참여하다," "개종하다"라는 뜻으로서 '선교용어'이다(봐이스는 "구원하다"란 말을 9장 19—22절에 나온 "얻다"κερδαίνειν란 말과 비교한다). 이런 의미에서 구원은 결혼한 배우자의 —말이나 행위를 통한(비교. 3, 1·2)— 증언의 결과일 수 있고 이러한 가능성이 있는 한 그리스도교인은 그 가능성을 추구하고 계발해야 한다. 이것은 적어도 직역하면 '만일 여러분이 구원할 것이라면 (또는 구원하게 될른지를) 어떻게 그것을 알겠읍니까…' (*τί οἶδας εἰ...;*)라는 어려운 문귀에 대한 하나의 가능한 해석이다. 이것은 희망이 없는 상황에 직면할 경우의 체념을 지시하는 것으로 자주 이해되었다. 물론 여러분이 여러분의 남편(혹은 아내)을 구원할 수 있는 가능성이 있다. 그러나 어떻게 여러분이 이런 사실을 알 수 있겠는가? 다음 귀절(이하 참조)은 이렇게 계속되었을 것이다: "우리는 하느님께서 우리를 부르신 자리에 계속 머물러 있어야 하며 따라서 —예컨대— 이혼해서는 안 된다는 사실을 우리 모두가 알고 있다." 그러나 이것은 현재의 문맥을 참으로 정당하게 다룬 것은 아니다. 불신자인 배우자는 그리스도교적인 결혼의 신성함에 참여한 것이라고 이미 바울로가 주장한 바 있다(14절). 그러므로 그가 의식적으로 배우자의 신앙을 받아들이게 될 수 있다고 기대할 만한 타당한 이유가 있다. 그리이스의 교부들은 모두 그 귀절을 이런 의미로

해석하며 예레미아스는 훌륭한 언어상의 고찰들을 통해 그 어려운 문귀는 "아마도"로 번역되어야 한다고 제시한 바 있다(*Neutestamentliche Studien für Rudolf Bultmann* 〔1954〕 255—60). 사무엘하 12장 22절, Epictetus Ⅱ. xx. 28—31, xxv. 2 등을 비교하라. 이 문장은 '여러분이 그렇지 않으리라는 것을, 즉 필시 여러분이 그러리라는 것을 여러분 스스로가 어떻게 알겠읍니까?'를 의미한다.

따라서 (아마도 어려움이 따르는) 혼합결혼을 기피하는 것은 적어도 타인을 구원할 수도 있는 선교적 상황을 철회하는 것이리라.

〔 17 〕 이 단락의 나머지 부분(24절까지)에서 바울로는 그가 일반적인 결혼과 특별하게는 혼합결혼에 관련하여 도달하였고 언급하였던 결론들을 일반화한다. 다만(εἰ μή; 이 말은 15절을 회고한 것인데, 15절은 헤어져야 할 확실한 상황들의 가능성을 숙고한 것이다) **주께서 각 사람에게 나누어 주신 대로, 또 하느님께서 각 사람을 부르신 그대로 살아가십시요.** 이 귀절은 비록 그 일반적 취지가 아주 분명하긴 하지만 구문 자체는 난해하다. 만일 "하느님께서 각 사람을 부르신 그대로"라는 귀절이(이 절은 번역상 문장 끝에 옮긴 것이다. 그러나 그리이스어 본문에는 문장 중간에 나온다) 없다면 훨씬 더 이해하기가 쉬울 것이다 이 귀절이 없었다면 직역하여 "다만 주께서 각 사람에게 그의 몫(μεμέρικεν)을 나누어 주신대로 그(각 사람)가 살아가도록 하십시요"로 번역될 수 있었다. "걸어가다"(위의 번역에서는 살아가다로 번역됨)를 "살아가다"라는 의미로 쓴 비유적 용법은 원래 유다교적 용법인데 3장 3절과 흔히 바울로의 다른 서신들에서 종종 나온다. "각 사람의 몫을 나누어주다"(바울로의 다른 곳에서는 단순히 "나누다")라는 동사의 유사한 용법은 고린토후서 10장 13절에서 볼 수 있다. 바울로가 "하느님께서 각 사람을 부르신 그대로"를 삽입한 것은, 소명의 개념이 그가 이 단락의 전개과정에서 발전시키고자 하는 중요한 개념이기 때문이다(참조. 18·20·21·22·24절). 이 귀절들은 바울로가 원래 인간이 부름을 받는 소명에 대해서가 아니라 하느님의 부르심이 그를 개종케 하고 그리스도교적 신앙과 복종의 삶에로 그를 불러들이실 때 그가 처해 있던(in) 상황에 대해서 생각한 것임을 보여준다. 적어도 주는 개종자가 있던 곳에 머무르기를 원하시리라는 가정이 들어 있다. **이것이 내가 모든 교회에 부여한**(διατάσσομαι; 비교. 11,34; 16,1; 이것은 나의 사역이다) **의무입니다.** "이것"은 방금 말했던 바를 가리킨다. 뒤따르는 내용은 그것을 여러가지 특

수한 예들을 들어가면서 설명한다. 4장 17절, 14장 33절과 비교하라. 바울로는 고린토인들의 특수한 경우를 말하는 것이 아니며 또한 그가 그렇게 할 타당한 이유가 없다. 그의 사도적 권위는 지역적으로 제한된 것이라는 시사가 없다.

〔 18 〕 할례받은 상태에서 부르심을 받은 (그리스도교인이 된) 사람이 있읍니까? 그런 사람은 할례받은 흔적을 없애려고(마카비 혁명 이전에 헬라화된 사람들은 이렇게 하였다 : 마상 1, 15; 모세 8, 3의 가정 ; 아보트 3, 15 등) 하지 마십시요. 할례받지 않은 채 부르심을 받았던(동사 '부르다'의 달라진 시제〔과거에서 현재분사로〕. 그러나 여기서 어떤 차이점을 찾기는 어렵다) 사람이 있읍니까? 그런 사람은 할례를 받으려고 하지 마십시요. 바울로는 이런 저런 형태의 외과수술 이상의 것을 생각하고 있다. 개종한 유다인은 그가 그리스도교인으로서 복종할 것에 복종하면서도 여전히 유다인이다. 이방 그리스도교인들이 할례를 받아야 한다는 요구가 고린토에서 중요한 문제를 불러일으켰던 것 같지는 않다. 갈라디아 2장 3절, 5장 2—12절, 6장 12·13절과 대조하라. 이런 사실은 유다주의자들이 고린토에서 활동 *
했을 리가 없음을 시사하는 것으로 간주되었다. 그러나 유다교화하려는 선전이 고린토에서는 갈라디아에서 일어났던 형태와는 다른 형태로 일어났다는 사실만은 옳다고 말할 수 있다. 이책 서론 38·39면과 또한 "Things Sacrificed to Idols," 147—50을 참조하라. 바울로의 요지는 예루살렘 교회 자체가 디도의 할례를 주장하지는 않았음을 바로 지적한 것일 수 있다. 더우기 그리스도교적 영향은 별문제로 하고 유다인들 가운데는 할례에 관하여 보다 엄격한 사람들도 있고 덜 엄격한 사람들도 있었던 것으로 우리는 안다.

〔 19 〕 사실 할례를 받느냐 안 받느냐 하는 것은 전혀 문제되지 않는다. 할례를 받든 안 받든 그것은 문제가 되지 않습니다. 다만 우리가 하느님의 계명을 지키는 것만이 문제가 됩니다. 갈라디아서 5장 6절, 6장 15절과 비교하라. 유다교적 관점에서 볼 때 이것은 역설적이며 불합리하기까지 한 진술이다. 할례는 하느님의 명령들 중에 하나라고 응답할 유다인도 있을 것이다. 그러므로 우리가 하느님의 계명들을 지켜야 한다면 할례가 아무것도 아니라고 말할 수는 없다. 우리는 할례받아야 한다. 더 나아가서 할례의 명령은 유다교의 구전전승에서 생긴 것이 아니라 확고하게 구약성서에 근거한 것임을 주목해야 한다(창세 17, 10—14 ; 그 밖의 모든 곳). 여기

서 바울로는 그가 9장 20·21절(이에 대한 주해들 참조)에서 보다 상세하게 기술하려고 하는 하나의 구분을 암시한다. 또한 로마서 2장 25—29절(또는 그 주해들)을 참조하라. 바울로의 견해에 의하면 할례받고도 하느님의 명령들을 지키지 않을 수 있고 이와 마찬가지로 할례받지 않고도 하느님의 명령들을 지킬 수 있다는 것이다. 그는 여기서 하느님의 명령들을 "그리스도의 법"으로 간주한다(이에 덧붙여 앞서 갈라 6, 2 ; 또한 로마 13, 8—10의 귀절들 참조). "우리가 하느님의 명령들을 지키는 것"은 의례적인 법전이든 도덕적인 법전이든간에 어떤 법전을 준수하는 것보다 훨씬 더 근본적인 것으로서 그의 아들 안에 계시된 하느님의 뜻에 따르는 것을 의미한다. 만일 인간의 삶이 신앙에 따른 복종으로 결정되었다면(로마 1, 5 ; 16, 26) 유다주의적 관행을 지키든 지키지 않든간에 별 문제가 되지 않는다.

[20] 바울로가 또 다른 예를 들기 전에 중심적인 진술이 다시 반복된다. 각 사람은 부름을 받던 그때의 상태대로 머물러 있어야 합니다. 17·18·24절과 비교하라. 다른 곳(로마 11, 29; 필립 3, 14 ; 데후 1, 11)에서 바울로는 "부름"(κλῆσις)이란 말에 중요한 신학적 내용을 부여한다. 그러나 여기서 그 내용을 소개하는 것은 맞지 않을 것이다. 이에 대해서는 1장 26절과 비교하라. 이 귀절에서 "부름이란 인간이 소명과 함께, 소명에로, 또는 소명에 의해 부름을
* 받는다는 부름이 아니라 그가 그리스도교인이 되도록 하느님의 부르심을 받은 '그때의' 그의 상태를 지시하는 것이다. 그리스도교인이 이런 상태를 지속시키는 것이 하느님의 뜻이라는 것을 바울로가 같은 문장에서 또 이 문맥에서 반복하여 선언하고 있으므로, 부름을 받는다는 것은 새로운 의미를 얻게 된다. 예를 들어 노예가 주의 (해방된) 노예(freedman)가 된다는 것이다. 그러나 이 귀절에서 예를 들어 선교적 봉사에의 소명이라는 현대사상들을 끌어들이는 것은 오해를 불러일으킬 것이고, 더구나 중세교회가 그랬듯이 그리스도교인의 소명을 배타적으로 수도원 생활에의 소명으로 말하는 것은 더욱 잘못이다. (이 귀절에 관한 한) 인간이 새로운 직업에로 부름받은 것은 아니다. 그의 옛 직업에 새로운 의미가 부여된다. 바르트는 이 "부름"이란 말에서 보다 신학적인 의미를 발견하는데, 그것은 옳다. "각자는 그가 할례받은 자이든 할례받지 않은 자이든, 자유인이든 노예이든지간에 부르심이 그에게 임했을 때 그가 받은 부르심에 복종해야 한다. 그는 할례자로 또는 무할례자로, 자유인으로 또는 노예로 되리

라고 부르심을 받은 것은 아니다. 정확하게 말해서 그는 자신이 현재 처한 상태대로 부르심을 받은 것이다. 그는 언제나 자신의 배경과 역사를 지닌 (구체적인) 인간으로서, 현재의 상태에 대해서가 아니라 그러한 상태에서 그가 받은 부르심에 대해서 충실해야 한다. 그가 이런 저런 사람이라는 것은 중요하지 않다…중요한 것은 '하느님의 계명의 준수'(τήρησις ἐντολῶν θεοῦ), 즉 할례를 받았든 받지 않았든간에 그가 마땅히 해야 할 복종이다. 그러나 이러한 복종은 이점에서, 즉 그에게 합당한 한도 내에서, 하느님께서 그를 발견하신 곳에서 행해져야 하고 그는 응답해야 한다"(*C.D.* Ⅲ. iv. 605 ; 600—7, 645—46에서의 전반적인 논의 참조). 그러나 바르트의 말은 그 말 자체로는 옳지만 21—24절에 비추어 보아야 귀절의 의미가 분명해지는 것 같다.

〔 21 〕 **당신이 노예로 있을 때 부르심을 받았읍니까?** 대다수 고린토 교인들의 낮은 사회적 지위에 대해서는 1장 26절을 참조하라. **그런 것 때문에 염려하지 마십시요. 비록 당신이 자유인이 될 수 있을지라도**(노예해방은 여러가지 방식으로 일어날 수 있었고 또 드문 일은 아니었다) **현재의 지위를 감수하십시오.** 많은 문법학자들(예. *M.* i. 247 ; ii. 165 ; Moule, 21, 167 ; M.E. Thrall, *Greek Particles in the New Testament* (1962), 78—82)과 주석가들은 다음의 번역을 채택한다. '만일(εἰ καί) 당신에게 자유인이 될 기회가 실제로 있다면 꼭 (μᾶλλον, "자랑스럽게") 그 기회를 이용하시오.' 이 번역은 명령법의 단순과거 시제(χρῆσαι)에서 어느 정도 뒷받침된다. 그러나 문맥상으로는 의미가 잘 통하지 않는다. Sevenster, *Seneca*, 189—90에 나오는 언급들과 특히 이에 대한 논의(또는 노예제도에 대한 바울로의 태도와 스토아학파의 태도에 대해 논의하는 동일한 문맥)를 참조하라. 특히 중요한 것은 * 다음 귀절을 시작하는 "왜냐하면"(γάρ)이다.

〔 22 〕 **당신은 당신의 노예상태를 감수하기를 주저할 필요가 없읍니다. 왜냐하면 주의 부르심을 받은**(즉 그리스도교인, 다시 말하여 그리스도 안에 있는 자가 된) **노예는 주의 자유인이기 때문입니다. 그와 같이 (그리스도의) 부르심을 받은 자유인은 그리스도의 노예입니다.** 이러한 역설에 대해서는 아래의 7장 29절 이하와 비교하라. 노예의 그리스도교적 해방의 근거가 다음 귀절에서 진술되고 있다. 즉 그리스도께서 자기 생명을 바쳐 그를 사셨다는 것이다. 그러나 자유롭게 된다는 것은 완전히 독립된 사람이 되는 것이 아니라 적어도 보호자(patronus)에 대하여 도덕적 의무와 충성과 봉사의 의무

가 있었던 해방노예(libertus)가 된다는 것을 말하였다. 그리스도교인이 된 노예는 비록 그가 현재의 사회적 지위에 그대로 머물러 있다고 해도 죄와 죽음, 또는 이 세대의 악의 세력(비교. 2, 6·8)의 속박으로부터 자유롭게 되었다. 그러나 그는 자유를 그리스도에게 돌린다. 해방된 노예가 이제 그의 보호자에게 충성과 봉사를 돌려야 한다는 사상이 드러나 있긴 하지만 여기서 바울로가 강조하는 것은 이러한 자유의 선물이다. 어쨌든 자유인은 위엄있는 인물이라기보다는 비천한 인물이었다(참조. J. Jeremias, *Jerusalem zur Zeit Jesu* 〔1958〕, Ⅱ. B. 210). 자유인이란 사회적 신분에서 출발해서 그 신분을 고수하는 사람이 그리스도의 사신 바 되었으므로 이제 그리스도의 노예가 되어 그에게 충성과 봉사를 돌린다. 노예와 자유인은 둘 다 그리스도에 대한 자유와 봉사라는 동일한 이중의 관계에 놓여 있고 그들의 다른 사회적 서열은 상관이 없다.

〔 23 〕 **하느님께서 값을 치르고 여러분을 사신 것입니다**(비교. 6, 20과 거기에 대한 주해). **사람의 노예가 되어서는 안 됩니다.** 이것은 21절b의 노예에 대한 명령에 상응하는 것이다. 자유인은 때때로 여러가지 이유로 해서(13, 3에 대한 주해 참조) 그들 자신을 노예로 팔았다. 이러한 행동은 그리스도교인으로서의 책임을 회피하는 것이고 그리스도교인은 이미 그리스도로 말미암아 자유롭게 되었고 오직 그에게만 절대적 복종을 돌린다는 진리를 모호하게 하는 것일 수 있다. 따라서 여기서 바울로는 "노예"라는 말에 "종교적인 의미"를 부여했다고 가정하는 것(Héring)보다는 그의 말 그대로를 받아들이는 것이 더 낫다. 그러나 이 귀절을 불트만(*Primitive Christianity in its Contemporary Setting* 〔1956〕, 185)에 따라 '여러분 자신이 사람들의 가치판단에 좌우되어서는 안 됩니다'라고 의역해도 틀리지는 않는다. 노예상태와 자유에 대한 논의에서 바울로는 자주 스토아 철학자와 같이 말한다(앞서 말한 Sevenster의 언급들과 Weiss, Lightfoot의 언급들 참조). 그러나 이 주장("하느님께서 값을 치르고 여러분을 사신 것입니다")의 근저에는 스토아 철학적인 요소가 없으며, 또한 봉사에서 완전한 자유가 발견된다는 역설적인 주제는 바울로에게 있어서 비인격적이고 범신론적인 "로고스"에 초점이 있는 것이 아니라 인격적이고 역사적인 구원자인 예수 그리스도에게 초점을 둔 것이다.

[24] 바울로는 끝으로 이렇게 요약한다. 형제들이여, 여러분은 각각 부르심을 받던 (그리스도교인이 된) 그때의 상태(혹은 조건. 그리이스어 본문에는 실명사가 나와 있지 않다)대로 하느님과 함께(이 말은 노예도 동일한 봉사의 관계에 있음을 시사한다) 있어야 합니다. 이러한 상태란 어떠한 것이든간에 인간이 그러한 상태로 하느님과 함께 있으며 또 그러한 상태를 그리스도에게 봉사하는 통로로 이용한다는 사실로 미루어 볼 때 변화된 상태이다.

18. 처녀들에 대하여 7장 25—40절

25 처녀들에 관해서는 내가 주께로부터 받은 명령이 없으나 내 의견을 말
하려 합니다. 나는 주의 자비하심에 힘입어 신뢰할 만한 자로서 말하는 것
입니다. 26 현재의 곤경을 고려한다면 '이것이 좋다'고, 즉 '남자가 현재
상태대로 있는 것이 좋다'고 나는 생각합니다. 27 당신이 아내에게 매여 있
읍니까? 아내에게서 벗어나려고 하지 말 것입니다. 당신에게 아내가 없읍
니까? 아내를 얻으려고 하지 말 것입니다. 28 그러나 당신이 결혼한다 할
지라도 죄를 짓는 것은 아닙니다. 그리고 처녀가 결혼하는 것도 죄를 짓는
것은 아닙니다. 다만 그들이 육신에 괴로움을 당할 것이므로 내가 당신을
아껴서 그러는 것입니다. 29 형제들이여, 내가 말하려는 것은 이것입니다.
때가 얼마 남지 않았으니 이제부터는 아내 있는 사람은 없는 사람같이 하
고 30 우는 사람은 울지 않는 사람같이 하며, 기쁜 사람은 기쁘지 않은 사
람같이 하고, 무엇을 산 사람은 그것을 가지고 있지 않은 사람같이 하며 31
세상을 잘 이용하는 사람은 충실히 이용하지 못한 사람같이 할 것입니다.
이 세상의 외관은 사라지고 말 것이기 때문입니다. 32 나는 여러분이 근심
하지 말기를 바랍니다. 결혼하지 않은 남자는 어떻게 주님을 기쁘시게 할까
하여 주의 일을 염려하지만, 33 결혼한 남자는 세상 일을 염려하여 어떻게
자기 아내를 기쁘게 할까 하는 데 관심이 쏠려서 34 마음이 갈라져 있읍니 *
다. 결혼하지 않은 여자나 처녀[1]는 주의 일을 염려하여 '몸과 영이 함께 거
룩하게 되려고 합니다.' 하지만 결혼한 여자는 세상 일을 염려하여 어떻게
하면 남편을 기쁘게 할까 하고 있는 것입니다. 35 내가 이 말을 하는 것은
여러분의 유익을 위한 것이요 여러분을 제재하려는 것은 아닙니다. 오히려
여러분이 정당하게 장애받지 않고 오직 주님만을 기다리게 하려는 것입니

1) 이것은 P^{15} B와 불가타역과 사히딕사본(the Sahidic)의 독법이다. 이와 다른 독법들로는 "결혼하지 않은 처녀," "처녀," "결혼하지 않은 여자와 결혼하지 않은 처녀" 등이 있다. 해당 주석을 참조하라.

다. 36 만일 어떤 사람이 자기의 처녀에 대하여 정당하게 처신하고 있지 않다고 생각한다면, 또한 어떤 사람이 성욕이 지나칠 경우라면 또 그럴 수 밖에 없다면 그가 원하는 대로 하게 하시오. 그는 죄를 짓는 것이 아니니 그들을[2] 결혼하게 하십시오. 37 반면에 그가 굳게[3] 마음을 정하고 억지로가 아니라 스스로 자기 뜻을 좌우할 힘을 가지고 그 처녀를 그대로 두기로 작정한다면 그것은 잘하는 일입니다. 38 그러므로 그의 처녀와 결혼하는 사람도 잘 하는 일이지만 결혼하지 않는 사람은 더욱 잘 하는 일입니다. 39 아내는 남편이 살아있는 동안 남편에게 매여 있읍니다. 그러나 만일 남편이 잠들면 자기가 선택한 사람과 결혼할 자유가 있읍니다. 다만 그녀가 그리스도교인임을 기억해야 할 것입니다. 40 그런데 내 의견대로 말한다면 그 여자가 그대로 혼자 지내는 것이 더 행복할 것입니다. 나도 하느님의 영을 받았다고 생각합니다.

[25] 처녀들에 관해서는. 7장 1절 등과 비교하라. 바울로는 아마도 고린토인들의 편지에 따라서 새로운 주제로 바꾼다. "처녀들"이란 누구를 말하는 것인지가 즉시 드러나지 않는데, 그들은 28·34절에서 잠깐 언급되고 나서는 36절 이하까지 언급되지 않기 때문이다. 36절 이하에서 이 말의 의미는 고린토의 배경에서 논의될 것이다. 현재로는 이 말이 통상적인 의미, 즉 전혀 성경 * 험이 없는 여자(또는 남자. 여기서는 속격 복수 "처녀들의" τῶν παρθένων로 쓰였는데, 성에 대한 지시가 없다. M. Black, ***The Scrolls and Christian Origins*** (1961), 85에 의하면 25절 이하는 '원래 한 부류의 남자 독신자들을 언급하는 것으로 볼 때 이해가 가장 잘 된다'는 것이다. 그러나 이것은 다음의 이유에서 그럴 듯하지 않은 것 같다. 첫째, 왜냐하면 이것은 여기서 말하는 "처녀"와 36절 이하에서 말하는 "처녀"를 구분하는 것임을 뜻하기 때문이다. 둘째, 28절 때문이기도 한데, 그 해설을 참조하라) 이외에 다른 의미를 지닌 것이라고 가정할 것까지는 없음을 관찰할 수 있다. 바울로는 결혼한 사람들의 의무를 다루고 나서 (비록 그가 이미 말했던 바를 여러 차례 다시 언급하고는 있지만) 결혼하지 않은 사람들에게 훈계하기 시작한다. 그는 충고의 성격을 조

2) 단수형 *γαμείτω*는 D* G al의 독법이다. 그러나 복수형(이런 독법에서는 한 아버지가 자기 딸을 결혼시키는 것으로 생각하기가 더 어려워진다)이 확실히 원래의 독법이다.

3) ἑδραῖος란 말이 다른 곳들도 나오지만 P^{46} G와 고대 라틴사본에는 이 말이 생략되어 있는데 그것은 옳다. 이 말에 대한 준쯔의 지지(96f.)는 신빙성이 없다. ἕστηκεν만이 '굳게 서다'를 의미한다.

심스럽게 규정한다. 내가 주께로부터 받은 명령이 없으나(대조. 7, 10) 내 의견을 말하려 합니다(비교. 7, 12). 나는 주의 자비하심(Robertson, 1128, 1140에는 분사 ἠλεημένος를 원인을 나타내는 것으로 서술한다)에 힘입어 신뢰할 만한 자로서 말하는 것입니다. "신뢰할 만한"(πιστός)은 보통 바울로에게서(비교. 특히 4, 2) 이런 의미를 지닌다. 이 말은 때때로 하느님에게 적용되는데, 그럴 경우도 역시 "신뢰할 만한"을 의미한다. 경우에 따라서 (특히 고후 6, 15) 이 말은 "신자"를 의미한다(그 반대인 ἄπιστος는 7장 12—15절에서처럼 "불신자"를 의미한다). 여기서 바울로가 말하고자 하는 바는, 비록 인용할 만한 주의 직접적인 명령을 가지고 있지 않다 하더라도, (그의 유익을 위해서가 아니라 하느님의 자비하심에 힘입어—비교. 고후 4, 1 ; 디전 1, 12·13) 자신의 충고는 믿을 만한 것이라는 것이다. 블랙 박사(앞의 인용문 참조)는 "처녀"라는 말이 남자 독신자라는 전문적 의미로 쓰인 시리아어 mehaimena를 반영한 것이라고 생각한다. 이 말이 환관을 뜻할 수도 있음이 사실이다. 그러나 왜 바울로가 이런 변형된 의미(시리아어가 지닌 일반적 의미가 아닌)를 —그가 다른 곳에서 이런 의미로 사용하지 않은, 또한 어떤 그리이스 저자도 이런 의미로는 사용하지 않은— 그리이스어에 결부시켜야 했는지는 분명하지 않다. 만일 그가 "처녀"(παρθένος)를 의미했다면 왜 "처녀"라고 말하지 않는가? 고린토인들이 시리아어를 알고 있었단 말인가?

[26] **현재의 곤경을 고려한다면 '이것이 좋다'고, 즉 '남자가 현재 상태대로 있는 것이 좋다'고 나는 생각합니다** (이 동사는 명사 "의견"에 상응한다—바울로는 '내가 압니다'라고 말하지 않는다). 6장 12·13절, 7장 1절에서와 같이 바울로는 고린토인들이 한 말을 인용하고 있는 것이라고 생각할 만한 타당한 이유가 있다 (참조. J. Jeremias in *Studia Paulina*, 151). 다시 말해서 그는 그들의 말에 반대하지는 않지만 그 말에 제한을 둔다. 다시 한번 우리는 '남자가 무엇무엇을 하는 것이 좋다'와 '남자는 무엇무엇을 할 의무가 있다'를 구별할 수 있다. "현재의 곤경"에 비추어 볼 때 상태의 변화는 행복을 가져오기보다는 괴로움을 줄 것 같다. "곤경"은 37절보다는 오히려 29절에 비추어서 이렇게 해석된 것이리라. 즉 바울로가 생각하고 있는 것은 사람들로 하여금 결혼하도록 부추기는 내적 충동(이러한 충동은 반대방향으로도 작용할 수 있다)도 아니고 결혼한 여자의 고통(창세 3, 16)도 아니고 그와 같은 박해도 아니다. 다만 그가 생

각하고 있는 것은 세상에 임박하였고 이미 그리스도교인들의 고통으로 선취된 종말론적 재난이다. 이러한 점들에 비추어 볼 때, 사람들은 이미 충분한 고통을 받고 있으며 그들 스스로가 이런 저런 형태의 가정적 분규에 빠지지 않으려고 해도 더 많은 고통을 받게 될 것이다. 고린토인들은 독신 남자라면 결혼하지 않는 것이 더 현명하다는 격언을 일방적으로 적용했을지도 모른다. 바울로는 다음과 같은 반대 방향의 진술을 덧붙인다 : 결혼한 남자는 결혼생활을 벗어나려고 해서는 안 된다. 앞서 7장 10—16절에서 그가 한 충고와 비교하라. 그는 즉시 이 이중적인 적용을 전개시킨다.

[27] **당신이 아내에게 매여 있읍니까**(그리이스어 동사는 완료시제이다. 그러나 이 동사는 '당신은 이제까지 매여 있어 왔기 때문에 지금도 매여 있읍니까'를 뜻한다)? **아내에게서 벗어나려고 하지 말 것입니다. 당신에게 아내가 없읍니까**(직역하면 '이제까지 당신은 자유로왔읍니까'이다. 그러나 바울로가 홀아비나 이혼자들에 대해서만 말하고 총각들에 대해서 말하는 것은 아니라고 가정할 수는 없다)? **아내를 얻으려고 하지 말 것입니다.** 이 귀절상의 접속사의 뚜렷한 생략에 관해서는 *B.D.* §§ 464, 494를 참조하라. 이 귀절에는 현재의 상황으로 남자는 이렇게 하는 것이 좋다는 그 무엇에 대한 바울로의 충고가 담겨 있다. 그러나 이것은 어떤 의미로든 모든 사람이 복종해야 하는 엄격한 규칙은 아니다.

[28] **그러나 당신이 결혼한다 할지라도**(you *do* marry: 이 영어 문장상의 조동사는 그리이스어 *καί*에 대한 강조를 나타낸다) **죄를 짓는 것은 아닙니다. 그리고 처녀가 결혼하는 것도 죄를 짓는 것은 아닙니다.** "당신"은 바울로의 말을 읽거나 듣는 고린토교회의 남자 교인임이 분명하다. 바울로가 이런 상황의 측면을 이야기하고 있다는 사실로 미루어 볼 때, 고린토에는 결혼한 사람은 결혼상태를 유지하라고 주장하기 보다는 (앞의 해설 참조) 결혼하지 않은 사람은 독신으로 지내야 한다고 주장하는 경향이 있었음이 분명하다. 바울로가 인정하는 바로는 이런 주장에는 좋은 의미가 많이 담겨 있긴 하지 그것이 그리스도교인들의 규율에 관한 문제는 아니다. 만일 당신이 결혼함으로 당신의 자유를 잃고자 한다면 당신은 어리석은 사람일 수 있다. 그렇다고 해서 당신이 죄인은 아니다. "처녀"란 누구를 말하는지가 그리 분명하지는 않다. 정관사는 일반적인 표현이므로(비교. 25
* 절) "어떤 처녀"라고 번역해야 할지도 모른다. 이것은 36절 이하를 제

외하면 거의 확실하게 옳은 번역인 것 같다. 거기서 "처녀"(παρθένος) 라는 말은 적당한 논의과정에서 논의할 필요가 있는 특수한 의미를 지닌 것임이 분명하다. 현재의 귀절에서만 살펴본다면 그 말을 단순한 의미로 이해하는 것이 가장 자연스럽다. '만일 당신(한 남자)이 결혼한다고 해서 죄를 짓는 것은 아닙니다. 만일 한 처녀가(3인칭으로 언급된 것은 회중 가운데 남자 교인들이 주로 편지의 수신인이었을 것이고 또한 결혼에 관하여 우선권을 갖고 있었을 것이기 때문이다) 결혼한다고 해서 죄를 짓는 것은 아닙니다'라고 말이다. 우리가 후반절에 가서 이 점을 기억하는 것이 좋을 것이다. 블랙 박사는 (앞서 인용된 글 참조) 여기서 "처녀"를 남자 독신자로 생각한다(앞의 해설 참조). 그러나 36절 이하와 잘 맞지 않는 이러한 견해에 따르며 이 귀절은 매우 필요없는 반복이다.

남자와 여자는 똑같이 결혼할 자유가 있다. 즉 다만 그들(바울로의 충고에 반대하여 행동한 사람들)이 육신에 괴로움을 당할 것이므로 내가 당신을 아껴서(현재 시제인 φείδομαι는 시도를 나타내는 것이다) 그러는 것입니다. 여기서 "육신"이란 말은 흔히 바울로에게서 볼 수 있는 특수한 신학적 의미를 지닌 것이 아니라(참조. *Romans*, 137, 146, 148), 결혼생활에 불가피하게 뒤따르는 의무들이 있음을 뜻하는 단지 신체적인 영역을 지시한다. 전쟁과 전쟁의 소문, 지진, 페스트, 기근 등에 직면해 있다면(비교. 마르 13,7·8과 특히 17) 결혼은 고통을 가중시키는 결과를 초래할 뿐이다. 종말의 상황에 처하여 사람들은 지상의 모든 관계에서 자유로와야 한다.

[29] **형제들이여, 내가 말하려는 것은 이것입니다. 때가 얼마 남지 않았으니.** 즉 여기서 말하는 때는 종말 이전의 때이다. "얼마 남지 않았다"는 형용사가 아니라 분사(συνεσταλμένος)를 번역한 것이므로 아마 "때가 단축되었다"(비교. 마르 13,20)로 번역해야 할 것이다. 그러나 문맥상으로는 특별한 때의 단축을 시사하는 것이 아니라 단지 (로마 13,11·12에서처럼) 때가 끝나가고 얼마 남지 않았음을 시사한다. **이제부터는**(그리이스어 τὸ λοιπόν의 의미는 논란의 여지가 있다. 참조. M.E. Thrall, *Greek Particles in the New Testament* [1962], 25—30. 이 말은 4장 2절에서와 같이 단순히 "지금"을 뜻하는 것일 수 있지만 그러나 문맥상으로는 현재 번역된 대로의 의미를 시사한다) **아내 있는 사람은 없는 사람 같이 하고**(여기서 명령법 ἵνα의 순수한 예를 볼 수 있다. 참조. 157; 참조. Robertson, 994; Moule, 145; *M.* iii.

95). 7장 2—5절에 비추어 보면, 바울로가 한 이 말이 남편과 아내가 결혼 체제 내에서 금욕생활을 해야 한다는 것을 뜻하지는 않음을 알 수 있다. 그는 부자연스런 생활을 할 만한 능력이 있었던 사람들에게는 결혼생활을 삼가는 것이 유리하다는 것을 인정하였지만, 그러나 대체적으로 결혼을 권유하였고 또 그것이 참된 결혼이어야 함을 주장하였다. 그러면 그가 뜻한 바는 무엇인가? 그의 '아닌 것처럼'이란 말 뜻을 이 절에서 받아들일 수 있다면 다음 절에서도 역시 그런 의미로 이해할 수 있을 것이다. 이 단락의 나머지 부분에서 두 가지 점을 예상할 수 있을 것이다. 31절b에서 바울로는, "이 세상의 외관은 사라지고 만다"라고 말하며, 32·33절에서 그는 생각이 오로지 주님을 기쁘시게 하는 데 있는 "결혼하지 않은 남자"와 생각이 오로지 자기 아내를 기쁘게 하는 데 있는 "결혼한 남자"를 대조해서 말한다. 이 두 가지 점에서 다음의 두 가지 점을 더 추론해 낼 수 있다. 첫째로 결혼한 남자는 그가 따라서 살기로 하였던 제도가, 그것이 신성한 제도임에도 불구하고, 사라져 가고 있으며 (때가 얼마 남지 않았기 때문에) 실로 곧 사라져 버릴 질서에 속한 것임을 인정해야 한다. 조만간 그는 시집가거나 장가가는 일이 없는 천적 삶을 누릴 것이다(마르 12, 25). 그는 이러한 천적 존재로 되기 위해서 준비하는 것이 좋을 것이다. 그는 자기 아내와 이혼하거나 그녀와의 동거생활을 그만둠으로써(이에 덧붙여 말할 수 있다면 더우기 아내를 더 이상 사랑하지 않거나 그녀와의 사귐을 더 이상 즐기지 않음으로써 ; *Acts of Paul and Thecla* 5 〔Lipsius-Bonnet i. 238·16〕에서 "아닌 것처럼"—ὡς μή—의 용법과 대조하라)가 아니라 조만간 그들의 관계의 기초가 전적으로 달라질 것임을 인식함으로써 준비하는 것이 좋을 것이다. 둘째로, 결혼한 남자는 관심을 쏟아야 할 아내가 없는 것처럼 일편단심으로 주님을 기다려야 한다(이 명령을 하는 데서 바울로는 이것이 성취될 수 있다고 전제한다). 32절b는 모든 독신 남자가 단순히 그가 독신이기 때문에 오로지 주님께 주의를 기울이는 것임을 뜻하지는 않는다(바울로는 독신 남자의 '불안'에 대해서 비판적일 수 있다는 것을 우리는 곧 알게 될 것이다). 역으로 "아닌 것처럼"이란 역설에서 결혼한 남자는 (어려움이 없지는 않겠지만) 주님께 헌신하는 일에 전념할 수 있다. 이와 같이 하느님께 봉사하고 세상으로부터 초연하게 살아갈 수 있는 사람이 자유인이다(Bultmann, *Theology*, 347 〔E.T., 351〕, 또한 Schoeps, *Paulus*, 222 〔E.T., 211〕). 그러나 그의 자유는 스토아 철학적 자유가 아니라

(참조. Epictetus Ⅲ. xxiv. 60 ; Ⅳ. i. 159—60) 그리스도의 종으로서의 자유이다.

[30 · 31] 다른 절들을 첨가할 수 있다. **우는 사람은 울지 않는 사람같이 하며, 기쁜 사람은 기쁘지 않은 사람같이 하고, 무엇을 산 사람은 그것을 가지고 있지 않은 사람같이 하며, 세상을 잘 이용하는 사람은 그것을 충실히 이용하지 못한 사람같이 할 것입니다.** 번역과 관련하여 두 가지 점을 언급할 수 있다. "…이긴 하지만"(though)은 이 문맥상으로는 좋지 않은 표현인데, 그것은 그 공통된 어법이 마치 바울로가 위선적으로 슬픔이나 기쁨을 표시하도록 요구하고 있는 것같이, 실제로는 안 그러면서 그런 체하는 분위기를 풍기기 때문이다. 그러나 이 말을 사용하지 않을 수 없기 때문에 이 말에 내포된 위험을 극소화하는 수밖에 없다 "그들이 그것을 충실히 이용하지 못한 것같이"는 때때로 '그것을 남용하지 않은 것같이'로 번역된다. 그러나 이 말, "충실히 이용하다" (*καταχρᾶσθαι*)의 문맥과 어법은 현재의 번역을 뒷받침 해준다. 바울로는 남편들에 대한 충고에서 금욕생활을 옹호하지 않은 것과 같이 여기서도 스토아 철학적 무심(apathy)을 옹호하지 않는다. 로마서 12장 15절에서 그는 독자들에게 기뻐하는 자들과 함께 기뻐하고 우는 자들과 함께 울라고 말한다. 그러나 여기서 그의 충고가 불일치하는 것은 아니다. 요지는 웃음이나 눈물이 중요한 말이 아니라는 것이다. 사람은 어느 것에도 자기 자신을 내맡겨서는 안된다. 다시 말해서 바울로는 결혼과 마찬가지로 상업도 금지하지는 않으며 오히려 상업을 동일한 조건하에서 인정한다. 다시 말해 "세상의 이용"이란 사회적 관계들(예를 들어 결혼)과 상업을 포괄할 수 있는 일반적인 말이다. 그리스도교인들은 세상(세상의 의미에 대해서는 예를 들어 1장 21절 참조)을 이용할 수는 있지만 세상에 몰입해서는 안 된다. **왜냐하면 이 세상의 외관**(*σχῆμα*라는 말의 일반적 의미)**은 사라지고 말 것이기 때문입니다.** 실로 세상 자체는 사라지고 말 것이다. 그러나 바울로의 요지는 이와 같은 피조물의 덧없음에 있지 않고 세상의 외적 양식은 예를 들어 사회제도 및 상업제도에 있어서 영속성이 없다는 사실에 있다.

[32] 드러나는 바대로 새로운 요지에로의 전환은, 그것이 거의 간파하기 어려운 난점을 내포하고 있기는 하지만 아주 분명하다. 예컨대 결혼이나 상업에 전 삶이 얽매여 있는 사람들은 모든 소유와 관계가 사라지고 말 세상에서는 불안을 느끼지

않을 수 없다. 그러나 바울로는 말한다. **나는 여러분이 근심하지 말기** (ἀμερίμνους)**를 바랍니다.** 예수 자신은 추종자들에게 염려하지 말라고 명한다 : "너희는 목숨을 위하여 무엇을 먹을까 무엇을 마실까 몸을 위하여 무엇을 입을까 염려(μεριμνᾶν)하지 말라…"(마태 6, 25—34).

* 이 신약성서의 나머지 부분은 예를 들어 베드로전서 5장 7절과 동일한 사상을 반영한다. 바울로 자신의 사상에 대해서는 필립비서 4장 11절을 참조하라. 더우기 인간은 하느님 앞에서 불안을 느낄 필요가 없다고 하는 것이 바울로의 복음의 본질이다. 믿음으로 의롭다 함을 받음으로 인간은 하느님과 화평을 누린다(로마 5, 1). 유다교 및 그리스도교의 유다교화에 대한 바울로의 비판은 그것들이 속박과 두려움을 초래한다는 것이다(예. 로마 8, 15). 다시 말해 사람들이 선행과 종교적 관습에 참여하는 것은 그들이 하느님의 은혜를 확신하지 못하기 때문이라는 것이다. 그러나 우리가 여전히 죄인임에도 불구하고 그리스도께서 우리를 위해 죽으셨다는 사실에서 하느님은 자신의 사랑을 입증하셨음이 분명하므로, 이같이 불안한 광신은 부적당한 것이고 실로 하느님의 은혜를 경시하는 짓이다. 그러므로 다음의 문장은 결혼하지 않은 남자에 대한 칭찬일 리가 없는 것 같다. "나는 여러분이 근심하지 말기(ἀμερίμνους)를 바랍니다." **결혼하지 않은 남자는 어떻게 주님을 기쁘시게 할까 하여 주의 일을 염려합니다**(μεριμνᾷ). 그는 염려해서는 안 된다. 왜냐하면 그가 자기 편에서 주를 기쁘시게 하려고 노력하는 것과는 무관하게, 주는 이미 그를 사랑하시기 때문이다. 이런 식으로 이해한다면 이 문장은, 고린토의 금욕적인 경향 즉 칭찬받을 만한 종교적 행위를 수행하여 그를 기쁘시게 함으로써 하느님의 사랑을 받고자 하는 염려를 나타내는 경향에 대한 하나의 비판이다. 결혼을 비난하는 금욕주의자들(참조. 앞의 7, 1)은 그리스도교적 표준을 높이는 것이 아니라 떨어뜨리는 것이다. 이런 해석과는 반대로 바울로는 다른 곳에서 "하느님을 기쁘시게 한다"는 표현을 좋은 의미로도 사용하고 있다(로마 8, 8 ; 데전 2, 15 ; 4, 1). 하느님의 분에 넘친 사랑을 알고 있는 사람은 바로 그러한 이유 때문에, 그를 먼저 사랑하신 하느님을 기쁘시게 하려고 노력할 것이다. 그러나 이와 같이 다른 해석을 받아들이려고 할 경우에 다음의 결론을 이끌어내야 한다. 즉 같은 귀절 안에서 바울로는 염려라는 말을 두 가지 의미로, 먼저는 부정적 의미 —그리스도교인들은 염려해서는 안 됩니다— 로 쓰고 있고 그 다음에는 긍정적 의미 —결혼하지 않은 남자는 주의 일을 염려하는 것이 좋

습니다— 로 쓰고 있다는 것이다. 이런 결론은 그 주장이 (주의 일에 대한) 좋은 의미의 염려는 (세상일에 대한) 나쁜 의미의 염려를 물리친다는 것일 수 있었으므로 가능하다. 그러나 이 두 가지 해석 모두 난점을 안고 있음을 인정해야 한다.

〔33 · 34〕 다음 문장에서 보다 확고한 근거가 나온다. **결혼한 남자는 세상 일을 염려하여 어떻게 자기 아내를 기쁘게 할까 하는 데 관심이 쏠려서 마음이 갈라져 있읍니다.** 여기서 다루고 있는 대상은 결혼하지 않은 남자와 마찬가지로 (좋은 의미에서) "주를 기쁘시게 하기"를 원하는 그리스도교인인 남편이다. 만일 그가 주를 기쁘시게 하지 않는다면 그리스도교인이 아닐 것이다. 만일 그가 자기 아내에 대하여 생각해 주지 않는다면 그는 결혼서약에 불충실한 사람이 될 것이다(Schlatter). 그러므로 그의 관심은 양분된다. "그리하여 마음이 갈라져 있읍니다"(*καὶ μεμέρισται*)는 33절에서 시작된 문장의 종결로서 간주된다. 몇몇 편집자들은 이 귀절을 다음 문장에 갖다 붙이며 이러한 연관을 필요로 하는 다른 독법들(참조. 이책 208면의 주 1)이 있다. 그러나 본문에서 채택된 구두점이 보다 의미가 잘 통한다. 결혼한 남자의 주된 불행은 그가 결혼을 함으로써 물질세계에 뿌리를 둔 관계에 끼어들게 되었다는 데 있는 것이 아니라 그의 마음이 갈라져 있다는 데 있다.

바울로가 결혼을 했거나 하지 않은 남자들에 대해서 말했던 내용은 마찬가지로 여자들에 대한 말일 수 있다. 앞서 언급한 바대로(이책 190면) 그가 남자와 여자를 동일한 말로 같은 차원에서 다루고 있다는 점이 중요하다. **결혼하지 않은 여자나 처녀는 주의 일을 염려하여 '몸과 영이 함께 거룩하게 되려고 합니다.' 하지만 결혼한 여자는 세상 일을 염려하여 어떻게 하면 남편을 기쁘게 할까 하고 있는 것입니다.** 이 귀절은 앞서 그가 말했던 바와 대체로 비슷함에도 불구하고 여러가지 문제를 제기한다. "결혼하지 않은 여자"(*ἡ ἄγαμος*)와 "처녀"(*ἡ παρθένος*)를 구별할 수 있는 것인가? 두 개의 주어에 뒤따르는 동사가 단수동사("염려하다" *μεριμνᾷ*)라는 사실은 결정적인 것이 못된다. "결혼하지 않은 여자"는 분명히 처녀일 수 있다. 혹은 과부를 가리킬 가능성도 있다(비록 이런 경우에 있어서 바울로가 과부라는 말, *χήρα*를 쓰지 않은 이유를 알기는 어렵지만). 그렇지 않으면 이 말이 이혼해서 남편과 헤어진 여자이거나 실은 처녀가 아닌 독신녀를 가리키는 것일 수도 있다. 쉴라터는 교회에는 결혼문제에 있어서 거의 선택의 여지가 없었던 노예들이 있었다는 사실을 지적했는데 그것은 옳다. 그러나 이 경우들 하나하나에 대하여 "결혼하지 않은"이라는 말로 표현하는 것은 타당하지 않은 것 같다. 왜냐하면 (단수동사와 함께 쓰인) 이 말은 앞서 언급된 여러가지 독법들을 모두 부분적으로 설명하는 것일 수 있기 때문이다. "처녀"라는 말이 연이은 절들에서 불러일으키는 난점들 때문에 문제는 좀 더 복잡해진다. 바울로는 한 집단, 즉 "결혼하지 않은"에 대한 부연설명으로 덧붙인 "처녀"만을 생각하고 있는 것일 수 있다. 즉 '결혼하지 않은 여자라는 말에서 내가 실제로 뜻한 바는 남편을 잃은 여자가 아니라 처녀이다….' 이와 달리 "처녀"를 원래의 의미로 받아들이면 그 말은 다른 성경험이 없는 결혼하지 않은 여자를 뜻할 수 있으며 "결혼하지 않은"은 결혼을 거부하였던 여자를 뜻할 수 있다(고린토에는 이같은 여자가 있었던 것 같다). 그러나 이것은 추측일 뿐이다. "결혼하지 않은"(ἄγαμος)의 이런 의미를 입증할 만한 증거를 여기서 인용할 수 없기 때문이다.

결혼하지 않은 남자는 "주를 기쁘시게 하려고" 염려한다고 말하면서 이에 대하여 결혼하지 않은 여자의 목적은 "몸과 영이 함께 거룩하게 되려고 합니다"라는 말로 제시된다. 이 병행귀는 32절에서 '주를 기쁘시게 함'이 좋은 의미로 받아들여져야 한다는 견해를 다소 피상적으로 뒷받침해준다. 그러나 거룩함이란 결혼을 했건 안 했건간에 모든 그리스도교인들의 목적임을 가정해야 한다. 그러므로 결혼하지 않은 여자의 특수한 목적은 추측컨대 영으로뿐 아니라 몸으로도 거룩해지는 것이다. 그녀는 성적 관계를 삼감으로써 몸을 성결케 하기를 원한다. 그러나 이것은 바울로의 일반적인 가르침과 일치하지 않는데 그는 모든 그리스도교인들이 결혼을 했건 안 했건 간에 몸이 거룩해져야 한다고 믿고 있기 때문이다(참조. 로마 6, 12 ; 12, 1 ; 고전 6, 13·15·19·20 ; 15, 44 ; 고후 4, 10 ; 갈라 6, 17 ; 필립 1, 20 ; 3, 21 ; 데전 5, 23). 바울로의 어법이 전적으로 일치하지 않는 것이 사실이긴 하지만 몸의 거룩함에 대해서 (혹은 이와 유사한 말로) 말하는 이 모든 귀절들에서 그가 거룩한 미혼 남자 및 미혼 여자에 대해서만 말하는 것이라고 주장할 수는 없다. 더우기 본장에서 그는 결혼한 남자 및 여자에 대하여 그들은 결혼을 통해서, 믿지 않는 배우자들을 "거룩하게 하고" 이들이 결혼하여 낳은 자녀들도 거룩하다"고 말한 바 있다. 그러므로 "몸과 영이 함께 거룩하게 되려고 합니다"는 고린토의 금욕적인 단체에서 인용한 말이라고 결론지어야 한다. 바울로는 이런 견해를 인정하긴 하지만 그런 견해를 결혼하지 않은 사람들에게 한정하지는 않았을 것이다. 또 다시 그는 현재의 상황에서 결혼하지 않은 상태가 바람직하긴 하지만 그러한 상태가 본래 더 좋은 것은 아니라는 점을 지적하려고 한다.

이 귀절의 후반부에 대해서는 33절과 비교하라.

[35] 바울로는 보다 상세한 경고의 말을 하면서 학자들 간에 해석상 어려움이 많기로 유명한 문제 —그가 25절 이하에서 마음에 품고 있었던 것으로 보이는 문제— 에로 나아간다. **내가 이 말을 하는 것은 여러분의 유익을 위한 것이요**(비교. 앞의 26·28절 ; 그의 주장은 옳거나 그른 것에 대한 문제가 아니라 특정한 상황에서 편리하고 유익한 것 또는 그렇지 못한 것에 대한 문제이다) **여러분을 제재하려는** (또는 사육하는 동물과 같이 여러분을 지도하려는 ; 비교. 고후 1, 24) **것은 아닙니다. 오히려 여러분이 정당하게 장애받지 않고 오직 주님만을 기다리게 하려는 것입니다.** 마지막 절은 의역한 것이다. 그러나 보다 정확한 번역은 거의 불가능하다. 그리이스어 본문에서 이 전체 절은 형용사 "유익한 것"(*τὸ σύμφορον*)으로 서술될 수 있는 병행귀이다. 두 개의 형용사가 나오는데, 그 의미는 "정당한"(*εὔσχημον*; 비교. 36절)과 "기다리기에 합당한"(*εὐπάρεδρον*: 아마 바울로가 만들어 낸 말일 것이다. 비교. 9, 13: 거기서 동사 *παρεδρεύειν*은 "제단에서 기다리는"이란 의미로 쓰인 것이다)이다. 부사 "방해나 장애(*ἀπερισπάστως*) 받는 일 없이"가 뒤따라 나온다. 중성 형용사들은 바울로에게서 다음과 같이 추상명사로 쓰인 것이다. 즉 '정당함을 위하여, 또 방해받지 않고 주께 합당한 주의를 돌리기 위하여.' 컴멜은 Epictetus Ⅲ. xxii. 67 이하와 비교한다 —견유학파의 사람은 자기 소명을 실행하는 데 있어서 방해(*ἀπερίσπαστος*)를 받지 않아야 한다. 그 취지는 분명하다. 즉 만일 당신이 결혼을 피하면 장애를 막을 수 있고 결혼한 사람들이 일으키는 문제와 곤경과 염려를 자초하지 않고서 주의 일에 전념할 수 있다는 것이다. *

[36] 그러나 결혼을 피하는 것이 규칙은 아니다. 실은 결혼(고린토의 금욕주의자들은 결혼을 허락하기가 매우 어려웠을 것이다)뿐만 아니라 독신생활도 부적합한 것일 수 있다. **만일 어떤 사람이 자기의 처녀**(명사 *παρθένος*의 일반적인 의미 : 참조. 25·28절과 이하)**에 대하여 정당하게 처신하고 있지 않다**(동사 *ἀσχημονεῖν* "부당하거나 불명예스럽게 처신하다"는 35절에 나오는 형용사 *εὐσχήμων* "정당한"과 관련된 것이다)**고 생각한다면, 또한 어떤 사람이 성욕이 지나**

칠 경우라면, 또 그럴 수밖에 없다면 그가 원하는 대로 하게 하십시오(*M.* iii. 75, '그가 원하는 대로 계속하게 하시오'는 현재 명령 ποιείτω의 시제와 부합하긴 하지만 문맥상의 의미와 잘 맞지 않는데, 문맥상으로 문제는 그가 원하는 대로 행하지 않는 데서 제기되기 때문이다). **그는 죄를 짓는 것이 아니니 그들을 결혼하게 하십시오.** 이 사역은 그리이스어 본문의 애매한 점들은 대부분 그대로 남겨둔 채로 있다. 그러나 "성욕이 지나칠 경우에"라고 사역함으로써 난해하고 애매한 한 문장의 의미를 결정지었다. 이 의미는 가장 개연성이 있는 것으로 보이지만 반드시 그런 것만은 아니다. 문장에서 드러나지 않은 주어는 누구인가? "자기의 처녀"란 말뜻은 무엇인가? 다음의 제안들이 제시된 바 있다. 1. 문장상의 남자는 아버지이고 "그의 처녀"는 딸이다. 이런 견해를 받아들인다면 "성욕이 지나칠 경우에"라고 번역하였던 절은 "만
* 일 그녀가(형용사는 남성이나 여성일 수 있고 대명사가 없다) 혼기에 있다면(아니면 아마 혼기를 놓쳤다면)"을 뜻하는 것으로 받아들여야 한다. 따라서 우리는 이 문장을 허락없이는 결혼할 수 없는 딸에 대해 '부권'을 행사할 위치에 있는 사람과 결부시켜야 한다. 만일 그가 딸의 결혼을 제지하는 것이 그녀를 부당하게 대하는 것이라고 생각한다면 그녀가 원하는 대로 하도록 허락하는 데 주저해서는 안 되며(또다시 대명사가 안 나와도 이런 번역은 가능하다) 그들을(처녀인 딸과 선택된 신랑) 결혼시켜야 한다. 그러나 이렇게 번역할 경우 세 가지 난점이 따르게 된다. (ㄱ) 이 번역에서는 주어가 어색하게 몇번 바뀐다. (ㄴ) '혼기에'라는 말은 그리이스어 ὑπέρακμος에 대한 개연성이 적은 번역이다(ὑπέρακμος ; 유다인들이 '결혼할 수 있는 나이'를 인정했다거나 아버지에게 딸이 결혼할 나이가 되자마자 결혼시키도록 권유해야 한다고 생각했다는 사실 —참조. *S.B.* iii. 376—77— 은 어떤 면에서건 결정적인 사실이 아니다). (ㄷ) 또한 "처녀"라는 말이 곧 '딸'을 의미하지는 않는다. (ㄷ)항에 대해서 쉴라터는 혼기에 있는 처녀에 대해 권한이 있었던 사람은 통상적으로 그녀의 아버지였겠지만 다른 가능성들도 있었다고 말하는데 이것은 타당하다. 예컨대 아버지가 죽었을 경우에는 처녀의 오빠나 보호자가 아버지의 위치를 대신했을 것이며, 소녀의 부모가 노예일 경우는 주인의 손에 그 권한이 달려 있었을 것이라는 것이다. 그러나 그렇다고 하여도 "그의 처녀"라는 말은 여전히 의외의 표현이다. 2. 남자와 여자(그의 처녀)는 동거하지만 육체적 관계는 갖지 않는 그러한 영적 결혼생활에 접어들었다. '처녀가

처녀성을 지키는 것'(virgines subintroductae)을 허용하는 관습은 (비록 완전히 허용하지는 않았지만) 교회사에 있어서 좀 더 뒤에까지(아마 2세기 정도까지) 지속되었던 것으로 우리는 안다. 이러한 사실은 그런 관습 또는 이와 유사한 관습이 일찌기 일세기 중엽에 고린토에서 유래하였음을 시사한다. 이같은 관습 내에서 남자는 (또는 여자는) 견딜 수 없는 긴장을 스스로 발견하게 되었으리라는 것은 당연하다. 그런데 아마 고린토의 일부 사람들은 현상(처녀의 상태)이 유지되어야 한다는 주장을 계속 지지하였던 것 같다. 그러나 바울로는 이러한 상황에서도 결혼은 통례적인 결혼이 되어야 한다고 권면한다. 통례적인 결혼이 죄가 되지는 않을 것이다. '영적 결혼'의 관습이 여기서 발견될 수 있을 만큼 일찌기 행해졌다는 증거가 없고 또한 7장 2—5절에 비추어 볼 때 바울로는 여기서 보여준 만큼 그러한 관습을 지지할 수 없었다는 사실은 이런 해석을 반증한다. 3. 포드 양이 제의한 최근의 주장(*N.T.S.* x. 361—5)에 의하면 이들 귀절에서 바울로는 수혼(역주: 과부가 고인의 형제와 결혼하는 관습)의 가능한 경우를 다루고 있다고 한다(참조. 신명 25, 5—10). 여기서 바울로가 말한 여자(παρθένος)는 "처녀"를 뜻하는 것이 아니라 "젊은 과부"를 뜻한다. 형용사(ὑπέρακμος)는 그 위치상 보다 자연스럽게 여자를 수식하며 '혼기에 접어든'을 의미하다. '그것은 미쉬나[*Niddah* v. 6, 7]의 귀절을 언급하는 것일 수 있는데, 거기서는 소녀가 사춘기에 접어들었을 때만 수혼법이 적용되는 것으로 기술하고 있다'(앞의 글 364). 여기서도 역시 적어도 세 가지 심각한 난점이 제기된다. (ㄱ) 그리이스어 명사(παρθένος)는 처녀를 의미하며(이같은 예로는 바울로가 그 말을 사용하고 있는 다른 유일한 곳인 고후 11, 2) 과부를 의미하지 않는다. (ㄴ) 그리이스어 형용사(ὑπέρακμος)는 '사춘기'를 의미하지 않는다. (ㄷ) 이 단락에는 현재의 논점이 유다교법 —유다 공동체 내에서만이 제정될 수 있었고 아마 고린토교회가 이해할 수 없었을— 중에서 다소 불분명한 일부분이라는 것을 시사하는 바가 없다. 또한 39절에 관한 해설을 참조하라. 4. 큄멜이 설득력있게 주장하였던 네번째 가능성은 거의 큰 문제가 제기되지 않는다(in Lietzmann-Kümmel과 *Neutestamentliche Studien für Rudolf Bultman* [1954], 275—95). 남자와 여자는 (금욕주의파의 영향을 받아) 그들의 결혼계획을 이행할 것인지가 의심스럽긴 하지만 약혼한 남녀이다. 이런 경우라고 해도 '그의 처녀'란 표현은 다소 어색한 표현이고, 구어체의 영어인 '그의 소녀'(his girl)가 아주 비슷한 표현이다. 형용사(ὑπέρακμος)는 자연스런 의미로 쓰였고 주어진 권면은 분명히 분별 있는 것이다. 결혼을 포기하는 것이 훌륭한 영적 행위로 보일 수 있다. 그러나 어떤 상황에 있어서 그러한 행위는 소녀에겐 부당하고 남자에겐 불가능한 것일 수 있다.

[37] 그러므로 맨 마지막 해석이 가장 그럴 듯한 것 같다. 이 단락의 나머지 부분이 이점을 확인해줄 것이다. 이제 또 하나의 경우가 고려된다. **반면에 그가 굳게 마음**(직역하여 "심정" καρδίᾳ)**을 정하고 억지로가 아니라 스스로 자기 뜻을 좌우할 힘을 가지고 그 처녀를 그대로**(이 말은 그리이스어 본문에는 안 나오지만 아마 의미를 더해 주는 것 같다. 이 말을 생략하면 아주 다른 상황에 대한 묘사가 될 텐데, 이 아주 다른 상황이란 블랙 박사와 차드윅 박사가 제시한 바대로 후대의 "처녀성을 지키는" 습관의 상황과 아주 흡사
* 하게 될 것이다. 따라서 이 말〔그대로〕을 생략하면 7장 2—5절에 대한 비판을 야기시킬 것이다) **두기로 마음**(직역하여 "심정" καρδίᾳ)**을 작정한다면 그것은 잘하는 일입니다.** 이 권면을 결혼하지 않은 딸이 있는 아버지의 경우나 수혼에 적용하면 아주 곤란하다. 반면 약혼녀와 결혼하고자 하는 자연적인 욕망을 제어할 수 있는 젊은이에 대해서는 아주 잘 적용되는 묘사이다.

[38] 바울로는 자신이 말하고자 하는 요지를 일관되게 주장한다. 결혼이 악은 아니다. 그러나 할 수 있다면 결혼을 하지 않는 것이 좋다. 그는 이 문제의 양면성을 요약한다 : **그러므로 그의 처녀와 결혼하는 사람도 잘하는 일이지만 결혼하지 않는 사람은 더욱 잘하는 일입니다.** 이 귀절은 해석 1.의 경우를 뒷받침해주는데, 여기서는 28·36절에서와는 다른 말이 "결혼하다"에 대해서 쓰였기 때문이다. 즉 이 말의 형태(γαμίζειν)는 "결혼하게 하다"를 의미하므로 아버지에 대한 말임이 분명함을 시사한다(비교. 마르 12, 25). 그러나 (저명하고 활발한 예외적인 인물들인 알로, 바흐만, 하임 등과 더불어) 대부분의 주석가들과 문법학자들과 사전 편찬자들은 바울로가 이 말을 "결혼관계를 맺다"라는 의미로 사용했을 것이라고 가정하는 데에 별다른 어려움이 없다는 사실에 동의하는 것 같다(—έω로 끝나는 동사와 —ίζω로 끝나는 동사 사이의 엄격한 구분은 헬레니즘 시대에는 차차 없어졌다. '결혼'에 대한 동사들의 용법에 대해서는 사전들 이외에 *B.D.* § 101 ; *M.* ii. 409—10 ; iii. 57을 참조하라).

그러므로 "처녀들에 대하여"라는 제목 아래 고린토인들은 그들의

편지에서 약혼한 남녀가 결혼하기를 그만두는 것이 더 좋지 않은지에 대한 문제를 제기했던 것 같다(아마 약혼녀를 “처녀”로 서술해야 한다는 것 —이런 사실은 처녀라는 것이 약혼녀에겐 중요하고 그녀는 처녀의 상태대로 있는 것이 더 좋을 것임을 뜻한다— 은 고린토인들의 관점을 표시하는 것이리라). 바울로는 결혼하지 않는 것이 정말로 좋을 거라고 응답한다. 그러나 그들이 결혼한다고 해도 그것이 단순히 죄가 되지는 않으며 오히려 잘하는 일이다.

[39] 결혼관계에서 또 다른 점이 제시된다. 과부들도 결혼해야 하는가? **아내는 남편이 살아있는 동안 남편에게 매여 있읍니다.** 로마서 7장 2절과 비교하라. 이것은 그리스도교 윤리 이전에 일반적인 법칙이었다. 바울로는 남자도 똑같이 매여 있다고 믿었다(11·27절). 그러나 여기서는 이렇게 말하지는 않는데, 아마 그가 특수한 물음에 대해 대답하고 있는 것이기 때문이리라. **그러나 만일 남편이 잠들면**(*κοιμηθῇ*: 바울로는 이같은 완곡어법을 항상 또는 거의 대부분 그리스도교인들에 대해 사용하므로 죽은 남편은 그리스도 *
교인이었음을 뜻하는 것일 수 있다. 데살로니카 5장 10절에서 “잠자다” *καθεύδειν*에 대한 그의 용법과 비교하라. 그러나 이런 결론은 확실하지 않다) **자기가 선택한 사람과 결혼할 자유가 있읍니다**(다시 말하여 수혼법은 그리스도교인들끼리는 지켜지지 않았다. 비교. 이책 221면)—**다만 그녀가 그리스도교인임을**(직역하여 오직 주 안에 있음을) **기억해야할 것입니다.** 마지막 절은 보통 ‘그 여자는 그가 그리스도교인이라면 원하는 사람과 결혼할 수 있다’를 뜻하는 것으로 받아들일 수 있다. 그러나 라이트후트가 지적하듯이 이것은 바울로가 의미하고자 하는 바—‘그녀는 자기가 그리스도의 몸의 한 지체임을 기억해야 하고 그리스도교인으로서의 임무와 책임을 잊지 말아야 한다’— 를 약하게 하는 것이다. 쉴라터도 이와 비슷하게 지적한다. 혼합결혼에서 야기된 문제들을 고려하여(참조. 7, 12—16), 재혼할 수 있는 권리를 행사하려는 과부는 믿는 남편을 택하는 것이 분명히 더 현명할 것이라는 사실을 덧붙이는 것이 타당하다. 디모테오전서 5장 14절에서 보다 젊은 과부는 결혼하도록 재촉받는다.

[40] 본장 전체를 통해서 바울로는 모든 금욕주의자들에 반대하여 결혼이 악이 아니며 그리스도교인은 실로 한번 이상 결혼할 수 있다고 주장한다 결혼은 허용된다 그러나 허용된다고 해서 반드시 권할 만한 것은 아니다. **그런데 내 의견대로**

말한다면(이 말에 대해서는 25절과 비교) **그 여자가 그대로 혼자 지내는 것이 더 행복할 것입니다.** 바울로의 견해에 따르면 결혼이 가져오는 것은 행복이라기보다는 고통이다. 이것은 무시되어서는 안 될 견해이다. **나도 하느님의 영을 받았다고 생각합니다.** 25절과 또한 2장 16절과 비교하라. 약간 반어적인 어조를 띠고서 여기서 바울로는 사람들을 모든 진리에로 이끌고 그리스도교인의 양심을 일깨우는 성령을 소유하라고 주장하는 것 같다(그리고 다른 그리스도교인들도 이렇게 주장할 수 있음을 인정하는 것 같다 —아마 그는 이런 주장이 고린토에서 부인되리라고 기대했던 것 같다). 그는 복음을 특수한 상황에 적용하는 데 있어서 특별한("나도 역시") 권위를 주장하지 않는다(Schweizer, 26b). "나도"라는 말에서 추측해 볼 수 있는 것은 아마 고린토인들이 자신들의 견해를 뒷받침하기 위해서 성령의 권위를 주장했으리라는 것이다. 즉 그들은 다른 견해들이나 관습들을 고려하기를 꺼려했던 것 같다(비교. 4, 17 ; 7, 17 ; 14, 33). 이같은 주장들은 반박당할 우려가 있으며 권위를 지닐 수 없다.

비록 39·40절의 사상이 본장 전체의 사상과 일치하긴 하지만 이 귀절들이 형식상 본장과 잘 연결되지 않음은 주목할 만하다. 그러나 이 귀절들은 추신(afterthought)에 가까운 것 같다. 그렇다면 이것은 서신이 쓰여진 방식(참조. 이책 서론 33면)을 반영하는 것일 수 있다. 또한 이런 사실로 인해, 본문배열이 잘못 되었다는 이론이나 편집구성이론을 독자들이 받아들이기를 꺼리게 될 것이다. 바울로는 아주 일관성 있는 작품을 쓸 만한 처지에 있지 않았던 것이다.

나. 우상에게 바친 제물 8장 1절—11장 1절

19. 다툼의 원인—사랑보다 지식을 앞세움 8장 1—13절

1 우상 앞에 바친 제물에 대해서는 '우리가 다 지식을 가지고 있다'고 알고 있읍니다.[1] 지식은 사람을 교만하게 하나 사랑은 덕을 세웁니다. **2** 자기

1) οἴδαμεν("우리는 알고 있다"). 혹은 οἶδα μέν "나는 알고 있다"라고 읽을 수 있고 또 이렇게 읽는 것이 더 좋을 것이다. Jeremias, *Studia*

지식의 일부를 소유했다고 생각하는 사람은 아직 그가 마땅히 지녀야 할 지
식도 얻지 못한 사람입니다. 3 그러나 하느님을[2] 사랑하는 사람은 하느님에
의해[2] 알려지게 됩니다. 4 그런데 우상에게 바친 제물을 먹는 일에 대하여
는 우리가 아는[1] 대로 '세상에는 우상이 없으며' '오직 하느님 한 분 외에
는 신이 없읍니다.' 5 신들이라고 불리는 것들이 하늘에든 땅에든 있어서
많은 '신들'과 많은 '주들'이 있는 것 같기는 하지만 6 우리에게는 아버지
되시는 한 분 하느님이 계실 뿐이며 아버지로부터 만물이 생겼고 우리들 자
신도 그에게로 나아갑니다. 또한 주님도 한 분 예수 그리스도만이 계시며
만물이 그를 통하여 있게 되었고 우리도 그를 통하여 있는 것입니다. 7 그
러나 이런 지식은 누구나 다 가지고 있는 것은 아닙니다. 어떤 사람들은 지
금까지도 습관[3]이 남아 있어서 제물을 먹을 때면 그것이 우상에게 바친 것
이라고 생각하면서 먹기 때문에 양심이 약해지고 더러워지는 것입니다. 8
'음식이 우리를 하느님 앞으로 나아가게 하는 것은 아닙니다.' 음식을 먹지
않는다고 손해될 것도 없고 먹는다고 유익할 것도 없읍니다.[4] 9 그러나 이같
은 여러분의 권한이 약한 사람들의 걸림돌이 되지 않도록 조심해야 합니다. *
10 만일 지식이 있다고 하는 당신[5]이 우상의 신당에 있는 식탁에 앉아 있는
것을 어떤 사람이 본다면 이 약한 사람은 자기 양심에 거리끼면서도 기운을
얻어 우상의 제물을 먹게 되지 않겠읍니까? 11 그러면 그 약한 사람이 당
신의 지식 때문에 망하게 될 것입니다. 그리스도는 여러분의 형제를 위해서
도 죽으셨읍니다. 12 이렇게 여러분이 여러분의 형제들에게 죄를 짓고 사실
은 약한 그들의 양심을 상하게 하는 것은 그리스도에게 죄를 짓는 것입니다.
13 그러므로 음식이 내 형제에게 죄를 범하게 한다면 나 자신은 그가 죄를
범하지 않도록 하기 위하여 결코 고기를 먹지 않겠읍니다.

[I] **우상 앞에 바친 제물에 대해서는.** 바울로는 고린토인들의 서신에서 제기된 (혹은 제기된 것으로 보이는

Paulina, 151을 참조하라.

2) P[46]과 Clement는 *τὸν θεόν*("하느님을")을 생략하고 ℵ* 33의 독법인 *ὑπ' αὐτοῦ* "그에 의해"(여기 번역에서는 "하느님에 의해")를 지지하였다. 춘쯔(31f.)는 보다 긴 독법이 의미를 '곡해하게' 한다고 생각한다. 그러나 해당주석에서는 이와 다른 견해를 받아들였다.

3) D G와 라틴사본을 포함하여 대사수 사본들에는 *συνηθείᾳ*("습관")대신에 *συνειδήσει*("의식")라고 되어 있다. 해당 주석을 참조하라.

4) 이 절들의 순서가 ℵ D G와 대다수 사본들—그 본문이 Zuntz, 161f.에서 인정된—에는 바뀌어 있다.

5) *σε* "당신"이란 말이 P[46] B G와 라틴사본에는 생략되어 있다. 그럴 경우 이렇게 번역해야 할 것이다: '……지식이 있다고 하는 자가……앉아 있는 것을 본다면…….' 그러나 이런 번역은 어조가 보다 강한 말을 일반화하고 약화시켜 버린다.

새로운 주제로 돌아간다. 고대도시에서는 팔려고 내놓은 음식물 전부는 아니지만 그 대부분이 전체적으로나 부분적으로 이방 종교제도의 종교의식을 거친 것이었다(우상제물에 대한 이런 저런 사실과 본장에서 논의된 이 문제에 관한 많은 사항들에 대해서는 "Things sacrificed to Idols"를 참조하라). 우상제물은 일반적으로 "신성한 목적을 위해 바쳐진"(10장 28절에서 바울로는 "거룩하게 바친" ἱερόθυτον이란 말을 사용하였다. "신에게 바쳐진" θεόθυτον이 사용되기도 하였다) 것으로 서술되었다. 그러나 이같은 신성한 목적에 대해 나름대로 평가하였던 유다인들과 그리스도교인들은 우상제물을 "우상에게 바쳐진"(εἰδωλόθυτον) 것이라고 즐겨 말하였다. 우상제물은 다음의 세 가지 이유에서 유다인들에게 금지되었다. 첫째, 그것은 우상숭배로 오염된 것이었다. 둘째, 이교도가 우상제물에 십일조를 바쳤을 것이라고 가정할 수는 없었다. 세째, 만일 그것이 고기였다면 합당한 방법으로 도살되었던 것으로 가정할 수 없었다. 분명히 고린토에는 거류민이 되었건 여행자가 되었건 간에, 교회에 대해 그러한 도살금지를 요구했던 유다인들이 있었을 것이다. 이러한 유다인들과는 달리 그리스도교 영지주의자들은, 자기네들이 지식을 소유했노라고 주장함으로써(이하 참조), 또한 그 결과 실제로 자유와 권위를 누림으로써 자신들의 태도를 표명했는데(Bultmann, *Theology*, 180 〔E.T. 180—81〕), 이들은 도살금지에 대해서 그 금지가 정당성이 없음을 논증해 보였다. 그렇다면 어떻게 해야 하는가? 바울로는 이 문제를 두 곳에서, 즉 이곳 8장과 10장 14—33절에서 다루고 있다. 같은 문제에 대해 두 군데에서 언급된 것이 서로 일치하지 않으므로 간혹 학자들이 주장하기를, 이러한 언급은
* 원래 다른 두 서신의 일부를 이룬 것이었음에 틀림없다는 것이다. 이런 사실은 이 두 언급이 고린토전서에서 현재와 같이 분리되어 있는 이유를 설명해주는 것일 수 있다. 그 사이에 9장이 삽입된 이유는 이하에서 논의할 것이다(이책 237면). 바울로가 이 두 부분에서 논의를 일관성 있게 전개하고 있는가에 대한 문제는 상세한 주석을 통해서만 해결할 수 있다. 주석가들이 내린 결론들의 요약에 대해서는 이책 서론 34·35면을 참조하라.

'우리는 다 지식을 가지고 있다'고 알고 있읍니다. 7장 1절이나 다른 곳에서와 같이 바울로는 고린토인들의 서신을 인용하는 것 같고 모두가 지식이 있다는 주장을 인정한다. 왜냐하면 그는 우선적으로 지식 자체의 한계를 보여주고 그렇게 함으로써 자신도 역시 '영지주의자들'의

지식을 지니고 있음을 보여주기 때문이다. 7절에서 바울로는, 다른 각도에서 이 문제를 고려하면서 모두가 지식을 갖고 있다는 사실을 부인하고, 이런 지식을 갖지 못한 사람들이라 할지라도 권리가 있으며 자신들의 형제들에게 무시하거나 부인해서는 안 될 자선을 요구한다고 주장한다. "지식"(γνῶσις)에 대해서는 이책 36면을 참조하고 91·92면과 비교하라. 이 말은 아마 (이 단계에서는) 폭넓은 말이었을 것이다. 다음의 몇몇 귀절들은 이 말이 일반적으로 그리스도교적 사변신학을 담고 있고 그리스도교인의 사회적 행위나 도덕적 행위와 관련하여 결론을 이끌어냈음을 시사한다. 그러나 지식이란 말은 하느님에 관한 교리에 촛점이 있었던 것 같다. 분명히 영지주의자들은 하느님을 안다고 주장하였다(비교. 요일 2, 4). 바울로는 영지주의 운동에 대해서 비판적이었지만 그러면서도 그는 영지주의의 견해를 많이 갖고 있었음을 우리는 앞으로 알게 될 것이다. 그의 주요한 비판이 첫번째 언급에서 나온다. **지식은 사람을 교만하게 하나 사랑은 덕을 세웁니다.** 교만은 고린토인들의 특징이었고(참조. 4, 6·18·19 ; 5, 2 ; 대조 13, 4) 바울로의 특징은 교회를 세우는 일에 대한 관심에 있었다(3, 9·10·12·14 ; 10, 23 ; 14, 3·4·5·12·17·26). 현재의 단락은 사랑이 없는 "지식"(9—13절)의 결과들을 입증하기 시작한다. 지식과 사랑 사이에 필연적인 긴장이 있는지를 우리는 물을 수 있다. 과연 사랑과 지식의 결합은 불가능했던 것인가? 바울로 자신이야말로 지식과 사랑은 서로 양립할 수 없는 것이 아니라는 데 대한 증거가 된다. 그는 실제로 영지주의적 견해들을 갖고 있으면서도 교회 전체에 대한 애정깊은 관심을 표시하였다. 그러나 고린토의 영지주의는 그리스도교적 사랑과 양립할 수 없는, 본질적으로 자기중심적인 요소를 지닌 것이었다. 그것은 단순히 (바울로 자신이 주장했을지도 모르는) 교리체계가 아니라 생활 및 추 *
구하는(이 말의 가장 폭넓은 의미는 "갈망하는") 종교에 대한 접근이었으므로 사랑(ἀγάπη. 참조. 13장)과는 불일치하는 것이었다.

[2] 이 귀절은 바울로 자신이 발견한 용어상의 문제를 보여준다. **자기가 지식의 일부를 소유하였다고 생각하는** (직역하여 스스로 무언가를 알게 되었다고 생각하는) **사람은 아직 그가 마땅히 지녀야 할 지식도 얻지 못한 사람입니다**(직역하여 "그는 아직 그가 마땅히 알아야 할 바를 알지 못한 사람입니다"). 다소 무리가 있는 이들 귀절에서 표현하려 한 것으로 보이는 차이는, 한편으로 하느님에 대한 단편적인 지식들(gnosis)의 수집과 다른 한편으로 개인적으로 또

올 바르게 하느님과 관계를 맺고 있는 상태, 이 둘 사이에 있다 그리스도교인이 되어서 교회생활을 영위하는 것이 하느님에 대한 진술을 많이 획득하고 가르치는 데에 있지 않다. 비록 그러한 진술들이 사실이고 사도 자신이 그러한 진술들을 알고 있을 뿐만 아니라 반복해서 가르치며, 그런 진술들에 따라 (조건부로) 행동하는 것이 사실이라고 하여도 그렇다. 이같은 건전한 교리를 가지고 우쭐대는 것은 그리스도교를 구성하고 있는 하느님에 관한 지식과는 아주 다르다(예. 요한 17,3). 하느님에 관한 지식은 인간이 "마땅히 지녀야 할" 지식이다. 비록 고린토인들이 아직 그들이 생각하는 만큼 완전히 얻지는 못했다고 하여도 참된 그리스도교적 "지식"이란 있는 것이다.

[3] 그러나 그렇다고 해도 핵심되는 말은 지식이 아니라 사랑이다. **그러나 하느님을 사랑하는 사람은 하느님에 의해 알려지게 됩니다.** 이 문장의 귀결절이 불분명하다. 직역하면 그것은 '이 사람이 그에 의해 알려지게 됩니다'로 번역된다. 이 귀결절은 '하느님께서 그 사람에 의해 알려지게 됩니다'를 뜻하는 것으로 받아들일 수도 있을 것이다. 그럴 경우 '당신이 하느님을 (그에 대해 생각하는 것이 아니라) 사랑한다면 당신은 그 분을 아는 것이다'(비교. 요일 4,7)라는 말이 된다. 그러나 13장 12절, 14장 38절, 갈라디아서 4장 9절, 또한 디모테오후서 2장 19절과 비교하라. 영지주의의 특징적인 사상인, 하느님을 향한 영혼의 영적 고양에 대한 바울로의 기본적인 응답은, 하느님이 먼저 인간에 관한 지식을 취하고 자기 아들을 보냄으로써 인간을 위해 행동한 점에서 하느님의 주도권의 우위를 역설한 것이다. 이 문장은, 만일 인간이 하느님을 사랑하면 하느님은 그를 인정함으로써 그에게 보상할 것이다는 말을 뜻하는 것은 아니다(이런 의미는 바울로가 다른 곳에서 분명히 표현한 사상과 반대되는 것이리라). 그 의미는 오히려 만일 인간이 하느님을 사랑하면 이것은 하느님께서 주도권을 취하신 표징이라는 것이다. 바울로가 하느님에 대한 인간의 응답을 사랑이라기보다 믿음으로 서술하고 있는 것이 보다 특징적이다. 그러나 하느님에 대한 사랑에 대해서는 2장 9절, 로마서 8장 28절을 참조하고 로마서 5장 5절, 데살로니카 후서 3장 5절과 비교하라. 이런 표현이 여기서 채택된 것은 바울로가 사랑과 지식을 대조하고 있기 때문이고 또한 형제들에 대한 그리스도교인의 사랑("지식"보다는 바로 이 사랑이 그의 행동을 결정해야 한다)이 하느님께 감사를 나타내는 사랑에서 생기는 것으로 그가 알고 있기 때문

인 것 같다. 하느님과 인간 사이의 상호인식에 대한 언어는 영지주의적 표현인데 단지 언어만 바울로가 영지주의 자료에서 빌려온 것이다. 그 내용은 하느님의 선택과 받아들임에 대한 성서적 교리이다(출애 33,12·17 ; 아모 3,2 ; 예레 1,5 ; 참조. Lietzmann; 또한 Bultmann in *T.W.N.T.* i. 709—10). 6절과도 비교하라.

[4] 그러나 우상에게 바친 음식에 대한 올바른 영지주의적 입장은 실제로 무엇인가? **우상에게 바친 제물을 먹는 일에 대하여는 우리가 아는 대로**(비교. 1절. 이 말은 다시 고린토인들의 편지에서 인용한 인용귀를 도입한다) **'세상에는 우상이 없으며' '오직 하느님 한 분 외에는 신이 없읍니다.'** 첫번째 진술은 아마도 세상에는 우상이 실제로 존재하지 않음을 뜻하는 것 같다. 그러나 5절은 말할 것도 없고 10장 20·21절에 비추어 볼 때 이런 주장에 대해서 조심스럽게 언급해야 한다. 바울로 자신은 악마적인 존재들이 실제로 존재하며 이러한 존재들이 우상의 의식들을 이용하였다고 확실히 믿었다. 그러나 악마적 존재들이 그리스도에게 패배당하고 궁극적으로는 완전히 죽게 되었다는 사실이, 그리스도교인들에게 가하는 그들의 위협을 제거하지는 못했으며, 또한 숭배의 대상이 나무나 돌 조각에 불과하다는 사실도 그러한 악마적 위협을 제거하지 못했다. 이와 같은 문맥에서는 앞뒤가 잘 안 맞는 말을 사용하기가 쉬운데, 아마 고린토인들이 어떤 신상, 예컨대 제우스나 아티나 여신이 그들의 거처일 수는 없다는 의미로 그런 말을 사용했을 것 같다 신상이나 그것이 나타내는 신화적 존재는 특히 그리스도교인의 하느님이 될 수 없다. 그리스도교인들이 하느님이라고 말하는 것은 하느님은 한 분이고 오직 한 분뿐일 수밖에 없음을 뜻한다. 이런 확신은 이미 구약성서에서 볼 수 있다(예. 신명 6,4 ; 이사 44,8 ; 45,5). 그러나 혹시 고린토인들이 그리이스적 사변에서 나온 유일신론적 경향(이러한 경향은 특히 전례가 있는 스토아철학자들 가운데서 나타난다. 그러나 다른 이들에게서도 나타난다. 예를 들어 플루타르크의 소논문인 *On the Delphic Ei*에 나오는 웅변조의 주장을 참조하라)과 같은 것을 지녔을지도 모른다. 바울로는 그가 뜻하는 하느님의 유일성이 무엇인가에 대해서 이어지는 귀절들에서 설명한다.

[5·6] **신들이라고 불리는 것들이 하늘에든 땅에든 있어서 많은 '신들'과 많은 '주들'이 있는 것 같기는 하지만**(호머에서와 같이 양보의 *εἴπερ—B.D.* § 454) **우리에게는 하느님 한분이 계십니** *

다. “신”이라는 말이 일반적으로 사용되는 것 자체를 부인하는 것은 어리석었을지도 모른다. 일반적인 견해에 의하면 고대세계는 신적 존재들 —그들 본래의 집은 하늘에 있었지만 자유롭게 행동하였고 때때로 지상에 나타나기도 하였던— 이 많이 살고 있었다. 그러나 바울로는 이런 관점마저도 넘어서는 것 같다. 이교도들이 사용한 “신”이란 말이 구약성서의 하느님, 다시 말해 주 예수 그리스도의 하느님 아버지를 지시하지 않는다는 것은 확실하다. 그렇다고 해서 신이 아무것도 지시하지 않으며 이교도들이 “신”이라고 부르는 존재들이 존재하지 않는다고 말할 수는 없다. 구약성서 자체는 신들의 존재를 가정한다. 예를 들어 신명기 10장 17절에서는 현재의 귀절과 같이 “신들”과 “주들”이란 말이 모두 나온다. 이 귀절에서 바울로는 그 문제에 대한 명확한 의견을 말하지 않는 것 같다. 한편으로 참으로 신적이지도 인간적이지도 않은 존재들이 있음을 그가 부인했다고 가정하는 것도 지나치겠지만, 다른 한편 “있다”라는 그의 말을 언급된 존재들이 실재하는 것을 확인하는 것으로 받아들여도 지나친 일일 것이다. 희생제물의 문제에 관한 이후의 논의는(참조. 10,20·21) 이 문제에 관한 바울로의 견해를 제시할 것이다. 그는 하느님 아버지와 주 예수 그리스도에 곧 뒤따르는 이중의 진술에 비추어서 “많은 신들”뿐만 아니라 “많은 주들”에 대해서 말한다. 그러므로 아마 이 진술은 바울로가 즉석에서 지어낸 것이 아니라 그가 이전에 사용하였던 표현형식이었던 것 같다.

[6] 그가 논증하려고 하는 바는, 다른 영적 존재들이나 악마적 존재들이 있을 수 있다고 하더라도, 우리에게는 우리가 하느님으로 인정하고 또 생명과 구원의 원천이라는 독특한 의미에서 신뢰하고 순종하는 한 분만이 계시다는 주장이다. 이렇게 인정할 수 있는 것은 사변에 근거해서가 아니라 유일한 하느님께서 역사 속에서 자기 아들을 통해 행동하신다는 사실에 근거해서이다. 그러므로 그는 아버지와 예수 그리스도로 서술된다. 아버지(첫째로 그의 유일한 아들인 예수 그리스도의 아버지. 둘째로 그리스도로 말미암아 그의 아들이 된 사람들의 아버지)로부터 만물이 생겼고(즉 그는 창조주이다) 우리들 자신도 그에게로 나아갑니다(직역하여, “우리도 그에게로”; 즉 우리는 그를 섬기기 위해서 존재하며 우리의 운명이 그에게 달려 있다). 또한 주님도 한 분 예수 그리스도만이 계시며 만물이 그를 통하여 (‘이 διά는 창세기 1장 26절의 bᵉṣalmenu의 bᵉ를 그 주석상의 근거로 삼

는다' —Schlatter) 있게 되었고 우리도 그를 통하여 있는 것입니다(이 번역은 관계를 밝히는 데 있어서 "만물"과 "우리들 자신" 사이의 구분을 불분명하게 하는 경향이 있다 —그리스도는 창조의 대행자요 구원의 대행자이다. 우리가 존재하게 된 것은 그의 구원의 결과이다. 참조. Bultmann, *Theology*, 131 〔E.T., 132〕). 앞서 지적한 점에서와 같이(참조. 이책 116·184-5면) 바울로는 헬레니즘적 종교철학의 용어를 사용한다. 또한 로마서 11장 36절과 비교하라. 인용할 수 있는 여러 인용귀들 중의 하나인 M. Aurelius iv. 23을 참조하라: "만물이 당신〔자연, *φύσις*〕으로부터 존재하고 당신 안에 존재하며 당신을 위해 존재한다."

예수 그리스도가 하느님으로 서술되어 있지 않다. 또한 "주"(*κύριος*)라는 말이 그리이스어 구약성서에서 아주 자주 하느님의 히브리어 이름(야훼)과 동일한 것으로 나온다는 사실은, 그 말이 다양한 다른 의미로도 사용되었다는 사실로 인해서 다소 약화된다. 예를 들어 그 말은 예의바른 호칭으로 쓰인 "선생님"에 불과했을 것이다. "주"라는 말이 사용된 문맥을 주목하는 것은 언제나 중요하다. 여기서 이 말은 하느님과 밀접한 관계에 있긴 하나 동일하지는 않다. 바울로의 어법에 있어서 "그리스도"는 제 2 의 이름에 지나지 않지만 그러나 그 말의 용법은 예수는 유다교가 고대하였던 메시야로서, 바로 그를 통해 구약성서의 약속들이 성취되었다(참조. 고후 1, 20)는 신념을 바울로가 받아들였다는 것을 뜻한다. 헬레니즘 세계에서 "주"는 메시야라는 말이 제공할 수 있었던 것보다 더 의미깊게, 예수의 신적 왕권을 표현하는 방식이었다. 앞서 해설한 바와 같이, 주 예수 그리스도는 창조와 구원 모두에 관련된 것이다. 쿨만이 옳게 지적하듯이(*Christologie des Neuen Testaments* 〔1957〕, 2, 253, 336—37 〔E.T., 2, 241, 326〕, *Christus und die Zeit* 〔1962〕, 110 〔E.T., 114〕) 아버지와 아들은 그들의 활동영역(창조와 구원)에서가 아니라 전자(아버지)로부터와 전자에게로, 후자(아들)를 통하여의 전치사들로 구별된다. 창조와 구원에 있어서 예수는 유다교에서 인격화된 지혜와 인격화된 율법(이 문귀에 대한 특별한 언급이 없긴 하지만 W.D. Davies, 147—76을 참조하라)이 지녔던 위치를 차지하였다. 이런 고찰은 유용하고 중요하긴 하나 서술된 내용의 완전한 의미, 곧 지혜와 토라의 사변과는 독립된 의미를 본질적으로 밝히지는 못한다. 예수 그리스도는 자신의 행동을 통해 하느님을 드러내는 하느님의 대행자이다. 그러나 만약 창조 자체가 타락하지만 않았더라면 하느님은 창조 행위를 통해서 자신을 나타낼 수 있었을 것이다. 따라서 예수와, 그 분 안에 있는 하느님을 우리가 인식하고 만날 수 있는 것은 오직 회복의 행위를 통해서이다(참조. *Adam*, 87—88).

[7] 지금까지는 고린토인들이 주장하는 "지식"에 대한 바울로의 서술이다(그는 이 지식을 인용하고 확대함으로써 그것을 개선할 수 있었을 것이다. 비교. 골로 1,15—20). 이것은 몇몇 주석가들이 주장했던 바와 같이 주제와 무관한 것은 아니다. 왜냐하면 우상숭배와 신앙의 실재에 대한 성찰들이 우상에게 바친 음식에 대한 문제와 관련이 있음이 분명하고, 또한 고린토인들이 무엇을 먹을 수 있고 먹을 수 없는지에 대한 실제적인 문제에로 바울로가 돌아가는 데 있어서 별 어려움이 없기 때문이다. 모두가 우상이 본질적으로는 실재하지 않음을 인정한다면(1절의 주장 —"우리는 모두 지식을 가지고 있다"— 과 같이) 문제는 없을 것이다. 그러나 그렇게 단순한 문제가 아니다. 이런 지식은 누구나 다 가지고 있는 것은 아닙니다. 1절과 그곳의 해설과 비교하라. (헤링과 같이) 바울로가 "지식"(γνῶσις)이란 말을 두 귀절에서 다른 의미로 쓰고 있다고 가정할 필요는 없다. '교화된' 그리스도교인들은 나약한 형제들의 존재를 잊어버리기 쉬운데, 나약한 형제들은 비록 그리스도교인들로서 한 하느님과 한 주를 믿긴 하지만, 소위 말하는 신들과 주들 또는 온갖 악마적 존재들이 그리스도교인을 하느님에게서 떼어낼 수 없다는 사실을 인정하지 못하는 그런 자들이었다(로마 8,38·39). 어떤 사람들은 지금까지도 습관이 남아 있어서 그들의 제물을 먹을 때면("그들의 제물을" 이란 말은 그리이스어 본문에는 안 나온다. 그러나 영어본문에서 "먹다"라는 동사는 목적어를 필요로 한다. 먹었던 음식은 우상제의에서 사용되었던 것으로 추측된다) 그것이 우상에게 바친 것이라고 생각하면서 먹기 때문에 양심이 약해지고 더러워지는 것입니다. 무난하다고 입증된 독법(참조. 이책. 224면 주 3)은 이러하다: '어떤 사람들은 그들이 우상에 대해 알고(συνειδήσει) 있으므로, ….' 그러나 이렇게 읽은 이유는 아마 습관(συνήθεια)과 의식(conscience, συνείδησις)이라는 말이 비슷해서, 또한 "양심"이 다음 행에서 나오기 때문인 것 같다. 고린토에는 일생 동안 희생제물을 먹으면서 항상 그 희생제물을 우상 —실제로 존재하며 따라서 영적 의미와 힘을 지닌— 에게 바친 것으로 생각했던 사람들이 있었다. 그들은 그리스도교인이 되어서도 우상 배후에 영적 존재들이 실재한다는 것을 계속 믿었으며 따라서 그 음식이 종교적 의미를 지닌 것으로 여전히 생각했다. 그들은 나약한 자들(비교. 9,22;

또한 로마 14,1·2·21. 그러나 현재의 귀절에서 '나약한' 자들은 우상을 숭배했던 습관이 있었던 자들이므로 유다 태생일 수가 없음을 주목하라), 즉 양심이 약한 자들이다. 왜냐하면 그들은 거리낌이 순전히 잘 * 못된 생각에 근거한 경우에도 그 거리낌을 느끼기 때문이다. 따라서 우상에게 바친 음식을 먹는 일은 그들의 양심에 위배되는 것이고 그들이 그런 음식을 먹는다면 그들의 양심은 더러워질 것이다. 그러나 이 모든 생각은 어리석은 것이다. 바울로는 비록 자신이 교회에서의 나약한 사람의 처지와 강한 형제의 행위에 대한 관심을 변호하려고 들지만 이런 생각을 변호하지는 않는다.

[8] 그는 이런 생각을 고린토인들의 신념으로부터(그리고 추측컨대 그들의 편지로부터) 다시 인용하고 나서 그런 생각을 인정할 뿐만 아니라 전제한다. '음식이 우리를 하느님 앞으로 나아가게 하는 것은 아닙니다'(즉 음식법의 준수가 하느님께 대한 주장을 성립시키는 것은 아니다. 참조. 로마 14,17). 음식을 먹지 않는다고 손해될 것도 없고 먹는다고 유익할 것도 없읍니다. 첫 절은 고린토의 강한 그리스도교인들의 입장과 분명히 일치하는데, 그들은 희생제물을 먹는 일에 반대하지 않으며 바울로도 이런 입장에 동의한다. 이와 다른 해석은 음식이 하느님의 심판대에 우리를 데려가지는 않는다는 것이다(참조. 로마 14,10 ; 고후 5,10). 우리가 제물을 먹거나 먹지 않음으로써 보상받거나 처벌받지는 않을 것이다. 의미상 별 차이가 없다. 두번째와 세번째 절은 고린토인들의 입장에 대한 바울로의 수정으로 시작한다. 강한 고린토인들은 바울로와 달리 이렇게 말했을 것이다 : '우리가 희생제물을 먹는다고 해도 그리스도교인으로서의 우리의 지위나 받을 보상을 잃지는 않을 것이다. 또한 우리가 제물을 먹지 않거나 아니면 나약한 그리스도교인들이 엄격한 이유들 때문에 그렇게 하듯이 먹기를 삼간다고 해서 우리에게 어떤 유익이 있는 것도 아니다.' 이것은 확실히 사실이다. 그러나 바울로는 그 역도 마찬가지로 사실임을 지적하는 데 관심이 있다. 어떤 사람도 그가 자유로운 견해를 가진 '진보적인' 그리스도교인이기 때문에 구원을 받거나 아니면 그가 지나치게 세심한 양심의 명령에 따르기 때문에 저주받는 것도 아니다 이처럼 영지주의자들 자신의 신학적 원리를 역으로 적용함으로써 오히려 그들을 저지할 수 있을 것이다. 더우기 보다 중요한 고찰이 뒤따른다. 그리스도교인들은 사랑 안에서 처신해야 하며 형제들의 요구를 고려해야 한다.

[9] 그러나 이같은 여러분의 권한이(ἐξουσία—이에 대한 설명이 나오지는 않지만 어떤 종류의 음식을 먹을 수 있는 권한을 뜻하거나 내포하는 것임이 분명하다. 이 말은 고린토인들의 편지에서 나왔던 것 같으며 어원학적으로 6장 12절과 10장 23절의 '나에겐 모든 것을 할 자유가 있다'라는 말을 연상케 한다. 비교. 9, 4·12·18. 리츠만에 따르면 이는 영지주의적인 말이다) 양심에 위배되는 행동을 하게끔 할 수 있으므로 약한 사람들(비교. 7절 : 약한 양심을 지닌 사람들)의 걸림돌(πρόσκομμα: 233 비교. 로마 14, 13·20)이 되지 않도록 조심해야 합니다. 이 점은 구체적인 예를 통해 보다 분명해진다.

* [10] 만일 지식이 있다고 하는 당신이(참조. 이책 224면의 주 5) 우상의 신당에 있는 식탁에 앉아 있는 (직역하면 기대어 있는) 것을(10장이 보여주듯이 희생제물을 먹을 수 있는 방식에는 이렇게까지는 하지 않는 여러 방식이 있다) 어떤 사람이 본다면 이 약한 사람은 자기 양심에 거리끼면서도(그리이스어 본문의 특이한 어순을 모방하려는 시도이다) 기운을 얻어(직역하여 "세움을 받아" ; 앞의 225면 참조—이 말은 보통 바울로가 좋은 의미로 쓴 것이다) 우상의 제물을 먹게 되지 않겠읍니까? 쉴라터가 지적하듯이 대다수 그리이스인들은 합리적인 근거에서 신들과 희생제사의 효과에 대한 믿음을 포기했지만, 사회적인 이유들로 해서 이제 그들에게 전혀 의미가 없는 의식에 계속 참여하였다. 그리스도교인은 보다 강력한 이유에서 개인적인 집 초대(10, 27)를 수락할 뿐 아니라 그의 친구들과 함께 이교 성전, 즉 우상숭배의식을 치른 자리에 앉아서 식사했던 것이 아닐까? 혹은 그가 무슨 해를 입혔을까? 오히려 그는 선행을 한 것이 아닐까? 아마 이 귀절은 강한 고린토인들의 주장을 반영하는 것 같다 : '내가 좋은 예를 든다면 그것은 그 음식이 바로 우상제물이고 또 우상제물에 지나지 않음을 알면서도 우상의 축제에 공적으로 참여하는 일인데, 이 일로 인하여 덜 진보적인 믿는 형제들은 용기를 얻거나 힘을 얻거나 교화되어서 똑같은 일을 하려들 것이다.' 다음과 같은 바울로의 의견은 옳다. '그러나 여러분과는 달리 그들은 그들의 양심에 거슬려서 행동할 것이고 믿음에서 한 것이 아닌 것은 무엇이나 죄이므로(로마 14, 23) 죄를 범하게 될 것이다.' 우상에 대한 신학적 진리가 무엇이든지간에 이런 일은 그들을 파멸에 이르게 할 것이다. '훌륭한 교설… 그들을 파멸에로 이르게 하는 싹이다!'(헤링).

[11] 그러면 (다음의 일이 벌어질 것이다) 그 약한 사람이 당신의 지식 때문에 망하게 될 것입니다. 그리스도는 여러분의 형제 (그리이스어로는 그 형제 : 비교 1, 1)를 위해서도 죽으셨읍니다. 여러분이 사랑보다도 지식(γνῶσις)에 따라 행동하고 여러분의 확고한 양심에 따라 살기 때문에 여러분이 죄로 이끈 여러분의 형제는 멸망하게 되고 따라서 그리스도는 헛되이 그 형제를 위해서 고난당한 것이 됩니다.

[12] 이렇게 여러분이 여러분의 형제들(그리이스어로는 "형제들," 즉 전체 공동체, 그러나 특히 약한 형제들)에게 죄를 짓고 사실은 약한 그들의 양심을 상하게 하는 것은 그리스도에게 죄를 짓는 것입니다(비교. 마태 25, 40). 지식의 소유자들이 이같은 잘못을 범할 수 있다. 덧붙여 말한다면 가장 영적인 교인이라고 자칭하는 사람들이 이와 같이 죄를 지을 수 있다는 것이리라. 바울로가 다른 이들에게 이래라 저래라 하지 않지만(이런 사실은 바울로 자신이 그의 선교활동을 어떻게 이해하느냐에 대한 흥미있는 간접적인 설명이다) 그러나 그의 결론은 분명하다.

[13] 그러므로 음식이(특히 우상제물, 그러나 이 문장의 나머지 부분이 시사하듯이 음식에 대한 또 다른 성질의 신중함이 의도되었다) 내 형제를 (그리스도교 신앙에서 멀게 하여) 죄를 범하게("넘어지게." 그러나 이 동사는 어원학적으로 9절의 명사와 관련이 없다. 오히려 1, 23 참조) 한다면 나 자신은 그가 죄를 범하지 않도록 하기 위하여 결코 고기를 먹지 않겠읍니다(묵시 2, 14). 여기서 바울로는 우상제물을 먹지 않겠다는 말이 아니라 아예 고기를 먹지 않겠다는 것이다. 그리스도교인인 채식주의자들에 대해서는 로마서 14장 2절과 비교하라. 이 귀절에서 동일한 채식주의가 고린토에 유행하였다고 추론할 수는 없다. 바울로는 단지 상황을 확대하고 일반화한 것이다. 쉴라터는 요세푸스의 *Life* 14를 인용한다 : '로마에 파견된 어떤 유다교 사제들은 더럽혀지지 않기 위하여 무화과와 견과류를 먹고 살았다.' 바울로는 형제들의 유익을 위해서라면 어느 정도 자신의 자유를 기꺼이 포기하고자 한다(이와 연관된 것으로는 9장 1절과 그 주해 참조). 그는 이렇게 자유를 포기함으로써 어떤 경우에는 그리스도교의 진리에 대한 그릇된 인상을 줄 수 있다는 것도 고려하지 않는다. 그러나 확실히 강한 자의 입장이 고린토에서 무시될 위험은 없었다. *

본 단락을 넘어가기 전에 주목해야 될 것은 1·4·8절에서 언급되었던 인용문들을 한데 모으면 고린토인들의 입장에 대한 충분한 설명을 얻을 수 있다는 것이다. '우리는 모두 지식을 갖고 있다(8,1). 세상에는 우상이란 없으며 오직 한분이신 하느님만이 계실 뿐이다(8,4). 그러므로 우상에게 바친 음식을 먹는 일은 아무래도 좋은 것이다(8,8). 여기서도 다음의 말이 적용된다 : 모든 것이 가능하다(*πάντα ἔξεστιν*: 10,23). 이것은 분명하고 강력한 사상의 연결을 이루며 전적으로 예수의 마음과 일치하는 것이다(마르 7,15a)—확실히 그렇다!' (Jeremias, *Studia Paulina*, 152).

우상에게 바친 음식에 관한 문제를 논의하는 데 있어서 또한 주목할 수 있는 점은, 바울로가 여기서나 10장에서 소위 사도칙령에 대해 아무런 언급을 하지 않는다는 것이다(사도 15,20·29 ; 21,25). 이책의 서론 25면을 참조하라

20. 사도일지라도 복음을 위해 자기 권리를 포기할 것이다　　9장 1—27절

1 내가 자유인이 아닙니까? 내가 사도가 아닙니까? 내가 우리 주 예수
를 보지 못했읍니까? 여러분은 내가 주 안에서 일하여 얻은 열매가 아닙니
까? 2 다른 사람들에게는 내가 사도가 아닐지 모르나 그러나 적어도 여러
분에게는 내가 사도입니다. 여러분은 주 안에서 내가 사도라는 확실한 표가
* 되기 때문입니다. 3 나를 비판하려고 하는 사람들에 대한 나의 답변은 이것
입니다. 4 우리에게 먹고 마실 권리가 없읍니까? 5 우리에게는 다른 사도
들이나 주님의 동생들이나 게바와 같이 믿는 자매를 아내로 데리고 다닐 권
리가 없읍니까? 6 나와 바나바에게만은 생계를 위해 노동하지 않을 권리
가 없단 말입니까? 7 도대체 자기 비용으로 전쟁에 나가는 사람이 어디 있
읍니까? 포도나무를 심고 그 열매를 먹지 않는 사람이 어디 있읍니까? 또
는[1] 양을 치고 그 젖을 마시지 않는 사람이 어디 있읍니까? 8 내가 단순히
인간적인 권위만 갖고 이런 말을 한다고 여러분은 생각하지 않습니까? 아니
면 그렇다고 생각합니까? 율법에도 이런 말이 있지 않습니까? 9 '곡식을
떠는 소의 입에 망을 씌우지 말라'고 모세의 율법에 기록되어 있읍니다. 하
느님께서 소를 걱정해서 하신 말씀입니까? 10 그렇지 않으면 오로지 우리
를 위하여 말씀하신 것이 아닙니까? 물론 우리를 위하여 기록된 것입니다.

1) 𝔭가 B D G와 다른 그리이스어 사본들, 그리고 라틴어역본들에는 생략되어 있다. Zuntz, 104f.에 나오는 흥미있는 주석을 참조하라

그 까닭은 밭가는 사람은 곡식을 얻을 희망을 가지고 밭을 갈아야 하며 곡식 떠는 사람도 그 곡식을 얻으려는 희망을 가지고 떨어야 하기 때문입니다. 11 만일 우리가 여러분에게 영적인 것을 심었다면 여러분에게서 물질적인 것을 거둔다고 해서 그것이 지나친 일이 됩니까? 12 만일 다른 사람들이 여러분에 대한 권리를 가졌다면 우리는 더욱 그렇지 않겠읍니까? 그러나 우리는 이 권리를 전혀 쓰지 않고 그리스도의 복음을 전하는 일에 장애가 안 되도록 모든 것을 참고 지냅니다. 13 성전에서 성사(聖事)를 집전하는 사람은 성전에서 먹을 것을 얻으며 제단을 맡아보는 사람은 제단제물을 함께 나누어 가진다는 것을 여러분은 알지 못합니까? 14 이와같이 주께서도 복음을 전파하는 사람들을 위해 그들이 복음에 의하여 살아가도록 위탁하셨읍니다. 15 그러나 나는 이런 특권을 조금도 써본 일이 없읍니다. 또 내 경우에 그렇게 해주도록 이런 일들을 쓴 것도 아닙니다. 차라리 내가 죽는 편이 낫겠읍니다. 아무도 나의 이 자랑을 헛되게 하지는 않을 것입니다.[2] 16 내가 복음을 전한다 할지라도 그것이 내게 자랑의 근거[3]가 될 수는 없읍니다. 그것은 내가 아무래도 하지 않으면 안 될 일이기 때문입니다—만일 내가 복음을 전하지 않는다면 내게 화가 미칠 것입니다! 17 만일 내가 자진해서 이 일을 한다면 보상을 받을 것입니다. 그러나 내가 선택한 일이 아니라면 그것은 내게 맡겨진 직무를 다하는 것뿐 입니다. 18 그러면 내가 받을 보수가 무엇입니까? 그것은 내가 복음을 전할 때 복음 안에서 내 권리를 이용하지 않도록 값없이 복음을 선사하는 것입니다. 19 나는 모든 사람들로부터 자유롭지만 그들 중 보다 많은 사람을 얻기 위하여 스스로 모든 사람의 종이 되었읍니다. 20 유다 사람들에게는 유다사람 노릇을 했읍니다. 그것은 유다사람을 얻기 위하여 그리한 것입니다. 율법에 매여 있는 사람들에게는(나 자신은 율법에 매여 있지 않으면서도) 율법에 매여 있는 사람처럼 되었읍니다. 그것은 율법에 매여 있는 사람들을 얻기 위해서 그리한 것입니다. 21 율법 없이 사는 사람들에게는 나도 율법 없이 사는 사람들처럼 했읍니다(실은 나는 하느님께 대한 율법의 의무에서 자유로운 사람이 아니라 그리스도에 대한 율법의 의무 아래 사는 사람입니다). 그것은 율법 없이 사는 사람들을 얻기 위하여 그리한 것입니다. 22 약한 사람들 가운데서는 나도 약한 사람들처럼 했읍니다. 그것은 약한 사람들을 얻기 위해서 그리한 것입니다. 내가 모든 사람에게 이런 저런 모양으로 나타난 것은 어떻게 해서든지 그들 중에서 다만 몇 사람이라도 구원하려고 한 것입니다. 23 그러나 나

*

2) 여러 변형들이 있는데 그 중에서도 ἵνα τις κενώσει(—ῃ)("누가 그것을 헛되게 하려고 하다")가 가장 많은 지지를 받고 있다. 이 변형들은 모두 난해한 본문을 완화하려고 한 것이다.

3) ℵ* D G와 고대 라틴사본에는 καύχημα("자랑의 근거") 대신에 χάρις("감사")라고 되어 있다.

는 무슨 일을 하든지 복음을 위하여 하고 있읍니다. 그것은 내가 복음에 동
참하기 위한 것입니다. 24 경기장에서 달음질하는 사람들이 다같이 달리지
만 상받는 사람은 하나뿐이라는 것을 여러분은 알지 못합니까? 이와 같이
여러분도 상을 얻게 되도록 달려야 합니다. 25 경기에 나서는 사람은 모든
면에서 자신을 훈련합니다. 그들이 그렇게 하는 것은 썩어질 월계관을 얻기
위한 것입니다. 그러나 우리는 없어지지 아니할 영원한 월계관을 얻으려는
것입니다. 26 그러므로 나는 목표를 알지 못하는 그러한 달음질을 하는 것
이 아닙니다. 허공을 치는 그러한 권투를 하는 것도 아닙니다. 27 그러나
내가 내 몸을 쳐서 복종시키는 것은 내가 남에게 설교하면서 나 자신은 버
림을 받을까 두려워하기 때문입니다.

8장 끝에서 바울로는 고기를 먹는 일이 그리스도교인인 형제의 이익을 침해하는 것으로 입증된다면 그의 여생동안 고기먹는 일을 삼가하겠다고 단언하였다. 그리스도교적 신앙은 그리스도교인에게 고기먹는 일을 금하지 (그 인도주의적 동기는 별문제로 하고) 않으므로 이같은 단언은, 바울로 자신이 심각한 제한을 두기를 원했으며 그의 독
* 자들도 그렇게 하기를 암시했음을 뜻한다. 바울로는, 이런 태도가 영적 자유를 표어로 내세웠던 고린토의 그리스도교인들 사이에서 이의를 제기하게 할 뿐만 아니라 그 자신의 권위를 문제삼게 할지도 모른다고 의심할 만한 타당한 이유가 있었던 것 같다. '만일 이 사람이 정말 사도이고 사도의 권위를 지닌 자라면 이런 식으로 —또는 어떤 다른 식으로 : 여기에 대해서는 고린토에서 보인 그의 행위에서 살펴보았다— 제한하려고 하지는 않을 것이다.' 이같은 불평에 대하여 바울로는 9장에서 즉시 답변하기 시작한다. 그러므로 본장이 우상제물에 관한 문제를 다루는 두 개로 분리되는 분명한 언급들 사이에 끼어든 것으로 볼 만한 이유가 없다. 여기서 편지를 분리할 근거는 없는데, 비록 생각이 옆으로 빗나가려 했다거나 아니면 혹시 이 편지가 연장된 기간 중에 쓰인 작문일거라는 —어쨌든 이것은 그럴 듯하다— 확실한 증거가 있다고 할지라도 그러하다. 이책 서론 21면 이하를 참조하라. 그 자신의 사도적 지위가 고린토에서 문제시되지 않았더라면 사도적 권리들에 관한 문제를 다루는 데 바울로가 그렇게 많은 시간을 보내지는 않았을 것이라는 점은 사실이다.

[I] 바울로는 격렬한 논쟁문체로 반대 및 반격의 태도를 취한다(비교. Epictetus Ⅲ. xxii. 48에 나오는 견유학파의 말들 : '내가 슬픔을 모르겠읍니까? 내가 두려워하지 않겠읍

니까? 내가 자유인이 아닙니까?'). (고린토에서 특히 영지주의가 자유를 강조한 것으로 우리가 느낄 만한 타당한 근거가 있다고 하더라도) 모든 그리스도교인이 자유인이듯이 내가 자유인이 아닙니까? 여러분은 내가 사랑 때문에 자유를 제한한다고 해서 내 자유가 없다고 생각합니까? 만일 어느 그리스도교인이 자유인이라고 주장할 수 있다면 나도 그렇게 주장할 수 있읍니다. 그렇다면 내가 사도가 아닙니까? 1장 1절과 거기에 대한 해설 및 언급을 참조하고 또한 15장 8—10절을 참조하라. 이어지는 귀절들에서 바울로는 사도직의 근거와 이에 뒤따르는 특권이 무엇인가를 제시한다. 그러나 특히 사도의 특권에 대해서는 다른 사도들과는 달리 이해하였음이 분명하다. 이점은 고린토 후서, 특히 10—13장에서 그렇게 해야 할 필요성에 따라 훨씬 더 상세하게 전개되었다. 그러나 사도직에 대해 바울로는 이미 고린토전서를 쓸 때 다른 사도들과는 달리 이해하고 있었다.

내가 우리 주 예수를 보지 못했읍니까? 부활한 예수의 현시와 사도직에로의 부름이, 여기서와 같이 이해되어야 하긴 하지만, 서로 결합되어 있는 15장 8절과 비교하라. 루가도 역시 무엇보다도 먼저 부활의 사실을 증거할 수 있는 능력을 부여하는 이같은 위임이 사도직의 절대적인 필요 조건이라는 원칙을 받아들였다(사도 1,22). 부활 이후 예수를 보았던 모든 사람이 사도가 된 것이 아니라(그러나 15,6과 그 주해 참조—바울로는 500명 모두가 사도가 된 것으로 생각했을 수도 있다) 예수가 그러한 목적에서 위임하였던 사람들만이 사도가 된 것이다. 그렇다면 이런 사람들을 어떻게 구분할 수 있었겠는가? 기준은 (예를 들어 바울로가 갈라디아 1장 1·16절에서 주장한) 그들 자신의 주장이 아니라 그들의 사도적 활동에 따르는 결과이다. 참된 사도란 다른 사람이 마련한 터전 위에 건물을 세울 필요가 없었고(비교. 로마 15,20) 오히려 그 자신이 새 교회를 세운 성공적인 복음전도자였다. 따라서 다음의 수사학적 물음은 사도직에 대한 바울로의 입증에 속한다. 여러분은 내가 주 안에서 일하여 얻은 열매가 아닙니까? 3장 6·10절, 4장 15절과 비교하라. 바울로는 고린토 교회를 심었다. 다른 말로 하면 기초를 놓았다. 그는 하느님께서 사용한 도구였다(3,7)는 의미에서 고린토 교회의 아버지였다. 또한 고린토후서 10장 13—16절, 12장 12절과 비교하라. 교회의 존재는 그것을 창설한 사도의 활동을 보증하였다. 교회 외에 다른 아무것도 그 활동을 보증할 수 없었다.

[2] 다른 사람들에게는 내가 사도가 아닐지 모르나(즉 다른 사람들의 평가에 따를 경우 : 서신들은 바울로의 지위에 대해 물음이 제기되었다는 적절한 증거를 제공한다) 그러나 적어도 여러분에게는(ἀλλά γε ὑμῖν. 문법학자들, 예를 들어 Robertson은 그의 책 1148, *B.D.* §439에서 ὑμῖν γε 또는 ἀλλ' ὑμῖν γε가 더 나은 독법이라고 지적한다. "그러나"는 바울로의 말 ἀλλά를 표현하려고 한 것인데 이 ἀλλά는 강력한 반대의 의미를 나타내도록 의도된 것이었으리라) 내가 사도입니다. 여러분은 주 안에서 내가 사도라는 확실한 표가 되기 때문입니다. "확실한 표"에 대해서는 고린토후서 1장 22절과 특히 로마서 4장 11절과 비교하라. 이것은 이미 존재하는 것에 대한, 볼 수 있는 표이다. 그러나 고린토교회가 바울로를 사도로 삼은 것도 아니며 그의 사도직이(예루살렘 교회 이상으로—비교. 갈라 1, 1) 고린토교회에 의거한 것도 아니다. 그러나 고린토교회의 존재는 그의 사도직에 대한 가시적인 표징이다.

[3] 바울로는 자신의 사도직에 대한 증거(부활한 예수로부터 받은 위임과 복음전도자로서의 분명한 성공)를 언급하고 나서 전문적인 법적 용어를 사용하여 그의 적대자들에게 자신의 입장을 변호하기 시작한다(그의 적대자들의 존재에 대해서는 추론할 수 있을 뿐이다. 그러나 그 추론이 이제 입증될 것이다).
* 나를 비판하려고(비교. 4, 3·4; 아마 "반대심문하다") 하는(현재분사를 능동태로 취급한 것) 사람들에 대한 나의 답변(ἀπολογία : 다른 곳에서는 법정에서의 변호를 나타내는 말이다—사도 22, 1 ; 25, 16 ; 필립 1, 7·16 ; 디후 4, 16 ; 비교. 베전 3, 15 ; 고후 7, 2에서 변호해야 할 사람은 고린토인들이다)은 이것(이 대명사가 이 문장의 끝에 나온 것은, 이 말의 의미가 그렇듯이, 곧 변호가 뒤따라 나올 것을 암시한다. 그러나 이것은 앞의 1·2절의 내용을 가리키는 것일 수도 있다)입니다. 분명히 고린토에는 (그 지역주민이건 방문객이든간에) —시험해보면 그의 권위의 부족함이 드러날 것으로 생각하고서— 사도를 시험하려고 했던 사람들이 있었다. 바울로는 계속 답변한다.

[4] 우리에게 먹고 마실 권리(ἐξουσία : 권한)가 없읍니까? 통상적으로 이 귀절은 공동체의 경비로 '먹고 마실 권리,' 다시 말하여 그 경비로 부양받을 '권리가 우리에게 없읍니까' 라는 의미로 이해된다. 6절과 비교하라. 이런 견해는 6절에서 주어인 '우리'가 다른 사도들과 대조를 이루는 '바나바와 나'로 설명된다는

사실로 뒷받침된다. 그러므로 문제되는 권리는 사도들의 특수한 권리임이 분명하다. 모든 그리스도교인들은 (바울로가 동의하듯이) 원하는 것을 먹고 마실 권리가 있긴 하지만 부양받을 권리는 없다. 이 주장은 아주 설득력이 있다. 따라서 보수를 받고 가르쳤던 철학자가 종종 비난을 받았다는 사실은 상기할 만하다(이런 사실에 대한 좋은 증거가 될 만한 발췌문이 Betz, 114, 주 3에 나온다). 그러나 9장에로 직접 발전된 8장의 주제를 고려해 본다면 여기서 바울로가 우상의 제물이든 이와 다른 음식이든 상관없이 먹고 마실 권리 —고린토의 약한 자들은 부인한 권리이지만 강한 자들은 (반대에도 불구하고) 주장하고 행사한 권리— 를 주장하고 있다는 견해가 보다 중요한 것 같다. 동일한 말(ἐξουσία)이 사용된 8장 9절(여기서는 권한으로 번역됨)을 참조하라. 아마 보다 그럴듯한 견해는, (1절에서 이미 보여주듯이) 바울로가 사도직에 대한 주제에로 옮기고는 있지만 그의 머리 속에는 아직도 우상제물에 대한 문제가 생생하게 남아 있으므로 계속하던 논의에서 시작한다는 것이다. '내 말은 다른 사람들의 유익을 위해서라면 자발적으로 권리를 포기하겠다는 것입니다. 그러면 우리에게, 원하는 것을 먹고 마실 —"그리고" 공동체의 경비로 그렇게 할— 권리가 없겠읍니까?' 영지주의자들이 주장하는 권한(ἐξοσία)은 (올바르게 행사된다면) 좋은 것이다. 과연 사도 이외에 그 권한을 가질 만한 사람이 누구이겠는가? "우리"의 의미에 대해서는 이하를 참조하라.

〔 5 〕 다음 귀절은 유사한 이중적 의미를 지니고 있다. **우리에게는 다른 사도들이나 주님의 동생들이나 게바와 같이 믿는 자매(ἀδελφή: "형제"에 대해서는 7, 15와 1, 1 참조)를 아내**(*M.* iii. 246에 의하면 γυναῖκα는 서술어이다. 그러나 이것이 가장 훌륭한 의미인지는 확실하지 않다. 이와 다른 번역은 '믿는 자매인 아내'이다)**로 데리고 다닐 권리가 없읍니까?** 여기서 첫째 요지는, 다른 그리스도교인들과 마찬가지로 사도들도 결혼할 권리가 있다(그들 중 많은 사람들이 결혼하였다)는 것이다(따라서 7장의 주장이 확증된다). 둘째 요지는, 사도들은 다른 그리스도교인들과는 달리 아내로 하여금 (알로와 같이 여기서 여성 후원자들 —사도의 아내일 수 있지만 반드시 그렇지 않은— 에 대한 언급을 보는 것은 다소 지나친 감이 있다) 자기네들이 활동하고 있는 공동체의 부양을 받게끔 할 권리가 있다는 것이다. 이것이 사도에 관한 이론이자 실천이다. 사도가 어떤 사람들인가 하는 것은 바울로 당시의 사도의 지위에 대한 규정에 담긴 견해

에 따라 좌우될 것이다. 사도행전에서는 사도가 예수의 열 두 제자(-유다 이스카리옷이 맛디아로 대치됨)와 바울로, 그리고 아마 한 두 사람이 더 포함된 것으로 생각되고 있다(참조. 사도 14,4·14). 그러나 루가의 견해가 한 두 세대 더 일찍 주장된 것이라고 가정해서는 안 된다. 15장 1—11절의 의미에 대해서는 그 해설을 참조하라 다른 곳에서는 안드로니고와 유니아도 사도로 나온다(로마 16,7). 고린토후서에서 바울로는 거짓 사도들(11,13)뿐만 아니라 '위대한 사도들'(11,5 ; 12,11)에 대해서 말한다. 사도가 교회의 가장 중요한 종이긴 하다(고전 12,28). 그러나 바울로의 증거에 근거해서 그들은 부활한 예수에게서 복음전도자들 및 목회자들로서 여행다녔다는 것 이상을 말하는 것은 어리석을 것이다. 바울로는 그 자신을 포함하여 열 둘 만이 사도라고 말하거나 뜻하지는 않는다. 그러나 그가 정확히 얼마나 많은 사람을 사도로 생각하고 있었는지 우리는 알 수 없다. 아마 그 대다수가 결혼해서 아내를 여행 중에 데리고 다녔을 것이다. "주의 동생들"도 이와같이 했다. 마르코복음 3장 31절, 6장 3절, 사도행전 1장 14절, 갈라디아서 1장 19절을 참조하라. 바울로의 표현을 마리아와 요셉의 아들들을 언급하는 것으로서, 또는 추측컨대 전 아내에게서 난 요셉의 아들들을 언급하는 것으로 받아들이는 것이 가장 자연스럽다. 분명히 이들 형제들 중에 몇 사람이 여러 교회로 두루 여행하였을 것이다. 우리에겐 이런 사실에 대한 증거가 없다. 우리가 중대한 정보를 갖고 있는 유일한 형제인 야고보는 주로 예루살렘에서 활동하였던 것 같다. 그러나 주장된 사실이 불확실하다면, 또한 주의 형제들이 팔레스틴에서만 여행했을지 모르지만 적어도 그의 독자들에게 알려지지 않았더라면 여기서 바울로가 주의 형제들에 대해 언급할
* 이유는 없었을 것이다. 끝으로 "게바"만이 언급되어 있다. 앞의 1장 12절을 참조하라. 그는 확실히 "다른 사도들" 가운데 포함된다. 그가 혼자서 고린토를 방문한 것이 아니고 아내를 데리고 온 것으로 가정한다면 여기서 특별히 그만을 언급했어야 할 이유를 헤아리기가 어렵다. "Cephas and Corinth"를 참조하라. 아마 바울로의 사도직을 의심하였던 사람들이 바로 '게바파'가 아니었던가 생각된다.

[6] 바울로는 논증을 계속한다. **나와 바나바에게만은 생계를 위해 노동하지 않을 권리**(4절에서와 같이 ἐξουσία)**가 없단 말입니까?** "생계를 위해"라는 말은 영어 문장의 의미를 밝히기 위해 필요한 보충어이다. 앞의 4절을 참조하고 사도행전 20장 33절

이하, 데살로니카전서 2장 9절, 데살로니카후서 3장 8절 등과 비교하라. 사도들은 교회의 부양을 받을 권리가 있었다. 그러나 바울로나 바나바가 이런 특권을 이용하지 않았다고 해서(이렇게 주장하는 이들도 있었겠지만. 참조. 교후 11,7—11) 그들이 사도가 아니라거나 단지 이류 사도였던 것은 아니다. 그들이 취한 태도에는 다른 이유들이 있었는데, 이런 이유들에 대해서는 나중에 설명할 것이다. 4절에서 바울로가(1—3절에서 사용된) 1인칭 단수의 사용을 복수로 바꾼 것은 그가 다른 사람을 (또는 다른 사람들을) 그와 결부시키기 시작했기 때문일 것이다. 권위를 나타내는 복수는 그것이 전체 문장에 일치하지 않을 경우 그 요점을 잃게 된다. 바울로의 바나바와의 결합은 사도행전 9장 27절—15장 39절에 언급되어 있다. 서신들이 기록된 때에 갈라디아서 2장 13절(아마 사도행전 15장 37—40절에 대한 보다 정확한 기사)에서 서술된 바에 의하면 (바나바의) 변절이 일어났는데, 우리는 골로사이서 4장 10절에서 다만 간접적으로 바나바에 대해 다시 들을 수 있다. 그러나 현재의 귀절은 바나바가 고린토와 무슨 계약을 맺었었는지 전혀 아는 바가 없지만, 그가 바울로의 선교에 다시 참여하였다는 증거로 받아들일 만하다. 분명히 바울로는 그를 사도로 생각하였다. 사도행전 14장 4·14절과 비교하라.

〔 7 〕 사도의 생계를 마련해주는 관습은 비록 바울로와 바나바가 그러한 관습을 이용하지는 않았지만 일반적인 실천뿐만 아니라 일반적인 의미에 근거한 타당한 관습이었다. **도대체 자기 비용으로 전쟁에 나가는 사람이 어디 있읍니까?** 복역 군인은 부양받기로 되어 있다. 그렇다면 왜 사도는 그래서는 안 되는가? **포도나무를 심고 그 열매를 먹지 않는 사람이 어디 있읍니까?** 3장 6절과 비교하라. 포도를 손질하는 사람은 그가 노동한 만큼 그 열매를 얻도록 되어 있다. 그럴진대 왜 사도가 그래서는 안 되는가? **또는 양을 치고 그 젖을 마시지**(동사 ἐσθίειν은 보통 '먹다'로 번역된다. 그러나 '소비하다'는 과장된 말일 것이고 '마시다'가 유일하게 가능한 다른 번역일 것이다) **않는 사람이 어디 있읍니까?** 목자는 그가 돌보는 양에게서 이익을 획득한다. 그런데 왜 사도가 그래서는 안 되는가? 처음 두 물음의 병렬은 베이어(K. Beyer, *Semitische Syntax im Neuen Testament* I. i. 〔1962〕 281)의 주장에 의하면 그리이스어보다는 셈어에서 보다 일반적이다. 이점은 세번째 물음 앞의 "또는"이란 말을 생략한 이유로 받아들여야 할 것 같다(이책 235면의 주 1 참조). *

[8] 이런 비유들은 그 범위 내에서는 유용하지만 딱 들어 맞지는 않은, 흔히 인간사에서 있을 수 있는 평범한 비유들이다. 보다 강력한 근거들이 있다. 실로 모든 근거들 중에 가장 강력한 근거는 성서이다. **내가 단순히 인간적인 권위만 갖고**(그리이스어 문장 서두에 나온 *κατὰ ἄνθρωπον*은 강조어이다. 이 문귀에 대한 중요한 논의에 대해서는 Daube, 394—400을 참조하라) **이런 말을 한다고 여러분은 생각하지 않습니까? 아니면**(*μή*) **그렇다고 생각합니까? 율법**(다음 귀절이 모세 오경〔신명 25, 4〕에 나온다 하더라도 여기서 율법은 구약성서를 말한다) **에도 이런 말**(또는 만일 *ταῦτα* 대신에 *ταὐτά*라고 쓴다면 "같은 말"—의미상 별 차이가 없다)**이 있지 않습니까?**

[9] 바울로에게서 언제나 가장 중요한 것은 자신의 견해를 뒷받침하기 위해서 구약성서를 인용할 수 있다는 것이다. **'곡식을 떠는 소의 입에 망은 씌우지 말라'** —물론 소는 탈곡 중인 곡식에 여러번 입을 댐으로써 배고픔을 채울 기회를 얻을 것이다— **고 모세의 율법에 기록되어 있읍니다.** '이 율법은 신명기의 특징으로서 동물에게조차 적용할 수 있는 박애의 또 다른 예를 제공한다' (S.R. Driver, *A critical and exegetical Commentary on Deuteronomy* 〔1895〕, 280). 그러나 바울로의 견해는 현대 주석가의 견해와는 다른 것이다. **하느님께서 소를 걱정해서 하신 말씀입니까?** Philo, *De specialibus legibus* i. 260과 비교하라. 법이란 비이성적인 존재를 위해 제정된 것이 아니라 마음과 이성을 지닌 존재들을 위해서 제정된 것이다. 그러나 *De Virtutibus* 146과 대조하라: '…나는 곡식을 떨 때 소를 위한 인정 많고 자비로운 규정에 대해 언급하였다.'

[10] 바울로의 말을 하느님은 동물에 대해선 걱정하지 않는다는 뜻으로 보지 않으려는 시도는 다음 귀절에서 좌절된다: **그렇지 않으면 오로지**(*πάντως*) **우리를 위하여 말씀하신 것이 아닙니까?** 무리하지 않은 유일한 해석은 구약성서 율법에 있어서 하느님은 소를 염두에 둔 것이 아니라 그리스도교의 설교자들과 그들의 필요를 염두에 두었다는 것이다. 이것은 하느님이 한 마리 참새의 떨어짐에 대해서조차 관심을 갖고 계시다는 진리(이 진리는 여기서 칼빈이 인용한 것이다: 참조. 또한 Barth, *C.D.* III. 174)를 바울로가 부
* 인하였으리라는 것을 뜻하지는 않는다. 그러나 그가 구약성서에서 찾아냈고 여기서 표현한 것은 아주 다른 진리였다. 그의 논증은 라삐 병행귀들에 나타나는 형태인 "작은 것으로부터 큰 것을 이끌어내는"

(qal waḥomer) 논증법은 아니다(*S.B.* iii. 385). '하느님은 소를 돌보신다. 하물며 인간은 더욱 더 돌보시지 않겠는가'(봐이스).

바울로는 자신의 물음에 답변함으로써 말을 계속한다. **물론**(*γάρ*: 물음에 대한 답변을 도입하기 위하여 사용된 말 ; *B.D.* §452) **우리를 위하여 기록된 것입니다. 그 까닭은**(또는 "그것은" ; 이하 참조) **밭가는 사람은 곡식을 얻을 희망을 가지고 밭을 갈아야 하며 곡식 떠는 사람도 그 곡식을** 얻으려는(이 말은 보충된 것이다) **희망을 가지고 떨어야 하기**(이 말은 완전한 의미를 위해서 보충된 것이다) **때문입니다.** 앞서 언급된 구약성서 귀절에 대해서는 베드로전서 1장 12절과 비교하라. 여기서 "그 까닭은"(for)으로 번역된 그리이스어(*ὅτι*)는 "그것은"(that)을 의미하며 이 그리이스어로 이끌리는 절은, 비유적인 명령이 하느님에게서 주어진 이유를 제시하는 것이거나 아니면 명령의 내용을 다른 말로 반복하는(선언적이거나 설명적인 *ὅτι*—바호만, 알로) 것일 수 있다. 곡식 떠는 소가 밭도 가는 것으로 지적되었다. 소는 밭을 갈기도 하고 곡식을 떨기도 한다. 신명기 25장 4절에 나오는 명령은 소가 노동에 대한 보상을 받을 희망을 갖고 두 가지 일을 할 수 있게 한다. 이것은 억설인 것 같다. "그 까닭은"이 더 채택할 만하다. 세번째 가능성은 여기서 바울로가 성서 이외의 자료에서 나온 인용문을 소개하고 있다는 것이다 : '기록된 바, 밭을 가는 사람은….' 그러나 이것은 그럴 듯하지 않다. 바울로는 이 말이 (사도를 포함하여) 일하는 사람은 자기 노동에 대한 보수를 획득해야 한다는 참된 진리를 뒷받침하기 위해 주어진 것임을 뜻한다. 이것은 그 이상 의문의 여지가 없다.

[11] 이와같이 여러분에게 복음을 전하고, 가장 위대한 모든 선물을 여러분에게 가져다 준 영적 선물(참조. 예 1, 4—7)을 줄 수 있게 됨으로써 **만일 우리가 여러분에게 영적인 것을 심었다면 여러분에게서 물질적인 것**(직역하여 "육적인 것" *σαρκικά*: 여기서 사용된 말은 때때로 바울로에게서 "육"이 지니는 신학적 의미를 전하지 않는다)**을 거둔다고 해서 그것이 지나친 일이 됩니까?** 논증은 더 이상의 설명이 필요 없다. 즉 사도의 양식은 복음에 대한 작은 댓가이다.

[12] 또 다른 주장이 있다. **만일 다른 사람들이 여러분에 대한**(마태오복음 10장 1절에서와 같이 *ἐξουσία* 다음에 나오는 속격 ; Robertson, 500) **권리를 가졌다면 우리는 더욱 그렇지 않겠습니까?** 고린토인들이 개종하고 그들의 교회가 창설된 것은 바울로를 통해서였다. 이런 이유 때문에 그는 몇몇 선교자들이 자급하기 위해 *

사용하였던 권리를 더 적게가 아니라 더 많이 가졌었다. **그러나 우리는 이 권리를 전혀 쓰지 않고**(비교. 15절 ; "권리"에 대해서는 4·5·6절과 비교) **그리스도의 복음을 전하는 일에 장애가 안 되도록 모든 것**(곤경, 배고픔 등과 같은 것 : 비교. 4, 11 이하)**을 참고 지냅니다**(동일한 동사 *στέγειν*이 13장 7절에서도 쓰인다). 여기서 바울로의 습관적 행위의 기본적인 동기가 엿보인다(비교. 23절 : "내가 무엇을 하든 복음을 위해서 합니다"). 그의 복음에 대한 봉사는 그에게 권리를 부여하였다. 그러나 그는 그 권리를 복음 자체를 위해서 버렸다. 세속적 차원에서 설명하자면 바울로의 이 말은, 복음을 받아들이는 일에는 선교자들의 생활비 지원이 따른다는 것을 개종하려는 사람들이 알았다면 개종 자체를 재고할지도 모른다는 점을 바울로가 고려하고 있다는 뜻이다. 보다 중요한 것은 바울로가 헌금에 대한 그릇된 전달이 없기를 바랐을 거라는 사실이었다(16, 1). 무엇보다 가장 중요한 것은, 예수의 사랑과 자기 희생에 의해 결정된 복음이 자기 권리를 주장하고 권한 행사를 즐겨하였으며 복음전파의 활동을 통해서 어떤 이익이든 얻고자 했던 그러한 설교자들에 의해 잘못 전달될 수 있었다는 사실이다. 이같은 비바울로적인 사도직에 대한 이해의 현저한 예는 루시안이 쓴 페레그리누스의 이야기에서 볼 수 있다(*De Morte Peregrini:* 페레그리누스가 결국에는 금지된 음식을 먹음으로써 그리스도교인들을 오염시켰다는 것은 흥미있다). 그러나 고린토후서에 대한 연구는 보다 밀접하고 위험스런 예들을 충분히 보여줄 것이다.

[13] 그럼에도 불구하고 바울로는 새로 시작하는 귀절의 주장을 통해 설교자들의 권리를 계속 옹호한다. 그는 사도로서의 권리를 쓰지 않기로 결심했지만 사도로서의 권리가 승인되기를 열망하였다. 예들이 더 나온다. **성사를 집전하는**(이 말 —6절에서 쓰인 *ἐργάζεσθαι*— 은 일반적인 용어이지만 이 문맥에선 이와 같은 의미로 이해해야 한다) **사람이 성전에서 먹을 것을 얻는다는 것을 여러분은 알지 못합니까**(비교. 3, 16 : 고린토인들은 이제 말하고자 하는 바를 알았어야 함을 뜻하며 이것은 앞의 언급이 유다교의 관습에도 해당하긴 하지만 이교도의 관습에 해당하는 것일 수 있음을 시사한다—참조. J. Jeremias, *Jerusalem zur Zeit Jesu* [1958], Ⅱ A 21, 29)? 다음 문장은 다소
* 일반화한 것이다. **제단을 맡아보는 사람은**(비교. 앞의 7, 35와 그 주해 : 그들은 제단에서 하느님을 섬긴다. *τῷ θυσιαστηρίῳ* "제단에서"는 '순수한 처격'이다—Robertson, 521) **제단제물을 함께 나누어 가진다**("제단에

함께 하다"일 수는 없는데, 구문상 이러한 의미를 시사한다 할지라도 그렇다)는 것을 여러분은 알지 못합니까? 바울로가 언급하는 관습은 고대에 널리 퍼져 있었다. 다른 사람들을 위해서 신성한 의식을 주관했던 사람들은 마땅히 부양받기로 되어 있었을 것이다. 이런 사실을 예수 자신도 인정한다.

[14] 이와 같이 주께서도 복음을 전파하는 사람들(예를 들어 사도들. 그러나 이런 관습이 그들에게 국한된 것임을 뜻하지는 않는다)을 위해(언어상 가능한 "에게" to보다는 의미상 더 나은 번역이다) 그들이 복음에 의하여 살아가도록(즉 그들의 개종자들이 그들을 부양하도록) 위탁하셨읍니다. 마태오복음 10장 10절, 루가복음 10장 7절, 또한 디모테오전서 5장 18절을 참조하라. 앞서 살펴본 대로(이책 197면) 바울로가 주의 말을 인용하는 경우는 드물다. 여기서 그가 주의 말을 언급한 것은 그 자신에게는 적용하지 않은(예수의 교훈은 새로운 "율법해석"으로 간주하지는 않는다) 관습을 특히 강력하게 논증하려 하기 때문이다. 이성과 일반적인 경험, 구약성서, 보편적인 종교적 관행, 예수 자신의 가르침, 이 모든 것은 사도들(또는 다른 선교자들)이 그들의 선교활동을 통해 제정된 교회의 경비로 부양받는 관습을 뒷받침 해준다.

[15] 그러나 나는(그리이스어 본문에는 강조의 위치에 있다) 이런 특권을 조금도 써본 일이 없읍니다. 자급하기 위해 일상적인 직업에 참여하는 바울로의 행위에 대해서는 4장 12절을 참조하라. 또 이제부터 내 경우에(직역하여 "내게" ἐν ἐμοί) 그렇게 해주도록 이런 일들(직접 앞에 나온 행들을 받는다)을 쓴 것도 아닙니다. 바울로는 이미 그가 누릴 수 있었던 특권을 거부한 데 대한 이유를 밝혔다(참조. 12절). 그는 자기 결정에 대한 열면 반복을 다시 하며 그렇게 하는 또 다른 이유를 (유감스럽게 불분명한 언어로) 제시한다. 그의 언어는 감정이 격해짐으로해서 단절된다. 그렇지 않다면 차라리 내가 죽는 편이 낫겠읍니다. 아무도 나의 이 자랑(나는 사도로서의 어떤 댓가도 받지 않는다는)을 헛되게 하지는 않을 것입니다. 단절된 구문은 바울로의 특징이다(비교. 예. 로마 1,11·12; 5,6·7; 고전 15,1·2; 고후 12,6·7·17; 갈라 2,3 이하). 이 구문은 대다수 사본들에는 '누가 내 이 자랑을 헛되게 하는 것보다는 차라리 내가 죽는 편이 낫겠읍니다'라고 수정되어 있다(참조. 이책 236면의 주 2). 그러나 파격구문의 문장을 이루는 본문이 보다 난점이 많다고 해도, 또한 *B.D.* §§ 369·393의 주장에도 *

불구하고 채택되어야 한다. 의미상 차이는 없고 강도의 차이만 있을 뿐이다. "자랑"(영광)은 바울로와 관련시켜 생각할 때는 어려운 주제이다 : "인간은 주님 외에는 자랑하거나 영광을 돌릴 일이 없다"(참조. 앞의 1, 31). 다드(C.H. Dodd)는 현재의 귀절에 주목하고 이 귀절을 후기의 서신들에 나오는 다른 귀절과 대조하였으며 바울로의 생애의 위기는 고린토 전·후서를 집필하던 사이에 있었다고 주장하였다(참조. *New Testament Studies* 〔1953〕, 79—82). ('두번째 회심' 이후) 마지막 단계로 바울로는 자랑할 근거를 갖고자 하는 욕망을 버렸다. 그러나 현재의 귀절은 이런 재구성을 뒷받침해 주지 않는데, 그것은 이미 약함을 자랑으로 여긴다는 역설 —이 주제에 대해 그가 나중에 한 언급들의 특징으로 일컬어지고 있는— 에 배치되기 때문이다. 바울로는 틀림없이 배고픔과 피로에 젖어 있었을 상황을 자랑으로 여길 뿐만 아니라 조롱과 모욕만을 안겨주었을 그러한 상황을 자랑으로 여겼을 것이다. 그는 자신의 주장을 계속해서 설명한다.

〔 16 〕 **내가 (단순히) 복음을 전한다 할지라도 그것이 내게 자랑의 근거가 될 수는 없읍니다.** 이 절에서 자랑할 만한 근거에 대한 무리한 욕구를 읽어내는 것은 지나친 일이다(C.H. Dodd, 앞의 책 79—80). 바울로가 말하는 바는 복음전파가 그에게 명예가 되지 않는다는 것 뿐인데 그는 복음전파에 대한 선택의 여지가 없기 때문이다. 그는 선교할 수밖에 없다. (이 일에 관한 한) **그것은 내가 아무래도 하지 않으면 안 될 일이기 때문입니다. 만일 내가 복음을 전하지 않는다면 내게 화가 미칠 것이기 때문입니다**(비교. 예레 20, 9). 그는 예수 그리스도에게 잡힌 바 되었고(필립 3, 12) 이제 그리스도의 노예가 되었다(로마 1, 1 ; 이곳 저곳 참조).

〔17 · 18〕 **내가 자진해서 이 일**(복음 전파)**을 한다면 보상을 받을 것입니다. 그러나 내가 선택한 일이 아니라면 그것은 내게 맡겨진 직무입니다**(이 말은 대체로 노예이거나 해방노예이었던 제국의 사무관들의 임명을 연상케 한다). **그러면 내가 받을 보수가 무엇입니까?** 첫 절은, 만일 바울로가 자신의 운명의 주인으로서 자진해서 복음 전하는 일을 맡았던 것이라면 그는 합법적으로 그의 교회들에게 보수를 요구할 수 있었을 뿐만 아니라 그가 친절을 베푼 하느님께도 보상을 요구할 수 있었을 것이라는 뜻일 것 같다. 이런 사실을 통해서 우리는 조건문을 —만일 내가 이 일을 했더라면…나는…받았어야 할 것입니다— 라는 성취되지 않은 조건을 뜻하는 것으로 받아들이게

된다. 이 문제는 적어도 이론상으로는 가능하기 때문에 전혀 불가능한 것은 아니다. 둘째 절은 사실상 타당한 다른 가능성을 제시한다. 바울로는 노동력을 (하느님께) 빌려주기로 계약을 맺은 자유로운 일꾼이 아니다. 그는 하느님의 종이며 그분이, 곧 하느님이 결정하는 * 대로 일해야 한다. 이것은 그가 보수나 보상을 주장할 만한 위치에 있지 않음을 뜻하므로 "그러면 내가 받을 보상이 무엇입니까?"라는 물음이 자연히 제기되며 그 물음에 대한 함축된 대답은 '나에겐 보상을 받을 권리가 없읍니다'이다. 이것이 17·18절a를 이해하는 최선의 길인 것 같다. 그러나 17절 끝에 완전한 종지점을 찍는 것이 보다 통상적이다. 그러면 그 의미는 이렇게 된다 : '만일 내가 자진해서 이 일을 한다면 보상을 받을 것입니다. 그러나 내가 이 일을 자진해서 하지 않는다면 그것은 내게 맡겨진 직무를 다하는 것뿐입니다.' '나는 보상을 받을 것입니다'와 '내게 맡겨진 직무를 다하는 것 뿐입니다'는 이제 양자택일로 된다. 그러나 이 둘이 양자택일로 되어야 할 타당한 이유가 없는 것 같다는 데 난점이 있다. 어째서 내가 맡겨진 직무를 다하는데도 그것을 수행한 데 대한 보상을 받아서는 안 된다는 말인가? '내가 이 일을 한다'와 '내게 맡겨진 직무를 다한다'를 본문에서와 같이 동의어적으로 (또는 거의 동의어적으로) 이해하는 것이 더 낫다.

우리는 바울로의 물음에로 되돌아간다. 그는 설교해야 한다. 그는 자신이 마땅히 해야 할 일에 대해 명예나 보상을 주장할 수 없다. 기껏해야 그는 무익한 종에 지나지 않는다(루가 17,10). 그러면 내가 받을 보상이 무엇입니까? **그것은 내가 복음을 전할 때 복음 안에서(즉 복음의 설교자) 내 권리**(ἐξουσία: 바울로는 그가 어느 사도 못지 않게 사도로서의 특권을 누릴 만한 권리를 갖고 있다고 계속 주장한다) **를 이용하지 않도록**(또는 이용하지 않기 위하여) **값없이**(비교. 마태 10,8 ; 고후 11,7) **복음을 선사하는 것입니다**. 바울로는 사람들로부터 아무런 보수도 받지 않는 그의 행위로 말미암아 그가 하느님께 보상받으리라는 것을 뜻하지는 않는다. 값없이 전하는 것(16절과의 병행은 "값없이"가 강조어임을 보여준다) 자체가 보상이다. 왜냐하면 그것은 그가 복음을 전하는 일에 장애가 없게(12절) 함으로써 그렇지 않았을 경우에 비해서 복음이 전파되는 더 좋은 기회를 갖게 됨을 뜻하기 때문이다.

〔 19 〕 여기서 제기된 문제는 복음을 전하는 데 대한 보수를 받는다는 것보다 더 폭넓은 문제이다. 사도나

복음전도자가 자기 권리를 부인해야 한다는 것은, 그가 자기 권리를 주장해야 한다는 것보다 그의 역할에 훨씬 일치하는 것이다. 그의 행위를 좌우하는 것은 그 자신의 이익이나 심지어 그의 소망 또는 성향이 아니라 청취자들의 이익이나 소망 또는 성향이다. 그러므로 내기 **모든 사람들로부터**(또는 아마 "모든 것들로부터." 그가 자유로운 것은 이미 그리스도교인으로서 자유인이 되었으므로 사람들의 노예가 될 수 없기 때문이다 : 7, 23) **자유롭지만 그들 중 보다 많은 사람**(또는 아마 "그들 중 대다수" : *τοὺς πλεεόνας*에 대해서는 비교. 10, 5 ; 15, 6 : *B.D.* § 244)**을 얻기 위하여**(즉 그리스도교인들로 만들기 위하여) **스스로 모든 사람의 종이 되었읍니다**(비교. 고후 4, 5 : "우리 자신들은 여러분의 종들입니다"). "얻다"라는 말은 유다교의 어법을 반영한 것이다(Daube, 352—61. 쉴라터는 또한 복음서의 문귀인 '사람을 낚는 어부' : 마르 1, 17와 비교한다). 유다교의 선교활동은 그 방법에 있어서 (Daube, 336—51) 물론 바울로가 다음의 몇몇 귀절에서 보여주는 것과 같은 근본적인 형태로는 아니지만, 적응, 봉사, 겸손이 갖는 중요성에 대해서 알고 있었다. 유다인들이 율법을 공격적이고 부담스러운 것으로 만들기보다는 필요한 것으로 만들려고 했다면, 바울로는 율법 자체를 모두 포기할 각오가 되어 있었다. 이런 사실을 포착하지 못한다면 바울로를 이해할 수 없다. 최근의 연구가 강조한 바대로 여러 면에서 바울로는 단순히 유다인이 아니라 바리사이인이요 라삐로 남아 있었다는 것은 사실이고 또 중요한 것이다. 그러나 그는 (복음을 위해서라면 : 23절) 유다인이기를 그만 둘 각오가 되어 있었다는 점에서 모든 비그리스도교적 바리사이인들과는 달랐다.

[20] 그러나 바울로는 유다인이기를 그만 둘 각오가 되어 있다는 관점에서 이야기를 시작하지 않는다. 하지만 서두를 꺼내는 말은 그래도 인상적이다. **유다사람들에게는** (*τοῖς 'Ιουδαίοις*: *M.* iii. 169에 의하면, 바울로에게서 흔히 볼 수 없는 관사의 용법〔to the Jews〕은 그가 특수한 경우, 아마 틀림없이 디모테오의 할례의 경우에 대해 언급하고 있음을 보여준다. 터너가 인정하지는 않지만 실제로 인용한 *B.D.* § 262는 이와 같은 사실을 언급하긴 하나 그런 사실을 보다 그럴 듯하게 해석한다—'각자의 경우보다 내가 관련된 사람들에게') **유다사람 노릇을 했읍니다. 그것은 유다사람을 얻기 위하여 그러한 것입니다.** 그러나 바울로는 (그 자신이 다른 곳에서 특히 고린토후서 11장 22절과 필립비서 3장 5절에서 단언하듯이) 유다인이었

다. 바울로는, 전에는 유다인이었다가 유다인이기를 그만 두고 어떤 다른 존재로 되었다는 점에서만 다시 유다사람이 될 수 있었을 것이다. 그의 유다주의는 더 이상 그의 본질을 이루는 것이 아니라 자의에 따라 취할 수도, 버릴 수도 있는 변장에 불과했다. 유다교를 그가 채택한 경우에 대해서는 사도행전 21장 23—26절에 설명되어 있다. 그러나 사도행전은 바울로가 근본적으로 비유다교적이었다는 것을 알지 못한다. 이것은 율법에 대한 무관심의 문제도 아니며, 토라에 따라 사는 삶에 분명히 내포된 불편을 참지 못한다는 문제도 아니었다. 바울로가 유다교를 버린 것은 예수 그리스도 안에서 유다주의가 실현되었고 율법이 그 의도된 목적에 도달했다는 확신(참조. 로마 10,4)에 근거한 것이었다. 바울로가 '유다인이 되었다'라고 말할 때 그는 단순히 인종적인 혈통에 의해 결정된 혈연을 염두에 둔 것이 아님이 분명하다. "유다사람을 얻는다"는 말은 바울로가 유다인들에게 전도하였음을 뜻하는 것 같다(Weiss). 갈라디아서 2장 7절 이하와 대조하라. 더우기 유다교는 율법에 따라 규정된다. **율법에 매여 있는 사람들에게는**(나 자신은 율법에 매여 있지 않으면서도) **율법에 매여 있는 사람처럼 되었읍니다. 그** * **것은 율법에 매여 있는 사람들을 얻기 위해서 그리한 것입니다.** 유다인이 되는 것은 율법에 매여 있게 되는 것이므로 하느님과 법적으로 관계를 맺는 것이다. 바울로는 더 이상 이런 식으로 하느님과 관련되어 있지 않다. 기껏해야 그는 그런 관계에 있는 체할 따름이다. 그는 "율법에 매여 있지 않다." 다만 그는 "율법에 매여 있는 사람처럼" 행동한다. 여기서 "율법"은 모세의 율법을 의미한다. 그러나 만일 모세의 율법이 부인된다면 "보다 유력한" 논증에 의해 그보다는 덜 중요한, 하느님으로부터 직접 받은 모든 율법이 부인될 것이다. 바울로는 이제 예수 그리스도를 통하여 하느님과 관계를 맺게 되었으므로(비교. 1,30) 율법이 개입할 여지가 없다.

[21] 이러한 사실을 통해 우리는 다음과 같은 이해, 곧 유다인들이 의무로 인정하였고 모세오경에 따름으로써 나타내고자 하였던 그러한 복종을 바울로는 더 이상 하느님에게 돌리지 않았다는 이해에 자연히 도달하게 될 것이다. 그러나 이것은 오해일 수 있다. 바울로가 더 이상 유다인이 아니고 또 이방인이 아니라고 하여도 그는 복음의 관점에서 이방인과 관계를 맺고 있다. **율법**(모세의 율법) **없이 사는 사람들**(이방인들을 뜻하긴 하나 바울로가 다른 곳에서 주장하듯이 그들도 일종의 율법을 가지고 있던 자들이었

다—로마 2, 14)에게는 나도 율법 없이 사는 사람들처럼 했읍니다.(나는 하느님에 대한 율법의 의무에서 자유로운 사람이 아니라 그리스도에 대한 율법의 의무 아래 사는 사람입니다). 그것은 율법 없이 사는 사람들을 얻기 위하여 그리한 것입니다. 이 귀절은 서신에서 가장 난해한 문장들 중의 하나이면서도 가장 중요한 문장들에 속한다. 왜냐하면 이 귀절에서 바울로는, 그가 그리스도 안에서 맺은 하느님과의 새로운 관계가 하느님께 대한 그의 복종의 의무를 어떻게 표현하고 있는가를 보여주고 있기 때문이다. 로마서 6장과 비교하라. 거기서 바울로는 만일 그리스도교인이 (악을 금지하고 덕을 명령하는) 율법에 따라서가 아니라 (현재 그의 죄의 상태 가운데서도 인간을 향한 하느님의 사랑을 의미하는) 은혜로 인하여 하느님과 관계를 맺은 것이라면, 그가 제멋대로 계속 죄를 지어서는 안 될 이유는 무엇인가, 다시 말하여 그리스도교인이 착한 사람이 되기 위해 수고해야 할 이유는 무엇인가라는 질문에 답변한다.

앞의 귀절에서 바울로는 어떤 상황에서는 율법 아래 있는 것처럼 행동하였다고 말하는 것과 마찬가지로, 여기서도 그는 어떤 상황에서는 율법 밖에 있는 것처럼 행동한다고 말한다. 거기서 그는 자기 삶이 율법으로 결정된 것이 아님을 뜻하는 것과 마찬가지로 여기서도 율법 밖에 있지 않음을 뜻한다. 그리고 이점에 대해서 바울로는 분명히 확증한다. 그는 "하느님께 대한 율법의 의무에서 자유로운" (*ἄνομος θεοῦ*) 사람이 아니라 "그리스도에 대한 율법의 의무 아래 사는"(*ἔννομος Χριστοῦ*) 사람이다. 이 그리이스어 문귀들에 대한 정확한 해석에 대해서는 논의의 여지가 있다. 시사된 "율법"(*νόμος*)과 관련하여 속격을 강조함으로써 '하느님의 율법에 예속되지 않은,' '그리스도의 법에 대한 의무가 있는'이라고 번역할 수도 있다(Moule, 42 ; *B.D.*
* §182 ; *M.* iii. 215 : *B.D.*에 나온 언급들을 다시 언급하긴 하지만 그 문귀에 대해선 설명하지 않는다). C.H. Dodd, ENNOMOC XPICTOY, in *Studia Paulina*, 96—110을 참조하라. 다른 곳에서 바울로가 "그리스도의 법"에 대해 분명히 언급하고 있다는 사실은 이런 견해를 지지한다. 갈라디아서 6장 2절 : "그리스도의 법을 이룰 것입니다." 로마서 8장 2절과 비교하고, 바울로가 레위기 19장 18절을 인용하면서 마르코복음 12장 31절과 비슷한 말로 사랑의 계명에 대해 언급하는 13장 8절 이하와도 비교하라. 또한 바울로의 말들 중에 하나("율법이 없는" *ἄνομος*)가 이 귀절 앞부분에서 사용되었을 때, 그 말은 분명히 이

방인들 말로서 (모세의) 율법의 범주 밖에 있었던 사람들을 가리키지만, 그러나 이 말과는 반대로 그의 긍정적인 말("법적인" ἔννομος)은 그가 늘 율법 아래 있었던 유다인들을 가리켜서 사용한 말은 아니라는 사실도 이런 견해를 지지한다. (때때로 말하듯이) 일관적이긴 하나 그럼에도 다변적이고 복잡한 율법에 대한 바울로의 가르침을 이해하는 데 따르는 신학적인 난점 때문에 동시에 언어상의 난점도 야기된다. 여기서는 주제에 대해서 개괄할 수 있을 뿐이다. 더 나아가서 *Romans*, 특히 140—53의 논의를 참조하라. 율법은 하느님이 준 것이므로 거룩하고 의롭고 선한 것이었고, 그것이 하느님의 은혜로운 약속들에 모순되지 않고 오히려 일치하는 것이며, 선의의 사람을 인생행로에서 지켜줄 수 있다는 면에서 귀중한 선물이었다. 율법은 창조주의 선함에 대한 인간의 의존성 및 복종에 대한 의무를 드러내주었다. 이 좋은 선물이 죄에 사로잡힌 바 되고 악용되었으므로 생명의 도구가 아니라 죽음의 도구가 되었다. 우리는 (유감스럽게도 바울로적 어휘가 아닌 말을 사용하여) 율법이 율법주의에로 타락하였다고 말할 수 있다. 바울로 자신이 유다인으로서의 그의 생애에 있어서 또 (아마 훌륭한 동기에서) 그의 교회들을 뒤흔들어 놓았던 유다 그리스도교인들의 활동에서 접했던 율법은 바로 율법주의적인 율법이었다. 그러나 인간의 상황은 그리스도의 도래로 전적으로 변화되었다. 이는 그리스도가 전적으로 새로운 사신을 가져온 때문이 아니라 —그는 여전히 하느님의 자유로운 자비와 절대적인 복종의 요구에 대한 말로 말하였다— 율법이 오직 지시할 수 있었던 바를 그가 성취하였기 때문이다. 그는 율법을 완성하였고 기록된 법전을 불필요하게 만들었다는 점에서 율법의 마지막이었다. 그는 사람들이 자랑할 수 있는 근거로 바뀔 수 없는 그러한 형태로 하느님의 사랑을 선포하였다. 그러나 그는 (마지막 아담으로서—참조. 15,45) 인류 전체를 대표하여 하느님에게 완전한 * 복종을 바쳤다. 더우기 성령은 그의 활동을 통하여 사람들이 하느님의 형상을 되찾도록 할 수 있게 했다. 이것은 피상적으로 일관된 완전한 이야기를 이룬다. 그러나 기록된 법전이 사실상 불필요한 것이었는가? 고린토교회를 잠깐 살펴보면 모든 그리스도교인들이 영감을 통해서 그들이 해야 할 일들을 알고 있는 것은 아니며, 그들이 그 일들을 알고 있다고 해도 반드시 행하는 것은 아니라는 것을 충분히 알 수 있다. 그리스도 안에서 구원받았다고 해서, 하느님에게 복종하는 자녀가 되어야 할 인간의 의무를 그만두어도 좋다는 말이 이님을 반복해서 말할 필요가 있었다. 또한 복종하기를 원하지만 어떻게 해야 할지를 몰랐던 사람들을 지도할 필요도 있었다.

상술한 논의를 통해서 바울로 자신이 발견하였던 난점이 분명해졌다. 그는 고린토인들이 그리스도의 방식대로 복종하도록 지도해야 하지만 그리스도가 새로운 율법이 되지 않도록 하면서 이 일을 해야 했다. 바울로 이후의 그리스도교(2세기부터 20세기까지)에 대한 연구는 그리스도교가 새로운 율법으로 변할 가능성이 얼마나 위험하였으며 또 위험한가를 보여준다. 갈라디아서 6장 2절에서 바울로는 (아마 부주의하게) 라삐적 표현으로 시작하는 것 같다(갈라 6, 2와 같은 증거에 대해서는 W.D. Davies, *Torah in the Messianic Age and/or the Age to Come*, 1952, 50—83 참조). 그러나 고린토전서에서 그는 라삐적 표현을 조심스럽게 삼가하는 것으로 보인다. 그는 자기가 '메시야의 법 아래' (*ὑπὸ τὸν νόμον τοῦ χριστοῦ*) 있다고 말하지 않는다. 그러나 그는 '하느님의 율법이 없는 자' (*ἄνομος θεοῦ*. 이 속격구문은 문법이 시사하듯이 주어 —바울로 자신— 의 술어로 받아들인 번역)가 아니라 그는 '그리스도의 법에 거하는 자' (*ἔννομος Χριστοῦ*. *ἔννομος*의 이같은 용법에 대해서는 Plato, *Republic* 424E와 비교)이다. 그러므로 바울로는 유다인들에게는 유다인으로서, 이방인들에게는 이방인으로서 그의 태도를 달리 할 수 있다. 왜냐하면 그는 율법주의가 암시하는 것보다는 훨씬 더 많은 빚을 하느님에게 진 자임을 스스로 알기 때문이다. 그가 하느님과 관계를 맺은 것은 율법에 복종함으로써가 아니라 은혜와 믿음을 통해서이며 오직 그리스도 안에서 되어진 일이다. 그러나 정확하게 말해서 이같은 비율법적 관계에 있어서 그는 그리스도의 종이므로 법전에 대해서가 아니라 (비록 그가 경우에 따라서 당연히 신중하게 그의 개종자들에게 교훈을 줄 수 있긴 하지만) 인격으로서의 그리스도에게 절대적인 복종을 바쳐야 하며, 그리스도가 가르쳤고 모범을 보였던 보편적인 사랑이라는 절대적 원리를 철저히 따라야 한다.

이것이 바울로의 사상 노선인 것으로 보인다. 이곳을 비롯한 다른 곳에서 제공된 번역이나, 혹은 심지어 바울로 자신의 그리이스어가 그런 노선을 적절하고도 명백하게 드러내는지 어떤지는 또 다른 문제
* 이다. 바울로의 태도가 유다교 내에서 어느 정도로, 또 얼마나 오래 실행가능한 것으로 입증되었는가 하는 것도 별개의 문제이다. 바울로 자신은 다음과 같이 주장할 수 있었을 것이다(사도 22, 3 ; 23, 6 ; 26,

5·22뿐만 아니라 필립 3, 3 ; 로마 3, 31 ; 4, 13 ; 10, 4—13 ; 그밖의 곳 참조). 즉 그리스도교의 신앙과 실천이 유다교가 항상 의도해온 것과 같다고 그는 주장하였다. 그러나 유다교 전체와 그 공인된 대표자들이 이런 주장을 받아들이지 않았다. 비록 바울로의 유동적인 태도는 주변환경의 사회적, 종교적 관습과의 일치를 목표로 한 것으로서 그런 목표에 기여하긴 했지만, 이미 그리스도교인이 된 유다인들에게 합리적인 생활방식을 제시하지 못하게 되었다. 이런 사람들이 겪은 곤란과 당혹에 대해서 여기서 고찰할 수는 없다(참조. J. Jocz, *The Jewish People and Jesus Christ* [1949]).

[22] 바울로는 다음의 말을 덧붙임으로써 주제를 끝맺는데, 이렇게 함으로써 주제는 더욱 복잡해진다. **약한 사람들 가운데서는 나도 약한 사람들처럼 했읍니다. 그것은 약한 사람들을 얻기 위해서 그리한 것입니다.** "약한 사람들"(또는 약한 양심의 소유자들)은 다른 곳에서도 보게 된다. 8장 7—13절을 참조하고 로마서 14장 15절과 비교하라. 그들은 아직 율법주의로부터 완전히 벗어난 그리스도교인들이 아니다. 그러면 어떻게 바울로가 그들을 "얻는다"고 말할 수 있는가? 그는 이 말을 그것이 부적합한 말임을 알지 못하고 습관적으로 쓴 것이거나, 아니면 이 말에 앞서와는 다른 새로운 의미 즉 '이교(혹은 유다교)로부터 그리스도교로 개종한 그들을 얻다'라는 뜻이 아니라, '그들을 그리스도교에 대한 부적합한 이해에서 적합한 이해에 이르게 하다'는 의미를 부여한 것일 것이다. 혹은 '그들의 양심을 상하게 함으로써 그들을 내쫓기보다는 교회를 위해 그들을 붙잡아 두다'라는 의미일 수도 있는데, 이렇게 보는 것이 더 타당하다. 왜냐하면 이런 의미는 (얻다라는) 말에 관한 한, 보다 완곡하긴 하지만 바울로의 태도에 더 가깝기 때문이다. 마태오복음 18장 15절과 비교하라. 이 귀절에서 바울로가 "마치…처럼"이라고 말하지 않고 있음을 주목해야 한다(비교. 20·21절) : 그는 희생제물이나 고기나 포도주, 또는 그들이 삼갔던 음식은 무엇이든지 삼갔다. 그러나 이 문귀가 빠진 점을 강조해서는 안 되는데, 그것은 분명히 바울로가 자기 자신을 강한 자들 중에 한 사람으로 나타내기 때문이다(로마 15, 1 ; 또한 고전 8, 1—13 ; 10, 23—33). 개연성이 적긴 하지만 이와 달리 하임의 주장에 따라 로마서 5장 6절에 비추어서 "약한 자들"을 그들이 유다인이건 이방인이건간에 비그리스도교인들을 말하는 것으로 이해할 수 있다.

이제 특수한 경우들을 제쳐두고, 바울로는 이렇게 요약한다 : **내가 모든 사람에게**(이 번역은 앞서 제시한 모든 예를 한데 묶는 그리이스어 관사 —*τοῖς πᾶσιν*— 를 살리지 못한 것이다. '그들 전부에게'— *B.D.* §275) **이런 저런 모양으로 나타난 것은 어떻게 해서든지**(그리이스어 *πᾶσιν-πάντα-πάντως*에서 언어의 유희를 밝히려는 시도이다) **그들 중에서 다만 몇 사람이라도 구원하려고 한 것입니다**(비교. 19절). 여기서 "구원하다"는 "얻다"의 동의어이다(19—22절 ; 비교. 7,16). 더군다나 이 말은 인간적인 설득, 또는 어떤 인간 집단의 실패나 성공에 관해서가 아니라, "얻다" 라는 말처럼 하느님의 뜻 안에서의 인간의 영원한 운명을 언급하고 있다. 그러나 이 말의 이러한 용법은 구원받은 자들을 한데 모으는 하느님의 최종적인 행동을 상징한다는 점에서(예. 로마 5,9·10 ; 11,26) 얻다 라는 말의 용법과 구별해야 한다. 용서받은 죄인들이 교회로 모여드는 것은, 최종적인 구원의 실제적인, 그러나 부분적인 선취이다. 바울로는 그가 보편주의자든 아니든간에 여기서 이 말을 사용한 의미대로 모든 사람이 구원 받으리라고 기대하지는 않는다.

[23] 그의 모든 행위의 동기는 하느님의 구원활동에 대한 관심에 있다. **그러나 나는 무슨 일을 하든지**(직역하면 "모든 일을") **복음을 위하여**(또는 "때문에") **하고 있읍니다. 그것은 내가 복음에 동참하기 위한 것입니다.** 마지막 절은 직역하면 '나는 복음의 동참자(*συγκοινωνός*)가 **되기 위한 것입니다**'로 번역된다. 이것은 때때로 잘못 이해된다. 바울로는 '복음과 함께 하는 동역자'(구원 활동에 있어서 이런 의미는 *αὐτοῦ*〔속격〕이 아니라 *αὐτῷ*〔여격〕을 필요로 할 것이다)를 뜻하지 않는다. 또한 그는 '복음(을 전하는) 일에 참여하는 자'를 뜻하지도 않는다. 그의 말은 복음에 (복음의 축복에) 참여함을 뜻한다. 그의 참여는 보장되어 있지 않다(비교. 27절). 바울로는 독자들에게 또 그리스도를 위하여 얻게 될 사람들에게, 자신을 가리켜서 그들과 대립해 있지 않고 그들과 나란히 있는 자라고 말한다. 복음이 그에게 위탁되었지만(17절 ; 비교. 4,1 ; 갈라 2,7) 복음이 그의 통제를 받는 것은 아니라는 말이다. 그가 복음을 전유하는 것은 복음전도자로서 자신의 소명을 완수하는 데 있다. 이같은 고찰을 통해서 본장의 마지막 소단락에로 이행할 수 있다.

고린토인들은 바울로보다도 그리스도교의 진리에 확실히 서 있지 않았고 태도면에서도 다소 겸손하지 못하였으므로, 자기네들이 신자이고 성례전의 참여자이기 때문에 구원이 보증된 것으로 생각하는 경향이 있었다. 이같은 확신으로부터 희생제물을 먹는 일에 대한 그들의 위험한 태도가 비롯되었음을 다음 장에서 알게 될 것이다. 바울로는 그들이 품은 그러한 확신을 품지 않았다. 하느님의 사랑을 절대적으로 확신하였으므로(예. 로마 8,38·39) 그는 자기 자신을 그다지 신뢰하지 않았다. 바울로는 그 당시의 유다교 설교자나 이교 설교가를 비롯한(예. Philo, ***Legum Allegoriae*** ii. 108) 다른 많은 설교가들과 마찬가지로(참조. Weiss의 언급들과 Betz, 120, 주 4 ; 그리고 예. Seneca, ***Epistle*** lxxviii. 16) 하나의 비유를 들기 위해 운동경기로 화제를 돌린다. 이 비유는 그리이스 세계에서 일반적으로 이해되었을 것이고 이에 못지 않게 고린토에서도 이해되었을 것이다. 이책 서론 18면을 참조하라. *

[24] **경기장에서 달음질하는 사람들이 다 같이 달리지만 상받는 사람은 하나뿐이라는 것을 여러분은 알지 못합니까**(비교. 13절)? 즉 참가하는 일 자체가 상을 보장해 주지는 못한다. 이런 사실은 경기장에서건 그리스도교에서건 마찬가지이다. '여러분은 세례를 받음으로 그리스도교인으로서의 생활을 시작했읍니다. 그러나 세례가 여러분이 끝까지 견디도록 보장해 주는 것은 아닙니다.' **이와 같이 여러분도 상을 얻게 되도록 달려야 합니다.** 필립비서 3장 12절 이하와 비교하라. 이 비유는 다소 맞지 않는다. 왜냐하면 바울로가 단 한 사람의 그리스도교인이나 각 집단에서 뽑힌 한 사람 또는 실로 임의로 한정된 숫자의 사람만이 하느님께서 지정한 상을 획득할 것임을 뜻하지는 않기 때문이다. 그의 주장의 강조점은 경주와 상을 획득하는 것 사이에 자동적인 연관성이 있다는 생각에 반대하는 것이다. 아무런 연관성이 없다. 그리스도교인은 출발할 뿐만 아니라 옳은 길에 계속 머물러 있어야 한다. 이것은 그가 전심전력을 다해야 함을 의미한다. 그러한 과정은 또한 자기 훈련 —고린토인들에게 강력한 점이 아닌— 을 암시한다.

[25] **경기**(달리기뿐만 아니라 다른 운동경기—예를 들어 26절이 시사하듯이 권투가 여기서 의도된 것이다)**에 나서는 사람은 모든 면에서 자신을 훈련합니다.** 이 말("훈련하다" *ἐγκρατεύεσθαι*)은 7장 9절에서도 사용되었는데 거기서는 "자제하면서 살다"로 번역되었다. 이 말은 다른 문맥에서 다양한 의미를 갖는다. 그러나 그 기본적인 의미는 "자기 자신을 정복하다"이다. 갈라디아서 5장 23절과 비교하고 운동경기의 훈련에 대해서는 디모테오후서 2장

5절을 참조하라. **그들이**(이 대명사는 강조어이고 물론 운동경기자들을 가리킨다) **그렇게 하는 것은 썩어질 면류관을 얻기 위한 것입니다. 그러나 우리는 없어지지 아니 할 영원한 월계관을 얻으려는 것입니다.** 이 비유에 대해서는 디모테오후서 4장 8절과 베드로전서 5장 4절과 비교하라. 코린트지형 경기대회에서 승리한 경기자는 소나무로 만든 관을 받았다. 마찬가지로 그리스도교인은 자기 훈련의 생활을 한 후에 복음에 동참하게 된다(23절).

〔 26 〕 이 비유는 훈련과정의 단련에 대한 비유로부터 경주나 권투경기에 있어서의 절제된 노력에로 바뀌고 있다. **그러므로 나는 목표를 알지 못하는 그러한 달음질을 하는 것이 아닙니다**(ὡς οὐκ ἀδήλως: 14장 8절에서 듣는 이가 그 의미를 알아채지 못하는 소리를 수식하는 형용사의 용법과 비교하라. 아마 그 의미는 구경꾼이 경주자가 어디로 달려가는지를 말할 수 없다는 것인 듯하다). **허공을 치는 그러한 권투를 하는 것도 아닙니다**(이는 잘못된 방향에서 헛치는 것을 언급한 것이다). 바울로는 자기 자신과 청중들을 구하기
* 위하여 목적을 갖고서 행동한다(디전 4,16).

〔 27 〕 그러나 이제 그는 권투에 대한 비유를 그대로 쓰면서 자기 훈련이라는 주제로 돌아간다. **그러나 내가 내 몸을 쳐서 복종시키는 것은 내가 남에게 설교하면서**(κηρύξας; 여기서 여러 주석가들은 게임에 있어서 '고지자' κῆρυξ의 역할에 대한 언급을 본다. 그러나 바울로가 κηρύσσειν이라는 동사를 자주 "설교하다"라는 의미로 썼기 때문에 이 말에서 일반적인 의미 이상을 찾을 수는 없다) **나 자신은 버림을 받을까 두려워하기 때문입니다.** 이 말은 인간의 육체가 적임을 뜻하지 않는다. 그 의미는 로마서 6장 13·19절의 의미와 같다. 몸의 각 지체들은 죄를 끌어들임으로 죄의 도구가 될 수 있다. 아니면 그것들은 의의 봉사를 하기 위하여 하느님의 도구가 될 수 있다. 여기서 바울로는 자기 몸이 너무 쉽게 죄에 복종하지 않도록 또 하느님께 봉사하도록 자기 몸을 쳐야 할 필요성을 인식한다. 몸이 악한 것은 아니다. 그러나 그것은 악한 주인이 아니라 의로운 주인을 섬기도록 해야 한다. 더우기 이런 봉사는 반복할 필요없이 단 한번으로 충분할 수 있는 그런 것은 아니다. 바울로는 그가 설교가로 활동함에도 불구하고 그 자신은 은혜를 받지 못하고 버림받을 수도 있음을 분명히 본다(그의 말 ἀδόκιμος "버림받은"에 대해서는 로마 1,28; 고후 13,5·6·7과 비교하라. 그 의미에 대해서는 집회 37, 19 참조.

쉴라터는 *Tosephta Yoma* v. 10을 적절히 인용한다 : …그 자신은 저승에로 떨어지고 그의 제자들은 오는 세대를 이어받지 못하게 되는 것). 그의 회심, 그의 세례, 사도직에서 부름받음, 복음을 위한 그의 봉사 등이 영원한 구원을 보장해 주는 것은 아니다. 이런 진리를 반복해서 말함으로써(비교. 앞의 24절과 이하의 10, 5—12) 그는 고린토인들이 우상숭배와 관련하여 처해 있었던 위험한 상황을 다시 다루기 시작한다. 자기 훈련의 삶에 대해 말하면서도 그는 9장의 서두에서 그가 명백히 하였던 다음의 주제를 벗어나지 않는다. 즉 그리스도교인의 삶이란 자유를 누릴 뿐만 아니라 자유를 제한하는 것을 내포한다.

21. 세례받은 교인일지라도 안전하지 못하다 10장 1—13절

1 형제들이여, 나는 여러분이 이 사실을 모르기를 바라지 않습니다. 우리
조상들이 다 구름 아래 보호를 받았고 홍해 가운데를 지나왔읍니다. 2 그들 *
은 구름과 바다 가운데서 세례[1])를 받아 모세에게 속했읍니다. 3 그리고 그들
은 다같이[2]) 신령한 음식을 먹고 4 다같이[3]) 신령한 물을 마셨읍니다. 그들
과 함께 하신 신령한 바위에서 나오는 신령한 물을 마셨다는 말입니다. 그
바위는 그리스도였읍니다. 5 그럼에도 그들 중의 거의 전부가 광야에서 죽었
다는 사실에서 보여주듯이 하느님을 기쁘시게 하지 못하였읍니다. 6 이 사건
들은 그들 중의 어떤 사람들이 그랬듯이 우리도 악한 일을 좋아하는 사람들이
되어서는 안 된다는 것을 우리에게 경고하기 위한 실례로 일어난 것입니다.
7 그들처럼 우리도 우상숭배자가 되어서는 안 되겠읍니다. 백성들이 앉아서
먹고 마셨으며 일어서서 춤을 췄다고 성서에 기록되어 있읍니다. 8 또 그들
중의 어떤 사람들처럼 우리도 음란한 일을 해서는 안 되겠읍니다. 그 결과
그들은 하루에 이만 삼천 명이나 죽어 넘어졌읍니다. 9 또 그들 중 어떤 사
람들처럼 주[4])를 시험해서는 안 되겠읍니다. 그 결과 그들은 뱀에게 물려 죽

---

1) 사본들은 한결같이 ἐβαπτίσαντο(βαπτίζω "세례주다"의 3인칭복수, 중간태)(P^{46} B와 대다수 후대의 사본들)와 ἐβαπτίσθησαν(βαπτίζω의 3인복수, 수동)(ℵ A C D G)를 구분한다. 이하의 주석을 참조하라. 준쯔(234)는 중간태를 강력히 지지한다.
2) αὐτο가 P^{46} A에는 생략되어 있다. ℵ*에는 τὸ αὐτό가 생략되어 있다.
3) αὐτό가 P^{46} A에는 생략되어 있다.
4) P^{46} D G와 다른 여러 사본들, 그리고 그리이스어 사본과 라틴사본에는 "주"라는 말 대신에 "그리스도"라고 되어 있다. 소수의 몇몇 사본에는 "하느님"이라고 되어 있다.

었읍니다. 10 그리고 여러분은 그들 중 어떤 사람들처럼 불평하지 말아야 합니다. 그 결과 그들은 멸망시키는 자에게서 멸망당했읍니다. 11 이런 일들은 본보기로 그들에게 생긴 것이며 그것이 기록된 것은 지나가는 현세대의 역사의 끝에 맞서고 있는 우리에게 경고가 되게 하기 위한 것입니다. 12 그러므로 그 교훈은 이것입니다. 즉 자기가 서 있는 줄로 생각하는 사람은 넘어지지 않도록 조심해야 합니다. 13 여러분이 당한 시련은 보통 누구나 겪는 운명입니다. 그러나 하느님은 신실하사므로 여러분이 감당할 수 없는 시련을 당하게 하시지 않습니다. 오히려 시련과 함께 그 시련에 견딜 수 있도록 길까지 마련해 주십니다.

8장 끝에서 바울로는 자진해서 특권과 자유를 버린 것에 대한 언급에로 넘어감으로써 희생제물을 먹는 일에 대한 논의를 중단했던 점을 독자들은 기억할 것이다. 물론 9장 끝에서 희생제물에 대한 논의는 * 관련된 주제인 자기 훈련에로 넘어갔지만 그 중심 주제가 바울로의 생각에서 완전히 사라진 것은 아니다. 고린토인들은 우상숭배를 진지하게 다루지 않았기 때문에 희생제물에 대해 안일하게 생각(바울로가 그리스도교인의 자유로 이해하였던 바와 같지 않은 견해)하고 있었다. (본 단락이 시사하듯이) 그들이 우상숭배를 진지하게 다루지 않았던 이유는, 그리스도교의 세례의식과 만찬을 통해 그들은 있을 수 있는 해악으로부터 보호받을 수 있다고 믿었기 때문이다. 이러한 신념은 잘못된 것이다. 자신이 처한 곤경을 방금 인정한 바울로가(9,27) 이제 구약성서를 인용함으로써 그것이 잘못된 것임을 밝힌다. 바울로가 사용한 자료는 이미 헬레니즘적 유다교의 지혜 사상에서 어느정도 나타난 것이었다. 이하를 참조하라. 또한 Knox, *Gentiles*, 122 이하와 Schweitzer, *Mysticism*, 20 이하, 258 이하, 그리고 *Adam*, 47—50을 참조하라.

〔 I 〕 **형제들이여**(비교. 1,1), **나는 여러분이 이 사실을 모르기를** (바울로는 사실상, 그들이 이미 알아야 했던 사실, 잊어버림으로써 위험에 빠졌던 사실을 그들에게 상기시키고 있는 것이다) **바라지 않습니다**(바울로는 이 말 앞에 '왜냐하면' $\gamma\acute{\alpha}\rho$이란 접두어를 덧붙이지만 그 연관성은 긴밀하지 않다). **우리 조상들이 다 구름 아래 보호를 받았고 홍해 가운데를 지나왔읍니다.** 바울로는 출애굽 이야기를 언급하고 있음이 분명하다(참조. 출애 8,21 ; 14,21·22 ; 시편 105,39). 그러나 고린토의 대다수 그리스도교인들은 이방인이었던 것으로 생각되므로 그가 "우리의 조상들"이라고 언급해야 했다는 것은 이상한 일

이다. "우리의"란 말을 통해 바울로는 독자들과 구별된 그 자신(또는 동료 유다인들)을 지시했던 것일 수 있다. 그러나 보다 그럴 듯한 견해는, 바울로는 이방인 독자들이 그리스도교인으로서 이제 완전히 하느님의 백성이 되었으므로 그들은 유다인들과 같은 조상을 갖게 된 것으로 생각하였다는 것이다. 로마서 4장 1절과 11장 17—21절, 또한 클레멘스 1서 4장 8절(우리의 조상 야곱)과 비교하라. 반면에 유다교의 개종자들은 회심 이후에도 계속해서 '여러분의 조상들'이라고 말하고 있다(참조. *Bikkurim* i. 4). 바울로가 기존의 출애굽 미드라쉬를 수정하지 않고 그대로 인용했을 가능성도 있다.

[2] 서술된 사건들은 종교적 의미를 지닌 것이었다. **그들은 구름과 바다 가운데서 세례를 받아 모세에게 속했읍니다.** 여기 나온 동사는 사본들에서 두 가지 형태, 즉 중간태(*ἐβαπτίσαντο*, 여기서 번역된 형태 : accepted baptism)와 수동태(*ἐβαπτίσθησαν* "그들은 세례를 받았다" were baptized)로 나온 것이다. 중간태가 더 나은 이유는 다음과 같다. (ㄱ) 중간태는 그리스도교적 어법에서 잘 쓰이지 않았으므로(그러나 참조. 6, 11과 그 주해) 이를 보다 일반적인 수동태로 바꾸는 경향이 있었기 때문이다. (ㄴ) 개종자가 자기 자신에게 세례를 주었던 유다교의 관행에 중간태가 더 잘 부합하는 것이기 때문이다. 예를 들어 리츠만과 헤링이 이렇게 주장한다. 그러나 *B.D.* § 317은 수동태를 택하고 있고 또한 터너(*M.*iii. 57)는 이 두 가지 태를 여기서 실제로 구분할 수는 없다(두 가지 태가 모두 자동사의 능동태에 해당한다)고 생각하고 있음을 주목해야 한다. 여기서 바울로가 사용한 구약성서에 대한 병행귀들에 대해서는 Lietzmann-Kümmel을 참조하라. *

유다인들도 홍해를 건넌 사건을 (개종자의 세례와 유비를 이루는) 일종의 세례로 간주하였다는 몇 가지 증거가 있다. 구약성서 이야기에 대한 이같은 해석이 이미 있었던 것이라면 바울로의 주장은 보다 쉽게 이해된다. 왜냐하면 사실 구약성서상으로 이스라엘인들은 바다 속 마른 땅을 건넌 것으로 나타나므로 세례와의 비교는 쉽게 이해되지 않기 때문이다. 그러나 일단 유비가 암시되었으므로 세부적인 점들은 몇몇 주석가들(예. 헤링)이 가정하는 것에 비해 난점이 적게 나타날 것이다. 홍해에는 세례와 유비적인 조건을 충족시킬 만한 물이 있었기 때문이다. 그런데 '유비는 물에 있는 것이 아니라 젖는다는 데 있는 것이 맞는 말이다. 이는 오히려 한 지도자와 운명을 같이 하는 문제이다' (Heim). 그러나 "모세에게"는 유다교적 병행귀가 없다. 아마 이것은 바울로가 그리스도교의 정식인 "그리스도에게"에 근거하여 지어낸 말인 듯하다. 그러므로 리츠만은 지적하기를 우리는 가정된 유다교 정식인 '모세에게〔속했읍니다〕'에 근거해서 '그리스도에게'를 설명하려고 해서는 안 된다고 했는데 이것은 옳다. 이같은 정식이 있었다는 증거는 없다. 여기서 바울로가 유비를 사용했음을 인정한다면 그가 "모세에게 속했읍니다"란 문귀를 지어냈다고 보는 것이 자연스럽다. 그것은 (하느님의 보호 아래) 출애굽 당시 자기 백성을 구해낸 사람이 바로 모세였기 때문일 뿐만 아니라 '나중 구원자' (메시야)가 '이전의 구원자' (모세)와 같을 수도 있다는 유다교의 신념 때문이다. *S.B.* i. 69를 참조하라.

〔 3 · 4 〕 고대 이스라엘인들은 세례에 대한 그들 나름의 해석을 갖고 있었을 뿐만 아니라 성만찬과 유사한 신성한 식사를 했었다. **그들은 다같이**(이책 258면의 주 2 참조 ; "같이" *αὐτό*는 만나를 성만찬의 떡과 동일시 할 수 없음을 알았던 필사자들에 의해서 생략되었던 것일 수 있지만 그러나 바울로의 요점은 이스라엘인들 모두가, 구원받을 선한 사람이든 버림받을 나쁜 사람이든 간에 똑같은 특권을 누렸다는 것이리라—헤링이 이같이 주장한다)
* **신령한 음식**(만나 : 출애 16, 4·14—18)**을 먹고 다같이**(이책 258면의 주 3과 앞의 주해 참조) **신령한 물**(출애 17, 6 ; 민수 20, 7—13)**을 마셨읍니다.** 이스라엘인들이 먹었던 만나와 마셨던 물이 물질적인 음식과 음료였음을 바울로가 부인했을 것 같지는 않다. "신령한"이란 말에서 바울로는 성만찬의 떡과 포도주와 같은 것들이 몸을 위한 음식과 음료로서의 그 기능 이외에 더 중요한 의미를 지닌 것임을 뜻했거나, 아니면 그런 것들이 그리스도교적 성례전의 상징이나 유형이었음을 뜻한 것일 수 있다. 이 말("신령한" *πνευματικός*)은 바울로가 성령의 담지자 내지는 대행자와 같은 것(또는 사람)을 지시하는 데 보통 사용한 말이다(9, 11 ; 12, 1 ; 14, 1 ; 15, 44·46 ; 로마 1, 11 ; 7, 14 ; 15, 27). 만일 여기서 이것이 사실이라면 다음의 두 가지 해석이 모두 가능하다. 즉 음식과 음료는 실제로 이스라엘인들에게 (물질적인 양식뿐만 아니라) 영적인 양식을 전달하는 것이었으며, 동시에 그것들은 앞으로 제정될 성만찬에 대한 가시적 예언들로서 성령에 의해 사용된 것이다. 모펱은 이 말을 "초자연적인"이라고 번역한다. 또한 다음 귀절을 참조하라.

이스라엘인들은 신령한 물을 마셨다. **그들은 그들과 함께 하신 신령한**

바위에서 나오는 신령한 물을 마셨다는 말입니다. 그 바위는 그리스도였읍니다. 민수기 20장 11절과 21장 16절에 나오는 샘물에 대한 언급들은, 유다교 영역에 있어서 (바위에서 제공된) 샘이 여행 중인 이스라엘인들과 함께 하였다는 신념에로 이끌었던 것 같다. 예를 들어 Psedo-Philo, *Biblical Antiquites* x. 7을 참조하라 : "그가 그들에게 그들과 함께 하는 샘물을 주었다." 리츠만의 보다 상세한 언급들을 참조하라. 이같은 샘은 그것이 자연적인 현상이 아니었으므로 "영적"이란 형용사가 반드시 필요하다. 여기서 '알레고리적 해석'은 바울로의 말("신령한" πνευματικός)을 잘못 이해하기 쉬운데, 샘이란 단순히 그리스도에 대한 상징이 아니라 그의 활동을 나타내는 것이었기 때문이다. 다시 말해서 샘이란 '하느님에게서 비롯되어 그를 계시하는 것'을 의미한다(쉴라터). 로마서 7장 14절과 비교하라. 이것이 바울로의 의미를 한정짓는 것이다. 여기서도 그의 사상의 기원을 설명하는 데 도움을 주는 유다교 자료가 있다. 필로는 이렇게 선언한다(*Legum Allegoriae* ii. 86): '하느님께서 그의 강한 지혜로부터 시내를 흘려보내고 그로 인해 변화된 영혼의 갈증을 풀어주며 이와 동시에 끊임없는 건강을 주기까지는, 영혼은 여러 가지 수난으로 인한 가뭄의 상태에 놓여 있다.' 왜냐하면 매우 단단한 바위는 곧 하느님의 지혜 —그가 천사들로부터 가장 고귀하고 중요한 것으로 구분하였던— 이고 그러한 바위를 통해서 그는 하느님을 사랑하는 갈급한 영혼을 충족시키기 때문이다. 갈 * 급한 사람들은 마실 물을 얻고 나서 만나로 배를 채우는데, 이 만나는 막연히 '어떤 것'(somewhat)이라고 불리고 있는 것으로 보아 음식물의 총칭 같으며 따라서 유개념(summum genus)을 암시한다. 그러나 근본적인 존재는 하느님이고 그 다음에는 하느님의 말씀이다. *Legum Allegoriae* iii. 162와 *Quod Deterius Potiori Insidiari Soleat* 118과 비교하라.

율법에 대한 필로의 알레고리적인 해석에 있어서 기적적인 음식과 음료(또는 음료의 원천)는 하느님의 말씀과 지혜 —적어도 부분적으로 실체화된 존재들— 를 의미하는 것으로 간주된다. 바울로는 이같은 동일시를 받아들임으로써 헬레니즘적 유다교의 지혜에 의거하여 그리스도를 해석한다. 그렇다고 해서 바울로가 지혜에 대해 헬레니즘적 유다교가 말했던 모든 것을 그리스도에 대해 말하기를 원했던 것은 아니다. 실로 그의 생각은 그리스도의 인격보다는 오히려 그 분의 일에 집중되어 있었으며, 그가 원래 뜻하려 했던 바는 지혜가 이해와 떡과 구원의 원천으로 생각되었듯이 진실로 그리스도도 이해와 떡과 구원의 원천으로 생각되었다는 점이다. 그러나 보다 중요한 의미는 바위의 형태로 또 지혜의 인격을 통해서 현재와 마찬가지로 과거에 하느님의 백성에게 생명을 주었던 분은 바로 그리스도 자신이었다는 것이다. *S.B.* iii. 406 이하를 참조하라.

[5] 그렇다면 과거의 이스라엘은 그들에게 그리스도와 성령의 은혜를 전달해 주었던 가시적인 대행물을, 마치 교회가 그 유비적 성례전을 통해 가시적인 물과 떡과 포도주를 취했던 것과 마찬가지로 하느님에게서 공급받은 것이다. 그러나 이스라엘의 특권이 이스라엘의 도덕적, 종교적인 안전성을 보장해 주지는 못했다. 그럼에도 그들 중의 거의 전부가 광야에서 죽었다는 사실(이 절은 *γάρ* "그러니까"의 생략적 용법을 나타낸다)에서 보여주듯이 하느님을 기쁘시게 하지 못하였읍니다. 민수기 14장 16절을 참조하라. 이스라엘인들은 그들의 성례전에도 불구하고 죄에 빠졌고 죄를 범함으로써 광야에서 멸망하였으며 그 결과 약속받은 땅에 들어갈 수 없었다. 이런 사실은 고린토인들을 경고하기 위한 것이다. 리츠만은, 에파미논다스가 먼저 "어떤 다른 종교에 입문하였기 때문에"(*ὅτι μεμύηται*) 죽은 후에는 도둑 파타시온보다 더 못한 운명에 처할 것이라는 디오게네스의 불평(Plutarch, *Quomodo adulescens Poetas Audire Debeat* 4)을 예로 들면서 비윤리적 성례전주의에 대해서 그 비슷한 철학적 공격을 제시한다. 바울로의 주장은 본질적으로 단순한 것이다: '하느님께서 그들을 용서해 주지 않았다면 현재 우리의 상황이 그들의 상황과 같기 때문에 우리도 용서받지 못할 것이다'(칼빈).

[6] 이 사건들은 그들 중의 어떤 사람들이 그랬듯이 (직역하면 "그들 중의 어떤 사람들이 열망했듯이"이다. 그러나 명사 *ἐπιθυμηταί* "열망"에서 동사 *ἐπιθυμεῖν* "열망하다"로 바꾸어진 독법은 다소 딱딱하다) 우리도 악한 일을 좋아하는 사람들이 되어서는 안 된다는 것을 우리에게(일인칭 복수는 단순히 겸손의 표시는 아니다. 바울로는 자신도 역시 경고에 따라 주의하고 행동할 필요가 있다고
* 생각하였다: 9, 27) 경고하기 위한(경고의 개념은 여기서 "두려운," "경고하는" 이라는 의미로 쓰인 말인 *τύπος*에서 이끌어낸 말이다. 비교. 4, 6) 실례로 일어난 것입니다. 이스라엘 백성이 애집트의 사치스러운 생활을 원하는 것으로 나타난 민수기 11장 4—34절과 비교하라. 이 귀절들이 우상숭배와 관련이 있다고 생각했던 것은 당연하다. 바울로

가 앞의 말을 헛되이 쓴 것은 아니며 그 말로부터 그가 언급하고 있는 사람들에 관한 몇 가지 이야기를 추론해낼 수 있다. 8장 1절 이하와 11절에 비추어 볼 때 희생제물에 대한 자유로운 태도는 "영지"에 근거한 것으로 나타났다. 오직 하느님 한 분만 계시기 때문에 우상은 실제로 존재하지 않는다는 인식은 음식으로 거행되었던 우상숭배의식에 대한 무관심을 가져왔다. 이것은 바울로가 그리스도교의 사랑의 원리를 적용하여 제한을 두긴 하였지만 받아들였던 태도였다. 여기서 여전히 그리스도교인이 희생제물을 먹을 수 있느냐 없느냐라는 문제와 관련해서 본질적으로 전혀 다른 태도를 볼 수 있다(그러나 이런 태도는 다른 것과 결부된 것이었을 수 있다). 일부 고린토교인들은 그리스도교의 성례전에 참여함으로써 잃을 수도 있는 미래의 구원을 보장받았다고 믿었다. 그들이 우상을 숭배하거나(7절) 간음하거나(8절) 하느님을 거역하거나(9절) 그에 대해 불평한다고 해도 이미 그들은 세례를 받고 성만찬에 참여하였기 때문에 벌받지 않을 것이다(2절 이하는 이런 일들이 단지 의식만을 염두에 둔 것임을 보여준다). 바울로는 이같이 성례전의 "의식 자체에서 발생하는 효력"을 인정하지 않는다. 그러나 이 개념은 (이에 대한 반대와 더불어 이책 263면 참조) 이교나 유다교에서 볼 수 있고 가톨릭교의 발전과정에서 볼 수 있다. 바울로에게 있어서는 신앙과 복종의 영속적인 새로운 결단으로부터 일회적인 또는 자주 반복되는 성례전으로 도피할 수 없었다. 비록 옳게 이해된 성례전이 신앙과 복종을 드러내는 도구이더라도 그러하다.

"악한 일을 좋아하는 사람들"이란 일반적인 표현이고 그 의미는 이어지는 귀절들에서 밝혀진다. 이 말은 우선 금지된 음식에 대한 탐욕을 시사하고 다음으로 성욕과 거짓 신들에 대한 반역적인 열망을 암시한다.

[7] **그들처럼 우리도 우상숭배자가 되어서는 안 되겠읍니다: 백성들이 앉아서 먹고 마셨으며**(즉 우상숭배적인 식사를 가리킨다) **일어서서 춤**(아니면 '호색적인 춤'—*L.S.*에서 이 번역은 *
παίζειν "춤추며 즐거워 한다"로 되어 있다—, 또는 *S.B.* iii. 410과 예를 들어 칼빈이 시사하듯이 우상숭배를 시사한다. 우상숭배로 봄이 더 그럴 듯한데 다음 귀절에서 음란한 일이 언급되어 있기 때문이다)**을 췄다고 성서에 기록되어 있읍니다**(출애 32, 6 : 비교. 19절). 바울로는 우상제물을 먹는 것을 (그것이 사랑의 법에 위배되지 않을 경우에는) 정죄하

지 않는다. 여기서 그가 정죄하는 것은 결코 용서할 수 없는 우상숭배에 실제로 참여하는 일인데, 우상숭배는 악마와 함께 있게 되는 상황을 초래한다고 간주하기 때문이다(10, 20·21). 이스라엘인들이 광야에 머물게 된 것은 이같은 우상숭배 때문이었다. 그러나 그들은 우상에게 바친 음식을 단지 사서 먹은 것이 아니라 그들 스스로 희생제사를 드렸었다. 우상숭배와 함께 금지된 음식을 먹는 일과 간음을 초래하였던 유다교의 복잡한 사상에 관한 설명에 대해서는 "Things sacrificed to Idols"를 참조하라. 신약성서와 다른 초기 그리스도교 문헌에는, 일반 대중의 사고와 행위에 있어서 분명히 우상숭배와 성적 부도덕을 연관짓는 경향이 있었다는 사실이 반영되어 있다. 바울로는 이 새로운 주제를 다음 귀절에서 노골적으로 다룬다.

〔 8 〕 **또 그들 중의 어떤 사람들처럼 우리도 음란한 일을 해서는 안 되겠읍니다. 그 결과**(영어문장상 이어지는 접속사 that는 바울로의 *καί*를 확대한 것이다) **그들은 하루에 이만 삼천 명이나 죽어 넘어졌읍니다.** 민수기 25장 1·9절에 의하면, 모압 여인과 음행하여 벌받은 사람들의 숫자는 이만 사천이었다. 바울로가 말한 숫자는 단순히 기억의 착오에 기인한 것이라는 설명이 가장 그럴 듯하다. 또한 바울로가 이렇게 숫자에 착오를 일으킨 것은, 이스라엘을 간음과 우상숭배(간음과 우상숭배 사이의 연관에 대해서는 또한 *Romans*, 38 이하와 *Adam*, 17 이하를 참조하라)에로 이끌었던 모압 여인들에 대한 이야기뿐만 아니라 이스라엘인들 중 약 삼천 명이 죽임을 당한 황금 송아지에 대한 이야기(출애 32, 28)를 바울로가 염두에 두었기 때문일거라는 추측도 틀린 것은 아니다.

〔 9 〕 **또 그들 중 어떤 사람들처럼 주**(참조. 이책 258면의 주 4. 그러나 학자들이 자주 지지하는 변형인 "그리스도"가 원문일지도 모른다. 그 말이 나중에 구약성서 귀절에 보다 적합하게 "주"로 바뀌었을 수 있기 때문이다. 참조. Zuntz, 126, 232)**를 시험해서는**(*ἐκπειράζειν*) **안 되겠읍니다. 그 결과**(8절에서와 같이 접속사 *καί*로 이어짐) **그들은 뱀에게 물려 죽었읍니다.** 민수기 21장 4절 이하를 요약한 시편 78편 18절을 참조하라. 구약성서 이야기에서 백성들은 필요한
* 음식을 주가 공급해 주기를 믿음 가운데서 기다리기는커녕 오히려 그의 능력과 뜻에 도전함으로써 주를 시험한다. 그러나 이것이 바울로가 염두에 두었던 태도인 것 같지는 않다. 고린토교인들은 우상숭배에 있어서 '어느 선까지 갈 수 있는지'를 행해 보임으로써 주를 시험

하였던 것이다. 그러나 이스라엘인들과 고린토인들 모두는 하느님이 그들 자신을 위해 내걸었던 조건들을 성급하게 거절했다. 바울로는 구약성서의 상황이 그의 동시대인들에게 충분한 의미를 지닌다는 생각은 가졌으나 그러한 상황의 모든 세부적인 사항들을 알레고리화해서 적용시키려 하지는 않았다. 예컨대 "뱀"은 고린토에는 나타나지 않았던 동물이다.

[10] 그리고 여러분(2인칭 복수. 이제 바울로는 고린토인들에게 직접 말한다)은 그들 중 어떤 사람들처럼(출애굽기와 광야에서의 방랑이야기에서 자주 나오는 말이지만 여기서 이 말은 뒤따르는 내용에 비추어 볼 때 민수기 17장 6절에 대한 언급인 것 같다) 불평하지 말아야 합니다. 그 결과(8절에서와 같이 접속사 *καί*로 이끌림) 그들은 멸망시키는 자(*ὁ ὀλοθρευτής* : 이 말은 그리이스어 성서의 다른 곳에선 나오지 않는다. 그러나 이와 유사한 표현들이 지혜 18, 20—25 ; 출애 12, 23 〔비교. 히브 11, 28〕; 삼하 24, 16 ; 역상 21, 15에 나온다 ; 참조. *S.B.* iii. 412)에게서 멸망당했읍니다. 바울로는 자신이 사용한 구약성서 자료의 이야기 전개에 따라 이 귀절을 계속하고 있는 것 같다. 왜냐하면, "불평"이 고린토인들의 구체적인 잘못이었음을 암시할 만한 점이 하나도 없기 때문이다. 이 귀절에 대해서 어떤 학자들은 민수기 14장 2절 이하나 17장 6절 이하를 언급한 것으로 추측한다. 그러나 이 귀절들에서는 어떤 다른 벌 주는 자들이 실제로 활동하는 것처럼 보인다. 앞서 언급된 귀절들(지혜 18, 20—25 ; 출애 12, 23 ; 히브 11, 28)을, 라삐들은 멸망시키는 특수한 천사의 존재에 대한 증거로 간주했는데, 바울로가 사용한 정관사가 붙은 명사(the Agent of Destruction "멸망시키는 자")는 바울로가 이같은 라삐들의 신념과 같은 생각을 했음을 시사한다. 그의 그리이스어 명사를 히브리어의 Mashhith (직역하여 "파괴자," 그러나 이것은 멸망케 하는 천사의 이름으로 쓰인 말이다. 참조. *S.B.* iii. 12—16)에 해당하는 고유한 이름으로 받아들일 수 있을 것이다. 하지만 이럴 필요는 없고 그럴 것 같지도 않다. 그러나 고린토에서도 성례전의 남용 때문에 육체적인 벌을 받았다 (11, 30). 그리고 5장 5절에서 사탄은 멸망의 대행자를 지칭한다.

[11] 구약성서에 나타난 경고의 목록은 끝나고 바울로는 이제 그 의미를 지적하기 시작한다. 이런 일들은 본보기로(비교. 6절. 여기서는 부사 *τυπικῶς*로 쓰인 것이고 만일 다음 절에서 *νουθεσία*에 대한 번역으로 "경고"라는 말이 도입되지 않았다면 '경 *

고의 본보기로'라고 번역되었을 것이다) **그들에게 생긴 것이며 그것이 기록된 것은 우리에게 경고가 되기 위한 것입니다.** 여기서와 6절에서 바울로의 말("모형" *τύπος*와 "본보기" *τυπικῶς*; 로마서 5장 14절에서 그가 "모형"이란 말을 쓴 것은 예외적인 경우이다. 그곳의 주해 참조)에 너무 많은 의미를 부여해서 읽는 것은 잘못이다. 바울로는 구약성서에 대한 유형론적 주석을 애써 하려고 하지 않았다. 그는 고린토의 독자들이 무모한 짓을 했다고 보았음에 틀림없다. 그들은 자신들의 생각에 따라 성례전과 영적 경험을 통해 그들 자신의 안전을 보장받았다고 확신했기 때문에 쉽게 환멸을 맛보게 되는 어리석은 교만을 드러냈을 뿐만 아니라 —규정상 그리스도 안에서만 안전하고 오직 신앙에 의해서만 이해될 수 있는— 그리스도교인의 삶의 본질을 근본적으로 이해하지 못하였다. 하느님의 백성은 그들 스스로는 안전하지 못하며 신앙에 따라 살아야 한다는 똑같은 진리가 구약성서에 기록되어 있는데, 구약성서에서 이같은 진리는 독자가 자기 자신과 그 자신의 상황을 인식할 수 있어야 하는 이야기들에서 구체적인 말로 전달된다. 현재의 귀절은 이 이상 더 해석할 수 없다. 바울로는 유형론적 방법을 통해 인용한 귀절들로부터 그리스도교의 교리를 이끌어내려고 하지는 않는다. 그에게 구약성서는 기본적이고 유일한 중요성을 띤 책이지만, 그가 구약성서를 교리적으로 사용하는 방식은 대체로 직접적이다.

그러나 현세대와 구약성서 사이에는 특수한 관계가 있다. **우리는 지나가는 현세대의 역사의 끝에 맞서고 있는 사람들이다.** 이것은 의역한 것이다. 문자적으로 번역하면 이럴 것이다 : '우리들에게 세대의 종말들이 다가왔거나 이미 와 있다.' "끝"이 복수(ends)로 되어 있다는 사실은 바울로의 의미가, 그들에게 있어서 양 세대의 끝(즉 과거 및 현 세대의 결말과 오는 세대의 시작)이 서로 만났다는 것임을 시사하였다. (이런 진술에 의하면) 그리스도교인들은 구세대와 새세대가 만나는 점(겹치는 시점)에서 살아갈 것이다. 이것은 비록 바울로가 (여기서도 그런 식으로 하지 않는다면) 종말론적 신념들을 결코 이런 식으로 표현하지 않았지만 그러한 신념들에 대한 정확한 설명일 수도 있다. 그러나 이것은 다음의 이유에서 번역으로 인정할 수 없다. 왜냐하면 (ㄱ) "끝"(*τέλος*)은 시작이 아니라 결말이나 목표를 의미하고 (ㄴ) "이르다"(*καταντᾶν*)는 표현되지 않은 '서로'와 결합하지 않고 "그들에게" (*εἰς οὓς*)와 결합하여 작성된 것임이 분명하기 때문이다. '세대들의 끝들' ("세대들"에 이끌리어 복수로 된 것)은 '날들의 끝'을 나타내는 것 같다(다니 12, 13과 흔히 라삐적 어법에서 이렇게 나타남〔*S.B.* iii. 416 이하 ; Schoeps, *Paulus*, 101〔E.T., 99〕와 *Aus frühchristlicher Zeit*〔1950〕, 222). 이와 똑같은 그리이스어 표현이 레위의 유훈서 14장 1절에 관한 몇몇 본문들과 예언신탁집(*Sibylline Oracles*) viii. 311에 나오는 이와 유사한 본문("세대들의 끝" *τέλος αἰώνων*)에서 (분명히) 예수의 죽음의 때와 관련하여 '마지막 날'에 대한 병행귀로 사용된다. 바울로는 그와 그의 동시대인들이 메시야 시대가 시작하기 전인 세상역사의 마지막 날에 살고 있는 것으로 믿고 있다. 슈바이처(53)는 약간 자유롭게 '…(그리스도교인들이) 마지막 때까지 살아남을 것이다'라고 본다. 쿨만은 보다 조심스럽게 '그리스도와 더불어 이 세상의 한정된 세대의 종국이 왔다'라고 말한다(*Christus und die Zeit* 〔1962〕, 58 〔E.T., 48〕). 종말론적 상황에 대한 바울로의 견해는 15장에서 좀 더 자세히 전개된다. *

〔 12 〕 서신 전체의 배경을 살펴보고, 주석 과정에서 종종 드러나고 언급된 수많은 암시들을 살펴보는 가운데 우리는 앞 단락의 목적을 분명히 알게 되었다. 이제 바울로는 이러한 목적을 좀 더 명백히 밝힌다. **그 교훈은 이것입니다**(이 말은 방금 한 말의 결론을 내리려는 의도가 담긴 그리이스어 *ὥστε*"그러므로"를 의역한 것이다). **자기가 서 있는 줄로 생각하는 사람은 넘어지지 않도록 조심해야 합니다.** 모울(199)은 이 귀절이 (*ὥστε*가 빠지면) '약약강과 장단장이 두번 반복되는' 운율을 지닌 것이라고 주장한다. 그러나 바울로가 의도적으로 운율을 맞췄다거나 그가 인용하는 과정에서 그리 된 것으로 생각할 만한 이유는 없다. 하느님의 선민으로서 이스라엘인들은 성례전을 갖추었고 스스로 안전하다고 자만하였다. 그러나 그들은 안전하지 못하였다. 오히려 그들은 범죄하고 정죄당하고 멸망하게 되었다. 적어도 고린토인들 중에 몇 사람은 아마 한 부류의 영지주의자들로서, 스스로 안전하다고 생각하였다. 그들은 하느님의 선택받은 자들이고 또한 성례전에 참여한 자들이다. 그러나 그들은 바울로와 마찬가지로 안전하지 못하다(9, 27). 순간 순간 그리스도교인의 삶은 어떤 인간적 보장없이 오직 신앙에 의해서만 영위된다. 이스라엘인들이 모압여인의 유혹을 받아 간음과 우상숭배에 빠짐으로써 멸망에 이른 것과 마찬가지로, 성례전적 삶 속에서 안전함을 느낀 고린토인들도 그들이 쉽게 다룰 수 있다고 생각했던 우상숭배 때문에 간음하게 되고 멸망에 이를 수 있었다.

[13] 이 문제를 다른 각도에서 보기 때문에 바울로는, 설령 고린토인들이 실제로 안전하다고 하더라도, 그들은 이에 대해 자랑할 근거가 하나도 없다고 생각한다. 그들이 특별한 유혹을 이겨냈던 것은 아니다. 여러분이 당한 시련은 보통 누구나 겪는 운명입니다. 그러므로 그들은 그들 스스로가 (또는 그들의 예방책이) 대단한 저항을 한 것처럼 주장해서는 안 된다. 바울로의 말은 보다 모진 시련을 예기해야 한다는 의미가 담겨 있다. 바울로 자신은 이런 의미를 감지한 것 같고, 더 나아가서 그의 독자들에게 어떤 인간적 방책도 그들을 안전하게 할 수 없지만 그들은 하느님의 신실성을 믿을 수 있음을 재확인한다. 그러나 하느님은 신실하시므로 여러분이 감당할 수 없는 시련을 당하게 하시지 않습니다(그러나 만일 그들이 전심전력을 다하지 않는다면 그들은 시련에 질 수도 있다). 오히려 시련과 함께 그 시련에 견딜 수 있도록 길까지 마련해(직역하면 만들어) 주십니다. 세벤스터(*Seneca,* 40)는 Seneca, *Epistle* lxxviii. 7에 나오는 겉보기에 이와 유사한 말들과의 대조에 대해 언급한다. 누구라도 혹독한 오랜 동안의 고통을 견뎌낼 수 없다. 그러나 우리를 가장 다정하게 사랑하는 자연은 우리로 하여금 고통을 견디거나 단축할 수 있도록 해주었다. 세네카는 인격적인 하느님의 신실성에 대한 바울로의 확신을 품지 않았다. 그리스도교인은 안전하지 못하다. 그러나 그는 자신의 힘을 믿지 않고 하느님을 온전히 신뢰할 수 있다. 그렇다고 해서 하느님이 그가 (환경이나 유혹에 의해, 또는 그와 같은 것들에 의해) 시험받지 않도록 해주신다는 말이 아니라 하느님은 반드시 그가 그 시험을 견뎌낼 수 있도록 해주신다는 말이다. 그는 저항해야 하며 거짓된 안전을 믿어서도 안 된다. 이것이 재난을 구하고 안전하게 하는 길인 것이다. (하느님에 의해 열려진) "길"은 (고린토인처럼) 여전히 우상숭배에 관심이 있으면서 그와 같은 길에 빠지는 사람들을 위한 것이 아니라 (하느님의) 그 길을 추구하는 사람들을 위한 것이다. 이 점이 다음 단락과의 연관에서 분명해진다.

22. 우상숭배와 일치할 수 없는 그리스도교 10장 14—22절

14 사랑하는 친구들이여, 그 결론은 이러합니다. 우상에서 떠나십시요.
15 나는 현명한 판단력을 가진 여러분에게 말합니다. 내 말에 대하여 여러

분 자신이 판단을 내리십시요. 16 우리가 축복을 말하는 축복의 잔은 그리
스도의 피에 동참하는 것이 아닙니까? 우리가 떼는 떡은 그리스도의 몸에
동참하는 것이 아닙니까? 17 떡이 하나이므로 우리가 여럿일지라도 한 몸
입니다. 그것은 우리가 다 한 떡덩이에 함께 참여하기 때문입니다. 18 이스 *
라엘의 역사를 고려해 봅시다. 제단에 드린 제물을 나누어 먹는 사람은 그
제단에 동참하는 자들이 아닙니까? 19 그렇다면, 내가 왜 이런 말을 합니
까? 우상 앞에 놓은 제물은 어떤 것이고 우상은 어떤 것입니까?[1] 거기 무
슨 의미가 있읍니까? 20 아무 의미도 없읍니다. 다만 그들이 드리는 제물
은 하느님께 드리는 것이 아니라 귀신에게 바치는 것임을 말하려는 것입니
다. 나는 여러분이 귀신과 사귀는 것을 원하지 않습니다. 21 여러분이 주의
잔과 귀신들의 잔을 함께 받아 마실 수는 없읍니다. 주의 식탁에 참예하고
또 귀신들의 식탁에 함께 참예할 수는 없읍니다. 22 아니면 우리가 주를 질
투하시게 하려는 것입니까? 우리가 주보다 더 강합니까?

[14] 하느님이 친히 베푸신 은혜를 받음으로써 강해진 하느님의 선민이라 할지라도, 유혹이나 혹은 특히 이방신들의 숭배 앞에서 자동적으로 그리고 언제까지나 안전하다고 생각할 수는 없다는 사실이 이스라엘 역사를 통해서 입증된 바 있다. 사랑하는 친구들이여, 그 결론은(*διόπερ* "그러므로"를 확대 해석한 것이다. "그러므로"는 바울로가 이곳과 8장 13절에서만 사용하는 접속사이다) 이러합니다. 우상에서 떠나십시요. 6장 18절과 비교하라. 우상숭배를 부인하는 것만으로는 부족하다. 그리스도교인은 철저히 우상을 버려야 한다. 다시 말해서 그는 우상과 직접적인 접촉을 갖게 할 기회들(예를 들어 이교 성전에서 거행되는 축제들, 이 축제들이 특히 종교적인 내용을 담고 있을 경우—20, 21절 ; 비교. 8, 10 ; 10, 27)을 피해야 한다. *M.* iii. 173은 (그리이스어 본문에서) "우상숭배"(*τῆς εἰδωλολατρείας*) 앞에 붙은 정관사(*τῆς*)에 강조점을 두고서 이를 '여러분이 아주 잘 아는 것과 같은 우상숭배'를 뜻하는 것으로 받아들인다. 그러나 이같은 추론은 타당하지 않다. 영어로는 관사가 불필요하지만 그리이스어 관용어는 관사가 필요하기 때문이다. 사실 이 귀절은 고린토인들이 우상숭배에 대해 상당히 알고 있음을 말해주는 것이다.

---

1) 이 두번째 물음(*ἢ ὅτι εἴδωλόν τί ἐστιν,·*)이 P[46] ℵ* A C와 소수의 다른 사본들에는 생략되어 있다.

[15] 상황에 대한 그들의 이해 자체가 그들의 자랑거리였다. 이것이 바울로가 계속해서 말하는 이유이다. **나는 현명한 판단력을 가진 여러분에게**(*φρονίμοις*; 비교. 4,10과 이하 참조) **말합니다. 내 말에 대하여 여러분 자신이 판단을 내리십시요.** 고린토교인들은 의심할 바없이 그들의 영적 지혜와 "지식"을 갖고 있는 만큼 많은 상식을 지녔던 것 같다. 고린토후서 11장 19절과 비교하라. 이런 사실이 그들에겐 편리한 구실이 되었으므로 그들은 때때로 사도가 경험하는 고통과 치욕을 멸시하였다. 그런데도 여기서 바울로는 그들의
* 상식에 호소한다. 소위 "현명한 판단력을 가진 사람들"이라면 분명히 바울로의 요지를 알 수 있을 것이다. 여기서 반어법적 어조를 띠고 있는 "현명한 판단력을 가진 사람들"이 영지주의자들을 말하는 것은 아니다. 그러나 그들은 다른 사람들과는 달리 하느님과 우상숭배에 대한 진리를 알고 있다고 주장했던 자들이다(8,1—6·7). 그들이 곰곰히 생각했더라면 하느님과 우상에 대한 진리가 그들이 생각했던 바와는 다른 방향을 지시하고 있음을 알았을 것이다. "여러분 자신이 판단을 내리십시요"는 바울로의 말에 대한 하느님의 생각을 독자적으로 생각할 수 있는 그들의 지적 능력을 말하는 것은 아니다. 이 말은 단순히 일반적인 상식과 그런 상식을 활용하려는 태도를 전제한다. 아마도 바울로의 요지는 (고린토의 어떤 사람들과는 달리), (추측컨대) 영감에 의한 설교에 호소하는 것이 아니라 이성에 의한 논증에 호소한다는 것이다(Heim). 14장 19절과 비교하라. 그는 명령을 하는 것이 아니라 고린토인들이 그의 말에 따르기를 바라는 것이다.

[16] **우리가 축복을**(즉 하느님께 대한 감사를) **말하는 축복의 잔**(이 구문에 대해서는 비교. 마르 6,41 ; 8,6·7; 병행귀들을 언급하는 14,22·23). 이 귀절은 다음 귀절과 함께 주의 만찬에 대한 바울로의 두 가지 언급 중에 하나이다. 또한 그 주들과 함께 11장 23—26절을 참조하라. 주의 만찬에 대하여 본 주석서에서는 예수의 선교활동에서 비롯된 그 기원으로부터 후대에 신약성서상으로 발전된 형태들에 이르기까지 일일이 다 설명할 수는 없다. 바울로는 자신이 알고 이해한 대로의 성만찬에 대해 상세한 설명을 하지 않고 기껏해야 암시적인 언급들로 그쳤음을 기억해야 한다. 현재의 언급은 우상숭배에 대한 바울로의 경고를 강화하려는 한 가지 목적에서 기술된 것이지만 이를 통해 바울로 당시 주의 만찬이 어떻게 이해되었는가에 대한 몇 가지 추론을 할 수 있다.

"축복의 잔"(참조. *S.B.* iv. 72, 628 ; 또한 *Joseph and Aseneth* viii. 5, 9 ; xv. 5 ; xvi. 6 ; xix 5에 나오는 이와 유사한 표현들 참조)은 식사를 마칠 때 마치는 형식으로 마셨던 포도주 잔을 가리키는 통상적인 유다 용어였다(참조. 11, 25). 이 잔에 대해서 포도주에 대한 감사와 은혜가 이렇게 말해졌다 : '오, 주 우리 하느님, 우리에게 포도나무 열매를 주신 당신께 축복을 빕니다.' 과월절 식사에서 이 잔은 마셔야 할 네 개의 잔 중 세 번째 잔이었다. 바울로에게 있어서 그것은 새로운 의미를 지닌다. 축복의 잔은 그리스도의 피에 동참하는(이 말은 κοινωνία를 번역하려면 필요하다) 것이 아닙니까(이 물음은 고린토인들이 이 말을 마땅히 알았어야 했고 기억해야 했음을 시사한다. 따라서 이 말은 새로 작성된 주장이 아니다)? 이 말은 바울로가 11장 25절에서 최 *
후의 만찬시에 예수가 한 말의 전승으로부터 인용한 말, "이 잔은 내 피로 세운 언약이다"와 분명히 관련되어 있다. 이 귀절에서 바울로는 마태오나 마르코와는 달리(마태 26, 28 ; 마르 14, 24 ; 비교. 요한 6, 53) 잔이나 잔에 담긴 포도주를 그리스도의 피와 동일시하지 않는다. 이것은 "동참"이란 해석을 염두에 둔 것임에 틀림없는데, 동참이란 말 뜻을 모두가 똑같은 포도주 잔을 마심으로써 다함께 그리스도의 피를 마시라는 것이라고 이해한다면 지나치게 단순한 해석일 것이다. 16절a·17절의 병행귀들이 시사하듯이, 바울로는 모든 그리스도교인들이 그리스도의 피를 통해 보장받은 은혜를 나누고 또 다같이 그러한 은혜에 동참한다고 생각하고 있다. 이 표현 전체가 뜻하는 바는, '그리스도교인은 잔으로 포도주를 마심으로 그리스도의 죽음 —로마서 3장 25절과 5장 9절에 의하면 하느님께서 제공하신 인의와 속죄를 인간에게 전달해 주는— 이 가져온 이익을 얻게 된다는 것이다' (Kümmel). 1장 9절과 비교하라. "그의 아들과의 사귐"은 단순히 그와 함께 있음을 뜻하는 것이 아니라 그가 주는 은혜를 나눔을 뜻한다. "그리스도를 아는 것은 그의 은혜를 아는 것이다." 곧 알게 되겠지만 16절에 대한 해석을 18·20절에 근거해서 논할 수는 없다. 그 이유는 바울로가 유다교나 이교의 희생제사에 비추어서 그리스도교의 만찬을 해석하고 있지 않기 때문이다. 그러나 이 귀절들에서 이와 관련된 말인 "참여자들"(κοινωνοί)이 쓰였다는 것은 중요하다. 유다인들은 그들의 제단과 사귐을 갖지는 않는다. 다만 그들은 그 제단에서 나오는 은혜에 참여할 뿐이다(18절). 20절에서 사람들은 귀신과 사귀는 것으로 생각할 수 있는데, 그것은 귀신들이 약한 존재들이긴 하지만 영적인 존재들이기 때문이다. 그러나 본장 전체를 고려해 볼 때 바울로는 예를 들어 성윤리의 영역에서 그들에게서 비롯되는 (악의) 영향들에 대해서도 생각하고 있는 것으로 보인다. 그러므로 "우리가 축복을 말하는" (바울로는 감사의 말을, 한정된 그리스도교인들의 집단에 국한하는 것 같지는 않음을 주목할 수 있다) 잔은 그리스도교인들이 그리스도의 수난에서 오는 은혜에 다같이 참여하는 수단이다. 그러나 이러한 참여는 비인격적인 것이 아닌데, 그것은 그리스도와 그리스도교인 모두가 인격체이고 인격적인 용어와 관련되어 있기 때문이다.

우리가 떼는(앞서 "우리가 축복을 말하는" 참조) 떡은 그리스도의 몸에 동참하는 것이 아닙니까? 마태오나 마르코복음에서와 같이(루가에는 특수한 문제들이 있다 —이 시리즈에서 Dr. Leaney's Commentary를 참조하라) 떡이 먼저 언급되고 나서 잔이 언급된 11장의 어순에 비추어 볼 때, 여기서 바울로가 잔을 먼저 언급하고 나서 떡을 언급하고 있다는 것은 놀라운 발견이다. 바울로가 떡을 먹기 전에 잔을 마시는 만찬거행 방식에 대해 증거하는 것이라는 견해는 비록 이에 대한 고립된 병행이 12사도 교훈 9장 2·3절에 나오긴 하지만 11장 23절 이하에 비추어 볼 때 지지할 수 없는 것 같다. 실은 바울로 시대에는 성만찬이 고정된 예식을 취하지 않았다고 할 수 있지만 16절에 나온 순서는 17절에로 이르는 사상의 연관에서 충분히 설명할 수 있다. 바울로는 (17절에서) "몸"에 대해서만 언급함으로써 그가 내리고자 하는 결론에 이를 수 있었는데, 만일 그가 몸에 대해 먼저 언급하고 나서 "피"에 대한 단지 부가적인 언급이 될 수 있었던 내용을 끌어들였다면 서투른 표현이 되었을 것이다. 바울로에 의하면 그는 예식을 작성하거나 재현하는 것이 아니라 신학적인 주장을 하는 것이므로 그러한 연관성을 좀 더 분명히 하기 위해 익히 알고 있는 순서를 뒤바꾼 것이다.

떡을 뗌에 대해서는 11장 23·24절과 비교하라. 이것은 유다인의 어떤 식사에서건 늘 있는 일이었고 특히 과월절 식사에서 있는 일이었다. 떡을 나눔은 "그리스도의 몸"에 참여하는 수단으로 받아들일 수 있다. 이것이 물질적인 측면에서의 그리스도의 인간적인 몸을 가리킨다고 보는 것은 전혀 개연성이 없다. 왜냐하면 그리스도의 몸은 바울로에게서("육"이라는 말을 사용하여 : 참조. 특히 골로 1,22) 다른 용어들로 서술되어 있는 반면, 그에게 있어서 '그리스도의 몸'(예. 12,27)이나 '그리스도 안에 (있는) 몸'(예. 로마 12,5)이란 교회를 지시하는 것이기 때문이다. 떡을 먹는 일은 그리스도와 연합함으로써 부활 이후에 다가오는 새로운 세대에 선취적으로 들어가게 된 그러한 인간들의 공동체에 (다른 사람들과 함께) 참여함을 뜻한다. 이 말들을 이런 의미로 받아들일 경우에만 바울로의 다음의 요지로 나아갈 수 있는데, 다음의 요지란 그가 고린토인들과 같이 했던 신념들을 그 나름대로 발전시킨 것으로 보는 것이 옳은 것 같다는 점이다. 16절의 자료는 '아닙니까'라는 말로 도입된 것일 수 있다(참조. 이책 272면). 그러나 17절은 그렇지 않다(참조. Bultmann, ***Theology***, 145 〔E.T., 147〕; E. Käsemann, ***Essays on New Testament Themes*** 〔1964〕, 109—110).

〔 17 〕 떡이 하나이므로 우리가 여럿일지라도 한 몸입니다. 그것은 우리가 다 한 떡덩이에 함께 참여하기(*μετέχειν*을 *κοινωνεῖν*과 구별할 수는 없는 것 같다) **때문입니다.** 이 귀절은 구둣점을 달리 찍을 수 있고 따라서 달리 번역할 수 있다. '왜냐하면 우리는 여럿일지라도 한 떡덩이, 한 몸이기 때문입니다.' 다시 말해 우리가 한 떡덩이에 함께 참여하므로 (우리는 한 몸입니다). 여기서 서두의 "왜냐하면"(*ὅτι*)은 16절과 연결된다. 그러나 이 귀절을 이런 식으로 받아들이는 것은 바람직하지 않다(*M.* iii. 303; 주석가들은 의견이 갈라져 있다). 여기서 제시한 번역은 16절과 문법적인 연관이 결여되어 있으나, 만일 16절은 바울로가 일반적으로 받아들여진 신념을 인용한 것이고 17절은 이런 신념 이외에 거기서부터 추론해낸 그 자신의 참신한 사상을 제시한 것이라면, 이 번역이 이해하기 쉽고 자연스럽다. 세례와 한 몸과의 관련성에 대해서는 12장 13절과 비교하라. *

바울로의 주장은 5장 7·8절의 주장과 유사한 것이다. 그리스도교의 과월절 희생제사는 그리스도의 몸으로 이미 드려졌으므로 그리스도교인들은 과월절을 거행할 뿐만 아니라 그들 자신이 (일종의 환유법에 의하면) 곧 과월절 의식에서 사용된 누룩없는 떡이라고 주장되었다. 이제 남은 문제는 그들이 누룩없는 떡이 되는 것, 말하자면 그들 내면에 있는 누룩(악의와 사악)을 제거함으로써 그들 자신이 누룩없는 떡이 되게 하는 것이다. 여기서 바울로는 한 떡덩이가 떨어져서 나누어졌다는 사실로부터, 그 결과 한 떡덩이에 참여한 사람들은 그들이 여럿임에도 불구하고 한 몸이라고 주장한다(참조. *Didache* ix. 4). 매우 사변적인 것으로 보일 수 있는 이런 주장 배후에 놓인 사실은, 각 경우마다 해당된 사람들은 실제로 그리스도와 연합하였다는 것이다. 그가 죄가 없으므로 그들도 이상적으로 죄가 없고 또 실제로 죄없는 자들이 되어야 한다. 그가 하나이므로 그들도 이상적으로 하나이며 또 실제로 하나가 되어야 한다. (성윤리를 다루는) 5장에서와 같이 여기서도 바울로는 가장 실제적인 말로 기술하고 있다. 주의 만찬은 다음의 세 가지 면에서 우상제물에 대한 논의로 넘어간다. (ㄱ) 주의 만찬이 죄에 빠지는 것을 방지하거나 하느님으로부터 거부를 당하고 벌을 받지 않게 보장할 수는 없다. 주의 만찬은 대부분의 고린토인들이 일반적으로 이교의 희생제사나 우상숭배의 관행에 대해 자기네들 편리한 대로 생각한 것처럼, 그들이 보호받을 수 있는 어떤 "성사"로 이해될 수는 없다. (ㄴ) 주의 만찬은 그들이 신앙과 충성으로 그리스도와 연합하는 수단이었다. 이점에 비추어 볼 때 (이미 희생제사를 드린 음식을 단지 먹기만 하는 행위와 구별되는 것으로서) 실제로 우상숭배에 참여하는 일은 생각할 수 없는 불신 행위였다. (ㄷ) 만찬에서 떼는 떡 한덩이는 그리스도라는 한 몸의 실재를 상징하는 것이었다. 떡 한덩이에 참여했던 모든 이들은 그들이 그리스도와 연합하였으므로 서로 연합되었다. 그리스도교인들의 이같은 몸의 연합은 사랑 안에서만 충분히 표현될 수 있었으며, 또한 형제의 양심의 거리낌까지
* 를 고려하는 형제(비록 그가 성가신 존재임에 틀림없다 하더라도)에 대한 사랑 안에서 잘 표현될 수 있었다(비교. 28·29절과 8, 7·10 이하).

〔 18 〕 바울로는 그의 요점들을 제시하고 나서 그 요점들을 분명히 하기 위해(그 요점들을 입증하기 위한 논증이 아니라) 유비를 고려한다. 본장의 앞 부분(10, 1—10)에서 이스라엘의 과거의 잘못과 죄를 언급하고 난 다음에, 이제 그는 이스라엘의 합법적인 종교적 활동에로 화제를 돌린다. 9장 13절과 비교하라. **이스라엘의 역사**(직역하여 "육에 따르는 이스라엘"; 비교. 로마 1, 3; 4, 1)**를 고려해 봅시다. 제단에 드린 제물을 나누어 먹는 사람은 그 제단에 동참하는 자들**(즉 서로 함께 하는 자들)**이 아닙니까?** 사제들은 희생제물의 정해진 몫을 먹을 특권이 있었다(참조. 레위 10, 12—15). 다른 이들 가운데서 사제가 아닌 예배참석자들도 희생제물의 한 몫을 먹었다(참조. 삼상 9, 10—24). 이런 실질적인 의미에서 볼 때 우상제물을 먹는 일은 제단에서 비롯되는 은혜에 동참하는 행위였다. 더우기 예배자들은 자연히 희생제사로 유효하게 된 영적 은혜에 참여하는 것이다. 이것, 즉 의식에 참여한 자들이 그 은혜에 참여하는 것은 말할 나위없이 희생제사의 근본 이유였다. 바울로의 말대로 그들은 "제단에 동참하는 자들"이었다. 이같은 표현에 대한 현저한 병행귀(이에 대해 S. Aalen, "Das Abendmahl als Opfermahl im Neuen Testament," in ***Novum Testa-***

mentum vi (1963), 128—52에서 논의된 바 있다. 특히 137)를 필로에서 볼 수 있는데, 그는 희생제사를 받는 자가 예배참석자들의 집단을 '제단의 동참자들 또는 (제단에 딸린) 한 식탁의 동참자들(κοινωνὸν ...τοῦ βωμοῦ καὶ ὁμοτράπεζον)로 되게 한다고 말한다. 그러나 제단의 동참자들이란 바울로의 말의 의미는, 풍성한 은혜를 베푸는 분인 하느님이 그의 예배자들을 초대하여 말하자면 그와 함께 한 식탁에 앉게 하여 그들이 바쳤던 선한 선물을 함께 나눔을 뜻하는 것 같다. 이렇게 함으로써 그들은 그와 사귐을 갖으며 그들의 식사를 통해 은혜를 얻는다. 다른 한편 18절의 진술들은 (또 다른 의미로 이긴 하나 20절의 진술들은) 16절의 진술들("그리스도의 피와 몸에 동참함")에 의거한 것이라고 봄이 그 역으로 보는 것보다 더 그럴 듯해 보인다. 만일 이것이 사실이라면 앞서 지적한 병행귀가 '바울로가 성만찬의 식사를 희생제사의 식사로 간주하였음을 입증해 준다'고 알로와 같이 결론지을 수는 없다.

[19] 이스라엘의 희생제사로부터 이끌어낸 유비는 어떤 점까지는 설명할 수 있지만 그것은 조심스럽게 다루어야 한다. 이 유비를 너무 폭넓게 적용하면 이에 대한 지나친 입증이 될 것이다. 그렇다면 내가 왜 이런 말을 합니까(직역하면 "내가 하는 말이 무엇입니까?")? 우상 앞에 놓은 제물은 어떤 것(즉 단순한 음 *
식보다 다른 것)이고 우상 "자체"는 어떤 것입니까? 이 책 270면의 주 1을 참조하라. "우상은 어떤 것입니까?"는 몇몇 이전의 훌륭한 사본들에는 생략되어 있지만 읽어야 할 것이다. 이 말이 빠진 것은 끝이 같은 한 쌍의 말("어떤 것입니까?" τί ἐρτιν...τί ἐστιν) 때문이거나 아니면 우상의 존재에 대한 은연중의 부인이 다음의 두 귀절들(20·21절)과 상충되는 것으로 보였기 때문일 것이다. 이와 반대로 다음의 두 귀절(20·21절)은 바울로가 (몇몇 사본들에서) 생략된 말을 쓰지 않았을 수도 있음을 시사하는 것으로(*Studia Paulina*, 59—60에서 Clark는 이렇게 주장함. 비교. Kümmel) 받아들일 수 있다. 그러나 역설 —나는 우상이 어떤 것이라고 말하는 것이 아니라 여러분이 다 똑같이 우상을 경계하는 것이 좋다고 말하는 것입니다— 은 여기서 그의 논증의 두드러진 특징을 이루고 있다. 이외에 Zuntz, 229를 참조하라. 전체 본문은 8장 4절과 일치한다. 실은 이교도 숭배자들은 우상이 실제로 존재한다고 믿은 것은 아니다. 우상이 물질적인 대상이긴 하나 어떤 영적 실재와 일치하는 것은 아니다. 이것이 우상에게 드린 제물

이 "아무것"도 아닌 이유이다. 희생제사를 드리는 순간에 제물에 어떤 변화도 일어나지 않는다. 즉 제물은 바치기 이전이나 이후나 똑같다. 이에 뒤따르는 사실은, 먹는 사람이 단지 실제로 제물을 먹는 과정에 참여한다고 해서 그에게 어떤 종교적인 해나 은혜가 미치는 것은 아니다. 이러한 이유로 해서 바울로는 그의 독자들에게 시장에서 파는 것은 무엇이나 살 수도, 먹을 수도 있으며 초대를 받았을 때 주인이 그들 앞에 내놓는 음식은 무엇이든 먹을 수 있다고 말할 수 있다(10, 27).

[20] 이 모든 말은 사실이다. 그러나(ἀλλά의 고전적인 용법 ; 거기 무슨 의미가 있습니까? …이외에 아무 의미도 없읍니다 : *B.D.* §448) 이 문제에 있어서 또 다른 측면이 있다. 그들(P^{46}과 다른 오래된 사본들에는 "이방인들"이 주어로 나온다. 이방인들로 해석할 경우, 여기서 바울로가 유다인들은 말하지 않음이 확실하기 때문에 옳은 해석이긴 하나 그것은 본문의 문맥상 이차적인 것이다)이 드리는 제물은 하느님께 드리는 것이 아니라 귀신에게 바치는 것임을 말하려는 것입니다. 여기서 바울로는 많은 구약성서 귀절들, 특히 70인역에서 신명기 32장 17절, "그들은 하느님께가 아니라 귀신에게 희생제사를 드렸다"를 언급한 것이다. 그리이스어역 구약성서의 다른 귀절들에는, 비유다교적 희생제사들과 유다인들이 이교도들에게서 본받은 희생제사들은 귀신의 은혜를 입기 위해 거행된 것이라는 생각이 반영되어 있다. 시편 95(96)편 5절 : "이방인들의 모든 신은 귀신이다" ; 105(106)편 37절 : "그들은 그들의 아들들을…귀신에게 희생제사로 드렸다." 특히 현재의 문맥에서(비교. 21절) 주의를 끄는 것은 이사야 65장 11절, "우상의 식탁(τράπεζαν)을 준비함"이다. 또한 에녹일서 19장 1절과 99장 7절, 희년서 1장 11절 등과 비교하고 클레멘스서신들에 나온 동일한 생각에 대해서는 Schoeps, *Aus frühchristlicher*
* *Zeit* (1950), 73—81을 참조하라. "귀신"이란 말은, 바울로 이전 헬레니즘시대의 유다인들에게 그랬던 것처럼 바울로에게도 다른 말로는 옮기기가 쉽지 않았을 어떤 진리를 표현하는 편리하고 간단한 방법을 제공해준다. 그는 우상숭배의식에서 사용된 상(像)이 나무나 돌덩이에 지나지 않는 것이라고 확신하였다. 그것은 "세상에서 아무것도"아닌 것이었다. 동시에 그는 보이지 않은 영의 세계가 실재함을 믿었고 (이에 대한 증거는 장마다 볼 수 있다. 예. 2, 6·8 ; 4, 9 ; 5, 5 ; 6, 3 ; 8, 5). 또한 우상숭배는 단지 무의미한 것이 아니라 확실히 악한 일임을 믿

었다. 우상숭배는 참 하느님에게만 마땅히 돌려야 할 영광을 그로부터 빼앗는 일이므로 일차적으로 악한 것이며(비교. 로마 1,23), 또한 인간이 영적 행위에 참여하고 한분이신 참 하느님 이외의 다른 대상에게 예배함으로써 보다 낮고 악한 영의 세력들과 밀접한 관계를 맺게 되는 것을 뜻하기 때문에 악한 것이다. 따라서 우상숭배의 해로운 결과는 대개 물질적인 의미에서 오염된 음식을 먹는 데 있지 않고 숭배자 자신이 종속적인 세력을 통해 악에 가담하였다는 데 있다. 우상숭배는 결과적으로 하느님께 대한 범죄일 뿐만 아니라 인간에 대한 범죄이고 인간 자신의 참된 본성의 타락이었다. 따라서 바울로는 **나는 여러분이 귀신과 사귀는 것을 원하지 않습니다** 라고 덧붙여 말한다. 언어에 대해서는 16·18절과 비교하라. 희생제사의 효과는 먹는 행위에 있는 것이 아니라(컴멜이 지적하듯이 바울로는 고린토인들이 귀신을 먹게 될 거라고 생각하지 않는다) 인격적인 관계에 있으며 또 그러한 관계에서 일어나는 결과에 있다. 여기서 알렌(앞책)은 귀신들과 함께 참여하는 타락한 희생제사에 대해서 생각한다. 또한 슈바이처(269)는 바울로가 그리스도교의 만찬을 이교의 식사에 비추어서 해석하고 있는 것이 아니라 오히려 이교의 식사를 그리스도교의 만찬에 비추어서 해석하고 있는 것임을 강조한다. 다시 말해 그리스도교인을 그리스도에게서 떼어놓고 고대 이스라엘인들과 다름없이 그를 그리스도에게서 벗어나게 하는 것은, 단지 (바울로가 허락한) 희생제물을 먹는 일이 아니라 우상숭배에 직접 참여하는 일이다. 그리스도교인들은 성례전을 통해서 우상숭배에서 오는 윤리적 결과로부터 보호받을 것이며 또한 이스라엘인들의 성례전과 마찬가지로 하느님의 거부와 심판으로부터 보호받을 것이다.

[21] 바울로는 분명한 말로 문제의 상황을 요약한다. **여러분이 주의 잔**(“축복의 잔,” 16절에서 “축복의 잔”은 그리스도의 피흘림의 은혜에 참여함을 의미한다)**과 귀신들의 잔을 함께 받아 마실 수는 없읍니다. 주**(한 떡덩이를 나눠 먹음으로 참예자들이 그리스도와 연합하게 되고 그의 백성이 한 몸으로 연합하게 되는 거점)**의 식탁**(여기서와 다음 절에서 “식탁” τράπεζα란 말은 이사야 65장 11절에 의거한 것이다. 그러나 이책 276면에서 인용된 Philo, *De Specialibus Legibus* i. 221과 파피루스 문서에 보존되어 있는, “식탁” *
κλίνη에서 먹도록 이런 저런 신의 초대들도 참조)**에 참예하고 또 귀신들의 식탁**(“잔”에 대해서와 마찬가지로 이 말이 “주”와 “귀신”에 대해서

도 함께 사용되었다는 사실을 이 말들이 문제의 의식들에서 같은 의미로 쓰여진 것임을 입증하는 것일 수 없다)에 함께 참예할 수는 없읍니다. 귀신의 식탁에서 먹는 일이 귀신에게 사로잡히게 할 수 있었다는 개념에 대해서는 Schoeps, *Theologie und Geschichte des Judenchristentums* 〔1949〕, 192를 참조하라. 고대 제의식사에 관한 아주 충분한 해설은 리츠만에게서 볼 수 있고, 모울은 이같은 축제들이 틀림없이 계속해서 많은 그리스도교인들을 끌여들였던 흡인력이 어디에 있었는가를 예를 들어 설명한다. 그러나 그리스도인들은 우상숭배를 깨끗이 청산해야 한다. 바울로는 "주"(비교. 12,3)라는 말을 진지하게 다룬다. 6장 18절과 10장 14절과의 병행은 우연이 아니다. 그리스도교인은 오로지 그리스도와만 관계를 맺고 있으므로 간음이나 우상숭배를 할 수 없다.

〔 22 〕 바울로는 경고를 덧붙인다. 아니면 우리가 주를 질투하시게(*M.* ii. 196과 같이 παραζηλοῦμεν을 가정법으로 취한 것이다. 비교. 갈라 4,17) 하려는 것입니까? 우리가 주보다 더 강합니까? 즉 우리는 (비록 우리가 스스로 '강한 자들'로 간주한다고 해도—비교. 8,7·10) 주에 대한 우리의 충성심을 강하게 하거나 약하게 할 수 있고 (고린토의 어떤 이들은 이렇게 하는 성향이 있었다) 또 그러한 충성심을 아예 없애버릴 수 있다고 생각하는 겁니까? 이 귀절의 언어는 하느님에게 대한 이스라엘의 도전에 근거한 것이긴 하나 여기서 "주"는 아마도 예수 그리스도를 의미하는 것 같다. 갈라디아서 6장 7절, "하느님은 조롱을 받으실 분이 아닙니다"와 비교하라.

23. 그리스도교적 자유의 성격과 범위 및 제한들

10장 23절—11장 1절

23 '우리는 무슨 일에든지 자유다' 하고 말하지만 모든 것이 다 유익한 것은 아닙니다. '무슨 일에든지 자유'라고 하지만 모든 것이 다 덕을 세우는 것이 아닙니다. **24** 누구든지 자신의 목적을 추구하지 말고 각자 다른 사람의 목적을 추구하도록 하시오. **25** 시장에서 파는 것은 무엇이든지 양심에 거리끼지 않을까 묻지 말고 먹으면 됩니다. **26** 땅과 거기 가득한 것들이 다 주의 것이기 때문입니다. **27** 여러분이 어떤 불신자의 초대를 받고 초대에 응하려고 할 경우에 여러분 앞에 차려놓은 모든 음식을 양심에 거리끼지 않을까 묻지 말고 먹으십시요. **28** 그러나 어떤 사람이 당신에게 '그것은 우
*

상제물입니다'라고 말하거든 그렇게 말한 사람과 그 양심을 위하여 먹지 마십시요. 29 내가 말하는 '양심'은 자기 자신의 양심이 아니라 다른 사람의 양심을 말하는 것입니다. 왜 내 자유가 다른 사람의 양심에 의하여 판단을 받아야 합니까? 30 내가 하느님께 감사하고 음식을 함께 나눈다면 감사하고 먹는 음식에 대하여 내가 비난받을 까닭이 어디 있읍니까? 31 그러므로 먹든지 마시든지 무슨 일을 하든지 모든 것을 오직 하느님의 영광을 위하여 할 것입니다. 32 유다사람에게나 헬라사람에게나 하느님의 교회에게나 걸림돌을 놓는 사람이 되지 마십시요. 33 나는 모든 면에서 모든 사람을 기쁘게 하려고 애씁니다. 나 자신의 유익을 구하지 않고 오직 많은 사람의 유익을 구하여 그들이 구원을 받게 하려는 것입니다. 11,1 내가 그리스도를 본받는 것같이 여러분도 나를 본받는 자들이 되십시요.

우상제물에 관한 문제는 (8장 1절부터) 세 장에 걸쳐 이제까지 어느정도 직접적으로 논의되어 왔다. 본장에 이르러 우상제물에 관한 문제는 실제적인 충고와 교훈의 말로 요약된다(이미 8장 9·13절과 10장 14·21절에서 이렇게 요약된 바 있음을 참조하라).

[23] 바울로는 이미 다른 연관성 속에서 언급한 바 있는 고린토인들의 말을 다시 인용함으로써 우상제물에 관해 요약하기 시작한다. '우리는 무슨 일에든지 자유다' 하고 말하지만 모든 것이 다 유익한 것은 아닙니다. 6장 12절에도 거의 이와 비슷한 말이 나온다. 그 주석을 참조하라. 거기서 바울로는 개인주의적 차원에서 논의를 전개하였다. 말하자면 하고 싶은 것은 무엇이든 할 자유가 있다는 원칙에 따라 행동하는 사람은, 자유롭다고 생각하는 행동에 스스로를 예속함으로써 자유를 잃게 된 우려가 있다는 것이다. 그러나 여기서 바울로는 집단적인 측면에서 그의 주장을 더욱 발전시킨다. '무슨 일에든지 자유'라고 하지만 모든 것이 다 덕을 세우는 —즉 공동체를 세우는— 것이 아닙니다. 이러한 부정적인 경우가 로마서 14장 20절에 나오는데, 그 귀절에서 완고한 그리스도교인이 (먹을 수 있다고 올바르게 생각한) 음식을 위해서 파괴할 수도 있는 '하느님의 일'이란 곧 공동체를 말한다. 인간이 할 자유가 있다고 생각되는 것들을 추구하는 것이 그리스도교인의 의무는 아니다. 그리스도교인의 의무는 교회를 세우는 데 있다. '그리스도교인의 자유란 공동체를 세우는 일에 기여하는 자유이다' (Barth, *C.D.* Ⅲ. ii. 305—306). 그리스도교인은 자신의 권리와 특권을 생각함으로써가 아니라 오히려 다른 사람을 생각함으로써 교회를 세울 수 있다.

* [24] 누구든지 자신의 목적(직역하여 "자기 이익"; 비교. 13, 5)을 추구하지 말고 각자(each one은 훌륭한 그리이스어 본문들에는 표현되어 있지 않지만 앞에 나온 no one "누구든지 …하지 말고"에서 이끌어 올 수는 있다. 이렇게 하는 것은 훌륭한 고전적인 어법이다—참조. *B.D.* §479) 다른 사람의 목적을 추구하도록 하시오. "다른 사람의 목적"이라는 다소 구어체적인 이 표현은 용어상 단지 그리이스어본문(직역하여 that which is the other's "다른 사람들의 목적")에 가까운 말일 뿐 아니라 "자기 이웃의 목적"이라는 말보다 더 정확한 표현이다. 왜냐하면 라틴어의 "가장 가까운"(proximus)과 같이 "이웃"이란 '나와 가까운 사람'을 뜻하며, 이런 의미는 쉽게 '나와 같은 사람,' '내 친구'란 의미로 바뀌는 반면에, 본단락의 나머지 부분이 시사하듯이 여기서는 '나와 다른 사람,' '본능적으로 나와 일치하지 않는 사람'이라고 생각하는 편이 낫기 때문이다. 이것은 내가 내 자신의 이익보다 그의 이익을 생각해야 하는 사람, 예를 들어 우상제물에 대해 나와 의견을 달리하는 사람을 말한다.

[25] 시장에서(원래 고기시장을 말하나 고기시장만을 말하는 것 같지는 않다) 파는 것은 무엇이든지 양심에 거리끼지 않을까 묻지 말고 먹으면 됩니다. 이곳과 본단락 전체의 상세한 설명에 대해서는 "Things sacrificed to Idols"를 참조하라. 시장에서 파는 음식 전부가 우상에게 바쳤던 것은 아니지만 그 일부가 우상에게 바쳤던 것임은 분명하다. 그러므로 바울로는 이렇게 말한다: '여러분은 우상제물일지라도 자유롭게 먹을 수 있으므로 우상제물과 그렇지 않은 것을 가려낼 필요는 없읍니다.' 원칙적으로 말하자면 그는 강한 그리스도교인들과 한편이다(비교. 로마 15, 1). 즉 음식을 먹든 먹기를 삼가든간에 그것이 우리를 하느님께로 나아가게 하는 것은 아니다. 바울로는 경건한 유다인이 제물을 먹기 전에 가장 엄중한 물음을 양심에 물어야 했던 유다교와 깨끗이 절연한다(9, 20·21에 대한 주석들 참조).

[26] 바울로는 실제로는 관습을 준수하는 유다인이 아니었다. 바울로는 시편 24편 1절을 인용함으로써 자신의 주장을 뒷받침한다. 땅과 거기 가득한 것들이 다 주의 것이기 때문입니다. '창조주 하느님은 귀신보다 더 강하시다' (Harris). 이 귀절은 유다인들이 식사시에 감사기도로 혹은 감사기도 중에 사용하였던 것이라는 주장이 있었다. 이런 주장이 사실은 아니지만 그러나 이 귀절은

감사기도가 이렇게 말해져야 한다는 하나의 논증으로 사용되었고 이 귀절의 이런 용법이 아마도 바울로에게 알려졌을 것이다. 30절을 참조하다. 그리스도교인은 유다인과 같이 그가 먹는 모든 것이 하느님의 선물이라는 감사의 표현을 인정할 것이라고 바울로는 전제한다. 이 시편 귀절의 유다교적 용법, 특히 *Tosephta Berakoth* iv. I에 나타난 그러한 용법에 관해서는 E. Lohse, in *Z.N.T.W.* xlvii (1956), 277—80을 참조하라.

[27] 25·26절에서 바울로는 그리스도교인이 집에서 필요 *
한 음식을 사들이는 경우에 대해서 생각했었는데, 이제 그는 다른 집의 식사초대를 받은 그리스도교인의 경우에 대해 고려한다. **여러분이 어떤 불신자의 초대를 받고**(이는 신자와 불신자가 사회적으로는 서로 계속 접촉하고 있었음을 뜻한다 : 비교. 5, 10. 고린토후서 6장 14절—7장 1절이 무엇을 뜻하든지간에 여기서 그리스도교인들이 폐쇄적인 집단을 이루는 것을 정당화하거나 그것을 요구하려는 의도가 들어 있다고 할 수 없다) **초대에 응하려고 할 경우에**(바울로는 그리스도교인이 초대를 수락하지 않기를 바랄 것이라는 암시를 이 귀절에서 우리가 찾고자 하는 것은 잘못이다. 여기 나온 언어는 통상적이다. 참조. Xenophon, *Memorabilia* I. iii. 6, '초대를 받고…가기를…원한다면' *εἰ...κληθεὶς ἐθελήσειεν...ἐλθεῖν*) **여러분 앞에 차려놓은 모든 음식을**(이와 거의 똑같은 말들이 루가복음 10장 8절에 나오는데, 거기서 이 말들은 이방인 선교의 관행을 반영하는 것 같다. 즉 선교사들은 예수를 위해서 그들에게 제공된 모든 것이 정결한 것이라고 생각해야 한다〔Rengstorf, 해당귀절〕) **양심에 거리끼지 않을까 묻지 말고 먹으십시요**(비교. 25절). 시장에서와 같은 이런 상황에서 모든 음식이, 혹은 그것이 어떤 음식이든지간에 반드시 우상에게 바쳐진 것이었으리라고 가정할 수는 없었지만, 그러나 어떤 음식들은 그럴 수도 있다는 가능성은 언제나 있었다. 그러므로 바울로의 충고는 그리스도교인이 남에게 해를 입히거나 자신이 해를 입지 않고도 우상제물을 먹을 수 있다는 말이다.

[28] 그러나 다른 사람과 식사를 함께 하는 일과 가정에서 필요한 식사용 물품을 사는 개인적인 활동 사이에는 차이가 있다. 식사시에는 함께 식사하는 사람들을 생각해야 한다. **그러나 어떤 사람이 당신에게 '그것은 우상제물입니다' 라고 말하거든 먹지 마십시요.** 바울로가 지금까지 '우상에게 바친 음식'이란 의미로 사용해 온 말(*εἰδωλόθυτον*, 대다수 사본들은 여기서 이 말을 잘못 대체시켰다)

은 유다인이나 그리스도교인이 사용했던 말이고 "우상"이란 말에는 경멸투의 어조가 들어 있다. 그러나 그들 자신이 우상숭배를 인정하고 참여했기 때문에 이런 경멸적인 의미를 드러내길 원치 않았던 사람들은 이와 다른 말("제물로 바친 고기" ἱρόθυτον: 참조. 8,1)을 사용하였다. 여기서 바울로는 비그리스도교인인 주인이나 아마 역시 비그리스도교인이었을 그의 친구인 손님이 이 말(ἱερόθυτον)을 한 것으로 하고 있다. 우리는 그 말을 한 사람에 대해 나중에 좀 더 말해야 한다. 서술된 상황에서 그리스도교인은 먹어서는 안 된다. 왜 그런가? "그렇게 말한 사람과 그 양심을 위해서"이다. 그리이스어에서 "그렇게 말한 사람과 양심"은 똑같은 전치사로 이끌림으로써 영어(On account of the man who pointed it out, and for conscience' sake)에 비해 보다 더 밀
* 접하게 결합되어 있다. 그 다음 문장은 이 결합이 얼마나 밀접한가를 보여줄 것이다(이와 반대로 벤트란트는 "그렇게 말한" 이교도와, 그의 "양심"과 결부된 약한 그리스도교인을 구별한다).

[29] **내가 말하는 '양심'은 자기 자신의**(ἑαυτοῦ. 이 말은 σεαυτοῦ, "여러분 자신의"를 대신한 것일 수 있지만 보다 일반적인 의미가 더 낫다—*M.* ii. 181) **양심이 아니라 다른 사람**(비교. 24절 : 경고를 한 사람)**의 양심을 말하는 것입니다.** 다른 사람이란 누구를 가리키는 것일까? 그는 손님들을 식사에 초대한 주인일 수 있다. 즉 아마도 친절한 배려에서, 아니면 어느 정도 "남의 불행을 고소하게 여기는" 마음에서 그리스도교인인 손님에게 그가 먹고 있거나 막 먹으려고 하는 음식이 어떤 것인가를 알려준 주인(27절에 불신자로 규정되어 있는)일 것이다. 혹은 비그리스도교인이든 나약한 그리스도교인이든지간에 손님으로 초대된 주인의 친구일 수도 있다. 그러나 비그리스도교인의 양심이 이 문제에 개입할 수 있다는 것은 좀 이해하기 어렵다. 그러므로 이렇게 생각하는 것이 좋을 것이다. 즉 식사에 참여해도 좋다는 허락을 받았는데도 자신의 나약한 양심 때문에 그 음식에 대해 주인에게 묻거나 부엌에 가서 묻게 된 사람(비교. 25·27절), 그리고 그렇게 해서 알아낸 것을 가급적 가장 예의바른 말로 (양심이) 보다 강한 그리스도교인인 형제에게 알려준 제 2의 그리스도교인이라고 생각하는 것이 가장 무난하다. 여기서 식사는 분명히 사적인 식사이다. 만일 식사가 제의적인 연회였다면 물어보거나 자명한 사실을 전할 필요도 없었을 것이다. 또한 약한 그리스도교인은 참석하지도 않았을 것이다. 일반적인 입장에 대해서는 8장 7—13절과

비교하라. 강한 그리스도교인은 약한 형제의 양심에 비추어서 자제해야 한다(비교. 로마 14, 13—16·20—23 ; 15, 1).

대다수 사본들은 이 귀절의 끝에 '땅과 거기 가득한 것들이 다 주의 것입니다'를 덧붙인다. 이 말은 26절에서 빌려온 말이지만 여기서 이 말은 다소 달리 적용된 것임에 틀림없다. 여러분이 삼가해야 하는 것은 음식의 품목들 자체가 악하기 때문이 아니라 (그 품목들은 모두 하느님의 선한 창조의 일부인 까닭에) 여러분의 형제의 복지를 위한 것이다.

다음 문장은 특히 난해하다. 왜 (내가 좋다고 생각하는 것은 무엇이든 먹을 수 있는) 내 자유가 다른 사람의 양심(직역하면 "다른 사람"이다. 그러나 이것은 영어문장상으로 거의 불가능한 번역이다)에 의하여 판단을 받아야 합니까? 이런 물음이 어떻게 이 단락의 사상의 흐름과 연결될 수 있는가를 알기는 어렵다. 그렇다고 해서 방주(maginal gloss)가 아닌가 의심해 왔긴 하지만 이 문제를 포기해 버리는 것은 좋지 않다. (ㄱ) 이 말에서 다른 사람의 양심 때문에 자신이 제한받기를 거부하는 강한 그리스도교인의 주장을 들을 수 있다고 가정할 수 있다. 그의 말에 따르면, 그렇게 하는 것은 아주 정당한 일인데 왜 자유가 속박당해야 하느냐는 것이다. 그러나 이러한 해석을 거부하는 데는 두 가지 이유가 있다. 그 하나는 이 문장은 "왜냐하면"이 아니라 "그러나"로 시작해야 한다는 것이고 다른 하나는 바울로는 가정된 불평에 대해 대답하고 있는 것이 아니라는 것이다. (ㄴ) 여기서 바울로는 강한 그리스도교인 편에서 자제해야 할 또 다른 이유를 제시한다. '어째서 내가 좋아하는 음식을 자유롭게 먹음으로 해서 아주 양심적인 다른 사람들에게서 악하다는 말을 들어야 하는가?' 로마서 14장 16절과 비교하라. 이런 입장을 가장 강력하게 제시한 학자는 하임인데 그는 여기서 고려된 상황이 8장의 상황과는 다르다고 주장한다. 8장에서 강한 그리스도인은 단순히 약한 형제가 양심에 거리끼는 일을 하지 않도록 하기 위해서 자기 권리를 이용하기를 포기한다. 여기서 새로운 요지가 제시된다. 즉 '이교도의 식탁에서 제물을 먹음으로써 식탁에 함께 한 그리스도교인 형제로부터 비판을 받는 불유쾌한 상황에 처하게 된다는 이유에서, 또 그런 경우에 이런 식으로 비방을 들으리라는 양심적인 이유들로 해서 제물을 먹지 말아라'는 것이다. 31절은 이점에 연결되는데, 그 의미는 '먹든지 마시든지 하느님께 영광(불명예가 아니라)을 돌리도록 하십시요'이다. 이 해석은 매우 복잡하긴 하나 8장에서 서술된 상황과 10장의 상황 사이의 유사성을 부인할 만한 타당한 이유가 없다. (ㄷ) 가장 타당한 견해는 바울로는 그가 방금 언급했던 점을 단지 강화하고 있다고 보는 것이다. 29절은 이렇게 설명할 수 있다. 즉 '자기 자신의 양심이 자제를 요구하기 때문이 아니라 다른 사람의 양심, 즉 약한 사람의 양심을 위해서, 그가 그의 양심에 거리끼는 행동을 하지 않도록 하기 위해서 입니다. 만일 내가 내 자신의 양심을 위해서 자제해야 한다고 생각한다면 내 자신을 다른 사람의 판단에 맡겨야 할 것이고 내 자유를 포기하게 될 것입니다. 이론상으로는 나는 여전히 내가 감사를 드리고 (즉 선한 양심을 갖고) 먹을 수 있는 것은 무엇이든 먹을 자유가 있다. 그러나 내가 다른 사람의 양심을 고려하여 먹지 않는다고 해서 내 자유를 포기하는 것은 아니다' (Bultmann, *Theology*, 215—216 〔E.T., 217—18〕; 바울로가 "양심"을 어떤 의미로 썼는지에 대해서는 전체 문맥을 참고해야 한다). 로마서 14장과 15장에서 보여주듯이 바울로가 강하고 자유로운 사람들 중에 한 사람으로 자처하고 있음을 주목해야 한다. 그는 (동료 그리스도교인들에 대한 사랑을 고려하지 않을 경우에는) 그리스도교인에겐 항상 무슨 음식이든 먹을 수 있는 자유가 있다는 견해에 대해서 확고하다. 바울로는 양심이 허락한 자유를 포기하는 경우들이 있을 수 있겠지만, 그의 양심은 항상 그에게 속해 있고 자유로운 것이므로 다른 사람의 판단 때문에 문제시되지는 않는다. 4장 3·4절과 비교하라. 이것은 무엇보다가 바울로가 경우에 따라서 양보하는 방식으로 하는 것을 제외하고는 유다교적 가르침을 더 이상 따르지 않게 되었음을 뜻한다.

[30] 30절의 의미는 이미 밝혀졌다. **내가 하느님께 감사하고 음식을 함께 나눈다면 감사하고 먹는 음식에 대하여 내가 비난받을 까닭이 어디 있읍니까?** 바울로는 여전히 강한 사람의 자제를 정당화하고 있다. 내가 무엇을 먹느냐 하는 것은 전혀 문제가 안 된다(그것은 그리스도교인이 식욕이나 미각의 노예가 되어서는 안 되기 때문이다). 내가 다툼을 피하고 교회 내에서 나쁜 말을 들을 기회를 주지 않아야 하는 것이 더 큰 문제이다. 가장 중요한 문제는 내가 선한 양심을 갖고 행동해야 한다는 것이며 (음식에 관한 한) 내가 식사에 대해 감사 기도를 드림으로써 선한 양심을 갖고 행동한다는 것을 보여줄 수 있다는 것이다.

[31] 이제 먹고 마심에 대한 주제가 종결된다(그러나 이 주제는 초대 그리스도교의 논쟁에서 대단한 역할을 하였고 여기서와 같이 원칙상의 중요한 문제들을 찾아낼 수 있게 하였다). 바울로는 이 주제를 일반화한다. **먹든지 마시든지 무슨 일**(그리이스어 본문에서 *ἄλλο* "다른"의 생략에 대해서는 *B.D.* §480 참조)**을 하든지 모든 것을 오직 하느님의 영광을 위하여 할 것입니다.** 이 귀절은 이제까지 부정적으로 언급해온 것을 긍정적으로 언급한 것이다. 내가 오직 하느님께 돌려야 할 영예를 우상에게 돌린다면 나는 하느님의 영광을 위해 행동하는 것이 아니다. 또한 내가 추문을 일으키거나 교회의 반감을 사거나 동료 그리스도교인의 믿음을 약하게 하는 경우도 하느님의 영광을 위해 행동하지 않는 것이다. 이런 진술들은 먹고 마시는 영역에도 하느님께 영광을 돌려야 할 임무를 적용하는 것이다. 여기서 바울로는 똑같은 원칙의 다른 영역에 적용하는 비교할 만한 진술들을 제공하지 않으므로 바울로가 적용하지 않은 진술들에 대해서는 주석할 수 없다. 그러나 바울로는 이런 원칙을 다른 영역에 적용해야 한다는 점을 분명히 밝히고 있다.

[32] **유다사람에게나 헬라사람**(즉 비유다인들)**에게나 하느님의 교회**(즉 하느님의 백성의 집회, 아마도 하느님의 백성의 지방 집회)**에게나 걸림돌**(이것은 그들이 믿기 힘들게 하는 것이거나 그들의 믿음을 떨어지게 하는 것일 수 있다)**을 놓는 사람이 되지 마십시요.** 바울로는 자주 유다사람과 헬라사람을 함께 말한다(예. 로마 1, 16). 그가 그리스도교인들을 제 3의 집단으로 첨부한다고 말할 수는 없다. 추측컨대 그는 아직도 음식법에 대해서, 또 그가 9장 19·23절에서 스스로 언명하였던 원칙에 대해서 생각하고 있다. 그의 목적은 먹고 마시는 일과 관련하여 자유를 누리거나 아니면 그런 문제에 있어서 자유를 포기하는 데 있지 않고, 복음을 위해서 모든 사람을 얻는 데 있다. 이것이 그의 독자들의 목적이기도 해야 한다. 따라서 그들은 멋대로 유다인들에게 거리낌을 불러일으켜서는 안 된다. 비웃음을 살 만한 이방인의 거리낌이란 찾아보기 어려울 것이다(예외적인 경우는 엄격한 음식법을 준수했던 피타고라스학파와 같은 특수한 집단들에서 볼 수 있다). 바울로가 "이방사람들"이란 말을 덧붙인 것은 아마 그의 일반적인 어법에서 그들이 "유다사람들"과 한 짝을 이루기 때문이거나 아니면 지나치게 거리끼는 것이 이교도의 비웃음을 살 수도 있었기 때문일 것이다(Héring). 약한 그리스도교인들은 확실히 거

리낌을 갖기가 쉬웠다. 이미 그들의 양심이 보호받아야 한다는 점을 살펴보았다. "하느님의 교회"에 관해서는 이책 50면을 참조하라.

[33] 고린토인들에게는 이같은 행동의 한 예가 있다. 나는 모든 면에서 모든 사람을(비교. 9,22) 기쁘게 하려고(이 현재시제는 능동태로 받아들일 수 있다. 바울로는 그의 시도가 성공하였다고 주장할 수 없었다!) 애씁니다. 나 자신의 유익을 구하지 않고(비교. 24절; 8,5) 오직 많은 사람(또는 쿰란의 사본들에서는 '많은 사람'이란 의미의 *οἱ πολλοί*를 "공동체"로 이해하는 것 같다)의 유익을 구하여 그들이 구원을 받게 하려는(또 다시 9,22와 비교) 것입니다. 다른 곳에서(갈라 1,10; 비교. 데전 2,4; 특히 고전 7,32 이하와 그 주해들) 바울로는 사람을 기쁘게 하는 것은 악한 일이라고 말한다. 그러나 모순되는 점은 없다. 사람들을 기쁘게 하는 일은 그것이 그들의 환심을 사기 위한 것이거나 아니면 박해를 피하려고 하는 것이라면 악한 것이다. 그러나 사람들을 기쁘게 함으로써 그들을 믿음에로 이끌 경우에 그런 일은 선한 것이다. 단지 행위의 가치가 행위의 동기에 영향을 입는다고 할 수는 없다. 바울로는 그리스도교의 사신이 필연적으로, 또 본래 거리끼는 것임을 알고 있다(예. 1,23). 보다 중요한 사실은 그리스도교가 잘못된 이유에서가 아니라 정당한 이유에서 항거해야 한다는 것인데, 그것은 그리스도교인들이 그들의 동료들의 거리낌이나 신념을 배려하지 않았기 때문이 아니라 십자가에 달린 그리스도를 전하는 일이기 때문이다.

[II, I] 9장 22절과의 병행귀에는 바울로가, 고린토인들이 자신의 모범으로 덕을 입으리라고 믿었음이 이미 시사된 바 있다. 요지는 이제 명백해졌다. 내가 그리스도를 본받는 것같이 여러분도 나를 본받는 자들이 되십시요. 이 귀절은 다음에 나오는 * 내용보다 앞의 내용에 훨씬 더 연관되어 있다. 여기서 본장을 이렇게 나눈 것은 유감스런 일이다. 바울로는 자신이 단지 교회들의 교사나 설교자에 지나지 않는 사람이 아니라 행동을 본받아야 할 사람(비교. 필립 3,17; 데전 1,6; 데후 3,7·9)이라는 생각을 여러번 표현한다. 그의 사도로서의 역할은 부분적으로 그리스도교적 생활양식을 특히 명백히 하는 데서 드러나게 되었다(예. 4,9—13). 이런 양식은 그리스도 자신의 생애에 근거한 것이었다. 자신이 본받을 만한 사람이라는 바울로의 유일한 주장은 그 자신이 그리스도를 본받는다는 사실에 달려있다. 다른 곳에서 바울로는 독자들에게 직접 그리스도를 본받으라고

축구한다(예. 로마 15, 2·3). 여기에 간접적인 모방의 서열은 없다. 그러나 바울로는 자신이 그리스도를 본받는 일이 불완전하다고 할지라도 그것은 예수의 역사적 생애와 훨씬 더 쉽게 접근할 수 있는 것임을 알 정도로 현명하다.

다. 그리스도교인들의 집회 11장 2—34절

24. 남자와 여자 11장 2—16절

2 여러분이 늘 나를 기억하고 내가 전해준 대로의 전통을 지키고 있기 때
문에 나는 여러분을 칭찬합니다. 3 그러나 여러분이 알기를 원하는 것은 그
리스도가 모든 남자의 머리요 남자는 여자의 머리요 하느님은 그리스도의
머리라는 것입니다. 4 남자가 기도할 때에나 예언할 때에 머리에 너울을 쓰
면 그는 자기 머리를 부끄럽게 하는 것입니다. 5 그러나 여자가 기도할 때
에나 예언을 할 때 머리에 아무것도 쓰지 않으면 그녀는 자기 머리를 부끄
럽게 하는 것입니다. 그것은 머리를 밀어버라는 것과 한가지이고 또 그것과
똑같기 때문이다. 6 만일 여자가 머리에 아무것도 쓰지 않으려거든 머리를
깎을 것입니다. 그러나 머리를 깎거나 미는 것이 여자에게 있어서 부끄러운
일이라면 머리에 너울을 쓸 것입니다. 7 남자는 머리에 아무것도 쓸 필요가
없읍니다. 그것은 그가 하느님의 형상이요 하느님의 영광이기 때문입니다.
그러나 여자는 남자의 영광입니다. 8 그것은 남자가 여자에게서 난 것이 아
니라 여자가 남자에게서 났기 때문이며 9 또한 남자가 여자를 위하여 지음
을 받은 것이 아니라 여자가 남자를 위하여 지음을 받았기 때문입니다. 10
이러한 이유로 여자는 천사들을 위해서 자기 머리 위에 권위를 지녀야 합니
다. 11 그러나 오직 주 안에서는 남자없이 여자가 있을 수 없고 여자없이 *
남자가 있을 수 없읍니다. 12 그것은 여자가 남자에게서 난 것같이 남자도
여자를 통하여 났기 때문입니다. 그리고 모든 것은 하느님께로부터 왔읍니
다. 13 여러분들끼리 판단해 보시오. 여자가 너울을 쓰지 않고 하느님께 기
도하는 것이 마땅한 일이겠읍니까? 14 자연 그 자체가 여러분에게 가르쳐
주지 않습니까? 남자가 머리를 길게 느리면 그것이 그의 부끄러움이 되지
만 15 여자가 머리를 길게 하면 그것이 그에게 영광이 된다는 것을. 긴 머리
는 그의 머리를 덮는 것으로 쓰이도록 여자에게 주신 것입니다. 16 어떤 사

람이 이에 대하여 논쟁할 생각을 가지고 있을지 모르나 그런 풍습은 우리에게도, 하느님의 교회들에도 없는 것입니다.

우리는 이 서신에서 바울로가 때때로 고린토인들로부터 받은 편지에 대해 언급하고 있다는 것을 여러 귀절을 통해 이미 살펴본 바 있다(7,1 등). 이 서신에서 고린토교인들은 문제를 제기하면서도 그들 교회의 일들이 잘 되어가고 있다는 확신을 주저없이 말하였다. 바울로는 항상 그들에게 동의할 수는 없었으나 여기서 그는 칭찬과 함께 비판적인 견해를 꺼낼 수 있다. 11장 17절과 대조하라.

[2] 여러분이 늘(또는 매사에) 나를 기억하고 내가 전해준 대로의 전통을 지키고 있기 때문에 나는 여러분을(대다수 사본들에는 '형제들을'이란 말을 덧붙인다) 칭찬합니다. 아마 이 말은 고린토인들이 한 말인 것 같은데, 바울로 자신이 이 말을 쓰고 있다(11, 23 ; 15, 1·3 ; 참조. 또한 로마 6, 17 ; 데후 2, 15 ; 3, 6). "전통"이란 (다른 언급들이 시사하듯이) 이 단계에서(그리스도교 문헌이 등장하기 전에는) 복음전도자와 교사를 통해 개종자들에게 전수된 그리스도교 신앙의 중심적 진리들을 가리켰다. 문맥상 그리스도교인의 행동면에서의 훈련도 포함된 것임을 시사한다. 나중(15, 2)에 바울로는 고린토인들이 실제로 그가 가르친 가르침을 "그대로 지켰는지"에 대해서 약간 의심한다. 그러나 여기서 그는 전통을 그대로 지켰다는 그들의 주장을 액면 그대로 받아들인다. 이 "열렬히 호의를 받아들인" 다음에 논의된 주제에로 그를 몰고간 것이 무엇인지가 분명하지 않다. 아마 고린토로부터 온 편지에는 다음과 같은 질문, 즉 더 이상 남녀의 구별이 없고(갈라 3, 28) 또한 남자뿐만 아니라 여자도 분명히 성령의 도우심으로 기도하고 예언하게 되었던(5절) 그러한 공동체에서 의례적인 구분들을 지키는 일이 여전히 필요한지에 대한 질문이 담겨 있었던 것 같다(참조. 이책 서론 23면 ; Hurd, 182—6). 이와 달리 바울로는 그가 글로에 집사람들(1, 11)과 스테파나, 포르두나도, 아카이고(16, 17)로부터 받은 소식이나 다른 경로를 통해 받은 소식에 따라 처신했을 수 있다. 제기된 문제는 특히 공중예배에 있어서의 남녀 관계에 대한 문제이다. 관련된 주제들이 6장과 7장에서 다루어지고 있다.

[3] 나는 여러분이 내게 대해 아주 좋게 생각하고 있으므로 기쁩니다. 그러나 나는 여러분이 그리스도교의 원리에 따라 질서가 잡힌 교회의 행위를 보여주기를 원합니다. 여러분

이 알기를 원하는 것은 그리스도가 모든 남자의 머리요(이 절에서 주어와 술어가 바뀌었을 수도 있었다. 그러나 다음의 두 절에서 관사없는 "머리"는 술어이므로 이 두 절에 비추어 볼 때 현재의 절이 옳다) 남자(또는 아마 '남편')는 여자(또는 아마 '아내')의 머리요 하느님은 그리스도의 머리이십니다. (이하 4·7·10절과 대조를 이루는) 이 귀절에서 "머리"(κεφαλή)라는 말은 변형된 의미로 사용된 것임이 분명하다. 구약성서에서 "머리"(rosh, 그러나 그리이스어도 때때로 κεφαλή라고 번역되나 늘 그런 것은 아니다)는 공동체의 지배자를 지칭하는 것일 수 있다(예. 판관 10,18). 그러나 이런 용법은 그리이스어권의 유다교에서 채택된 것이었긴 하지만 그 그리이스어의 본래 의미는 아니었다(상세한 점들에 대해서는 H. Schlier, in *T.W.N.T.* iii. 674—75 참조). 그리이스어법에서 이 말("머리")은 비유적으로 쓰일 경우에 전체 가운데 두드러지고 결정적인 부분에 해당하는 것이거나, 아니면 기원(예. 복수일 경우에는 Herodotus iv. 91에서와 같이 강의 원천을 가리킴)에 해당하는 것일 수 있다. 이같은 의미에서 이 말은 오르페우스 단편(21)에 나타난 다음의 용법에서와 같이 신학적으로 사용된다: '제우스는 머리요, 몸통이며, 제우스로부터 만물이 완성된다' (*Ζεὺς κεφαλή, Ζεὺς μασσέα, Διὸς δ' ἐκ πάντα τελεῖται.* 몇몇 사본들에는 "머리" κεφαλή 대신에 "기원" ἀρχή로 되어 있다는 점은 그 말의 중요성을 더해준다. 또한 참조. S. Bedale in *J.T.S.* v 〔신간〕, 211—15). 바로 이것이 머리라는 말이 담고 있는 뜻임이 8·9절에서 강력히 시사된다. 바울로는 남자가 여자의 주(κύριος)라고는 말하지 않는다. 그의 말은 남자가 여자의 존재의 기원이라는 것이다. 이 점에서 그는 다음과 같이 진술하고 있는 창세기 2장 18—23절에 직접 의거하고 있다. (ㄱ) 여자는 남자에게 적합한 조력자로서의 역할을 하기 위해 지음받았다는 것이다. (ㄴ) 여자는 아담의 몸의 갈비뼈 하나를 취하여 지음받았다는 것이다. 바울로가 만일, 태초에 남녀가 똑같이(아마도—몇몇 고대 유다교의 해석자들이 생각했듯이—자웅동체와 같은 존재로) 창조되었다고 여기는 창세기 1장 27절에서 출발했다면 사실상 다른 결론에 이를 수도 있었다. 바울로는 7절에서 남자는 하느님의 형상이요 영광이라고 기술하고 나서 여자는 남자의 영광이라고 말할 때, 그는 *
이 귀절(창세 1,27)에 부분적으로 영향을 입은 것이 사실이다. 그가 여자는 남자의 영광이라고만 말하고 형상이라고 말하지 않은 것은 여자도 하느님의 형상을 닮고 있고 (몇몇 주석가들이 생각해 왔듯이) 남자보다 하느님으로부터 더 멀리 떨어졌던 것은 아니기 때문이다.

이제까지 우리는 한 절에 주의를 집중하였다. 남자는 여자의 기원이고 따라서 여자의 존재를 해명한다는 의미에서 **남자는 여자의 머리이다. 하느님은 그리스도의** 머리시다는 말도 이와 비슷한 점에서 이해할 수 있다. 아버지는 "신성의 원천"이다. 아들은 아버지와의 관계성 속에서 성립하는 존재이다. 바울로가 일종의 종속설(소박한 형태의 종속설)을 가르쳤다는 것은 의심할 여지가 없다. 3장 23절과 15장 28절과 그 주해도 참조하라. 만일 아들이 아버지께 복종하거나 의존하기를 그만둔다면 우리가 알고 있는 그러한 아들이 더 이상 아닐 것이다.

"그리스도는 모든 사람의 —단순히 그리스도교인만이 아니라 모든 사람의— 머리"라고 진술하는 절은 설명하기가 더 어렵다.(Robertson-Plummer에 따라서) "모든 사람"이 단순히 '결혼 했든지 안 했든지'를 뜻하는 것으로 받아들이는 것은 거의 타당하지 않기 때문이다. 이 말은 아마 그리스도를 창조의 대행자로 지시하는 것이리라(비교. 8,6: "그를 통하여"). 그러나 아마 이 사상은 더 나아가는 것 같다. 그리스도의 존재가 하느님의 존재 안에서 주어졌고 여자의 존재가 남자의 존재 안에서 주어졌듯이 남자의 존재는 인간성의 근거인 그리스도의 존재 안에서 주어진 것이다(비교. 골로 1,16: "그 안에서 만물이 지음을 받았다"). 그러므로 원래의 관계와 종속적인 관계는 서로 연결되어 있다: 하느님, 그리스도, 남자, 여자 이런 명제로부터 실제적인 결론들을 이끌어낼 수 있다.

[4] **남자가 기도할 때**(즉 집회에서 어느 그리스도교인이라도 그렇게 하듯이 공적이고 큰 소리로 기도할 때) **에나 예언할 때에**(예언의 은사에 대해서는 7장 10절과 그 밖의 곳 참조) **머리에**(*κατὰ κεφαλῆς*: Robertson, 606—607; *M.* iii. 268에도 이렇게 되어 있다. 다소 현학적인 이런 번역은 받아들일 만한데, 그것은 이미 살펴보았듯이 *κεφαλή* "머리"가 때때로 비유적으로 사용되기 때문이다.
* 헤링은 *κατά*를 '어디에서 흘러내리는'이 아니라 '씌우는'을 의미하는 것으로 이해한다—그러므로 그 의미는 '머리 덮개로'이다) **너울을 쓰면**(이 단락 전체에서 "너울" —그리이스어인 *κάλυμμα*가 안 나와 있으므로 의역해서 넣은 것이다— 은 얼굴을 가리우는 것이 아니라 머리와 상체를 가리우는 머리덮개로 생각할 수 있다. 쉴라터가 이렇게 이해하는데 그는 이 말이 경건하고 가장 온건한 유다인들의 관행에 대한 언급임을 보여준다. 참조. *Ketuboth* vii. 6.: "무엇이 유다교 관습을 어

기는 것인가? 만일 여자가 머리에 아무것도 쓰지 않고 밖으로 나가면…') **그는 자기 머리를 부끄럽게 하는 것입니다.** 유다교의 관습들에 대해서는 또한 *S.B.* iii. 423—6을 참조하라. 맨먼저 나온 "머리"라는 말은 인간의 신체적인 머리를 가리키는 것이 분명하다. 두번째로 나오는 "머리"는 무엇을 가리키는가? 어떤 이들은 그것도 신체적인 머리를 뜻하는 것으로 이해한다. 즉 아무것도 쓰지 않은 남자의 머리는 자유의 표시이자 하느님의 형상과 영광의 표시가 되지만(7절) 만일 머리에 무엇을 쓰면 그것은 불명예스런 일이 될 것이라는 것이다. 다른 이들은 이 귀절을 앞 절의 결론으로 간주하므로(그렇지 않으면 이 귀절에는 다른 의도가 없었을 것이다 —이 귀절을 하나의 주로 보는 바이스의 주장과 비교하라) 두번째 나오는 "머리"는 인간의 신체적인 머리를 지시하는 것이 아니라 모든 인간의 머리이신 그리스도를 지시하는 것이라고 주장한다. 더우기 고대 세계에서는 맨 머리가 아니라 모자가 자유의 표시였다. 그리고 유다교의 관습상으로도 이런 관행이 1세기에 유행하였는지는 확실치 않지만 남자들은 예배를 드릴 때 (머리를) 가렸다. 알로는 두 가지 해석, 즉 문자적 해석과 비유적 해석이 모두 옳을 수 있다고 주장한다. 그는 고린토후서 3장 18절에 대해 언급한다. 그리스도교인은 머리에 아무것도 쓰지 않으므로 그리스도의 영광을 드러낸다. 만일 (모세와 같이) 그가 너울을 써서 머리를 가리운다면 이것은 그리스도의 영광을 드러내는 것이 그 주요 기능인 머리를 박탈하는 것이고, 동시에 그의 영광이 반영되어 있을 그리스도의 잔을 빼앗는 일일 것이다. 이같은 해석은 그럴 듯해 보이긴 하지만 결코 확실하지가 않다. 내 해설의 대부분이 알로에게서 도움을 받은 것이므로 그의 마지막 문장까지도 인용하고자 한다: "만일 누군가가 더 나은 해석을 제시한다면 나는 그 견해를 따르겠다."

[5] 남자들에 대해서는 이만하면 충분히 얘기가 됐다. 그들은 공중예배에 참여할 때 머리에 아무것도 쓰지 말아야 한다. **그러나 여자가 기도할 때에나 예언을 할 때 머리에 아무것도 쓰지 않으면 그녀는 자기 머리를 부끄럽게 하는 것입니다. 그것은 머리를 밀어버리는 것과 한가지이고 또 그것과 똑같기 때문입니다**(직역하면 "그녀는 머리를 밀어버린 것과 한가지인 일을 하는 것입니다." 비교. *B.D.* § 131). 이 귀절은 여자들이 이따금 고린토의 그리스도교인 회합에 참여해서 큰 소리로 공중 앞에서(단지 가정 기도에서나 다른 작은 집단 앞에서가 아니라—바호만) 기도하고 예언하지 않는 경우에는 무의

미한 것이다. 더구나 여자들이 공중 앞에서 큰 소리로 기도하거나 예언하는 것이 부당하다고 바울로가 생각했다면 이런 상황에서 그들이 머리에 무엇을 써야 한다는 문제에 대해서 논의하는 데 시간을 낭비하지는 않았을 것임이 분명하다. 그가 금한 것은 단지 여자들이 머리에 아무것도 쓰지 않는 행위였을 것이다. 이런 고찰은 14장 33—36절(비교. 디전 2, 11·12)에 가면 문제가 될 것이다. 그러나 이 문제는 그때 가서 고려하겠다(참조. 이책 379면 이하). 본 장에서 바울로는 여자들이 공중기도를 드리고 예언으로 알려진 것과 같은 공적인 말을 하는 것을 가정하며, 또한 단지 그들이 이런 일을 할 때의 태도를 규정하고 있는 것이다.

여자는 머리에 아무것도 쓰지 않은 채 집회에서 말을 해서는 안 된다(바울로가 이렇게 말한다고 해서 여자가 말을 하지 않을 경우에는 머리에 무엇을 쓸 필요가 없음을 반드시 의미한다고 할 수는 없다). 그러므로 여자는 분명하게 남자와 구별된다. 남녀가 그리스도 안에서 하나라는 사실(갈라 3, 28)에서 창조시에 주어진 구분이 없어지는 것은 아니다. 남자는 너울을 씀으로써 그의 머리를 부끄럽게 하는 것이고 여자는 너울을 쓰지 않음으로써 그녀의 머리를 부끄럽게 하는 것이다. 여기서 "그녀의 머리"가 뜻하는 바가 무엇인가? 어떤 이들은 그녀의 남편이 암암리에 의도된 것이라고 생각한다(그녀의 남편은 그녀의 부끄럼을 모르는 행동 때문에 망신을 당할 것이다). 그러나 다음에 나오는 머리를 미는 행위에 대한 언급으로 미루어 보아 그녀의 신체적인 머리를 뜻하는 것 같다. 타키투스의 *Germania* 19('부정을 한 아내의 남편은 아내의 머리를 자르고 그녀를 발가벗겨서 집에서 쫓아버린다')는 고린토인에게보다는 현대 주석가에게 더 익숙한 병행귀로 보일 것이다. 아리스토파네스, *Thesmophoriazusae* 838('무가치한 자녀를 둔 어머니는 자신의 머리를 잘라야 한다') 등과 비슷한 병행귀는 보다 친숙한 것이리라. Lucian, *De Syria Dea* 6과 비교하라. 유다 여자는 공적으로는 늘 너울을 쓰고 다녔다(Jeremias, *Jerusalem zur Zeit Jesu*, 1958, Ⅱ B 232). 여기서 바울로는 여성해방운동에 반박하는 것이 아니라 그리이스세계에 동양적인 관습을 도입하려 한다고 큄멜은 주장한다. 또한 *S.B.* iii. 427—34를 참조하라. 여자가 '머리를 미는' 것이 더 이상 수치가 아닌 그러한 공동체일 경우에 이런 논증은 효과가 없으므로(Hooker, *N.T.S.* x. 410 : 참조. 이책 295면 이하) 여기서 바울로가 단지 관습에 의존한 것인지에 대한 문제를 물을 필요가 있다. 한 마디로 바울로가 관습에 의존했을 것 같지는 않다. 여자가 가리우는 것은 "자연"이 기대하는 바이므로(참조. 14절) 여자가 가리지 않는 것은 습관에 위배될 뿐만 아니라 부자연스런 행동이라고 바울로는 생각한다. "자연"에 대한 바울로의 이해가 타당한 것인지는 이하의 논의에서 다루어야 할 문제이다. 너울을 쓰는 것, 머리를 자르는 것, 머리를 미는 것 등이 모두 한데 속한 문제이다. '여러분이 율법에서 부과된 너울을 벗어던지면 그것은 자연에서 부과된 너울을 벗어던지는 것이다' (Chrysostom). **만일 여자가 머리에 아무것도 쓰지 않으려거든 머리를 깎을 것입니다. 그러나 머리를 깎거나 미는**(ξυρῶ의 단순과거 부정사의 중간태인 ξυρᾶσθαι를 읽 *
은 것이다. *B.D.* § 317 ; *M.* iii. 57) **것이 여자에게 있어서 부끄러운 일이라면 머리에 너울을 쓸 것입니다.** 여기서 새로운 사상이 도입된 것은 아니다. 그러나 사상의 반복은 바울로가 단순히 관습적인 타당성보다는 오히려 자연적인 타당성을 생각하고 있다는 견해를 보다 유력시하게 한다.

[7] 이제 그는 보다 명백하게 신학적 요점을 다시 언급한다. **남자는 머리에 아무것도 쓸 필요가 없읍니다**(직역하면 "무엇에 대한 의무가 없읍니다." 그러나 10절에 나온 병행귀는 남자가 너울을 쓰는 것이 단지 불필요한 것이 아니라 잘못된 것으로 바울로가 생각하고 있음을 보여준다). **그것은 그가 하느님의 형상이요 하느님의 영광이기 때문입니다.** 추측컨대 바울로의 말은 남자가 그의 머리에 너울을 쓰는 것이 하느님의 형상을 가리우고 그의 영광을 감할 것이라는 뜻이다. 그러므로 어떤 의미에서, 하느님의 형상과 영광은 머리에 깃드는 것이다. 창세기 1장 26절에 의하면 남자는 (하느님의 형상이란 말에는 남자도 여자도 모두 포함되어 있다) 하느님의 형상대로 지음을 받았다는 것이다. 다시 말해 다른 피조물과 대조할 때 하느님을 닮았다는 것이다. 그러나 바울로는 이런 사상을 발전시키지 않는다. 이 사상이 7절c에는 나타나지 않는데, 여자가 남자의 형상과 같을 수는 없기에 이 귀절에는 적합하지 않았을 것이다(아담은 자기 형상을 닮은 아들을 낳았다). 그래서 이 문맥에서 바울로는 형상이란 말을 다만 영광이란 말로 이끌어간다. 아담이 하느님의 영광이었다는 말뜻이 이미 밝혀진 바 있다(이책 292면). 즉 그는 하느님 자신의 창조활동의 직접적인 산물이었고 그 분의 목적에 봉사하도록 지음을 받았다. 인간은 하느님에게 영광을 돌리기 위해서(로마 1, 21 ; 참조. 주석) 존재한다(ὑπάρχων). 그는 참으로 하느님에게 복종하

는 신실한 피조물로 존재함으로써만 그분에게 영광을 돌리는 것이다. 또한 그는 참으로 그리스도 안에 있을 때만 하느님에게 복종하는 신실한 피조물일 수 있으며(오직 그리스도를 통해서만이 인류는 타락의 상태에서 회복된다), 예배는 그리스도 안에 있는 인간의 존재를 드러내지 않는 한 아무런 의미가 없다. 하느님의 영광은 이처럼 계시된다. 그러나 여자는 남자의 영광입니다. 다음의 두 귀절에서 알 수 있듯이, 이제 바울로는 창세기 1장 26절이 아니라 창세기 2장 18—23절을 따른다(*C.D.* Ⅲ. i. 191—206 〔특히 203〕에서 바르트는 이러한 이행을 인정하지 않는데 이것은 그의 주장이 지닌 하나의 약점이다).

〔 8·9 〕 그것은 남자가 여자에게서 난 것이 아니라(왜냐하면 남자는 여자가 존재하기 이전에 존재했기 때문이다) 여자가 남자에게서 났기 때문이며(왜냐하면 여자는 아담의 옆구리에서 취한 갈비뼈 하나로 만들어졌기 때문이다 : 창세 2, 21) 또한 남자가 여자를 위하여 지음을 받은 것이 아니라(왜냐하면 남자는 —창조 설화에 의하면— 하느님이 여자를 만들기로 생각하시기 전에 지음을 받았기 때문이다) 여자가 남자를 위하여 지음을 받았기 때문이다(하느님이 여자보다 짐승들을 먼저 지으신 다음에 그들에게서 아담에게 적합한 조력자를 찾으셨으나 얻지 못했기 때문이다 : 창세 2, 19·20). 아담이 하느님에게서 직접 생겨났고 오직 하느님에게 봉사하기 위해 지음받은 것과 마찬가지로, 여자는 남자에게서 생겨났고 처음부터 그의 조력자로 의도되었다. 그러므로 남자가 하느님의 영광이라는 의미에서 여자는 남자의 영광이다. 그것은 여자가 남자에게서 생겨났고 (하지만 여자의 창조주는 남자가 아니라 하느님이다) 남자를 위해 봉사하는 데서 자기 완성을 보기 때문이다. 이것이 그녀가 지음받은 대로의 역할이다. 그러나 이것이 그리스도 안에서의 여자의 역할은 아니다. 그리스도 안에서는 이같은 구별이 제거되었지만 아직도 그리스도교인들은 피조물이다. 바울로가 갈라디아서 3장 28절에서 무엇을 말하려고 했든지 간에 그의 말은 창조된 성적 차이가 더 이상 존재하지 않는다 —(7장에서) 교회 내에서의 결혼문제에 관한 그의 논의는 이점을 충분히 보여준다— 고 생각할 수는 없었을 것이다.

〔 10 〕 "여자는 남자의 영광입니다"라는 진술 다음에 바울로는 7절과의 병행을 마무리짓기 위해("남자는 머리에 무엇을 쓰면 안 됩니다"와 같이) '여자는 너울을 써야 합니다'라는 말을 덧붙였을 것이라고 생각해 봄 직하다. 그러나 바울로는 이렇게

하지 않았다. 8·9절에서 창조시의 남녀의 관계를 전개시킨 다음에 계속해서 이에 대해 논의한다. 이러한 이유로 여자는 천사들을 위해서 자기 머리 위에 권위를 지녀야 합니다. "이러한 이유로"는 앞의 말을 지시하는 것으로 받아들이는 것이 가장 자연스럽다. 그 이유들에 대해서는 방금 제시하였다. 이런 이유들은 (만일 "이러한 이유로"가 유일하게 다음의 내용을 가리키는 것이라고 보지 않을 경우) 또 다른 이유, 즉 "천사들을 위해서"에 의해 보충된다. "이러한 이유로"가 다음의 내용을 가리킨다고 볼 경우에는 "천사들을 위해서"가 유일한 이유이다. 이 귀절에서는 두 가지 점이 특히 불분명하다. 그중 하나는 바울로가 여자는 머리에 (너울이 아니라) "권위"(ἐξουσία)를 지녀야 한다고 말한 이유는 무엇인가라는 문제이며, 또 하나는 그가 천사들에 대해 언급하는 이유가 무엇인가 하는 문제이다. 이 두 문제에 대해서, 특히 앞의 문제에 대해서는 주석에 있어서 많은 도움을 받은 후커 박사의 논문 (*N.T.S.* x. 410—16)을 참조해야 한다.

천사들은 '하느님의 아들들'(천사들)이 사람의 딸들을 강간하였다는 창세기 6장 1·2절의 설화에 의해 자주 설명되었다. 있을 수 있는 이러한 공격(강간)에 대비하여 여자들은 보호를 받아야 할 필요가 있다는 것이다. 그러나 머리에 너울을 쓰는 것이 그들이 기도할 때나 예언할 때에 그러한 필요에 어떻게 도움을 줄 수 있는지가 분명하지 않다. 기도나 예언할 때만이 호색적인 천사들이 그들을 겁탈할 수 있는 때란 말인가? 아니면 여자들의 가장 안전한 때는 기도나 예언할 때란 말인가? '신약성서의 어디에도 천사들을 악한 존재로 생각하지 않는다'고 주장할 수는 없지만(그 예로 사탄의 천사들도 있다. 천사들에 대한 유다교의 견해에 대해서는 *S.B.* iii. 437—40을 참조하라) * 그렇다고 하더라도 방금처럼 해석하는 데는 근거가 희박한 것 같다. 천사들은 주교들을 가리킨다는(참조. 묵시 2,1 등) 것과 같은 색다른 교부적 해석은 제쳐 두고라도, 천사들이 창조질서의 수호자들이라는 정반대의 해석이 있다(하지만 천사들이 여자들의 보호자들이라는 해석은 문제가 있다). 창조 질서의 수호자인 천사들은 3절의 원칙들에서 벗어나는 것에 대해 특히 노여워하게 될 것이다. 이런 견해는 후커가 주장한 견해이다. 이런 견해는 *N.T.S.* iv. 48—58에 나오는 휘츠마이어(J.A. Fitzmyer)의 논문에서 뒷받침되는데 그는, 천사들이 집회에 참석했을 때 정당한 질서를 벗어나는 데 대해 쉽게 노여워한다는 생각이 표현된 쿰란 문서를 인용한다. 이런 견해는 우리가 천사들을 창조 질서의 파수꾼들로 생각할 경우에는 (후커 박사의 견해에 대해 언급한 4장 9절 참조) 약간 달라질 것이다. 그럴 경우 창조 질서를 유지하려는 천사들이 있는가 하면, 창조 질서의 안전성으로부터 이탈한 행위에 대해 즉각 공격하려는 천사들도 있을 것이다.

이제 두번째 문제로 넘어가서, 바울로가 독자들이 기대한 너울이라는 말과는 달리 권위라는 말을 쓴 이유는 무엇인가에 대해 살펴보자. 후커(앞의 인용문)는 이 말에 대해 현대의 대부분의 해석들이 성립될 수 없음을 별 어려움 없이 설명한다. 키텔은 이 말이 아람어의 모호성(어조 Sh-l-ṭ에서는 세력이나 권위를 뜻하는 말들과 함께 너울을 뜻하는 말들이 파생된다)에 근거해 있다고 주장하는데, 그러한 언어지식은 고린토인들에게는 생소한 것이었다. 다른 주장들은 그리이스어 본문에서 입증되지 않는데 그리이스어 본문에서 바울로의 말(ἐξουσία)은 "존엄," "보호," 또는 '굴복한 (남편의) 권위의 표징'을 의미하지 않는다는 것이다. 이제 가장 무난하게 생각되는 견해를 다음 두 단계로 설명해 보겠다.

(ㄱ) 본래 여자는 남자의 영광(7절)이기 때문에 예배시에 (그녀가 기도할 때나 예언할 때에) 하느님에게 영광을 돌리도록 너울을 써야 한다. "만일 여자가 기도할 때나 예언할 때에 머리에 아무것도 쓰지 않는다면 이것은 하느님에게 영광을 돌리는 것이 아니라 남자의 영광을 드러내는 것이므로 하느님의 면전에서 반드시 부끄러움을 가져올 것임에 틀림없다. 그러므로 남자의 영광은 여자의 '머리'에 수치가 되지 않도록 가리워져야 한다. 바울로의 주장은 신학적인 전제들에 근거한 것이긴 하지만 실제적인 편의주의를 반영하는 것 같다. 보다 그럴 듯한 사실은, 여자들이 머리를 드러냄에 따라 유혹을 받는 것은 천사들이기보다는 고린토의 남자들이었고 그렇게 하여 관심이 하느님에게 드리는 예배에서 다른 데로 쏠리게 되었다는 것이다"(415).

* (ㄴ) 그러나 왜 하필 "권위"라고 말했는가? "바울로에 의하면…하느님의 영광은 여자가 아니라 남자이고 따라서 남자가 예배에서 능동적인 역할을 하는 것이 당연하다…그러나 여자도 기도할 때 하느님에 대해 말하고, 예언할 때 그의 말씀을 선포한다. 그러나 이렇게 하려면 그녀는 하느님에게서 받은 권위와 능력을 지녀야 한다. 하느님의 면전에서 남자의 영광을 제거하는 것을 상징하는 너울(head-covering)은 여자에게 부여된 권위(ἐξουσία)의 표징도 된다"(415—16). 즉 여자의 너울은 이전에 그녀에게 허용되지 않았던 일들을 할 수 있는 새로운

섭리 아래서 여자에게 부여된 새로운 권위를 상징하는 것이다.

〔11 • 12〕 방금 제시한 해석을 뒷받침해 줄 수 있는 어떤 논증도 없이 자연스럽게 다음의 두 귀절로 넘어간다. 이 두 귀절은 자연적이고 확실한 남녀의 차이를 인정하고 나서 하느님의 목적에 있어서의 그들의 상호의존성과 그리스도교적 섭리 안에서의 하느님의 목적의 최종적인 실현을 강조한다. 오직 주 안에서는 (뒤따르는 내용이 시사하듯이 단순히 "그리스도교인의 사적인 생활 영역에서"가 아니라. 아마 원래의 창조와 창조의 회복에 있어서의 "주의 뜻 안에서") 남자없이 여자가 있을 수 없고 여자없이 남자가 있을 수 없읍니다. 누구든지 여기서 다음 귀절이 단지 창세기 2장을 지시하는 것이 아니라면 창세기 1장 26·27절에 나오는 최초의 인간은 양성(兩性)적이었다는 유다교의 신념에 대한 언급을 참조하려고 할 것이다. 그것은 여자가(창조시에 ; 참조. 창세 2, 21) 남자에게서 난 것같이 남자도 (원래 출생의 과정에서) 여자를 통하여 났기 때문입니다. 그러므로 남자는 여자에게, 여자는 남자에게 은혜를 입고 있으며 상대방이 없이는 존속할 수 없다. 남자와 여자는 함께 중요한 하나의 통일체를 이룬다. 그리고 모든 것은 하느님께로부터 왔읍니다. 남자와 여자는 똑같이 하느님으로 말미암아 존재하며 그에게 의존해 있다. 하느님 자신은 인간존재와 성구별과 출산의 성적 기능의 원천으로 주장된다. 특수한 이유들로 해서 바울로가 결혼을 반대하는 조언을 할 수 있다면 그것은 그가 성을 악마적인 것으로 생각하기 때문은 아닐 것이다. 쉴라터는 창세기 대 미드라쉬 8장 8절('여자없이 남자가 있을 수 없고 남자없이 여자가 있을 수 없으며 또한 남자도 여자도 "하느님"〔Shekinah. 역주 : 이 말은 히브리어로는 "거처"라는 말인데 신의 현존을 나타내는 용어이다〕 없이는 존재할 수 없다')과 비교하지만, 이 인용 문장이 자녀의 출산을 언급하는 것은 분명하다.

〔 13 〕 바울로는 이 삽입귀 다음에 예배시에 여자의 옷에 대한 문제로 돌아간다. 그 이유는 무엇인가? 바울로가 진지한 신학적 근거들에서 자신의 주장을 내세우고 나서 여자들의 가치를 의심하고 관습과 편견에 강력히 호소해야 했단 말인가? * 이렇게 생각할 수는 없을 것이다. 그러므로 바울로의 말들 속에는 몇몇 주석가들이 찾아낸 것 이상의 의미가 담겨 있을 법하다. 여러분들끼리 판단해 보시오. 아마 "여러분 스스로," 즉 '여러분 자신의 생각에 따라, 그리고 여러분 자신의 지적 능력을 활용하여'라는 말일 것이

다. 별 도움이 되지 못하는 인간의 지능이 하느님의 진리를 발견해낼 수 있다고 기대하는 것은 어리석을 것이다. 독자들은 그리스도교인들이고 바울로는 그들에게 가능한 상식적인 판단을 내리도록 부탁한다. 5장 4·5·12절, 10장 15절과 비교하라. **여자가 너울을 쓰지 않고 하느님께 기도하는 것이 마땅한 일이겠읍니까?** 확실히 이 문장은 그 대답이 아니오임을 예견하게 한다. 고린토인들 스스로가 바울로의 훈계를 받지 않고도 이런 결론을 내릴 수 있어야 한다.

〔14·15〕 **자연 그 자체가 여러분에게 가르쳐 주지 않읍니까? 남자가 머리를 길게 느리면 그것이 그의 부끄러움이 되지만 여자가 머리를 길게 하면 그것이 그에게 영광이 된다는 것을.** 바울로는 "자연"(φύσις)이란 말을 로마서 1장 26절, 2장 14·27절, 11장 21·24절, 갈라디아서 2장 15절, 4장 8절(비교. 에페 2, 3)에서도 쓰고 있다. 이 귀절들 모두가 똑같은 사상을 동일하게 표현하는 것은 아니다. 그러나 이 귀절들 모두에 공통적인 것은, 인위적인 변화가 없는 것으로 생각되는 것들과 관계되어 있다는 점이다. 현재의 귀절에 대한 가장 좋은 병행귀는 로마서 1장 26절이다(로마서 1장 26·27절에 나오는 "자연"φυσικός의 용법과 비교하라). 이 말에 담긴 생각이 어떤 심오한 신학적인 사상은 아니다. 바울로는 (스토아철학의 방식대로) 자연(Nature)을 반신적(半神的)인 근본원리로 생각하기보다는 오히려 자연계는 하느님이 만든 것이라고 생각한다. "자연"(즉 하느님)은 남자와 여자를 서로 다르게 만들었고 각자에게 할당한 머리의 양으로 남녀의 구별을 볼 수 있도록 표시하였다. 즉 남자는 머리를 짧게 하고 여자는 머리를 길게 한다는 사실에서 남녀의 구별을 볼 수 있게 하였으며 비록 인위적으로 이런 차이를 뒤바꾸어 놓을 수 있다고 해도 그렇게 하는 것은 부자연스럽게 느껴질 것이다. 이것이 과학적인 관찰과 일치하든지 일치하지 않든지간에 이것은 헬레니즘적 초상화법에 대한 연구에서 확인하듯이 확실히 바울로의 관찰과 일치할 것이다. Epictetus Ⅰ. xvi. 9—14에는 이런 사상에 대한 좋은 병행이 나온다. "자연(φύσις)의 중요한 일들(ἔργα)을 제쳐두고 그 중요하지 않은 일들(πάρεργα)을 보라. 머리카락을 턱까지 늘어뜨리는 것만큼 쓸모없는 짓이 있겠는가? 있다면 무엇인가? 자연은 가능한 한 가장 적합한 방식으로 머리카락을 사용하지 않았는가? 자연은 머리카락에 의해서 남성과 여성을 구별하지 않았는가? 우리들 각자의 본성으로부터 직접 '나는 남자다'라는 소리가 멀리서 들려 오지 않았는가? 이러한 이

해에 근거해서 나에게 접근하고 말을 걸고, 그밖에 아무것도 추구하지 말아라. 여기에 어떤 표징들이 있는가? 다른 한편 여자에 관해 말하자면 자연은 (턱의) 머리카락을 제거한 것과 마찬가지로 목소리에 좀 더 상냥한 어조를 띠게 하였다…이러한 이유에서 우리는 하느님이 부여한 표징들을 보존해야 하고 그러한 표징들을 버려서는 안 되며 할 수 있는 한 성의 구분들을 그르쳐서는 안 된다." 마찬가지로 여자가 (운동가들 중 가장 "남성다운 사람들" ἀνδρώδεις처럼) 머리를 미는 것은 부자연스런 일이라는 사실이 Lucian, *Dialogi Meretricii* V. 3에 분명하게 예증되어 있다. 이 대화가 함축된 사상과 관련된 문맥을 암시하는 것이라면(이 단락에서 바울로의 주장에는 동성연애에 대한 혐오가 상당히 깔려 있을 법하다) 여자가 머리를 깎는 일은 확실히 "마땅치" 않은 것이다. 여자의 긴 머리는 "그녀에게 영광"이 된다. 여기서 "영광"은 7절에서의 의미와는 다른 의미로 쓰였지만 7절에서의 의미와 관련되어 있다. 인류는(예를 들어 그들의 드러난 올바른 성적 구별에 있어서) 하느님이 그들에게 기대한 바대로의 존재로 하느님에게 영광을 돌려야 한다. 이와 동시에 복종하여 하느님이 그들에게 기대한 바대로의 존재로 되는 것이 인류가 성취할 수 있는 최고의 영광이다. 여자가 여자다운 모습으로 머리를 길게 느리는 것은 창조된 대로의 그녀의 역할을 이행하고 있다는 외적 표징이다. 이것에 대한 또 다른 이유가 제시된다. 긴 머리는 그의 머리를 덮는 것으로(ἀντί, 직역하면 그것 대신에) 쓰이도록 여자에게 주신 것입니다. (본래 유다인인) 바울로는 여자들만이 가리워야 한다고 생각하지 않았다. 남자도 그의 드러난 부분을 감추어야 한다. 그러나 여자는 머리카락에서 남자에게는 없는 원시적인 형태의 덮개를 부여받았다. 이점에서 여자는 남자에 대해 유리한 점을 가지며 그녀의 긴 머리가 자연적으로 제시하는 암시에 따라야 한다.

[16] 바울로는 사소한 문제에 대해서 너무 오래 논의하였다고 느꼈을 것이므로 지금까지의 논의를 중단한다. 어떤 사람이 (이 문제에 대하여) 논쟁할 생각을 가지고 있을지 모르나 (이 구문은 고전적인 구문은 아니다. "그가 생각한다" δοκεῖ의 이같은 용법은 "내게 생각된다" δοκεῖ μοι의 정확한 용법과 동일한 것은 아니지만 그러한 용법에 영향을 받은 것이다) 그런 풍습은 우리에게도, 하느님의 교회에도 없는 것입니다. 바울로는 의견의 분열을 막을 수 없고 논쟁조차 막을 수 없다. 바울로는 "여러분들끼리 판단해 보십시요"(13

절)라고 말함으로써, 논쟁할 생각이 있는 사람들을 끌여들었고 실제로 헬레니즘시대에 이해한 바대로의 것이라 할 수 있는 "자연"에 대한 호소를 함으로써 동의를 구하였다. 그러나 논쟁(바울로가 쓴 형용사에 상응하는 명사가 사용된 루가복음 22장 24절과 비교하라. 신약성
* 서의 다른 곳에서는 이 말이 나오지 않는다. 냉소적인 관찰자는 논쟁을 철학자들의 특징으로 간주할 수 있었다—Lucian, *Icaromenippus* 29)은 그리스도교인의 덕이 아니므로, 이 문제에 대한 바울로의 견해에 논박하려고 하는 사람은 스스로 교회의 소수집단에 속하려 하고 있다는 것을 기억해야 한다. 바로 이것이 그가 재고해야 할 이유이다. 이 귀절의 "우리"라는 말이 바울로를 의미한다면 (아마 그럴 것 같은데), 그 의미는 이렇다 : '나는 여자들이 머리에 아무것도 쓰지 않고 기도하거나 예언하는 관습을 허락한 적도 없었고 또 교회가 그런 관습을 끌여들인 적도 없었다.' 이와 달리 "우리"라는 말 속에는 바울로와 에페소(편지를 쓰던 장소 : 이책 서론 21 · 22면) 교회, 또는 고린토교회(지금까지 서산의 대상이 된 곳)가 모두 포함될 수 있다. 이럴 경우 "하느님의 교회들"은 "다른" 교회들을 뜻하는 것임에 틀림없다. 교회에 관해서는 또한 이책 51면을 참조하라. 여기서처럼 복수로 나온 곳은 다음과 같다 : 로마 16, 4·16 ; 고전 (14, 17) ; 7, 17 ; 14, 33(34) ; 16, 1·19 ; 고후 8, 1·18·19·23·24 ; 11, 28 ; 12, 13 ; 갈라 1, 2·22 ; 데전 2, 14 ; 데후 1, 4. 복수명사는 바울로가 하느님의 백성의 전일성(全一性)을 지시하는 가장 일반적인 방식이다. 비록 그가 가끔씩 이런 의미로 단수를 사용하고 있다(12, 28 ; 15, 9)고 해도 그렇다. 이것은 —현재 논의된 관습과 관련해서가 아니긴 하지만 세부적으로 서로 다른— 수많은 지역교회들은 보편적인 교회를 이루고 있다는 사실을 강조하는 것이 아니다. 지역교회들은 "하느님의" 교회들이므로 (1, 2에 대한 주해 참조) 하느님의 권위 아래 있다. 바울로가 "풍습"이란 말로써 뜻하는 바는, 여자들이 너울을 쓰지 않고 기도하거나 예언하는 것임에 틀림없다. 이 말이 논쟁을 가리키는 것일 수는 없다(바흐만). 사도들이 논쟁하는 습관이 없다고 말할 필요가 바울로에게 있었겠는가(Robertson-Plummer)?

25. 만찬 11장 17—34절

17 여러분에게 이런 당부하는 데 있어서 내가 칭찬할 수 없는 점이 있읍

니다.[1] 그것은 여러분의 집회가 유익보다는 도리어 손해를 주는 것이기 때
문입니다. 18 첫째로 여러분이 집회에 모일 때에 여러분 가운데 분열이 있
다는 말을 들었는데 나는 그것이 어느 정도 사실이라고 믿습니다. 19 여러분
가운데서 옳은 사람이 밝히 드러나기 위해서는 당파도 있어야 합니다. 20 그
러나 이 때문에 여러분은 한 자리에 모이면서도 주의 영광의 만찬을 먹을
수는 없읍니다. 21 여러분이 먹을 때에 각기 자기 음식을 먼저 먹기 때문에
어떤 사람은 배고프고 또 어떤 사람은 술취합니다. 22 왜 그러합니까! 여
러분에게 먹고 마실 집이 없읍니까? 그렇지 않으면 하느님의 교회를 멸시
하고 가난한 사람들을 부끄럽게 하려는 것입니까? 내가 이런 일에 대하여
여러분에게 할 말이 무엇이겠읍니까? 내가 여러분을 칭찬할 것입니까?[2] 이
런 일에 대해 나는 칭찬할 수 없읍니다. 23 왜냐하면 내가 여러분에게 전한
것은 주께로부터 받은 것이기 때문입니다. 곧 주 예수께서 배반당하신 밤에
떡을 가지시고 24 감사드리신 다음에 떼시며 "이것은 너희를 위하는 내 몸
이니 이것으로 나를 기념하라"고 말씀하시고 25 그들이 만찬을 나눈 후에
또 이와 같이 잔을 가지시고 "이 잔은 내피로 세운 새 언약이니 마실 때마
다 몇번이라도 나를 기념하여 이것을 행하라"고 말씀하셨읍니다. 26 왜냐하
면 여러분이 이 떡을 먹고 이 잔을 마실 때마다 몇번이라도 주의 죽으심을
그가 오실 때까지 전하는 것이기 때문입니다. 27 그러므로 누구든지 합당하
지 않게 주의 떡을 먹거나 주의 잔을 마시는 사람마다 주의 몸과 피를 범
하는 죄를 짓는 것입니다. 28 자기 자기 자신을 살피십시요. 즉 어떻게 그
떡을 먹고 잔을 마셔야 하는가를 살피십시요. 29 왜냐하면 그 몸[3]을 분별
하지 못하면서 먹고 마시는[4] 사람은 자기에게 내릴 심판을 먹고 마시는 것
이기 때문입니다. 30 여러분 중에 몸 약한 사람과 병든 사람이 많고 잠든
사람도 많은 것은 이 때문입니다. 31 그러나 우리가 먼저 우리 자신을 판단
하면 심판받지 않을 것입니다. 32 그러나 우리가 주께 심판받는다는 것은
세상과 함께 정죄받는 일이 없도록 우리가 단련받는 것입니다. 33 그러므로

1) *παραγγέλλων οὐκ ἐπαινῶ* ("[여러분에게] 다음과 같이 당부하는 데 있어서 내가 칭찬할 수 없는 점이 있읍니다")라고 번역된 본문은 ℵ G와 대다수 사본들의 독법이다. A C*와 라틴사본과 시리아사본에는 *παραγγέλλω οὐκ ἐπαινῶν*("내가 칭찬할 점이 없으므로 다음과 같이 당부합니다")라고 되어 있다. B에는 *παραγγέλλων οὐκ ἐπαινῶν*("다음과 같이 당부하는 데 있어서 내가 칭찬할 수 없는 점은")이라고 되어 있다. D*와 a minuscule에는 *παραγγέλλω οὐκ ἐπαινῶ*("나는 다음과 같이 당부하며 칭찬하지 않습니다")라고 되어 있다.
2) *ἐπαινέσω*[미래형]이다. *ἐπαινῶ*[현재형](P^{46} B와 다른 사본들의 독법)는 아마 다음에 나오는 동사에 맞추어서 그런 것 같다.
3) 대다수 사본들에 따른 서방본문에는 "주의 몸" *τὸ σῶμα τοῦ κυρίου*라고 되어 있다.
4) 서방본문에는 *ἀναξίως* "무익하게"란 말이 앞에 첨가되어 있다.

내 형제들이여, 식사를 위해 함께 모일 때 서로 기다려야 합니다. 34 배고픈 사람은 집에서 식사할 것입니다. 그리하여 여러분이 모이는 목적 때문에 심판받는 일이 없도록 하시오. 그밖에 다른 문제들에 대해서는 내가 가서 처리하겠읍니다.

* 〔 17 〕 바울로는 여전히 그리스도교회의 무질서에 대해 말한다. 필시 여자들이 남자를 닮는 것보다 더 심각한 새로운 문제점을 다루기 시작하는데, 이 문제점에 대해 그는 먼저 자신의 견해를 제시하고 싶어한다. 여러분에게 이런 당부하는 데 (바울로의 말 τοῦτο는 앞의 말을 가리키는 것임이 분명하다. 다음의 말을 가리키는 것이 되려면 τάδε로 바꾸는 것이 보다 자연스러울 것이다. 여기서 또한 당부의 말 전체〔7—14장〕가 의도된 것이라면 명사가 사용되지 않았을 것이다) 있어서 내가 칭찬할 수 없는 점이 있읍니다. 그것은 여러분의 집회가 유익보다는 도리어 손해를 주는 것이기 때문입니다. 사본들은 "당부하다"(παραγγέλλειν)와 "칭찬하다"(ἐπαινεῖν)라는 두 동사가 취한 형태들이 매우 다양함을 보여준다. 이책 302면의 주 1을 참조하라. 번역에 있어서 첫번째 동사(당부하다)는 분사로, 두번째 동사(칭찬하다)는 직설법으로 제시하는 사본들이 있다. 그렇게 번역하는 것이 가장 무난해 보인다. 왜냐하면 다음 귀절이("그것은 여러분의 집회가……") 왜 바울로가 그의 독자들을 칭찬하지 않는가에 대한 이유를 말하기 때문이다. 어떤 이들은 첫번째 동사를 직설법으로, 두번째 동사를 분사로 하는 사본들을 따르려고 하는데 이럴 경우 그 번역은 다음과 같다 : '내가 이런 당부를 하는 것은 내가…칭찬할 수 없기 때문입니다' (분사절의 원인적 용법). 그러나 이렇게 번역하면 "이런" (τοῦτο)은 다음의 말을 가리키게 된다. 그것은 앞의 말을 가리키는 것으로 받아들이는 것이 더 좋을 것이다. 다른 이들은(*B.D.* §430) 두 동사를 모두 정형동사로 삼는 아주 소수의 사본들을 따른다 : '나는 이런 당부를 합니다… 나는 칭찬하지 않습니다….' 접속사가 생략된 이 독법은 아마 우연의 잘못일 것이다. 바울로의 말은 다음을 뜻한다 : '나는 예배를 위한 교회집회에 있어서의 어떤 문제와 관련하여 여러분에게 당부한 바 있읍니다. 내가 이 문제를 기쁜 마음으로 다룰 수 없는 것은 여러분이 칭찬이 아니라 도리어 비난을 받아야 하기 때문입니다. 여러분의 집회들은 아주 잘못되었기 때문에 공동체를 세우기보다는 오히려 공동체에 해를 입히고 있읍니다. 그러므로 여러분이

모이는 것이 유익이 되기보다는 도리어 해가 되고 있읍니다.'

[18] 여기에 특수한 예가 있다. 첫째로("둘째로"가 뒤이어 나오지는 않는다. 그러나 34절에서 바울로는 "그 밖의 다른 문제들"에 대해 언급하고 12장과 14장에서는 고린토교회의 또 다른 유감스런 양상들에 대해 계속해서 다룬다. 그가 응답의 δέ ["이제"]가 없이 πρῶτον μέν "첫째로"로 쓴 것은 적어도 묵인될 수 있다. 참조 *B.D.* §447) 여러분이 집회에(또는 "교회에" ἐν ἐκκλησίᾳ. 이하 참조) **모일 때에 여러분 가운데 분열이 있다는 말을 들었는데**(영어문장상 올바른 사상의 연관을 지으려면 이 말을 제시할 필요가 있다). 1장 10절 이하에 나오는 "분열들"을 연상하는 것이 자연스럽지만 그러나 여기서 언급된 분열들이 거기 나오는 분열들과 동일한 것이라고(G. Bornkamm, *Gesammelte Aufsätze* ii [1959], 141) 가정해서는 안 된다(예를 들어 리츠만과 쉴라터가 이렇게 주장한다). 유다 그리스도인들이 정결한 식사(*kosher* food)를 주장했다면 식사가 그들과 이방 형제들을 분리하는 계기가 되었을 가능성이 있기도 했겠지만, 고린토인들이 만찬에서 보여준 분열은 적어도 부분적으로는 부자와 가난한 사람 사이의 계층 구분의 결과였다. 분열에도 불구하고 신자들의 전 공동체는 여전히 "집회"에 함께 모였던 것으로 보인다. 이 말(집회)은 보통 "교회"로 (예를 들어 1장 2절에서처럼) 번역된 그리이스어(ἐκκλησία)를 번역한 것이다. 그러나 비성서적 그리이스어에서 이 말은 토의를 위한 목적이나 실무를 집행하기 위한 목적으로 모인 도시의 시민단체를 지시하는 것이고, 그리이스어 구약성서에서 이 말은 모이는 하느님의 백성을 종종 언급하는 히브리어(qahal)를 번역한 것이다. 이것은 여러 귀절들에서, 특히 고린토전서 14장에서 이 말이 단순히 하느님의 백성을 뜻하는 것이 아니라 모인 하느님의 백성을 뜻한다는 것과 일치한다. 이것이 이 귀절에서의 의미인 것 같다. *

이처럼 고린토의 집회(ἐκκλησία)는 분열을 드러냈다. 10장 17절에서 말하는 연합은 아직 이루어지지 않았다. 실은 주의 만찬 자체에서도 연합이 부인되었다. 그러나 이것이 만찬을 포기하게 된 이유로서 언급되어 있지는 않은데, 바울로의 견해에 의하면 만찬은 완전한 연합의 실현을 기다리는 것이 아니라 오히려 이같은 실현을 지향해가는 하나의 수단이다.

풍문에 따르면 이렇다 : …**말을 들었읍니다**. 그들 자신의 업적을 자랑했던 고린토인들이(예. 1,4 이하 ; 5,2), 바울로에게 보낸 편지에서(7,1

등) 만찬시에 분열이 있다는 말을 그에게 했을 성 싶지는 않다. 아마 바울로는 그 말을 글로에 집사람들(1, 11)로부터 들었거나 아니면 스테파나와 포르두나도와 아카이고로부터(16, 17) 소식을 들었을 것이다. **나는 그것이 어느 정도 사실이라고 믿습니다.** "어느 정도"라고 말한 것은 바울로가 그같은 추문을 인정하기를 꺼려했기 때문이고 그러나 "내가 믿습니다"라고 말한 것은 소식을 전한 사람들이 믿을 만한 사람들이었기 때문이며 또한 분열의 사실 자체를 쉽게 믿을 수 있었기 때문이다.

[19] **옳은 사람이 밝히 드러나기 위해서는 여러분들 가운데** (또는 "옳은 사람이 여러분들 가운데서 밝히 드러나기 위해서는) **당파**(바울로는 참신한 단어인 *αἱρέσεις*를 의미상 어떤 중요한 변화를 주지 않고 사용한다—만일 이같은 변화가 있을 경우에는 사상적으로 잘 연결되지 않았을 것이다)**도 있어야 합니다.** 즉 당파가 없다면 옳은 사람은 다른 사람들과 구별될 수 없을 것이다. "옳은 사람"(*δόκιμοι*)이란, 첫째로 하느님이 인정하는 사람들임을 암시한다
* (그 반대의 경우에 대해서는 9장 27절의 "버림받은 사람" *ἀδόκιμος*과 비교하라). 그러나 로마서 16장 10절(이 말은 또한 로마 14, 18 ; 고후 10, 18 ; 13, 7에서도 발견된다)은 이 말이 도덕적 의미로도 사용될 수 있음을 보여준다 : 아벨레는 '하느님께 인정받은' 사람일 뿐만 아니라 눈에 띄는 그리스도교인이었다. 여기서 그 의미는 이렇다 : '옳은 사람들은 하느님의 선택과 인정을 받았기 때문에 결국 그들의 존재는 참되다. 그러나 그들은 그들의 행위로 인해 참된 그리스도교인들로도 부각된다.' 바울로의 말이 다음을 뜻하는 것은 아니다 : '…하느님의 선택에 의해 그리스도교인이 된 사람들은 그렇지 못한 사람들과 구별되어야 한다는 것이다. 그러나 …참으로 그리스도교적 방식대로 행동하는 사람들은 그렇지 못한 사람들과 구별된다. 그러나 (캄멜이 리츠만에 반대하여 지적하듯이) 이 문장에서 바울로는 단순히 단념을 표시하거나 빈정대는 것이 아니다. 이 귀절은 '신적이고 종말론적인 필연성을 서술하는 것이다(비교. 15, 25·53 ; 고후 5, 10…). 다시 말해 분열은 심판에 대한 분명한 결단을 내리게 하는 데 기여한다는 것이다(참조. 3, 13).' 이와 비슷한 분열의 예고를 예수에게로 돌릴 수 있었다. J. Jeremias, ***Unknown Sayings of Jesus*** (1964), 76—77을 참조하라.

[20] 분열은 불가피한 것일 수도 있다. 하지만 분열이 교회의 품격을 높이는 것도 아니고 교회의 명예가 되는 것도 아니다. **그러나 이 때문에 여러분은 한 자리에 모이면서도** (assemble together, 이 말은 그리이스어를 모방한 중복어이다. *ἐπὶ τὸ αὐτό*는 18절에 나오는 "집회에" *ἐν ἐκκλησίᾳ*와 거의 똑같은 의미이다) **주의 영광의 만찬을 먹을 수는 없을 것입니다.** "주의 영광의"는 "만찬"을 수식하고 "하느님께 속한"(*κύριος*)을 뜻하는 그리이스어 형용사(*κυριακόν*)를 표현한 것이다. "주의 만찬"은 익히 알고 있는 것이긴 하나 그 소유격이 만찬과 주와의 관계를 분명히 나타내지 못한다. '주를 기념하여'(in memory of the Lord), '주의 권위 아래,' '주의 면전에서' 등은 여기서 채택한 번역을 보충하는 데 사용될 수 있다. 사실 만찬이 "주의 만찬"이라는 의미는 이어지는 단락 전체에서만 밝혀질 수 있다. 다음 귀절과의 대조는 번역에서 제시된 현재시제를 뒷받침해준다. 고린토에서 행해진 만찬은 마땅히 그래야 함에도 주께 영광을 돌리지 않았다.

[21] **여러분이 먹을 때에 각기 자기 음식을 먼저 먹기**(*προλαμβάνει*는 다른 이들이 그들의 음식을 먹기 전에 자기 음식을 먹는 것이다. 33절과 대조하라) **때문에 어떤 사람은 배고프고 또 어떤 사람은 술취합니다**(*μεθύει*는 거의 이런 의미일 수 있다). 이 경우 전제된 상황은 (만찬의) 상징적 행위나 뜻있는 설교뿐만이 아니라 일상적인 식사도 포함한다. 어떤 이는 배고프고 어떤 이는 술취한다는 *
것은 있어서는 안 되는 일이다. 만찬이 올바르게 행해질 경우에는 아무도 배고프거나 술취하지 않고 도리어 모두에게 음식과 음료가 적절하게 제공될 것이다. 그밖에 이 귀절에서 암시받을 수 있는 점은, 교인들이 양식을 서로 나누도록 되어 있었고 특히 부자들은 추측컨대 필요로 한 것보다 더 많은 것을 가져와서 가난한 자들에게 공급하도록 되어 있었을 것이라는 점이다(참조. 특히 22절). 그러나 실은 부자들은 여분의 양식을 가져오긴 했지만 그들끼리만 먹고 마셨다. 이것은 "주의" 만찬을 먹은 것이 아니라 그들 "자신의" 만찬을 먹은 것이다. 바울로가 분개한 것은 당연하다.

[22] **왜 그러합니까! 여러분에게 먹고 마실 집이 없읍니까?** 얼핏 보기에 이것은 비제의적인 일상적 식사(먹고 마시는 일)는 집에서 해야 한다는 것 같다. 그러나 이것은 고린토의 만찬에 일상적인 식사도 포함되었다는 앞서 이끌어낸 추론과 모순된

다. 그러나 바울로의 요지는 이렇다. 만일 부자들이 자기 맘대로 먹고 마시기를 원하고 가난한 형제들보다 더 좋은 음식을 즐기려면, 그들은 이런 일을 집에서 해야 한다는 것이다. 말하자면 그들이 다른 사람들을 기다릴 수 없거나(33절) 맘껏 파식을 해야만 할 경우라 하더라도, 적어도 교회의 공동식사를 불명예스럽게 하는 행위만큼은 공동식사에서 하지 않을 수 있다는 것이다. 그들의 행위는 공동체 전체에 대한 경멸을 보여준다. **하느님의 교회**(또는 18절에서처럼 다시 "집회"라고 번역해야 할 것이다. 그 주해 참조)**를 멸시하고 가난한 사람들**(직역하면 "갖지 못한 사람들" *τοὺς μὴ ἔχοντας*. 아마 "집이 없는 사람들")**을 부끄럽게 하려는**(동사 *καταισχύνετε*는 현재시제이고 능동태로 이해해야 한다) **것입니까?** 음식을 조금밖에 가져올 수 없거나 전혀 가져올 수 없는 가난한 사람은, 잘못된 것이긴 하나 자연히 자기 동료 그리스도교인이 음식을 가져와서 먹고 마시는 것을 보고 수치를 느낄 것이다. 부자의 행동에는 사랑이 담겨져 있지 않다(참조. 로마 14,15; 또한 야고 2, 1—2와 *Tannith* iv. 8 : '…〔흰 옷〕을 입지 않은 사람들이 무안을 당하지 않도록). 그러므로 그들은 가난한 자들뿐만 아니라 하느님을 경멸하는 것이나 다름없다. 하느님은 현명한 사람들이나 권세가들, 또는 귀족 신분의 사람들(1,26)을 교회로 불러모은 것이 아니다. 하느님은 믿음과 양심이 나약한 사람을 용납한 것처럼(8,9—13 ; 10, 29·30 ; 로마 14,1·3·4·10·13 ; 15,1·7) 가난한 자를 용납했다. 따라서 재물이나 믿음면에 있어서 보다 유력한 사람도 가난한 자를 용납할 줄 알아야 한다. 여기서 고린토인들이 만찬의 성례전적 측면을 모독한 것은 그들의 잘못으로 인한 것이다. 이는 예전적 잘못이나 만찬
* 을 경시함으로써 그런 것이 아니라 만찬에서 우애없는 행동을 했기 때문이다(Bornkamm, 앞글, 145). 이런 견해는, 코스말라의 주장대로 (H. Kosmala, ***Novum Testamentum*** iv. 81—94) "나를 기념하여"(24·25절)라는 말에서 제자직과 예수의 모방에 대한 특별한 강조를 볼 수 있다면 보다 유력해질 것이다.

고린토에서 일어난 일은 그리스도교적 원리와 실천을 부정할 정도로 사악한 행위이므로 어떤 사도라 할지라도 난처해 할 것이다. **내가 여러분에게 할 말이 무엇이겠읍니까? 내가 여러분을 칭찬할**(*ἐπαινέσω*라고 읽고 이를 단순과거 가정법으로 취한 것이다. 참조. 이책 302면의 주 2) **것입니까?** 2·17절과 비교하라. 고린토교인들은 사도로부터 칭찬받기를 원했으므로 자기네들 교회를 가급적 좋게 보이려고 했다. 이런

일에 대해 나는 칭찬할 수 없읍니다. 이와 마찬가지로 다음과 같이 구두점을 찍을 수 있을 것이다 : '내가 이런 일에 대해 여러분을 칭찬할 수 있읍니까? 칭찬할 수 없읍니다.' 그러나 본문에서 채택한 구두점이 더 낫다. 바울로가 최소한 한정된 범위 내에서 칭찬을 할 수 있었던 문제들이 간혹 있었지만 여기서의 문제는 그런 경우가 아니다.

이제 바울로는 유감의 말을 거두고 최후의 만찬에서의 예수의 말과 행동을 상기시킴으로써 —이렇게 상기시키는 것은 그가 이미 이런 내용에 대해 고린토교인들에게 전했기 때문이다— 문제의 상황(이런 상황에 대해 편지로 다룰 수 있는 한)에 접근해 간다. (23절 이하에) 나오는 말들이 이미 주의 만찬식에서 예전적으로 사용되었다고 단순히 가정해서는 안 된다(그러나 흔히 이렇게들 가정한다). 고린토교인들이 그런 의미로 인식했을 말들을 바울로가 사용하고 있다는 것을 그는 어디에서고 암시하고 있지 않으며, 또한 고린토교인들의 행위와 그들 자신이 식사 중에 했던 말이 서로 일치하지 않는다는 점을 지적하지도 않는다. 주의 죽음이 선포되었고(26절) 이 선포에는(이것이 복음서들에서 수난 설화에 포함되었던 것같이) 최후의 만찬에 대한 이야기가 포함되었을 수도 있다. 그러나 이것이 예전적인 정식과 똑같은 것은 아니다. 여기서 바울로는, 고린토교인들이 이 말씀들을 이미 잘 알고 있어야 했다는 것을 주장한 것이 아니라, 최후의 만찬에서 한 예수의 말과 행동이 예수 당시의 교회의 만찬을 조정했던 것으로 받아들여져야 한다고 주장한다. 이것이 다음 귀절의 처음에 나오는 "왜냐하면"(γάρ)의 요지이다.

[23] **왜냐하면 내가 여러분에게 전한 것은 주께로부터 받은 것이기 때문입니다.** 이 말은 전문적인 의미에서 전승의 말이고 유다교 내에서 형성되어온 전승에 상응하는 말이다. "받은"(παρέλαβον)은 히브리어 qibbel에 해당하고 "전한"(παρέδωκα)은 히브리어 masar에 해당한다. 15장 1·3절과 비교하라. 그러나 이 두 말은 고대 그리이스어가 어떤 식으로든 유다교어법에 의해 영향을 입기 오래 전에도 고대 그리이스어에서 이같은 의미로 사용되었다는 점을 기억해야 한다. 그러므로 별 다른 증거가 없는데도 이 두 말에서 상세한 라삐적 내용을 읽어내려고 하는 것은 잘못이다. 쉴라터는 이 두 말의 용법을 Josephus, *Antiquities* xix. 31에 나오는 군대 암호를 예로 들어 설명한다. 예수가 한 말과 행동에 대한 이야기들이 초대교회에서 이 사람에게서 저 사람에게로 전해졌다는 것은 확실하다. 이같은 이야기들

을 토대로 복음서들이 생겨난 것이다. 이렇게 말한다고 해서 전승 자체가 복음서들(또는 현재의 귀절과 같은 귀절들)의 역사적 가치에 대해서 긍정적이든 부정적이든 어떠한 판단을 내리는 것은 아니다. 왜냐하면 전승들은 때로는 정확하게 때로는 부정확하거나 편향적으로 보존되었기 때문이며, 또한 유다교 전승을 지켜온 정교한 기법이, 그리스도교인들에 의해 다른 집단에 전해졌던 각각 다른 여러 자료들에 적용되었다는 증거가 없기 때문이다. 어떤 의미에서 바울로는 이 전승을 주께“로부터”(ἀπό) 받았다고 했을까? 일반적으로 다음의 두 가지 가능성에서 논의가 전개되어 왔다. (ㄱ) 주는 바울로에게 직접 연결되는 사슬의 첫번째 고리였다는 의미에서 전승의 기원이었다. 목격자들은 주가 한 말과 행동을 다른 사람들에게 보도하였고 이들은 또 그것을 다른 이들에게 되풀이함으로써 결국 차례를 좇아 전승이 바울로에게 전달되었다. 따라서 정확히 말해서 그는 이 전승을 “주로부터” 직접 받은 것이 아니라 연속적인 전달과정을 거쳐 받은 것이다. (ㄴ) 주는 여기서 다루어지고 있는 진리를 직접 바울로에게 다마스커스 도상에서의 경험이나 이와 유사한 환상적 방법으로 전해 주었다. 바울로는 어떤 형태의 중재없이 주로부터 직접 이 진리를 받았다. 그러나 (ㄴ)과는 반대로 바울로는 전승의 언어를 사용하고 있는가 하면 또한 (ㄱ)과는 반대로 다른 곳에서(갈라 1, 12 : “…이 아니라 받은 것입니다” οὐδὲ...παρέλαβον) 바울로는 인간적인 가르침에서 배운 것이 아님을 강조하고 있다. 이점에 있어서 특히 사용된 전치사에 대해 많이 논의되었다. 이것은 결정적인 것으로 생각되지는 않지만 (*M.* i. 237, 246) 어떤 이들은 이 전치사가 바울로에게 직접 전승을 전해준 사람을 지시하지 않고 전승의 창시자를 지시하는 것임에 틀림없다고 생각한다. 가능한 타협안은 바울로가 인간적 수단을 통해 실제의 전승을 전해 받긴 했지만 그는 주로부터 직접 그 전승에 대한 해석을 받았다는 것이다. 아뭏든 여기서 중요한 것은 (성서에 보존되어 있는) 인간적인 전승과 함께 또 그 전승을 통해서 작용하는 하나님
* 의 권위를 볼 수 있다는 사실일 것이다(참조. O. Cullmann, ***The Early Church*** 〔1956〕, 55—99 ; 또한 Bornkamm, 앞의 책, 148 ; F. Hahn, ***Christologische Hoheitstitel*** 〔1964〕, 93).

〔23 · 24〕 그렇다면 바울로는 다음의 사실을 이전에 알았고 고린토교인들에게 미리 가르쳤다. **곧 주 예수께서 배반당하신**(아마 더 좋은 말은 “넘겨지게 된”—즉 하느님에 의해 죽음에로

넘겨지게 된. 비교. 로마 4,25 ; 8,32. 그러나 이 말은 전승에서 달리 사용되었을 수도 있으므로 이 말의 어법에 대해 바울로는 책임이 없다) **밤에 떡을 가지시고 감사드리신 다음에 떼시며.** 여기서 언급된 밤은 모든 복음서 저자들이 예수가 제자들과 함께 만찬을 나누었다고 말하는 십자가처형 이전의 밤일 것이다. 요한은 예수의 특수한 행동과 말을 떡이나 잔과 관련하여 말하지 않는다(그러나 참조. 요한 6,51—58). 마태오, 마르코, 루가는 바울로의 이야기와 유사한 이야기를 담고 있긴 하나 세부적인 점들에 있어서 그것과는 다른데, 이런 점들의 대부분에 대해서는 이하에서 언급할 것이다. 만찬은 십자가처형의 직접적인 문맥에서 이루어진 것으로 이해되어야 한다. 여기서 예수가 한 행동과 관련이 있는 것이 어떤 식사에서건 (그러나 과월절 식사는 특별한 엄숙함을 지닌 것이다) 유다교 집안의 가장에 의해 행해졌을 것이다. 빵에 대한 축복(비교. 10,16)과 감사기도는 '땅에서 빵을 얻게 하신 영원한 왕 우리 주 하느님께 축복이 있을지어다'였다. 바울로도 그밖의 어떤 복음서 저자도 예수가 단순히 일상적인 행동들에 대해 말하는 것으로 생각하지 않았다는 것은 말할 나위도 없다. 그러나 이 행동들의 의미는 현재의 문맥과 다음에 나오는 말들에서 이끌어낼 수 있다. **"이것은 너희를 위하는**("주어진"이라고 말할 수 있다. 대다수 사본들에는 "떼어낸"이란 말을 덧붙이는데 그리이스어 본문에는 동사가 안 나와 있다. 이것은 어색한 첨가인데, 루가복음 22장 19절에는 보다 유연하게 첨가되어 있다) **내 몸이니 이것으로 나를 기념하라."** 이 말들은 (최후의 만찬에서) 몸으로 현존하고 그가 말했던 떡덩이와 신체적으로 구분되는 예수 자신이 한 말로 돌릴 수 있다. "몸"이란 말은 주목해야 하며 *Pesahim* x, 4에 나오는 '과월절의 몸(어린양)'에 대한 언급에 비추어서 (예레미아스의 *The Eucharistic Words of Jesus*, 1964, 198—201에 의하면) 예수가 역사적으로 한 말은 "나의 살"이었다고 주장할 수 있을지라도 그렇다. 이 주석서는 최후의 만찬에서 실제로 일어난 일에 대한 역사적인 문제를 다룰 수 없고 다만 바울로가 이 사건에 대해 어떻게 언급하고 있는가를 다룰 수 있을 뿐이라는 점을 여기서 한번 더 주목해야 할 것이며 또 이해해야 할 것이다. (예수가 떡덩이를 가리켜서 말하는) 이것은 "나의" 몸이다. 바울로는 예수를 그리스도교적인 새로운 과월절 양으로 간주하였다는 점에 대해 이미(5,7) 살펴본 바 있다. * 그는 여기서 똑같은 점을 지적하는 것 같다. 유다인들에게 과월절은 희생제사였고 구원의 축제였다. '그는 우리로 하여금 노예신분에서 자유인으로 되게 하였고 슬픔이 기쁨으로, 애도에서 축제로, 어두움이 큰 빛으로 변하게 하였고 노예상태에서 구원에 이르게 하였다'(Passover Haggadah). 십자가처형을 당한(비교. 1,23) 그리스도는 그의 죽음을 통해 이와 유사한 구원을 가져왔고(비교. 로마 3,25와 그 주해) 이런 사실이 만찬에 잘 나타나 있다. 이런 의미에서 예수의 몸은 "너희를 위한" 것이다. 10장 17절의 주제에 대한 언급이 안 나온 것은 주목할 만하다. 바울로는 만찬에 대한 여러 갈래의 해석을 알 수 있었다.

고린토전서에서 (또는 마태오나 마르코가 아니라 루가복음 22장 19절b에서) 이 말들은 "나를 기념하는 것으로 이것을 행하라"(즉 감사기도를 드리고 떡을 떼어 나누라)는 명령으로 계속된다. 이 말들은 그리이스 본문에 나와 있는 바대로, 그리이스와 로마의 일반적인 생활에서 흔히 볼 수 있었던 기념 축제들을 시사하고 있음이 당연하다. 많은 예들이 바이스와 예레미아스에게서 제시되었고 이런 예들 중 가장 눈에 띄는 예는 에피쿠루스 유훈서에서 나온 것인데(Diogenes, *Laertius* x. 16—22), 여기서 에피쿠루스는 '우리(즉 나)와 메트로도루스를 기념하여'(εἰς τὴν μνήμην) 거행하는 연례적인 의식에 대한 규정을 하였다. 초기전승에는(참조. Jeremias, 앞책, 82) 이 절이 포함되어 있지 않았는데 이 절이 작성된 것은, 비록 이교도의 기념 식사가 그리스도교인에 비해 덜 자주 거행된 것으로 보이기는 하지만, 주로 헬레니즘적 관습에서 기인한 것이리라. 그러나 그 차이점들은 놀랄 만한 것이 아니다. 예를 들어 에피쿠루스가 예수와 마찬가지로 죽은 자들로부터 부활했다고 사람들은 믿지 않았다. 이런 관점에서 볼 때 아도니스의 "수난에 대한 기념"(μνήμη τοῦ πάθεος; Justin, *Trypho* 41) 축제들에 관한 루시안의 이야기(*de Syria Dea* 6)에 보다 밀접한 병행귀가 나온다. 그러나 이교도의 기념 축제들이 (바울로의) 이 절의 전체 내용에 기여했다거나 그것에 대한 충분한 해석을 제공해준다고 할 수는 없다. 살펴본 바대로 과월절 자체는 기념적인 의식이었지만(참조. 출애 13,9) 그것은 한 인물이 아니라 하느님의 행위를 상기시킨 것이었다. 그리스도교적 만찬도 역시 구원의 행동을 상기시킨 것이지만 그것은 보다 중요한 인물과 더 밀접하게 연관된 것이었고 기념도 자연히 그에 대한 기념이었다. 예수는 자신을 기념하여 베푼 식사에서 한 떡덩이를 나눠 먹는 일에 참여함으로써 그의 수난의 은혜에 참여하였던 그의
* 백성들을 위해 자기 자신을 내어주었다. 앞서 이 책 307면에 나온 코스

말라 박사에 대한 언급들을 참조하라.

[25] 그들이 만찬을 나눈 후에(비교. 10,16 : 식사를 한 후에 "축복의 잔"을 마셨다. 여기서 보른캄〔앞책, 154〕은 바울로적 전승에 따르면 전체 식사는 떡을 나누고 잔을 돌리는 사이에 있었고 또한 이런 사실에서 바울로의 이야기가 마르코의 이야기보다 더 이전의 것으로 추정하는 데 대한 결정적인 논증을 본다) 이와 같이(즉 들고서 감사기도를 하고 그의 제자들에게 건네주면서) 잔을 가지시고(이 말은 그리이스어 본문에는 없지만 필요한 보충어이다) "이 잔은 내 피로 세운 새 언약이니"라고 말씀하셨읍니다. 여기서 바울로의 말은 복음서들의 말과 현저하게 다르다.

마태오복음 26장 27·28절 : 너희가 모두 이 잔을 마시라. 이것은 죄사함을 얻게 하려고 많은 사람을 위하여 흘리는 나의 계약의 피이기 때문이다.

마르코복음 14장 24절 : 이것은 많은 사람을 위하여 흘리는 내 계약의 피다.

루가복음 22장 20절 : 이 잔은 너희를 위하여 흘리는 내 피로 세우는 새 계약이다.

바울로의 말은 종종 이차적인 것으로 주장되었는데, 그 이유는 잔에 담긴 포도주와 피를 직접적으로 동일시하는 것을 피하고 있으며, 또한 그러한 동일시에 함축되어 있는 특히 유다인들의 반감을 살 우려가 있는, 피를 마신다고 하는 사상을 피하고 있기 때문이다. 이러한 주장은 옳은 것 같기도 하나 그 반대의 가능성이 전혀 없는 것도 아니다. 예수는 유다인이었으므로 포도주와 피를 동일시하는 것을 피했을 수도 있다(아니면 좀 더 조심스럽게 말해서 팔레스틴 전승이 그러한 동일시를 피했을 것이다). 그러나 이같은 동일시가 이미 이루어졌음에 틀림없으며, 복음이 이방인의 환경에로 전달되었던 마지막 단계에서 (예수의) 말의 원래 형태는 변형되어, "이것은 내 몸이다"의 병행법 때문에 어쩔 수 없이 이와 쌍을 이루는 말로서 "이것은 내 피다"라는 형태를 취하게 되었다.

"이것은 내 계약의 피다"와 "이 잔은 내 피로 세운 새 계약이다" 사이에는 의미상 별 차이가 없다. 이 말들의 어형은 각기 그리스도가 피를 흘림으로 하느님과 인간 사이에 새 계약이 시작되었음을 전제한다("내 피로"를 "잔"에 연결시키기보다는 "계약"에 연결시키는 것이 좋다). 그 배경에는 구약성서의 두 귀절이 있다. 출애굽기 24장 8절 * 과 예레미야 31장 31—34절(신약성서 신학에서 후자의 중요성에 대해서는 C.H, Dodd. *According to the Scriptures* 〔1952〕, 45)이 그것이다. 시나이산 계약을 맺을 때 모세는 '보라, 주께서 너희들과 함께 맺은 계약의 피다'라고 말하면서 희생제물의 피를 백성들에게 뿌렸다. 또한 예레미야는 옛 계약의 파기 이후 죄의 용서와 하느님에 대한 개인적인 인식과 하느님과의 교제를 내포하는 새 계약의 수립을 예고한다. 여기에는 이제 새 계약이 시작되었고 또 옛 계약과 마찬가지로 희생에 의해 시작되었음이 함축되어 있다. 새로운 희생제물은 (출애 24,5와 같이) 소가 아니라 예수 자신이다. 그의 피흘림 자체가 인간의 죄가 사해지고(비교. 15,3) 하느님에 관한 지식이 전달되는 새 계약의 토대이다. 그러나 최후의 만찬과 십자가처형이라는 과월절 형태의 구조는(비교. 5,7) 계약제의(Covenant Sacrifice: 희생제사가 뒤따르는 계약을 맺는 의식—역주) 사상이 삽입된 새로운 문맥을 제공한다. 특히 그것은 희생의 피로 유익을 얻게 될 사람들에게 그 희생의 피가 적용될 수 있는 새로운 수단을 제공한다. 식사에 참석한 모든 이들이 마신 축복의 잔은 (바울로에게 있어서 실제로 계약의 피가 아니라) 계약에 동참하게 하는 수단이 된다. 잔을 마시는 것은 계약, 즉 그리스도의 피로(즉 그리스도의 피에 의해, 또는 아마 그 피의 대가로) 세운 계약에 동참하는 것이다. 이런 식으로 잔을 마시는 것은 10장 17절에서 신자들이 함께 참여하여 한 몸을 이루는, 떡덩이를 먹는 것에 대하여 한 말과 연관된다. 즉 주와 계약을 맺은 사람들은 자연히 이와 동시에 서로 계약관계를 맺게 됨으로써 계약공동체가 수립된다.

24절과의 병행은 다음의 절에서 완전해진다. **마실 때마다 몇번이라도 나를 기념하여 이것을 행하라**(24절에 관한 주해 참조. 24절에서도 여기서도 "행하다" ποιεῖν는 필연적으로 희생적인 내용을 담고 있는 것은 아니다. 이 말은 잔을 들어 축복을 말하고 나누어 마셔라는 뜻한다). "마시다"에 목적어가 안 나와 있다. 방금 언급된 "잔"을 목적어로 이해할 수도 있지만 포도주를 목적어로 이해하는 것이 더 좋을 것이다. (24절에 병행귀가 없는) 부가절은 제한된 효과를 지닌 것이다. 그리스도교인들은 그들이 식사를 할 때마다가 아니라 포도주를 마실 때마다 "이것을 행해야" 한다. 빵은 항상 얻을 수 있다. 그러나 일반 가정 * 에서(비교. 1,26) 포도주는 그렇지 못했다. 포도주는 일반가정의 경우들에서보다는 교회 집회시에 제공되었을 것 같지만 이같은 집회에서 항상 포도주를 마시지는 않았을 것이다. 포도주를 구하지 못할 경우에는 떡을 떼는 것이 주의 죽음과 그것으로부터 주어지는 은혜를 적절하게 나타내었을 것이다(이것이 바울로가 —마르코와 대조적으로— "너희를 위하는"이란 말을 덧붙이는 이유일 수 있다). 포도주 잔과 그것이 상징하였던 피는 계약제의의 의미를 보다 분명히 밝히는 것이다.

바울로가 전승에서 입수한 자료(23절)는 25절에서 끝나는 것 같다. 그는 이 자료에 "너희를 위하는"(앞의 해설 참조)이란 말을 덧붙였을 수 있다. 이제 그는 —만찬과 그리스도의 죽음 사이의 연관성을 강조하고 또한 그가 "나를 기념하여 이것을 행하라"는 말에 부여했던 의미를 지시하는— 또 다른 문장을 덧붙인다.

[26] **왜냐하면**(*γάρ* : 어떤 것의 근거를 제시하는 말이다. 새 문장이 만찬의 기념적인 특성을 설명하는 것이 아니라면 무엇을 설명하는 것인지를 알기가 어렵다) **여러분이 이 떡을 먹고 이 잔을 마실 때마다**(즉 여러분이 "이것을 행할" 때마다 : 24절 이하) **몇번이라도**(25절에서와 같이 *ὁσάκις*가 쓰였다. 이 말은 바울로적인 언어는 아니지만 만일 그가 이 말을 전승에서 바로 인용하였다면 여기서도 이 말을 쉽게 채택할 수 있었을 것이다) **주의 죽으심을 그가 오실 때까지 전하는 것이기 때문입니다.** "전하다"(*καταγγέλλετε*)는 보이는 말씀(visibile verbum: 이 말은 어거스틴이 *In Foannis Evangelium Tract*, lxxx. 3에서 세례를 가리켜서 한 말이다)에 의해서와 같이 '여러분이 상징적으로 떡을 떼고 포도주를 부음으로 나타내다'를 뜻하는 것으로 이해되어 왔다(예를 들어 봐이스가 이렇다). 그러나 확실히 이 말은 입으로 전하다(proclaim)를 뜻하는 것임에 틀림없다(참조. J. Schniewind, in *T.W.N.T.* i. 68—71). 즉 그리스도교인들은 공동식사를 베풀 때 그들의 존재가 근거해 있는 사건을 소리내어 암송하였다. 이러한 암송에는(이것은 유다교의 과월절에 있어서 출애굽 설화와 매우 유사하다) 틀림없이 어떤 설화적 내용이 담겨 있었을 것이고 이 사실은 복음서들에 있어서 수난설화의 관련된 연속성과 일정한 형태를 설명하는 데 도움을 준다. 이 이야기는 그것이 기록되기 이전에 매우 자주 반복되어온 것이다.

주의 죽음에 대한 이야기의 반복은 "그가 오실 때까지"(함축된 바로는 하늘로부터 되돌아 오실 때까지) 계속되어야 한다. 여기서 말하는 시간은 제한된 시간 이상을 뜻하는 것일 수 있다. 여기서 사용된 그리이스어 표현(*ἄν*이 없이 단순과거 가정법과 함께 쓰인 *ἄχρι οὗ* "그

때까지")은 항상 종말론적 목표의 달성에 대한 전망을 제시하는 것이다(로마 11, 25 ; 고전 15, 25 ; 루가 21, 24 ; Jeremias, 앞책, 118). 예레미아스는 "항상"이란 말을 "기념"(ἀνάμνησις)이란 말에 대한 그의 해석과 연관시키는데 그는 기념이란 말이 하느님을 향한 언급을 지닌 것으로 받아들인다 ―하느님은 "내림"을 실현함으로써 그의 메시아를 "기억하리라"는 것이 이 말의 의미이다. 이러한 해석은 초기전승의 단계에선 타당한 것일지 모르지만 바울로의 견지에선 그럴 것 같지 않다. 그러나 초기 전승단계에서 내린 예레미아스의 결론은 옳을 것이다. 그리이스어 표현("오실 때까지" ἄχρι οὗ ἔλθῃ)은 '교회가 주의 종말론적 재림을 기도하는 의식에 나오는 저주의 말을 사용한 것임이 분명하다. 다시 말하여 식사는 주를 기리는 것(ἀνάμνησις)이다. 그것은 식사를 통해 교회가 과거 수난의 사건을 연상하기 때문이 아니라 식사를 통해 구원의 때가 시작되었음을 선포하고 완전한 성취가 이루어지도록 기도하기 때문이다'(118). 십이 사도교훈집 10장 5절과 비교하라. 그러나 16장 22절에 나오는 "주여, 오시옵소서"(maranatha)에 대한 논의를 참조하라.

주의 오심에 대해서는 15장 23절과 비교하라. 고린토전서를 썼을 때 바울로는 그가 살아 있는 동안 그 사건이 일어나기를 기대했을 것이다. 만찬의 식탁에서 하나로 모일 때 교회는 주님이 다시 오시기까지의 중간시기의 처음과 마지막을 실제로 연결지을 것이다. 여기서 바울로가 부활에 대해 언급하지 않는다는 사실은 이상하다. 그 이유는 바울로에게 있어서 부활은 그의 옛 동료들과 일상생활에로 돌아가는 것이라기보다는 오히려 예수의 승천을 말하는 것이었기 때문일 수 있다. 예수가 그들에게 나타났던 것은 사실이지만(15, 5—8) 그러나 뒤따른 현시들은 잠깐 동안 계속되었을 뿐이고 분명히 예외적인 일이었다. 만찬은 (그것이 다른 그리스도교인 집단들에서는 어떠한 것을 의미했든지간에) 아뭏든 바울로에게 있어서는 예수와 제자들간의 영속적인 식사교제를 말하는 것은 아니었다. 그는 포도주와 예수의 피를 동일시하기를 삼가하며(25절 ; 비교. 마르 14, 24) 비록 그가 "이것은 내 몸이다"라는 떡에 대한 말을 인용하고는 있지만 그가 뜻하는 바는 앞서 살펴보았듯이, '이것은 내 나누어진 몸의 은혜를 받게 되는 수단들'(또는 하나의 수단)이라는 것이다. 후에 성만찬 의식들은 부활의 주제와 급속히 결합하였지만(예를 들어 Hippolytus iv. 11에 나오는 the *Church Order* : "그러므로 죽음과 부활을 기억하라" memores igitur mortis et resurrectionis) 이것이 바울로의 강조점은 아니다. 이점에서 바울로는 만찬에 대한 원래의 이해에 일치하였던 것으로 보인다. 예수가 배반당한 밤의 역사적 식사는 십자가의 그늘이 드리워졌긴 하지만 하느님의 나라의 영광스런 연회의 선취였다. 부활은 식사에 참여한 제자들의 소망과 믿음을 확증하게 한 것이었긴 하지만 본질적으로 상황을 변화시키지는 않았다. 그들은 여전히 '수치'의 상황에서 먹었으며 그들이 아직 경험하지 못한 '영광'을 고대하였다(언어에 대해서는 *Pesahim* x. 4에 나오는 과월절 규정들을 참조하라 : 그 이야기에 대해 말하면서 가장家長은 '수치로 시작해서 영광으로 마친다'). 또한 이책 서론 45면을 참조하라. *

이와 같이 그리스도교적 만찬은, 예수의 희생적인 죽음과, 죄가 용서받는 하느님과 인간 사이에 맺은 새 계약에 근거한 것이었다. 하느님과 계약을 맺은 인간들은 하느님과 화해하였고 그들끼리 연합하였다. 만찬에서는 하느님의 사랑이 죄된 인간에게 나타난 속죄의 행위(참조. 로마 5, 8)에 대한 암송이 뒤따랐다. 그렇다면 만찬은 어떤 방식으로 실행되어야 하는가? 고린토에서 지켜진 방식과는 분명히 달라야 한다. 따라서 바울로는 엄한 경고와 비난을 하기 시작한다. 케제만(*Essays on New Testament Themes* 〔1964〕, 126)은 여기에 재판상의 법적 용어가 모여 있음을 주목하고 이렇게 말한다. '고린토교인들은 열광한 나머지' 그들이 이러한 정의의 재판권과 그러한 재판권을 행사하는 법정에서 벗어나게 되었다고 분별없는 상상을 하고 있기 때문에, 만찬이 지닌 이런 특수한 내용을 기억해야 할 것이다. 그리스도의 자기 현시는 사람들에게 복종을 촉구하며 이것은 동시에 최후의 재판관 앞에서 그들에게 책임을 묻는 것을 의미한다. 여기서 최후의 재판관은 마지막 날에 세계를 향해 역사하실 것인데 마찬가지로 오늘날 이미 그의 공동체 안에서 역사하신다 —그는 사람들을 자기 주권 안에 둠으로써 구원을 베풀며 그들이 이런 주권을 거부하면 스스로 사형 언도를 자초한 사람처럼 하느님으로부터 거부를 당할 것이다.

〔 27 〕 그러므로(ὥστε, 결과를 표현하는 말) 누구든지 합당하지 않게 주의 떡을 먹거나 주의 잔을("주의" τοῦ κυρίου는 그리이스어 본문에서는 한번밖에 안 나오지만 떡과 잔에 모두 해당하는 말이다) 마시는 사람마다 주의 몸과 피를 범하는 죄(즉 주의 몸과 피에 대한 범죄 : 그리이스어 ἔνοχος "죄가 있는"의 다소 일반적이지 않은 용법은 라삐적인 ḥayyab의 구문을 반영한 것일 수 있다)를 짓는

것입니다. 바울로가 "합당하지 않게"라는 말에서 뜻한 바가 21·22절에 설명되어 있다. 그는 고린토교회의 특징이었던 허세와 탐욕의 도덕적 결함들에 대해 생각하고 있다. 누구든 이렇게 먹는 자는 주의 만찬에 참여하는 것이 아니라 자신의 만찬에 참여하는 것이다(21절). 주의
* 몸과 피를 범하는 죄라는 바울로의 말뜻은 무엇인가? 바울로는 그리스도의 몸과 피가 물질적으로나 본질적으로 현존하는 것은 아니라고 생각하는데 그것은 그가 포도주와 주의 피를 동일시하지 않기 때문이다. 앞서 살펴보았듯이 빵과 몸의 동일시는 빵이 그리스도의 일에서 비롯된 은혜에 참여하는 수단임을 뜻한다. 여기서 "몸"이 "교회"와 일치하는 것으로 해석할 수 없다는 점은 "피"가 부연된 사실에서 밝혀진다. 27절은 26절에 비추어서 해석할 필요가 있는 것 같다. 먹고 마시는 일은 주의 죽음에 대한 선포에 뒤따르며 또 이러한 선포에 비추어서 이해되는데 주의 죽음에 대한 선포에 의해서 그의 몸과 피는 "우리를 위한" 것으로 이해된다. 그러나 "합당하지 않게" 먹고 마시는 일은 (앞서 지적한 의미에서 볼 때) 그리스도가 자신을 내어준 목적과 행한 정신에 위배되는 것이며, 결과적으로 그런 일을 행하는 사람은 믿음으로써 믿음의 결실을 얻는 사람들에게 속하는 것이 아니라 십자가처형에 대해 책임이 있었던 사람들에 속하게 된다. 8장 12절과 비교하라.

[28] 그러면 만찬의 참여자들은 어떻게 해야 하는가? 각기 자기 자신을 살피십시오(δοκιμαζέτω). 즉 어떻게 그 떡을 먹고 잔을 마셔야 하는가를(직역하면 "이렇게 하십시오") 살피십시요. "살피다"는 19절에 나오는 "옳은 사람"을 연상케 한다. 또한 고린토후서 13장 5·6절과 비교하라. 결정은 하느님에게 달려 있지만 인간은 그가 어떻게 결정을 내릴 수 있는지를 스스로 물을 수 있다. 바울로는 누구든지 식사에 참여하기 전에 도덕적으로 결점이 없어야 한다는 것을 요구하지는 않는다. 바울로가 요구하는 바는 참여자가 그의 생활과 행위에 대한 도덕적인 검토를 해야 한다는 것이다.

[29] 왜냐하면(γάρ, 이유를 제시하는 것이거나 아니면 왜 인간이 자기 자신을 검토해야 하는지에 대해 이미 27절에서 밝힌 이유에 대한 부연설명을 제시하는 것일 것이다) 몸을(대다수 사본들에는 "주의"라는 말을 앞에 덧붙인다 : 이책 302면의 주 3; 또한 Clark, 앞책을 보라) 분별하지 못하면서 먹고 마시는(대다수 사본들은 이에 "무익하게"라는 말을 덧붙인다 : 참조. 이책 302면의 주 2;

또한 *Studia Paulina*, 60—61에 나오는 K.W. Clark의 주장 참조) 사람은 자기에게 내릴 심판을 먹고 마시는 것이기 때문입니다(비교. *Acts of Thomas* 29: '이 성만찬은 너희를 심판하고 보복하기 위해서가 아니라 너희를 동정하고 자비를 베풀기 위해서 행해지리라'). 첨가된 말들은 원래의 본문에 대한 한가지 가능한 해석을 보여준다. 이 말들은 본문상 이차적인 것이긴 하나 바로 이러한 이유로 해서 이 말들이 제공하는 해석이 반드시 틀렸다고 할 수는 없다. 이 말들은 합당하지 않게 먹고 마시는 것과 주의 몸을 분별하지 못하는 것을 동일시하게 하는 효과를 지닌다. 그러나 이 귀절이 문맥상 다른 귀절들과 많은 병행을 이루고 있음을 주목하면서 이 난해한 귀절에 접근하는 것이 좋을 것이다.

이 귀절 전체는 "먹고 마시는" 사람 —주의 만찬의 참여자— 을 다루고 있다. 이같은 사람은 "자기에게 내릴 심판(κρίμα)을 먹고 마시는 것이다." 즉 그는 모든 사람이 심판을 받기 위해 하느님 면전에 나아와야 한다는 단순한 의미에서(로마 14,10 ; 고후 5,10)가 아니라 특수한 의미에서 심판을 받는다는 것이다. 이것은 분명히 27절을 연상케 하는데 거기서 "죄가 있는"(ἔνοχος)은 법정적인 말이다. 앞서 언급했듯이 '심판'이란 말은 이 귀절에서 공통적인 말이다. 우리는 이미 "죄를 범했고" "심판"(이 말은 34절에서 반복된다)을 받았다. "분별하다"(διακρίνειν)는 29·31절에, "심판하다"(κρίνειν)는 31·32절에, 정죄하다"(κατακρίνειν)는 32절에 각기 나온다. 또한 28절에 나오는 "살펴보다"와 비교하라. 이 말들의 관련성을 영어로 나타내기는 불가능해 보이지만 그러나 이러한 관련성은 바울로의 그리이스어가 지닌 중요한 특징이다. 문제의 사람들은 그들이 주의 만찬에 함께 모일 때 심판을 초래하고 그들 자신의 유죄를 드러낸다. 그들이 이렇게 하는 것은 "몸을 분별하지" 못하기 때문이다. "분별하다"(διακρίνειν)란 말은 일관성 있게 번역하기가 불가능한데, 그 까닭은 바울로가 이 말을 일관성있게 사용하지 않기 때문이다. 4장 7절에서 이 말은 남달리 월등하게 만들다는 의미로, 6장 5절에서는 두 형제의 분쟁을 판결하다, 선악을 결정하다는 의미로, 그리고 14장 29절에서는 예언자들의 말을 잘 새겨 듣다 라는 의미로 쓰인다. 이 말에 대한 바울로의 다른 용법들은 로마서 4장 20절과 14장 23절뿐인데, 이런 용법들은 관련성이 없다. 왜냐하면 거기서 이 동사는 디포넌트 동사(형태는 수동태이나 뜻은 능동태인 동사)이기 때문이다. 직접적인 연관이 있는 문맥에서 이 동사는 재귀 동사로 쓰였다. 31절, "우리가 우리 자신을 살피면," 또한 28절, "각기 자기 자신을 검토하시오"와 비교하라. 이 귀절에서 몸은 일종의 재귀대명사로 쓰인 것이라고 주장되어 왔다(그러나 에르하르트의 이러한 견해에 대한 보다 상세한 설명에 대해서는 이하를 참조하라). 이런 주장은 확실히 히브리어(gupho)로는 가능하며, 적어도 바울로에게서 부분적으로 병행을 이루는 귀절들을 볼 수 있다 : 6, 18·20 ; 7, 4 ; 9, 27 ; 13, 3 ; 로마 6, 12 ; 12, 1 ; 고후 4, 10 ; 갈라 6, 17 ; 필립 1, 20. 그러나 재귀대명사를 뜻한 것이라면 아마 바울로는 "몸"이라고 쓰지 않고 "그의 몸"(*τὸ σῶμα αὐτοῦ*)이라고 썼을 것이다. 다른 설명들은 다음과 같다. (ㄱ) 그는 성만찬과 공동식사를 구분하지 못한 것이다. (ㄴ) 그는 주의 몸과 자기가 먹는 떡을 구분하지 못한 것이다. (ㄷ) 그는 만찬에 모인 교회를 그리스도의 몸으로서 인식하지도 중요시하지도 않은 것이다('몸의 고유한 의미가 빠져 있다' : 모펠). 이러한 설명들 중 어느 것도 절대적으로 만족할 만하지는 않다. (ㄱ)의 설명은 문맥상으로는 나오지 않는 구분을 유도하는데, 보
* 른캄(앞책, 142—43)이 지적하듯이, 10장 1—13절에 비추어 볼 때 고린토교인들은 성례전을 사소하게 여기기보다는 오히려 중히 여긴 것으로 보인다. (ㄴ)의 경우에는 단순히 "몸"이라기보다는 "주의 몸"이라고 해야 한다. (ㄷ)의 경우 "몸"은 속격과 함께 쓰여야 하며 동사("분별하다" *διακρίνειν*)의 의미는 무리한 해석을 요구한다. 이에 대한 해석은 원래 에르하르트가 제시하였는데(*The Framework of the New Testament Stories* 〔1964〕, 256—74. 이 점에 대한 그의 해석은 설득력이 약하지만 이 책에는 에르하르트의 모든 논문들에서처럼 중요한 점들이 많이 나온다) 그는 이 귀절에 나오는 "심판"을 바람직한(일반적으로 가정하듯이 바람직하지 못한 것도 아니다) 의미로 받아들였다. 즉 그의 해석에 따르면, 이 성찬식에 참여해서 먹고 마시는 사람은 자기 자신을 심판 아래 두는 것인데 이러한 심판의 표시로 질병과 죽음의 사건들이 일어나긴 하지만(30절), 오히려 이러한 일들은 기뻐해야 할 것이다. 왜냐하면 우리가 성찬식에 참여하지 않는다면(31절) 심판을 받지는 않겠지만 그 결과로 우리는 일시적인 처벌을 감수하는 대신에 이 세상과 함께 영원히 정죄받을 것이기 때문이라는 것이다. 이러한 제안은 별로 설득력이 있어 보이지 않는다. 29절은 여전히 문제가 있고 불확실하긴 하지만 27절과 29절 사이의 병행에 비추어 볼 때 앞서 (ㄴ)의 해석으로 돌아가서 "몸"(29절)을 "주의 몸과

피"(27절)에 비추어서 해석하는 것이 타당하다. 여기서 "주의 몸과 피"(27절)는 "몸"(29절)이라는 축소된 말로 사용되었다. 고린토 교인들은 "몸"이라는 말을 성례전적 의미로, 바울로는 '친교적' 의미로 이해한 것일 수 있다(Bornkamm, 앞책. 169).

[30] 바울로는 심판이 구체적으로 작용하는 것으로 본다. **여러분 중에 몸 약한 사람과 병든 사람이 많고 잠든(죽음의 잠) 사람도 많은 것은 이 때문입니다.** 이 말은 비유가 아니다. 5절과 비교하라. 주는 자신의 수단으로써 주의 식탁의 신성함을 보존한다. 아마 처벌의 중대성은 내림 이전에 죽음의 사상에서 가장 강하게 느껴졌던 것으로 보인다. 데살로니카전서 4장 13절과 비교하라. 신체적 처벌이 작용하게 되는 수단이 10장 20·21절에서 제시된 것 같다. 주의 식탁을 더럽힌 자들은 신체적인 질병의 원인으로 간주된 악마의 세력에 그들 자신을 드러내게 되었다. 이 귀절은 첫째, 고린토에서 일어난 것으로 알려진 사건들에 대한 설명이고, 둘째, 만찬을 계속 남용한 자들을 향한 위협이다. 이 귀절은 (에하르트의 제안대로) 파생적인 의미에서만이 고통당하는 자들이나 상을 당한 자들에게 위안이 될 * 수 있다. 따라서 신체적 처벌을 받는 것이 내세에 정죄받는 것보다 낫다.

[31] 그러나(몇몇 사본들의 독법과 같이 잘못 연결시켜주는 "왜냐하면" for이 아니라 "그러나"로 번역했다) **우리가 먼저 우리 자신을 판단하면**(다시 쓰인 *διακρίνειν*이다. 그러나 에하르트의 제안에 따르지 않는다면 이 말을 29절에서와 똑같이 번역할 수는 없다) **심판받지 않을 것입니다.** 즉 우리는 30절에서 서술된 심판들(병 따위)을 피해야 할 것이다.

[32] 그러나 심판들은 전적으로 나쁜 것만은 아니다. 왜냐하면 **우리가 주께 심판받는다는**(*κρίνειν*) 것은 **세상과 함께,** 즉 그리스도교인이 아닌 대다수 사람들과 함께, **정죄받는**(*κατακρίνειν*) **일이 없도록** (주가 주는 처벌에 의하여) **우리가 단련받는 것이기 때문이다.** 또 다시 5장 5절과 비교하라. 처벌의 목적은 파괴적인 것이 아니라 치유적이고 교육적인(*παιδευόμεθα*) 것이다. 주는 자신이 사랑하는 자들에게 그들의 태도를 회개하고 바로잡을 기회와 자극을 줌으로써 그들을 단련시킨다(히브 12,5 이하). 만일 여기서 바울로가 무심결에 "세상" 전체가 파멸에 내맡겨진 것으로 보이게 했다면 다음의 점을 기억해야 한다. 첫째, 신약성서에서 자주 그렇듯이 바울로에

게도 "세상"이란 복음을 전혀 듣지 못한 거대한 인류를 의미하는 것이 아니라 복음에 반대하는 인간들과 악마적인 존재들(참조. 1,20·21; 2,12)을 의미하는 것이다. 둘째, 그는 '어떤 이들을 구원하기 위해서'(9,22) 조처를 취할 준비가 되어 있었다. 이것은 경건심이 아니라 그가 전력을 다했던 과업, 다시 말해 어떤 고통이라도 감수하려고 각오했던 목표였다.

[33] 권면들을 하고 나서 바울로는 실제적인 충고를 한다. **그러므로 내 형제들이여**(비교. 1,1: 때때로 바울로는 이 말을 써서 강한 어조를 부드럽게 하였다), **식사를 위해**(직역하면 "먹기 위해." 그러나 교회가 얼마나 자주 이런 목적으로 모임을 가졌는지에 대한 말이 없다: 14장 23·26절에 대한 주석 참조) **함께 모일 때 서로 기다려야 합니다.** 바울로는 아무개, 혹은 여러분의 모임을 통솔하는 이러이러한 지도자를 기다리라고 말하지 않는데, 비록 이렇게 말하는 것이 무질서한 고린토의 집회를 질서있게 하는 가장 쉬운 방법이었을지라도 그렇다(참조. 14,33). (고린토교회에는 지도자들과 책임맡은 자들이 있긴 했지만: 16,15·16) 분명히 이런 지도자는 없었다. 먼저 음식이 적절하게 분배되어야 하고 그런 다음에 모두가 함께 먹어야 한다(대조. 21절).

[34] **배고픈 사람은 집에서 식사할 것입니다.** 22절과 마찬가지로 우선적으로 이 말은, 주의 만찬은 고린토에서
* 순전히 상징적인 의미를 지닌 행동들이 뒤따랐던 일반식사였다는 관찰에 모순되는 것으로 생각될 것이다. 어떤 이들은(예를 들어 쉴라터) 이 훈계가 성찬식(혹은 상징적인 식사)과 아가페(혹은 친교의 식사)를 분리하는 시초임을 보여준다고 제안하였다. 그러나 이것은 사실이 아니다. 바울로가 단지 말하고자 한 바는, 배가 고파서 형제들을 기다릴 수 없는 사람들은 집회에서 예의와 질서가 지켜지도록 하기 위해서 집을 나서기 전에 공복을 채워야 한다는 것이다. 이것은 **여러분이 모이는 목적 때문에 심판받는 일이 없도록** 하기 위해서이다. 여기서 "심판"은 그 자체로서 또 절대적으로 선한 것이 아님이 분명해진다(심판의 유익한 점—32절—에도 불구하고 그러하다). 하느님이 그리스도교인들의 유익을 위해 심판을 할 수도 있지만 심판은 피하는 것이 좋다.

고린토교회의 만찬에는 다른 결점들이 있었지만 그러나 이러한 결점들은 지금까지 언급해온 잘못들만큼 심각하지는 않았을 것이다. 그

들은 바울로가 고린토에 도착할 때까지 기다릴 수 있었다(4, 19 ; 16, 5—9). 그밖에 다른 문제들에 대해서는 내가 가서 처리하겠읍니다. '내가 도착하게만 되면 언제라도'(*M.* i. 167)는 옳은 번역이긴 하나 현학적인 분위기가 담겨 있다. 인간적인 겸손과, 하느님의 말씀으로부터 나온 권위라는 이 역설은 특히 고린토서신들의 특징을 이룬다.

라. 성령의 은사들 12장 1절—14장 40절

26. 기본적인 시험 (Ⅰ) : 예수는 주이다 12장 1—3절

1 형제들이여, 성령의 은사들에 대하여 여러분이 알아두어야 할 것이 있읍니다. 2 여러분은 다음의 사실을 잘 압니다. 즉 어떻게 여러분이 이방사람이었을 때에 나쁜 길로 빠져 말 못하는 우상에게 끌려가게 되었는가 하는 것입니다. 3 그래서 내가 여러분에게 알게 하려는 바는, 하느님의 영으로 말하는 사람은 누구나 예수는 저주받으라고 말하지 않을 것이요, 또 성령으로 말미암지 않으면 아무도 예수는 주라고 말하지 못한다는 것입니다.

11장 2절에서 바울로는 고린토교인들의 예배모임과 관련된 문제들로 화제를 돌렸다는 점을 앞서 지적하였다. 여기서 바울로는 그러한 * 주제를 다루지 않으며 14장에서 그러한 주제에 대해 훨씬 더 상세히 말한다. 오히려 만찬을 다루고 난 다음에 여기서는 다른 주제로 넘어가는데, 아마도 이 주제는 고린토인들이 그들의 편지에서 제시한 것이거나(참조. 7, 1과 본장의 서두) 다른 방식으로 받아들인 정보에서 암시받은 것으로 보인다(참조. 1, 11 ; 16, 17). 집회는 교인들이 성령의 은사들 —이 은사들은 분명히 그들의 자랑거리였다— 을 받는 좋은 기회가 되었다(1, 5—8 ; 4, 8). 그래서 새로운 주제는 11장 17—34절의 주제와 관련된다. 왜냐하면 물질적인 자원과 마찬가지로 영적인 자원도 그리스도의 몸을 이룬 형제들 —그러나 자기 중심적인 부의 작용으로 마비상태에 있는— 가운데서 사용되어야 하기 때문이다. 바울로는 새로운 논제를 친숙한 방식으로 제기한다(참조. 7, 1 ; 8, 1 ; 16, 1).

[1] **형제들이여**(참조. 1, 1), **성령의 은사들에 대하여**("성령의" πνευματικῶν. 이 형용사는 중성으로 볼 수 있다 —성령의 은사들 : 비교. 9, 11 ; 14, 1 ; 15, 46. 혹은 남성으로 볼 수 있다 —영적인 사람들 : 비교. 2, 15 ; 3, 1 ; 14, 37. 이 두 가지 가능성 중에서 어느 하나를 택할 만한 객관적인 근거를 찾기가 어려운 것 같다. 의미상 별 차이는 없다 —영적인 사람들이란 성령의 은사를 받은 자들이다) **여러분이 알아두어야 할 것이 있읍니다**(바울로적인 어구이다. 비교. 10, 1).

[2] **여러분은 다음의 사실을 잘 압니다**(그의 독자들 자신의 지식에 호소하는 것 —때로는 다소 아첨하는 것으로 보이는 것— 이 바울로의 특징이다. 비교. 8, 1·4). (**즉**) **여러분이 이방사람이었을 때에**(고린토교인들 가운데 전부는 아니지만 대다수가 유다인이 아니었다는 것은 분명하다. 비교. 사도 18, 5·6·8) **어떻게** (ὡς, 앞의 that, ὅτι에 뒤따르는 중복어이다. 바울로는 두번째 명사절을 시작한 것으로 보인다. 모울 교수는 내게 보낸 편지에서 ἄν의 위치 —동사 앞에 쓰였지만 〔관계사〕 ὡς와 떨어져서 반복을 나타내는— 에 난점이 있다고 말했다. 그의 제안에 따르면, "그 원문은 매우 초기의 중자탈오에 의해 한 단어가 빠진 아주 어색한 문장이었다는 것이다 : *οἴδατε ὅτι ὅτε ἔθνη ἦτε* "여러분이 아는 대로 여러분이 이방사람이었을 때에" *ἦτε...ὡς ἄν ἤγεσθε ἀπαγόμενοι* "여러분은 이끌리는 대로〔완곡법적 표현〕 끌려갔었읍니다." 모울 교수나 나는 둘 다 아주 서투른 그리이스어 문장을 약간 변경할 수밖에 없었는데, 그는 원래의 본문훼손을 판독함으로써 또한 나는 비그리이스어적인 것으로 인정되는 어순을 채택함으로써 그렇게 했다. 독자들은 나의 견해에 반대한 그의 의견을 따를 수도 있을 것이다. 아뭏든 이 곤란한 본문이 원래의 본문이라는 것은 의심할 여지가 없다) **나쁜 길로 빠져 말 못하는 우상에게 끌려가게 되었는가 하는 것입니다**(이 번역은 ἄν —바로 윗 귀절을 참조하라— 을 반복적인 의미로 받아들인 것이다—*M.* i. 167 ; Robertson, 974. 이와는 달리 ἀνήγεσθε 〔"나쁜 길로 빠져"〕를 독립적인 한 단어로 취하거나 ὡσάν을 ἀπαγόμενοι와 함께 한 단어로〔'말하자면, 끌려가게 된'〕 취할 수도 있었다). 번역된 단순한 형태(ἄγεσθαι)에 의해 그 의미가 분명해진 말인 "끌려가게 된"(ἀπάγεσθαι)에 들어 있다. 이 말은 이방종교에서 경험했던, 인간이 초자연적인 것에 사로잡히는 (혹은 그렇다고 믿게 된) 황홀의 순간들을 암시한다. 예를 들어 루시안의 *Dialogi*

Mortuorum xix. i에서 패리스는 사랑의 힘에 대해 말하면서 이렇게 말한다. "일종의 신(δάιμων)이 자기 마음대로 우리를 끌고 다니므로(ἄγει) 그에게 저항할 수가 없다"(또 다른 증거가 Betz, 40, 주 10에 나온다. * ἄγειν의 바울로적인 용법에 대해서는 로마서 8장 14절과 갈라디아 5장 18절을 참조하라). 이 귀절에서 바울로는 귀신이 이방예배에 참여하는 자들을 황홀하게 한다고 생각하는 것 같다. 10장 20절과 비교하라. 우상들은 생명이 없다—"벙어리"이므로 그들에게 드려진 기도에 응답할 수가 없다. 이런 사상은 구약 성서에도 있으며(예. 열상 18, 26—29 ; 시편 115, 4—8 ; 이사 46, 7) 유다교에서도 나타난다. 아마 바울로는 우상들의 침묵과 우상숭배자들의 시끄러운 (귀신들린) 부르짖음을 대조시키려 한 것 같다.

바울로의 독자들은 더 이상 "이방사람"이 아니다. 하지만 그들은 유다인도 아니다. 바울로는 이들을 가리켜 '새로운 인종,' 혹은 '제3의 인종'(예. *Diognetus* I)이라 말하지 않는다. 그러나 이런 사상과 거리가 먼 것은 아니다.

[3] 이제 바울로는 1절에 함축된 물음에 답변하기 시작한다. 그래서(즉 2절에서 말한 "여러분이 알고 있는" 바에 비추어 볼 때) **내가 여러분에게 알게 하려는**(γνωρίζω: 15장 1절이나 고린토후서 8장 1절에서와 같은 말이다) **바는, 하느님의 영으로 말하는 사람은 누구나**(바울로도, 그의 독자들도 신들린 황홀한 말을 할 수 있는 다른 영들이 있음을 의심하지 않았다) **예수는 저주받으라고 말하지 않을 것이요, 또 성령으로 말미암지**(즉 그 영향 아래 있지) **않으면 아무도 예수는 주라고 말하지 못한다는 것입니다.** 바울로는 신들린 현상이 있고 또 그런 현상이 실로 일반적이었던 공동체가 있음을 전제한다. 그는 이런 현상이 교회 내에 있을 수 있다는 권리를 부인하지도 않고 또한 그렇다고 이런 현상 자체가 하느님의 영의 존재와 활동에 대한 증거라고 단언하지도 않는다. 다시 말해 여기서 그리스도교적 '열광주의'가 일방적으로 반박하거나 혹은 변호되는 것이 아니라 전제되고 분석될 따름이다. 이런 분석이 12장, 13장, 14장에서 계속되는데, 그 결정적인 표준이 곧 언급될 것이다. 무아경에서 하는 말의 방식이 아니라 그 내용이 말의 진정성을 결정한다. 여기서 anathema는 "저주받은"을 의미함에 틀림없는데(참조. 로마 9, 3), 이런 의미는 70인역에서 "비난"(ḥerem; 이런 의미에 대한 헬레니즘시대의 몇몇 사례가 있다—상세한 점들에 대해서는 J. Behm, *T. W. N. T.* i. 356—57을 참조하라)을

받는 대상을 서술하는 그 말의 용법에서 주로 파생된 의미이다. 어느 누군가가 예수는 저주받으라고 외치면서, 자기가 성령에 의해 영감을 받았다는 위험스런 사고에 빠질 수 있는 경우들이 과연 어떤 경우인가에 대해 우리가 생각하기란 쉽지 않다. 여러 제안들이 있었는데 다음의 제안들이 가장 중요하다. (ㄱ) 심문을 받기 위해 법정 앞에 선 그
* 리스도교인들은 '예수는 주'라고 고백해야 했다(이하 참조). 그러나 그들은 약하기 때문에 설득당하여 '예수는 저주받으라'고 하게 되었을 수도 있다(참조. Pliny, *Epistles* x. 96 : "참된 그리스도교인이라면 아무리 강요를 받아도 그가 그리스도교인이라는 것과 또 지금까지 그리스도인이었다는 것을 부인하지는 않았을 것이고, 다른 신들을 내세워 그리스도를 '저주하지' male dicerent는 않을 것이므로, 만일 부인하는 자들이 있다면 그런 자들은 풀어주는 것이 나는 옳다고 생각하였다"). 또한 그들은 뒤이어 그들의 말(그들을 계속해서 자유롭게 해주었고 그리스도교인임을 비밀로 해준 말)이 성령에 의해 영감받은 것이라고 주장함으로써 스스로 정당화하려고 했을 것이다. 이것은 조리있는 설명이긴 하나 현재의 문맥에는 이런 설명에 대한 암시가 전혀 없으며 이것은 후대의 상황들을 전제한 설명이다. (ㄴ) 문제의 법정은 회당의 법정일 수 있다. 아니면 회당에서 예수에 대한 부인 —성령의 인도함에 따라 부인하는 것이라고 주장된— 이 행해졌음을 지시하는 것일 수 있다. 이런 제안은 anathema가 저주라는 의미로 쓰인 유다교적 배경에서 뒷받침된다(이 점은 특히 쉴라터가 강조했는데, 그는 신명기 7장 26절 ; *Nedarim* V. 4 ; 또한 사도행전 18장 6절 등에 대해 언급한다). 그러나 이런 제안은 바울로가 (추측컨대) 영감받은 말의 표준을 다루고 있다는 사실을 정당하게 다루지 못한 것이다. (ㄷ) 바울로는 단지 "예수는 저주받으라"는 말을 "예수는 주이다"는 말의 대응어로 말한 것일 수 있다. 이 두 말은 양극을 이루는 말이었고, 둘 중 어느 하나만이 참된 영감을 지시하는 말일 수 있었다. 이런 견해는 어느정도 타당하다. 하지만 바울로가 고린토인들에게 순전히 가설적이고 인위적인 가능성을 제시하려 했는지 의심스럽다. (ㄹ) 바울로가 2절에서 상기시킨 몰아지경의 이교예배는 "예수는 저주받으라"는 말을 이해할 수 있게 한 배경을 제공할 수도 있다. 그러나 이와 대조적으로 여기서 바울로는 이교도가 예수를 부인한 것이 (이것이 그 당시에 명백한 사실인 한) 잘못이었다고 말하는 데(비록 그가 확실히 그렇다고 생각하였긴 하지만) 관심이 없음이 사실이다. 그는 그리스도

교적 집회 내에서 일어난 그리스도교적 영감을 판단할 수 있는 표준들을 제공하려고 했다. (ㅁ) 다음의 알로의 제안은 옳은 것 같다. 바울로는 황홀경에 빠진 그리스도교인들이 그들에게 임했음을 느꼈던 무아지경이나 황홀경을 뿌리치려 할 때 '실비아가 그녀와 카산드라—에쉴루스의 아가멤논(Agamemnon)에서 아폴로를 저주한 사람— 를 사로잡았던 영감을 뿌리쳤을 때 거품을 내뿜은 것과 같은 방식으로' 뿌리치려고 했던 그들의 외침을 지시하고 있는 것이라고 한다.

이와 비슷하나 보다 진전된 상황을 요한일서 4장 1—3절에서 볼 수 있는데, 거기서는 비슷한 저주가 육을 입은 하느님의 아들의 인간적 * 인 삶에 대한 가현론적 부인으로 바뀌어졌다. 식별의 과정에 대해서는 14장 29절, 데살로니카전서 5장 21절과 비교하라.

참된 그리스도교적 표어는 "예수는 주이시다"이다. 로마서 10장 9절과 그 주석, 또한 16장 22절에 관한 해설 등과 비교하라. 이 표어가 참되다는 것은 그것이 옳은, 혹은 정통적인 정식이기 때문이 아니라 그것이 예수와의 올바른 관계를 표현하기 때문이다. 즉 고백하는 자가 예수의 권위를 인정하고, 또 자기 자신이 그가 주(*κύριος*)로서 고백하는 분의 종임을 선포하기 때문이다. 바울로가 여기서 관심을 갖고 있는 것은 (그리스도론이 아니라) 이러한 관계이다. 종교적 현상으로서 영감 자체는 중요하지 않은 것이고 그것은 그리스도교인의 복종이라는 문맥에서만이 의미가 있는 것이다. 진심으로 예수를 주로 고백하는 일은 영감의 표시들이 있든 없든지간에 성령의 활동의 표징임에 확실하다. 그러나 이것이 바울로가 여기서 말하고자 한 의미는 아니다. 그는 영감받은, 몰아지경의 말의 현상을 다루고 있으며 어떻게 이런 말을 판단해야 하는가를 지시하고 있다. 이런 이유 때문에 예수는 주라고 고백하는 사람의 진실성에 대한 문제는 제기되지 않는다. 말하는 주체는 인간이 아니라 성령이다(Weiss). 바울로는 방식이 아니라 내용이 판단기준이라고 주장한 점에서 구약성서의 본보기를 따른 것이다(신명 18,21·22 ; 특히 13,2—6). 이런 기본적인 명제를 그리스도교적 형태로 규정하고 나서 그는 자유롭게 성령의 은사들과 사람들에 대한 일반적 논의로 나아간다.

27. 한 몸 안에서의 은사의 다양성 12장 4—31절

4 성령의 선물은 나뉘어져 있으나 같은 성령께서 주시는 것이며, 5 섬기
는 일에도 나뉘어져 있으나 같은 주를 섬기는 것이며 6 일을 운영하는 데도
여러 가지가 있으나 모든 사람 안에서 모든 것을 운영하시는 이는 같은 하
느님이십니다. 7 각 사람에게 성령이 친히 나타나주신 것은 서로의 유익을
위한 것입니다. 8 어떤 사람에게는 성령을 통하여 지혜의 말씀을 주시고 어
떤 사람에게는 같은 성령에 따라 지식의 말씀을 주십니다. 9 어떤 사람에게
* 는 같은 성령으로 믿음을 주시고 어떤 사람에게는 한[1] 성령으로 병고치는
은사를 주십니다. 10 어떤 사람에게는 기적들[2]을 행하는 능력을 주시고, 어
떤 사람에게는 예언하는 능력을 주시며 어떤 사람에게는 영들을 분별하는
능력을 주십니다. 어떤 사람에게는 여러 가지 방언을 말하는 능력을 주시고
어떤 사람에게는 그 방언을 통역하는 능력을 주십니다. 11 이 모든 것은 한
분이신 같은 성령의 활동입니다. 그는 자기가 원하는 대로 각 사람에게 개
별적으로 나누어주시는 것입니다. 12 몸은 하나지만 많은 지체가 있고 몸의
지체는 많지만 한 몸인 것같이 그리스도도 많은 지체를 가진 한 몸과 같읍
니다. 13 왜냐하면 우리는 유다사람이든 헬라사람이든 종이든 자유인이든 한
성령으로 세례를 받아 한 몸이 되어 모두 한 성령을 마시게 되었기 때문입
니다. 14 몸은 한 지체로 된 것이 아니라 여러 지체로 되어 있읍니다. 15 비
록 발이 나는 손이 아니니 몸에 속한 것이 아니다 라고 말한다 하더라도, 이
것은 발이 몸에 속하지 않은 것을 말하는 것은 아닙니다. 16 또 귀가 나는 눈
이 아니니 몸에 속한 것이 아니라고 말한다 하더라도, 이것은 귀가 몸에 속하
지 않은 것을 말하는 것은 아닙니다. 17 만일 온 몸이 다 눈이라면 어디서 듣
겠읍니까? 또 온 몸이 다 듣는 것이라면 어디서 냄새를 맡겠읍니까? 18 그
러나 실은 하느님께서는 합당하다고 보시는 대로 우리 몸에 각각 다른 여러
지체를 드셨읍니다. 19 지체가 한 가지뿐이라면 몸은 어디 있읍니까? 20 그
러나 실은 지체는 여럿이나 몸은 하나입니다. 21 그래서 눈이 손에게 너는

1) (א D를 포함하여) 많은 사본들에는 "같은"(*αὐτῷ*)으로 되어 있다. 이 독법은 앞 절에 동화해서 그렇게 된 독법이다. 그러나 P^{46}에는 이런 형용사가 전혀 안 나오는데 이런 독법이 옳은 것 같다.

2) P^{46} D it (vg)와 다른 사본들에는 단수형 *δυνάμεως*로 나오는데, 이 단수형은 단지 하나의 초자연적 능력의 효과를 지시하는 것일 뿐이다. 보다 관습적인 의미를 제시하는 복수형은 (잘못) 개정된 독법일 것이다. Zuntz, 100에도 단수형 독법으로 나온다. 그러나 (모든 사본에 단수형 *δυνάμεως*로 되어 있긴 하나) 그 진정성 여부는 서로 다르므로 전적으로 신빙성이 있는 것은 아니다.

내게 소용이 없다고 말할 수 없으며, 머리가 발에게 너는 내게 소용이 없다
고 말할 수 없읍니다. 22 그뿐만 아니라 몸 가운데서 비교적 약하다고 보이
는 지체가 오히려 더 요긴합니다. 23 그리고 몸 가운데서 그리 중요하다고
생각하지 않는 부분들을 각별히 귀한 것으로 입히고 보기 흉한 지체들을 더
욱 더 아름답게 꾸며줍니다. 24 그러나 아름다운 지체들에게는 그럴 필요가
없읍니다. 하느님께서는 몸을 하나로 만드셨고 변변하지 않은 지체를 각별 *
히 귀하게 하셨읍니다. 25 그리하여 몸에 분열[3]이 생기기 않고 모든 지체가
서로 같이 걱정하도록 하신 것입니다. 26 한편으로, 한 지체가 고통을 당하
면 모든 지체가 같이 고통을 당합니다. 다른 한편으로 한 지체가 영광을 받
으면 모든 지체가 같이 즐거워 합니다. 27 여러분은 그리스도의 몸이며 각
각 그 지체입니다. 28 더우기 하느님께서 교회 안에 세우신 어떤 이들이 있
는데 첫째는 사도요, 둘째는 예언자요, 세째는 교사요, 다음은 기적을 행하
는 은사요, 병고치는 은사요, 남을 도와주는 은사요, 관리하는 은사요, 여
러 가지 방언을 하는 은사입니다. 29 그러면 모두 사도이겠읍니까? 모두
예언자이겠읍니까? 모두 교사이겠읍니까? 모두 기적을 행할 수 있겠읍니
다? 30 모두 병고치는 은사를 받은 사람이겠읍니까? 모두 방언을 하는 사
람이겠읍니까? 모두 통역하는 사람이겠읍니까? 31 그러나 여러분은 더 귀
중한 은사를 사모하시오. 나는 여러분에게 좀 더[4] 좋은 길을 보여주려고 합
니다.

영적 현상에 대한 근본적인 판단기준을 몇 마디 말로 밝힐 수 있다. 예수 그리스도가 주이심을 증거하게 하는 것은 하느님의 성령의 활동이다. 성령만이 이 일을 할 수 있다. 이렇게 하지 않는 것은 그로부터 나온 것이 아니다. 따라서 하느님에게서 받지 않은 영감은 12장 3절에서 배제된다. 그러나 하느님에게서 받은 영감은 아주 다양하므로 이런 다양성이 더 많은 문제를 제기할 수 있다. 어떤 은사들이 가장 중요한 성령의 은사들인가? 은사를 전혀 받지 못한 사람도 그리스도교인이라고 말할 수 있는가? 참된 그리스도교인이라면 그 모든 은사를 나타낼 것이라고 기대할 수는 없는가? 바울로는 12장, 13장, 14장에서 이러한 문제들에 대하여 직접 다루면서 화제를 바꾸어 은사들이 작용하는 교회의 존재에 대해서 숙고하기도 한다(그의 주된 주제에 따르면 그가 이렇게 하는 것이 정당하고 또 필요한 것이가조

---

3) (ℵ D*를 포함하여) 많은 사본들에는 복수형 *σχίσματα* "분열들"로 되어 있다. 이런 독법은 1장 10절에 대한 동화에서 기인한 것이다.
4) P^{46} D*에는 *ἔτι* 대신에 *εἴ τι*로 되어 있다. 해당 주석을 참조하라.

차 하다).

[4] **성령의 선물**($\chi\alpha\rho\acute{\iota}\sigma\mu\alpha\tau\alpha$; 참조. 1, 7)**은 나뉘어져 있으나**($\delta\iota\alpha\iota\rho\acute{\epsilon}\sigma\epsilon\iota\varsigma$; "여러 가지"라는 의미가 함축되어 있긴 하지만 여기서는 그런 의미가 아니다. 바울로는 은사들을 추상적으로 생각하지 않고 주어진 것으로 생각한다) **같은 성령께서 주시는 것이며.** 본 단락의 요지는 이미 밝혀졌다. 여러 은사들이 그리스도교인들에게 각기 분배된다. 모든 사람이 다 똑같은 은사를 받는 것은 아니다. 그러나 모든 은사는 성령으로부터 오는 것이므로 경쟁심이나 불만이나 우월감을 품을 여지가 없다.

*

[5] 바울로는 같은 맥락에서 계속 말한다. **섬기는 일도**($\delta\iota\alpha\kappa o\nu\acute{\iota}\alpha\iota$. 그러나 여기서 이 말은 전용적인 의미로 '목회'와는 관련이 없다. "은사들"은 자랑거리가 아니라 공동체에 봉사하는, 또 공동체를 통해 주께 봉사하는 계기가 된다) **나뉘어져 있으나 같은 주를 섬기는 것이며.** 즉 그리스도교인들은 주의 종이므로(참조. 4, 1 ; 또한 로마 1, 1과 그 주석) 궁극적으로 모든 봉사를 그 분께 돌리는 것이다.

[6] **또한 일을 운영하는 데도 여러 가지**(즉 하느님의 능력이 적용되는 여러 방식)**가 있으나 모든 사람 안에서** (혹은 "'모든 것' $\pi\hat{\alpha}\sigma\iota\nu$ 안에서"—헤링이 이렇게 제안한다. 그러나 바울로는 인간 안에서 또 인간을 통해 작용하는 성령의 활동에 대해 말하고 있는 것이므로 이 말을 중성보다는 남성으로 취하는 것이 더 좋다) **모든 것을 운영하시는 이는 같은 하느님이십니다.**

[7] 새로 시작하는 이 단락에서 바울로의 요지는 분명하다. 그리스도교인들은 단지 천성만이 아니라 각기 분배받은 성령의 은사가 서로 다르다. 경험과 봉사의 분야가 일치하는 것은 기대할 수 없다. 궁극적인 일치는 주시는 성령과, 섬김을 받는 주와, 활동하시는 하느님 안에 있다. 삼위일체론적 정식은 단순하고 무의식적인 것으로 생각되기 때문에 보다 인상깊다. 바울로는 이런 용어들을 생각하고 쓰는 것이 자연스럽다고 보았다. 시편 68편 19절(에페소서 4장 8절에서 인용한 귀절)과 관련하여 그는 여기까지의 주장을 이렇게 요약한다 : **각 사람에게 성령이 친히 나타나주신 것** (직역하면 "친히"라는 말없이 단지 "나타나주신 것"이다. 그러나 요지는 교회의 각 성원이 성령을 소유하고 있다는 것이다)**은 서로의 유익을 위한 것, 즉 교회 전체의 유익을 위한 것입니다**(비교. 14, 12). 교인들 각

자가 한 가지 은사를 갖고 있다. 어느 누구도 제외되지 않는다. 어느 교인도 사적인 용도를 위해서 자신의 은사를 갖고 있는 것은 아니다. 모든 은사는 공동선을 위한 것이다.

[8] 이제 은사의 다양성이 설명된다. **어떤 사람에게는 성령을 통하여**(즉 초자연적인 부여로서) **지혜의 말씀을 주시고, 어떤 사람에게는 같은 성령에 따라**(바울로는 말을 달리 한다. 그러나 이 새 문구는 바로 "성령을 통하여"와 똑같은 의미를 뜻하는 것이다. 이 두 문구를 구별하려는 시도들은 신빙성이 없다. 비교. 9절에서의 (성령) "안에서") **지식의 말씀을 주십니다.** 교회가 모일 때(참조. 14,26) 성령은 어떤 교인들에게는 유익한 말씀의 은사를 준다. 말씀의 배후에 있는 지혜나 지식이 아니라 그 말씀이 곧 영적 선물이다. 그것은 * 이 선물이 교회에 대한 직접적인 봉사를 이루는 것이기 때문이다(쉴라터). "지혜의 말씀"과 "지식의 말씀"을 어떻게 구별할 수 있는지(혹은 실로 그러한지)가 분명하지 않다. 어떤 이들은 구약성서에서 본질적으로 실제적인 지혜의 특징과 지식(γνῶσις)이 사변적인 것일 수 있다는 사실에 주목하였다. 그렇다면 "지혜의 말씀"은 주로 윤리적인 교훈과 권면으로 이루어진 실제적인 말씀을 나타내는 말이고 "지식의 말씀은 그리스도교적 진리에 대한 해설을 나타내는 말일 것이다. 그러나 이 서신에서 "지식"은 실제적인 문제들과 관련이 있고(예. 8,10·11) 지혜의 어떤 형태들은(참조. 이책 91—92면) 충분히 사변적이라고 할 수 있다. 바울로는 그가 4절 이하에서 "은사들," "봉사들," "활동들"에 대해 언급할 때 표현을 달리 하고 있는 것 같다. 문장이 계속되면서 비슷한 표현들이 나온다.

[9] **어떤 사람에게는**(ἑτέρῳ, 마지막 절에 나오는 말과는 다른 말이다. 바울로는 갈라디아서 1장 6·7절에서 이 두 말을 구별하지만 여기서는 다양성을 표현하기 위해서 고린토전서 11장 4절에서처럼 동의어로 사용한다. 호머도 이와 같이 했다고 할 수 있다—*Iliad* xiii. 730 이하. Robertson-Plummer가 인용함) **같은 성령 안에서**(즉 〔같은 성령의〕 "능력으로") **믿음을 주시고 어떤 사람에게는**(여기서와 이어지는 절들에서 바울로는 의미변화없이 원래의 ἄλλῳ라는 말을 다시 쓴다) **한 성령 안에서**(다시 표현을 약간 달리하고 있다. 그러나 의미는 같다) **병고치는 은사를 주십니다.**

[10] **어떤 사람에게는 기적들**(참조. 이책 327면의 주 2)**을 행하는 능력**(ἐνεργήματα. 6절에서는 "운영"으로 번역됨)

을 주시고, 어떤 사람에게는 예언하는 능력을 주시며, 어떤 사람에게는 영들을 분별하는(διακρίνειν: 이 말에 대해서는 11장 29절에 대한 주석 참조) 능력을 주시고, 어떤 사람에게는 여러 가지 방언을 말하는 능력을 주시고 어떤 사람에게는 그 방언을 통역하는 능력을 주십니다. 의심할 바 없이 이 모든 성령의 은사들은 1세기의 고린토교인들에게는 잘 알려진 것이었다. 어떤 은사들은 현대 독자가 보기에는 완전히 납득하기가 어렵다. 가령 9절에서 말하는 "믿음"은 오직 이를 통해서만이 그리스도교적 삶이 시작되고 유지되는 그러한 믿음이라고 할 수 없다. 왜냐하면 믿음이라는 것은 일부 그리스도교인들만이 받은 은사라고 말할 수 없기 때문이다. 13장 2절의 "산을 옮길 만한 모든 믿음"과 비교해 보면 여기서 문제되고 있는 믿음이 다음의 몇몇 귀절에서 언급된 기적과 관련이 있음을 암시한다. 모든 그리스도교인이 다 그런 것은 아니지만 일부 그리스도교인들은 자연세계 속에서 "병고치는 은사"와 같은 특별한 능력을 보여주기를 하느님에게 요청할 수 있는 특별한 믿음을 가졌었다. 바울로 자신이 병자를 치유해 온 사실과 관련이 있고(예. 사도 14, 8 이하), 사도 시대에는 기적적인 치유가 교회에서 일어난 것으로 믿었음이 분명하다. "기적들"이란 광범위한 비정상적인 활동을 포괄할 것이다. 가령 복음서들에서 자연 기적들이 한 자침을 제시하고는 있지만 기적이란 말이 얼마나 광범위한 의미를 지니고 있는지를 우리는 알 수 없다. "예언"에 대해서는 특히 14장을 참조하라. 예언은 아마 흥분되고, 황홀한 말이긴 하나 일상적인 말로 말해졌다. 그렇기 때문에 예언이 참된 것은 아니었다. 따라서 은사의 소유자로 하여금 "영들을 분별하게" 할 수 있는 또 다른 은사가 필요했다. 여기서 "영들"은 성령을 의미하며 또한 몰아지경의 현상을 일으킬 수 있는 다른 근원들을 의미한다. (아마 지혜의 말씀이나 지식의 말씀을 말했던 사람들과는 다른 사람으로 보이는) 영감받은 설교자가 하느님의 영을 힘입어 말한 것인지 아니면 어떤 귀신의 대행자에 힘입어(참조. 12, 3) 말한 것인지를 알 필요가 있었다(그러한 또 다른 은사가 요구되었다). "여러 가지 방언"에 대해서는 13장 1절과 14장을 참조하라. 여기서 방언은 알아들을 수 없는 말을 뜻하는 것이므로 식별만이 아니라 "통역"이 필요하다. 이것 역시 성령의 은사이다. 바울로는 방언과 관련된 은사들을 맨 나중에 열거하는데(참조. 28절) 이것은 고린토교인들이 방언을 아주 높게 평가했던 것으로 볼 수 있다.

[II] 그러나 여기서 바울로의 목적은 은사들의 서열이나 위계를 세우는 데 있지 않고, 오히려 모든 은사는 그것이 중요하든 중요하지 않은 은사든간에, 또한 겉치레적이거나 불분명한 은사라 할지라도 같은 근원에서 나온 것임을 주장하는 데 있다. 이 모든 것(방금 열거한 것)은 한 분이신 같은 성령(직역하면 "하나의 같은 성령")의 활동입니다(ἐνεργεῖ: 이 말이 하느님에 대해서 사용된 앞의 6절 참조. 이 말은 성령이 무한하고 다양한 힘과 능력의 원천임—철저하게 성서적 사상— 을 시사한다). 그는 자기가 원하는 대로 각 사람에게(모든 그리스도교인이 각기 은사를 받았다고 하는 점이 또 다시 함축되어 있다) 개별적으로(ἰδίᾳ: 참조. *M.* iii. 18 ; ἴδια라는 말을 써서 "그 자신의 은사들"이라고 번역할 수 있을 것이다) 나누어주시는(참조. 4절 이하) 것입니다. 따라서 그리스도교인들은 그들이 받아야 하는 은사를 성령에게 지시할 수는 없다. 비록 그들이 더 큰 (아마 방언처럼 자연발생적인 성질이 덜한) 은사들(31절)을 사모해야 한다 할지라도. 각 그리스도교인에게 어떤 은사를 줄 것인가를 결정하는 것은 성령의 일이므로 아무도 자랑하거나 열등감을 가질 이유가 없다. 성령의 활동으로서의 은사들은 교회의 존재기반인 하느님의 자유로운 은혜의 표징이고 새 시대의 시작에서 교회가 차지하는 위치의 표징이다. 바울로는 은사들에 관해 다룬 후 자연히 교회를 생각하게 된다.

다양한 교회성원들은 각기 다른 은사들을 갖고 있으며 다른 기능을 * 담당한다. 이런 사실을 서술하는 데서 바울로는 고대세계에서 쓴 유비를 자주 사용하며 교회를 몸에 비교한다. 리비(Livy, 2, 32)는 이 비유의 용법을 메네니우스 아그리빠(Menenius Agrippa, B.C. 494년경)의 것으로 돌리는데, 그는 반항적인 로마의 "평민들"에게 그들의 이익은 귀족들(같은 몸의 또 다른 지체)의 이익과 같은 것이며 따라서 그들이 섬기는 일을 그만두어서는 안 된다고 설득하는 데 있어서 이 비유가 얼마나 효과적인가를 보여주었다. 스토아 철학자들이 우주 전체를 한 몸과 비교했다는 점은 중요하다(예를 들어 Seneca, *Epistles* xcv. 52 : 신적인 것들과 인간적인 것들을 포함하여 당신이 보는 이 모든 것이 하나이다〔unum est〕. 우리는 한 거대한 몸의 지체들이다〔membra corporis magni〕; *Epictetus* II. x. 3—4 : "당신은 세계의 시민이며 세계의 한 부분〔μέρος〕이다… 이성을 갖고 있고 자연질서를 이해한다면 손이나 발처럼 행동해야 한다…). 또한 영지주의자들이 똑같은 주제를 채택하였다는 점도 중요하다(참조. *Corpus Hermeticum* ii. 2—3 : "그렇다면 이 세계는 이보다 더 큰 몸〔body〕이 없을 정도로 크단 말인가? 그렇다. 그러면 꽉 차있는가?—많은 다른 거대한 몸들로 차있거나 아니면 오히려 이 세계 안의 모든 몸들로 차있거나간에 말이다. 이것은 사실이다. 그렇다면 세계는 한 몸인가? 그렇다. 하나로 움직이는가? 참으로 그렇다." 비교. 4, 1 ; 7, 3 ; 11, 19). 우주는 정신(νοῦς)이나 이성(λόγος)이 있는 한 몸이었다. 이 몸의 지체들인 모든 인간은 한 몸 안에서 한 정신에 따라 행동함으로써 그들의 참된 존재와 기능을 성취하였다. 바울로는 스토아적 도덕가와 같은 말로 시작한다. 병행귀에 대해서는(또 그 차이에 대해서는) Sevenster, *Seneca*, 170—3을 참조하라.

〔 12 〕 **몸은 하나지만 많은 지체가 있고 몸의 지체는 많지만 한 몸인 것같이….** 만일 바울로가 계속 이런 맥락에 서 있다면 그는 이런 말을 덧붙일 것이다 : "교회도 마찬가지입니다. 그러므로 여러분은 서로의 은사가 귀중함을 인정해야 하며 자신의 은사를 공동선을 위하는 일에 써야 하고 조화를 이루며 살아가야 합니다." 실로 이것이 그가 계속해서 말하려고 한 바이다. 그러나 12절은 이렇게 결론짓는다 : **…그리스도도 많은 지체를 가진 한 몸과 같습니다.** 여기서 바울로는 비약적인 진술을 한다. 이렇게 결론지어도 틀리지는 않을 것이다 : "교회도 이와 같다." 그러나 교회는 (특히 27절에서 서술된 바 대로) 그리스도의 몸이므로 그리스도 자신이 여러 지체들 —서로 다르지만 조화를 이루며 함께 활동하는— 로 이루어진 한 몸이라고 말할 수 있다. 그렇다고 해서 그리스도를 신자들로 이루어진 몸과 단순히 동일시할 수는 없다. 이같은 동일시는 바울로에게 있어서 생각
* 할 수 없는 것인데, 그는 예수가 주라는 고백을 성령의 활동을 분별케 하는 원리로서 방금(12, 3) 언급했기 때문이다. 그는 교회에 대한 주이며, 이런 의미에서 영원히 교회와 구분된다. 칼빈의 주장대로 그리스도가 "그의 지체들과 분리된다면 어느 면에선 불구가 된다"라고 주장하는 것은 옳지 않지만, 바울로는 지체들과의 관계에서 "그리스도도 많은 지체를 가진 한 몸과 같읍니다"라고 말하는 것이다. 그러나 그리스도는 언제나 그러한 관계의 원형으로 남아 있다. 그리스도의 몸으로서의 교회에 대해서는 이 단락의 나머지 부분에 대한 주석과 로마서 12장 4·5절에 대한 주석, 그리고 특히 *T. W. N. T.* vii, 1024—91에 나오는 슈바이처의 논문("몸" σῶμα)을 참조하라.

[13] 이 귀절은 이미 앞의 논의에서 참고한 바 있다. 이 귀절은 어떻게 그리스도를 한 몸으로 말할 수 있는 가를(문장을 덧붙이는 방식에 의해) 설명하며 접속사 왜냐하면(γάρ)으로 시작한다. 그가 한 몸이 된 것은, 우리가 한 성령으로 세례를 받아 한 몸이 되었기(여기서 εἰς "안에"는 장소를 나타내는 것이 아니라 과정의 결과를 나타내는 것이다—봐이스의 제안) 때문입니다. 세례는 그리스도와 함께 죽고 부활하는 것을 뜻한다(특히 로마 6, 3 이하). 이 세례를 통해서 그리스도교인은 자기 자신 안에서가 아니라 그리스도 안에서 고난과 변호의 종말론적 사건들 —성 금요일과 부활절 사건들에서 선취된 것— 을 경험한다. 그리스도 안에서 그는 새 세대에 속한 새로운 피조물이다. 그러나 이런 사실은 거룩하게 하는 성령의 활동을 통해서 단지 부분적으로만 분명해진 사실이다. 어떤 그리스도교인이 세례를 받음으로써 그리스도를 덧입게 된다면 다른 그리스도교인들도 마찬가지이다(갈라 3, 27). 말하자면 지금 성령이 그 안에서 그리스도의 형상을 만들고 또 그가 그리스도의 형상을 덧입게 하는 활동을 하고 있다면, 같은 성령이 다른 그리스도교인들 안에서도 또 그들을 위해서도 활동한다는 것이다. 그리스도를 덧입은 모든 그리스도교인들은 그 안에서 한 인격이 되는 것이다(갈라 3, 28). 따라서 그리스도에게 속한(27절), 그리스도 안에 있는(로마 12, 5) 몸이 이루어지게 된다. 인간들이 우주적 통일체로 결합되는 것은 신비적인 "영지"(gnosis)나 스토아철학자들이 가르친 대로 자연을 통해서가 아니라 은혜를 통해서이다. 오히려 자연에 비추어 볼 때 그들은 본질적으로 서로 다르며 이질적인 존재이다. 즉 유다사람, 헬라사람, 종, 자유인이다. 갈라디아서 3장 28절, 골로사이서 3장 11절과 비교하라. 이 두 귀절에서 볼 때, 우주의 통일과 유비를 이루며 아마 아담이 보편적인 인류의 선조라는 생각(W.D. Davies, 57)에 기초한 통일의 사상이 바울로의 생각(이런 생각이 골로사이서에서 좀 더 발전되었음을 볼 수 있다)에 없지는 않지만 그의 핵심은 실제적인 것임이 분명하다. 고린토에 있는 다양한 민족적, 사회적 집단들과 의견을 달리하는 종교적 파당들이(1, 11·12) 모두 그리스도의 몸의 하나됨에 동참하게 되었으므로 그들은 이런 하나됨을 다양한 은사들을 통해서 표현해야 하고 부인해서는 안 된다. 영적 현상의 충만함이 이런 목적을 위해서 활용되어야 한다(억압되어서는 안 된다—바울로가 억압하라고 주장하는 것은 아니지만, 이렇게 하는 것이 문제를 해결하는 쉬운 방 *

법이었을 것이다).

"우리가 세례를 받았다"가 물 세례(이러한 외적 의식이 뜻했던 모든 것과 함께)와는 다른 것을 가리킨다고 생각할 만한 이유가 없다. 이 의식에는 확실히 그리스도의 죽음과 부활이 함축되어 있고 그 배후에 깔려 있지만, 바울로는 그리스도교인들 각자가 참여했던 세례 행위에 대해서 생각하고 있다. 보다 주목할 만한 점은, 바울로가 이 가장 개인주의적인 행동 —그리스도교인이라는 자각을 갖게 하고 또 표현하는 행동— 을 한 성령과 한 몸 안에서의 연합의 기초로 본다는 것이다. 그는 공동식사에서의 교회의 집단적 행동보다 오히려 이런 행동을 통합의 기초로 삼았다. 공동식사가 그리스도교적 집단의 통합에 대해 갖는 관계는 (특히 10,17에서) 이미 서술된 바 있고, 어떤 이들(예. 칼빈, 쉴라터, 벤트란트)은 그런 관계를 다음 절에서도 보았다. **우리는 모두 한 성령을 마시게 되었읍니다.** 하지만 그럴 것 같지는 않다. 새로 나온 동사("마시게 되었다" *ἐποτίσθημεν*)는 "우리가 세례를 받았다"와 같이 단순과거 시제이고, 아마 (만찬과 같이) 반복되는 행동이 아니라 단 한번의 경우를 가리키는 것 같다. 이 동사는 3장 6절에서 식물에 물을 주는 표현으로 쓰여졌지만 바울로가 여전히 이런 비유를 염두에 두고 있다고 생각할 이유는 없다. 이 새로운 표현은 우리가 성령으로 세례를 받았다(즉 침례를 받았다)는 진술에 대한 필요한 보충어이다. 즉 성령이 우리를 에워쌀 뿐만 아니라 우리 안에 있다. 상세한 유사점들과 관련하여 바울로를 공격한다면 잘못이겠지만 그 결과 성령에 대한 다소 비인격적인 견해를 얻을 수 있다(성령은 초기에 또한 스토아철학자들에 의해 준 물질적인 용어로 생각되었다). 11절과 비교하라.

이제 가장 중요한 점이 밝혀진다. 그리스도의 지체들인 그리스도교인들이 한 몸, 즉 그리스도의 몸을 이룬다는 것이다. 이것은 교회를 표현하는 하나의 비유적인 방식이긴 하나 바울로의 비유들(식물을 심
* 는 일, 건물 따위) 가운데서 중요한 위치를 차지하며, 바울로는 이 비유를 좀 더 발전시킨다. 우선 그가 (고린토의 상황과 관련하여) 몸에 대해 주목한 점은 그 다양성에 있다. 그리스도교인들은 똑같은 은사를 받으려고 기대해서는 안 된다(이런 주장이 다음 절을 시작하는 접속사 **왜냐하면**에 함축되어 있다).

[14] **왜냐하면 몸**(특별히 그리스도의 몸이 아니라 어떤 몸 : 그리이스어에서 일반을 지칭하는 관사의 용법)

은 한 지체로 된 것이 아니라(직역하면 "…인 것이 아니라") 여러 지체로 되어 있기 때문입니다. 요지는 분명해진다(참조. Plato, *Protagoras* 330A : "그들은 각기 얼굴의 여러 부분들과 같이 고유한 기능을 갖고 있다. 눈은 귀와 같지 않고, 또한 그 기능도 같지 않다…")

[15] 비록 발이 나는 손이 아니니 몸에 속한 것이 아니다 라고 말한다 하더라도, 이것은 발이 몸에 속하지 않은 것을 말하는 것은 아닙니다(직역하면 "'이러한 이유에서' *παρὰ τοῦτο*, 몸에 속하지 않은 것은 아닙니다).

[16] 또 귀가 나는 눈이 아니니 몸에 속한 것이 아니라고 말한다 하더라도, 이것은(다시 *παρὰ τούτο*) 귀가 몸에 속하지 않은 것을 말하는 것은 아닙니다. 말하자면 치유의 은사를 갖고 있는 어떤 그리스도교인이 나는 방언의 은사가 없기 때문에 교회의 일원이 아니라고 말한다면 그는 자기 자신을 속이는 것이고 그의 불평은 정당하지 않은 것이다. 그는 방언을 말하는 사람과 똑같이 그리스도교인이다. 다양성이 있다는 것은 아주 바람직하고 실로 필요한 것이다.

[17] 만일 온 몸이 다 눈이라면 어디서 듣겠읍니까? 또 온 몸이 다 듣는 것(*ἀκοή* 아마도 귀)이라면 어디서 냄새를 맡겠읍니까? 말하자면 모든 그리스도교인들이 다 예언을 말한다면 기적을 행하는 것과 같은 합당한 다른 그리스도교적 활동들은 어떻게 되겠는가? 그러나 모두가 알고 있듯이 사실은 그렇지 않다.

[18—20] 하느님께서는 합당하다고 보시는 대로 우리 몸에 각각 다른 여러 지체를 두셨읍니다. 지체가 한 가지 뿐이라면(비교. 17절) 몸은 어디 있읍니까? 그것은 단적으로 몸이라고 할 수 없을 것이다. 그러나 실은 지체는 여럿이나 몸은 하나입니다. 이것은 바울로의 모든 독자가 잘 알고 있는 인간의 몸에도 해당되는 사실이다. 또한 그리스도교적인 몸에도 해당되는 사실이다. 즉 하느님은 그 몸의 다양성을 원하신다.

[21] 이제 바울로는 다소 다른 관점에로 화제를 돌린다. 눈이 손에게 너는 내게 소용이 없다고 말할 수 없으며 머리가 발에게 너는 내게 소용이 없다고 말할 수 없읍니다. 진실로 각 지체는 다른 모든 지체를 필요로 한다. 말하자면 방언의 은사를 갖고 있는 그리스도교인이 예언의 은사를 갖고 있는 그의 형제에게 자신의 독자성을 자랑할 수는 없다. 각 그리스도교인은 다른 그리스도교인을 필요로 한다. 자랑(이에 대해 바울로는 주저없이 비난한다. 참조. 1,29 *

이하)은 아주 잘못된 태도이다.

[22 · 23] **그뿐만 아니라 몸 가운데서 비교적 약하다고 보이는 지체**(눈과 같이 정교한 기관들이나 심장과 같이 볼 수 없는 기관들)**가 오히려 더 요긴합니다. 그리고 몸 가운데서 그리 중요하다고 생각하지 않는 부분들**(그 기능들에 대해서 보통 우리는 인정하지 않는)**을 각별히** (더욱 더) **귀한 것으로 입히고**(동사 *περιτίθεμεν*은 이런 의미를 시사한다. 참조. 아담과 이브가 느낀 수치감과 그들의 최초의 옷—창세 3, 7·10·21) **보기 흉한 지체들**(갈라 6,13에 따라 해석된 필립 3,19 참조)**을 더욱 더 아름답게 꾸며줍니다.**

[24] **그러나 아름다운 지체들에게는 그럴 필요가 없읍니다.** 이와 마찬가지로 교회의 보다 약하고(참조. 8,7—13; 9,22 ; 10,28·29 ; 로마 14,1 ; 15,1) 비천한(1,26 ; 11,22) 성원들이 멸시당해서는 안 되며 오히려 각별히 귀한 대우를 받아야 한다. 이것이 바로 하느님이 무가치한 전 인류를 다루어 오신 방식이다. **하느님께서는 몸을 하나로 만드셨고**(*συνεκέρασεν*: 로버트슨—플루머는 알키비아데스가 *Thucydides* vi. 18에서 그 도시의 집단적 행동과 관련하여 쓴 이 말의 용법을 인용했다) **변변치 않은 지체를 각별히** (23절에서와 같이) **귀하게 하셨읍니다**(바울로는 그의 말이 겉보기에 우주의 "공감" *συμπάθεια* 이라는 스토아 철학적인 원리와 같아 보이지만 여기서 비유를 중단하고 교회에 대해 직접 말하려고 하는 것으로 보인다).

[25] **그리하여 몸에 분열**(*σχίσμα*; 비교. 1,10과 참조. 이 책 328면의 주 3)**이 생기지 않고 모든 지체가 서로 같이 걱정하도록 하신 것입니다.** 우리는 이미 바울로가 말하고자 하는 바에 대한 예들을 살펴보았다. 그러므로 믿음과 양심이 강한 그리스도교인은 우상제물과 관련하여, 자기 자신의 자유와 미각만이 아니라 약한 형제들의 양심의 가책을 고려해야 한다(8,7—13 ; 10,28·29)는 말이다.

[26] 바울로는 주제를 발전시킨다. **한편으로** (몸의) **한 지체가 고통을 당하면 모든 지체가 같이 고통을 당합니다.** 어느 정도 이것은 실제로 사실이다. 국부적인 상처가 몸 전체의 건강에 영향을 미친다(비교. Plato, *Republic* v. 462 CD: "손가락 하나가 다치면 몸 전체 *κοινωνία*가 고통을 당하듯이 …그래도 우리는 그 사람이 손가락에 통증을 느낀다고 말한다"). **다른 한편으로, 한 지체가 영광을 받으면 모든 지체가 같이 즐거워합니다.** 여기에 생리학적 비유는 맞지 않는다(이점은 교회를 "몸"으로 서술하는 데 있어서 이제는 더 이상 비

유로 말하지 않음을 분명히 지적하는 것이다). 그러나 실제로 몸의 지체들은 영광을 받거나 즐거워하지 않는다. 바울로는 성령의 은사들과 관련하여 고린토의 상황에 대해서 말하고 있음을 우리는 기억해야 한다. 어떤 교인이 이같은 은사가 부족한 것으로 보인다고 해서 이것이 다른 교인들이 그를 멸시할 만한 이유는 못 된다. 그만이 고통받는 자가 아니라, 교회 전체가 그의 부족함 때문에 고통받는다. 어떤 교인이 특별한 영감을 받았다고 할지라도 자랑해서는 안 되며 다른 교인들도 그를 시기하거나 불쾌하게 여겨서는 안 된다. 모든 교인은 하느님께서 모두의 유익을 위해(7절) 한 사람에게 부여하신, 다시 말하여 그 한 사람을 통해서 집단 전체에 부여해준 은사 안에서 함께 즐거워 해야 한다. *

[27] 바울로는 자신의 주장을 다음의 포괄적인 진술로 마무리짓는다. 이제 여러분은 그리스도의 몸이며 각각(이 번역은 ἐκ μέρους의 의미인 것으로 생각된다) 그 지체입니다. 바울로의 주된 의도는 여기서도 엄격하게 말해서 실제적인 데 있다. 인간의 몸의 여러 지체들은 다양하면서도 상관관계를 맺고 있다. 그것들은 서로 다르지만 한 몸을 이룬다. (살펴본 바대로) 다른 집단들에 대해서도 이렇게 이야기해왔다. 이것은 그리스도교적 공동체에 대해서도 분명히 해당되는데, 이 공동체의 성원들은 그들이 받은 은사가 각기 달랐고, 또 신적인 인격의 행동에서 생겨난 차이점들 때문에 보다 다양하고 상호의존적이었다. 그러나 그들이 개별적으로나 집단적으로 성령의 은사들로 말미암아 구성원이 되었다는 바로 이러한 사실에서 그들은 단순히 그리스도교인들로 이루어진 몸(자연스런 표현법이었을 것이다)이 아니라 "그리스도의 몸"이었음을 보게 된다. 왜냐하면 그리스도 안에서만이 성령의 은사들이 존재하며, 또한 성령의 은사들은 인간적인 공동체가 그리스도의 일을 할 수 있도록 하기 위해서 주어진 것이었기 때문이다. 속격("그리스도의" Χριστοῦ)은 신원(identity)을 나타내는 것이 아니라 소유와 권위를 나타내는 것이다. 또한 그리스도를 이루는 그리스도 자신의 몸이 아니라, 그리스도에게 속해 있고 (나중 서신들이 말하듯이 머리이신 그리스도에게 : 골로 1,18 ; 2,19 ; 에페 1,22 ; 4,15 ; 5,23 ; 비교. 골로 11,3) 그의 지배를 받으며 비록 그의 몸과 연속성이 있으면서도 그 몸과 분리되는 몸을 나타내는 것이다. 부활 이후 (아마 선취적인 의미에서는 부활 이전에) 그리스도는 새 시대에 사는 새로운 인류가 되었다. 그의 구성원들은 이 종말론적

존재 안에서 각기 그들의 위치를 지니고 있으며 또 그 성원들로서 조화를 이루며 살아가야 한다. 이런 형태의 삶이 무엇을 뜻하는지가 특히 13장에서 분명해질 것이다. 그러나 여기서 끝나는 본단락은 특수한 예들을 제시해 왔다. 이제 바울로는 성령의 은사들과 그 활동들의 통일된 다양성(참조. 4—11절)에로 돌아가서 교회 안에서 행해지는 상이한 봉사들을(때때로 모호하긴 하지만) 구체적으로 서술한다. 에페소서 4장 11절에는 좀 더 발전된 형태로 유사한 목록이 나온다.

[28] 더우기(*καί*: 이 말 다음에 교회를 유기적인 구조로 보는 사상이 전개된다) **하느님께서 교회 안에**(*ἐν τῇ ἐκκλησίᾳ*: 여기서 지역 교회가 전제된 것인지 아니면 보편적인 교회가 전제된 것인지는 논의할 문제이다 —바울로는 이 말을 두 가지 의미로 쓴다〔참조. 이 책 51면〕. 이 말의 의미는 이 귀절이 계속 전개되어가면서 바뀌는 것 같다. 사도들은 보편적인 교회 안에 있고, 예언자들은 지역 교회의 집회에 있다) **세우신 어떤 이들이 있는데**(*οὓς μέν*. 이 말은 그 대답으로 *οὓς δέ* "다른 이들은"을 기대하게 한다. 그러나 이 구문은 중단되는데, 바울로는 '어떤 이들은…다른 이들은'이라고 말하지 않고 번호를 매긴 목록을 제시하기 때문이다), **첫째는 사도요…** "사도"(*ἀπόστολος*)는 바울로가 단지 세 번 사용하지만 매번 중요하게 사용하는 동사("보내다" *ἀποστέλλειν*)에서 파생된 동명사이다. 그 동사는 로마서 10장 15절과 고린토전서 1장 17절에서는 복음전파를 위해 사람들을 파송한다는 의미로, 고린토후서 12장 17절에서는 바울로 자신이 사람들을 그의 대리자로 파송한다는 의미로 쓰였다. 동의어적인 동사(*πέμπειν*)가 좀 더 자주 쓰이긴 하나 대체로 "사도"라는 해석과는 관련이 적게 쓰인다(이 동사는 로마서 8장 3절에서는 하느님께서 자기 아들을 보내심이라는 의미로, 데살로니카 후서 2장 11절에서는 하느님께서 미혹하는 힘을 보내심이라는 의미로, 고전 4, 17 ; 16, 3 ; 고후 9, 3 ; 필립 2, 19·23·25·28 ; 골로 4, 8 ; 데전 3, 2·5에서는 인간 사절들의 보냄이라는 의미로 각기 쓰였다). 사도란, 바울로의 이해에 따르면, 그리스도의 부름을 받은 자, 또는 복음전파를 위해 그의 보냄을 받은 자이다. 바울로 자신이 그리스도에 의해 위임받은 이같은 사도였다. 이 사실을 의심한 사람들도 있었겠지만 적어도 고린토교인들처럼 바울로 인해 개종한 자들이 이런 사실을 의심해서는 안 된다(로마 1, 1 ; 11, 13 ; 고전 1, 1 ; 9, 1·2 ; 15, 9 ; 고후 1, 1 ; 12, 12 ; 갈라 1, 1; 골로 1, 1 ; 데전 2, 7). 그러나 다른 사도들도 있었다. 필립비서 2장 25

절은 다른 의미로 이해해야 할 것 같다. 이 말은 단지 에바브로디도가 필립비 그리스도교인들의 사절이었고 그들의 선물을 바울로에게 전달하는 책임자였음을 뜻할 수 있다. 이런 사실 자체는, 에바브로디도가 (넓은 의미에서) 필립비인들이 스스로 완수할 수 없는 직무를 그에게 맡긴 사도였을 가능성이 전혀 없지는 않지만, 그리스도의 출현과 그리스도의 위임, 복음전파와는 관련이 없다. 고린토후서 8장 23절은 확실히 교회 대표자들을 가리킨다. 분명히 다른 전도자들도 있었다 : *
고전 15, 7(그 주석 참조) ; 고후 11, 5 ; 12, 11(여기서 바울로는 반어적으로 말하지만 그가 말하는 사람들의 사도직을 부인하는 것은 아니다 ; 그 주석 참조) ; 갈라 1, 17·19. 여기에 로마서 16장 7절(그 주석 참조)도 포함시켜야 할 것이다. 어디에서도 바울로는 이들 사도를 열두 사도와 동일시하지 않는다는 것을 곧 알게 될텐데, 실로 그는 열두 사도에 대해 단 한번 언급하며 그것도 인용문에서 언급하는 것 같다(15, 5 ; 그 주석 참조). 바울로에게 있어서 사도들은 한정되긴 하나 분명히 규정되지는 않은 몸을 이루었다. 부활하신 예수를 보는 것이 필수적인 자격이었다면(참조. 9, 1) 바울로는 위임받은 마지막 사도였다(15, 8). 이 귀절은 사도들이 교회에서 차지하는 두드러진 지위를 아주 분명하게 보여준다. 그들의 일은 단지 마지막 날에 있을 하느님의 행위를 증거하는 데 있지 않았다. 그들의 일 자체가 종말론적 사건들의 일부였고, 그들은 복음 안에 나타난 하느님의 의를 전파하였다(로마 1, 17). 적어도 바울로는 자신의 일을 선구자로서의 일로 이해하였다 (로마 15, 18—21 ; 고후 10, 12—16). 그는 교회의 창설자였다(3, 6·10 ; 9, 1). 또한 그는 이 일이 다른 사람들도 참여한 직무였긴 하지만 교회를 돌보고 세우는 일을 하였다. 이 일에 있어서 그는 권위를 갖고 있었다(9, 4·5·6·12·18). 하지만 그의 권위는 자신의 개종자들의 믿음을 약하게 하기 위한 것이 아니라 세우기 위한 것이었고(고후 10, 8 ; 13, 10), 또한 그는 개종자들의 믿음의 주라고 주장하지도 않았다(고후 1, 24). 그러나 이런 면에서 그의 동료들이 모두 그와 같은 견해를 갖지는 않았던 것 같다. 그러나 사도들의 직무가 그들에게 불명예가 되고 조롱을 받게 한다고 바울로가 말할 때(4, 9—13 ; 고후 6, 4—10) 그는 자기 자신에 대해서가 아니라 사도 일반에 대해서 기술하고 있는 것이다. 동료 사도들과의 관계가 항상 편치는 못했고 심지어 그리스도의 사도라고 주장하나 실은 사탄의 천사인 거짓 사도들이 있었다 (고후 11, 13)는 사실로 미루어 볼 때, 사도로서의 바울로의 상황은 복잡했다. 이런 곤란한 상황들과, 사도직에 대한 바울로의 이해에 있어서 신약성서에 나타난 다른 사도들과의 관계에 대해서는 이 책 서론 40 • 41면과 고린토후서 주석을 참조하라. 여기서 말하는 "사도"란 복음을 전파하고, 또 그들 자신의 삶 속에서와 교회에 개종자들을 입회시키는 일에 있어서 예수의 죽음과 부활을 나타내는 종말론적인 복음 전도자들이다(참조. A. Fridrichsen, ***The Apostle and his Message*** 〔1947〕; 또한 "The Apostles in and after the New Testament," in ***Svensk Exegetisk Årsbok*** xxi. 〔1956〕, 30—49).

* 사도들만이 그리스도의 종이라거나 실로 그들만이 복음의 전파자들이라고 할 수는 없다. 현재의 명부에서 실로 두드러진 그들의 유일한 특징은 그들이 순회전도자들이었다는 데 있는 것 같다. 또한 둘째는 예언자요, 세째는 교사가 있었다. "예언자들"은 에페소서의 명부에서도 두번째 위치를 차지한다. 다른 곳에서(로마 1, 2; 3, 21; 11, 3; 데전 2, 15) 바울로는 구약성서의 예언자들에 대해서 언급한다. 로마서 12장 6절과 데살로니카 5장 20절에서도 이 말이 함축되어 있긴 하지만 고린토전서에서만이 그는 그리스도교 예언자들이라는 말을 쓴다. 그들은 14장에서 길게 서술된 예언의 은사를 행한 사람들이었다고 가정해야 한다. 14장에 나타난 예언자들은 순회하는 그리스도교인들이 아니라 지역교회의 그리스도교인들로서 영감을 받아 하느님의 말씀을 교회에, 또 적어도 경우에 따라서는 그들의 설교를 듣고 개종하게 될 비그리스도교인들에게 전달했던 사람들이다(14, 24). "교사들"은 에페소서의 명부에서는 낮은 위치를 차지한다. 추측컨대 그들은 그리스도교적 신앙의 의미와 도덕적 내용들을 다른 사람들에게 가르쳤던 성숙한 그리스도교인들이었다. 갈라디아서 6장 6절과 비교하라. 아마 (어떤 이들이 그렇게 생각하듯이) 그들은 구약성서의 그리스도교적인 의미를 설명하였던 사람들인 것 같다.

바울로에 의하면, 말씀의 이러한 세 가지 사역이 그리스도교의 일차적인 활동이다. 이러한 활동에 의해 교회가 창설되고 세워지는 것이다. 다른 활동, 예를 들어 세례(1, 17)는 이차적인 위치를 차지할 뿐이다. 처음에 나온 세 집단의 중요성은 문장을 두 번 끊음으로써 강조된다. 더 이상 순위가 나오지 않고(아마 바울로는 그밖에 모든 은사들을 사도직, 예언, 가르치는 일보다 낮은 차원에 둘 수는 있지만 낮은 은사들을 협소하게 구별해야 한다고 생각하거나 또 그러기를 원하지 않기 때문인 것 같다), 사람들 대신에 은사들이 언급된다(이와 반대로 로마서 12장 6절 이하에서는 은사들이 먼저 언급되는데, 거기서 바울로는 사람들과 그들의 지위보다는 은사들과 기능들에 더 관심을 갖고 있음을 보여준다). 또 다른 은사들이 뒤따른다 : **다음은 기적을 행하는 은사요**(비교. 10절), **병고치는 은사요**(비교 9절), **남을 도와주는 은사요**("도움" *ἀντιλήμψεις*: 이 번역은 어느정도 추측일 수 있다. 그러나 이 말은 특히 프톨레미 대왕들에 대해서 언급하는 파피루스문서에서 높은 권위자에게서 받는 보호나 원조를 나타내는 용어이다), **관리하는 은사요**(*κυβερνήσεις*: 아마 배의 키를 "부림"이라는 의미일 것이다. 그러나 비유적으로 사용된 말이다), **여러 가지 방언을 하는 은사입니다**(비교. 10절). "도와주는 일"은 집사들(*διάκονοι*)의 일을 예시하는 것일 수 있는데, 초대교회에서 그들의 주된 직무는 교회의 보조로 궁핍한 자들을 돌보는 일이었다. 그리고 "관리하는 일"은 감독들(*ἐπίσκοποι*) — 때때로 교회일을 관장하는 사람들에게 붙여진 이름(참조. 로마 12, 8)— 의 직무였다. 이러한 일들은 사도들의 순회 선교활동과는 대조적으로 지역적인 활동이었고(참조. 필립 1, 1) 예언자들과 교사들이 행한 말씀의 사역에 비해 이차적인 것이었다. 일종의 자기를 주장하는 은사들, 즉 고린토인들의 취향에 맞았던 것으로 보이는 "관리하는 일과 방언들"이 명부의 끝에 나오고 있다. *

〔29 · 30〕 한 사람이 한 가지 이상의 은사나 기능을 행할 수 있었는지에 대한 시사가 없다. 그러나 바울로는 아마도 고린토에서 유행하였던 생각, 즉 모두가 —혹은 스스로 뛰어난 그리스도교인이라고 생각하였던 어떤 집단의 모든 사람들이— 모든 은사를 소유할 수 있다는 생각에 반격을 가한다. **모두 사도이겠읍니까?** 고린토의 어떤 이들은 그 대답이 예일 거라고 생각했을 것이다(참조. Barth, *C.D.* Ⅲ. ii. 309 ; 비교. 4, 8). 하지만 그 대답은 아니오이어야 한다. 왜냐하면 사도들이 교회에 던지는 말씀은 교회에서 비롯된 말씀이 아니라(참조. 14, 36) 교회를 창설하고 판단하는 말씀이기 때문이다. **모두 예언자이겠읍니까?** ("그가 원하는 대로" : 12, 11) 결정하고 보여주는 이는 인간이 아니라 성령이다. **모두 교사이겠읍니까?** 3장 1절은 그들이 모두 교사는 아니었음을 시사한다. **모두 기적을 행할 수 있겠읍니까**(직역하면, "모든 것이 기적이겠읍니까?"—바울로의 문장은 중단된다)? **모두 병고치는 은사를 받은 사람이겠읍니까? 모두 방언을 하는 사람이겠읍니까? 모두 통역하는**(즉 다른 사람들이 말하는 방언을 통역하는) **사람이겠읍니까?** 그 대답은 분명히 아니오였다.

[31] 고린토교인들이 알아야 했던 교훈은 교회가 전체, 곧 한 몸이라는 것이다. 교회의 한 성원이 필요한 기능을 모두 담당할 수는 없었다. 각자 다른 성원들의 활동에 의존해 있었으므로 불만을 표시하거나 우월감을 느낄 이유가 없었다. 그러나 다음과 같이 충고하는 것은 옳았다. **여러분은 더 귀중한 은사를 사모하시오**(얻기를 열망하시오) —이런 충고가 합당한 것은, 바울로가 가장 낮은 은사들 중에 하나로서 간주하였던 것, 즉 방언의 은사를 고린토교인들이 너무 높이 평가하였음이 분명하기 때문이다. 이와 같이 고린토교인들은 —기도하고 몸소 준비함으로써— 예언의 은사나 가르치는 은사를 구할 것이다. 이러한 은사들을 통해서 그들은 교회생활에 최대한으로 기여할 수 있을 것이다. 그렇다고 할지라도 여기서 결론을 맺지는 않았다. **나는 여러분에게 좀 더 좋은 길을 보여주려고 합니다**(현재시제 *δείκνυμι*의 의미를 밝힌 번역이다). 이것이 어색한 문장의 의미인 것으로 보인다. 여기서 형용사로 취한 말("좀 더 좋은" *ἔτι καθ' ὑπερβολήν*)은 때때로 동사 "보여주다"와 함께 쓰이는 부사로 받아들여
* 진다. 즉 이 모든 것 외에, 내가 지금까지 말해온 이 모든 것 외에 여러분에게 한 길을 보여주겠다는 것이다. 문제의 이 전치사구는, 쉴라터의 지적에 따르면, 고린토후서 1장 8절과 4장 17절에서는 동사와 함께 나온다. 이 문제는 혼동을 일으키는 본문의 변형 때문에 강조되었다. 이책 328면의 주 4를 참조하라. 서방본문의 독법으로 보이는 다음과 같은 본문이 P[46]에서 어느정도 뒷받침되며, *B.D.* §272에서도 채택되어 있고 *M.* iii. 221에서는 (분명히) 나온다 : '이 외에 무언가 있다면 나는 여러분에게 그 길을 보여주겠읍니다.' 그러나 파피루스의 증거를 정확하게 읽는 방법을 확인할 수가 없다('바로 이 행들이 파피루스 문서에서 훼손되어 있다는 것은 안타까운 일이다 : 이런 고대의 본문상 활동을 해결해줄 수 있었을, 그러나 현재는 상실된 몇몇 편지들에는 마지막 행, 그것도 한 행만이 들어 있었다'—Zuntz, 90). 서방본문에 얽매이는 것은 어리석은 일일 것이다.

문장상 곤란한 점은 12장과 13장 사이의 연결이 다소 인위적이라는 사실에 기인한 것일 수 있다. 이 때문에 우리는, 13장이 비록 바울로가 쓴 것이긴 하나 현재의 경우를 위해서 새로 쓴 것이 아니라 오히려 13장이 자신의 주장이나 고린토의 상황에 관련이 있다고 보았기 때문에 삽입시킨 것이라고 추측하게 된다(참조. 이책 345·362면). 13장은 그것 자체가 완전한 하나의 단락으로 이해될 수 있다. 이 장을

작성할 때 바울로는 실제적인 문제인 성령의 은사들에 대한 논의에로 돌아가는데, 특별히 그는 방언과 예언에 대해서 언급한다. 14장 1절(“성령의 은사를 사모하시오”)은 12장 31절a의 말(“열심히 사모하시오” ζηλοῦτε)을 이어받은 것이다. 곧 알게 되겠지만 13장은 문맥에 잘 부합한다. 왜냐하면 사랑은 다른 은사들을 검토하고 판단하는 척도가 될 뿐만 아니라 몸의 통일성을 유지하게 하는 수단이기 때문이다. 갈라디아서 5장 22절에서 사랑은 성령의 선물들 가운데 첫번째로 언급되어 있다. 여기서 사랑은, 모든 그리스도교인들이 사랑의 은사를 받아야 한다는 점에서 대체로 성령의 은사들과 구별되는 것 같다(참조. 특히 14, 1). 이러한 이유에서 13장은 고린토의 상황뿐만 아니라 다른 상황에도 부합했던 것으로서 (또 부합하는 것으로서), 아마 이미 작성된 단화의 형태로 고린토전서에 삽입되었을 것이다.

28. 기본적인 시험 (II) : 사랑 13장 1—13절 *

1 내가 사람의 방언과 천사의 말을 할지라도 사랑이 없으면 나는 울리는
징이나 요란한 꽹과리와 같습니다. 2 내가 예언의 은사를 가졌다 하더라도,
모든 신비를 깨달았다 하더라도, 모든 지식을 가졌다 하더라도, 그리고 산
을 옮길 만한 완전한 믿음을 가졌다 하더라도 사랑이 없으면 아무것도 아
닙니다. 3 내가 비록 내 모든 소유를 다른 이들에게 나누어 주었다 하더라
도, 그리고 내 몸을 내주어 불사르게 한다[1] 하더라도 사랑이 없으면 내게
는 유익이 없읍니다. 4 사랑은 오래 참습니다. 사랑은 친절합니다. 사랑은
시기하지 않습니다. 사랑은 자랑하지 않습니다. 교만하지 않습니다. 5 무례
히 행하지[2] 않습니다. 자기 목적을 추구하지 않습니다.[3] 성내지 않습니다.
남을 악평하지 않습니다. 6 불의를 기뻐하지 않습니다. 오히려 진리에 대

1) *καυθήσομαι*나 *καυθήσωμαι*는 C D G와 대다수 그리이스어 사본들, 라틴역본과 시리아역본, 그리고 많은 교부들의 독법이다. *καυχήσωμα*는 P[46] ℵ A B와 몇몇 중요한 소문자 사본들의 독법이다. 해당 주석 참조.

2) *ἀσχημονεῖ*: P[46]에는 *εὐσχημονεῖ* “(훌륭한 태도의) 좋은 연기를 보이지 않다”라고 되어 있다. 이 독법은 주의를 끌긴 하나 실수에 기인한 독법일 수 있다.

3) P[46] B에는 *τὰ ἑαυτῆς* 대신에 *τὸ μὴ ἑαυτῆς* ‘자기 것이 아닌 것을 추구하지 않다’라고 되어 있다. 이것은 그렇게 진부한 독법은 아니다. 이런 독법은 그리스도교적 사랑을 나타낸다기보다는 ‘이교도의 정직’을 나타낸다.

해서 즐거워합니다. 7 모든 것을 지탱합니다. 모든 것을 믿습니다. 모든
것을 바랍니다. 모든 것을 견딥니다. 8 사랑은 영원합니다. 그러나 예언들
은 사라질 것입니다. 방언들도 그칠 것입니다. 지식도 사라집니다. 9 우리
가 아는 것이 온전하지 못하고 우리의 예언도 온전하지 못합니다. 10 그러
나 온전한 것이 오는 때 온전하지 못한 것은 사라집니다. 11 내가 어렸을
때에는 말하는 것이 어린 아이와 같았읍니다. 생각하는 것도 어린 아이와
같았읍니다. 깨닫는 것도 어린 아이와 같았읍니다. 그러나 어른이 되어서
는 어린 아이의 일을 버렸읍니다. 12 그 까닭은 우리가 지금은 거울을 통해
서 보고 희미하게 보나, 그때에는 얼굴과 얼굴을 맞대고 볼 것이며, 지금
은 내가 부분적으로 아나 그러나 그때에는 하느님께서 나를 아신 것같이 내
가 온전히 알게 될 것이기 때문입니다. 13 그러나 지금 믿음과 희망과 사
랑, 이 세 가지는 언제나 있을 것입니다. 그런데 그 중에서도 제일 위대한
것은 사랑입니다.

* 이 단락은 '사랑에 대한 찬가'로 불리워왔는데 규칙적인 구조로 되어 있지는 않지만 운율을 담고 있는 시로서, 세 부분으로 나뉘어진다. 1—3절에서 사랑은 다른 종교적인 행위나 태도와 대조된다('오직 사랑만이 중요하다'). 4—7절에서는 (이 절들에 대해서는 골로사이서 3장 12절 이하와 비교하라) 주로 부정적인 용어로 사랑이 서술된다('오직 사랑만이 승리한다'). 또한 8—13절에서는 대비를 이루는 주제로 돌아가고, 다음의 사실이 밝혀진다. 즉 다른 것들이 사라질 때도 사랑은 영원한 세계에로 지속된다는 것이다('지속하는 것은 오직 사랑뿐이다' : 바르트). 본장을 시형태로 쓰려는 여러 가지 시도가 있었다. 이런 시도는 그다지 유익해 보이지 않는다. 본장은 산문이기 때문에 시 형식으로 표현할 만큼 운율이 규칙적이지 못하다. 그렇다고 해서 본장의 높은 문학적 품격을 부인하는 것은 아니다. 단지 문장들간의 짜임새나 어휘의 의미내지는 설득력 등이 바울로나 혹은 일반적인 그리이스 문학에서 흔히 볼 수 없는 것들이라는 말이다. 그러므로 본단락은 따로 작성되어 다듬어진 후 13장에 삽입된 것이었으리라는 견해가 유력시된다(참조. 이책 343·44면). 그러나 동시에 강조되어야 할 점은, 이런 견해가 본장이 바울로의 저작이 아니라거나 그가 여기에 끼워넣기를 의도하지 않았음을 뜻하지는 않는다는 점이다. '우상제물에 대한 논의가, 자제력을 잃은 문제에 관한 논의(9장)와 밀접한 관련이 있었던 것처럼 이 장은 성령의 은사들에 대한 논의와 관련이 있다' (Robertson-Plummer). 로마서에서도(13,8 이하) 도덕적인

권면은 사랑에 대한 묘사에서 그 절정에 이른다(Schweitzer, *Mysticism*, 386).

본장 전체에 관해서는 주석서들 이외에 G. Bornkamm, "Der Köstlichere Weg" (I. Kor. 13), in *Das Ende des Gesetzes* (1952), 93—112(또한 문학에 대해서도 참조), 그리고 Barth, *C.D.* Ⅳ. ii. 824—40을 참조하라.

[I] 사랑과의 첫번째 대조점은 성령의 참된 은사인 방언을 말하는 것인데(참조. 12, 10 ; 14, 2), 이 은사는 바울로가 소유한 것이긴 하나(14, 18) 그의 독자들이 평가했던 것만큼 그가 높이 평가했던 것은 아니다. **내가 사람의 방언과 천사의 말을 할지라도 사랑이 없으면 나는 울리는 징이나 요란한 꽹과리와 같습니다**(γέγονα: "나는 되었읍니다"는 현학적인 말일 것이다). 아마 "사람의 방언"이란 인간의 일상적인 말을 나타내는 것 같다. 그 의미는 '…뿐만 아니라…도'이다. 분명히 바울로는 그리스도교적 예배시에 영감받은 참여자들이 사용한 알아들을 수 없는 (영감받은 통역을 제외할 경우 알아들을 수 없는) 말이 천사들끼리 한 말이었다고 생각했다. 만일 우리가 요한묵시록 14장 2—3절과, 요하난 벤 자카이가 그의 뛰어난 경건심과 학식 때문에 천사들의 말을 이해할 수 있었다는 라삐 전승(*S.B.* 해당란 참조)에 따른다면 이 말은 보통 인간이 이해할 수 없었던 말이다. 고린토후서 12장 4절과 비교하라. 그러나 이와 같은 말은 물체들이 부딪힐 때 내는 소리와 마찬가지로 의사소통이 어렵다. 이것이 바울로가 의도한 주된 생각이다. 그러나 두 가지 명사는 그가 이교의 예배도 염두에 두고 있음을 시사한다. "청동"(혹은 구리. χαλκός: 우리말로는 징으로 번역되었다—역자주)은 실명사로 쓰인 말이며 금속을 대표하거나 그것으로 만들어진 용기나 도구(특히 갑옷과 투구, 따라서 여기서 "울리는 갑옷과 투구"라고 번역할 수도 있을 것이다)를 나타내는 말이다. 디미터와 시벨레의 예배에 대한 묘사들에서 복합어들이 나온다(참조. *L.S.* 해당항목). "꽹과리"(κύμβαλον; 참조. K.L. Schmidt, in *T.W.N.T.* iii. 1037—38)는 꼭 종교적인 관행에만 한정되는 것은 아니지만 그런 관행에서 널리 쓰이는 것이었다. 소리는 신의 주의를 끌기 위해서 아니면 귀신을 쫓기 위해서 내었을 것이다(Betz, 65). 또한 이 소리는 예배자들을 흥분시키는 효과를 냈을 것이다. 비유적으로 이 말은 공리공론을 나타내는 용어였다. 따라서 바울로는 교회가 사랑을 실천하지 않고 방언을 말하는 것은 무의미한 현상이라고 주장한다. 심지어 방언은 이교적인 관례에 지나지 않는다고

한다. 바울로의 태도는, 이스라엘의 예배(여기에는 음악이 있다. 예. 시편 150편 5절 : "꽹과리 소리로 그를 찬양하라" ἐν κυμβάλοις εὐήχοις… ἀλαλαγμοῦ; Josephus, *Antiquities* vii. 306 : 다윗이 마련한 꽹과리들은 널찍한 청동판들이었다)가 하느님의 뜻에 대한 복종이 뒤따르지 않을 경우, 이교예배보다 더 나을 것이 없다고 비난했던 예언자들의 태도와 같다고 시사한 점에서 슈미트의 견해는 옳은 것 같다.

〔 2 〕 "말" 다음에는 예언과 지식이 나온다(비교. 12,8·28; 14,1. 그밖의 여러 곳). 내가 예언의 은사를 가졌다 하더라도, 모든 신비를 깨달았다 하더라도, 모든 지식을 가졌다 하더라도… ; 〔그리고 믿음이 있다 하여도(12,9〕: 그리고 산을 옮길 만한 완전한 믿음을 가졌다 하더라도(비교. 마르 11,23과 병행귀들) 사랑이 없으면 아무것도 아닙니다. 예언은 방언을 말하는 것과는 달리 시끄러운 소리로 서술될 수 없다. 그것은 가장 중요한 그리스도교적 활동들 중의 하나이다. 그렇다고 해도 예언자가 사랑하지 않으면 그리스도교인으로서의 공적은 무가 된다. 예언의 은사는 "신비," 즉 복음을 통해 알려진, 하느님의 종말론적 목적과 행동에 관한 감추어진 진리들을 이해하는 은사와 결합된 것이다. 2장 (1장) 7절, 4장 1절, 15장 5절, 또한 로마서 11장 25절, 16장 25절, 데살로니카후서 2장 7절을 참조하라. 에페소서와 골로사이서에서 이 말은 좀 더 발전된 용법을 보여준다. "모든 신비를 깨닫는다"는 것은 교회의 종말론적 상황에 대해서 완전히 이해한다는 것을 말한다. 비록 바울로가 이 말을 자신의 통상적인 의미로 쓰고 있지 않고 단지 일반적으로 알려지지 않은 지식의 단편들을 의미하는 것일 가능성이 있다고 해도 그렇다. "지식"이란 말도 일반적으로 알려지지 않은 단편들을 의미할 수도 있다. 왜냐하면 아주 소수의, 선택받은 사람들만이 지식을 가질 수 있었기 때문이다. 지식이 "신비"와 구별되는 것이라면 그것은 그리스도교적 계시의 사실들로부터 이끌어낸 도덕적인 의미들 또는 그 비슷한 다른 의미들을 시사하는 것일 수 있다(참조. 12,8에 대한 주석). 그러나 여기서 바울로는 이 두 말의 차이를 잘 고려하지 않고 병렬해서 사용한 것일지 모른다. '나는 알아야 할 모든 것을 알 수 있다. 그러나 내게 사랑이 없다면 나는 아무것도 아니다.' 바울로는 기적 행하는 믿음(사람들이 의롭다 함을 받는 믿음이 아니라 모든 그리스도교인이 소유한 믿음. 참조. 12, 9에 관한 주석)에 대하여 공관복음서에 나타난 예수의 말과 같은 말로 서술하고 있다. 그는 예수의 말을 인용하고 있다고 말하지 않거니와

또 인용하지도 않았을 것이다. "'뿌리채 뽑다' 혹은 '산을 옮겨 놓다'라는 등의 표현은 격언적인 표현으로서 그 의미는 불가능해 보이는 것을 가능케 하다'를 뜻한다"(*S.B.* i. 759 ; 헬레니즘적인 병행귀에 대해서는 Lucian, *Navigium* 45를 참조하라). 바울로는 예수의 말들에 대해서 분명하게 언급하는 경우가 드물다. 7장 10절에 관한 주석을 참조하라. 이 사상에 대해서는 또한 마태오복음 7장 22·23절을 참조하라.

〔 3 〕 바울로의 견해에 의하면, 예언과 지식과 기적은 방언보다 높게 평가된다. 그렇다고 해도 이것들은 사랑과 비교할 만한 것이 못 된다. 다음 문장에서 완전한 의미의 사랑에 좀 더 접근하게 된다. 그러나 사랑에 완전히 이른 것은 아니다. **내가 비록 내 모든 소유를 다른 이들에게 나누어주었다**($\psi\omega\mu\acute{\iota}\sigma\omega$: 직역하면, '내가 어린 아이나 허약한 사람처럼 조금 먹다'이다. 바울로는 음식을 나누어 주는 것보다는 음식을 조금 먹는 것을 염두에 둔 것일 수 있고 따라서 그의 말뜻은 '자선을 베풀기 위해서 나는 내 모든 소유를 여러 등분합니다'일 수 있다. 이 말은 모호하다) **하더라도, 그리고 내 몸을 내주어 불사르게 한다 하더라도 사랑이 없으면 내게는 유익이 없읍니다.** 자신의 모든 소유를 다른 이들에게 나누어주는 일은 사랑에서 우러난 것일 수 있음이 분명해진다. 바울로는 이 점을 부인하지 않는다(방언과 지식과 믿음에 사랑이 수반될 수 있음을 부인하지 않는 것과 마찬가지로). 그러나 그는 자선행위가 저급한 동기에서 나올 수 있다는 * 것도 간과하지 않는다. 가난한 자들을 굶어죽게 하느니 차라리 그들에게 자선을 베푸는 것이 더 낫다. 그러나 자선을 베푼 자들은, 심판이 임할 때, 아무런 보상을 받지 못할 것이다("내게는 아무 유익이 없읍니다"). 다음 절의 본문과 그 의미가 분명하지 않다. 이에 대해서는 이책 344면의 주 1을 참조하라. 변형들인 "불사르게 하다"와 "자랑하기 위하여"는 고대의 증거를 갖고 있고 둘 다 현대의 본문비평가들에게서 지지를 받았다. "자랑하기 위하여"는 무가치한 동기로서 자신의 재산을 양도하는 일이나 자기 자신을 내어주는 일(추측컨대 다른 사람의 유익을 위해서 노예로 팔리는 등의 일일 수 있다. 참조. I *Clement* IV. 2)에 해당할 수 있다. 그러나 "자기 자신을 내어준다"는 표현은 분명하지 않으므로 (클레멘스에서는 좀 더 분명하다) 분명하게 하기 위해서는 "불사르도록"과 같은 보충 귀절이 필요하다. 리츠만과 보른캄은 "불사르게 하다"가 "산을 옮길 만한"과 병행을 이루며 이렇게 병행

시켜 놓고 볼 때 본문이 확실해진다고 했는데 이것은 옳다. 더우기 "불사르도록" 대신에 "자랑하기 위하여"라고 할 경우 의미가 잘 통하지 않는데, 그렇게 행해진 행동은 이미 사랑이 없는 행동으로 규정되어 있기 때문이다. 준쯔(35 이하)의 중요한 논의를 참조하라. 또한 설득력이 없긴 하나 Clark in *Studia Paulina*, 61—62를 참조하라.

"불사르게 하다"는 훌륭한 독법이다. 하지만 그 의미는 무엇인가? 어떤 제안이든 난점이 있기 마련이다. 이 말은 순교를 지시하는 것일 수 있다. 그러나 바울로가 기술할 당시 그리스도교인들의 순교가 일어났긴 하지만(사도행전이 옳다면 바울로는 서신들에서 이에 대해 명백히 언급하지는 않았지만 스테파노의 순교를 잊지 않았다) 네로 박해 이전에 불로 순교당했다는 증거가 없다(Tacitus, *Annals* xv. 44). 바울로는, 로마시민이 아닌 그리스도교인들이 차별 대우를 받긴 했지만 로마제국의 법정이 대체로 우호적이었음을 알고 있었다. 본래 그리스도교인들은 유다교의 화형을 받지는 않았을 텐데, 유다교의 화형은 '모녀와 간통을 한 남자나 간음한 사제의 딸에게 지정된 형벌'이었기 때문이다(*Sanhedrin* ix. 1). "불사르게 하다"는 "노예로 화인이 찍히다"를 의미하지는 않는 것 같다. 따라서 이 문장은 (앞에서와 같이) 다른 이들을 유익하게 하기 위해 자기 자신을 노예로 판다라는 뜻일 수는 없다. 노예들은 보통 화인을 찍지 않았다. 보다 그럴 듯한 사실은 바울로가 자기희생의 관행을 염두에 두었을지 모른다는 것이다. 루시안은(*de Morte Peregrini* 21—5은 Betz, 122를 참조하였다) 그리스도교인인
* 돌팔이 의사 페레그리누스의 자기희생을 위한 분신자살에 대해 이야기했다. 아우구스투스 시대에 한 인도인이 이런 식으로 자기 목숨을 끊은 것으로 잘 알려져 있었다(Plutarch, *Alexander* 69 ; *Strabo* xv. i. 73 ; *Dio Cassius liv.* 9). 그러나 바울로가 이런 식의 자살을 인정했을 것 같지는 않다. 오히려 그는 아마 다니엘 3장 25·26절(70인역), '어떤 중대한 이유에서 스스로 가장 고통스런 죽음을 맞이한다 해도 사랑이 없으면 이것이 내게 명예가 되지 않읍니다'를 기억하여 자기 희생에 관련하여 생각했을 것이다(바흐만). 이 점에서 본장의 첫 부분은 극치에 달하게 된다. 본장에서 바울로는 "인간 —실로 '그리스도교적인 인간'— 최고의 가능성을 지닌 인간"(보른캄)이라 할지라도 그에게 사랑이 부족하면 결함을 드러낼 뿐이다.

〔 4 〕 사랑은 그것만이 다른 모든 그리스도교적 은사들에 가치를 부여하는 가장 중요한 것이다. 그렇다면

사랑이란 무엇인가? 그것은 자연인에게는 하나의 모순이다(보른캄). 바울로는 사랑이 무엇을 행하고 행하지 않는가 라는 물음에 답변하기가 더 쉽다는 것을 알고 있다. **사랑은 오래 참습니다.** 즉 사랑하는 사람은 "오래 참는다"(long suffering). 그는 무엇 때문에 참아야 하든지 간에 인내심을 잃거나 화를 내지는 않는다. 더우기 사랑은(다시 말해 본단락을 통해서 볼 때 사랑에 따라 행동하는 사람은) **친절합니다**("오래 참습니다"에 대한 긍정적인 상응어이다. 사랑은 해를 입히는 자들에게도 유익하게 한다). **사랑은 시기하지 않습니다**(여기서 바울로는 형용사 대신에 동사 ζηλοῦν을 썼다. 이 동사는 12장 31절에서 그가 고린토교인들에게 더 큰 은사를 사모하라고 말하는 데서 쓴 것이다). **사랑은 자랑하지 않습니다**(자랑하다란 말은 스토아 도덕철학자들이 쓴 용어인데, 바울로는 다른 곳에서 쓰지 않는다. 그러나 이 말은 고린토인들에게 보내는 편지에는 적합한 말이다). **교만하지 않습니다**(교만하다란 말은 똑같이 적합한 바울로의 말이다. 참조. 4, 6·18·19 ; 5, 2 ; 8, 1).

[5] **무례히 행하지 않습니다**("무례히 행하다" ἀσχημονεῖ란 말은 7장 36절에서 사용된 용어이고 그곳 주석에서 논의된 말이다. 즉 사랑은 어떤 남자가 처녀의 열정을 불러일으키고 나서 그녀와 결혼하기를 거부하는 경우처럼 다른 사람에게 부당한 대우를 하지 않는 것이다. 또한 참조. 이 책 344면의 주 2). **자기 목적을 추구하지 않습니다**(비교. 10, 24). 이 책 344면의 주 3을 참조하라. 사랑은 단지 자신에게 속하지 않은 것을 추구하지 않는 것만은 아니다. 사랑은 받을 자격이 있는 것조차 다른 이들을 위해서 포기할 각오가 되어 있는 것이다. **성내지 않습니다**(화내지 않습니다. παροξύνεται는 본장에 나오는 다른 여러 말과 같이 바울로의 저술에서 다른 곳에 나오지 않는다. 그러나 그가 가담했다고 말하는 "심한 논쟁" παροξυσμός에 대해서는 사도행전 15장 39절을 참조하라). **남을 악평하지 않습니다.** 동사(λογίζεται)는 11절에서 다른 의미로 쓰였고, 즈가리야 8장 17절과 *
즈불론 유훈서(*Testament of Zebulun*) 8장 5절은 여기서 이 말이 '남몰래 음모를 꾸미지 않는다'를 뜻할 수 있음을 시사한다. 이것은 의미가 잘 통한다. 그러나 이 말의 중요한 용법은 몇몇 독특한 바울로의 귀절들(특히 로마 4, 1—12 ; 고후 5, 19)에서 나타나는데, 이런 용법을 여기에 적용해서는 안 될 이유가 없다. 그러면 사랑이 어떻게 악을 참을 수 있는가 라고 묻는다면 이에 대한 최종적인 답변은 사랑이 악을 짊어져서 그것을 제거한다는 것임에 틀림없다.

[6] 사랑은 불의를 기뻐하지 않습니다. 사랑은 남을 흠잡거나 혹은 우월감에서 즐거워하지 않는다. 오히려 사랑은 진리에 대해서(진리와 "함께"가 아니다. "진리"가 기뻐할 수는 없기 때문이다) 즐거워합니다(앞문장과 비교하여 복합동사 *συγχαίρει*를 취한 것이다. 이것은 동사의 의미를 강조한 것일 뿐이다—"크게 기뻐하다." 아니면 이런 변화를 준 것은 운율로 맞추기 위해서였을 것이다. 그러나 이런 제안들보다는 여기서 취한 번역이 더 그럴 듯하다). 사랑은 잘못을 들추어내고 지적해서 그 자체를 구별하려고 하지 않는다. 사랑은 자기 자신을 내세우지 않고 기꺼이 다른 사람들과 함께 의로운 것에 대해서 기뻐한다. '의'라는 말이 "진리"보다 문맥상 더 적합했을 것이다. 그러나 의란 바울로에게서 본래 특수한 의미를 지니고 있으며(참조. 1, 30 ; 고후 5, 21 ; 로마 1, 17 ; 3, 21과 모든 주석) 바로 이러한 이유로 이 말을 쓰지 않았을 것이다.

[7] 사랑은 모든 것을 지탱합니다(*πάντα στέγει*). 이 동사는 9장 12절과 데살로니카전서 3장 1·5절에 나오며 보통 "지속하다"를 의미한다. 이것은 사역된 의미와 같았을 것이다. 그렇다고 할지라도 이 동사는 다음에 나오는 몇몇 행들에서 거의 똑같이 반복된다(거기서 내가 "지속하다"라고 번역한 동사는 *ὑπομένει*이다). 이것이 전혀 불가능하지는 않다. 바울로는 때때로 반복한다. 그러나 이와 같은 의미는 의인 시므온(B.C. 3세기)의 말과 관련된 것이라고 주장할 수 있다 : "다음의 세 가지로 세상이 지탱된다. 그것은 율법과 섬김(즉 성전의 예배)과 선행이다"(*Aboth* i. 2 ; 여기서 바르트가 행한 '사랑'과 '사랑의 행위' 사이의 구분 —*C.D.* Ⅳ. ii. 831— 을 주목할 수는 있으나 과장할 수는 없다). 사랑은 세상을 지탱하는 것이다. 이 절의 이같은 해석은 일반적으로 그리이스어 본문에 나타난 바울로의 동사의 용법(이것은 *στέγη* "지붕"과 관련이 있다)에 일치한다. 이와 달리 베드로전서 4장 8절의 행들에 따라서 해석할 수 있다 : "사랑은 악을 드러내기보다 오히려 덮어줍니다."

* 사랑은 모든 것을 믿습니다. 이것은 '사람들에 대해 언제나 가장 좋게 생각하다'가 아니라 '결코 믿음을 잃지 않다'라는 뜻이다. 모든 것을 바랍니다. 이와 비슷한 의미는 '희망을 잃지 않다'이다. 헤링은 '믿음이 충만한 곳에 희망이 넘친다'라고 적절하게 번역하였다. 13절에서 믿음과 희망과 사랑의 연관성을 비교하라. 사랑은 모든 것을 견딥니다. 곧 곤경이나 거절 때문에 사랑이 사랑이기를 그치지는 않는다. 8절과

비교하라.

[8] 바울로는 사랑과 그가 다른 곳에서 논의한 성령의 은사들을 대조한다. 사랑의 지속성에 비추어서 대조가 이루어진다. **사랑은 영원합니다**(직역하면 "무너지지" 않습니다). 여기서 인간적인 성질로서의 사랑(하느님의 도움 없이는 불가능하지만 사람들이 행한다는 점에서 인간적인 성질을 지닌 사랑)과 하느님의 활동으로서의 사랑(하느님만이 사랑을 온전히 행하신다)을 구별하기는 어렵다. '상황에 따라서 변하는 사랑은 사랑이 아니다.' 이런 의미에서 "사랑은 영원하다"라고 규정될 수 있다. 나의 동료와의 관계가 그의 냉정한 거절 때문에 어그러진다면 그것은 사랑이 아니다. 참된 사랑은 언제나 지속된다. 이런 확언은 진실로 하느님에 대해서만 적용될 수 있다. 그만이 변함없이 사랑을 지속한다. 그러나 그의 사랑은 성령이 주는 사랑의 은사에 반영되고 재현된다. 이 사랑의 은사는 다른 어떠한 은사도 반영할 수 없는 하느님의 본성을 반영하므로 하느님의 본성 자체에 속한다. 바르트는 트뢸취의 다음의 말을 인용한다. 즉 사랑은 '이미 이 세상의 힘인 것같이 다가오는 세상의 힘이다.' 슈바이처도 이와 비슷하게 기술했다(*Mysticism*, 305). '사랑은 인간이 지금 여기서 그 참된 본질을 소유할 수 있는 영원한 것이다.' **그러나 예언들은 사라질 것입니다.** 예고된 예언은 반드시 성취되어야 하고 성취되는 순간에 더 이상 예언으로서 존재하지 않는 것이 그 속성이다. 이와 마찬가지로, 아주 분명한 사실은 아니지만, 영감받아 하느님과 그의 뜻에 대한 진리를 선포하는 것으로서의 예언은 하느님 그분의 면전에서는 사라질 것이다. **방언들도 그칠 것입니다.** 방언은 본질적으로 간접적이고도 신비적인 하느님과의 교통이다. 그러나 예언이 끝날 때 방언도 "보다 굳게" 침묵할 것이다. **지식도 사라집니다.** 지식(γνῶσις)이란 하느님에 대한 감추어진 지식을 말한다. 하느님이 자기 자신을 드러낼 때 아무도 자신의 감추어진 지식의 축적에 대해 자랑할 수 없다. 예언과 방언과 지식은 모두 기껏해야 사랑이신 하느님의 계시의 일부분에 지나지 않는다(요일 4,8·16). 이와 같이 모든 것이 각기 제 위치를 갖고 있으며 지식도 중요하지 않은 위치는 아니다. 그러나 지식은 제한되어 있고 일시적인 것이다. *

[9·10] **우리가 아는 것이 온전하지 못하고 우리의 예언도 온전하지 못합니다.** 여기서 방언에 대해 언급할 필요는 없다. **그러나 온전한 것이 오는 때 온전하지 못한 것은 사라집니다.** "온전한

것"(totality)으로 번역된 형용사(중성이고 관사가 붙은 형용사 τὸ τέλειον)는 바울로의 서신에서 꽤 자주 나온다. 2장 6절과 14장 20절을 참조하라. 이 말은 문맥에서 정확한 의미를 취한 것이며, 여기서 "부분적으로"(ἐκ μέρους)와 대조할 때 (질적으로) 완전한 것이라는 의미가 아니라 "온전한 것," 특히 하느님에 대한 온전한 진리를 의미한다. 이와 같이 온전한 것은 사랑이다.

[11] 사랑과 비교할 때 다른 것들(본질적으로 참되고 귀중한 것들)은 어린 아이와 같은 태도나 성취로 뒤쳐질 것이다. **내가 어렸을 때에는 말하는 것이 어린 아이와 같았읍니다. 생각하는 것**(ἐλογιζόμην. 5절에 나온 동사, 그곳에서의 주석을 참조하라. 이 단어에는 계산이나 평가라는 생각이 들어있는 것으로 보인다. 아마 바울로는 고린토교인들이 어린 아이 같았기 때문에 방언을 과대평가하고 사랑을 과소평가한 것이라고 시사하는 것 같다. 참조. 3,1)도 **어린 아이와 같았읍니다. 그러나 어른이 되어서는 어린 아이의 일을 버렸읍니다.** 아동기에 대한 이러한 언급은 하나의 예이며, 다른 문맥들에서(2,6) 성숙을 의미하는 "온전한 것"이라는 단어의 용법에서 시사된 바 있다. 여기서 바울로는 그가 예언과 지식 없이도 지낼 수 있고 완전한 사랑을 행할 수 있다(필립 3,12)는 의미에서 성숙한 사람이라고 말하는 것은 아니다. 그에게 있어서 (스토아철학자들이나 다른 그리이스 사상가들과는 달리) "온전한 것"은 하느님에게서 결정된 미래의 시점에서만 실현될 수 있는 종말론적 개념으로 남아 있다. 사람들이 불완전하게 사랑하는 이 시대에는 역시 불완전하긴 하지만 계시의 다른 수단들이 있다. 하느님 앞에서 우리는 모두, 사도들까지를 포함하여, 어린아이이다.

[12] 그러나 11절은 예로 든 삽입구이다. 다음 절의 서두에 나오는 "그 까닭은" 이란 말은 10절의 근거를 제시한다. **그 까닭은 우리가 지금은 거울**(고린토에서 거울이 만들어졌다)**을 통해서 보고 희미하게 보나**(이 말이 그리이스어 본문에는 안 나온다), **그 때에는**(하느님께서 최종적으로 그의 목적을 완성하시는 마지막 때에는) **얼굴과 얼굴을 맞대고 볼 것이며, 지금은 내가 부분적으로 아나**(참조. 9절) **그러나 그때에는 나를 아신 것같이**(즉 하느님께서, 여기서도 동사는 ἐπιγινώσκειν이다) **내가 온전히 알게 될 것이기 때문입니다**(단수동사 γινώσκειν이 아니라 복합동사 ἐπιγινώσκειν이다. 이렇게 바뀐 것은 다른 형태의 인식 —나는 인식하게 될 것이다— 을 밝히려고 한 것이 아니

라 미래의 지식의 완전성을 밝히려고 한 것 같다. 인간의 현재의 지식은 무지와 관련해서가 아니라 보다 완전한 이해와 관련하여 사라질 것이다). 이 귀절의 일반적인 취지는 분명하다. 인간이 현재 가지고 있는 하느님에 관한 지식은 현재의 인간에 대한 하느님의 지식과, 미래에 인간이 갖게 될 하느님에 관한 지식에 비교할 때 그 불완전함이 드러난다. 상호인식이 완전해질 때는 (영지주의 사상에서처럼) 현재가 아니다. 바울로는 적어도 미래에 나타나게 될 이같은 완전한 상호인식을 종말론적 미래(참조. 15,28—하느님께서 만유의 주가 되실 것입니다)의 적절한 근거로 본다. 여전히 연구해야 할 문제들이 남아 있다. *

"거울을 통해서"에서 전치사("통해서" *δία*)의 용법은 여러 주석가들이 오랫동안 논의해온 것이긴 하나 『이상한 나라의 엘리스』(Alice)라는 동화를 읽었던 영국인들에게는 별 난점을 일으키지 않을 것이다. 평면경을 통해서 본 (실제적인) 상은 평면경 뒷면에도 실제로 있는 것처럼 보인다. 이 비유는 때때로 특히 필로에게서 하느님에 관한 간접적이고 부분적인 지식을 나타내기 위해 사용되었는데 반드시 그런 의미는 아니다. 거울의 상이 하느님에 관한 분명하고도 완전한 지식을 시사하는 것일 수 있다. 예를 들어 *Abraham* 153에는 (본질적으로 볼 수 없는 것을) 거울을 통해서 본 분명한 상(*ἐναργὲς εἴδωλον*)에 대해 말한다. *On the Decalogue* 105에는 그것(일곱이라는 숫자)을 통해서 만물의 창조주요 아버지가 가장 분명하게 보이게 된다고 되어 있다. 왜냐하면 거울을 통해서 보듯이 우주를 운행하고 창조하고 다스리는 하느님의 상을 마음에 그리게 되기 때문이다. 고린토후서 3장 18절(이 귀절에서 *κατοπτρίζοντες*가 '거울을 통해서 봄'을 의미한다면)과 비교하라. 사실 거울의 비유는 문맥에 따라서 그 의미를 취해야 한다. 언제나 거울은 계시의 도구이며, 그 강조점은 단지 계시에 있을 때도 있고 그 간접성에 있을 때도 있다. 여기서는 후자의 용법을 취한 것이다. 그러나 이 비유의 모호함 때문에 또 다른 수식어인 "불분명하게"(직역하여 "수수께끼로" *ἐν αἰνίγματι*)를 덧붙이게 된다(이런 첨가에 대해서 이상한 해설들이 제시되어 왔다). 여기서 바울로는 헬레니즘적 어법에 따르지 않고 민수기 12장 8절에 따른 것일 수 있는데, 거기서 하느님은 모세에게("수수께끼를 통해서" *δι' αἰνιγμάτων*) 불분명하게가 아니라 얼굴과 얼굴을 맞대고 말할 것이라고 말씀하신다. 그러나 이런 표현은 그리이스어역 구약성서에 친숙하지 못했던 고린토교인들에게도 충분히 이해되었을 것이다. 합창단은 카산드라가 수수께끼로(*ἐξ αἰνι-*

γμάτων; Aeschylus, *Agamemnon* 1112) 말하는 데 대해서 불평한다. 그 * 이유는 그녀가 모호한 신탁을 내리는 습관이 있는 아폴로에게서 영감을 받았기 때문이다. 바울로의 말은 이 시대에서 하느님에 관한 모든 지식(모든 gnosis)은 불완전하고 불분명하다는 것이다. 배경("Hellenistic commonplace")에 대해서는 Knox, *Gentiles*, 121, 주 4를 더 참조하라.

하느님을 아는 인간의 지식은 불완전하다. 바울로는 영지주의적 언어를 쓸 때 이점을 기억한다. 따라서 그는 갈라디아서 4장 9절에서 갈라디아인들이 회심하게 된 이유를 '그들이 하느님을 알게 된' 데서 찾지 않고 '그들이 그의 아신 바 된' 데서 찾는다. 복음 안에서조차 인간은 하느님을 완전히 알지 못하므로 그는 자기가 알고 있는 것처럼 생각하여 자기 자신을 속여서는 안 된다. 그러나 하느님께서는 인간을 아시며 이것이 가장 중요한 사실이다. 왜냐하면 하느님이 인간을 알고 인정할 때 그를 위해 행동하시기 때문이다. 그러므로 바울로는, 미래를 하느님이 〔나를 아신 지식에〕 비교할 만한 지식을 인간에게 가져다주는 때로 서술할 수 있다: "그때에는 하느님께서 나를 아신 것같이 내가 온전히 알게 될 것입니다." 영지주의자들은 선택받은 영지주의적 인간과 하느님 사이에 게재한 상호인식에서 하느님과의 구원의 관계를 보았다. 바울로에 의하면, 이것은 불가능하다. 인간의 지식은 하느님의 은혜로운 주도권에 달려 있을 뿐이고 기껏해야 부분적인 지식에 지나지 않는다. 따라서 그것은 (영지주의적 전제들을 받아들인다고 해도) 부분적인 관계와 구원을 의미할 뿐이다. 어떤 의미에서 이것은 현세대에 관한 한 언제나 사실임에 틀림없다. 그러나 어떤 의미에서만 그렇다고 한정한 이유는 말해야 할 다른 것, 자세히 말해서 다른 세 가지가 있기 때문이다.

〔 13 〕 그러나 지금("실은 지금," 앞서 언급한 모든 일시적인 특성들과 활동들에 비교할 때, νυνὶ δέ—12절에서 "현재"를 의미하는 ἄρτι와 비교하라) 믿음과 희망과 사랑, 이 세 가지는 언제나 있을 것입니다. "있다"(μένει)는 '남아 있다'로 번역될 수 있었다. 즉 방언과 예언과 기적과 다른 영적 은사들이 하느님에 관한 부분적인 지식만을 전달하는 것으로 사라지게 될 때, 이 세 가지는 남아 있어서 인간과 하느님 사이의 완전한 구원의 관계를 나타낼 것이다. 그러나 이 동사는 항상 그 주어가 현세대에서뿐만 아니라 다가오는 세대에서 지속된다는 의미로 이해된다. 8절과 비교해 볼 때 이런 의미가 요구되는 것 같다. 에스드라 1서 4장 38절과 비교하라. 이 두

사상을 제시해야 할 이유는 없다. 그때에도 믿음과 희망과 사랑은 모두 남아 있을 것이다(이와 반대로 칼빈과 다른 이들은 오는 세대에는 믿음과 희망이 없어질 것이라고 생각한다. 이하를 참조하라).

여기서 "믿음"은 더 이상 2절에 나오는 기적을 행하는 믿음이 아니라 바울로적인 완전한 의미에서의 믿음이다. *Romans*, Index 해당항목을 참조하라. 믿음은 지식과 같은 것이 아니라 감사함으로 또 신실하게 하느님 자신을 영접하는 것이다. 인간은 믿음이 약할 수도 있다(예. 로마 14,1). 하지만 그가 조금이라도 믿음이 있다면 그것은 하느님에 대한 믿음, 완전하고 참되신 하느님에 대한 믿음이다(그러나 인간적인 지식은 결코 현세대에서 완전하고 참되신 하느님에 대한 지식이 될 수 없다). 그리스도 안에 계시된 온전하고 참되신 하느님은 믿음으로 알 수 있다(지식으로는 알 수 없다). 따라서 믿음은 성령의 다른 모든 은사들과 구별된다. 은혜로운 하느님에 대한 감사의 인식인 믿음은 하느님이 지속적으로 은혜로우신 한, 제자리에 있을 것이다. 즉 믿음은 하느님과 인간 사이의 참된 관계에 대한 영원한 표징이다. 믿음으로 하는 것이 아니면 다 죄가 된다(로마 14,23). 더 나아가서 오는 세대의 삶은 현재 그리스도교인의 삶과 마찬가지로 완전히 믿음에 따라 영위될 것이다. 믿음과 보는 것 사이의 대조(고후 5,7)가 여기서 의도된 것은 아니다. *

'믿음 안에서의 인내'(칼빈)인 희망은 그 강조점이 미래의 상에 있는 믿음이다. 희망은 아직 보이지 않는 것을 지향하는 것이므로(로마 18,21—25 ; 비교. 고후 4,18) 그것은 끈기있는 인내, 다시 말하여 현재의 순간의 의미를 그것 자체에서가 아니라 하느님에게서 발견하는 인내를 의미한다(참조. 로마 2,7과 그 주석). 이것이 사실이라면, 어떻게 "희망"이 다가오는 세대에, 즉 고린토후서 4장 18절에 나오는 일시적인 것들이 사라지게 되고 우리가 더 이상 거울을 통해서가 아니라, 얼굴과 얼굴을 맞대고 보며 하느님이 우리를 아신 것과 같이 우리도 알게 되는 때에, 그대로 "지속될" 수 있는지를 물을 수 있다. 오는 세대의 삶이나 천적인 삶에는 진보나 발전이 있다는 것(이것이 사실인지 아닌지에 대해서 우리는 알 수 없다)이 그 대답은 아니다. 그 까닭은 희망이란 '인간이 그려내는 미래상의 실현을 가리키는 것이 아니라 그런 미래상과 이 세상으로부터 눈을 돌리는 하느님에 대한 신뢰, 즉 끈기있게 하느님의 선물을 기다리고, 그 선물을 받았을 때에도 완전하게(verfügenden) 소유하지는 않고 오히려 하느님 자신이 주신 것을 하느님께서 유지하신다는 담대한(getrosten) 확신 가운데 있는 신뢰이기 때문이다'(Bultmann, *T.W.N..T.* ii. 529). 또한 믿음과 마찬가지로 희망은 하느님에 대한 참된, 따라서 변하지 않는 진리를 가정하고 표현하는 것이다. 하느님은 신실하시다(*πιστός*). 즉 당연히 신뢰(*πίστις*)해야 할 분이다. 마찬가지로 하느님은 우리의 희망이시다. 즉 당연히 그에게 희망을 두어야 할 분이다. 믿음과 희망은 하느님에 대한 진리에 근거해 있으므로 인간에 대한 영속적인 진리를 표현하는 것이다. 15장 19절과 비교하라. 이 점이 바울로가 '믿음과 희망과 사랑을 완전한 것이 올 때조차 지속하는 것들로 말할 수 있는 이유이다… 달리 말해서 그는 이 세상적이 아닌 것까지를 온전하게 소유하는 완전한 상태를 생각하지 않는다. 그리스도교적 존재의 개방성은 끝이 없는 것이다'(R. Bultmann, *Primitive Christianity in its Contemporary Setting* 〔1956〕, 208).

마지막으로 "사랑"이다. 이 말은 본장 전체를 통해서 살펴본 바대로 의미가 바뀌는 경향이 있었다. 우선 사람들은 자기네들이 예컨대 방언을 말하고 기적을 행하는 것보다 서로 사랑하는 것이 더 낫다는 주장에 대해 언급하고자 한다. 그러나 사랑에 대한 바울로의 서술이 전개되면서 분명해지는 점은, 그가 사용할 수 있었던 유일한 인간적인 모범은 나자렛 예수라는 사실과, 사랑에 대한 묘사에 있어서는 오직 그만이 자발적으로 어떤 동기 없이도 사랑하는 하느님의 사랑에 대한 묘사라는 것이다(이 말은 니그렌의 말이다). 사람들은 개념적으로 이런 사랑을 따라야 하며(4, 16 ; 11, 1) 또한 성령의 은사를 통해서 어느 정도 이렇게 할 수 있다. 그러나 그들은 불완전하게나마 하느님의 사랑을 나타낸다 하더라도 그 사랑이 하느님의 사랑에서 나온 것임을 깨달아야 한다. "우리는 그가 먼저 우리를 사랑하셨기 때문에 사랑합니다"(요일 4, 19). 따라서 사랑은 하느님에게서 비롯된 것이므로 하느님 자신에 대한 현시이고 예언이나 지식에서 나온 것보다 더 분명하고 심오한 현시이다. 사랑은 결코 폐하지 않으며(8절) 오히려 오는 세대에도 지속한다. 그것은 사랑이 하느님 자신의 본성이요 존재이고 또한 (예언이나 지식과는 달리) 하느님의 존재에 근거한 인간적인 관계들의 본질적 현시이기 때문이다. 사랑이란 사람들이 스스로 성취해야 할 덕목들 중에 하나는 아니다. '사랑을 하나의 덕목과 공적으로 이해하려는 모든 시도는 고린토전서 13장의 복음을 율법으로 바꾸는 짓이다'(Bornkamm, 앞의 책, 111). 사랑은 오히려 교회 안에서의 그리스도 자신의 현존을 의미한다.

믿음과 희망과 사랑. 어디에서도 바울로는 이 세 말을 이와 같이 분명하게 결합시키지 않는다. 하지만 그의 사상은 이 세 가지를 한데 묶는 경향이 있고 또한 이 세 가지를 그리스도교의 중심적이고 본질적이고 완전한 요소들로 나타내는 경향이 있음이 분명하다. 골로사이서 1장 4·5절과 데살로니카전서 1장 3절, 5장 8절을 참조하라. 이점에 비추어 볼 때, '바울로는 헬레니즘시대의 문체를 본따 본질적인 은사들이 이 세 가지 요소에 속할 수 있도록 배열했다'는 견해는 설득력이 없다(Knox, *Gentiles*, 120 ; 또한 리츠만의 보충설명을 참조하라. 이 보충설명에는 큄멜이 옳게 수정했긴 하지만 중요한 사실이 들어 * 있다). 바울로는 헬레니즘적인 사(四) 덕목, 즉 믿음, "에로스", "영지"와 희망에서 "영지"를 삭제함으로 그의 삼(三) 덕목을 고안해냈다는 제안도 설득력이 부족하다.

믿음, 희망, 사랑은 모두 영원한 중요성을 지닌 것이다. 그런데 그중에서도 제일 위대한(바울로는 비교급 μείζων을 쓰고 있다. 아마 그는 사랑을 "믿음"이나 "희망" —양자택일적인 요소로 간주된— 과 대조하고 있기 때문인 것 같다. 또한 보다 그럴 듯한 이유는 최상급 μέγιστος가 헬레니즘적 그리이스어에서는 잘 쓰이지 않았고 신약성서에서는 베드로후서 1장 4절에서만 단 한번 나오기 때문이다) 것은 사랑입니다. "사랑"은 하느님 자신의 속성이다. 사람들이 하느님을 신뢰하게 될 때 그들은 그가 신실하시고 따라서 사랑이시라는 사실을 드러낸다. 그들은 죄인들이므로 사랑받을 가치가 없고 다만 하느님만을 신뢰할 수 있을 뿐이다. 따라서 신뢰—믿음(πίστις)은 그리스도교적 삶을 시작하게 할 뿐만 아니라 지속하게 하는 필수적인 조건이다. 그러나 하느님은 자기 자신을 내맡기지는 않는다(그는 다른 존재를 전적으로 신뢰하고 또 자신을 다른 존재에게 의탁한다는 의미에서 그런 것은 아니다). 만일 그가 자기 자신을 내맡긴다면 하느님이 아닐 것이다. 사람들은 하느님 앞에서 희망을 가질 때 그분이 미래의 주라는 사실과 그들이 현재 그를 의지하듯이 앞으로도 항상 의지할 것임을 인정하게 된다. 인간의 희망은 하느님의 영원하심과 그의 주권을 증거한다. 그러나 하느님께서 친히 희망하지는 않는다. 그는 현재 있는 그대로의 존재이며 미래에도 그와 같은 존재일 것이다. 그는 시간 안에서 우리에게 자기 자신을 내어주지만 그 자신이 과거, 현재, 미래의 시간에 의해 결정되는 것은 아니다. 만일 하느님 자신이 희망한다면 그는 하느님이 아닐 것이다. 또한 만일 하느님이 사랑하지 않는다면 그는 하느님이 아닐 것이다. 사랑은 활동, 즉 하느님 자신의 본질적인 활동이다. 사람들이 하느님을 사랑하든 그의 동료를 사랑하든지 간에 그들은 하느님이 행한 일을 (불완전하게나마) 행하는 것이다. '하느님은 믿음이나 희망이 완전하다고 말씀하시지 않고 사랑이 완전하다고 말씀하신다' (Bengel). 기적 행하는 은사와 같은 다른 은사와 함께 사랑도 그리스도교 공동체를 조화와 통일을 이루도록 세울 수 있음이 사실이긴 하지만 무엇보다도 완전하다는 의미에서 사랑은 가장 큰 은사이다. 다른 곳에서 바울로가 믿음에 대해 말하는 것과 이 말은 모순이 없다. 믿음을 통해서만이 인간이 의인의 은혜로운 선물을 받을 수 있고 또 이 믿음은 사랑으로 그 자체를 표현한다(갈라 5, 6).

* 29. 방언과 예언의 판단 기준 14장 1—40절

1 사랑을 여러분의 목적으로 추구하시오. 그리고 성령의 은사, 특히 여러
분이 예언을 할 수 있도록 열심히 구하시오. 2 방언을 말하는 사람은 사람
에게 말하는 것이 아니라 하느님께 말하는 것입니다. 그는 성령으로[1] 신비
한 것들을 말하는 것이므로 아무도 그를 이해하지 못합니다. 3 그러나 예언
하는 사람은 사람들에게 말하는 것이며 그들에게 덕을 세우고 격려하고 위
로하는 것입니다. 4 방언하는 사람은 자신에게만 덕을 세우나 예언하는 사
람은 그 집회에 덕을 세웁니다. 5 나는 여러분이 모두 방언을 말하기를 원
합니다만 그보다도 예언하는 것을 더욱 원합니다. (방언을 말함과 동시에
그것을 통역하지 못한다면) 방언하는 사람보다 예언하는 사람이 더 낫기 때
문입니다. 6 그러므로 형제들이여, 생각해 보십시오 : 내가 가령 여러분에게
로 가서 하느님의 계시와 지식과 예언과 교훈으로[2] 말하지 않고 방언만을
말한다면 여러분에게 무슨 유익이 있겠읍니까? 7 이와 마찬가지로, 피리든
거문고든 소리를 내는 생명없는 악기들이 그들이 내는 소리를 구별하지 않
는다면 피리든 거문고든 그 연주하는 음악이 무엇인가를 어떻게 알 수 있읍
니까? 8 또 나팔이 분명하지 못한 소리를 낸다면 누가 전투를 준비하겠읍
니까? 9 이와 같이 여러분도 방언으로 말할 때 알아들을 수 없는 말을 한
다면 그 하는 말이 무슨 뜻인지를 어떻게 알겠읍니까? 결국 여러분은 허공
을 향하여 말하는 것이 됩니다. 10 이 세상에는 내가 모르는 수많은 종류의

1) G it에는 πνεύματι 대신에 πνεῦμα라고 되어 있다.
2) P^{46} ℵ* D* G에는 (διδαχῇ 앞에) ἐν이 생략되어 있다.

언어가 있읍니다. 그러나 뜻없는 언어는 하나도 없읍니다. 11 내가 그 말의
뜻을 알지 못한다면 그 말하는 사람에게 내가 외국인이 되고 내가 보기에[3] 말
하는 그 사람도 내게 외국인이 될 것입니다. 12 그러므로 여러분은 성령의
은사들을 열심으로 사모하는 사람들이므로 먼저 교회에 덕을 세우기 위하여
더욱 풍성한 은사를 구하시오. 13 그러므로 방언하는 사람은 그 방언을 통 *
역할 수 있도록 기도해야 하겠읍니다. 14 만일 내가 방언으로 기도한다면
내 영으로 기도하는 것이 됩니다만 내 이성에는 전혀 활동하지 않습니다. 15
그러면 내가 어떻게 해야 하겠읍니까? 나는 영으로 '기도하겠읍니다.'[4] 그
러나 이성으로도 '기도하겠읍니다.'[4] 나는 영으로 찬미하겠읍니다. 그러나
또 이성으로도 찬미하겠읍니다. 16 당신이 만일 영으로 축복을 말한다면 그
자리에 와 있는 아직 교회에 생소한 사람이 어떻게 당신의 감사하는 말에 아
멘 할 수 있겠읍니까? 그는 당신의 말을 알아 듣지 못하기 때문입니다. 17
당신은 훌륭하게 감사를 드렸다 할지라도 다른 사람에게는 덕이 되지 않습
니다. 18 나는 여러분 중 누구보다도 더 많이 방언을 말한다[5]는 것을 하느
님께 감사합니다. 19 그러나 교회에서는 내가 방언으로 일만 마디 말하는
것보다 오히려 내 이성으로 다섯 마디 말을 하여 다른 사람들을 가르치고
싶습니다. 20 형제들이여, 생각하는 데는 아이같이 되지 말아야 합니다. 악
에 대해서는 순진한 아이가 되고 생각하는 데는 어른이 되어야 합니다. 21
율법에, 내가 외국사람의 혀와 외국사람[6]의 입술로 이 백성에게 말할지라
도 그러나 그들은 내 말을 듣지 않을 것이다고 주께서 말씀하신다라고 기록
되어 있읍니다. 22 그러므로 방언은 믿는 사람들을 위한 표징이 아니라 불
신자들을 위한 표징이며 예언은 불신자들을 위한 표징이 아니라 믿는 사
람들을 위한 표징입니다. 23 만일 온 교회가 함께 모여서 그 성원들 모두가
방언을 말한다면 교회 밖의 불신자들이 들어왔을 때 그들은 여러분을 미쳤
다고 하지 않겠읍니까? 24 그러나 만일 모두가 예언을 한다면 교회 밖의
불신자들이 들어왔을 때 그는 전체 회중들 앞에서 가책을 받고 심판을 받아

3) P^{46} D G 1739에는 ἐν이 잘못 생략되어 있다. 이러한 생략독법은 이 절을 앞 절과 병행을 이루게 하거나 아니면 다음과 같은 가능한 해석을 못하게 한다. 말하는 그 사람도 내게 (즉 성령에게) 외국인이 될 것입니다. Zuntz, 104.
4) 각각의 경우에 있어서 가정법(προσεύζωμαι)이 미래 직설법을 대신하는 것으로 나온다.
5) 나는 λαλῶ로 번역했는데 대다수 사본들에는 λαλῶν으로 되어 있고, P^{46}에는 λαλεῖν이라고 되어 있다. 이런 독법들은 아마 '개정된 독법들' 이긴 하나 채택해서는 안 된다.
6) P^{46} D G와 대다수 그리이스어사본들, 그리고 라틴사본과 시리아사본에는 ἑτέρων대신에 ἑτέροις라고 되어 있다. 이런 독법은 비록 고대의 독법이라고 하더라도 ἑτερογλώσσοις의 끝어미에 동화된 독법이므로 거부해야 할 것이다. Zuntz, 174.

25 그 마음 속 비밀까지 드러나게 될 것입니다. 그래서 그는 엎드려 하느님
을 경배하고 참으로 하느님께서 여러분 가운데 계십니다 하고 고백할 것입니
다. 26 그러면 형제들이여, 어떻게 하면 좋겠읍니까? 여러분이 함께 모여
예배할 때에 여러분 가운데는 각기 찬미하는 사람도 있고 교훈의 일부를 말
하는 사람도 있고 하느님의 계시를 말하는 사람도 있고 방언하는 사람도 있
고 그것을 통역하는 사람도 있읍니다. 이 모든 것을 공동체에 덕이 되도록
* 해야 합니다. 27 방언이 말해질 때에는 둘이나 셋이 차례로 한 사람씩 말하
고 한 사람은 통역을 해야 합니다. 28 통역할 사람이 없을 경우에 방언하는
사람은 교회에서 말하지 말고 자기 자신과 하느님에게만 말할 것입니다. 29
예언하는 사람도 둘이나 셋이 말하고 다른 사람들은 그들의 말을 잘 새겨야
합니다. 30 그러나 앉아 있는 다른 사람에게 계시가 임하는 경우에는 먼저
말하던 사람은 잠잠해야 합니다. 31 그래야 한 사람씩 다 예언을 할 수 있
게 되고 또 모든 사람이 배우고 권면을 받게 될 것입니다. 32 예언하는 사
람들의 영들은 그 예언하는 사람들의 통제를 받는 것입니다. 33 왜냐하면
하느님은 무질서의 하느님이 아니라 평화의 하느님이시기 때문입니다. 이것
은 성도들의 모든 교회에서도 진리입니다. 34[7] 여자들은 교회의 집회에서 잠
잠해야 합니다. 그들에게는 말하는 것이 허락되어 있지 않습니다. 그러므로
율법에서도 말한 대로 그들은 복종할 것입니다. 35 만일 무엇이나 배우고
싶은 것이 있으면 집에서 자기 남편에게 물어보도록 하십시요. 여자가 교회
집회에서 말하는 것은 그 여자에게 부끄러운 일이 됩니다. 36 하느님의 말
씀이 여러분에게서 나왔읍니까? 또는 그것이 유일한 백성인 여러분에게만
임하셨읍니까? 37 만일 누구든지 자기가 예언자나 또는 성령의 은사를 받
은 자인 줄로 생각한다면 내가 여러분에게 써 보내는 이 글이 주님으로부터
나온 (명령이란) 것을[8] 인정해야 할 것입니다. 38 만일 누구든지 이것을 인
정하지 않는다면 그도 인정받지 못할 것입니다.[9] 39 그러므로 내 형제들이
여, 예언하는 일에 열성을 다하고 방언하는 것도 금하지 말 것입니다. 40 모
든 일을 적절하게 또 질서있게[10] 진행시키기를 바랍니다.

---

7) D G와 고대 라틴역은 34·35절을 40절 다음에 둔다. 해당 주석을 참조하라.

8) 이 번역은 D* G와 고대 라틴역의 짧은 본문을 따른 것이다. 많은 사본들은 *ἐντολή* 또는 *ἐντολαί*를 덧붙인다.

9) ℵ* A* G에 따라 *ἀγνοεῖται*라고 읽은 것이다. Zuntz, 107—108은 *ἀγνοείτω*를 채택하는데, 이 독법은 대다수 사본들뿐만 아니라 P^{46} B에서 뒷받침된다. 그러나 준쯔의 주석이 옳다고 해도 *ἀγνοεῖτε*는 그가 생각하는 것만큼 난해한 독법은 아니다. D*에는 *ἀγνοεῖτε*라고 되어 있는데 이 독법에서 -ε는 -αι에 대한 음성학적 실수에 불과하다(*M.* ii. 70).

10) 주 7)을 참조하라.

새로 시작하는 본장은 사랑(13장)이 제일이라는 점을 인정하면서 시작하긴 하나 아주 자연스럽게 12장 31절에 연결된다. 따라서 13장이 비록 적절한 위치에 놓여 있다 하더라도 현재의 문맥과는 무관하게 작성되어졌다는 인상이 짙어진다(참조. 이책 343-45면). 12장 28절 *
에서 열거된 여러 은사들 중에 사랑이 나와 있지 않았는데, 그것은 사랑이 다른 여러 은사들보다 높은 범주에 속하기 때문이다. 보다 높은 범주가 있어 이 범주가 다른 은사들을 판단하는 기준이 된다는 것을 기억하는 것이 좋다. 실은 고린토의 상황과 같은 상황을 다루는 데 있어서 사랑은 가장 실제적인 문제다. 그러나 그밖에도 고려해야 할 다른 실제적인 점들이 있는 것은 사실이다.

[1] **사랑을 여러분의 목적으로 추구하시오**(διώκειν; 비교. 로마 9,30·31 ; 12,13 ; 14,19. 이 동사는 다음에 나오는 동사와 동의어에 가깝다. 봐이스가 지적했듯이 실제로는 구분하지 않으면서 이렇게 어색하게 구분한 것은 12장, 13장, 14장의 연결이 인위적으로 되어 있음을 강조한 것이다). 이 명령은 모든 그리스도교인들에 해당하는 것이고 모든 종류의 은사들을 행하는 일과 철저히 일치하는 것이다. 이렇게 가정한다면 다음과 같이 말할 수 있다 : **성령의 은사, 특히 여러분이**(쉴라터에 의하면, 그 안에 예언자들이 있다면 "예언"이 말해지는 "교회"를 가리키는 말이다. 그러나 보다 그럴 듯한 점은, 동일한 2인칭 복수가 이 문장에 잘 맞는다는 것이다 ―모두가 사랑을 구하고 성령의 은사들을 갖고 예언을 하도록 구하시오) **예언을 할 수 있도록 열심히 구하시오**(ζηλοῦν. 이 동사는 12장 31절과의 연관을 드러낸다). 방언하는 은사의 중요성을 지나치게 강조하는 고린토교인의 경향과 이에 대해 바울로가 동의하기를 꺼린다는 점에 대해 이미 언급한 바 있다. 그는 이제 요지를 분명히 밝힌다. "특히"는 (영역이 암시하듯이) 최상급이 아니라 비교급(μᾶλλον)이다. 그리고 다음의 귀절들이 보여주듯이 바울로는 방언을 예언과 비교하고 있다. 방언을 말하는 것은 하느님에게서 받은 좋은 한 은사에 지나지 않는다. 방언은 하느님이 선별하여 준 은사이므로 사람들이 이 은사를 멸시하는 것은 잘못일 것이다. 방언은 그 나름의 가치를 지닌 것이다.

[2] **방언을 말하는 사람은** (그가 하는 말을 이해하지 못하는) **사람에게 말하는 것이 아니라 하느님께**(친히 말을 불어넣어 주시고 따라서 이 말이 비록 일반적 표준에서 볼 때 알아들을 수 없는 형태로 주어진 것이라 해도 그 말을 이해하시는 분에게 :

비교. 로마 8, 26·27) **말하는 것입니다.** 방언은 사람들에게 말해지는 것이 아님이 분명하다. **그는 성령으로 신비한** 것들을 **말하는 것이므로** (직역하면, "그러나 성령으로 말한다"이다 : 주목을 끌기는 하나 그다지 설득력이 없는 서방본문의 변형인 '그러나 성령이 말씀하신다'가 있다) **아무도 그를 이해하지**(직역하면, "알아듣지") **못합니다.** "신비한 것들"에 대해서는 13장 2절과 15장 51절과 그 주석들을 참조하라. 여기서 * 그 의미는 "비밀들"을 뜻할 뿐이다. 설교자와 하느님은 다른 이들이 함께 지니지 못한 감추어진 진리들을 갖고 있다.

〔 3 〕 **그러나 예언하는**(이 말은 분명히 예고라기보다는 그리스도교적 진리에 대한 훈계나 주석을 가리킨다) **사람은 사람들에게 말하는 것이며 그들에게** ("그들에게…주다" 이 말은 그리이스어 본문에는 안 나오지만 영어문장상으로는 필요한데, 다음에 나오는 명사들을 "말하다"의 직접목적어로 받지는 못한다) **덕을 세우고**(edification, 즉 그리스도교적 삶과 그리스도교적 공동체에 있어서 그들을 세워주고 : 참조. 3장 10—17절과 다른 여러 귀절들) **격려하고 위로하는 것입니다.**

〔 4 〕 방언을 말하는 것이 아무 유익이 없다고 생각해서도 안 되지만 대개의 회중들이 그 말을 충분히 이해하지 못할 경우 그 유익함은 제한된다. **방언하는 사람은 자신에게만** (따라서 그의 말은 그 자신에게만 유익을 주는 것이다) **덕을 세우나** (build up: 이 동사는 3절에 나오는 edification과 유사한 말이다. 동사 "덕을 함양하다"〔to edify〕는 여기서 명사로 바꿀 수 없긴 하지만 현대 영어에서 이 말이 지닌 함축된 의미 때문에 여기서 피해야 할 말인 것 같다) **예언하는 사람은 그 집회에**('교회'가 아니다. 왜냐하면 *ἐκκλησίαν*에는 관사가 없기 때문이다. 직역하면 "어떤 집회"이지만 그 의미는 "그가 성원으로 있는 그 집회"이다. 본장에서는 *ἐκκλησία*가 "집회"라는 의미로 자주 나온다) **덕을 세웁니다.**

〔 5 〕 불가피한 결론은 이렇다 : **나는 여러분이 모두 방언을 말하기를 원합니다만**(방언을 말하는 것은 좋은 일이고 여러분 개개인이 덕을 세우게 하는 하느님의 은사이기 때문이다) **그보다도 예언하는 것을 더욱 원합니다**(예언을 통해 공동체 전체가 덕을 세우게 될 것이기 때문이다). **달리 말하면,** (**방언을 말함과 동시에 그것을 통역하지 못한다면**) **방언하는 사람보다 예언하는 사람이 더 낫기 때문입니다.** 예언하는 사람이 더 나은 것은 그가 더 나은 종이기 때문이다(마

르 10, 43·44와 병행귀들). 아마 통역은 흔히 방언과 동시에 이루어지
는 것 같다(참조. 12, 10). 그러나 그것은 방언을 예언으로 바뀌게 하는
효과를 지닌 것이다. 마지막 절(본 사역에서는 괄호에 넣은)이 특이
한 구문(ἐκτὸς εἰ μὴ διερμηνεύῃ; 부자연스러운 것은 아니지만 여러 변
형들이 있다)이다. 하지만 그 의미는 심각할 정도로 의심스러운 것은
아니다. 문법에 대해서는 *B.D.* § 376을 참조하라.

[6] 5절에서 논의가 끝나는 것으로 기대할 수도 있다.
그러나 바울로는 요지를 밝혔다. 그가 요지를 다시
한번 말한 것은 고린토교회에서 방언의 중요성이 너무 열렬하게 표현
되었으므로 그는 자신의 견해를 가급적 강력하게 강조할 필요를 느꼈
기 때문일 것이다. **그러므로 형제들이여, 생각해 보십시요**(이 말이 그리이 *
스어 본문에는 나오지 않는다). **내가 가령 여러분에게로 가서**(일인칭 단
수의 사용은 논증을 보다 긴박하게 해주나 꼭 필요한 것은 아니다.
비교. *Romans*, 152) **하느님의 계시와 지식과 예언과 교훈으로**(이 전치사〔in〕
를 생략하는 데 대한 증거가 있다—참조. 이책 359면의 주 29) **말하지 않
고**(덧붙여 말하자면, 아마 방언에 대한 통역이 없이) **방언만을 말한다
면 여러분에게 무슨 유익이 있겠읍니까?** 바울로는 때때로 "계시"(ἀποκά-
λυψις)라는 말을 마지막 날에 대한 묵시문학적 현시를 지시하는 것으로
쓰며(로마 2, 5 ; 8, 19 ; 고전 1, 7 ; 데후 1, 7) 또한 복음(로마 16, 25—
만일 이것이 바울로적인 것이라면), 천국의 진리들(고후 12, 1·7), 그
리스도교인의 의무(갈라 2, 2) 등에 대한 초자연적인 계시들을 뜻하는
것으로도 쓴다. 후자의 의미에서 계시를 예언과 구별하기란 쉽지 않
고 또 그럴 필요도 없는 것 같다. "지식"에 대해서는 12장 8절 등을
참조하라. "교훈" 앞의 전치사 "…으로" 〔in〕를 생략하면 예언과 교훈
은 "계시"나 "지식" 어느 쪽보다도 더 밀접하게 연관된 한 쌍의 말
을 이루게 된다. 그러나 짧은 독법이 원래적인 것인지, 또 그것이 원
래적인 것이라면 바울로가 그러한 미묘한 구별을 하려고 했는지 의심
스럽다. "교훈"(διδαχή)에 대해서는 —밀접한 병행귀들이 아닌— 로마
서 6장 17절과 16장 17절, 그리고 고린토전서 14장 26절을 참조하고,
또한 동사에 대해서는 로마서 12장 7절(비교. 갈라 6, 6)을 참조하라.
그리스도교적 진리의 설명이나 적용이 의도된 것이다. 이 모든 활동
들 —서로 세부적으로 나누어서 엄격하게 구별하는 것이 유익하거나
정확하다고 할 수 없는— 은 그리스도교적 집회에 유익한 것인데, 이
러한 활동들 없이 방언만 말하는 것은(회중들에게 있어서는) 단지 소

리에 불과하며 아무런 의미가 없는 것이다.

이 문제는 예증을 통해 밝혀진다. 그 일반적인 취지는 분명하다. 어떤 사람이 그의 말을 듣는 자들에게 아무 유익이 없는 알아들을 수 없는 소리를 내거나(그가 방언을 말하거나) 이성적인 말로 그런 소리를 낼(예언을 말할) 경우에, 그것은 마치 악기가 일련의 구분할 수 있는 소리(즉 알아들을 수 있는 음)를 내거나 혹은 단순히 소리만을 내는 것과 같다. 그리이스어 본문의 구문이 분명하지 않다. 그 까닭은 여기서 "이와 마찬가지로"라고 번역된 문장의 첫 말이 그 악센트에 따라 의미가 달라지기 때문이다. 이 번역은 특정한 악센트 표시(ὁμῶς)를 가정한 것이다. 그러나 또 다른 악센트 표시(ὅμως)를 택할
* 수도 있다. 이럴 경우 그 의미는 "그러나," "여전히," "그럼에도 불구하고"가 될 것이다. 이 말을 취하는 두 가지 방식 모두 난점이 따른다. 전자는 헬레니즘적 그리이스어에서 아주 드물게 나온다. 그러나 바울로는 갈라디아서 3장 15절에서 또 다시 이렇게 쓰는 것 같고, 헬레니즘적 예들을 예레미아스와 키델(R. Keydell)이 *Z.N.T.W.* lii. 127—128, liv. 145—146에서 인용한 바 있다. 후자의 번역은 문장 안의 말들을 다르게 배열(hyperbaton)하므로 대체로 다음과 같이 번역해야 할 것이다. '소리는 낼 수 있어도 생명이 없는 악기가 그들이 내는 소리를 구별하지 않는다면…어떻게 그 소리를 알 수 있읍니까…?' 바울로가 경우에 따라서 자주 쓰이지 않는 말을 사용했다고 보아서는 안될 이유는 없다(아마 그는 7장 3·4·22절, 로마서 1장 27절에서 쓴 말인 ὁμοίως를 줄이려고 했을 것이다). 우리는 이 점이 분명하지는 않지만 본서의 사역을 택할 수 있다(*B.D.* §450에서 이렇게 한다; *M.* iii, 337은 택하기를 꺼린다).

[7] **이와 마찬가지로, 피리든 거문고든 소리를 내는 생명없는 악기들이 그들이 내는** (동시에 내는 소리가 아니다. 13장 1절에 나오는 소리들과 비교하라) **소리를 구별하지 않는다면 피리든 거문고든 그 연주하는 음악이 무엇인가를 어떻게 알 수 있읍니까**(직역하면 "어떻게 알려지게 됩니까?")? 이 점은 특히 한 특정음이 메시지를 전달하기 위해 쓰일 경우에 옳고 중요하다.

[8] **또 나팔이 분명하지 못한 소리를 낸다면 누가 전투를 준비하겠읍니까**(바울로의 말 παρασκευάζεσθαι는 보다 일반적인 용어일 수 있다. 그러나 이 말은 "무기" ὅπλα와 함께 쓰이며, 문맥에 비추어 볼 때 여기서 제시한 번역이 옳다)? 그 대답은

아주 분명하므로 바울로는 말할 필요가 없었다.

[9] 이와 같이 여러분도 방언으로 말할 때 알아들을(εὔσημον: 이 말은 8절에 나오는 "구별할 수 없는"과 반의어이다. 거짓 예언자 알렉산더는 황홀경 속에서 "알아들을 수 없는 소리" φωνὰς ἀσήμους를 낸다—Lucian, *Alexander* 13) 수 없는 말을 한다면 (실은 이 두 절이 서로 일치하는 것은 아니다. 이름의 조건절이 앞에 나오는 것에 대해서는 K. Beyer, *Semitische Syntax im Neuen Testament* I. i. 〔1962〕, 82를 참조하라) 그 하는 말이 무슨 뜻인지를 어떻게 알겠읍니까? 결국 여러분은 허공을 향하여 말하는 것이 됩니다. 9장 26절과 비교하라. 단지 허공을 치는 권투선수는 그의 적수를 이길 수 없다. 사람들의 귀와 마음에 전달되지 않는 말을 하는 사람은 자신의 의미를 전하지 못할 것이다. 이런 표현은 격언적인 것이었다. 봐이스가 제시한 예들이 있다.

[10] 또 다시 바울로는 자신의 논증을 완결짓는 것으로 보이나 이를 실제로 적용하기에 앞서 또 다른 유비를 통해 보다 인상깊은 논증이 되게 한다. 이 세상에는 내가 모르는 수* 많은(εἰ τύχοι; 비교. 15, 37) 종류의 언어가 있읍니다. 그러나 뜻없는 언어는 하나도 없읍니다(바울로는 단지 대명사 οὐδὲν을 쓰고 있다. 리츠만이 제안했듯이 바울로가 οὐδὲν ἔθνος "어떤 종족도 없다," 즉 자신의 언어를 가지고 있지 않은 종족은 없다를 뜻했다고 하는 생각은 흥미를 끈다). 이 귀절의 요지는 단순히, 언어들이 수없이 많이 있어서 아무도 그 언어들을 모두 다 알 수는 없다는 것이다.

[11] 내가 그 말(내가 들은 말)의 뜻을 알지 못한다면 그 말하는 사람에게 내가 외국인(βάρβαρος)이 되고 내가 보기에(ἐν ἐμοί; 참조. 이책 360면의 주 3, *M.* i. 103—104 ; *B.D.* §220) 말하는 그 사람도 내게 외국인이 될 것입니다. 헬라인들(또 로마인들)은 barbarian으로 번역된 말을, 그들로서는 이해할 수 없기에 단지 지껄임처럼 들리는 말을 하는 사람을 가리키는 데 사용했다. 흑해의 토미로 유배된 오비드(*Tristia* v. 1037)는 이렇게 말한다. "이곳에서 나는 외국인이로소이다. 왜냐하면 나의 말이 전혀 이해되지 않기 때문에"(barbarus hic ego sum, quia non intellegor ulli).

[12] 그러므로 여러분은 성령의 은사들(직역하면 "영적인 것들." 바울로는 보통 πνεῦμα란 말을 하느님의 영과 관련하여 단수로 쓴다. 그러나 여기서 그는 다양한 성령의 은사들을 가

져다주는 영적인 여러 대행자들에 대해 생각하고 있다. 참조. 14·15·16·32절. 비교. 요일 4, 1)을 열심으로 사모하는(바울로는 1절에서 사용된 동사와 같은 어원의 말인 명사 ζηλωταί를 쓰고 있다) 사람들이므로 먼저 교회(혹은 아마 "집회." 4절에 나오는 ἐκκλησία란 말의 용법과 그 주석 참조)에 덕을 세우기 위하여 더욱 풍성한 은사(이 말이 그리이스어 본문에 나오지 않는다)를 구하시오. 이것은 1—5절의 주장을 되풀이해 말한 것이다.

〔 13 〕 그러므로 방언하는 사람은 그 방언을 통역할 수 있도록 기도해야 하겠읍니다. 이렇게 함으로써 방언은 예언이나 교훈으로 바뀌게 될 것이다. 5절과 비교하라. 여기서 바울로는 방언으로(참조. 2절 : "그는 하느님께 말하는 것입니다") 혹은 이성적으로 말해질 수 있는 기도에 대해 약간 다루려고 한다.

〔 14 〕 만일 내가 방언으로 기도한다면 내 영으로 기도하는 것이 됩니다만 내 이성에는 전혀 활동하지 않습니다(직역하면 "무익합니다"이다. 즉 방언은 아무런 결과도, 기여하는 바도 없다). 분명히 "이성"은 바울로의 대다수 동시대인들이 인간 본성의 본래적인 최고의 선한 부분으로 평가하였던 인간존재의 합리적인 요소이다. 바울로는 합리성을 그다지 높게 평가하지 않았다. "이성"은 죄가 없는 것이 아니라 새롭게 되어야 하는 것이다(로마 12, 2). "내 영"이란 이해하기가 쉽지 않다. 이 말은 "영"(소유 대명사가 없이 나온다. 그러나 이점을 지나치게 강조하는 것은 잘못이다)이란 말로 다시 나오는
* 다음 절의 표현과 함께 이해해야 한다. 세 가지 중요한 가능성들이 있다. (ㄱ) "내 영"이란 심리학적인 내 존재의 일부이며 "내 이성"의 대응부가 되는 비이성적인 부분이다. (ㄴ) "내 영"이란 12절에서와 같이 내게 맡겨진 성령의 은사이거나 아니면 내 영감받은 말을 불러 일으키는 특정한 성령의 대행자이다. (ㄷ) "내 영"은 내게 주어진 성령이다. 그렇다면 이 귀절은 로마서 8장 26절에 일치하게 되는데, 거기서 성령은 표현할 수 없는 말로 중보기도를 드린다고 말한다. (ㄱ)은 대귀법에 따르면 지지할 수 있으나 다른 곳에서 바울로의 어법에 따르면 지지할 수 없다. (ㄷ)은 "나의"가 없다면 가장 그럴 듯한 견해일 것이다. 어떤 의미로든 성령을 "나의 것"이라고 서술하는 것은 용납할 수 없고 확실히 바울로적인 것이 아니다. 칼빈처럼 서술("내 영"은 "내게 베풀어진 은사"와 똑같은 의미일 것이다)할 경우라면 기도하는 것이 은사 자체라고 말할 수 없다는 반박을 받게 되긴 하나 (ㄴ)

이 가장 좋은 견해이다. 바울로의 말은 여기서 명료함이나 정확성이 결여되어 있다. 그 이유는 그가 다음의 생각들을 몇 마디 말로 압축하려 하기 때문이다. 첫째, 하느님의 성령이 활동하며 그리스도교적 예배와 기도에 영감을 부어준다. 둘째, 성령의 활동은 특수한 은사로 구체화된다. 세째, 이 은사는 "내게"라는 개인적인 말로 주어진 것이므로 나는 그것을 "나의 것"이라고 말할 수 있다. 간단히 말해서 "내 영," 즉 "내 이성"과는 무관하게 적절한 심리적 통로를 통해 작용하는 것이라고 말할 수 있다.

이 문제의 결론은 이렇다. 내가 방언으로 기도하는 것은 일부분이고 내 본성의 가장 중요한 부분은 활동하지 않은 채로 있다는 것이다. 이것은 내게 유익이 없고 내가 섬겨야 할 공동체에도 유익이 없다.

〔 15 〕 그러면 내가 어떻게 해야 하겠읍니까? 나는 영으로(대명사가 빠져 있고 "이성"에도 빠져 있다) 기도하겠읍니다. 그러나 이성으로도 기도하겠읍니다. 이책 360면의 주 4를 참조하라. 아마 "내가 기도해야 합니까…? 기도하게 하소서…"일 것이다. 이성적인 기도는 비이성적인 기도만큼 영적인 것이다. 나는 영으로 찬미하겠읍니다(ψάλλειν: 원래 "하프를 연주하다"이며 또한 "하프로 노래하다"이다. 여기서 구약성서의 어법, 예를 들어 시편 7편 18절은 중요하다. 기도의 원리와 다른 원리가 내포되어 있지 않다). 그러나 또 이성으로도 찬미하겠읍니다. 이 말의 동기는 분명하다. 그러나 아마도 언제나 그렇듯이 바울로는 교회 전체의 유익에 대해 생각했을 것이다. 그리스도교인은 자기 형제를 고려하지 않고(8, 13 ; 10, 29) 우상제물을 먹을 수 있는 자유가 없듯이 예배에 참여할 때 멋대로 행동할 * 자유가 없으며, 다른 이들의 요구도 고려하지 않으면 안 되는 것이다.

〔 16 〕 당신이 만일 영으로(즉 이성으로가 아니라 영으로 "만") 축복을 말한다면(참조. 10, 16. 가장 자연스럽게 감사의 기도를 시사하며 이것이 이 귀절의 끝에서 확증된다. 그러나 유다교적인 어법, 예를 들어 열여덟 개의 축복문으로 알려진 유명한 회당 기도문에서는 어떤 종류의 기도도 여기에 포함될 수 있음을 보여 준다) 그 자리에 와 있는(즉 "역할을 담당하는." 이런 표현에 대해서는 *Epictetus* Ⅱ. iv. 5와 바흐만이 인용한 탈무드의 말 "가득찬 자리" male' meqom를 참조하라. 집회 내의 특정한 자리, 예를 들어 교리문답자들에게 지정된 자리로 생각할 만한 근거는 없다) 아직 교회에 생소한

사람(ἰδιώτης; 히브리어와 아람어로 음역한 말인데, 아람어로는 특정한 활동이나 직무에서 제외된 사람이라는 의미가 남아 있다 —특히 쉴라터를 참조하라. 여기서는 방언의 은사가 행해질 때 "교회에 생소한 사람들" ἰδιώτης의 역할에 이런 저런 의미가 부여되고 있다. 그러나 23·24절에서 ἰδιώτης는 "여러분"과 대조를 이루므로 그리스도교인이 아니다)이 어떻게 당신의 감사하는 말에 아멘 할 수 있겠읍니까? 회중이 기도에 "아멘"으로 응답함으로써 동의를 표하는 것이 유다교와 초대 그리스도교의 관습이었다. 신명기 27장 14—26절, 시편 105편 48절, 에스드라 2서 15장 13절, 18장 6절, *S.B.* iii. 456—61, 요한묵시록 5장 14절, 7장 12절, 19장 4절, Justine, *Apology* I. lxv. 3, lxvii. 5를 참조하라. 그러나 이런 상황에서 그러한 응답은 불가능하다. 그는 당신의 말을 알아 듣지 못하기 때문입니다. 듣고 이해하고 판단하고 조정해야 할 교회 전체의 책임이 강조된 것이다. Schweizer, 7fk, 23c를 비교하라.

〔 17 〕 방언을 말하는 것 자체가 나쁜 것은 아니다. 2절을 참조하라. 당신은 훌륭하게 감사를 드렸다 할지라도 다른 사람(ὁ ἕτερος의 직역이다. 이런 표현에 대해서는 10장 29절, 로마서 13장 8절을 참조하라)에게는 덕이 되지 않읍니다. 4절과 비교하라. 방언을 말하는 것은 좋은 일이다. 바울로 자신도 방언을 하며 또한 즐겨한다.

〔 18 〕 나는 여러분 중 누구보다도 더 많이(질보다는 양을 가리키는 것 같다. 둘다일 수도 있다) 방언을 말한다(λαλῶ가 접속사 생략법에 따른 것이라고 보고 그렇게 읽은 것이다. 이런 독법에 대해서는 이책 360면의 주 5와 *M.* iii. 160과 비교하여 *B.D.* §415를 참조하라)는 것을 하느님께 감사합니다. 이런 견해에 제한을 둔다면 그것은 "다른 사람"의 유익을 위해서라는 것이다.

〔 19 〕 그러나 교회에서는(ἐκκλησία: 비교. 4절) 내가 방언(내가 인간을 향해서가 아니라 하느님을 향해서 말해야 하는)으로 일만 마디 말하는 것보다 오히려("오히려"는 그리이스어 본문에 없는 말이다. ἤ "보다"의 용법만이 셈어의 관용구를 반영한 것일 수 있지만 전형적인 병행귀들이 있다. 참조. *M.* ii. 442 ; iii. 32 ; *B.D.* §245) 내 이성으로(비교. 14절) 다섯 마디(완전 수로 유다교에서도 이와 같이 쓰였다—*S.B.* iii. 461—62, 또한 G. Kittel, *Rabbinica* 〔1920〕)
* 말을 하여 다른 사람들을 가르치고 싶습니다(비교. 3절). "가르치다"는 12장 8·28·29절, 14장 3·6절에서 쓰이지 않은 새로운 말(κατηχεῖν)이다.

갈라디아서 6장 6절을 참조하라. 분명히 바울로는 교육이 교회에 특히 적합한 활동이라고 생각하였다. 바울로는 "이성으로 말하는 것"을 "영으로 말하는 것"과 대조한 것이 아니라 "방언을 말하는 것"과 대조하고 있다는 점을 주목해야 한다(Bornkamm, *Gesammelte Aufsätze* ii 〔1959〕, 134). 예언과 방언은 영으로 말한다는 점에서는 밀접하게 관련되어 있으나 예언이 이성으로도 말한다는 점에서 구분된다.

〔 20 〕 **형제들이여**는 새 단락을 시작하는 말로 기탄없는 명령의 어조를 부드럽게 한다(비교. 10, 1). 이제 고린토교인들은 그들의 가치기준들을 수정하고 그리스도교인으로서의 성숙한 판단을 내리는 법을 배워야 한다. 3장 1절 이하와 비교하라. **생각하는 데는 아이같이 되지 말아야 합니다.** 즉 단지 눈에 띄고 겉보기에 인상적인 것을 열망하지 마시오. **악에 대해서는**(비교. 5, 8 ; 로마 1, 29) **순진한 아이**(바울로는 여기서 첫 절의 말과 다른 말을 쓰고 있다. 아마 단지 변화를 주기 위해서였을 것이다. 그러나 여기서는 보다 어린아이를 시사한다—*παιδία*; *νηπιάζεσθαι*)**가 되고 생각하는 데는 어른이**(*τέλειοι*. 이 말에 대해서는 2, 6·13과 비교하라) **되어야 합니다.** 서신 전체(또는 고린토후서)에 비추어 볼 때 고린토교인들은 여전히 배워야 할 점이 많았다는 것이 아주 분명하다. 그들은 자신들의 공적을 자랑했지만 사실 그들끼리 말다툼이 심했고 방언을 어느 다른 은사들보다도 좋아하는 경향이 있었다. 바울로는 자신의 주장을 구약성서를 인용하여 뒷받침한다.

〔 21 〕 **율법에**(이 인용문은 이사야 28장 11·12절에서 따온 것이다. 따라서 여기서 말하는 "율법" *νόμος*는 오경만을 가리키는 것이 아니라 구약성서 일반을 가리키는 것이다. 이런 용법은 신약성서의 다른 곳에서도 나타나며—로마 3, 19 ; 요한 10, 34 ; 12, 34 ; 15, 25—라삐적인 것이다), **내가 외국사람의 혀**(*ἑτερογλώσσοις*)**와 외국사람의 입술로 이 백성에게 말할지라도 그러나**(*καί*는 반의어적으로 쓰인 것이다) **그들은 내 말을 듣지 않을 것이다고 주께서 말씀하신다 라고 기록되어 있읍니다.** 이 인용문은 70인역에 따른 것이 아니다. 여기서 바울로가 후대의 구약성서 번역자인 아퀼라에게까지도 알려진 번역본을 사용했을 것이라는 몇몇 증거가 있다(Origen, *Philocalia* ix. 2). 아마 바울로는 구약성서의 인용귀에서 "외국 사람의 혀"라는 귀절이 눈에 띄었을 것이며, 이 말이 방언에 대한 자신의 논의에 적용하기에 적절하다고 생각했을 것이다. 바울로가 염두에 둔 것은 바로 이점이었으며 *

이 귀절에 담긴 역사적 배경, 즉 이사야가 자신의 말을 듣지 않았던 백성에게 아시리아의 침략자들의 말로 경고했던 그 배경을 염두에 둔 것은 아니다. 그의 요지는 단지 (주님의 말씀에 따르면) 그가 사람들에게 외국말로 말하면 그들이 알아듣지 못하리라는 것이다. 즉 그들은 복종과 믿음의 자세로 듣지 않으라는 것이다. 그러므로 방언은(바울로가 본장에서 내내 말해왔듯이) 말하는 사람이 아닌 다른 사람들에게 덕을 세우게 하는 수단으로서는 무익한 것이다.

[22] 그러므로 이런 사실에 비추어 볼 때(즉 바로 앞 귀절에서처럼 하느님은 외국말의 생소함으로도 백성들의 주의를 끌지 못하리라고 예고하셨다는 사실에 비추어 볼 때) **방언은 믿는 사람들을 위한 표징이 아니라 불신자들을 위한 표징이 됩니다** (εἶναι εἰς에 대한 셈어의 술어적 용법이 아니다. 참조. *B.D.* § 145). 어떤 의미에서 방언은 불신자들을 위한 표징이 되는가? 예컨대 이와 유사한 이사야 20장 3절에서, 벌거벗은 채 맨발로 다니는 예언자가 군사적 패배와 사회적 예속이라는 임박한 불운을 상징했던 것처럼, 불신자들에 대해서 방언은 심판의 표징이 될 수 있을 것이다. 방언이 믿음과 결부되지 않는다면(참조. 히브 4,2) 불신자들을 더 완악하게 하고 정죄하는 것이 된다(참조. 23·24절). 이렇게 하는 것이 방언의 유일한 목적은 아니다(마찬가지로 이것은 마르코복음 4장 11·12절에도 불구하고 예수의 비유들이 유일한 목적도 아니었다). 왜냐하면 방언은 말하는 사람이 덕을 세우게 하는 것이며 그렇지 못한 경우라 해도 적어도 일어나고 있는 일을 이해하는 교회를 걸려넘어지게 하지는 않을 것이다. 한 가지 현상이 지닌 이러한 이중 효과에 대해서는 이사야 28장에서 인용한 다른 귀절에 대한 바울로의 용법(로마서 9장 33절에서의 용법)과 다음의 이사야 8장 14절을 비교해 볼 수 있다. 같은 돌에 대해서도 그것이 걸림돌이나 부딪히는 돌이라고 말할 수 있고 또한 그것을 (그를) 믿는 사람은 수치를 당하지 않을 것이라고 말할 수 있다. 방언도 이와 마찬가지이다. 다음과 같이 말하면 요점이 좀 더 분명해질 것이다. 불신자가 23절에서 서술된 바와 같은 반응을 보여줌으로써 자신을 드러내기 때문에 방언은 신자와 불신자를 구별하는 표징이 된다는 것이다.

바울로는 방언에 대한 자기 주장을 분명히 하기 위해 구약성서를 인용하였다. 그러나 본장에서 줄곧 바울로는 방언과 예언을 대조하는 데 관심이 있었고 "방언은 믿는 사람들을 위한 표징이 아니라 불신자들을 위한 표징"이라고 말하였다. 따라서 그가 이에 대응하는 절로서 **예언은 불신자들을 위한 표징이 아니라 믿는 사람들을 위한 표징이 됩니다** ("표징이 됩니다"란 말이 그리이스어본문에는 없다. 그러나 앞문장에 비추어서 이렇게 이해해야 한다) 라고 덧붙인 것은 자연스럽다. 문제 *
는 이 절이 앞 절과 균형을 이루느냐에 있다. "표징"은 여기서 앞 귀절에서와는 다른 의미로, 즉 심판의 표징이 아니라 은혜의 표징으로 이해되어야 한다고 자주 주장되었다. 예언은 믿음을 불러일으키고 자극함으로써 예언이 행해지는 공동체 안에 하느님의 은혜로운 임재를 지시하는 것이다. 바울로의 사상은 다음의 몇몇 귀절들에서도 계속 이런 노선을 따르는 것이 사실이다. 그러나 현재의 귀절에서의 연관성은 방언이 '교회 밖의 사람들'에게 작용하는 것과 똑같은 방식으로 예언이 고린토교인들에게 작용한다는 데 있는 것 같다. 고린토교인들은 예언에 귀를 막는 경향이 있었다. 왜냐하면 그들은 자기네들의 결점을 드러내고 그들의 의무를 평범한 이성적인 말로 지적하는 예언을 듣기보다는 방언을 듣는 데서 더 큰 만족을 얻었기 때문이다. 따라서 그들은 심판을 초래한다(참조. 11, 34).

[23] 20절 이하에서의 바울로의 설명은 몇몇 주석가들이 인정했던 것 이상으로 심오하고 일관성이 있다. 그러나 모호한 부분이 있는 것도 사실이다. 그의 사상은 교회의 복음전도의 사명에 대한 실제적인 명령에로 돌아갈 때 좀 더 분명해진다. 만**일 온 교회가 함께 모여서**(이 말은 그리이스어 *συνέλθῃ...ἐπὶ τὸ αὐτό*를 모방한 중복어이다. 바울로는 이 동사를 23·26절에서뿐만 아니라 11장 17·20절에서 교회집회에 대해서 사용하는데, 이것은 두 장이 동일한 모임을 다루고 있는 것임을 시사한다. 참조. 이하 이책 373·74면) **그 성원들**(이 말이 그리이스어 본문에는, 없지만 자연스럽게 이해되는 말이다) **모두가 방언을 말한다면**(반드시 동시에 말하는 것은 아니다. 그러나 27절은 이런 일이 가끔 일어났고 더 심한 혼란을 일으켰음을 시사한다) **교회 밖의 불신자들이 들어왔을 때 그들은 여러분을 미쳤다고 하지 않겠읍니까?** "교회 밖의 불신자"는 "혹은"이란 말로 연결된 두 개의 그리이스어 명사를 번역한 말이다. 앞의 명사는 16절에서 사용된 말(*ἰδιώτης*)인데 거기서는 "교회에 생소한 사람"이라고 번역하였고, 두번째 명사는 22절(또는 흔히 바울로에게서 또 다른 곳에서)에 나오는 말이다. 여기서 앞의 명사는 새로운 의미로 쓰인 것이 분명한데, 그 말이 16절에서는 교회의 일원을 가리켰기 때문이다(그 주석을 참조하

라). 16절에서도 여기서도 그 말은 완전한 그리스도교인과 완전한 교회 밖의 사람 중간에 위치한 '중간' 집단을 가리킬 수 없다. 여기서 그 말이 교회의 일원도 아니고 심지어 교리문답자도 아닌 사람을 가리킨다는 점은 21·22절과 "여러분이 미쳤다"는 그의 말에서 알 수 있다. 실은 이 두 말이 (사역에서 밝혀지듯이) 같은 생각을 표현한다. 리츠만의 말대로 이 두 말은 그리스도교인이 아닌 사람을 각기 주관적으로("믿지 않는") 또 객관적으로("교회 밖의") 서술한 것이다. 24절에는 그 순서가 바뀌어 있다는 점이 중요하다. 이들 교회 밖의 사람들은 중요하다. 그들은 '사역(事役 : ministry)의 중요성을 평가하는 데 있어서 실제적인 척도이다' (Schweizer 22—23. 비교. 28절C).

교회 밖의 사람들이 고린토교인들의 집회에 참여할 수 있었다는 점을 주목하는 것이 중요하다. 바울로는 이런 일이 항상 일어났다고 말하지는 않지만 별 다른 어려움 없이 이렇게 생각하였다. 그런 일이 회당에서 또 이교의 종교적인 모임에서 일어났다(Apuleius, *Metamorphoses* xi. 15 : *Videant irreligiosi;* videant, et errorem suum recognoscant "외부인들을 보라. 그들을 보라, 그리고 그들의 잘못을 인정하라" —즉 당신들이 이시스의 종교적인 행렬에 참여할 때 : 분명히 이 종교적인 행렬에는 루시안이 자유롭게 공개하지 못했던 의식이 뒤따랐다). 이것은 바울로가 14장에서 서술하고 있는 집회가 어떤 형태의 집회였는가 라는 문제를 제기한다. 26절과 관련하여 14장의 집회는 '말씀의 예배'와 같은 비공식적인 집회이고 여기서 그리스도교적 만찬을 제외하고 찬미와 기도와 여러 형태의 설교가 행해졌다고 흔히 말한다. 14장에서 먹고 마시는 일에 대해 아무 말이 없다는 사실 이외에는 이런 견해를 뒷받침해주는 증거가 없다. 이런 침묵은 그리 중요하지 않은데, 본장에서 바울로는 여러 종류의 그리스도교적인 말을 다루고 있으며 자기 주장을 확고히 하기 때문이다. 후대에 이르러서야 일반화된 관습을 바울로의 교회들에 적용하지 않는 것이 중요하다. 또한 11장 17—34절과 14장 1—40절이 똑같은 집회를 가리키는 것이 아니어야 할 이유는 없다. G. Bornkamm, *Das Ende des Gesetzes* (1952), 113, 주 2와 거기에 나오는 언급들을 참조하라. 알로는 어떤 이유를 제시하지 않고, 공동식사에 참여했던 외부인들이 제외되었고 소위 정식 성만찬이 시작되기 전에 문이 닫혔다고 주장하긴 하지만 이 문제에 대한 그의 주도 참조하라. 고린토교회의 만찬(참조. 10,16—22 ; 11,17—34에 대한 주석과 이책 서론 45·46면)은 공동식사였고, 공동식사 중에 (우리가 모르는 사람에 의해) 떡 한덩이를 떼어 나누었고 한 잔의 포도주를 나눠 마셨다. 이것이 아마도 매주 모이는 교회의 중요하고도 유일한 모임이었던 것 같다. 교회 안에서 방언하는 것이 허락되었으므로 공동식사 뒤에 방언하거나 예언하는 일이 없었다고 생각하기는 어렵다—즉 11장과 14장은 같은 자료에 속한다. 또한 이런 모임을 언제나 실내에서 가졌다고 가정할 이유는 없다. 모든 유다교 공동체가 모일 만한 집을 갖고 있었던 것은 아니다(참조. 사도 16,13). 문 밖이든 문 안이든간에 불신자들은 우연히 참석했거나 아니면 그리스도교인 친구들로부터 손님으로 초대받았을 것이다. 다음 귀절은 이런 방문객들이 격려받아야 할 좋은 이유를 제시한다.

함께 모여 방언을 말하는 것에 대한 교회 밖의 사람들의 평가는 오해되어서는 안 된다. "여러분이 미쳤다"(*μαίνεσθε*)는 여러분이 정신병에 걸렸다가 아니라 여러분이 실성하였다를 의미한다. 이 말은 초인간적인 힘에 압도당하고 이용당했다고 생각했던 사람들의 바카스적인 광란상태를 시사했던 것일 수 있다. 현대의 관찰자(또 어떤 고대인들 예컨대 페스도—사도 26,24)라면 고린토교인들이 미쳤다고 가정할 것이다. 그들의 대다수 동시대인들은 같은 사건들에서 초자연적인 현상을 보았을 것이다. 그러나 방언의 초자연적인 기원을 인정한다고 해서 그것만으로는 그리스도교인이 되는 것은 아니다. 12장 1절 이하를 참조하라. 방언의 은사가 지닌 중대한 결점은 그 은사가 예수는 주라는 복음을 정확히 표현하지 못한다는 것이다. 따라서 방언은 복음전도의 수단으로서는 아주 부적합하다. 말하는 자들이 술에 취한 것으로 간주되는 사도행전 2장 13절과 비교하라.

[24·25] **그러나 만일 모두가 예언을 한다면 교회 밖의 불신자들이** (앞의 귀절 참조) **들어왔을 때**(바울로의 *καί* "그리고"는 이 구문을 약간 셈어적으로 만든다) **그는 전체 회중들 앞에서 가책을 받고**(*ἐλέγχεται*. 참조. 요한 16,8과 내 주석. 이 말은 그리이스의 도덕주의자들에게서 양심의 활동을 나타내는 용어로 쓰였다) **심판을 받아**(*ἀνακρίνεται*. 참조. 4,3 : 예언에 있어서 성령의 활동은 순전히 인간적인 판단은 아니다) **그 마음 속 비밀까지 드러나게 될 것입니다.** 인간의 양심이 드러나고 되살아난다. 여기서 독심술과 같은 기적적인 은사를 생각할(헤링) 필요는 없다. 그리스도교의 도덕적인 진리, 즉 음행자나 우상숭배자 등등과 같은 사람들이었다가 씻음을 받아 거룩해졌으며 의롭다함을 받게 된 사람들에 대한 증언까지를 분명히 포함한 영

감 받은 말로 선포된 그리스도의 도덕적인 진리와, 양쪽에 날선 어떤 검보다도 더 날카로운 하느님의 예언자적 말씀(히브 4, 12), 이 둘은 죄인을 정죄하기에 충분하다. 하느님의 말씀은 양심을 통해 전달되며 이때 종교적인 정죄를 하게 된다. **그래서 그는 엎드려**(예배하는 이런 태도에 대해서는 예를 들어 창세기 17장 3절, 루가복음 5장 12절, 요한묵시록 7장 11절, 11장 16절을 참조하라. 이런 태도는 직접적인 하느님의 현존뿐만 아니라 무가치함에 대한 깊은 인식을 나타내는 것이다) **하느님을 경배하고 참으로 하느님께서 여러분 가운데**(ἐν ὑμῖν. 방언을 말하는 데서 야기된 열광주의의 인상을 나타내는 것일 수 있는 "여러분 안에서"가 아니다) **계십니다 하고 고백할 것입니다.** 이런 도덕적 확신은 신약성서의 그리스도교를 다른 종류의 종교적 감정과 구분하는 것이다. 디오니소스는 그의 신봉자들에게 광란상태(방언을 말하는 것과 같은)를 불러일으켰을 것이다. 그러나 온 땅의 심판자는 바울로가 구약성서를 통해서 예수 그리스도의 아버지로 알았던 하느님이다. 바울로는 열왕기상 18장 39절(쉴라터)이나 다니엘 2장 47절, 이사야 45장 14절, 즈가리야 8장 23절(벤트란트) 등을 염두에 두었을 것이다. 이처럼 양심의 가책을 받은 죄인이 만찬모임의 어느 부분에서 제외되어야 했다는 지적이 없다. 그 반대의 의미가 함축되어 있다. 16장 22절과 그 주석을 참조하고 G. Bornkamm, *Das Ende des Gesetzes* (1952), 126을 비교하라.

[26] 방언과 예언이 행해지는 교회집회의 행동에 관한 마지막 교훈들이 나온다. **그러면 형제들이여, 어떻게 하면 좋겠읍니까?** 논의를 유발시킨 동기가 꼭 실천적인 것이라고 할 수는 없다. 왜냐하면 원칙과 우선적인 것에 대한 중요한 문제들이 관련되어 있기 때문이다. 그러나 결론은 실천적인 형태를 취할 수 있고 또 그래야만 한다. **여러분이 함께 모여 예배할 때에 여러분 가운데는 각기**([each one] of you: 이 말은 영어문장을 완전하게 하며 모두는 아니나 많은 그리이스어 사본들에서 보충되었다) **찬미**(ψαλμόν. 구약성서 시편이 아니라 아마도 창작된 새 노래를 뜻한다. 참조. 골로 3, 16 ; 에페 5, 19)**하는 사람도 있고 교훈**(이 말과 다음 말에 대해서는 6절과 비교하라) **의 일부를 말하는 사람도 있고 하느님의 계시를 말하는 사람도 있고 방언**(즉, 알아들을 수 없는 방언으로 전달된 말)**하는 사람도 있고 그것을 통역**(방언으로 전달된 말에 대한 통역)**하는 사람도 있읍니다.** 12장 7절에서처럼 여기서 "각기"란 말을 진지하게 받아들여야 한다. 고린토교회

의 집회가 활기가 없어서 곤란을 겪었다고 할 수는 없으므로 분명히 바울로의 권면은 적절했다. 이 모든 것을 공동체에 덕이 되도록 해야 합니다. "공동체에"란 말이 그리이스어 본문에는 나오지 않지만 바울로는 이 말을 택하여 개인에게보다는 그리스도교인들의 전 공동체에 덕을 세운다는 은유에 반복해서(예. 4절) 적용한다. 대부분의 고린토교인들이 그들의 은사를 자기 발전이나 심지어 자기 과시를 위해 사용했다는 것이 거의 분명하다. 이것은 모든 그리스도교인의 행위를 규정하는 사랑의 법에 위배되는 것이었다. 바울로의 말뜻이 '찬미하는 사람마다…그것을…위해 행하라'일 수 있다(리츠만). 그러나 그리이스어 본문이 말하는 바는 이런 의미가 아니며 그것을 문자 그대로 이해해도 난점이 없다. *

[27] 방언이 말해질 때에는 (의역한 것이다. 직역하면, "누군가 방언을 말한다면"이다) 둘이나 셋이 차례로(κατά는 배분사配分詞로 쓰였다) 한 사람씩(ἀνὰ μέρος에 관해서는 Moule, 67 참조) 말하고 한 사람은 통역을 해야 합니다. 방언을 말하는 것은 통역을 통해(참조. 5절) 교회 전체가 그 말을 이해하게 된 경우에만 유익했다. 이런 사람이 동시에 말하거나 많은 사람이 연속적으로 말할 경우에 통역은 불가능할 것이다. 또한 통역은 통역의 은사를 받은 그리스도교인이 없기 때문에 불가능할 수도 있다.

[28] 통역할 사람이 없을 경우에 방언하는 사람은(그리이스어 본문에는 주어가 없다. 그러나 문장의 모호함을 피하려면 주어가 있어야 한다) 교회에서 말하지 말고("교회에서" ἐν ἐκκλησίᾳ. 참조. 4절; 비교. 33절. 만약 교회에서 말할 경우 그는 교회의 시간을 낭비하게 되고 참석한 외부인을 몰아내는 결과를 초래할 것이다. 집에서 개인적으로 하는 것은 별 문제이다) 그는 자기 자신과 하느님에게만 말할 것입니다. 2절과 비교하라. 두 개의 여격(ἑαυτῷ, τῷ θεῷ)이 달리 번역되어야 할 것 같다. 하느님"에게" 반면에 자기 자신을 "위해서" 곧 자신의 유익을 위해 바울로는 방언기도가 자신을 향한 공허한 지껄임에 불과하다는 식으로는 말하지 않는다. 말하는 사람만이 참여할 수 있긴 해도 그것은 하느님을 향해 말하는 참된 기도이다.

[29] 예언에 대한 원칙들이 나온다. 예언하는 사람도(즉 교회집회에서. 예언의 경우도 방언하는 사람들과 마찬가지로 시간적인 제한이 부과된다) 둘이나 셋이 말하고 다른 사람들은 그들의 말을 잘 새겨야(διακρίνειν. 비교. 11, 29·31과 그 주석들) 합니다.

"다른 사람들"이란 '이때에 예언하지 않는 다른 예언자들'이거나 '교회의 다른 회중들'을 뜻할 수 있다. 후자가 보다 그럴 듯하다. 바울로는 예언자들만이 예언의 말씀을 판단할 수 있었다고 생각할 만한 근거를 제시하지 않고 있는데, 예를 들어 데살로니카전서 5장 21절과 같은 귀절들에 비추어 보면, 교회 전체가 포함되는 것 같다. 요한일서 4장 1절, 십이사도교훈 11장 2—7절과 비교하라. 12장에서 시작된 성령의 은사들에 관한 긴 장은 성령의 현시들이 판단되어야 한다는 가정에로 나아가며, 12장 3절에서 제시된 판단기준은 그리스도교인에게, 그가 예언자든 아니든간에, 적용될 수 있는 것이다.

* [30] 다음 귀절에서 문제가 되는 것은 초자연적으로 영감받은 말(준비된 설교가 아니라)임을 알게 된다. **앉아 있는 다른 사람에게 계시가 임하는**(동사 ἀποκαλυφθῇ는 앞의 6절에서 쓰인 명사 ἀποκάλυψις "계시"와 동일어원의 말이다) **경우에는 먼저 말하던 사람**(즉 먼저 예언을 시작한 사람)**은 잠잠해야 합니다**(참조. 34절). 성령은 다른 사람을 통해서 새로운 진리를 전달하기를 원한다는 것이 분명하다. 성령만이 교회집회의 순서를 결정하고 바꿀 수 있는 권한이 있다. 이에 대해서는 (Knox, *Gentiles*, 121과 상반되는) Schweizer, 7m, 241을 참조하라. 예언자들은 영감을 받기는 하나 그들의 말을 조절할 수 있다는 것을 우리는 추측할 수 있다. 이에 대해서 잠깐 언급할 것이다.

[31] **그래야 한 사람씩 다 예언을 할 수 있게 되고 또 모든 사람이 배우고 권면을 받게 될 것입니다.** "다"라는 말은 당연히 '각기 차례로'와 같은 의미로 이해해야 할 것이다. 그러므로 경우에 따라서는 교회의 모든 회중들이 예언을 할 수 있다. 이것은 12장 28절에 나오는 "예언자들"이 (12장 29절에도 불구하고) 교회 전체를 가리키는 것임을 뜻한다(참조. 민수 11, 29 ; 사도 2, 16 이하). 그러나 바울로는 모든 그리스도교인들이 '예언을 말하는 것'이라는 전문술어로 묘사된 활동에 반드시 참여하리라고 주장하는 것이 아니라 단지 모두가 그렇게 할 수도 있음을 주장하는 것이다. 인간적인 결정에 따라서 어떤 사람이 예언을 하거나 하지 못하게 되는 것은 아니다. 결정은 전적으로 성령의 자유에 달려 있고 예언은 하나의 직무라기보다는 기능이다.

[32] 교회의 모든 회중이 성령의 뜻에 따라 예언자로 활동할 수 있음을 강조하고 나서 바울로는 필요하고

도 실제적인 경고로 돌아간다. **예언하는 사람들의 영들**(직역하면 "예언자의 영들." 이렇게 "영"이 복수로 쓰인 용법에 대해서는 앞의 12절을 참조하라)**은 그 예언하는 사람들의 통제를 받는 것입니다**(따라서 어떤 예언자도 아마 일부 고린토교인들이 그렇게 했던 것처럼, 성령이 그로 하여금 그렇게 말하도록 하기 때문에 예언을 계속 말해야 한다고 주장할 수는 없다. 만일 그가 침묵해야 할 이유가 있다면 침묵할 수도 있다).

[33] **왜냐하면 하느님은 무질서의 하느님이 아니라 평화의 하느님이시기 때문입니다.** 하느님 자신은 무질서와는 아무런 상관이 없으므로 무질서의 원인이 될 수 없다. 고린토 교회의 무질서의 원인은 하느님이 아니라 다른 데 있다. 반면에 공동체의 평화는 하느님의 현존과 활동의 표시이다. 이것은 비단 고린토교회뿐만 아니라 다른 모든 곳에서도 통용되는 진리이다. **즉 이것은 성도들의 모든 교회(혹은 집회들)에서도 진리입니다**(비교. 1, 1). 이러한 사상이 36절 *
에서 다시 나타나는데, 36절은 고린토교인들이 그들의 모범을 통해서 교훈을 깨우칠 수 있는 그리스도교 집회들이 다른 곳에도 있음을 시사하는 것 같다. 그들은 스스로 복음의 시작이요 끝이라고 생각하거나 그들만이 하느님의 백성이라고 말해서는 안 된다. 36절이 33절 바로 다음에 놓여야 한다고 볼 수도 있다. 이하를 참조하라.

그러나 33절b는 때때로 고린토집회의 무질서에 대한 특수한 예를 제시하는 34절에 걸리는 귀절로 본다. 이와 반대로 "교회들에서"와 "집회들에서"(이 두 말은 모두 *ἐν ταῖς ἐκκλησίαις*의 번역이다)는 매우 어색하게 연결되므로 34절을 새로운 시작으로 받아들이는 것이 가장 좋다. 이러한 고찰은 중요하다. 왜냐하면 서방본문에 의하면(참조. 이 책 361면의 주 7) 34·35절은 40절 다음에 놓여 있고 이 두 귀절을 결합된 것으로 본다면 이런 위치가 옳다고 주장하거나 또한 이 두 귀절이 서신의 원래의 부분이 아니라 디모테오전서 2장 11·12절에 근거하여 필사자들에 의해 다른 관점에서 삽입된 방주였다고 주장할 수 있기 때문이다. 후자의 견해를 지지하는 강력한 논증은 34·35절과, 11장 5절에서 예배시의 여자의 역할에 대한 말 사이에는 모순이 있는 것으로 보인다는 것이다. 반면에 이렇게 주장할 수도 있다. 34·35절은 집회에서의 예언에 관한 논의에 끼어든 것 같고 이러한 이유로 해서 보다 매끄러운 본문을 만들기를 원하는 필사자들에 의해 그 원래의 위치가 바뀌어졌을 거라는 것이다. 본문상의 문제는 어느 정도 주석에 의존해 있으므로 우리는 34·35절의 의미를 고려하고 이 두 귀절의 진정성과 위치에 관한 문제에 대해 언급해야 한다.

[34] **여자들은 (교회의) 집회에서 잠잠해야 합니다. 그들에게는 말하는 것이 허락되어 있지 않습니다. 그러므로 율법에서도 말한 대로 그들은 복종할 것입니다**(명령형 *ὑποτασσέσθωσαν*으로 읽은 것이다. 이런 독법은 구문을 바꾼 것이다. 참조. *B.D.* §479 —서방본문대로 직설법으로 읽어도 그 의미는 달라지지 않는다. 이에 대해서는 Barth, *C.D.* Ⅲ. iv. 172—6을 참조하라). 바울로는 그가 구약성서의 어느 부분을 인용하는 거라고 말하지는 않지만 아마도 창세기 3장 16절을 인용한 것 같다("율법"이란 말은 율법 전체를 뜻하는 것일 수 있다. 참조. 21절). 남녀의 관계에 대해서는 11장 3—15절의 논의와 그 주석을 참조하라. 이 귀절은 다소 딱딱하고 융통성이 없어 보이며 그리스도 안에서의 창조질서의 회복에 대해 별로 고려하지 않는 것 같다. 그 이유는 여기에 제 2 바울로서신의 기자(예를 들어 디모테오전서의 저자)의 작품이 들어 있기 때문이거나 여기서 바울로는 논의를
* 마치려고 하며 이유나 조건을 제시하지 않고 실제적인 결론을 언급하려 하기 때문일 것이다. 여자는 잠잠해야 한다는 명령은 그들이 속한 집회에서 일어나는 일들에 대해 관심을 가져서는 안 된다고 말하는 것은 아니다. 그들은 아무런 기여도 하지 못할 것이다.

[35] **그러나 만일 무엇이나 배우고 싶은 것이 있으면 집에서 자기 남편에게 물어보도록 하십시요.** 이 귀절은 그리스도인인 남편을 가진 여자를 염두에 둔 것이다. "더우기" 결혼하지 않은 여자나 불신자의 아내들은 집회에서 말할 수 없다. 만일 그들이 배우고 싶은 것이 있다면 결혼한 친구들을 설득하여 그들의 남편에게 물어보도록 해야 할 것이다. 그리스도교적 진리의 내용이나 해석이나 적용에 대해 상의할 수 있고 또 상의해야 할 사람인 선교자나 교사에 대해선 아무 말이 없다. 11장 13·14절에서와 같이 바울로는 (구약성서뿐만 아니라) 인간의 상식에 호소한다. **여자가 교회 집회에서**(*ἐν ἐκκλησίᾳ*. 아마 여기서 그 의미는 '공적으로'일 것이다) **말하는 것은 그 여자에게 부끄러운 일이 됩니다.** 독자는 아리스토파네스의 *Ecclesiazusae*를 연상하게 되는데, 거기서 아테네의 여인들은 그 도시의 "집회"(ecclesia)를 주도한다. 이것은 아리스토파네스에겐 우스꽝스러운 일이긴 하나 만일 바울로가 이 희곡이 상연되는 걸 보았더라면 틀림없이 자신의 견해를 확인하게 되었을 것이다. 컴멜은 *Conjugal Precepts* 31을 적절

히 인용한다. '정숙한 여인의 팔뿐만 아니라 목소리도 드러나서는 안 된다. 그녀는 옷을 벗을 때처럼 말을 할 때 부끄러움을 느껴야 한다.' 같은 책 32에도 이와 같이 적합한 문장이 들어 있다: '그녀는 남편에게 말을 하거나 남편을 통해서 말해야 한다.' '예배를 위한 모임에서 고대 회당은 여자들이 공적으로 말하는 것을 원칙적으로 금지하지는 않았지만 실제로는 그렇게 했다' (*S.B.* iii. 467).

이 두 귀절은 여자들이 기도하거나 예언할 때에는 너울을 쓰도록 명령하고 있는 11장 5절과 어떻게 조화를 이룰 수 있는가? 11장 5절에서 바울로는 여자들이 말하는 것을 마지못해 허락하는 것이거나 아니면 그가 실제로는 반대하는 관행에 대해 언급하는 것이라고 말할 수 없다. 이점은 암시된 바가 없으며 또한 11장 5절에서 언급된 말은 교회 집회에서가 아니라 사적인 가정모임에서 한 말이라는 암시도 없다. 따라서 11장이 (합당된 너울을 쓴 채) 교회의 공적 모임에서 기도하고 예언하는 권한을 여자들에게 인정하고 있다는 사실을 부인 * 하는 것은, 뚜렷한 근거가 없다(쉴라터의 경우도 마찬가지다). 또한 "말한다"(34절에서 *λαλεῖν*)는 이같이 기도하고 예언하는 것을 가리키는 것이 아니라 영감받지 않은 말, 특히 어느 누군가가 말한 내용에 대한 판단으로 보이는(29절) 질문을 가리킨다는 주장도 별로 설득력이 없다. 고대 그리이스어에서 이 동사는 '잡담하다'는 의미를 지닌 것이 사실이므로, 바울로는 여자들의 수다를 막으려 했다고 이해할 수 있을 것이다. 그러나 신약성서나 바울로에게서 이 동사는 보통 이런 의미로 쓰이지 않으며, 14장에서는 (2·3·4·5·6·9·11·13·18·19·21·23·27·28·29·39) 영감받은 말이란 의미로 쓰였다. 바울로가 여기서 이 동사를 새로운 의미로 (39절에서는 이전의 의미로 즉시 바뀌어진다) 사용했을 수도 있지만 그럴 것 같지는 않다. 사도행전 21장 9절에 의하면 여자 예언자들이 교회에서 알려져 있었음을 기억해야 한다. 다음의 두 가지 가능성만이 고려할 만하다.

(ㄱ) 바울로는 34·35절을 쓰지 않았다. 이 두 귀절은, 질서를 바로 잡는 것이 성령의 자유보다 더 중요하게 생각되었던 후대에 가서 방주로 첨가된 것이다(이 두 귀절이 바울로 자신의 방주였다는 견해에 대해서는 별로 할 말이 없다). 특히 이 귀절들의 말은 디모테오전서 2장 11·12절에 토대를 둔 것으로 설명할 수 있으므로 이런 견해에는 충분한 근거가 있다. 그러나 이 견해를 받아들일 정도로 본문상의 증거가 유력하지는 못하다. 서방의 편집자들은 이 귀절들의 위치가 잘못

되었다고 생각했기 때문에 위치를 바꿨을 것이다. 어느 중요한 사본에 이 귀절들이 모두 생략되어 있다면 그 생략된 부분에 따르는 것이 옳을 것이다.

(ㄴ) 바울로는 고린토교회의 무질서에 심각한 영향을 미쳤던 여권신장론자의 압력에 대해 (아마 여성의 수다에 대해) 이미 알고 있었고 그러한 무질서를 근절시키기 위해 강력한 조처를 취하였다. 그는 여자들도 교회예배나 토론에 기여할 수 있다는 원칙을 부인하지 못했을 것이고 그렇지 않았더라면 11장 5절을 그의 서신에 끼워넣지 않았을 것이다. 그러나 그는 남자 예언자가 계속 말하는 것이 교회에 덕을 세우지 못하는 것으로 판명될 경우에는 그에게 잠잠하라고 명령할 수 있었던 것(30절)과 마찬가지로 평화와 선한 질서를 위해서라면 여자들에게 잠잠하라고 명령할 수 있었다. 세벤스터(*Seneca*, 198)는 '바울로는 아내와 남편 사이에 열띤 논쟁을 일으킬 수도 있었던 토론에 대한 열정을 우선적으로 암시하고 있다'고 말하는데 그의 말이 옳을 수 있다.

* (ㄱ)은 36절이 33절과 잘 연결된다는 사실에서 뒷받침된다. (ㄴ)은 특히 36절의 답변을 제시할 수 있었던 고린토의 관행이나 주장과 관련이 있는 것으로 보인다는 점에서 지지할 수 있다. 그 내용이 확실하지 않긴 하지만 대체로 (ㄱ)을 택할 수있다. 칼빈은 11장 5절이 지닌 모순에 대한 문제를 명백히 언급하지는 않지만 그의 말을 결론으로 삼을 수 있다. '분별력있는 독자라면 이러한 결론에 이르게 될 것이다. 여기서 바울로가 다루고 있는 일들은 선하거나 악한 것과는 무관한 것이고, 그 일들이 금지된 것은 단지 그 일들이 품위나 질서에 방해가 되기 때문이라는 것이다.'

고린토교인들이 대체로 그리스도교인다운 행위가 무엇인가를 볼 줄 알아야 한다는 충고를 받은 것은 당연하다. 오직 그들만이 복음을 갖고 있고 또 그것을 해석할 수 있는 것은 아니다.

[36] **하느님의 말씀이 여러분에게서 나왔읍니까?** 다음 귀절이 보여주듯이 이 물음이 뜻하는 바는, 예루살렘—그리스도교적 선교의 궁극적인 기원— 만이 교회의 관행들을 선포할 권한이 있지는 않다는 것이다. **또는 그것이 유일한 백성인 여러분에게만 임하셨읍니까?** 현재 많은 교회들이 있다. 바울로는 모든 교회는 아니지만 어떤 교회가 잘못을 범했을 가능성을 배제하지는 않지만(그는 예루살렘 사도들이 잘못을 범할 수 있었다고 확신하였다 : 갈라 2,

11) 고린토교인들편에서 그들은 옳고 다른 그리스도교계는 틀렸다고 가정하는 것은 확실히 무모한 짓이었을 것이다.

[37] 이런 생각과, 그가 고린토교인들의 반대에 부딪칠지 모른다는 염려 때문에 자연히 본장을 마무리짓는 절들로 넘어가는데, 사실상 이 귀절들은 전체 논의의 결론이며 단순히 앞의 예언에 대한 논의를 되풀이 하는 것은 아니다. **만일 누구든지 자기가 예언자나 또는 성령의 은사를 받은 자인 줄로 생각한다면**(비교. 12,1 : 여기서 "은사"가 아니라 "사람"을 가리키는 것임이 분명하다) …(이 귀절이 시사하듯이) 분명히 이렇게 잘못 생각한 사람들이 있었다. 아마 여자들이 잘못 생각했던 것 같고 그들 중 어떤 이들은 말하고 싶은 자연적인 욕구와 성령의 활동을 혼동하였을 것이다. 참으로 성령의 영감을 받은 표시는 이러해야 할 것이다. **내가 여러분에게 써 보내는 이 글이 주님으로부터 나온 명령이란 것을 인정해야 할 것입니다**(이책 361면의 주 8 참조. 대다수 사본들에는 '…이 주님의 명령' 혹은 '명령들'로 되어 있다. 훨씬 더 그럴 듯한 견해는, "명령〔들〕"이란 말의 첨가로 "그렇지 않을 경우"보다 짧은 본문이 더 분명해졌다는 것이다). 7장 25·40절과 비교하라. 바울로는 예수의 가르침을 인용하고 있다고 말하지 않고 '그도 역시 그리스도의 마음을 품고 있고' '여러분에게 덕을 세울 만한 권위가 있다'고 말한다. *

[38] **만일 누구든지 이것을 인정하지 않는다면 그도 인정받지 못할 것입니다.** 이책 361면의 주 9를 참조하라. 바울로의 말은, 문제의 사람을 영감받은 자로 인정하지 않는다는 것이지 그리스도교인으로도 인정하지 않는다는 말은 아니다. 이 말 속에는 출교에 대한 암시는 전혀 없으며 또한 그 사람이 하느님에게서조차 "인정받지 못한" 것으로 가정할 것까지는 없다(예를 들어 리츠만이 이렇게 본다). 그러나 요한일서 4장 6절과 비교하라(알로).

[39] 바울로는 이제 결론적으로 요약한다. **그러므로 내 형제들이여, 예언하는 일에 열성을 다하고**(ζηλοῦν; 비교. 1절) **방언하는 것도 금하지 말 것입니다**(아마 능동태일지도 모른다 : …막으려고 하지 마십시오 ; *M.* i. 125. 그러나 아마 이 금지는 일반적인 금지인 것 같다). 이와 같이 방언을 받아들이고 예언을 더 좋아하고 열심히 구하는 일은 본장 전체의 주장과 일치하는 것이다. 데살로니카전서 5장 19절 이하와 비교하라.

[40] 26—33절(35절)의 충고에 따름으로써—모든 일을 적절하게 또 질서있게 진행시키기를 바랍니다. "적절한"에 대해서는 7장 35절, 12장 23·24절, 로마서 13장 13절, 데살로니카전서 4장 12절 등과 비교하라. 어군은 바울로 문체의 특징을 잘 나타내고 있다. "질서있는"이란 말은 교회의 회중들이 모두가 동시에 일하는 것이 아니라 한 사람씩 차례로 일한다는 생각을 시사한다(그러나 이런 생각만을 시사하는 것은 아니다). 바울로의 충고의 동기는 33절a에 있다고 볼 수 있다.

마. 부활 15장 1—58절

30. 공통적으로 전해진 복음 15장 1—11절

1 형제들이여, 나는 여러분에게 전한 복음, 또한 여러분이 이미 받았고
그리고 여러분의 믿음의 터가 되어 있는 그 복음을 다시 깨우치려고 합니
다. 2 또 이 복음을 통해서 구원을 얻게 될 것입니다. 나는 여러분이 내가
어떤 말로 복음을 전했는가에 주목하기를 바랍니다. (여러분이 아무렇게나
믿지 않고 복음의 말씀을 굳게 지킨다면.[1]) 3 나는 무엇보다도 먼저 내가
전해받은 것을 여러분에게 전해주었읍니다. 그것은 곧 그리스도께서 성서
* 에 기록된 대로 우리 죄를 위하여 죽으셨다는 것과 4 무덤에 묻히신 것과
성서에 기록된 대로 사흘 만에 다시 살아나신 일입니다. 5 이리하여 게바에
게 나타나 보이시고 다음에 열 두[2] 제자에게 나타나셨으며 6 다음에 오백명
이 넘는 형제들에게 동시에 나타나셨는데, 그 중에 더러는 깊이 잠들었으
나 대다수는 지금도 살아있읍니다. 7 그 다음에 야고보에게 나타나셨고 그
후에 모든 사도들에게 나타나셨읍니다. 8 그리고 맨 나중에 달이 차지 못해
서 난 자와 같은 내게도 나타나셨읍니다. 9 나는 사도들 중에 가장 작은 사

1) D G에는 *εἰ κατέχετε* 대신에 *ὀφείλετε κατέχειν* "여러분은 그것을 굳게 지켜야 합니다"라고 되어 있다. 이것은 '개정된 독법'이다. *B.D.* §478은 (P^{46}에서 생략된) *εἰ*를 다르게 본다. 그러나 여기서 번역된 대로의 본문은 난해하긴 하나 가능하며 따라서 이 본문을 채택해야 할 것이다. Zuntz, 254—55에는 매우 중요한 주석이 나온다.

2) 서방본문은 현학적으로 "열 한"이라고 개정되어 있다. 이 절 전체를 하나의 삽입된 주석으로 다룰 필요는 없다(봐이스).

도이며 사실 나는 사도라고 불릴 만한 자격도 없읍니다. 그것은 내가 하느님의 교회를 박해했기 때문입니다. 10 그러나 나는 하느님의 은혜로 지금의 내가 되었읍니다. 내게 베푸신 하느님의 은혜는 헛되지 않았읍니다. 오히려 나는 어느 사도들보다 더 많이 수고했기 때문입니다 —이것은 내가 한 것이 아니라 나와 함께[3] 하신 하느님의 은혜로 한 것입니다. 11 그래서 나나 그들이나 다같이 이렇게 전파하고 여러분도 이렇게 믿은 것입니다.

이 서신의 대부분의 장들은 바울로가 그 장들을 쓰게 된 이유들 —예를 들어 글로에 집사람들로부터 받은 소식(1,11) 또는 고린토인들의 편지에서 제기된 문제들(7,1 등)— 에 대해 분명히 언급하면서 시작하였다. 본장은 이러한 이유에 대한 언급 없이 시작하는데, 12절에 가서야 비로소 죽은 자는 부활하지 않는다는 견해를 지지하였던 사람들이 고린토에 있다는 말이 나온다(아마 바울로는 스테파나, 포르두나도, 아이고를 통해서 이런 사람들에 대한 소식을 들었을 것이다—16,17). 15장에서 줄곧 바울로는 이런 잘못된 견해 및 그 전제들과 결론들을 다룬다. 이렇게 하는 과정에서 그는 맨 처음 주제에로 돌아갈 필요성을 느낀다. 그러므로 본 단락의 의도는, 그리스도의 부활이 바울로의 설교와 실로 모든 그리스도교적 설교에서 핵심적인 역할을 했다는 것을 상기기키려는 데 있다. 바울로는 그 주제로 곧장 들어간다.

【 I 】 **형제들이여**(참조. 1,1), **나는 여러분에게 전한 복음**(참조. 1,17), **또한**(καί는 여기서와 다음의 두 절에서 복음 전파에 뒤따랐을 일련의 단계들을 도입한다) **여러분이 이미 받았고**(참조. 3절) **그리고**(καί) **여러분의 믿음의 터가 되어 있는**(지금까지의 다른 많은 귀절들과 마찬가지로, 이어지는 논의는 고린토교인들의 믿음의 안전성에 대해 의심을 불러일으킬 것이다. 그러나 바울로는 항상 그들을 좋게 생각하고 또 그렇게 기술한다. 이런 생각에 대해서는 로마서 5장 2절 참조) **그 복음을 다시 깨우치려고 합니다**(γνωρίζω는 12장 3절에서 "명백히 하다"로 번역된 말이다. 본래 이 말의 의미는 '내가 알게 하다'인데 그 정확한 의미는 문맥 —이 문맥에 다소 곤란한 점이 없진 않지만— 에서 이끌어내는 것이 당연할 것이다. 즉, 바울로는 고린토교인들에게 그들이 결코 잊어서는 안 되었던 것을 상기시키고 있 *

3) P[46]에는 다른 여러 사본들과 같이 σὺν ἐμοί 대신에 ἡ σὺν ἐμοί라고 되어 있다. 이것은 이차적인 본문이긴 하나 옳은 해석을 제공한다.

다는 뜻을 담고 있다. 참조. 갈라 1,11).

[2] 또(καί) 이 복음을 통해서 구원을 얻게 될 것입니다. 동사 "구원하다"(σώζειν; 로마 5,9—10 : 비교. 13,2)에 대한 바울로의 일반적 어법에 비추어 볼 때, "여러분은 구원을 얻게 될 것입니다"라는 귀절을 미래적 현재로 이해해야 할 것 같다. 사람들이 (진지한 가능성을) 헛되이(참조. 10절) 믿지 않았다면 구원은 비록 미래에 이루어질지라도 현재 보장된다. 바로 다음 귀절은 고린토교인들을 약간 추켜올리는 것 같기도 하지만 (훌륭한 설교자와 목사라면 아첨으로 들리는 말을 실제로는 격려의 말이 되도록 구사하는 방법을 알고 있다) 그것은 또한 복음을 요약해서 제시하는 방법이기도 하다.

그러나 무엇보다도, "호의를 얻기 위해 수사학적으로 표현"(captatio benevolentiae) 함으로써 생길 수 있는 오해를 막기 위해서는 경고를 분명히 해야만 한다. 경고문의 삽입된 위치는 —문법뿐만 아니라 사상면에서— 다음 귀절이 갖는 문법상의 모호성에서 기인한 것 같다. 이런 위치를 합리화할 수 있는 중요한 방법이 두 가지 있다(예를 들어 헤링과 알로에게서 보다 상세한 해설을 볼 수 있다). (ㄱ) 시작하는 말은 의문대명사(τίνι)이다. 그리고 "구원을 얻게 될 것입니다" 다음에 종지점을 찍고 직접 의문문으로 계속할 수 있다 : 어떤 말들로(혹은 무슨 이유로—λόγῳ) 내가 여러분에게 전했읍니까…? (ㄴ) 동사("깨우치려고 합니다")를 1절에 연결시키고, 대명사가 그것에 선행하는 관계사절들("내가 여러분에게 전한," "여러분이 이미 받았고," "여러분의 믿음의 터가 되어 있는," 그리고 "그것을 통해 구원을 얻게 될") 과 실제로 구분할 수 없는 간접 의문문을 이끄는 것으로 받아들이는 것이 오히려 바람직하다(Robertson, 738, 954 ; 또한 Kümmel). 사역하려는 목적에서 문장을 시작하려면 동사를 도입하는 것이 편리하다. 나는 여러분이 내가 어떤 말로 복음을 전했는가에 주목하기를 바랍니다. "어떤 말"은 적절한 번역인 것 같은데, 바울로는 그가 개종자들에게 전했던 말 그대로 복음의 내용을 인용하려 하기 때문이다.

이런 복음의 내용, 즉 복음 자체는 익히 아는 것이어야 한다. 그러나 바울로는 이 점을 확신할 수 없으므로 이렇게 덧붙인다…여러분이
* 아무렇게나 믿지 않고(ἐκτὸς εἰ μή; 14장 5절과 동일한 구문이다) 복음의 말씀을 굳게 지킨다면(이 책 383면의 주 1 참조). εἰκῇ(여기서는 "아무렇게나"로 번역)의 정확한 의미가 확실치 않다. 다음과 같은 오리겐의

정의는 옳은 것 같다 : '잠시동안 믿고 시험의 때에 믿음을 저버리고 아무렇게나(εἰκῇ) 믿는 사람들.' 이런 견해에 의하면, '굳게 지키다'(참조. 11,2)와 '아무렇게나 믿다'는 서로 반대의 뜻으로서 동일한 것에 대해서 한번은 긍정적으로 또 한번은 부정적으로 말한 것이다. 이렇게 해서는 안 될 이유가 없고 바울로의 상반되는 문장이 (그가 자신의 복음의 말씀을 고린토교인들이 지켰든 안 지켰든지간에 지적할 수 있었다는 이유에서) 비논리적이라고 불평할 이유도 없다. 그는 단지 복음의 실제적인 내용을 말하기 전에 그가 고린토교인들을 믿을 수 있는지 없는지에 대한 자신의 불신을 언급하려고 할 뿐이다.

〔 3 〕 나는 무엇보다도 먼저(이 문귀는 그리이스어 ἐν πρώτοις의 모호함을 그대로 드러내려고 한 것인데, 이 그리이스어는 시간적으로 앞선 것, 혹은 가장 중요한 것을 지시하는 말일 수 있다. 이런 두 가지 의미는 자연스럽게 잘 부합할 수 있다) 내가 전해받은 것을 여러분에게 전해주었읍니다. 바울로는 전승의 창시자가 아니라 전승을 이어가는 한 전달자이다(Schweizer, 306을 참조하라). 언어에 대해서는 11장 23절과 비교하라. 여기서 바울로는 말씀을 "주로부터" 받았다는 말을 하지 않는데 이러한 생략은 중요한 것 같지 않다. 11장에서 그는 고린토교인들에게 전해준 말씀의 믿을 만한 기원을 강조하려 했다. 그러나 여기서는 가르침의 기원보다는 내용이 오히려 강조되고 있다. 이 귀절에 의거하여 공적으로 복음을 전파하는 사도의 가르침과, 개종자들과 세례문답자들에 대한 그의 사적 가르침을 잘 구분할 수는 없다. 사도의 공적인 선포 내용은 십자가에 달린 그리스도였고(2,2), 다음의 몇몇 귀절에서 알 수 있듯이 그가 전한 것도 바로 이것이었다. 다시 말해서 전승과정에 고유한 언어를 사용한 점은 중요하고 또 참된 그리스도교의 교리를 보존하려고 한 바울로의 관심을 보여주는 것이긴 하나 그 점을 지나치게 강조해서는 안 된다. 왜냐하면 바울로는 어디까지나 제정된 진리의 내용을 제자들에게 전해준 그리스도교적 라삐이자 복음의 전파자였기 때문이다. 바울로는 가르친 내용을 설교했고 설교한 그 내용을 가르쳤다.

〔 3 · 4 〕 복음의 내용이 짧은 세 절로 요약된다. 바울로의 가르침은 이런 내용이었다. 그것은 곧 그리스도께서 성서에 기록된 대로 우리 죄를 위하여 죽으셨다는 것과, 무덤에 묻히신 것과, 성서에 기록된 대로 사흘 만에 다시 살아나신 일입니다. 이 세 문장은 "그리고"(καί)라는 말에 의해 단순한 병렬로 연결되어 있다. 이것은 복음서 *

들이 지닌 셈어적 문체를 연상케 하나 쉽사리 셈어법이라고 단정지어서는 안 된다. 짧으면서 서로 종속관계에 있지 않은 독립적 진술들은 선포의 특성을 반영하고 있다.

첫번째 진술은 그리스도의 죽음을 분명히 죄와 관련시키고 있다. 하지만 그 관계가 어떤 것인지에 대해서는 분명하게 지적하지 않는다. "그리스도께서 우리 죄를 위하여(ὑπέρ) 죽으셨다." 그 전치사는 보통 '대신하여'를 의미하긴 하나(따라서 이 전치사는 대개 사람들과 함께 쓰인다. 예. 로마 5,8) 여기서는 이런 의미가 아니라는 것이 분명하다. 실로 그것은 비슷한 진술로 보이는 갈라디아서 1장 4절(비교. 로마 8,3)에서 사용된 전치사("대하여" περί)와 크게 다른 의미가 아니다. 이 두 전치사 모두 '관하여,' '관련하여,' '처리하기 위하여'를 의미한다. 헬레니즘시대에는 이 두 전치사의 구분이 아주 없어지진 않았지만 약화되었다(참조. *M.* i. 105). 여기서 바울로가 쓴 말은 이중의 의미를 암시하는 것일 수 있다. 즉 그리스도는 우리를 대신하여, 우리 죄를 처리하기 위해 죽었다. 어떻게 그리스도의 죽음이 우리 죄를 처리했는가는 여기서 논의할 문제가 아니다. 최초의 선포는 그리스도의 죽음이 우리 죄를 사해준 것이었음을 확증하는 데 만족했던 것 같다. 다른 곳에서 바울로는 그의 신학적 정열을 다해 이런 확증을 설명한다. 그러나 여기서 그가 이렇게 하지 않는 것은 한편으로 주된 의도가 단지 설교의 내용과 말을 지적하는 데 있을 뿐이기에 그랬고 다른 한편으로 그의 주의를 끈 것은 그리스도의 죽음이 아니라 부활이었기 때문이다.

그러나 "성서에 기록된 대로"라는 말에 대해 몇 가지 신학적 주석을 할 수 있다. 그리스도의 죽음은 기록된 말씀의 성취에서 일어난 것이다. 이것은 그리스도의 죽음이 우연히 일어난 것이 아니라 하느님에 의해 계획되고 결정된 것임을 의미하며 또한 그것이 하느님의 영원한 목적의 완성의 일부를 이룬 것, 즉 현세대와 오는 세대 —하느님의 목적이 완성되는— 의 경계에 놓인 종말론적인 사건들 중의 하나였음을 의미한다. 더 나아가서 "성서에 기록된 대로" 일어난 죽음은 구약성서의 범주들 —가령 희생제사, 처벌과 속죄, 남은 자, 하느님의 백성이 다가오는 좋은 시대로 나아갈 때 겪게 되는 고난의 범주 등— 에 의한 해석을 끌어들인다는 점도 덧붙여 말하는 것이 타당하다. 이런 해석들은 모두 일반적인 말로 논할 수 있다. 그러나 바울로가 (또는 그의 동료 사도들이) 그리스도의 죽음에서 성취되었다고 믿었던 성서의 말씀들이 무엇이었는가 라고 물어야 할 것이다. 그가 주로 염두에 둔 인용구는 이사야 52장 13절—53장 12절에 나오는 주의 고난받는 종에 대한 예언이라고 흔히 대답하였다. 그러나 너무 쉽게 이렇다고 가정해서는 안 된다. 이러한 동일시를 지지하는 견해에 대해서는 O. Cullmann, *Christologie des Neuen Testaments* (1957), 75—76, 79 (E.T. 76, 79)와 이와 비교하여 M.D. Hooker, *Jesus and the Servant* (1959), 117—20 ; F. Hahn, *Christologische Hoheitstitel* (1964), 56—57, 197—213을 참조하라. "우리 죄"와의 연관성이 명확하지 않은데 이 말은 초기의 정식에 대한 바울로의 첨가구일 수 있기 때문이다(Hooker, 앞의 책, 119). 여하튼 바울로는 그리스도의 죽음과 죄와의 관계를 이사야 53장에 대한 언급 없이도 논의할 수 있으며 실제로 그는 이 인용구에 대해 거의 언급하지 않는다. 성서의 기록에 대한 일반적인 언급을 하고 나서 그것을 뒷받침하려고 특정 귀절들을 인용할 만도 하다. 그리스도교적 확신에 따르면, 그리스도의 죽음은 틀림없이 예언되었던 신적 행동이라는 것이다. 왜냐하면 그리스도의 죽음은 하느님의 영원한 뜻의 현시였기 때문이다. 이러한 확신에서 구약성서에 대한 탐구가 이루어졌고 탐구하는 동안 증거가 될 만한 문장을 구약성서에서 찾게 되었다. 바울로의 말들이 시편 118편 22절과 신명기 21장 22절에 대한 인용일 것 같지는 않다고 지적한 헤링의 견해와 비교하라. 쉴라터는 가능한 인용귀들로(그러나 개연성은 없다) 시편 143편 2절(로마 3, 20 ; 갈라 2, 16), 시편 69편 10절(로마 15, 3), 그리고 고린토전서 5장 7절에 나오는 과월절에 대한 언급과 로마서 3장 25절에 나오는 속죄의 수단에 대한 언급 등을 첨가한다.

"그가 무덤에 묻히셨다"는 사실에 대한 특별한 언급이 나온 것은 놀랄 일이다. 아마 무덤에 묻히심이 '케리그마'에 포함된 것은, 묻히신 것 자체가 특별히 중요하다거나 그것이 기록된 말씀을 성취한 것이었기 때문이 아니다. 그것이 죽음과 부활 사이에 필요한 단계였고 더우기 양자의 현실성을 확증해주기 때문일 것이다"(Hooker, 앞의 책, 120). 만일 그가 무덤에 묻혔다면 그는 실제로 죽었음에 틀림없다. 더 나아가 그가 묻혔다면 부활은 시신의 부활이었음에 틀림없다. 바울로는 복음서들에 기록된 빈무덤의 발견에 대해서 이야기하려고 하지 않는다. 이것은 빈무덤에 관한 이야기가 현시들에 근거한, 예수가 살아있다는 확신에 따라 작성된 후대의 구문임을 뜻하는 것일 수 있다(왜냐하면 고린토전서 15장은 어느 복음서보다 초기의 전승을 반영하기 *

때문이다). 반면에 다음과 같이 추론했다면 그것은 타당하다고 할 수 있다. 즉 만일 그가 무덤에 묻혔다가 그 후에 다시 살아나서 무덤 밖에서 모습을 나타내 보였다면 무덤은 비어 있었음에 틀림없고 당연히 빈 무덤의 상태로 보이게 되었을 것이라는 것이다.

세째 귀절은 동사가 다른 시제로 되어 있다: "그리고…다시 살아나신(ἐγήγερται: 완료시제) 일입니다. 둘 다 단순과거 시제인 "죽으셨다"(ἀπέθανεν)와 "무덤에 묻히셨다"(ἐτάφη)와 대조해 볼 때 새로운 절은 부활이 일어났다는 것과, 현재도 영향력을 미치고 있다는 것을 시사한다. 그리스도는 죽었으나 지금은 살아 있다. 즉 그는 무덤에 묻혔으나 지금은 무덤에 있지 않다. 다시 말해 그는 부활했고 지금은 살아 있다(참조. *M.* ii. 137, 141 ; *B.D.* §342 ; Robertson, 896). 그리이스어 본문의 어순은 "성서에 기록된 대로"가 "사흘만에"로 바로 연결되는 것으로 되어 있는 듯한데 꼭 그래야 하는 것은 아니다. 그러나 그 귀절을 "그가 다시 살아나셨다"와 연결지울 수도 있으며(B.M. Metzger, *J.T.S.* 〔신판〕 viii. 118—23은 마상 7,16·17과 비교하여 이렇게 주장한다) 본 사역에서는 이 둘이 모두 가능하다. "사흘만"에 대한 구약성서의 기록을 제시하기란 쉽지 않다. 호세아 6장 2절은 별로 신빙성이 없다. 또한 요나서 2장 1·2절이 마태오복음 12장 40절에 인용되어 있긴 하나 그밖의 신약성서 기자는 요나와 고대에 대한 그 비슷한 관심을 보이지 않는다. 열왕기하 20장 5절과 레위기 23장 11절도 별 도움이 되지 않는다(B. Lindars, *New Testament Apologetic* 〔1961〕, 60). 예수의 부활에 대한 이야기는 구약성서에서 정확한 병행귀나 분명한 예고를 볼 수 없다. 그러나 초기 그리스도교 기자들은 관련된 몇몇 귀절들(예. 시편 16,10 ; 이사 54,7)을 발견하였다. 이런 점으로 미루어 보아 부활경험과 신앙이 먼저 이루어졌고 그 다음에 부활이 예언된 것임에 틀림없다는 확신이 생겼고 그리고 나서 기록되었다고 가정하는 것이 가장 좋을 것이다.

바울로가 분명히 규범적이고 핵심적인 것으로 간주한 그리스도교적 설교의 개요는 예수 생애의 마지막에 대한 (그의 선교활동 과정에 대해서가 아니라) 사실적인 진술들, 즉 그가 죽으셨고 무덤에 묻히셨고 다시 살아나셨다는 진술들로 이루어진다. 이런 역사적 진술들은 (심지어 세번째 진술도 역사적 진술로 이해할 수 있다. 이하를 참조하라) 두 가지로 해석된다. 즉 첫째, 이 전체 과정은 이미 성서에서 밝혀진 하느님의 영원하신 목적의 일부가 성취된 것이고 둘째, 예수의 죽음은 인간이 거기서부터 구원받아야 할 곤경인(이점이 분명히 함축되어 있다) 죄를 사하기 위한 것이었다.

부활은 역사적 사건으로 이야기되어 왔다. 이것은 제한된 정도에서 * 만이 사실이다. 바울로는 부활을 수동태로 —"그가 일으킴을 받았다"— 진술하고 있으며 이 수동태에는 하느님이 그를 죽은 자들로부터 일으켰다(15절 ; 6, 14 ; 바울로의 다른 귀절들)는 능동태가 함축되어 있다. 부활은 이처럼 역사적 증거가 입증할 수 없는 (혹은 그 점에 대해서 부인할 수 없는) 하느님에 대한 확증이다. 그러나 부활은 역사적 수단으로 추정할 수 있는 특정한 시점에서 확증하게 되므로 역사와 무관한 것은 아니다. 또한 그것은 역사적인 용어로 기술할 수 있는 사건들에 근거한 것이다. 이러한 사건들에 대하여 바울로는 간략하게 나열하며 부활한 예수의 현시들에 대한 짧은 이야기에서 여러 증거들을 댄다. 이러한 현시들은 초기 그리스도교의 기원에 있어서 실로 중요하긴 했지만 십자가처형 이후 어떤 사람들이 예수를 다시 보았다고 믿었다는 것 이상을 입증해주지 못한다는 것이 분명하다. 그들이 그리스도교의 부활교리를 입증해 줄 수는 없다. 왜냐하면 이 교리에는 관찰이라든지 입증 같은 것을 할 수 없는 하느님의 행동에 대한 진술이 들어 있기 때문이다. 바울로가 목격자들을 하나의 증거로 삼았다면 그는 순간적으로 자신의 주제와 논점을 놓치게 되었을 것이다 (Bultmann, *Theology*, 290, 300 〔E.T., 295, 305〕). 그러나 실제로 바울로는 그들을 그리스도교의 최초의 증거 가운데 일부로 포함시키며 이러한 증거에 대해 3절b에서 인용하기 시작한다. 왜냐하면 그는 목격자들의 명단을 (자기 자신에게 나타난 부활절 예수의 현시와 관련하여) 열거함으로써 이 단락의 요지 —예수의 부활은 알려진 모든 그리스도교적 가르침의 핵심이었다— 를 역설할 수 있었기 때문이다.

〔 5 〕 현시의 명단은 단순한 병렬식 문체로 나온다. 그는 (고린토교인들이 알고 있었던) 게바에게 나타나 보이시고. 1장 12절과 9장 5절을 참조하라. 복음서들은 예수가 특별히 베드로에게 나타나신 것에 대해 자세히 설명하지는 않지만 어느 정도 언급은 한다. 루가복음 24장 34절, 마르코복음 16장 7절과 비교하라. 이 현시는 (베드로의 자질에 덧붙여서) 사도행전의 처음 몇 장들에 나타난 베드로의 우월성을 말해주는 것일 수 있다. 이것이 아마 마태오복음 16장 18절과 같은 말들을 하게 된 계기가 되었을지도 모른다. 이 현시 후에 그는 열두 제자에게 나타났다. 이곳에서만 바울로는 "열두

제자"에 대해 언급한다. 이런 사실은 여기서 그가 자신의 것이 아닌 정식을 인용하고 있다는 것과, 특수한 열두 제자 집단에 대한 개념은 바울로 이전의 개념이므로 아주 초기의 개념이라는 것을 분명하게 지시한다. 열 두 제자는 예수에 관한 이야기에서 어떤 역할인가를 했었고 나자렛 예수와 부활한 주 사이의 연속성을 입증할 수 있었던 증거자들이었던 것으로 보인다. 그러나 그들은 적어도 초대 교회 이후에는 교회에서 더 이상 중요한 인물들이 아니었던 것 같다. 복음서들은 열 두 제자(혹은 보다 정확하게 말해서 이스카리옷 유다를 원래의 숫자에서 제외하면 열 한 제자—참조. 이 책 383면의 주 2)에게 나타난 현시에 대한 이야기를 담고 있다. 마태오복음 28장 16·17절, 루가복음 24장 33—51절(그러나 여기서는 또 다른 사람들이 열 한 제자와 함께 나온다), 요한복음 20장 19—23절(여기서는 토마가 빠져 있으나 다른 이들은 참석한 것일 수 있다), 26—29절(토마가 포함되었다), 사도행전 1장 3절과 비교하라.

여기까지가 최초의 전승에 속하는 것 같다(J. Jeremias, *The Eucharistic Words of Jesus* 〔1964〕, 101 이하에서 이렇게 주장한다. 그러나 헤링은 최초의 전승은 4절까지라고 한다. 어떤 이들은 그것이 7절까지 계속된다고 한다).

[6] **오백 명이 넘는 형제들에게 동시에 나타나셨는데, 그 중에 더러는 깊이 잠들었으나**(죽음을 잠으로 표현한 데 대해서는 7,39;11,30 ; 15,18·20·51 ; 데전 4,13·14·15 참조. 또한 Barth, *C.D.* Ⅲ. ii. 638—39 참조. 글롬비짜 O. Glombitza는 *Novum Testamentum* ii. 285—86에서 생소하게도, 바울로의 말은 오백 명 중에 일부는 사도로서의 직무를 계속 이행했으나 다른 이들은 포기하였다는 뜻으로 생각한다) **대다수는 지금도**(이십 년 혹은 그 이후까지) **살아 있읍니다.** 이 귀절은 복음서들에 병행귀가 없다. 앞서 언급한 몇몇 귀절(루가 24,33·44)에서는 예수가 나타났을 때 열한 제자와 함께 또 다른 어떤 사람들이 있었다고 되어 있다. 그러나 오백 명이나 되는 많은 사람들이 포함되었다는 암시는 전혀 없다. 이 사건은 사도행전 2장에서 성령이 백 이십 명의 제자들 —이들은 수천 명의 개종자들과 합세하였다(사도 2,41)— 에게 임한 것으로 서술된 사건(참조. 사도 1.15)과 동일시해야 한다는 주장이 있었다. 이러한 주장은 가능하다. 왜냐하면 (바울로와 요한까지를 포함한) 초기전승은 부활한 예수의 현시 이외의 성령의 집단적 수여에 대해 아는 바가 없고 또한 사도행

전 2장은 원래 부활현시였던 것을 루가가 다시 고쳐쓴 것일 수 있기 때문이다. 이런 견해가 가능하긴 하나 뚜렷한 증거가 없으므로 바울로의 이러한 진술과 복음서의 부활현시 설화들이 정연한 연대기적 순서로 일치할 수 없다고 생각하는 것이 좋겠다. 꼭 양자가 일치해야 한다고 기대할 필요도 없다. 오백 명 전부가 사도가 되었는가 라는 물음은 정확하게 대답하기 힘든 또 다른 문제이다(참조. 9, 1). 사도직에 대한 사도행전 저자의 편협한 견해보다 바울로의 폭넓은 견해를 받아들인다면 적어도 그들 중 일부는 사도가 되었을 것이다. 실제로 사도 *
행전의 저자가 오순절 이야기를 부활현시에서 발전시켰다고 한다면 그는 성령에 대한 관심뿐만 아니라 상당한 제한들 내에서 사도들의 자격을 유지하려는 바람에 영향을 받았을 것이다(참조. 사도 1, 21·22).

[7] (아마도 주의 형제인) 야고보에게 나타나신 것에 대한 언급은 정경에 속한 복음서들에는 나오지 않는다. 그러나 히브리서를 참조하라(M.R. James, *Apocryphal New Testament* 〔1924〕, 3·4에서 21편 ; Jerome, *de Viris Illustribus* 2). 바울로가 야고보를 사도로 생각했는지가 분명하지 않다. 갈라디아서 1장 19절을 참조하라. 그들을 언급한 것이 다음 귀절에서 바울로의 자신에 대한 겸손한 언급을 강조하는 효과를 내긴 하지만 모든 사도들이 누구를 말하는지가 분명하지 않다. 그리이스어 본문의 어순(*τοῖς ἀποστόλοις πᾶσιν*)은 명사에 강조점이 있다(*B.D.* §275 ; *M.* iii. 200). 그러나 이것은 결과적으로 야고보를 사도들의 숫자에서 제외시키는 것일 수 있다. 하지만 이런 결론은 확실하지 않다. 일부 학자들(예를 들어 홀의 견해를 따르는 하임)은 모든 사도들이란 말이 열 두 제자와 야고보를 가리킨다고 생각한다. 그러나 그럴 것 같지는 않다. 바울로는 최초의 명단에 첨가하고 있는 것이므로 그가 단순히 앞의 열 두 제자에 대한 언급을 반복하는 것 같지는 않다. 또한 이렇게 추론한다면 '열 두 제자와 야고보'를 말하는 것 같지도 않다. 여기서 그는 "사도들"이란 말을 선교자들의 집단 —그 규모에 있어서 제한이 없는 것은 아니지만 열 둘보다는 규모가 크고 아마 6절에서 언급된 오백 명보다는 제한된 집단— 과 관련하여 관례적인 의미로(참조. 12, 28과 그 주석) 사용하고 있다고 가정하는 것은 일리가 있다.

"모든 사도들"이란 분명히 '나를 제외한 모두'를 의미한다. 바울로는 자신의 사도직에 대해 논란이 있었음을 알고는 있었지만 의심하지 않았다. 이러한 논란은 무엇보다도 교리상의 차이에서 일어났겠지만 바울로의 적대자들은 그가 박해자였을 당시 이미 형성된 사도들의 집단이 있었다는 것을 지적함으로써 자기네들의 입장을 주장했을 것이다. 예수의 올리우심으로 말미암아 처음 일련의 현시들이 끝나버렸는지 또한 어떻게 바울로는 예수가 승천한 이후에 예수를 볼 수 있었는가를 묻는 것은 무의미하다. 이것이 사도행전에선 문제가 되겠지만, 사도행전 1장 9절 이하에 서술된 바와 같은 올리우심에 대해서 전혀 몰랐던 바울로에게는 문제가 되지 않는다.

[8] 부활한 그리스도의 마지막 목격자는 바울로 자신이었다. 맨 나중에가 '가장 하찮은'이란 의미로 이해될 수 있었던 것은 사실이며 이러한 의미는 9절과 일치한다. 그러나 (7절의) "그 다음에…그 후에… (8절의) 그리고"에 구두점이 찍힌 명단 끝에서 이 말이 지닐 수 있는 다른 가능한 의미를 찾아야 한다. 이 점을 감안한다면, 연대의 전후관계가 다음에 나오는 난해한 말들과 어떤 관련이 있음에 틀림없다(참조. J. Munck, in *New Testament Essays: Studies in Memory of T. W. Manson*〔1959〕, 180—93 ; T. Boman. in *Studia Theologia* xviii. 46—50). **달이 차지 못해서 난 자**(*τῷ ἐκτρώματι*: *τῳ ἐκτρώματι* "일종의 조산아"로 읽어야 한다는 제안은 *τῳ*라는 형태가 신약성서의 다른 곳에도 나온다면 보다 신빙성이 있을 것이다)**와 같은 내게도 나타나셨읍니다.** 바울로의 말은 하나의 과정(조산)이 아니라(영어로는 같은 말로 해도 적당할) 그러한 과정의 결과도 나타낸다는 것이 사실이다. 그러나 이 결과는 과정의 결과이며 이같은 시간적 요소는 그 자체로서 매우 중요하다. 첫째로 이 말은 부적합한 말로 보인다. 그리스도교인이요 사도로서 바울로는 처음 난 자가 아니라 다른 사도들보다 나중에 난 자였다. 예수가 선교활동하는 동안에 줄곧 그를 따라다녔던 다른 사도들과 비교해 볼 때 바울로는 적당한 임신기간을 거치지 않고 태어난 자와 같다고 말할 수 있었다. 사도들 중에 마지막 사도로 때가 차기도 전에 태어났다고 해도 어쨌든 그가 사도라는 것은 분명하다. 그러나 이 말은 이런 목적에서 택하기에는 어색한 말임은 분명한 것 같은데 바울로가 이 말을 적대자들의 말에서 취했을 것같기도 하다. 그 말은 완전한 형체를 갖추지 못한, 미발육의, 몰골만이 있는, 아마도 생명력이 없는 태아의 특징들을 암시한다. 이 말은 심지어 그리스도교인이요 사도로서의 바울로의 결점들뿐만 아니라 신체적 특징들과 관련해서 쓰였을 것이다. 고린토후서 10장 10절은 바울로의 적대자들이 그의 외모를 조롱했음을 보여준다. 사도로서 (어쨌

든 그가 사도라면) 바울로는 기형아라고 무시당했을 것이다. 이 서신 9장 1·2절에서 우리는 바울로의 사도적 지위가 문제시되었음을 분명히 볼 수 있다. 고린토후서, 특히 10—13장에서 이 문제가 많이 논의되었다. 이그나티우스는 그의 서신에서 로마서 9장 2절을 언급하면서 이 귀절을 인용하는 것 같은데, 그 말("조산아" ἔκτρωμα)에 대한 분명한 의미를 제시하지는 않는다.

[9] 그리스도의 현시(9,1)와 부름이 바울로를 사도로 만들었고 그는 이런 확신을 결코 버리지 않았다. 하지만 그는 자신의 과거에 대한 사실을 숨기려고 하지 않았다. **나는 사도들 중에 가장 작은 사도이며**(참조. 에페 3,8 ; 또한 디전 1,15), **사실 나는** *
사도라고 불릴 만한 자격도 없읍니다(여기서는 not worthy로 사역했으나 보다 완전한 문장이 되려면 who am not worthy라고 해야 한다. 그러나 현대영어에 있어서 이것은 딱딱해 보인다). **그것은 내가 하느님의 교회를 박해했기 때문입니다.** 여기서 말하는 자격이란 바울로의 비판자들의 관점에서가 아니라 그리스도 자신의 관점에서 본 자격이다. 그들에 대해서면 바울로는 그가 위대하다는 사도들에 비해 전혀 뒤지지 않는다고 주장하려 할 것이다(고후 11,5 ; 12,11). 그러나 여기서 문제되는 것은 그리스도의 판단이고, 바울로를 사도로 만든 것은 그의 창조적 사랑 —은혜(10절)— 이다. 박해자로서의 바울로의 활동에 대해서는 사도행전 8장 1·3절, 9장 1·2절, 22장 4·5절, 26장 9절 이하, 갈라디아서 1장 13절을 참조하고 "하느님의 교회"에 대해서는 1장 2절, 12장 28절을 참조하라. 하느님의 교회가 예루살렘 교회를 뜻했을 것 같지는 않다. 따라서 "교회"는 그리스도교인들의 전 공동체라는 의미로 쓰였을 것이다.

[10] 박해자로서 바울로의 경력은 모든 그리스도교인들에게 진실이 무엇인가 하는 것, 보다 자세히 말하자면 하느님의 선하심에 대한 그의 의존성을 보다 분명하게 밝혀준다. **하느님의 은혜로 지금의 내가 —즉 그리스도교인이요 사도가— 되었읍니다.** 요한복음 15장 16절과 비교하라. 모든 그리스도교인은 은혜 아래 산다(로마 6,14). 더우기 (바울로는 이 말을 한 가지 이상의 의미로 사용하나 모든 의미는 서로 관련되어 있다) 그들은 모두 은사가 특정한 봉사를 하도록 자격을 부여하는 방식으로 은혜를 받는다(로마 12,6). 고린토전서에서 이미 바울로는 사도로서의 그의 직무를 위해 그에게 부여된 은혜에 대해 언급하였다(3,10). 두번째 서신에서(6,1) 그

는 그의 독자들에게 하느님의 은혜를 헛되이 받지 말라고 부탁한다. 바울로 자신은 그렇게 하지 않았다. 내게 베푸신 하느님의 은혜는 헛되지 않았읍니다. 아마 실제로 이러 했을 것이다. 2절과 비교하라—고린토 교인들은 "아무런 목적없이" 믿었을 것이다.

하느님의 은혜로 바울로가 참으로 그리스도교인이요 사도가 되었다는 사실은 그의 사도로서의 활동에서 입증되었다. 나는 어느 사도들—다른 모든 사도들— 보다 더 많이 수고했읍니다. 바울로는 고린토후서 11장 23—27절에서 보다 상세하게 말한다. 이 귀절들은 그의 더 큰 수고와 고통을 강조하고 있지만 여기서 그는 오히려 자신의 더 큰 업적에 대해서 생각하고 있다. 아마 바울로의 동료 사도들은 다른 이들이 세운 교회에서 일하는 것으로 만족했겠지만 그는 항상 새로운 일을 착수하고 복음을 듣지 못한 사람들에게 전하는 일을 목적으로 삼았다(로마 15,20 ; 고후 10,12—16)는 사실과 관련하여, 바울로는 자
* 신의 더 큰 업적애 대해서 생각하려 했던 것 같다. 그러나 이것은 그가 자랑할 것이 못 된다. 이런 활동은 그가 한 것이 아니라 하느님이 한 것이다. 이것은 내가 한 것이 아니라 나와 함께 하신 하느님의 은혜로 한 것입니다.. 이책 384면의 주 3을 참조하라. 바울로의 말은, 그가 이렇게 쓰지 않았다고 해도, "나와 함께" 했던 "하느님의 은혜"를 뜻한다. 이것이 동사 "수고하였다"의 주어이다(이렇게 이해해야 한다).

【 II 】 바울로는 세부적인 사실을 말하다 보니 그리스도의 부활이 모든 그리스도교적 가르침에 있어서 불가분리의 요소라는 그의 주제에서 벗어났다. 여기서 다시 그는 이 주제로 돌아와서 즉시 이 단락을 끝맺는다. 그래서 나나 그들이나(아마 부활현시의 명단에서 언급된 다른 사도들, 또는 그들이 원했던 원치 않았던 간에 어떤 의미에서 바울로의 경쟁자들이 되었던 사람들) 다같이 이렇게 전파하고 여러분도 이렇게 믿은 것입니다. 우리는 모두 그리스도가 죽었고, 무덤에 묻혔고, 부활했다고 선포한다. 이런 증언이 없이는 그리스도교란 존재하지 않는다. 바울로는 여러분이 그 사실을 전해 받았다고 덧붙여 말한다. 만일 여러분이 그리스도교인이라면 예수 그리스도가 죽은 자들로부터 다시 살아났다는 믿음을 지녀야 합니다. 이제 여러분은 이런 신앙고백의 결론들을 이끌어낼 준비가 되어 있어야 합니다.

31. 복음의 의미들 　　15장 12—22절

12 그리스도에 관한 이러한 선포가, 그가 다시 살아나셨음을 전파하는데,
어찌하여 여러분 중에서 어떤 사람은 죽은 자의 부활이 없다고 말합니까?
13 만일 죽은 자의 부활이 없다면 그리스도께서 다시 살아나시지 못했을 것
입니다. 14 그리고 그리스도께서 다시 살아나지 못했다면 우리의 선포도 헛
되고 여러분의 믿음도 헛될 것입니다. 15 더우기 —만일 그들의 말대로 죽
은 자가 다시 살아나는 일이 없다면 하느님께서도 그리스도를 다시 살리시
지 않았을 것입니다— 그런데 우리는 하느님께서 그리스도를 다시 살리셨다
고 증거했으니 우리는 하느님을 거슬려 거짓 증거를 한 것입니까? 16 만일
죽은 자들이 다시 살아나는 일이 없다면 그리스도께서도 다시 살아나시지
못했을 것입니다. 17 만일 그리스도께서 다시 살아나지 않았다면 여러분의
믿음은 헛된 것이 되고 여러분은 아직도 죄 가운데 있는 것입니다. 18 그러
므로 그리스도 안에서 죽은 사람들도 멸망했을 것입니다. 19 만일 그리스도
안에서 우리가 기대해온 것이 이 생에만 있다면 —오직 이것뿐이라면— 우리
는 모든 사람 가운데서 가장 불쌍한 인간들일 것입니다. 20 그러나 실은 그
리스도께서 죽은 자들 가운데서 다시 살아나셔서 잠든 자들의 첫 열매가 되
셨읍니다. 21 죽음이 한 사람을 통해서 들어왔으니 죽은 자의 부활도 한 사
람을 통해서 들어오는 것입니다. 22 아담 안에서 모든 사람이 죽은 것과 같 *
이 그리스도 안에서 모든 사람이 살게 될 것입니다.

여기서 바울로가 자신의 주장의 토대로 삼으려 했던 주제가 분명히 제시된다. 그리스도교적 설교는 본질적으로 그리스도교인들의 불멸성이나 부활에 대한 진술을 담고 있지 않다. 이런 점에서 그리스도교적 설교는 청중들에게 주로 불멸성에 대해 말하였던 당대의 '복음들'과는 다르다. 그리스도교적 복음에는 그리스도교인들의 불멸성이나 부활이 함축되어 있다. 그러나 이런 함축된 의미는 설교가 예수의 죽음과 부활에 근거해 있기 때문에 확실하다. 이런 사실에서 바울로는 출발한다.

[12] 그리스도에 관한 이러한 (공통적인) 선포(바울로와 다른 모든 설교자들도 했던 선포)가 그가 다시 살아나셨음(여기서와 다음 귀절들에서 15장 4절의 완료시제가 반복되는데, 번역상 그 시제를 밝힐 필요는 없다. 왜냐하면 여기서 바울로의 생각은

하느님께서 예수를 살리셨던 유일회적인 행동이라는 중요한 사실에 쏠려 있기 때문이다)을 전파하는데, 어찌하여 여러분 중에서 어떤 사람은 죽은 자의 부활이 없다고 말합니까? 16·29·32절과 비교하라. 본장을 얼핏 읽으면 바울로의 반대자들은 사후의 생명이 어떤 것이든간에 모두 부인하였던 물질주의자들이었다는 인상을 받게 된다. 그러나 이렇게 단순하지는 않았던 것 같다. 도대체 이런 부류의 회의주의자들이("여러분 가운데") 그리스도교인이 될 수 있었겠는가? 슈바이처(*Mysticism*, 93)에 의하면, 바울로의 반대자들은 "내림" 때까지 생존한 사람들만이 하느님의 나라에 들어가리라고 생각하였다. 그 전에 죽은 자들은 들어가지 못할 것이다. 달리 말해서 부인된 것은 부활사상이었고, 어떤 형태의 영생이나 생존은 오히려 확언되었다고 할 수 있다. 이것이 리츠만이 제안한 바인데, 그는 Justin, *Dialogue with Trypho* 80을 인용한다 : '그리스도교인들로 인정할 수 없는 거짓 그리스도교인들이 있다.' 그들은 말하길 죽은 자의 부활이 없고 그들의 영혼은 죽는 순간 하늘로 들리워졌다고 한다. 이 귀절의 상황이 바로 이러했고, 바울로는 부활을 부인하는 것이 곧 모든 형태의 미래의 삶을 부인하는 것이라고 잘못 생각하여 상황을 오해하였다. 그러나 다시 말하지만 이렇게 단순한 문제는 아니었다(리츠만에 대한 비판에 있어서 컴멜의 견해를 참조하라). 바울로를 포함한 유다인들의 전승에는 부활은 물론이고 영혼 불멸 사상이 있었다. 4장 8절을 회상하는 것이 좋을 것이다. 고린토교인들이 범한 잘못의 한 측면은 종말론적 조건들이 이미 성취되었다는 믿음에 있었던 것 같다. 디모테오후서 2장 18절 —히메네오와 필레도는 부활이 이미 일어났다고 하였다— 과 비교하라. 어떤 의미에서 바울로 자신도 이렇게 믿었다. 왜냐하면 그의 견해에 의하면 그리스도교인들이 이미 그리스도와 함께 부활하였기 때문이다(로마 6, 5—8 ; 고후 5, 15 ; 갈라 2, 19·20 ; 골로 3, 1—4). 그러나 그리스도의 부활은 단순히 부활의 가능성을 입증하는 시금석이 아니라 초자연적인 삶의 실제적 원천이었다. 그러나 바울로의 견해에 의하면, 미래에는 부활이 일어날 여지가 없는 그러한 방식으로 현재 부활이 일어나지는 않았다는 것이다. 사실 본장 전체를 통해서 우리는 다음의 사실 즉 바울로가 그의 적대자들과는 반대로 (현재 일어났다는) 부활의 개념을 주장할 뿐만 아니라 부활은 미래에 일어나는 것으로 기대해야 하리라고 주장하고 있다는 것을 알게 될 것이다. 부활이 이미 일어났다는 개념은 순전히 그리스도교적 개념이긴 하나 영지주의 부류에 속한 그리스도교인들이 채택하고 일방적으로 강조할 수 있었던 개념이다. 바울로는 부활과 그 미래성을 긍정한다.

〔13 · 14〕 논증은 다음 단계에로 쉽게 나아간다. 만일 죽은 자의 부활이 없다면(οὐδέ, "…도 아니다"의 의미를 밝힌 말이다) 그리스도께서 다시 살아나시지 못했을 것입니다. 그리고 그리스도께서 다시 살아나지 못했다면 우리의 선포도 헛되고(왜냐하면 그리스도의 부활이 선포의 핵심이기 때문이다) 여러분의 믿음도 헛될 것입니다(왜냐하면 여러분은 선포의 내용을 인정한다고 고백했기 때문입니다). 보다 문자적으로 말하면, 선포나 믿음은 둘 다 "헛된 것"(κενόν, κενή)으로 선포된다. 부활을 제거하면 아무것도 남지 않는다. '아무도 죽은 자를 위해 자기 자신을 내어줄 수는 없다. 죽은 자에게서 어떤 것도 기대하거나 받을 수 없다'(쉴라터). 또한 17절을 참조하라.

〔 15 〕 더우기 —만일 그들의 말대로(ἄρα "저주"의 고전적인 용법이다; *B.D.* § 454) 죽은 자가 다시 살아나는 일이 없다면 하느님께서도 그리스도를 다시 살리시지 않았을 것입니다— 그런데 우리는 하느님께서 그리스도를 다시 살리셨다고 증거했으니 우리는 하느님을 거슬려 거짓 증거를 한 것입니까? 부활이 없다면 그리스도교적 선포는 거짓말이므로 그것은 하느님에 대한 진술에 있어서 가장 큰 해를 입히는 것이 될 것이다. 다음 귀절은 거의 불필요하다. 그러나 바울로는 적대자들에게 자신의 논리를 계속 피력하고자 한다.

〔 16 〕 만일 죽은 자들이 다시 살아나는 일이 없다면(οὐδέ, 한번 더 나온 것이다) 그리스도께서도 다시 살아나시지 못했을 것입니다.

〔 17 〕 바울로의 다음 단계의 진술은 단순한 역사적 진술 이상을 가리킨다. 이점에서 고지식한 역사가는 잘못을 범할 수 있다. 만일 그리스도께서 다시 살아나지 않았다면 여러분의 믿음은 헛된 것(14절의 말이 아니라 ματαία —용서나 미래의 삶을 보장할 수 없다는 뜻의— 이다)이 되고 여러분은 아직도 죄 가운데 있는 것입니다. *

〔 18 〕 그러므로(ἄρα καί) 그리스도 안에서 죽은 사람들도 멸망했을 것입니다. 달리 말해서 그리스도교는 완전히 없어졌을 것이다. 곧 여러분은 당연히 아무것도 믿지 못하게 될 것이다. 따라서 인의는 믿음으로 말미암는 것이므로 여러분은 여전히 죄와의 관계에서 하느님과 관련되어 있다는 것이다. 이것은 단지 여러분이

아직도 죄를 짓는다는 것이 아니라 여러분이 짓는 죄가 여러분에 대한 하느님의 심판을 결정짓는다는 것이다. 바울로는 본장의 뒷 부분(15·56)에서 죽음의 찌르는 가시가 죄라고 주장한다. 여기서 그가 지적한 점은, 죽은 그리스도에 대한 헛된 믿음 때문에 여러분은 계속 죄를 지을 것이므로 죽음이 승리를 거두게 된다는 것이다(참조. 로마 6,23 ; 또한 4,25 ; 5,10 ; 6,10·11). 실로 리츠만이 지적하듯이 "그리스도 안에서 죽은 사람들"이란 이미 불가능한 표현이다. 만일 그리스도가 죽은 자들 가운데서 다시 살아나지 않았다면 그리스도 안에 있는 사람은 아무도 없기 때문이다. 그리스도 안에 있다는 것이 실제로 가능한 일이라면 그 안에서 죽은 자들(참조. 15,6)도 결국 그와 같이 죽지 않을 것이다. 언뜻 보기에 바울로는 그리스도교 신앙이 부활의 사실에 대한 역사적 고찰에 전적으로 달려 있다고 보는 것 같다. 사실 그리스도교 신앙이 이런 정도로 역사적 방법에 의존해 있지는 않다. 왜냐하면 그리스도의 부활 자체가, 살펴본 바대로, 오직 믿음에 이르게 하는 사건이기 때문이다. 이렇게 말하면 순환적인 논증 —믿음은 믿음에 근거해 있고 그것 자체를 정당화한다는 주장— 을 다루기 시작할 우려가 있다. 바울로가 알고 있는 대로의 믿음은 이런 논증보다 공격받기가 더 쉬울 것이다. 예수의 시신의 발견으로 믿음은 깨어질 것이지만 그렇다고 해서 단지 빈무덤의 발견이 믿음을 일으킬 수는 없다.

〔 19 〕 다음 문장은 번역하기도 어렵고 해석하기도 어렵다. **만일 그리스도 안에서 우리가 기대해온 것이 이 생에만 있다면 —오직 이것뿐이라면— 우리는 모든 사람 가운데서 가장 불쌍한 인간들일 것입니다.** (ㄱ) "우리가 기대해 왔다"라는 귀절은 일반적인 그리이스어에서는 완료시제(ἠλπίκαμεν)로 표현되지 않고 분사와 be동사의 일부가 결합된 형태(ἠλπικότες ἐσμέν)로 표현된다. 소위 이같은 분석적인 시제들이 그리이스어에서 일반적이긴 하나 진정한 시제가 확정된 것인지, 동사가 단순히 (주어와 보어를 연결해주는) 계사(Copula)인지, 분사가 실명사를 표현하는지의 여부에 대해서 자주 의심하게 된다. 그러므로 여기서 어떤 이들은 '우리는 기대해온 사람들이다,' '우리는 희망하는 사람들이다'라고 번역할 것이다. (ㄴ) 조건절의 끝에 "오직"(μόνον)이란 말을 넣으면 이 말이 문장의 어느 요소에 적용되어야 하
* 는지가 분명하지 않다. '오직 이 생에서'인가(Moule, 170. 그러나 주저하면서 이렇게 주장한다 : 참조. 바룩 2서 21,13 : 모든 사람에게 속

하는 것이 이 생에만 있다면 이처럼 가혹한 일이 어디 있겠는가?), 아니면 '우리가 오직 기대해왔다'인가(*M.* iii. 228)? 나는 그 말이 전체절에 해당되도록 사역하였다(바호만과 해리스가 이렇게 한다). 그 말을 문미에 두면 이러한 전체절을 수식한다고 보는 것이 정당한 것 같다. 이렇게 하면 (ㄱ)에서 제기된 문제는 덜 긴급한 문제가 된다. 만일 그리스도교인들의 삶이 이 세상에서만 그리스도 안에서 바라는 것이라면 실로 이 생은 헛된 것에 지나지 않고, 그리스도교인들은 현재 영원한 삶을 누리는 일과 그들이 기대하는 미래를 둘 다 잃게 될 것이다. 그러나 바울로가 말하는 바는 이것 이상이다. 단순히 그들이 불쌍한 인간들이라는 말이 아니라 그들은 모든 사람들 가운데서 가장 불쌍한 인간들이라는 말이다. 이것은 수사학적 과장일 수 있다. 이러한 과장을 통해서, 순간적으로 자신들의 차원을 죽어야 할 운명의 동료 인간들과 죄인들의 차원에로 낮추게 된 사람들의 비참한 상태를 생생하게 묘사하려 했을 것이다. 이같은 수사학이 비바울로적이라거나 무의미한 것이라고 말할 수는 없을 것이다. 오히려 바울로는 자기가 말하고자하는 바를 정확하게 말하고 있다고 할 수 있다. 만일 그리스도께서 다시 살아나지 않았다면 그리스도교인들은 예수의 생명이 그들 안에 나타나리라는 전망 없이 그들의 몸에 예수의 죽으심을 짊어지고 다닐 것이다(고후 4, 10). 그들은 단순히 상상의 소산을 추구하려는 것이 아니라 죽음을 받아들이려는 것이다. 이런 경우라면, 바울로가 나중에 말하듯이(15, 32), 먹고 마시고 이 생을 맘껏 즐기는 것이(7, 31) 도리어 좋을 것이다.

[20] 상술한 바는 그리스도가 없는 삶이 어떠하리라는 것을 독자에게 상기시킨다는 점에서만 중요한 그러나 비현실적인 사변이다. 바울로와 고린토 독자들은 진실은 다르다는 것을 알고 있다. 그러나 실은(바울로의 어법에서 또 다른 중요한 말은 "그러나" νυνὶ δέ이다. 참조. 로마 3, 21) 그리스도께서 죽은 자들 가운데서 다시 살아나셨서. 모든 그리스도교 설교가들이 이렇게 주장한다. 이러한 주장이 배제된 그리스도교 신앙이란 없다. 더우기 그리스도는 단독적으로 부활한 것이 아니라 잠든(즉 죽은: 참조. 18절) 자들의 첫 열매가 되셨다. "열매"에 대해서는 로마서 8장 23절과 11장 16절과 비교하라. 이 말은 고린토전서 16장 15절에서 다른 의미로 쓰였다. 그 주석을 참조하라. 그런 의미에 대해서는 골로사이서 1장 18절(그리스도는 처음 ἀρχή이고, 반면에 "첫 열매들"은 ἀπαρχή이다. 또한 그리스

도는 죽은 자들 가운데서 제일 먼저 살아나신 분이다)과 로마서 8장 29절 등과 비교하라. 로마서의 여러 귀절들에서 분명히 시사하듯이 바울로는 (구약성서에 의거하여) 이 말이 궁극적으로 모두 봉헌함을 예시하고 서약하는 수확물의 맏물을 뜻하는 것으로 이해한다. 그리스
* 도가 죽은 자들 가운데서 다시 살아났기 때문에 나머지 인류(혹은 적어도 그리스도 안에 있는 사람들 ; 이하 참조)의 부활도 보장된다. 그 일반적인 의미는 분명하다. 과월절 이후 안식일 다음 날 —즉 (복음서들에 따르면) 예수가 죽은 자들 가운데서 부활한 날— 에 수확한 첫 곡식단(칠십인역, ἀπαρχή)을 바침(레위 23, 10·11)에 대한 특수한 암시가 있는지가 다소 불확실하다. 그러나 이런 견해는 가능하며, 필로에 의하면 이런 경우가 '첫열매들' (ἀπαρχή)로 표현되었다는 사실에서 다소 뒷받침된다. *De Specialibus Legibus* ii, 162—63에서 필로는 이 명칭의 용법에 대한 설명을 계속한다 : '유다민족의 온 인류에 대한 관계는 사제의 그 국가에 대한 관계와 같다.' 바울로는 그 의식과 말에 대한 이러한 해석을 잘 알고 있었을 것이고(그는 필로의 견해를 참조하지 않아도 되었을 것이다) 이 말을 그리스도와 나머지 인류와의 관계 —그가 다음 두 귀절에서 막 언급하려고 하는— 에 보다 쉽게 적용하였을 것이다. 그러나 이런 주장은 옳다고 단언할 수 없으며 바울로는 그가 과월절을 전후해서 (이 서신의 연대에 대해서는 이책 서론 24·25면 참조) 기술하고 있기 때문에 이런 상징(또는 5장 7절의 상징)을 사용했는지도 확실하지 않다.

〔21 · 22〕 다음의 두 귀절은 매우 중요하며 이중 병행을 통해서 그리스도에 대한 바울로의 이해와, 인류와 그리스도와의 전반적인 관계에 대한 이해를 보여준다.

> 죽음이 한 사람을 통해서 들어왔으니
> 죽은 자의 부활도 한 사람을 통해서 들어오는 것입니다.
> 아담 안에서 모든 사람이 죽은 것과 같이
> 그리스도 안에서 모든 사람이 살게 될 것입니다.

이 두 귀절은 하나로 볼 수 있다. 왜냐하면 앞 귀절이 뒷 귀절을 해석하는 것으로서 중요하긴 하지만 뒷 귀절에 의해서 보다 분명해지기 때문이다. "인간인" 아담 안에서 모두가 죽었다. 그러나 "인간인" 그리스도 안에서 모두가 살게 될 것이다. 이 두 인물 안에서(참조. *Adam*) 전 인류의 이야기가 단지 요약되어 있다기보다는 시작되거나 전개되고

있다. 본장의 뒷부분에서 이 주제가 다시 나오고 보다 상세히 언급된다 (45—49절 ; 그 주석들 참조). 죽음이 아담(바울로는 그를 역사적 인물로 다룬다)을 통하여 세상에 들어온 것은 아담이 하느님의 명령을 어김으로써 창세기 2장 17절에서 경고된 죽음을 스스로 초래했기 때문이다. 아담의 역사적인 죄는 하나의 현상인 그 자신의 죽음으로서, 죽음을 역사적으로 끌어들인 표시가 되었다. 이점이 "아담 안에서" 모든 사람이 * 죽어야 할 이유를 설명해주지는 못한다. 로마서 5장 12절은 (달리 이해할 수도 있지만—주석서 참조) 아담이 죄를 지음으로 죽게 된 것과 마찬가지로 다른 사람들도 죄를 지음으로 죽게 되었음을 암시한다. 그러나 로마서 5장의 다른 부분은 바울로가 이런 사실 이상을 염두에 두었음을 보여준다. 첫 선조의 죄로 말미암아 전 인류가 죄인이 될 (로마 5, 19) 정도로 인류의 결속이 이루어졌다. 여기서 전 인류가 죄인이 되었다는 사실은 첫 선조의 죄로 인해 그들이 그들 자신의 의지와는 상관없이 도덕적으로 나쁜 사람이 되었음을 뜻하는 것이 아니라, 그러한 죄로 인해 그들이 전적으로 하느님을 떠난 사회에 속하게 되었음을 뜻하는 것이다. 현재의 단락은 다소 분명하지 않다. 그러나 비슷한 맥락에서 이해할 수 있고, 또 이에 반대하는 증거가 없으므로 이렇게 이해해야 한다. "한 사람을 통해서"와 "아담 안에서"(아담은 "사람"을 의미하는 히브리어이다), 즉 하느님께서 의도하신 그 본래의 소명을 벗어나게 된 인류의 구성원으로서 모든 인간은 죽음을 그들의 운명으로 물려받았다. 이러한 재진술은 아담의 역사성을 전제하는 것은 아니다(비록 바울로가 그런 사실에 관심이 없었을 것이긴 해도 그러하다).

그리스도와 부활에 대한 병행을 이루는 진술은 비슷하긴 하나 중요한 세부사항들에서 다르다. 그 병행형태는 첫째로 아담시대부터 모든 인간이 죽은 것과 마찬가지로 현재 모든 인간이 처한 운명은 부활이라고 바울로가 말하려 했음을 시사한다. 그러나 이것은 현재의 문맥에 부합한다고 말할 수 없다. 일반적인 바울로의 사상과 마찬가지로 현재의 문맥상 부활은 믿음을 통하여 그리스도도 안에 있게 된 사람들의 특권으로 보이기 때문이다. 이 말(부활)이 병행절에서 영향을 받았긴 하지만 바울로의 말뜻은 그리스도 안에 있는 모든 사람이 살게 되리라는 의미인 것 같다. 데살로니카전서 4장 16절과 비교하라 : "그리스도 안에서 죽은 자들이 살아날 것이다." 그렇다고 해서 모든 사람이 궁극적으로 그리스도 안에 있게 되리라는 것을 부인하는 것은 아니다.

실로 이런 뜻이 함축되어 있다. 은혜롭고 의로운 그리스도의 행동은 아담의 범죄와 짝을 이루는 것 이상으로 로마서 5장에 서술되어 있고 이러한 행동이 여기서도 전제된다. 그러한 그리스도의 행동을 통하여 인간으로 하여금 우주를 다스리도록 하신 하느님의 목적이 비록 죽음을 넘어서긴 하나 회복된다. 죽음-부활의 유형은 인간적인 삶의 기본적인 틀이 된다. 아마 타락 이전, 저절로 이루어진 아담의 천진난만함과 지복한 상태 —어거스틴의 말로는 "행복한 결합"(felix culpa)— 보다 더 의미있는 유형일 것이다. 그러나 다른 곳에서뿐만 아니라 이 서신에서도 바울로는 멸망할 사람들에 대해서 말하고 있음을 기억해야 한다 : 1장 18절 ; 3장 17절 ; 5장 13절 ; 6장 9절 이하 ; 9장 27절 ; 비교. 10장 12절 ; 11장 30절. 또한 *Romans*, 225—28 ; *Adam*, 113—19를 참조하라.

* 여기서 두번째 차이가 드러난다. 바울로에 의하면 아담에게 소급되는 죄와 죽음은 경험에 비추어 본 인류에 대한 서술이다. 이렇기 때문에 아담의 역사성은 그리 중요하지 않다. 그렇다고 해서 그리스도의 역사성도 중요하지 않다고 결론지을 수는 없다. 그리스도의 중요성은 죄와 죽음의 역사적인 연속성에 충격을 주는 데 있다. 죄와 죽음은 (비유를 바꾸면) 전투장에 있다. 그것들을 전투장에서 몰아내려면 전투의 규모를 바꿀 새로운 병력의 투입, 즉 새로운 사건이 있어야 한다. 바울로가 알고 있는 바로는 이 사건은 아주 최근에 일어났는데, 역사적 사건으로서의 그 특성에 대해 바울로는 의심하거나 문제삼지 않았다. 이러한 관찰을 통해 복음서의 이야기들을 역사적 기록들로 옹호하려고 한 것은 아니다. 이 이야기들은 전적으로 문제의 여지가 있으며 따라서 그 나름의 근거가 있어야만 한다. '두번째 아담'이나 '천적인 인간' (Heavenly man)에 관한 한, 이런 인물은 신화적인 것이지만(참조. 이 책 425—30면) 그 신화는 바울로에 의해 역사화되었는데, 그것은 바울로가 예수를 역사적인 인물로 알고 있었기 때문이 아니라 그의 신학적 논증에서 역사적 인물이 요청되었기 때문이다.

아담과 그리스도라는 인물에 기초한 주석은 분명히 15장 45—49절에 가서야 다시 나온다(그러나 25·27절과 그 주석을 참조하라). 이제 바울로는 방향을 돌려서 부활의 주제를 묵시문학적 용어로 다시 기술하는데, 앞서 주장했듯이 그가 부활을 미래의 사건으로 설정해야 했다면 이렇게 할 수밖에 없었기 때문이다. 묵시문학적 단락(형식상 주제에서 벗어난 것으로 보일 수 있지만 관련이 없는 것은 아니다)은

23절에서 28절까지이고 50—57절에서 다시 나온다. 바울로는 이미 있던 묵시를 두 부분으로 나누고 그것이 다른 실제적이고 교리적인 주제들과 관련되도록 편집하였을 것이다. 주제의 변화를 쉽게 알아볼 수 있긴 하나 이렇게 결합시킨 것은 만족할 만하다. 21·22절은 한 원리를 진술하고 있다. 23절은 그 원리를 연대기적 순서로 기술하기 시작한다.

32. 그리스도교의 묵시(Ⅰ)　　　　15장 23—28절

23 그러나 각각 순서대로 살게 될 것입니다. 첫 열매는 그리스도요 그 다음은 그리스도께서 재림하실 때에 살게 될 그리스도에게 속한 사람들입니다.
24 그 다음에는 마지막이 올 것인데, 그때에는 그리스도께서 그 나라를 하 *
느님 아버지께 넘겨드릴 것이고 모든 통치자와 권위와 권세를 폐하실 것입
니다. 25 그것은 하느님께서 모든 원수를 그리스도의 발 아래 두실 때까지
그리스도께서 그의 나라를 다스려야 하기 때문입니다. 26 마지막으로 멸망
할 원수는 죽음입니다. 27 기록된 바, 하느님께서 모든 것을 복종시켰다고
했는데 그에게 복종시킨 그 모든 것 가운데에 복종시킨 분, 곧 하느님만은
포함되지 않았다는 것이 분명합니다. 28 그러나 모든 것이 그에게 복종하게
된 때에는 아들 자신까지도 모든 것을 그에게 복종하게 하신 분에게 복종
하게 될 것이고, 따라서 하느님이 만유의 주가 되실 것입니다.

〔 23 〕 이 단락은 앞 단락과 아주 긴밀하게 연결되어 있다. 실은 첫 절에는 동사가 없지만 22절의 동사를 보충해 넣어야 한다. "그리스도 안에서 모두가 살게 될 것입니다." 그러나 각각 **순서대로 살게 될 것입니다**(이 말이 그리이스어 본문에는 없다). 내가 22절과 23절을 분리시킨 것은, 여기서 바울로는 새로운 자료의 내용을 기술하는 것으로 보이기 때문이다. 12—22절에서 바울로는 먼저 일반적이고 논리적인 원리들에 근거해서, 다음으로 아담 그리스도론에 근거해서(이런 표현법은 실제보다도 부활사상을 보다 체계적인 것처럼 보이게 한다) 부활사상에 대해 논의하였다. 부활사상은 그리스도의 부활과, 그리스도와 아담과 인류와의 관계를 부인하지 않는다면 부인될 수 없다. 아담에 근거한 논증은 45절에서 다시 반복되겠지만 먼저 이 묵시문학적 단락(이 단락은 50절에서 다시 시작된다)에 끼어들었다가

다른 논증들에 두 번 이상 포함된다. 이 새 단락은 개별적으로 고려해야 한다.

그리스도교인들에 관한 한 (그리스도에 대해서는 아니지만) 부활은 미래적인 개념이다(참조. 이책 397-98면). "순서"($\tau\acute{\alpha}\gamma\mu\alpha$)라는 말은 고대 그리이스어에서 거의 군사적인 의미로만 사용되었고(아주 그런 것은 아니지만) 사령관의 결정에 따라 배치될 수 있는 일군단을 지시하는 말이다. 후대 그리이스어에서(70인역을 포함하여) 그 말의 용법은 확대되었다. 따라서 일종의 집단, 군대, 또는 민간인에 해당하는 말이거나 장소, 지위, 심지어 법령을 뜻하는 말일 수 있었다(Allo를 참조하고, *I Clement* xxxvii. 3과, xli. 1 —같은 저자가 두 가지 의미를 제시하는— 을 주목하라). * 내가 "순서"란 말을 쓴 것은 그 말이 그리이스어가 시사하는 모호함 같은 것을 드러내며 또한 그 의미가 집단, 나눔, 분리에 비해 분명하지 않기 때문이다. 대체로 그리이스어법에 일치하는 번역에서 공통적으로 느끼게 되는 난점은 '각자 자신의 집단에서'란 말이 다음의 말에서 진술된 것 이상을 함축하는 것으로 보인다는 데 있다. 첫 열매는 그리스도요 그 다음은 그리스도께서 재림하실 때에 살게 될 그리스도에게 속한 사람들입니다. 이 말은 일개인에 대해 말하고 나서 한 집단에 대해 말하는 것 같다. 필요하다면 이 말은 이렇게 보충할 수 있다. 그리스도교인들은 부활이 이미 일어났다고 생각해서는 안된다. 그리스도는 실로 부활하셨고("열매들"에 대해서는 15,20 참조) 그들도 부활할 것이다. 그러나 동시에 일어나지는 않을 것이다. 그 귀절에 대한 주석에서 거부한 24절의 번역을 취할 수 있다면 그 난점은 제거될 것이다. 그럴 경우 각기 다른 때에 부활하게 된 세 집단을 열거해야 한다. 즉 이미 십자가처형 이후 사흘만에 부활하신 한 분 그리스도, 그리스도의 "내림"의 때에 부활하게 될 그리스도교인들, 세째로 마지막 때에 부활하게 될 그리스도교인이 아닌 사람들. 그러나 사실 24절에서 세번째 집단은 볼 수 없다. 이 귀절은 그 집단에 대해서 말하지 않는다. 문제의 해결은 데살로니카전서 4장 15절 이하에 도움을 받은 15장 50—53절에서 찾을 수 있다. 바울로는 "내림" 이전에 죽은 사람들과 내림시에 여전히 살아 있을 사람들을 구분한다. 그가 23—28절에서 이런 구분을 하지 않는다는 것은 사실이지만 동일한 묵시의 뒷 부분에서는 구분하는 것으로 보이고 또한 여기서도 이런 구분을 가정할 수 있다. 적어도 이런 구분을 바울로가 했던 것으로 알고 있다. 이점을 인정한다면 난점은 없어진다. 그리스도는 미래에 이루어질 부활의 예시 및 약속으로서 이미 부활하였다. 생명을 얻게 될 사람들은 그리스도에게 속한 사람들로서 이미 죽은 자들과 분리될 것이고, 가장 단순한 의미에서 "살게 된" 사람들임에 틀림없으며, 그들의 죽을 몸이 반드시 죽지 않을 것을 입을 사람들이다(15, 53 ; 고후 5, 3·4). "그리스도에게 속한 사람들"(참조. 3, 23 ; 갈라 3, 29 ; 5, 24)이란 그리스도교인들을 가리키는 것 같다. 그러나 바울로는 그가 "내림"이 일어날 것으로 생각했던 때 이전에 전 세계를 복음화하리라고 기대하지는 못했을 것이라는 사실에 비추어 볼 때(참조. 이책 432면 이하) 우리는 이들을 '선택받은 사람들'로 이해해야 할 것이다.

[24] 여기서 채택한 견해에 의하면 그리스도교인이 아닌 사람들의 미래의 삶에 대해 아무말도 할 수 없다. 그러나 이러한 침묵에 만족해야 할 것이다. 다른 서신들의 증거는 중요하지 않다. 그러나 이 문제는 다음 절의 해석과 연결되어 있다. 그 * 다음에는 마지막(τὸ τέλος)이 올 것인데, 그때에는 그리스도께서 그 나라를 하느님 아버지께 넘겨드릴 것입니다. 앞서 이 귀절을 해석하는 방식에 대해 이미 언급하였다. 그러한 해석방식에 의하면 이 귀절에서 부활에 참여할 사람들의 세번째 집단에 대한 암시를 볼 수 있다는 것이다. 이렇게 해석하려면 여기서 "마지막"으로 번역된 그리이스어는 "그밖의 사람들," "남은 자들"을 의미하는 것으로 이해해야 한다. 첫째는 그리스도이고 다음에는 그리스도교인들이며 그 다음에는(그리스도교인들이 그리스도와 함께 다스리는 중간기 이후에는) 인류의 남은 자들이다. 이런 의미를 입증하려는 시도들(특히 리츠만의 시도)이 성공했다고 말할 수 없다(참조. Kümmel, Allo, Héring과 그밖의 사람들). 이런 의미가 그런 뜻이 들어 있다고 (또는 들어 있지 않다고) 생각되는 두서너 귀절들에서 분명히 두드러진다고 해도 이들 귀절들은 그 의미가 단순히 "마지막"으로 나오는 많은 귀절들에 비해서 주목할 만한 가치가 없는 것 같다. "마지막"이라는 의미가 분명하며, 이 말을 부사로, "그 다음에는," "마지막으로"라고 이해하는 것보다는 명사로 읽는 것이 더 좋다. '전체적인 부활과 이에 곧 뒤따르는 모든 사람들과 패배한 천사들에 대한 심판이 고린토전서 15장 23—28절에서 바울로가 열거한 일련의 사건들에 언급되어 있지 않다. 이 전체적인 부활과 곧 뒤따르는 모든 사람들과 패배한 천사들에 대한 심판은 바울로에게 있어서 "마지막"(τέλος, 고전 15, 24)이라는 일반적 개념에 속한 것이고 잘 알려진 개념이라는 것은 의심의 여지가 없다'(Schweitzer, *Mysticism*,

67—68). 이러한 해석은 너무 많은 것을 함축한 것일 수 있으나 그것은 옳은 노선을 따른 해석이다.

그런데도 여전히 불확실한 점들이 있다. 그리스도의 "내림"은 방금 23절에서 언급된 바 있다. "그 다음에는 마지막이 올 것이다"—즉시 혹은 단순히 다음에 일어날 중요한 사건으로서인가? 후자의 견해에 의하면 여기서("내림"과 모든 것들의 마지막 사이에서) 일부 그리스도교 묵시들이 예언한 천년왕국(참조. 묵시 20,6)에 대한 여지를 발견할 수 있을 것이다. 여기서 이같은 "중간왕국"(Zwischenreich)을, 예를 들어 슈바이처와 리츠만이 이렇게 보는데, 만일 바울로가 믿었다면 한마디 언급도 없이 지나쳤을 리는 없는 것 같다. "그 다음에는"(εἶτα)이라는 귀절은 "그 결과로서"를 의미하는 말일 수 있다. W.D. Davies, 291—98에 나오는 상세한 논의를 참조하라. 그리스도교인들의 부활을 수반하는 그리스도의 "내림"은 마지막을 가져올 것이며, 그때에 일어날 중요한 사건은 그리스도께서 그 나라를 하느님 —아마 그리스도 자신의 "하느님"이요 "아버지"— 에게 넘겨드리는 일이다. 이 귀절은 종속주의적 특징이 강하다(참조. 특히 28절).

* 그리스도의 내림은 하느님의 나라를 세우는 때이다. 묵시문학적 사고틀은 하느님을 우주의 의로운 왕으로 간주한다. 그러나 어떤 의미에서 (바울로는 이런 의미에 대해 분명히 말하지 않았지만) 권위는 하느님이 자신의 주권을 다시 주장하기 위해 제거해야 할 악의 세력들에로 넘겨졌다. 이 귀절에서 그리스도는 이처럼 권위의 박탈이 일어나는 시기에 원수를 차례로 굴복시킴으로써(참조. 26절) 다스리는 것으로 나타난다. 그 나라가 완전히 다시 세워졌을 때 아들은 그 나라를 아버지께 넘겨드릴 것이고 그리스도의 나라는 하느님의 나라로 대체될 것이다. 이미 지적한 대로 이처럼 단계적인 그리스도의 통치가 "내림"과 종말 사이에 이루어질 거라는 암시가 전혀 없다. 그러한 그리스도의 통치는 "내림"에서 절정에 달할 것이다. 이점은 이어지는 귀절들에서 뒷받침되는데, 거기서 그리스도는 그의 모든 원수가 패할 때까지 다스릴 것이고 마지막으로 멸망받을 원수는 죽음이라고 말한다. 그러나 죽음을 이기는 일은 물론 그리스도에게 속한 사람들이 부활하는 때에(23절) 일어나는 것으로 간주된다. 바울로에게 있어서 하느님이란 궁극적인 말이고 그리스도는 준궁극적인 말이다. 창조는 하느님에게서 비롯되며 그리스도를 통해서 이루어진다. 구원은 그리스도를 통해서 하느님에게서 이루어진다(8,6). 이것은 반드시 신분의

차이를 뜻하는 것이 아니라 "타자에 대한"(ad extra) 역할과 기능의 차이를 뜻하는 것이다. 골로사이의 1장 13절(이 귀절이 원래의 본문이라면)은 유일하게 그리스도의 나라에 대해서 언급하는 바울로의 또 다른 귀절이다.

다음에 나오는 말들에 대해서는 이미 주석한 바 있다. 그 나라가 그리스도로부터 하느님에게로 이양되는 때는 **그리스도께서**(여기서 동사의 주어에 대해서는 의심할 수 없다. *καταστήσῃ* "폐하다"는 앞의 *παραδιςοι* "넘겨주다"와 같은 주어를 갖고 있음에 틀림없다) **모든 통치자와 권위와 권세를 폐하실 것입니다.** 그리이스어 시제가 달라졌다(*παραδιδοῖ*〔현재시제〕; *καταργήσῃ*〔1과거시제〕). 영어로 시제의 변화를 나타낸다고 해서 현학적인 것은 아니다. 앞 절은 마지막에 일어날 일을 규정하고 다음 절은 마지막이 일어나는 때를 규정한다. "통치자"란 말은 원래 추상명사("처음" *ἀρχή*; 참조. 로마 8,38)인 것을 이렇게 번역한 것이다. 그 의미는 2장 6·8절에 나오는 관련된 명사(*ἄρχων*)와 같은 의미인 것 같다(이 점은 통치자들이 "폐할 것이라"는 앞 장의 진술에서 강력히 뒷받침된다). "권위"(*ἐξουσία*)는 골로사이서 2장 10·15절과 같은 의미로 쓰였다. "권세"(*δύναμις*)는 로마서 8장 38절에서와 같은 의미이다. 이들 명사를 구분하려고 하는 것은 무익하다. 이들 명사는 세상이 그의 지배를 받아온 악의 세력들(선하지 않은 천사적인 세력들—이들은 단지 오는 세대에 그들의 기능을 잃게 될 것이다 : Barth *
C.D. Ⅲ. iii. 501, 502, 511)을 나타낸다. 동시에 바울로는 그리스도교적 선교의 한복판에서 여전히 악의 세력들이 적으로서 존재하지만 그들의 날들은 헤아릴 수 있고 그들의 패배는 확실하다고 기술한다.

〔 25 〕 그것은 그가(여기서 어떤 주어를 보충해야 할른지 분명하지 않다. 이하 참조) **모든 원수를 그리스도의 발 아래 두실**(시제는 24절에서 "폐하실 것이다"와 같은 시제이다) **때까지 그리스도께서**(그리이스어로는 "그"이다. 그러나 어떤 주어가 의도되었는지는 분명하다) **그의 나라를 다스려야**(현재 부정사 *βασιλεύειν*을 밝힌 번역이다) **하기 때문입니다.**

번역상 앞 문장은 시편 110편 1절을 영성하게 인용한 것이다 :

야훼께서 내 주께 말씀하셨다.
내 오른편에 앉아 있어라.
내가 네 원수들을 네 발판으로 삼을 때까지.

바울로는 이 시편이 메시야를 지시하고(참조. 마르 12,35 이하 ; 사도 2,

34·35 ; 시편의 이런 용법에 대해서는 F. Hahn, *Christologische Hoheitstitel* 〔1964〕, 126—32 참조) 그의 궁극적인 승리를 예고하는 것으로 보았다. 이 인용문의 용법은 25절에서 "두실 것이다"(θῇ)의 주어가 하느님임을 시사한다. 28절의 주어도 마찬가지로 하느님일 것이다. 그리스도의 통치는 그가 하느님의 우편에 앉아 있는 기간을 의미하며 이 기간 중에 원수는 차례로 굴복당할 것이다.

〔 26 〕 **마지막으로 멸망할 원수는 죽음입니다.** 바울로는 (죽음의 패배가 미래에 일어날 것이긴 하지만) 현재시제를 쓰는데 그것은 그가 이러한 과정 전체를 보고 있기 때문이다. 보다 직역하면, 죽음은 (그리이스어본문에서 관사가 붙어 있는 이 말이 주어일 것이다) 마지막 원수로 (관사가 없는 이 말들은 술어이다) 멸망받을 것이다. 디모테오후서 1장 10절과 비교하라. 그러나 거기서 "멸망받은"은 과거시제이기 때문에 그 의미가 다르다. 바울로는 이 말을 '전멸시키다'가 아니라 '효능을 빼앗다'라는 의미로 쓴 것이다. 따라서 패망한 이후에도 죽음은 여전히 (하느님에 대해) 영향력을 미치는 원수로서가 아니라 가령 하느님이 처벌하는 것이 합당하다고 보았던 사람들에게 사용될 수 있었던 그의 손에 들린 도구로서 존재한다.

시편 110편 1절의 인용문에서 바울로는 (주석상 고안해낸 g^ezerah shawah에 의해 ; 참조. *Romans*, 89) 시편 8편 7절에 나오는 이와 비슷한 표현의 인용구로 주의를 돌리게 한다(참조. C.H. Dodd, *According to the Scriptures* 〔1952〕, 32—33, 120, 122) :

주께서 모든 것을
그의 발 아래 복종케(ὑπέταξας) 하는도다.

* 다른 동사가 쓰였다(그리이스어로는 다르지만 히브리어로는 같은 동사이다). 그러나 두 시편 인용귀에서 동사의 병행은 밀접하다. 새 인용귀는 직접 메시아를 언급하는 것이 아니라 사람(Man) 혹은 사람의 아들을 언급하는 것이다(시편 8, 5). 바로 이 사람에게 모든 피조물이 복종한다. 메시아에 비추어 사람을 해석할 수 있고 사람에 비추어 메시아를 해석할 수 있다. 다음에 나오는 바울로 자신의 말을 고려할 때 이러한 연관성을 기억해야 한다.

〔 27 〕 (성서에) **기록된 바….** 이 번역은 나오지 않은 동사의 주어(εἴπῃ)를 성서로 취한 것이고 이 구문(단순과거 가정법과 함께 쓰인 ὅταν)을 24절에서 제시한 번역과는 달리 번

역한 것이다. 이와 다른 번역은 "그가 …라고 말씀하실 때"이다. 이렇게 번역할 경우에 '그'는 (모든 것이 그리스도에게 혹은 그 자신에게 복종하게 되었음을 선포하는) 하느님일 수 있고 아니면(이제 모든 것이 하느님께 혹은 그 자신에게 복종하게 되었음을 선포하는—바흐만의 주장) 그리스도일 수 있다. 그러나 이 여러가지 다른 해석들 중에서 어느 하나를 결정하려고 할 필요는 없다. 왜냐하면 이어지는 문장이 시사하듯이 잠깐 바울로는 하던 논의를 중단하고 성서의 말씀을 설명하고 있으며, 특히 그의 본문에 대한, 분명히 가능한 해석이긴 하나 틀린 해석을 배제하고 있기 때문이다. 그러므로 성서는 이렇게 주장한다. 모든 것을 복종시켰다. 여기서 모든 것이 누구에게 복종하게 되었는지가 서술되지 않았다. 그 분을 그리스도(먼저 복종하신 분) 혹은 하느님(그리스도께서 그의 나라를 세울 때 지배권을 넘겨주게 될 분)으로 생각할 수 있다. 전자로 보는 것이 옳음을 이어지는 절들에서 알 수 있다. 28절에 나오는 "모든 것을 그에게 복종하게 하신 분"이라는 말은, 하느님이 모든 것을 그리스도에게 복종케 하심을 가리키는 말임이 분명하다. 그렇다면 27절b에 나오는 같은 말들의 의미가 결정된다. 또한 27절a의 의미도 결정된다. 그러므로 바울로는 대표적 인간인 예수 그리스도 안에서 시편 8편이 성취되었다고 본다. 지금은 아니지만 보장된 미래에 모든 피조물은 그분께 복종할 것이다. 모든 피조물이 복종하게 될 뿐이다. 성서가 모든 것이 대표적 인간에게 복종케 되었다고 말했을 때(이런 주제에 대해서는 이하의 45—49절과 주석들을 참조하라), 그(즉 그리스도)에게 복종시킨 그 모든 것 가운데에 복종시킨 분(곧 하느님)만은 포함되지 않았다는 것이 분명합니다. 누구든지 이러한 예외에 대해 분명히 말하지 않아도 되었을 거라고 생각했을 것이다. 바울로가 이렇게 한 것은 한편으로 다음 절 —하느님께서 그리스도에게 복종한 것이 아니라 그리스도께서 하느님께 복종한 것이 사실이다— *
에 대비하기 위해서였고, 또 한편으로는 올리워질 때 그리스도가 최고신이 되었다는 고린토교인들의 믿음(이런 믿음에 대한 다른 증거가 없다) 때문이었을 것이다. 그런 믿음이 고린토에 있었든지 없었든지간에 그것은 사실이 아니었다. 복종은 아들의 신적 덕성의 일부였고 또 영원히 신적 덕성의 일부로 남아있을 것이다.

[28] 모든 것이 그에게(즉 아들에게) 복종하게 된 때에는(또 다시 ὅταν은 단순과거 가정법과 함께 쓰였다) 아들 자신까지도 모든 것을 그(그리스도)에게 복종하게 하신 분(하느님)에게

복종하게 될 것이고(*M.* i. 163은 동사의 태를 중립적인 것으로 —'복종하게 될 것이다'— 본다. 그러나 이 동사를 다른 수동태 동사들과 같이 수동태로 보는 것이 타당한데 비록 아들을 아버지께 복종시키는 제 3의 능동적 요소가 분명히 함축되어 있지 않더라도 그렇다. 아들은 스스로 기꺼이 복종한다) 따라서 하느님이 만유의 주가 되실 것입니다. 아들은 아버지를 대신하여 사명을 위임받았고 아버지의 주권은 반역적인 세력들에 도전을 받아 적어도 어느 정도 강탈당해왔다. 그는 그러한 세력들을 물리치고 그의 원수들을 굴복시킴으로써 또 모든 피조물의 복종을 되찾음으로써 이러한 주권을 다시 주장할 것이다. 그는 정해진 순서대로 이러한 사명을 이행할 것이고 죽음은 최후의 적으로 끝까지 남아 있을 것이며 그의 사명을 완수하게 될 때 그는 우주에 대한 통치를 아버지께 되돌려줄 것이다. 구원에 대한 이처럼 신화적인 설명은 발전된 영지주의 구조와 분명히 밀접한 병행을 이룬다. 그것은 바울로가 15장 3—5절에서 인용하고 있는 초기 그리스도교의 설교 구조와 긴밀하게 결부되어 있지 않다. 아마 바울로는 그러한 신화적 구원론을 독창적으로 발전시킨 것이긴 하나 부분적으로는 이미 그 기본틀은 주어져 있었던 자료에서 취했을 것이다.

신화에 나타난 마지막 말은 바울로가 그러한 신화를 근본적으로 그리스도교화했음을 보여준다. 다른 곳(필립 2, 6 이하)에서 바울로는 그 이야기가 아들(혹은 대표적 인간)이 보여준 겸손과 자발적인 복종에서 비롯된 것임을 보여준다. 이러한 특성은 아들이 자발적으로 두번째 자리를 차지하는 마지막 때까지(비교. 24절 : 이 두 절은 같은 일에 대해 언급한다) 유지될 것이다. 여기에 종속주의적 요소가 들어 있는데(참조. *Adam*, 102) 이러한 요소는 불가피하게 시편 8편에 대한 그리스도의 대표적인 성취와 결부되어 있다. 이 시편에 의하면 사람은 '하느님보다 조금 못한' 존재로 나머지 피조물에 대한 위임된 지배권을 행사한다. 이것은 창조설화와 일치한다(창세 1, 28). 인간이 그의 지정된 위치보다 높아지려 하고 스스로 하느님과 동등해지려 할 때 그는 지정된 위치보다 낮아지며 그의 지배권을 상실하게 된다(창세 2, 17 ; 3, 17 이하 ; 로마 1, 21 이하 ; 5, 12—21). 대표적 인간인 예수 그리스도의 복종적인 섬김으로 인간은 그의 지배권을 되찾게 되지만, 그 지배권은 아버지께 대한 아들 예수의 변함없는 복종에서만 보장된다. 15장 45—49절에 대한 주석을 참조하고 O. Cullmann, *Christologie des Neuen Testaments* 〔1957〕), 300 (E.T., 293—94)과 비교하라 : '여기에 모든 신약성서 그리스도론의 열쇠가 있다. 아들에 대해 말하는 것은 하느님의 존재와 관련해서가 아니라 하느님의 계시행동과 관련해서만 의미가 있다. 바로 이러한 이유에서 아버지와 아들은 계시 행동에 있어서 참으로 하나이다. 우리는 로고스에 대해 말할 수 있듯이 하느님의 아들에 대해서도 말할 수 있다. 그는 하느님이 구원사건(Heilsgeschehen) 안에서 자기 자신을 계시하는 한, 그(아들)는 하느님이다.

마지막에 "하느님은 만유의 주가 되실 것이다." 이 말은 로마서 11장 36절, 고린토전서 15장 54—57절과 관련하여 '형이상학적으로가 아니라 구속적으로'(Bachmann; 참조. Knox, *Gentiles*, 128) 이해할 수 있다. 이것은 그리스도와 인류가 결과적으로 구분없이 하느님에게로 흡수됨을 말하는 것이 아니라 오히려 마지막에는 선하신 하느님 한 분의 절대적 통치만이 있을 것이라는 말이다.

여기서 본장은 끝날 수도 있다. 그러나 바울로는(참조. 14, 5) 부활을 부인할 정도로 어리석은 고린토교인들에 대해서 논의할 주장들을 더 가지고 있다.

33. 부활을 지지하는 주장 15장 29—34절

**29 만일 부활이 없다면 죽은 자들을 위하여 세례받는 사람들은 왜 그런
일을 하는 것입니까? 만일 죽은 자들이 도무지 살아나지 못한다면 무엇 때
문에 그들이 죽은 자를 위하여 세례를 받습니까? 30 그리고 우리도 무엇
때문에 끊임없는 모험을 하고 있는 것입니까? 31 내가 우리 주 예수 그리
스도 안에서 여러분에게 자랑삼아 말합니다만, 형제들이여, 나는 날마다 죽
습니다. 32 내가 에페소에서 맹수와 싸웠다고 하더라도 그것이 다만 인간적
인 관례대로 한 것이라면 내게 무슨 유익이 있겠읍니까? 만일 죽은 자들이
다시 살아나지 못한다면 우리는 '먹고 마시자, 내일이면 죽으리라'고 말하
게 될 것입니다. 33 미혹되지 맙시다. '나쁜 동무가 선한 습성을 망칩니다.'
34 똑바로 정신을 차려 진지하게 살고 죄를 짓지 말기를 바랍니다. 여러분 *
가운데서 어떤 사람들은 하느님에 대해 무지합니다. 나는 여러분을 부끄럽
게 하려고 이 말을 합니다.**

28절에서 바울로는 논증의 첫 단계로서 부활이 그리스도교 신앙의 필수적인 요소라는 것과, 부활은 종말론적 의미로 이해되어야 한다고 결론지었다. 부활은 인류를 위한 하느님의 전체 계획의 일부이다. 부

활이 여러 문제를 제기한다는 것은 사실이다. 이러한 문제들이 35절에서 분명히 고려되며, 이 문제들에 대한 논의는 45절 이하에서 중요한 그리스도론적 주제에로 벗어난 다음, 더 나아가서 그리스도교적 희망에 대한 묵시문학적 진술(50—57절)에로 이끈다. 그러나 이런 문제들에로 나아가기 전에 바울로는 그리스도교인의 존재가 미래에 비추어서만 완전히 이해될 수 있음을 입증하는 방법이 또 있다고 본다. 그는 그리스도교적 제도들에 근거해서 그리스도교인의 고난과 그리스도교 윤리에 대해 논의한다.

[29] 우선 그는 독자들로 하여금 분명히 우리를 당황케 할 정도로 그들에게 친숙한 한 관행에 대해 생각하도록 한다. 만일 부활이 없다면(ἐπεί, '그렇지 않으면' ; 참조 5,10 ; 7,14) 죽은 자들을 위하여 세례받는 사람들은 왜 그런 일을 하는 것입니까? 만일 죽은 자들이 도무지(ὅλως) 살아나지 못한다면 무엇 때문에(τί καί, 강조어이다 : *B.D.* §442 ; 어떤 믿을 만한 이유를 그들은 제시할 수 있는가?) 그들이 죽은 자를 위하여 세례를 받습니까? "왜 그들이 이렇게 하겠읍니까?"라는 말은 두 가지 의미로 이해할 수 있다. (ㄱ) 그들은 자신들이 택한 세례과정에서 무엇을 얻겠읍니까? (ㄴ) 미래의 부활이 없기 때문에 죽은 자들을 위해서 세례를 받아도 그들이 여전히 죽어 있고 살아나지 못한다는 것을 알게 된다면 그들은 어떻게 하겠는가? (ㄱ)과 (ㄴ)는 서로 관련이 있으며 그 요지는 이렇게 의역할 수 있을 것이다. 부활이 없다는 것이 판명되었는데도 그들이 헛되이 수고했다면 이들은 어리석어 보이지 않겠는가? "세례를 받은"이란 말은 더 이상 설명하지 않아도 통상적으로 쓰는 그 말의 바울로적 의미를 벗어날 수 없다. 바울로에게 있어서 세례는 죽음과 연합하는 세례(로마 6,3)라는 것이 사실이다. 그러나 이 점이 여기서 '세례받는 사람들'이란 죽은 자에 대한 증언들이 되기 위해 죽었던 그리스도교인들(특히 사도들)이라는 쉴라터의 견해를 정당화해주지는 못한다. 그 말은 주로 그리스도교적 세례를 가리킨다 : 어떤 사람들("세례받는 사람들" οἱ βαπτιζόμενοι이란 모든 그리스도교인이 아니라 특정한 집단을 시사한다)이란 그리스도적 세례 의식 —아주 생소한 상황으로 보이는— 에 참여하는 사람들
* 이다. 그들은 "죽은 사람들을 위해서" 세례를 받는 것이다. 이 귀절의 둘째 부분은 아주 분명하게 연결된다. 만일 죽은 자들이 여전히 죽어 있고 되살아나지 못한다면 그들을 위해서 이런 저런 행동을 하는 것은 아무 유익이 없다. 그러나 죽은 자들을 위한 세례 행위는 무

엇이었고 바울로는 그런 행위를 인정했는가? 이 귀절의 해석사에 대한 설명은 M. Rissi, *Die Taufe für die Toten* (1962)에서 제시하였다.

형용사 "죽은"(νεκρός) 다음에 "행실"(참조. 히브 6,1)이라는 명사를 덧붙여야 할 것 같지는 않다. 본장 전체를 통해서(또 바울로에게서 일반적으로) '죽은 자들'(the dead)이란 죽은 사람들(dead men)이다. 마찬가지로 "위해서"(ὑπέρ)가 장소를 나타내는 의미로 받아들여야 할 것같지 않고 또 그 말이 죽은 자들에 "대해서," 즉 그들의 무덤에 대해서 행해진 세례를 지시하는 것같지도 않다. 가장 일반적인 견해는 바울로가 일종의 남을 대신하는 세례 —어떤 그리스도교인이 누군가를 대신하여, 아마도 세례를 받지 않고 죽은 그의 친구나 친척을 대신하여 세례를 받는 그러한 세례— 를 언급하고 있다는 것이다. 여러 이단종파들 가운데에 이와 같은 의식에 대한 증거가 있다(다른 인용귀들 가운데서 리츠만은 크리소스톰의 다음의 귀절을 인용한다; 어떤 세례문답자가 그들 〔마르시온주의자들〕 가운데서 죽을 때 그들은 살아있는 사람을 죽은 사람의 침대 밑에 감추고 죽은 사람에게 다가가서 그에게 말을 걸고 그가 세례받기를 원하는지를 묻는다. 그때 그가 대답하지 않으면 밑에 숨긴 사람이 그를 대신하여 세례받기를 원한다고 대답하면 그들은 죽은 사람을 대신하여 그에게 세례를 준다). 또한 그리이스의 종교적인 관습들에도 밀접한 전례들은 아니지만 그러한 전례들이 있었다(참조. Schweitzer, *Mysticism*, 283—84). 슈타우퍼는 마카베오하 12장 40—45절에 대단한 강조점을 둔다. 그러나 고린토전서를 제외하면 이같은 의식이 1세기의 50년대만큼 일찌기 행해졌다는 증거가 없다. 그렇다고 해서 이같은 의식이 없었다고 할 수는 없다. 고린토에서 여러 생소한 일들이 행해진다. 그러나 바울로가 그런 의식을 인정했겠는가? 이 귀절에서 그는 그런 의식을 시인하지도 부인하지도 않는다는 것이 사실이다. 그는 단지 "대인 논증"(argumentum ad hominem)을 하고 있다고 주장할 수 있다. 만일 고린토교인들이 이런 관행에 참여한다면 그들은 부활에 대한 그들 자신의 주장을 반증하는 것이 된다. 이것은 일부 학자들이 지지하는 견해이고 그럴 가능성도 있다. 그러나 바울로는 그가 잘못이 있다고 생각했던 관행에 대해 비판없이 언급했을 리는 없다. 이런 입장을 취하는 사람들 중에 어떤 이들은 남을 대신해서 받는 세례가 바울로의 생각에는 없다고 결론짓는다. 다른 이들은 만일 바울로가 그런 관행을 스스로 행하지 않았다고 할지라도 적어도 그런 관행이 해가 되지는 않는다고 보았을테 *

데, 그도 역시 주술적인 것과 비슷했던 세례 "의식 자체가 효력을 낸다"(ex opere operato)는 견해를 지지했기 때문이라고 결론짓는다. 최근의 견해에 의하면(M. Raeder, "Vikariatstaufe in I Cor. xv. 29?," in *Z.N.T.W.* xlvi. 258 이하) "죽은 사람들을 위해서"(on behalf of)가 목적을 나타내는 구라고 한다. "죽은 사람들"이란 타계한 그리스도교인들이다. 세례받은 사람들은 부활의 때에 그들이 사랑했던 자들과 연합하기 위해서 그리스도교를 받아들인 개종자들이다. 이런 견해가 전혀 불가능하지는 않지만 그 전치사("위해서"로 번역)가 이렇게 쓰이는 예는 드물고 왜 바울로가 이런 식으로 표현해야 했는지 그 이유를 알기가 어렵다. 문맥상 이 세례의 목적은 죽은 자들이 메시아 왕국의 끝이 아니라 그 왕국의 시작에 부활하리라는 것이었다. 슈바이처의 견해(*Mysticism*, 283—86)를 뒷받침해주는 긍정적인 증거가 없다. 이 책 407면을 참조하라. 또한 바흐만의 다음과 같은 해석에 대해서도 별로 할 말이 없다. 세례받은 사람들이 죽은 사람들을 위해서(즉 그들 자신을 위해서—미래에) 무엇을 하겠는가?

남을 대신해서 받는 세례라는 (사용된 말들이 가장 자연스럽게 시사하는) 사상은, 혹자는 세례에 대한 고차원적인 성례전적 견해라고 말하기도 하고 혹자는 세례에 대한 주술적인 견해라고 말하기도 하는 것과 결부된 것으로 생각된다. 침례는 아주 효과있게 작용하는 것으로 생각되기 때문에 그것은 몸을 물에 담그는 것을 별로 문제삼지 않는다(또 그렇게 보인다). 산 사람의 침례가 죽은 사람(어쨌든 죽은 세례문답자)을 위해 은혜를 보장해 줄 수 있다. 그러나 이것이 바울로의 견해는 아니었다. 바울로 자신이 세례에 그다지 관심을 가졌던 것은 아니다(1, 14—17). 그의 교회들의 교인들 대부분은 세례를 받았겠지만 일부 고린토교인들은 세례를 받지 않았을 가능성이 높고 (리씨의 견해대로 유행병이나 어떤 사건에 대해 생각하지 않는다고 하더라도) 그들 중 대다수가 세례를 받지 않은 채로 죽었을 가능성이 있다. 이런 사람들을 그리스도교인들로 보는 데는 문제가 없다. 그들은 세례를 받지 않았다 하더라도 그리스도교인들이었다. 그러나 세례는 죽음과 부활에 대한 강력한 선포였고 이런 맥락에서 세례를 하나의 의식 —아마 단 한번에 실행된— 으로 생각할 수도 있다. 바울로는 분명히 이런 의식을 정상적인 그리스도교의 관습으로 만들려고 조처를 취하지는 않았지만 이런 의식을 부인할 필요가 없었음이 사실이다. 만일 죽은 사람들이 다시 살아나지 않는다면 이런 의식이 무슨 의미가 있겠는가?

[30] 그리고 사도에게 부과된 위험을 무릅쓰는 것이 무슨 의미가 있겠는가? 그리고 우리도(*καί*는 문장 전체에 걸리는 것이 아니라 *ἡμεῖς* "우리"에 걸리는 것이다) 무엇 때문에 끊임없는 모험을 하고 있는 것입니까? 29절에서 언급된 세례가 정확하게 *
무엇이었든지간에 세례는, 앞서 말한대로 죽음과 부활에 대한 선포였다. 바울로는 죽음과 부활을 선포하는 다른 방식들에 관심이 있었고 선포의 과정에서, 고린토전서를 쓴 직후에 고린토후서 11장 23절 이하에서 요약된, 헤아릴 수 없는 곤경들에 처하게 되었다. 죽음 자체는 그러한 곤경들을 표현할 정도로 강력한 말이다.

[31] 내가 우리 주 예수 그리스도 안에서 여러분에게 자랑삼아 말합니다만, 형제들이여(참조. 1,1 ; 그러나 이 말을 생략하는 데 대한 강력한 증거가 있다), 나는 날마다 죽습니다. 이 강력한 단언(이 단언은 불변화사 *νή* "…을 걸고"〔사역에서는 "～삼아 말합니다만"에 해당됨 : 역자주〕로 이끌린다. 불변화사 *νή*에는 보통 신이나 여신의 이름이 뒤따르며, 그리이스어 성서 전체에서 이 불변화사가 쓰인 경우는 이 귀절 이외에 창세기 42장 15·16절 뿐이다)은 파격적인 말(바울로는 다른 곳에서 이 귀절과 비슷한 표현들을 비슷한 보충어없이 구사한다 : 예. 4,9—13)이라기보다는 고린토 교인들은 참으로 사도의 운명이 어떠한 것인지를 이해해야 하고 그러한 운명을 적절한 상황에서 보아야 한다는 바울로의 소망이라고 할 수 있다. 고린토교인들 안에서 바울로가 자랑할 만한 것은 그들이 개종했다는 것과, 그들이 이교 세상에서 그리스도를 얻게 되었다는 사실에 있다. 이런 사실은 죽을 만한 가치가 있는 일이다. 그것은 인간적인 성취 안에서 인간적으로 자랑하는 것이 아니라 주 안에서(참조. 1,31) 주가 하신 일을 자랑하는 것이다. 바울로는 개종자들에 대해서 이런 식으로 자주 말한다. 예를 들어 필립비서 4장 1절과 비교하라.

[32] 부활의 희망 속에서 고난과 위험을 참아내는 특별한 실례가 뒤따른다. 그런 상황들은 에페소에서 잘 알려져 있었음이 분명하고 고린토에서도 생소한 것은 아니었다. 우리들에게 그런 상황은 아주 불분명하며 새로운 증거를 찾아야만 그런 상황들에 대해서 설명할 수 있다. 내가 에페소에서 맹수와 싸웠다고 하더라도 그것이 다만 인간적인 관례대로 한 것이라면 내게 무슨 유익이 있겠읍니까? 역사적인 배경과 마찬가지로 문법도 분명하지 않다. "다만 인간적인 관례대로"는 바울로가 3장 3절(인간적인 표준에 따라), 9장 8

절(…인간적인 권위로), 로마서 3장 5절(…이러한 인간적인 주장들), 갈라디아서 1장 11절, 3장 15절에서 사용한 문귀(κατὰ ἄνθρωπον)를 나타낸 말이다. 이 말은 신학적인 진리를 해명하기 위해 사용된 말이나 경험을 인간적으로 바꾸는 데 대해 주목하게 할 수도 있지만, 바울로가 반박한 인간적인 판단기준 그 자체에 보다 자주 우리의 주의를 환기시킨다. 여기서는 후자의 의미를 갖는 것으로 보이며 강조를 위한 * 조건절의 서두로 제시된 것이다. 조건문(귀결절에서 ἄν이 빠져 있다)은 과거에 끝나지 않은 조건과 함께 쓰인 단순한 형태의 조건문인 것 같다: '내가 그렇게 했다면 이러할 것이다.' 그러나 이같은 귀결절(ἄν이 빠진 귀결절)이 다음과 같았을 조건절에서 충족되지 않은 조건과 함께 나온다는 것을 알 수 있다: '만일 내가 싸웠더라면(실제로 나는 싸우지 않았다)… 했겠는가?' 사실 바울로의 의미는 이러한 두 대안들 중간쯤에 있을 것이다. 왜냐하면 조건절은 두 부분으로 이루어져 있는데 그 한 부분은 실제로 행한 일(바울로는 맹수와 싸웠다)을 나타내고 다른 부분은 그렇지 않은 일(그는 단지 인간적인 관례대로 그렇게 하지는 않았다)을 나타내기 때문이다.

우리는 "맹수와 싸웠다"라고 말한 그의 의도가 무엇인가를 물어야 한다. 그말(θηριομαχεῖν)을 문자적인 의미로 생각하는 것은 곤란하다. 외경에서 보여준 순교자들의 행동에도 불구하고 사도들이 맹수와 맞서서 살아남는 일은 드물었다. 만일 바울로가 이런 형벌을 받았다면 그는 로마 시민권을 잃었을 것이다. 그러나 사도행전 22장 25절 등에 의하면 그는 그 후에도 로마시민권을 갖고 있었다. 고린토후서 11장 23절 이하에 나오는 고난당한 일에 대한 열거는 상세하고 분명하긴 하나 맹수에 대한 언급이 없다. 루가는 만일 그가 그렇게 극적인 사건에 대해 들었다면 사도행전에서 그 사건에 대해 언급했을 것 같다. 그 말은 비유적으로 사용된 말일 수 있었고 실제로 이그나티우스는 *Romans* v. 1에서 (아마 바울로를 모방하여: 그는 사도를 칭찬하였고 고린토전서를 읽었었다) 비유적으로 사용하였다: '시리아로부터 로마에 이르기까지, 육지와 바다에서 나는 맹수(θηριομαχῶ)와 싸우고 있었다…열마리 표범과 싸울 수밖에 없었다. 열마리의 표범이란 일분대의 군인들을 의미한다.' 바울로도 그 말을 비유적으로 쓴 것 같다. 그러나 이러한 비유적 용법이 그가 감수한 위험과 곤경의 현실성과 심각성을 감소시키지는 않는다는 점을 주목해야 한다. 4장 9절과 비교하라. 위험과 곤경의 경우는 사도행전 19장 23—40절에 나오는 소동의 경우였다고 할 수 있다. 이것이 사실인지가 확실하지 않다. 만일 그러한 경우에 죽음의 위험이 내포되지 않았다면 그것은 이 문맥과 관련이 없다(봐이스; 비교. 로마 16, 4).

그런 경우가 무엇이든지간에 바울로가 인간적 재능으로 또 희망에 근거하여 자신의 곤경을 감수했다면 그것이 무슨 유익이 있겠는가? 그리스도교적 희망만이 의미가 있고 또 이같은 경험에 대해 보상해 줄 것이다. 이 귀절에서 "에페소에서"란 말은 그 도시에서 쓰여진 것일 수 없었다는 주장이 있지만 이런 주장은 설득력이 없는 것 같다.

바울로는 계속해서 말한다: 그리스도교적 희망을 잃으면 그는 단지 인내해야 하는 동기를 잃게 될 뿐만 아니라 그의 도덕적 표준도 * 무너질 것이다. **만일 죽은 자들이 다시 살아나지 못한다면, 우리는 '먹고 마시자, 내일이면 죽으리라'고 말하게 될 것입니다.** 이 인용문은 이사야와 문맥이 다르긴 하지만 이사야 22장 13절에서 따온 것이고 말 그대로 옮긴 것이다. 사실 보다 적합한 인용문들을 성서 이외의 자료들 —문학적인 자료와 비문학적인 자료— 에서 볼 수 있다. 다이스만(*Light from the Ancient East* 〔1910〕, 296)은 코스(Cos)의 제국시대에 속한 한 묘비문을 인용하는데, 그 묘비문에서 죽은 크리소고누스는 통행인들에게 이렇게 말한다: '당신들은 곧 끝장날 것이오. 그러니 맘놓고 마시십시요.' 만일 죽음이 끝이라면 찰나적인 쾌락을 잡는 일밖에 없다. 부활을 부인하는 사람들 모두가 자신들의 전제에서 이런 결론을 이끌어내지는 않을 것이다. 바울로의 말은, 이렇게 할 가능성이 있다는 것을 시사한다. 아마 고린토인들 중 어떤 이들은 실제로 이렇게 하기도 했을 것이다.

〔 33 〕 이같은 도덕적 태만은 그것을 고무시키는 것이 무엇이든간에 또 얼마나 그것이 매력적인 것으로 보이든간에 그리스도교인들에게 있어서는 안 된다. **미혹되지 맙시다**(6장 9절과 같은 말이다). **'나쁜 동무가 선한 습성**(혹은 아마 "품격")**을 망칩니다.'** 이 인용문은 구약성서에서가 아니라 메난더의 분실된 희극인 *Thais*에서 따온 것이다. 이것이 바울로 자신의 문헌에 있어서 비성서적 자료를 인용한 유일한 인용문이다. 사도행전 17장 28절(아라투스의 말 인용)과 디도 1장 12절(에피메니데스의 말 인용)과 비교하라. 바울로가 그 희극을 읽거나 보았다고 가정할 필요는 없다. 메난더의 다른 인용귀들과 같이 이 인용귀는 격언이 되었다(만일 바울로가 이 귀절을 알았더라면 모음절의 발음을 생략하여 *χρηστὰ ὁμιλίαι*라고 쓰지 않고 *χρήσθ'* ὁμιλίαι라고 썼을 것이다. 그러나 그 당시 모음절 생략은 쓸 때보다는 말할 때 더 자주 일어났던 것으로 보인다. 참조. *M.* i. 45 ; ii. 61, 63 ; Robertson, 207 ; *B.D.* § 17). 고린토인들의 그리스도교적 행위는 그들이 부활에 대한 희망이 없이 마음 내키는 대로 살아가는 사람들과 자주 어울리면 타락할 것이다. 앞서(5, 10) 바울로는 고린토교인들에게 그들이 이 세상 밖으로 나가야 한다고 기대하지 않는다는 것과 또한 그들이 이교 친구들의 만찬에 계속 참석하는 것을 허락할 의사가 있다는 것(10, 27)을 분명히 말한 바 있다. 그러나 나쁜 동무를 애써서 바로 잡는 일과 그들에게서 쾌락을 구하는 것은 별개의 문제였다. 더우기 헤링의 제안에 의하면 나쁜 동무는 교회 안에 있었던 것 같다.

[34] 서신의 나머지 부분은 이런 점에서 고린토교인들에게 잘못이 있었음을 시사하며, 예리하게 주의를 환기시키는 다음 귀절에서 바로 이점이 확증된다. **똑바로**(δικαίως; "의롭게"라는 의미가 아니다. 이런 의미에 대해서는 Kümmel을 참조하라) **정신을 차려 진지하게 살고 죄를 짓지 말기를 바랍니다.** 첫번째 나오는 명령형("정신을 차려라" ἐκνήψατε)은 영어문장상 여러 단어를 필요로 한다. 그 동사는 만취에서 깨는 것을 의미하나 그 단순과거 시제는 완전히 제정신을 차리는 과정을 시사한다. (부정의 μή와 함께 쓰인) 두번째 명령은 현재시제이고 이미 진행중인 행동을 그만두는 것을 의미한다. 바울로는 교회 안에서 작용하는 위험한 경향들에 대해서 알고 있다. 그리고 그는 그러한 경향들의 원인에 대해서도 알고 있다. 고린토교회 안에 초기 영지주의의 경향이 있었다고 결론지을 만한 이유에 대해 이미 살펴보았다(참조. 1, 5 ; 8, 1 ; 13, 2·8 ; 또한 "Christianity at Corinth"). 적어도 영지주의란 용어가 너무 한정된 것으로 본다면, 예를 들어 우상제물과 관련하여(8, 1—13) 그들의 행동을 규제할 수 있는 지식이 그들에게 있다고 주장했던 고린토교인들이 있었다. 그들의 지식이 그들로 하여금 32절에 나타난 도덕적 무관심주의에 빠지게 했으므로 그들은 잘못을 범한 것이다. **여러분 가운데서 어떤 사람들**(바울로는 이름을 댈 의사가 없다—불필요하게 당황하게 하거나 소란을 피울 이유가 없기 때문이다)**은 하느님에 대해** (지식gnosis이 없는 것이 아니라) **무지**(agnosia)**합니다.** 마르코복음 12장 24절과 비교하라. 이 귀절은 하느님에 대한 특수한 지식을 갖고 있다고 주장한 고린토집단이 있었다는 데 대한 강력한 증거를 제공하며, 바울로는 이 "영지"(gnosis)가 이미 그런 결과를 낳지는 않았다고 하더라도 결국 후회할 만한 도덕적 결

과를 가져오리라고 믿었음을 시사한다. 이런 형태의 사변(영지)이 그리스도교인들에겐 있을 수 없다. 나는 여러분을 부끄럽게 하려고 이 말을 합니다. 4장 14절과 대조해보면 바울로가 이 일에 대해 얼마나 강력하게 느끼고 있는가를 알 수 있다. 그러나 6장 5절과 비교하라.

34. 옛 사람과 새 사람 15장 35—49절

35 그러나 어떤 사람은 죽은 자들이 어떻게 살아나며 어떤 몸으로 올 것
입니까 하고 물을 것입니다. **36** 어리석은 질문입니다! 당신이 심은 씨는
죽을 때만이 살아날 것입니다. **37** 그리고 당신이 심는 씨는 장차 이루어질
몸 그 자체가 아닙니다. 밀이든지 그밖에 어떤 곡식이든지간에 단지 하나의
씨앗을 심는 것뿐입니다. **38** 하느님께서 그 씨앗에 몸을 입혀주시고 그가
뜻하신 대로 이렇게 하시며 하나하나의 씨앗에 각기 자기 특유의 몸을 주십
니다. **39** 모든 육체가 다 같은 것은 아닙니다. 사람의 육체도 있고 짐승의 *
육체도 있고 물고기의 육체도 있읍니다. **40** 하늘에 속한 몸도 있고 땅에 속
한 몸도 있읍니다. 하늘에 속한 몸들의 영광과 땅에 속한 몸들의 영광이 각
각 다릅니다. **41** 해의 영광이 다르고 달의 영광이 다르며 별들의 영광이 다
릅니다. 그렇습니다. 그리고 이 별과 저 별과의 영광이 다릅니다. **42** 죽은 자
들의 부활도 이와 같습니다. 썩을 것으로 심겨 썩지 않을 것으로 다시 살아
납니다. **43** 천한 것으로 심겨 영광스러운 것으로 다시 살아납니다. 약한 것
으로 심겨 강한 것으로 다시 살아납니다. **44** 육의 몸으로 심겨 영의 몸으로
다시 살아납니다. 육의 몸이 있으면 영의 몸도 있읍니다. **45** 성서에 "첫
사람 아담은 산 영이 되었다"고 기록되어 있으나 마지막 아담은 생명을 주
는 영이 되셨읍니다. **46** 그러나 영적인 몸이 먼저 있은 것이 아니라 육적
인 몸이 먼저요, 그 다음에 영적인 몸입니다. **47** 첫 사람은 땅에서 나서 흙
으로 되었으나 둘째 사람은 하늘에서 왔읍니다.[1] **48** 흙으로 된 사람들은 흙
으로 된 그 사람과 같이 되는 것이며 하늘에 속한 사람들은 하늘에 속한 그
분과 같이 될 것입니다. **49** 그리고 우리가 흙으로 된 그 사람의 형상을 입
은 것처럼 또한 하늘에 속한 그 분의 형상을 입을[2] 것입니다.

---

1) 번역된 대로의 본문이 옳다는 것은 거의 확실하다. 여러 사본들은 두 번째 나오는 인간(본문에서는 "하늘에 속한 분")이 "주"(*κύριος*)라는 것을 첨가한다. P^{46}에는 그가 "영적인"(*πνευματικός*) 분이라는 것을 첨가한다.

2) *φορέσομεν*. 대다수 사본들에는 그 발음이 동일한 *φορέσωμεν* "입도록 합시다"라고 되어 있다(*M.* ii. 74). 따라서 주석에서만이 그 본래의 의미와 독법을 결정지을 수 있다. 해당 주석을 참조하라.

앞 단락은 주제와 긴밀하게 관련되어 있긴 했지만 본제에서 벗어난 논의였다. 그 단락은 바울로의 부활교리를 뒷받침해주는 "대인적"(ad hominem) 논증으로 시작했다가, 부활교리가 포기될 경우 야기될 도덕적 무질서에 비추어서 도덕적 권면에로 나아갔다. 그러나 부활교리 자체가 아직 충분히 설명되거나 적절하게 그 근거가 밝혀진 것은 아니다. 새 단락은 이런 점들에 대해 논의한다. 35절의 질문들은 (36절에 나오는 매몰찬 형용어구에 비추어 볼 때) 바울로의 입장에 대해 간접증명법(reductio ad absurdum : 어떤 명제가 참됨을 입증하기 위하여 그 반대명제를 논리적으로 끌고나가 잘못된 결론이 나옴을 밝혀 결국 원명제의 참을 증명하는 방법—역주)을 적용하려고 하는, 반대를 표시하는 질문들로 받아들일 수 있다. 그러나 바울로는 그 질문들을 그의 주석의 다음 단계에로 넘어가는 최종적인 단서로 삼고 있다.

* [35] **그러나 어떤 사람은**(가상적인 사람으로 가정할 수는 없다 : 참조. 15, 12) **죽은 자들이 어떻게 살아날 것인가**(힐렐학파와 샤마이학파 사이에서 벌어진 이 질문에 대한 논의에 대해서는 *S.B.* iii. 473—74를 참조하라), **또 어떤 몸으로 올 것인가 하고 물을 것입니다**(이런 형식에 대해서는 로마서 9장 19절과 11장 19절을 참조하라. 이런 생생한 문체는 논쟁문체이다). 나중 질문을 의역하면, '어떤 몸을 입게 될 것입니까' 일 것이다. 그러나 아마 바울로는 —그리스도와 더불어 무덤에서— 실제로 "나옴"을 생각하고 있는 것 같다. 바울로와 반대자들(참조. 6, 13 ; 같은 사람들이 관련되었을 수 있다 : 하입)은 서로 반대의 목적을 갖고 있고 바울로는 반대자들의 견해를 다소 오해하고 있는 것일 수 있다. 후자는 바울로가 신체적인 몸의 부활을 가르치고 있다고 생각한다. 따라서 몸에 대한 물음을 제기하는 것은 부활의 교리를 부인하는 것일 수 있다. 그러나 신체적인 몸의 부활은 바울로가 뜻한 바가 아니며 그는 이런 질문에 전혀 동요하지 않는다. 바룩 일서 51장의 묵시에 이와 비슷한 논의가 나온다. 바울로의 답변은 질문자에게 자연이 얼마나 변화하고 다양한지를 상기시켜준다.

[36] **어리석은 질문입니다!** 이 형용어구에 대해서는 시편 13편 1절과 비교하라. **당신이 심은 씨는 죽을 때만이 살아날 것입니다.** 이와 같은 주장이 요한복음 12장 24절에(그리스도 자신에 대한 보다 구체적인 언급과 함께) 나온다. 같은 과정이 몇몇 공관복음서 자료(예. 마르 4, 30 이하)의 기초를 이루고 있다. 여기서

바울로는 죽음의 필연성을 밝히는 비유를 사용하고 있는 것이 아니다. 오히려 죽음과 소생을 통한 변모(transformation)의 사실을 말하고 있는 것이다.

[37] 그리고 당신이 심는 씨는(직역하면, "당신이 심는 것" ὃ σπείρεις이며, 동격을 나타내는 대격이다) 장차 이루어질 몸(즉 익은 곡식)이 아니라 밀이든지 그밖에 어떤 곡식(아마 "어떤 다른 식물." 직역하면 "또는 다른 식물 중에 하나")이든지간에 단지 하나의 씨앗을 심는 것뿐입니다. 여기서 든 예를 상술할 필요는 없다. 씨를 뿌림, 발아, 성장은 어떤 씨를 생각하든지간에 동일한 과정이다. 사람이 씨를 뿌리긴 하지만 그가 식물을 자라게 하는 것은 아니다.

[38] 하느님께서 그 씨앗(뿌려진 씨앗)에 몸(즉 유비에 있어서 식물의 몸)을 입혀주시고 그가 뜻하신 대로(그의 선택은 씨뿌리는 인간의 행동에 의해 결정되는 것이 아니다) 이렇게 하시며(이 말이 그리이스어 원문에는 없다) 하나하나의 씨앗에 각기 자기 특유의 몸을 주십니다("그가 주신다"는 말이 그리이스어 원문에는 없다. "속하게 하다"가 다른 가능한 보충어일 것이다). 이 귀절에서 바울로는 하나의 유비에서 다른 유비로 나아간다. 그의 첫번째 요지는 죽음이 끝은 아니라 하더라도 변화를 의미한다는 것이다. 그의 두번째 요지는 "몸"이 항상 반드시 똑같은 것을 의미하지는 않는다는 것이다. 여러 * 가지 몸이 있으며, 하느님께서는 이 몸들을 여러가지 목적을 위해 지정하시고 선택하신다. 바울로의 진술은 라삐 메이르(*Sanhedrin* 90b)의 진술과 동일하지는 않지만 그 진술을 상기시킨다. 라삐 메이르는 죽은 자들이 부활할 때 그들은 벌거벗은 채로 부활할 것인가 아니면 옷을 입은 채로 부활할 것인가라는 질문에 대답했었다. 결론적으로, 한 알의 밀알을 통해서 "작은 것으로부터 큰 것을 이끌어내는"(qal waḥomer) 결론을 내릴 수 있다. 밀알이 아무것도 입히지 않은 채 땅에 심기워져도 자라면 아는 바와 같이, 많은 옷을 덧입게 되는데 하물며 옷을 입은 채로 묻힌 의로운 사람들이랴! 또한 W.D. Davies, 305 이하를 참조하라.

[39] 바울로는 두번째 요지를 계속해서 발전시킨다. 그런데 그는 이렇게 하는 과정에서 잠시 "몸"(σῶμα)이라는 말을 "육"(σάρξ)이라는 말로 바꾼다. 이러한 변화는 "육"이 그의 몇몇 저술에서 지니고 있는, 그러나 여기서는 지니지 않은 특수한 신학적 함축의미(참조. *Romans*, 155—62)에 비추어 볼 때 유감스런 변

화이다.

[39] 하느님은 자연에 다양성을 부여하셨다. 그러므로 **모든 육체가 다 같은 것은 아닙니다. 사람의 육체도 있고 짐승의 육체도 있고 물고기의 육체도 있읍니다.** 이것은 단지 생리학이며 (옳든지 옳지 않든지간에 생리학이다. 이러한 생리학은 유다교에서 익히 알려진 것이었다—*S.B.* iii. 475—76) 유비로 볼 때만이 신학적이다. 바울로는 "몸"이란 말로 다시 돌아가며 여기서 하늘에 속한 몸들과 땅에 속한 몸들을 구분한다.

[40] **하늘에 속한 몸도 있고 땅에 속한 몸도 있읍니다.** 후자에 대해서는 방금 언급하였다 : 사람, 맹수, 새, 물고기. 전자는 빛을 발하는(아마 바울로의 견해에 의하면 빛의 실체로 이루어진) 몸들을 갖춘 살아 있는 존재들로 생각되는 별들이다. **따라서 하늘에 속한 몸들의 영광과 땅에 속한 몸들의 영광이 각각 다릅니다.** "영광"이란 말은 이 문장에서 단 한번 나온다. 그러나 문법상으로는 땅에 속한 몸들에겐 영광이 없다는 반대(예를 들어 리츠만이 이렇게 반대한다)에도 불구하고 영광이란 말이 두번 표현된 것이어야 한다. 땅에 속한 몸들이 "영광"을 지니고 있다고 하더라도 그들은 하늘에 속한 몸들이 빛 가운데서 영광을 나타내는 것과 같이 영광을 드러내지는 않는다. 그러나 하늘에 속한 몸들도 구분해야 한다(바울로의 주제에는 이런 구분이 들어 있다).

[41] **해의 영광이 다르고 달의 영광이 다르며 별들의 영광이 다릅니다.** 바울로의 말은 그들이 똑같이 빛을 내지는 않는다는 것이 아니다. **그렇습니다. 그리고**(*γάρ*, 여기서는 "왜냐하면"이라는 의미가 아니다) **이 별과 저 별과의 영광(빛)이 다릅니다.**

[42] 따라서 자연질서에는 다양성이 지배적이다. "몸"의 부활은 이런 사실에 비추어서 이해되어야 한다.
* 이점이 분명해졌으므로 바울로는 자기 입장을 계속 펴나간다. **죽은 자들의 부활도 이와 같습니다.** 부활이란 변형을 의미한다. 부활의 주제는 대조적인 병행을 이루는 일련의 대구들에서 시작된다(참조. *B.D.* §490). 이 대구들이 본래 시적인 형태를 지녔다고 볼 만한 근거가 없다. 왜냐하면 이 대구들은 병행을 이루긴 하나 대조적인 사실들에 대한 아주 자연스런 산문적 표현이기 때문이다. **썩을 것으로 심겨**(42·43절에 나오는 동사들 *σπείρεται*와 *ἐγείρεται*를 비인칭 수동태로 보는 것이 가장 좋다. 알로가 이렇게 주장한다) **썩지 않을 것으로 다시 살아**

납니다. 바울로는 무덤에 놓인 시신이 신체적인 분해 과정에 있다고만 말하는 것은 아니다. 비록 이것이 사실의 일부분이고 사실을 가장 분명하게 표현하는 것이라 하더라도 말이다. "부패"는 이전 세대에 세상을 지배하는 악의 세력이다(로마 8, 21). 부패는 인간의 생명뿐만 아니라 전체 피조물에 영향을 미친다. 부패의 지배는 부활이 일어나기 시작하는 때인 오는 세대에는 끝날 것이다. 그러므로 바울로의 요지는 단지 더 이상 변화와 부패의 지배를 받지 않는 새 몸을 우리가 입게 되리라는 것이 아니라 하느님께서 그의 주권을 다시 확인함으로써 "만유의 주"(15, 28)가 되는 새 세대에는 새 몸이 알맞을 것이라는 것이다. 다음의 두 대구는 몸 자체의 변화를 좀 더 분명히 서술한다.

〔 43 〕 **천한 것**(ἀτιμία: 바울로는 이 말을 δόξα "영광"과 직접적인 부정어는 아니지만 대조를 이루는 말로 쓰는 것 같다)**으로 심겨 영광스러운 것으로 다시 살아납니다. 약한 것으로 심겨 강한 것**(δύναμις, 자주 종말론적 용어로 나오는 말—예. 마르 9, 1)**으로 다시 살아납니다.** 바울로의 다음 단계는 단지 몸의 두 가지 형태를 대조한다.

〔 44 〕 **육의 몸으로 심겨 영의 몸으로 다시 살아납니다.** "자연적인"(ψυχικόν : 본문에서는 "육의"로 번역됨—역자 주)과 "영적인"(πνευματικόν)이라는 바울로의 말이 정확하게 무엇을 의미하는지가 다음 단락에서 분명히 밝혀질 것이다. W.D. Davies, 182 이하를 참조하라. 영역에서 이 두 형용사(natural, spiritual)는 바울로의 그리이스어에 대한 썩 잘된 번역은 아니다. "자연적인"이란 말은 그리이스어 명사인 "존재" 혹은 "생명"(ψυχή)에 근거한 형용사를 번역한 것이다. 그것은 영에 의해 생기를 얻은 몸, 또는 인간이 이 세대에서 살아가는 동안 덧입고 갖춘 몸을 나타낸다(참조. Bultmann, *Theology*, 201 〔E.T., 204〕). "영적"이란 말은 인간의 삶의 보다 높은 측면을 표현하는 것은 아니다. 그 말의 토대인 명사 "영"(πνεῦμα)은 하느님의 영을 지시하는 것이다. 그리고 "영적인 몸"이란 하느님의 영에 의해 되살아난 새 몸, 다시 말하여 같은 사람이(그가 "내림" 이전에 죽은 것으로 * 가정한다면) 부활을 통해 이르게 된 오는 세대에 덧입게 되고 갖추게 될 몸이다. 고린토후서 5장 1절과 비교하라. 역사적으로 연속되는 동일한 "자아"(Kümmel; 또한 참조. M.E. Dahl, *The Resurrection of the Body* 〔1962〕)가 연속해서 두 가지 다른 형태의 몸을 입게 될 것이다. 두 가지 형태의 몸이 있어야 한다는 것은 38—41절의 주장을 따랐던 사람

이라면 놀라지 않을 것이다. 그러나 바울로는 "선험적"인 고찰과 자연주의적인 고찰들을 뛰어넘는 주제를 뒷받침하려고 한다. 필립비서 3장 21절과 비교하라.

육의 몸이 있으면 영의 몸도 있읍니다. (죽은 사람들이 그대로 되살아난다는 것은 생각할 수 없다는 주장을 받아들이는) 바울로의 논증의 정당성은 이 진술에 달려 있다. 여기서 그는 35절의 질문에 답변하며 실제로 그 질문과 관련하여 답변한다. 회의적인 질문자는 땅에 속한 몸의 회복은 인정할 수 없는 어리석음이라는 것을 시사하면서 죽은 자들이 어떤 몸을 입게 될 것인가를 알고자 했다. 바울로는 죽은 자들이 다른 형태의 몸을 입게 될 것이라고 대답한다. 그러나 그가 여전히 생각하고 있는 것은 어떤 형태의 그리스도의 보편적인 부활의 몸이 아니라 죽은 자들이 각기 덧입게 될 몸들이다. 그들의 부활은 전적으로 그리스도의 부활에 달려 있지만 그래도 그들의 개체성(individuality)은 여전히 보존된다.(Whiteley, 192—93). 그러나 논증을 그리스도에게서 시작할 필요가 있고 그리스도를 바른 문맥에서 보려면 인간의 피조성에로 돌아가야 한다. 다음의 귀절들에 대해서는 W.D. Davies, 43—57을 참조하라.

〔 45 〕 **성서에 첫 사람 아담은 산 영이 되었다고 기록되어 있읍니다.** 창세기 2장 7절의 이 인용문은 두 말, 즉 형용사 "첫"이란 말(바울로가 마지막 아담에 대해 말하려고 한다는 사실로 미루어 첨가된 것이다)과 고유명사 "아담"(바울로는 어쨌든 그가 마지막 아담으로 서술하려고 하는 그리스도와 대칭을 이루는 다른 이름이 필요했기 때문에 첨가한 것이다)이란 말이 첨가되어 확대된 문장이다. *ψυχή*("영")란 말에서 *ψυχικόν*("자연적인")이란 말이 파생되어 나왔다(앞의 44절에 대한 주석 참조). 그리고 바울로는 창세기의 인용문을 도입하는 데서 이러한 연관성을 염두에 두었다. 인류의 조상인 아담은 "자연적인 몸"을 지녔다. 이같은 몸들이 우리가 알고 있는 대로 인간의 공통적인 구성요소이다. 그러나 —여기에 바울로의 강조점이 있다— "첫 사람 아담"에 대해 말하는 것은 반드시 그와 함께 비교할 만한 인물이 있다는 사실을 상기시킨다. 바울로는 그 사람의 존재를 입증할 필요가 없다. 그의 존재는 유다교 안에서 또 아마 유다교 밖에서 받아들여졌기 때문이다. 존재했다고 알려진 원인(Primal Man), 원형적 인간(Archetypal Man), 천적인 인간(Heavenly Man)에 대한 다양한 사변들에는 일치점이 없다(그리고 이런 사변들은 너무 다

양해서 이 주석서에서 요약하기가 어렵다). 그렇다고 해서 놀랄 일은 아니다. 여러 사변들이 한 역사적 인물에 초점을 맞추어 해석될 경우라야만 어떤 일치점을 찾을 수 있다. 그러나 바울로 당시의 대다수 유다인들에게 있어서 (아마 그렇게 많은 수의 고린토교회 독자들이 그렇다고 말할 수는 없더라도) 창세기 1—3장에 나오는 아담에 대한 언급은 다른 아담을 시사했을 것이다고 주장할 수 있다. 따라서 바울로가 그의 인용문을 다음의 말로 좀 더 확대시킨 것은 자연스런 일일 것이다. **마지막 아담은 생명을 주는 영이 되셨읍니다.** 바울로에게 있어서 새 사람의 개념은 부활에서 구체화된다. 부활 이후 예수는 성령을 통하여 능력있는 하느님의 아들이 되었다(로마 1, 4). 부활은 성령을 말하며 이 영은(일반적으로 성서적인 사상에서와 마찬가지로 바울로에게서) 단지 살아 있는 영이 아니라 창조적으로 생명을 주는 영이다(참조. 요한 6, 63). 아담과 그리스도는("마지막 아담"이란 말 자체가 보여주듯이) 서로 유비를 이루며, 이런 형태의 유비는 로마서 5장 15—19절(이 귀절들에 대해서는 로마서 주석 참조)에 나타난 병행귀들뿐만 아니라 대비들에서 비롯된 것이다. 이러한 유비에 함축된 그리스도론적 의미들에 대해서 언급하게 될 것이다. 당면한 논점은 두 가지 형태의 몸에 대한 입증이다. "산 영"이 "자연적인 몸"을 가리키듯이 "생명을 주는 영"은 "영적인 몸"을 가리킨다. 여기서 아담의 "타락"에 대한 언급은 나오지 않는다(Bultmann, *Theology*, 173 〔E.T. 174〕).

〔 46 〕 방금 말한 연관성은 다음 귀절에로 나아갈 때 염두에 두어야 하는데, 다음 귀절에서 형용사들인 "자연적인"과 "영적인"은 실명사없이 중성으로 쓰였다. 이 형용사들 다음에 "인간"(*ἄνθρωπος*, 남성)이 아니라 "몸"(*σῶμα*, 중성)이라는 실명사를 보충해야 한다. **그러나 영적인 몸이 먼저 있은 것이 아니라 육적인 몸이 먼저요, 그 다음에 영적인 몸입니다.** 바울로는 여전히 주된 논점에서 벗어나지 않고 있다. 부활의 교리는 두 가지 형태의 몸, 즉 자연적인 몸뿐만 아니라 영적인 몸이 있기 때문에 인정할 만한 것이다. 첫 사람과 마지막 아담의 실재가 두 가지 형태의 몸이 있음을 입증해준다. 그러나 이런 연관성은 중요하다. 이것은 바울로가 필로의 주석과 같은 주석에 대해서 익히 알고 있었다고 가정할 때 가장 잘 설명된다(참조. O. Cullmann, *Christologie des Neuen* Testaments 〔1957〕, 171 이하 〔E.T., 167 이하〕). 필로는 창세기 1장 27절과 2장 7절에 나오는 두 가 *
지 인간의 창조설화에서 두 가지 인간, 즉 ① 천적인, 외형적인 인간

—인간에 대한 플라톤적인 개념— 과 ② 흙으로 만들어진 역사적 아담에 대한 언급을 보았다(*Legum Allegoriae* i. 31 : 두 가지 형태의 인간이 있다. 하나는 하늘에 속한 인간이고 다른 하나는 땅에 속한 인간이다. 다른 곳에도 이렇게 나옴). 필로는 유다교에 대한 철학적인 재해석에서 이런 이중의 인간상을 만들 수 있었다 바울로가 필로를 읽었다는 데 대한 직접적인 증거가 없지만 필로만이 창세기 1·2장에 대해 이렇게 설명했다고 생각할 만한 이유가 없다. 바울로는 그러한 설명에 대해 알고는 있었지만 두 가지 인간과 또 그들이 드러내는 두 가지 형태의 몸 사이의 관계가 그러한 설명으로 옳게 서술된다는 점은 부인했던 것 같다. 영적인 몸을 지닌 천적 인간은 플라톤적 인간 유형이 아니라 종말론적 인물(47절)이었다. 나머지 인류에게 있어서도 천적인 인간의 형상을 입은 영적 몸이란 종말론적 미래에 속하며(49절) 사물의 본질이 아니라 하느님의 자유로운 은혜의 행동에 달려 있다. 바울로와 필로 사이의 또 다른 대조점들에 대해서는 Bachmann, 467을 참조하라.

〔 47 〕 바울로는 두 인간, 즉 아담과 그리스도에게로 돌아가는데, 그 까닭은 그들이 바울로의 논증에서 중요한 두 가지 형태의 몸을 예증할 뿐만 아니라 그들을 통해서 구원 행위 —이러한 행위에 의해서만이 사람들은 영적인 몸을 입게 되고 오는 세대의 생명에 참여할 수 있다— 를 설명할 수 있기 때문이다. **첫 사람은 땅에서 나서 흙으로 되었으나.** 이것은 70인역의 말을 다소 인용한 창세기 2장 7절에 대한 의역일 뿐이다. **둘째 사람은 하늘에서 왔읍니다.** 원문에는 앞뒤 절에 모두 동사가 없다. 여기서 동사 '오다'의 어떤 요소(시제)가 요구되는 것으로 보이며 앞 절에서는 과거시제가 요구된다. 둘째 절에서는 그 시제를 미래로 보는 것이 타당할 것이다. 둘째 사람은 올 것이다. 그러나 이러한 사상은 현재시제인 "온다"에 포함되는데 이 말("온다")은 동작에 대한 사상뿐만 아니라 기원에 대한 사상을 보다 강력하게 시사한다. 어떤 사람이 하늘로부터 온다고 말할 수 있는가? 아마 바울로는 다니엘 7장 13절에 따르면 하늘의 구름을 타고 오실 사람의 아들과 같은 분에 대한 환상에 의거한 것 같다. 이 환상의 원래 의미가 무엇이었든지간에 적어도 바울로 당시에는 이 환상이 하늘에서 살았거나 하늘에 나타난 천상적인 인간을 가리킨다고 보았던 사람들이 있었다. 따라서 에녹 1서 46장 1절 이하는 이렇게 말한다 :

그리고 나는 〔하늘에서〕 날들의 주(Head)이신 분을 보았다. 그의 머리는 양털과 같이 희었고, 그와 함께 인간의 얼굴을 하고 거룩한 천사들 중 하나와 같이 얼굴이 은혜로 충만한 다른 이가 있었다. 내가 나와 함께 간 천사에게 물었더니 그가 내게 사람의 아들에 관하여 그가 누구라는 것과 어디서 왔으며 왜 날들의 주인과 함께 갔는지 등에 대한 감추어진 모든 일을 알려주었다. 그는 내게 대답했고 이렇게 말했다. 이 분이 바로 의로우신 사람의 아들이시다라고.

또한 제4 에즈라 13장 1절 이하를 참조하라 :

칠일이 지나서 밤에 나는 꿈을 꾸었다. 그리고 나는 보았다. 보라! 바다에서 돌풍이 일어났고 전 파도가 요동하였다. 그리고 나는 보았다. 보라! 바람이 사람의 모습을 한 바다들의 심장부에서 일기 시작했다. 그때 나는 보았다. 보라! 이 사람이 하늘의 구름을 타고 날라왔다.

여기서 유다교가 이미 이 인물을 메시야와 동일시했는지를 물을 필요는 없다. 그러나 확실히 바울로는 그 인물을 메시야인 예수와 동일시했다(여기서 다른 독법들에 대해서는 이책 420면의 주 1을 참조하라). 바울로는 십자가에 대해 언급하면서 예수의 생애, 특히 예수의 죽음이 갖는 중요성을 분명히 밝히고 있지만 여기서 이미 천상적인 인간이 땅에 속한 사람의 모습으로 왔다고 말하는 것은 바울로의 주장에 맞지 않는다. 여기서 바울로는 장차 예수가 인간의 운명으로 정해진 겸손한 복종을 통하여 원래는 인간에게 부여된 지배권(창세 1,28 ; 시편 8,6)을 되찾음으로써 주가 되신 인간으로 오실 것을 강조하고 있다. 이런 오심에 대해서는 15장 23절, 데살로니카전서 4장 16절, 데살로니카후서 1장 7절 등을 참조하라. 이때가 부활과 완전한 구원의 때이다(로마 8,23).

〔 48 〕 여기서 바울로는 단지 우연히 그리스도론에 대해 논의하고 있다. 그는 결코 부활의 교리를 옹호하는 자신의 주제를 잊지 않는다. 그가 언급한 두 사람 중 어느 한 쪽도 단순히 사적인 개인은 아니었다. 각기 대표적 인간인 "아담"을 가리켰다. 다른 사람들은 대표적 인간과 같은 존재로 되었다. (단지) 흙 *
으로 된 사람들은 흙으로 된(첫번째 아담 : 참조. 창세 2,7) 그 사람(그리이스어원문에는 "그" 〔영어문장상 one〕라는 말이 들어 있지 않다. 그러나 이 말은 대조점을 지시해준다)과 같이 되는 것이며, **하늘에 속한 사람들은 하늘에 속한 그 분**(즉 하늘에서 온 사람, 47절 ; '신적인 인간'은 아니다—Betz, 102)**과 같이 될 것입니다**. 이 귀절의 사상은 얼핏 생각되는 것만큼 복잡하지는 않다. 이 단락 전체를 통해서 바울로의 주제는 "몸들"이라는 점을 기억해야 한다. 몸들에는 여러 형태가 있다. 자연적인 몸과 영적인 몸이 있다. 그와 같이 흙으로 된 아담의 모든 후손들은 흙으로 이루어지고 "영"(ψυχή—"생명")으로 생기를 얻은 자연적인 몸들을 갖고 있다. 그러나 영적인 몸을 지닌 또 다른 아담의 존재가 인류의 존재에 영적인 몸을 입혀준다. 이러한 영적인 몸을 입게 되는 것은 (나머지 인류의 경우뿐만 아니라 그리스도의 경우에 있어서) 부활의 때인데, 그리스도에게만 이미 부활이 일어났고 반면에 사람들에게 있어서는 부활이 아직 미래에 있기 때문이다. 이 귀절은 품행에 대해 말하는 것이 아니며 또한 그리스도교인들이 그리스도와 도덕적으로 같아질 것이라고 선포하지도 않는다(분명히 그들이 그리스도와 도덕적으로 같아져야 할 것이라고 해도 그렇게 선포하지는 않는다). 부활의 때에 그들의 자연적인 몸은 영적인 몸으로 바뀔 것이다(참조. 필립 3,21). 그들은 하늘에 속한 사람들로 될 것이라고 말한다. 48·49절의 병행에 대해서는 42절 이하와 비교하라.

〔 49 〕 동일한 주장이 다음 귀절에서 한번 더 나온다. 그리고 **우리가 흙으로 된 그 사람의 형상을 입은**(이 과거 시제는 회심의 경험을 지시하는 것이 아니다—우리는 여전히 입고 있다) **것처럼 또한 하늘에 속한 그분의 형상을 입을**(참조. 이책 420면의 주 2; "우리가 입도록 합시다"라고 쓴 필사자들은 —칼빈이 설명하듯이— 여기서 바울로가 "순전한 교리" pura doctrina를 말하는 것이 아니라 권면을 하고 있다고 생각했기 때문이다) **것입니다**. 여기서 바울로는 하느님의 형상에 대해 말하는 것이 아니다(참조. 11,7). 첫째 아담의 형상에 대해서는 창세기 5장 3절을 참조하라. 아담은 230년 간 살았고 그의 모습(ἰδέα)과 형상(εἰκών)을 닮은 (아들을) 낳았다. 셋은 그의 아비를 닮았고 같은 존재 질서에 속했다. 이때부터 인류는 같은 형태의 몸을 지니게 되었고 아담의 형상을 입게 되었다. 우리는 계속 이같은 몸을 입고서 부활의 때까지 타락의 상태로 살아갈 것이다. 그러나 미래에 우리는 다른 형상, 즉 영적인 몸을 지닌 하늘에 속한 사람의 형상을 입게 될 것이다. 여기서 바울로의 사상은 앞서 그가 하느님의

형상으로 된 최초의 원인(archetypal man)이라는 (필로의) 개념을 부인했긴 하지만 창세기 1장 26·27절에 근거한 것임에 틀림없다. 아마 그 *
는 지혜가 하느님의 형상에 깃들어 있다(지혜 7, 26)는 개념에 영향받은 것 같다. 그러나 이런 사상은 본질적으로 로마서 8장 29절과 필립비서 3장 21절의 사상과 같은 것이다.

35. 그리스도교의 묵시(II) 15장 50—58절

**50 형제들이여, 내가 말하려는 것은 이것입니다. 살아있는 사람들은 하느
님 나라를 이어 받을 수 없으며 죽어서 썩을 것은 썩지 아니할 것을 이어받
지 못합니다. 51 보시오, 이제 내가 여러분에게 비밀을 말하겠읍니다. 우리
가 다 (죽은 다음에) 잠들어 있을 것이 아니라 모두 변화할 것입니다.[1] 52
마지막 나팔이 울릴 때 일순간에 눈깜짝할[2] 사이에 죽은 자들이 썩지 않
는 상태로 다시 살아날 것이며 우리도 변화할 것입니다. 53 그것은 썩을 이
몸이 반드시 썩지 않을 것을 입고 죽을 이 몸이 반드시 죽지 않을 것을 입
을 것이기 때문입니다. 54 썩을 이 몸이 썩지 않을 것을 입고 죽을 이 몸이
죽지 않을 것을 입을 때에는 기록된 말씀이 이루어질 것입니다. 죽음이 이
김에 삼킨 바 되었으니, 55 죽음아, 네 이김이 어디 있느냐? 죽음아, 네
가시가 어디 있느냐? 56 죽음의 찌르는 가시는 사실 죄요 죄의 권세는 율법
입니다. 57 그러나 우리 주 예수 그리스도를 통하여 우리에게 승리를 주시
는 하느님께 감사합시다. 58 그러므로 내 사랑하는 형제들이여, 굳게 서서
흔들리지 말고 주의 일에 항상 열성을 다하시오. 그것은 여러분이 아는 대
로 주 안에서 수고한 것은 결코 헛되지 않기 때문입니다.**

이제 바울로는 15장에 대한 긴 논의를 끝내려고 한다. 그는 몸의 부활이 있을 것이라는 주제를 옹호하고 있다. 이 주제는 수많은 시체들의 소생이란 생각할 수 없다는 주장 때문에 불합리한 주장이 되지는 않는다. 부활에는 변모가 뒤따르기 때문이다: "육의 몸으로 심겨 *
영의 몸으로 다시 살아납니다"(15, 44). 그 주제의 불합리성이란 실은 다른 측면에서 볼 수 있다: 만일 부활이 없다면 가령 종교나 도덕은 (15, 14, 32·33) 아무런 의미가 없다는 것이다. 궁극적으로 미래의 부

1) 이 귀절에 대한 여러 변형들이 있다. 가장 중요한 변형들은 해당 주석에서 제시될 것이다. 또한 Clark, *Studia paulina*, 63f.를 참조하라.
2) *ῥιπῇ*. P[46] D G 1739 lat에는 *ῥοπῇ*라고 되어 있는데, 이 독법은 거의 틀린 독법이다. Zuntz, 37 이하를 참조하라.

활을 믿을 수 있게 되는 것은 그리스도의 부활의 사실 때문이다. 또한 그것은 논리적인 선례(15,12)나 예를 통해서뿐만 아니라 하늘에 속한 사람으로서 그리스도는 첫째 아담이 옛 사람의 창조자요 머리였던 것처럼 새 사람의 창조자요 머리이시기 때문이다. 그러나 궁극적으로 미래의 부활이 받아들여지고 나타나는 것은(참조. 로마 8,19) 미래에 있다. 이미 그리스도교인들에게 믿음과 세례를 통해 일어난 일이 무엇이든간에 그것이 몸의 최종적인 부활과 변모는 아니다.

[50] **형제들이여(참조. 1,1), 내가 말하려는 것은 이것입니다.** 7장 29절에서도 바울로는 이렇게 말을 시작하면서 요약한다. **살아있는 사람들**(직역하면 "살과 피로 된" 사람들)**은 하느님 나라를 이어받을 수 없으며 죽어서 썩을 것은**("죽어서"라는 말이 그리이스어 원문에는 없다. 이하를 참조하라) **썩지 아니할 것을 이어받지 못합니다.** 이 귀절의 의미에 대해서 예레미아스(*N.T.S.* ii. 151—59)가 상세히 논의하였다. 쌍을 이루는 셈어적인 말 '살과 피'는 '살아있는 사람들에게만 적용되는 말이다. 피라는 말은 물론이고 살이라는 말도 죽은 사람들에게는 해당되지 않는다'(152). 병행을 이루는 행에서 "썩을 것"이란 말은 '분해가 일어난 시신들'이란 구체적인 의미로 쓰이지 않고 추상명사로 쓰였다. 예레미아스는 이렇게 요약한다: '50절의 두 행은 한편으로 살과 피로 된 사람들과 다른 한편으로 분해가 일어난 시신들을 대조시키고 있다. 달리 말해서 첫째 행은 내림 때까지 살아있을 사람들을 가리키고 둘째 행은 내림 이전에 죽을 사람들을 가리킨다. 따라서 이러한 병행성은 동의어적이 아니라 종합적인 것이다. 그러므로 50절의 의미는 이러하다: 살아있는 사람이든 죽은 사람이든 —현재의 상태대로— 하느님 나라를 이어받을 수는 없다'(152).

이점은 지금까지 다른 두 가지 형태의 몸에 대해서 말해온 것 —부활한 생명에는 다른 형태의 몸이 필요하다— 과 분명히 일치한다. 또한 그것은 다음 귀절들에서 계속 주장하는, 살아서 "내림"을 보게 될 사람들과 그렇지 못할 사람들 사이의 구분과도 일치한다. 그러나 여기서 말하고자 하는 핵심은 앞의 주장에 대해 부정적이다. 바울로의 의도는 "살"과 하느님 나라가 서로 직접적으로 양립할 수 없음을 가르치려는 데 있지 않고 다만 살아있는 사람이든 죽은 사람이든 똑같이 변모를 경험해야 하고 새로운 영의 몸을 입어야 한다는 것이다.

* [51] 여기서 바울로는 특별히 마지막 때에 어떤 일이 일어날 것인가(참조. 15,23—28)를 서술하는 묵시문학

적 언어를 구사한다. 묵시문학적 자료가 아주 장엄하게 도입된다. **보시오. 이제 내가 여러분에게 비밀을 말하겠읍니다.** 바울로는 "보시오"(*ἰδού*)란 말을 자주 쓰지 않는데, 로마서 9장 33절의 인용문(이사 28, 16) 이외에는 자신의 말들을 강조하기 위해서 이 말을 쓴다(고후 5, 17 ; 6, 2·9 ; 7, 11 ; 12, 14 ; 갈라 1, 20). "비밀"에 대해서는 로마서 11장 25절과 비교하라. 거기서 신비는 마지막 때에 일어날 일에 대한 감추어진 (바울로에게 또 그를 통해 드러난) 진리를 의미한다. 2장 1·7절, 4장 1절에서 그 말의 의미는 복음의 비밀이 곧 종말론적 진리이므로 현재 귀절의 의미와 관련이 있긴 하지만, 고린토전서의 다른 곳에서 그 말은 다소 다른 의미로 쓰였다(13, 2 ; 14, 2). 그러나 차이가 있는 것은, 여기서 말하는 비밀은 복음의 이해에 있어서 감추어진 것이긴 하나 본질적인 것은 아니기 때문이다. 마지막 날들의 사건들은 안전하게 하느님의 손에 달려있는 것일 수 있다. 우리가 장차 어떤 일이 일어나리라는 것을 안다고 해서(우리가 겸손해지는 것 외에는— 로마 11, 25) 더 좋을 것은 없다.

우리가 다 (죽은 다음에) 잠들어 있을 것이 아니라 모두 변화할 것입니다. Robertson, 753에 의하면, 첫째 절(*πάντες οὐ κοιμηθησόμεθα*)의 의미는 "모두가 잠들지 않을 것이다"이다. 그러나 다른 문법학자들(Moule, 168 ; *B.D.* §433 ; *M.* iii. 287)과 대개의 주석가들은 문맥상 그 말은 이런 의미가 아니라 '(우리들 가운데) 모두가 잠들지는 않을 것이다'라는 의미로 받아들여야 한다는 데에 동의한다(후자의 의미는 그리이스어 원문이 *οὐ πάντες κοιμηθησόμεθα*로 되어 있다고 가정할 경우이다. 쉴라터는 부정어가 문장의 다른 요소를 부정할 경우에도 부정어를 동사에 갖다붙이는 바울로의 습관을 설명하기 위해 고린토후서 7장 3절과 비교한다). 잠이란 어느 누구에게나 일어나는 사건은 아닐 것이다. 그러나 변화는 모든 사람에게 일어날 것이다. 잠은 바울로에게 있어서 죽음과 동의어이다(참조. 15, 6). 그가 말하고자 하는 바는, 어떤 이들은 그리스도가 오실 때까지 살아있을 것이므로 모든 그리스도인(이 말은 일인칭복수를 지시한다)이 죽지는 않으리라는 것이다. 다음 귀절들이 보다 상세하게 보여주듯이 이들은 직접적인 변화를 경험할 것이며 반면에 죽은 사람들은 (앞의 주장에서 제시했듯이) 다른 몸을 입고 살아날 것이고 따라서 그에 비길 만한 변화를 경험할 것이다. 다음 귀절로 넘어가기 전에 이 귀절이 여러 다른 형태로 변형되었다는 점을 주목하는 것이 좋다. 중요한 제안들은 이렇다. 첫째, 우리가 다 잠들지는 않을 것이지만 모두 변화하지는 않을 것이다(p^{46}). 이 제안은 부주의하게 부정어를 반복한 것으로 보인다. 둘째, 우리는 모두
* 잠들 것이지만 다 변화하지는 않을 것이다(ℵ A C G 33). 이런 독법을 지지하는 사람들은 "내림"(parusia)이 그 자신의 세대에 일어나리라는 바울로의 신념을 파악하지 못한 것이다. 세째, 우리가 모두 살아날 것이지만 다 변화하지는 않을 것이다(D* lat Marcion). 이 독법은 바울로가 이 단락에서 생각하고 있지 않은 새로운 사상 —사악한 자들의 운명— 을 전달한다. 우리는 어느 정도 확신을 갖고 여기서 사역된 본문을 채택할 수 있으며 적어도 여러 변형들에 비추어 볼 때 바울로의 사상이 난해하다는 것을 안 사람들이 우리 이전에도 있었다고 생각하는 것이 편하다. 50절로부터 뒤따르는 요지는, 죽은 사람이든 살아 있는 사람이든 그들이 하느님 나라를 이어받으려면 어떤 변화가 있어야 한다는 것이다.

〔 52 〕 그때가 오면 변화는 즉시 일어날 것이고, **마지막 나팔이 울려올 때 "일순간에"**(*ἄτομον*. 일반적으로 나뉘어진 시간의 한 단위를 나타내는 말이다. 그러나 Aristotle, *Physics* Ⅳ. ii. 13 참조) **눈깜짝할 사이에**(이책 430면의 주 2 참조. "눈깜빡"이란 친숙한 말은 *ῥιπή*에 대한 보다 자연스런 번역이긴 하나 *ῥοπή* "〔눈을〕 감기"를 나타낸다고 봐도 무방했던 말이다. 참조. 지혜 18,12; Moule, 186) **일어날 것이다.** 데살로니카전서 4장 16절에서는 이와 비슷한 문맥에서 하느님의 나팔소리에 대해 말한다. 또한 마태오복음 24장 31절, 요한묵시록 1장 10절, 4장 1절, 8장 2·6·13절, 9장 14절과 비교하라. 그러나 여기서 "마지막 나팔"을 잇달은 것들(요한묵시록에 있어서 일곱 나팔과 같은 것)의 마지막을 의미하는 것으로 이해한다면 잘못일 것이다. 그 말은 마지막 때에 뒤따르는 나팔소리를 의미한다. 이러한 개념은 유다교적인 것이다. 요엘 2장 1절, 스바니야 1장 16절, 제 4 에스드라 6장 23절, 프리드리히(G. Friedrich)가 *T.W.N.T.* vii. 84에서 언급한 다른 귀절들을 참조하라. 바울로는 마지막 때에 대한 이러한 묘사를(추측컨대 한 유다교의 묵시를 인용함으로써) 전적으로 받아들였다. **나팔소리가 울릴 때**(동사는 비인칭으로 쓰였다. 바울로는 나팔을 부는 사람을 지시하지 않는다. 그러나 —다른 묵시문학들에 비추어서— 이일을 천사나 천사장이 하는 일로 보아도 타당하다) **죽은 자들이 썩지 않는 상태로**(반면에 그들은 죽어서 부패한 상태에 있다: 15,42·50) **다시 살아날 것이며 우리도 변화할 것입니다.** 50절에서처럼 바울로는 "내림"

이 일어날 때 이미 죽은 사람들과 살아있는 사람들을 구분하고 있다. 이러한 구분이 51절에서 반복되며 바울로는 추측컨대 이제 그가 명백하게 말하려고 하는 바를 암시한다. 그는 "내림"시에 자신이 죽은 자들(그가 3인칭으로 말하는) 가운데 들지 않고 살아있는 자들(그가 1인칭으로 말하는) 가운데 들리라고 기대한다. 그는 "내림"이 자신의 생전에 일어나리라고 기대했다. 바울로가 이러한 신념을 바꾸었는지 어떤지는 논의해야 할 문제이나 여기서 논의할 수는 없다. 이 문제를 논의하려면 바울로의 모든 서신들을 들춰봐야 할 것이기 때문이다. 고린토후서 5장 1—5절에 대한 주석도 참조하라. 만일 그러한 관점이 바뀌었다면 그것은 바울로가 "내림"이 한참 후에 일어나리라고 생각했기 때문이라기보다는 오히려 죽음이 좀 더 가까이 있음을 알았기 때문일 것이다. 바울로 사상의 발전이라는 문제보다 더 중요한 이 문제는 초기 그리스도교 종말론에 관한 문제를 분명하게 제시한다. 이런 문제에 대해서도 여기서 논의할 수는 없다. 이런 문제는 이미 신약성서시대에, 특히 요한에게서 인식되고 다루어졌다. *

죽은 자들에게 영향을 미칠 변화는 분명히 일어나는 것이고 이미 15장 42절에서 언급하였다. 이전의 "자연적인 몸"은 부패의 과정에 있다. 그것은 썩지 않을 새로운 "영의 몸"으로 바뀔 것이다. 그러나 살아있는 자들은 여전히 "자연적인 몸"을 입고 있으며 그들에게도 비슷한 변화가 일어날 것이다.

〔 53 〕 썩을 이 몸("몸"이란 말이 그리이스어 원문에는 나오지 않는다. 그러나 여기서 형용사는 $\sigma\omega\mu\alpha$에 일치하는 중성이다. 보다 일반적인 의미로 '썩을 이것'이라고 번역할 수도 있다)이 반드시 썩지 않을 것(이에 대해서는 앞서 충분히 논의한 바 있다)을 (옷으로 : 이런 비유가 고린토후서 5장에서 발전된다) 입고 죽을 이 몸(혹은 '죽을 이것')이 반드시 죽지 않을 것을 입을 것입니다. 아마도 "죽을"이란 말은 죽은 상태는 아니지만 죽음에 예속되는 인간의 본성을 지시하는 것이고 따라서 "내림"까지 살아 있을 사람들을 가리킨다. 그들은 변화하여 이제는 더 이상 죽음의 세력에 굴복당하지 않을 것임에 틀림없다. 이러한 변화는(아마 그리스도 안에 있지 않은 사람들을 제외한다면) 죽음의 권세 아래 있을 사람이 아무도 없으므로 결국 패배하게 될 죽음의 멸망으로 나타나고 또한 새로운 인간성의 성취로 나타날 것이다.

[54] **썩을 이 몸이 썩지 않을 것을 입고 죽을 이 몸이 죽지 않을 것을 입을 때에는 기록된 말씀이 이루어질 것입니다. 죽음이 이김에 삼킨 바 되었으니**(참조. 15,26). 이 귀절의 인용문은 이사야 25장 8절이다. 그러나 이 인용문은 히브리어 본문(그가 영원히 죽음을 삼킬 것이다—laneṣaḥ)에 대한 자유로운 번역으로 보이며 이 귀절을 달리 번역한 70인역에서 따온 것은 아니다. 다음의 두 행들도 이와 같이 자유롭게 번역한 것이다.

[55] **죽음아, 네 이김이 어디 있느냐? 죽음아, 네 가시가 어디 있느냐?** 이 귀절의 인용문은 호세아 13장 14절인데, 거기서 히브리어 본문은 "죽음아, 네 재앙이 어디 있느냐? 음
* 부(Sheol)야, 네 멸망이 어디 있느냐?"로 되어 있다. 이 히브리어 본문의 요지는 죽음과 음부가 그들의 위협수단들을 가지고 죄있는 사람들을 처벌하도록 되어 있다는 것 같다. 그러나 몇몇 다른 유다교 해석가들은 이 수사학적인 물음들을 바울로와 같이 적합한 의미로 이해하였다는 몇가지 증거가 있다. E.E. Ellis, *Paul's Use of the Old Testament* (1957), 138 ; C.H. Dodd, *According to the Scriptures* (1952), 76을 참조하라. 70인역 번역자들의 경우도 이와 마찬가지이다. 그들은 "죽음아 네 처벌(δίκη)이 어디 있느냐, 음부(Hades)야, 네 가시가 어디 있느냐" 라고 번역하였다. 이 번역이 바울로의 말을 해명해줄 것이다. 그러나 여기서 바울로는 성서에 따른 주장에 근거하지 않고 자유롭게 성서적 언어를 구사하여 죽음에 대한 궁극적인 승리를 말하고 있다. 말하자면 바울로는 마지막 때에 서서, 죽음이 이미 패배당했고 더 이상 이전의 가시로 찌를 수 없다고 죽음을 무시한다. 그가 음부(Hades)라는 말을 쓰지 않은 것은 아마 그 이름이 이교의 신을 암시했기 때문일 것이다.

[56] 바울로는 수사학과 열광주의에 빠지지 않았다. 죽음은 멸망받을 마지막 적이며(15,26) 죽음이 패배당하는 순간이 아직 이르지 않았다. 죽음은 여전히 우세하며 아직도 가시가 있다. 이 가시 배후에는 그것이 하느님 자신의 대행자이므로 보다 유력한 세력이 있다. **죽음의 찌르는 가시는 사실 죄요 죄의 권세는 율법입니다.** 바울로는 창세기 2장 17절에서 보았던 죽음과 죄와의 연관성은 자주 그의 문헌들(예. 로마 5,12·13 ; 6,23—그 주석 참조)에 나타난다. 일반적으로 고려할 때 그러한 연관성은 죄가 죽음의 원인이라는 것을 뜻한다. 이것은 경험적으로도 고찰된 바이다. 죽음을 기정

사실로 받아들인다면 죄는 그 죽음을 더욱 심하게 하는 것이다. 심리학적으로 죄가 뉘우침의 원인이라는 의미에서 그럴 뿐만 아니라 신학적으로도 죽음은 단지 자연적인 현상이 아니라 처벌, 즉 존재해서는 안 되고 인간이 창조주께 반역하지 않았더라면 존재하지도 않았을 악이라는 사실이 분명하다는 의미에서 그러하다. 바울로는 이 주제를 발전시키지 않고 일단 언급하고 나서 죄와 죽음 이외에 제 3의 요소에 대해 언급하려고 한다. 죄와 죽음에 똑같이 관련된 것은 "율법"이다. 이러한 관련성에 대해서는 로마서 5장 13절, 7장 7—25절과 그 주석을 참조하라. 율법은 죄를 죄로 알게 하며 또한 죄를 더하게 한다. 율법은 죄의 계기이며 죄가 작용하는 발판이다. 로마서 6장 14·15절에 함축된 의미는, 사람들이 '율법 아래' 있을 때 죄가 불가피하다는 것이다—그것은 율법 자체가 악이기 때문이 아니라(오히려 율법은 거룩하고 의롭고 선한 것이며 영적인 것이다—로마 7, 12 이하), 율법은 하느님의 요구를 교훈적인 형태로 표현하므로 죄의 권위 아래 있는 종으로 팔린 인간(로마 7, 14)은 자기 중심적인 목적들을 위해서 율법에 불복종하거나 율법을 이용하도록 자극받을 수 있기 때문이다. * 퀌멜의 주장대로 여기서 바울로가 라삐적인 격언 "율법은 하느님의 능력이다"를 사용하고 있다는 것은 일리가 있다. 이것은 (퀌멜의 지적대로) 이 귀절의 독창성을 뒷받침해주는 주장이다. (예를 들어) 봐이스는 이 귀절이 55절과 57절 사이에 끼어들어간 삽입된 주석일 가능성이 높다고 생각한다. 그러나 이러한 봐이스의 견해(참조. 모펱의 견해 : '승리의 확신에 열정적으로 사로잡혀 있는 〔바울로가〕 이런 산문체의 말을 할 수는 없었을 것이다')는 문맥을 아주 오해한 것인데 특히 56절이 이 문맥의 절정을 이루기 때문이다. 이 귀절은 '무미건조한 교리적 주석'은 아니다—바호만. 앞의 귀절들은 묵시적 미래를 바라보며 죽음의 궁극적 패배를 기뻐한다. 56절은 현재 영향력을 미치는 죽음의 가시와 세력을 진지하게 고려하며, 57절은 근거없는 낙관에서 기뻐하는 것이 아니라 죽음에 대해서뿐만 아니라 죄에 대해서 이미 이루어진 승리 때문에 기뻐한다는 것이다.

〔 57 〕 그러나(But: 대문자로 표시된 이 말에 대해서는 15장 20절과 그곳의 언급들을 참조하라) **우리 주 예수 그리스도를 통하여**(비교. 로마 8, 39) **우리에게 승리를 주시는 하느님께 감사합시다**(비교. 로마 7, 24). 예수 그리스도의 승리는 그가 죄에 대하여 죽으셨다는 점에서 죄에 대한 승리였고, 모든 사람이 함께 동참해야 할

죽음이었다(로마 6, 10·11). 그러므로 이제 그리스도 안에서 "죽음의 찌르는 가시"는 뽑혀졌다. 또한 예수 그리스도의 승리는 그리스도 자신이 죽은 자들 가운데서 첫 열매로, 그 안에 있는 모든 이들도 부활하리라는 약속(15, 20·23)으로 부활하셨다는 점에서 죽음에 대한 승리였다. 마지막 때까지는(15, 26) 전인류가 승리를 완전히 얻지는 못한다. 그러나 바울로가 승리에 대해서 현재시제로 말할 수 있다는 것도 아주 확실하다 : "우리에게 승리를 주시는"(참조. 로마 8, 37).

[58] 상상력을 총동원하지 않아도 이 단락의 절정에서 바울로의 열렬한 설교를 들을 수 있다. 그러나 바울로는 순전히 수사학에 지나지 않는 화려한 자구로 자신의 담론을 마치려고 하는 그런 설교가는 아니다. 그의 묵시와 그 묵시를 설명하는 데서 뒤따르는 열광주의는 실제적인 목적을 지향한다. **그러므로**(ὥστε) **내 사랑하는 형제들이여, 굳게 서서 흔들리지 말고**(고린토교인들은 그리스도교적인 행위와, 가령 부활과 관련된 그리스도교적 확신의 면에서 아주 쉽게 동요되었음을 보여준다) **주의 일에 항상 열성을 다하시오.** 3장 13절 이하, 9장 1절, 16장 10절 등과 비교하라. 이 모든 귀절들에서 말하고자 하는 바는 교회를 존재하게 하고 또 교회를 세우는 그리스도교인의 수고이다. 이 일은 특히 사도들의 직무이긴 하나 디모테오와 같은 동역자들 또는 모든 그리스도교인들의 일이다. 그것은 이들이 다같이 몸의 지체들이기 때문이다. 만일 부활이 없다면 노고는 헛될 것이고 일하는 사람들은 쾌락에 전념하는 것이 오히려 유익할 것이다(15, 32). 그러나 그럴 염려는 없다. 고린토교인들은 그리스도교적인 일에 보다 더 헌신할 수 있다. **그것은 여러분이 아는 대로 주 안에서 수고한 것은 결코 헛되지**(직역하면 "텅빈" κενός: 참조. 15, 10) **않기 때문입니다.** "주 안에서"란 말은 "수고"라는 말(이 말은 바울로가 말하고 있는 그리스도교적 일을 가리킨다)과 수고가 "헛되지" 않다라는 말에 모두 연결된다. 주가 멸망하지 않는 것처럼 "주 안에서" 한 수고도 헛되지 않을 것이다. 3장 14절과 비교하라.

바. 헌금　　16장 1—4절

36. 헌금에 관한 지시와 계획　　16장 1—4절

1 성도들을 돕기 위한 헌금에 관해서는 내가 갈라디아 여러 교회에 지시
한 대로 여러분도 실행하기를 바랍니다. 2 내가 그리로 간 후에 비로소 헌금
하는 일이 없게 하기 위하여 여러분은 매주 첫 날마다 각각 벌어들이는 수
입에 따라 얼마씩을 따로 저축해 두기를 바랍니다. 3 내가 그리로 가게 되
면 그때 여러분이 인정한 사람에게 내가 소개편지를 써 주어 그가 여러분의
선물을 예루살렘에 전달하도록 하겠읍니다. 4 만일 나도 가는 것이 옳다면
그들과 같이 가도록 하겠읍니다.

7장 1절에서 밝혀진 바로는, 이 서신에는 고린토교인들이 편지에서 제기한 특수한 문제들이나 물음들에 대해 바울로가 언급한 것으로 보이는 여러 단락들이 있다. 이 단락은 이러한 단락들 중 거의 마지막 단락이다. 고린토교인들은 아마 갈라디아 교인들로부터 바울로가 시작한 헌금사업에 대해 들었고 그들도 이 일에 참여할 수 있는 방법에 대해서 물었던 것 같다.

〔 I 〕 **성도들**(예루살렘 교회를 가리키는 이 말의 용법에 대해서는 로마서 15장 26절을 참조하라. 다른 곳에서, 예를 들어 고린토전서 1장 2절에서 이 말은 일반 그리스도교인들을 가리킨다)**을 돕기 위한 헌금**(*λογεία*란 말은 오랜 동안 성서 그리이스어에서 특수한 용어로 생각되어왔다. 후대에 이 말은 파피루스 문서들에서 대개 세금과 관련하여 나타났다)**에 관해서는**(7, 1 ; 8, 1 ; 12, 1). 예루살렘에서 바울로는 가난한 이들을 기억하는 일을 행해 왔었다(갈라 2, 10). 이런 방면에서의 그의 활동들이 사도행전 11장 30절, 24장 17절, 로마서 15장 25—28절, 고린토후서 8장 9절 등에 언급되어 있다. 바울로의 헌금은 모든 유다인들이 예루살렘 성전에 바쳤던 성전세(Didrachma)와 비교되었다(J. Jeremias, *Jerusalem zur Zeit Jesu* 〔1958〕, I 86 ; 참조. II *A* 48 ; II *B* 118). 그러나 키텔은 파세에 대한 생각은 *

잘못임을 보여주었다(*T.W.N.T.* iv. 286). 바울로는 그의 이방 개종자들이 모교회를 돕는 일에 있어서 보여준 자발적인 행동의 자유를 강조하고 있다. 단지 예루살렘교회에 대한 요구는 도덕적인 요구였고(로마 15,27) 바울로는 선물을 받아들이는 태도에 대해 약간 의심하였다(로마 15,31). 바울로가 모금을 하게 된 것은 그렇게 하도록 요청을 받았기 때문이거나, 분명히 그는 가난한 성도들에 대해 참으로 동정심을 느꼈기 때문이며, 그리고 아마 그는 이미 적어도 불편한 교제의 표시들이 나타내고 있는 양분된 교회가 헌금을 통해서 결속하기를 바랐기 때문일 것이다.

바울로는 고린토교인들에게 그들이 헌금에 대해 어떻게 해야 하는지를 말하는데, 우선 암시적으로, 우리가 해석할 수 없는 용어로 말한다. **내가 갈라디아 여러 교회에 지시한**(*διέταξα*라는 말에 대해서는 7장 17절 참조) **대로 여러분도 실행하기를 바랍니다.** "갈라디아 여러 교회들"에 내린 지시들에 대한 기록이 없다. 아마 고린토교인들은 이런 지시들에 대해서 들었을 것이고 다음의 귀절들로부터 이런 지시들을 재구성할 수 있다. 이런 지시들은 신약성서에 포함된 갈라디아서에도 나오지 않는다. 그 지시들은 사도행전 18장 23절이나 아마도 특수한 편지에서 기술된 여행기간 중에 구두로 전해졌을 것이다. "갈라디아"란 말로 바울로가 무엇을 뜻하려 했는지는 여기서 논의할 수 없는, 익히 알려진 바울로의 문제점이다. 어떤 이들은 사도행전 13장, 14장에 나오는 소위 제 1 차 전도여행의 교회들 —안티옥, 이고니온, 더베, 루스드라— 에 대한 언급을 본다. 그러나 페씨누스, 고르디움, 게르마, 도리래움 부근에 있는 북부 소중앙아시아의 어떤 지역으로 생각하는 것이 보다 개연성이 있다.

[2] 어떻게 헌금을 해야 한다는 말이 다음에 나온다. **내가 그리로 간 후에 비로소 헌금하는 일이 없게 하기 위하여 여러분은 매주**(즉 주일날 : 여기서 이 날은 그리스도교인들이 예배를 위해 모이는 날로 언급되어 있지 않다. 그러나 요한묵시록 1장 10절을 참조하라) **첫 날마다**(그리이스어에서 기수인 *μίαν*은 서수 대신에 쓰인 말이다. 이 말은 바울로에게 친숙하였을 셈어법을 반영한 것일 * 수 있다. 참조. 사도 20,7과 *B.D.* §247) **각각 벌어들이는**(동사를 현재가정법 동사 *εὐοδῶται*로 취한 것이다—*M.* i. 54 ; ii. 191, 200에서도 이 현재가정법 동사를 취한다. 로마서 1장 10절에서 그 동사는 보다 일반적으로 쓰였으나 여기서 그 의미는 재정적인 의미임에 틀림없다)

수입에 따라 얼마씩을 따로(교회헌금으로 바치라는 말이 아니다—Justin, *Apology* i. 67과 대조하라. 바울로는 헌금의 유용과 관련하여 비난받을 가능성을 피하려 했고 아마 그러한 유용 자체를 피하려 했을 것이다) **저축해 두기를 바랍니다.** 바울로는 자신이 고린토에 갈 때까지 교인들이 각자 자진해서 구제기금으로 기부할 돈을 준비해 두기를 분명히 바랐다. 헌금사업은 유익한 일이면서도 전적으로 시간을 투자해야 하거나 수고를 해야만 하는 일은 아니었다. 결국 고린토에서 헌금사업을 마무리짓는 데는 시간과 노력이 많이 들었다. 고린토후서 8장 9절을 참조하라.

〔 3 〕 일단 헌금이 끝나면 전달하는 문제가 남아 있다. **내가 그리로 가게 되면**(참조. 이하 5—9절) **그때 여러분이 인정한 사람에게**(바울로는—분명히 비방을 피하려는 동기와는 반대로—자기편 사람을 택할 의사는 없다. 비교. 고후 2,16 이하) **내가 소개편지**(추천서는 고대에도 잘 알려진 형식이었다)**를 써 주어 그가 여러분의 선물**(χάρις. 이 말은 하느님의 은혜를 나타내는 용어이기도 하다. 참조. 고후 8,1·4·6·7·9 등)**을 예루살렘에 전달하도록 하겠읍니다.** 소개편지들(δι' ἐπιστολῶν)에 대한 언급은 고린토교인들의 조처를 고려한 것일 수 있었다. '여러분이 편지를 통해 추천한 사람들을 내가 보내겠다….' 그러나 이런 번역은 다소 의미가 잘 통하지 않는다.

〔 4 〕 바울로 자신의 계획들이 확실하지 않다. **만일 나도 가는 것이 옳다면**(알로가 이렇게 번역한다. 그러나 "만일 〔헌금〕 총액이 만족할 만하다면"이라고 달리 번역하는 것이 좀 더 그럴 듯하다) **그들과 같이 가도록 하겠읍니다.** 로마서 15장 25절을 썼을 때 바울로는 예루살렘에 가기를 원했다. 그리고 사도행전 20장 3절—21장 17절은 그리이스를 거쳐 예루살렘에로 가는 여행을 기술하고 있는데, 이 여행에서 바울로는 많은 동료들과 동행했다. 사도행전 20장 4절에는 한 명의 고린토인도 언급되어 있지 않지만 고린토에서의 헌금사업의 성공은 로마서 15장 26절에서 확증되는 것 같다.

헌금사업에 대해서는 또한 고린토후서 8장, 9장과 그 주석을 참조하라.

*

Ⅳ. 결론 16장 5—24절

37. 바울로의 계획들의 배경 16장 5—12절

5 나는 마케도니아를 거쳐 여러분에게로 가겠읍니다. 내 계획으로는 마케
도니아는 지나갈 뿐입니다. 6 그러나 여러분에게로 가면 얼마동안 함께 지낼
것이며 혹 겨울을 나게 될른지도 모르겠읍니다. 그 다음에는 여러분이 어디
든지 내가 가려는 곳으로 나를 보내주기를 바랍니다. 7 나는 지금 지나가는
길에 잠깐 들러 여러분을 만나보려는 것은 아닙니다. 왜냐하면[1] 주께서 허
락하신다면 얼마 동안 여러분과 함께 머무르고 싶기 때문입니다. 8 그러나
오순절까지는 에페소에 머물러 있을 것입니다. 9 그것은 크고 유효한 문이
내 앞에 열려 있고 또 대적하는 자들도 많기 때문입니다. 10 만일 디모테오
가 그리로 가거든 아무 불안없이 여러분과 함께 지낼 수 있도록 해주기를
바랍니다. 그도 내가 하는 것과 같이 주의 일을 하고 있는 사람입니다. 11
그러므로 아무도 그를 멸시해서는 안 됩니다. 그리고 평안히 내게로 돌아오
도록 그를 보내주기를 바랍니다. 나는 형제들과 함께 그를 기다리고 있읍니
다. 12 형제 아폴로에 대하여[2] 그가 다른 형제들과 함께 여러분에게 가도록
내가 진심으로 권했지만 그러나 그가 지금 가는 것은 다만 하느님의 뜻이
아닙니다. 그러나 기회가 있으면 갈 것입니다.

헌금계획(16, 1—4)은 곧 있을 바울로의 고린토 방문에서 결정에 이

---

1) γάρ("왜냐하면") 대신에 δέ("그러나")로 되어 있는 대다수 사본들에서는 본문의 요지를 놓치게 된다.

2) ℵ* D* G와 고대 라틴역, 그리고 몇몇 불가타사본들은 δηλῶ ὑμῖν ὅτι "내가 이것을 여러분에게 말합니다"를 첨가한다. 이것은 문장을 좀 더 좋게 만들려는 이차적인 시도일 수 있다. 바울로는 아폴로가 고린토에 가지 않은 것에 대해 전혀 난처해 하지 않았다고 해도(해당 주석 참조) 이런 식으로 격렬하게 말하는 것은 그의 특징이었을 것이다. 아폴로에 대하여는 그가 여러분에게 가지 않은 것은 내 잘못이 아니라는 점을 "나는 여러분에게 말합니다"; 나는……하도록 그에게 권했읍니다.

르는데, 그때쯤이면 헌금은 모아져서 예루살렘에 전달될 것이다. 이 헌금계획에서 더 나아가 바울로는 자신의 미래 계획들에 대해 좀 더 상세히 말하며 이 서신의 결론을 맺게 된다. 그는 독자들에게 그의 고린토 방문에 대비하라고 말했다. 이 방문이 언제 있을 것인가?

[5] **나는 마케도니아를 거쳐 여러분에게로 가겠읍니다.** 이 서신을 쓸 당시 바울로는 에페소에 있었다(8절). 그 * 러므로 아마 그는 육로로는 북쪽으로 갈 것이고 해로로는 드로아나 테레보스로 가거나 아니면 개연성이 적긴 하나 에페소를 거쳐 직접 마케도니아로, 혹은 데살로니카나 베뢰아로 갈 것이다. 에페소에서 그는 남서쪽으로 마케도니아를 거쳐 아텐이나 고린토로 갈 것이다. 여행 계획은 이미 짜여진 것이다. **내 계획으로는 마케도니아는**(아마 전도여행 중에 잠간 들릴 곳으로 보인다. *διέρχεσθαι*의 이런 용법에 대해서는 예를 들어 사도행전 20장 25절을 참조하라) **지나갈 뿐입니다**(직역하면, "나는 지나갈 것입니다" *διέρχομααι*. 현재시제는 8절에 비추어 볼 때 지금 바울로가 여행 중에 있음을 뜻하는 것은 아니므로 확고한 계획을 뜻하는 것임에 틀림없다).

[6] **그러나 여러분에게로 가면 얼마동안 함께 지낼 것이며**(마케도니아를 지나가는 것과는 대조적이다) **혹 겨울을 나게 될른지도 모르겠읍니다. 그 다음에는 여러분이 어디든지 내가 가려는 곳으로 나를 보내주기를 바랍니다.** 분명히 바울로는 고린토 방문 이후의 그의 확고한 활동계획을 이미 세웠다. 16장 4절과 비교하라. 그는 예루살렘을 방문하려고 했거나 아니면 그런 의사가 없었을 것이다. 고린토에 있을 때 바울로는 예루살렘에 가기로 결정했다(로마 15, 25). 동료 그리스도교인들이 그들의 여행을 계속하도록 돌봐주는 것이 그리스도교인의 의무였다. 11절과, 로마서 15장 24절, 요한 3서 6절 등을 참조하라. 분명히 바울로는 그의 지연된 고린토 도착이 혹시 오해받지 않을까 염려하고 있으며 그래서 그의 동기를 강조한다.

[7] **나는 지금**(*ἄρτι*: 이 말에 대한 알로의 긴 논의가 있다. 그러나 이어지는 말들은 그 의미를 충분히 드러낸다) **지나가는 길에 잠깐 들러**(앞의 방문은 짧은 방문일 것이다 — 마케도니아로 가는 길에 고린토에 잠깐 들린다는 것은 바울로의 현재 계획과는 다른 계획이다) **여러분을 만나보려는 것은 아닙니다. 왜냐하면 주께서 허락하신다면**(참조. 야고 4, 15) **얼마동안 여러분과 함께 머무르고 싶기 때문입니다.** 고린토교인들은 바울로의 동기와 계획을 오해하는 경

향이 있었다. 고린토후서 1장 15절 이하와 비교하라.

[8 · 9] (분명히 바울로가 현재 서신을 쓰고 있는 곳인) 에페소에서 일찍 떠나기란 불가능하다. **나는 오순절**(과월절 이후 50일째에 행하는 대 축제. 참조. 5,7 ; 15,20)**까지는 에페소에 머물러 있을 것입니다**(혹은 "머물려고 합니다. ἐπιμενῶ 혹은 ἐπιμένω). **그것은 크고 유효한**(ἐνεργής: 문에 적용하기에는 좀 이상한 형용사이나 은유에는 잘 맞는다) **문이 내 앞에 열려 있고 또 대적하는 자들도 많기 때문입니다.** 즉 전도하기에 아주 좋은 기회가 있으며 이와 동시에 바울로의 일에 반대하는 많은 사람들(아마 비그리스도교인들이거나 유다 그리스도교인들)이 있다. 이 두 가지 사실이 바울로가 머물러야 할 이유들이었다. 따라서 바울로가 고린토에 가는 것은 확실하지만 그 방문이 다소 지연될 것이다. 이 귀절과 4장 19절, "나는 곧 갈 것입니다"를 비교하라. 어떤 이들(예를 들어 헤링)은 두 귀절의 차이가 아주 분명하므로 이 귀절들이 같은 편지에 속할 수 없다고 생각한다. 그러나 바울로는 고린토전서를 쓸 때 얼마간 시간이 걸렸음에 틀림없고 4장과 16장의 어조가 상당히 다르다는 점을 기억해야 한다. 16장에서 바울로는 자신의 계획들을 진지하게 말하며 그의 여행시간표를 제시한다. 그러나 4장에서 그는 사도 없이도 지낼 수 있고 그의 교회를 대신해서 지도할 수 있다고 생각하는 사람들에 대해서 비난하고 있다. '내가 고린토를 다시는 방문하지 않을 것처럼 생각하는 사람이 있읍니다. 그러나 주의하십시오! 나는 여러분이 생각하는 것보다 빨리 가게 될 것입니다.'

[10] 지금까지 말한 것은 바울로의 여행계획들이다. 고린토교인들은 바울로를 보기 전에 먼저 디모테오의 방문을 기대할 수 있다. **만일 디모테오가 그리로 가거든 아무 불안없이 여러분과 함께 지낼 수 있도록 해주기를 바랍니다.** 서두의 말 "만일"은 디모테오의 고린토방문이 확실하지 않음을 시사한다. 이점에서 4장 17절과 대조적인데, 거기서 디모테오는 이미 보냄을 받았다(만일 단순과거 동사 ἔπεμψα가 서신체 형식이 아니라면 그렇다. 그러나 그런 경우라고 해도 그 동사는 디모테오가 편지를 갖고 막 출발하려고 함을 뜻할 뿐이다— 그는 1장 1절의 문안인사에는 나오지 않는다. 고린토후서 1장 1절과 대조하라). 4장은 바울로의 방문들의 경우에서처럼 디모테오의 방문이 고린토교인들을 경고하기 위한 것이라고 다소 과장해서 말한 것일 수 있다. 우리는 (모든 그리스도교 여행자들을 에워

싼 위험들에 덧붙여서—참조. 고후 11, 23 이하) 불확실한 점이 무엇인가를 추측할 수 있을 뿐이다. (여기서 고려되고 있는 시기와 거의 가까운 시기를 지시하는) 사도행전 19장 22절에 의하면 바울로는 디모테오와 에라스도를 마케도니아로 보냈다. 같은 여행이 문제된 것일 수 있다(그 이상은 말할 수 없다). 에라스도는 고린토인이었기(로마 16, 23) 때문에 고린토전서에서 언급되지 않은 것일 수 있다. 그는 고린토를 방문하려고 했던 것이 아니라 단지 귀향하려고 했던 것이다. 디모테오는 그가 고린토에 가는 것이 합당하다고 생각하거나 시간이 허락한다면, 또는 그가 또 다른 지시들(쉽게 전해받을 수 없었던 지시들)을 받을 경우 고린토에 가도 좋다는 허가를 받고 마케도니아로 파견되었을 것이다. 다음에 나오는 말들의 번역은 확실하지 않다. (γένηται πρὸς ὑμᾶς절에서) 단순과거시제의 용법은 디모테오의 체류("머무름")보다는 도착을 시사한다. 그러나 그렇게 할 경우 의미가 잘 통하지 않는다. 어쨌든 우리는 디모테오를 불안하게 했을 상황이 어떤 상황인지를 모른다. 이미 바울로는 제 2 서신에서(고후 10, 10 ; * 11, 6·7·29 ; 12, 11·16·21 등) 언급된 고린토교회의 행태들 —이러한 행태들은 고린토교회가 그렇게 하기로 맘먹으면 아주 불유쾌하고 위협적인 집단으로 될 수도 있었음을 시사한다— 의 측면들을 경험했을 것이다. 그래서 그는 그의 동역자를 보호하려고 했을 것이다. 분명히 고린토교인들이 디모테오를 "무시하게" 되었을 이유나 또 추측되는 이유가 있었다(11절). 불안의 원인은 그의 환경보다는 오히려 디모테오 자신에게 있었던 것일 수 있다. 하지만 왜 바울로가 이렇게 소심한 사람을 그의 신임받는 대리자로 세웠는가라는 문제에 답하기가 곤란하다. 우리는 그 이유를 모른다는 것을 단지 인정할 수밖에 없다.

[10 · 11] **바울로는 디모테오를 변호한다. 그도 내가 하는 것과 같이 주의 일을 하고 있는 사람이기 때문입니다.** 다시 말해서 그도 역시 복음전도와 교회를 세우는 일에 참여하고 있으며 그 일을 바울로가 하는 방식대로 하고 있다. **그러므로 아무도 그를 멸시해서는 안 됩니다.** 디모테오전서 4장 12절과 비교하라. 거기서는 다른 동사가 쓰였고 그가 젊다는 것이 멸시할 만한 이유로 제시되었다.

고린토교인들은 디모테오를 잘못 대해서는 안 된다. 오히려 **평안히 내게로 돌아오도록**(디모테오는 사도행전 19장 22절 다음에 20장 4절에서 다시 나온다) **그를 보내주기를 바랍니다**(비교. 6절. 여행하는 형제들을 돕는 일은 분명히 그리스도교적 사랑을 나타내는 중요한 일이었다 —이런 도움이 없었더라면 바울로가 그의 사역을 완수하기란 매우 어려웠을 것으로 생각할 수 있다). **나는 형제들과 함께 그를 기다리고 있읍니다**(형제들이 바울로와 함께 기다리고 있었는지 —만일 그랬다면 그들은 스테파나, 포르두나도, 아가이고였을 것이다— 아니면 그들이 디모테오와 함께 여행 중이었는지가 분명하지 않다). 여기서 언급된 사건들을 재구성하려는 시험적인 시도에 대해서는 이책 서론 23—28면을 참조하라.

[12] 바울로에게 속한 또 다른 유명한 순회 복음전도자가 언급되어야 한다. **형제 아폴로**(참조. 1, 12와 그 주석)**에 대하여는**(이 구문에 대해서는 7장 1절 참조. 이 구문은 고린토교인들이 그들의 편지에서 "아폴로"에 대해 아마도 그의 방문과, 왜 그가 아직 그들을 방문하지 않았는가를 물으면서—이 일에 바울로가 간섭했는지의 여부를 물었을 것임을 뜻한다) **그가 다른 형제들**(만일 디모테오가 그리스도교 형제들과 함께 있었다면〔11절〕 그를 가리켰을 것이다. 그러나 다만 추측할 수 있을 뿐이다)**과 함께 여러분에게 가도록 내가 진심으로 권했지만 그러나**(그리이스어 원문에는 *καί* "그리고"로 되어 있다. 그러나 여기서 *καί*는 반어적인 의미로 쓰였음에 틀림없다) **그가 지금 그렇게 하는 것은 다만**(*πάντως*: 비교. 9, 10) **하느님의 뜻**(그리이스어로는 "그 뜻"이다. 따라서 아마 '그〔아폴로〕의 뜻'일 수도 있다. 예를 들어 로버트슨-플럼머가 이렇게 주장한다. 그러나 *T.W.N.T.* iii, 59에 나오는 쉬렌크의 주장을 참조하라)**이 아닙니다. 그러나 기회가 있으면 갈 것입니다.** 다음과 같은 추측은 타당하다. 바울로와 아폴로는 고린토교회의 연합을 위해서라면 아폴로가 고린토교회를 방문하지 않는 것이 더 좋다는 결정을 내렸다는 것이다. 그러나 정말 그랬는지 알 수 없다. 또한 아폴로가 고린토를 다시 방문했는지도 알 수 없다. 그에 대한 언급이 고린토후서에는 없다. 이 책 서론 25—28면과 거기서 언급된 몽떼피오르(H.W. Montefiore)의 견해를 참조하라.

38. 고린토교회에 대한 마지막 부탁과 인사 16장 13—24절

13 깨어 있으시오. 믿음에 굳게 서 있으시오. 장부답게 강하시오. 14 그
리고 모든 일을 사랑으로 행하시오. 15 형제들이여, 여러분에게 권합니다.
여러분이 아는 바와 같이 스테파나의 가정은 아가야에서의 첫 열매이며 성

도들을 섬기는 일에 헌신하는 가정입니다. 16 그러므로 여러분은 이런 사람들과 함께 일하고 또 그리스도교인으로서 함께 수고하는 모든 사람에게 잘 순종하시오. 17 나는 스테파나와 포르두나도와 아카이고가 나와 함께 있는 것을 기뻐합니다. 그것은 여러분이 내게 다하지 못한 것을 이 사람들이 보충해주었기 때문입니다. 18 이 사람들은 내 마음을 즐겁게 해주었고 그렇게 함으로써 여러분의 마음도 즐겁게 해주었읍니다. 이런 사람들에게는 경의를 표해야 합니다. 19 아시아에 있는 교회들이 여러분에게 문안합니다. 아퀼라와 브리스카[1]와 그들 집에 모이는 교회가 다 함께 주 안에서 진심으로 문안합니다. 20 모든 형제들이 문안합니다. 거룩한 입맞춤으로 서로 문안하시오. 21 나(바울로)의 손으로 문안의 말을 씁니다. 22 누구든지 주를 사랑하지 않는 자는 저주를 받을 것입니다. 마라나 타. 23 주 예수의 은혜가 여러분과 함께 하시기를 바랍니다. 24 여러분에 대한 내 사랑이 예수 그리스도 안에서 여러분 모두와 함께 있기를 바랍니다.

바울로가 전체적인 고린토 상황을 돌이켜 보면서 남긴 말은 문안인 * 사에 덧붙여 몇 가지 당부의 말이다.

[13] 깨어 있으시오. 믿음에(혹은 그 "믿음에") 굳게 서 있으시오. 장부답게 강하시오. "깨어 있다"(γρηγορεῖν)란 말은 신약성서에서 자주 나오는데(예. 마르 13,37; 묵시 3,3), 단지 일반적인 경계나 도덕적인 주의를 나타내는 말이 아니라 곧 일어날 것으로 기대되는 종말론적 사건들에 대비한다는 의미로 쓰인 말이다. 바울로는 마지막 사건들이 곧 일어날 것으로 기대한다는 점이 이미 밝혀졌다(15,52. 비교. 7,29). 그리스도교인들은 이러한 사건들과 관련하여 그들의 삶을 영위해야 한다. 이런 태도에서만이 전망과 목적의 진지성이 보장될 수 있다(참조. 마르 13,35·36). 사실 이것이 "굳게 서 있는" 태도이다. 15장 58절의 "흔들리지 말고"와 비교하라. 믿음이란 즉시 확신에 찬 신뢰와 복종을 나타내는 하느님께 대한 태도이다. 바울로는 신뢰와 복종이 둘 다 변치 않기를 바란다. (관사가 쓰인 사실— τῇ πίστει과 관련하여) "그 믿음에 굳게 서 있으시오"라고 번역할 경우에 '그 믿음'이 그리스도교, 즉 (인간적인 면에서) 신뢰와 복종을 특징으로 하는 종교를 뜻할지라도 그 의미는 별 차이가 없다. "장부

1) 서방본문(D G*와 라틴역본들)은 "내가 위임한 사람들인"이란 말을 덧붙인다. 아마 이것은 로마서 16장 4절에 근거한 독법일 것이다. 바이스가 지적한 대로 이러한 첨가는 본문상으로는 이차적인 것이나 내용상으로는 옳은 것일 수 있다.

답게 행동하라"(ἀνδρίζεσθε)는 고대에 인정받은 덕을 주지시키는 것이다. 그 어군에 대해서는 주석들 이외에 Betz, 208을 참조하라.

[14] **모든 일을 사랑으로 행하시오.** 이 중요한 그리스도교 덕목에 대해서는 특히 13장을 참조하라.

[15] 지금까지는 일반적인 당부였다. 일반적이라고는 하나 고린토교회에 아주 적절하고 특수한 당부였음이 분명하다. 이제 바울로는 분명하고도 개인적인 말을 한다. **형제들이여**(참조. 1,1과 주석), **여러분에게 권합니다. 여러분이 아는 바와 같이**(You Know that; 전치법〔특히 문장의 뜻을 강조하기 위하여 말의 위치를 바꾸는 일—역주〕에 따라 달라질 수 있는 그리이스어 어순을 바로잡은 것이다) **스테파나의 가정은 아가야에서의 첫 열매**(즉 아가야의 첫 개종자. 하지만 이것은 사도행전 17장 34절과 불일치한다—아마 바울로는 고린토교회의 경우만을 생각했을 것이다. 비교. 로마 16,5)**이며 성도들**(참조. 1,2)**을 섬기는 일에 헌신하는 가정입니다.** 마지막 절은 직역하면 이렇다. "성도들을 섬기는 일을 자진해서 맡은 가정입니다"(εἰς διακονίαν τοῖς ἁγίοις ἔταξαν ἑαυτούς). 그 의미는 Plato, *Republic* ii. 371C에 나오는 밀접한 병행문에서 밝혀진다: "이〔필요〕를 알고 자진해서 섬기는 일을 맡은 사람들이 있다"(ἑαυτοὺς ἐπὶ τὴν διακονίαν τάττουσι ταύτην). 스
* 테파나와 그의 가족도 이와 마찬가지로 그럴 필요를 느끼게 되었으므로 성도들을 섬기는 일을 맡은 것이다(참조. 고후 8,17). 그들은 바울로에게서 그런 일을 떠맡은 것도 아니었고 교회를 통해서 맡은 것도 아니었다. 주제넘게 나서려는 마음에서가 아니라 봉사와 겸손의 정신으로 자진해서 맡은 것이었다. 달리 말해서 그들은 그들에게 봉사할 기회를 주시고 (추측컨대) 그 일을 완수하게 하시는 하느님에게서 직접 위임받은 것이다. 지금이야말로 바울로가 그랬듯이 교회가 이런 봉사의 직무를 인식해야 할 때이다. 그리스도교적 사역은 자발적인 봉사와 영적 준비에 대한 이러한 인식에서 비롯된다(참조. T.W. Manson, *The Church's Ministry* 〔1948〕, 특히 55; "The Ministry in the New Testament," in *The Doctrine of the Church* 39—63 Dow Kirkpatrick편). 여기서 "성도들"이란 16장 1절에 나오는 성도들은 아니다. 왜냐하면 이미 스테파나는 성도들을 섬기는 일을 시작했고 반면에 예루살렘 성도들을 위한 헌금은 이때야 비로소 시작되었기 때문이다. 여기서 또한 주목할 점은, "스테파나의 가정은 성도들을 섬기는 일에 헌신해 왔으므로" 그들은 성인들(adults)임에 틀림없다는 것이다. 이것은 신약성서

의 다른 부분들에서 세례를 받은 것으로 말하는 스테파나의 가정과 다른 가정들은 아이가 포함되지 않았을 것임을 입증해 주지 않으며 적어도 그러한 생각을 지지할 수 없다. 또한 "가정"이란 말에 여자는 포함되지 않았다고 보아야 할 이유도 없다.

[16] 스테파나와 같은 자발적인 지도자들이 나올 때(참조. 12, 28; 로마 12, 8; 데전 5, 12·13) 그들은 인정받아야 하고 또 성도들은 실제로 그들을 인정해야 한다. 그러므로 여러분은 이런 사람들에게 잘 순종하시오(명령법적 ἵνα; 참조. 176). 이 서신 전체를 통해서 볼 때 고린토교인들은 순종하는 일이 쉽다고는 보지 않은 것 같다. 따라서 그들에겐 자유로운 의사표현보다는 오히려 순종하는 훈련을 깨우치는 것이 보다 필요하다는 점이 그리스도교적인 삶, 특히 그리스도교적 공동체의 삶의 특징이다. 아무도, 심지어 바울로 자신도 다른 사람의 믿음을 지배할 수 없다(고후 1, 24). 오히려 모두가 사랑 안에서 서로 섬겨야 한다(갈라 5, 13).

스테파나와 그의 가정만이 그들의 지도에 평가와 순종이 뒤따라야 할 교회의 일원은 아니다. 고린토교인들은 함께 일하고(συνεργοῦντι에서 전치사는 바울로와 함께라는 것인지 아니면 스테파나와 함께라는 것 *
인지 분명히 지시하지 않는다) 또 그리스도교인으로서 수고하는("그리스도교인으로서"란 말은 그리이스어 원문에는 없다. 그러나 다른 곳에서—예. 15, 10—동사 κοπιᾶν "수고했다"의 바울로적 용법은 앞의 말과 어떻게 결부되는지를 보여준다) 모든 사람에게도 마찬가지로 순종하는 마음을 보여주어야 한다. 바울로에게서 많은 비판을 —아마도 주석가의 입장에서 볼 때는 다소 부당한 비판을— 받았던 고린토교회에는 순종하는 사람들이 많이 있었음에 틀림없다는 점을 기억하는 것이 옳다. 후에 이웃교회인 겐그레아로부터 다른 곳으로 여행하게 된 사람은 뵈뵈였다(로마 16, 1).

[17] 어떤 이들은 이미 여행을 마쳤다. 바울로의 전도활동에서 추정된 여행 횟수는 주목할 만한 것이었다. 나는 스테파나(아마도 15절에서 언급된 사람)와 포르두나도와 아카이고(이 두 사람은 신약성서의 다른 곳에서는 언급되어 있지 않다)가 나와 함께 있는 것(παρουσία란 말은 '도착'을 의미했던 말일 수 있다. 그러나 여기서 도착은 분명히 과거에 일어난 일이고 현재 함께 있는 것을 기뻐한다는 뜻이다. 따라서 본문과 같이 번역해야 할 것이다)을 기뻐합니다. 그것은 여러분이 내게 다하지 못한 것을 이 사람들이 보충해 주었기(τὸ

ὑμέτερον ὑστέρημα. 아마 "그들이 여러분에 대한 내 요구를 충족시켜 주었다"일 것이다) 때문입니다.

[18] 이 사람들은(그들의 그리스도교적 교제를 통해서, 또는 그들이 행한 봉사를 통해서. 그들이 고린토교회에서 갖고 온 소식은 전적으로 기뻐할 만한 소식은 아니었을 것이다) 내 마음을 즐겁게 해주었고 그렇게 함으로써(이 말은 함축된 말이지만 그리이스어 원문에는 나오지 않는다) 여러분의 마음도 즐겁게 해주었읍니다. 왜냐하면 고린토교인들은 그들의 사절들과 또 그들의 봉사가 사도의 마음을 즐겁게 해주었다는 것을 알고서 확실히 기뻐할 것이기 때문이다. 이런 사람들에게는 경의를 표해야 합니다. 15·16절과 비교하라. 그들은 교회 안에서 그리스도의 참된 종들이다.

[19] 마지막 문안인사가 뒤따른다. 아시아에 있는 교회들이 여러분에게 문안합니다. 바울로는 에페소에서 이 서신을 쓰고 있었다(16, 8). 하지만 분명히 그는 아시아 지역의 여러 교회들과도 접촉을 유지했다(참조. 사도 19, 10·26). 아퀼라와 브리스카(참조. 로마 16, 3과 그 주석)와 그들 집에 모이는 교회가 다 함께 주 안에서 진심으로 문안합니다. 즉 그들의 형제인 그리스도교인들에게 문안합니다. 아퀼라와 브리스카는 추측컨대 현재 에페소에 있다. 로마서 16장 3절에 의하면, 그들은 바울로가 고린토에서 로마서를 쓸 당시 로마에 있었다. 만일 로마서 16장이 원래 로마에 보내는 편지가 아니라 에페소에 보내는 편지였다는 견해를 받아들이지 않는다면 그러하다(참조. *Romans*, 12—13, 281—82). 그들이 이동했다고 가정하는 데 있어서 해결하기 힘든 난점이 있는 것은 아니다. 사도행전 18장 2절에 의하면, 바울로는 * 아퀼라와 브리스카를 고린토에서 만났다. 그것은 유다인들로서 그들이 로마에서 추방당했기 때문이다. 그들은 클라우디스 칙령이(그가 죽은 A.D. 54년에, 또는 그보다 더 이른 시기에) 해제되자마자 동방의 관습을 간직한 채 로마로 돌아갈 만한 이유가 있었을 것이다. 그들이 이동할 수 있었다는 것은 그들에게 돈이 없지는 않았다는 것을 시사한다. 이 점은 그들에게 교회 성원 전체가 모일 만한 집이 있었다는 사실을 해명해 줄 것이다. 에페소의 모든 그리스도교 공동체가 한 집에 모일 만큼 규모가 작았다고 생각할 수 없다면, 그 도시에는 여러 교회들이 있었다고 가정해야 한다.

[20] 모든 형제들(1, 1)이 문안합니다. 이들은 아퀼라와 브리스카의 집에서 모이지 않았던 에페소 교회의 일원

일 수 있다. 이들은 "아시아에 있는 교회들"에 포함시킬 필요는 없다. 왜냐하면 에페소 교회를 이 일반적인 범주에 넣지 않고 특별하게 취급하는 것이 아주 자연스러울 것이기 때문이다. 달리 말해서 "형제들"이란 에페소를 방문한 고린토교인들일 수 있다. **거룩한 입맞춤으로 서로 문안하시오.** 로마서 16장 16절과 그 주석을 참조하라. 바울로의 서신들은 교회 집회에서 크게 낭송됨으로써 교인들에게 전달되었음에 틀림없다. 바울로는 그가 함께 있었다면 그들 모두에게 했을 인사를 서로 나누라고 말한다. 입맞춤은 이미 의례적인 행동이었을 수 있다. 22·23절에 관한 아래의 주석들을 참조하라.

[21] **나(바울로)의 손으로 문안의 말을 씁니다.** 이와 같은 편지의 자필서명에 대해서는 예를 들어 갈라디아서 6장 11절을 참조하라. 바울로는 그의 편지들을 받아쓰게 하는 습관이 있었지만(참조. 로마 16, 22) 마지막 문단은 자필로 덧붙이는 습관(이런 습관은 파피루스 서신들에서도 입증된다)이 있었던 것 같다. 이 마지막 문단의 내용 중 어떤 내용은 그것이 시사하는 함축의미들을 모두 알 수 있는 위치에 있지 않은 우리들로서는 이해하기가 곤란하다.

[22] **누구든지 주를 사랑하지 않는 자는 저주를 받을 것입니다**(그를 하느님과 떼어놓는 저주 아래 놓일 것이다. 참조. 12, 3 ; 로마 9, 3과 그 주석들). 이 말의 뜻은 이해가 가지만 왜 바울로가 여기서 이 말을 해야 했는지가 즉시 드러나지는 않는다. 그가 유행하던 그리스도교의 정식적인 문귀를 인용하고 있는 것으로 볼 수도 있다. 그는 "사랑"(ἀγαπᾶν)에 대한 그의 의례적인 말을 하고 있는 것이 아니라 그의 문서들에서 여기서만 나오는 말(φιλειν)을 하고 있는 것이다. 이 귀절의 효과는 12장 3절에 나오는 '예수는 주이다'라는 말의 효과와 다르지 않다. 그리스도교적 제자직의 궁극적 표준은 주 예수께 대한 인격적 충성이다. 이에 대해 스피크는 이렇게 말한다 (*Novum Testamentum* i. 200—204 —이 항목에서 그 전체 내용과 언급되어 있는 이 귀절에 대한 문헌들을 참조해야 한다). 바울로가 사용한 동사(φιλεῖν)는 '하느님에 대한 신자의 숭배와 종교적인 봉헌'을 의미한다. 이런 정식적인 문귀는 바울로 자신의 것은 아니겠지만 그 문귀에 담긴 생각은 바울로의 의도와 부합한다. 고린토교회의 파당정신과 도덕적 해이는 예수에 대한 헌신을 통해서만 치유될 수 있다. *

이 귀절에 대한 주석은 보다 분명해질 것이다. 이 귀절의 문맥(이하 참조)은 예전적이라고 흔히 말한다. 만일 그렇다면 다음의 사실을 주목해야 한다. "누구든지 주를 사랑하지 않는 자는"이란 조건은 예언을 통해서 "참으로 하느님이 여러분 가운데 계십니다"라고 고백하게 된 '교회에 생소한 불신자들'을 배제하거나 그들이 세례를 받지 않았긴 해도 만찬에서의 성도의 교제에 참여하지 못하게 했던 것일 수는 없다. 14장 25절에 대한 주석과 G. Bornkamm, *Das Ende des Gesetzes*(1952), 126을 참조하라. 쉴라터도 이와 비슷하게 기술한다. 바울로가 '그의 적대자와의 교제(Gemeinschaft)를 거부한 것은 그들이 교회의 다른 영역에서 생겨났기 때문도 아니고 그들의 교리상의 견해 때문도 아니며…그들이 그의 사도직을 반대했기 때문도 아니다…바울로는 "누구든지 주를 사랑하지 않을" 경우에만 교제를 끊는다.'

마라나 타(Marana tha)는 아람어인데, 바울로는 이 말을 그리이스어로 옮겼고 여기서는 영어로 번역하였다. 이 말은 '우리 주여, 오소서'를 의미한다. (초기 사본들에는 이 말이 붙어서 쓰여졌다는 사실에 비추어 볼 때) 이 말을 Maran atha라고 읽을 수도 있는데 이럴 경우 그 의미는 '우리 주께서 오셨다'일 것이다. 두 가지 형태 모두 의미가 통한다는 것이 분명하다. 바울로는 주께서 이미 오셨고 또 오시리라는 것을 모두 믿었다. 그러나 주의 오심을 기리는 기도가 현재의 문맥에서 더 잘 의미가 통하는 것 같다. 말하자면 바울로는 그의 독자를 '주의 나타나심을 사모하는' 사람들로 한정지었고(참조. 디후 4,8) 그가 오심을 고대하는 그들의 공통적인 열망을 이렇게 표현하였다. 요한묵시록 22장 20절과 비교하라. 거기서는 동일한 기도가 그리이스어로(아멘, 주 예수여 오시옵소서) 표현되었다. 또한 12사도 교훈(*Didache*)서 10장 6절에서는 성만찬적이고 종말론적인 문맥에서 이런 기도가 나온다('은혜가 임하고 이 세상이 패망하리라. 다윗의 하느님께 호산나. 누구든지 거룩한 자에게 그가 오시리라. 그러나 거룩하지 않은 자에겐 회개가 있을지어다. 마라나 타 아멘'). * Marana tha가 "우리 주는 표징('oth)이시다," 혹은 "우리 주는 aleph와 tau이시다"(히브리어 알파벳의 처음 글자와 마지막 글자 : alpha "처음"과 omega "나중")를 의미한다는 제안들에 대해서는 별로 할 말이 없다.

앞서 인용한 병행귀들과 연관성들에서 다음과 같은 일반적인 주장을 이끌어내게 되었다. 즉 서신의 마지막 귀절들에서 바울로는 추측컨대 이 서신이 처음으로 읽혀진 예전적 배경에 속하는 말들을 사용하고 있다는 것이다. 이 말이 설교를 대신하기도 했다. 이 말이 선포될 때 회중들은 서로 입을 맞추었고 불신자들은 입맞춤에서 제외되었다(앞의 해설을 참조하라). 주의 만찬은 식사시에 주의 임재와 마지막 묵시적인 영광 가운데 그의 다시 오심을 간구하는 기도로서 마라나 타(Marana tha)라는 말들로 시작되었다. 쿨만(O. Cullmann, *Christologie des Neuen Testaments* 〔1957〕, 214—18 〔E.T., 211ff〕)은 성만찬과 마지막 날에 있어서의 그리스도의 오심과 임재라는 이런 이중적인 측면을 강조한다. 또한 F. Hahn, *Christologische Hoheitstitel* (1964), 100—110을 참조하라. 이런 견해(예를 들어 J.A.T. Robinson, *J.T.S.* 신간 시리즈 iv. 38—41 참조)가 자주 생각되는 것만큼 증거상으로 강력한 지지를 받지 못한다는 사실이 모울(C.F.D. Moule, *N.T.S.* vi. 307—310)에게서 밝혀졌다. 모울 자신은 "마라나타"에는 '저주나 금지를 강화하거나 인정하려는,' 즉 anathema의 의도가 담겨 있다고 생각한다. 이런 견해를 앞서 지적한 견해와 결부시킬 수 있는 것은 아니다. 12사도교훈(*Didache:* 참조. 10, 5)에 나오는 감사의 기도는 주가 오셔서 교회를 한데 모아 그 나라로 인도해 주기를 구한다. 하느님의 백성이 아닌 사람들은 자연히 이러한 연합에서 제외될 것이다. 여기서도 마찬가지이다 : 선택받은 자들이 그들의 구원으로 열망해온 주의 오심은 "주를 사랑하지" 않는 자들에 대한 이 저주를 확인해준 것이다.

〔23 · 24〕 바울로는 대개 그의 편지들을 '은혜'라는 말로 끝맺는데, 여기서도 **주 예수의 은혜가 여러분과 함께 하시기를 바랍니다**라고 말한다. 로마서 16장 20절과 비교하라. 바울로의 어법에서 "은혜"란 보다 특징적으로 행동과 선물을 가리킨다(참조. *Romans,* 76과 그밖의 여러 곳). 이러한 말들을 통해서 바울로는 고린토 교회에서 이미 일어났고 주어진 것이 지속되고 심화되기를 기도한다(참조. 1, 4). 문제점이 있긴 하나 항상 사랑받은(참조. 고후 11, 11 ; 12, 15) 교회에 대한 인간적인(그러나 그리스도교적인) 문안인사가 친숙한 정식적인 문귀 다음에 나온다. **여러분에 대한 내 사랑**(직역하면, "내 사랑이 여러분과 함께 있다"이다. 그러나 이런 번역은 현재의 사역에서 쓴 친숙한 영어와 본질적으로 다른 의미일 것 같지는 않다)**이 예수 그리스도 안에서 여러분 모두와 함께 있기를 바랍니다.** "예수 그리스도 안에서"는 "사랑"(단순히 인간적인 세상이 아니라 그리스도교적인 사랑)에 연결되거나 아니면 "여러분 모두"(그리스도인들인 여러분 모두)에게 연결되는 말일 수 있다. 아마 이 말은 전체 문장을 수식하도록 쓰인 것 같다. 구문상으로가 아니라 의미상으로 이 말("예수 그리스도 안에서")이 이 서신 전체를 포괄한다고 해도 틀린 말은 아닐 것이다. *

색인

편집자 주
1. 색인에 제시된 쪽수는 이 책 각 쪽 상단 좌우 측에 /123/와 같이 "/ /"로 삽입한 원서의 쪽수를 뜻합니다.
2. 색인에 실린 쪽수 n은 해당 쪽의 각주를, f.는 해당 쪽의 다음 쪽을, ff.는 해당 쪽에 이어지는 여러 쪽을 가리킵니다.
3. 성경의 각 책 이름은 한국신학연구소에서 공동번역판의 것을 이용했으므로, 그대로 따릅니다. 전체 약어 목록은 11쪽에 있는 약기표를 참고하기 바랍니다.
4. 성경을 제외한 색인 표제어들은 원서에 있는 그대로 표기합니다.

인명 및 주제 색인

그리스어 색인

고대 자료 색인

구약

신약

고전

요세푸스

필론

사해문서

외경(제2정경)

구약 위경

미쉬나와 기타 유대 문헌

그리스-로마 문헌

초기 기독교 문헌

國際聖書註釋을 내면서

이번 韓國神學硏究所에서는 한국 교회의 오랜 숙원이었던 건전한 신학에 근거한 성서 주석을 여러분에게 선보이게 되었읍니다.

본 주석서를 내게 된 동기는 성서에 대한 세밀한 것, 가령 단어 하나에 이르기까지 정확하게 알 수 있는 주석서의 결정판을 냄으로써 성서를 바르게 이해하려고 소원하는 한국의 많은 그리스도인들에게 보답하며, 특히 제목 설교의 풍조 아래서 성서를 앞세운다고 하면서도 실제로는 성서를 가장 등한시 하는 경향이 지배하는 한국 강단의 잘못을 시정하고, 한국 교회에 하느님의 말씀이 올바르게 선포되도록 하려는 데 있읍니다.

國際聖書註釋이라고 이름붙인 것은 국제적으로 가장 정평있는 주석서를 선정한 이유도 있지만, 언제까지나 외국의 주석서에만 의존할 수는 없고 앞으로 이 주석 전집에 이어 한국 성서 학자들의 독자적인 힘으로 이루어질 韓國聖書註釋의 출간을 전제하고 있기 때문입니다.

國際聖書註釋이 나오기까지에는 세계에서 가장 정평있는 주석들 가운데서 엄선한 한국의 신구약 성서 학자들의 노고와 미래가 촉망되는 본 연구소 번역실 직원들의 의욕적인 번역 그리고 이 일을 사명으로 아는 편집실 직원들의 수고가 있었읍니다.

이 주석 전집이 한국 성서학의 초석이 되며 한국 교회의 강단에 통일된 성서 지식을 전달하는 길잡이가 되기를 기원합니다.

韓國神學硏究所長 安炳茂

알맹e 출간 목록

2025년 9월 현재 목록입니다. 각 책에 관한 상세 정보와 더 나올 책들은 www.rmaenge.com에서 확인할 수 있습니다(e=전자책 / p=종이책).

쁘띠 알맹e

• 신약학 부문(편집장 김선용)

병행구절광증. 새뮤얼 샌드멜. 김선용 역. 2022-01-04. (“Parallelomania,” *JBL* 81 [1962]: 1-13) e.

초기 기독교의 가족, 개정판. 캐롤린 오시에크. 임충열 역. 2024-02-25. (“The Family in Early Christianity: ‘Family Values’ Revisited,” *CBQ* 58/1 [1996]: 1-24) e.

왜 신약성경을 연구하는가. 웨인 믹스, 리처드 헤이스. 김선용, 임충열 역. 2022-08-23 e.

헬레니즘계 종교로서의 기독교의 출생. 한스 디터 벳츠. 진규선 역. 2023-06. (“The Birth of Christianity as a Hellenistic Religion,” *JR* 74.1 [1994]: 1-25) e.

기억, 역사 이론, 그리고 예수 수용. 옌스 슈뢰터. 임충열 역. 2023-11. (“Memory, Theories of History, and the Reception of Jesus,” *JSHJ* 16 [2018]: 85-107) e.

왜 신약성경을 연구하는가 외: 넌쁘띠 알맹e 신약학 I. 김선용 외. 2024-02-28. (상기 5권의 전자책을 묶은 책) p.

왜 로마제국은 바울에게 중요치 않았는가. 존 M. G. 바클레이. 임충열 역. 2024-3. (“Why the Roman Empire Was Insignificant to Paul”) e.

“Paul and Jewish Apocalyptic Eschatology.” Martinus C. de Boer. 임충열 역. 근간 e.

• 신학 부문(편집장 민경찬, 차보람)

현대 영국 신학의 흐름. 데이비드 F. 포드. 권헌일 역. 2023-08-02. (“British Theology” and two other articles from *the Christian Century*) e.

아돌프 폰 하르낙의 치명적 단순함. 로완 윌리엄스. 양세규 역. 2023-12-17. (“The Deadly Simplicities of Adolf von Harnack,” *Legatum Lecture Transcript*) e.

알맹e 크리티카 성경 주석

마태복음 1-3장 주석. W. D. 데이비스, 데일 C. 앨리슨. 2024-10. (*Matthew* 1 앞 절반 부분, ICC, T&T Clark / Bloomsbury Academic, 1988) p&e.

마태복음 4-7장 주석. W. D. 데이비스, 데일 C. 앨리슨. 예정. (*Matthew* 1 나머지, ICC, T&T Clark / Bloomsbury Academic, 1988) p&e.

누가복음 1 & 2. I. 하워드 마샬. 강요섭 역. 2023-10-13. (*Luke*, NIGTC, Eerdmans, 1978) p&e.

요한 복음 1 & 2. C. K. 바레트. 한국신학연구소 번역실 역. 2023-12-1. (*John*, 2nd ed. SPCK, 1978) p&e.

로마서: 로마인들에게 보낸 바울의 편지에 대한 성경 주석. 에른스트 케제만. 한국신학연구소 번역실 역. 2023-12-25. (*An die Römer*, HNT, Mohr Siebeck, 1980) p&e.

갈라디아서: 갈라디아 교회에 보낸 바울의 편지에 대한 주석. 한스 디터 벳츠. 한국신학연구소 번역실 역. 2023-06-

17. (*Galatians*, Hermeneia, Fortress, 1979) p&e.

고린도전서 주석. C. K. 바레트. 한국신학연구소 번역실 역. 2025-09-22. (*1 Corinthians*, BNTC, Black/Bloomsbury, 1971) p&e.

고린도후서 주석. C. K. 바레트. 한국신학연구소 번역실 역. 2025-09-22. (*2 Corinthians*, BNTC, Black/Bloomsbury, 1973) p&e.

알맹e 성경 주석서 가이드

갈라디아서 주석서 가이드. D. A. 카슨, John F. Evans 외. 맹호성 편집. 2023-06-17 p&e.

알맹e 클라시카 텍스트

b (한국어 & 원어 대역본)

디오그네토스께 드리는 편지 · 디다케: 열두 사도의 가르침 . 조재천 해제 김한원 역. 2025-2-28. p&e.

신행사전

1 개혁신학 용어 사전. 켈리 M. 캐픽, 웨슬리 밴더 럭트. 송동민 역. 2017-10-31. (*Pocket Dictionary of the Reformed Tradition*, 미국 IVP, 2013) e / 도서출판 100p 출간. 2018-03-01.

2 성서학 용어 사전. 아서 G. 팻지아, 앤서니 J. 페트로타. 하늘샘, 맹호성 역. 2019-08-23. (*Pocket Dictionary of Biblical Studies*, 미국 IVP, 2022) e / IVPp 출간. 2021-10-28.

3 윤리학 용어 사전. 스탠리 J. 그렌츠, 제이 T. 스미스. 이여진 역. 2018-03-25. (*Pocket Dictionary of Ethics*, 미국 IVP, 2003) e (p는 알맹e 복간 예정).

4 신학 용어 사전. 스탠리 J. 그렌츠, 데이비드 거레츠키, 체리스 피 노들링. 진규선 역. 2018-10-29. (*Pocket Dictionary of Theological Terms*, 미국 IVP, 1999) e / IVPp 출간. 2022-03-28.

5 교회사 용어 사전. 네이선 P. 펠드머드, 이재근(한국 교회사 부분 저자 및 번역 감수). 송동민 역. 2022-08-15 (*Pocket Dictionary of Church History*, 미국 IVP, 2008) e / IVPp 출간. 2022-08-29.

6 철학 변증학 용어 사전. C. 스티븐 에반스. 김지호 역. 2018-05-31. (*Pocket Dictionary of Apologetics and Philosphy of Religion*, 미국 IVP, 2002) 도서출판 100p&e.

신행신학

원시 그리스도교에 대한 사회학적 연구, 개정판. 게르트 타이센. 김명수 역. 2024-5-15. (*Studien zur Soziologie des Urchristentums*, 3e, Mohr Siebeck, 1989) p&e. M어게인.

일하는 사도 바울의 사회적 배경과 맥락: 천막짓기와 사도직. 로널드 F. 호크. 이성하 역. 2023-8-21. (*The Social Context of Paul's Ministry: Tentmaking and Apostleship*, Fortress, 1980) p&e. M어게인.

바울의 신학과 윤리. 빅터 퍼니쉬. 김용옥 역. 2022-02-28. (NTL *Theology and Ethics in Paul*, Westminster John Knox, 2009) 2009년 리처드 헤이스 개관 포함. p&e. M어게인.

바울, 율법, 유대인. E. P. 샌더스. 김진영, 이영욱 역. 2021-08-18. (*Paul, the Law, and the Jewish People*, Fortress, 1983) 종이책은 감은사 출간. 2021-08-25. M어게인.

바울과 팔레스타인 유대교. E. P. 샌더스. 박규태 역. 2018-07-10. (*Paul and Palestinian Judaism*, SCM Press; Fortress, 1977, 2017) p&e.

바울과 팔레스타인 유대교 간추린판. E. P. 샌더스. 박규태 역. 김선용 편집. 2020-10-29. e / 비아토르p.

하나님과 성의 수사학. 필리스 트리블. 유연희 역. 2022-07-18. (*God and the Rhetoric of Sexuality*), Fortress, 1978) p&e. M어게인.

수사비평: 역사, 방법론, 요나서. 필리스 트리블. 유연희 역. 2021-05-26. (*Rhetorical Criticism*, Fortress, 1995) e / 한국기독교연구소p 출간. 2007-10-20. M어게인.

히브리성서 개론. 존 콜린스. 유연희 역. 2021-05-26. (*A Short Introduction to the Hebrew Bible*, Fortress, 2007) e / 한국기독교연구소p 출간. 2011-03-20. M어게인.

예수와 유대교. E. P. 샌더스. 이정희 역. 2022-05-05. (*Jesus and Judaism*, SCM; Fortress, 1985) p&e. M어게인.

이야기 마태복음 개정증보 2판. 잭 딘 킹스베리. 권종선 역. 2021-08-13. (*Matthew as Story* 2nd ed., Fortress, 1988) p&e. M어게인.

이야기 마가복음 개정 3판. 데이비드 로즈·조안나 듀이·도널드 미키. 양재훈 역. 2022-10-12. (*Mark as Story* 3rd ed., Fortress, 2012) e / 이레서원p. M어게인.

요한복음 해부. R. 앨런 컬페퍼. 권종선 역. 2021-12-25. (*Anatomy of the Fourth Gospel*, Fortress, 1987) p&e. M어게인.

성경해석의 역사. 개정증보판. 로버트 M. 그랜트, 데이비드 트레이시. 이상훈, 임충열 역. 2022-12-17. (*A Short History of the Interpretation of the Bible*, Fortress, 1984) p&e. M어게인.

현대 영국 신학자들과의 대담. 이승구. 2023-09-11. p&e. M어게인.

신 계시 권위 1-4권. 칼 헨리. 맹용길 & 이상훈 역. 2022-01-21. (*God, Revelation and Authority* Vols. 1 -4, Crossway Books, 1999) p&e. M어게인.

복음주의자의 불편한 양심. 칼 F. H. 헨리. 리처드 마우, 러셀 무어 서문. 박세혁 역. 2024-02-28. (*The Uneasy Conscience of Modern Fundumentalism*, Eerdmans. 1947, 2003; Crossway, 2022) e / IVPp.

기후 변화와 신학의 재구성. 샐리 맥페이그. 김준우 역. 2021-05-26. (*New Climate for Theology*, Fortress, 2008) e / 한국기독교연구소p 출간. 2008-09-25. M어게인.

예수와 창조성. 고든 카우프만. 김진혁 역. 2021-05-26. (*Jesus and Creativity*, Fortress, 2009) e / 한국기독교연구소p 출간. 2009-06-30. M어게인.

하나님의 말씀에 사로잡혀. 미로슬라브 볼프. 홍병룡 역. 2021-08-09. (*Captive to the Word of God*, Eerdmans, 2010) e / 국제제자훈련원p. 2012-12-05. M어게인.

태초에 창조성이 있었다. 고든 카우프만. 박만 역. 2021-05-26. (*In the Beginning… Creativity*, Fortress, 2000) e / 한국기독교연구소p 출간. 2013-10-01. M어게인.

윗필드 씨! 제발 좀 마이크 내려놓고 쉬세요! 아놀드 A. 댈리모어. 오현미 역. 2021-12-31. (*George Whitefield: God's Anointed Servant in the Great Revival of the Eighteenth Century*, Crossway, 2010) e / 이레서원p. M어게인.

알맹4U

동성 끌림을 경험하는 친구를 위하여: 기독교인인 나는 어떻게 해야 할까? 브래드 햄브릭. 맹호성 역. 2024-5-15. (*Do Ask, Do Tell, Let's Talk: Why and How Christians Should Have Gay Friends*, Cruciform Press, 2016) e.

도널드 밀러는 인생 편집 중 - 〈천년 동안 백만 마일〉 일러스트레이션 한정판. 도널드 밀러. 윤종석 역. 2022-12-25. (*A Million Miles in a Thousand Years*, Thomas Nelson, 2009) p&e.

도널드 밀러의 오색사막 순례 이야기. 도널드 밀러. 허진 역. 2022-07-04. (*Through Painted Deserts*, Thomas Nelson, 2005) e / 잉클링즈p. 2022-06-30.

천년 동안 백만 마일. 도널드 밀러. 윤종석 역. 2021-09-03. (*A Million Miles in a Thousand Years*, Thomas Nelson, 2009) e / IVPp 출간. 2010-10-27.

메리에게 루이스가. C. S. 루이스. 이종태 역. 2021-07-23. (*Letters to an American Lady*, Eerdmans, 1967, 2014) e.

버거킹에서 기도하기. 리처드 마우. 강봉재 역. 2023-11-10. (*Praying at Burger King*, Eerdmans, 2007) e / IVPp.

아름다운 '안녕'. 매럴린 매킨타이어. 오현미 역. 2024-02-28. (*A Faithful Farewell: Living Your Last Chapter with Love*, Eerdmans, 2015) e / 이레서원p. 2019-06-12..

KCBS

Frederick William Danker ed. *A Greek-English Lexicon of the New Testament and Other Early Christian Literature, 3rd. ed.*, The University of Chicago Press, 2000. 한국 공인 reprint판. p. 2024-9-19.